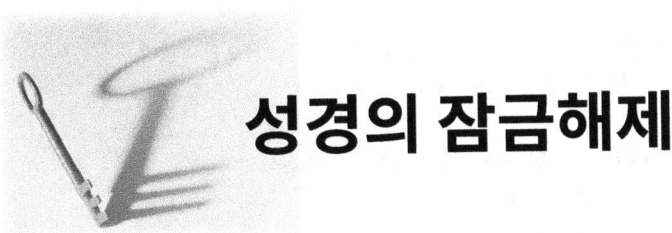# 성경의 잠금해제

J. David Pawson, M.A., B.Sc
with Andy Peck

성경의 잠금해제
저작권 © 2025 David Pawson Ministry CIO

David Pawon 의 모든 저작권은 Copyright, Designs and Patens Act 1988 에 의하여 보호받고 있다.
영어 초판은 영국에서 1999-2001 에 HarperCollinsPublishers 에 의하여 발간되었다.
Anchor 출판사는 영국에서 2025에 이번 책자를 다음과 같은 이름으로 출판하였다.

David Pawson Publishing Ltd
Synegis House, 21 Crockhamwell Road,
Woodley, Reading RG5 3LE

이책의 어느 부분도, 어떠한 방법으로도, 출판사의 허락없이 복사하거나 유포할수 없다.
이책의 저작기록은 영국 도서관에 등록되어 있다.

이책의 성경말씀 인용은 다음 출판사들의 허락을 받은 후 사용되었다.
THE HOLY BIBLE
Old and New Testaments
Korean Revised Version
© Korean Bible Society 1961
Used by permission. All rights reserved.
성경전서 개역한글은 저작권 소유자 대한성서공회의 허락을 받고 사용하고 있습니다.

www.davidpawson.com
에서 데이빗 파슨 목사님의 강의 내용을 DVD나 CD로 구할수 있다.

무료 다운로드는 www.davidpawson.org 에서 할수 있다.

문의사항 이멜
contact@davidpawsonpublishing.com

ISBN 978-1-917360-04-3

Printed by Ingram Spark

내용물

머리말	5
I 구약성경	**13**
제작자의 지침	15
1. 구약성경 개요	17
2. 창세기	27
3. 출애굽기	69
4. 레위기	87
5. 민수기	101
6. 신명기	115
영토와 왕국	131
7. 여호수아	133
8. 사사기와 룻기	151
9. 사무엘 상/하	167
10. 열왕기 상/하	185
경배와 지혜의 시집	201
11. 히브리 시에 대한 개요	203
12. 시편	213
13. 아가서	229
14. 잠언	235
15. 전도서	249
16. 욥기	255
제국의 쇠퇴와 몰락	267
17. 예언서소개	269
18. 요나서	273
19. 요엘	279
20. 아모스와 호세아	287
21. 이사야서	301
22. 미가서	315
23. 나훔	323
24. 스바냐	327
25. 하박국	335
26. 예레미아서와 예레미아 애가서	343
27. 오바댜	359

생존을 위한 투쟁	365
28. 에스겔	367
29. 다니엘서	381
30. 에스더	397
31. 에스라와 느헤미아	405
32. 역대기 상/하	417
33. 학개서	425
34. 스가랴	431
35. 말라기	445

II 신약성경 **453**

역사의 전환점	455
36. 사복음서	457
37. 마가복음	463
38. 마태복음	473
39. 누가복음과 사도행전	487
40. 누가복음	493
41. 사도행전	505
42. 요한복음	519

열세 번째 사도	535
43. 바울과 그의 서신들	537
44. 데살로니가전서/후서	545
45. 고린도전서/후서	557
46. 갈라디아서	569
47. 로마서	589
48. 골로새서	599
49. 에베소서	605
50. 빌립보서	613
51. 빌레몬서	623
52. 디모데서와 디도서	627

고난을 통해 영광으로	641
53. 히브리서	643
54. 야고보서	661
55. 베드로전서 & 베드로후서	671
56. 유다서	687
57. 요한 일서, 이서, 삼서	695
58. 요한계시록	711
59. 천년왕국	757

# 머리말

아마도 1957년 아라비아에서 모든 것이 시작되었다고 생각한다. 그 당시 나는 영국 공군의 군목으로서 성공회와 천주교인들을 제외한 모든 군인들 (감리교, 구세군, 불교, 무신론자등) 의 영적 안녕을 돌보는 책임을 맡고 있었다. 홍해에서 페르시아만 지역에 흩어져 있는 여러 부대가 나의 소관이었고, 이 부대들 안에는 '교회' 라고 부를 만한 교인들은 물론 건물조차 없는 형편이었다.

민간인이었을 때는 감리교 목사로서 석달 정도 사용할 설교를 준비하여 셋랜드 군도 (Shetland Islands: 스코틀랜드 북동쪽의 군도) 에서 탬스 강변 (Thames Valley) 지역의 몇 교회를 순회하며 목회했다. 그때는 대개 성경 한 구절에 대한 설교를 하거나 한 주제를 가지고 성경에서 고른 여러 구절들을 적용시키는 식의 설교를 했다. 성경의 장과 절의 분리가 하나님께서 주신 감화나 의도에 의한 것이 아니었음을 깨닫기 전에는, 나도 다른 사람들 같이 전후 문맥을 무시하고 말씀을 분리시키고 인용하여 성경말씀에 큰 손상을 입혔을 뿐 아니라 책 전체의 내용을 한 문장으로 압축하여 책이 주고자 하는 메세지의 의미를 바꾸어 버리기도 하는 실수를 했다. 성경을 목회자가 하고 싶은 어떤 말이던지 뒷받침할 수 있는, 마음대로 구절을 뽑아내는 요약서로 둔갑시켜 버린 것이었다.

그러다가 이런 허술한 방법으로 준비한 몇 개의 설교를 가지고 예전의 나의 교인들의 다수였던 여자와 어린이들과는 상반되는 남자들로만 구성된 군인들 앞에 군목으로 서 있는 나 자신을 발견하게 되었다. 나의 빈약한 설교 창고는 곧 동이 났다. 특히 내가 해외로 발령 나가기 전에 영국의 의무열병대에게 한 몇 번의 설교들은 마치 납덩이가 든 풍선같은 실패작의 설교들이었다.

이런 상태에서 나는 아덴 (Aden) 에 도착했고 직업 군인들과 여왕의 가장 어린 군대의 임시 방위병들을 데리고 사실상 아무것도 없는 황무지에서 새로 교회를 개척하듯 목회를 시작했다. 내가 어떻게 이들을 기독교의 믿음에 관심을 갖게 하고 그 믿음을 지킬수 있게 할 수 있을 것이란 말인가?

무엇인가가 (이제는 '누군가가' 라고 확신한다) 나로 하여금 다음 몇 달 동안 창세기에서 요한계시록까지 성경 전체를 다루는 설교시리즈를 하겠다는 선언을 하게 했다.

이것은 우리 모두에게 발견의 항해였음을 입증했다. 성경 전체를 하나로 볼 때 성경은 새로운 책으로 다가왔다. 다시 말해서 우리는 나무를 보느라 숲을 보지 못했던 것이다. 이제 하나님의

계획과 목적이 우리 앞에 새롭게 펼쳐 지고 있었다. 군인들은 자신들이 우주 구출 작전에 참가하고 있다는 강력한 사명감과 함께 무엇인가에 열중할 수 있는 매개체를 갖게 되었다. 성경의 이야기들이 사실이고 자신들과 직접 관련된 이야기들로 그들에게 다가온 것이다.

물론, 그때 내가 강의한 성경개요는 아주 간단했다. 나는 마치 대영박물관을 20분만에 해치우는 미국 관광객이 된 기분이었다—그가 운동화를 신고 있었다면 10분만에 해치울 수 있었을 것이다! 성경의 어떤 책들은 잠깐 눈길만 주고 스쳐 지나며 우리는 몇 백년의 시간을 횡주했다.

하지만 이것은 나의 기대를 훨씬 뛰어 넘어 나의 인생과 목회의 진로를 결정하게 해주는 계기가 되었다. 나는 비록 배아 상태이긴 했지만 '성경 선생님' 이 된 것이다. 성경 전체를 알게 될 때의 감격을 나누고자 하던 나의 의욕은 정열로 승화되었다.

그 후 다시 한 교회의 평범한 목사로 돌아왔을 때 나는 교인들과 10년에 걸쳐 성경 전체를 공부 하기로 계획했다. (그들이 그렇게 긴 시간 동안 나를 받아 준다면). 이것은 매주 한 장씩 소화해야 하는 분량이었다. 설교 10분당 한시간 정도의 준비가 필요했으므로 매주 45-50분의 설교를 위해서는 많은 시간이 소모되었다. 이 비율은 마치 요리하는 시간과 먹는데 소비되는 시간의 비율과 비슷한것 같다.

조직적인 성경 '강해' 의 효과는 방법의 타당성을 확인시켜 주었다. 하나님의 말씀에 대한 교인들의 갈급함이 드러났다. 사방 도처에서 사람들이 '배터리의 재충전' 을 위해 오기 시작했고, 곧 방향이 반대로 바뀌었다. 처음에 환자나 집 안에서 나오지 못하는 사람들을 위해 만든 설교 테이프가 120 개국의 수많은 사람들에게 퍼져 나가기 시작했다. 이에 대해 아마 나보다 더 놀란 사람은 없었을 것이다.

벅킹햄셔 (Buckinghamshire) 에 있는 골드힐 (Gold Hill) 을 떠나 서뤼 (Surrey) 의 길포드 (Guildford) 로 전근한 나는 교육 사역을 계속 할 수 있는 적합한 강당을 포함한 밀미드 교육관 (Millmead Center) 의 건축과 설계에 관여했다. 건물 완공 행사의 일부로 우리는 성경 통독 마라톤을 시행했다. 성경 전체를 큰 소리로 계속하여 마라톤을 하듯이 읽는 것이다. 주일 저녁부터 목요일 아침까지 각 사람이 15분씩 읽고 다음 사람에게 성경을 넘겨 주는 식의 성경 통독은 총 84 시간이 걸렸다. 그 때 사용한 성경책은 마음과 가슴으로 느끼며, 읽고 듣기에 가장 쉬운 리빙 버젼 (Living version) 이었다.

어떤 기대도 없이 막연히 시작한 성경 통독은 사람들의 상상력을 발동시켰다. 그 도시의 시장까지도 참가했는데 우연인지 (아니면 하나님의 섭리인지), '그의 남편은 그땅의 장로들과 함께 성문에 앉으며 사람들의 인정을 받으며' 라는 구절이 그가 읽을 순서의 말씀이었다. 그는 아내에게 보여주여야 한다며 성경책을 샀다. 어떤 여자는 이혼 문제로 변호사에게 가던 길에 교회에 들렸다가 순서에 따라 다음의 말씀을 읽게 되였다: '이스라엘의 하나님은 이혼을 미워하노라.' 그녀는 변호사에게 가지 않았다.

약 2,000여명이 참가했고 많은 사람들이 성경책을 구입했다. 어떤 사람들은 30분만 있겠다고 왔다가, "다음 성경 말씀 하나만 더 듣고 가야지…" 를 반복하며 몇 시간씩 성경을 들었다.

우리 교인들을 포함한 많은 사람들에게 성경안의 책 한권 전체를 계속해서 읽는 것은 처음 경험하는 일이었다. 거의 모든 교회에서 매 주일 몇 개씩의 구절들을 순서도 맞지 않게 읽고 있다. 이런 식으로 읽는 책이라면 흥이 나기는 커녕 도데체 누가 관심을 가질 수 있겠는가?

우리는 주일마다 성경안의 책을 한권씩 공부한다. 성경은 한권의 책이 아니라 여러권의 책이 모아진 도서관이라 볼 수 있다. (비브리아: biblia 라는 라틴 단어와 그리스어의 복수형) 또 그냥 숫자적으로만 많은 것이 아니라 역사, 법률, 편지, 노래 등 다양한 종류의 모음집이다. 우리가 한권의 책을 끝내고 다른 책을 읽기 전 기본적 질문들을 다루는 전체 개요를 먼저 공부하는 것이 필요하다: 이것은 어떤 종류의 책인가? 언제 쓰여 졌는가? 누가 썼는가? 누구를 위해 썼는가? 그리고 무엇 보다도, 왜 썼는가? 이 질문들에 대한 답이 책 전체의 메세지를 이해할 수 있는 열쇠이다. 구절들을 전체의 한부분으로 보지 않으면 그 책 안의 아무것도 완전히 이해 할 수 없다. 하나 하나의 성경 구절에 해당되는 맥락은 단락이나 부분이 아니라 근본적으로 그 책 전체라 볼 수 있다.

이제 나는 유명세를 타는 성경 선생이 되어 대학, 학회, 대회 등의 집회에 초대받기 시작했다. 처음에는 거의 국내에서 집회를 했는데 나의 설교 테이프가 먼저 퍼져 나가 나의 길을 준비하고 문을 열어 해외에 가는 일이 잦아지게 되었다. 새 장소에서 새로운 사람들을 만나는 것이 재미는 있었지만 자주 비행기를 타는 일은 쉽지 않았다.

어디를 가든지 하나님의 말씀을 알고 싶어하는 사람들의 갈망함을 보았다. 온 세계 어디서나 사용할 수 있는 음성 테이프의 발명을 하나님께 감사했다. 나의 설교 테이프는 여러 장소에서 긴요하게 쓰여졌다. 복음전도 사역들이 성공적으로 행해지고 있었지만 새신자들을 정착하여 발전시키고 성장시키는 교육 사역은 너무 미비했다.

나의 목회는 이런 식으로 내가 은퇴할 때까지 계속될 수 있었는데 하나님께서는 다른 놀라운 계획을 가지고 계셨고 그것이 이 책을 발간할 수 있게 된 마지막 연결 고리이다.

1990년대 초에 옥스포드 (Oxford) 근처의 월링포드 (Wallingford) 에 있는 한 교회의 담임 목사이며 나의 친구인 버나드 톰슨 (Bernard Thompson) 목사님이 교인들의 성경 지식과 관심을 증대시키고자 성경 공부 시리즈를 계획하는데 강사로 와 달라는 요청을 했다.

한달에 한번 세시간 동안 (중간에 커피 시간 포함) 성경의 책 한권씩에 대해 강의를 하기로 했다. 대신 성도들에게 해당되는 책을 강의 전에 미리 읽어오고 강의 후에 다시 한번 읽기를 부탁했다. 다음 몇 주동안 그 교회의 목사님들은 강의 내용에 맞춘 설교와 목장 토론으로 성도들이 강의 내용과 친숙해 지도록 도와주셨다.

나에게는 두가지 목표가 있었다. 하나는 성경에 대한 성도들의 관심을 향상시켜 성경책 읽기를 사모하게 만드는 것이었고 다른 하나는 그들에게 충분한 통찰력과 정보를 주어 나중에 혼자 읽을 때 스스로 이해할 수 있는 자신의 능력에 대한 기쁨을 누리게 하는 것이었다. 이 두가지를 돕기 위해 나는 사진, 도표, 지도, 모형 등을 사용했다.

이러한 접근은 바로 인기를 얻었다. 사개월 정도 강의가 진행되었을 때 그들은 성경 66권 전체를 다음 5년간 계속 해달라고 요청했다. 나는 그전에 어쩌면 천국에 가있을지 모른다고 웃으며 사양했다. (사실, 미래를 저당 잡히고 싶지 않았고 내게 미래가 있다는 생각을 해 본 적도 없어서 내가 6개월 후의 약속을 잡는 일은 거의 없었다). 하지만 하나님께서는 다른 계획으로 내가 마라톤을 끝낼 수 있게 도우셨다.

나의 설교 테이프를 20여년간 배포해 오던 앵커 레코드사 (Anchor Recordings, http://anchor-recordings.com) 의 부장 짐 해리스 (Jim Harris) 씨가 나의 강의 테이프를 듣고 비디오로 만들자는 제안을 했다. 그는 하이리 회의장 (High Leigh Conference Center) 의 대강당을 녹화장으로 만들고 청중까지 준비해서 한번에 사흘씩 18개의 프로그램을 만들었다. 비디오들을 완벽하게 만드는데는 그 후 5년이 더 걸렸고 비디오들은 '성경을 열다' (Unlocking the Bible) 라는 명제로 배포되었다.

지금 이 비디오들은 온 세계에 퍼져 있다. 이것들은 목장, 교회, 대학, 군대, 집시 캠프, 감옥과 케이블 테레비젼 네트워크를 통해 사용되고 있다. 내가 말레이시아에 장기 체류할 때는 한 주에 1,000개씩 팔렸었다. 그것들은 남극 대륙을 포함한 모든 대륙에 보급되었다.

여러 사람들이 비디오가 '교회에 남기는 나의 유산' 이라 여겼다. 이 비디오들은 수년간 노력한 결과의 열매였다. 하나님께서 나를 사용하시는 일이 아직 끝나지 않았다는 생각은 했지만 나는 80여년의 인생을 살았고 이 작업은 마지막에 도달했다고 생각했었다. 그런데 그것은 나의 잘못된 판단이었다.

하퍼 콜린스 (HarperCollins) 출판사에서 이 비디오들을 전집으로 출판하자는 제의를 해왔다. 지난 10여년간 나는 다른 출판사를 통해 몇 권의 책을 썼고 책을 통해 하나님의 말씀을 전하는것이 좋은 방법임을 이미 알고 있었다. 하지만 이제안을 받아들이는데 나를 주저하게 만드는 두가지의 큰 염려가 있었다. 하나는 준비 과정에 대한 것이고 다른 하나는 전달 방식에 대한 것이었다. 이 점에 대해 후자부터 설명하고자 한다.

첫째, 나는 설교, 강의, 혹은 대담을 할 때 한번도 전체 원고를 준비한 적이 없다. 가끔 요약된 분량이 몇 페이지씩 될 때는 있었지만 항상 요약된 원고를 사용해 왔다. 나는 내용만큼 전달방식에도 신경을 썼고 전체원고를 사용하면 강사의 시선이 청중을 떠날 뿐 아니라 서로간의 화합에 방해가 된다는 것을 직감적으로 알고 있었다. 자연스러운 강의가 강사의 감정 표현이나 청중의 반응에 잘 대처 할 수 있는 것이다.

그러므로 나의 강의와 글쓰는 방식은 용도에 따라 아주 달랐다. 나는 나의 음성 테이프를 즐겨 들으며 혼자 감동할 때도 있다. 새로 출판된 나의 책을 열심히 읽으며 "정말 좋은 글이네!" 하고 아내에게 말 할 때도 있다. 그러나 강의한 내용을 글로 옮긴 것을 보면 너무 창피했다. 같은 단어와 구절이 몇번씩 반복되고 두서없이 반 토막 문장을 사용하기도 했다! 현재형과 과거형의시제를 섞어 쓰기도 했다! 내가 정말 이렇게 영국의 표준말을 오용하고 있단 말인가? 증거는 반박의 여지가 없었다.

비디오의 내용을 책으로 만드는 것은 있을 수 없는 일이라고 나는 딱 잘라 말했다. 이것들을 만드는데 나의 거의 모든 생애가 소비되었고 또 다른 생이 있는 것도아니었다. 나의 강의를 외국어(스페인어, 중국어)로 번역한 더빙 (dubbing) 을 위한 원고가 이미 만들어져 있기는 했지만 이것들이 그대로 출판 된다는 것은 상상만 해도 끔찍했다. 나의 자존심의 문제일지는 몰라도 시간과 심혈을 기우려 정서되어 출판된 나의 책들과 너무 대조적인 이 원고들을 출판물로 내보낼 수는 없었다.

출판사 측에서는 편집 부원들이 문법적인 면을 교정할 것이라고 나를 설득했다. 그러나 가장 적절한 대안은 나와 나의 목회 철학을 이해하는 대필자를 사용하여 출판 원고를 만들자는 의견이었다. 그래서 대필자로 선정된 사람이 앤디 펙 (Andy Peck)이다. 그 결과물이 내가 직접 썼거나 그가 처음부터 직접 썼을 경우와 다를지라도 그에 대한 소개는 그가 이 일을 해낼 수 있을거라는 확신을 나에게 주었다.

나는 모든 노트, 테이프, 비디오와 원고들을 그에게 넘겨주었고, 이 책은 나의 작품인 동시에 그의 작품이다. 그는 정말 열심히 노력했다. 나의 메세지가 많은 사람들에게 책으로 전달되어 그들의 영혼이 자유함을 누릴 수 있게 도와 준 그에게 깊은 감사를 드린다. 선지자에게 한 모금의 물을 준 사람에게 선지자의 상이 내려진다면 나는 앤디의 엄청난 사랑의 노고에 상을 주실 하나님께 감사할 뿐이다.

둘째, 나는 노트의 출처들을 자세히 기록해 놓지 않았다. 그 이유는 비서를 사용한 적이 없고 인용이나 실례들을 쉽게 사용할 수 있도록 하나님께서 나에게 주신 좋은 기억력 때문이다.

책들은 나의 사역에 중요한 역할을 한다—방 두개와 정원의 창고를 가득 채운 내 책들의 무게는 약 3 톤정도 된다. 이책들은 세가지로 분류할 수 있는데 이미 읽은 책, 앞으로 읽을 책, 그리고 절대 읽지 않을 책들이다. 이들은 나에게는 축복이고 아내에게는 골칫거리들이다.

그 중 가장 많은 부류는 성경주석이다. 성경 공부를 준비할 때, 내 나름대로 할 수 있는 만큼 준비한 후 관련된 저자들의 책들을 연구하면서 학문적이고 신앙적인 면을 고려하며 나의 강의 노트를 가감하거나 수정한다.

내가 빚진 모든 분들의 이름을 여기에 다 기록하는 것은 불가능하다. 많은 사람들 같이 나도 윌리엄 바크리 (William Barclay) 의 "매일 성경 읽기" (Daily Bible Readings) 가1950년대에 재판되자 마자 탐독했다. 후에 그의 진보적인 해석에 의문을 품기는 했지만 그의 신약성경의 배경에 대한 지식과 단어들은 소중했고 간단 명료한 글체는 내가 배워야 할 귀감이었다. 많은 분들 중에서도 특히 존 스캇 (John Scott), 메릴 테니 (Merill Tenney), 골돈 휘 (Goldon Fee) 와 윌리엄 헨드릭슨 (William Hendricson) 을 통하여 나는 신약성경에 대한 눈을 떴고 구약성경에 대한 눈을 뜨게 해 주신 분들은 알렉 모티어 (Alec Motyer), G.T. 웬함 (G.T. Wenham) 과 데렉 키드너 (Derek Kidner) 였다. 그리고 데니 (Denney), 라이트풋 (Lightfoot), 니그렌 (Nygren), 로빈슨 (Robinson), 아담 스미스(Adam Smith), 하월드 (Howard), 에리슨 (Ellison), 머른(Mullen), 래드 (Ladd), 앹킨슨 (Atkinson), 그린 (Green), 비즈리-머레이 (Beasley-Murray), 스네이스 (Snaith), 마샬 (Marshall), 모리스 (Morris), 핑크 (Pink) 와 그 외 많은 분들의 업적은 우리에게서 잊혀지지 않을 것이다. 또한 여성 작가인 헨리에타 미어스 (Henrietta Mears) 의 "성경이란 무엇인가" (What the Bible is all about) 와 A.M. 미어스 (A.M. Mears) 의 "모든 성경 말씀 안에 계시는 그리스도" (Christ in all the Scriptures) 라는 두권의 훌륭한 책들을 빼 놓을 수 없다. 그분들을 통하여 배워 온 것이 나에게는 상당한 특권이다. 선생은 언제나 배우려 하는 기본적 자세를 가지고 있어야 한다.

나는 스폰지와 같이 이분들의 지식을 흡수하며 내가 읽은 많은 것들은 잘 기억했지만 어디서 읽었는지는 쉽게 기억하지 못했다. 이것이 설교를 위한 준비 과정에서 일어 났다면 별 문제가 없었다. 왜냐하면 위의 저자들이 쓴 책들은 목사들의 설교를 돕기 위해 쓰여졌고 그들은 자신들의 이름이 설교 중 계속 언급되는 것을 기대하지 않을 것이다. 사실 설교할 때 저자들의 이름을 자주 언급하면 설교에 방해가 될 뿐 아니라 마치 내가 그들과 친분이 있거나 간접적으로 유식한 체한다는 오해를 받을 수도 있다. 바로 위의 단락처럼!

하지만 책의 출판은 저작권 사용료 때문에 설교와 달랐다. 저작권 침해의 염려로 나는 강의의 내용을 책으로 만드는데 주저했다. 지난 40년을 되돌아가서 출처를 찾아내는 일은 거의 불가능 했고 찾아낸다 하더라고 각주 (footnote) 나 감사말 (acknowledgement) 을 포함시키면 책의 가격와 분량이 거의 두배가 될것이었다.

결국 나에게 주어진 선택은 사람들에게 책이 줄 수 있는 혜택을 거부하는 것이었고 출판사 측에서는 그것은 잘못된 결정이라며 계속 나를 설득시켰다. 내가 모든 정보를 수집하고 분석하기는 했지만 책으로 만들기에는 내용면에서 나의 독창적 기여가 부족하다고 생각했다.

내가 몇십년 동안 적게 혹은 많게, 여러 학자들의 논문을 노략질 해 왔다면 그분들께 사과와 감사의 말씀 밖에 드릴것이 없으며, 그분들이 나의 모방을 진심어린 칭찬으로 받아주시기 바란다. 어딘가에서 읽은 또 하나의 인용구가 생각난다: "어떤 저자들은 자신들의 책을 칭할때, '나의 책' 이라고 하는데...' 우리의 책' 이라고 하는게 맞을 것이다... 왜냐하면 보통 그들 머리 속에 자신의 것 보다 다른 사람들의 것이 더 많이 들어있기 때문이다." (원래는 파스칼의 말임)

그리하여 여기 '우리'의 책이 탄생했다! 나는 프랑스인들이 소위 말하는 '저속한 작가 (vulgarizer)' 이다. 이 단어는 상아탑의 고귀한 학문을 보통 사람들이 이해 할 수 있도록 간단하게 만들어 버리는 사람을 가르킨다. 하지만 나는 개의치 않는다. 언젠가 성경의 심오한 메세지를 아주 상세히 설명한 나의 설교가 끝난 후, 한 노부인이 "우리가 먹기 쉽게 잘게 부수어 주셨어요." 라고 말한 적이 있다. 열두살짜리 어린이가 들어도 이해하고 기억할 수 있도록 하는 설교가 나의 꾸준한 목표이다.

어떤 독자들은 특히 나의 글에 대한 진위를 알고자 할 때, 본문의 참조 자료가 불충분한 점에 대해 실망하거나 만족하지 못할 수 있다. 하지만 그것은 의도적이다. 하나님의 말씀은 책 안에 있는 것이지 장과 구절에 있는 것이 아니다. 프랑스인과 아이리쉬인 두명의 주교들이 성경이 만들어진 몇 백년 후에 성경을 장과 절로 분리했다. 구절 찾기는 쉬워 졌으나 전체 맥락을 무시하기도 쉬워 졌다. 요한복음 3:16을 외울수 있는 기독교인들 중 몇 명이나 3:15와 3:17 을 외울수 있을까? 많은 사람들이 '말씀을 찾는 것이 아니라' 절수를 찾게 되었다. (절수가 주어졌다면). 그래서 나는 사도바울을 따라 '이사야, 혹은 다윗, 혹은 사무엘이 말하기를' 하는 식으로 성경책의 저자만을 언급하기로 했다. 예를 들어, '하나님께서 휘파람을 부신다' 라는 말씀이 성경에 있다. 성경 어디에 이런말이 있단 말인가? 이사야서에 있다. 몇장 몇절에 있는 지는 여러분이 직접 찾아보기 바란다. 그러면 언제, 또 왜 이 말씀을 했는지도 알게 될 것이다. 그리고 스스로 이 정보를 발견한데 대한 만족감을 느낄것이다.

마지막 한마디. 나는 성경을 소개하는 이 책을 통해 여러분들이 성경 말씀을 더 잘 이해하고 사랑하게 되기를 바라지만, 더 간절히 바라기는 여러분들이 성경에 있는 모든 책들의 대상인 하나님을 깊히 알게 되고 사랑하게 되기를 바란다. 어떤 분이 모든 비디오를 며칠만에 다 보고 나에게 깊은 감동을 주는 말을 한 적이 있다: '저는 성경에 대해 많이 알게 되었습니다. 하지만 더 중요한 것은 전에 느껴보지 못한 하나님의 가슴을 느꼈습니다.'

성경을 가르치는 선생으로서 더 바랄 바가 무엇이 있겠는가? 여러분들도 이책을 읽으며 같은 체험을 하게 되기 바라며 "성부와 성자와 성신께 찬양드립니다" 하고 나와 함께 외칠수 있기 바란다.

데이빗 파슨 (J. David Pawson)
Sherborne St John, 2008

예, 저는 성경을 안다고 생각했습니다
이구절 저구절, 이해 될 때도 있고 안될 때도 있지만
요한복음 조금, 마태복음 조금
그러다가 창세기 조금

이사야의 특별한 장들
유명한 시편 23장
잠언 1장, 로마서 12장
예, 저는 성경을 안다고 생각했습니다

하지만 통독이란
다르다는 것을 깨달았습니다
그리고 통독하는 것이
나에게 생소했습니다.

여기 저기 잠깐씩 장난치듯
성경을 들여다 보고
지친 몸으로 무릎 꿇고
허둥지둥 기도 중 하품하며.

이 최고 권위의 책을
다른 책과 달리
단락들을 분리시키고
참을성 없이 대충 보며.

좀 더 진지한 태도를 취해보세요
폭넓고 꾸준한 관점을 취해보세요;
성경을 통독할 때
경탄의 신비로 무릎을 꿇게 될것입니다.

작자 미상

I
구약성경

제작자의 지침

1. 구약성경 개요   17
2. 창세기   27
3. 출애굽기   69
4. 레위기   87
5. 민수기   101
6. 신명기   115

제3장의
결과

1. 구약성경 개요

하나님께서는 우리에게 66 권의 전집을 주셨다. '책들' 이라는 복수형의 라틴어 비브리아 (biblia) 가 영어로 번역되어 바이블(bible)이 되었다. 약 2,000년의 기간을 포괄하는 39권의 구약성경들은 다수의 저자들에 의해 쓰여진 다양한 종류의 문헌들이다. 그러므로 성경전체가 짜임새있게 잘 맞는 점에 대해 많은 사람들이 놀라는 것은 당연하다.

하나님께서는 성경을 주제별로 배치해서 우리가 각 주제를 공부하도록 하지 않고 한번에 한권씩 읽도록 해 놓으셨다. 성경은 역사 속에 계신 하나님에 대한 진리와 우리가 하나님과 어떤 관계를 맺어야 하는지를 알려주는 책이다. 사람들이 주로 이스라엘 사람들이, 어떻게 하나님을 경험했고 어떻게 하나님의 말씀에 반응했는지에 대해 알려주는 책들이다. 재미없는 신학교 교과서와는 전혀 다른, 사람들의 삶 속에서 행해지는 하나님의 구원 사업에 대한 활기찬 이야기들이다.

많은 사람들이 성경의 배경에 대한 이해의 부족으로 전체 메세지를 파악하지 못한다. 먼저 어떤 성경 말씀이던지 올바른 맥락을 알 수 있도록 구약성경의 전체적 개요를 소개하고자 한다.

지리적 배경

구약성경을 이해하기 위해서는 약속의 땅 (Promised Land) 과 중동지역 (Middle East) 의 지도를 알 필요가 있다. 중동의 핵심지역은 지리학자들이 '비옥한 초승달 (Fertile Crescent)' 이라 일컫는, 서쪽으로 이집트의 나일강에서 북동쪽 방향으로 이스라엘 을 지나 티그리스와 유프라테스강에 둘려싸인 메소포타미아 (메소—'가운데', 포타미아—'강들', '강들의 가운데' 라는 뜻) 라는 비옥한 평원지대이다. 이곳은 서쪽의 이집트와 동쪽의 앗수리아와 훗날의 바비론이 권력을 펼치던 중심지였다. 이스라엘은 지리적으로 중간에 끼어 있었고 이 강대국들의 권력 다툼이 대부분의 구약성경들이 쓰여질 당시의 배경이었다. 이들의 위협이나 집권이 이스라엘에 직접 영향을 끼치는 극한 상황들도 있었다.

이스라엘의 지리적 입지는 무역에 중요했다. 이스라엘 동쪽의 시리아 사막 때문에 동양의 무역상들과 군인들이 아시아, 아프리카 그리고 유럽을 오갈 때 이스라엘의 국경 지역을 통과해야만 했다. 갈릴리 바다 남서쪽에 위치한 현무암의 산악지대를 피해 여행자들은 이스르엘 (Jezreel) 과 메기도 (Megiddo) 를 통과 했다. 무역의 주요 경로는 시리안 게이트를 통해 블레섹과 다메섹을 연결하고, '야곱의 딸들 (Gesher Bnot Ya'akov)' 이라 불리우는 다리를 건너 산악지대 위로 해서 갈릴리 호수로 뻗어 있었다. 이 길은 메기도평야의 리다(Lydda)와 지중해변의 가자 (Gaza) 지역을 통해 이집트로 연결되어 있다. 이스라엘은 동쪽의 사해와 연결된 남북 방향의 깊은 계곡과 서쪽의 지중해를 끼고 있는 좁은 지역에 있다.

그러므로, 이스라엘은 사방에서 오는 무역상들의 경로와 그들의 합류지점인 메기도가 있는 세계의 교차로였다. 이곳을 내려다 보고 있는 동네가 나사렛이었고 어쩌면 예수님께서 언덕위에 앉아 바삐 돌아가는 세상을 바라보셨을 수도 있다.

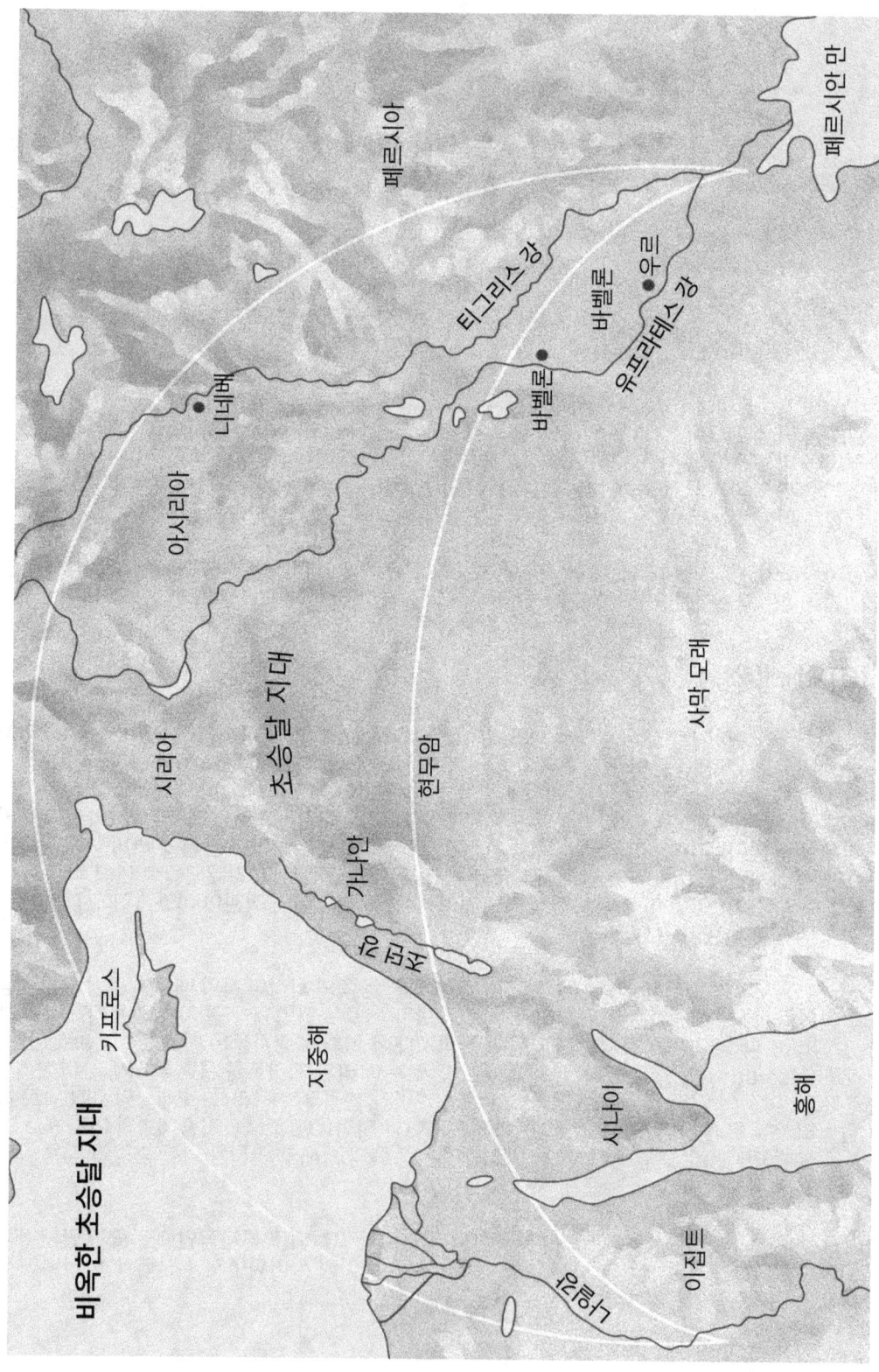

구약성경 개요

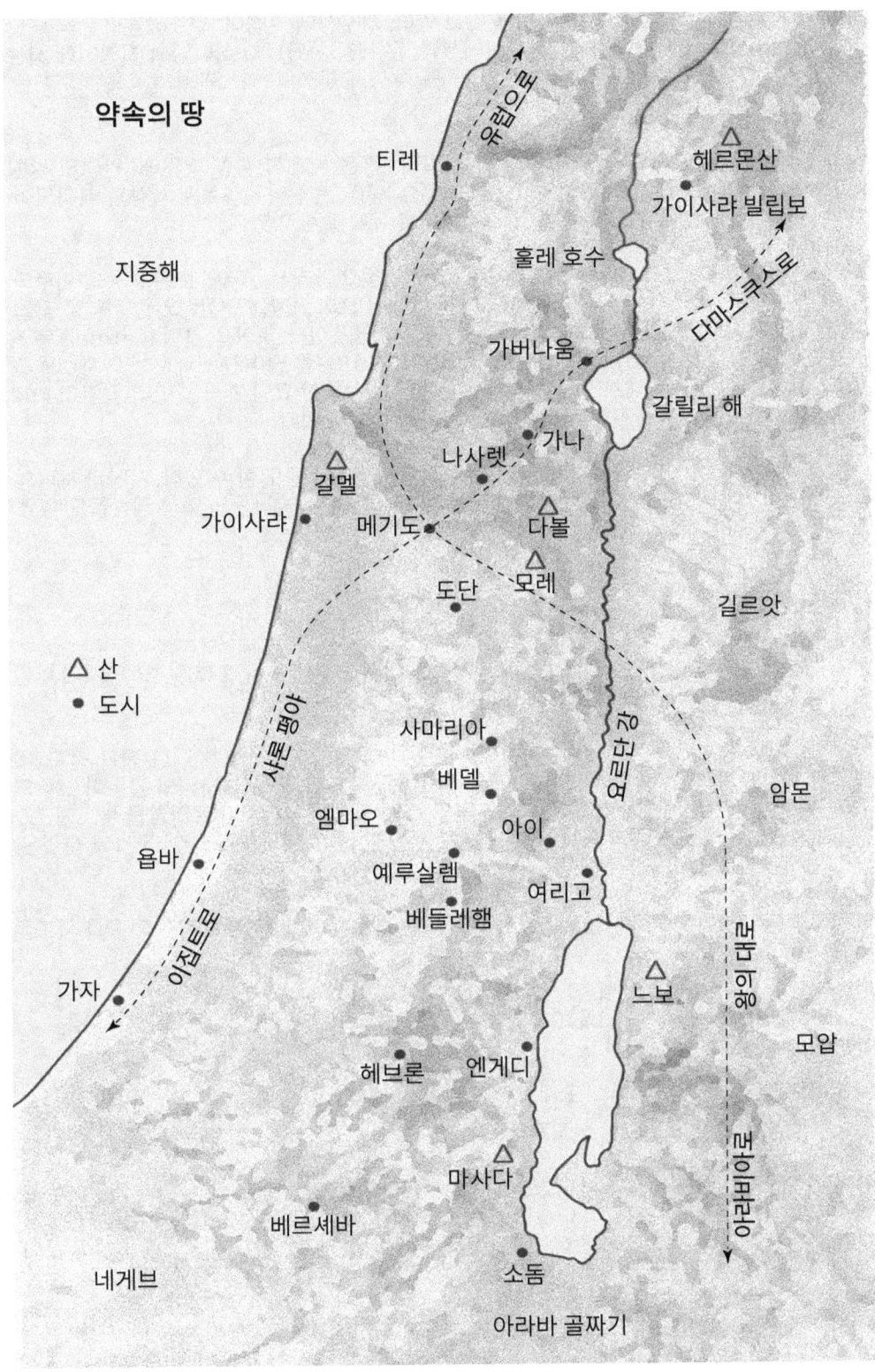

이러한 지역적 위치는 중요한 영적 의미를 갖고 있다. 지구상에 모범이 되는 하늘의 왕국을 만드시기 위해 하나님께서 사람들을 이 곳에 보내셨다. 온 세상 사람들이 하나님의 법칙아래 사는사람들이 받는 축복과 불순종으로 저주받는 것을 볼 수 있게 하셨다. 이스라엘의 독특한 위치는 우연이 아니다.

약속의 땅의 세계의 교차로인 북쪽 지역은 '갈릴리', 혹은 국제적 성향 때문에 '만국의 갈릴리 (Galilee of the Nations)' 로 불리었다. 남쪽의 유대 지역은 산악지대로서 세상과 격리되어 있었기 때문에 예루살렘을 수도로 유대 고유의 문화를 유지할 수 있었다.

약속의 땅은 영국의 웨일즈 (Wales) 와 비슷한 크기지만 그 안에서는 거의 모든 종류의 기후와 풍경을 만날 수 있다. 어디서 온 사람이던 이스라엘 안에서 그의 고향을 연상시키는 지역을 찾을 수 있다. 영국과 가장 비슷한 곳은 텔 아비브 (Tel Aviv) 의 남쪽이다. 북쪽의 칼멜 (Carmel) 은 작은 스위스 (Little Switzerland) 로 알려져 있다. 칼멜에서 10분쯤 떨어진 곳에서는 야자수를 즐길 수 있다. 유명한 요단강은 헤르만산에서 시작하여 앞서 언급한 요단 계곡을 따라 갈릴리 바다를 지나 사해로 흐르고 이 강줄기를 따라 비옥한 평야가 펼쳐져 있다.

유럽, 아프리카 그리고 아시아에서 볼 수 있는 여러가지 동식물들도 볼 수 있다. 사하라 사막의 야자수 옆에 소나무가 자라고 있다. 구약시대에는 사자, 곰, 악어, 낙타등의 야생 짐승들도 있었다. 마치 지구 전체를 이 작은 나라 안에 압축해 놓았다고 할 수 있다.

역사적 배경

지형에 대해 어느 정도 알았으니 구약시대의 역사에 대해 공부해 보자. 2,000년의 역사가 부담스럽게 느껴지지만 아래의 간단한 도표에서 전체적 흐름을 볼 수 있다.

구약성경은 예수님 오시기 전 2,000년 간의 기간을 다루고 있다. 창세기 1-11 장은 천지 창조, 에덴동산과 인간의 타락, 홍수와 바벨탑의 선사 시대를 다루고 있다. 하나님의 혈통이 포함되기는 하지만 일반적으로 인류에 대하여 촛점을 맞추고 있다. 하나님께서 아브라함을 부르신 2,000 BC 경에 시작되는 이스라엘의 역사를 아래 도표를 통해 살펴보자. (이스라엘 국가의 설립은 이로부터 몇백년 후의 일이다.)

구약시대는 약 500년씩으로 나눌 수 있다. 각 시대는 대표적인 사건, 두드러진 인물과 지도권의 형태를 가지고 있었다.

2000 BC	1500 BC	1000 BC	500 BC
선택받음	출애굽	왕국	추방
아브라함	모세	다윗	이사야
족장	선지자	왕	제사장

처음에는 족장들이 이스라엘의 지도자였다: 아브라함, 이삭, 야곱과 요셉. 두번째 기간에는 모세에서 사무엘에 이르는 선지자들이 이스라엘 민족을 이끌었다. 세번째 기간에는 사울에서 시드기야까지의 왕정이었다. 네번째 기간에는 제사장들이 이끌었고, 여호수아 (스룹바벨의 법에 따라 망명에서 유다로 돌아온 제사장) 에서 예수님 당대의 가야바 제사장이 포함된다.

이 어떤 지도권의 형태도 이상적이지 못했고 각 지도자들의 결점이 임무 수행에서 드러났다. 국가에는 선지자이며, 제사장이며 왕이신 지도자가 필요한데 그러한 분은 바로 예수님이시다. 그러므로 구약성경의 각 단계는 앞으로 오실 이상적 지도자 예수님을 예지한다.

이 연대표 안에는 400 년씩 두번의 공백 기간이 있었다. 첫번 째는 1,500 BC 경 족장과 선지자 시대 사이에 있었고, 두번째는 400 BC 경 제사장시대 후에 있었다. 이 기간 동안 하나님께서는 아무 말씀도 없으셨고 아무 일도 하지 않으셨기 때문에 성경에는 이 기간에 대하여 아무 것도 기록하지 않았다. 두번째 공백기간에 쓰여진 아포크리파 (Apocrypha) 라 불리우는 유대인의 책들이 있지만 하나님께서 말씀하시고 행동하시는 것에 대한 것이 아니므로 성경에 포함되지 못했다. 그러므로, 말라기가 표준 영어 성경의 마지막 구약성경이고 마태복음이 쓰여질 때까지는 400 년의 공백 기간이 있었다.

이 기간 중의 세계사를 살펴보면 꽤 흥미롭다. 첫번째 공백기간 중에는 이집트, 인도 그리고 중국 문명이 발달했고, 두번째 공백기간 중에는 소크라테스, 플라토 와 아리스토텔레스를 통해 그리스 철학이 발전했다. 당시 중요한 인물들은 부처, 공자, 알렉산더 대왕과 쥴리우스 시져 등이 있다. 역사가들이 중요하게 여기는 많은 사건들이 있었지만 하나님과는 별 관계가 없었다. 하나님의 백성들과 이루어 가는 하나님의 역사만이 중요했다.

구약 성서들에 대한 간략한 개요

창세기 12-50 장은 이스라엘의 족장들이 이끌던 이스라엘 역사의 첫 시작을 묘사한다. (p.19 도표 참조) 욥기에서 족장 시대에 해당되는 유사한 사건들을 볼 때 욥기도 이 때에 쓰여졌을 가능성이 높다.

다음 500 년 기간 동안에는 소수의 책들이 쓰여졌다. 모세가 출애굽기, 레위기, 민수기와 신명기를 썼다. 여호수아, 사사기 와 룻기가 그 후의 역사를 이어간다.

다음 500 년 기간에는 사무엘, 열왕기, 역대기, 시편, 잠언, 전도서, 아가서의 다수의 책들이 쓰여졌다. 솔로몬의 왕정이 끝난 후의 내전으로 열두지파가 두 나라로 갈라 지고 북쪽의 열 지파는 이스라엘 왕국, 그리고 남쪽의 두 지파는 유대 왕국을 세운다. 이것이 통일국가의 마지막이었다. 당시 엘리야와 엘리사 선지자가 있었지만 그들의 이름으로 명제된 책은 없다.

마지막으로 망명과 관련된 많은 예언서들이 있다. (이스라엘 왕국은 앗수르에 의해 멸망하고 남쪽의 유다 왕국 사람들은 바빌론의 포로로 끌려간다.) 이 성경들은 망명 전, 망명 중 , 망명 후에 대한 예언들을 기록했고, 선지자가 두 기간에 걸쳐 살았던 경우에는 중복된 기간에 해당하는 예언들도 있다. 예언서에서 우리는 이스라엘 역사의 중요한 사건들에 대해 알게된다. 하나님께서 약속으로 주신 땅을 잃어버리고 한 국가의 주체성의 심장에 타격이 가해졌다.

선지자들은 그들이 영토를 잃을 것을 예언했지만 정작 영토를 잃고난 후에는 사람들을 위로했다. (같은 선지가가 두가지 다 한 적도 있다.) 70 년의 망명 생활이 끝나고 유대땅으로 돌아 왔을 때 성전 재건축을 촉구한 선지자들도 있었다. 다니엘서와 에스더서는 바빌론에서 쓰여졌다. 에스라와 느헤미야 선지자는 예루살렘성의 재건축을 돕고 돌아온 사람들을 회복시켰다. 이 간단한 개요를 통해 구약성경이 연대순으로 나열되어 있지 않음을 볼 수 있다. '역사서'들은 거의 연대순으로 정열되어 있지만 예언서들은 연대가 아닌 책의 부피에 의해 배치되었다. 그래서 누가 언제 말하고 있었는지에 대해 혼동하게 된다.

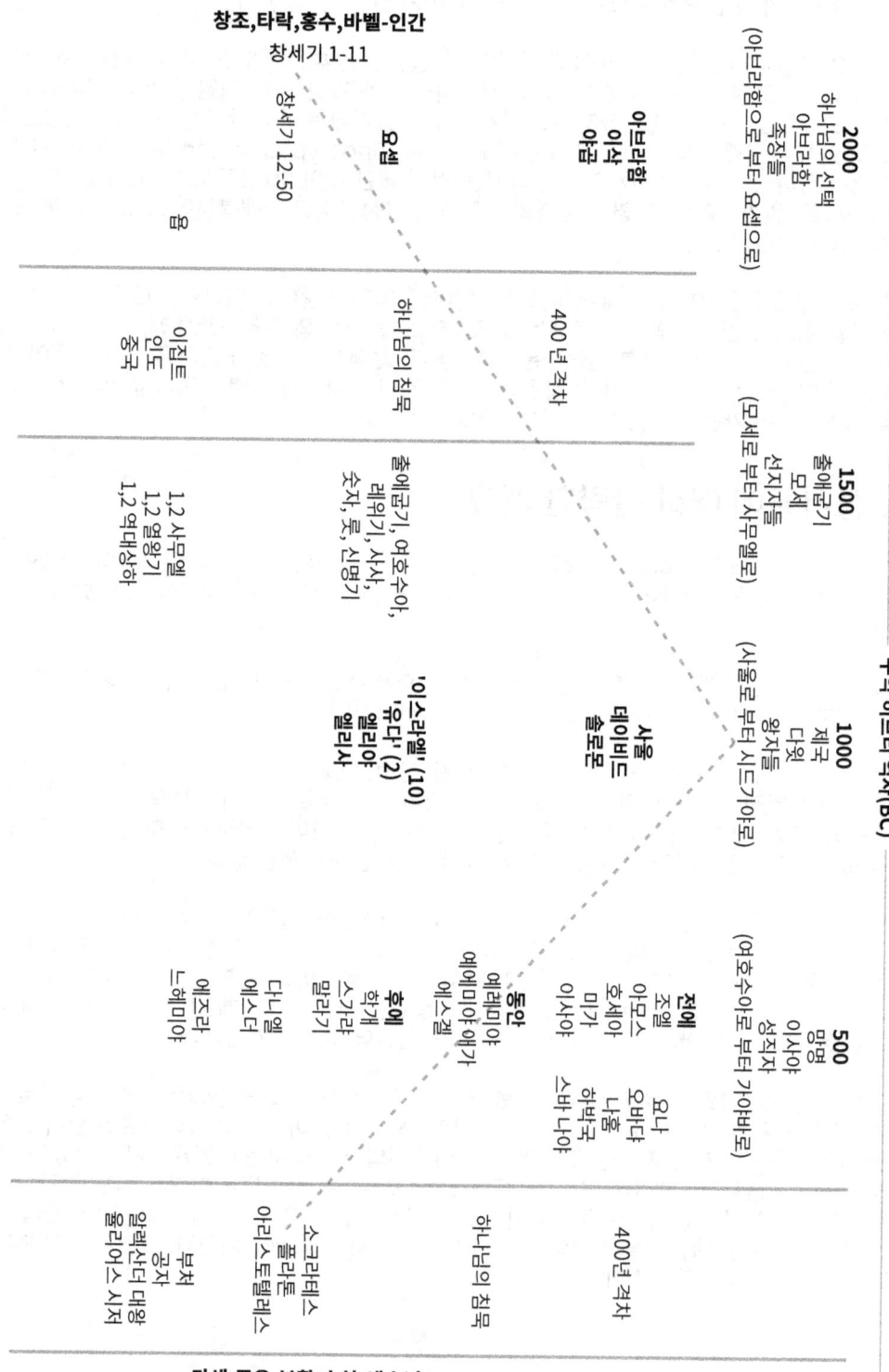

왕국의 흥망

19페이지의 도표에서 또 다른 중요한 점을 볼 수 있다. 도표의 점선은 다윗왕과 솔로몬왕 시대에 정점에 달했던 국가의 경제력을 보여준다. 점선은 천천히 상승하다가 최고점에 도달한 후 급히 하강한다. 모든 유대인들은 그 때를 회고하며 다시 그날이 오기를 고대한다. 그때는 황금기였다. 그들은 그 때의 번영을 회복시킬 다윗의 아들을 아직도 기다리고 있다.

예수님께서 승천하시기 전에 제자들이 한 마지막 질문은 언제 예수님께서 이스라엘 왕국을 다시 세우실 것인가 하는 것이었다. 그들은 2,000 년이 지난 지금도 같은 질문을 하고 있다.

721 BC 에 이스라엘이 앗수르에 의해, 그리고 587 BC에 남유다가 바빌론에 의해 추방 당할 때 까지 그들의 경제력은 계속 쇠퇴한다.

그로부터 400 년의 공백 기간 후 오랫만에 선지자 사도요안이 나타난다. 그리고 예수님의 삶과 사역이 시작된다. 2,000 년의 역사를 다룬 구약성경에 반해 신약성경은 100 년 정도의 짧은 기간을 다루고 있다.

성경의 배치

앞서 언급 했듯이, 구약시대의 역사는 구약성경들이 배치된 순서와 다르다. 또한 히브리성경과 영어 구약성경의 순서도 많이 다르다. 영어성경은 다음과 같이 책들을 배치했다: 역사—창세기에서 에스더, 시집—욥기에서 아가서, 예언서—이사야에서 말라기. 예언서는 대예언서 (이사야, 예레미아, 에스겔, 다니엘) 과 소예언서 (호세아에서 말라기) 로 나뉘었다. 대예언서와 소예언서의 구분은 책의 부피에 따른 것일 뿐이다. 성경의 목차에 배치가 표기 되어 있는 성경도 있지만 거의 모든 독자들은 한 성경책에서 다음 책으로 넘어갈 때 범주가 바뀌었는지도 모르고 지나 간다.

히브리 성경는 뚜렷하게 세부분으로 구분된다. 처음 다섯권은 역사서가 아니고 율법서로 간주되고, 두루마리를 펼 때 보이는 첫 단어들이 책의 명제이다. 다음은 예언서로서 영어 성경에서 역사서로 구분하는 여러 성경들이 여기 포함된다. 여호수아, 사사기, 사무엘 그리고 열왕기는 전예언서로 불리우고, 영어성경의 대예언서와 소예언서는 후예언서로 불리운다. 그 이유는 유대인들은 역사서를 어떤 일들이 벌어지고 무엇이 중요한지를 판단한 하나님의 관점에서 기록한 예언의 역사서로 보기 때문이다. 모든 역사서는 무엇이 포함되었고 왜 포함되었는가라는 선택과 연결의 원칙에 의거한다. 하나님께서 주시는 영감에 의해 선지자들이 선택했다는 점 외에는 성경의 역사도 예외가 아니다.

영어성경에서 룻기와 역대기는 역사서로 구분되어 있지만 히브리 성경에서는 예언의 역사서로 간주하지 않는다. 사실 책 속의 등장 인물들이 하나님의 축복을 구하는 등의 신앙은 보이지만 하나님께서 직접 하신 일에 대한 언급이 없기 때문이다. 대신 이들은 히브리 성경의 세번째이며 마지막 분류인 '성문서' 로 간주된다. 특이한 것은 시집과 우리가 예언서로 다루는 다니엘서도 성문서로 분류되어 있다.

이 분류가 이색적일지 모르나 사망후 부활하신 예수님께서 엠마오로 가던 두 제자와 그 후 열 제자에게 나타나셨을 때 이 분류를 사용하셨다. 그들에게 율법서, 예언서, 성문서에서 예수님을 조명하는 모든 성경 말씀을 가르치셨다. 이것이 예수님께서 배우고 받아들이신 구약의 분류이고 이 분류가 우리의 공부에 도움이 된다고 믿는다.

구약 성서			
헤브라이 사람		**영어 (한국인)**	
율법 (토라,오경) * 처음에 (창세기) *이름들은 다음과 같습니다 (출애굽기) *그리고 부르셨습니다 (레위기) *광야로 (민수기) *이것이 내 말씀이다 (신명기) 선지자들 이전에: *여호수아 *사사기 *사무엘 *열왕기 후에 이사야 예레미야 에스겔 호세아 조엘 아모스 오바댜 요나 미가 나훔 하박국 스바 니야 학개 스가랴 말라기	작문 *찬양 *욥 *잠언 *룻 *아가 *설교자 (전도서) *어떻게? (예레미야 애가) *에스더 *다니엘 *느헤미야 *1.2 당시의 말씀 (역대기) '올라가다' (엘리아) (마지막 말씀) [누가복음 24:27,44]	역사(과거) *창세기 *출애굽기 *레위기 *민수기 *신명기 *여호수아 *사사기 *룻 *1,2 사무엘 *1,2 열왕기 *1,2 역대하 *에스라 *느헤미야 *에스더 시(현재) *욥 *시편 *잠언 *전도서 *아가	예언(미래) 주요한(4): 이사야 예레미야 *예레미야 애가 에스겔 *다니엘 나머지(12) 호세아 조엘 아모스 오바댜 조나 미가 나훔 하박국 스바 니야 학개 스가랴 말라기 '저주'(마지막 말)

성경에 포함되지 않은 유대인의 역사서들도 있다. 아포크리파 (Apocrypha) 책들은 다른 종류가 섞여 있기는 하지만 거의 모두가 '역사서' 들이다. 그 안에는 예수님께서 오시기 몇 백년전 이스라엘을 점령하고 그리스에 반항한 맥카비스 (Maccabees) 에 대한 흥미로운 이야기들도 있다. 하지만 이 책들은 하나님의 영감으로 기록된 것이 아니라고 판단되어 구약성경법에 의해 성경에 포함시키지 않았지만 천주교 성경에는 포함되어 있다. 나는 여기서 구약성경들을 연대순으로 재배치하여 하나님의 말씀과 함유된 계시의 진행을 순서적으로 독자들이 이해할 수 있도록 했다.

결론

구약성경이 처음에는 꽤 복잡하게 느껴지지만 독자들이 이 개요를 통해 성공적으로 구약성경을 읽을 수 있게 되기 바란다. 책을 계속 읽고 또 읽는 방법 외에는 별 도리가 없다. 그렇다고 학구적으로 파고 들 필요는 없다. 하나님의 영감으로 쓰여진 것이 구약성경이고 하나님께서 성경을 통해 여러분들을 만나 주실 것이다. 여러분은 하나님께 구하기만 하면 된다.

2. 창세기

개요

성경은 한권의 책이 아니라 여러권의 책을 모아 놓은 전집이다. 성경—바이블 (Bible) 의 어원은 라틴어의 복수형인 비브리아 (biblia) 로 '도서관' 이라는 뜻이다. 성경은 66 권의 성서들로 구성되어 있고, 일반 역사책들과 비교해 볼 때 역사의 시작과 종말이 일반 책들 보다 훨씬 전에서 시작하고 훨씬 후에 끝난다는 점이 특별하다. 첫번째 책인 창세기는 우주 창조에서부터 이야기가 시작되고 마지막의 요한계시록은 세상의 종말과 그 후에 대하여 기록하고있다. 성경은 하나님의 관점에서 쓰여진 역사서라는 점에서 유일무이하다. 정치사나 우주사 혹은 자연과학사들은 인간의 관심에 맞추어 촛점을 두지만 성경은 하나님께서 그가 보시기에 중요한 사건들을 선택하여 기록한 책이다.

주제

성경에는 근본적으로 두개의 주제가 있다: 우리가 사는 세상에 무엇이 잘못되었는가와 그것을 어떻게 고칠 수 있을 것인가 하는 것이다. 무엇인가 아주 잘못 되었고 이 세상이 그다지 살기 좋은 곳이 아니라는 점에 대부분의 사람들이 수긍할 것이다. 창세기는 이 문제들을 정확하게 지적하고 나머지 성경은 어떻게 하나님께서 죄악된 인류를 그 자체에서 구하셔서 모든 것을 회복시키시는가에 대한 내용이다. 66권의 성서들이 하나의 위대한 '구원의 드라마' 를 형성한다고 할 수 있다. 창세기는 이 드라마의 무대, 배역 그리고 필수적인 줄거리를 우리에게 알려준다. 창세기의 처음 몇 장이 없다면 성경의 나머지 부분들은 별 의미를 갖지 못할 것이다.

태초

히브리 성경은 창세기를 간단히 '태초' 라고 부른다. 히브리 성서들은 두루마리로 되어있었고, 두루마리를 펴면서 처음 보이는 맨 윗줄의 단어들이나 문구를 책 이름으로 사용했다.

기원전250 년경, 히브리 성경을 헬라어로 번역할 때, 번역가들이 '근원' 혹은 '시작' 이라는 뜻으로 이 책을 '창세기'라고 명제했다. 이 이름은 여러가지의 근원인 우주, 태양, 달과 별, 지구 등을 포함하고 있는 책의 이름으로 합당하다. 식물, 새, 물고기, 동물, 인간의 근원에 대해서도 기록되어있다. 성별, 결혼과 가족 생활, 문명의 근원, 정부, 문화 (예술과 과학), 죄, 죽음, 살인과 전쟁의 근원에 대해서도 기록되어있다. 동물들과 산인간의 첫 제물의 기원에 대해서도 기록되어있다. 짧게 말해서, 인간사가 심어져있다. 그래서 창세기 1-11 장을 '성경의 서막' 이라 볼 수 있다.

계시의 필요성

창세기는 모든 근원 뿐 아니라 삶의 궁극적인 질문들도 다룬다: 우리의 우주는 어떻게 시작된 것인가? 우리는 왜 존재하는가? 우리는 왜 죽어야 하는가?

이 질문들에 대해 아무도 답을 줄 수 없는 것은 확실하다. 역사가들은 사람들이 과거에 경험하고 본 것을 기록한다. 과학자들은 현재 관찰이 가능한 것을 연구하여 어떻게 시작되었을 것이라는 제안을 한다. 하지만 왜 시작 되었으며 지금 존재하는 우주가 어떤 의미를 가지고 있는지에 대한 답은 아무도 줄 수 없다. 철학가들의 답은 막연한 추측에 의거한다. 악의 근원과 이 세상에 왜 많은 고통이 있는지에 대해 막연히 짐작은 하지만 답을 알고 있지는 않다. 이 질문들에 대해 우리에게 답을 줄 수 있는 분은 하나님 한분 뿐이시다.

누가 썼나요?

그러므로 창세기를 대할 때 우리는 바로 이 질문에 접하게 된다: 우리는 인간의 상상력의 결과물을 읽고 있는가 아니면 하나님의 계시로 쓰여진 성서를 읽고 있는가?

이 질문에 대한 답을 얻기 위해 과학적 조회 방법으로 접근해 보자. 과학은 단계적 믿음에 의거한다: 가정을 설립한 후 사실과 맞는지 검증한다. 그래서 이론이 성립되고 이론에 근거한 행동을 취하여 연속적인 믿음의 도약과 함께 과학은 진보한다. 마찬가지로 창세기를 제대로 읽으려면 책을 열기 전에 한 단계의 믿음을 가져야만 한다. 창세기는 하나님의 계시로 쓰여졌다고 가정한 후 이 책이 제시하는 답변들이 우주 만물과 우리의 삶 속의 사실들과 부합하는지를 보아야 한다.

특히 두가지 분명한 사실에 대해 성경은 말하고 있다. 사실 #1: 웅장한 아름다움과 놀라운 각양 각색의 생명체가 있는 훌륭한 세상에 우리는 살고있다. 사실 #2: 사람들에 의해 세상은 파괴되어 가고있다. 매일 백여종의 생물들이 멸종하고 있다는 말을 들으며 근대식의 산업 생산이 우리의 환경을 얼마나 손상시키고 있는지를 우리는 의식하고 있다. 창세기는, 나중에 보겠지만, 왜 이 두 사실이 진실인 지를 완벽하게 설명해 준다.

창세기의 중요성

창세기는 성경의 첫번째 책일 뿐 아니라 성경 전체의 기반이다. 거의 모든 성경의 진실이 이곳에 적어도 배아상태로 담겨있다. 이책이 성경의 나머지를 여는 열쇠인 것이다. 우주의 창조자이신 하나님은 단 한분이라고 우리는 배웠고 또 모든 민족 가운데서 이스라엘 민족만이 축복받기 위해 선택 되었다고 배웠다. 학자들은 이스라엘만이 특별히 선택된 것을 '특수성의 스캔들' (the scandal of particularity) 이라고 하는데 이것은 성경의 처음부터 마지막 장까지 흐르는 주제이다.

성경이 만약 출애굽기부터 시작한다고 상상해보면 창세기의 중요성을 확인할 수 있다. 만약 창세기가 없다고 가정한다면, 우리가 왜 애굽에 있는 유대 노예들의 이야기에 관심을 가져야 하는지 의아해 할 수 밖에 없다. 특별히 학구적 관심이 있는 사람만이 성경을 계속 읽을 것이다. 우리가 창세기를 읽어야만 이 노예들이 아브라함의 자손이라는 중대함을 깨닫게 된다. 하나님께서는 아브라함에게 그의 혈통을 통해 온 나라들이 축복을 받을 것이라는 언약을 주셨다. 이 사실을 알고나서 하나님의 목적들이 전개되는 것을 보면 하나님께서 왜 이 노예들을 보호하셨는지에 대해 우리는 감사할 수 있게 된다.

창세기는 어떤 종류의 책인가?

우리는 창세기가 과연 하나님의 계시로 쓰여진 책인가에 대한 논쟁이 많다는 것을 알고있다. 어떤 사람들은 창세기가 역사의 배경이 약간 들어 있는 신화라고 말한다. 이점에 대해 세가지를 요약하고자 한다.

1. 구약성경 전체는 창세기를 토대로 쓰여졌고 아담, 노아, 아브라함 그리고 야곱 (후에 이스라엘로 개명함) 에 대해 자주 언급하고 있다. 신약성경도 창세기에 있는 말씀에 근거하여 쓰여졌고 구약성경보다 더 많이 창세기를 인용한다. 창세기의 처음 여섯장은 구체적으로 인용되었고, 여덟명의 신약 성서 저자들이 창세기를 인용했다.

2. 예수님께서도 창세기의 인물들이 실존했었고 사건들이 실제로 일어난 역사적 사건들임을 자주 말씀하시며 이들의 사실성에 대한 의문을 해결해 주셨다. 예수님께서는 노아와 홍수를 역사적 사건으로 대하셨다. 또 자신이 아브라함과 개인적으로 친분이 있다고 말씀하셨다. 예수님께서 "너희의 조상 아브라함이 나의 날이 임할 것이라는 생각에 즐거워 하였다. 그가 보았고 기뻐했다." 라고 유대인들에게 하신 말씀이 요한복음에 기록되어있다. 또, "아브라함이 태어나기 전 내가 있었다." 라고도 말씀하셨고, 사도요한은 그의 복음서에서 태초에 이미 예수님께서 계셨다는 것을 우리에게 상기시켜 준다. 사람들이 예수님께 이혼과 재혼에 대하여 질문했을 때 창세기 2장을 보고 답을 얻으라고 예수님께서는 말씀하셨다. 예수님께서 창세기를 믿으셨다면 우리도 믿지 못할 이유가 없는 것이다.

3. 사도바울의 신학적 이해는 창세기를 역사적인 사실로 믿는다. 그는 로마서 5장에서 예수님의 순종과 아담의 불순종을 대조하면서 믿는자의 삶의 결과에 대하여 설명한다. 만약 아담이 역사적 실존인물이 아니었다면 사도바울의 설명과 이해는 무의미해진다.

만약 창세기가 진실이 아니라면 성경의 나머지도 진실이 아니다

이러한 진실성의 고려는 창세기에만 국한되어 있지 않다. 창세기를 진실로 받아드리지 못한다면 성경의 나머지도 진실로 받아들이지 못한다. 앞서 말했듯이 성경의 많은 부분이 창세기의 진실성을 토대로 쓰여졌다. 창세기의 내용이 진실이 아니라면 우리의 창조자는 '우연' 이고 우리의 선조는 야생 동물들이다. 창세기가 성경의 어떤 책보다도 훨씬 많은 비평을 받아온 점은 놀라운 일이 아니다.

창세기에 대한 비평은 두 측면에서 볼 수 있다: 하나는 과학적 측면의 비평이고 다른 하나는 영적 비평이다. 과학적 비평은 나중에 창세기를 자세히 공부할 때 다루기로 한다. 지금은 창세기의 앞 부분에 있는 내용들이 현대 과학, 즉 지구의 나이, 인간의 근원, 대홍수의 범위, 홍수 전과 후에 살았던 사람들의 나이 등과 일치하지 않는다는 주장이 있다는 것만 인식하고 넘어가기로 하자.

또한 우리는 과학적 비평의 배후에 있는 사탄의 공격을 인식해야 할 것이다. 사탄은 자신의 등장과 창피하게 쫓겨나는 것을 묘사한 두권의 성서를 가장 미워하는데, 바로 창세기와 요한계시록이다. 그러므로, 사탄은 창세기의 앞 부분과 계시록의 끝 부분을 사람들이 믿지 못하도록 방해한다. 창세기가 신화이고 계시록은 추리일 뿐이라고 우리를 설득할 수 있다면, 많은 사람들의 믿음을 파괴시킬 수 있는 길이 열린다는 것을 사탄은 잘 알고 있다.

창세기는 어떻게 쓰여졌는가?

창세기는 히브리 성경의 '오경' (Pentateuch: penta 는 다섯을 의미) 혹은 '율법' (Torah: 지침서라는 의미) 이라 불리우는 다섯권의 책들 중 한권이다. 유대인들은 이 오경을 그들에게 주신 '창조자의 지침서' 로 믿고 매주 몇 장씩 일년에 걸쳐 통독한다.

전통적으로 유태인, 기독교인 그리고 이교도 역사학자들까지도 오경을 모세가 썼다고 믿고 있고 우리가 이것을 의심할 이유는 별로 없다. 모세 당대의 애굽에서는 상형문자 대신 낱말을 사용했다. 중국과 일본에서는 지금도 상형문자를 사용한다. 모세는 고등교육을 받았고 이 다섯권의 책을 집필할 수 있는 학식과 지식을 겸비한 사람이었다.

하지만 모세를 오경의 저자로 단정짓는데는 두가지의 문제점이 있다.

모세의 저작에 대한 문제점들

첫번째 문제는 간단하다. 신명기 끝 부분에 모세의 죽음에 대해 기록되어 있는데 물론 모세가 그 부분을 썼을리는 없다. 아마 여호수아가 오경의 마무리로 추가 기록한 것으로 생각된다.

두번째 문제는, 모세가 태어나기 300년 전에 창세기가 끝난다는 점이다. 모세가 자신의 생전의 사건들을 출애굽기, 레위기, 민수기 그리고 신명기에 기록하는데는 아무 문제가 없었을 것이다. 하지만 창세기의 내용들을 그가 어떻게 알 수 있었단 말인가?

이것도 큰 문제는 아니다. 문자가 없는 부족들을 연구한 결과에 의하면, 글을 못쓰는 사람들은 초자연적인 기억력을 가지고 있다고 한다. 문자가 없는 부족들은 모닥불 주위에 둘러 앉아 그들의 역사를 구전으로 배운다. 특히 애굽의 노예가 되어 버린 히브리인들이 자신들의 정체성과 그들이 어디서 왔는지를 자손들에게 가르치는 구전의 전통은 다른 원시 사회와 마찬가지로 잘 발달되어 있었을 것이다.

구전되는 역사는 보통 두 가지로 나눌 수 있다. 하나는 자신들의 신원에 대한 족보이다. 창세기에는 많은 족보가 있다. '이 사람들이 이 세대의' 혹은 '이 사람들이 아무개의 아들들이다' 라는 구절이 열번이나 나온다. 다른 하나는 영웅들의 이야기이다—선조들이 이룬 훌륭한 업적을 구전하는 것이다. 창세기 거의 전체가 이 두가지 종류의 역사로 구성되어 있다: 족보들 사이에 여기 저기 나와 있는 영웅들의 이야기들이다. 이를 염두에 두고 보면, 모세가 노예들의 기억에서 얻은 정보를 가지고 창세기를 쓸 수 있었을 것이라는 것을 쉽게 이해할 수 있다.

하지만 이것은 모세가 창세기의 저자인가에 대한 모든 의문을 해소하지는 못한다. 창세기의 첫 부분 (1:1-2:3) 은 위의 방식으로는 정보 수집이 불가능하기 때문이다. 어떻게 천지창조의 자세한 내용을 모세는 알 수 있었겠는가?

이것은 우리의 믿음으로 이해 할 수 밖에 없다. 시편 103편은 하나님께서 천지창조를 포함한 모든 하나님의 역사를 모세를 통해 사람들에게 알리셨다고 말한다. 성경에 하나님께서 직접 말씀하신 몇 군데 중 하나로, 하나님께서 세상의 종말에 대해 말씀하신 것을 사도요한이 계시록에 받아 쓴 것 같이, 하나님께서 직접하신 말씀을 사람이 받아 쓴 것이 틀림 없다고 본다. 보통 하나님께서는 저자들에게 영감을 주셔서 그들의 독특한 개성, 기억, 통찰력과 시야를 통해 (모세가 나머지 창세기를 쓴 것처럼), 그리고 성령의 영감을 통해 그가 원하시는 말씀이 기록되도록 하신다. 하지만 천지창조의 이야기는 직접 계시하셨다고 나는 생각한다.

이것을 확인하기 위해 모세시대 전에는 안식일을 지킨 기록이 없다는 점에 주목하자. 족장시대에 안식일로 하루를 쉬었다는 내용을 우리는 읽어 본 적이 없다. 일주일은 칠일이라는 개념조차도 찾을 수 없다. 시간은 한달이나 일년의 단위였다. 성경의 시작이 창세기 1장이므로, 우리는 아담이 안식일을 알았었고 그 후 사람들이 이를 따라 안식일을 지켰다고 가정한다. 그러나 아담은 매일 에덴동산을 돌보고 저녁에는 하나님과 시간을 보낸 것으로 기록되어 있다. 마찬가지로 아브라함, 이삭 또 야곱이 안식일을 지켰다는 암시가 없는 점으로 미루어 볼 때 아마도 그들은 양을 치는 목자로서 하루도 쉴 새가 없었을 것이다.

만약 모세가 하나님께로부터 창세기 1장과 안식에 대한 계시를 직접 받았다면, 그것이 우리에게 그리 놀라운 일이 아니다. 모세는 이 계시를 받고 십계명을 통하여 안식일의 개념을 이스라엘의 삶에 도입할 수 있었을것이다.

요약하자면, 창세기는 분명히 하나님께서 주신 책으로 믿고 읽어야 한다. 모세가 애굽에서 받은 교육과 글 쓰는 재능을 사용하여, 아브라함을 부르시고 그를 통해 인간의 타락의 영향을 역전시키시는 놀라운 하나님의 일들을 기록한 책이다.

창세기의 구조

우선 창세기 전체의 구조를 살펴 보자. 특별히 구분되는 1-11장은 '비옥한 초승달' (애굽에서 중동의 페르시아만까지 펼쳐진 평야) 지역에서 몇 백년 동안의 성장과 확장을 한 나라들을 다루고 있다. 이야기가 전환되는12장에서는 하나님께서 아브라함을 부르심으로 다음 시대가 시작된다. 창세기의 나머지 부분 (13-50장) 은 좁은 차원의 내용들로서, 하나님께서 아브라함와 그의 자손들, 이삭, 야곱 그리고 요셉과 어떤 관계를 가지셨는지에 대해 역대순으로 기록하고 있다.

이 전체적인 틀을 더욱 세분할 수 있다. 하나님께서는 1-2장에서 인간을 포함한 모든 창조가 좋다고 말씀하셨다. 3-11장은 에덴에서 영적으로 또 육체적으로 멀어져 가는 인간의 죄의 근원과 결과에 대해 알려준다. 여기서 우리는 하나님의 성품, 인간을 심판하시는 그의 공의로움, 그리고 심판 중에도 인간을 보살피시는 하나님의 긍휼을 볼 수 있다.

12-36장에서는 아브라함과 롯, 이삭 (약속의 아들) 과 이스마엘 (육의 아들), 야곱과 에서의 여섯 명의 대조적인 사람들이 등장한다. 이 두 종류의 사람들 중 우리는 어느 쪽에 속하는가? 하나님께서는 부족한 아브라함, 이삭 그리고 야곱을 통해 자신을 나타내고자 하셨다. 마지막으로 요셉에 대해 상세히 기록되어 있는데 그는 어느 누구와도 다른 인물이다. 요셉이 그의 선조들과 어떻게, 또 왜 다른지에 대해서는 나중에 자세히 살펴보기로 한다.

태초에 하나님께서

이제 창세기의 놀라운 첫 장을 열어보자. '태초에 하나님께서' 라고 창세기는 시작한다.

창세기에 여러번의 시작들이 있는데 분명히 하나님은 여기서 시작되지 않으셨다. 성경을 열면 하나님은 벌써 계시고 우주창조 전에 이미 계셨음을 알 수 있다. 하나님은 어디에서 오셨나 라는 철학적 질문은 사실 질문이 아니다. 우주가 있기 전 영원한 무엇인가, 혹은 영원한 누구인가가 있어야 했고 성경은 이 존재가 하나님이심을 분명히 알려준다. 하나님은 영원히 존재하시고, 항상 계셨고, 항상 계실것이라는 믿음이 성경의 근본적 바탕이다. 하나님의 이름 '야훼' (Yahweh) 는 히브리어의 부사형 동사인 '존재하는' (to be) 이라는 의미를 가지고 있다. 이 '야훼'라는 단어에 담긴 하나님의 본성을 비슷하게 나타내주는 영어 단어로는 '항상' (always) 이라는 단어가 적합하다: 그는 항상 계셨고, 지금도 계시고, 앞으로도 항상 계실 분이시다.

하나님의 존재성에 대한 설명이 필요 없는 반면 다른 모든것들의 존재성에 대하여는 설명할 필요가 있다. 주위의 모든 것을 보고 하나님의 존재성을 증명할 필요가 있다고 하는 현대 사고방식과는 정반대이다. 하나님은 언제나 계셨던 분임으로, 왜 다른 모든 것이 존재하는지를 설명해야 한다는 것이 성경적 입장이다.

모세가 창세기를 쓸 당시 히브리인들은 개인적 체험을 통해 하나님이 계심을 알고 있었다. 하나님께서는 그들을 애굽에서 구하시고 홍해를 가르셨으며 애굽군대를 바다 속에서 전멸시키셨다.

그들에게 더 이상의 '증거'는 필요치 않았던 것이다.

믿음의 필요성

신약성경은 어떤 식으로 하나님께 나아가는 것이 창세기를 읽는데 도움이 되는지를 우리에게 알려준다. 히브리서 11장에서 천지창조에 대해 두번 언급했다: '믿음으로 모든 세계가 하나님의 말씀으로 지어진 줄을 우리가 아나니 보이는 것은 나타난 것으로 말미암아 된 것이 아니니라'. 그리고, '하나님께 나아가는 자는 반드시 그가 계신 것과 또한 그가 자기를 찾는 자들에게 상 주시는 이심을 믿어야 할지니라'.

그러므로, 우리가 창세기를 포함한 성경 전체를 대할 때, 하나님은 살아 계시고 하나님께서는 우리가 그를 찾고, 알고, 사랑하고, 섬기기를 원하신다는 것을 믿어야 한다. 그러면 이 믿음을 토대로 어떤 일들이 일어나는 지를 볼 수 있게 된다. 우리는 하나님의 존재성을 '증명' 할 수는 없지만, 하나님께서는 우리가 그를 알고 믿기를 원하신다는 기본적인 믿음은 가질 수 있다.

창조주의 속성

처음에 나오는 네 단어 (In the beginning God) 다음의 내용에서 뜻밖의 것을 깨닫게 된다: 창세기 1장의 주제가 창조물이 아니라 창조주라는 점이다. 우리의 세상이 어떻게 창조되었는가에 대한 것보다는 누가 창조하였는가가 핵심 메세지인 것이다. 하나님에 대한 것임을 강조라도 하듯 31개의 구절 안에 '하나님' 이란 단어가 35번 나온다. 창조의 이야기가 아니라 창조주를 묘사하고 있다. 그러면 하나님은 어떤 분이신가?

1. **하나님은 인격체이시다:** 창세기 1장은 인격적인 하나님을 묘사한다. 하나님은 가슴으로 느끼신다. 그는 지성으로 생각하시고 그의 생각을 언어로 표현하신다. 그는 의지가 있으시고 결정하시고 그것을 지키신다. 이런 것들이 하나님의 인격을 구성하는 요소들이다. 하나님은 '그것' 이 아니라, '그분' 이시다. 그분은 우리 같이 감정, 생각 그리고 동기를 가진 완전한 인격체이시다.

2. **하나님은 전능하시다:** 하나님께서 말씀으로 우주 만물을 창조하실 수 있었다면 그에게 엄청난 능력이 있다는 것은 명백하다. 1장에서 그는 열번의 명령을 하시고 명령하신 모든 것들이 그가 원하시는 대로 이루어진다.

3. **하나님은 피조물이 아니다:** 이미 말했듯이 하나님께서는 항상 계셨고 항상 계신 분이시다. 그는 항상 창조주이셨지 피조물이 아니셨다.

4. **하나님은 창의적이시다:** 하나님의 상상력은 가히 놀랍다! 기가 막힌 예술가이시다! 6,000종의 딱정벌레들. 각기 다른 모양의 잔디풀잎들. 각기 다른 모양의 눈송이들. 각기 다른 구름들. 각기 다른 모래알들. 각기 다른 별들. 완벽하게 어우러진 각양각색의 조화. 이것들이 하나로 조화된 것이 우주 (uni-verse) 이다.

5. **하나님은 질서 정연하시다:** 나중에 공부하겠지만 그의 창조는 대칭적이다. 창조가 수학적 논리에 의거하기 때문에 과학이 가능하다.

6. **하나님은 단수형이시다:** 창세기 1장의 '창조했다' 라는 말 이후의 모든 동사들은 단수형이다.

7. **하나님은 복수형이시다:** 하나님의 명칭은 단수형 엘 (El) 이 아니라 복수형 엘로힘 (Elo-

him) 으로 세명 이상의 '신들'을 의미한다. 그래서 성경의 가장 첫 문장이 복수형 명사에 단수형 동사가 붙어 문법적으로는 틀렸지만 신학적으로 하나님이 삼위일체 (Three-in-one) 이심을 우리에게 정확하게 알려준다.

8. **하나님은 좋으신 분이다:** 그러므로 하나님은 모든 창조가 '좋다' 라고 하시고 인간을 그의 최고의 걸작품으로 '아주 좋다' 라고 말씀하셨다. 그 뿐 아니라 좋으신 하나님께서는 그가 창조한 모든 것들에게 축복주시기를 원하신다. 하나님의 '선하심' 이 모든 '선함' 의 기준이 된다.

9. **하나님은 살아계시다:** 하나님은 시간과 공간의 세계에서 활발하게 움직이고 계신다.

10. **하나님은 대화하시는 분이다:** 하나님은 창조와 그 안의 피조물과 대화하신다. 특히 인간과 대화하기를 원하신다.

11. **하나님은 우리와 비슷하시다:** 우리는 하나님의 형상으로 지어졌다. 그래서 우리는 어떤 면에서 하나님과 비슷하고 하나님은 우리와 비슷하다.

12. **하나님은 우리와 다른 분이시다:** 하나님은 '무' (ex nihilo) 에서 '유'를 창조하실 수 있지만, 우리는 유에서 유를 만들 수 (make) 밖에 없다. 우리는 제조만 할 수 있는 것이다; 하나님만이 유일하고 진실한 창조자이시다.

13. **하나님은 독립체이시다:** 하나님은 그의 창조물과 동등한 신분이 아니다. 아주 처음부터 창조주와 창조물은 구별된다. '신시대 운동가' 들은 이 점을 혼돈하여 하나님이 인간의 한 부분이라고 말한다. 하나님은 그의 창조물에서 완전히 분리되어 있다. 그는 그의 창조물들을 떠나 혼자만의 시간을 가질 수 있다. 우리는 하나님의 신분을 그의 창조물과 절대 동일시하면 안된다. 그의 창조물을 경배하는 것이 우상숭배이다. 창조주를 경배하는 것이 진리의 길이다.

철학에 대한 도전

창세기 1장의 진실을 받아드리고 나면, 하나님을 논하는 여러 철학적 사상들이 자동적으로 제외된다. (철학은 '지혜를 사랑한다'는 의미이다). 모든 사람들이 의식적으로 생각하던 안하던 각자 세상을 보는 눈을 가지고 있다.

창세기를 믿는사람들에게 다음의 철학은 성립될 수 없다.

1. **무신론 (Atheism):** 하나님이 없다고 믿는다. 창세기 1장은 하나님이 계시다고 확언한다.

2. **불가지론 (Agnosticism):** 하나님이 있는지 없는지 모른다. 창세기 1장은 우리는 하나님께서 분명히 존재하심을 믿는다고 말씀한다.

3. **불활론 (Animism):** 많은 영이 세상을 지배한다고 믿는다. (예: 산신, 강신, 나무신 등) 창세기 1장은 하나님께서 천지를 창조하셨고 통치하신다고 단언한다.

4. **다신론 (Polytheism):** 많은 신들이 있다고 믿는다. 힌두교가 여기에 속한다. 창세기 1장은 하나님은 한분이라고 말씀한다.

5. **이원론 (Dualism):** 좋은 일을 하는 좋은 신과 나쁜 일을 하는 나쁜 신의 두 종류의 신이

있다고 믿는다. 창세기는 단 한분의 좋으신 하나님뿐이라고 단언한다.

6. **유일신론 (Monotheism):** 유대교와 이스람교의 믿음이다—하나님은 한분이라 믿고 삼위일체를 거부한다. 그러나 엘로힘 (Elohim) 이라는 복수형의 단어로 하나님을 명칭하는 창세기 1장은 하나님은 삼위일체이심을 말씀한다.

7. **이신론 (Deism):** 하느님이 우주를 창조하긴 했지만 자신의 창조물을 다스릴 능력이 없다고 믿는다. 그들의 신은 마치 세상이라는 시계의 태엽을 감아놓기만 하고 스스로의 법칙에 의해 태엽이 저절로 풀리도록 해 놓았다는 것이다. 이런 신은 절대 그의 세상에 관여하지 않으므로 기적이란 있을 수 없다. 많은 기독교인들이 실질적인 면에서 이신론자라고 볼 수 있다.

8. **유신론 (Theism):** 하나님이 천지를 창조하셨고 모든 피조물을 지배한다고 믿는다. 성경론에 한발짝 가깝지만 깊이 들어가지는 않는다.

9. **실존주의 (Existentialism):** 현대에 인기있는 철학으로 경험이 하나님이라고 믿는다. 우리의 선택과 자신에 대한 확신이 우리가 따라가는 '종교'이다. 우리의 삶을 해명해야 할 창세기 1장의 창조자는 없다.

10. **인본주의 (Humanism):** 창조세계 밖의 하나님의 개념을 거부한다. 창세기 1장은 하나님이 인간을 창조하셨다고 말씀하지만 인본주의자들은 인간이 하나님이라고 믿는다.

11. **합리주의 (Rationalism):** 인간의 이성을 하나님으로 믿고, 창세기에서 하나님의 형상대로 인간을 창조하셨을 때 이성의 능력을 주셨음을 거부한다.

12. **물질주의 (Materialism):** 실체만을 믿고 눈에 보이지 않는 것은 아무것도 받아들이지 않는다.

13. **신비주의 (Mysticism):** 물질주의와 정반대로 영혼만이 실체라 믿는다.

14. **일원론 (Monism):** 신시대 운동을 뒷바침하는 철학이다. 육과 영은 동일하다고 믿는다. 하나님을 천지창조하신 독립된 영으로 받아드리지 않는다.

15. **범신론 (Pantheism):** 모든 것이 하나님이라 믿는 점에서 일원론과 비슷하다. 현대 용어로 만유내재신론 (Panentheism) 이라 부른다: 모든 것이 하나님이다.

위에 열거한 모든 사상과 구분되는 성경적 관점을 **삼위일체론 (Triunetheism)** 이라 부를 수 있다: 하나님은 삼위일체이시고, 창조주이시며, 온 우주의 통치자이시다. 이것이 창세기 1장부터 요한계시록의 마지막 장까지 깔려있는 성경적 진리이다.

표현 방식

창세기 1장을 더 자세히 공부하면서 특히 표현방식에 주의를 기우려 보기로 하자. 분명한 것은 창세기의 내용이 과학적 언어로 쓰여지지 않았다는 점이다. 많은 사람들이 창세기를 대할 때 과학교과서의 내용을 기대하는 듯 하다. 창세기는 아주 간단명료하게 써 있어서 어떤 수준의 과학적 지식을 가지고 있던 상관없이 모든 세대가 이해할 수 있다.

창세기는 단순한 범주들만 사용했다: 식물은 풀, 초목, 나무의 세가지로 구분하고 동물은 가축,

야생 동물 그리고 사냥을 위한 동물들로 구분했다. 이러한 단순한 구분은 누구든지 어디에서나 이해할 수 있다.

사용된 단어

이런 단순한 표현 방식은 사용된 단어들에서도 나타난다. 창세기 1장 전체에 겨우 76개 어원의 단어들이 사용되었다. 더구나 이들은 지구상의 모든 언어에서 찾아 볼 수 있는 기본적 단어들이어서, 창세기1장이 성경 전체에서 가장 번역하기 쉽다.

저자들은 책을 쓸 때 그 책을 읽을 대상이 누구인지를 먼저 고려한다. 하나님께서는 창조의 이야기가 모든 시대와 장소의 모두에게 알려지기를 원하셨다. 그래서 하나님께서는 아주 간단하게 쓰셨다. 어린이도 읽고 이해할 수 있게 쓰셨다. 이것의 결과 중 하나가 번역하기 쉽다는 사실이다.

동사들도 아주 단순하다. 우리가 어떤 일이 일어났는지를 이해하는데 특히 중요한 동사들 중 하나가 있다. 창세기 1장은 '창조했다' 와 '만들었다'를 구분한다. 히브리어로 '창조하다' 의 바라(bara) 는 무에서 유를 만들어 낸다는 뜻이고, 창세기 1장에서 '물질', '생명', '인간' 의 창조를 묘사할 때 세번만 사용되었다. 다른 경우들에서는 어떤 것이 다른 어떤 것을 사용하여 만들어졌음을 나타내는 물건을 제조한다는 의미의 '만든다' 라는 단어가 사용되었다.

하나님께서 이루신 칠일 동안의 창조에 대한 묘사도 아주 간결하다. 각 문장에 주어와 동사와 목적어가 있다. 문법도 단순형이어서 누구나 이해할 수 있고 모든 문장들은 하나의 접속어로 연결되어 있다—예를 들어, '그러나', '그리고' 혹은 '그러면' 이다. 아주 쉬운 문장 구조이다.

구조

창세기 1장은 간결한 구조안에서 질서 정연하게 육일에 걸쳐 창조가 전개되고 그것을 삼일씩 둘로 나눌 수 있다.

창세기 1:2은 '땅이 혼돈하고 공허하며' 라고 말씀한다. 3장에서는 창조가 시작되는데 처음 삼일과 마지막 삼일이 대칭되는 것을 볼 수 있다. 처음 삼일 동안 하나님께서는 어두움에서 빛을, 대양에서 하늘을, 바다에서 육지를 창조하셔서 극대칭을 이루는 다양한 환경을 창조하심으로서 다양성의 차이를 구성하셨다. 삼일째 되는 날 그는 땅을 식물로 채우신다. 이제 지구의 형태가 갖추어졌다.

그리고, 네째, 다섯째, 여섯째날에는 처음 삼일 동안 만드신 환경을 채우기 시작하신다. 네쨋날의 해와 달과 별들이 첫째날의 빛과 어둠과 상응된다; 다섯째날의 새와 물고기들은 둘째날의 하늘과 대양; 여섯째날은 동물들과 아담을 창조하셔서 세째날 창조된 땅을 차지하게 하신다. 이렇게 하나님께서는 질서있고 정확하게 창조하셨다. 하나님은 혼돈과 공허에서 질서정연을 만드셨다. 이제 지구는 생명이 '가득' 했다.

수학적 본성

창세기 1장의 내용이 수학적 본성에 기초를 둔다는 것도 아주 신기하다. 특히 3, 7, 10의 세 숫자가 계속 나오는데 성경에서 각 숫자는 특유의 의미를 가지고 있다. '3' 은 하나님의 본질을 나타내는 숫자, '7'은 완벽의 숫자, '10'은 완전한 숫자이다. 이 세 숫자가 나타난 사건들을 조사해 보면 놀라운 연관성을 볼 수 있다.

딱 세번에 걸쳐 하나님께서 무에서 유를 창조하신다. 어떤 것들의 명칭을 세번 부르시고 세번 제조하시고 세번 축복하신다.

'하나님 보시기에 좋았더라' 라는 말은 일곱번 기록되어 있다. 칠일도 있다—첫번째 문장은 일곱개의 히브리 단어들로 구성되어 있다. 또한, 마지막 세개의 창조에 대한 문장들도 각각 일곱개의 히브리 단어들로 구성되어 있다.

그리고 하나님께서 주신 열개의 계명이 있다.

간결함

창세기 1장의 표현 방식은 다른 '창조설' 들과 아주 다르다. 예를 들어, 바빌론의 창조설은 길고 복잡하고 괴상하며 현실과 동떨어진 이야기이다. 그렇다고 창세기의 간결함이 누구에게나 받아들여지는 것은 아니다. 어떤 사람들은 이 간결함이 현대인이 성경을 진지하게 받아드릴 수 없는 이유라고 말한다. 그러나 이 간결함에는 여러 장점들이 있다.

아동서적에서 집짓는 것에 대해 설명한다고 가정하자. 정확하지만 간단하게 설명해야만 어린 독자들이 건축 과정을 이해할 수 있을 것이다. 벽돌공이 벽돌을 쌓고, 목수가 창문과 문을 달고, 배관 기사가 수도관을 설치하고, 전기 기사가 전선을 설치하고, 미장이가 벽을 완성하고, 장식가가 페인트칠을 한다고 쓰면 될것이다.

이렇게 기본적인 여섯 단계로 간단히 설명했지만 사실 집짓는 일은 이보다 훨씬 복잡하다. 정해진 기간 동안 여러 전문가들이 합력하여 이루어내는 작업이다. 그렇지만 아무도 아동 서적에 있는 이 묘사가 틀렸거나 잘못되었다고 하지는 못할 것이다. 실제로는 더 복잡할 뿐이다. 같은 맥락으로 창세기의 간결함은 과학이 더욱 자세히 보충할 수 있다. 하나님의 목적은 우리에게 자세한 과학적 정확성을 알리는 것이 아니었다. 누구나 이해하고 받아들일 수 있도록 질서있게 설명하고 하나님께서 하시는 일들이 확실하다는 것을 강조하고 있을 뿐이다.

과학적 질문

간결함의 필요성을 이해한다고 해서 창세기에 기록된 천지창조에 대한 모든 의문이 풀리는 것은 아니다. 특히 창조가 이루어진 속도와 지구의 나이를 비교해 볼 때 다르지만 서로 연관된 이 두 측면을 고려해야 한다. 지질학자들은 지구가 42억5천만년이 걸려 만들어졌다고 하는 반면, 창세기는 육일이 걸렸다고 말씀한다. 어느 쪽이 맞는 것인가?

우주창조의 순서에 대해서는 과학자들의 발견과 창세기의 기록이 대체적으로 일치한다. 과학자들은 창세기1장의 창조 순서에 대해, 한가지만 제외하고, 동의한다: 태양, 달과 별들은 식물이 만들어진 후인 사일째에 나타난다. 처음 지구가 두꺼운 구름 혹은 안개에 덮여 있었다는 사실을 과학자들이 깨닫기 전에는 이 순서를 모순이라 여겼지만 과학적 조사는 성경에 있는 창조 순서의 가능성을 확인했다. 처음 빛이 나타났을 때 빛은 밝은 구름같이 보였을 것이고 식물이 생겨 이산화탄소를 산소로 전환시키기 시작하면서 안개가 걷히고 처음으로 태양, 달 그리고 별들이 하늘에 보이기 시작했다. 그러므로 태양과 달과 별들이 보이기 시작한 것은 지구를 덮고 있던 두꺼운 구름층이 사라졌기 때문이었다. 그래서 과학은 창세기 1장의 순서에 모두 동의한다. 피조물들은 땅에 나타나기 전 바다에 먼저 나타났다. 그리고 인간이 마지막으로 나타났다.

과학자들이 성경의 창조 순서에는 일반적으로 동의하지만 아직도 대립되는 심각한 의문점들이 있다: 동물과 인간의 근원, 홍수 전와 후에 살았던 사람들의 나이, 홍수의 범위에 관련된 의문들, 그리고 진화론과 창조론에 대한 의문점들이다.

이 의문점들을 자세히 공부하기 전에 과학적 접근과 성경적 접근의 차이점을 다루는 세가지 자세를 살펴보자. 문제를 풀기 전 문제에 어떻게 접근할 지를 미리 정하는 것은 필수적이다. 우리는 거부, 분리, 혹은 조화 중 한가지 태도를 선택해야만 한다.

거부적 자세

이 자세는 선택권을 준다. 성경이나 과학 중 하나만 맞게 되어있다. 둘 다 받아드릴 수는 없다. 보통 하나님을 믿지 않는 사람들은 과학을 믿고, 하나님을 믿는 사람들은 성경을 선택하기 때문에 서로를 인정하지 않는다.

과학을 거부하는 입장을 취하는 크리스챤들은 유용하게 쓰이는 과학의 업적을 인정하지 않는 문제점을 가지고 있다. 예를 들어, 근대적 통신과 과학의 발전에 우리는 감사한다. 일부 크리스챤들이 믿는 것같이 과학은 우리의 적이 아니다.

필트다운인 (Piltdown man) 의 발견을 예로 보자. 1912년 서섹스 (Sussex) 에서 반인간 반원숭이로 생각되는 두개골이 발굴되었을 때 많은 사람들이 이것을 진화론의 증거물로 여겼다. 하지만 나중에 이것이 조작이었음이 발견되었을 때, 크리스챤들은 성급하게 과학을 비웃으며 조작을 밝혀 낸 것이 과학이었음을 잊는다.

그래서 과학과 성경 중 하나를 선택하는데는 문제가 있다. 우리가 과학적 주장을 무조건 받아들여도 않되지만 성경을 믿기 위해 사람들에게 지성적 자살을 요구하는 것도 바보같은 짓이다. 그럴 필요가 없다.

분리적 자세

두번째 자세는 과학과 성경을 아주 동 떨어진 것으로 취급하는 것이다. 과학과 성경은 각기 다른 면의 진실을 다룬다고 믿는다. 과학은 물리적 혹은 물질적인 면을 다루고, 성경은 도덕적이고 기적적인 면만을 다루기 때문에 이 둘은 전혀 다른 문제들을 다룬다는 것이다. 과학은 세상이 언제 어떻게 만들어졌는지에 대해 연구하고, 성경은 누가 왜 만들었는지를 설명한다는 것이다. 그래서 과학과 성경은 중복되는 면이 없이 완전히 분리되어 있다고 본다. 과학은 사실만을 다루고 성경은 가치에 대해 말하기 때문에 우리는 과학과 성경을 혼돈하면 안된다고 주장한다.

이 자세는 교회 안에서까지도 보편화 되어있다. 이것은 물질과 영은 완전히 분리되어 있다고 생각한 헬라인들의 사고방식이다. 그러나 이 사상은 하나님은 창조자이시며 구원자이시고 육체와 영이 서로에게 속해 하나를 이룬다고 믿는 히브리인들에게는 무척 생소한 사고방식이다.

우리가 이런 분리적 자세로 창세기에 접근한다면 우리는 창세기를 신화로 밖에 볼수 없다. 창세기 3장은 '뱀이 어떻게 해서 다리를 잃게 되었는가' 라는 제목의 우화로 변하고, 아담은 평범한 사람일 뿐이다. 성경은 하나님과 인류에 대한 가치관을 가르치고 하나님과 우리에 대해 어떻게 생각해야 하는지를 보여주는, 역사적 사실과는 무관한, 허구로 가득한 책이 되고 만다.

한스 크리스챤 앤더슨 (Hans Christian Andersen) 의 도덕적 가치를 가르쳐 주는 동화책같이, 이 자세를 지지하는 사람들이 보기에 창세기는 도덕적 진실은 있지만 역사적 진실은 없는 책이다. 아담과 하와는 신화이고 노아의 방주도 신화이다. 이러한 안목은 창세기를 넘어 확장된다. 물론 어떤 사람이 성경 한부분의 역사성을 의심하기 시작하면 다른 부분들도 의심하게 되는 것은 당연하다. 그러므로, 이 자세는 가치는 있으나 사실과 무관한, 역사성이 없는 성경을 우리에게 안겨준다.

거부적 자세와 마찬가지로 과학과 성경을 분리하려는 태도에도 문제가 있다. 사실 성경과 과학은 서로 중복되는 원으로 볼 수 있다: 같은 부분을 다루고 있고 아주 상반되는 점들도 있는 것이다. 사실과 무관하지만 그래도 그 안의 가치는 중요하다라고 보는 태도는 성경 전체의 권위를 훼손시킨다. 그러면 우리는 어떻게 이 문제를 풀 수 있을 것인가? 세번째 자세가 과학과 성경을 조화시키는데 도움을 줄 수 있을 것인가?

조화의 자세

과학과 성경을 하나로 조화시키기 위해서는 두가지 중요한 사실을 기억해야 한다: 계속 진행되고 있는 과학적 연구와 변화되는 성경의 해석이다.

1. 계속 바뀌는 과학적 견해

과학자들은 원자 (atom) 가 우주의 가장 작은 매체라고 오랫동안 믿어왔으나 이제는 원자 자체가 복잡한 형태의 매체임을 알게되었다. 얼마 전까지만 해도 X 와 Y크로모솜 (chromosome) 이 태아의 성별을 결정짓는다고 알고 있었다. 이제 그 관점은 뒤집혔다. DNA의 발견은 생명에 대한 우리의 견해를 혁신적으로 바꾸었고 원시 생명체들도 이미 복잡한 DNA를 가지고 있었음을 알게 되었다. DNA는 한세대에서 다음 세대로 메세지를 전달하는 언어 수단이다. 때문에 DNA를 주는 사람이 꼭 배후에 있기 마련이다.

이전 세대에서는 자연이 정확한 법칙에 의하여 움직인다고 믿었었다. 그러나 현대 과학은 자연의 움직임이 우리가 상상한 것보다 훨씬 임의적이라는 새로운 견해를 가지고 양자물리학도 훨씬 유동적이라고 주장한다.

지질학 역시 계속 변화되며 발전하고 있다. 지구의 나이를 추정하는 여러가지 방법들이 있었는데 최근의 이론은 지구의 나이를 예전에 계산한 42억5천만년 보다 훨씬 짧은 9,000년—175,000년 정도로 추측한다.

또한 인류학은 혼란속에 빠져있다. 우리의 조상으로 여겨왔던 원시인은 한번 있었다가 사라져버린, 우리와 아무 연관이 없는 생물체로 여겨지고 있다. 생물학도 변하여 요즘 다윈의 진화론을 믿는 사람들이 점차로 줄고 있다.

우리가 과학적 발견과 성경말씀의 대립되는 면들을 무시하면 안되지만, 과학의 지식이 계속 확장되는 상황에서 성경의 해석을 특정한 과학설에 맞추려고 노력하는 것도 어리석은 자세이다.

2. 성경 해석의 변화

과학적 이해에 발전이 있듯이 전통적으로 이해하던 성경의 해석도 변할 수 있다. 성경은 하나님의 영감에 의한 것이지만 우리의 해석은 그렇지 않다. 성경과 말씀의 해석은 별개의 것이라는 분명한 선을 그어야 할 필요가 있다. 예를 들어, 성경에서 '땅의 네 모퉁이' 라는 말씀을 읽을 때 우리 중 아무도 지구가 사각형이라고 생각하지 않는다. 성경의 표현은 눈에 보이는 것을 묘사한 것이다. '해는 동쪽에서 떠올라 서쪽으로 지고 하늘을 관통한다' 라는 표현은 태양이 지구 주위를 돌고 있다는 말이 아니다.

과학적 그리고 성경적 해석의 변화를 유연하게 이해하면, 과학과 성경의 조화를 추구하면서 서로 배반되는 점들에 대해 균형있는 판단을 내릴 수 있다.

창세기 1장에서의 '하루'

이러한 '조화있는' 판단력을 필요로 하는 곳이 과학분야과 성경론에서 전통적으로 논쟁해 온 창세기 1장에 언급된 '하루'의 개념이다.

하루의 길이와 지구의 나이에 대한 논쟁이 더욱 고조되었던 이유는 예전에 창세기 1장에 기원전 4004년 이라는 햇수를 기입해서 발행했던 성경들이 있었기 때문이다. 창세기 5장 이전에는 아무 날짜도 명시되어 있지 않음에도 불구하고 아이리쉬 대주교였던 제임스 어셔 (James Ussher) 가 이 햇수를 계산해서 추가 기록했던 것이다. (어떤 학자는 아담의 생일이 10월 24일 아침 9시 라고 까지 주장했다.)

어셔는 이 햇수를 창세기에 있는 족보를 보고 계산했는데 히브리 족보는 모든 세대를 포함하지 않는다는 것을 그는 몰랐던 것이다. 또한 '그의 아들' 이라는 단어는 손자나 증손자를 의미할 수도 있다. 어셔의 햇수는 쉽게 무시할 수 있지만 육일만에 천지창조가 이루어졌다는 성경말씀과, 훨씬 더 많은 시간이 걸렸다고 주장하는 과학자들 사이에서 생기는 시간적 차이의 문제는 아직도 풀어야 할 과제이다.

원어로 '하루' 란 어떤 의미를 가지고 있는가? 고전 히브리어로 욤 (Yom), 즉 '하루'는 24시간을 뜻하기도 하지만 12시간의 해가 떠있는 동안, 혹은 한 시대 (예: 말이 끄는 마차의 시대는 끝났다)를 의미하기도 한다.

이러한 원어의 의미를 염두에 두고 창세기 일장의 하루에 대한 여러 관점들을 고려해 보기로 한다.

지구상의 시간 개념

어떤 사람들은 '하루'를 지구상에서의 24시간으로 직역한다. 이것은 지구의 나이를 고려했을 때, 과학자들이 계산한 지구 형성의 지질학적 시간과 대립된다.

시간적 공백

어떤 사람들은 2절과 3절 사이에 시간적 공백이 있었을 것이라고 추측한다. 2절의 '땅이 혼돈하고'의 말씀 후에 하나님께서 창조를 시작하시는 육일 전까지 긴 공백 기간이 있었다는 견해이다. 그러므로 육일간의 창조가 시작되기 전 지구는 이미 존재하고 있었다는 이론이다. 이 이론은 스코필드 바이블 (Scofield Bible) 과 여러 성경주석에서 흔히 볼 수 있다.

두번째로, 시간적 공백을 대홍수에 기준하여 설명한다. 이에 대해 많은 책들이 출판되었고 특히 휫콤 (Whitcome) 과 모리스 (Morris) 는 범람의 결과를 통해 암석들의 나이를 알 수 있듯이, 우리가 가지고 있는 지질학적 자료는 홍수에서 생겨난 것이라고 주장한다.

시간적 착각

어떤 사람들은 하나님께서 일부러 사물들을 오래 된 것같이 보이게 많들었다고 주장한다. 아담을 아기가 아닌 성인 남자로 창조하셨듯이 지구도 실제 나이보다 훨씬 오래된 것으로 창조하셨다는 것이다. 하나님께서 골동품을 창조하신 것이다! 하나님은 나이테를 둘러 200년 된 나무도 만들 수 있고 몇 천년된 산도 만들 수 있다. 가능한 이론이다—하나님은 그렇게 하실 수 있다. 시간적 '공백'과 '착각'의 두 이론은 '하루'를 직역하고 지질학적 기록과 맞추기 위해 빈 시간을 설명하려는 시도들이다.

지질학적 시기

또 다른 견해는 '하루'를 하나의 '지질학적 시기'로 보는 것이다. 육일간이 아닌 여섯개의 지질학적 시기로 해석한다. 예를 들어, 1-3 일간은 태양일이 아니다. (어쨋든, 태양이 없었다!) 이 이론은 그럴 듯 하지만 첫날에 나오는 '아침'과 '저녁'에 대해 설명하거나 육일간을 지질학적 시기와 일치 시키지 못한다.

신화적 시간 개념

어떤 사람들은 창세기 자체를 신화로 보기 때문에 시간의 개념도 신화적으로 받아들여 문제 삼지 않는다. 그들에게 창조의 육일은 마치 동화속의 시간과 같다. 중요한 것은 도덕적 가치일 뿐이다.

교육적 시간 개념

런던 대학의 와이즈만 (Wiseman) 교수는 흥미있는 접근을 시도했다. 그는 하루가 모세가 교육 받은 하루였다고 주장했다. 하나님께서 천지창조에 대한 이야기를 모세에게 칠일간에 걸쳐 말씀하셨고 모세는 일주일 동안 창조에 대해 배운대로 기록한 것이라는 주장이다. 이에 동의하는 사람들은 요한이 환상을 통해 계시록을 기록한 것같이 모세도 환상을 통해 창세기를 기록한 것으로 본다.

하나님의 시간 개념

마지막으로 가능한 해석은 하루를 '하나님의 시간'으로 보는 것이다. 하나님께 시간은 상대적이어서 그에게는 천년이 하루 같을 수 있다. 하나님의 관념으로 계산해서 '일주일 동안 하신 일'로 우리는 창세기의 시간을 이해할 수 있다.

이 관점은 하나님께서 인간의 창조를 얼마나 중요하게 여기시는지를 강조한다. 인간의 수명은 지질학적 시간으로 볼 때 정말 순간적이다. 지질학적 시간을 잣대로 정한다면, 인간의 생명의 중요성이 너무나 사소하게 여겨지기 때문에, 창조의 과정안에서 하나님께서 부여하는 인간의 중요성을 강조하기 위해 사용된 시간 관념이라 할 수 있다. 예를 들어, 런던의 탬스강뚝에 있는 클레오파트라의 바늘 (Cleopatra's Needle) 의 높이를 지구의 나이라고 간주해 보자. 10전 짜리 동전을 그 꼭대기에 올려 놓고 그 위에 우표 한장을 놓는다. 그 동전은 인류의 역사를 나타내고 우표의 두께는 문명인의 수명이다. 이런 연대적 관념으로 볼 때 사람의 생명은 아주 순간적인 것으로 보인다.

어쩌면 하나님께서는 우리가 창조를 일주일의 작업으로 생각하기를 원하셨을지도 모른다. 왜냐하면 지구상에 살고 있는 가장 중요한 우리를 부각시키기 위해서이다. 하나님에게는 모든 창조 중 인간이 가장 중요하다. 하나님께서는 창조에 대해서는 아주 적은 지면을 할애하고 인류에 대해서는 길고 자세히 말씀하셨다.

이 이론을 더욱 확장시킬 수 있다. 제 칠일에 대한 끝이 기록되어 있지 않다. 왜냐하면 그날은 몇 백년동안 지속되었다고 볼 수 있기 때문이다. 그날은 하나님께서 죽은 자 가운데서 그의 아들을 살리시는 부활절까지 계속되었다. 창세기 후 구약성경 전체에서 새로운 것은 창조되지 않았다. 하나님께서는 창조를 끝내셨다. 구약성경에서 '새로운' 이라는 단어는 거의 볼수 없고 전도서에 '해 아래 새로운 것이 없나니' 라고 부정적 어투로 한마디 써있을 뿐이다. 구약시대 전체 동안 하나님께서 쉬셨다고 볼 수 있다.

그러므로 창세기 1장의 하루를 하나님의 시간 관념으로 보는 것이 가장 유력하다. 하나님께서는 우리가 창조의 역사가 일주일동안 이루어 진것으로 생각하기를 원하셨다고 보면 된다.

우주 중심의 인간

창세기 2장을 보면 1장과 아주 다르다는 것을 바로 알 수 있다. 글의 서술 형식, 내용, 관점이 변한다. 1장에서는 하나님을 중심으로 창조가 하나님의 관점에서 묘사되었다. 2장에서는 인간에게 중요한 역할이 주어졌다. 1장에서 일반적인 대명사로 불리우는 창조물들에게 2장에서는 고유 이름들이 주어졌다. 1장에서 인간은 남과 여로 불리었지만 2장에서는 특정한 개인들인 아담과 하와가 되었다.

2장에서 하나님께도 이름이 주어졌다. 1장에서는 하나님 (Elohim) 으로 불리었으나, 2장에서는 주하나님 (the LORD God) 으로 불리운다. 영어 성경에 대문자로 '주 (LORD)' 라고 표기되어 있는 것은 히브리 성경에 하나님의 고유이름이 써 있음을 나타낸다. 히브리어에는 모음이 없으므로 하나님의 고유이름은 네개의 자음 (J H V H) 으로 이루어져 있고 여기서 여호와 (Jehovah) 라는 명칭이 생겨났다. 이것은 잘못된 명칭으로 'J'는 야 ('Y') 로 발음하고 'V' 는 와 ('W') 로 발음하는 데서 유래되었다. 영어로 쓰자면 YHWH 이고 야훼 (Yahweh) 라고 발음하는 것이 맞다. 새 예루살렘 성경 (New Jerusalem Bible) 은 야훼 하나님 (The Yahweh God) 이라고 표기한다. 앞에서 말했듯이 영어 단어로는 '항상 (always)'이 히브리어의 YHWH 가 가지고 있는 의미를 비슷하게 나타내어 하나님을 생각할 때 도움이 된다.

2장은 인간과 하나님의 관계에 대해 설명한다. 1장은 하나님의 형상대로 만들어진 남자와 여자에 대해 말하고 있지만, 2장은 창조물들 중에서 특별한 인간과 하나님의 관계에 대해 말한다. 다른 창조물에서 볼 수 없는 친밀함이 인간과 하나님 사이에 있다. 동물들은 하나님과 영적관계를 맺을 능력이 없다. 이런 면에서 인간은 그의 창조주같이 특별한 존재이다.

인간이 하나님의 형상을 따라 만들어졌으나, 하나님과 인간이 다른 점도 있다. 이것은 우리와 하나님의 관계에 중요한 의미를 부여한다. 하나님이 우리와 비슷하다는 것은 우리가 하나님과 깊은 관계를 가질 수 있음을 의미하지만, 하나님이 우리와 다르다는 것은 우리가 하나님께 경의를 표하고 제대로 예배드려야 한다는 말이다. 하나님과 아주 친한 동시에 하나님의 위엄을 존중해야 하는 것이다.

이름의 중요성

하나님께서 지어주신 아담이라는 이름은 '땅에서 (of the earth)' 라는 뜻으로 '먼지'로 직역 할 수 있다. 나중에 여자는 '생기있는 (lively)' 이라는 의미의 하와 (Eve) 라는 이름이 주어졌다.

서술적인 혹은 성유법에 의한 이름은 정상적인 것으로 아담이 동물들의 이름을 지을 때 서술적 방법을 사용하였다. 성경에 나오는 이름들은 서술적일 뿐 아니라 권위도 가지고 있다. 이름을 지은 사람이 이름 지음을 받은 사람이나 물체에 대한 권위를 가진다. 그래서 아담이 모든 동물의 이름을 지었다는 사실은 동물들에 대한 아담의 권위를 나타낸다. 아담은 그의 아내의 이름도 지었고 오늘날까지도 여자가 결혼하면 남자의 성을 따르는 풍습으로 이어진다.

지역명도 주어졌다. 이제 땅은 그저 '마른 땅'이 아니었다: 하윌라 (Havilah), 구스 (Kush), 앗수르 (Asshur) 그리고 에덴동산이 있었다. 강들도 이름이 주어졌다. 성경에 언급된 네개의 강들 중, 힛데겔 (Tigris) 과 유브라데 (Euphrates) 강은 지금도 같은 이름으로 불리운다. 에덴동산은 북동쪽 터키나, 노아의 방주가 묻혀있다고 믿어지는 아라랏산 (Mount Ararat) 이 있는 알메니아 (Almenia) 근처에 있었던 것으로 추정된다.

인간들의 관계

창세기 2장은 여러 관계의 중심에 있는 인간을 묘사한다. 이것은 삶의 의미를 정의한다. 여기서 관계를 크게 세 가지로 나눌수 있다: 인간의 아래, 인간의 위, 인간과 같은 위치. 달리 표현 하자면, 아래로 자연과의 수직 관계, 위로 하나님과의 수직 관계, 옆으로 타인들과의 수평 관계이다.

우리와 자연의 관계. 첫번째로, 인간과 하나님께서 창조하신 나머지 창조물들과의 관계를 살펴보자. 동물들은 인간을 위해 만들어진 예속관계의 생명체들이다. 그들을 학대하거나 멸종시킬 권한이 있다는 것이 아니라 동물들의 가치는 인간보다 훨씬 낮은 위치에 있다는 말이다.

물개 새끼를 보호하는 것이 태아를 보호하는 것보다 중요하게 여겨지는 듯한 시대에 사는 우리에게 이것은 중요한 점이다. 예수님께서는 한사람을 구하여 그의 가족에게 돌려주시기 위해 이천마리의 돼지들을 바다속에 희생시키셨다. 창세기 9장에서 대홍수 후에 동물들을 우리의 양식으로 주셨다. 우리는 우리의 예속물인 동물들과의 관계에서 그것들을 기르고 지배하는 통치력을 갖고있다.

이런 맥락에서 볼 때, 인간은 기능적이고 심미적이며 실용적인 아름다운 환경을 필요로 한다는 흥미로운 점을 발견한다. 하나님께서는 우리를 야생에 두지 않고, 마치 영국의 오래된 시골집 정원에 제비꽃과 감자가 함께 자라는, 실용적이면서 아름다움이 공존하는 동산을 우리를 위해 만드셨다.

우리와 하나님의 관계. 두번째는 우리와 우리 위에 계신 하나님과의 관계이다. 이 관계의 본질은 에덴동산의 생명나무와 선악의 (knowledge of good and evil) 나무에 대한 하나님의 명령을 통해 부분적으로 이해 할 수 있다. 한나무는 생명을 연장시키고 다른 나무는 생명을 단축시킨다. 이들은 마술의 나무들이 아니고 신성한 나무들이다. 하나님께서는 물리적 경로를 통해 우리를 축복하거나 저주하신다. 빵과 포도주를 성찬식에서 나누는 일은 축복이지만 빵과 포도주를 잘못 사용하거나 과식할 때 우리가 아프거나 죽을 수도 있다. 하나님께서는 은혜와 심판의 물리적 경로를 정해 놓으셨다. 생명나무는 아담과 하와가 본질적으로 불멸의 존재는 아니지만 불멸할 수 있는 능력이 있었음을 알려준다. 자신들의 내재적 능력으로는 안되지만 생명나무를 통하면 영원히 살 수도 있었던 것이다.

과학자들은 우리가 왜 죽어야 하는지를 알지 못한다. 죽음의 많은 원인들은 발견했지만 우리가 왜 죽는지는 모르고 있다. 우리의 육체는 정교한 기계와 같다. 이론적으로 음식과 깨끗한 공기와 운동을 하면 계속 재생될 수 있다. 하지만 그렇지 못한 이유를 아무도 모른다. 그 비밀은 생명나무에 있다: 하나님께서는 인간이 영원히 살 수 있도록 에덴동산 안에 생명나무를 두셨다. 인간은 자체의 힘으로는 불멸할 수 없지만 하나님께서 계속 공급하시는 생명을 받아 불멸할 수 있는 기회가 주어졌었던 것이다.

선악의 나무는 이 점과 중요한 연관이 있다. '지식 (knowledge)' 이라는 말을 우리가 읽을 때 '경험 (experience)' 이라는 말로 대체시킬 필요가 있다. 성경안의 지식의 개념은 사실은 '개인적 체험' 이다. 성경에 '아담이 하와를 알았고 (knew) 그녀가 임신하여 아들을 낳았다' 라는 문구에서 지식의 개념을 이해할 수 있다. 여기서 '알았다' 는 개인적 체험을 통해 안 것이다. 하나님께서 이 나무를 만지지 말라고 명령하신 이유는 인간이 선과 악을 알기를 (체험하기를) 원하지 않으셨기 때문이다—그들의 순수함이 유지되기를 바라신 것이다. 이것은 오늘날 우리에게도 적용된다. 한번 잘못하면 다시는 그 전과 같은 상태로 되돌아 갈 수 없다. 용서를 받을 수는 있지만 예전의 순수함은 잃은 것이다.

그러면 왜 하나님께서는 그들의 손이 닿는 곳에 선악을 아는 나무를 두셨는가? 그것은 하나님의 도덕적 권세가 인간 위에 있음을 알리시기 위함이었다. 인간 스스로가 선과 악을 판단하지 않고 하나님의 말씀을 믿고 의지하기를 원하셨다. 인간이 이 땅의 주인이 아니라 세입자임을 하나님께서는 확실히 강조하신 것이다. 땅의 주인만이 법칙을 만들 권리가 있다.

이 원리는 다음에 자세히 공부할 수평적 관계의 중요성에서도 강조된다. 인간은 우리 아래의 예속물이나 위에 계신 하나님 뿐 아니라 이웃과의 관계도 필요하다. 우리가 하나님과의 관계만 지키고 다른 사람들과 단절하여 산다면 우리는 완전한 인간이 될 수 없다. 우리는 관계의 망이 필요하다. 이에 대한 이해는 히브리어 샬롬 (Shalom), '조화' 라는 뜻의 단어에 나타나 있다. 자기 자신과, 하나님과, 다른 사람들과, 자연과 조화를 이룬다는 말이다.

창세기 2장은 우리에게 하나님이 창조하신 세상의 조화를 우리에게 보여주고, 하나님께서는 아담에게 하나님의 조화를 파괴하면 그는 죽을 것이라고 경고하신다. 이것은 당장 죽는다는 것이 아니라 우리 육체의 '시계의 태엽'이 풀리기 시작한다는 말이다.

어떤 사람들은 벌의 과중성에 대해 의문을 제기한다. 한번의 작은 죄에 대해 죽음의 벌은 너무 심하다고 말한다. 하지만 인간이 죄를 경험한 후, 하나님께서는 인간이 지구상에서 살 수 있는 시간을 제한해야만 했다. 그렇지 않으면 죄가 영원히 살게 되기 때문이다. 만약 하나님께서 반항하는 인간들을 영원히 살게 하면 우리가 그의 우주를 영원히 파괴할 것이므로 하나님의 도덕적 권위를 받아들이지 않은 우리의 시간을 제한하셔야만 했다.

인간들과의 관계. 인간은 적절한 동반자가 필요하다. 애완 동물이 아무리 귀하다 해도 절대로 다른 사람과의 우정을 그들이 대체할 수는 없다. 그래서 하나님께서는 하와를 아담의 반려자로 만드셨다. 창세기 1장에 남자와 여자는 동등한 인격을 가지고 있다고 기록되어 있고 나중에 나오겠지만 타락과 운명도 동등하게 나눈다.

창세기 2장에서 우리는 남자와 여자의 기능이 다르다는 것을 배운다. 남자는 공급하고 보호할 책임이 있고 여자는 돕고 받아들일 책임이 있다. 여기에 대해서 신약성경도 언급하는 세가지 중요한 점이 있다.

1. **여자는 남자에게서 창조되었다.** 그러므로 여자는 남자에게서 유래되었다. 우리가 알다시피 여자의 이름은 모든 동물들의 이름을 지은 남자가 지었다.

2. **여자는 남자 후에 창조되었다.** 그러므로 남자는 장자의 책임감이 있다. 이 점은 창세기 3장에서 하나님께서 하와가 범죄한데 대한 책임을 아담에게 묻는 것을 통해 여자에 대한 남자의 책임을 알 수 있다.

3. **여자는 남자를 위해 창조되었다.** 아내를 갖기 전에 아담은 직업이 있었다. 남자는 우선적으로 일을 위해 창조된 반면 여자는 관계를 위해 창조되었다. 남자는 관계를 가질 수 없다거나 여자는 직업을 가지면 안된다는 의미가 아니라 하나님께서 남자와 여자를 창조하신 주요목적이라는 말이다. 남자가 여자의 이름을 지은 것을 볼 때 동반자로서의 관계를 볼 수 있다: 민주적이 아닌 지도자의 책임이 남자에게 부여되었다. 남녀간의 경쟁이 아닌 협조를 강조한다.

창세기 2장은 인간 관계의 기본에 대해서도 다룬다. '성관계'는 좋은 것이다—죄가 아니다. 아름답고 하나님께서 '아주 좋다' 라고 하셨다. '성관계'는 자손 생산 (성관계를 지속하면서 가족 계획을 하는 피임의 중요성은 정당하다) 보다는 관계를 위해 창조되었다. 창세기 1장과 2장은 성에 대한 시로 볼수 있다. 하나님께서 그의 형상에 맞게 창조된 남자와 여자를 보고 시적인 표현을 하신다. 그리고 아담도 처음으로 수술의 마취에서 깨어나 벌거 벗은 아름다운 여자를 보고 감탄한다. 영어로 번역된 성경은 그의 기쁨을 충분히 묘사하지 못한다. 아담은 "와! 이거구나!" 라고 탄성을 지른다. 이 두편의 짧은 시들은 하나님과 남자의 성적 기쁨을 묘사한다.

또한 성관계는 일부일처제에 근거한다. 결혼이란 떠남과 연합의 양면성을 가진 육체적이고 사회적인 연합이다. 둘 중 하나만으로는 결혼이 성립되지 않는다. 사회에서 인정하지 않는 성관계는 결혼이 아니라 음란이고, 성관계가 없는 결혼은 무효화 되어야 한다.

결혼은 모든 관계에서 우선 순위를 갖는다. 이것이 역사속에서 지켜져 왔다면 사돈에 대한 농담은 없었을 것이다. 부부관계는 자식이나 어느 누구와의 관계보다도 우선 순위에 있다. 남편과 아내는 서로를 가장 중요한 사람으로 여겨야 한다. 창세기 2장에 두 사람이 서로에게 아무것도 숨길 것이 없고 창피하지 않고 서로에게 완전히 개방된 관계가 그려져 있다. 이런 완벽한 이상적 관계를 몇 백년 후에 예수님께서도 언급하신다.

창세기 2장은 인간들과 창조된 세상, 위에 계신 하나님, 그리고 동료 인간들과의 세차원의 조화를 묘사한다. 그러나 인간의 근원에 대한 과학적 의문들은 아직 남아있다.

선사시대의 인간은 어디에 속하는가?

진화론은 인간이 원숭이에게서 진화되었다고 주장한다. 지질학적 발굴에 의하면 선사시대의 인간은 근대의 호모 사피엔스 (homo sapiens) 와 관련이 있다고 한다. 케냐 (Kenya) 의 올두바이 협곡 (Orduvi Gorge) 을 비롯한 여러 곳에서 리키 (Leakeys) 부자가 여러 가지의 유적물들을 발굴했다. 성경에서 말하는 것과는 다르게 인간의 삶은 중동지역이 아닌 아프리카에서 시작되었다고 이들은 주장했다.

이 증거물을 우리는 어떻게 받아들여야 하는가? 현대인과 선사시대 인간의 관계는 어떻게 이해해야 하는가? 성경과 과학이 제시하는 인간의 근원을 일치시킬 수 있는가?

인간의 근원

먼저 성경은 무엇이라 말씀하는지 살펴보자. 인간과 동물은 같은 재질로 만들어졌다고 창세기는 말한다. 동물은 흙으로 만들어졌다. 우리도 지구 표면에 있는 같은 광물질로 만들어졌고 사람의 몸 안에 있는 광물질의 가치는 약 천원어치 정도라고 한다! 하나님께서 흙으로 지은 인간에게 생기를 불어 넣어 인간은 '살아있는 영 (living soul)' 이 되었다고 창세기 2장은 말씀한다.

영(Soul)

'영' 이라는 단어는 잘못 이해되고 있다. 같은 표현이 창세기 1장에서 동물들에게도 사용되었다. 그들도 '살아있는 영'인 이유는 히브리어로 '영' (soul)' 이란 그저 숨쉬는 육체를 의미하기 때문이다. 동물과 인간이 숨쉬는 육체로 표현된 것은 둘다 같은 종류 라는 말이다. 우리가 바다에서 위험에 처했을 때 우리는 SOS (Save Our Souls: 우리 영혼을 구해 주세요) 를 보내지 SOB (Save Our Bodies: 우리 몸을 구해 주세요) 를 보내지 않는다—우리는 숨쉬는 육체가 구해지기를 원하는 것이다.

소퍼경 (Lord Soper) 이 하이드 파크에서 연설할 때 '우리의 몸 어디에 영이 있습니까?' 라는 질문을 받았다. 그는 '오르간안에 음악이 있는 곳에 있습니다.' 라고 대답했다. 오르간이나 피아노를 분해한들 그안에서 음악을 발견할 수는 없다. 누군가에 의해 살아있는 것으로 만들어져야만 있을 수 있는 것이다.

특별 창조

창세기 2장의 '영'이라는 단어가 잘못 이해되어 인간의 귀중함은 우리에게 영이 있기 때문이라고 많은 사람들이 믿어왔다. 사실, 우리는 다른 이유로 독특하다. 인간과 유인원이 같은 근원에서 왔다고 믿는 것은 성경과 정반대되는 의견이다. 인간은 의심할 바 없이 귀중한 창조물이다. 인간은 다른 동물을 통하지 않고 직접 흙에서 하나님의 형상으로 만들어졌다. 히브리어 바라 (bara)는 무에서 유를 창조한다는 단어로서 물질, 생명 그리고 인간의 창조에만 사용되었다. 이것을 보더라도 인간은 특별한 창조물이다.

창세기는 인종의 동일성에 대해서도 강조한다. 사도바울은 아덴 (Athenians) 사람들에게 하나님은 우리를 한 혈통으로 만드셨다고 말했다. 역사의 모든 것들이 인종의 동일성을 가르킨다. 나는 고대 농학을 잠깐 공부했는데 고대 농학은 옥수수 농사와 동물의 가축화가 터키의 북동쪽이나 알메니아 남부에 있는 성경에서 가르키는 에덴동산 지역에서 시작되었다고 한다.

과학적 추측

이에 대한 과학적 견해는 무엇인가? 많은 사람들이 둘 중 하나를 선택하고 싶어한다: 선사시대 인간에 대한 과학적 연구가 틀렸거나 성경이 우리에게 거짓 정보를 주고 있다고 생각한다.

인간과 비슷하게 보이는 유골들이 발굴되었고 그들에게 여러 이름들이 주어졌다: 네안데르탈인 (Neanderthal Man: 구석기 시대 사람), 북경 원인 (Peking Man), 자바 원인 (Java Man: 직립 원인), 호주 원인 (Australia Man). 리키 부자 (The Leakeys) 는 사백만년 전의 인간의 유골을 찾았다고 주장했다. 인류학 학자들은 인간의 근원이 중동지역이 아니고 아프리카라고 거의 만장일치로 받아들였다.

화석인—호모 사피엔스 (homo sapiens) 는 삼만년 전; 네안데르탈인은 4-15만년 전; 스완스쿰인 (Swanscombe) 은 이십만년 전; 중국과 자바의 직립 원인 (homo erectus) 은 삼십만년 전; 호주원인은 오십만년 전; 그리고 아프리카인은 사백만년 전. 우리는 이 다양한 견해들을 어떻게 해석해야 하는가?

첫째, 반원숭이 반인간의 유골이 아직 발견되지 않았다. 선사시대 인간의 유골들은 있지만 반원숭이 반인간의 유골은 없었다.

둘째, 위의 모든 유골들은 인간의 직접적 조상이 아니다. 이점은 과학계도 인정한다—그리고 인류학은 끊임없이 변하고있다.

셋째, 발굴된 유적들은 진보의 순서를 따르지 않는다. 왼쪽에서 시작한 원숭이가 점점 다른 종자로 발전하여 오른쪽의 현대인이 되는 것을 보여주는 진화론의 도표가 있다. 그러나 이 도표는 정확하지 않다: 초기 인간의 유골이 오늘날의 인간보다 더 큰 두뇌를 가지고 있고 나중의 유골보다 더 직립했다. 이제는 이 유골들이 인간의 근원과 관계없다는 것에 모두의 의견이 일치한다.

이 모순을 풀 수 있는 세가지의 가능성을 간단히 소개하고자 한다.

1. **선사인은 성경에 있는 인간이었다.** 우리가 발굴한 유골들은 아담과 같이 하나님의 형상으로 지어졌다. 창세기 1장은 '구석기 시대의 사냥꾼'을, 창세기 2장은 '신석기 시대의 농부'를 묘사한다는 의견까지 나왔다.
2. **선사인이 성경에 있는 인간으로 변화했다.** 역사의 어떤 순간에 동물과 비슷했던 인간 혹

은 인간과 비슷했던 동물이 하나님의 형상을 닮게 되었다. 한사람이 바뀌었는지, 여러 명이 바뀌었는지, 아니면 모두가 한꺼번에 바뀌었는지는 계속 연구해 볼만한 과제이다.

3. **선사인은 성경에 있는 인간이 아니었다.** 선사인이 인간과 비슷한 모습을 가졌고 도구를 사용했지만 그들에게 종교나 기도의 흔적은 없다. 그는 하나님의 형상이 아닌 다른 창조물이었다.

이 시점에서 우리는 어느 한 주장을 지지할 필요가 없다. 인류학은 변화되며 계속 발전하고 앞으로 또 다른 새로운 학설들에 대해 논쟁할것이다. 우리는 다양한 논쟁들이 있다는 것과 그들이 어떤 결정을 내리던 그것은 임시적이라는 점만 인식하면 된다.

진화론

다음에는 진화론의 일반적 의문점들에 대해 살펴보자. 거의 모든 사람들은 진화론의 창시자를 찰스 다윈 (Charles Darwin) 으로 알고 있지만 사실은 그렇지 않다. 아리스토텔레스 (Aristotle, 384-322 BC) 가 처음 주장했고 근세기에 들어와 찰스 다윈의 할아버지인 에라스무스 다윈 (Erasmus Darwin) 이 이 학설을 주장했다. 찰스는 무신론자였던 그의 할아버지의 학설을 대중화 시켰다.

이 이론을 이해하기 위해 몇가지 용어들을 알 필요가 있다.

변이 (Variation): 작고 점차적인 형태의 변화가 각 다음 세대에 전해 진다. 각 세대는 약간씩 변화되고 이 변화는 전승된다.

이 변화의 과정에서 **자연 선택이** 이루어 진다. 이것은 환경에 가장 잘 맞는 조건을 갖춘 것들이 살아남는다는 의미이다. 예를 들어, 얼룩 나방의 경우를 보자. 영국 북동쪽의 탄광 지역에서는 검은 나방이 흰 나방보다 쉽게 숨을 수 있었다. 새들이 흰 나방을 잡아 먹기가 쉬웠기 때문에 검은 나방이 살아남았다. 그 지역에 탄광이 사라진 후, 검은 나방은 줄어들고 흰 나방이 돌아오고 있다. 자연 선택은 환경에 가장 잘 적응한 종자가 살아남는다는 이론이다. 이 선택은 '자연적'이다. 왜냐하면 외부의 개입이 없이 자연안에서 자동적으로 일어나기 때문이다.

그러나 완만하고 점차적인 변화와 자연선택만이 있다는 학설은 이제 바뀌었다. 프랑스의 학자 라마르크 (Larmarque) 는 점차적인 변화 대신 **돌연변이라는** 갑작스런 대변화들이 있었다고 말했다. 이것은 계단과 승강기의 차이와 같다.

소진화론 (micro-evolution): 어떤 특정 동물 집단 안에서 (말, 개 등) 일어나는 제한된 변화를 말한다. 이것은 과학적으로 증명되었다.

대진화론 (Macro-evolution): 모든 동물들은 동일한 근원에서 왔고 모두 관련되어 있다는 이론이다. 그들은 동일한 초원시적 형태의 생명체에서 시작되었다. 그러므로, 각 종자안에서의 진화는 없고 모든 종자들이 서로 서로에게서 진화되었다.

마지막으로 **경쟁 (Struggle)** 의 개념을 보자. 진보의 과정에서 '가장 강한 것이 살아남는다' 라는 적자생존을 의미한다.

나는 진화론에 찬반하기 보다는 진화론은 아직 하나의 이론일 뿐임을 지적하고자 한다. 이것은 증명되지도 않았고, 사실, 화석을 발굴하면 할수록 여러가지 형태의 생명체들의 근원을 설명할 수 있는 적절한 이론이 성립되지 않고 있다.

1. 화석의 증거를 볼 때, 진화론에서 다르게 분류된 집단들이 캄브리아기 (Cambrian) 에 함께 출현한다. 점차적으로 다른 시기에 나타나는 것이 아니라 거의 동시에 함께 나타난다.
2. 복잡하고 단순한 형태의 생명체들이 동시에 나타난다. 단순한 것에서 점점 복잡한 형태로 진화해 온 연속성은 볼 수 없다.
3. 한 종자에서 다른 종자로 진화되는 중간 과정의 형태는 거의 없다.
4. 모든 형태의 생명체는 처음부터 아주 복잡하다: 모두 DNA를 가지고 있다.
5. 돌연변이, 한 종자가 다음 종자로 갑작스럽게 변할 때, 거의 기형이나 멸종을 초래한다.
6. 동물들의 혼합 교접 (interbreeding) 은 번식이 거의 불가능하다.
7. 무엇보다도, 통계학적 분석에 의하면, 모든 다양한 형태의 생명체가 발달하기 위한 충분한 시간이 없었다.

물론, 진화론이 그저 학문적 관심거리만은 아니다. 우리 각자가 이해하고 받아드린 인간의 근원에 대한 사상은 인류를 대하는 태도에도 영향을 준다. 진화론 철학에 감염된 지도자들은 인간 사회에 막대한 영향을 끼쳐왔다.

진화론 철학의 기본은 가장 강한 자의 생존과 모든 종자들이 감수해야 할 투쟁이다. 이것은 우리의 문명사회를 형성해 온 사상에서 볼 수 있었고 이러한 철학들은 막대한 고통을 야기했다. 록펠러 (John. D. Rockefeller) 같은 미국의 자본주의자는 '사업은 강자가 살아남는 것이다.'라고 말했다. 비슷한 사상을 파시즘에서도 볼 수 있다: 아돌프 히틀러 (Adolf Hitler) 의 책은 '나의 투쟁 (Mein Kampf)' 이라 불리운다. 그는 적자생존을 믿었고 그가 보기에 가장 강한 인종은 독일의 아리안 (Aryan) 족이었다. 투쟁은 공산주의 사상에서도 볼 수 있다. 칼마르크스 (Karl Marx) 는 자본계급과 노동자들간의 투쟁에 의한 혁명의 필요성을 믿었다. 진보의 명목으로 온 민족을 말살하기도 했던 초기 제국주의의 정책에도 '투쟁'이라는 단어를 적용시킬 수 있다.

간단히 말해서, 적자생존의 사상이 인간 사회에 적용되었을 때 현대의 어느 사상보다도 막대한 고통을 야기했다. 이제 믿음에 대하여 우리는 두가지 중대한 선택에 직면한다.

심리적 선택

우리는 먼저 심리적 선택에 직면한다. 창조론을 믿는 사람은 하나님 아버지를 믿는다. 진화론을 믿는 사람은 자연의 어머니 (mother nature, 존재하지 않는 여인) 를 믿는 경향이 있다. 창조론에서 우주는 인격적 선택의 결정체이다. 진화론에서의 우주는 무작위의 비인격적 우연의 결과이다. 창조에는 계획된 목적이 있지만 진화는 무작위의 패턴이다. 창조론의 우주는 초자연적이고 진화론의 우주는 자연적 과정이다. 창조론에서 우주 전체는 개방된 환경이고 하나님과 인간의 인격적 중재가 가능하다. 진화론에서의 자연은 스스로 작동하는 밀봉된 체제이다. 창조론에는 하나님께서 그의 창조물에 대해 관심을 갖고, 공급하시고, 돌보시는 섭리의 개념이 있다. 진화론에서는 모든 것이 그저 우연의 결과일 뿐이다: 좋은 일도 단순히 우연의 결과이다. 창조론에서 우리는 사실에 의거한 믿음이 있지만 진화론에서는 상상(이론적 상상)에 의거한 믿음이다. 우리가 창조론을 받아들이면 자유롭게 사물이나 그의 형상에 따라 인간을 창조하신 하나님을 받아들이게 된다. 진화론을 믿으면 인간의 상상에 따라 자유롭게 하나님의 이미지를 만들어 낼 수 있다. 그러므로, 둘 중 어느 것을 받아드리느냐에 따라 상당한 결과의 차이가 있다.

도덕적 선택

창조론이나 진화론을 받아들이는 배후에는 도덕적 선택도 있다. 사람들은 왜 진화론을 움켜 잡고 놓지 못하는가? 그것은 우리보다 높으신 하나님을 거부하고 싶을 때 우리에게 남은 오직 하나의 선택이기 때문이다. 창조론에서는 하나님이 주체이시지만, 진화론에서는 인간이 주체이다. 창조론에서 우리는 하나님의 신성한 권능아래 있지만, 하나님이 없다면 우리는 독립된 인간으로서 임의대로 우리를 위한 결정을 내릴 수 있다. 우리는 하나님을 창조주로 인정하고 그의 절대적 옳고 그름을 받아드린다. 그러나 하나님이 없는 진화론에서는 상대적 진리만 있을 뿐이다. 하나님의 세계에서는 의무와 책임감을 강조하지만 진화론에서는 요구와 권리를 주장한다. 하나님의 보호 아래 우리는 하늘의 아버지께 의존하는 어린 자녀들이다. 진화론에서는 우리의 독립성을 자랑스러워하고 하나님이 필요 없는 성인이 된 인간에 대해 말한다. 성경에서 인간은 타락한 존재이다. 진화론에서의 인간은 계속 위로 올라가고 진보한다. 성경에는 약한자들을 위한 구원이 있다. 진화론에는 강자의 생존만이 있다.

히틀러가 지배하던 독일의 사상을 뒷받침한 철학가 니체 (Nietzsche) 는 기독교를 싫어한다고 말했다. 왜냐하면 기독교는 약한자를 계속 살리고 아프고 죽어가는 자들을 돌보기 때문이다. 성경은 우리가 공의를 행할 때 우리의 능력이 강해진다고 가르치는데, 진화론에 의거한 철학은 '강한자가 정의'라고 믿는다. 하나는 평화로, 다른 하나는 전쟁으로, 우리를 이끌어 간다. 진화론 사상은 하고 싶은 대로 하고 최우수한 자를 돌보라고 말하고, 성경은 믿음, 소망 그리고 사랑이 삶의 핵심적 미덕이라고 말한다. 궁극적으로 성경은 우리를 천국으로 이끌고, 진화론은 숙명, 무기력함 그리고 운세를 약속하며 우리를 지옥으로 이끈다.

타락 (The Fall)

하나님께서 세상의 창조를 마치시고 보시기에 좋았다고 말씀하셨다. 오늘날 이 세상이 좋다고 말하는 사람은 많지 않을 것이다. 무엇인가가 잘못되었다. 창세기 3장은 어떤 문제가 어떻게 일어났는지를 우리에게 알려준다.

타락한 우리의 삶에 세가지 부인할 수 없는 사실들이 있다.

1. 출산은 고통스럽다.
2. 인생은 힘들다.
3. 죽음은 확실하다.

출산은 왜 고통스러운가? 인생은 왜 힘든가? 죽음은 왜 확실한가?

철학은 여러가지 답을 제시한다. 어떤 철학자들은 좋은 신과 나쁜 신이 있음이 틀림없다고 말한다. 흔히 그들은 좋은 신이 실수를 해서 망쳐 놓았다고 하면서 죄의 근원에 대한 설명을 찾고자 노력한다.

창세기 3장은 이 문제에 대해 네가지의 통찰력을 우리에게 주고있다.

1. 죄악은 처음부터 이 세상에 존재하지 않았다.

2. 죄악은 인간에게서 시작되지 않았다.
3. 죄악은 물리적이 아니고 도덕적이다. 우주의 물질적인 면이 죄악이라고, 혹은 우리의 육체가 유혹의 근원이라고 어떤 철학자들은 말한다.
4. 죄악은 스스로 존재하지 않는다. 악은 형용사이지 명사가 아니다. 악이 스스로 존재하지 못하므로 인간만이 악이거나 악하게 될수 있다.

그러면, 창세기 3장은 이 주제에 대해 우리에게 무엇을 가르치고 있는가? 실제 일어난 역사적 사건임을 우리에게 상기시키며 사건의 장소와 시간을 알려 준다. 인간의 역사가 시작될 때 도덕적 재난이 일어난 것이다.

문제는 말하는 도마뱀에게서 시작된다. (보통 알려진 바와 달리 뱀이 아니고 다리가 있었던 도마뱀이다; 나중에 하나님께서 뱀을 배로 기어다니게 만드셨다.) 도마뱀이 하와에게 말하는 이채로운 상황을 우리는 어떻게 이해해야 하는가? 세가지의 가능성을 생각해 보자.

1. 사탄이 도마뱀으로 위장했다. 사탄은 천사나 동물로 위장할 수 있다.
2. 하나님께서 발람 (Balaam) 의 당나귀에게 한 것같이 동물들도 말할 수 있는 능력을 주셨다.
3. 동물들이 사탄에게 붙잡혀 있었다. 예수님께서 한 남자를 괴롭히던 사탄들을 이천마리의 돼지들 안으로 넣어 절벽 밑으로 보낸 예를 보면, 사탄이 동물안에 들어 갈 수 있음을 알 수 있다. 사탄이 인간보다 낮은 위치의 동물로 위장하여 아담과 하와를 속였을 수 있다. 사탄은 타락한 천사로 실제 존재하며 인간보다 강하고 지혜롭다.

사탄이 하와에게 접근했다는 점은 중요하다. 일반적으로 의심이 많은 남자보다 여자가 신뢰심이 깊다. 이 점을 악용해서 사탄은 하와를 가장으로 대우하며 하나님의 명령을 뒤엎는다. 아담이 하와와 함께 있었지만 그는 아무 말도 하지 않았다. 그는 하와를 보호하고 사탄에게 반박했어야 했다. 어쨌든 하나님의 명령을 직접 들은 사람은 아담이었기 때문이다.

하나님의 말씀을 보통 세가지로 왜곡할 수 있다. 말을 더하거나 감하거나 말을 바꾸는 것이다. 성경을 자세히 읽어 보면 사탄은 이 세가지 방법을 모두 사용했다. 사탄은 성경을 잘 알고 있지만 고의적으로 왜곡하거나 조작할 수 있다. 그러나 아담은 하나님의 말씀을 정확히 알면서도 사탄이 말할 때 강력히 항의하지 않고 가만히 듣고 있었다. 신약성경은 이 세상에 악이 들어 오게한 것이 아담의 책임이라고 한다.

사탄이 하와에게 접근한 전략을 살펴보자. 먼저 마음에 의심을, 그리고 가슴에 욕망을, 마지막으로 의지적인 불순종을 부추긴다. 이것이 사탄이 인간을 상대할 때 항상 쓰는 수법이다. 하나님의 말씀을 왜곡함으로 나쁜 생각을 북돋운다. 다음에는 우리의 가슴안에 악을 갈망하도록 유도한다. 그 후에 우리의 의지로 거역하기에 알맞는 환경을 조성시킨다.

죄의 결과는 무엇인가? 하나님께서 아담에게 물었을 때 그는 하나님과 하와의 탓으로 돌렸다. 그는 '당신이 주신 저 여자' 또, '당신이 나와 함께 있게 한 저 여자' 라고 말했다. 아내를 보호할 책임감을 거부함으로 그는 남자의 역할을 이행하지 않았다.

하나님께서는 심판으로 답하셨다. 여기서 우리는 하나님의 심판의 속성을 처음 보게 된다: 하나님은 죄를 미워하시고 반드시 처벌 하셔야만 한다. 하나님이 정말 좋은 분이시기 때문에 사람들을 악과 함께 내버려 두지 못하시는 것이다. 이것이 창세기 3장의 메세지이다. 심판은 시어체로 표현되었다. 하나님께서 산문체로 말씀하실 때는 그의 마음에서 우리의 마음으로 그의 생각을 전하는 것이고, 시어체로 말씀하실 때는 그의 가슴에서 우리의 가슴으로 그의 감정을 전하시는 것이다.

창세기 3장의 시어체는 하나님의 분노 (신학적 용어로 하나님의 진노) 를 나타낸다. 하나님께서는 에덴동산이 망가진데 대해 깊히 탄식하시고 앞으로 어떠한 결과가 올지도 이미 알고 계셨다.

창세기 1-3장을 좀 달리 표현함으로 이 이야기에 신선한 조명을 비출 수 있다.

오래 전, 아무것도 존재하지 않았을 때, 항상 계시던 하나님께서 외계와 지구라는 행성이 있는 우주 전체를 만드셨다.

처음의 지구는 아무도 살지 않고 아무도 살수 없는 유동적 매체였다. 어두움에 가리워 있었고 물에 잠겨 있었다; 그리고 물위를 하나님의 영이 운행하셨다.

그리고 하나님께서 명령하셨다: '빛이 있으라!' 그러자 빛이 있었다. 하나님 보시기에 좋았으나, 어둠과 함께 할 다른 빛을 만들기로 결정하시고 각각 다른 이름을 주셨다: '낮' 과 '밤'. 첫 어두움과 새로운 빛은 하나님께서 일하신 첫날의 저녁와 아침이었다.

하나님께서 다시 말씀하셨다: "물 가운데 창공이 생겨 물과 물 사이가 갈라져라." 그리고 하나님께서 물을 창공 아래에 있는 물과 창공 위에 있는 물로 나누셨다. 하나님께서 창공을 '하늘' 이라 하셨다. 이것으로 이튿날의 일이 끝났다.

다음에 하나님께서 말씀하셨다: "하늘 아래에 있는 물은 한 곳으로 모여, 뭍이 드러나게 하라" 그러자 그대로 되었다! 그 때부터, 하나님께서 '바다' 와 '땅' 을 따로 부르셨다. 하나님 보시기에 좋았고; "이제 땅은 푸른 움을 돋아나게 하여라, 씨를 맺는 식물과 열매를 맺는 나무가, 그 종류대로 모두가 스스로 재생산 할 수 있게 하여라" 하시니, 그대로 되었다—모든 종류의 식물과 나무들이, 각각 종류대로 번식할 수 있게 하셨다. 모든 것이 하나님의 계획대로 되었다. 그의 사흗날의 일이 끝났다.

하나님께서 선포하셨다: "하늘 창공에 빛나는 것들이 생겨라. 그것들은 낮과 밤을 가르고, 계절과 날과 해를 나타내는 표가 되어라; 또 하늘 창공에 있는 빛나는 것들은 땅을 환히 비추어라" 하시니, 그대로 되었다. 하나님께서 두 큰 빛을 만드시고 둘 가운데서 큰 빛 '태양' 은 낮을 다스리게 하시고 작은 빛 '달' 은 별들에 둘러쌓여 밤을 다스리게 하셨다. 하나님께서 빛나는 것들을 하늘 창공에 두어 땅을 비추게 하시고 낮과 밤을 다스리게 하시며 빛과 어둠을 가르게 하셨다. 하나님은 나흗날에 이루신 일들에 대해 아주 흡족해 하셨다.

하나님께서 명령하셨다: "바다는 생물을 번성하게 하고 새들은 땅 위 하늘 창공으로 날아다녀라" 하나님께서 커다란 바다 짐승들과 물에서 번성하는 움직이는 모든 생물을 그 종류대로 창조하시고 날개 달린 모든 새를 그 종류대로 창조하셨다. 하나님 보시기에 좋았다. 하나님께서 이것들에게 복을 베푸시면서 말씀하시기를 "생육하고 번성하여 여러 바닷물에 충만하여라. 새들도 땅 위에서 번성하여라" 하셨다. 닷샛날이 지났다.

하나님께서 말씀하시기를 "땅은 생물을 그 종류대로 내어라. 집짐승과 기어다니는 것과 들짐승을 그 종류대로 내어라" 하시니, 그대로 되었다. 하나님께서 들짐승을 그 종류대로, 집짐승도 그 종류대로, 들에 사는 모든 길짐승도 그 종류대로 만드셨다. 하나님 보시기에 좋았다.

이때 하나님께서는 중대한 결정을 하셨다: "우리가 우리의 형상을 따라서, 우리의 모양대로 사람을 만들자. 그리고 그들이, 바다의 고기와 공중의 새와 땅 위에 사는 온갖 들짐승과 땅 위를 기어 다니는 모든 길짐승을 다스리게 하자" 하시고,

> 하나님께서는 그를 닮은 인간을 창조하셨다,
> 하나님의 가슴, 의지, 마음을 반영시킬수 있도록,
> 또 서로 관계를 갖게 하기 위해, 남자와 여자를 만드셨다.

그리고 하나님께서 그들의 특별한 신분을 확언하시며 복을 베푸셨다: "생육하고 번성하여 땅에 충만하여라. 땅을 정복하여라. 바다의 고기와, 공중의 새와 땅 위에서 살아 움직이는 모든 생물을 다스리라. 내가 온 땅 위에 있는 씨 맺는 모든 채소와 씨 있는 열매를 맺는 모든 나무를 너희에게 양식으로 준다. 또 땅의 모든 짐승과 공중의 모든 새와 땅 위에 사는 모든 것, 곧 생명을 지닌 모든 것에게도 모든 푸른 풀을 먹을거리로 준다" 하시니, 그대로 되었다.

하나님께서 손수 만드신 모든 것을 보시니 보시기에 참 좋았다. 엿샛날의 일이 잘 끝났다.

하나님께서는 하늘과 땅과 그 가운데 있는 모든 것을 다 이루셨다. 하나님께서 하시던 일을 엿샛날까지 다 마치시고, 이렛날에는 하시던 모든 일에서 손을 떼고 쉬셨다. 그래서 이렛날은 다른 날들과 달리 특별했다, 하나님만을 위해 구별하셨다—왜냐하면 창조의 일로 바쁘지 않으셨기 때문이다.

하늘과 땅을 창조하실 때의 일은 이러하다. '항상'의 하나님께서 땅과 하늘을 만드실 때에, '항상'의 하나님께서 땅 위에 비를 내리지 않으셨고, 땅을 갈 사람도 아직 없었으므로, 땅에는 나무가 없고, 들에는 풀 한 포기도 아직 돋아나지 않았다. 땅에서 물이 솟아서, 온 땅을 적셨다. '항상'의 하나님께서 땅의 진흙으로 사람을 지으시고, 그의 코에 생명의 기운을 불어넣으시니, 사람이 생명체가 되었다. '항상'의 하나님께서 동쪽에 있는 공원을 '기쁨'이라는 뜻의 에덴이라 명하셨다. '항상'의 하나님께서 지으신 사람을 거기에 두셨다. '항상'의 하나님께서 보기에 아름답고 먹기에 좋은, 열매를 맺는 온갖 나무를 땅에서 자라게 하셨다. 동산 한가운데는 두 그루의 특별한 나무를 두셨다; 생명나무는 영원히 살 수 있게 하는 과일을 맺었고, 다른 나무의 과일을 먹으면 선과 악을 행하는 경험을 주는 나무였다.

강 하나가 흘러 동산을 적시고, 네 줄기로 갈라져서 네 강을 이루었다. 첫째 강의 이름은 비손인데, 금이 나는 하윌라 온 땅을 돌아서 흘렀다. 그 땅에서 나는 금은 질이 좋았다. 브돌라라는 향료와 홍옥수와 같은 보석도 거기에서 나왔다. 둘째 강의 이름은 기혼인데, 구스 온 땅을 돌아서 흘렀다. 셋째 강의 이름은 티그리스인데, 앗시리아의 동쪽으로 흘렀다. 넷째 강은 유프라테스이다.

'항상'의 하나님께서 사람을 데려다가 '기쁨의 동산'에 두시고, 그 곳을 맡아 돌보게 하셨다. '항상'의 하나님께서 사람에게 분명히 명하셨다. "동산에 있는 모든 나무의 열매는 네가 먹고 싶은 대로 먹어라. 그러나 선과 악을 경험하게 하는 나무의 열매만은 먹어서는 안 된다. 그것을 먹는 날에는 너는 반드시 죽을 것이다."

'항상'의 하나님께서 말씀하셨다. "남자가 혼자 있는 것이 좋지 않으니 그를 돕는 사람, 곧 그에게 알맞은 짝을 만들어 주겠다."

'항상'의 하나님께서 들의 모든 짐승과 공중의 모든 새를 흙으로 빚어서 만드시고 그 사람에게로 이끌고 오셔서 그 사람이 그것들을 무엇이라고 하는지를 보셨다. 그 사람이 살아 있는 동물 하나하나를 이르는 것이 그대로 동물들의 이름이 되었다. 그 사람이 모든 집짐승과 공중의 새와 들의 모든 짐승에게 이름을 붙여 주었다. 그러나 그 남자를 돕는 사람 곧 그의 짝이 없었다.

그래서 '항상'의 하나님께서 그 남자를 깊이 잠들게 하셨다. 그가 잠든 사이에 '항상'의 하나님께서 그 남자의 갈빗대 하나를 뽑고 그 자리는 살로 메우셨다. '항상'의 하나님께서 남자에게서 뽑아 낸 갈빗대로 여자를 만드시고 여자를 남자에게로 데리고 오셨다. 그 때에 그 남자가 탄성을 질렀다:

> '이제야 나타났구나,
> 이 사람! 뼈도 나의 뼈, 살도 나의 살,
> 남자에게서 나왔으니
> 여자라고 부를 것이다.'

그러므로 남자는 아버지와 어머니를 떠나 아내와 결합하여 한 몸을 이루는 것이다. 남자와 그 아내가 둘 다 벌거벗고 있었으나 부끄러워하지 않았다.

뱀은 '항상'의 하나님께서 만드신 모든 들짐승 가운데서 가장 간교하였다. 뱀이 여자에게 물었다. "하나님이 정말로 너희에게 동산 안에 있는 모든 나무의 열매를 먹지 말라고 말씀하셨느냐?" 여자가 뱀에게 대답하였다. "우리는 동산 안에 있는 나무의 열매를 먹을 수 있다. 그러나 하나님은 동산 한가운데 있는 나무의 열매는 먹지도 말고 만지지도 말라고 하셨다. 어기면 우리가 죽는다고 하셨다."

뱀이 여자에게 말하였다. "너희는 절대로 죽지 않는다. 하나님은 너희가 그 나무 열매를 먹으면 너희의 눈이 밝아지고 하나님처럼 되어서 선과 악을 알게 된다는 것을 아시고 그렇게 말씀하신 것이다."

여자가 그 나무의 열매를 보니 먹음직도 하고 보암직도 하였다. 그뿐만 아니라 사람을 슬기롭게 할 만큼 탐스럽기도 한 나무였다. 여자가 그 열매를 따서 먹고 함께 있는 남편에게도 주니 그도 그것을 먹었다. 그러자 두 사람의 눈이 밝아져서 자기들이 벗은 몸인 것을 알고 무화과나무 잎으로 치마를 엮어서 몸을 가렸다

그 남자와 그 아내는 날이 저물고 바람이 서늘할 때에 '항상'의 하나님께서 동산을 거니시는 소리를 들었다. 남자와 그 아내는 '항상의 하나님의 낯을 피하여서 동산 나무 사이에 숨었다. '항상'의 하나님께서 그 남자를 부르시며 "네가 어디에 있느냐?" 하고 물으셨다. "'항상'의 하나님께서 동산을 거니시는 소리를 제가 들었습니다. 저는 벗은 몸인 것이 두려워서 숨었습니다" 하고 그가 대답하였다. 하나님께서 물으시기를 "네가 벗은 몸이라고 누가 일러주더냐? 내가 너더러 먹지 말라고 한 그 나무의 열매를, 네가 먹었느냐?" 하시니 그 남자는 핑계를 대었다. "'항상'의 하나님께서 저와 함께 살라고 짝지어 주신 여자, 그 여자가 그 나무의 열매를 저에게 주기에 제가 그것을 먹었습니다."

'항상'의 하나님께서 그 여자에게 물으셨다. "너는 어쩌다가 이런 일을 저질렀느냐?" 여자도 핑계를 대었다. "뱀이 저를 꾀어서 먹었습니다."

'항상'의 하나님께서 뱀에게 말씀하셨다:

> "네가 이런 일을 저질렀으니
> 모든 집짐승과 들짐승 가운데서 네가 저주를 받아
> 사는 동안 평생토록 배로 기어다니고
> 흙을 먹어야 할 것이다.
> 내가 너로 여자와 원수가 되게 하고
> 너의 자손을 여자의 자손과 원수가 되게 하겠다.

여자의 자손은 너의 머리를 상하게 하고
너는 여자의 자손의 발꿈치를 상하게 할 것이다."
여자에게는 이렇게 말씀하셨다.
"내가 너에게 임신하는 고통을 크게 더할 것이니
너는 고통을 겪으며 자식을 낳을 것이다.
네가 남편을 지배하려고 해도
남편이 너를 다스릴 것이다."

남자에게는 이렇게 말씀하셨다. "네가 아내의 말을 듣고서 내가 너에게 먹지 말라고 한 그 나무의 열매를 먹었으니:

이제 땅이 너 때문에 저주를 받을 것이다.
너는 죽는 날까지 수고를 하여야만
땅에서 나는 것을 먹을 수 있을 것이다.
땅은 너에게 가시덤불과 엉겅퀴를 낼 것이다.
너는 들에서 자라는 푸성귀를 먹을 것이다.
너는 흙에서 나왔으니
흙으로 돌아갈 것이다.
그 때까지 너는 얼굴에 땀을 흘려야
낟알을 먹을 수 있을 것이다.
너는 흙이니 흙으로 돌아갈 것이다."

아담은 자기 아내의 이름을 하와 (생명을 준다는 뜻) 라고 하였다. 그가 생명이 있는 모든 사람의 어머니이기 때문이다.

'항상'의 하나님께서 가죽옷을 만들어서 아담과 그의 아내에게 입혀 주셨다. '항상'의 하나님께서 말씀하셨다. "보아라 이 사람이 우리 가운데 하나처럼 선과 악을 알게 되었다. 이제 그가 손을 내밀어서 생명나무의 열매까지 따서 먹고 끝없이 살게 하여서는 안 된다." 그래서 '항상'의 하나님께서는 그를 기쁨의 동산에서 내쫓으시고 그가 흙에서 나왔으므로, 흙을 갈게 하셨다.

그를 쫓아내신 다음에 기쁨의 동산의 동쪽에 그룹들을 세우시고 빙빙 도는 불칼을 두셔서 생명나무에 이르는 길을 지키게 하셨다.

타락의 결과

창세기 3장은 2장의 아름다운 상태에서 추락한 인간의 '타락'을 다루고 있다. 모든 것이 다를 수 있었다. 만약 아담이 하나님과 하와를 원망하지 않고 회개했다면 하나님께서는 그 자리에서 그를 용서해 주셨을 수도 있었다. 역사는 아주 다를 수 있었다. 그러나 아담은 무화과 잎새로 자신을 가리려는 한심한 시도를 했다.

처벌의 내용을 보면, 아담은 생업에 대한 그리고 하와는 가족에 대한 처벌을 받는다. 도마뱀은 뱀으로 변하였다. (뱀은 아직도 배쪽에 아주 작은 다리의 흔적이 남아있다.)

예전의 하나님과의 관계는 무너졌다. 인간들의 관계도 서로 숨기는 사이가 되었고 하나님께서는 그들을 저주하셨다. 4장에서는 질투심과 하나님의 경고를 무시함으로 가족간의 첫번째 살인이 일어난다.

이 후에 일어나는 세이야기들에 대한 하나님의 반응을 살펴보자.

1. 가인

첫번째 인간의 죄로 인해 두번째 사람이 세번째 사람을 죽이게 되었다고 누군가가 지적했다. 우리는 아담의 가족을 본다. 아담의 장남이 질투심으로 두번째 아들을 죽이고 같은 이유로 그들은 몇 백년 후 예수님을 죽인다. 질투심은 역사의 첫 살인과 역사의 가장 악랄한 살인을 유발했다.

가인은 '받았다'라는 뜻을 가진 이름이다—가인이 탄생했을 때 하와는 '하나님께서 나에게 주셨다'라고 이름 지었다. 아벨은 '숨' 혹은 '증기'라는 뜻이다. 하나님께서는 이 두 아들 중 동생 아벨을 사랑하셨는데 왜냐하면 하나님은 아무도 타고난 재능이나 유산에 대한 권리를 주장하는 것을 원치 않으셨기 때문이다. 하나님께서 형을 제치고 어린 동생을 선택하시는 것을 성경에서 자주 본다. (예를 들어, 이스마엘의 동생 이삭과 에서의 동생 야곱의 경우이다.)

두 사람이 갈라지게 된 원인는 하나님께서 아벨의 제사는 받으시고 가인의 제사는 받지 않으셨기 때문이었다. 아벨은 부모님에게서 생명을 죽여 드리는 피의 희생 제물만이 하나님께 마땅한 제물이라는 제사법을 배웠다. 하나님께서 동물들을 죽여 그 가죽으로 그의 부모의 죄와 부끄러움을 덮으신 원리가 성립되어 있었다: 피 흘림으로 죄사함을 받을 수 있다. (이것은 여기서 시작되어 갈보리까지 계속된다.) 그래서 아벨은 동물의 희생 제물로 하나님께 예배드렸다. 가인은 쉽게 과일과 채소를 가져왔다.

하나님은 아벨의 제사만 기뻐하셨고 가인의 제물은 받지 않으셨다. 가인은 이에 화가 났다. 그의 죄를 다스리라는 하나님의 경고에도 불구하고 가인은 그의 동생을 집에서 떨어진 곳으로 유인하여 살인한 후 그의 시체를 묻고 모른척 했다. (오히려 "내가 동생 보는 사람입니까?" 라고 반문하며 시치미를 뗐다.)

여기에서 분명한 유형이 생겨난다: 나쁜 사람은 좋은 사람을 질투하고 신앙이 없는 사람은 신앙인을 질투한다. 이 유형은 인간의 역사 속에 계속 흐르게 된다.

하나님께서 만드신 완벽한 세상이 악한 자들이 선을 미워하고 완악함을 변명하는 곳으로 변해버렸다. 양심에 도전하는 사람들은 미움을 받는다. 아벨이 첫번째의 의로운 순교자라 할 수 있다. 예수님께서도 공의의 피는 아벨에서 스가랴까지 흘려졌다고 말씀하셨다.

성경에 기록된 가인의 족보를 보면 흥미로운 요소들을 발견할 수 있다. 가인의 자손들의 업적 중 특히 두드러지는 것은 음악과 처음 무기를 제작한 철기 문명이다. 도시화도 그들이 이루었다. 그들이 도시를 형성하면서 죄인들이 모여 들었고 죄가 한 장소로 집중되기 시작한다. 죄악이 집중된 도시가 시골보다 더 악한 곳이라 할 수 있다.

또 인간의 문명이 오염된 것을 볼 수 있다. '가인의 흔적'은 발전되어 온 문명에 그대로 존재하고 있다고 성경은 말씀한다. 문명의 중심에 항상 악행이 있다. 일부다처제도 가인의 자손들이 시작한다. 그 전까지는 일부일처제였는데 가인의 자손들이 여러명의 아내를 가졌고 아브라함, 야곱, 다윗까지도 일부다처제를 행하게 된다.

셋은 아담과 하와의 셋째 아들이었다. 그를 통해 경건한 혈통이 이어진다. 셋의 자손들이 하나님을 '주님'으로 부르기 시작했다.

이 두 혈통은 인류 역사안에 계속 이어져 왔으며 세상의 종말이 올 때 완전히 분리될 것이다. 우리가 사는 이 세상에 가인과 셋의 혈통이 있고 어느 혈통을 택하고 어떤 종류의 삶을 살아야 하는지를 우리가 선택할 수 있다.

2. 노아

다음의 주요 사건은 홍수와 노아의 방주이다. 이 이야기는 성경 내외적으로 잘 알려져 있고 많은 민간 설화들이 홍수를 언급하고 있다. 이 홍수가 실제 있었는지, 지역적인 사건이었는지, 아니면 지구전체를 덮었었는지에 대해 의문이 제기되어 왔으나 성경은 이에 대해 언급하지 않는다. 메소포타미아로 일컫는 티그리스와 유브라데스강 사이의 넓은 평원이 창세기에 처음 나오는 이야기들의 배경이고 홍수로 잠겼던 지역이었음은 확실하다.

대홍수 사건의 촛점은 물리적보다 도덕적인 면을 강조하고 있다. 왜 이런 사건이 발생했는가? 답은 충격적이다. 하나님께서 인간 창조를 후회하셨기 때문이었다. '하나님의 가슴은 고통으로 꽉 차 있었다.'라는 말씀은 성경안에서 가장 슬픈 구절중 하나이다. 하나님의 감정을 우리에게 확실하게 전달하시고 이로 인해 인간을 말살하시려는 의도가 있었던 것이다.

무엇이 하나님의 감정을 극도로 상하게 했는가? 이것을 알기 위해 우리는 창세기, 신약성경 그리고 유다와 베드로가 인용한 성경 밖의 문헌들을 참고할 필요가 있다.

하나님께서 사람들을 돌보기 위해 헤르몬산 지역으로 보낸 이삼백명의 천사들이 지상의 여자들과 사랑에 빠져 그녀들을 유혹하고 임신시켰다. 그 자식들은 인간과 천사의 혼혈로 하나님의 창조 질서에 속하지 않았다. 이들이 창세기 6장의 '하나님의 아들들'과 '인간의 딸들'의 자손 네피림 (Nephilim) 들이다. 이 단어는 영어성경에 '거인'으로 번역되기도 한다. 우리는 이 단어의 정확한 의미를 알 수 없다. 새로운 생명체에 대한 새로운 단어이다. 이 때 천사들이 여자들에게 마술을 가르쳐 신비주의가 시작되었다. 이 사건 전에는 마술에 대한 기록이 없다.

이 변태적 성관계의 즉각적인 영향으로 폭력이 이 세상을 가득 메웠다; 인간을 물체로 취급하면서 악이 번져 나갔다. 창세기 6장에서 '모든 인간의 마음속의 상상은 계속적인 악' 임을 하나님께서 보셨다. 그는 마지막에 도달했다고 느끼셨다.

그러나 하나님께서는 즉각 심판하시지 않고 오랫동안 참으시며 계속 경고하셨다. 에녹 선지자를 세워 인간들의 타락에 대한 하나님의 심판을 경고하셨다. 65세의 에녹이 아들을 낳았을 때 '그가 죽으면 심판할 것이다'라는 뜻의 므두셀라라는 이름을 하나님께서 지어 주셨다. 에녹과 므두셀라는 므두셀라가 죽으면 하나님께서 심판하실 것을 알았다.

므두셀라가 성경의 누구보다도 오랜 969년의 삶을 산 것을 보면 하나님의 인내심을 알 수 있다. 므두셀라가 죽자 강한 비가 내리기 시작했다. 므두셀라의 손자가 노아이다. 그와 그의 세아들은 12개월동안 하나님께서 명령하신대로 큰 방주를 만들었다. 딱 한가정 – 목사와 그의 세아들, 세 며느리들과 아내만이 구원을 받는다.

대홍수 후에 하나님께서는 지구가 존재하는 한 다시는 이런 일을 반복하지 않겠다고 약속하셨다. 전 인류에게 성스러운 언약을 주신 것이다: 인류를 다시는 멸망하지 않을 뿐 아니라 충분한 음식도 주시고 여름, 겨울, 봄과 추수계절이 규칙적으로 있을 것을 확언하셨다. 현재 지구 여러곳의 기근을 보고 하나님께서 약속을 지키지 않는 것으로 우리는 생각할 수 있다. 그러나 세상에는 우리가 필요한 량보다 훨씬 많은 옥수수가 있다—공평하게 분배되지 않고 있을 뿐이다. 정치적 의지가 있다면 모두가 배부를 수 있다.

하나님께서는 이 약속의 의미로 하늘에 무지개를 두셨다. 우리의 지구상의 생명을 위해 필요한 두가지는 태양빛과 물인데 이둘이 합쳐질 때 무지개가 나타난다.

하나님께서 이 약속을 하셨을 때 인간에게 요구하신 것이 있었다. 인간의 생명을 신성한 것으로 취급하고 살인은 사형으로 처벌해야 한다고 명령하셨다. 한 국가가 사형제도를 없앨 때 인간의 생명에 대한 그들의 태도를 알 수 있다.

3. 바벨

하나님께 깊은 상처를 준 다음 사건은 바벨탑의 건축이었다. 인간들은 하나님의 영역에 도달하기 위하여, 다시 말해서 하나님께 대적하기 위하여 높은 탑을 쌓았다. 그들의 명성을 떨치기를 원했다. 우리는 그 탑의 대충의 모양을 알고 있다: 지구라트 (ziggurat) 라 불리우는 이 탑은 벽돌로 지어졌고 계단이 하늘을 향해 뻗어있었다. 맨 꼭대기에는 대부분 점성술을 했던 흔적이 있다. 이것은 별을 숭배하기보다는 바빌론 (혹은 바벨) 의 왕이었던 니므롯 (Nimrod) 의 힘과 위대함의 상징이었다.

바벨탑은 하나님의 마음을 극심하게 상하게 했다. 하나님께서는 인간들이 어디까지 갈지 알 수 없음에 염려하시고 처음으로 방언을 내리셔서 인간들을 혼란에 빠뜨리셨다. 그들은 서로 알아듣지 못하게 되고 그 후 각처로 흩어지면서 다른 언어를 사용하게 된다.

바벨의 이야기에 흥미로운 점이 있다. 흩어진 사람들 중 한 그룹은 산을 넘어 동쪽으로 계속 이동하여 바닷가에 정착했다. 이들이 중국인의 선조이다. 중국의 문화는 바벨탑 시대까지 추적할 수 있다. 그들은 애굽의 상형문자를 대체한 알파벳이 사용되기 전에 바벨 지역을 떠났기 때문에 상형문자를 가지고 중국으로 이동했다. 놀라운 것은 중국문자를 사용해서 창세기 1-11장까지의 이야기를 재현할 수 있다는 점이다.

예를 들어, 중국어의 창조하다 (造) 는 진흙 (土), 생명 (生), 걷는 사람 (口) 의 복합어이다. 악마 (鬼) 는 인간 (人), 동산 (田), 비밀 (秘) 의 복합어이다. 유혹하는 사람은 (魔) 악마 (鬼), 두 그루 나무 (林), 덮개 (广) 의 복합어이다. 큰배 (船) 는 상자 (舟), 입 (口)', 여덟 (八) 의 복합어로 방주안의 여덟사람, 즉 노아의 방주를 말한다. 우리는 중국 상형문자를 사용해서 창세기 1-11장까지의 이야기를 재현할 수 있다. 그러므로, 이들이 중국지역에 처음 도달했을 때는 하늘과 땅을 창조하신 유일신 하나님을 믿었던 것을 알 수 있다. 유교와 불교가 들어오면서 우상숭배가 시작되었다. 중국문자는 바벨에서 흩어져 중국에 도달한 사람들의 기억속에 있었던 사건들의 사실성을 재확인 해 주는 성경 밖의 독립된 자료이다.

공의와 자비

이 이야기들에서 두드러지는 두 가지의 주제는: 아담의 타락 후 볼 수 있는 인간의 교만과, 하나님의 공의와 자비의 반응이다. 하나님께서는 아담과 하와를 동산에서 내 쫓으시며 그들은 죽을 것이라는 공의의 심판과 동시에 그들의 옷을 만들어 입히시는 자비를 보이셨다.

가인에게는 떠돌이로 평생을 사는 공의의 저주를 하심과 동시에 아무도 그를 죽이지 못하도록 표적을 부치시는 자비를 베푸셨다. 하나님께서는 에녹을 제외한 에녹 세대의 모두를 벌하셨지만 므두셀라가 장수하도록 하시고 기다리시며 노아와 그의 가족들을 살리는 자비를 베푸셨다. 창세기의 나머지 부분은 하나님에 대해 무엇을 말하고 있는가? 다음 세대 사람들과 사건들을 통해 하나님과 인간은 어떠한 관계를 가졌었는지를 살펴보자.

주권자 하나님

구약성경 전체에 흐르는 두 맥락을 통해 볼 수 있는 하나님에 대해 설명해고자 한다. 우리는 이 두 맥락의 교차되는 면을 창세기의 내용을 통해 정확하게 볼 수 있다.

우주만물의 하나님

구약성경은 유대인의 하나님이 온 우주의 하나님이라고 말한다. 그 당시에는 각 나라마다 바알신, 아이시스, 몰렉등 자신들의 신이 있었다. 그리고 종교는 엄격하게 국가적 차원에서 이루어졌고 모든 전쟁도 다른 신을 믿는 각 나라들간의 종교전이었다. 이스라엘의 하나님(야훼)은 이스라엘 민족만의 한정된 신으로 간주되었고 이스라엘은 그들의 신이 '모든 신 위에 있는 유일신'이라고 주장했다. 한 발짝 더 나아가서, 이스라엘의 신만이 실존하시는 하나님이라고 단언했다. 그는 우주만물을 창조하셨다. 다른 신들은 인간의 상상력에 의해 꾸며낸 것들임에 불과했다. 이러한 그들의 주장은 물론 다른 국가들에게는 아주 모욕적인 발언이었다. 이사야서 40장, 욥기, 시편에서 이에 대한 내용들을 접할 수 있다.

유대인의 하나님

구약성경에서 묘사되는 우주만물의 하나님은 유대인의 하나님이시다. 만물의 창조주가 지구상의 소수의 사람들과 개인적인 친밀한 관계를 갖고 계시다는 것이다. 더구나, 하나님이 한가족: 할아버지, 아버지, 아들의 하나님으로 자신의 신분을 말하셨다고 그들은 주장했다. 그들의 말에 의하면 우주만물을 지으신 하나님이 자신을 '아브라함, 이삭, 야곱의 하나님'이라고 말씀하셨다는 것이다. 엄청난 주장이었다.

하나님의 계획

유대인의 하나님이 우주만물의 하나님으로, 또 우주만물의 하나님이 유대인의 하나님이라는 놀라운 양면성의 진리를 창세기는 우리에게 설명한다—사실, 이 책이 없이는 우리가 이것을 믿을 근거가 전혀 없다.

창세기는 성경 전체를 합친 것보다도 훨씬 더 긴 시간을 다룬다. 출애굽에서 요한계시록 3장까지는 약 1,500년의 기간이지만 창세기는 우주의 시작부터 요셉의 시대까지 우주 전체의 역사를 다루고 있다. 그래서 우리가 창세기를 읽을 때 시간이 압축되어졌음과 나머지 성경 전체에 비해 훨씬 긴 몇 백년의 시간을 다루고 있음을 깨달아야 한다.

창세기에서도 시간은 압축되어 있다. 1-11장까지는 창세기의 1/4정도이지만 시간적으로 아주 긴 시간과 많은 사람들과 국가들을 다루고 있다. 12-50장은 창세기의 3/4의 부분을 차지하지만 길지 않은 시간과 소수의 인원을 다룬다—한 가족과 4대에 걸친 후손들이다. 창세기가 이 세상의 역사를 말해주는 책이라면 사건들의 지면 할당이 불균형하다고 볼 수 있다.

하지만 이 불균형은 고의적임이 분명하다. 세상의 모든 것을 기록하기보다는 어떤 특정한 가족에게 마치 그들이 이 세상에서 가장 중요한 가족인 양 촛점을 맞춘 것이다. 어떤 면에서는 이들이 가장 중요했다. 이 가족은 하나님의 이름을 부른 셋의 자손들이었다. 하나님께서 보시기에 하나님을 찾는 사람들이 다른 사람들보다 더 중요했다. 그들을 통해 하나님의 계획과 목적을 이루실 수 있었기 때문이었다.

이런 식으로 성경에 접근하면, 성경이 우리의 문제에 대한 하나님의 답이 아니라, 하나님의 문제에 대한 하나님의 답임을 우리는 알 수 있다. '하나님을 알고 싶어하지 않고 사랑하지 않고 순종하지 않는 사람들을 어떻게 할 것인가?'하는 것이 하나님의 문제였다. 한 가지 방법은 다 없애 버리고 다시 시작하는 것이었다. 하나님께서 한번 시도 하셨으나, 대홍수에서 구원받은 공의의 사람 노아까지도 술에 취해 벌거벗은 모습을 보이는 바뀌지않는 인간의 본성의 실례를 보셨다. 그러나 하나님께서는 포기하지 않으셨다. 하나님께서는 인간에 대해 염려하셨다; 그가 창조한 사람들이었다. 하나님께 벌써 아들이 한분 있었고 그를 너무나 좋아하셔서 대가족을 원하셨다. 그래서 인간의 문제를 포기하지 않으셨다.

그의 해결책은 아브라함과 함께 시작되었다. 철학자들은 이것을 '특이성의 스캔들' (the scandal of particularity) 이라고 부르는데 이것은 하나님께서 불공평하게 유대인만을 선민으로 선택하셨다는 사실이다. 왜 중국인들은 중국사람을 통해서, 미국인들은 미국사람을 통해서, 영국인들은 영국사람을 통해서 구원하시지 않는가? 하나님의 선민 선택은 우리에게 반감을 준다—이것을 시인 윌리암 놀만 이워 (Wiliam Norman Ewer) 가 다음과 같이 표현했다:

> 유대인을 선택하신 하나님은 얼마나 이상하신 분인가.

그러자 세실 브라운 (Cecil Browne) 이 이절을 만들어 답했다:

> 유대인들의 하나님을 믿으면서
> 유대인들을 거부하는 사람들을 볼 때
> 하나님은 전혀 이상하신 분이 아니다.

하나님의 의도를 설명하기 위해 우리 가정에서 있을 수 있는 간단한 상황을 상상해 보자. 아버지가 사탕을 사오셨다. 그것을 세 자녀에게 직접 각각 나누어 주거나 한사람에게 다 주고 공평하게 나누어 가지라고 봉투 째 맞길수 있다. 첫번째 방법은 평안한 방법이지만 자녀들이 각 개인으로 취급된다. 가족의 유대감을 강조하고 가르치기 위해서는 두번째 방법이 효과적이다.

그러므로, 하나님의 의도는 하나님의 아들을 유대인으로 보내실 계획을 세우신 것이다. 하나님께서는 각 국가들을 따로 따로 대하는 것보다 하나님께서 주신 축복을 모든 사람들과 함께 나누라고 유대인들에게 말씀하셨다. 하나님께서 유대인들을 선택한 의도는 그들을 통해 모든 사람들이 하나님의 축복을 알기를 원하셨기 때문이었다.

이런 이유로 하나님께서는 아브라함, 이삭, 야곱의 하나님으로 구약성경에서 자신을 나타내셨다. 창세기 12-50장은 네사람에 대한 이야기이다. 세사람은 함께 분류되어 있고 네번째, 요셉은 따로 분류되었다—나중에 그에 대해 자세히 공부할 때 그 이유를 알게 될 것이다.

이야기 속에서 이 세사람은 그들의 친척들과 대조된다. 아브라함의 상대는 그의 조카 롯: 이삭의 상대는 의붓형 이스마엘; 야곱의 상대는 쌍둥이 형 에서였다. 조카에서 의붓형으로 그리고 쌍둥이 형으로 그들의 관계가 점점 좁혀진다. 하나님께서는 두 혈통의 정반대되는 사람들이 인류를 구성하고 있음을 말씀하신다. 이 이야기들을 통해 우리는 어떤 부류에 속해야 할 지 생각해 보게 된다: 야곱인가 에서인가? 이삭인가 혹은 이스마엘인가? 아브라함인가 혹은 롯인가?

이 이야기들은 사실인가요?

어떤 사람들은 이 이야기들이 전설이나 허구라고 주장한다. 진실의 핵심은 있지만 역사적으로 확인할 수 없다고 말한다. 이런 사람들은 '소설'이나 허구는 근대 문학의 양식임을 잊고 있다. 소설이라는 문학 양식은 아브라함 시대에는 없었다. 꾸며낸 이야기를 할 필요가 없었다. 만약 영웅에 대한 이야기를 꾸며 내고자 한다면 당연히 기적을 포함시켰을 것이다. 창세기에는 기적이 거의 없다. 출애굽기에서 기적들이 나타나지만 창세기에는 거의 없다. 보통 전설에는 많은 기적과 마술의 사건들이 포함되어 있다.

더구나, 이 이야기들에는 시대착오에 대한 사실들이 (그시대에 일어날수 없는 사건이나 물증들)

단 한개도 없다. 이 이야기들에 기록된 자세한 문화상이 인류학에 의해 사실임이 입증 되어왔다. 한가지 우리가 자연적으로 설명할 수 없는 것은 천사들의 행동인데 천사들은 성경 전체에 나타난다. 천사에 대해 문제가 있는 사람은 성경 전체에 대해 문제가 있는 것이다. 그 외에는 사람이 태어나고, 사랑에 빠지고, 결혼하여 자녀를 낳고 죽는 아주 평범한 이야기들이다. 그들은 양과 염소와 가축을 기르고 농사를 지었다. 그들은 논쟁하고, 말다툼하고, 싸웠고; 장막을 치고, 제단을 쌓고 하나님을 경배했다. 이 모든 것들은 정상적인 사람들의 당시 생활상이었다.

하나님께서는 왜 유대인을 선택하셨는가?

이 이야기들의 특징은 하나님께서 그들과 대화하고 그들이 하나님과 대화한다는 사실이다. 그리고 우주만물의 하나님께서 아브라함을 특별한 친구로 선택하셨다는 점이다. 하나님은 '아브라함, 나의 친구' 라고 그를 부르셨다. 이것이 '특이성의 스캔들' 이다. 사람들은 인간과 개인적 친구가 되는 하나님을 감당하지 못한다. 이런 관계는 부적합하다고 생각한다. 그러나 여기서 일어난 일은 사실이다.

우리가 가지고 있는 더 큰 의문은: 왜 하나님은 아브라함, 이삭, 야곱의 하나님으로 자신을 부르셨는가? 그들이 왜 특별했나? 이것은 다른 국가들과 다른 민족들이 시대를 거치며 오래 전부터 해온 질문이다. 유대인이 왜 특별한가? 우리 대신 왜 그들을 선민으로 선택하셨는가?

하나님의 주권적 선택권을 답으로 볼 수 있다. 선택된 사람들은 하나님에 대한 타고난 주권이 없었다. 하나님께서 자유롭게 관계를 시작하신 것이지 그들이 하나님과의 관계를 요구하는 주권 행사를 한것이 아니었다. 성경에서 각 세대마다 보편적인 상속권이 전복되는 사건들을 본다. 정상적으로 첫째 아들이 아버지로부터 가문의 부를 상속받게 되어 있지만 하나님께서는 장자가 아닌 가장 어린 아들을 선택하신다. 하나님께서는 이스마엘 대신 이삭을, 에서 대신 야곱을 선택하신다. 하나님께서는 아무도 하나님의 사랑에 대한 상속권을 주장하지 못한다는 것을 확립하시는 것이다: 하나님께서 원하시는 대로 주시는 사랑이다. 그러므로, 무조건 장자를 통해 계통이 이어지는 것이 아니다. 이삭이나 야곱은 장자가 아니었다. 그들이 상속받은 것은 값없이 받은 선물이었다.

또 특이한 점은 이 세사람 중 아무도 도덕적으로 하나님의 선택을 받을 자격이 있는, 다른 사람들보다 낳은 인물들이 아니었다는 것이다. 모두들 어려운 상황을 벗어나기 위해 거짓말을 했다. 아브라함과 이삭은 자신들의 목숨을 건지려고 아내를 여동생이라고 속였다. 야곱은 그들보다 더 했다. 그들은 거짓말장이였을 뿐 아니라 여러명의 아내를 취했다. 이들은 우리와 같이 약점투성이의 평범한 사람들이었다.

한가지 다른 점이 있다면 그것은 그들의 믿음이었다. 그들은 하나님을 믿었다. 우리가 하나님을 믿을 때 하나님께서는 놀라운 일을 행하신다. 하나님께서는 착한 사람보다 믿음의 사람을 원하신다 - 아브라함에게 그의 믿음이 '공의로움'으로 책에 기록될 것이라고 말씀하셨다. 하나님을 믿는 믿음이 없이 하는 선한 일은 중요하지 않다.

이삭과 야곱은 아주 다른 성격과 기질의 사람이었지만 같은 믿음을 갖고 있었다. 세사람이 가지고 있는 한가지 공통점은 그들의 믿음이었다.

족장들의 믿음

아브라함의 믿음은 그가 갈대아 지방의 우르를 떠나는 것으로 증명되었다. 그 도시는 당시 세계에서 가장 문명과 문화가 발달한 웅장하고 세련된 곳이었지만 하나님께서 그에게 그곳을 떠나 텐트에서 남은 여생을 살라고 하셨다. 75세의 나이에 편안한 도시를 떠나 겨울에 눈 내리는 추운 산에서 텐트 생활을 하고 싶은 사람은 우리 중에서 찾기 힘들 것이다. 하나님께서 다시는 이 땅을 보지 못할 것이고 한번도 가보지 않는 낯선 땅을 향해 떠나라고 말씀하셨다. 그는 친척들과 친구들을 떠나야 했다. (그의 아버지와 다른 식솔들을 데리고 하란땅까지 갔고 그 후 조카와 함께 이동을 계속했다.) 아브라함은 순종했다. 하나님께서 그의 아내 사라가 90세가 넘었음에도 불구하고 아들을 줄 것이라는 말씀을 그대로 믿었다. (아들의 이름을 '웃음' 이라고 지은 이유는 자신이 임신할 것이라는 말을 처음 들었을 때 사라가 배를 잡고 웃었기 때문이었다.)

그러나 아브라함의 믿음은 시간이 가면서 약해졌다. 하나님의 약속이 있은 후 11년이 지나도 아들이 없자 아내의 제안에 따라 하녀 '하갈'을 통해 아들을 얻는다. 성경은 그 아들 이스마엘은 '믿음의 아들'이 아니고 하나님께서 선택하지 않는 인간의 방법으로 낳은 '육적인 아들'이라고 분명히 말씀한다. (하지만 어쨌든 아브라함의 아들이었으므로 하나님께서는 그를 축복하여 현재의 많은 아랍인들을 자손으로 주셨다.)

드디어 이삭이 태어났을 때, 아브라함은 하나님의 명령대로 이삭을 제물로 바칠 준비를 하는 믿음을 보였다. 그가 아들을 죽이면 하나님께서 그의 아들을 다시 살리시리라 믿고 제물로 드리고자 순종했다. 하나님께서 죽은 사람을 다시 살리시는 것을 본적이 없는 자의 굉장한 믿음이었다. 노년의 그에게 아들을 주신 하나님이시면 능히 죽은 아들도 살릴 수 있음을 믿은 것이다.

이삭을 제물로 드리는 흔히 보아온 장면들에는 이삭을 약 12살 정도의 소년으로 나타낸다. 하지만 그 사건 바로 후 사라가 127세의 나이로 죽는 것을 감안해 볼 때 이삭의 나이는 37세 정도였을 것이다. 이삭이 30대의 젊은 청년이었을 때 제단에 바쳐진 것이었다. 그는 노인인 아버지에게 대항하지 않고 복종했다. (이 제단을 쌓은 곳은 모리아산이었고 훗날 골고다 혹은 갈보리로 불리우는 중요한 장소이다.) 이삭은 아브라함의 종이 자신의 아내를 찾아올 것이라는 것을 믿는 믿음도 보였다.

야곱은 먼저 자신을 믿는 사람이었으나 하나님에 대한 믿음도 있었다. 그는 아버지를 속이고 장자의 축복을 가로챘다. 하지만 이것은 에서가 소홀히 여기는 아버지의 축복을 간절히 원하는 그의 마음을 보여주었다. 나중에 하나님께서는 야곱의 기를 꺾기 위해 천사와 밤새도록 씨름하도록 하시고 이로 인해 야곱은 평생 다리를 절게 된다. 이것은 그의 믿음의 큰 쟁점이었다. 그 후로부터 야곱은 그의 열두아들들이 십이지파가 되리라는 하나님의 약속을 믿었다.

이 세사람은 그들의 약점과 실수에도 불구하고 믿음의 사람들로 빛을 발한다. 그들의 친척들은 육적인 면을 믿었지만 이 세사람은 하나님을 믿었다.

롯은 물질주의자로서 황무지의 산보다 비옥한 요단 평야를 선택한다. 그는 자신의 눈을 믿었고, 아브라함은 믿음의 눈으로 산 위에서도 하나님께서 함께 하실것을 믿었다. 에서는 아버지의 축복보다 당장 한그릇의 죽을 원했다. 잘못 한 거래에 후회하고 진실된 회개 없이 눈물로 축복을 구했던 에서와 같이 되지 말라고 히브리서는 말씀한다. 이런 믿음의 사람들과 육을 쫓는 사람들의 대조적인 면은 오늘날 우리 가정에서도 볼 수 있다.

이 대조적인 면은 그들의 아내들에게서도 볼 수 있다. 사라, 리브가, 라헬은 한가지 공통점이 있었다: 그들은 매우 아름다웠다. 족장들의 세 아내들은 성품의 아름다움도 있어서 남편들에게 복종했다. 다른 아내들은 대조적이었다. 예를 들어, 롯의 아내는 하나님의 심판이 있을 안락한 삶에 미련을 두고 뒤돌아 보았고 하나님의 명령에 불순종함으로 소금기둥이 되었다.

아브라함

이 세사람을 더 자세히 살펴보도록 하자. 하나님께서 아브라함에게 주신 약속은 오늘 날의 그리스도인도 포함한다. 하나님께서는 처음 한사람을 창조하셨고 다른 한사람을 통해 구원을 시작하셨다. 하나님께서 아브라함에게 주신 언약은 성경을 통해 예수님까지 계속되어 온 주제이고 예수님은 마지막 만찬으로 새 언약을 기념하셨다.

언약 (covenant) 의 의미를 정확히 이해하는 것이 중요하다. '계약'과 혼동하기 쉬운데 언약은 같은 힘과 권위를 가진 두 사람이 흥정하는 것이 아니다. 언약은 한쪽이 자의적으로 상대방을 축복하는 약속이다. 상대방은 그 언약을 받아들이거나 거절하거나 둘 중 한가지 선택만 하면 된다. 그들은 언약의 내용을 바꿀 수 없다. 하나님께서 하신 언약은 꼭 지키신다고 맹세하셨다. 우리는 하나님을 두고 맹세하지만 하나님 위에 아무도 없기 때문에 하나님께서는 자신을 두고 맹세하신다. 하나님께서는 스스로 맹세하시고 오직 진실만을 말씀하신다.

하나님께서 아브라함에게 약속하실 때 '내가 할것이다 (I will)' 라는 약속을 마치 남자가 결혼식에서 서약하듯 창세기 12장에서 여섯번이나 반복하신다. 우주만물의 하나님께서 아브라함의 가족과 혼인하신 후 주신 첫번째 약속은 그들이 정착할 땅을 주시겠다는 것이었다. (여러 대륙히 합류하는 지점의 조그만 땅—예루살렘은 아프리카, 아시아, 아라비아, 그리고 유럽이 교차하는 언덕에 위치한 장소로서, 히브리어로는 아마겟돈 (Armageddon) 이라 불리운다.) 하나님께서는 '이 땅을 너에게 영원히 주겠다' 고 말씀하셨다. 누가 무어라 하던지 그들은 땅문서를 소유하고 있는데 이 땅문서는 아브라함과 그의 자손들에게 하나님께서 주신 영원한 기업이다.

하나님의 두번째 약속은 그에게 많은 후손들을 주신다는 것이었다. 아브라함과 사라가 늙었으나 하나님께서는 그들에게 지구상의 많은 자손들이 항상 있을 것을 약속하셨다.

세번째 약속은 하나님의 축복과 저주를 그들을 통하여 다른 나라들에게 내리시겠다는 것이다. 유대인들에게 주어진 사명은 하나님에 대해서 모든 사람들과 함께 나누는 것이었다. 하나님께서 아브라함에게 너를 저주하는 사람을 내가 저주하겠고 너를 축복하는 자를 내가 축복하리라고 말씀하셨다. 대신 모든 유대 남자들은 이 언약 속에 태어났음을 증거하기 위해 할례를 받아야 하고 아브라함은 하나님께 순종하고 하나님의 모든 명령을 지켜야 한다는 것이다.

이 언약은 성경의 핵심이고 '나는 너의 하나님이 되고 너는 나의 백성이 될것이다' 라는 말의 근원으로 하나님께서는 성경전체에서 이 언약을 반복하신다. 그리고 하나님께서 우리와 함께 계시기를 원한다고 말씀하신다. 성경의 가장 마지막에 하나님께서 하늘에서 내려오셔서 우리과 새로운 지구에서 영원히 살 것이라고 말씀하신다.

이삭

그의 아버지 아브라함이나 그의 아들 야곱 만큼 많이 알려지지는 않았지만 이삭은 대를 연결 하는 중요한 인물이다. 그의 믿음은 하나님께서 정하신 아내를 받아들이고 기근이 왔어도 가나안 땅을 떠나지 않았고 가나안 땅을 소유하지 않았지만 약속의 말씀에 따라 그의 아들들에게 땅을 유산으로 남기는 믿음의 사람이었다. 연로한 후 시력을 잃고 그의 가족에게 속임수를 당한다.

야곱

야곱은 세사람 중 가장 유별난 사람이었다. 태어날 때는 쌍둥이 형의 발 뒤꿈치를 잡고 나왔다. 에서는 붉은 사암 (red sandstone) 을 깎아 웅장하게 지은 신전이 있는 현재의 페트라라는 지역에 정착하여 에돔 국가를 건립한다. 이스마엘과 이삭 사이의 미움은 지금도 중동지역에서 유대인과 아랍사이에 존재하고 있으나 에서와 야곱의 미움은 사라졌다. 마지막 에서의 후손 에돔 사람은 헤롯왕으로 예수님이 탄생했을 당시 유대인들의 왕이었다. 그는 왕으로 태어나는 야곱의 후손을 막기 위해 베들레헴의 모든 아기들을 죽였다.

유산

아브라함, 이삭, 야곱 모두 마지막 순간에 훌륭한 믿음을 보여주었다. 그들은 소유하고 있지 않은 유산을 아들들에게 남겨주었다. 아브라함은 이삭에게 그 주변의 모든 땅을 유산으로 주었다. 이삭도 야곱에게 주변의 모든 땅을 유산으로 남기고, 야곱은 열두아들들에게 가나안 전체의 땅을 유산으로 주었다. 그러나 단 한 사람도 유산으로 준 땅의 소유자가 아니었다. 아브라함만이 헤브론의 사라가 묻힌 동굴을 소유하고 있었을 뿐이었다. 그들은 하나님께서 약속하신 땅이 언젠가는 그들의 소유가 되리라는 믿음으로 유산을 남겼다.

오랜 시간이 지난 후에 히브리서 11장은 이들이 '죽을 때에도 계속 믿음의 삶을 살고 있던 사람들' 이었음을 말씀했다. 그들의 믿음에 대한 칭찬이 자자했으나 아무도 살아 생전 약속된 것을 받지 못했다. 인간들에게 더 좋은 것을 주시려는 하나님의 계획으로 그의 약속은 우리와 함께 완전해 질 것이다. 아브라함, 이삭, 야곱은 죽지 않았다. 헤브론에 있는 그들의 무덤을 눈으로 볼 수 있지만 그들은 죽은 것이 아니다. 하나님께서는 아브라함, 이삭, 야곱의 하나님이셨다라고 하지 않고 그들의 하나님이시다라고 예수님께서 현재형으로 말씀하셨다. 죽은자들의 하나님이 아니고 살아있는 자들의 하나님이시다.

요셉

창세기의 마지막 부분은 우리가 잘 알고 있는 요셉의 이야기이다. 이 이야기는 어른들 뿐 아니라 어린이들도 좋아하는 '선이 악을 이긴다'는 내용이다. 이 이야기는 뮤지컬로도 만들어졌다. 무대에 나오는 요셉이 입었던 색채의 옷은 사실은 긴소매 옷이었을 것이다—긴소매 옷은 노동을 하지 않는 감독의 위치에 있는 사람이 입는 옷이었다. 나이많은 형들을 제치고 감독의 위치에 있는 요셉을 형들은 미워했다.

요셉은 제 4 대로 아브라함의 증손자였지만 장손은 아니었다. 여기에서 우리는 분명한 패턴을 볼 수 있다: 장자가 당연히 축복 받지 않는다. 하나님께서는 축복할 자를 은혜로 선택하신다. 패턴을 보면 어린 아들중 하나가 선택된다.

하지만 이 패턴이 계속되는 것만은 아니다. 요셉과 다른 세사람들과는 큰 차이가 있다고 앞서 말했다. 하나님께서는 한번도 '요셉의 하나님' 이라고 말씀하지 않으셨다. 요셉에게는 천사가 나타난 일이 없었고 그의 형들은 거부당하지 않고 하나님의 대를 잇는 셋의 혈통에 포함되었다. 그러므로 대조적인 상대의 사람도 없다. 또한 요셉은 하나님과 직접 대화한 적이 없었다. 그는 하나님으로부터 꿈을 꾸고 해몽하는 능력을 받았지만 다른 족장들과는 달리 하나님과 직접 대화한 기록은 없었다.

이런 점을 볼 때 요셉은 자신만의 위치를 가지고 있는 사람같다. 그가 다른 이들과 어떻게 다르고 왜 우리에게 그의 이야기가 전해 내려왔는가?

쉽게 볼 수 있는 것은 그가 창세기와 출애굽기를 자연스럽게 연결시키는 인물이라는 점이다. 출애굽기에서 그의 가문이 왜 애굽의 노예로 살게 되었는지를 설명하는 중요한 인물이다. 요셉의 이야기는 아브라함과 이삭이 식량을 구하기 위해 애굽에 갔었던 것 같이 야곱과 그의 가족이 애굽에 가게 된 동기를 설명한다. (애굽은 이디오피아 고지에서 흘러 내려오는 나일강이 있어서 비에 의존하는 농경지가 아니었고, 이스라엘 땅은 지중해의 서풍이 몰고 오는 비에 의존하는 농경지였다.) 요셉이 죽은 후 막이 내리고 400년 후 막이 다시 올라 갔을 때, 그의 가문은 몇 백만명으로 불어나 있었으나 그들의 신분은 노예로 전환되어 있었다.

만약 이것만이 요셉을 창세기에 포함시킨 단 하나의 이유였다면 왜 요셉의 이야기에 많은 지면을 할당했는지 설명하기 어렵다. 이삭이나 야곱보다 요셉에 대해 아브라함만큼 자세하게 기록되어있다. 왜 요셉에 대해 이렇게 상세히 기록했는가? 선한 사람이 승리하는 삶을 보여주는 단순한 예화인가? 나는 여기에 더 깊은 이유가 있다고 믿는다.

요셉에 대해 네가지 측면에서 살펴 보기로 하자.

1. 인간적 측면

첫째는 인간적인 측면이다. 모험으로 가득 찬 소설보다 더 흥미있는 실제의 인물에 대한 이야기이다. 불가사의한 우연의 일치도 있지만 요셉의 인생을 둘로 나누어 본다면 추락과 상승이다. 아버지의 가장 사랑받는 아들에서 외국의 가정 노예로 추락하였고, 잊혀진 감옥의 죄인에서 그 나라의 총리로 상승했다. 그런 일들 사이에서 형들의 질투가 그를 아래로 끌어내렸지만 꿈에서 본 대로 나중에 성공했다. 인간적으로 뮤지컬을 만들어 많은 사람들이 보고 즐길 수 있는 흥미로운 이야기이다.

2. 하나님께서 보시는 각도

하나님의 각도에서도 그를 볼 수 있다. 하나님께서 직접 요셉과 대화하지 않으셨지만, 요셉의 배후에는 보이지 않는 하나님께서 그의 목적과 계획을 위해 환경을 조성하시고 그 결과를 요셉에게 꿈으로 보여주셨다. 간혹 하나님께서 이런 방법으로 말씀하실 때 이에 대한 해석이 필요한 경우들이 성경에 있다. 요셉은 하나님께서 주신 꿈임을 확신하고 해몽도 하나님께서 주실 것으로 믿었다. 다니엘도 같은 은사를 받았다. 요셉은 하나님께서 모든 상황을 이루심을 믿었고 그에게 일어난 모든 일의 배후에 하나님께서 계심도 믿었다.

가장 중요한 부분은 45장 7절 말씀이다. 그가 마침내 형들에게 자신이 누구인지를 밝힌다. 형들이 자신에게 지은 죄를 용서하고 '하나님께서 큰 구원으로 당신들의 생명을 보존하고 당신들의 후손을 세상에 두시려고 나를 당신들보다 먼저 보내셨다' 라고 말했다.

요셉의 형들은 요셉을 낙타 상인에게 노예로 팔아 넘김으로 그를 처치했다고 믿고 그의 옷을 염소의 피로 적셔서 아버지가 가장 총애하는 요셉이 죽었다고 아버지를 속였다. 하지만 요셉은 하나님의 뜻이 있었음을 보았다. 애굽에서 바로의 꿈 (7년의 대풍년과 그후 7년의 극심한 흉년)을 해몽하여 총리가 된 일을 돌이켜 보며 하나님의 섭리를 느꼈다. 풍년이 들었을 때 식량을 충분히 저장함으로서 애굽 전체를 구했고 그의 가족들이 식량이 없을 때 그들도 구했다. 그는 모두의 구원자였다.

요셉의 가족들이 애굽으로 이주한 것도 하나님의 섭리였다. 하나님께서는 아브라함에게 아모리 족속의 악이 충만 할 때 까지 그의 자손들이 400년 동안 애굽에 가서 살아야 한다고 미리 말씀하셨다. 하나님께서는 약속의 땅에 이미 거주하고 있는 민족들이 너무 악하여 땅과 삶의 권리를 완전히 잃어 버릴 때까지 아브라함의 자손들이 약속의 땅에 들어오지 못하게 하셨다. 하나님은 도덕적인 분이시다: 그의 백성들을 위해 상주하고 있는 사람들을 무작정 몰아내는 분이 아니시다.

인류학적 유물들이 이들의 악한 삶을 증거한다. 그들의 문란한 생활로 성병이 가나안 전체에 퍼져 있었다. 더이상의 악이 행하여 질 수 없는 최악의 상태에 이르렀을 때 하나님께서는 그의 백성들을 약속의 땅에 들어가도록 허락하셨다. 유대인들에게 그 땅을 허락하신 하나님의 부당함에 대해 불평하는 사람들은 잘못 알고 있는 것이다.

또 다른 이유도 있다. 하나님께서는 선택된 민족들이 노예가 되기를 원하셨다. 그들을 구원하신 하나님께 감사하고 하나님께서 원하시는 삶을 살아 다른 민족들에게 모범이 되어 하늘의 통치아래서 누리는 축복을 모든 사람들에게 보여주기를 원하셨다. 그래서 쉬는 날도 없이 무보수로 노동하고 땅의 소유권도 없고 재산도 가질 수 없는 악의 제도하에서 노예로 살게하셨다. 그리하여 그들이 하나님께 고통으로 부르짖을 때, 하나님께서 전능하신 손으로 그들을 구원하셨다. 하나님의 목적을 위해 허락된 환경이다. 그들을 구원하시는 분은 하나님이시고 그들에게 땅을 주시는 분도 하나님이심을 알기 원하셨다.

3. 요셉의 성품

성경을 통해 요셉의 성품을 엿볼 수 있다. 놀라운 것은 요셉에 대해 단 하나의 결점도 언급되지 않았다는 점이다. 성경은 아브라함, 이삭, 야곱의 약점과 죄에대해 솔직히 말씀한다. 그러나 요셉에 대해서는 아무런 비평도 없다. 잘못한 것 하나가 있다면 눈치없이 형들에게 자신이 미래에 위대하게 될 것이라는 꿈이야기를 한 것 외에 요셉의 성품에서 잘못된 태도나 반응은 없다. 그의 신분이 추락할 때 그의 반응은 훌륭했다: 원한이나 불평이나 하나님을 의심하지 않았고, 사형선고를 받고 바로의 감옥에 갇힌 후에도 부당함을 표현하지 않았다. 또 집에서 멀리 떨어진 곳에서 이방인의 신분으로 보디발의 아내의 유혹을 물리치는 청렴함을 유지했다. 감옥에서 점점 쇠약해 지는 최악의 위치와 상황에서도 그는 바로의 떡 굽는자와 술 맡은 자을 위로하고 다른 사람들을 돕는데 주력했다. 요셉은 자신을 돌보지 않고 다른사람들을 돌보는 사람이었다.

그가 바로의 총리가 된 후에도 그의 성품은 완벽하다. 형들이 그를 노예로 팔았음에도 불구하고 요셉의 반응은 훌륭하다. 형들에게 돈을 받지않고 식량을 주고 그들의 전대에 돈을 넣는다. 그들을 눈물로 용서하고 바로왕에게 그들을 위해 중재하고 나일강가 평야의 가장 좋은 땅을 사서 그들을 살게 한다. 그를 내치고 그가 죽었다고 아버지에게 거짓말한 형들의 모든 필요를 채워 준다.

요셉은 영광이나 굴욕으로 인해 변질되지 않는다. 그는 구약성경에서 묘사한 완벽하고 청렴한 단 한사람이다. 구약성경의 모든 다른 사람들은 좋은점과 나쁜점에 대해 언급되어 있지만 요셉은 좋은 면에 대해서만 묘사되어 있다. 성경 전체에 이같은 사람이 단 한사람이 있다.

요셉의 이야기 중간에 뜻밖의 대목이 있다. 요셉과 대조적으로 기록된 그의 형 유다의 이야기이다. 유다는 창녀를 찾아가는데 사실은 베일을 쓴 창녀가 그의 며느리였다. 그가 근친상간의 죄를 범하는 수치스러운 이야기가 요셉의 이야기 중간에 들어있는 이유는 무엇일까? 요셉의 청렴함을 조명하기 위함이다. 아브라함과 롯, 이삭과 이스마엘, 야곱과 에서와 같이, 요셉과 유다가 대조 된다.

4. 예수님의 반영

여기까지 우리는 세 측면에서 요셉을 보았다: 인간적 측면의 사람으로 신분의 맨 밑바닥까지 내려 갔다가 가장 위로 올라가서 애굽의 왕과 그의 민족의 구원자가 되는 모습; 하나님께서 그의 삶을 지배하고 그로 하여금 가족을 구하게 하시는 섭리; 그리고 마침내 진실, 정직, 선을 유지하는 완벽한 성품의 하나님의 사람.

이 모습들은 예수님을 연상시킨다. 요셉은 예수님과 같은 '타입' (type)의 인물이다. 여기서 '종류' 란 그림자와 같음을 의미한다. 마치 하나님께서 요셉의 삶을 통하여 훗날의 하나님의 아들을 보여주시는 것과 같다. 요셉같이 예수님도 그의 형제들에 의해 거부되고 최하의 굴욕의 위치로 끌려 내려 가게 되신다. 그리고 다시 그의 백성의 구원자로 주님으로 부활하신다.

우리가 이렇게 '타입'의 반영상을 염두에 두고 요셉의 이야기를 읽으면 예수님의 형상을 보게된다. 마치 하나님의 계획에 대한 힌트를 우리에게 주시는 듯 하다. 예수님은 유대인들에게 구약성경을 가르쳐 '성경이 곧 내게 대하여 증언하는 것이니라' 라고 하셨다. 우리가 구약성경을 읽을 때 항상 예수님, 예수님의 성품, 그를 반영하는 그림자를 찾도록 노력해야 한다. 예수님은 실체이시지만 구약성경 전체에 특히 창세기에 예수님의 그림자가 반영되어 있기 때문이다.

창세기의 예수님

요셉이 예수님의 그림자인 것을 깨닫고 나면 창세기 여러 군데에서 예수님을 접할 수 있다. 요셉은 믿음에 대한 하나님의 답변을 보여주는 모델이다. 이 이야기는 하나님께서 한 사람의 삶을 들어서 그의 백성을 구원하는 구주와 주님으로 쓰시는 것을 보여주고 있다.

족보

창세기의 족보는 우리의 주님이신 예수님의 족보이다. 마태복음 1장과 누가복음 3장에서 창세기의 족보에 있는 이름들을 발견할 수 있다. 예수님은 셋의 직계 자손으로서 셋의 혈통을 물려받고 마리아의 아들로 태어나신다. 그러므로 예수님의 자녀가 된 우리는 우리들의 족보를 보고있는 것이다. 이들은 우리들의 가장 중요한 선조들이고 예수님을 믿음으로 말미암아 우리는 아브라함의 자손이 된 것이다.

이삭

창세기의 인물들을 조사해보면 예수님과 비슷한 점들을 발견할 수 있다. 요셉에 대해서는 이미 앞에서 언급으니 아브라함의 시대로 올라가 이삭이 제물로 바쳐질 때의 상황을 살펴보자. 아브라함은 모리아산으로 가라는 하나님의 명령을 받는다. 모리아산은 훗날 골고다로 불리우게 되는 하나님께서 그의 독생자 아들을 희생하시는 장소이다. 창세기 22장에서 아브라함의 독자인 30대 초반의 아들 이삭은 아버지에게 대항하지 않고 순순히 손이 묶인 채 제단위에 오른다.

마지막 순간에 하나님께서는 가시덤불에 머리가 걸린 숫양을 제물로 주신다. 몇 백년이 흐른 후 세례요한은 예수님에 대해 '보라 세상 죄를 지고 가는 하나님의 숫양이시다' 라고 말한다 '숫양'은 예수님을 상징한다. 어린 양이라는 표현이 예수님의 상징으로 자주 쓰이는데 어리고 보드러운 어린양은 제사에 제물로 쓰여 지지 않는다. 제물은 일년된 뿔이 있는 숫양을 쓴다. 요한계시록에서 예수님을 강한 힘의 상징인 일곱개의 뿔이 있는 하나님의 양이라고 표현한다. 하나님께서 아브라함에게 그의 아들 대신 주신 번제물은 가시에 머리가 걸린 뿔이 있는 숫양이었다. 또 하나님께서는 자신의 새로운 이름을 선포하신다: '나는 항상 너의 공급자이다.' 같은 장소에서 30대의 젊은이가 머리에 가시관을 쓰고 희생당한다. 이 사건을 통해 여러분은 예수님의 그림자를 볼 수 있는가?

멜기세덱

아브라함이 만났던 왕이며 제사장이었던 멜기세덱을 살펴보자. 그는 살렘 (Salem) 의 왕이었다. (살렘은 훗날의 예루살렘이다.) 아브라함이 유괴 당했던 친척들을 구하여 집으로 돌아오는 길에 전리품들을 가지고 살렘 근처에 도달한다. 당시 살렘은 이방인의 도시였고 아브라함과는 아무 상관이 없는 곳이었다. 그곳에서 멕기세덱을 만나게 되는데 그는 왕과 제사장의 두가지 역할을 겸한 이스라엘에서 찾아볼 수 없는 희귀한 지위의 사람이었다. '왕이며 제사장'인 사람이 빵과 포도주를 아브라함과 그의 군사들에게 주고 아브라함은 전리품의 십분의 일을 감사함으로 보답한다. 전리품의 십일조였다. 신약성경은 예수님이 멜기세덱의 자손으로 영원한 제사장이라고 말씀한다.

야곱의 사다리

야곱의 사다리는 무엇인가? 야곱이 집에서 도망하여 돌베게를 하고 들에서 잠들었을 때 마치 에스컬레이터와 같은 사다리의 꿈을 꾼다. 히브리어의 의미는 움직이는 사다리로, 하나는 올라가고 하나는 내려왔으며 천사들이 오르락 내리락하고 있었다. 야곱은 사다리의 맨 꼭대기가 하나님이 계시는 천국임을 알았다.

그가 꿈에서 깨어났을 때, 하나님께 그의 모든 수입의 십분의 일을 드릴것을 약속한다. 십일조는 모세시대까지 법이 아니었다. (야곱이 하나님과 흥정하는 식으로 약속한 것이다: 그를 집으로 안전하게 돌아올 수 있게 해주시면 십일조를 드리겠다는 약속이었다. 그러나, 우리는 하나님과 흥정할 수 없다. 하나님께서 우리에게 언약하실 뿐이다. 훗날 야곱은 이것을 어렵게 터득한다.)

몇백년 후 예수님께서 나다나엘이라는 사람을 만났을 때 말씀하신다: "무화과 나무 아래 앉아 있는 너를 보았다. 너는 간사함이 없는 유대청년이구나." 나다나엘이 어떻게 자기를 아셨냐고 물었다. 예수님께서는 '내가 너에 대해 자세히 알고 있는 것이 신기하다면 천사가 나와 함께 올라가고 내려옴을 보게 되면 어떻게 생각하겠느냐? 나는 야곱의 사다리이다. 내가 천국과 지상을 연결시키는 고리이다. 내가 새 사다리이다' 라고 대답하신다.

아담과 하와

창세기 3장에서 아담과 하와를 벌하시는 도중에 주시는 하나님의 약속을 볼 수 있다. 뱀이 여자의 아들들의 뒷꿈치를 물고 그들이 뱀의 머리를 칠것이다 라고 하셨다. 뱀에게 뒷꿈치를 물리는 것은 치명적이 아니지만 머리는 치는 것은 치사적인 공격이다. 이것은 하나님께서 언젠가는 사탄을 죽일 것이라는 약속이다. 우리는 이제 누가 강한 자를 결박하고 그의 세간을 강탈했는지 알 수 있다.

로마서 5장에서 사도바울은 '한 사람이 순종하지 아니함으로 많은 사람이 죄인 된 것 같이 한 사람이 순종하심으로 많은 사람이 의인이 되리라' 라고 말한다. 이 말은 예수님이 두번째 아담임을 암시한다. 에덴동산에서 아담은 불복종하고 게세마네 동산에서 예수님은 '내뜻대로 마옵시고 하나님의 뜻대로 하옵소서' 라고 말씀한다. 얼마나 대조적인가? 둘 다 각자 새로운 후손을 발전 시킨다: 아담은 인간의 시조 (homo sapiens) 였고 예수님은 중생한 새로운 사람들 (homo novus) 의 시조였다.

우리는 인간으로 태어났지만 예수님을 통해 새로운 사람으로 거듭났다. 신약성경은 거듭난 새 사람 즉 새 인류에 대해 말씀하신다. 지금 지구상에는 두 종류의 인간이 살고 있다. 아담에 속했거나 예수님께 속한 사람이다. 새롭게 거듭난 사람들이 새로운 땅을 기업으로 받고 새 세상을 차지 할 것이다.

창조

신약성경에서 알게 되는 예수님에 대한 놀라운 사실 중 하나는 예수님이 우주창조에 책임이 있으시다는 것이다. 초대교회 사도들은 예수님이 창세기 1장의 일들과 관련이 있음을 알았다. 사도요한이 요한복음 첫 장에서 '지은 것이 하나도 그가 없이는 된 것이 없느니라' 라고 말한다.

그러므로, 창세기 1장을 읽으면 예수님이 그때 계셨음을 알 수 있다. 하나님께서 '우리의 형상대로 인간을 만들자.' 라고 하신 말씀의 '우리' 속에 예수님이 포함되어 있다.

지구의 내부는 용암액 위에서 계속 움직이는 암석판 (plate) 의 구조로 되어 있다. 이 암석판들이 움직이며 서로 부딪칠 때 지진이 일어난다. 이 암석판들을 처음 발견 했을 때 지질학자들은 이것들을 지각판 (tectonic plates) 이라고 명칭했다. 헬라어로 지각 (tectonic) 은 목수라는 단어이다. 우리가 살고 있는 지구는 나사렛에서 온 목수가 만들었고 그 목수의 이름은 주 예수 그리스도이시다.

우리는 창세기의 시작인 창조의 주제로 창세기를 마친다. 하나님께서는 인간이 반역했을 때의 문제에 대한 답을 주신다. 그것은 그를 통해 세상이 창조되었고, 그를 위해 지어졌으며, 그를 통해 우리의 모든 질문에 대한 답을 알 수 있는 예수 그리스도이시다.

3. 출애굽기

개요

출애굽은 역사상 가장 위대했던 탈출 사건에 대한 이야기이다. 이백만명이 넘는 노예들이 당대의 가장 막강한 요새를 자랑하던 나라들 중 하나에서 탈출한다. 이것은 인간의 힘으로는 불가능한 사건이었고 성경을 통해 잘 알려진 연쇄적으로 일어난 기적들에 대한 이야기이다. 이스라엘 민족의 탈출을 이끈 사람은 모세였다. 그는 아브라함, 이삭, 야곱 모두가 체험한 기적을 합친 것보다 더 많은 기적을 체험하게 되는데 어떤 경우에는 하나님의 백성을 위해 연속적으로 하나님께서 중재하시는 기적을 보게 된다. 어떤 기적들은 마치 마술사의 마술을 연상시키기도 했다. 예를 들어 모세의 지팡이가 뱀으로 변했던 사건이다. 그러나 이것은 이스라엘 사람들을 위해 만유의 하나님께서 그의 전능하심을 증명해보이기 위하여 자연현상을 조작했던 것으로 여겨진다.

출애굽기는 원래 두루말이를 펴면서 보이는 맨 윗줄의 히브리어의 첫 단어들을 딴 '이것이 그 이름들이다' 라고 불리었다. 이 책이 헬라어로 번역될 때 출구(ex-hodos) 라는 어원에 의해 출애굽기 (Exodus)라고 이름을 지어졌다.

출애굽은 두가지 측면에서 아주 중요한 사건이다.

1. 국가적 측면

먼저 이 사건은 이스라엘 사람들에게 국가의 중요성의 의미를 부여했다. 이 사건으로 한 나라의 역사가 시작된 것이다. 그들은 정치적 자유와 자치적 권리를 갖게 되면서 국가를 건립하게된다. 아직 영토는 없었지만 '이스라엘' 이라는 이름을 가진 자주국가가 건립된 것이다. 그 후에 출애굽 사건의 핵심적인 중대한 의미를 기억하고 기념하기위해 출애굽한 날은 국경일로 정해진다. 미국 사람들이 매해 7월4일을 독립기념일로 지키듯이 유대인들은 매해 삼사월경에 출애굽을 기념한다. 유월절 떡을 먹으며 그들은 하나님의 전능하심을 되새긴다.

2. 영적 측면

두번째로, 이 사건은 영적인 면에서 중요했다. 이스라엘 사람들은 그들의 하나님께서 우주를 창조하셨고 그들을 위해 만드신 우주를 주관하신다는 것을 알게되었다. 그들의 하나님은 이집트의 모든 신들을 합친 것보다 훨씬 전능하신 분임을 그들은 보게되었다. 훗날, 그들은 이사야서의 예언에 쓰여진대로 그들의 하나님만이 유일한 하나님이심을 깨닫게 된다.

하나님이 다른 어떤 신들보다 전능하시다는 사실은 하나님의 이름을 보면 명백히 알 수있다. 예전의 이름은 전능하신 하나님 (El-Shaddai) 이었으나 출애굽기에서 하나님의 고유한 개인적 이름을 그들에게 주셨다. 누구의 이름을 안다는 것으로 개인 관계가 더욱 친밀해 지는 것처럼 그들이 하나님의 이름을 알게되었을 때 이스라엘은 하나님과 더 깊은 관계에 들어갈 수 있었다.

영어로 번역된 하나님의 이름은 야훼 (Yahweh) 로 표기되는데 히브리어에는 모음이 없으므로 정확하게 Y H W H 로 표기할 수 있다. 이 이름은 '있다' 의 부사적 동사이다. 우리는 창세기를 공부하면서 항상 (always) 이라는 단어가 이스라엘 사람들이 이해하는 하나님의 의미와 비슷하다고 배웠다. '항상' 이라는 이름은 하나님께서는 시작과 끝이 없는 영원하신 분임을 나타낸다. 이 이름을 사용해서 하나님을 다양하게 표현할 수 있다: '항상 나의 공급자', '항상 나를 도우시는 분', '항상 나의 보호자', '항상 나를 고치시는 분'.

출애굽기에서 또 볼 수 있는 특이한 사실은 우주만물을 창조하신 하나님이 소수 민족의 구원자라는 사실이다. '구원' (redemption) 이란 단어는 값을 치루어 속박에서 자유함을 얻는다는 의미를 내포하고 있다. 그는 우주의 창조자인 동시에 그의 백성들의 구원자이시다. 이것이 이스라엘 사람들이 이해하는 하나님이셨다. 이 두가지 양상은 성경에 나타나는 하나님을 알아가고 배우는 과정에 중요한 요소이다.

출애굽기

출애굽기는 모세가 쓴 다섯권의 책들 중 한권이다. 창세기는 모세 전의 일을 다루고 출애굽기, 레위기, 민수기와 신명기는 모세의 삶속에서 일어나는 사건들을 기록했다. 이 책들은 이스라엘국가 기반의 확립을 기록하면서 이스라엘인들의 삶에 결정적인 역할을 하게된다. 또한 출애굽기는 구약성경 전체의 기반이기도 하다. 이집트를 탈출한 노예 집단은 자신들이 누구이며 어떻게 해서 하나의 국가를 이루게 되었는지를 알아야만 했다.

모세가 조상들의 족보와 이야기들을 사람들의 기억을 통해 수집했다는 점을 우리는 창세기에서 공부했다. 창세기는 사람들의 기억을 모아서 기록한 책이다. 출애굽기, 레위기, 민수기와 신명기는 이야기들과 율법이 섞여 있는 각기 다른 종류의 책들이다. 이집트에서 광야를 거쳐 가나안 땅으로 이동하는 내용과 그들이 어떻게 살아야 하는지에 대한 하나님의 지침이 담긴 율법서이다. 모세가 쓴 네권의 책들은 서술과 율법이 함께 있는 독특한 성격을 지니고 있다.

출애굽기에도 서술과 율법이 섞여 있다. 책의 전반에는 하나님께서 그들을 노예에서 해방시키기 위해 하신 일들이 자세히 기록되어 있다. 후반에는 이제 자유인으로서 어떻게 살아가야 하는지에 대한 하나님의 말씀이 기록되어 있다. 전반부에서는 그들이 문제에서 빠져 나올 수 있도록 그들을 향해 베푸신 하나님의 은혜를 실례를 통해 보여주고 있다. 후반부에서는 그들이 하나님의 법대로 살아가면서 하나님께 감사하기를 기대하는 하나님을 모습을 보여준다. 이 두가지의 강조는 매우 중요하다. 많은 사람들이 모세의 율법서를 읽을 때 이 책이 어떻게 우리가 하나님께 받아들여질 수 있는가를 알려주리라 기대한다. 그러나 이것은 맞지 않는 자세이다. 이스라엘 사람들은 하나님에 의해 구원되었고 그 후 구원에 대한 감사함을 표현하는 방법인 율법이 주어졌다. 이 원리는 신약성경에서도 마찬가지이다: 그리스도인들은 구원받았다. 그래서 어떻게 성스러운 삶을 살아야 하는지를 알려준다. 신학적 용어로 말하자면 정당화가 신성화 전에 있다. 우리가 먼저 올바르게 살아서 그리스도인이 되는것이 아니라 구원되고 자유화된 후에 올바른 삶을 살 수 있다. 자유함이 율법 전에 있어야 한다.

출애굽기는 이스라엘 사람들이 이집트에서 자유함을 얻고 가나안으로 가는 도중 시내산에서 율법을 받는 내용이다. 여기서 그들은 하나님께서 주신 언약에 대해 답한다. 마치 결혼 서약과 같다. '너희가 나에게 순종하면 내가 너희의 하나님이 되겠다.' 라고 하나님께서 말씀하시고, '우리는 하나님의 백성이 되고 하나님께 순종하겠습니다.' 라고 사람들이 약속한다.

출애굽기의 구조

다음의 도표와 같이 출애굽기를 크게 두 부분으로 나눈 후 1장-18장을 여섯부분으로, 19장-40장을 네부분으로 다시 세분 할 수 있다.

1장-18장 (사람들이 이동할 때) 핵심 주제	19장-40장 (사람들이 정지했을 때) 핵심 주제
신성한 행위	신성한 말씀
은혜	감사
자유	율법
이집트에서 탈출	시내로 향함
노예 (인간)	헌신 (하나님)
구원	공의
1.1 인구 증가와 살인 (이스라엘)	7.19-24 계명과 언약 (시내산)
2.2-4 갈대와 불 붙은 떨기나무(모세)	8.25-31 설계와 전문인(성막)
3.5-11 전염병과 역병 (바로왕)	9.32-34 불순종과 중재(황금 송아지)
4.12-13:16 절기와 장자 (유월절)	10.35-40 건축과 헌당(성막)
5.13:17-15:21 구원과 파멸 (홍해)	
6.15:22-18:27 공급과 보호 (광야)	

1장-18장에는 이집트에서 탈출하기 전과 후의 일이 상세히 기록되어있다. 이 때 많은 기적들이 일어났었는데 특히 가장 잘 알려진 기적은 이집트의 장자들이 죽임을 당할 때 어떻게 이스라엘의 장자들은 보호를 받았는지, 그리고 그들이 어떻게 홍해를 건넜는지에 대해 기록되어있다. 또 이집트에서 시내산까지 하나님께서 어떻게 필요한 것을 채워 주셨는지도 볼 수 있다. 1973년 욤키푸르 전쟁 때 이집트 군대는 사막에서 겨우 삼일을 견딜 수 없었지만 출애굽 때 이백오십만명의 사람들은 그곳에서 40년을 견뎌냈다.

두번째 부분의 중요한 내용은 입법에 대한 기록이다. 십계명이 처음 주어지고 하나님께서 사람들과 함께 거하기를 원하신다. 사람들이 텐트에 거하는 것처럼 하나님께서도 진중에 거하신다. 그의 텐트는 격리되어 특별히 제작된다. 사람들은 그 때까지 진흙으로 된 벽돌밖에 만들지 못했었는데 하나님께서 금, 은, 목재를 사용할 수 있는 기술을 알려주셨다.

두번째 부분에서도 산문적 내용들이 있다. 여기서 우리는 이 책의 가장 슬픈 대목을 읽게 되는데 그것은 사람들이 제 멋대로 행동하고 금송아지를 만들어 경배한 사건이다. 출애굽기는 성막 건축으로 끝을 맺는데 하나님께서 내려오시고 그의 영광도 함께 내려와 성막에 거하신다.

1장-18장

많은 사람들이 출애굽기의 전반부에 기록된 형이상학적인 내용들에 많은 문제점을 제기한다. 여러가지 초자연적인 기적들이 기록되어 있기 때문에 출애굽기는 사실에 의거한 책이 아니라 전설이라고 주장한다. 과연 이 사건들은 기적이나 신화의 일부분인 것인가?

신화인가 기적인가?

1. 역사적 기록이 없다

이 사건들 자체가 초자연적 성격을 띠고 있을 뿐 아니라 여기에 대한 역사적 혹은 세속적 기록을 찾아 볼 수 없다. 단 한가지 우리가 알고 있는 것은 고센지역 (Goshen) 에 하비루 족속 (the habiru) 이 살고 있었다는 기록 뿐이다—이스라엘의 자손들인 히브류 (Hebrew) 와 관련된 명칭일 수 있다. 하지만 출애굽의 기록이 없는 것은 별로 놀라운 일이 아니다. 유대 노예들의 탈출은 이집트의 가장 수치스러운 사건들 중 하나였다. 전염병, 장자의 죽음 등 많은 고통을 당한 사건이었다. 그들의 정예 마차 부대가 홍해바다에 빠져 전멸했다. 기억하고 싶지 않은 일이었을 것이다.

2. 연관된 숫자

많은 사람들이 이 사건에 연관되어 있는 인구의 숫자 때문에 출애굽을 사실로 인정하지 못한다. 이집트를 탈출한 노예들은 이백오십만명 정도였다고 기록되어있다. 이들이 가축은 포함하지 않고 오열 종대로 걷는다 하더라도 110 마일의 긴 행열이 된다. 이 많은 인구가 함께 움직이는데는 몇개월이 걸리는 숫자이다. 또한 광야에서 40년간 음식과 물을 공급하기에는 너무 많은 인구다.

3. 출애굽의 시기

이 사건이 일어난 시기에 대해서도 의문점이 있다. 성경외에 아무 곳에서도 기록을 찾아 볼 수 없으므로 정확하게 언제 일어난 일인지를 우리는 알 수 없다. 어느 왕정 시대에 일어난 사건인지도 알 수가 없다. '새 연대기' (new chronology) 라는 책에 의하면, 아마도 강력한 군대를 소유했었고, 자신의 커다란 동상을 세웠고, 그의 아들들의 묘지가 최근에 발견된, 라암셋 2세 (Rameses II) 나 두디모어 (Dudimore) 가 출애굽 당시의 왕이었을 것이라고 저자 데이빗 롤 (David M. Rohl)[1] 은 추측한다.

4. 탈출 경로

탈출 경로에 대하여서도 논란이 많다. 북로, 남로 그리고 중앙 경로의 세가지 가능한 노선들이 있다. 이 점은 나중에 102 페이지에서 자세히 다루기로 한다.

5. 하나님의 이름

학자들은 출애굽기 6장에 나타난 하나님의 이름에 대해서도 의문을 가지고 있다. 하나님께서는: '나의 이름은 '야훼' 이다. 아브라함, 이삭, 야곱에게 전능한 하나님으로 나를 보였었지만, 그들에게 나의 이름이 '야훼'인 것은 알려주지 않았었다.' 라고 말씀하셨다.

이 말은 아마도 아브라함이 하나님은 알았지만 그를 다른 신들과 구별짓는 고유의 이름을 몰랐거나; 아브라함과 모세가 하나님의 이름을 알고 있었고 그 사실을 질문형으로 쓴 것으로 해석할 수 있는데 아마도 전자가 맞는 추측일 것이다.

---

[1] *A Test of Time (BCA, 1996) 과 Legend (BCA, 1988) 라는 책을 쓴 Dr. Rohl 은 이집트 고고학자로서 요셉이 이집트에 살았을 당대의 유적을 발견했고 모세가 이스라엘 사람들을 탈출시킨 증거와 또 에덴동산의 위치까지도 발견했다고 주장한다.

출애굽의 사실성

위에 열거한 사항들은 출애굽 사건이 사실인지, 허구인지, 아니면 파벌적인 이야기인지에 대한 학자들의 의문을 나타낸다. 출애굽의 사건을 사실로 믿지 못하는 사람들에게 의심하는 이유를 물어 볼 필요가 있다. 의심의 이유가 편견인가 아니면 믿지 못하도록 하는 우주 과학적 견해인가? 우선 우리는 논란의 대상이 되지 않는 사실들에 대해 가장 이해하기 쉽도록 설명해 보자.

1. 오늘날 이스라엘이 국가로 존재하고 있음을 아무도 의심치 않는다. 이스라엘 민족은 어디서 왔는가? 그들의 역사는 어떻게 시작된 것인가? 그들이 노예 집단이었다면 어떻게 국가를 건립할 수 있었는가? 세속적 기록을 통해 그들이 노예 집단이었음을 우리는 알고있다. 이스라엘 국가의 현존을 설명하기 위해서는 극적인 사건이 있어야만 한다.

2. 모든 유대인들은 해마다 유월절을 기념한다. 왜 기념하는가? 유월절은 몇천년동안 지켜온 절기이므로 이에 대한 설명이 필요하다.

위의 두가지 사실에 대한 설명을 출애굽기에서 찾아 볼 수 있다. 84페이지에 있는 도표에 맞추어 우리의 의문점들을 고려해 보자.

1. 인구증가와 살인

출애굽기에서 당시 히브리인의 인구는 약 이백오십만명 이었음을 알 수 있다. 야곱의 열두아들과 그들의 자손들로 시작되어 이백오십만명으로 늘어난 당시의 인구는 굉장히 많은 수로 여겨진다. 하지만 한 가족이 네명의 자녀 (당시의 기준으로는 적은 수였다) 를 30세대에 거쳐 생산했다고 가정한다면 이백오십만명은 가능한 숫자이다.

칠년의 기근을 피해 이집트로 갔었던 그들은 왜 사백년이라는 긴 세월을 그곳에서 살았는가? 이들은 가나안의 기근을 피해 요셉과 야곱이 살아있을 당시에 이집트에 처음 도착했다. (이집트는 요셉이 칠년의 풍년기간 동안 많은 음식을 저장해 놓았던 중동지역의 식량창고였다.) 그들은 자진해서 왔고 정부의 특혜를 받아 나일강 주변의 고센이라는 비옥한 지역에 정착한다. 그래서 하나의 민족으로 칠년의 흉년을 그곳에서 보낸다. 그러나 기근이 끝난 후 그들은 왜 돌아가지 않았는가? 이집트에서 이들의 신분이 강제로 노예로 하락을 한 점을 볼 때 이것은 당연한 질문이다.

인간적인 답을 찾아보자면 편안한 삶을 이유로 들 수 있다. 유대의 산지보다 나일강변 지역은 살기에 훨씬 편한 장소였다. 비옥한 땅과 눈이 내리지 않는 따뜻한 겨울 날씨와 식량이 풍족한 지역이었다. 나일강에서 잡은 생선을 배불리 먹을 수 있었고 모든 면에서 편안했기 때문에 이들은 눌러 앉았다. 그러다가 그들이 강제적으로 노예신분으로 강등되자 그때서야 비로소 그들의 하나님을 기억하고 하나님께 부르짖기 시작했다.

하나님의 관점에서 보는 이유도 있다. 하나님께서는 그들에게 사백년동안이나 가나안 땅으로 돌아가라고 명령하지 않으셨다. 기근이 끝나자마자 돌아갔다면 소수 민족으로서 하나님이 원하시는 이스라엘 국가를 그 땅에 세울 수 없었을 것이었으므로, 아브라함의 자손들은 하나님의 계획에 의해 이집트에 머물러 있었다. 하나님께서는 오래 참고 기다리다가 아모리 족속의 죄악에 대한 정의와 심판으로 그들을 가나안에서 쫓아내고 히브리 노예들을 들여보내신다. 하지만 하나님께서 이스라엘 사람들의 어떠한 미덕을 보고 그들을 선택한 것은 아니라고 신명기에 기록되어있다. 훗날 그들도 자신들이 쫓아낸 사람들과 같은 죄악을 행함으로 가나안에서 쫓겨나게 된다. 공의의 도구로 사용되기 위해서는 그들 자신이 공의로와야 했다.

이 모든 사건들은 훗날 일어난다. 당시 그들은 이집트의 노예로서 세가지의 혹독한 취급을 받고 있었다:

1. 강제노동: 바로는 그의 건축을 위해 히브리인들을 강제노동에 동원시켰다.
2. 극심한 노동조건: 그들은 지푸라기가 섞이지 않은 무거운 벽돌을 만들어야 했다. 인류학자들은 이집트 유적지의 건축물에서 세가지 종류의 벽돌들을 발견했다. 지푸라기가 섞인 벽돌로 만들어진 기초벽돌, 쓰레기가 섞인 중간층의 벽돌 (히브리인들이 계속 가벼운 벽돌을 만들기 위해 지푸라기 대신 사용한 것으로 추정됨), 그리고 상층의 순수한 진흙 벽돌들이다. 이렇게 가혹한 노동을 시킨 이유는 히브리인들을 탈진시켜서 반항을 방지하고 성 생활을 억제하여 그들의 인구를 감소시키려는 정책 때문이었다. 이 원시적인 인구억제 정책이 효과를 보지 못하자 세번째 법령이 선포되었다.
3. 학살: 히브리 남자 아기들을 나일강의 악어들의 먹이로 던졌다.

2. 갈대와 불붙은 떨기나무

히브리인들의 인구억제를 위해 나일강의 악어들은 이집트인들에게 필요한 대량학살의 도구였다. 모세도 이렇게 죽었어야 했다. 그러나 요셉과 같이, 하나님의 섭리로 모세는 궁궐에서 자라면서 이집트의 대학에서 고등교육을 받는다. 그리하여 그는 어느 히브리인보다도 높은 학식을 지닌 사람이 되어 모세오경을 저술하게 된다. 유대인들에게 모세는 아브라함 다음으로 두번째로 위대한 사람이다. 모세가 노예를 학대하던 이집트인 감독을 죽이고 도망함으로서 이집트 왕자로서의 신분은 급작스럽게 박탈된다.

모세의 일생기는 흥미롭다. 모세는 40세에 광야에서 양치는 목자로, 그 다음 40년은 지도자로 이스라엘 사람들과 함께 살게 되는데 이것은 분명히 하나님의 계획 아래 이루어 진 것이다.

불붙은 떨기나무 가지 옆에서 하나님을 만난 모세가 하나님의 명령에 대해 계속 거부하고 발뺌하는 장면을 볼 수 있다. 먼저 하나님께서 이곳은 성스러운 곳이니 신발을 벗으라고 모세에게 명령하셨다. 그리고 모세가 장차 하나님의 백성을 이집트에서 구해낼 사람이라고 말씀하셨다. 모세는 다섯가지의 핑계를 대며 자신은 할 수 없다고 거부했다.

첫째, 모세는 자신이 대수롭지 않은 사람이라고 말했다. 하나님께서는 하나님께서 그와 함께 계실 것임으로 그는 중요한 사람이라고 말씀하셨다. 둘째, 모세는 자신이 무식하고 무슨 말을 해야 할지 모르는 사람이라고 말했다. 하나님께서는 모세가 해야 할 말을 알려 주실 것이라고 하셨다. 셋째, 모세는 자신이 하나님을 만났고 히브리인들을 이집트에서 구해내는 사명을 받은 사람임을 그들이 믿지않을 것이라고 말했다. 하나님께서는 하나님의 능력으로 모세가 기적을 행하게 하시겠다고 말씀하셨다. 넷째, 모세는 자신이 말을 더듬고 말주변이 없다고 말했다. 하나님께서는 모세의 형 아론을 대변인으로 주셨다. 하나님께서 모세에게 할 말을 주시면 그 메세지를 아론을 통해 사람들에게 알리라고 하셨다. 마지막으로, 모세는 자신이 이 일과 상관 없는 사람이니 다른 사람을 쓰시라고 말했다. 하나님께서는 그의 형 아론과 함께 하나님의 일을 하라고 명령하셨다. 모세는 번번이 자신의 약점에 촛점을 맞추었지만 하나님께서는 그에대한 답을 주셨다.

3. 재앙과 역병

이부분에는 10번의 재앙에 대해 기록되어있다: 나일강이 피로 변하는 재앙, 개구리가 천지를 뒤덮는 재앙, 이와 모기떼의 재앙, 파리떼의 재앙, 가축들의 역병, 악성 종기, 우박, 메뚜기떼의 재앙, 흑암이 땅을 덮음, 장자의 죽음.

여기서 몇가지 주목할 점이 있다. 하나님께서 곤충들의 세계도 지배하신다는 사실이다. 개구리에게 무엇을 어디에서 하라고 명령하시는 하나님은 모기나 메뚜기에게도 명령하실 수 있다. 이 재앙들을 통해 모든 피조물을 지배하시는 하나님을 볼 수 있다.

또한 재앙의 강도가 점점 심해진다. 불편함에서 역병으로 그리고 죽음으로 재앙은 점점 강해진다. 또한 재앙이 자연에서 시작해서 인간에게까지도 영향을 미친다. 이집트 사람들과 바로왕이 모세의 경고를 무시할 때 그들의 고통은 점점 심해진다. 마지막으로, 모든 장자를 죽이는 재앙이 너무 심하다고 생각할 지 모른다. 하지만 이집트인들은 이스라엘의 모든 남자 아기들을 학살했다. 이집트인들이 이스라엘 사람들에게 더 심한 살생을 했으므로 이 재앙은 적절한 처벌이었다고 본다.

재앙이 내려지는 동안 종교적 경쟁이 있었음을 쉽게 볼 수 있다. 각 재앙은 이집트 사람들이 믿는 여러 신들에 대한 공격이었다.

> **트눔 (Khuum):** 나일강의 수호신
> **하피 (Hapi):** 나일강의 영혼
> **오시리스 (Osiris):** 나일강의 핏줄
> **헥트 (Heqt):** 개구리 형상의 부활신
> **하토르 (Hathor):** 암소 형상의 어머니 신
> **아피스 (Apis):** 출산을 돕는 황소신(Ptah)
> **미네비스 (Minevis):** 신성한 황소신 (Heliopolis)
> **이모텝 (Imhotep):** 치료의 신
> **누트 (Nut):** 하늘 여신
> **세트 (Seth):** 농산물의 수호신
> **리, 아텐, 아툼, 호루스 (Re, Aten, Atum and Horus):** 태양신들

그리고 그들의 왕 바로도 신으로 섬겼다.

하나님께서 내리신 재앙들은 이집트의 잡신들을 겨냥한 것이었다. 메세지는 매우 간단했다: 그들의 모든 신을 합한 것보다 히브리 노예들의 하나님은 절대적으로 전능하신 분이시다.

바로의 마음에 대하여 기록한 본문에 대해 문제를 삼는 사람들이 있다. 하나님께서 바로왕의 마음을 완강하게 하셨다는 내용이다. 어떤 사람들은 이 내용과 사도바울이 로마서 9장에서 하나님께서 바로의 마음을 완강하게 하셨다고 인용한 말을 예정론으로 확대시켜 하나님께서는 그가 원하시는 대로 누군가의 마음을 부드럽게 혹은 완강하게 만드시고 우리는 하나님께서 왜 그렇게 하시는지 알 수 없다고 주장한다. 마치 하나님께서 제비뽑기식으로 누구는 구원하시고 누구는 멸망의 길을 가게 하신다는 것이다. 그러므로 이본문에 기록된 바로왕의 마음을 완강하게 하신 이유도 우리는 알 수 없다고 주장한다.

하지만 이것은 성경적인 해석이 아니다. 본문을 자세히 읽어보면 바로왕은 자신의 마음을 열번 굳혔다. 일곱번은 스스로 굳힌 것이고 세번은 하나님께서 그렇게 하신 것이다. 하나님은 바로왕이 일곱번에 걸쳐 스스로 결정하는 것을 보신 후에 바로왕의 결정을 확인하는 차원에서 세번 완강하게 하셨다. 이것이 하나님의 처벌이다. 하나님은 잘못된 결정을 되풀이하는 사람들이 계속 잘못된 결정을 하도록 도와주신다. 요한계시록에서 '더러운 자는 그대로 더럽게 하라' 라고 말씀하신다. 그러므로 하나님께서 바로왕을 위해 달리 하실 수 있는 선택은 없었다. 바로왕이 스스

로 마음을 완강하게 하니까 하나님께서 나중에 그의 마음을 계속 완강하게 하셨다. 하나님께서는 우리의 선택에 반응하신다. 우리가 계속해서 잘못된 선택을 하면 하나님께서는 우리가 그 길을 가도록 도와주신다. 우리가 하나님의 자비를 나타내기를 거부하면 하나님은 그의 심판을 나타내신다.

4. 유월절과 장자

열번째 재앙은 이집트 사람들의 장자들이 모두 죽임을 당하는 사건이었다. 이것은 전체적 상황을 전환시키는 재앙이었고 히브리인들이 하나님의 말씀에 순종하지 않으면 그들에게도 적용되는 재앙이었다. 하나님께서는 그들의 문설주에 양의 피를 바르도록 명령하셨다. 그날 밤 죽음의 천사가 피의 표적이 있는 집은 지나쳐 가리라고 말씀하셨다. 표적이 없는 집의 장자들은 자정에 죽음을 당할 것이었다. 짙은 자주색 피는 밤에 알아 보기 가장 힘든 색이라는 점이 특이하다.

피에 대한 중요성이 또 하나 있다: 히브리인들은 일년된 숫양을 잡아 그의 피를 문설주에 바르고 고기는 구워 먹으라고 말씀하셨다. 그들은 숫양의 피로서 보호되고 숫양의 살을 먹음으로 살게 된다. 우리가 예수님을 '하나님의 어린양' 이라고 부를 때 부드럽고 온순한 이미지를 상상하는데 성경이 말씀하시는 '하나님의 숫양' 은 강한 의미를 가지고 있다. 히브리인들은 이 양고기를 먹을 때 떠날 차비를 하고 선채로 급히 먹는다. 또 여행용으로 무교병을 만들라고 하셨다. 바로 그날 밤 이집트를 떠날 것이었기 때문이었다.

유대인들은 오늘날까지도 유월절을 지키고 기념한다. 유월절을 기념하는 식사 도중 어린 아이가 '이것이 다 무슨 뜻이예요?' 하고 물으면 가족 중 최고 연장자가 '하나님께서 이집트의 장자를 다 죽이실 때 우리를 숫양의 피로 살리신 것을 기념하는 식사란다' 라고 대답한다. 각 세대의 장자는 가족들에게 구속받아야 함을 일깨워 준다.

5. 탈출과 파멸

이스라엘 사람들이 이집트를 떠날 때 취한 경로에는 세 가지 가능성이 있으며, 아래 지도에 표시되어 있습니다.

북쪽 경로는 지중해의 얕은 수면의 모래 제방을 지나는 경로이다. 이집트의 지도를 보면 실보니스 호수 (Lake Sirbonis) 라는 곳에 모래 제방이 있고 이곳은 가데스 바니아 (Kadesh Barnea) 로 연결되는 길이다. 하지만 모래 제방은 이집트의 병마들이 쫓아올 수 없는 지역이므로 이 길은 탈출경로가 아니었을 것이다.

(다음 페이지에 있는 지도)

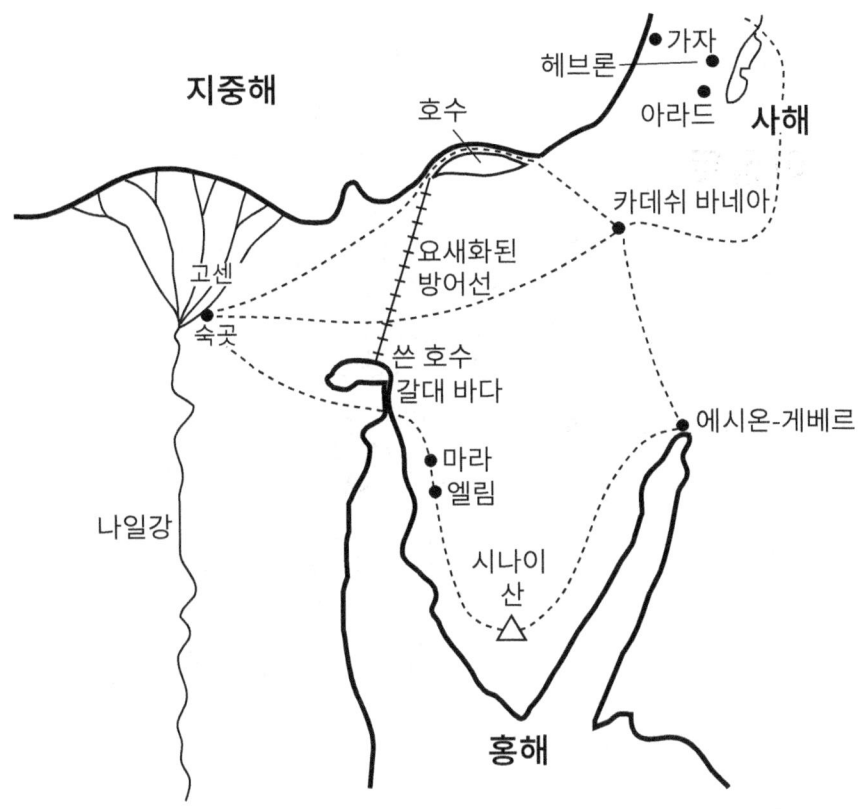

다음으로 히브리인들이 미트러 고개 (mitler Pass) 를 넘어 가데스(Kadesh)로 가는 경로를 사용했을 수 있다. 하지만 이곳은 동쪽으로부터 오는 적의 침범을 막기 위한 성벽이 있었다. (현재 수에즈 운하가 있는 곳이다.) 무기도 없는 히브리인들이 군인들과 싸워서 성벽을 통과할 수 없었기 때문에 이 경로도 아니었을 것이다.

세번째 가능성은 모세가 40년간 양을 치던 시내산이 있는 남쪽 경로이다. 모세가 이지역을 잘 알고 있었기 때문에 이길이 유력한 탈출경로로 여겨진다. 시내산의 정확한 위치는 알 수 없지만 전통적으로 남부지역의 산으로 추정한다. 이스라엘 사람들은 고센을 떠나 남향했을 것이다. 바로왕은 그들을 사막까지만 내 보냈다가 다시 돌아오게 할 생각이었다. 이스라엘 사람들이 사막에서 캠프할 동안 하나님께서는 그들을 구름으로 가려서 이집트 군사들이 찾을 수 없게 하셨다.

성경에서 홍해를 건너가는 대목을 보면 하나님께서 홍해를 가르셨다고 기록되어있지 않다. 하나님께서 동풍으로 물을 가르셨다고 기록되어있다. 동풍이 어떻게 바닷물을 가를 수 있는가?

현재 이 지역에 있는 대호수 (Great Bitter Lakes) 는 오래 전에는 홍해와 연결되어 있었다. (다음 페이지의 도표 참조) 연결부분의 땅은 얕고 좁은 늪지대로 갈대해(Reed Sea)라 불리었고 히브리인들은 홍해 (Red Sea) 가 아니라 갈대해 (Reed Sea) 를 지났을 것으로 추측된다. 성벽은 대호수 (Great Bitter Lakes) 까지 연결되어 있었다.

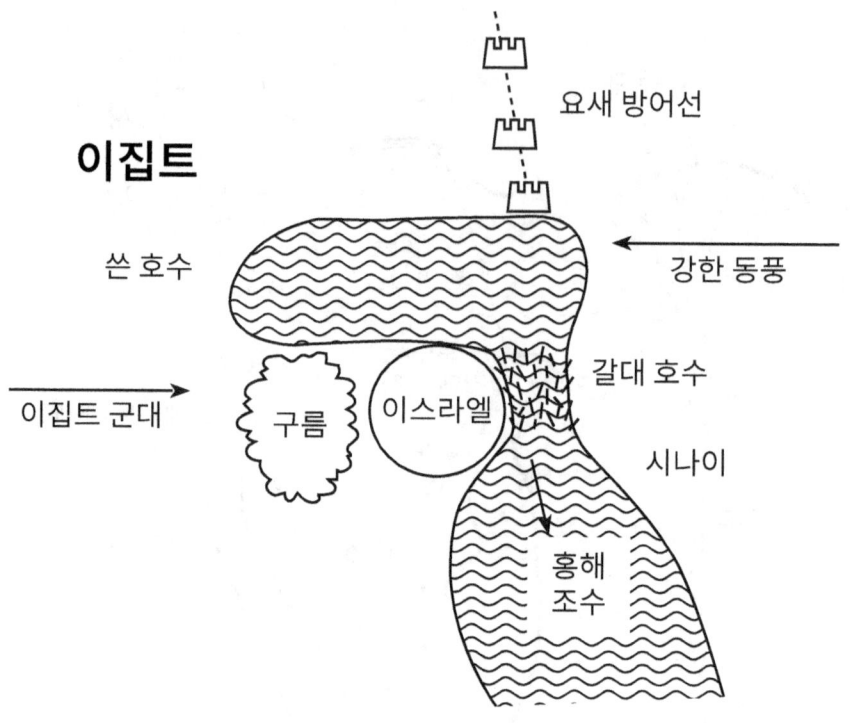

히브리인들이 이곳을 통과하였다면 바다를 가를 수 있는 두가지의 자연 현상을 고려해 볼 수 있다. 강한 동풍이 늪지대의 물을 대호수의 서쪽 끝으로 밀어냄과 동시에 남쪽에서는 썰물 현상이 진행될 수 있다.

하지만 이것은 기적이 아니다. 어떻게 동풍이 썰물시간에 딱 맞게 불었겠는가? 이 사건은 기적적인 '우연의 일치' 라고 볼 수 있는데 성경은 우리에게 '우연'이란 없고 '하나님의 섭리' 만이 있다고 말씀한다.

가장 놀라운 사실은 홍해 (Red Sea) 이건 갈대해 (Reed Sea) 이건 간에 유월절 양이 죽임을 당한지 사흘만에 바다를 건넜다는 점이다. 이스라엘 사람들의 해방이 유월절 양이 죽임을 당한 지 사흘만에 이루어졌다. 또한, 출애굽기에는 양이 죽임을 당한 시간이 오후 3시로 기록되어 있다. 그 후 마침내 이스라엘 사람들은 이집트를 빠져나갈 수 있었다. 그들은 바로왕에게서 완전히 자유화되었고 다시는 그를 볼 일이 없었다. 신약성경의 사건들과 평행을 이루는 이 사건에 대해 나중에 다시 주목하기로 한다.

6. 양육하심과 보호하심

이들이 여행한 광야지역은 사람이 살 수 없는 곳이었다. 이백오십만명의 인구와 가축들을 이끌고 가기에 쉬운 장소가 아니었다.

그러므로 모세가 당면한 내부적인 또 외부적인 문제들이 있었는데 그 중 가장 기본적인 문제는 생존에 필요한 양식과 물이었다. 매일 아침 하나님께서는 양식을 주셨다. 아침에 일어나보면 양식이 땅에 깔려있었다. 그들은 히브리어로 만나 (Manna: 이게 뭐야? 라는 뜻) 라고 불렀다. 매일 900톤가량이 쏟아졌다. 나중에 이 주제에 대해 공부하겠지만 하늘에서 내려주신 빵이었다.

만나를 배불리 먹고 편안했음에도 불구하고 사람들은 왜 고기를 주지 않느냐며 불평했다. 이집트에서 고단백질의 음식을 먹던 사람들이었다. 그래서 하나님께서는 메추라기를 땅에 1.5미터 정도 깊히 쌓이도록 많이 보내주셨고 그들은 메추라기를 싫증날 만큼 실컷 먹었다.

그들에게 식수도 문제였다. 처음 당도한 오아시스는 마라 (Marah) 라는 곳이었다. 그러나 마실 수 없는 쓴물이어서 하나님께서 단물로 바꾸는 기적을 행하여 주셨다. 다음에 도착한 곳은 엘림 (Elim) 이라는 단물이 나오는 오아시스였다. 그들에게 하루에 적어도 이백만갤런의 물이 필요했다. 나중에 그들은 암반석에 고인물을 사용한다. 하나님의 섭리로 여행하며 나타난 가장 놀라운 기적 중 하나는 그들의 신발이 닳지 않았다는 점이다. 그곳의 돌길은 자동차의 타이어도 쉽게 망가뜨리는데 이들의 신발은 광야를 지나는 40년 동안 계속 신을 수 있었다.

모세에게 내부적으로 힘든 문제들도 있었다. 사람 수가 많다보니 그들의 분쟁 해결이 큰 문제중 하나였다. 하루종일 재판을 해도 끝나지 않는 분량의 일 때문에 모세는 완전히 지치게 되었다. 이 문제는 그의 장인 이드로 (Jethro) 의 제안으로 70명의 장로를 대표로 임명하여 그의 일을 돕게 함으로 해결되었다.

19장-40장
이집트에서의 탈출이 성공한 후 출애굽기의 후반부에서는 율법 제정, 그들에게 어떻게 살아야 하는지에 대한 하나님의 명령, 그리고 하나님께서 그들과 맺으신 언약에 대해 기록되어 있다.

7. 계명과 언약

출애굽기의 후반부에는 세가지의 율법에 대해 기록되어 있다. 가장 잘 알려진 사실은 하나님께서 두개의 돌판에 직접 쓰신 십계명이다. (우리가 흔히 보아온 그림에는 모세가 시내산에서 다섯개씩의 계명이 쓰여진 두개의 돌판을 들고있지만 사실은 전체 10개의 계명이 각판에 써 있었다.) 이것은 당시 법적 계약을 할 때 쓰여진 방법이었다. 예를 들어, 어느 왕이 한 나라를 정복하면 조약을 맺는다. 두개의 똑 같은 돌판을 만들어 각 나라에서 하나씩 소유 했다. 십계명의 경우에 돌판 하나는 하나님께서 다른 하나는 사람들이 가지고 있게 한 것이었다. 이 조약은 '언약' 이라 불리우는 특별한 약속이었다. 언약은 두 사람이 흥정하여 결정하는 계약이 아니라 하나님께서 일방적으로 쓰셨고 우리는 받아들이던지 거절하던지의 선택 밖에 할수 없다.

십계명이 첫 법령이었고 두번째는 '언약의 책' (출애굽기 20:23-23:33) 으로 사회 공동생활에 대한 율법이다. 세번째의 율법은 25장-31장의 제사법들로 이스라엘 사람들의 경배의 삶, 제사 장소와 제사장들에 관련된 율법이다. 이것들을 반복하고 확장시킨 율법들이 신명기에 기록되어있다. 하나님 앞에서 바르게 사는 방법에 대해 십계명외에도 613개의 율법과 법령들이 있다.

출애굽기에 기록된 율법의 맥락을 아는 것은 매우 중요하다. 십계명과 언약의 책은 아래의 두 가지를 연결짓는 고리라고 볼 수 있다.

1. 20:2 절에 하나님께서 '나는 너를 애굽 땅, 종 되었던 집에서 인도하여 낸 너의 하나님 여호와이니라' 라고 말씀하신다.
2. 23:20-33 절에서 하나님은 그들이 하나님의 율법대로 살 때, 하나님께서 땅을 주시고 그들과 함께 하실것을 약속하신다.

첫째는 과거 이집트에 대하여, 둘째는 미래에 가나안에 들어가는 것에 대하여 촛점을 두고있다. 하나님의 율법은 과거에 하나님을 경험하여 자유화된 사람들로서 앞으로도 하나님이 함께 하심을 믿고 기대하고, 현재 하나님의 법대로 사는 사람들에게 주신 것이다.

알프레드왕 (King Alfred) 은 영국의 입법 제도를 십계명에 바탕하여 만들었지만 하나님의 구원을 경험하지 못한 사람들이 어떻게 법을 제대로 이해할 수 있었겠는가?

십계명

십계명과 율법을 자세히 살펴보면 세가지의 기본 원리가 내포되어 있음을 본다. 첫째는 **존경**의 원리이다. 십계명 전체는 존경(존중)에 의거한다—하나님께 대한 존경, 하나님의 이름에 대한 존경, 하나님의 날에 대한 존경, 인간에 대한 존중, 가족에 대한 존중, 생명에 대한 존중, 결혼에 대한 존중, 타인의 재물에 대한 존중, 타인의 명예 존중이다.

메세지는 분명하다: 건강하고 신성한 사회는 존경의 원리에 의해 성립된다. 오늘날의 사회는, 특히 방송 매체들은, 존경의 원리를 파괴하는데 앞장서고 있다. TV 의 코미디 프로그램에서는 신성한 것은 아무것도 없다고 주장하며 말도 되지 않는 삶의 방식을 부추긴다. 무엇이든지 또 누구든지 우스개거리가 될 수 있다. 분명한 것은 하나님에 대한 존경을 잃는 것이 우상숭배로 이어지고 인간에 대한 존경을 잃을 때 부도덕과 부당한 사회가 형성된다.

십계명은 거의 말과 행동에 대한 계명이지만 마지막 계명만은 우리의 감정에 대한 계명이다. 사도바울이 로마서 7장에서 그가 아홉가지 계명은 지켰으나 마지막 계명, 욕심에 대한 계명은 지키지 못했다고 말한 이유를 설명하는 것인지 모른다. 우리가 갖지 않은 것을 원할 때 우리에게 문제가 생긴다. 하나의 계명을 범하면 나머지 모든 계명을 범한 것과 같다. 십계명은 마치 구슬 목걸이와 같아서 목걸이가 한번 끊어지면 모든 구슬을 잃는 것과 같다. 실제적으로 10개의 각 계명이 있는 것이 아니다. 그들은 하나의 법이다.

두번째 원리는 **책임감**이다. 우리의 사회에서는 우리가 취한 행동이 우리의 책임이 아니라고 가르치고 있고, 하다못해 사악한 것도 유전적 요인이기 때문이라고 주장한다. 원죄가 유전자를 통해 우리에게 들어 온 것은 알고 있는 사실이지만, 어떤 악한 행동이 취해진 것은 그의 유전자 때문이므로 그의 행동에 대한 책임을 질 필요가 없다는 주장이다. 출애굽기는 이러한 사상과 절대적으로 반대의 입장을 취하고 있다. 우리는 하나님 앞에 섰을 때 우리가 하나님의 율법에 의거하여 어떻게 살았는지에 대한 책임을 져야 한다고 하나님께서는 말씀하신다.

세번째 원리는 **인과응보**이다. 법의 처벌에는 세가지 목적이 있다. 첫째, 교정의 목적이다. 이 처벌은 죄인을 개선하기 위한 목적을 가지고 있다. 둘째, 행동의 억제를 위함이다. 다른 사람이 처벌 받는 것을 보고 죄를 지을수 있는 자들에게 경고하는 것이다. 셋째는 응징이다. 경고나 실수에 대한 교훈과 상관없이 마땅히 처벌을 받아야 하기 때문에 주어지는 형벌이다. 출애굽기의 율법들은 응징에 의거한다.

사형은 15개항목에 대한 처벌로 하나님께 지은 죄, 살인, 주일을 범한 죄, 유괴, 부모에게 욕하거나 폭력을 행사한 죄, 또 자신 소유의 방치된 동물에 의해 사람이 죽었을 때 등에 가해진다.

하나님의 율법에는 의도적과 사고적인 죽음이 아주 조심스럽게 구분되기 때문에 살인도 의도적 살인과 사고적 살인 두가지로 나눈다. 의도적 살인의 형벌은 사형이고 사고사일 경우에는 심한 처벌을 주었다. 계속적이고, 고의적이고 의도적인 죄를 위한 희생제물은 어떤 경우에도 없다고 모세의 법은 말씀한다. 신약성경에서도 같은 말씀을 하고 있는 것을 히브리서을 읽어보면 알 수 있다.

한가지 짚고 넘어 갈 중요한 원리는 사람의 자유를 거부하고 가두는 처벌은 율법에는 없다. 성경에 이런 처벌 방식에 대한 언급이 없다. 대신, 피해자에게 정당한 댓가를 치루는 보상제도가 있다. 이것을 동해보복법 (lex talionis) 이라고 하는데 쉽게 말해서 '눈에는 눈으로 이에는 이로' 라는 원리이다. 예를 들어, 임신부에게 폭력을 가해 아기가 기형으로 태어나면, 가해자가 같은 기형이 되어야 하는 원리이다. 또한 재물을 파괴하거나 훔쳤을 때 돈으로 배상해야 한다.

8. 설계와 전문가

설계

다음에 우리는 하나님께서 이스라엘 사람들과 함께 거하기를 원하신다는 놀라운 사실을 대하게 된다. 하나님은 이미 그의 거룩하심을 확실히 나타내셨다. 시내산에서 계명을 주실 때, 이스라엘 사람들이 하나님의 거룩함의 의미를 확실히 알기를 원하셔서 하나님이 계시는 거룩한 산을 건드리는 자는 죽을 것이라 말씀하셨다. 모세는 이를 방지하기 위해 산 아래에 담장을 올렸다. 하나님의 계명은 하나님의 전능하심과 인간과의 분리됨을 나타내는 천둥, 번개와 불을 동반하며 사람들에게 주어졌다.

우리와 분리되어 있는 분임을 강조하는 한편 하나님께서는 자신이 캠프에 내려 오셔서 사람들과 함께 계시기를 원하신다고 모세에게 말씀하신다. 캠프가 어디로 옮겨지던지 그의 백성들의 마음 한 가운데 계시기를 원하신다. 캠프 중앙에 위치하고 하나님의 거룩하심을 나타내는 성막에 거하심으로 사람들이 하나님께 거룩한 경배를 드릴 수 있도록 했다.

이 텐트는 성막 (tabernacle) 이라 불리었고 하나님께서 직접 주신 상세한 건축 설계도가 출애굽기 25장-31 장에 이스라엘 사람들의 종교적 삶을 위한 율법내에 기록되어 있다. 성막의 모든 것은 하나님에 대한 그리고 하나님께 다가가는 데에 대한 내용들이다. 성막은 캠프의 중앙에 위치했고 열두지파들이 순서대로 주위에 배치되었다.

전문가

사용법

성막이 캠프의 중앙에 있었지만 쉽게 접근할 수 없었다는 점이 가장 중요하다. 성막은 100 큐빗 (cubits) 의 길이에 50 큐빗의 너비 그리고 5 큐빗 높이의 담에 둘러 싸여 있어서 밖에서 들여다 볼 수 없게 되어있다. 단 한개의 들어가는 문은 유다지파가 자리잡은 맞은 편에 있었다. 담 안에 있는 안뜰에는 제단과 물두멍이 있었다.

(다음 페이지의 다이어그램을 참조하세요)

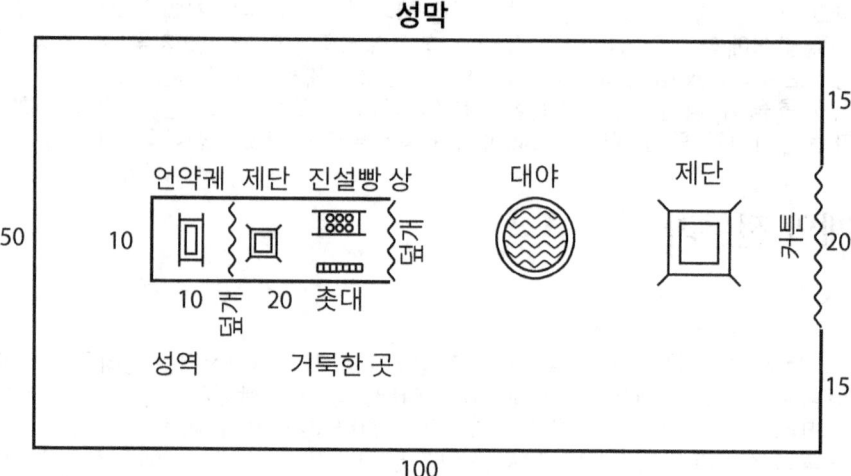

그러므로, 먼저 하나님께 다가가기 위해서는 번제물을 통해야 한다: 동물을 죽여서 제단위에서 태워 하나님께 번제물로 드리는 것이다. 다음에 제사장은 제단과 성소의 사이에 있는 구리로 만든 물두멍에서 손을 씻는다. 그후에야 하나님의 성소에 다가 갈 수 있다. 성막은 두 부분으로 나뉘어 있는데 큰 성막안에 있는 작은 지성소안에 하나님께서 거하셨고 사람들은 지성소 안을 볼 수 없었고 대제사장만이 일년에 한번 들어갈 수 있었다.

큰 성막은 가로 10 큐빗과 세로 20큐빗의 너비로 성소라 불리었다. 동물을 번제로 드리고 물두멍에서 손을 씻은 후에 제사장들만이 들어갈 수 있는 장소였다. 그곳에는 세개의 가구가 있었다. 열두지파를 상징하는 열두개의 진설병을 두는 상과 일곱개의 가지가 있는 등잔대가 있어 불이 항상 밝혀있도록 했고 휘장옆으로 또하나의 제단이 있었다.

가로 10 야드 세로 10 야드의 휘장이 덮힌 곳은 하나님이 거하시는 가장 성스러운 지성소였다. 지성소안에 속죄소가 있고 그위에는 두 그룹의 천사들이 있었다. 성경에서 말하는 천사들은 항상 심판의 천사들이다. 지성소안의 천사들은 속죄소를 향하여 아래로 내려다 보고 있었다. 일년에 한번 대제사장이 지성소안으로 들어가 흠없는 일년된 숫양을 사람들의 죄의 속죄물로 드린다. 또 지성소안에는 증거궤가 있고 그 안에는 만나와 증거판이 있었다. 지성소안에는 햇빛이 들어오지 않지만 그안은 항상 밝았다. 하나님께서 거하시므로 그의 영광이 빛을 내고 있었다.

성막은 무척 아름다왔고 거의 모든 부분이 가리워 있었다. 아름답게 수놓은 휘장과 해달의 가죽의 덮개로 덮혀 있어서 사람들이 이 아름다운 성막을 볼 수 없게 되어 있었다. 안에는 순금으로 만든 가구들과 하늘을 상징하는 청색, 피를 상징하는 자색, 은색과 금색실로 수놓은 휘장이 있었다.

성막의 구조는 하나님께 가까이 오기 위해서는 죄를 회개하기 위한 번제물을 꼭 먼저 드려야 한다는 점을 상징했다. 하나님께서는 성막이 하늘에 있는 하나님의 거처의 모형이라고 말씀하셨다.

성막을 분해하여 이동할 때도 모든 기구들은 덮혀 있어야만 했다. 성막은 특별히 지정된 사람들만이 날랐고 다시 세워 질 때까지 보통 사람들은 1,000보의 거리를 유지해야 했다.

하나님의 거룩하심은 제사장들의 옷차림에서도 강조된다. 대제사장은 지침서에 있는대로 특별한 예복을 입고 가슴에는 이스라엘의열두지파를 상징하는 열두개의 보석을 달았다. 이 보석들은 성경의 마지막에 새 예루살렘을 묘사할 때 다시 거론된다. 대제사장은 예복외에도 특별한 흉패, 에봇, 겉옷, 반포 속옷과 관을 입었다.

보통 제사장들도 '관직복' 을 입었는데 그들은 겉옷, 반포 속옷, 관, 속바지만 입었다. 보통 제사장과 구별되는 대제사장의 특별한 옷차림을 볼 때 앞으로 우리를 위하여 영원히 오실 대제사장이 어떤 분이신지 우리는 감지할 수 있다.

건축

당시의 히브리인들의 기술은 벽돌을 만들고 나르는 정도였기 때문에 이렇게 정교한 성막을 만드는 일은 상상할 수도 없었을 것이다. 하나님께서는 브살렐, 오호리압과 다른 몇 사람들에게 특별한 지혜, 총명, 지식과 재주를 주셔서 성막을 건축 할 수 있도록 하신다. 이것이 성경에서 처음 말하는 '영적 선물' 인데 이것이 손으로 할 수 있는 일과도 연관 된다는 것을 알 수 있다.

9. 백성들의 방탕함과 중재

방탕

모세가 하나님의 계명을 받기위해 시내산에 오랫동안 머물었다. 백성들은 모세에게서 아무 소식이 없는 틈을 타서 아론에게 자신들이 눈으로 볼수 있는 신을 섬기게 해달라고 요청했다. 아론의 도움으로 그들은 가지고 있던 금장식들을 녹여 금송아지를 만들었다. 송아지는 이집트인들이 섬기던 많은 우상들 중 하나였다. 황소와 송아지는 자식생산을 위한 우상으로 사람들은 오랫동안 이 동물들을 숭배해왔다. 성경은 우상숭배가 부도덕로 이어짐을 분명히 보여준다: 하나님을 경외하지 않는 것이 인간을 존중하지 않는 것으로 이어진다. 모세가 내려와 보니 사람들은 방탕한 생활을 하고 있었고 그는 홧김에 십계명이 쓰여진 두 돌판들을 내던져 깨뜨려 버렸다. 모세는 사람들의 행위가 낳은 결과를 상징적으로 보여준 것이다.

중재

모세는 다시 시내산으로 올라가서 사람들에 대한 실망을 하나님께 호소하면서 하나님께서도 마찬가지로 실망하셨음을 알게 되었다. 이 때 우리는 모세의 지도자로서의 훌륭한 면모와 이스라엘 역사가 전환되는 순간을 보게 된다. 모세는 하나님께 이스라엘을 하나님의 생명책에서 지우시려면, 자기 혼자 성경책에 남아 있고 싶지 않으니, 자신의 이름까지도 지워달라고 말씀드렸다. 즉, 그들의 죄를 위해 자신의 생명을 희생물로 바치겠다는 것이었다. 하나님께서는 하나님은 죄인의 이름만 생명책에서 지워 버린다고 설명하셨는데 이것이 성경 여러군데에서 우리가 보게 되는 주제이다. 인생의 가장 중요한 것은 우리의 이름이 생명책에 기록되는 것이다. 하나님께서는 모세에게 '나에게 죄지은 자들의 이름만 생명책에서 지운다' 라고 말씀하셨다.

모세는 사람들이 이미 벌을 받았다고 주장했지만 하나님께서는 그에게 지도자들을 처벌하라고 말씀하셨다. 이로 인해 3,000명이 죽임을 당했다. 이 숫자가 우리에게 별로 중요하지 않게 여겨질 수 있지만, 이 출애굽기의 기록과 나중에 신약성경에 나오는 사건과의 놀라운 연관성을 보게 된다. 율법은 유월절 숫양이 죽은지 50일 후에 받았다. 숫양은 오후 세시에 희생되었고 삼일후 그들은 노예신분에서 자유함을 받았다. 자유함 받은 후 50일이 되는 날 율법을 받았고, 유대인들은 그날을 오순절이라 부른다. 그 날 하나님의 율법을 지키지 않은 3,000명이 죽임을 당했다. 몇백년이 지난 바로 그 오순절 날 유대인들이 율법 받은 것을 기념할 때, 하나님께서는 우리에게 성령을 보내주셔서 그 날 3,000명이 구원을 받았다. (사도행전 2장)

10. 건축과 헌신

이스라엘 사람들은 성막을 짖기위한 모든 건축자재를 어디에서 구했는가? 적어도 1톤의 금이 필요했고 옷감, 베, 보석, 구리와 목재등이 필요했다. 성막을 위해서 한 남자당 평균 5.7 그람의 금을 사람들이 헌납했다.

하나님께서는 아브라함에게 그의 자손들이 노예가 될 것이고, 자유함을 얻어 노예에서 풀려 날 때에는 많은 재물을 가지고 나올 것이라고 몇백년전에 이미 말씀하셨었다. 성막의 재료와 제사장들의 옷을 만들기 위한 옷감들과 보석들은 마침내 속 시원히 떠나가는 히브리인들에게 이집트 사람들이 기꺼이 내어준 물건들이었다. 이렇게 해서 소유된 물건들이 성막을 짖는데 헌납되었다. 네가지의 표현으로 이 헌납된 물건들은 묘사하자면, 이들은 연속적이고, 정성어리고, 정기적이고 희생적인 헌물이었다. 내지 않으면 벌금을 가하여 강제로 모금한 것이 아니고 사람들이 자진해서 봉헌한 물건들이었다. ('원하는 사람은 누구나 참여할 수 있었다')

출애굽기의 마지막에 보면 하나님께서 성막안에 거하시며 축성하셨음을 우리는 알 수 있다. 사람들은 지성소 위에 그의 영광이 거하시고 구름과 연기가 방에 가득함을 보았다. 지성소 안에는 하나님의 영광의 빛이 가득 했다. 하나님이 임재하시는 성막이 사람의 캠프안에 거하고 있었다. 그 후로; 구름과 빛이 움직이면 그들도 움직여야 할 때임을 알았다.

그리스도인이 출애굽기를 대하는 자세

출애굽기의 이야기는 압도적이고 이스라엘 사람들의 예배에 대한 상세한 율법들은 경이롭다. 하지만 현대의 그리스도인으로서의 우리는 출애굽기를 어떻게 대해야 하는지에 대한 질문을 해야 할 것이다.

첫째, 하나님은 불변이시다. 하나님은 옛날에 이스라엘 백성과 우리를 같은 방식으로 대하신다. 그래서 출애굽기의 율법, 언약, 피, 숫양, 유월절, 출애굽, 누룩등의 많은 내용들이 신약성경에서 언급되었다. 신약성경에서 언급된 이 내용들의 의미는 출애굽기에서부터 진행되어 온 것이다.

반면에, 상당히 다른점들도 있다. 우리는 더이상 모세의 율법안에 있지 않고 그리스도 예수님의 법안에 있다. 앞으로 보겠지만, 이것은 어떤 면에서는 우리의 믿음의 삶을 어렵게하고, 또 한편으로는 쉽게 한다. 예수님께서 우리가 지성소안의 하나님께 직접 나갈수 있도록 하셨으므로 성막은 더 이상 필요하지 않다. 또 우리는 하나님께서 내리시는 만나와 암반수에 의지하지 않는다. 출애굽기를 현대 그리스도인의 삶에 적용시킬 수 있는 두가지의 기본적인 방법이 있다.

그리스도

예수님께서는 구약에서 예수님에 대한 증거를 찾으라고 말씀하셨고, 그리스도인들은 출애굽기에서 예수님을 찾아야 한다. 출애굽기는 구약의 핵심이고 그 후에 쓰여진 모든 책들은 출애굽기를 구원의 바탕으로 간주하고 있다. 같은 문맥으로 십자가는 신약성경의 핵심이다.

이것은 상상으로 만든 연관이 아니다. 예수님께서 돌아가시기 육개월 전, 예수님은 이스라엘 북쪽에 있는 4,000 피트 높이의 헤르몬산 위에서 모세와 엘리야와 말씀을 나누고 계셨었다. 누가복음은 예수님께서 예루살렘에서 곧 이루실 '출애굽'에 대한 말씀을 이들과 나누었다고 전한다.

더구나, 예수님께서는 오후 세시 몇 천마리의 유월절 양이 희생되던 바로 그시각에 돌아가셨다. 그래서 우리는 예수님을 '유월절 희생양' 이라 부르고, 우리를 위해 희생당하신 그의 피를 믿는

자는 죽음의 천사가 지나쳐가는 것이다. 히브리인들이 유월절 후 삼일만에 노예생활에서 해방된 것 같이 예수님은 삼일만에 부활하심으로 우리를 죽음에서 자유케 하셨다.

또 다른 연결고리도 있다. 요한복음에서 예수님을 하늘에서 내리신 빵이라고 기록했다. 사도바울은 모세가 이스라엘 사람들에게 나누어 준 생수가 흐르는 바로 그 암반석이 예수님을 상징한다고 말했다. 사도요한도 말씀이 육신이 되셨고 '성막이 우리안에 거하신다'고 했다. 예수님께서 우리안에 성막을 치시고 그의 백성들과 함께 거하시는 것이다.

이 모든 것들을 염두에 두고 볼 때, 우리는 마태복음에 기록된 '내가 율법을 폐하러 온 줄로 생각하지 말라 폐하러 온 것이 아니요 완전하게 하려 함이라' 라는 예수님의 말씀을 이해할 수 있다. 간략하게 말해서, 구약성경을 이해하지 못하면 신약성경을 이해할 수 없다는 말이다.

그리스도인

출애굽기는 기독교인들에게도 적용된다. 사도바울은 출애굽기의 사건들을 회고하면서 고린도교회에 편지를 썼다: '이 일들은 그들과 같이, 우리가 죄악을 따르지 않도록 본보기로 일어난 것이다.'

홍해를 건너감은 세례를 예정한다. 사도바울은 이스라엘 사람들이 모세를 통해 홍해에서 세례 받았다고 말했고, 그의 편지를 읽는 사람들은 예수님을 통해 세례받았다고 말했다.

그리스도인들에게도 유월절 만찬이 있는데 바로 예수님께서 우리를 자유케 하셨음을 기억하여 정기적으로 거행하는 성만찬이다.

사도바울은 성만찬을 행할 때 예수님께서 희생하셨으므로 누룩없는 빵은 필요하지 않다고 말했다. 이 말이 이상하게 들릴지 모르지만 전체 문맥을 보면 사도바울은 장모과 침상을 같이한 부도덕한 신자에 대해 편지를 쓰고 있었다. 여기에서 누룩은 행하여지고 있던 죄악을 의미했고 진실된 성만찬을 하려면 이 죄악을 없애야 한다고 쓴 글이었다. 출에굽기는 모든 것을 물질적인 관점에서 보지만, 신약성경은 사건들을 도덕적인 관점으로 대한다.

많은 사람들이 그리스도인으로서 어떻게 모세의 율법을 대하여야 하는지에 대해 염려하고 있다. 우리가 율법을 지킬 필요가 없는 것은 사실이지만, 예수님의 계명을 지키는 것은 사실 모세의 율법을 지키는 것보다 훨씬 어렵다. 모세의 율법은 '살인하지 말라', '간음하지 말라' 라고 명한다. 우리는 이런 차원의 순종을 어떻게 하여야 하는지는 분명히 알고 있지만, 예수님의 계명은 '그러한 생각조차 하지 말라'고 말씀하신다. 모세의 율법보다 훨씬 지키기 어려운 계명이다.

하지만 한편으로는 많은 수의 제사장이나, 제사 형식, 특별한 건물등이 불필요하게 되어 아주 쉬워진 면도 있다. 사도요한은 '모세를 통해 율법이 주어졌고; 예수님을 통해 은혜와 진리가 주어졌다' 라고 기록했다. 언제든지 기도하면 예수님의 이름으로 거룩한 자리에 들어갈 수 있게 되었다.

새언약과 구언약의 큰 차이점도 볼 수 있다. 율법시대의 오순절 때에 3,000명이 죽었지만, 새언약에서는 3,000명이 구원을 받았다. 성령이 우리의 가슴에 쓰시는 새계명이 모세의 율법의 구언약보다 훨씬 추구하고 싶은 것이다.

영광에 대한 주제도 기독교인들에게 새로운 의미를 가져다 주었다. 사도바울은 모세의 사라져 가는 영광을 새 언약의 성령과 비교하였다. 그리스도인들은 모세가 시내산에서 알게 된 하나님의 영광을 볼 수 있다. 이 영광은 제단, 향로, 예복에 관계된 것이 아니라 믿는 사람의 마음안에 거하시는 성령님의 영광이다. 이 영광은 날이 갈수록 커지고 있다.

마지막으로, 우리가 어떻게 하나님께 다가가야 하는지를 강조하는 성막에 대해 짚고 넘어가기 원한다. 우리는 먼저 예수님에 의해 정당화된 번제물 (제단) 을 통하고 성령 (물두덩) 에 의해 깨끗해져야 한다. 성막의 색채는 중요한 의미를 지니고 있다: 보라색은 왕권, 청색은 천국, 그리고 흰색은 순결함을 의미한다. 오늘날, 우리는 하나님 앞에서 우리를 대표해 주시는 대제사장이 계셔서 우리의 죄를 위한 번제물이 필요 없다. 그는 구언약에서 지적하는 모든 죄의 번제물로 단번에 희생제물이 되신 것이다.

출애굽기와 동등한 그리스도인들의 구출이 미래에 있을 것이다. 요한계시록은 바로왕에게 내렸던 반이상의 재앙들이 다시 일어날 것이라고 말한다. 세상의 종말 때 일어날 재앙들은 바로왕에게 일어났던 재앙들과 놀라운 관련이 있다. 예수님을 끝까지 믿는 자들은 이재앙을 통과하여 승리할 것이다. 요한계시록 15장에 의하면 순교자들과 외부의 박해을 이겨낸 자들과 내부의 유혹을 이겨낸 자들은 모세의 노래를 부를것이라고 기록되어있다. 출애굽기 15장에는 성경안의 첫번째 노래가 기록되어 있는데, 이것은 이집트 군대가 홍해에서 익사하여 패배한 것을 축하하기 위해 미리암이 작곡한 노래였다. 세상의 문제들이 다 끝나고 하나님의 영광 속에 우리가 안전히 거할 때 우리는 이 노래를 다시 부르게 될 것이다. 우리는 이집트에서의 출애굽과 십자가에서의 탈출을 함께 축하할 것이다.

4. 레위기

개요

많은 사람들이 성경통독을 결심하고 읽어가다가 레위기에서 멈추게 된다. 왜 그런지는 쉽게 이해할 수 있다. 레위기는 세가지 이유로 매우 읽기 어려운 책이기 때문이다.

첫째, 레위기는 마치 전화 번호책을 읽는 것 같이 지루한 책이다. 다른 책들, 특히 성경의 첫 두권인 창세기와 출애굽기의 줄거리가 드라마식으로 진행되는 재미있는 이야기들과는 아주 대조적인 내용이다. 많은 사람들이 성경을 이야기책으로 기대하고 있어서 줄거리가 전혀 없는 레위기에 도달하면 크게 실망한다.

두번째 이유는 레위기의 내용이 우리에게 너무 생소하다는 것이다. 내용만 생소할 뿐 아니라 문화 자체도 우리의 문화와 상이하다. 지금부터 3,000년전으로 돌아가 우리가 사는 곳에서 2,000마일 떨어진 지역의 문화에 대한 이야기이다. 우리의 사회와 전혀 다른 세계이고 모든 것이 너무 이색적이다. 예를 들어, 레위기에 기록된 전염병의 처리 방식을 보자. 불쌍한 병자는 옷을 찢고 머리를 흐트린 채 얼굴의 아랫쪽 반은 가리고 '부정하다, 부정하다' 라고 외치며 다녀야 한다. 현대 사회에서 전염병을 다루는 방법과는 전혀 다르다. 또 이상한 의식들도 있다. 우리는 교회에 갈 때 양이나 비둘기를 가지고 가서 목사님께 드려 목사님이 전체 교인들 앞에서 그 동물의 목을 따는 의식 따위는 하지 않는다.

세번째 이유는 레위기의 내용이 우리와 전혀 상관없는 것으로 여겨지기 때문이다. 현재 나의 삶을 위해 레위기에서 과연 배울 것이 있을 것인가? 월요일마다 출근해야 하는 나의 직장 생활에 도움을 줄 수 있는 것인가? 우리가 모세율법에 의해 살고 있지 않다는 것은 본능적으로 알고 있고 레위기가 율법서의 한 권으로서 우리와 어떠한 관련이 있을 거라는 것은 어렴풋이 느끼지만 우리는 그것이 무엇인지 확실히 알고있지 않다.

문맥

위에 언급된 레위기에 대한 우려와 문제점들을 제거할 수 있다는 자세로 레위기를 공부해 보기로 하자. 레위기는 모세오경이라 불리우는 다섯권 중 한권이다. 이 책들에는 모세의 율법이 들어있다. 유대인들은 모세오경을 토라 (Torah: Books of Instruction 지침서) 라 부르고 토라를 일년에 한번씩 통독한다. 매해 9월에서 10월쯤 성막절의 8일째에 창세기부터 시작해서 다음 가을 성막절 전까지 전체 다섯권을 읽는다.

모세오경의 다섯권은 각 권이 특정하고 기억할 만한 구조를 가지고 있다. 이 점을 참고함으로 레위기의 문맥을 쉽게 이해할 수 있다. 아래의 도표는 모세오경의 특성들을 알기 쉽게 요약해 놓은 것이다.

오경 – 모세오경 – 토라 - 지침서

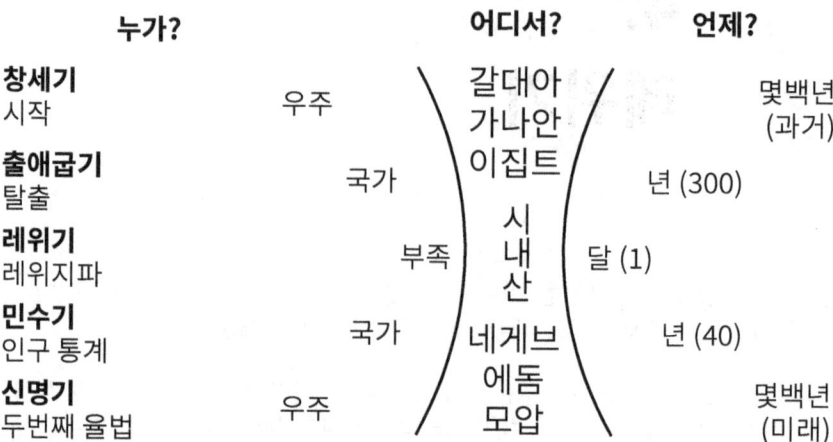

모세오경 안의 레위기

창세기는 태초를 기록한 책이다: 모든것의 시작과 우주 창조에서부터 이스라엘 사람들이 어떻게 하나님의 선택된 백성이 되었는지를 우리에게 알려주고 있다. 출애굽기는 이스라엘 사람들이 이집트에서 탈출하는 이야기에 촛점을 맞추고 있다. 레위기는 이스라엘의 한 지파인 레위 지파에서 유래한 이름이다. 민수기는 인구 통계에 대한 책이다. (육십만명의 남자, 그리고 여자와 아이들까지 합치면 약 이백오십만명이 되는 거대한 집단이 이집트에서 탈출했다.) 마지막으로 신명기는 계명을 다시 한번 받는 것에 촛점을 두고 있는데, 처음에 하나님께서는 시내산에서 계명을 주셨고 두번째는 약속의 땅에 들어가기 바로 전 요단강을 건너기 전에 계명을 다시 주심으로 십계명은 두번에 걸쳐 주셨다—출애굽기에서 한번 그리고 약속의 땅에 들어가기 전 사람들에게 계명을 확실히 상기시키기 위해 신명기에서 다시 주셨다.

이 책들이 누구에 대한 책인가를 자세히 살펴보면 어떠한 패턴이 보인다. 창세기는 모든 인간들과 우주에 관한 세계관을 담고 있다. 출애굽기는 이스라엘 국민과 국가에 대한 책이다. 레위기에서는 촛점이 더욱 좁혀져서 한 나라안의 한 지파에 대한 책이다. 레위기를 지나 민수기는 다시 이스라엘 국가 차원에 대한 내용을 다루고 신명기는 세계를 무대로 한 이스라엘에 대한 내용으로 관점은 다시 세계적 차원으로 넓혀진다.

이렇게 변화되는 관점의 패턴이 왜 많은 사람들이 성경을 읽다가 레위기에서 멈추는지를 설명한다. 일반적으로 사람들이 세계적 혹은 국가적 차원의 이야기에는 흥미를 느끼지만 자신들이 속해 있지 않은 어느 특정한 지파에 대한 이야기에 대해서는 관심을 갖기가 쉽지 않다.

레위기의 지리적 배경

창세기는 지구 전체의 창조를 배경으로 시작하여 아브라함이 살던 갈대아 지역으로 촛점이 옮겨지면서 그가 가나안 땅을 통과하고 그의 자손들이 이집트에 정착하게 되는 것을 기록한 이야기들이다. 그 후 이들은 이집트에서 400년 동안 노예 생활을 하게 된다. 레위기에서는 다시 관점이 좁혀져서 하나님의 계명과 율법을 받은 시내산 한 장소에 촛점을 맞추고 있다. 다음에 다시 촛점이 넓혀져 네게브, 에돔, 모압, 가나안지역을 지나는 내용을 다루고 있다.

레위기의 시대적 배경

창세기는 몇 천년의 시간과 지구 전체의 역사를 다루고 있다. 출애굽기는 약 300년의 시간을 다룬다. 민수기는 40년을, 신명기는 몇 백년 후 미래의 이스라엘 역사를 다루는 반면, 레위기는 겨우 한 달의 기간을 다룬다. 여기서 우리는 다시 한번 모세오경들의 특성을 볼 수 있다. 레위기는 가장 중요한 달, 가장 중요한 장소, 그리고 가장 주요한 지파에 대한 내용을 다룸으로서 모세 오경 중 연결고리라 볼 수 있다. 모세의 율법 전체가 이 책에 기반을 두고 있다고 할 수 있다.

유대인들이 해마다 레위기를 통독하는데 2-3주를 소요하며 모세오경 전체를 읽는다.

출애굽기와의 관계

모세오경 전체의 맥락안에서 레위기의 중요성을 보았으니, 이 책이 출애굽기와는 어떠한 관계가 있는지 살펴보도록 하자. 모세오경의 내용을 완전히 이해하기 위해서는 각 권이 그 전 권에 의거하여 이야기가 진행되고 있다는 것을 인식하는 것이 중요하다. 출애굽기의 후반에 하나님께서 사람들과 함께 거하시는 성막의 건축에 대한 내용이 있다. 하나님의 성막과 사람들의 텐트는 함께 있었는데 하나님의 성막은 몇 천개의 텐트들에 둘려싸여 가장 중앙에 위치하고 있었다. 레위기는 하나님의 성막안에서 일어나는 일들과 사람들의 텐트안에서 일어나야 하는 모든 일들에 대한 것을 알려주는 책이다. 이 책은 두 부분으로 나눌 수 있는데 전반은 하나님의 성막에 관한 내용이고 후반은 사람들의 텐트에 관련된 계명과 율법의 내용이다.

또한, 출애굽기에서 성막에 관한 계명은 하나님께서 사람들에게 다가오시는 것을 다루지만 레위기는 사람들이 하나님께 다가가는 데에 대한 내용이다. 출애굽기는 하나님께서 사람들을 구원하시는 이야기이고 레위기는 하나님의 백성들이 하나님께 헌신하는데 대한 이야기이다. 출애굽기는 사람들을 자유케 하는 하나님의 은혜를 말씀하고 레위기는 감사의 제물로 시작하여 사람들이 어떻게 하나님께서 주신 자유함에 대한 감사를 표해야 하는지를 알려준다.

이 두권의 책과 서로 보완하는 내용의 메세지들은 우리에게 꼭 필요하다. 레위기가 출애굽기같이 재미있는 책은 아니지만 하나님께서 주신 구원의 보답으로 그가 우리에게 무엇을 기대하시는지를 알려준다. 다시 한번 우리는 하나님을 경배하기 위하여 구원 받았음을 깨닫게 해준다. 출애굽기가 하나님께서 어떻게 사람들을 구원하셨는지를 보여준다면 레위기는 그들이 어떻게 하나님을 섬겨야 하는지를 설명하고 있는 것이다.

'거룩하라'

구약성경을 공부할 때 우리가 유대인이라고 상상하고 읽으면 도움이 될 것이다. 유대인들은 그들이 왜 레위기를 읽어야 하는지를 명백히 이해하고 있다: 이것은 말 그대로 그들의 삶과 죽음에 관계된 일이다. 유대인들에게는 단 한분의 하나님이 계시고 그 분이 이스라엘의 하나님이시다. 그러나 소위 신으로 불리우는 다른 모든 우상들은 인간의 상상에 의해 만들어진 것이다. 출애굽기와 레위기의 이스라엘 사람들에게도 마찬가지였다. 하나님은 단 한분이셨고 그들만이 지구상에서 하나님의 자녀로서 하나님과 특별한 관계를 가지고 있었다. 하나님은 그들의 정부로서 또 국방부로서 그들을 보호하고, 경제를 담당해 주셔서 가난한 사람이 없게 하고, 보건부로서 이집트 사람들의 병이 옮지 않게 하는 등. 그들에게 많은 것을 약속하셨다. 그들이 필요한 모든 것을 주시는 왕이신 하나님이셨다. 그에 대한 보답으로 하나님께서는 그들이 올바른 생활을 하고 올바른 행실을 하기를 원하셨다. 성경적으로 '공의' 라는 단어는 올바르게 사는 것을 뜻한다. 레위기의 중요한 핵심 구절은 신약성경에서 여러번 나오는 '내가 거룩함같이 너희도 거룩하라' 라는 계명이다.

하나님께서는 자신이 해방시킨 사람들이 그들의 주변 문화를 따라가기 보다는 하나님을 따르기를 원하셨다. 레위기에서 이해하지 못하는 내용들을 이진리 하나로 이해할 수 있다. 이 것이 레위기 전체를 이해할 수 있는 열쇠이다. 하나님께서 하지 말라고 하셨을 때는 사람들이 올바르지 못한 일을 하고 있었기 때문이고, 거룩하신 하나님께서는 사람들도 거룩하기를 원하신 것이다. 하나님께서는 우리를 구원하셨고, 그는 우리가 하나님의 말씀을 따라 살면서 그와 같이 거룩하게 되기를 기대하신다.

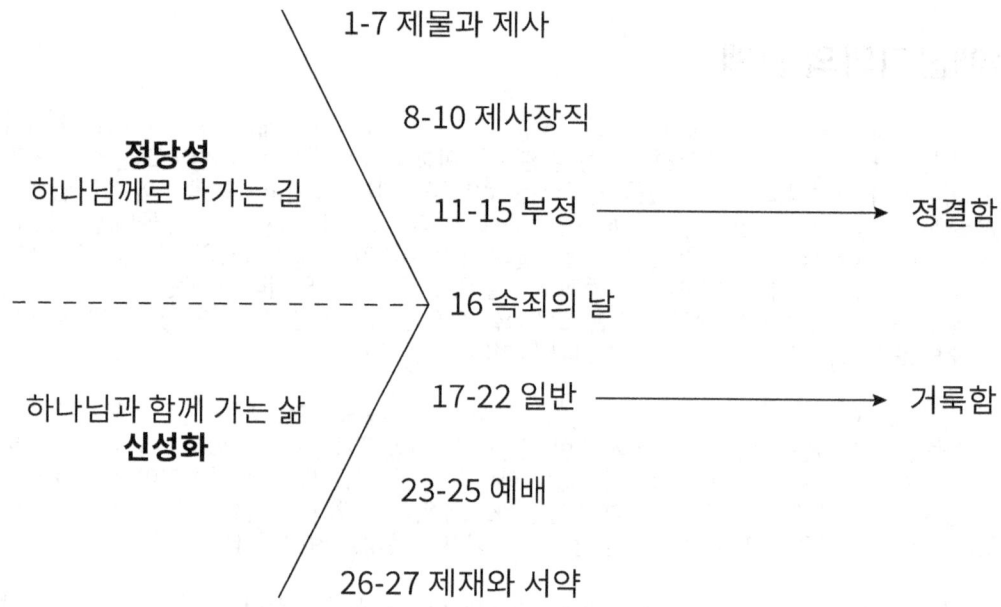

레위기의 구조

레위기는 두 부분으로 나눌 수 있다. 점차적으로 위로 올라가다가 아래로 내려오는 구조이다. 또 여러층의 샌드위치형이라고도 볼 수 있다. 위의 도표의 각 부분은 부분적 관계률 보여준다: 첫째와 여섯째, 둘째와 다섯째, 셋째와 넷째, 그리고 가운데에 하나가 남게 된다. 이 부분들이 정확하게 조화되어 서로 대응하는 것을 볼 수 있다.

이러한 구조는 모세가 만든 것이 아니라 하나님께서 지시하신 것이다. 성경에 있는 어느 책보다도 레위기에 '하나님' 이라는 단어가 가장 많이 나타난다. 레위기는 약 90%가 하나님께서 직접 말씀하신 것으로 '하나님께서 모세에게 말씀하시기를...; 이라고 표현되어 있다. 다른 책에는 하나님께서 직접 하신 말씀이 이렇게 많지 않다. 하나님께서 직접 하신 말씀을 알기 원하면 레위기를 읽으면 된다.

처음 일곱장의 제물과 희생물은 제약되는 내용과 마지막 장의 사람들의 맹세가 뒷 받침하고 있다. 제사장 직분에 대한 상세한 내용들은 그들이 주도해야 할 예배에 대한 내용과 일치한다.

이 책의 최고 정점은 속죄의 날이다. 이 날에는 사람들의 죄를 상징하는 양과 염소 두 마리의 동물이 사용된다. 양은 캠프 안에서 속죄의 번제물로 드려진다. 사람들은 한 사람씩 염소에게 손을 얹고 그들의 죄를 고백한다. 그 후에 염소를 캠프 밖의 광야로 밀어내어 염소가 그들의 모든 죄를 짊어지고 광야에서 죽게 한다. 여기에서 유래된 '남에게 죄를 전가하는 속죄염소 (scapegoat)' 라는 표현은 지금도 흔히 사용되고 있다.

레위기의 두 부분은 속죄의 날에 의해 구분된다. 전반부는 하나님을 향하여 나아가는 사람들의 행위의 정당화 (justification) 에 대한 내용이고, 후반부는 사람들이 하나님과 함께 하는 삶을 살아가는 신성화 (sanctification) 에 대한 내용이다.

제물과 제사

제물의 관계된 규칙을 다루는 첫 일곱장을 살펴보면 크게 두 종목안에 다섯가지 종류의 제물들이 있다.

감사제물

처음 세개의 제물은 하나님의 축복에 대한 감사를 올바르게 드리는 방법에 대한 것이다. 이것들은 속죄의 제물이 아니라 감사의 제물이다. 하나님께서는 우리가 하나님께 감사할 때 감사의 표현을 올바르게 하기를 원하신다.

번제는 동물을 죽인 후 불에 태워 하나님께서 냄새를 맡게 하는 것이다. 이 제물의 향기를 하나님께서 좋아하신다고 한다.

번제물은 전체를 완전히 태우지만, 소제의 예물은 약간을 남겨서 제사장들이 하나님과 함께 먹을 수 있도록 했다. 일부는 하나님께 드리고 나머지는 제사를 집행한 사람이 먹는다.

세번째 감사 제물은 화목 제물인데 여기에서는 모든 기름만을 태운다.

속죄제물

나머지 두가지의 제물은 감사의 표현이 아니라 죄와 관련된 것으로 속죄제와 속건제가 있다.

먼저 그들은 자신들의 죄에 대한 속죄를 한다. 그리고 하나님께 자신들의 죄에 대한 보상을 드리는 것이다. 요즘 속죄 (atonement) 라는 단어를 '하나가 된다 (at-one-ment)' 라고 해석하는데 그것은 옳지 않다. 속죄는 보상 (compensation) 의 의미로서 죄에 대해 속죄하면서 거기에 맞는 보상을 드린다는 것이다. 속죄제와 속건제는 피가 포함된 하나님께 드리는 보상의 제물이다. 죄인의 악한 삶에 대한 보상으로 무죄하고 깨끗한 삶을 하나님께 제물로 드리는 것이다.

두번째로, 이 제사는 고의적이 아닌 죄에만 해당된다. 일부러 저지른 죄는 속죄 제물로 깨끗하게 할 수 없다. 다시 말해서, 우리는 완전하지 않기 때문에 실수로 죄를 짖는다. 잘못하지 않으려고 했지만 우리는 실수할 수 있다. 하나님께서는 이러한 실수로 지은 죄에 대하여는 속죄물을 주셨지만 고의적으로 알고 지은 죄에 대한 속죄물은 주지 않으셨다.

이것은 신약성경에서 다시 언급되는 중요한 내용이다. 신약성경에서도 그리스도인들이 사고로 지은 죄와 알면서 일부러 지은 죄를 구별한다. 구약성경에서와 마찬가지로, 우리가 용서받은 후에 고의적으로 같은 죄를 다시 지으면 용서 받을 수 없다고 쓰여 있다. 구원 받은 자의 고의적인 죄는 아주 심각한 문제로 예수님께서 간음하다 잡혀 온 여인에게 '가서 다시는 죄 짖지 말라' 라고 말씀하신 이유를 설명한다. 반면에, 하나님께서는 우리의 연약함으로 우리가 실수하고 또 우리의 의도대로 모든 일을 진행시킬 수 없음을 아시기 때문에, 우리가 사고로 지은 죄에 대한 것은 완전하게 해주셨다. 로마서에서 사도바울은 '내가 미워하는 것을 내가 행함이라' 라고 고백했다. 하나님의 백성들이 짖는 고의적인 죄와 사고로 지은 죄의 구분은 구약성경에서와 같이 신약성경에서도 다루고 있다.

예배 달력

유대인들이 하나님께 제물을 드릴 뿐 아니라 정기적인 제사를 지내는 달력이 있다. 신약성경에는 성탄절이나 부활절을 언제 지키라는 등의 개신교를 위한 달력이 없지만 유대인들에게는 하나님과 함께 하는 삶을 위하여 아주 중요한 것이 달력이다. 그들은 어린이와 같이 취급되었기 때문이다: 어른은 달력이 필요 없지만 어린이들은 언제 무엇을 하여야 하는지 일깨워 주어야 하기 때문에 달력이 필요하다. 레위기에는 여러가지의 행사가 있고 그 모든 행사들은 지켜져야 했다.

연간 행사

유대인들의 달력에 의하면 '누룩없는 빵의 축제일'인 유월절 (Passover) 이 있는 그들의 새해 첫 달은 양력 삼월에서 사월경이다. 유월절 축제는 첫 달 15일에 하나님께서 이스라엘 백성들을 이집트의 노예 생활에서 해방시키셨음을 기억함으로 시작된다. 그리고 유월절이 시작되기 전 날 오후 세시에 양을 잡아 희생제물로 드린다.

삼일 후 (양을 죽인후 삼일째)에는 하나님께 농사에서 수확한 첫 열매들을 드린다. 예수님의 죽음과 부활에서 비슷한 패턴을 쉽게 볼 수 있다.

50일 후에는 오순절 (Feast of Pentecost) 을 지키게 되어 있다. 이 날은 시내산에서 계명을 받은 날이다. 그들은 이 사건을 기념하며 감사드린다. 율법이 시내산에서 주어졌던 첫 오순절 날 죄를 범한 3,000명이 죽임을 당했다. 몇 백년 후의 오순절에는 성령이 오셔서 3,000명을 구원하셨다.

연말이 가까와지는 일곱번째 달(9월-10월)에는 늙은 숫양의 뿔로 된 나팔을 불며 다른 행사들의 시작을 알린다. (Feast of Trumpets, Shofar)

다음 행사에서는 사람들의 죄를 지워 캠프 밖으로 숫양을 몰아내는 결정적인 속죄일 (Day of Atonement) 을 기념한다.

그 후에 있는 성막절은 8일간 계속된다. 그들은 자신들의 집에서 나와 대피소에서 지낸다. 11일 만에 도착할 수 있었던 약속의 땅을 40여년동안 광야에서 헤매며 하늘의 별을 바라보았던 생활을 기억하기 위해, 별을 볼 수 있는 노천의 대피소에서 지내는 것이다.

이 모든 행사들은 그리스도인의 새로운 방법으로 이루어지게 된다. 처음 세번의 행사는 예수님께서 오심으로 이미 성취되었고 나머지 세번의 행사는 예수님께서 다시 오실 때에 이루어 질 것이다. 우리가 예수님께서 언제 오실지는 모르지만 예수님은 정확한 분이시기 때문에 시기적으로 아마 구월에서 시월쯤 오실것으로 믿어진다. 사실 예수님의 탄생일도 이 쯤이었다. 누가복음에 나타나는 증거를 살펴보면 예수님의 탄생은 성막절이 있었던 일곱번째 달로 추정할 수 있다. 유대인들은 그들의 메시야가 이 때 쯤 오리라고 기대한다. 신약성경에서 나팔에 대한 이야기는 예수님의 재림을 의미한다. 예수님께서 재림하실 때에 나머지 세개의 행사가 이루어 질 것이고 속죄의 날에 이스라엘 전체의 구원이 이루어 질 것이다.

주중 안식일

연중 행사외에 이집트에서 노예로 살고 있던 사람들에게 특별한 축복으로 주신 일주일에 한번 쉬는 안식일이 있다. 모세 이전에는 안식일에 대한 기록을 성경에서 찾아 볼 수 없다. 예를 들어 아담과 아브라함에게 안식일은 없었고 그들은 일주일의 칠일 모두 일을 했다. 모세가 매 칠일마다 쉴 수 있는 안식일을 소개했는데 이 날은 노는 날이나 가족의 날이 아니라 하나님을 위한 거룩한 날이고 유대인들의 달력에 기록된 행사일이다.

대환희 축제일

주간과 연간 행사 뿐 아니라 50년마다 행하는 대환희 (Jubilee) 의 축제 행사도 있다. 매 50년마다 모든 사람들의 재산이 공평하게 재분배되고, 빚은 탕감되고 모든 부동산은 처음 주인에게 돌려주어 졌다. 그래서 50년째에 가까워 질수록 임대료는 내려갔다. 노예들도 이 축제기간에 자유롭게 풀어주었다. 사람들은 이 축제일을 손꼽아 기다렸고 '하나님께서 받으시는 해' 로 불리었다. 가난한 사람들은 다시 부자가 될 수 있었고 묶여 있는 사람들은 자유를 얻을 수 있는 복된 소식의 날이다.

예수님은 나사렛에서 '하나님의 영이 나와 함께 하심으로 가난한 자들에게 기쁜 소식을 전하고, 갇힌 자들에게 자유를 선포하고, 하나님이 기뻐하시는 해를 선포한다' 라고 하셨다. 다시 말해서 예수님께서는 이에 해당되는 모든 사람들이 바라고 있었던 대환희의 축제를 시작하신 것이다. 신약을 이해하기 위한 구약의 필요성을 다시 한번 느낄 수 있다.

삶의 법칙

정결함과 부정함

레위기에서 이해해야 할 중요한 것은 거룩함과 평범함, 그리고 정결함과 부정함의 차이점이다. 거의 모든 사람들은 좋고 나쁨의 차이에 의해 생각을 이어가지만 성경은 아래 도표에 나타난 세 가지의 범주를 적용시킨다.[1]

이 도표에는 두가지 과정이 진행되고 있다. 첫번째는 거룩하고 신성한 것이 더럽혀져서 평범한 것으로 변한다. 거룩한 것을 더럽히면 평범한 것이 된다. 성서공회가 로마니아에 성경을 보냈는데 공산주의 정부는 성경책을 화장지로 사용하도록 했다. 그들의 이러한 행동이 기독교인들이 혁명을 일으키는 불씨가 되었다. 레위기는 이런 상황에 대해 어떻게 가르치고 있는가? 성경을 필요하다고 하여 일상적인 목적에 사용했을 때, 거룩한 것이 평범한 것으로 변했다. 두번째 과정은 평범하지만 깨끗한 것이 더러운 죄악의 것으로 변하는 것이다.

신성함 (sacred), 세속적 (secular), 죄성 (sinful) 이라는 세개의 단어를 거룩함 (holy), 정결하고 평범함 (clean and common), 부정함 (unclean) 이라는 단어들과 대응시킬 수 있다. 거룩한 것을 평범하게 만들고, 정결하고 평범한 것을 부정하고 더러운 것으로 추락시키는 과정이 있는 것 같이 반대로 상승시키는 과정도 있다. 더러운 것을 깨끗이 씻어서 정결케 할수 있고 그것을 신성하게 만들어 거룩함에 도달 할 수 있다.

---

[1] *거룩함, 정결함과 부정함의 차이에 대해 확실하게 알게 해주신 G.J. Wenham께 감사드린다. New International Commentary on Leviticus (Wm. B Eerdmans, Grand Rapids, Michigan, 1979)

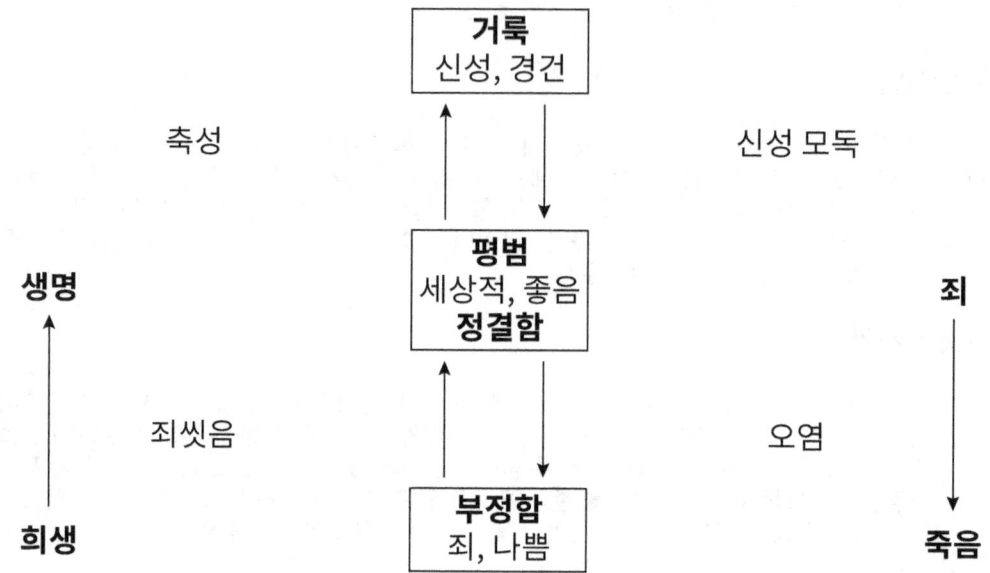

거룩한 것과 부정한 것은 절대 접촉하면 안된다. 이 두가지는 분명히 격리되어야 한다. 거룩한 것들과 평범한 것들은 공통성을 가지고 있지 않다. 부정한 것과 정결한 것이 섞여진 상태는 전체적으로 부정하다. 마찬가지로 거룩한 것과 평범한 것이 섞인 상태는 전체가 평범한 것이다. 섞인 상태를 거룩하다고 말 할 수 없다.

위의 도표에서 아래로 향한 방향은 죽음에 이르고, 위로 향한 방향은 생명으로 이르는데 여기에는 희생이 필요하다. 희생이 있어야만 부정한 것이 씻겨져서 정결함에 이르고 생명에 도달하게 된다.

이러한 진리로 우리의 삶을 세분화 할 수 있다. 우리의 일을 신성화하여 하나님께 바칠 수 있다고 성경은 말하고 있다. 일은 거룩한 일, 깨끗한 일, 부정한 일의 세가지로 분류 할 수 있다. 불법적이고 부도덕한 직업들은 부정하다. 그리스도인은 이런 직업을 가져서는 안된다. 어떤 일은 정결하고 평범하다. 이러한 일을 신성하게 하나님께 바치고 하나님을 위해서 하면 평범한 일이 거룩한 하나님의 일로 바뀐다. 프린터가 거룩한 일을 할 수 있는 반면 선교사가 평범한 일만 할 수도 있다. 우리의 재물이 나쁜 일에 쓰여지면 부정한 것이고, 좋은 일에 쓰여지면 정결한 것이 되고, 하나님을 위한 일에 쓰여지면 거룩한 것이 된다. 성 행위도 이 세가지 중 하나로 분류할 수있다.

많은 사람들이 나쁘지 않고, 평범하고, 깨끗한 삶을 살고 있지만 이런 삶이 결코 거룩한 삶은 아니다. 하나님께서는 우리가 그저 좋은 삶을 사는 것이 아니라 거룩한 삶을 살기를 원하신다. 이것이 레위기가 강조하는 점이다.

믿지 않는 사람들은 자신들의 삶이 믿는 자들의 삶과 별 차이 없이 선하게 살고 있다고 주장하지만 이 사람들은 하나님께서 찾는 거룩한 사람들이 아니다.

거룩한 삶

거룩한 삶은 여러가지 실질적인 면들을 포함한다.

- 육체적 건강은 영적 건강만큼 중요하다. 하나님께 거룩한 자가 되기 위해서는 우리가 우리의 육체를 어떻게 사용하는가가 중요하다. 레위기는 머리 깎는 것, 문신, 남자들이 귀걸이 하는 것, 남자와 여자의 몸에서 흘러나오는 배설물, 출산등에 대한 지침을 지시하고 있다.
- 음식에 대하여, 특히 깨끗한 음식과 더러운 음식에 대하여 많은 규칙들이 있다.
- 레위기는 우리가 신비주의나 미신적인 영과 관련되는 것을 금한다.
- 집에 마른 곰팡이가 났을 때 이웃을 위하여 집을 허물도록 지시한다.
- 다른 재질이 섞인 옷감으로 옷을 해 입지 말라고 가르친다.
- 사회 생활에서 가난한 자, 귀머거리, 장님, 노인들에게 신경쓰는 것은 거룩한 행위라고 가르친다. 거룩한 사람은 노인이 들어오면 일어서서 존경을 표한다.
- 레위기는 근친 상관, 동성 연애 등의 성관계에 대해서도 지시하고 있다.

레위기는 거룩한 삶은 일요일뿐 아니라 월요일에서 금요일까지 어떻게 살아야 하는가에 대한 지침서이다. 하나님은 그저 정결한 사람을 찾는 것이 아니라 거룩한 사람을 찾고 계시다. 이것은 좋은 사람으로 사는 것을 추구했던 우리가 그리스도인이 된 후에는 거룩한 삶을 추구해야 한다는 점을 볼 때 무척 다른 것이다. 일반적으로 좋은 사람의 삶은 하나님 보시기에 충분하지 않은 것이다.

규칙과 규제

모세오경에 대한 우리의 이해를 분명히 해야 할 필요가 있다. 모든 규칙들이 하나의 덩어리로 되어 있기 때문에 모세오경에서 '계명들' 이라 하지 않고 '계명' 이라고 한다. 거룩함 (holiness) 은 일체성 (wholeness) 을 의미하고, 규칙과 규범들은 서로 연관되어 있어서 모든 것들이 하나의 총체적인 법으로 존재한다. 그 중 하나의 계명을 범하면 전체를 범하는 것이다. (나는 출애굽기에서 이 점을 끊어진 구슬목걸이에 비유했다.) 이것은 십계명을 대하는 사람들의 태도에 해당되는데, 많은 사람들이 십계명 중 몇개만 실천하면 우리는 괜찮은 사람이라고 생각한다. 그러나 이것은 충분하지 않다.

율법의 이유

하나님께서는 모든 율법에 대한 이유를 우리에게 알려 주지 않으셨다. 예를 들어, 왜 혼합섬유의 옷을 입지 말아야 하는지, 혹은, 왜 동물을 이종 교배하면 않되는지, 혹은 왜 씨앗을 섞어 뿌리면 않되는지에 대한 이유를 말씀하지 않으셨다. 그러나, 하나님은 순전하신 하나님이어서 섞인 섬유의 옷이나, 섞인 씨앗이나 교배된 동물을 좋아하시지 않을 것이라는 것은 우리가 추측할 수 있다. 하나님께서 항상 이유를 주시지 않아도 어떤 경우들에 대해서는 우리가 현명한 추측을 할 수 있다. 어떤 경우들은 의심할 여지없이 위생 때문이다. 예를 들어, 화장실에 대한 규율은 위생 때문이다. 먹지 말라는 음식들에 대한 계명은 건강 때문일것이다. 예를 들어, 그들의 기후 조건에서 특히 돼지고기는 사람들에게 병을 줄 수 있는 특이한 경우였다.

이유가 주어지지 않았을 때, 사람들은 법을 만드신 분에 대해 믿음으로 순종해야 한다. 마치, 가정에서 '아빠가 그렇게 말했으니까' 아이들이 그저 순종해야 하는 이치와 같다. 아이들에게 이유를 주기가 부적절하거나 설명하기 불가능한 경우들이 있기 때문이다.

많은 율법을 주시면서 하나님께서는 "나를 믿느냐? 내가 하지 말라고 할 때는 중요한 이유가 있을 것이라고 믿느냐?" 하고 물으신다.

흔히 우리는 우리가 직접 좋다는 것을 확인한 후에만 행동으로 옮긴다. 우리가 하나님이 되고 싶은 것이다. 선악과를 따먹은 아담과 하와같이, 우리 스스로가 결정하고, 경험하고, 해결하기를 원한다. 그러나 하나님은 우리에게 자신을 설명해야 할 의무가 없으신 분이시다.

제재

하나님께서 이유는 안주셔도 제재는 가하신다. 순종의 요구가 있고 불순종에 대한 죄값을 상세히 알려주셨다. 그리고 처벌은 엄하다. 레위기 26장에 우리가 순종해야 하는 긍정적인 이유들이 나열되어 있고, 또 불순종하는 사람들에 대한 저주도 적혀 있다. 레위기를 읽으면, 하나님의 율법에 불순종했을 때 일어 날 수 있는 여러가지 일들에 대해 유대인들은 깨닫게된다.

그들의 집을 잃을 수도 있고 시민권이나 생명을 잃을 수도 있다. 레위기에 언급된 15개의 죄목은 사형의 결과를 가져온다. 이 책을 잘 이해하는 것이 왜 중요한 지를 이제 우리는 알 수 있다 – 이것은 글자 그대로 삶과 죽음의 문제인 것이다.

또한, 레위기는 국가 전체가 잃을 수 있는 두 가지를 분명히 알려 주고 있다. 외부의 침략으로 자유를 잃을 수 있다. (이 사실은 사사기에서 볼 수 있다.) 혹은 땅을 잃고 쫓겨나 외국의 노예가 될 수 있다. 이로 부터 머지 않아 이스라엘 국가에 이 두가지 일이 일어났다. 이것들은 괜히 하는 약속이나 협박이 아니었다. 하나님을 믿고 순종하는데에 대한 상이 있고, 하나님을 믿지 않고 불순종할 때의 처벌이 있는 것이다.

행복과 거룩함

하나님께서 주시는 상과 처벌을 통해 우리에게 주시는 말씀은 우리가 확실하게 행복해 지려면 거룩해야 한다는 것이다. 행복과 거룩함은 서로 속해 있어서 거룩함이 부족할 때 우리는 불행해진다. 거의 모든 사람들은 이것을 반대로 알고 있다. 하나님의 의도는 우리가 이 세상에서 거룩하여 진 다음 행복하기를 원하시는데, 많은 사람들이 이 땅에서 행복하게 살고 다음에 거룩해 지기를 원한다.

하나님께서 우리에게 힘든 일이 일어나게 허용하시는 것은 우리가 그 결과로 인하여 더 거룩해지기 때문이다. 우리의 성품은 좋은 상황에서 보다는 힘든 상황에서 더 진보하는 경향이 있다.

레위기를 읽는 그리스도인으로서의 자세

현대의 그리스도인들에게 레위기는 어떤 메세지를 주고 있는가? 모든 합성섬유 옷을 다 버려야 하는가? 집에 마른 곰팡이가 피면 집을 태워버려야 하는가?

사도 바울이 디모데에게 보낸 두번째 편지에서 우리를 인도하는 한가지 원리를 본다. 사도 바울은 말했다: '당신들은 어려서부터 성경을 알고 있었습니다. 성경은 그리스도 예수를 믿는 믿음으로 말미암아, 구원에 이르는 지혜를 그대에게 줄 수 있습니다. 모든 성경은 하나님의 영감으로 된 것으로, 교훈과 책망과 바르게 함과 의로 교육하기에 유익합니다. 그것은 하나님의 사람으로 하여금 유능하게 하고, 온갖 선한 일을 할 준비를 갖추게 하려는 것입니다.'

사도바울은 디모데에게 구약성경에 대해 말하고 있다. 그가 이 편지를 썼을 당시에는 신약성경이 존재하지 않았고, 이 편지에서의 '성경' 은 구약성경을 의미한다. '내게 대하여 증거하는 모든 성경 말씀들을 찾아보라' 라고 예수님께서 말씀하셨을 때, 그는 구약성경을 의미했다. 우리는 구약성경에서 구원과 공의 두 가지를 배운다. 레위기에서도 마찬가지이다. 이 책은 우리가 어떻게 구원받는지에 대해 우리가 이해할 수 있도록 돕고, 올바른 삶을 살 수 있도록 우리의 눈을 열어 줄 것이다. 레위기의 이 두가지 목적은 찬란히 빛나고 있다.

신약성경 안의 레위기

구약성경이 신약성경에서 어떻게 조명되어 지는 지를 볼 수 있다. 혹자는 '구약은 신약에서 나타나고, 신약은 구약에 숨겨져 있다.' 라고 말했다. 이 두 성경은 서로에게 속해있고 각 성경은 서로의 윤곽을 잡아준다.

신약성경에서 여러 번 레위기의 말씀들이 직접 인용되었고, 특히 '내가 거룩하니, 너희도 거룩하라' 와 '네 이웃을 네 몸같이 사랑하라' 라는 두 말씀을 자주 볼 수 있다. 신약의 여러 말씀들이 분명히 레위기를 염두에 둔 것이고, 특히 레위기를 읽지 않고서는 히브리서를 이해할 수 없다. 이 두권의 성서들은 서로에게 속해 있다. 레위기가 먼저 쓰여지지 않았다면 히브리서는 쓰여질 수 없었다.

신약성경에 레위기에 대한 인용이 90개가 넘기 때문에 레위기는 그리스도인들이 확실히 알아야 할 중요한 책이다.

율법의 성취

십계명이 아니고 613개나 되는 모세의 율법을 우리는 어떻게 우리의 삶에 적용시켜야 할 것인가? 우리가 모두 지켜야 하는 것이 아님은 짐작할 수 있지만, 도데체 이 중에서 몇가지를 지켜야 하는 것인가? 예를 들어, 어떤 교회들은 성도들에게 십일조를 가르친다. 어떤 교회들은, 유대인들은 토요일에 지키고 자신들은 일요일에 지키지만, 안식일에 대한 엄한 규율이 있다. 모든 그리스도인들은 이런 어려운 부분에 대한 해결책을 알아야한다. '내가 율법이나 선지자를 폐하러 온 줄로 생각하지말라. 폐하러 온 것이 아니요 완전하게 하려 함이라.' 라고 하신 예수님의 말씀은 이 문제의 해결을 더욱 복잡하게 만든다.

그러므로 우리는 하나 하나의 율법이 어떻게 성취되었는지를 물어야만 한다. 어떤 것들은 예수님께서 성취하시고 끝내셨음이 분명하다. 이것이 다음 주일에 교회에 비둘기나 양을 가져 가지 않아도 되는 이유이다. 피의 희생의 제사는 성취되었다.

마찬가지로 주중에 어느 날이던지 우리가 우리의 일을 그치고 하나님의 일을 하면 안식일의 율법이 지켜진 것이고, 하나님의 백성에게 주어진 안식을 취할 수 있는 것이다. 우리가 어느 하루 특정한 날을 안식일로 지키거나, 아니면 매일 매일을 안식일로 지키거나는 우리의 자유이다. 그러므로 믿지 않는 사람은 물론이고, 다른 믿는 사람들에게도 일요일만을 안식일로 지키라고 할 수 없는 이유는 우리는 예수님 안에서 자유롭기 때문이다.

각 율법이 어떻게 성취되었는지를 정확히 아는 것은 무척 중요하다. 십계명 중에서 아홉개만 그대로 신약성경에 반복되었다. (예, 도둑질하지 말라, 간음하지 말라.) 안식일에 대한 계명은 다른 방법으로 성취되었기 때문에 반복되지 않았다.

다른 모세의 율법들은 다른 차원에서 성취되었다. 예를 들어, 신명기의 한 율법은 황소가 계속 돌며 밀알을 타작할 때, 절대로 재갈을 물리면 안된다고 쓰여있다. 왜냐하면 남을 위해 양식을 준비하는 동물에게도 일하는 동안 먹을 권리가 있기 때문이다. 이것은 새 언약하에 성취되었다. 사도

바울은 복음을 위하여 사는 사람들은 다른 사람들에게서 경제적 지원을 기대할 권리가 있다며, 이 율법을 완전히 다른 차원에서 성취시켰다. 각 율법이 신약성경에서 어떻게 성취되었는지와 어떤 더 깊은 의미가 있는지를 보아야한다.

하지만, 레위기의 네가지 중요한 점은 신약성경에서도 바뀌지 않았음을 본다.

1. 하나님의 거룩하심

하나님의 거룩함을 레위기보다 더 강력하게 강조한 책은 성경에 있지 않고, 특히 '사랑의 하나님이 어떻게 사람들을 지옥에 보낼 수 있어?' 라고 묻는 시대에 사는 우리는 하나님의 거룩함을 잊는 위험을 가지고 있다. 우리는 예수님을 통해 하나님은 사랑이심을 알고 있고 또 예수님께서 지옥에 대하여 명백히 말씀하신 것도 알고 있다. 우리는 우리가 듣기 좋은 내용만 선택해서는 않된다: 예수님께서 하나님은 사랑의 하나님이라고 하신 말씀을 믿는다면, 그가 지옥에 대해 하신 말씀도 믿어야 한다.

사실, 하나님의 사랑은 우리가 이해하는 사랑과 다르다. 우리의 사랑은 감정적 사랑이지만, 하나님의 사랑은 거룩한 사랑이다. 그의 사랑은 너무 위대하여 악을 미워하신다. 아주 적은 소수의 사람들만 악을 미워할 정도의 숭고한 사랑을 알고 있다. 우리는 레위기에서 하나님의 거룩하심에 대해 배운다. 우리는 하나님을 경외하는 거룩한 두려움으로 하나님을 사랑하라고 배운다. 히브리서는 '우리 하나님은 소멸하는 불이심이라' 라고 말씀한다. 이것은 저자가 레위기에서 직접 인용해 온 감상적 표현이다. 하나님의 거룩하심에 대한 감각을 간직하기 위해 오늘 날의 그리스도인들이 레위기를 읽는 것은 아주 중요한 일이다.

2. 인간의 죄성

레위기는 하나님의 거룩함 뿐 아니라 인간의 죄성도 강조하고 있다. 아주 현실적이고 솔직하다. 인간의 속성안에는 잔인함, 근친 상간, 미신, 그리고 하나님이 보시기에 가증한 여러가지 능력들이 있다. '가증' 하다는 것은 너무 혐오스러워서 구역질 난다는 의미를 가지고 있다. 히브리어로 매우 강한 표현이다; 영어 번역으로—가증, 혐오, 불쾌, 역겨운—등의 단어들은 그 느낌을 충분히 전달하지 못한다.

성경은 하나님의 감정에 대해서도 말씀한다. 하나님께서 거룩하시기 때문에 그의 감정은 죄에 대해 반응하신다. 인간의 죄성은 깨끗한 것을 오염시킬 뿐 아니라 거룩한 것을 모독한다. 사람들이 보통하는 욕들은 성스러운 단어를 모독하는 말이다. 우리의 삶에 신성한 관계는 두가지 뿐이다 – 우리와 하나님의 관계 그리고 남자와 여자의 관계이다. 90% 의 욕설이 이 두 관계에 대한 말들이다. 인류는 거룩한 것을 모독하고 깨끗한 것을 오염시킨다. 우리는 이 두가지가 병행되고 있는 세상에 살고 있다. 인간의 죄성은 깨끗한 것을 더럽힐 뿐 아니라 거룩한 것을 평범하게 만들고 평범하지 않은 것을 평범한 것으로 취급한다.

3. 그리스도의 충만하심

레위기는 그리스도의 충만하심과 단번에 모두를 위하여 죽으신 그의 희생를 조명한다. 하나님께서는 인류가 죄를 씻을 수 있는 길을 주셨다. 그의 문제는 공의와 자비를 어떻게 조화시키는가 하는 것이다. 우리의 죄를 공의로 다스리고 벌해야 하는가 아니면 우리의 죄를 자비로 용서하셔야 하는가? 하나님은 공의과 자비가 함께 계신 분이시므로, 공의로우면서도 자비로운 한가지 방법을 찾으셔야 했다. 우리는 죄사함의 길을 찾을 수 없지만, 그는 찾을 수 있었다—죄의 생명을 무죄의 생명으로 대신하는 것이었다. 그렇게 해야만 공의와 자비가 동시에 만족된다. 레위기의 번제에 대한 율법은 어떻게 이 과정이 가능한지를 우리에게 보여준다.

이 과정에서 많이 사용되는 특별한 단어들이 있다. '속죄' 와 '피' 라는 단어들이 자주 언급되는 이유는 피에 생명이 있기 때문이다. 사람에게서 피가 없어지면 그의 생명도 없어진다. '제물' 이라는 단어도 자주 언급된다. 번제물은 꼭 있어야 할 완전 항복을 의미한다. 소제물은 우리의 헌신을 의미한다. 화목제물은 하나님과 우리가 가질 수 있는 고요함을 의미한다. 이 세가지가 구원받은 삶에 나타나는 감사의 삶의 특징이다.

여기에서 우리는 하나님의 희생도 볼 수 있다. 이제 우리가 감수해야 할 희생은 찬양과 감사의 제물을 온전히 준비하여 하나님 앞에 가져오는 것 뿐이다. 그러나 레위기의 희생은 예수님께서 겪으신 희생에 대해 말하고 있다. 속죄물은 죄를 위해 무죄한 생명을 희생하는 것을 의미하고, 속건제물은 신성한 공의를 만족시켜 우리가 어떤 특정한 율법을 지키게 할 수 있음을 의미한다. 이 모든 것들은 신약성경을 예지하고 있다.

4. 삶의 경건함

레위기는 화장실의 배치까지도 포함하여 우리 삶의 모든 부분에서 거룩하라고 말씀한다. 거룩함은 완전함이므로 하나님께서는 그의 백성들의 삶 구석 구석에서 그의 거룩함을 적용시키도록 상세하게 알려주셨다. 경건한 삶은 경건함이 속속히 가득차야 한다, 그렇지 않으면 경건한 삶이 아니다.

한가지 중요한 점은 구언약의 거룩함과 새언약의 거룩함 사이에 두가지의 큰 변화가 있다는 것이다. 레위기에는 거룩, 정결함 그리고 부정함의 세가지 구분이 있다. 이것은 신약성경에 그대로 있지만 두가지 변화가 적용된다.

첫째, 거룩함이 물질적에서 도덕적인 것으로 옮겨졌다. 이스라엘 사람들은 어린이들이었고 어린이를 가르치는 식으로 가르쳐야 했다. 예를 들어, 그들은 깨끗한 음식과 더러운 음식의 차이점에 대해 배워야 했다. 그러나, 그리스도인들에게 그런 규율은 없다. 사도 베드로에게 이것을 가르치기 위해 환상을 보여주셨다. 예수님께서 이제는 입으로 들어가는 것이 더러운게 아니라 입에서 나오는 것이 더럽다고 말씀하셨다. 정결과 부정은 옷이나 음식의 문제가 아닌 도덕적 정결과 부정함으로 승화되었다. 물질에서 도덕으로 적용이 변화되었다. 이제 우리에게 옷이나 음식에 대한 규율들은 없다, 그러나 도덕적 질문들에서 어떻게 거룩해야 하는지에 대해 많은 교훈이 있다.

두번째로, 하나님께서 내리시는 상과 벌이 이생에서 다음의 생으로 옮겨졌다. 이 세상에서 거룩한 사람들이 괴로움을 당하고 상을 받지 못하는 이유 중 하나는 신약성경에서 긴 미래를 내다보게 되었기 때문이다. 우리에게 이생만 있는 것이 아니다—이생은 훨씬 더 긴 다음에 있을 영생에 대한 준비 기간일 뿐이다. 그래서 신약성경은 이 지구상에서가 아니고 '하늘에서의 너의 상이 크다' 라고 말씀한다.

이 두가지의 변화로, 레위기는 그리스도인들에게 가장 유익한 책이다. 무엇보다도 네가지의 필연적인 것에 대한 영감을 우리에게 주고 있다: 하나님의 거룩하심, 인간의 죄성, 그리스도의 충만하심, 그리고 경건의 삶.

5. 민수기

개요

민수기의 내용은 잘 알려지지 않았고 자주 인용되지 않는다. 아마 두 세구절 정도만이 알려져 있을 것이다. 1844 년5월 24일, 사무엘 모르스 (Samuel Morse) 는 역사상 처음으로 모르스 부호를 사용해서 전보 메세지로 민수기의 한 구절을 워싱턴 (Washington DC) 에 보냈는데 '하나님께서 어떤 일을 이루셨는지 보라.' 라고 이상하게 변한 전보의 메세지를 보고 깜짝 놀랐다. 그는 전보의 발명을 하나님께서 이루어 주신 업적으로 돌렸다.

두번째로 '너의 죄가 너를 찾아 낼 것이다' 라는 구절은 많은 사람들에게 알려져 있다. 이것은 원래 모세가 이스라엘 사람들에게 요단강을 건너 적과 싸우라고 명령할 때 한 경고였다.

사람들은 이 두구절이 민수기에 있는 말씀인지 알지 못한다. 소수의 사람들이 이 책의 구절을 인용하고 그것들이 어느 장에 있는지를 아는 사람은 극소수일 뿐이다. 민수기는 성경의 아주 중요한 책이므로 이 상태는 개선되어야 한다.

민수기라는 이름은 책의 제목으로서 특이하다. 히브리 성경에서는 두루마리의 첫 단어들인, '하나님께서 말씀하셨다' 가 이 책의 이름이다. 히브리 성경이 헬라어로 번역될 때, 번역사가 아리스모이 (Arithmoi) (여기에서 수학 'arithmetic' 이라는 단어가 유래했음) 라고 번역된 이름을 붙였다. 이것이 다시 라틴어로 번역될 때 누메리 (numeri) 로 변했는데 이것은 우리가 아는 영어 이름 '민수기—숫자 (Numbers) '의 어원이다.

민수기는 두번의 인구조사로 시작되고 끝맺는다. 첫번 인구조사는 성막이 지어진 한달 후 시내산을 떠날 때 실시했는데 당시의 인구는 603,550 명이었다. 두번째 인구조사는 그로부터40년이 지난 후 가나안에 들어가기 전 모압에서 실시했다. 그 때의 인구는 1,820명이 줄어 총 601,730명으로 별다른 차이가 없었다. 이것은 군대 징병을 위한 남자들만의 인구조사였다.

민수기는 사람수를 세는것이 잘못된 일이 아니라고 말씀한다. 하나님께서는 자신의 군사들의 수를 센 다윗왕을 벌하셨는데 인구조사의 동기가 그의 자만심을 위한 것이었기 때문이었다. 성경의 다른 부분에도 숫자를 세는 예화들이 있다—예를 들어, 오순절에 3,000명의 새 신자가 교회에 생겼다. 예수님은 예수님을 따르는 자들에게 예수님을 따르기 위하여 그들이 치루어야 할 희생을 계산해보라고 말씀하셨는데 이는 마치 군대의 사령관이 그에게 속한 군인들의 상대적인 힘에 의거한 성공적 가망성을 평가하는 것과 같은 맥락으로 볼 수 있다.

민수기에 있는 숫자들에 대해 세 측면에서 살펴보자.

1. 엄청난 숫자다!

많은 성경 주석가들은 인구수의 크기에 의문을 품는다. 이것은 군대 징용을 위한 것으로 싸울 수 있는 20세 이상의 남자들의 숫자였다. 우리는 이미 출애굽기에서 당시 전체 인구는 이백만 이상이었음을 공부했는데, 603,550명은 전체 인구에 비례해 그리 큰 숫자가 아니었다. 이 숫자가 가능하고 타당하다는 것을 보여 주는 몇가지 참고자료들이 있다.

- 사무엘하에서 다윗의 군대는 백삼십만명이라고 했으므로 육십만명은 비교적 적은 숫자이다.

- 또 가나안 사람들의 인구와 비교해 볼 때 많은 수가 아니다. 하나님께서 그들 편에 계시기는 하지만 전쟁을 위해서는 어느 정도 수의 군사들이 있어야 했다.

- 이집트에 간 칠십명의 가족으로 시작되어 성장하기에 불가능한 숫자라고 주장하는 사람들은 그들이 이집트에서 400년을 살았다는 점을 잊고있다. 한 세대가 네명의 자녀를 생산한다면 (당시의 풍습으로는 적은 숫자임) 이 숫자는 가능하다.

- 어떤 사람들은 시내광야에 한꺼번에 들어가기에 너무 많은 숫자라고 말한다. 그러나, 광야에는 충분한 공간이 있었다. 다섯명씩 오열종대로 간다면 110 마일정도 늘어선 행렬로 열흘이면 광야를 지날 수 있었다!

- 어떤 사람들은 광야에서 이 많은 사람들을 성공적으로 먹일 수 없다고 말한다. 하나님의 초자연적인 공급이 없었다면 그랬을 것이다.

2. 비슷한 숫자다!

전체 숫자를 감안할 때, 두 인구조사의 1,820명의 차이는 아주 적은 변화이다. 시므온 지파는 37,100명이 줄었고 므낫세지파는 20,500명이 증가했으며 다른 지파들은 거의 같은 수를 유지했다. 당시의 인구 성장은 하나님의 축복을 나타내므로, 이 기간동안 하나님께서 그의 백성들을 흡족하게 여기지 않았음을 알 수 있다. 그러나, 적대적 환경과 긴 세월을 고려해 볼 때, 인구수를 유지했다는 사실만으로도 놀라웁다.

3. 다른 사람들이다!

두 인구조사 사이에 38년의 세월이 흘렀고 첫 세대는 광야에서 죽었다. (당시 남자의 평균수명이 60세를 넘기지 못했는데 모세는 예외로 120세까지 살았다). 이렇게 전체적 숫자는 비슷했지만, 인구 구성은 전혀 달랐다. 이백만명 중 단두명인 여호수아와 갈렙만이 이집트를 떠난 사람으로서 약속의 땅에 들어갔다. 어쩌면 이것이 성경 전체에서 가장 큰 비극이라 할 수 있다. 민수기는 슬픈 책이다. 삼분의 이(2/3) 이상의 내용이 쓰여지지 않았을 수도 있었다. 이집트에서 약속의 땅까지 11일이면 당도할 수 있는 거리였는에 그들은 13,780 일이 걸려 도달했다. 그 중 단 두명만이 목적한 본향에 들어간 것이다. 나머지 사람들은 하나님의 심판이 끝날 때까지 '시간을 때우는' 목적없는 삶에 묶여있었다. 세월이 지나면서 그들은 광야에서 죽었고 새 세대가 여정을 계속했다.

민수기에서 우리가 배우는 거의 모든 교훈들은 부정적이다. 하나님의 백성으로 이렇게 살면 안 된다는 메세지들이다! 사도 바울은 고린도전서 10장에서: '이러한 일들은 우리의 본보기가 되어 우리로 하여금 그들이 악을 즐겨한 것 같이 즐겨하는 자가 되지 않게 하려 함이니' 라고 구약성경에 대해 우리에게 말씀했다. 이 일들은 예화들로 그들에게 일어난 것이고 우리에게는 앞으로 오실 모든 것을 이루실 예수님에 대한 경고문이다. 민수기에는 우리가 따르지 말아야 할 나쁜 예화들이 많이 기록되어있다.

맥락

그러면 이책의 맥락은 무엇인가? 시내산에서 가데스 바니아 (네게브사막의 마지막 오아시스) 와 약속의 가나안 땅 입구까지 도보로 11일이 걸린다. 이스라엘 사람들은 가데스를 돌아 요단 계곡을 지나고 에돔의 산악지대를 통해서 그들이 가야 할 반대쪽인 요단강 동쪽의 모압으로 가는 경로를 택했다. 38년 몇개월이 걸렸는데, 지형이 힘들었던 것이 아니라 하나님께서 한번에 조금씩만 움직이셨기 때문이었다. 하나님은 한장소에서 오래 머무시며 여호수아와 갈렙을 제외한 모두가 죽을 때까지 기다리시겠다고 그들에게 말씀하셨다.

이러한 하나님의 심판을 받게된 원인은 무엇이었는가? 가데스에 도착해서 하나님께서 그 땅으로 들어가라고 명령했을 때 사람들은 거부했다. 오늘날 많은 그리스도인들이 죄사함은 받았으나 하나님께서 그들을 위해 준비해 놓으신 축복을 누리지 못하고 그들의 인생을 광야에서 비참하게 끝낸다.

민수기의 삼분의 이(2/3)가 오래동안 질질 끄는 여정에 대한 이야기이다. 성경은 아주 솔직한 책으로 성공과 미덕뿐 아니라 실패와 죄악까지도 우리에게 알려주고있다. 사도바울이 민수기는 우리에게 예화와 경고로 쓰여졌다고 말한 것은 이책의 목적을 분명하게 말해주는 것이다. 인기있는 책은 아니지만, 우리가 민수기의 역사성을 공부하지 않으면 같은 실수를 되풀이하는 잘못을 저지를 수 밖에 없을 것이다.

몇백년 후 예수님과 대화할 때 들어가기는 했지만 모세도 약속의 땅에 들어가는 허락을 받지 못했다. 다음에 공부하겠지만, 그도 중대한 시점에서 큰 실수했기 때문이다.

내용과 구조

모세오경의 하나인 민수기는 입법과 산문이 섞여있다. 율법을 만든 사람은 모세가 아니라 하나님이셨다. 이 책에서 여든번이나, '하나님이 모세에게 말씀하시기를…' 이라 기록되었다. 하나님은 모세에게 일반법과 입법을 주시고, 예식과 종교의식에 대한 율법도 주셨다.

산문의 내용은 하나님의 명령에 따라 모세가 기록한 여정 일지이다. 그는 모든 전쟁의 내용을 기록한 '하나님의 전쟁' 이라는 책도 썼다. 모세는 이러한 내용들을 참고로 민수기를 쓰면서 자신을 삼인칭으로 서술했다.

입법과 산문이 섞여 있는 점은 출애굽기와 비슷하지만, 출애굽기의 전반은 산문이고 후반은 율법인데 반하여, 민수기는 입법과 산문이 전체적으로 섞여있다. 이런 이유로 민수기에서 연결 고리를 찾기는 쉽지않다.

산문과 입법을 문맥안에서 읽을 때 패턴이 나타나는 것을 볼 수 있다. 이 책의 구조는 주제별이 아니라 시간적 배열이다. 민수기의 내용을 출애굽기, 레위기, 신명기 옆에 놓고 대조하면 패턴을 볼 수 있게 된다.

연대순 문맥	내용	기간
출애굽기 1-18 이집트에서 시내산으로	산문	50일
출애굽기 19-40 시내산에서	입법	?
레위기 1-17 시내산에서	입법	30일

연대순 문맥	내용	기간
민수기 1:1-10:10 시내산에서	입법	19일
민수기 10:11-12:16 시내산에서 가데스로	산문	11일
민수기 13:1-20:21 가데스	입법	?
민수기 20:22-21:35 가데스에서 모압으로	산문	38년
민수기 22:1-36:13 모압	입법	3개월 10일
신명기 1-34 모압	입법	5개월

율법은 그들이 정지했을 때만 주어졌다는 점이 특이하다. 여행중의 이야기들은 그들이 어떻게 율법들을 위반했는지를 보여준다. 그들이 캠프하며 정지했을 때 하나님께서는 그들이 해야 할 일에 대해 말씀하셨다. 그러나 이동 중일 때는 그들이 어떤 행동을 했는지에 대한 이야기를 우리는 듣는다. 그들은 모세의 가르침과 여행의 경험을 통한 양면성 교훈을 받았다. (예수님도 여행하시면서, 혹은 산상수훈같이 한 장소에서 사도들에게 말씀 하심으로 두빙법으로 말씀을 가르치셨다.)

위의 도표는 여러층의 샌드위치 같은 구조를 보여준다. 출애굽기 1장-11장에서 이스라엘 사람들은 이집트에 묶여 있었고, 12장-18장에서 시내산으로 이동한다. 이것들은 모두 산문적 기록이다. 출애굽기 19장-40장, 레위기 1장-27장 그리고 민수기 1장-10장에서, 그들은 계속 시내산에 머물었다. 이부분들은 계속되는 입법에 관한 내용들이다.

민수기 10장-12장에서 그들은 시내산에서 가데스로 11일간 여행한다. 가데스에 있는 동안 사람들이 반란을 일으킨 위기가 있었다. 13장-20장에서 그들이 가데스에 머물 때 하나님은 다시 입법에 대해 말씀하신다.

민수기 20장과 21장의 단 두장에서 가데스에서 모압까지 38년간의 긴 세월을 다룬다. 민수기 22장-36장은 그들이 약속의 땅으로 들어가려고 기다리는 동안 하나님께서 말씀하신 내용이다. 신명기 전체 1장-34장은 같은 기간 동안 정지했을 때에 있었던 내용이다.

민수기에서는 많은 이동이 있었고, 신명기에서는 이동이 전혀 없었고 출애굽기는 전반에서 이동하는 내용을 다룬다.

입법

위에 언급한 대로, 하나님은 여든번에 걸쳐 모세와 얼굴을 맞대고 말씀하셨다. 다른 사람들은 깨어 있을 때는 환상으로, 잠들어 있을 때는 꿈으로 하나님의 말씀을 받는 것을 볼 때 모세의 경우는 무척 특이하다. 또 경우에 따라서 사람들이 하나님의 뜻을 알고자 할 때, 제사장의 '우림' (제비뽑기)에 의지했다.

모세는 이스라엘에서 꽤 먼 시내산에서 하나님을 처음 만났으나, 이제는 성막이 지어져서 하나님은 백성들과 함께 계셨다. 그러나 하나님께서 항상 '그들과 함께' 계시니, 사람들이 너무 이 상황에 숙달되어 하나님의 거룩하심을 잊고, 두려움과 경의에 대한 감각을 잃는 위험이 있었다. 민수기의 율법은 도덕이나 사회법이 아니고 하나님에 대한 경외심을 잃지 않게 하기 위해 주어진 법이다. 율법은 조심성, 청결함 그리고 죄악의 높은 댓가에 대한 세가지로 구분할 수 있다.

조심성

캠프할 때

그들은 조심스럽게 주어진 위치에서 캠프했다. 각 지파는 중앙에 위치한 성막과 다른 지파들의 위치에 상대적으로 정해진 위치가 있었다. 캠프는 위에서 보면 가운데가 빈 사각형이다. (아래 도표 참조) 당시 이런 식으로 캠프하는 국가는 이집트 뿐이었고 라암셋 2세가 선호하는 배치도였다. (그가 당시의 바로왕이었을 수 있다.)

중앙에 위치한 성막은 담으로 둘러 싸여 있었고 출입구는 단 하나였다. 모세와 아론 두사람은 출입구 밖의 캠프에서 지냈다. 레위인들의 캠프는 성막의 다른 세면을 둘러싸고 있었고, 그들의 세 부족 – 므라리, 게르손, 고핫은 특별한 사명을 감당했다. 아무도 담을 만져서도 않되었고 가까이 오는 사람은 죽이라는 명령이 있었다. 하나님은 거룩하셔서 사람들이 함부로 다가갈 수 없었다.

성막 주위에, 하나님의 성막과 출입구를 중심으로 각 지파에게 주어진 위치가 있었다. 가장 중요한 위치는 출입구 바로 앞으로 유다지파가 차지했다. 나중에 유다지파에서 예수님이 오신다.

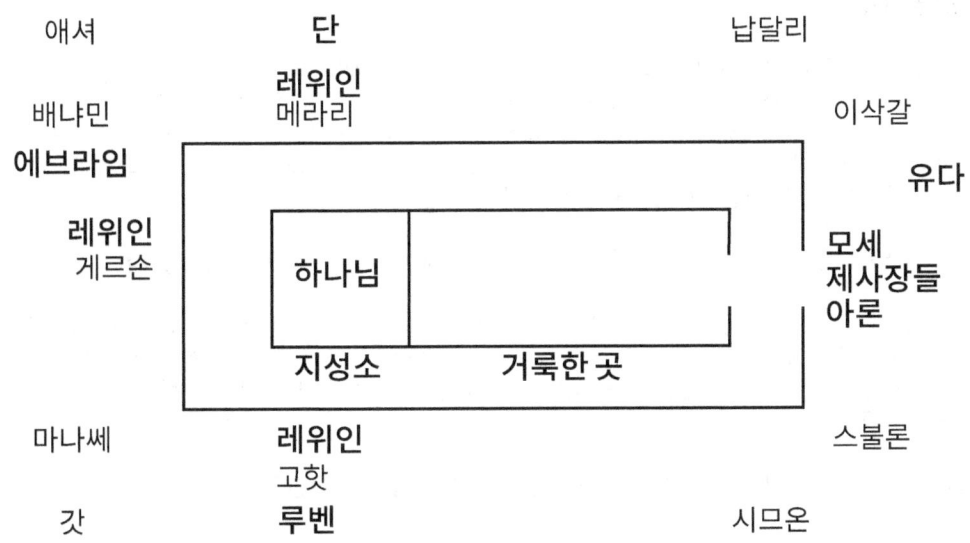

이동할 때

이동이 시작될 때, 모든 사람들은 정확한 순서에 따라 움직였다. 성막을 내리고 움직이는데 대한 특별 지침이 있었다. 제사장들이 신성한 가구를 싸고 레위인들은 그것들을 들어 올렸다. 모든 사람들이 누가 어떤 가구와 장막을 어떤 순서로 날라야 하는지 알고있었다. 어떤 지파들은 성막이 움직이기 전 미리 떠나야 했다. 다른 지파들은 오렌지 껍질을 벗기는 것 같은 유형으로 움직였다. 그들은 항상 같은 순서로 행진했으므로 다음 캠프지에 도달하면 쉽게 그들의 자리를 찾아 텐트를 세웠다. 모든 것이 조심스럽게 착착 진행되었다. 은나팔들을 불어 출발을 알리면, 유다지파가 하나님을 찬양하며 행렬의 선두에 섰다.

그들은 언제 이동해야 하는지를 알았다 왜냐하면 성막위의 구름기둥과 (밤에는 불기둥) 이 움직였기 때문이다. 모든것은 분명했다: 하나님이 움직이시면, 그의 백성들도 움직였다.

하나님이 왜 이렇게 자질구레한 것까지 상관하시는가? 이유는 많은 사람들을 이동시킬 때 뿐 아니라 캠프할 때도 이것은 아주 효율적인 방법이었다. 하나님은 '조심하라!' 라고 말씀하셨다. 하나님의 캠프안에 경솔한 자세는 있을 수 없었다: 경솔함은 위험한 태도이다. 현대 용어로는 '격식에 구애받지 않는 간편함' 이라 풀이할 수 있다. '하나님에게 이정도면 되겠지' 하는 자세를 말한다.

이렇게 상세하게 인도하시며 하나님은 내가 이 캠프에 너희와 함께 있으니 조심하라고 그의 백성들에게 말씀하신다. 또, 그들이 조심해야 할 부분에 대해서도 말씀하셨다. 민수기에 '경솔함'의 죄가 언급되어 있다. 안식일에 경솔하게 행동하면 사형을 받을 수 있었다. 그들은 옷에 술을 달아 스스로에게 기도할 것을 상기시켰다. 맹세는 아주 신중하게 해야 했다. 하나님께 맹세한 것은 꼭 지켜야 했다. (사사기에서 자신이 들어갈 때 처음 만나는 생명을 하나님께 제물로 드리겠다고 맹세한 남자가 그의 딸을 만난 사건이 있다.) 아내가 하나님께 맹세하면, 남편은 24시간안에 동의하던지 거부해야 했다.

2. 청결함

조심스럽게 배치되어야할 뿐 아니라, 이들이 '하나님의 백성' 이기 때문에 캠프는 티끌 하나 없이 정결해야 했다. 하수관의 배치도 조심스럽고 상세하게 지시되었다. 화장실에 갈 때는 작은 부삽을 가지고 가야 했고, 하나님을 위해 캠프를 깨끗이 유지했다. 하나님은 병균에 대한 염려만 하신 것이 아니었다. 하나님은 '청결' 하신 분이셔서 캠프도 청결하기를 바라셨다. 이 원리는 오늘날에도 적용된다. 더럽게 방치된 교회 건물은 하나님에 대한 모욕이다.

캠프만 깨끗이 하는 것이 아니라, 시내산을 떠나기 전에 사람들은 목욕을 해야 했다

19장에 정결함의 의식에 대해 더욱 자세히 기록되어 있다. 주검은 부정한 것이다. 하나님은 생명의 하나님이시므로, 캠프안에 주검의 부패가 있으면 안되었다. 부정한 아내를 테스트하는 '질투의 시험' 도 있었다. 목격자가 없었어도 하나님은 모든 것을 보시고 악인을 벌하신다. 이것이 하나님의 캠프였다.

'청결함은 신성함과 함께 있다' 라는 표현은 민수기의 내용과 부합한다.

3. 죄의 높은 댓가

제사와 제물

죄인이 하나님과 가까이 있으려면 많은 비용이 든다. 제물은 매일, 매주, 매달 죄지은 사람들을 위해 몇 백번씩 드려졌다. 희생제물은 비싼 비용이 들었다—가장 좋은 동물만 제물로 드릴 수 있었다.

매일, 매주, 그리고 특별히 매달 드리는 제물들은 하나님께로 부터 용서함 받는 것이 얼마나 비싼 경비가 드는것 인지를 분명히 알게한다. 피값으로 치루어야 하는 것이었다.

제사장들

또한, 희생 제물을 통해 제사장제도를 지원해야 했다. 레위인들은 시내산을 떠나기 전 헌신을 위해 바쳐진 사람들이었다. 전체22,000 명 중 8,580명이 헌신했고 제사장과 레위인들은 다른 지파에 경제적으로 의존해야 했다.

제사장제도의 지원과 정기적 제물을 위하여 사람들은 막대한 '경비' 를 드려야 했다.

이것은 오늘날에도 우리가 하나님께 접근할 때 얼마나 조심스러워야 하는지에 대해 알려준다. 하나님께 나아갈 때 우리는 숫양이나 비둘기를 제사의 예물로 가지고 가지는 않지만, 아무 제물도 가지고 갈 필요가 없다는 말은 아니다. 신약성경에서도 구약시대만큼 많은 제사가 있었다. 예를 들어 찬양의 제사와 감사의 제사가 있다. 우리는 하나님께 제물을 드려야 하는지를 우리 자신에게 물어야 한다. 우리도 예배를 위한 준비를 해야 한다.

민수기는 제사장은 아니었지만, 자발적으로 하나님께 헌신하고 신실하게 살겠다는 맹세를 했던 나실인에 대해서도 알려준다. 나실인들은 삭발하지 않고 술을 마시지 않고 (당시 문화와 상반됨) 시체를 만지지 않겠다고 맹세했다. 어떤 사람들은 일시적으로 맹세했고, 어떤 사람들은 평생을 두고 서약 했다. 사무엘과 삼손은 성경에 나오는 대표적 나실인들이다. 그러나 아모스 당대에 이르러서는 이러한 나실인의 제도를 우습게 여겼다.

민수기의 교훈

하나님은 그때나 지금이나 동일하심을 잊고, 현대의 교회들은 의식을 반대하고 격식에 매이지 않는 예배를 추구하는 경향이 있다. 우리도 하나님께 두려움과 품위를 가지고 나아가야 한다. 히브리서는 하나님은 '소멸하는 불'이라는 점을 우리에게 상기시켜준다.

신약성경에서 사람들이 어떻게 모여서 찬송하고, 말씀을 나누고, 예언하고, 방언하고, 방언을 해석했는지 우리는 알 수 있다. 이것이 신약성경에서의 제사를 준비하기 위하여 바른 마음자세로 하나님께 다가가는 모습이다.

민수기는 또한, 우리가 원하는 방식이 아니고, 하나님이 원하시는 대로 예배를 드려야 함을 우리에게 상기시켜준다. 예를 들어, 현대 예배는 찬송이나 찬양이 맞든 안맞든, 개인들의 선호감에 주력하는 경향이 있다. 하나님이 원하시는 예배에 주력해야 하는 중요성과 비교할 때 우리의 선호하는 것들은 무관한 것이다.

우리의 찬송과 헌물의 제사는 신약성경에도 언급되어 있다: '이는 (우리의 헌물) 받으실 만한 향기로운 제물이요 하나님을 기쁘시게 한 것이라'. 레위기와 민수기에서 하나님은 양을 태우는 냄새를 좋아하셨다고 한다. 마찬가지로, 하나님은 오늘날 우리가 드리는 찬양의 제사를 기쁘게 받으신다.

산문

민수기의 산문적 내용을 보면, 신성한 하나님의 말씀에서 인간의 행실로 촛점이 바뀌고, 사람들이 해야 했어야 하는 행동보다는 그들이 실제 어떤 행동을 했는지에 대해 알려준다. 슬프고 비도덕적인 이야기들이다. 광야는 그들의 시험장소가 된다. 이집트에서는 나왔지만 약속의 땅에 들어가지는 못한, 이런 중간에 걸쳐있는 상태는 그들에게 고난이었다.

우리는 그들이 하나님과 언약관계에 있었음을 기억해야한다. 하나님은 자신을 그들과 함께 묶어놓으셨다. 하나님은 그들의 순종에 축복하시고 불순종에 저주하실 것이었다. 출애굽기 16장-19장과 민수기 10장-14장에서 같은 죄를 범하였으나, 민수기에서만 율법을 위반하여, 제재가 가해졌다.

하나님의 율법은 우리가 무엇이 옳은지를 (또 틀렸는지를) 알 수 있게 도와주지만, 우리가 옳은 일을 할 수 있게 돕지는 못한다. 율법은 그들의 행위를 바꾸지 못했다: 죄의식, 비난, 그리고 처벌만 가했다. 이때문에 첫 오순절에 주신 율법은 적절하지 못했고, 후에 성령께서 같은 날 오셔야만 했다. 초자연적 도움 없이는 우리가 모든 율법을 지킬 수 없다.

지도자들

우리는 먼저 이 나라의 지도자들이 어떤 식으로 노력했으나 완벽하게 율법을 지키지 못했는지에 대해 공부해보자. 모세, 아론과 미리암(히브리어의 마리아), 모두 한 가족안의 형제 자매였다. 그들의 인격의 장점과 약점은 다음과 같다.

장점

모세

모세는 이 책의 중심인물이다. 여러면에서 그는 선지자, 제사장 그리고 왕이었다.

우리는 다른 선지자들은 환상과 꿈을 받았지만, 모세는 하나님과 성막에서 얼굴을 마주하고 대화했음을 보았다. 그는 하나님의 '등'을 볼 수 있게 허락된 사람이었다.

그는 또 제사장의 역할도 했다. 그는 다섯번에 걸쳐 하나님께 중재했다. 한번은 아주 대담하게 사람들을 위해 기도하며 하나님께 자신에게 진실하시라고 충고했다.

그는 왕으로 불린 적은 없었다. 물론 왕정이 시작되기 몇백년 전이었지만 그는 사람들을 전쟁으로 이끌고 지배하며 왕의 직함은 사용하지 않았지만 왕의 역할을 감당했다.

모세에 대해 한가지 주목할 것은 그가 비평당하거나, 멸시받거나, 배신당할 때 한번도 자신을 변명하지 않았다는 점이다. 그는 자신이 이지구상에서 가장 온순한 사람이라고 자칭했다. 진실로 온순하고자 한다면 하기 힘든 말이다! 물론, 예수님께서 우리에게 그의 온순하고 겸손함을 배우라고 말씀하신 것과 같은 맥락의 말을 모세는 한 것일 뿐이다. 모세는 하나님이 그를 변호하시도록 했다. 온순함은 약함이 아니고 자신이 자신을 변호하려 노력하지 않음을 뜻한다.

아론

아론은 모세의 형으로, 모세가 이집트의 바로를 상대했을 때, 모세의 대변인으로 지정된 사람이었다. 그도 선지자였다. 그는 제사장과 대제사장의 역할을 부여받았다. 하나님을 믿는 고대시대의 사람들에게 아론의 사제직은 예배의 중심이 되었다.

미리암

미리암은 모세와 아론의 누이다. 그녀는 여선지자였다. 그녀는 이집트 군대가 바다에서 익사했을 때 너무 기뻐 노래하고 춤을 추었다.

이리하여, 선지자, 제사장, 왕인 모세, 선지자와 제사장의 아론, 그리고 여선지자 미리암이 있다. 남자같이 여자도 선지자가 될 수 있었다. 미리암은 특히 노래를 잘 하는 선지적 재능이 있었다. 예언과 음악에는 밀접한 연결성이 있는 것 같다. 나중에 다윗왕은 선지자들을 성가대로 뽑았고, 엘리사 선지자는 예언을 준비하는 과정에서 음악을 부탁했다. 뛰어난 음악성과 예언의 영에 어떤 관련이 있는 것 같다.

그들의 강점과 재능에도 불구하고, 각 지도자들은 실수를 했다. 그들의 실수를 자세히 공부하여 배울 점을 찾아 보자.

약점

미리암

미리암의 약점은 질투심이였다: 그녀는 자신이 존경받기를 원했다. 모세와 같이 자기도 하나님과 대화하기를 원했다. 또 그녀는 모세가 선택한 아내에 대해 비평했다. 미리암은 회개 할 때까지 일주일 동안 나병으로 벌을 받았다. 그녀는 가데스에서 죽은 사람들 중 한명이다.

아론

다음으로 지도자로서 사라진 사람은 아론이었다. 그의 문제도 질투심와 존경에 대한 탐심이었다. 미리암과 아론은 함께 모세를 비평했다. 모세가 자기들이 찬성하지 않는 사람과 결혼한 것이 이유였다. (모세는 이집트에서 그들과 함께 나온 히브리인이 아닌 구스여인과 결혼했다.) 하나님은 이에 대해 그를 비평하지 않으셨는데 미리암과 아론은 비평했다.

아론은 100세가 넘은 후 가데스에서 멀지않은 호르산에서 죽었다. 질투와 존경을 탐한 지 얼마 되지 않아 아론과 미리암은 죽었다.

모세

모세도 실패했다. 그는 참을성으로 사람들을 대하지 못했다. 신약성경은 그가 광야에서 사람들과 40년을 참으며 지냈다고 한다. 항상 불평과 불만하는 이백만명이 넘는 사람들과 그들의 다툼을 해결해야 하는 지도자의 역할을 잘 소화해냈다.

그러나 그는 마실 물에 관한 하나님의 지시에 불순종하는 큰 실수를 했다. 그는 지팡이로 돌을 쳐서 물이 나오게 한 적이 있었다. 시내 광야의 석회암은 암반수를 저장하고 있는 특징이 있다. 시내광야에는 대량의 지하수가 있지만 지하수는 돌에 둘러싸여 있거나 돌속에 저장되어 있다. 모세는 지팡이로 쳐서 그 지하수가 나오게 했었던 것이다.

그들이 두번째로 물이 떨어졌을 때, 하나님은 모세에게 돌을 치지 말고 명령만 하라고 지시하셨다. 명령만으로도 암반수가 솟아 오를 것이었다. 그러나 모세는 사람들에 대한 인내를 잃고, 하나님의 말씀을 조심스럽게 귀담아 듣지 않고 돌을 두번 내리쳤다. 하나님은 모세가 불순종했으므로, 그는 약속의 땅에 들어 갈 수 없다고 말씀하셨다. 이것은 지도자들이 하나님의 말씀을 얼마나 조심스럽게 들어야 하는지의 중요성을 일깨워 준다. 모세는 약속의 땅에 들어가지 못하고, 약속의 땅이 바라 보이는 느보산에서 죽는다.

하나님의 백성을 이끄는 일은 큰 책임의 직무임을 민수기는 알려준다. 이 일은 하나님의 방식으로 올바로 행해야 한다.

개인적 인물들

민수기에 하나님을 실망시킨 여러 인물들이 있다. 특히 고라라는 사람이 가장 두드러 진다. 그는 아론과 그의 가족만이 제사장직을 할수 있는 권리에 앙심을 품고 반란을 도모했다. 다른 사람들도 반란에 합세하여 250명이 모세의 권위와 아론의 제사장직에 도전했다. 그들은 하나님이 모세와 아론을 선택했다는 것을 믿을 수 없으며 이스라엘을 약속의 땅으로 이끌지 못한 실패를 비평했다.

모세는 사람들에게 반란군들의 텐트에서 물러 서라고 말했다. 하늘에서 불이 내려와 그들의 텐트를 불사르고 그들을 죽였다. 고라는 이것을 보고 몇명의 추종자들과 함께 도망했으나 그들은 모두 갯벌에 빠져 죽었다. (시내 광야에는 표면은 단단하지만 밑에 진흙이 있는 갯벌이 있다. 이것은 연못위의 살얼음과 같아서 늪이나 모래늪과 같은 것이다.)

그럼에도 불구하고, 시편에 고라의 아들들이 쓴 시들이 포함되어있다. 그의 가족은 아버지의 반란에 참여하지 않았고 아들들은 나중에 회당의 성가대가 되었다. 부모들이 악을 행할 때 우리는 부모를 따를 필요가 없다.

고라는 신약성경의 유다서에 하나님의 임명을 의심하거나 질투하지 말라는 그리스도인들에 대한 경고의 예화로 언급되어있다.

모세는 하나님이 그와 그의 형을 제사장의 직분자로 선택하셨는지를 테스트 할 필요가 있다고 선언했다. 그는 열두지파의 대표자들에게 광야에서 나무가지를 하나씩 가져오게 했다. 그들은 나무가지들을 하나님 전의 성소에 밤새도록 놓아 두었다. 아침에 아론의 지팡이에서는 꽃이피고 잎이 나고 열매가 열렸다. 다른 나무가지들은 다 죽어 있었다. 그 때부터 아론이 스스로 제사장이 된 것이 아니라 하나님의 선택함을 받은 자임의 증거로 아론의 지팡이를 증거괘에 넣어 두었다.

백성들

몇몇 개인들뿐 아니라 사람들 전체에도 문제가 있었다. 사도행전은 하나님이 이들의 행실을 40년 동안 광야에서 참으셨다 라고 말한다. 민수기는 두사람만 제외하고 나머지는 실패했다고 한다—이백만명 중에 두사람은 아주 작은 숫자다. 이들에게 한가지 공통적인 문제가 있었고 세번의 경우에 걸쳐 실패한 사실을 알 수 있다.

불평 불만

사람들의 일반적인 문제는 불평이었다. 불평은 재능, 지능, 성품, 금욕이 필요없이 누구나 범할 수 있는 죄악이다. 이세상에서 가장 쉬운 일들 중 한가지이다.

사람들은 하나님이 성막안에 계시므로 그들이 자신들의 텐트안에서 하는 불평에 대해 모르시리라 생각했으나 그것은 큰 오산이었다! 그들은, 부족한 물과 단조로운 음식에 대해 불평했다. 이집트에서 먹던 마늘, 양파, 생선, 오이, 수박, 부추가 없다고 불평했다. 하나님은 그들의 불평을 들으시고 답을 주셨다. 만나와 함께 메추라기를 주셨다—메추라기가 얼마나 많은지 1.5 미터 깊이로 12 평방마일의 땅을 덮었다. 그들이 메추라기를 주우러 나갔고, 그들이 고기를 먹고 있는 중에 하나님께서 하나님을 거부한 자들에게 역병을 내리셨다.

어느 무엇보다도 불평함이 다른 어떤 죄악보다 하나님의 백성에게 더 해를 끼치는 것 같다.

가데스의 오아시스

그들의 첫번째 실수는 그들이 네게브 광야의 사해에서 남서쪽으로 66마일 떨어진 마지막 오아시스에 도착했을 때의 일이었다. 각 지파에서 한명씩 열두명의 정탐꾼들을 약속의 땅에 보내어 정탐하고 돌아와 본것을 보고하게 하였다. 그들은 헤브론의 남부 지역과 북쪽까지 40일간 정탐하며 이곳이 비옥한 지역임을 알게 되었다. 그러나 그들의 보고는 부정적이었다. 그들은 이 땅이 우리를 삼켜버릴 것이라고 소문을 퍼뜨렸다. 그들은 이집트로 돌아가는게 낫겠다고 말했다.

그러나 정탐꾼 중 두사람, 여호수아와 갈렙은 하나님이 함께 하실 것이고 두려워 할 것이 없다고 말했다. 그 땅의 요새는 강건했고 그곳의 주민들은 거구들인 것은 사실이었다. 고고학적 자료에 의하면 히브리 노예들은 가나안 사람들과 비교했을 때 평균적으로 소구였다고 한다. 성을 둘러싸고 있는 성벽이 장애물인 것도 사실이었다. 그러나 하나님이 그들을 이렇게 멀리까지 인도하셔서 광야에 버려두지는 않으실 거라고 주장했다. 그들은 하나님이 그들은 어깨에 태우고 가실 거라고 말했다. (작은 소년이 아버지의 어깨위에 올라 타면 거인과 같이 느낀다.)

그러나 열명의 부정적인 보고가 더 설득력이 있었다. 사람들은 자기들을 이렇게 멀리까지 데려온 모세와 아론을 돌로 쳐 죽이려 했다. 노예신분에서 구출해 이집트를 떠난지 겨우 삼개월 밖에 안되었는데, 그들은 모세와 아론을 죽일 준비가 되어 있었다. 그들은 열명의 정탐꾼들이 말한 것을 믿고자 했다. 하나님의 의도와 정반대인 대다수의 의견을 따른 것이다.

두개의 대조적인 보고는 놀라웁다. 열명의 정탐꾼들은 땅을 정복할 수 없다고 딱 잘라 말했다; 여호수아와 갈렙은 '우리는 할 수 없지만 하나님은 할 수 있으시다' 라고 말했다. 이것은 그저 긍정적 사고방식이 아니라 문제거리를 하나님이 주신 기회로 보고자 하는 노력이었다.

대다수의 믿음 없는 관목의 결과로, 하나님은 여호수아와 갈렙을 제외한 그 세대의 아무도 약속의 땅에 들어가지 못한다고 맹세하셨다. 하나님위에는 아무도 없으므로, 하나님은 스스로 맹세하셨다고 한다.

그들은 가나안 땅을 40일간 정탐했고, 하나님은 그들이 정탐 후 잘못된 결정을 내린것에 대한 심판으로 하루당 일년씩 40년을 광야에서 지내게 하셨다. 하나님은 그들의 죄에 마땅한 벌을 내리셨다. 이 책의 삼분의 일정도 지점에서 일어난 이 사건은 민수기의 지축이라 볼수 있다. 그들이 하나님께 순종했더라면, 이책의 나머지 사건들은 절대 일어나지 않았을 것이다.

불뱀의 계곡

다음에는 가나안의 아랏왕과의 전쟁에서 대승리를 거둔 후, 사람들은 또 하나님을 시험하고 실수를 범했다.

그들은 아로바 혹은 독사의 계곡이라 불리우는 호르산 아래의 계곡으로 들어갔다. 이곳은 독거미와 뱀이 많기로 유명한 곳이었다. 이스라엘 사람들은 또 다시 맛없는 음식에 대해 불평하면서 광야에서 사느니 이집트로 돌아가는 것이 낫겠다며 하나님께 투정했다.

하나님은 이번에는 독사들을 보내서 많은 사람들이 물려 죽게 했다. 죄를 깨달은 그들은 모세에게 하나님께 중재해 달라고 호소했다. 하나님은 뱀들을 막는 대신 물린 부위를 치료하는 방법을 알려 주셨다. 모세는 놋뱀을 만들어 장대 위에 매달고 계곡을 내려다 보는 산위에 꽂아서 누구든지 놋뱀은 쳐다보면 생명을 구할수 있게 했다. 그들에게 필요한 단 한가지는 치료될 것이라는 믿음뿐이었다.

모압평지

그들이 모압 평지에 도착했을 때 세번째이며 마지막이었던 위기를 맞았다. 그들은 여기까지 오는 동안 여러번의 전쟁에서 승리를 거두었고, 가나안으로 가기위해 에돔을 통과하는 도로를 사용하기 원했다. 에돔은 야곱의 형 에서의 자손들이어서 이스라엘 사람들과 역사적으로 연륜이 있음에도 불구하고 그들의 요청을 거절했다. 그래서 전쟁이 일어나고 하나님은 이스라엘이 에돔과 모압을 이기게 하셔서 그들은 자신감에 차 있었다. 그리고 약속의 땅이 건너편에 바라보이는 요단강변에 진을 쳤다.

그 때 이스라엘 사람들이 가나안으로 전진하는 것을 반대하는 사람들이 있었는데 그들은 약속의 땅과 경계선을 두고있는 땅을 소유하고 있었던 암몬과 모압인들로서 이스라엘 사람들의 계획을 망가뜨리고자 시리아에서 점장이를 데려오기로 결정했다.

다마스커스에서 온 점쟁이의 이름은 발람이었다. 그가 저주하는 군대는 패배한다는 명성이 나 있던 사람이었는데, 그는 과거에 한번도 이스라엘 사람들을 저주해 달라는 요청을 받은 적이 없었고, 그는 모압 사람들에게 자신이 할 수 있는 일은 하나님의 지시대로 말할 수 밖에 없다고 했다. 그 당시에는 전쟁 전에 점장이를 통해 상대편을 저주하는 것은 관습적인 일이었으므로 발람은 이스라엘을 저주해달라는 요청을 받은 것이다. 그의 관심은 복채 뿐이었다. 그런데 그는 이스라엘을 향해 한마디의 저주도 하지 못하고 대신 축복을 하고 말았다. 발람은 다른 방도가 없었다!

발람은 하나님께서 이스라엘을 축복하시고 번영시키실 거라고 선포했는데 이것은 다윗왕과 그의 아들에 대한 예언이었다. 우리는 여기서 하나님을 믿지 않는 자가 이스라엘을 축복하고 예언하는 놀라운 일을 보게 된다.

또한 나귀가 길 앞에 서있는 천사를 보고 앞으로 나가기를 거부하며 말하는 초자연적 현상에 대해서도 말하고있다. 발람이 움직이기를 거부하는 나귀를 채찍질을 끝내자 나귀는 마침내 왜 자신이 움직일 수 없는지를 말한다! (이것에 대해 의심하는 사람들은 동물들에게도 귀신이나 성령이 들어 갈 수 있다는 것을 잊은 것이다. 에덴동산의 뱀과 예수님이 귀신들을 쫓아내고 돼지떼에게 들여보낸 사건들이 성경에 있는 예화들이다.) 여기서 말하고자 하는 것은 나귀가 발람보다 더 경우가 발랐다는 가르침이다.

이 사건은 그후에 일어나는 사건들 때문에 슬픈 이야기가 된다. 발람은 암몬과 모압의 왕들에게서 어떻게 복채를 얻어낼 수 있을 지를 깨닫고, 이스라엘 사람들을 저주하는 것보다 아름다운 여자들을 들여보내 유혹하라고 제안한다. 이러한 부정한 성행위는 율법으로 금지되어 있었으므로, 이 일은 진영 밖에서 이루어졌다. 그러나 시므리라는 한 남자는 여자를 성막 문 밖까지 데리고 오는 모욕적인 일을 행했다.

이 더러운 행위를 보고 비느하스라는 사람은 두사람을 한꺼번에 창으로 찔러 죽임으로, 그와 그의 가족은 영원한 제사장의 직분을 받게 되었다. 그는 하나님 앞에서 벌어지는 더러운 행위에서 하나님의 거하시는 곳을 방어한 유일한 사람이었다. 처벌이 심하다고 여길 수 있지만 이스라엘 사람들은 약속의 땅을 향하고 있었음을 기억해야 한다. 그 땅에서 행해지고 있던 가장 악한 것중 하나는 부도덕이었다. 자녀 출산의 여신들, 무당의 동상들, 남근의 상징물들과 방탕한 행위가 가득한 곳이었다. 이것들은 하나님 보시기에 가증한 것임을 그들은 깨달아야 했다.

민수기의 교훈

민수기는 후세의 유대인들이 하나님을 경외함을 배우도록 하기 위해 쓰여진 책이다. 그러므로, 그들의 실패에서 교훈으로 보고 배우도록 우리 그리스도인들을 위해 쓰여졌다고 말할 수도 있다. 사도바울이 고린도 사람들에게 이 사건들은 우리에게 옛 사람들 같이 살지 말라는 경고의 예로 기록된 것이다라고 말했음을 우리는 이미 알고있다. 그들과 같이 우리도 가나안에 도달하지 못할 수 있기 때문이다. 야고보서에 '성경은 우리 자신을 비추어 볼 수 있는 거울' 이라고 기록한다. 우리가 광야에서 살다가 죽을 수도 있다; 우리가 '죄의 쾌락' 을 돌아다 보느라 약속의 땅에서 누릴 '하나님의 안식'을 바라보지 못하게 될 수 있다.

우리는 민수기에서 하나님의 성품에 대해 배우고, 그의 친절하면서도 엄격하신 이중성은 신약성경, 로마서, 히브리서, 유다서와 베드로후서에 여러번 언급되었다.

유다서도 고라와 발람에 대해 언급하였다. 이스라엘 사람들과 같이 초대 교회에서도 불평은 큰 문제였다. 사람들이 투정하고 불평하는 것을 '쓴뿌리' 라고 하는데 이것은 교회안에서도 퍼져 문제를 일으킬 수 있다.

신약성경은 우리가 숫자로 존재하는 것이 아니라, 각각 고유의 이름을 가지고 있음을 상기시켜 준다. 우리의 머리카락 수까지 이미 세어져 있다. 우리의 이름은 '생명록' 에 기록되어 있는데 우리의 이름이 지워 질 수도 있다는 증거도 있다.

민수기는 하나님에 대해 어떻게 말씀하고 있는가?

민수기는 하나님의 두 가지의 성품을 분명히 묘사하고 있다. 사도바울이 이에 대해 '하나님의 친절하심과 엄격하심을 생각해 보라…' 하고 우리에게 상기시킨다.

1. 한편으로는 하나님이 공급하여 주시는 양식, 물, 옷, 신발을 볼수 있다. 하나님은 그의 백성들보다 훨씬 강하고 숫자가 많은 적에게서 그들을 보호하심을 우리는 본다. 그들의 죄성에도 불구하고 그들의 국가를 보존해 준다.

2. 다른 한편으로는 하나님의 공의로우심을 볼수 있다. 하나님의 그의 언약에 충실하시지만 사람들이 죄를 지었을 때에 벌하신다. 이것은 징계뿐 아니라 계속 하나님의 뜻을 따르지 않을 때에는 상속권까지도 잃게 된다. 우리는 같은 하나님을 믿고 있다. 하나님은 거룩하시고 우리는 하나님을 경외해야 한다.

민수기는 예수님에 대해 어떻게 말하는가?

1. 이스라엘 사람들이 광야에서 지낸 것같이 예수님도 광야에서 유혹을 이기며 40일을 지냈다.

2. 요한복음 3:16은 잘 알려져 있으나 '모세가 광야에서 뱀을 든 것 같이 인자도 들려야 하리니' 라는 그 전 구절은 잘 알려져 있지 않다.

3. 사도 요한은 예수님이 '만나' 이고 '하늘에서 내리신 빵' 이라고 말한다.

4. 놀랍게도 사도바울은 광야에서 모세가 쳐서 물을 솟게 한 바위가 예수님이라고 말한다.

5. 히브리서는 암송아지의 재로 하나님의 용서를 받을 수 있다면 그리스도의 피는 훨씬 더

많은 구원을 주실수 있다고 말한다.

6. 가장 신기한 것은 가짜 선지자 발람이 예수님에 대한 참된 예언을 했다는 점이다! '그가 보이지만 지금은 아니다; 그가 보이지만, 가까이 있지는 않다. 야곱의 자손에서 별이 나올 것이다; 이스라엘에서 왕이 나실 것이다.' 그때부터 신실한 유대인들은 왕의 별이 오실것을 찾기 시작했고 바로 이 별이 베들레헴으로 동방박사들을 이끌었다.

하나님과 교제하는 축복

민수기에서 가장 잘 알려진 말씀은 민수기 6:24절일 것이다: '여호와는 네게 복을 주시고 너를 지키시기를 원하며, 여호와는 그의 얼굴을 네게 비추사 은혜 베푸시기를 원하며, 여호와는 그 얼굴을 네게로 향하여 드사 평강 주시기를 원하노라.'

이말씀은 백성들이 진을 떠나 다음 장소로 이동할 때 하나님이 아론에게 주시고 다시 아론이 백성들에게 준 축복의 말씀이다. 이것은 수학적으로 완벽하여 하나님이 직접 주신 말씀임을 나타낸다. 하나님이 말씀하실 때마다 그의 말씀은 수학적으로 완벽하다. 히브리어로는 세줄의 축복의 말씀이다:

여호와는 너를 축복하시고 지키시고
여호와는 그의 얼굴을 네게 비추시고 은혜를 부어주시고
여호와는 그의 얼굴을 네게로 향하시고 평화를 주시리라

히브리어로는 첫번째 문장에 세단어가 있고, 두번째 문장에는 다섯개의 단어가 있고, 세번째 문장에는 일곱개의 단어가 있다. 첫번 문장에 15개의 활자가 있고, 두번째에는 20개의 활자가 있고, 세번째에는 25개의 활자가 있다. 첫번 문장에 12개의 음절이 있고 두번째에는 14개, 세번째에는 16개가 있다. 하나님이라는 단어를 제외하면, 12개의 히브리 단어들만 남는다. 하나님과 열두지파만 남은 것이다! 수학적으로 완벽하다. 영어로도 점점 강도가 올라가는 것을 볼수 있다. 각 줄마다 두개의 동사가 있고 두번째 동사는 첫번째 동사를 확대시킨다.

이 축복은 은혜와 평화를 주며, 오늘날의 그리스도인들에게도 적용된다. 신약성경에서 서신에 쓰여진 그리스도인들에게 주어진 축복이다: '우리의 아버지 하나님과 주예수님의 은혜와 평강이 너에게 함께 하시리라.' 우리가 민수기의 가르침에 귀를 기울인다면, 우리도 이스라엘 사람들이 누렸던 하나님과 교제하는 축복을 받을 수 있다.

6. 신명기

개요

유대교 성전에는 휘장으로 가려진 큰 장이 있고 그 안에는 수를 놓은 아름다운 천으로 싸여진 두루마리들이 있다. 이 것들은 모세오경 혹은 토라 (Torah) 라고 불리는 '지침서' 들로 구약성경의 토대다.

두루마리를 장에서 꺼내어 펴면 첫 단어들이 보이고 이것들이 두루마리들의 이름이다. 신명기는 처음 보이는 것이 '이것이 말씀들이다' 라는 히브리 말이므로 '말씀들' 이라고 불린다. 구약성경이 히브리어에서 헬라어로 번역되었을 때 신명기 (Deuteronomy) 라는 이름이 주어졌는데 이것은 두번째 (deuteron) 와 법 (nomos) 라는 어원이 합쳐진 이름이다.

이 이름을 보면 책의 내용을 알수 있다. 신명기는 출애굽기에 있는 십계명이 다시 기록된 책이다.

십계명과 율법의 반복

십계명을 왜 다시 반복해서 썼는가? 또 613개의 모세의 율법의 상당한 부분이 여기에서 또 반복된 이유는 무엇인가?

답변의 실마리는 민수기에서 찾을 수 있다. 신명기는 출애굽 40년 후에 기록된 책이다. 40년이 지나는 동안, 이집트를 탈출하여 홍해를 건너 시내산 근처에 진을 치고 처음으로 십계명을 들었던 세대의 어른들은 모두 죽었다. 신명기가 쓰여질 당시에는 모세와 여호수아와 갈렙을 제외한 첫세대 어른들이 모두 죽은 후 였다. 그들은 하나님의 법을 거역하여 아무도 약속의 땅에 들어갈 수 없었다. 그들에 대한 처벌은 광야에서 모두가 죽을 때까지 기다리며 40년 동안 방황하는 삶이었다.

젊은 세대는 홍해를 건널 당시 어렸기 때문에 그들의 부모들이 이집트를 떠날 때의 일을 잘 기억하지 못했고 시내산에서 읽은 계명에 대해서도 잘 알지 못했다. 그래서 모세는 다시 한번 십계명을 설명한다. 새 세대가 하나님과의 언약을 갱신해야 하는 것이다.

또 하나의 이유는 이들이 중요한 시기에 도달했기 때문이다. 그들은 약속의 땅에 들어가기 바로 직전에 있었다. 광야에서 살다가 이제 적이 차지하고 있는 땅을 바라보고 있었다. 요단강 동쪽에서 하나님이 그들에게 요구하시는 것이 무엇인지를 알도록 다시 계명을 설명하고 읽었다.

게다가 그들의 지도자 모세는 그들과 함께 가지 않을 것이었다. 그가 암반석의 물을 나오게 할 때 하나님의 명령을 어겼으므로 약속의 땅에 들어가는 권리를 잃었기 때문이다. 하나님은 모세에게 일주일 후에 죽을 것이라고 말씀하시고 모세는 젊은 세대가 과거에 대해 확실히 알고 미래를 직면할 수 있도록 준비 시킨다. 그들은 요단강 물이 갈라지는 기적을 체험할 것이다. 하나님은 그들이 하나님의 전능하심을 알기를 원하셨다.

두번째로 십계명이 주어진 맥락을 이해하는 것이 중요하다. 하나님은 이스라엘 사람들이 홍해를 건넌 후 시내산에서 언약을 맺으셨다. 구원하신 후에만 그들이 어떻게 살아야 하는지에 대해 말씀한다. 성경 전체에서 이 패턴을 본다. 하나님은 은혜로 우리를 구원하신 후 우리가 어떻게 살아야 하는지를 설명하신다.

새 세대는 범람해서 건널 수 없는 요단 강을 건너게 하시는 하나님의 기적을 경험하게 될 것이다. 그 기적을 경험한 후, 그들은 시내산과 비슷한 (에발산과 그리심산) 곳에서 하나님의 축복과 저주에 대해 반복해서 듣게 될 것이다. 40년후 새 세대에게 반복되는 사건이다.

신명기는 모세오경의 마지막 책으로 요단 강 동편의 이스라엘 진영에서 모세가 죽기 전 쓴 책이다.

약속의 땅

신명기의 기본적 구절들중 하나는 '네 하나님 여호와께서 네게 준 땅' 이라는 구절로 40번 언급되었다. 그들이 땅을 받을 자격이 없지만 선물로 주시는 땅임을 알려주시는 말이었다. 시편 24장은 '땅과 거기 충만한 것은 다 여호와의 것이로다' 라고 말씀한다. 우리가 땅의 소유권을 가지고 서로 다툴 때, 궁극적으로 땅은 하나님의 소유임을 기억해야 한다. 하나님은 그가 원하는 사람에게 땅을 주신다. 사도행전 17장에서 사도 바울은 말스 언덕 (Mars Hill)에 사는 아덴 사람들에게 하나님이 지구상의 나라들이 얼만큼의 영토와 시간을 가질 수 있는 지를 결정하신다고 연설한다.

비슷하게 많이 보는 두번째는 '들어가서 그 땅을 차지하라' 라는 구절이다. 모든 것이 하나님이 주시는 선물이지만 우리가 행동을 취해야 한다. 구원은 하나님께서 값없이 주시는 선물이지만 우리가 차지해야만 우리의 것이 된다. 하나님은 우리에게 강제로 떠맞기지 않으신다. 땅을 차지 하는 것은 이스라엘 사람들의 많은 희생을 요구한다. 싸우고 노력해야 얻어진다. 하나님이 모든 것을 우리에게 주시지만 우리가 노력을 해야만 얻을 수 있다.

신명기에서 땅의 소유권에 대한 중요한 의문이 생긴다. 약속의 땅이 영원히 그들의 소유인가, 아니면 잃을 수도 있는 땅인가? 이에 대해 두가지 결론을 내릴 수 있다.

1. 무조건적 소유권

하나님은 그들에게 약속의 땅을 영원히 주시겠다고 말씀한다. 하지만 그들이 영원히 그곳에서 살 수 있다는 말은 아니다.

2. 조건적 점유

땅을 차지하는 것은 조건적이다. 어떻게 그 땅에서 사는냐에 따라 그들이 그곳에서 살면서 즐길 수 있는지의 여부가 결정된다.

신명기의 메세지는 매우 간단하다. 하나님의 계명을 지키면 땅을 차지할 수 있다. 하나님의 법을 어기면, 하나님이 주셨고 땅의 소유권을 가지고 있다 하더라도, 자유롭게 그땅을 누리며 살 수 없다.

'무조건적 소유'와 '조건적 점유'에는 차이가 있다. 구약의 선지자들이 사람들에게 이 차이점을 깨우치고자 한다. 선지자들은 사람들의 행위가 땅의 소유권을 잃을 수 있는 계기가 됨을 알고 있었다.

오늘날에도 하나님의 약속은 조건적이다. 우리가 어떻게 사느냐에 따라 하나님의 약속의 선물을 누릴 수 있는지의 여부가 결정된다.

언약의 범주

고대 중동 지방에서는 신명기에 기록된 언약의 범주가 사용되었다. 왕이 그의 제국을 확장하기 위해 한 나라를 정복하면 종주국 서약(suzerain treaty) 이라는 조약을 맺었다. 이것은 정복당한 국가가 조약을 지키면 왕이 그 나라를 보호해 주지만, 조약을 어길 시에는 벌을 내린 다는 내용이다. 인류학자들은 여러개의 종주국 조약서를 발굴해 냈는데 특히 이집트에서 많이 발굴 했다. 조약서의 구조는 신명기와 같다.

추측하건대 모세가 이집트에서 교육 받으며 이러한 조약서에 대해 공부했을 것이다. 모세는 하나님을 왕으로, 사람들은 그에게 종속된 자로 보고 이러한 조약서 형태로 계명을 기록했다. 종주국 조약서의 구조는 다음과 같다.

- **서론:** '이것은 바로왕과 헷 족속 사이에 맺는 조약이다...'
- **역사적 서두말:** 왕과 그의 종속된 국가가 어떻게 연관되었는 지에 대해 요약한다.
- **기본적 내용 선포:** 조약의 바탕을 설명한다.
- **상세한 법령:** 종속된 국가가 어떻게 행동해야 하는지에 대한 지침이다.
- **제재:** 종속국의 행동여지에 따른 왕의 처벌 내지 상급의 요약이다.
- **증인의 서명:** 일반적으로 신들을 조약의 증인으로 내세웠다.
- **지속의 규정:** 왕이 죽으면 어떻게 되는 가와 후계자에 대한 지속적인 종속관계를 요약한다.

조약을 체결 할 때 모든 항목이 기록되고, 왕과 종속국이 기록된 조항들을 승인한 후 서명 하는 의식이 거행된다.

조약서와 신명기의 구조가 흡사한 것을 볼 수 있다:

- **서론**   1:1-5
- **역사적 서두말**   1:6-4:49
- **기본적 내용 선포**   5-11
- **상세한 법령**   12-26
- **제재**   27-28
- **신성한 증인의 기도**   30:19, 31:19, 32
- **지속의 규정**   31-34

제재는 우리가 성경적 역사안에서 일어나는 미래의 사건들을 이해할 수 있는 중요한 부분이다. 이스라엘 사람들이 하나님의 말씀대로 살지 않을 때, 하나님은 두가지의 제재를 가하셨다.

자연적 제재

하나님은 자연적 제재의 가뭄을 사용하신다. 가나안 땅은 지중해와 아라비아 사막 중간에 위치하고 있어서 지중해의 습기를 몰고오는 서풍은 약속의 땅에 비를 뿌린다. 반면에 사막의 건조하고 뜨거운 바람을 몰고오는 동풍은 땅을 황폐하게 만든다. 하나님은 엘리야 선지자 때 우상숭배 하는 사람들을 삼년 반의 가뭄으로 벌하신다. 이것은 하나님이 사람들에게 상급이나 벌을 주실 때 사용하는 간단한 방법이다.

전쟁을 통한 제재

자연의 제재가 통하지 않을때 하나님은 더욱 심한 처벌로 적이 공격하게 하신다. 아모스 9장에 이러한 사건을 기록한다. 이스라엘이 요단강을 건널 때 하나님은 동시에 서쪽의 다른 민족을 같은 땅으로 보내신다. 이들이 팔레스타인 사람들이다. 하나님은 이스라엘의 가장 큰 적을 보내셔서 이스라엘 사람들은 언덕에, 팔레스타인 사람들은 현재의 가자 지역인 연안에 정착하게 하신다. 이스라엘이 하나님의 법을 지키고 믿음을 지키면 평화를 누리게 하고 그렇지 않을 때는 팔레스타인 사람들이 쳐들어 오도록 하신다. 아주 간단한 방법이다.

부패

가나안 땅에는 아모리 사람과 가나안 사람이 섞여 살고 있다. 하나님이 이스라엘에게 이들을 몰아내고 땅을 차지하라고 명령하신 것에 대한 현대인들의 적대감이 있다. 그들 생각에 너무 야만적인 대량 학살로 여겨 지는 것이다. 사랑의 하나님과 약속의 땅의 모든 사람들을 죽이라고 명령하는 하나님을 어떻게 일치 시킬 수 있는가? 이 명령은 부도덕하고 불공평한 것으로 여겨진다.

이에 대한 답을 창세기에서 찾는다. 하나님은 아브라함에게 아모리 사람들의 악행이 심하여 그 땅에 살 권리가 없어질 때까지 그의 후손들을 외국에 사백년간 두실 것이라고 말씀하신다. 하나님은 사람들이 어떻건 상관없이 무조건 가서 치고 점령하는 것은 허용하지 않으신다. 하나님은 인내하시지만 결국은 심판 하신다. 인류학자들은 아모리 사람들의 악행의 증거물들을 발굴했다. 예를 들어, 성병은 흔해 빠진 병이었다. 이스라엘 사람들이 이들과 섞여 산다는 것은, 아모리 사람들의 부패한 생활태도의 영향은 둘째 치고, 마치 누구나 에이즈를 가지고 있는 땅에 살러 들어가는 것과 같다.

신명기에서 '너희가 정의롭거나 청렴하여서 땅을 차지하는 것이 아니고 이 나라들이 너무 악하여, 너의 하나님인 내가 이들을 몰아내고 너의 조상들 아브라함, 이삭, 야곱에게 언약한 바를 이룰 것이다.' 라고 하나님은 말씀하신다.

이스라엘 사람들이 왜 그들을 다 죽여야 하는가에 대해 물어보는 사람들이 있다. 하나님이 직접 그들을 죽일 수는 없었는가? 답은 명백하다. 하나님은 이스라엘 사람들에게 하나님이 명하신 대로 사는 것의 중요성을 가르치신다. 그들이 아모리 사람들 같이 행동하면, 이스라엘 사람들도 같은 방법으로 쫓겨 난다는 교훈이다.

신명기를 읽을 때 우리는 가나안의 삶을 거울로 삼아야 한다. 하나님께서 이스라엘 사람들에게 하지 말라고 하는 것은 이미 가나안에서 일어나고 있는 일들이다. 그들이 약속의 땅에 들어가기 전의 가나안 땅을 세 단어로 묘사할 수 있다.

1. 부도덕

이미 말한 성병, 간음, 근친상간, 동성연애, 이성의 옷차림, 항문의 성행위, 이혼과 재혼등이 난무했다. 신명기는 이 모든 것들을 엄격히 금한다.

2. 부당함

신명기는 부당함에 대해서도 다룬다. 가나안 땅은 부익부 빈익빈의 사회였다. 자만감, 욕심, 이기주의가 만연했고 가난한 사람들을 더욱 착취했다. 환자, 장님, 귀머거리들을 돌보지 않았다. 많은 사람들이 고리대금에 의한 가난의 족쇄에서 벗어 날 수 없었다. 하나님은 이스라엘 사람들에게 사심없는 생활을 요구하시고 귀머거리, 장님, 과부와 고아를 돌보라고 하신다. 사람이 중요하다.

3. 우상숭배

가나안 땅은 신비주의, 미신, 점성학, 강신술, 점술, 다산신 등의 우상 숭배가 가득했다. 그들은 땅 숭배 (Mother Earth) 를 하며 성관계는 땅의 비옥함과 관련이 있다고 믿었다. 이교도 회당에는 남녀 창부들이 있었고 예배에 성관계가 포함되어 있었다. 이런 행위들은 그 지역 언덕위에 많이 세워져 있던 아세라 기둥 (Asherah poles) 이라는 남근 형상의 탑들이 증거한다. 당시 팽배했던 이교도들의 의식을 보여준다.

신명기는 하나님이 이런 행위들을 어떻게 보시는 가에 대해 명백히 알려준다. 이곳은 하나님의 땅이었지만 사람들이 완전히 부패시키고, 더럽히고 저하시키고 수치스럽게 만들었다. 하나님은 더이상 방치하실 수 없었다. 오늘날의 우리 사회와 무엇이 다른가?

모세의 마지막 업적

신명기는 모세오경의 마지막 책이다. 이책은 이스라엘 사람들이 결정적인 순간에 있을 때 쓰여졌다. 그들이 약속의 땅에 들어 가기 직전이었고 모세는 지도자로서 그들은 인도 할 수 없었다. 그는 120세의 노인이었고 그의 생의 마지막 일주일이었다. (이 책은 모세의 죽음으로 끝난다.) 부모들의 연약함을 경험한 모세는 자녀들도 같은 길을 걷게 될까봐 두려웠다. 그들이 앞으로 싸워야 할 전쟁과 영적 싸움을 그는 볼 수 있었다.

그의 마지막 일주일 동안 모세는 그들에게 세번 연설한다. 신명기 전체는 세개의 긴 연설로 이루어져 있다. 책은 말하는 형식으로 기록된다. 이것은 친근하고 감정적인 책이다. 모세는 임종을 앞에 둔 아버지가 자녀들에게 말하듯 사람들에게 간절히 호소한다.

아마도 모세는 자신의 마지막 일주일 동안 첫째, 세째, 닷셋날에는 연설을 하고, 둘째, 넷째, 여섯째날에는 연설 내용을 기록한 것같다. 그가 쓴 것을 제사장들에게 주고 그들은 그의 말씀이 사람들에게서 잊혀 지지 않도록 증거궤 옆에 두었을 것이다. 이 책은 그의 마지막 유언이자, 하나님의 말씀을 사람들에게 알려주는, 구약성경에서 가장 위대한 선지자의 증언이다.

신명기는 다음과 같이 세부분으로 나눌 수있다.

1. **과거: 회상 (1:1-4:43)**
    a. 믿음이 약한자의 저주 (1:6-3:29)

b. 믿음이 강한자에게 주는 말씀 (4:1-43)

2. 현재: 규칙 (4:44-26:19)

   a. 사랑의 표현 (4:44-11:32)

   b. 율법의 확장 (12:1-26:19)

3. 미래: 응보 (27:1-34:12)

   a. 언약의 확인 (27:1-30:20)

   b. 연속의 확신 (31:1-34:12)

첫번째 연설 (1:1-4:43): 과거

모세는 현세대의 부모와 하나님이 언약을 맺었던 시내산의 일을 회상하며, 열하루면 갈 수 있는 거리를 그들의 부모들은 13,780 일이 걸려서 왔다는 것을 상기시킨다. 그들이 가데스 발네아에 도착했을 때, 하나님의 지시에 따라 한지파에서 한사람씩의 정탐꾼들을 가나안에 보냈었는데 그들은 음식에 대해서는 긍정적으로 말했지만 현지 사람들이 거인이고 성벽이 높아 정복할 수 없다는 부정적 보고를 했고 여호수아와 갈렙만이 하나님을 믿고 전진하자고 말한 사실을 상기시켜준다.

이스라엘 앞에 모든 것이 놓여 있었으나 그들의 사기는 땅에 떨어져 있었다. 하나님은 그들에서 신실하셨지만 그들은 믿음이 없었다. 간단히 말해서 '너희 부모들 같이 되지 말라. 그들은 믿음을 잃었고 땅을 잃었다. 믿음을 지키면 땅을 소유할 수 있다' 라는 것이 4장의 메세지다.

두번째 연설 (4:44-26:19): 현재

이 부분은 읽기 어렵다. 아주 긴 부분으로 모세가 마지막 주 삼일째에 썼을 것이다. 하나님이 주시는 땅을 잘 간직하려면 어떻게 살아야 하는지에 대해 말한다.

요약

5장: 모세는 하나님의 공의의 삶의 기본인 십계명에 대해 말한다. 십계명의 주제는 '존중' 이다. 하나님을 존경하고, 그의 이름, 그의 날, 부모님, 생명, 결혼, 재산, 남의 명예를 존중하라는 것이다. 사회를 파괴하는 지름길은 존중을 없애는 것이다.

모세의 법과 이교도의 법을 비교해보자. 모세의 법을 이교도 사회에 대조시켜 보면, 가나안 땅의 아모리족속에게 하듯이, 십계명의 법은 거룩하고 순전하다.

6장: 언약의 율법을 상세히 설명하고 확장시킨다. 율법의 목적은 한 세대의 사랑이 다음 세대로 전달되도록 하는 것이다.

7장: 십계명의 첫계명에 의해 모든 우상숭배는 없애고, 이스라엘 사람들이 나쁜 영향을 받지 않도록 가나안 사람들을 절멸하라고 명령한다.

8장: 하나님께 감사하고 특히 번성할 때 하나님께 감사하라고 장려한다.

9:1-10:11: 모세는 부모들의 죄와 반항심을 회고하면서 그의 자녀들에게 절대로 독선적이 되지 말것을 경고한다.

10:12-11:33: 이곳의 주제는 순종이다. 하나님께 순종하면 축복 받고 불순종하면 저주 받는 것을 그들이 선택할 수 있다. '들으라' 라는 말은 50번, '하라, 지키라, 준수하라' 라는 말은 177 번 나온다.

이 명령들과 함께 알아야 할 중요한 단어는 '사랑' 으로 31번 사용되었다. 하나님을 사랑하면 그의 법을 지키라. 신약성경에서 사도바울은 '사랑은 율법을 지키는 것이다' 라고 말한다. 율법주의가 아닌 사랑이다. 사랑하는 것은 순종하는 것이다. 왜냐하면 하나님이 보시는 사랑은 충성이기 때문이다. 이것은 어떤 사람을 진실로 대하는 것이다. 사랑과 율법은 상반되지 않고 공존한다.

12-26: 장에는 많은 분량의 내용이 상세하게 기록되어 있다. 여기서 모세는 일반적인 것과 특별한 것, 수직관계(우리와 하나님과의 관계)와 수평관계 (우리들 사이에서의 관계)를 다룬다.

대조적 기준

우리는 대조적인 뒷배경에 율법을 비추어 관찰할 수 있다. 모세의 율법을 그지역의 다른 사회와 비교할 때 무엇이 다르고 무엇이 특별한가?

1. 약속된 땅의 기준

앞에서 신명기의 율법이 가나안 땅에서 행해지는 악행을 비추는 거울임을 말했다. 우리에게 수수께끼 같이 여겨지는 율법들도 이미 그 땅에서 행해지고 있는 일들과 관련이 있다.

2. 주변 국가들의 기준

모세율법을 주변 고대 국가들의 법, 바빌론(혹은 바벨) 의 아모리왕의 하무라이 법전과 비교하는 것도 흥미롭다. 이것은 모세시대 300년 전에 쓰여졌다. 그안에는 살인, 간음, 도둑질과 거짓증거를 금지하는 내용들이 있다. 또 유명한 동해보복법 (lex talionis, law of revenge, an eye for an eye and a tooth for a tooth) 도 포함되어 있다. 이것은 놀라운 일이 아니다. 로마서에서 사도 바울은 '하나님이 이교도인들의 마음에 하나님의 법을 쓰셨다' 라고 말했다. 돌에다만 새긴 것이 아니라 사람들의 마음에도 새겨서 모든 사람들이 어떤 일들은 나쁘다는 것을 알게 해 놓으셨다. 예를 들어, 어느 사회든지 근친상간은 나쁘다는 것을 알고 있다.

하지만 하무라이 법과 모세율법에는 큰 차이가 있다. 하무라이 법은 모든 잘못한 것에 대한 처벌은 단 한가지, 죽음이다. 모세의 율법은 15개의 범죄만 죽음으로 처벌했음을 볼 때 모세의 율법은 그리 엄하지 않았다.

또 다른 차이점은 모세의 율법은 여자와 노예를 인간으로 취급 했지만 하무라이 법은 재산으로 취급했다. 모세의 율법이 부여하는 여성의 권리가 하무라이 법에는 없다.

하무라이 법은 사람들의 신분 등급을 인정했다. 양반과 일반인이 있어서 신분에 맞는 다른 법을 적용했다. 모세의 법은 신분의 차이를 구분하지 않고 누구에게나 똑 같은 법이 적용 된다.

마지막으로, 하무라이 법은 조건부의 법이다. 만약 이렇게 하면, 사형이다. 모세의 법은 명령적

법이다. 이런 죄를 범하지 말라. 모세의 법은 하나님이 왕의 권리를 가지고 기준을 정하고 명령한다.

계명과 율법은 다음과 같이 여러가지 종류로 구분할 수 있다.[1]

1. 종교적/의식적

우상숭배/이교도

- 이스라엘은 다른 신을 믿거나 신상을 세우는 것을 금지한다. 그들의 하나님은 질투의 하나님이고, 우리가 미처 생각지 못했다 하더라도 질투는 당연한 감정이다. 나의 것을 원할 때 질투를 느낀다. 부러움은 나의 것이 아닌 것을 원할 때 느끼는 감정이다. 아내를 다른 남자가 취할 때 질투를 느끼는 것이 당연한 것 같이 하나님의 백성들이 다른 신을 따라 갈 때 질투를 느끼는 것은 당연하다.
- 첫계명의 결과로 아세라 탑은 금지하라.
- 초상중에 살을 베거나 머리를 삭두질하는 법이 있다.
- 만약에 친척이 그의 가족이 하나님께 예배하지 못하도록 유도하면 그들은 용서 없이 죽이라.
- 우상숭배의 도시를 공격할 때는 그곳의 모든 사람들을 죽이고 도시를 불살라서 다시는 재건 되지 못하도록 하라.
- 우상숭배자는 두세명의 증인 있을 때, 증인 중 하나가 먼저 돌을 던져 죽이라.
- 예배는 한 장소에서 드리라. 가나안 사람들이 예배하던 높은 곳의 신당들은 모두 파괴시키라.
- 이스라엘 사람들은 다른 종교에 관심을 갖거나 문의 하지 말라. 어린아이 제물은 가증스러운 것이니 금하라.

허위 심령학자

- 모든 가짜 선지자, 몽상가와 다른 신을 섬기는 자들은 사형에 처하라.
- 죽은 자와 자문하는 것, 마녀, 전조, 마술, 무당 등의 모든 형태의 심령학에 관계된 자들은 사형에 처하라.
- 모세와 같은 진정한 선지자는 하늘에서 올림을 받을 것이다. (예수님에 대한 참조)
- 가짜 선지자가 다른 신의 이름으로 말하거나, 선지자의 말이 현실화 되지 않을 때에는 사형에 처하라.

---

[1] 모세 율법에 대한 다음 분류는 캘리포니아 말리부에 있는 페퍼다인 대학교 법학 교수였던 제 친구 F. 라가드 스미스에게 감사드립니다. 그는 장과 절이 없는 신국제역(NIV)을 제작했으며, 각 책은 연대순으로 배열되었고, 율법은 편리한 범주별로 정리되었습니다. 양장본은 '내레이션 바이블(The Narrated Bible)'이고, 페이퍼백은 '데일리 바이블(The Daily Bible)'(둘 다 하비스트 하우스, 1978)입니다.

하나님에 대한 불경

- 하나님의 이름을 망녕되이 하는 자는 사형에 처하라.

헌납

- 모든 동물의 첫새끼는 하나님께 바치라.

십일조

- 모든 채소의 십분의 일은 간수 해 두고 삼년에 한번씩 레위인, 외국인, 고아들과 과부에게 전해주라.

정복

- 이스라엘이 정복하는 모든 땅에서 나오는 모든 과일은 제물로 바치라.
- 그들이 약속의 땅에 도착하면 이집트에서 탈출한 것을 회상하고 그들의 역사를 선포하라.
- 감사의 기도를 드리라.

안식일

- 모세 전까지는 안식일이 없었다. 이것은 쉬는 날 없이 일주일 내내 일하던 노예들을 위해 새로 만들어 진 규칙으로 일주일에 하루는 쉰다.

만찬 (모든 순례)

- 유월절
- 오순절
- 성막

제사와 제물

- 살인자를 찾지 못할 경우 암송아지를 드려 전체 마을의 무죄함을 선포하라.

집회에서 제외

- 거세 당하거나 절단된 성기를 가진 남자는 하나님의 집회에서 제외하라.

- 금지된 관계에서 태어난 자식들은 (열세대까지) 하나님 집회에 참석하지 못한다.
- 암몬 사람과 모압 사람은 명시적으로 금하라.
- 에돔사람은 세번째 세대부터 제사에 참석할 수 있다.

서약
- 어떤 서약이던 꼭 지키라. 서약은 자유롭게 하는 것이므로 꼭 이행해야 한다. 하나님께 서약한 것은 꼭 지키라.

분리
- 씨앗 섞는 것을 금하라.
- 나귀와 황소를 함께 멍에를 쉬우지 말라.
- 울과 마의 실을 혼합하여 천을 만들지 말라.

분리의 법들은 매우 이상하게 여겨지겠지만, 이것들은 당시 널리 퍼져있던 자녀 생산 우상 숭배과 연결되어 있다. 이교도인들은 이런 것들을 섞는 것이 자녀 출산에 도움이 된다고 생각했다. 하나님은 하나님이 출산을 주과 하시기 때문에 이러한 미신을 믿지 말라고 하신다.

2. 정부

왕
그들은 몇백년 후에야 왕정을 실시하지만 왕에 대한 규정도 있었다.

- 하나님이 그들의 왕이다. 왕권은 하나님의 계획이 아니었고 사람들의 요청을 마지못해 들어 준 결과다.
- 왕이 권좌에 앉게 되면 직접 자필로 모세의 율법을 쓰고 정기적으로 읽어야 한다.
- 왕은 여러 부인, 말, 재산을 두지 말라.

재판관
- 재판을 하는 규범과 항소하는 법: 법원을 모욕하는사람은 사형에 처하라.
- 정당함에 대한 규범: 뇌물이나 편파의 행동을 금지한다. 외국인, 고아, 과부도 부자와 동등하게 취급하라.
- 듣고 본 증인은 두 세사람이 있어야 한다. 거짓 증거를 한 사람은 유죄판결을 받은 사람에게 내린 동등한 벌을 받는다. 거짓증거로 인해 유죄판결을 받은 사람에게 $1,000 의 벌금이 주어 졌다면, 거짓증거가 증명된 후 거짓증거 한 자에게 $1,000의 벌금이 주어진다. '눈에는 눈으로, 이에는 이로'

- 처벌에 대한 규칙: 매질은 최대한 40대까지다. (확실히 위반하지 않기 위해 39대를 쳤다.) 인간을 인간으로 대하지 않고 고깃덩어리로 대한다하여 심한 매질은 비인간적으로 간주되었다. 사형수의 시체는 해진 후 까지 매달아 놓지 말라. (사도바울은 이것을 갈릴리의 십자가에서 돌아가신 예수님에게 적용했다.) 죄인을 옥에 가두지 말라.

3. 특별 범죄

인간에 대한 범죄

- 고의적인 살인에는 꼭 사형을 적용하라. 사고로 사람을 죽인 자가 피할 수 있는 대피소가 요르단 강 양쪽으로 3개씩 있다.
- 유괴는 사형을 적용시키라.
- 성밖에서 일어난 강간범에게는 사형을 적용시키고, 성안에서 일어났을 경우 두사람 다 사형 시키라. 왜냐하면 피해자가 소리를 지를 수 있었기 때문이다.

재물에 대한 범죄

- 도둑질과 토지의 경계표를 옮기는 데에 대한 벌칙이 있었다.

4. 개인의 권리와 책임

- 부상과 손해
- 주인과 하인: 노예들도 권리가 있다. 노동자에게 제시간에 임금을 주라.
- 신용대부, 이자, 담보. 이스라엘 사람에게 꾸어준 빚은 7년이 지난 후 말소시키라. 이자는 받지 못한다.
- 무게와 계량법. 항상 무게를 다는 저울을 사용하라.
- 유산. 가까운 친척이 가문을 이어가는 책임을 지라.

5. 성관계

- 결혼. 결혼의 약정, 기혼자, 약혼자, 강간을 당한 사람에 대한 엄격한 규제가 있었다.
- 이혼. 남편이 아내를 좋아 하지 않는다는 이유의 이혼은 금지한다. 순진한 여자를 보호하기 위해 이혼한 배우자와의 재결혼은 금지한다.
- 간통. 양쪽 다 사형을 적용한다.
- 이성의 옷차림. 타성의 옷차림은 하나님 보시기에 가증 한 것이다.

6. 보건

- 나병이 의심될 때에는 제사장의 검사를 포함한 엄격한 절차를 받아야 한다.
- 길에서 발견한 죽은 동물을 먹지 말라.
- 정결한 음식과 부정한 음식에 대한 엄격한 규칙: 낙타, 토끼, 돼지 와 어떤 종류의 새들은 먹지 말라.
- 고기와 우유를 함께 요리하지 말라.

마지막 사항은 많은 유대인들이 오해하고 있는 규칙이다. '엄마의 젖에 새끼 염소를 삶지 말라' 라는 구절로 유대인들은 코셔 (kosher) 의 식단법을 만들어서 실제적으로 두개의 부엌을 사용하고 있는 셈이다. 각 부엌에는 냄비와 접시와 싱크대가 따로 있어서 낙농의 식재료와 육류의 식재료를 따로 취급한다. 아브라함은 소고기와 버터를 손님들에게 대접했고 이런 코셔법을 사용하지 않았다. 이 법의 목적은 출산의 미신의식에 관계된 것인데 그것을 잘 못 오해 한 것이다. 가나안 사람들은 어미염소의 젖에 새끼를 삶으면 근친상간을 하는 것과 같아서 출산율이 높아진다고 믿었다.

7. 사회복지

- 자선은 장려될 뿐만 아니라 명령된 사항이다. 옥수수 단을 밭에 내버려 두어 가난한 사람들이 가져 가도록 하라.
- 자녀는 부모를 공경하고 부양하도록 한다. 고집이 세고 반항적인 아들은 사형에 처하라.
- 가축이 달아난 이웃을 도우라.
- 동물들도 친절하게 취급해야 하라: 곡식을 떠는 소에게 망을 씌우지 말라; 새둥지에서 새알은 가져가도 되지만 어미새가 다시 알을 낳을 수 있도록 어미새는 건드리지 말라.

8. 전쟁

- 전쟁의 준비과정은 치명적이다. 두려움을 느끼는 사람은 집으로 돌아갈 수 있다.
- 정복한 땅의 나무를 베지 말라.
- 화장실은 진영 밖에 두고 배설물은 흙으로 덮으라.
- 새로 결혼한 군인은 전쟁에 나가기 전 일년 동안 집에 있을 수 있다. 결혼을 제쳐두고 전쟁터에 나가지 말라.

이 모든 규칙들은 무엇을 의미하는가?

1. 범주

하나님은 우리의 삶 전체에 관심을 갖고 계시다. 올바른 삶은 주일날 교회에 가는 것만을 의미하지 않고 우리의 삶 전체에 적용된다. 어떤 일이든지 바르게 하는 방법이 있다. 하나님은 우리의 삶의 모든 부분에서 우리가 바르게 살기를 원하신다.

2. 통합적

하나님의 법은 낙타를 먹지 말라는 법에서 절기를 기념하는 법까지 모든 것을 다룬다. 현대인들은 이것이 못마땅하게 여긴다. 우리는 법을 종목화 시켜 분리해야 한다고 말한다. 하지만 하나님은 부분적으로 신성하고 부분적으로 세속적인 삶의 구분은 없다고 하신다. 삶의 모든 것이 하나님을 위한 것이다.

3. 목적

모든 율법들에 대한 명백한 목적이 있다. 이법들은 사람들을 구속하거나 재미없는 삶을 살게 하려는 것이 아니다. 계속 나오는 구절은 '그리하면 여호와가 주신 땅에서 네생명이 길고 복을 누리리라.' 라는 약속이다. 하나님은 우리가 건강하고 행복하기를 원하셔서 우리에게 법을 주셨다. 어떤 사람들은 하나님이 하늘에 앉으셔서 ' 하지마라' 와 '그렇게 하면 안된다' 라고 명령한다고 상상한다. 그러나 하나님이 금지하는 목적은 우리가 잘 되도록 하기 위함이다. 하나님은 우리의 복된 삶에 관심이 있으시다.

세번째 연설 (27:1-34:12) 미래

이 연설은 두 부분으로 나눌 수 있다.

1. 언약의 확인 (27:1-30:20)

첫부분에서 하나님은 이스라엘 사람들에게 그들 자신이 계명을 비준해야 한다고 말씀하신다. 요단강을 건넌 후, 계곡에 서로 마주보며 야외극장과 같은 지형의 에발산과 그리심산 밑에 서서 지도자들이 그리심산에서는 축복을, 에발산에서는 저주를 외칠 때 사람들은 '아멘'으로 답한다. 이 축복과 저주들은 신명기 28장에 모두 표기되어 있다. (그리고 부수적으로 성공회의 기도문에도 포함되어 있어서 매해 사순절에 낭송한다.)

언어는 강력한 힘을 가지고 있다. 구약성경의 나머지 역사는 이스라엘 사람들이 축복과 저주에 화답하는 것을 축으로 이어진다. 신명기 28장을 읽는 것이 마치 4,000년의 이스라엘의 역사를 읽는 것 같다.

2. 연속의 확신 (31:1-34:12)

여호수아는 80세의 나이에 모세의 후계자로 임명된다. 모세는 제사장들에게 율법을 주어서 증거 궤 안에 보관하게 한다. 그는 율법 전체를 7년마다 한번씩 낭송하라고 명령한다.

모세는 노래로 그의 마지막 메세지를 끝낸다. 많은 선지자들과 같이 그도 음악가였다. 미리암이 홍해를 건넌 후 부른 노래를 모세는 자신의 죽음을 앞두고 낭송한다. 그 노래는 하나님이 신실하시고 이스라엘을 정당하게 다루신다는 내용이다. 하나님은 암석이시요 우리가 의지할 수 있고 변함이 없으시고 완전히 신뢰할 수 있는 분이시다. 노래가 끝난 후 모세는 열두지파를 축복하고 미래의 예언을 말한다.

마침내 모세가 죽고 장례를 치른다—이부분은 모세가 쓰지 않았음은 물론이다. 아마도 여호수아가 썼을 것이다. 모세는 느보산에 올라가 바위에 기대 앉아서 요단강 건너편, 자신은 들어 가지 못하는 약속의 땅을 바라보며, 혼자 운명한다.

몇백년이 지난 후 복음서에 모세가 예전에 들어와 보지 않은 가나안의 산위에서 예수님과 대화를 나누었다고 기록된다. 신약성경의 유다서는 모세가 사람들이 아닌 하늘에서 내려온 천사들에 의해 니보산에 매장되었다고 한다. 천사들이 모세에게 내려왔을 때 악마가 그의 옆에 서 있었고 그는 모세가 살인을 했기 때문에 그의 것이라고 말한다. 대천사 마이클은 '하나님의 너를 질책한다' 라고 말하고 모세를 매장한다. 놀라운 생의 놀라운 마지막이다. 사람들은 한달간 애도하고 요단강을 건널 준비를 한다.

신명기의 중요성

신명기는 이스라엘 역사의 열쇠다. 그들이 가나안에 도착했을 때 그곳의 사람들을 다 쫓아내지 못하고, 또 다 쫓아내도록 노력하지도 않고, 그들과 결혼하고 그들의 악한 이교도의 풍습을 따라간다. 약속의 땅을 완전히 정복하는데 약 천년의 시간 (아브라함에서 다윗왕까지)이 걸렸다. 열왕기에서 보겠지만 그 후 500년 동안 영토를 다 잃는다. 이스라엘의 역사는 다음의 문장으로 정리 할수 있다: 순종과 공의는 하나님의 축복을 받고, 불순종과 악행은 저주를 받는다. 이 모든 것들을 충분히 그리고 명백하게 신명기에서 보여준다.

신명기는 신약성경에서도 중요한 위치에 있다. 27권의 책에 80 번 인용된다.

예수님

- 예수님은 모세가 신명기에서 예언한 대제사장이시다.
- 예수님은 신명기를 잘 알고 계신다. 광야에서 마귀가 유혹할 때 그는 신명기에서 인용한 말씀으로 자신을 방어하신다.
- 산상수훈에서 '율법의 일점 일획도 결코 없어지지 않고 다 이루리라' 라고 말씀하신다.
- 율법을 한마디로 요약해 달라고 요청 받았을 때 예수님은 신명기의 말씀: '너는 마음을 다하고 뜻을 다하고 힘을 다하여 네 하나님 여호와를 사랑하라' 와 ' 네 이웃 사랑 하기를 네 자신과 같이 사랑하라' 는 레위기의 말씀을 인용하신다.

사도바울

- 바울은 우리 마음의 변화의 중요성에 대해 말할 때 신명기를 인용한다.
- 예수님의 죽음을 저주받은 자의 예로 사용한다.
- 교역자 지원에 곡식을 터는 소에게 멍에를 씌우지 말라는 법을 적용한다.

그리스도인과 모세의 율법

오늘날의 그리스도인들은 어떻게 모세의 율법을 읽어야 할 것인가?

특별 지침서

우리는 모세의 법에 제약받지 않지만 예수님의 법에 제약받는다. 그러므로 신약에서 구약의 법을 반복하는지, 새롭게 해석하는지를 알 필요가 있다.

예를 들어, 십계명 중 네번째 안식일에 대한 계명만 신약에서 반복하지 않는다. 우리가 항상 관대하게, 즐겁게, 자유롭게 교회에 헌금해야 하지만, 신약에서 십일조를 강조하지는 않는다. 정결하고 부정한 음식에 대한 법은 폐지 되었다.

일반 원리

우리는 공의를 위해 구원되었지 공의에 의해 구원된 것이 아니다. 이것은 우리가 확실히 알아야 할 중요한 개념이다. 구약성경과 마찬가지로 신약성경에서도 '해야 한다' 의 필요성은 평범한 원리이지만, 그 동기는 아주 중요하다. 우리의 공의는 바리새인들이나 서기관들 보다 훨씬 강해야 하지만, 이 공의성은 외면과 내면세계에 모두 적용된다. 성령의 도우심으로 우리는 믿음에 의해 정당화 되고 행위에 의해 심판 받는다.

또하나 중요한 것은 신명기에서 복합적 종교내지 믿음 (syncretism) 에 대한 경고를 한다. 우리는 이교도의 종교를 무의식중에 쉽사리 우리의 삶에 받아 드린다. 예를 들어, 할로윈 (Halloween) 이나 성탄절 (Christmas) 은 이교도들의 축제였는데 교회에서 이것들을 금하는 대신 오히려 기독교의 절기로 받아 들였다.

결론

신명기는 모세 오경이어서가 아니라, 이스라엘 역사에 결정적인 책이다. 이책은 우리에게 사람들의 과거에 대해 알려주고, 현재의 삶의 방식과 미래를 내다보도록 촉구한다. 사람들이 미래에 잘못 된 삶을 살까봐 모세가 염려하는 것을 볼 수 있다. 하나님의 백성들이, 하나님을 경외하고 존경하여, 하나님이 주시는 땅에서 살기에 마땅한 가치있는 사람들이 되기를 하나님은 원하신다.

영토와 왕국

7. 여호수아	133
8. 사사기와 룻기	151
9. 사무엘 상/하	167
10. 열왕기 상/하	185

7. 여호수아

개요

선생님이 교실에 있는 어린이들에게 물었다. "누가 여리고 성벽을 부수었지?" 한동안 잠잠하다가 드디어 한 작은 소년이 말했다. "선생님, 저는 아니예요."

그날 오후 교무실에서, 선생님은 교장 선생님에게 이일을 말씀 드렸다. "오늘 저의 교실에서 무슨 일이 있었는 지 아세요? 누가 여리고 성벽을 부수었지? 하고 물었더니, 스미스 군이 "선생님, 저는 아니예요." 이러는 거예요."

교장 선생님은 "내가 스미스군을 안 지 몇 년 됐고 그의 가족도 알아요. 좋은 사람들 이예요. 그가 하지 않았다고 하면, 그의 말을 믿어도 될거예요." 라고 대답 했다.

나중에 교장 선생님은 학교에 시찰나온 교육감에게 이일에 대해 말했더니 그는, "누가 했는 지를 밝혀 내기에 너무 늦은 것 같으니, 그냥 수리하고 비용 청구 하세요" 라고 대답했다.

물론 이 농담은 여리고 성벽을 누가 부수었는지 누구나 알아야 한다는 의미를 내포하고 있다. 이것은 잘 알려져 있는 성경의 일화들 중 하나다. 성경에 있는 이 일화를 모른 다면, '여호수아가 여리고 성을 쳣네' 라는 흑인영가는 들어 보았을 것이다. 여러 사람들이 여호수아 서에 대해 알고 있는 것은 이 일화 하나 뿐이다. 여호수아 서는 잘 알려진 책이 아니며, 이 전쟁에 대해 알고 있다 해서 누구나 이 일을 사실로 받아 드리는 것은 아니다. 잘 알려진 일화지만 의문점은 아직도 있다: 어떻게 성벽이 부수어 졌을가? 성벽이 정말 부수어 진 것일까?

여호수아 서를 공부하기 전에 먼저 몇가지 질문들을 고려해 보자. 첫째는, 여호수아 서는 어떤 책이며, 그안에 담겨 있는 엄청난 이야기들을 어떻게 읽어야 할 것인가 하는 것이다. 그리고 이 책의 내용과 구조와, 크리스챤들이 어떻게 최대한의 혜택을 얻을 수 있는지에 대해 살펴 보기로 하자.

여호수아 서는 어떤 책인가?

여호수아 서는 구약의 여섯번 째 책으로 영어 성경에서는 신명기 다음에 있는 책이다. 신명기는 모세의 죽음으로 끝나고, 이어서 여호수아서는 모세의 후계자로 여호수아를 임명하는 것으로 시작됨으로, 이 책들은 시간의 흐름에 따라 배치되었다. 하지만 유대인들에게 책의 위치의 중요성은 아주 다르다. 신명기의 끝은 토라 (Torah), 즉 모세오경의 끝을 표시한다. 모세오경은 유대교 성전에서 매해 연초에 창세기 1:1에서 시작하여 연말에 신명기 34:12로 끝내는, 해마다 읽혀 지는 책들이다. 이책들의 제목들은 두루마리를 펴면서 보이는 첫 구절들을 사용했으나, 여호수아 서는 처음으로 저자의 이름을 책의 제목으로 사용한 책이다.

또한, 여호수아서는 전혀 다른 종류의 문헌이다. 모세 오경에서 이스라엘 사람들의 기본적인 헌법이 성립되었고 이 책들은 그들의 삶의 토대였다. 대조적으로, 여호수아서나 그 후에 쓰여진 책들에는 법에 대한 말이 전혀 없다. 여호수아 서에서는 법이 생활속에서 어떻게 이행되었는 지를 보게 된다.

여호수아는 영어 성경의 역사서 들과 함께 있어서 역사서로 간주되는 경향이 많다. 하지만 이책은 역사서 이상의 책이다. 구약의 개요 (14-22페이지) 에서 본 바와 같이, 유대인들은 마치 도서관의 세 분류에 소장된 책들과 같이, 구약성경을 세 부분으로 나누었다. (21페이지) 처음 다섯권의 책은 율법서로 토라 혹은 모세오경 (Torah or Pentateuch) 이라 부른다. 다음은 예언서들이다. 여호수아는 '전예언서'의 첫번째 책으로, 다음에 사사기, 사무엘 상/하, 열왕기 상/하가 있다. '후예언서'는 이사야서에서 말라기까지의 예언서들과 몇가지 다른 문헌들을 포함하고 있다. 세번째 부분은 '성문서' 라 하여 시편, 욥기, 잠언, 룻기, 아가서, 전도서, 예레미야 애가, 에스더, 다니엘, 에스라, 느헤미야 기와 역대상/하가 포함된다. 영어 성경에서 예언서로 분류하는 다니엘과 예레미야 애가는 히브리 성경에서는 '성문서'에 포함 되어 있다. 영어 성경에서 역사서 부분에 있는 역대상/하는 성문서의 마지막 책이다.

유대 성경에서 여호수아서를 예언서로 포함 시키는 것에 놀라는 사람들이 있다. 왜냐하면 나중에 쓰여진 시적인 예언서들과 달리, 책의 대부분이 서술적인 형태로 순수한 역사책을 읽는 것 같기 때문이다. 그러나, 예언서로 분류하는 것에 우리가 왜 동의 해야 하는지를 말 해주는 몇 가지 이유가 있다.

첫째, 여호수아가 선지자 였다는 사실은 널리 알려져 있지 않다. 그가 군사령관으로 더 잘 알려져 있는 것은 사실이지만, 그도 모세와 같이 하나님의 음성을 듣고 하나님과 대화한 선지자였다. 이 책의 마지막 장에서 여호수아가 일인칭 단수를 사용하여 사람들에게 하나님의 메세지를 전달하는 것이 기록되어 있다.

둘째, 성경 역사는 어쨋든 특별한 종류의 역사다. 어떤 종류의 역사를 쓰던지 따라야 하는 두가지 원리가 있다:

- 선정—아무리 짧은 기간의 역사를 쓴다 하더라도 모든 것을 포함 시키기는 불가능 하다. 성경안의 역사는 한나라와 그 나라가 지속되는 동안 일어 난 특정 사건들에 촛점을 맞춘 높은 차원에서 선정된 역사의 기록이다.
- 연결—좋은 역사가는 아주 다르게 보이는 사건들을 연결 시켜서 공통된 주제를 발견해 낸다.

이 두 원리를 사용해서, 왜 여호수아서와 성경의 다른 역사서들에 기록된 역사가 예언적인 지 우리는 알수 있다. 저자는 하나님께 중요하거나 하나님의 행하심이 설명된 사건만을 선정한다. 선지자만이 무엇을 왜 포함해야 하는지에 대한 명찰력이 있기 때문에, 오직 선지자 만이 이런 종류의 역사서를 쓸수 있다. 책을 예언으로 보게 되면 이책의 진짜 영웅은 여호수아가 아니라 하나님 이심을 알수 있고, 이것은 성경의 모든 책에 적용된다. 말씀 하시고 행 하시는 이 세상에서의 하나님의 활동을 보게 된다. 그러므로, 어떤 일이 일어 났는지를 기록한 실제 역사지만, 현실의 하나님과 그가 세상에서 하시는 일을 선언하고 있는 예언적 역사로 보아야 만 한다.

다음 페이지의 도표는 '전예언서'와 율법서의 대조적인 면을 보여 준다.

처음 다섯권의 책들	다음 여섯권의 책들
창세기	여호수아
출애굽기	사사기

처음 다섯권의 책들	다음 여섯권의 책들
레위기	사무엘 상 / 하
민수기	열왕기 상 / 하
신명기	
율법 (토라)	전예언서
약속	성취
은혜	감사
구원	공의
입법	적용
축복	순종 (땅을 받음)
저주	불순종 (땅을 잃어 버림)
언약 선포	언약 표현
원인	결과

이 도표에 여러가지 주목할 것들이 있다.

1. 율법은 **이스라엘에게 한 하나님의 약속**을 포함하고 있다. 전선지자들은 **이 약속들이 어떻게 이루어 졌는지**에 대해 말했다.

2. 율법은 **하나님의 은혜**를 사람들에게 표현한 것이다. 전선지자들은 사람들이 들은 것에 대해 **어떻게 감사로 답하였는지**를 보여주었다. (나중에 보겠지만, 솔직히 그들의 감사는 너무 부족 했다.)

3. 율법서들은 이집트에서 사람들을 구해낸 **하나님의구원**에 대해 서술했다. (출애굽기) 전선지자들은 하나님의 계획에 어떻게 사람들이 반응하여 공의로운 삶을 살아야 하는지를 설명했다.

4. 율법서는 어떻게 **하나님이 순종을 축복 하시고 불순종을 벌하시는 지**에 대해 말했다. 여호수아서에서 우리는 여리고의 전쟁을 통해, **순종이 승리의 결과**를 가져오는 것을 본다. 거꾸로, 아이 성에서 패전한 것을 통해 율법에 불순종 했을 때의 결과도 본다. 계속된 불순종은 여호수아서 에서 차지한 영토를 열왕기 하에서 다 빼앗기는 것을 의미 한다.

전선지자들은, 율법에 순종함으로 사람들이 약속의 땅을 받았으나, 불순종함으로 다 빼앗겨 버린 비참한 이야기를 말 해준다. 다시 말해서, 첫번째 다섯권의 책들은 원인이었고 다음의 여섯권의 책들은 결과 였다.

여호수아서를 어떻게 읽어야 하는가?

여호수아서에 촛점을 맞추기 전에, 성경의 역사 공부를 방해 할 수 있는 학문적 논란을 다루어 볼 필요가 있다. 많은 학자들은 성경의 진실은 역사적이나 과학적이 아니고, 도덕적 이고 종교적 이라고 주장한다. 실제 일어 난 사실로 믿어 달라는 기대를 아무에게도하지 않는 한, 기적의사건들이 성경의 한 부분임을 그들은 기쁘게 받아 들인다. 성경의 역사는 '신화' 혹은 '전설' 로서 영적 진실과 가치를 가르치기는 하지만 실제 일어난 사건을 쓴 것은 아니라고 그들은 말한다.

성경의 부분들이 허구라는 사실을 우리는 부인 할 필요가 없다. 엄밀히 따지면 예수님의 우화들을 '신화'다. 이야기의 목적이 듣는 이들에게 중요한 진실을 전달하는 것이므로, 방탕한 아들이 정말 있었던지 없었던지는 상관이 없다. 그러나, 성경에 우화가 들어 있다고 시인하는 것과 성경의 사건들이 허구라고 동의하는 것과는 아주 거리가 멀다.

성경의 진실성에 대한 의문은 19세기에 학자들이 아담과 하와는 실제 인물들이 아니고 그들의 행동이 보편적 진실을 설명해주는 신화적 인물이라고 주장함으로 시작했다. 진짜 아담과 하와가 하나님이 금하신 과일을 먹음으로 타락이 죄가 되어 세상에 들어 온게 아니고, 누군가에게 무엇을 만지지 말라고 하면, 꼭 만지고 싶어하는 보편적 진리를 보여주는 이야기 라고그들은 말했다. 이러한 접근은 아담과 하와의 이야기에서 그치지 않았다. 노아의 방주가 다음이었고 결국 이런 주목을 피한 성경의 사건들은 몇 개 되지 않았다. 이렇게 하고 나면, 영적 진실은 전달 할 수 있지만 최소한의 역사의 근거만 있는 성경판 이솝의 우화 만 남게 된다.

이런 관점을 가지고 성경을 읽는 과정을 '비신화화' (demythologization) 라고 한다. 간단히 말해서, 진실을 얻기 위해서는 이야기(신화) 나 이야기가 역사적 사실에 근거 한다는 모든 제안을 무시 해야만 한다는 것이다. 기적적이거나 초인간적인 요소들도 신화의 일부로 버려질 수 있다.

이 '비신화화' 는 구약성경에만 국한되지 않았다: 신약성경도 공격을 받았다. 처녀의 잉태, 기적들과 부활이 쉬운 표적이 되었다. 이러한 학문적 논쟁은 신학 교육에 영향을 끼쳤고, 얼마 되지 않아 부활이 실제 있었는지는 상관 없이 사람들이 있었다고 믿기만 하면 된다고 가르치는교회의 지도자들이 생겼다. 만약 예수님의 뼈가 아직도 이스라엘에서 썩고 있다 해도, 그들의 믿음은 달라 질게 없다고 그들은 말했다.

이 것을 염두에 두고 볼 때, 여호수아서의 내용, 특히 기록된 여리고 성의 함락에 대해 관심이 높아 진것을 발견하는 것은 놀랄 일이 아니다. 과학의 시대에 사는 세련된 독자들이 여호수아서의 기적들을 사실로 받아 들일 수 없다고 학자들은 논했다. 대신 그들은 하나님은 우리가 싸움에 이기 기를 원한다는 것을 가르치는 일개의 이야기로 보았다.

그러나 여호수아서를 '비신화화' 하려면, 요단강의 마름, 여리고 성벽의 무너짐, 우박이 전쟁에서 이기도록 도움, 해와 달이 하루 동안 움직이지 않음 등, 이 책 안에 있는 명백한 신화들을 잘라내 버려야만 한다.

여호수아서의 역사적 가치를 손상시키는 이러한 시도에 우리는 어떻게 반응 해야 하는가?

1. 기적을 믿지 않으면, 영적 혜택이 거의 없는 순전한 인간의 역사서가 된다. 하나님에 대한 부분은 모두 제외 시켜야 한다. 중국의 세속적 역사에서 배우는 가치 나 진실 정도만 있는 책이 될 것이다.

2. 신화는 역사서와 다른 장르로 구분 하기 위하여 장소나 사람들을 지어 내지만, 성경의 역사는 신화와 완전히 다르다. 여호수아서는 지금도 방문 할수 있는 요단강, 여리고, 예루살렘등 실제의 장소들을 포함하고 있다. 또한 가나안 사람이나 이스라엘 사람등, 사학자들이 당시에 존재했었다고 인정하는 사람들을 포함하고 있다.

3. 여호수아서는 당대의 목격자들에 의해 쓰여 졌다고 한다. 직접 목격한 사건들을 더듬어 보는 저자들을 칭하는, '우리' 라는 일인칭 복수형의 단어가 사용되었다. 또한, '오늘날까지도' 라는 상투적인 문구가 사용되었다. 저자와 같은 시대에 살던 사람들이 내용을 확인 할 수 있었다. 이책은 신화적 인물에 대한 우화가 아니고, 그곳에 살던 사람들에 의해 순서적으로 기록된 역사의 사건들이다.

4. **고고학자들은 여호수아서에 있는 많은 정보를 확인 하였다.** 그들은 책안에 포함된 도시

들 전체의 문화가 50년의 기간 동안 바뀌었다는 사실을 발견 했다. 하솔, 벧엘, 라기스 같은 도시들이 1250-1200 BC 사이에 파괴되었고 그곳의 거주자들은 훨씬 간소화된 생활 방식으로 복귀했다는 증거가 있다. 이 변화의 시간은 어떻게 이 도시들을 정복했는지에 대한 여호수아의 설명과 맞아 떨어진다.

5. 여호수아서의 기적적 사건들을 의심하는 사람들은, 그 사건들이 기적적이 아니라는 점을 무시한다. 우리는 기적을 받아 들이는데 전혀 문제가 없지만, 이런 현상들을 설명할 수 있다는 점은 흥미롭다. 예를 들어, 오늘 날에도 범람이 있는 진행되고 있는 상태의 요단 강에서 마른 땅을 볼 수 있다. 이강은 요르단 계곡을 구불 구불 천천히 흐르다가, 홍수 때는 세찬 물의 힘으로 물줄기가 구부러 지지 않고 직접 모래 언덕으로 향한다. 많은 양의 물이 모래 언덕 밑을 통과 하면서 언덕이 무너져 내려 일시적인 댐을 형성하여 5시간 정도 까지 물길을 막아 버리게 된다. 마찬가지로, 현대 시대에, 큰 건물들의 붕괴에 대해 우리는 알고 있다. 대성당이나 고층 건물들이 여호수아서의 성벽이 무너진 것과 같은 방법으로 무너졌다. **이사건 들은 기적이 아니라, 시간이 딱 맞아 떨어졌 을 뿐이다.** 하나님이 말씀 하신대로 강이 마르고 벽이 무너졌다.

6. 역사의 많은 부분이 제외 되었기 때문에, 성경을 이스라엘의 역사서로 볼 수 없다. 여호수아서가 40년의 기간을 다루지만, 40년 동안 있었던 거의 모든 일들은 기록되지 않았다. 이 책이 이스라엘의 역사서 라면 여리고 성의 함락에 대해 3장씩이나 할애하는 불균형은 있을 수 없다. **이것은 참으로 이스라엘의 하나님이 하신 일에 대한 역사서다.** 살아 계신 하나님이 시간과 역사 속에서 활발하게 말씀 하시고 행 하시는 기간을 저자는 기록했다. 만약 하나님의 도우심이 없었다면, 이스라엘 사람들은 절대로 약속의 땅에 들어갈 수 없었다. 군사 훈련도 받아 본 적이 없는 노예 생활을 하던 무리가 들어가서 견고한 성벽으로 둘러 싸인 곳을 빼앗고 그들의 것보다 훨씬 발전 되어 있던 문화를 대체시키는 것은 불가능 한 일이다. 그러므로 만약 이책의 주제가 하나님의 활동 이고, 그의 일이 인간적 이해를 초월했을 때 놀라지 말아야 한다. 이런 부분들을 빼 버리고자 한다면, 혹은 '비신화화'하려 한다면, 우리는 이책의 전체적 본성과 목적을 손상 시키게 될 것이다.

성경이 신화인지 역사인지에 대한 의구심은 결국 개인적인 질문이다: 우리는 살아계신 하나님을 믿는가? 예 라고 답한 다면, 하나님이 말씀하고 행하신 기록으로 성경을 보면서 왜 그렇게 말씀 하고 행하셨는지에 대해 살펴 보도록 하자.

성경이 하나님에 대한 것만은 아니고, 혹은 이스라엘의 하나님에 대한 것 조차도 아니다. 성경은 하나님 과 이스라엘에 대한 역사다—그들의 관계에 대한 이야기다—그리고 우리는 이런 관점에서 여호수아를 비롯한 구약에 있는 모든 책들을 읽어야 할 필요가 있다. 하나님과 이스라엘의 관계를 결혼으로 보는 것을 공상이라 할 수 없다. 아브라함에게 그와 그의 자손들의 하나님이 되겠다고 하나님이 약속 하셨을 때를 약혼으로 볼 수 있다. 시내산에서 하나님이 주신 율법에 따라 살겠다고 사람들이 약속했을 때 결혼 한 것과 같다. 신혼 여행은 사람들이 약속의 땅으로 여행 하는 3개월 동안 으로 계획 되어 있었다. 그런데 신부가 준비가 되지 않았거나 남편을 믿고자 하는 의지가 없어서, 약속의 땅에 도착 하는데 40년이나 걸렸다. 여호수아서에서 준비된 장소, 그들의 새집에서 드디어 삶을 함께 시작하게 된다. 그들에게 땅 문서는 주어 졌지만 그들은 들어가서 땅을 차지해야 했다. 슬프게도 아내의 허물로 결혼에 문제가 생기고 일시적 이혼까지 있었다. 그러나 하나님은 이혼을 미워하시기 때문에, 사람들에게서 떠나지 않으셨다.

여호수아서의 내용

자세한 내용에 들어 가기 전, 여호수아 서의 내용의 전체적 개요를 아는 것이 중요하다. 이것은, 소설의 한 부분만 읽고 전체를 판단 하는 것을 거부하듯이, 우리가 글의 의미에 대해 적절하지 않거나 부당한 결정을 내리지 않도록 도와 줄 것이다. 책안의 각 문장의 의미는 문맥에서 나오기 때문에 우리는 먼저 책을 하나의 덩어리로 볼 필요가 있다.

이 책은 80세에서 110세 까지의 여호수아의 삶을 기록했다. 80세에서 120세 까지의 모세의 지도자로서의 삶은 출애굽기, 레위기, 민수기, 신명기에 기록되어 있다. 두사람이 다른 점은 모세는 법을 제정하는 입법자인 동시에 지도자였고, 법 제정이 완료 된 후의 여호수아는 그냥 지도자였다.

구조

이책은 빵 두조각 사이에 많은 속이 들어있는 세 부분으로 나누어 진 샌드위치의 구조로 볼 수 있다.

- 위의 빵조각은 **1장으로**, **여호수아가 지도자로 임명되는** 것에 대한 서두말이다.
- 아랫 빵조각은 **23-24장으로**, 여호수아의 **마지막 설교**, 그의 **죽음과 장례를** 다루었다.

두 빵조각 사이의 본문은, 이미사람들이 살고 있는 땅을, 이스라엘이 어떻게 하나님의 약속에 의해 차지 했는가에 대한 설명이다. 이 중간 부분을 다시 세분화 할 수 있다.

- **2-5장은** 요단강을 건너 가나안에 **들어가는** 것을 다룬다.
- **6-12장은** 어떻게 땅을 **정복** 했는 지에 대한 자세한 내용과 여호수와가 패망 시킨 24명의 왕들의 이름이 12장에 기록되어 있다.
- **13-22장은** 각 지파들이 정복한 땅을 **분배하는** 내용을 다루었다.

여호수아의 임명

여호수아가 지도자로 부름을 받았을 때 그는 70세였다. 그의 부르심을 두개의 각도에서 볼 수 있다.

신성한 격려

하나님은 여호수아에게 모세의 후임자로 그를 선택하셨다고 말씀 하신다. 모세는 이스라엘을 이집트에서 데리고 나왔고, 이제 여호수아는 그들을 약속의 땅으로 데리고 들어 가야 하는 것이다. 하나님이 모세와 함께 하셨듯이, 여호수아와도 함께 하실 것을 약속하신다. 하나님은 여호수아에게 강하고, 용감하고 율법을 잘 지키라고 말씀 하신다. 그렇게 하면 그는 번영 (prosper) 할 것이었다.

힘이 솟아 나는, 또 도전이 되는 그의 리더쉽의 시작되었다. 위의 '번영' 이라는 단어는 잘 못 해석 되어 왔다. 이말은 '부유함'이라는 뜻이 아니고, 성경이 경제적 부유함을 약속 한다고 믿는 사람들은 성경을 오해하고 있는 것이다. 이 단어의 의미는 여호수아가 하나님의 이름으로 목적한 일들을 이룰 것이라는 뜻이다.

이 격려의 말은 그저 여호수아의 행복을 위한 말이 아니었다. 하나님은 그의 지도력이 전체 이스라엘 사람들의 사기에 영향을 줄 것이라는 것을 알고 계셨다. 여호수아의 통솔력이 사람들의 사기를 돕는 것도 중요하지만, 그의 도덕성이 반드시 최고의 수준에 있게 함이었다. 그는 그저 좋은 격려의 말이 필요한 전쟁에 나갈 사람들을 이끄는 것이 아니고, 하나님의 사람들을 이끄는 사람이었다. 그들의 도덕 수준이 전쟁의 승리에 영향을 미칠 것임으로, 여호수아는 모범을 보여야 했다.

사람들의 열정

여호수아가 하나님의 결정을 사람들에게 알렸을 때 사람들은 열렬했다—참으로 그들의 반응은 하나님이 조용히 여호수아에게 하신 명령을 똑 같이 반복했다. 그들은 여호수아에게 '강하고 용감하라' 라고 충고했다. 또한, 모세에게 복종 한 것과 같이 여호수아에게도 복종하겠다고 그들은 약속한다. 그들이 모세에게 복종하지 않았기 때문에 약속의 땅에 도달하는데 40 년이 걸린 것을 감안 할 때, 이것은 좀 말이 되지 않는 것같다. 그러나 이 새로운 세대는 조상들의 불순종을 보고 배웠다. 이 세대는 모세의 생전에 그에게 순종하여 모압 과 암몬을 정복했고, 그들의 새로운 지도자에게 충성을 재확인 하는 것이 수월했다. 여호수아가 하라는 대로 하고 가라는 데로 갈 것을 그들은 약속한다. 하나님께서 모세와 함께 하신 것 같이 여호수아에게도 함께 해달라고 그들은 기도한다.

이 두가지 면의 여호수아의 부르심은 오늘날 직분자를 세울 때 배워야 할 점이다. 두가지 측면이 다 필요하다: 하나님이 이 사람을 이 일에 부르셨다는 느낌이 있어야 하고, 하나님의 사람들에게서 진심 어린 반응이 있어야 한다.

여호수아의 통솔

이 책의 중심은 여호수아가 사람들을 이끌고 가나안 땅으로 들어가는 것을 다루고 있다. 이 것을 세부분으로 나눌 수 있는데, 모두 근본적으로 땅에 대해 다루고 있다.

1. 진입

(i) 전

가나안에 들어 가기 전, 여호수아는 두명의 정탐꾼을 보냈다. 40년전 12명의 정탐꾼을 내 보냈을 때, 10명의 부정적인 보고가 믿음 없는 이스라엘 사람들이 약속의 땅에 들어 가기를 거부하는것에 기여했다. 처음에 긍정적 보고를 한 두사람을 반영시키듯, 이번에는 두명의 정탐꾼을 보냈다. 하나님이 벌써 땅을 주시기로 약속하셨는데 정탐꾼을 보내는 것은 믿음이 없는 행동이 아닌가? 이것은 예수님이 살아 계셨을 때에 우화를 통해 말씀하신 원리의 이행이었다. 전쟁을 시작하기 전 꼼꼼히 계산을 해보는 것이 중요했다. 들어 갔을 때 어떤 것을 기대해야 할 지에 대한 최대한의 정보를 수집한 후 가나안으로 들어가는 것이 당연했다.

정탐꾼들이 묵은 숙소를 보면 가나안 사람들의 도덕성의 상태에 대해 많이 알 수 있다. 그들은 라합이라는 창녀의 집에 거했다. 라합과의 대화를 보면, 이스라엘이 이집트와 주변국가들 상대로 승리 했다는 소문이 퍼져, 현지인들은 이스라엘의 침략 대비의 가능성에 대해 두려워 하고 있었다. 라합은 이땅을 하나님이 꼭 이스라엘 사람들에게 주실 것을 확신하고 이스라엘 편이 되기를 원했다. 신약성경은 히브리서에 언급된 믿음의 영웅들에 포함된그녀의 믿음을 칭찬하였다.

그녀가 피신한 방법은 죽음의 천사가 이집트에 왔을 때 유대인 들의 장자들이 죽음을 피한 방법을 연상케 한다. 그들은 문설주에 유월절 양의 피를 발랐다. 라합은 창문에 붉은 줄을 매어 앞으로 닥쳐 올 여리고 성의 멸망에서 자신과 가족들의 생명을 건졌다. 마치 그녀가 창문에 피를 발라 죽음이 그녀의 집을 건드리지 않은 것과 같았다. 그녀의 믿음만 칭찬 받은 것이 아니라, 어떻게 창녀가 예수님에 이르는 왕의 족보에 오르게 되었는 지를 마태복음은기록하고 있다. 참으로 놀랍고 감동적인 일화다.

(ii) 도중

가나안 동편에 위치한 요단강은 마치 물도랑 (moat) 같은 역할을 했는데 특히 홍수로 물의 깊이가 20피트 정도되는 추수때는, 쉽게 건널 수 있는 다리나 얕은 부분이 없었다. 앞서 말한 바와 같이 강 상류에서 자연적인 댐이 임시로 형성되어 강줄기를 막아 사람들이 건넜을 확률이크다. 타이밍은 정확했다: 호송대를 앞서 가던 제사장이 강에 들어 갔을때 강바닥은 말랐다.

기적이 사람들로 하여금 강을 건널 수 있게 한데는 또 하나의 목적이 있다. 여호수아와 함께 가나안으로 들어간 새로운 세대의 많은 사람들은 출애굽기에 기록된 홍해를 건너는 기적을 목격하지 못했다. 하나님은 그의 백성이 그의 전능 하심을 보고, 그들을 이끌고 가나안 사람들과 싸우며 약속한 땅으로 들어 가는 여호수아 의 지도력에 자신감을 갖기를 원하셨다. 모세와 함께 계셨듯이 하나님은 그와도 함께 계셨다.

(iii) 후

그들이 약속의 땅에서 처음 진을 친 곳은 길갈이라는 곳으로, 동쪽에서 언덕을 향해 올라오는 적을 막기 위해 지어진 요새인 여리고 성에서 근처의 넓은 지역이었다. 이스라엘 사람들은 그곳에 도착했을 때 세가지 일을 했다:

1. **요단강 바닥에서 12개의 돌을 가져다가 징표**를 만들어 하나님이 어떻게 요단강을 말리셨는지를 미래의 세대들에세 상기 시키고자 했다. 추도는 구약성경에서 경건함을 나타내는 중요한 부분이었다. 이스라엘의 문화는과거에 하나님이 그들을 위해 무엇을 하였는지를 상기 시켜 주는 요소들이 포함되어 있다. 돌의 표징은 중요한 장소를 표시할 때 즐겨 사용되었고, 12개의 돌은 12지파를 상징했다.

2. 그들은 **모든 남자들에게 할례를 주었다**. 새세대는 아브라함때 처음 시작된 할례 의식을 따르지 않았었다. 여호수아는 백성들의 영적 상태를 중요시 여겨, 철저히 계명을 지키기를 원했다.

3. 그들이 그곳을 **길갈 ('굴려 버리다' 라는 뜻)** 이라고 명칭한 이유는 하나님이 이집트에서의 치욕과 불명예를 굴려 없애 버렸기 때문이었다.

또한, 하나님은 그들이 가나안에 들어가자 만나를 중지하셨다. 40년 동안 이스라엘 사람들은 매일 만나를 먹고 살았는데, 이제는 '젖과 꿀이 흐르는' 비옥한 가나안 땅에 도달했다. 오늘 날에도 여리고에서 파는 맛있는 자몽과 오렌지를 볼 수 있다.

(iv) 여호와의 군대대장

여리고는 그들이 공격 해야 할 첫 도시였지만, 여호수아는 전투가 시작 되기 전 특이한 경험을 했다. 그는 성벽을 직접 보기 위해 밤에 여리고성으로 가다가 도중에 칼을 든 한 남자를 만났다.

적군일 지 모른다는 의심을 가지고, 여호수아는 그가 아군인지 적군인지 물었다. 그는 '아니다' 라는 터무니 없는 대답을 들었을 때 그는 놀랐다. 그사람은 자신이 히브리인도 아니고 가나안 사람도 아니고, 하나님의 군대에 속한 자로, 이 땅의 군대가 아닌 하늘의 군대에 관계되어 있다고 말했다. 그는 사실 여호수아에게 어느 편에 속해 있는지를 묻고 있었다! 이 사람은 여호과의 군대 장이었다. (예, 고위의 천사, 천사장, 성육신으로 오신 하나님의 아들) 여호수아는 이 일을 통해 그가 하나님의 군대에서 가장 높은 사령관이 아님을 깨달았다. 또한, 이 경험은 그가 홀로 싸우는 것도 아니었고, 이스라엘의 총 지휘관도 아님을 깨닫게 해 주었다—그는 하나님과 사람들을 모시는 종 이었다.

2. 정복

영토를 침략할 때의 군사 전략은 명백하게 분열과 점령이다. 여호수아는 가나안의 중앙에 쐐기를 박듯이 적을 둘로 쪼개 놓고, 먼저 남쪽을 정복한 후 북쪽을 점령했다. 이 전략은 가나안 사람들의 결합을 방지하였고, 이스라엘 사람들이 한번에 한쪽하고만 싸우면 되는, 숫자적으로 감당하기 쉬운 작전이었다.

여호수아서가 예언적 역사서라는 관점은 처음 공격한 두 도시에 많은 장수를 할애한 사실로 강조된다. 여리고 성과 아이 성은 가장 중요한 곳으로 간주되었다. 도덕적 가르침, 승리와 패배, 이 두 번의 첫 전투에서 배운 교훈은 그 후의 전쟁에서 확인 될 것이었지만, 예언적 해석은 반복할 필요가 없었다.

(i) 중앙

여리고

고대의 여리고는 현재의 여리고에서 일마일 정도 떨어져 있다. 그 유적지는 텔 에 설탄(Tel Es Sultan) 이라는 곳에 있고, 여리고가 세계에서 가장 오래된 도시임이 밝혀졌다. 여리고의 건설은 8,000 BC쯤 으로 추정되고, 세계에서 가장 오래 된 건물과, 안쪽에 나선형의 계단이 있는 둥근 탑이 성안에 있다. 이 유적들이 발굴 되었을 때 가장 중요한 질문은 여호수아 시대에 무너진 성벽을 찾을 수 있는 가 하는 것이었다. 1920년대에 고고학자 존 갈스탱 (John Garstang) 은 성벽을 찾았다고 생각했는데, 캐스린 케니언 (Kathleen Kenyon) 이 여호수아 시대에는 여리고에 사람이 살고있지 않았다는 주장을 하며 반박하였다. 그러나, 이집트 고고학자 데이빗 롤(David Rohl) 은 시간의 계산을 수정하고 무너진 벽들과 불에 탄 건물들을 다른 깊이의 위치에서 발굴했다. (그의 책 'The Test of Time', Century, 1995, 와 TV 방영물에는 이집트시대의 요셉의 유적의 발굴도 포함되어 있다. 더 놀라운 책 'Legend: The Genesis of Civilization, Century, 1998, 는 아직도 과실나무가 가득한 에덴 동산의 위치의 발견에 대한 책이다 - 그리고 그는 기독교인이 아니다!)

여리고 성을 함락했을 때, 여호수아는 미래에 그 성을 다시 쌓고자 하는 누구든지 저주했다. 건물의 기초를 만들면 그들의 장자가 죽을 것이고 성문을 달면 막내 아들이 죽을 것이라고 저주했다. 500년이 지난 후 성을 재건축 하려는 시도가 있었는데 예언한 그대로 저주가 내렸다고 열왕기는 기록했다. 저주가 폐허위에 재 건축을 하는데 실제적 방해 요소 였다. 여리고의 남은 잔재들은 그냥 방치되어 있었고 누구든지 필요한 사람은 벽돌을 가져다가 다른 건물의 건축에 사용 할 수 있었다. 성벽의 일부분이 없다는 사실은 성경의 기록을 확인해 주고 있다.

고고학자들은 비슷한 건축물에서 벽의 사이즈를 확인 했다. 여리고의 성벽은 높이 30 피트에 , 6 피트 두께의 바깥 벽, 12피트 두께의 안벽으로 되어 있었고 두벽 사이에는 12-15 피트의 공간이 있었다. 성벽이 도시의 인구증가에 방해물이 되자, 성벽위에 집들을 다닥 다닥 붙여 지었다. 약한 지진에도 전체가 무너질 수 있음을 쉽게 볼 수 있다. 40,000명의 함성과 양각 나팔 소리가 방아쇠와 같은 열할을 했다고 성경은 기록한다. 마치 오페라 가수가 특정한 강도와 음조로 노래하면 전구를 깨뜨릴 수 있는 것과 같은 이치로 , 이들의 함성소리가 성벽을 무너지게 하기에 충분했을 지도 모른다. 무너지지 않은 단 하나의 집은 창에 붉은 줄을 매달아 놓은, 이스라엘의 하나님을 믿음으로 보존 된 창녀 라합의 집이었다.

성의 파괴가 극심 했으므로 전투가 필요 없었다—이스라엘 사람들은 걸어 들어가서 도시를 정복했다. 하지만 승리의 축하는 조건부였다. 추수때의 첫 열매 같이 하나님은 이도시가 하나님의 것이라고 말씀했다. 여리고의 함락은 하나님의 승리임을 그들이 인정 해야만 했다. 훗날 정복한 도시들은 약탈 할 수 있었지만 여리고는 안되었다. 그러나 한사람이 불순종하였고, 이 사실은 다음의 이야기에 연결된다.

아이 성

여리고에서 더 언덕위로 올라가면 번창한 도시 아이 (Ai) 가 있었다. 하지만 이번에는 패전했다. 이스라엘이 두가지 실수를 한 것이다. 첫번째 실수는 그들은 자만감 이었다: 여호수아는 이곳도 여리고 성같이 쉽게 정복할 수 있으리라 생각하고 적은 수의 군인들을 보냈다. 하나님이 한번 축복해 주셨다고해서 다음에도 같은 방법으로 축복해 주실 거라고 생각하는 것은 치명적 실수라는 중요한 교훈을 배웠다.

여리고에서 전리품을 훔쳐 간 사람이 두번째 실수를 범했다. 아간은 바빌론의 외투 한벌, 은 200 세겔, 50세겔 무게의 금덩어리를 훔치고, 아무도 이 물건들이 없어 진 것을 눈치 채지 못하리라 생각했다. 여호수아의 군대가 아이성을 처음 공격했을 때, 그들은 쫓겨서 도망했다. 여호수아는 극도로 마음이 상하여 , 한참 그들의 명성이 올라가고 있는 때에 왜 이런 일을 허락 하셨는 지를 하나님께 물었다. 하나님은 이스라엘이 죄를 범 했다고 설명하셨다. 그들 중 한 사람이 하나님께 바쳐진 물건을 가져 간 것이다. 제비 뽑기로 지파, 다음에 씨족, 그리고 마침내 아간의 가족을 찾아 냈다.

이렇게 중대한 사건에 제비 뽑기를 한다는 것이 이상 하겠지만, 이스라엘 사람들은 하나님이 모든 상황을 주관 하시므로 제비뽑기로 범인을 찾아 주실 것을 믿었고, 이 것은 증명되었다. 이스라엘의 역사를 보면 비슷한 방법이 사용되었다. 제사장은 우림과 둠밈 이라는 검은 색과 흰 색의 돌을 옷속에 지니고 다녔다. 사람들은 이 돌들로 어떻게 해야 할 지를 분별했다. 흰색 돌이 나오면 긍정의 의미고, 검은 색돌은 부정을 의미했다. 하나님의 백성은 이 방법을 성령이 내려온 오순절 까지 계속 사용했다. 그 순간 부터는 성령이 대신 하나님의 백성을 인도했고 이런 방법은 다시는 사용되지 않았다.

아간은 자신의 유죄를 알고 있었다. 만약 빨리 실토 했다면 용서 받을 수도 있었을 지 모르는데 그는 끝까지 숨겼다. 그의 가족들도 그를 고발하지 않았기 때문데 모두 돌에 맞아 죽임을 당했다. 한 사람의 죄가 여러 사람에게 불명예의 고통을 줄 수 있다는 것은 무서운 일이다.

이 죄가 해결된 후, 이스라엘은 아이 성을 다시 공격 했고 이번에는 그들이 승리 했다.

에발산과 그리심산

아이 성을 멸망 시킨 후, 그땅의 중앙에 있는 두개의 산으로 여호수아는 사람들을 인도했다. 시내산에서 하나님이 그들과 맺은 언약을 갱신하는 데에 대한 모세의 명백한 지시가 있었다. 그들은 쇠연장으로 다듬지 않은 회벽을 칠한 새 돌에다 율법을 쓰고, 두 그룹으로 나뉘어서, 한그룹은 그리심산에서 언약의 축복을 외치고 다른 한 그룹은 에발산에서 저주를 외쳤다. 두 언덕은 자연적인 원형 극장의 모양이어서 서로의 외치는 소리를 들을 수 있었고, 외치는 각 율법에 대해 아멘으로 답하였다.

(ii) 남부 지역

이렇게 까지 언약을 확인 시켰지만 사람들은 아직도 실수를 범하기 쉬웠고, 기브온 사람들과 대할 때 그들은 즉시 큰 실수를 했다. 기브온 사람들은 가나안 땅에 사는 부족으로 자신들이 이스라엘의 맹공격을 막아 낼 수 없음을 깨달았다. 그들은 속임수의 방법을 선택했다. 그들은 낡은 옷을 입고 기운 신발을 신고오래된 가죽 포도주 부대, 헤어진 전대, 마르고 곰팡이가 난 빵을 가지고 이스라엘을 찾아왔다. 그들은 자기들이 먼 나라에서 왔고 이스라엘의 소문을 듣고 보호를 받기 원한다고 말했다.

이스라엘 사람들이 그들의 말을 그대로 믿고 하나님께 물어 보지 않았다고성경은 말한다. 나중에야 그들의 실수를 깨달았지만, 그들의 목숨을 살려 주겠다고 서약한 후여서 이미 늦었고, 기브온 사람들에게 속한 네개의 도시는 건드릴 수 없었다. 기브온 사람들은 속임수로 얻은 조약으로 보호를 받게 되었고, 목수나 하인으로 이스라엘 사람들을 섬겼다. 그래서 이스라엘은 이사람들을 땅에서 쫓아 내지 못했다.

기브온은 계속에서 이스라엘과 연관된다. 예루살렘의 왕 아도니세덱이, 기브온이 이스라엘과 조약을 맺었다는 말을 듣고 네명의 아모리 왕들에게 함께 연합하여 기브온을 공격하기를 선동했다 . 기브온은 이스라엘의 도움을 청했고 전쟁은 시작되었다. 하나님은 이스라엘이 승리 할 것이라고 확신을 주시고, 큰 우박을 내리셔서, 칼에 죽은 자보다 우박에 맞아 죽은 자의 수가 더 많았다. 이 때 여호수아는 하나님께 특별한 기적을 주시기를 요청했다. 해가 지면 어두워서 적군을 계속 격파 할 수 없음을 그는 알고 있었다—, 싸움의 상태에 관계없이, 아군인지 적군인지 알아 볼 수가 없었으므로 해가 지자 모든 싸움이 멈추었다. 여호수아는 하나님께 해를 멈추어서 전투를 계속 할 수 있게 해 달라고 전례에 없는 기도를 했! 이런 놀라운 믿음에 대한 상급이 주어졌고, 하루 종일 해가 하늘에서 정지했었다고 성경은 말씀한다. 이스라엘은 완벽한 승리를 거두었다.

남부의 군사작전은 계속 승리하여 벧엘과 라기스를 정복했다. (고고학을 통해 이 곳이 파괴된 시기가 1250-1200BC임을 우리는 알고 있다.) 남부 지역 전체가 진압되었다.

(iii) 북부 지역

남부 지역을 점령한 후, 그들은 북부로 관심을 돌렸다. 이 즈음에는 북부의 왕들이 이스라엘의 승전에 대해 들었으므로, 전쟁을 위해 그들의 힘을 연합하였다. 하지만, 다시 한번, 하나님은 이스라엘사람들의 승리를 확신 시켜 주셨다: 적군의 마차들은 불에 타고 그들의 말들은 절름발이가 되었다.

여호수아가 불태운 하솔 성을 제외하고, 둑위에 있는 성들은 완전히 파괴 시키지 않았다. 고고학자들은 하솔 성이 1250-1200 BC경에 불타서 파괴 되었음을 확인했다.

정복이 끝난 후, 하나님이 적국의 마음을 완강하게 하여 그들이 이스라엘에 대항하여 싸웠다는 공고문을 포함한 이스라엘의 행적에 대한 흥미로운 총정리가 기록되었다. 확실히 그들의 죄악이 가득 찾으므로 완전한 멸족만이 해결책이었다.

3. 분배

앞으로 더 나가기 전에, 점령과 정복의 차이를 확실히 하자. 점령은 장소와 관련이 있고, 정복은 사람들과 관련이 있다. 사람들을 정복했기 때문에 영토는 그들의 것이었지만, 이스라엘은 아직도 점령 해야 할 땅이 많았다. 이책의 나머지는 이 과정의 진행을 다루고 있다.

땅의 분배를 국가적 차원의 제비뽑기로 정했다는 사실 때문애, 영국을 비롯한 많은 나라에서 하고 있는 로또를 하나님이 승인하신 것으로 믿는 사람들이 있다. 그러나, 우리가 이해 해야 할 중요한 차이점이 있다. 로또는 인간이 결과에 영향을 끼치지 못하도록 만들어 진 것이다. 이스라엘은 하나님이 결과에 대한 영향을 끼칠 수 있도록 제비뽑기를 한 것이다. 하나님이 태양을 조정 할 수 있다면, 이런 일은 그에게 아무 것도 아니었다.

(i) 요단 동쪽

이곳은 아름다운 곳으로 여호수아은는 어떻게 이 땅을 측량하였는 지에 대해 기록하였다. 웨일즈와 같은 면적으로, 중동에서 유일하게 푸른 초원지대이다. 아라비아 사막이 동쪽에 있고 네게브 사막이 남쪽에 있다. 비는 지중해 쪽에서 몰려 온다.

모세는 르우벤, 갓, 므낫세의 반 지파들에게 가나안의 전쟁을 돕는 조건으로 비옥한 이땅을 약속 했다. 여호수아는 이 약속을 이행했다.

땅을 분배하는 과정에서 '유산' 이라는 단어기 중요하다. 땅은, 당분간이나, 승전자의 생애 동안이 아닌, 이스라엘이 그들의 자손에게 물려줄 영원한 기업이었다.

(ii) 요단 서쪽

　　길갈: 2.5 지파

갈렙은 45년전 가나안 땅에 보내진 12명의 정탐꾼들 중 하나로 긍정적인 보고를 한사람중 한 명이었다. 이제, 85세의 갈렙은 40세 때와 마찬가지로 건강했다고 기록되어 있다. 그는 몇십년동안 자신에게 약속되어 있었던 구릉지대를 자기가 갖도록 허락 해 줄 수 있는지 여호수아에게 물었다. 여호수아는 그를 축복하고 헤브론을 주었다.

므낫세의 딸들은 여호수아에게 모세의 약속을 상기시켜 땅을 분배 받았다. 요셉 자손들은 받은 따에 비해 너무 숫자가 많아 숲이 우거진 땅을 더 주고 개간하여 사용케 했다.

이책은 각 지파에게 할당 된 도시들과 마을들에 대해 자세히 기록하며, 가끔 다른 문제들에 대해서도 언급했다. 예를 들어, 유다 지파가 예루살렘에 있는 여부스 족속을 쫓아내지 못했을 때 이스라엘 사람들이 적을 패배 시키지 못했다.

　　실로: 8.5 지파

여러 지파들이 땅을 할당 받지 못했으므로, 땅을 더 나누기 위해 각 지파에서 사람들을 뽑아 땅을 측량하도록 했다.

(iii) 특별한 성읍들

　　도피성

사고로 살인을 한 사람이 복수 하려는 자들을 피해 도망 갈 수 있는 도피성이 요단강을 끼고 양쪽에 세개씩, 총 6개가 있었다. 유대의 법은 사고사, 의도적이 아닌 살인, 그리고 미리 계획된 살인이 구별되어 있었다. 도피성은 이법의 적용이 가능케 했다.

레위 사람의 성읍

땅을 할당 했을 때, 레위인 들은 땅을 분배 받지 않았다고 분명히 기록되어 있다. 하나님이 그들의 유산이었고—하나님을 섬김이 충분했다. 물론, 레위인 개인 개인이 살 곳이 필요 했으므로 여러 지파들 사이에 흩어져 있는 목초지가 있는 마을들을 그들에게 주었다.

(iv) 요단 동쪽의 제단

여호수아서의 마지막 부분에 비극을 막은 이야기가 있다. 2.5개 지파가 요단강 동편으로 돌아 갔을 때, 여호수아는 하나님 사랑하기에 조심하고, 하나님 안에서 살고, 그의 명령에 순종하라고 충고 했다. 그러나, 그들은 집에 도착 하자 마자 요단강 가의 브올에 제단을 쌓았다. 다른 지파들은 이것을 우상숭배로 간주하고 즉시 전쟁을 선포했다. 다행스럽게도, 그들은 싸움을 시작 하기 전 먼저 대화를 하기로 결정했다. 새 제단을 쌓은 이유는 그들도 요단강 건너 편에 있는 하나님의 백성이라는 것을 기억하기 위함 이라고 '죄 짓은' 지파들은 주장 했다. 이것으로 다른 지파의 지도자들의 화가 수그러 지고 전쟁을 피할 수 있었다.

여호수아의 헌신

마지막 두장에서 이책은 감동적인 막을 내린다. 여호수아는 그의 연로해 감을 의식하고 있었다. 그는 그가 곧 죽을 것을 알고 국가의 미래를 위하여 규정을 만들기를 원했다.

모세는 죽기 전에 여호수아를 후계자로 임명했으나 여호수아는 아무도 후계자로 세우지 않았다. 이것이 이상하게 여겨 질 지 모르나, 이제부터는 지도자의 직무를 단 한 사람에게 맡길 수 없었다. 지도력의 필요성이 달라 졌고, 사람들이 넓은 지역에 퍼져 있었고, 한사람이 그 넓은 지역을 제대로 인도 할 수 없었다. 그래서 여호수아는 지도자의 임무를 모두에게 위임했다.

여호수아의 메세지는 단호했다: 하나님은 그들이 순종할 때 축복만 약속 하신게 아니라, 불순종 할 때 저주도 약속 하셨다. 하나님께서 약속 하신 대로 그들을 이 땅으로 데려 왔지만, 계속 하나님의 호의를 누리려면 그들은 율법에 순종 해야만 한다.

여호수아는 이스라엘이 영토를 갖게 된 일이 하나님의 행하심 임을 절대적으로 인정했다. 그가 사람들을 인솔하기는 했으나, 하나님이 그들을 위해 싸우셨고 그들은 하나님께 그들의 성공을 감사해야 함을 인정했다. 그는 이스라엘 사람들에게 하나님께 충성을 맹세 하라고 요구 함으로 그의 연설을 끝냈다.

마지막 장은 전혀 다른 스타일이다. 여호수아는 전 장에서와 같이 일인칭 단수를 사용하여 말하는데, 여기서 '나' 는 하나님을 의미한다. 그의 마지막 메세지는 예언이고 모든 사람들이 예언으로 이해했다.

(i) 은혜

먼저 하나님은 사람들을 위해 하나님이 이루신 모든 일에 대해 말씀 하신다. 여호수아의 역할에 대해서는 언급하지 않으셨다.

(ii) 감사

여기에서는 여호수아가 하나님을 두려워 하고, 섬기고, 충실하고, 다른 신은 다 버리라고 사람들에게 충고 했다. 그리고 그와 그의 식구들에 대해 '우리는 하나님을 섬길 것이다' 라고 말한다.

사람들은 증거의 돌을 세운 여호수아와 함께 하나님을 따르기로 동의 한다. '우리는 하나님을 섬길 것이다' 라고 그들은 삼창한다.

이 책의 마지막 장들은 세명의 장사를 기록한다: 여호수아의 장사, 요셉의 뼈의 장사, 그리고 엘르아살의 장사 이다. 가나안에 자신의 뼈를 묻어 달라는 요셉의 유언에 따라, 그들은 40년 동안 요셉의 뼈가 들은 관을 가지고 다녔다. 이제 드디어 요셉은 뼈는 그가 바라던 가나안 땅에 장사되어 쉴 수 있게 되었다.

세개의 장사 지냄으로 이책은 끝을 맺는다. 여호수아와 그의 세대가 살아 있는 동안에 사람들은 하나님께 충실했다. 하지만 다음 세대가 자라면서, 상황은 악화 되었다.

여호수아서에서 얻은 교훈을 두개의 문장으로 요약 할 수 있다.

- 하나님 없이는 그들은 **할 수** 없었다.
- 그들 없이는 하나님은 하지 않으 **셨을** 것이다.

이 두가지는 매우 중요한 교훈이다. 하나님 혹은 우리에게 모든 책임을 전가하기가 쉽다. 성경은 균형이 있다. 하나님 없이는 우리는 할 수 없고, 또 우리 없이는 하나님은 하지 않으 실 것이다. 동사의 다름은 중요하다. 우리 없이 하나님이 할수 없다 (cannot) 가 아니고 우리 없이는 하나님이 하지 않으실 (will not) 것이다. 만약 여호수아와 이스라엘 사람들이 하나님께 협조하지 않았다면, 그들이 약속의 땅에 들어 가는 사건은 일어나지 않았을 것이다. 또한 하나님 과 그의 개입이 없었더라면, 그들은 절대로 이루어 낼수 없었을 것이다.

신성한 개입

1. 하나님의 말씀

깰수 없는 이스라엘 과의 엄숙한 언약을 맺으신 하나님의 말씀은 여호수아 서에서 현저하게 두드러 진다. 하나님은 스스로 맹세하시기를 하나님은 그들과 함께 거하시고 땅은 그가 약속한 선물이라고 하셨다. 하나님은 거짓말을 하실 수 없고 약속을 꼭 지키신다. 여호수아는 하나님이 그들의 조상들에게 주겠다고 맹세하신 모든 땅을 이스라엘에게 주셨다거 말한다.

2. 하나님의 행위

하나님의 행위는 그의 말씀과 연결된다. 하나님은 이스라엘을 위해 싸운다. 하나님은 다른 나라들을 그땅에서 몰아 내신다.

여호수아 서에는 여러가지 물리적 기적들이 있다: 요단강의 갈라짐, 갑작스런 만나의 그침, 여리고 성벽의 무너짐, 다섯 왕을 항복시키는데 도움을 준 우박, 해를 정지시켜 하루를 연장시키심, 그리고 제비뽑기로 어떻게 땅을 분배 할 지 결정 함.

여호수아서는 이 엄청난 사건들에 대해 조심스럽게 하나님께 영광을 돌린다. 하나님은 진실로 이스라엘과 함께 계셨다. 임마누엘 이라는 이름은 네가지의 의미들을 뜻하거나 혹은 강조를 할 수 있다.

1. <u>하나님이</u> 우리와 함께 계신다!
2. 하나님이 우리와 함께 <u>계신다</u>!
3. 하나님이 우리와 <u>함께</u> 계신다!
4. 하나님이 <u>우리와</u> 함께 계신다!

네번째가 성경적 의미를 전달해 준다. <u>임마누엘</u>이란 하나님이 <u>우리편에</u> 계신다는 뜻이다—하나님이 그들이 아닌, 우리를 위해 싸우실 것임을 강조한다. 여호수아는 이 진실에 대한 증언이다.

인간적 협조—긍정적

하나님은 사람들의 협조를 통해 일하신다. 하나님이 혼자 싸우지 않았다: 이스라엘 사람들이 전쟁터에 나가서 적군을 상대해야 했다. 그들이 없었다면 하나님은 하지 않으 셨을 것이다—그들이 땅으로 들어가야 했다, 그들이 행동을 해야 했다. 그들이 밟은 모든 땅을 주시겠다고 하나님은 말씀 하셨다.

1. 그들의 자세

두려워 하지 말라 (부정적)

행동 개시를 하여 땅에 들어 갈때, 이스라엘 사람들은 두려워 하지 말아야 했다. 이것은 처음에 여호수아에게 주어진 명령이었다. 이것이 40 년 전 가나안에 들어가기를 거부한 사람들의 실패의 원인이었다.

믿음을 가지라(긍정적)

만약, 그들이 모든 전쟁에서 이기려면, 그들의 자세는 자신감과 순종 이어야 했다. 그들이 당장 쳐들어가 싸우기를 선호 했겠지만, 여리고성을 조용히 일곱번 돌라는 하나님의 명령에 순종했던 그들의 믿음은 행동에서 나타났다. 그들은 또한 모험을 감수할 준비가 되어 있어야 했다. 여호수아는 여러사람들 앞에서 해를 멈추어 달라고 하나님께 요구하는 모험을 했다.

2. 그들의 행동

그들의 자신감은 순종으로 이어져야 했다. 그들은 하나님의 말씀에 의하여 행동 해야 했다—그들은 하나님이 하라는 대로 해야 했다. 이말은 하나님의 선물을 우리가 받아 들여야 한다는 것을 상기 시켜 준다. 그들이 밟은 모든 땅이 이스라엘 사람들에게 주어졌지만, 이 유산을 소유하기 위해 그들은 무엇인가 를 했어 야만 했다는 의미이다; 자동적이 아니었다.

믿음과 행동 사이에는 섬세한 균형이 있어야 한다. 올리버 크롬웰 (Oliver Cromwell) 이 그의 군인들에게 훌륭하게 요약했다, ' 하나님을 믿고 너의 화약이 젖지 않게 하라.' 스펄전 (C.H. Spurgeon) 은 '모든 것이 하나님께 달린 듯 기도하고 모든것이 네게 달린 듯 일하라' 라고 말했다.

만약 이스라엘 사람들의 태도가 자신감 있었고 그들의 행동으론 순종 하지 않았다면, 그들은 모든 전쟁에서 패배 했을 것이다. 이런 이유로 여호수아 서의 중요한 두 부분에서 여리고 성과 아이 성의 승리와 패배의 이야기를 다룬 것이다. 우리가 이 두 성에서 교훈을 얻는다면, 우리는 땅을 정복할 준비가 된 것이다.

인간의 협조—부정적

성경은 아주 솔직한 책이다. 성경은 강점뿐 아니라 약점까지 다루고 있다. 여호수아 서는 이스라엘 사람들이 땅을 차지 했을 때 저지른 세개의 실수에 대해 우리에게 말한다.

첫번째 실수는 아이 성에서 였다. 그들은 너무 자신 만만 했기 때문에 강한 적에게 패배했다. 이전 세대는 너무 자신감이 없었고 두려움이 문제였는데, 이 세대는 너무 우쭐하여 어리석은 짓을 했다. 둘다 불리한 자세다.

두번째 실수는 기브온 사람들에게 속아 그들을 보호 해야 하는 조약을 맺은 것이다. 먼저 하나님께 어떻게 해야 하는지 묻는 것을 거부한 것이 이번 일에서 그들이 어리석었음을 보여 주는 이유다.

세번째 실수는 2.5 지파가 요단강 동편에 제단을 쌓았을 때, 강의 반대편에 있던 지파들이 그들이 배신하고 하나님으로 부터 떠났다고 비난한 것이다. 이 오해는 하마터면 내전으로 번질 뻔 했다.

크리스챤의 적용

고린도 전서 10장과 로마서 15장에 과거에 일어난 모든 것은 우리에게 교훈을 주기위해 쓰여졌다 라고 했다. 여호수아 서는 신약성경에 어떻게 쓰여 졌으며, 오늘 우리가 그 책에서 배운 것을 어떻게 적용 해야 할 것인가?

믿음

히브리서 11장에 여호수아와 창녀 라합은 믿음의 예로 사용되었다. 그들은 우리를 둘러 싸고 있는 믿음의 조상들에 속해 있는 사람들이다.

야고보서는 행동이 없는 믿음은 죽은 믿음 이라고 했다; 이런 믿음은 우리를 구원하지 못한다. 라합이 정탐꾼들을 숨겨주고 이스라엘의 믿음을 받아 들이기 위해 과거를 끊어 버린 행동을 예로 사용했다.

죄

이 책은 또 죄가 전체에게 줄 수 있는 문제들에 대해 우리에게 적나라하게 상기 시켜 준다. 신약성경에 아나니아와 삽비라의 사건은 아간의 죄와 같은 것이다. 사도행전은 이 부부가 교회의 공동 자금의돈을 감추고 거짓말 한 것에 대해 말해 주고, 아간은 여리고에서 훔친 전리품에 대해 자백하지 않고 사람들을 속였다. 이 두 경우의 결과는 하나님의 심판이다. 아나니아와 삽비라는 즉시 쓰러져 죽었고 아간은 사람들에 의해 돌로 쳐 죽임을 당했다.

구원

이책은 또 영광스러운 구원을 묘사한다. 여호수아의 본명은 '구원' 이라는 뜻의 호세아 였는데, 모세가 '하나님이 구원하신다' 라는 뜻의 여호수아 (Yeshua) 라는 이름으로 바꾸었다. 그리스어로 번역된 구약성경에는 예수 (Jesus) 라고 표기한다.

모세의 이름은 '끌어내다' 라는 뜻으로, 그의 이름과 여호수아 의 이름이 같이 이스라엘이 약속의 땅을 향해 전진하는 것을 묘사한다. 모세는 이집트에서 그들을 데리고 나왔지만, 여호수아는 그들은 약속의 땅으로 인도한 구원자였다. 이집트에서 나온 것은 구원으로 여겨 지지 않지만, 가나안 땅에 들어가는 것은 구원으로 여긴다.

이것은 중요한 진실을 보여준다: 그리스도인들은 그냥 어떤 것에서 (from) 구원을 받은 것이 아니라, 어떤 것을 향해 (to) 구원 되어 간다. 이집트에서 나와서 계속 광야에서 떠도는 것은 너무나 가능한 일이다; 믿지 않는 사람의 생활은 버렸으나, 그리스도인의 영광된 삶을 즐기지 못하는 것이다.

개념 적용

마지막으로 우리가 물어야 할 것이 있다: 어떻게 크리스챤으로서 약속의 땅의 개념을 적용 해야 하는가?

천국

어떤 사람들은 약속의 땅이 천국을 묘사하는 것으로 상상한다. 예를 들어, 한 찬송가의 가사에: '요단강가를 걸을 때, 내 두려움이 사라지게 해 주세요', 라고 하여 마치 건너편에 가나안(천국)이 있는 강의 이미지는 죽음을 묘사하는 듯 하다.

거룩함

그러나 약속의 땅은 천국이 아니라 거룩함이다. 여호수아가 땅을 정복한 것에 대해, 이스라엘 사람들이 가나안에 들어가기는 했지만, 여호수아의 지휘 하에서 안식을 취하지는 못했다 라고 히브리서의 저자는 말했다. 그곳에는 아직도 하나님의 백성들을 위한 '안식'이 남아있다고 한다. 이 '안식'이란 전쟁에서의 쉼을 의미한다—하나님이 주신 것을 누릴 때에 우리는 약속의 땅에 들어간 것이다. 그러므로 우리가 유혹을 이겨 낼 때마다 하나님이 약속하신 안식을 조금씩 시식하는 것이다. 여호수아 서의 승리는 그리스도를 위하여 살고 죄와 싸우는 모든 믿는사람들의 삶에서 재현 되어야 한다. '안식'이란 우리가 적과 분투 하던 것을 성공적으로 끝내고 우리의 노력이 상급 받았을 때의 구원을 말한다.

8. 사사기와 룻기

개요

사사기와 룻기는 서로에게 속해 있는 책들 이므로 같이 공부하기로 한다. 신성한 책들 중 성경은 거의 역사를 다루고 있다는 점에서 독특하다. 예를 들어, 성경은 역사적인 모든 면을 표명하는 반면, 코란 은 역사를 거의 다루지 않았다. 더구나 창세기에 우주만물의 시작과 요한계시록에 종말이 포함되어 있는 것을 볼 때, 절대로 인간이 쓸 수 없는 역사를 포함하고 있다. 이것은 인간의 상상이거나, 아니면 하나님이 계시로 보여 주신 것이다 - 이 외에는 설명할 길이 없다.

우리가 여호수아 서를 공부했을 때, 선지자 적인 역사는 특별한 종류의 역사임을 알 수 있었다. 왜냐 하면 하나님이 말씀하고 그의 백성 이스라엘 사람들과 함께 행하시는 사건들의 기록이기 때문이다. 성경안에 있는 것은 그저 한나라의 행적이나 경험을 기록한 일반적 역사 책이 아니고—그의 백성들을 다루시는 하나님의 이야기 이다.

네가지 수준에서 역사를 공부할 수 있다:

1. **인물의 연구:** 왕, 군부의 지도자, 철학가, 사상가 등 역사를 만들어 간 개인을 자세히 분석 한다. 그들의 삶은 어떤 것이 포함되는지를 콘트롤한다; 그들이 모든 사건들의 기준점이다.
2. **사람들의 연구:** 나라 전체나 사람들의 집단에 촛점을 맞춘다. 국가들의 성쇄가 세계의 정권의 균형에 어떻게 영향을 끼치는 가를 발견 한다.
3. **패턴 연구:** 인물이나 사람들 외에, 한 시대안에서 문명의 발전과 멸망의 진행과 같은 패턴을 찾는다. 자세한 내용보다는 주제에 관심을 둔다.
4. **목적 연구:** 역사가들은 역사의 방향에 대해서도 연구한다. 그들은 의미와 목적을 찾는다. 사회주의적 역사가들은 변증법 적인 유물론을 믿는다. 예를 들어 노동자와 자본가 사이의 투쟁의 역사. 진화론을 믿는 낙천 주의자 들은 인간의 상승을 믿는다. 예를 들어 인류는 더 낳은 세상을 위해 진보함. 다른 사람들은 역사속의 전쟁을 연구하여 미래의 운명과 어두움을 예측한다.

목적 연구를 하는 사람들을 두갈래로 나눌 수 있다: 하나의 부류는 역사의 흐름을 직선적 진행으로 보는 사람들이다—현재는 과거를 바탕으로 앞으로 전진하고 있다. 다른 하나의 부류는 역사는 연속적으로 순환하고 있다고 본다. 이사람들에게 역사는 앞으로 진행하지 않고 방향이 없이 하찮은 일들을 하며 제자리에서 맴도는 것과 같다.

하나님의 관점에서 보는 역사가 목적의식을 가지고 있다는 점은 놀랍지 않다. 사회가 항상 더 낳은 방향으로 가고 있다는 진화론을 믿는 낙천적 사상과 다르다. 하나님이 조정하시고 그가 의도하시는 종말을 이루실 것이므로 성경의 역사는 확실한 목적을 가지고 있다. 역사 (History) 는,

참으로, 그의 이야기 (His story) 인 것이다.

직선적과 순환적인 역사의 관점들은 우리에게 사사기와 룻기를 이해하는 데 도움이 될 것이다. 사사기속의 역사는 순환적인 관점의 대표적인 경우다: 같은 순환이 다른 시대에 각 시대의 배경으로 일곱번 나타났다. 반면에 룻기는 시작, 중간, 끝의 시간의 흐름과 분명한 직선적 진보를 보여 주는 책이다.

사사기에 나타난 역사의 패턴은 하나님을 모르는 많은 사람들의 여러 가지 삶을 거울과 같이 정확하게 비춰준다. 그들은 일어 나서, 직장에 가고, 집에 와서 TV 를 보다가 잠자리에 들고, 다음 날도 같은 순환을 되풀이 할 준비가 되어 있다. 큰 원형을 그리며 사는 삶이다. 갈 곳도 없고 이룰 것도 없다. 룻기에서 보여 지는 패턴은 하나님이 의도하시는 그의 백성들의 삶과 일치하는 삶이다. 이런 삶은 목적과 의미가 있고 결승점을 향한 움직임이 있다.

성경안의 어떤 책이던지 가장 중요한 것은 왜 이 책이 쓰여 졌는가 하는 이유의 성립이다. 어떤 책들의 목적은 쉽게 드러 나지만, 사사기와 룻기는 좀 조사를 해야 한다. 이 책들의 목적에 대한 어떤 결정을 내리기 전 한권씩 자세히 들여다 볼 필요가 있다.

사사기

거의 모든 사람들은 주일학교에서 들은, 많이 여과된 내용의 사사기를 알고 있다. 토마스 바우들러 (Thomas Bowdler) 는 윌리암 셰익스피어 (William Shakespeare) 의 연극의 부분들을 못 마땅하게 여겨, 자신이 보기에 않 좋은 부분들을 삭제하고 정정하는 오류를 범하였다. 같은 방식으로 주일학교의 사사기 이야기들의 첩, 창녀를 토막내어 죽인 사건, 강간, 살인, 남근의 상징물, 등, 다루기 거북한 부분들이 삭제되었다. 그 결과로 삼손, 들릴라, 드보라, 기드온 등의 특별한 몇 사람에 대해서는 사람들이 알고 있지만, 전체의 주제나 목적은 고사하고 책의 나머지 부분에 무슨 이야기가 있는 지 조차도 전혀 모르고 있다.

개인의 이야기들

이 책안에 있는 이야기들은 아주 흥미 진진하다. 많은 말을 사용하지 않았지만 생생하고 흥미로운 묘사로 이야기 속의 인물들이 마치 살아 있는 듯한 느낌을 읽는 사람에게 준다.

각 인물에 대하여 할애된 장수는 많이 다르다. 삼손 한사람에게 네장을, 기드온에게 세장을, 드보라와 바락에게 두장을, 하지만 어떤 사람들에게는 짧은 단락만 할애 했다. 떠들썩 한사람에게 더 많은 공간을 준 것 같은 느낌이다. 분명한 것은 저자의 목적이 각 영웅을 균형있게 설명하려는 것이 아니었다. 하지만, 영국 역사의 넬슨 (Nelson) 이나 웰링톤 (Wellington) 같은 민중의 영웅들이 각기 처한 상황 (책안에 정말 기이한 사건들이 들어있다) 에서 구원의 행동을 한 이야기들 에 대한 책이라는 인상을 쉽게 받을 수 있다.

책의 시작 부분에서 갈렙의 어린 조카 **옷니엘**에 대해 읽게 된다. 그가 40 년 동안 국가에 평안을 가져 왔다는 말만 있다.

왼손잡이 지도자 **예훗은** 18인치의 날선 칼을 오른 쪽 허벅지에 묶었다. 거의 모든 사람들이 오른 손 잡이 이므로 무기의 조사는 왼쪽 다리만 하는 것이 통례였다. 그래서 그는 그의 칼을 모압왕과 개인적 면회를 할 때 숨겨 들어 갈 수 있었고 그 칼을 그의 배에 찔러 넣을 수 있었다.

삼갈은 600명의 블레셋 사람들을 소치는 막대기로 죽였다.

다음은 **드보라**와 **바락**에 대해 나온다. 드보라는 여선지자로서 랍비돗의 아내 였다. 히브리어로 드보라의 뜻은 '바쁜 꿀벌' 이고 랍비돗의 뜻은 '순간'이다. 드보라는 사람들의 분쟁을 하나님의 말씀에 따라 해결했고 한번은 그녀가 바락에게 사람들을 이끌고 전쟁터로 나가라고 했다. 그바락은 드보라가 함께 가지 않으면 갈 수 없다고 거부했다. 그때나 지금이나 전쟁으로 군인들을 이끄는 사람은 장교들이었다. 하나님은 바락의 거부에 화가 나셔서, 그에게 창피를 주기 위해, 적군 시스라가 여자에게 패하리라고 말씀하셨다. 그리고 말씀한 대로 되었다.

다음은 **기드온**에 대한 이야기다. 기드온은 성경에 나오는 사람들중 가장 겁이 많은 사람이었다. 그가 제단에 고기를 놓았을 때에 하늘에서 불이 내려와 고기를 태웠다. 그 불이 충분하지 않은 듯, 그는 하나님께 하늘의 징조를 보여 달라고 요청했다. 하나님은 자비로우심으로 하루는 양털이 젖고 하루는 마르는 징조를 또 보여주셨다. 기드온은 하나님의 힘과 전략에 의하여 승전 한다는 것을 배웠다. 하나님의 그의 군대를 삼만명에서 삼천명으로 줄이셔서, 기드온이 사람을 의지하지 않는 것을 배우도록 하셨다.

다음인물은 **아비멜렉** (그에 대해 나중에 배운다) 이고; 그 다음으로 23년간 이스라엘을 인도했다는 간단하게 서술된 **돌라**가 있다. 그후에 **야일**이 22년간 이스라엘을 인도했고, 그의 30명의 아들들이 30마리의 나귀를 탓고 30개의 마을을 지배 했다고 기록되어 있다. 별로 흥미로운 내용이 아니다!

길르앗의 지도자 **입다**에 대한 이야기는 좀 길게 소개되었다. 입다는 승전후 집에 돌아 올때 무엇이든지 먼저 만나는 것을 하나님께 바치겠다고 무모한 맹세를 함으로 외동딸을 잃게 되었다.

베들레헴의 입산은 30명의 딸들과 30명의 아들들을 두었고 모두를 유다 지파가 아닌 사람들과 결혼 시켰다. **엘론**은 이스라엘을 10년간 이끌었다. 그 후의 **압돈**은 40명의 아들들, 30명의 손자들 와 70마리의 나귀를 소유했다. 이들에 대해 더이상의말은 기록되어 있지 않다.

삼손의 이야기를 통해 우리는 많은 것을 배운다. 그의 이름을 직역하면 '햇빛' 이라는 뜻이다. 그는 독주를 마시거나 머리를 깍지 못하게 되어 있는 나실인으로 양육받으며 자랐다. 이것은 한 사람이 여자문제로 고통 당하는 특별한 이야기 다. 그는 결혼은 신혼여행을 가기도 전에 망가진다. 그 후 이름오 모르는 창녀와 다니다가 마침내 들릴라 라는 이름의 첩과 살기 시작한다. 삼손이 강한 신체적 힘을 가졌지만, 사실은 약한 사람이었다. 그의 약점은 주로 인간 관계뿐 아니라, 약한 성격 자체였다. 하나님께서 기름부으셔서 강한 힘으로 많은 위대한 업적을 이루었지만, 성령께서 그를 떠나가셨다. 그는 블레셋 사람들에게 잡혀, 장님이 되고 맷돌에 묶여 블레셋 사람들의 조롱거리가 되었다.

수년전 '삼손의 머리가 다시 자라고 있다' 라는 제목의 설교를 했다. 그 설교가 잘 알려지면서, 한 젊은 여성은 장님이 된 삼손이 어린 소년에 이끌려 회당의 기둥으로 다가 가서 그것들을 뽑아 전체 회당을 무너뜨리는 내용의 시를 썻다.

그의 손을 잡은 소년

그들은 파냈다.
처음에
나는 차마 볼 수가 없었다:
텅비고 벌겋고 잔인한.

나는 보지 않겠다:
빈 허공의 충격을,
그가 보지 않을 것을 알기에.
나는 삭발된 머리가 푹 수그려진 것을 바라 보았다
맷돌의 리듬에 맞추어 흔들리는.
돌고. 돌고. 돌고.
나는 불필요한 족쇠들을 바라 보았다:
무겁고 단단한,
졸라 맬 필요 없이 살로 파고드는.

이제
그의 눈이 없는 것이 상관 없다:
내가 그의 눈이다,
그는 나를 통해 본다.
나를 통해 보아야만 한다, 다른 방도가 없으므로.
그리고 나는 그가 울지 못하는 눈물을 흘리며 울었다,
경솔했던 지난 날들을 위해.
그리고 나는 이 망가진 사람을 사랑하게 되었다.
그가 마침내 그의 하나님을 두려워 하는 법을 배우는 동안.

그래서
나는 죽는 것이 두렵지 않다:
이번 단 한번 만이라도 즐겁게 그의 두눈이 되련다.
그의 손을 잡고,
조심스럽게 이끌며,
이끄는 걸음으로 다시 한걸음
그가 기도 할수 있는 곳으로,
'주님,
오 통치자이신 주님.'
그리고 기둥이 무너질 때, 나는 외친다
'아멘'

그의 삶의 마지막 5분동안 삼손은 그가 온 생애를 통해 한 것보다 더 많은 일을 그의 사람들을 위해 했다.

인간의 약한면

성경은 항상 정직하게 개개인의 실패와 약점들을 묘사하고 사사들도 예외가 아니다. 이책에 있는 인물들이 여러가지의 결점들의 소유자 들임을 보게 된다: 바락은 남자답지 못했다; 기드온은 겁쟁이로서 계속 징조를 요구하였고, 연로해서는 훗날 이스라엘 사람들에게 헌신의 대상이 되는 유물적인, 금으로 만든 제사장의 예복을 만들었다. 입다는 창녀의 아들이었고 무모한 맹세를 했다; 삼손은 그의 아내를 함부로 대하고, 창녀와 잠자리를 하며 첩을 들였다. 이들은 강한 인물들도 아니었고, 거룩한 사람들도 아니었지만, 하나님께서는 그들을 사용하셨다!

신성한 능력

완벽하지도 않은 이런 사람들이 어떻게 많은 업적을 이루었는가? 이것은 그들 자신의 힘으로 한 것이 아니었다. 그들의 비밀은 성령이 그들에게 오신 것이다—그들은 모두 '권위' (charismatic)

를 가진 사람들이었다.

이 들이 최인간적인 업적을 행함을 본 바와 같이, 사사기는 하나님의 전능하심이약한자를 통해 일하는 생생한 예의 일화들을 보여준다. 삼손은 아마도 가장 생생한 예겠지만, 다른 놀라운 이야기 들이 많이 있다. 성령의 기름부음이 구약 성경안의 소수에게만 이루어 지는 것을 볼때, 이것은 중요한 주목해야 할 점이다. 사사기를 보면 이백만이 넘는 인구 중에서 12명 만이 이런 경험을 했다. 또 주목 할 것은 성령은 영원하지 않고 일시적으로 작용하신다는 것이다: 예를 들어, 성령이 삼손을 떠났다 라고 성경은 말씀하신다. 구약에서는 그들 안에 거하시는 성령이 아니라, 오셔서 그때만 작용하시는 기름부음의 성령이었다.

사사란 무엇인가?

사사기안의 개인적인 이야기들은 보면서 우리는 한가지 중요한 질문을 빠뜨렸다. '사사란 도데체 무엇인가?' 그들은 누구이며 무슨 일을 했는가?

영어로는 판사라고 부르는데, 이단어는 원래 사사들을 설명하는 본질을 포착하지 못한다. 삼손이 이스라엘을 '재판 (judged)' 했다, 혹은 기드온이 이스라엘을 '재판 (judged) 했다' 라는 것을 우리가 읽을 때 , 히브리어 로 표현하면 하나님의 백성들을 그들 자신과 남에게서 구해 낸 '해결사' 라는 뜻을 내포하고 있다. 그들에게 한번도 이런 타이틀을 주었던 것이 아니고, 이들이 한 일의 측면에서 명칭된 것이다. 참으로, 사사기에서 명사의 명칭이 주어진 단 한사람은 하나님이시다. 하나님만이 그들의 문제를 처리하는 재판관이셨다. 그러므로 더 정확히 하려면 하나님이 해결사로 혹은 구조자로, 이영웅들을 통하여, 성령으로 사람들을 위해 일하셨다 라고 말해야 할 것이다.

국내의 정의에 대한 염려도 있었지만, 여러번 침략해 들어온 적국들에 둘러 쌓여 있어서, 주로 외부의 문제에 대한 염려가 컸다: 암몬 (3번), 아마렉(2번), 모압(1번), 미디안(1번), 블레셋(3번) 들이 침략했었다. 여리고, 모압, 핫솔 왕들에 대한 언급은 없다.

하나님의 백성들은 높은 인구 밀도와 강한 적대심이 있는 장소에 들어 왔다. 그들은 침략자로 여겨졌다. 그들이 이 땅에 들어 온데 대한 단 하나의 정당성은 하나님이 그 땅을 그들에게 주셨다는 것 뿐이었고, 그들은 거주민들을 몽땅 죽이는 처벌을 가해야 하는 것이었다. 그러므로 이책은 각 개인 영웅에 대한 책만이 아니고, 혹은 서두부분에서 말한 역사의 첫차원인 인물들에 대한 것만도 아니고, 역사의 두번째 차원인 모든사람들에 대한 내용도 담은 책이다.

국가의 역사

사사기에 있는 12사사들이 활동한 모든 년도수를 더하면 400년 쯤 되지만, 사사기는 200의 기간 만을 다루었다. 어떻게 이것이 가능한 것인가?

지리적 면모

사사들이 어떤 일을 하고 있었는 지를 깨달으면, 이 문제는 이해하기 쉽다. 기드온이나 삼손에 대해 읽을 때 그들이 이스라엘 전체를 구해 낸 것으로 우리는 생각하기 쉽지만, 이제 이스라엘은 지파들로 나뉘어 웨일즈 의 면적에 해당하는 넓은 지역에 흩어져 살았다. 그러므로, 한 사사가 40년 동안 다스렸다 라는 글을 읽을 때, 이것은 북부지역의 지파들에게만 해당될 수 있다. 또 다른 사사는 같은 시기에 남쪽의 문제만 해결하고 있었을 수 있다. 예를 들어, 삼손은 남쪽 지파들을 인도했고 기드온은 북쪽을 인도했다.

정치적 면모

이때는 이스라엘 지도자의 공백기간이었다. 모세는 이집트에서 그들을 인도해 나왔고, 여호수아는 약속의 땅으로 인도해 들어갔다. 이제 이 위대한 두사람 모두 죽은 후, 국가적 최고 지도자가 없었다. 이 때는 왕정이 시작되기 전이다. 그래서 사사들은 전체 국가를 연합하지 못한 채, 지파 사람들의 충성을 지휘한 지역적 지도자들 이었다.

도덕적 면모

왜 지파들이 계속해서 다른 나라와 민족들의 대항을 받아야 했었는지에 대한 도덕적 이유가 있고, 이것이 이책의 중심 메세지이다. 책의 구조가 간단한 개요를 통해 이것을 분명히 보여주고 다음 3개의 부분으로 나뉘어 진다.

1. **용서받지 못할 타협(1-2)**
   (i) 허용
   (ii) 동맹

2. **교정할 수 없는 행실(3-16)**
   (i) 사람들의 선동
   (ii) 적에게 복종당함
   (iii) 하나님께 탄원
   (iv) 구원자의 구원

3. **당연한 부패(17-21)**
   (i) 북쪽의 우상숭배—단지파
   (ii) 남쪽의 부도덕—벤자민 지파

위의 두번째 부분의 4단계의 순환은 일곱번 반복된다. 사사기는 '그때에는 왕이 없어서 각 사람이 제가 보기에 옳은 대로 행했다.' 라는 말을 책전체에서 하다가, 마지막 문장으로 책을 맺는다.

1. 용서받지 못할 타협

(I) 허용—취약한 골짜기 지역

하나님은 그 땅에 있는 거주민들을 모두 죽이라고 이스라엘을 보내셨다. 고고학은 가나안 사람들의 사악한 생활 태도를 확증했다—성병은 만연했다. 이몰살의 정당성을 의심하는 사람들은 하나님이 아브라함에게 그의 자손들에 대해 하신 말씀을 잊은 것이다. 가나안에 사는 아모리 사람들의 악행이 가득 찰 때까지 유대인들이 이집트에서 몇 백년을 살아야 할 것이라고 하나님은 말씀하셨다. 하나님은 그들의 악행을 참고 기다리다가, 그들이 드디어 선을 넘었을 때 이스라엘을 도구로 사용하셔서 가장 변태적인 사회를 심판했다.

그러나 이스라엘은 하나님의 명령을 그대로 준수하지 않고, 선택식의 처벌을 가했다. 언덕들과 산들은 정복했으나 많은 사람들을, 특히 계곡에 사는 사람들을 계속 거주하도록 허용 했다. 그리하여 이스라엘은 세그룹으로 나뉘어 졌다: 북쪽 지역, 중앙 지역, 그리고 남쪽 지역. 지파들 간의 의사 소통이 불편해 졌고 외부의 위협이 있을 때 신속하게 연합해서 대처할 수 없었다. 더구나, 내부의 허술함을 이용하려는 침략자들에게 계곡은 그들의 통로가 되었다.

(II) 동맹—혼합 결혼

느슨한 계곡 지역의 문화는 이스라엘 남자들에게 너무나 강한 유혹이었고, 오래지 않아 그들은 믿지 않는 사람들과 결혼함으로 하나님이 금하시는 '혼합결혼'의 율법에 분명하게 도전했다. 이것은 이스라엘의 영적 삶에 영향을 끼쳤다. 만약 악마의 자식과 결혼 하면, 장인과의 갈등이 있을 것은 뻔한 일이다. 거룩한 삶의 설계는 내 던져 지고 이방인들과 결혼한 이스라엘 사람들은 결국 가나안의 신을 섬기게 되었다. 오는 날에도 혼합 결혼에서 믿지 않는 사람의 영적 영향이 더 강한 경향이 있다. 잘못 된 믿음은 항상 잘못 된 행실을 초래하 듯, 가나안 신들을 섬김은 부도덕으로 이어 질 수 밖에 없었다.

2. 교정할 수 없는 행실

사사기의 대부분이 연속적인 악순환으로 이루어 져있다. 너무 단조롭고 규칙적으로 하나님의 백성들이 이 순환을 거듭했다.

- **탄원:** 어떤 외부의 압박이 오면 이스라엘은 하나님께 부르짖음 으로 시작한다.
- **자유:** 하나님은 구원자(예, 기드온, 삼손)를 보내셔서 사람들을 구하신다.
- **위법:** 구원 받았음에도 불구하고, 사람들은 다시 죄악에 빠진다.
- **점령:** 그러므로 하나님은 적 (예, 미디안, 블레셋) 을 보내셔서 이스라엘을 제압하게 한다. 이스라엘은 자유롭게 소유해야 할 땅에서 종속국이 되어 버린다.
- **탄원:** 상황이 어려워 지면, 다시 하나님께 부르 짖고 이 순환은 계속된다. 그들이 문제거리가 있을 때만 하나님께 기도하는 것 같다. 진실로 회개했는지 그저 그들의 행실에 대한 결과를 후회하는 것인지 알 수 없다. 분명한 것은 많은 사람들이 박해가 그들의 잘못 때문임을 알지 못하고 있었다.

이러한 순환은 국가에게만 적용되는 것이 아니다. 개인들도 비슷하게 죄와 용서와 다시 죄를 짖는 패턴을 반복 한다. 이것은 또한 끝없이 계속되는 것이 아니라, 나선형 돌며 밑으로 향한다. 상황은 꾸준히 악화된다.

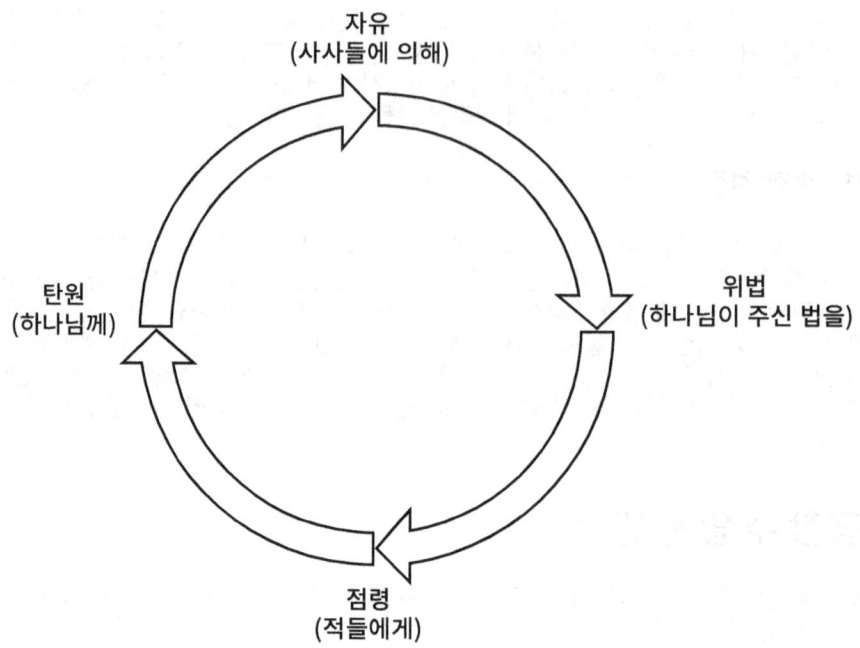

3. 당연한 부패

사사기의 마지막 부분은 사람들에게 일어 난 정말 볼쌍 사나운 일들을 기록했다. 두개의 상황이 었는데 하나는 북쪽의 단지파의 영역에서 또 하나는 남쪽의 베냐민 지파의 영역에서 있었다. 두 사건들 모두 제사장이 하나님의 백성들은 잘못 인도했다. 이것은 앞서 말 한, 우상숭배

(I) 북쪽의 우상숭배—단지파

이것은 한 아들, 에브라임의 미카, 이 그의 어머니에게서 1,100세겔을훔치는 이야기에서 시작된다. 그가 훔친 돈을 돌려주자, 어머니는 너무 기뻐서 그것으로 우상을 만들어 집안에 만들어 놓은 개인 사당에 두라고 미카에게 주었다.

한 젊은 레위인이 집을 구하러 미카의 집에 왔다가, 아버지 겸 제사장의 역할을 해주면 월급, 옷, 음식을 주겠다는 제안을 받고 그는 제안을 받아드렸다. 나중에 단지파들은 하나님께서 주신 남쪽의 땅을 차지하는데 실패하고 북쪽으로 이주해 오게 된다. 그들의 지도자들이 우상과 제사장이 함께 있는 이집에 머물 때, 그들은 제사장에게 월급을 더 줄테니, 단지파 전체의 제사장이 되어 달라는 제안을 하자 그는 이 제안을 받아드렸다.

그러므로 단지파는, 명확하게 하나님의 법을 위반하고, 우상숭배의 길로 빠져 들어간다. 열두 제자 중의 하나인 유다가 큰 죄를 지은후 사라졌 듯이, 단지파도 요한계시록에 있지 않다. 한 아들이 어머니에게서 돈을 훔치는 것으로 시작된 죄는, 처음에는 한 가족을 책임지다가 한 지파를 책임지는, 제대로 임명되거나 직임을 부여 받지 않은 레위인 에게로 옮겨 간다.

(II) 남쪽의 부도덕—베냐민 지파

이 이야기는 더 나쁘다. 에브라임의 한 레위인이 유다의 베들레헴에서 첩을 데려온다. 그녀는 그를 떠나 친정으로 돌아간다. 사개월이 지난 후 레위인은 베들레헴에 그녀를 데리러 간다. 장인은 좀 더 있다 가라고 레위인을 계속 붙잡다가 마침내 그녀를 보내 준다. 그들은 너무 늦은 오후에 출발하여 당시 이교도의 도시였던 예루살렘에 도착하니 해가 저문다. 레위인은 이교도의 도시에 머물수 없다며 베냐민 지파가 있는북쪽의 기베아에 밤에 도착한다. 한 노인이 집으로 그들을 맞아 들인다. 그러나, 그들이 식사를 하고 있을 때, 도시의 사악한 무리가 와서 그와 성관계를 하고 싶으니 손님을 내 놓으라고 행패를 부린다. 그 노인은 거절하고 대신 그의 딸을 주겠다고 한다. 결국 레위인은 그의 첩을 그들에게 주게 된다. 다음 날 아침, 첩은 밤새도록 무리들에게 강간을 당하고 문앞에 죽어 있었다.

레위인은 첩의 시신을 열두 조각 내어 이스라엘의 다른 지파들에게 보낸다. 이스라엘 사람들은 베냐민 지파의 남자들이 이런 끔찍한 죄를 지은 것을 알게되고 그들에게 복수 하고자 한다. 베냐민 지파는 이러한 비난에 감정이 상해 죄인들을 건네 주지 않는다.

내전이 일어나고 베냐민 지파는 600의 남자만 남고 몽땅 죽임을 당한다. 그들의 마을은 파괴되고 모든 여자와 아이들은 학살당한다. 다른 지파들은 절대로 그들의 딸들을 베냐민 지파에게 시집보내지 않겠다고 맹세하지만, 베냐민 지파가 멸종의 위기에 놓인 것을 불쌍히 여기고 이를 막고자 한다. 그들은 야베스 길리앗에서 처녀 400명을 찾아 베냐민지파에게 보내주었는데, 이들은 여자를 더 요구한다. 그러자 이들은 교묘한 계획을 세운다. 그들은 실로에서 축제를 열고 베냐민 남자들이 올 수 있도록 허용하여 그들의 딸들을 유괴하도록 한다 - 그들이 지난 번 맹세한 것을 위반하지 않으면서사실은 딸들을 그들에게 주게 된다.

이것은 모든 면에서 아주 끔찍한 일화이고, 단지파의 이야기와 함께 우울하게 사사기의 끝막음을 한다.

신학적 혹은 영원한 목적

위에서 본 암울한 이야기 후에 우리는 좀 더 희망적인 주제를 대하게 된다: 이책의 신학적인 면의 고려. 궁극적으로 성경의 역사는 인간에 대한 기록이 아니라 하나님이 하신 말과 일들에 대한기록으로, 하나님이 누구신지를 우리에게 알려 준다.

앞서 말 한 바와 같이, 하나님은 '재판관' 이라는 명사의 칭호가 붙은 유일한 사람으로, 그는 사람들의 재판관 혹은 구원자시다. 그는 진짜 영웅이고 인간 지도자들이 그에게 협조할때 승리를 거두신다.

그러나, '누가 가나안 사람들을 쫓아 냈는가? 이스라엘인가 하나님인가?' 라는 질문을 할 때, 우리는 '둘이 같이' 라고 답해야만 한다. 우리는 상황을 이렇게 총정리 할수 있다: 하나님 없이는 그들은 할수 없었고; 그들 없이는, 하나님이 하지 않았을 것이다. 한 편으로는 하나님이 그들에게 땅을 주시고 거주민들을 다 몰아 내시겠다고 선언했지만, 또 한편으로는 이스라엘이 그의 지시에 반응하는 것이 필요하셨다.

더구나, 어떤 경우에는 하나님이 적들을 쫓아 내시지 않고, 이스라엘을 테스트하고 싸우는 법을 가르치기 위해, 그들을 그 땅에 두었다라고도 한다. 아모스 서에 하나님이 이스라엘을 이집트에서 데리고 나왔을 때, 크리트에서블레셋 사람들을 이스라엘에 피해를 줄 이웃으로 데리고 왔다고 한다.

그러므로 사사기에서 하나님이 그의 백성들을 벌하시는 것을 볼수 있다. 하나님은 그들을 악에게 건네주고, 그의 공의를 알게 함과 동시에 악에서 건져내는 그의 자비를 보여 주신다.

이 원리는 신약성경에서도 볼 수 있다. 물론, 주기도문에도 들어 있다: 우리를 시험에 들게 하지 마옵시고 다만 악에서 구하 옵소서. 성령의 능력은 아픈 자를 고치기도 하지만, 병을 가져다 줄 수도 있다; 장님이 볼 수 있게 할 수도 있지만, 좋은 눈으로 볼 수 없게 할 수도 있다; 죽은 자를 살릴 수도 있지만, 아나니아와 삽비라와 같이 죽음을 가져 올 수도 있다. 교회를 제재하는 궁극적인 처벌은 잘못된 성도들을 육체의 파괴력이 있는 사탄에게 넘겨주어 그들이 정신 차리고 마지막 심판 날에 그들의 영혼을 구할 수 있도록 하는 것이다.

동시에 하나님은 이스라엘의 기도를 들으시고 반응하신다. 하나님은 그들의 계속되는 불순종에도 불구하고, 그들이 겪는 고통에 마음 아파하시고, 인내하시며 신실하시다. 하나님이 어떻게 기드온이나 바락같은 지도자들에게 기름부으시고 지시하셔서, 그들의 기도에 응답하셨는지를 읽을 수 있다. 서로에게 영향을 끼치는 하나님과 인간 사이의 역동적인 관계를 볼 수 있다.

그러나, 이런 모든 것들이 아직도 이책의 목적을 설명하지 못하는 것은 룻기를 공부한 후에만 우리는 목적을 뚜렷이 알 수 있게 된다. 이 단계에서는 이스라엘이 볼 썽 사납게 문제속으로 들어왔다 나갔다하는 악순환만 볼 수 있다. 아직 이들이 어느 방향으로 가는 지 알 수 없다. 이스라엘 내부의 이런 문제들은 두가지의 측면으로 설명할 수 있다.

1. 2세대의 멤버들

가나안 땅을 차지하고 있는 사람들은 하나님에 대한 지식과 하나님이 그들을 위해 무엇을 했는지에 대한 지식이 전 세대의 사람들과 같지 않았다. 그들은 하나님을 알고 싶어 하지 않았다. 대신그들은 그들의 눈에 맞게 보이는 대로 행돋했고, 이것은 하나님 보시기에 틀린 것이었다. 누구나가 자기 자신의 법이었다.

2. 2세대의 지도자들

지도자의 승계가 제대로 이루어 지지 않았다. 한 사사가 죽으면, 다른 사사가 나타날 때까지 공백 기간이 있었고, 이 기간동안 사람들은 악한 삶으로 다시 돌아가 하나님의 처벌을 받게 되었다. 이 악순환의 패턴은 '사사들이 살아 있는 동안... 그러나 사사가 죽었을 때...' 라는 구절들에 나타나 있다. 이 상황은 다른 나라들이 지속적인 안정을 위하여 왕조의 승계가 이루어 진 것과 아주 다른 양상이었으며, 사사들이 전체 통일 국가를 지배한 것이 아니고 소수의 지파들을 지배했다.

왕정에 대한 이야기는 여러번 거론 된다.

1. **기드온**이 미디안족과 싸워 승리 했을 때, 그의 추종자들은 그를 왕으로 세우기를 원한다. 그의 사람들은 왕조를 시작하자고 한다. 어떤 사람들은 그가 받아 들였어야 했다고 주장하기도 하지만, 이때는 왕을 세울 만한 하나님의 때가 아니 었던 것이 분명하다. 기드온은 사람들에게 그들이 하나님을 왕으로 보지 않는것이 문제라고 말했다.

2. 기드온 후에 지휘권이 여러사람들의 손에 넘어간다. **아비멜렉**은 그의 단독적인 리더쉽과 기드온의 70명의 아들들의 그룹 리더쉽 중 어떤 것을 선호하는 지 묻는다. 그가 절차에 따라 취임한 후 70명의 형제들을 학살한다. 그의 권력의 탐욕이 갈수록 심해지고 그는 사람들의 복지에는 관심이 없고, 결국 전쟁터에서 죽는다.

3. 사시기에서, '그 때에 왕이 없었다...' 라는 말이 반복하여 나오고 이것은 만약에 왕이 있

었더라면 상황이 훨씬 낳았을 것이다라는 의미를 내포하고 있다. 나중에 이 주제에 대해 다시 토론 하기로 한다. 지금 중요하게 주목해야 할 것은 사사들이 왕의 절실한 필요성에 대해 말하고 있다는 것이다. 룻기를 공부하기 시작하면서, 우리는 왕을 주실 것이다 라는 좀 더 긍정적인 메세지를 대하게 된다. 룻기는 '그게 누구일까' 라는 질문으로 시작한다.

룻기

룻기는 사사기가 쓰여진 같은 시기에 쓰여 졌지만, 두 책이 이렇게 다를 수가 없다.

- 사사기는 여러 사람의 이야기를 포함하고 있고, 룻기는 몇명의 이야기다.
- 사사기는 꽤 길고, 룻기는 구약에서 가장 짧은 책들 중 하나다.
- 사사기는 이스라엘 전체를 다루고, 룻기는 작은 한 마을을 다룬다.
- 사사기는 200년의 역사를 다루고, 룻기는 한 세대를 다룬다.

룻기는 마치 토마스 할디 (Thomas Hardy) 의 소설같이, 잡지에 실릴 수 있을 것 같은 사랑의 이야기다. 사사기를 읽은 후 기분 전환을 해주는 책이다. 사사기에서는 학살, 강간, 창녀가 토막난 것, 내전, 악한 제사장들의 이야기들을 읽었다. 루스가 살던 유다는 베냐민의 영토에서 겨우 2마일 떨어 진 가까운 곳이었지만, 분위기가 전혀 다룬 곳이었다.

룻기는 겨우 4장 밖에 되지 않는다. 처음 두장은 떼어 놓을 수 없는 두 여인에 대한 이야기이고, 다음의 두장은 두사람의 영향력있는 남자들에 대한 이야기다. 이 네사람이 이 극의 주인공들이다.

1. 시어머니의 손실
2. 며느리의 충성
3. 구원자 친척의 사랑
4. 왕의 계보

1. 시어머니의 손실

이야기는 이스라엘에 기근이 들어 두 사람이 모압으로 떠나는 데 서 시작된다. 기근은 하나님의 벌로 우리는 짐작할 수 있고, 기근은 하나님이 심히 불쾌 할 때 일어나는 일로 이야기 속의 장소와 큰 대조를 보여준다—베들레헴은 히브리 어로 '빵집' 이라는 뜻이다.

만약 이 가족이 이스라엘의 역사를 통한 교훈을 깨달았다면, 아브라함, 이삭, 야곱의 이야기가 증언 해 주듯이, 이스라엘 밖으로 양식을 찾아 나가는 것은 문제를 불러 온 다는 것을 알았을 것이었으나, 그들이 하나님께 양식을 위해 기도했다는 기록이 없다. 나오미와 그의 남편은 동쪽으로 사해에서 먼 언덕을 넘어 모압으로 이사한다. 시간이 흘러, 두 아들들은 모압여자들과 결혼한다. 상황은 더 악화되었다. 나오미의 남편과 두아들이 죽었다. 세 과부만 홀로 남게 되었다. 그 당시에는 과부의 미래는 암울했다. 전체의 이야기가 사람들이 하나님께 의지하는 것을 거부함으로 시작되었다. 그들은 하나님께 어떤 일이 일어나고 있고 그들이 어떻게 해야 하는지 물어보는 대신 인간적 해결책을 찾아 나섰다.

기근은 하나님의 벌하심의 한 부분이라고 말씀하시고 그들이 하나님께 돌아오면 충분한 양식을 다시 주실거라고 하나님은 말씀 하셨을 것이다. 그러나 그들은 하나님의 대답을 듣기는 커녕, 하나님께 물어보지도 않았다.

이 위기에 처한 나오미는 비통했다. 그녀의 이름은 '기쁨' 이라는 뜻이었지만 그녀가 이스라엘로 돌아 왔을때 친척들이 알아 볼 수 없을 정도로 변해 있어서 그녀는 자신을 '마라' (쓰다라는 뜻)라고 불러 달라고 했다. 또, 두 며느리가 유다에 가면 재혼하기가 어려울 것을 예상하고, 그녀는 그들에게 모압에 머물라고 했다. 유다 남자들은 외부인과 결혼하기를 꺼려 했다.

올파는 그녀의 말을 듣고 모압으로 돌아 갔고 그녀에 대한 소식을 알지 못한다. 그녀의 선택에 의해 그녀는 하나님의 목적안에 있을 자리가 없었다. 반면에, 루스는 나오미와 함께 갔으므로 그녀의 이름은 역사 속에 흘러 우리의 주 예수님의 조상이 되었다.

이 이야기는 우리의 한 번의 결정이 많은 것을 좌우할 수 있다는 것을 우리에게 일깨워 준다. 우리의 선택들은 우리의 성품의 바탕이 되고, 루스는 정확한 시간에 정확한 결정을 했다.

드디어 한번의 선택으로 끝없는 순환을 깨어 버린 사람을 본다. 루스는 대신 하나님의 계보에 들어갔다. 그녀가 이방인 여자였음에도 불구하고, 그녀의 이름은 마태복음에 있는 예수님의 족보에 오른다.

2. 며느리의 충성심

루스는 내적이나 외적으로 아름다운 사람이었다. 그녀는 아주 겸손하면서도 남자들보기에 매력적인 대담함이 있었다. 그녀는 충성되고, 섬기기를 즐겨하는 성격이었지만, 소극적이거나 약자는 결코 아니었다.

그녀는 나오미와 함께 있기로 선택 했을 뿐 아니라, 나오미의 사람들과 나오미의 하나님도 선택했다. 하나님이 그의 백성들에게 벌 주시는 것을 보았지만, 하나님은 분명하게 그녀에게 살아 계셨다. 네번에 걸쳐 그녀는 '하겠습니다' 라고 나오미에게 말했다. 나오미에 대한 충성을 그녀에 대한 사랑을 통해 표현했다. 히브리어로 '충성'과 '사랑' 은 거의 같은 단어이다. 충성이 없는 사랑은 진짜 사랑이 아니다. 마찬가지로, 그의 백성들에 대한 하나님의 약속의 사랑은 좋을 때나 나쁠 때나 항상 함께 하신다는 것이다.

또한, 하나님이 루스를 좋게 보심에 대해 읽을 수 있다. 히브리 어로 '좋게 보심' 과 '가장 좋아하는' 는 같은 단어다—그녀는 하나님이 가장 좋아 하는 사람중 하나가 되었다. 하나님께서 루스에게 계속 그의 자비를 베푸셨음으로, 루스는 베들레헴에 있는 마을에서 소문이 자자하게 난 사람이 되엇다.

3. 구원자 친척의 사랑

책의 후반부는 영향력있는 두남자가, 보아스 와 왕이 될 사람, 소개된다.

보아스는 인정이 많은 마을의 유지였다. 추수가 끝난후 가난한 사람들이 떨어 진 곡식을 줍도록 허용하는 것은 당시의 풍습이었는데, 보아스는 그의 일꾼들에게 루스가 특별히 많이 가져 갈 수 있도록 하라고 지시했다.

룻기의 이야기를 이해하기위해 두가지의 풍습에 대해 아는 것이 도움이 될 것이다. 첫번째는 레비레이트 결혼 (Levirate marriage) 이다. 이것은 남형제가 죽었을 때 의무적으로 그의 부인과 결혼해야 하는 풍습이다. 50년 마다 있는 주빌리 (Jubilee) 의 해에는 모든 땅이 처음 소유했던 가문에 귀속된다. 그러므로가문마다, 50년후 땅을 다시 찾을 가문을 대표하는 남자가 있어야 했다. 레비레이트 법은 아들을 낳기 전에 남편이 죽으면, 남편의 형제가 그녀와 결혼하여 아들을 낳아 그 가문에서 땅의 소유를 지속 할 수 있게 하는 것이다. 루스도 땅을 소유 할 수 있는 사람과 결혼 했으나 이제는 남편도 죽고 아들도 없었으므로 가까운 친척이 의무적으로 그녀와 결혼해서 그녀의 남편의 계보가 끊어지지 않고, 주빌리해가 오면 재산을 다시 소유하도록 해야 했다.

두번째 이해해야 할 법은 그들의 사회의 풍습이다. 당시, 여자는 남자에게 결혼 신청을 할 수 없었지만, 하고 싶다는 마음의 표현은 여러가지 방법으로 할 수 있었다. 그중 한가지는 남자의 발을 따뜻하게 해주는 것이었다! 그래서 루스가 보아스의 발치에 누워 그녀의 겉옷으로 그의 발을 덮은 것은 그와 결혼하고 싶은 그녀의 마음을 표하는 것이었다. 이 두가지 풍습이 어떻게 보아스가 루스와 결혼했는지를 설명해 준다.

루스가 보아스의 발치에 누은 것은 그녀의 관심을 명백히 드러내는 표시였다. 그녀가 장자나 가장 어린 친척을 선택하지 않고, 그를 선택한 것에 그는 마음이 흡족했다. 그러나, 그의 형이 루스와 의무적인 결혼을 할 수 있는 위치에 있었고, 그는 먼저 형에게 선택권을 주어야 했다. 그의 형은 풍습적으로 그의 샌달을 벗어 보아스에게 줌으로서 보아스와 루스의 결혼을 승락했다. 샌달을 벗는 것은 오늘 날 거래를 협상한후 악수하는 것과 같다. 루스와 보아스는 자유롭게 결혼 할 수 있게 되었다.

4. 왕의 계보

이것은 시골에서 일어난 아름다운 사랑의 이야기다. 하지만, 이 이야기가 막간에 나오는 가벼운 이야기로서 성경에 기록 될리가 없기 때문에, 우리는 하나님이 이사건 뒤에서 어떤 일을 하고 계셨는 지를 물어야 한다. 하나님은 이스라엘의 왕의 혈통을 준비하고 계셨음을 분명히 알 수 있다. 나오미와 함께 돌아와 그녀의 사람들과 함께 하고자 한 것이 루스의 올바른 결정같이, 하나님도 왕의 혈통에 그녀를 선택하는 올바른 결정을 하신 것이다.

사실, 하나님이 이 이야기에 직접적으로 관여되지는 않았지만, 이 책의 인물들이 하나님께 사람들을 축복해 달라고 요구할 때, 하나님의 이름이 자주 언급되었다. 나오미는 루스가 자신과 함께 있는 것에 대해 루스를 축복해 달라고 했다. 추수꾼들은 보아스를 축복해 달라고했고, 보아스는 그들을 축복해 달라고 답 하였다. 보아스는 하나님께 그를 선택한 루스를 축복해 달라고 했다. 그들이 하나님을 언급할 때, 야훼 (항상 이라는 뜻) 라는 하나님의 이름을 사용했다. 하나님은 항상 나의 공급자 이시고, 항상 나의 곁에 계시고, 항상 나를 고치시는 분이다.

보아스는 야곱의 12 아들 중 하나인 유다의 직계 자손이다. 그는 그녀의 시아버지 의 다른 부인이였던 타마 (Tamar) 의 자손이기도 하다. 하나님은 아주 가능성이 희박한 상황을 그의 계획에 사용하신다. 야곱은 임종 때 유다에게: '홀이 유다를 떠나지 아니하며 치리자의 지팡이가 그 발 사이에서 떠나지 아니하기를 실로가 오기까지 미치리니' 라고 유언했다. 이것은 왕정이 시작되기 몇백년 전에 야곱이 유다에게 그의 가문에서 왕이 나올 것을 약속한 말이다.

보아스의 할머니는 유대인이 아니었음도 배운다. 창녀 라합은 가나안의 이방인으로 처음 이스라엘의 하나님을 받아 들인 사람이다. 여러 종류의 사람들이 섞여 있는 그의 족보를 보게 된다: 타말은 그녀의 시아버지와의 사이에서 아들을 낳았고, 라합은 이방인 창녀였으며, 루스는 모압사람이었다. 그렇지만 이 사람들이 우리 주 예수님의 조상들이다.

사사기와 룻기는 누가 기록했는가?

이제 사사기와 룻기를 연결시켜 보고 누가 왜 썼는가에 대해 조사해 보자.

성경에서 책의 마지막 부분은 자주 그목적을 나타내 준다. '당시 이스라엘에는 왕이 없었다' 라는 문장은 사사기와 룻기가 왕이 이끌었던 시대 이후에 쓰여진 책들임을 의미한다. 또 확실한 것은 룻기의 마지막 부분을 보면 알 수 있는데, 책이 쓰여질 당시 다윗은 왕이 아니었다. 왜냐하면 '다윗왕의 아버지 제스' 라고 하지 않고, '다윗의 아버지 제스' 라고 기록되어 있기 때문이다.

이 두가지 사실은 다윗왕이 아닌 어떤 다른 왕이 다스리던 때에 이 책이 쓰여졌음을 강력하게 제시한다. 그렇다면, 이 상황이 가능했던 단 한 시대, 다윗왕의 바로 전, 사울왕이 다스릴 때 였을 것이다. 그러므로 이 책은 사람들이 뽑은 이스라엘의 첫번 째 왕이 왕좌에 있을 때 쓰여졌다. 그는 인품이나 능력보다 그의 용모와 키를 보고 사람들이 뽑은 왕이었다.

책이 언제 쓰여졌는 지를 알면 누가 썼는지도 물어 볼 수 있다. 사무엘 상에서 사무엘 선지자가 연설 한 내용을 보면 사사기와 룻기의 언어와 같은 언어들을 사용했다. 그리고 그는 그의 사람들의 역사를 통해 가르쳤다. 그러므로, 사무엘이 사울왕 때에 사사기와 룻기를 하나의 책으로 썼을 가능성이 높다.

책을 쓴 목적은 사울왕이 어느 지파에서 왔는지를 물어 볼 때 포착할 수 있다. 대답은 베냐민 지파다. 두 책 전체의 메세지는 유다와 베들레헴에 사는 사람들과 대조적으로 베냐민 사람들은 좋지않았다.

다시 말해서, 이 두권의 책들은 사람들이 사울에서 다윗으로 옮기는데 준비시키기 위해 쓰여졌다. 사무엘은 은밀하게 다윗에게 기름부었지만 사람들이 선택한 왕이 아닌 다윗을 왕으로 받아 들이도록 준비 시킬 필요가 있었다.

그는 독자들에게 베냐민 지파의 타락한 사람들과 베들레헴의 유쾌한 사람들을 비교하도록 한다. 다윗이 하나님이 임명한 왕이고 앞으로 전체의 상황을 바꿀 사람임을 알고, 제시는 다윗의 아버지라고 사무엘은 마지막에 기록한다.

이 이론을 사사기의 1장에 있는 상세한 내용이 뒷받침 해준다. 유다지파가 약속의 땅에 들어 갔을 때, 예루살렘 성은 베냐민 지파에게 분배 되었었다. 그러나 사사기의 초기를 보면 그 성이 '오늘 날 까지도' 제부사이트손에 들어 있다라고 하여 베냐민 지파가 그곳을 점령하지 못했음을 의미한다. 사무엘 상의 기록을 보면, 다윗이 왕으로서 처음 해야 할 일이 그 도시를 정복하는 일이었다. 이것은 책이 쓰여진 때를 더 확실히 알게 해주고, 쓴 목적은 사람들이 다윗을 지지하도록 격려하기 위함으로 볼 수 있다. 사사기와 함께 룻기는 두 도시를 조명해 준다: 베들레헴 (빵집), 다윗의 고향, 그리고 예부사이트가 차지하고 있었지만 곧 이스라엘의 수도가 될 예루살렘.

오늘날 우리는 어떻게 사사기와 룻기를 사용해야 하는가?

신약성경에서 사도바울은 모든 성경은 하나님의 입김으로 쓰여 졌고 우리가 구원받기에 현명해

지도록 해준다 라고 디모데에게 말했다. 예수님은 성경이 예수님의 증거라고 하셨기 때문에 우리는 그리스도인으로서 어떻게 사사기와 룻기를 읽어야 하는지에 대해 물어야 한다.

사사기

개개인 크리스챤들은 사사기에 나오는 인물들을 통해서 많은 것을 배울 수 있다. 우리는 사사들이 한 실수와 올바른 선택을 통해 배울 수 있다. 하나 하나가 믿는 사람들에게 가치있는 이야기다. 그러나 우리들은 사사들을 우리의 본보기로 삼지 않는다. 사실, 신약 성경은 이런 것에 주의를 준다. 히브리서 12장에는, 11장에 있는 우리보다 먼저 간 사람들과 사사들은 우리가 어떻게 경주를 뛰는지 보고 있고, 우리가 바라 보아야 할 단 한사람의 진실된 본보기는 영원한 구원의 역사를 이루신, 우리 믿음의 권위자 이며 완전하신 분이신 예수님이라고 한다.

교회는 사사기를 공부해야 한다. 왜냐하면, 우리눈으로 보고 느끼기에 맞아 보이는 행동을 하여 오늘날의 무정부 상태에 빨려 들어가지 않기 위해서다. 한 인간의 관점이나 지도력이 예수님의 것보다 더 가치있게 여겨지는, 눈에 보이는 왕을 찾으면 큰 실패에 빠질 수 있다. 민주주의, 과두정치, 독재정치는 인간 지도자를 의지하는 것이지만, 제정일치로 사람들을 인도해야 한다고 성경은 말씀한다. 우리의 지도자는 인간이며 하나님이신; 땅에 계시다가 지금은 하늘에 계신 분이다.

하나님은 사사기와 룻기 시대에 기록된 사건들 당시나 지금이나 동일하신 성품을 가진분 임을 우리는 또한 기억해야 한다. 하나님은 그의 백성을 사랑하시고, 그의 길에서 떠나 방황하는 사람들을 단련하심으로 그의 사랑을 보여 주신다. 동시에 우리가 잘 되도록 그의 계획을 짜고 계신다. 우리는 절망적 순환의 부분이 될 필요가 없다. 우리는 진짜 방향을 알고 하나님의 목적을 따를 수 있다.

룻기

루스는 이스라엘의 하나님을 받아 들인 첫 이방인들 중 한사람이다. 그녀는 왕의 계보에 올라 있는 모든 믿는 사람들과, 믿음으로 예수님의 형제가 된 사람들의 모형이다.

루스를 교회로 본다면, 보아스는 예수님과 같은—친척 구원자,로서 이 책은 우리에게 예수님을 상기시켜 준다. 교회는 구약시대의 하나님의 백성들의 계보에 올랐다. 우리는 신부이고 그는 신랑이다. 룻기는 고립되어 있는 구약의 책이 아니고 성경 전체에 흐르는 주제를 담고 있는 첵이다. 성경 전체가 사랑 이야기로, 양고기를 먹는 결혼잔치로 요한 계시록에서 끝을 맺는다. 루스와 보아스의 사랑은 예수님과 그의 이방인 신부의 완벽한 모형이다.

9. 사무엘 상/하

개요

영어 성경에서 상/하 두권으로 되어 있는 이 책은 유대 성경에서는 한권의 책으로 '초기 예언서'로 분류된다. 사무엘서는 150년 간의 역사를 다루고 하나님의 관점과 그에게 중요한 것이 무엇인지를 선지자의 입장에서 기록했다. 이 책의 내용 안의 가장 중요한 선지자의 이름을 따서 책의 제목으로 정했고 아마도 거의 모든 부분을 사무엘이 썻을 것이다. 이스라엘 역사의 대변화와 지금 까지도 잘 알려져 있는 다윗왕의 등장을 다룬 책이다.

문맥

유대인들의 아버지인 아브라함은 2000 BC경에 살았아; 다윗왕이 즉위한 것은 1000 BC경이다. 아브라함이 자손들과 땅을 가질 것이라는 하나님의 약속이 있은 지1000년이 지난 후 사무엘서와 다윗왕이 등장한다. 앞서 공부한 구약의 시간대 도표 (p 11) 에 의하면, 이스라엘 사람들의 역사 중 세번째로 지도력의 패턴이 변화한 것을 사무엘서는 기록했다.
책

1. **2000-1500 BC** 이스라엘은 당시 국가가 아니었고, 족장이 이끌었다: 아브라함, 이삭, 야곱 그리고 요셉

2. **1500-1000 BC** 모세에서 사무엘 까지 선지자들이 인도했다.

3. **1000-500 BC** 사울에서 시드기야 왕까지의 왕정이었다.

4. **500-예수님 시대까지는** 여호수아에서 안나스와 가야바까지 제사장들이 인도했다.

연대가 아주 정확하지는 않지만, 위의 구분은 총 정리를 하는데 도움을 준다. 사무엘은 선지자들에서 왕정으로의 변화와, 다윗의 제국이 시작되기 전 150년 간의 일들을 기록했다.

이때는 이스라엘 역사의 중요한 시기였다. 하나님이 약속하신 거의 모든 땅을 정복했던 다윗왕의 통치 기간을 유대인들은 평화와 부의 황금기로 여긴다. 한 왕이 통일된 승리의 국가를 이끄는 날이 다시 오기를 유대인들은 아직 까지도 기다리고 있다. 그러나 좋은 일만 있었던 것은 아니었다. 사무엘서에서 국가가 쇠퇴하기 시작하는 것을 볼 수 있고, 이 쇠퇴는열왕기 상/하를 거치며 1000년동안 이루어 놓은 모든 것을 잃어버릴 때 까지 계속된다.

이것을 어떻게 해석해야 하는지 조사하기 전에, 내용의 개요와 구조부터 보면서 사무엘 서의 중요한 이야기들을 자세히 살펴 보자.

구조

1. **사무엘—마지막 사사**
   (i) 한나—근심하는 아내
   (ii) 엘리—병든 제사장
   (iii) 이스라엘—오만한 군대
   (iv) 사울—기름부음을 받은 왕

2. **사울—첫번 째 왕**
   (i) 요나단—모험심이 강한 아들
   (ii) 사무엘—분노한 선지자
   (iii) 다윗—명백한 경쟁자

   내면 (IN)
      (a) 단순한 목동
      (b) 뛰어 난 음악가
      (c) 용감한 무사

   외면 (OUT)
      (a) 의심받는 신하
      (b) 추격 당하는 죄인
      (c) 용병으로 망명

   (iv) 블레셋—공격하는 적

3. **다윗—최고의 왕**
   (i) 승승장구

   발전 (UP)
      (a) 한지파
      (b) 안정된 국가
      (c) 거대한 제국

   (ii) 비극적 쇠퇴

   쇠퇴 (DOWN)

(a) 수치의 사람

(b) 와해된 가정

(c) 불만족한 국민

4. **후기**

위의 구조는 사무엘과 사울의 삶을 세명의 사람들과 한 민족과의 각 각의 관계를 보여준다: 사무엘과 한나, 엘리, 사울과 이스라엘; 사울과 요나단, 사무엘, 다윗과 블레셋.

다윗의 삶은 네방향의 단어로 정리 할 수 있다: 안으로, 밖으로, 위로, 아래로. '안과 밖' 의 변화되는 사울왕과의 관계를 말하고, '위로' 는 그가 왕으로서의 정점으로 올라 갈 때, 그리로 '아래로' 는 절망에 빠져 가는 그를 가르킨다.

내용

1. 사무엘—마자막 사사

(I) 한나—근심하는 아내

이 책은 사무엘의 어머니 한나의 이야기로 시작된다. 그녀의 남편, 엘가나에게 두 아내가 있었는데, 자식이 없는 한나는 자식들이 있는 다른 부인 , 브닌나의 조롱을 참아야 했다. 해가 갈 수록, 자식이 없는 것에 대한 한나의 슬픔은 깊어 간다. 그녀는 이스라엘이 증거괘를 모셔둔 실로에 있는 성전에 가서, 하나님께서 아들을 주시면 하나님께 바치겠다고 기도 한다. 엘리 제사장은 그녀가 큰소리로 중얼 거리는 것을 보고 술에 취한 것으로 의심한다. 한나는 그녀의 깊은 슬픔을 설명하고 엘리는 하나님의 축복을 빌어준 후 그녀를 집으로 보낸다. 그 후 한나는 임신하여 아들을 낳아 사무엘이라는 이름을 주었다.

감사함과 하나님께 맹세한 대로그녀는 사무엘을 엘리 제사장 밑에서 성전일을 돕도록보낸다. 한나는 그녀의 자신감과 하나님안에 서의 기쁨을 생각하며 다시 기도한다. 1,000년 후 예수님을 낳을 것이라고 천사가 마리아에게 말 했을때, 마리아는 이 기도를 분명히 기억 한다. 그녀의 기쁨과 찬양은 '마리아의 찬가' 로 불리우고, 이노래는 한나의 찬양을 메아리 같이 반영한다.

(II) 엘리—병든 제사장

사무엘은 엘리 제사장 밑에서 사역을 한다. 어느날 밤 소리를 듣고 엘리가 부는 것으로 생각하여 그에게 달려가니 엘리는 부르지 않았다고 한다. 이러기를 세번 반복한 후 제사장은 하나님이 사무엘에게 말씀 하시기를 원하심을 깨닫는다. 듣고 볼 수 있는 예언적 계시가 드물었을 당시에 이것은 획기적인 사건이다.

그리하여 사무엘은 12살때 엘리의 두 아들의 행실이 바르지 못하므로 하나님이 그의 가족을 심판하실 것이라는 메세지를 전해야하는 책임을 부여받았고 엘리는 그의 말을 묵인한다. 아들들은 그들의 위치를 남용하여 봉헌된 고기를 먹고 예물을 가지고 온 여자들과 잠자리를 함께 하는 악행을 저지르고 있었다. 그후로 하나님은 엘리의 자손중 장수하는 사람을 없게 하리라고 말씀한다.

이것이 사무엘의 예언자로서의 사역의 시작이었고, 받아드리기 어려운 메세지의 마지막 예언도 아니었다.

(III) 이스라엘—오만한 군대

다음은 서해안에 살고 있는 적, 블레셋 사람들에게 이스라엘이 패배 당하는 이야기이다. 이스라엘 사람들은 패전 한 이유가 증거궤를 성전에 두고 왔기 때문이라고 생각했다. 그래서 다음 전쟁 때는 증거궤를 전쟁터로 가지고 갔으나, 엘리의 아들들을 비롯한 (그들이 일찍 죽으리라는 예언을 이루었다) 30,000명의 군인들이 죽임을 당하는 대패를 하였다. 증거궤는 블레셋 사람들이 빼앗아 블레셋 의 신인 다곤의 신전 에 두었다.

이 소식을 듣고, 엘리 -노인이며 연약했던 상태였음 - 는 의자에서 뒤로 넘어져 목뼈가 부러져 죽는다. 한편, 증거궤는 블레셋 사람들에게 문제를 일으키기 시작한다. 하나님이 지독한 질병을 그들에게 보내시고 그들은 마침내 두마리의 암소가 끄는 수레에 증거궤를 실어 이스라엘로 되돌려 보낸다. 블레셋 사람들은 수레가 어디로 가는지 따라가고 수레가 예루살렘의 언덕으로 향하여 가는 것을 보게 된다.

사무엘은 미스바에 이스라엘 사람들을 모아놓고 지난번의 패전들은 증거궤와 아무 상관이 없고 그들이 섬기는 이방신들 때문이라고 말한다. 이스라엘은 우상을 불태우고 이번에는 블레셋과의 전쟁에서 승리를 거둔다. 이것은 사사기에 써있는 원리를 증명한다: 이스라엘 사람들이 하나님을 거역하면 적군이 와서 그들을 패배시키지만, 회개하면 행실을 고치면 그들이 적군을 패배시킨다.

사무엘의 명성은 이때부터 높아지기 시작하여, 사사와 선지자로서의 그의 업적은 높이 존중된다.

(IV) 사울—기름부음을 받은 왕

대중에게 잘 알려진 마지막 과업은 사무엘이 사울을 왕으로 기름부은 것이다. 주위의 다른 나라들 같이 그들의 왕을 세울 수 있는지 백성들은 사무엘에게 묻는다. 하나님이 그들의 왕이심을 그들은 알고 있었으나, 그들은 눈으로 볼 수 있는 왕을 원한다. 처음에는 그들의 요구에 기분이 나빴으나, 하나님은 백성들이 하나님을 거부한 것이므로 그가 화낼 권리가 없다고 일깨워 주신다.

국가에 왕이 있게 되면, 거기에 맞는 준비를 해야 할 필요가 있다고 하나님은 사무엘에게 말씀하신다. 왕은 즉위 후 즉시 궁전, 병력, 세금, 징병제를 원할 것이다. 이러한 경고에도 불구하고, 이스라엘 사람들은 왕을 갖기를 고집하고, 누구보다도 키가 크고 잘 생긴 사울을 선택한다.

2. 사울—첫번째 왕

사울의 추대는 특이 하다. 왕으로 기름부음을 받을 사람은 나귀를 찾는 사람이라고 하나님은 사무엘에게 말씀 한다. 그래서 사울이 그의 집으로 찾아와 도움을 청할 때, 사무엘을 무엇을 해야 하는 지 안다. 사울이 후계자 라는 증거로 사울에게 예언의 선물을 주셨다고 하는데 - 우리는 어떤 형태의 선물인지 잘 모른다. 백성들은 30세의 사울을 왕으로 받아들이고, 마지막 사사인 사무엘은 지도권을 넘겨준다.

사울의 시작은 좋았다. 사람들은 그의 임명을 만족해 하고 암몬를 패배 시키며 금방 성공을 경험한다. 그러나 그의 인간 관계 때문에 일이 틀어지기 시작한다.

(I) 요나단—모험심이 강한 아들

사울의 아들 요나단이 블레셋을 무찌르는데 크게 기여하여 사울은 처음에는 그의 아들을 매우 자랑스러워 한다. 그러나 요나단은 아버지에게 알리지 않고 다음 전쟁에 참여하는 실수를 한다. 그는 승리하고, 사울은 아들의 성공에 질투심을 느끼면서 아들과의 관계가 빗나가기 시작한다.

다음 이야기에서, 그들이 다시 전쟁 중이었고, 적에게 복수하기 전에 음식을 먹는 사람은 그를 먼저 죽이겠다고 사울은 갑작스런 명령을 한다. 이사실을 모르는 요나단은 꿀을 조금 먹었다. 아무 것도 모르고 사울의 명령에 불복종하게 된 아들을 사울이 주이겠다고 위협하는 기이한 상황이 발생한다. 다른 부하들이 중재하지 않았다면 요나단은 그날 죽었을 것이다.

(II) 사무엘—분노한 선지자

사무엘과의 사울의 관계도 악화되었다. 선지자로서, 사무엘의 임무는 하나님이 그에게 주신 말씀을 사울에게 전해주는 일이다. 한번은 전쟁후의 제사를 드리기 위해 사무엘이 올 때 까지 기다리라는 연락을 사울이 받는다. 사무엘이 도착이 늦어지자, 사울은 직접 제사를 거행 한다. 이런 건방진 행동에 화가 치민 사무엘은 그의 왕국이 다른 사람에게 곧 넘어 갈 것이라고 말한다.

사울의 두번째 큰 실수도 역시 하나님의 말씀을 거역한 것에 대한 것이다. 이번에는 아말렉과 그의 가축들을 전부 죽이라는 명령을 받았지만, 사울은 왕 아각과 가장 좋은 가축들은 죽이지 않는다. 사무엘이 도착하여 사울이 다시 하나님의 말씀을 거역한 것을 알게 된다. 사무엘은 매우 화가 나서, 하나님의 전앞에서 아각을 처형하고, 사울에게 순종이 제사보다 낳다고 말한다. 사무엘은 사울이 하나님의 명령을 거부했으므로 하나님도 그를 왕으로 거부하셨다고 사울에게 말한다. 그날부터 사무엘이 죽을 때까지 사울은 사무엘에게서 아무 소식도 듣지 못한다. 이 이야기는 의식이 공의를 대신 하지 못한다는 유익한 깨우침이다. 이것은 이스라엘 첫왕의 종말이 시작되는 계기였다.

(III) 다윗—명백한 경쟁자

사울의 이야기는 다윗의 등장의 뒷배경으로 사라진다. 어린 다윗은 사울의 시중을 들게되고 사울이 그를 무척 좋아 했었으나, 곧 사울의 다윗과의 관계도 요나단과 사무엘의 관계와 같은 길을 가게 된다.

내면 (IN)

(a) 단순한 목동

사울이 얼마간 계속 왕으로 있기는 하지만, 하나님이 사울을 왕으로 거부하신 후 다윗이 등장한다. 사무엘은 이새의 아들 중 한사람에게 기름부으려고 다윗의 집으로 갔으나 하나님의 허락을 받은 아들을 찾지 못한다. 그때 들에 있던 여덟번째의 막내아들이 불려오고 하나님은 이자가 하나님이 원하시는 다음 왕이 될 사람이라고 말씀하신다. 다윗은 비밀리에 기름부음을 받고 그가 왕이 될 때까지 몇년을 기다리게 된다.

(b) 뛰어 난 음악가

그동안 사울은 도덕적으로 또 정신적으로 변질되어 가고 있었다. 성령이 그에게서 떠나시고 악령이 그자리에 들어갔다고 성경은 말한다. 사울은 예측할 수 없는 어려운 사람으로 변해간다. 그의 신하들은 음악만이 그를 진정시켜 줄수 있음을 발견하고 하프를 잘 켜는 다윗을 궁으로 불러와서 사울의 마음을 음악으로 달래 준다.

(c) 용감한 무사

다윗과 골리앗의 이야기는 성경에서 가장 잘 알려진 일화다. 서로 상대가 되지 않는 세기의 대결로, 이스라엘 사람들이 좋아하는 종류의 이야기다: 갓의 골리앗은 2.8 미터의 거인이고, 다윗은 어린 소년 목동이었다. 당시의 풍습에 따라 양쪽 군대에서 대표를 한사람씩 뽑아 서로 싸우게 했다. 이기는 사람의 편이 이기는 것으로 유혈 사태를 줄이는 방법이었다.

사울은 이미 그의 나라의 대표 용사의 위치에서 물러난 후였고, 얼마간의 토론이 있은후, 그는 이스라엘을 대표해서 싸울 사람으로 다윗을 허락한다. 거의 승산이 없어 보임에고 불구하고, 하나님이 그에게 승리를 주시리라는 확신이 다윗에게 있다. 전투는 하나님의 것이고 그의 승리는 온 세상에 하나님의 힘을 나타낼 것을 그는 믿는다. 그는 목동으로 사용하던 물매를 가지고, 그가 고른 다섯개의 물맷돌들중 에서 단 하나의 돌로 골리앗을 죽이고 블레셋들은 쫓겨 간다.

외면 (OUT)

(a) 의심받는 신하

사울이 자신의 아들을 질투할 수 있다면, 새로 나타난 영웅은 어떻게 대했겠는가? 사울은 몇천명의 적을 죽였지만 다윗은 몇만명을 죽였다고 하는백성들의노래를 사울은 듣게 된다. 다윗은 국가적 대영웅이 되고 사울은 그를 미워하기 시작한다. 그때부터 다윗의 목숨은 위험하다. 사울왕의 번뇌하는 마음을 달래주려고 다윗은 계속하프를 연주 하지만, 사울이 격분하여 다윗이 있는 쪽으로 창을 던지는 일도 생긴다.

후에 사울은 다윗을 죽이려는 음모를 세우고, 블레셋을 이기면 댓가로 그의 딸 메랍을 주기로 제안한다. 다윗은 그의 딸을 받기를 거절하고 다윗이 다치지 않고 블레셋과의 전쟁에서 승리하자 사울의 음모는 좌절된다. 나중에 다윗은 그의 다른 딸 미갈과 결혼한다.

사울은 요나단에게 다윗을 죽이는 일게 가담해 달라고 요구하지만, 요나단과 미갈은 다윗의 편이고, 사울이 몇번에 걸쳐 죽이려 할 때 다윗에게 미리 알려준다.

(b) 추격 당하는 죄인

다윗이 왕궁을 떠나야 하는 것이 분명해 지자, 그는 라마에 있는 사무엘의 집으로 피신한다. 사울과 그의 부하들이 다윗을 잡아 옥에 가두려 할 때, 놀라운 역사가 일어난다. 하나님의 성령이 오셔서 그 부하들이 예언을 하게 만들어, 그들의 계획이 수포로 돌아간다.

요나단은 계속 다윗을 돕고 요나단이 왕의 아들임에도 불구하고, 그는 다윗의 신하가 되겠다는 약속을 한다. 왕자가 목동에게 왕위를 포기한다. 성경은 눈부신 우정을 묘사한다. 다윗과 요나단 같은 깊은 우정은 어디에서도 볼 수 없었다고 한다.

놉의 제사장 아히멜렉은 다윗에게 거룩한 떡을 먹이고 골리앗의 검을 준다. 그는 가드로 피신하였는데 그곳의 블레셋왕이 그가 이스라엘의 왕의 후계자임을 알아보자 그는 생명을 보존하기 위해 미친척 행동하고 피신한다.

아둘람에서 400명의 원통하고 환난 당한 자들이 합류한다. 그는 부모님을 증조 할머니의 고향인 모압으로 보내고, 한 선지자에 의해 유대로 돌아가라는 말씀을 받는다.

엔게디 광야에서 다윗을 추격하던 사울은, 한 굴속에 다윗이 있는 지도 모르고 뒤를 보러 들어간다. 다윗은 사울의 겉옷자락을 살며시 베어 사울이 나가자 뒤에서 외친다. 사울은 다윗을 굴 속에서 그를 죽일 수 있었음을 알고 일시적으로 양심에 찔려 회개한다. 그러나 얼마 되지 않아 그는 다윗을 다시 추격한다.

마온에서 다윗은 훗날 결혼할 한 여자를 만난다. 나발은 다윗과 그의 군사들을 대접하기를 거절한다. 그의 아내 아비가엘이 그들에게 음식을 가져와 다윗의 보복에서 가족들을 구해 낸다. 나발은 이 일이 있은 후 곧 죽고 다윗은 아비가엘을 아내로 삼는다.

(c) 용병으로 망명

다윗의 여러가지 놀라운 일들 중, 잘 알려져 있지 않은 이야기가 하나 있다. 결국은 사울이 자신을 잡을 것이라는 두려움에 다윗과 그의 군대는 이스라엘의 대적 블레셋의 용병으로 간다. 그들은 곧 동맹을 맺게 된다.

(IV) 블레셋—공격하는 적

이스라엘과 블레셋의 전투에서 사울은 그의 종말을 맞이한다. 다윗과 그의 군대가 블레셋의 용병이었으나, 블레셋 지도자들은 다윗과 그의 군대를 이 전쟁에서 제외시킨다. 다윗보고 그의 민족과 싸우라고 하면 그와 그의 부하들의 충성심이 바뀔까 염려 한 것이다. 다윗의 도움 없이 그들은 이스라엘을 대패시키고, 사울과 요나단은 사무엘이 예언한 대로 죽는다. 부상당한 사울은 그의 삶이 다한것을 깨닫고 자신의 칼에 엎드러져 죽는다. 이렇게 해서 사무엘 상은 성경 전체에서 가장 수수께끼 같은 인물들 중 한 사람의 죽음으로 끝을 맺는다.

3. 다윗—최고의 왕

(I) 승승장구

발전 (UP)

(a) 하나의 지파

사무엘 하의 처음 9장에서 다윗왕이 승승장구 하는 것을 본다. 이 책은 사울과 요나단의 죽음을 애통해 하는 것으로 시작하며, 요나단과의 따뜻한 우정을 기리는 다윗의 감동적인 말들이 들어 있다.

그러나 다윗의 가문과 사울의 가문 사이에 살인과 복수가 허다하여 전쟁이 일어나게 된다. 사울의 군 사령관이었던 아브넬이 베냐민 지파를 데리고 다른 편으로 가고, 나라는 분열된다.

(b) 안정된 국가

유다지파는 남쪽의 헤브론에서 다윗을 왕으로 세우고, 그곳에서 7년간 있게 된다. 그는 마침내 여부스족 의 손에서 예루살렘을 빼앗은 후 나라를 하나로 연합한다. 여부스족는 다윗이 예루살렘은 공격하지 못할 것이라고 자신했지만, 다윗은 성안에서 성밖 에 있는 샘으로 연결된 계단을 타고 들어가 도시를 정복한다.

한 가자 주목 할 것은, 예루살렘은 사면중 삼면은 절벽이고 수도로 사용하기에 훌륭한 요새였다. 또, 다윗을 따르는 유대지파와 사울의 베냐민지파 사이에서 중립을 고수하고 있던 영토였다. 그러므로 이 곳은 유다지파나 베냐민지파에서 서로 자기 것이라고 할 수 없는, 정치적인 수도가 되기에 합당한 곳이었다.

(c) 거대한 제국

다윗은 성공적인 전쟁으로 블레셋, 암몬, 에돔의 땅들을 점령하여 거대한 제국을 형성한다. 처음이자 마지막으로, 하나님이 약속하신 거의 모든 땅이 이스라엘 손에 들어왔다. 이스라엘은 역사상 최고의 정점에 도달해 있었다.

이런 개인적인 성공에도 불구하고, 다윗은 사울의 가문을 기억하고 양쪽 발이 절름발이인 요나단의 아들 므비보셋을 보살핀다.

(II) 비극적 쇠퇴

아래로 (DOWN)

(a) 수치의 사람

다윗왕의 쇠퇴는 어느 운명적인 오후에 시작된다. 군대는 암몬과 싸우러 나가있고, 그들을 지휘해야 할 다윗은, 왕궁에서 창밖을 내다 보았다. 그는 옆집 이웃의 아내 밧세바가 옥상에서 목욕하는 것을 보고 아름답게 여긴다. 그는 십계명중 다섯개를 범하게 된다. 그는 이웃의 아내를 탐내고, 남편에 대한 거짓 증언을 하고, 그의 아내를훔치고, 그녀와 간음을 행하고, 그녀의 남편을 살해한다. 이것은 끔찍한 이야기 이고 그날 오후 부터 그의 나라는 아랫막길을 가기 시작한다. 다음 500년 동안 그들은 하나님이 주신 모든 것을 잃게 된다.

밧세바는 임신하고, 다윗은 그것을 숨기기 위해 결국그녀의 남편 우리아를 전쟁터에서 죽도록 계책을 꾸민다. 그 아기는 죽고 다윗은 밧세바를 아내로 왕궁으로 들인다. 그녀는 다시 임신하여 솔로몬 (평화 라는 뜻) 이라는 이름을 준다. 그러나 다윗에게 평안이 없다. 일년 후 하나님은 선지자 나단을 다윗에게 보내 그의 죄를 비유를 통해 알리고 다윗은 자신의 죄의 심각함을 깨닫게 된다. 시편 51편은 이 깨달음 후에 쓴 고백의 기도문이다.

(b) 와해된 가정

다윗왕의 부도덕한 행위가 마치 그 가정의 불쾌함의 촉매 작용을 한 것 같다. 그의 장남 암논은 누이중 한명인 다말을 겁탈한다. 다윗의 두번째 아들 압살롬이 이 일을 알게 되고 이년후 똑같은 방법으로 복수 한다.

압살롬이 국민들의 열렬한 지지를 받게 되어 다윗은 억지로 예루살렘을 떠나야만 하게 된다. 그는 다시 한번 망명길에 오른 것이다.

나단 선지자의 예언 대로, 압살롬은 다윗의 후궁들을 왕궁의 옥상위로 올라가게 한 후 사람들이 보는 앞에서 동침한다. 그후의 전쟁은 압살롬을 죽음으로 이끌지만, 다윗은 심히 슬퍼하며 아들

대신 자신이 죽었기를 바란다.

(c) 불만족한 국민

다윗의 가정 내의 원한은 국민 전체에 영향을 끼친다. 대 제국을 지배하고 있었지만, 국민들은 다윗왕의 지도력에 불만을 품었다. 수도는 남쪽에 있고 북쪽에 사는 사람들은 등한시 되었다고 느낀다. 베냐민 지파의 세바가 다윗을 왕으로 부인하고 반역을 일으켰다는 소식이 한 지도자에게 알려진다. 다윗왕이 반역을 진압하지만, 분노의 감정은 사라지지 않는다.

4. 후기

마지막 장들은 후기의 내용들을 해당되는 주제별로 나열하는 구조로 되어 있다. 구조는 6개의 부분으로 나눌 수 있고, A1, B1, C1, C2, B2, A2로 표기 하여, A1과 A2, B1과 B2, C1과 C2들이 각기 비슷한 주제를 다루게 한다.

A1 과거로 부터의 유산

이스라엘 전체에 3년간 기근이 든다. 이스라엘이 기브온 사람들을 죽이지 않겠다고 약속한 후, 사울이 그들을 학살한 데 대한 이스라엘에게 주는 처벌로 하나님은 기근을 허락했다고 다윗에게 말씀한다. 기브온 사람들이 학살에 대한 보상으로 사울의 자손 일곱명의 죽음을 요구하자, 다윗은 그들을 넘겨 준다.

B1 다윗의 용사들

다윗의 옆에서 함께 싸우며, 여러번에 걸쳐 블레셋과의 전쟁을 승리로 이끈 그의 부하들 '거인 킬러' 들에 대해 짧게 기록되어 있다.

C1 다윗의 승전가

다윗이 쓴 가장 위대한 시편들 중 하나는 하나님이 어떻게 그를 모든 적들에게서 구해 내셨는지에 대해 기록한다. 그는 자신의 생을 돌아보며 항상 놀랍게 부어주신 하나님을 그의 반석, 그의 요새, 그리고 그의 구원자 로 표현하고 감사한다.

C2 다윗의 마지막 말

이 글은 다윗이 하나님의 성령에 대해 뒤돌아 보며 쓰여진 글로 마치 시편을 읽는 듯하다. 아마도 다윗의 가장 위대한 유산은 오랫 동안 불려진, 성령의 감화에 의해 쓰여 진 그의 노래들일 것이다.

B2 용감에 대한 말

전쟁 중 예루살렘의 물을 그에게 가져다 준 세명의 부하들을 포함하여, 그와 함께 싸운 용사들의 공로를 인정하고, 기록하고 존경을 표한다.

A2 하나님의 심판이 이스라엘에 다시 내리다

그의 인생의 마지막에, 다윗은이스라엘의 군사에 대한 인구조사를 하라는 사탄의 유혹을 받는다. 그의 목적은 자부심이었고 하나님은 그 행동을 벌하신다. 하나님은 선지자 갓을 보내어 하나님의 불쾌하심을 전하고 다윗에게 세가지 선택을 준다: 칠년간의 기근, 삼개월동안 적에게서 도망 다님, 삼일동안의 역병. 그는 세번째를 택하고 70,000명이 역병으로 죽는다.

다윗은 하나님께 역병을 그치게 해 달라고 울부짖고 예루살렘성보다 높은 곳의 평지에 있는 여부스 사람 아라우나의 타작 마당에서 제단을 쌓으라는 명령을 듣는다. 그가 제사를 지내고 재앙은 그친다. 다윗은 타작 마당을 하나님의 성전을 지을 이상적인 장소로 본다. 그 땅을 값없이 그에게 주겠다고 했으나, 다윗은 값없이 받은 땅을 하나님께 드리는 것은 가치가 없는 일이라며, 그 땅을 사겠다고 고집한다. 열왕기는 바로 이 장소에다 성전을 짓는 일에 대해 기록하고 있다.

하나님은 다윗이 손에 많은 피를 묻혔다하여 성전 짓는 일을 그에게 허락하지 않으셨다. 성전은 평화의 사람에 의해 지어져야 했다. 예루살렘 (평화의 도시 라는 뜻) 의 성전은 다윗의 아들 솔로몬 (평화 라는 뜻) 에 의해 지어졋다. 다윗이 설계를 하고, 일꾼들을 구하고, 재료들을 준비했지만, 성전 건축은 그의 아들 솔로몬이 했다.

사무엘 서를 어떻게 읽을 것인가?

우리가 어떻게 사무엘 서를 읽어야 하는 가에 대해 아직 다루지 않았다. 책을 읽을 때 모든 사람들이 어떤 기대감을 가지고 책을 대지만, 성경을 이해하고 바르게 해석하려면, 책이 쓰여진 의도 대로 읽는 것이 중요하다. 사무엘서도 예외가 아니다. 성경의 이야기들을 읽는 자세를 6개의 수준으로 분류할 수 있고, 이중에서 맞는 자세를 선택하는 것이 중요하다.

1. **일화 (재미있는 이야기들)**
   (i) 어린이
   (ii) 어른
2. **실존 (개인적인 메세지)**
   (i) 조언
   (ii) 위로
3. **전기 (인물 연구)**
   (i) 개인적
   (ii) 사회적
4. **역사적 (국가의 발전)**
   (i) 지도력
   (ii) 구조
5. **비평 (오류)**
   (i) '낮은' 비평

(ii) '높은' 비평

6. **신학적 (섭리적 기각)**

(i) 정의—보복

(ii) 자비—구원

1. 일화

(I) 어린이

성경을 읽는 가장 간단한 방법은 가장 재미있는 이야기에 촛점을 맞추는 것이다. 주일 학교 선생님들은 어린이들과 의사소통이 잘 될만한 사건들을 고르고, 예를 들어 다윗과 골리앗의 이야기를 특히 좋아한다.

마리다 마틸다 펜스톤 (Maria Matilda Penstone) 은 이렇게 표현했다:

> 하나님은 우리에게 많은 이야기들이 담겨있는 책을 주셨다.
> 나이 많은 그의 백성들을 위하여.
> 동산의 이야기로 시작하여
> 황금의 도시 이야기로 끝난다.
> 부모님과 어린이들을 위한 이야기가 있고,
> 안식의 준비가 되어 있는 노인을 위한 이야기도 있고,
> 그러나 글을 읽을 수 있거나 들을 수 있는 모두를 위한
> 예수님의 이야기가 가장 좋다.

성경 의 일화들을 이런 식으로 읽을 때의 장점이 있기는 하지만, 이것은 선택적이다. 선생님들이 생각하기에 어린이들이 쉽게 이해할 수 있는 간단한 수준의 설명이 중요하다 하여 선생님들이 사건의 진실한 의미를 왜곡할 수 있다.

(II) 어른들

사무엘서는 아름다운 스타일과 간결한 글체를 사용한 훌륭하게 쓰여진 책이다. 어른들도 좋은 이야기를 읽는 것을 즐기므로, 많은 사람들이 일화적 가치만을 보고 성경을 읽는다. 영화 제작자들은 다윗과 밧세바의 이야기 같은 일화들을 영화로 만들었다.

이야기들이 읽혀 지는 것은 좋은 일이지만, 이 태도는 하나의 중요한 원리를 무시한다. 일화의 차원에서는, 이야기가 사실이던 아니던 상관이 없다. 사실, 우화, 허구 일수도있는 이야기들을 재미있게 읽을 수 있고 도덕적 메세지도 찾아 낼 수 있다. 그러나, 큰 문제는 이야기의 사실성이 중요하다는 것이다. 왜냐하면, 작은 부분의 줄거리들이 사무엘서라는 큰 이야기의 한 부분이고, 이것은 다시 구원을 다루는 성경 전체에서 결정적인 위치에 있기 때문이다.

만일 여기서 사람들이 사람의 속성에 따라 한 일들을 믿지 못한 다면, 여기에 나오는 하나님이 하신 일들이 하나님의 속성에 의한 것이라는 것을 우리는 어떻게 확신 할 수 있겠는가? 사람과 하나님의 행동들을 함께 믿던지 부인하던지 해야 할 것이다.

2. 실존 (개인적 메세지)

(I) 조언

조언을 위해 성경의 이야기를 읽는 자세를 '점보는 식' 이라고 부르고 싶은 충동을 느낀다. 왜냐하면 어떤 사람들은 자신에게 맞는 어떤 메세지가 튀어 나올 것을 바라며 매일 성경을 읽기 때문이다. 가끔 사람들이 어떤 특정한 메세지가 자신의 삶에 어떻게 중요한 역할을 했는지에 대해 증언하는 것을 볼 수 있다. 그러나 이것은 이렇게 읽는 자세의 정당성 이라기 보다는 하나님이 원하시는 어떤 수단으로 든지 우리를 도와 주신다는 사실이다. 이 자세는 거의 모든 성경 말씀들이 어느 한 사람의 특별한 상황에 아무 의미가 없다는 것을 완전히 무시한다. 어떤 사람이 성경을 뒤지며 자신에게 맞는 말씀을 찾다가, '유다가 나가서 목매달아 죽었다' 라는 구절을 발견했다. 여기에 만족하지 않고 그는 또 뒤지다가, '가서 너도 이같이 하라' 라는 구절을 찾았다고 한다.

만약 우리가 개인적인 메세지를 위해 성경을 읽는 다면, 사무엘 상에서 사무엘이 엘리 에게 '당신의 가문에서 노인이 나오지 않으리라' 라고 한 말에 대해 어떻게 하겠는가? 몇백년 후 엘리의 후손 예레미아 선지자가 그는 장수 하지 못할 것을 미리 알고 선지자의 사역을 17세에 시작했다는 것은 말씀을 잘 적용한 것이다. 하지만 우리에게는 해당되는 것이 없다. 또 다른 구절 , '사무엘이 아각을 하나님앞에서 토막내었다.' 은 어떻게 적용 시킬수 있겠는가?

이 이야기들을 어떤 조언을 얻기 위해 읽는 다고 생각지 않기 때문에 나는 이 방법을 조소하고 있다. 사무엘서는 이런 자세로 읽으면 별로 얻을 것이 없을 것이다. 올바른 의미를 찾아 내려면 말씀이 쓰여진 문맥안에서 읽어야 한다. 우리에게 적용될 수 있는 구절만 찾으려 한다면, 우리는 엄청나게 많은 것을 놓칠 것이다.

(II) 위로

예전에는 삶의 위로를 받기 위해 열심히 믿는 성도들이 '약속의 상자' 라는 것을 사용했다. 돌돌 말린 종이에 적혀 있는 성경의 '약속' 의 말씀들을 상자안에서 쪽집게를 사용하여 무작위로 하나씩 꺼내 읽었다. 말 할 필요도 없이, 각 구절이 전체 문맥과 해당되는 조건에서 분리되었다. 예를 들어, '너와 항상 함께 있을 것이다' 라는 말씀은 ' 가서 제자삼으라' 라는 문맥안에 들어 있는데, 우리가 명령을 이행하지 않으면서 약속을 요구 할 수 없다. 이런 상자들이 없이도, 우리를 위해 빼 낼 수 있는 구절을 찾으며, 우리는 같은 방법으로 성경을 읽을 수 있다. 사무엘이나 열왕기 같은 역사서를 읽을 때 이런 것을 몇개 발견 할 지 모른다. 우리에 대해, 혹은 하나님께 대해 어떻게 느끼는가 보다는, 이야기 전체를 읽으면서 하나님은 어떤 분인가를 찾으려 노력하는 사람들에게 이 책은 숨겨있는 많은 보물들을 선사 할 것이다.

3. 전기 (인물 연구)

(I) 개인

세번째 자세는 목사들에게서 많이 볼수 있다. 성경의 위대한 특징들 중 하나는 중심인물들의 실패와 성공을 정직하게 기록했다는 것이다. 우리가 읽는 사람들을 통해 거울과 같이 우리 자신들을 비추어 볼 수 있다 라고 신약성경의 야고보서는 말한다. 우리 자신들을 성경의 인물들과 비교하며, 우리도 같은 태도를 갖고 있는가에 대해 물어 본다.
이런 자세로 읽을 때, 이스라엘의 첫 두왕이 시작은 잘 했지만 나쁜 결말을 본 이유를 알게 되고, 왜 사울은 최악의 왕으로, 바울은 최고의 왕으로 여겨지는 지를 우리가 주목할수 있게 된다.

사울이라는 인물에 대해 읽어보면, 그는 보통 사람들보다 체구가 훨씬 큰 사람으로 개인적으로 유리한 입장에 있었다. 성령이 그에게 내려 오셔서 그를 다른 사람으로 만들었다. 그러나 그의 인품의 치명적인 결함과 그의 불안감이 주위의 재능이 뛰어 난 사람들과의 망가진 관계와 질투로 이어졌는지를 알 수 있다.

성경에서 '하나님의 마음' 을 닮은 사람이라 일컫는 다윗과 사울을 대조해 볼 수 있다. 사무엘이 다윗을 선택 했을 때, '하나님은 사람이 보는 것을 보지 않으신다. 사람든 바깥 외모를 보지만, 하나님은 마음을 보신다' 라고 성경은 말씀한다.

성경은 다윗을 집 밖에서 육체 노동을 하는, 멋지고, 용감한 사람으로 묘사했다. 목동으로서 혼자서 외롭게 밤낮을 들판에서 보낼 때, 그는 하나님의 율법을 읽고, 기도하고, 하나님의 창조와 구원하심을 찬양하며 하나님과의 그의 관계를 발전 시켰다. 그 땅의 가장 중요한 사람이 되기 위해 몇해 동안 준비 과정을 하고 있었던 것이다.

어떤 결정을 하기 전에 하나님께 먼저 물어보는 그의 지도자로서의 노련함을 우리는 볼 수 있다. 왕으로 기름부음을 받았지만, 성급히 왕좌에 오르려 하지 않고 하나님의 때를 기다렸다. 그는 승리를 했을 때도 관대함으로, 적군들의 죽음에 마음 불편해 했고, 사울이 그의 적이었음에도 불구하고 사울의 아들들이 죽었을 때 격노했다. 그는 너그러운 사람이었고, 용감한 사람들을 존경했다—사무엘서에 다윗이 존경한 사람들의 목록이 있다.

다윗은 사울과는 정 반대의 사람이었다: 하나님의 마음을 지녔고 다른 사람 존경하기를 즐겨했다. 사울은 하나님의 마음을 갖고 있지 않았고 자기 주위에 성공한 사람이 있는 것을 싫어했다.

다른 비교도 할 수 있다. 사무엘과 엘리는 자식들을 제대로 훈련시키지 못했다. 요나단과 압살롬 두사람 다 왕자였지만 아주 다르게 행동했다. 요나단은 나쁜 왕(사울) 의 사심이 없는 아들로 다윗의 왕권을 인정했다. 압살롬은 좋은 왕(다윗) 의 이기적인 아들로 아버지의 보좌를 빼앗으려 했다.

사무엘서에 나오는 여자들도 배울 점이 있는 사랑스러운 인물들이다. 한나와 아비가엘은 재미난 특성을 보여준다. 우리는 한나의 하나님에 대한 헌신과 임신이 되었을 때 의 흥분을 볼 수 있다. 아비가엘은 그녀의 남편이 다윗의 군사들을 대접하기를 거부했을 때 음식을 만들어 보냄으로 용감하게 위기를 모면했다. 그녀의 행동은 다윗에게 깊은 인상을 주어서 그녀의 남편이 죽은 후 다윗은 그녀와 결혼 한다.

(II) 사회적

각 개인간의 관계도 공부할 수 있다. 요나단과 다윗의 관계는 성경안에 있는 가장 순수하고 신성한 우정이었다.

위협적이고 실망스러운 사울과 다윗의 교류는 악령의 영향을 받아 감정 기복이 심한 사람과 개인적인 관계를 맺는 것이 얼마나 어려운 것인지를 보여주는 좋은 예다.

전체적인 다윗의 시대와 그가 거느린 많은 여자들은 남녀관계에 대한 통찰력을 보여 준다. 또한 요즘 사회에서 보기 힘든 부하들의 사랑과 헌신을 얻는 그의 능력 에 대해서도 알 수 있다.

사람들이 고집부리고 선택한 그들의 첫왕과 이유를 보고 현대 사회의 투표때 이미지가 주는 영향에 대해서도 알 수 있다.

이렇게 이 이야기들은 사회적 또 개인적 암시를 주고, 우리에게 귀한 교훈이다. 하지만, 이것들이 본문이 주고자 하는 메세지는 아니다.

4. 역사적 (국가의 발전)

(I) 지도력

네번째는 자세는 사무엘서를 이스라엘의 역사를 공부하는 책으로 대하는 것이다. 이스라엘은 한 가족에서, 지파로, 국가로 그리고 제국으로 발전하였다. 사무엘서는 제국으로 발전하는 150년 간의 일들을 다루었다.

사람들은 당시 12개의 독립된 지파들의 연방제에 신물을 내고, 눈에 보이는 주위 국가들의 왕정을 부러워 하며, 자신들의 왕을 요구했다.

사무엘은 왕을 세워 중앙정부를 세우려면 엄청난 값을 치루어야 한다고 경고 했다. 그들은 원하는 대로 일을 진행시켰고 역사의 방향은 정해 졌다. 하나님은 그들의 요구를 승락했으나 이스라엘의 왕은 다른나라 왕들과 달라야 한다고 하셨다. 이스라엘의 왕은 친필로 율법을 써서 매일 읽고, 국민들에게 영적 지도력 (신명기에 있는 이규정은 하나님이 이런 일이 있을 것을 예상하신 것이다.)을 보여야 한다고 말씀했다. 이 후로 국가의 성격은 왕의 성격과 결합되게 되었다.

(II) 구조

연방제에서 중앙 집권제로 옮기는데 고통이 없지 않았다. 우리는 다윗이 처한 상황에서 투쟁하는 것과 이겨내는 그의 실력을 보며, 이런 관점에서 이 책을 공부 할 수 있다. 천재적인 정권의 창립자로 또 하나님을 믿는 노련한 지휘관으로 다윗이 어떻게 평화의 절정과 번영을 이루었는지에 대하여 우리는 주목 할 수 있다. 수도를 예루살렘으로 정한 것은 정말 훌륭한 결정중 하나였다. 여부스 사람들에게서 빼앗은 도시는 어느 한 지파를 지지하는 것으로 간주되지 않았다.

다윗의 정권아래 제국은 번영하고, 예전의 적국들은 위성국가가 되어, 처음이자 마지막으로 하나님이 약속하신 거의 모든 땅을 정복했다. 블레셋 사람들은 더이상 그들을 괴롭히지 않았다. 하지만 중앙 집권제는 이스라엘의 하락을 야기했다. 소수의 손에 권력이 주어지면, 그 사람들의 인격이 일의 결과의 책임적 요소가 됨은 피할 수 없는 것이었다.

5. 비평 (오류)

(I) '낮은' 비평

'낮은비평' 란 학자들이 성경을 공부할 때 본문에 오류가 있는지를 조사하는 것이다. 그들은 원래의 언어로 된 원본과 대조하며 다른 언어로 번역되었을 때에 생길 수 있는 차이와 오류를 조사한다. 이일은 원본과 번역본이 거의 동일하다는 상당한 자신감을 주고, 신약성경은 98% 정확하다고 한다.

전체 구약성경의 가장 오래된 책은 마소라 본문 (Masoretic text) 으로 AD900경에 쓰여졌다. 100 BC로 추정되는 사해문서 (Dead Sea Scrolls) 안에서 이사야서 전체가 발견되었고 이것은 다른 원본들 보다 1,000년전에 쓰여 진 것이다. 이것은 성경의 개정판 (Revised Standard

Version) 이 번역되고 있던 시기에 발견 되었으므로, 개정판의 출판은 연기되었고, 이 오래된 원본과 대조가 끝난 후 발행되었다. 원래 사용하던 원문이 아주 정확한 것으로 나타났고 소량의 수정만 필요했다.

구약이 신약과 같이 거의 정확하지는 않지만, 원본과 별 차이 없다고 한다. 더구나 번역에서 오는 조그만 상세함의 문제는 믿음의 전체적 진실을 아는데 별 문제가 되지 않는다. 예를 들어 사무엘서의 골리앗의 죽음에 대해 두개의 다른 설명이 있고, 한 개 만이 죽인 사람이 다윗이라고 쓰여있다. 만약, 단 한개의 글자만 조정하면, 이 차이점은 사라진다. 번역하는 사람이 번역할 때 만든 실수임이 명백하다.

(II) '높은' 비평

'낮은 비평' 는 필요하고 반가운 학문이지만, '높은비평' 은 많은 해를 끼친다. 19세기에 독일에서 처음 시작된 것으로 20세기에 많은 신학대학에 침투된다.

'높은비평' 의 기본적 주장은 원본이 저자의 의도를 정확하게 전해 준다 하더라도, 우리가 그것을 믿는 것은 잘못일 수 있다는 것이다. 이를 주장하는 사람들은 자기들 기준에 의해 타당성이 있는지에 대한 전제 조건을 걸고 책에 다가 간다. 과학이 기적은 없음을 입증했다고 주장하는 자들은 본문에서 모든 기적을 제외시키고, 초자연적인 선견을 불신하는 자들은 미래를 정확하게 예측한 예언을 제외시킨다.

이런 학자들은 개인의 믿음에 대한 관심이나 이해성이 거의 없이 오직 학문적이고 인격적인 차원에서 일한다. 이런 자세는 불가피하게 전체 원본을 알아 볼 수 없을 정도로 성경 말씀을 조각내 버린다.

6. 신학적 (섭리적 지배)

신학적으로 성경 책을 읽는 자세는 각 페이지와 각 문장에 가치를 둔다. 여태까지 공부한 자세들은 인간적인 면의 성경공부에 대해 관심을 두지만, 성경은 하나님에 대한 책이고, 하나님의 백성들은 이차적인 관심거리다. 신학적 자세는 하나님을 알기 위해서 우리가 어떻게 성경을 읽어야 하는 가를 묻는다.

사무엘서가 예언서임을 우리는 이미 보았다. 여기 기록된 역사는 하나님의 관점에서 본 역사이고, 하나님 보시기에 중요한 것들을 기록한 것이다.

그러므로, 신학적 자세로 다가가면, 사건을 볼 때 어떻게 이것이 하나님과 연결되었는가에 대한 질문을 할 수 있다. 하나님은 이것에 대해 어떻게 느끼셨을까? 이 사건이 하나님께 왜 그리 중요하길래 성경에 포함되어서 우리로 하여금 읽도록 하셨을까?

우리는 하나님의 관점에서 책을 읽기 시작하고 하나님은 누구이고 어떤분인지에 대한 결론을 내리도록 하자. 하나님의 영원 불변하심에 대한 자신을 갖으면, 이 불변의 진리들을 우리의 삶과 후세대에 적용시킬 수 있다.

공의 와 자비

이 자세가 사무엘서를 읽기에 가장 좋고 흥미로운 방법이다. 사무엘서는 사울, 다윗 혹은 사무엘이 아닌, 하나님이 이야기들의 진짜 주인공으로, 이스라엘의 삶에 개입하시는 것을 기록한 책이다. 하나님은 역사적 사건들을 착수시키고 거기에 대해 반응하신다. 한나가 임신을 못하다가, 기도함으로, 하나님은 아들을 주신다. 하나님의 이름으로 다윗이 골리앗을 단 하나의 물맷돌로 죽이는 것을 본다. 하나님의 도움으로 다윗은 사울의 몇천명의 군사들의 손아귀에서 피신한다. 하나님은 어떤 사람은 도우시고 어떤 사람은 막으신다. 하나님은 악을 벌하실 때 공의로우시고, 어떨 때는 마땅하게 벌을 주어야 할 때 벌을 주지 않고 자비를 베푸신다.

하나님은 이스라엘에게 땅을 주시고, 그들이 하나님께 불순종 할 때 박해자를 보내신다. 그들이 회개하면 구원자들을 보내주신다. 하나님은 사람들이 왕을 선택하게 허용 하시고, 그왕이 실패하자, 하나님의 마음을 닮은 자를 왕으로 주신다.

우리는 사무엘서의 이야기들을 공부하며, 역사의 가르침을 배우고 우리자신을 사울이나 다윗과 비교할 수 있지만, 이 책을 읽는 진짜 이유는 하나님의 성품을 배우기 위해서다.

하나님의 역사하심은 특히 이책의 중심에 나타나 있다. 그는 다윗과 약속을 함으로, 몇백년 전 아브라함과 모세와 한 약속을 재 확인 하신다. 이때가 사무엘 상과 하에서 가장 활력을 부여하는 순간이다. 다윗이 하나님께 그가 하나님을 위한 성전을 지을 수 있는지를 물어볼 때 이 사건이 일어난다. 다윗은 자신의 웅장한 왕궁은 지었은에 하나님을 옆에 텐트에 계시게 하는 것이 부끄러웠다.

다윗이 하나님께 성전을 짖겠다고 말할 때, 나단이 세가지의 메세지를 보낸다. 첫번 째는 '하라', 두번째는 '하지 말라' 다는 메세지다. 하나님은 그가 한번도 돌로 지은 왕궁을 요구한 적이 없기 때문에 텐트가 족하다고 하신다. 세번쩨 메세지는 다윗은 '피의 사람' 이므로 절대로 성전을 지으면 안되고, 대신 그의 아들은 지을 수 있다는 것이다.

하나님은 다윗에게 하나님이 어떻게 그의 아들을 대할지에 대해 언약을 하신다. 그를 훈육하겠지만 하나님의 사랑이 끊이지 않을 것이라고 말씀 하신다. 다윗의 가문과 왕국은 하나님 앞에서 영원히 버티어 낼 것이다. 그의 옥좌가 영원할 것이다; 다윗의 자손이 항상 왕좌에 있을 것이다.

그 때부터, 다윗의 자손들은 그들의 아들이 언약에 언급된 '다윗의 자손' 일지 모른다는 생각에, 가문의 족보를 조심스럽게 기록해 왔다. 유대인들이 메시야를 찾으며 이 언약은 다음 3,000년간 국가적 희망의 촛점이 된다.

이 언약은 나머지 성경안에 흐르는 결정적인 주제다. 1,000년후 다윗의 혈통의 초라한 부부에게 예수님이 나셨을 때 언약이 이루어 졌다. 예수님은그의 아버지 요셉을 통하여 법적인 다윗의 아들이고, 어머니 마리아를 통하여 육적인 다윗의 아들이다. 그는 두각도의 다윗의 아들이다. 생전시 그는 '다윗의 아들' 로 알려져 있었다. 제자들은 예수님이 메시아 (기름부음을 받은 자)로 불려야 할 권리를 인식하였고, 이 주제는 그와 그의 교회에 대해 쓴 책들에 계속된다. 사도행전, 로마서, 디모데 후서 와 요한 계시록은 예수님을 메시아라 칭했다. 하늘과 땅의 모든 권세가 다윗의 아들에게 주어 졌고 영원히 그와 손에 있을 것을 그들은 선포했다. 그들은 하나님이 다윗과의 약속을 그의 아들 예수님을 통해 이루신 것을 크게 기뻐했다.

다윗의 왕좌에 앉은 왕으로 유대인들과 그의 교회의 구성원들인 이방인들을 다스리심을 볼 때, 하나님의 약속의 성취는 훨씬 넓은 암시를 주는 것을 우리는 볼수있다.

사무엘서를 신학적인 시각을 가지고 읽을 때, 이 책이 주는 메세지와 성경 전체에 흐르는 주제안에 기여하는 이 책의 풍요함에 대해 감사할 수 있다.

결론

사무엘서는 남 다른 면을 가지고 있는 역사서다. 흥미롭고, 이상하고, 낭만적이고 잔인한 이야기들이 함께 어울어져, 그의 백성을 위한 하나님의 지속적인 목적을 나타내는 예언적 역사다. 하나님은 다윗왕 1세가 아닌, 다윗왕 2세 한사람에 의해 우리가 지배받기를 원하셨다. 사무엘서(상/하)는 기독교 역사의 한부분이다. 예수님은 과거에 유대인들의 왕이셨고, 오늘날 교회의 왕이시고, 앞으로 오실 세계의 왕이시다. 그때, 예수님은 공평과 공의로 통치하실것이고, 그의 왕국은 마침내 이스라엘로 다시 회복 될 것이다.

하나님이 배후에서 어떻게 관여하시고, 역사를 만드시며, 그의 왕국은 확장될 것이고 어느날 하나님의 아들이며 다윗의 자손이 왕이 되실 것이라는 것을 그의 백성들에게 확인시켜 주심을 우리가 이해 할 때, 이책의 진짜 중요성을 우리는 분명히 알게 된다.

10. 열왕기 상/하

개요

나의 역사 선생님은 역사를 아주 지루하게 가르쳤다. 날짜, 전쟁, 왕과 왕비에 대한 이야기만 했고 이것들은 복잡하고 무관한 것으로 여겨졌다. 나의 역사서에 대한 관심은 풍자적 역사책 1066과 모든것(1066 and All That) 이라는 책을 읽으면서 다시 생겼다. 이책은 학교에서 배운 역사 공부보다 물론 우스웠고, 모든 역사적 사건들이 ' 좋은 것' 혹은 '나쁜 것' 으로만 정리되었다. 중간에 속하는 것은 없었.

열왕기서는 '1066과 모든것' (물론 유머는 없지만) 과 비슷하게 읽어 진다. 어떻게 통치 했느냐에 따라 이스라엘이나 유대의 왕들을 좋다 나쁘다로 묘사한다. 우리가 기억하는 학교에서 배운 역사와 달리, 성경의 역사는 매우 흥미진진하다. 상관없는 날짜나 전쟁에 대한 것이 아니라, 하나님의 관점에서 본 하나님의 백성에 대한 기록이다. 그저 학문적 흥미를 위한 것도 아니다: 인류전체를 위하여 꼭 필수적인 책이다.

문맥

열왕기는 이스라엘 지도력의 국가적 발전의 네단계중 세번째에 촛점을 맞추고 있다. 구약성경의 개요에서 설명한 바와 같이 (p 5), 첫번 지도자들은 아브라함에서 요셉에 이르는 족장들이었고 다음은 모세에서 사무엘에 이르는 선지자들이었다. 세번째는 사울에서 시드기야에 이르는 왕들, 그리고 마지막으로 여호수아에서 가야바에 이르는 제사장들이었다.

영어성경에서 왕정시대는 네권의 책에서 다루고 있다:

  사무엘 상: 사무엘에서 사울

  사무엘하: 다윗

  열왕기 상: 솔로몬에서 아합

  열왕기 하: 아합에서 시드기야

히브리성경에서는 왕정시대를 사무엘서와 열왕기서 두권에서 다루며, 열왕기 상과 하의 나눔은 아합의 통치가 끝날 때와 엘리야 선지자의 삶과 죽음을 분리시키는 시점이다. 구약성경이 200BC에 그리스어로 번역되었을 때, 열왕기 전체를 한 두루마리로 만들기에 너무 길었다. 히브리어는 자음만 있어서, 모음이 포함된 그리스어로 번역된 책의 길이는 두배 였다. 이러한 이유로 사무엘서와 열왕기서를 상/하로 나누었다.

왕국들

히브리어 성경은 열왕기를 '왕들' 이라 부르지 않고 이스라엘의 '왕국들' 이라 부른다. 히브리어의 '왕국'은 다른 의미를 지니고 있다. 영어로는 주권자가 다스리는 영토를 의미한다. 그래서 영국 (England) 은 여왕이 다스리는 연합국 (United Kingdom) 의 일부다. 그러나, 히브리어의 '왕국'은 왕의 통치를 의미하여, 땅이 아닌 권위를 정의하고, 영역이 아닌 통치를 정의한다.

또한, 성경에 나오는 '통치'의 개념은 영국의 입헌 군주제 하의 통치와 아주 다르다. 여왕이 군림하지만 통치 하지 않고, 권력은 선거로 세워 진 정부에 속해 있다. 이것의 큰 장점은 군부와 의회가 정부에 직접 소속 되어 있지 않고, 여왕의 책임하에 있다. 여왕의 주권은 권력을 행사하는데 있는것이 아니라 다른사람으로 부터 권력을 지키는데 있다.

대조적으로, 이스라엘의 왕은 절대적 권력을 가지고 있었다. 그들은 법을 제정하고 군대를 통솔했다. 의회도 없었고, 투표도 없었으며, 반대 정당도 없었다. 왕은 토론이 아닌 법령 포고로 다스렸다. 그의 백성에 대한 그의 영향은 절대적이었고, 그의 성품과 행실이 그가 통치하는 동안 사회의 성격을 지배했다. 그는 하나님앞에 설 때 국가의 대표자였고, 또한 국민들 앞에 설 때는 하나님의 대표자였다.

이것은 한 나라를 평가하는 방법의 큰 변화를 의미했다. 여호수아, 사사기, 룻기에서의 다루는 기간 동안에는 느슨한 연방제도 였고 사람들은 그들의 행동에 의해 판단되었다. 그러나 사무엘과 열왕기에서는 왕의 성품과 행위가 사회의 성격을 결정했다.

선택된 역사

이 책이 이스라엘의 왕들에 대한 책이긴 하지만, 각 왕에 대하여 균형있게 장수를 할당하지 않았다. 예를 들어, 역사적 자료에 의하여, 북쪽의 오므리왕은 국가의 눈부신 경제적 발전을 시키는 훌륭한 정치를 했다는 것을 우리가 알고 있다. 그러나 열왕기에서는 그에 대해 8구절만 할당되었는데, 왜냐하면 그는 중요한 한 분야에 결점이 있었기 때문이다: 하나님보시기에 악한 일을 했다. 비슷하게, 여로보암2세도 북쪽에서 짧은 번성이 있었지만, 같은 이유로 7구절만 할당되었다. 반대로, 일반적으로 착한 왕이었던 히스기야에 대해서는 3장이 할당 되었고, 솔로몬의 한 기도는 38구절, 그리고 엘리야와 엘리사는 왕이 아니었는데도, 열왕기 상/하 전체의 삼분의 일 정도를 할당했다.

이렇게 분명하게 불균형한 처리는 저자가 관례적인 역사적 접근으로 책을 쓰지 않았기 때문이다. 우리가 여호수아를 공부 할 때, 역사가는 중요한 사건들을 선택하고, 그가 선택한 사건들이나 사람들을 연결하고, 왜 서로 사건들을 일으켰는지에 대해 설명해야 한다. 정치적, 경제적, 혹은 군사적 역사에 대해 지나가며 언급하기는 하지만, 이것들이 열왕기 저자의 관심거리는 아니다. 그는 각 왕의 통치나 왕국에 대한 두가지 면에 관심을 가지고 있다:

1. 그의 **영적** 상태—예배, 이스라엘의 하나님 혹은 우상
2. 그의 **도덕적** 상태—공의와 도덕, 아니면 그들의 반대

선지자적 역사

열왕기는 히브리 성경에서 '전 예언서'에 속한 마지막 책으로, 여호수아, 사사기, 사무엘서 뒤에 나온다. 이것은 하나님의 관점에서 보신 역사다. 개인들이나 사건들은 하나님이 미래의 세대들을 위하여 중요하고 필요하다고 여기셨기 때문에 언급되었다. 어떤 한 사람이 훌륭한 정치가나 경제학자일지 모르지만, 하나님은 그의 믿음과 행실에 주관심을 갖고 계시다.

이것들은 변치 않는 메세지와 영원한 도덕의 기록임으로, 우리는 이 책들을 '거룩한 역사' 라고 칭할 수 있다. 이 책들은 우리에게 역사에서 얻는 교훈뿐 아니라, 역사의 교훈도 주고있다. 이 교훈들을 배우지 않는 사람들은 실수를 반복하는 처벌을 받게 된다.

보편적 진실

이스라엘 역사의 패턴은 보편적으로 적용 될수 있다. 예를 들어, 책에 언급되어 있는각 왕의 통치기간을 보자. 평균적으로, 좋은 왕은 평균 33년간 통치했고 나쁜왕은 11년간 통치했다. 하나님이 궁극적으로 역사를 조정하고 계시고 좋은 왕을 더 오래 왕좌에 두실 수 있으므로, 좋은 통치자가 나쁜 통치자보다 오래 간다는 일반적 원리를 유도 해낼 수 있다.

예외들도 있다—모든 좋은 왕이 오랫동안 통치했거나, 모든 나쁜 왕들이 짧은 기간을 통치했던 것은 아니다—그러나 이 원리는 일반적으로 사실이고 현대 지도자들의 통치 기간에게서도 볼 수 있는 현상이다.

국가의 흥망

열왕기는 하나님의 백성들의 역사안의 주축이 되는 사건들을 기록 했고, 이들은 열왕기의 메세지와 그 다음에 나오는 책들을 이해하기 위해 우리가 주목해야 할 사건들이다. 사무엘하와 열왕기상의 첫부분은 세계무대 속의 이스라엘의 강력한 위치에 대해 썼지만, 열왕기의 거의 모든 부분은 국가의 쇠퇴를 다루고 있다. 다윗과 솔로몬의 집권 아래 국가는 통일되었고, 제국은 이집트에서 유브라데스까지 뻗어 나갔다. 드디어 이스라엘사람들은 1,000년전 아브라함에게 약속된 거의 모든 땅을 차지하고, 더 많은 땅을 지배했다. 그러나 솔로몬의 시대부터 내전, 분열된 왕국에서 외국에 망명까지 하는 내리막길을 가게 된다.

국가의 분열은 이스라엘이라는 이름이 더 이상 전체 나라를 칭하는 것이 아니라, 북쪽의 10지파에게만 해당된다는 의미였다. 남쪽의 유다 지파와 베냐민 지파는 더 큰 지파의 이름인 유다로 불려지게 되었다. 이 구별은 나머지 구약성경을 통해 계속된다.

남쪽의 유다와 베냐민 두지파는 유다지파의 이름을 사용해 '유대인' 으로 알려지게 된다. 이 전까지는 이들은 전체적으로 '히브리인' 혹은 '이스라엘 사람'으로 알려 졌었다. 이것은 기억해야 할 중요한 구별이다. 신약성경의 요한복음은 남쪽의 유대인들과 북쪽의 갈릴리사람들을 구별한다. 예수님을 십자가에 못박은 것은, 이스라엘 사람들 모두가 아닌, 거의 남쪽의 유대인들 책임이었다.

두 국가들의 이야기

열왕기는 이 두 '국가' 들의 역사를 다룬다. 앗수르에 의해 추방당 할 때 까지, 북쪽의 10지파의 영적 그리고 도덕적 상태는 점점 부패해 갔다. 남쪽에서는 부패의 진보가 좀 덜했다. 히스기야와 요시아 같이 좋은 왕들도 있었지만, 결국은 북쪽과 같은 신세가 되어 바빌론으로 끌려가게 되었다. 그들의 조상 아브라함은 우르 땅에서 나왔는데, 이제 그들이 아브라함에 시작한 곳에서 난민으로 끝내게 되었다.

이것은 얻은 것을 얼마나 쉽게 잃을 수 있는 지에 대한 유익한 교훈이다. 종말로 내달리는 기간은 정점에 도달하는 기간보다 훨씬 짧게 걸린다.

이스라엘 왕국

이스라엘 왕국은 아래 정리한 대로 세단계를 거쳐갔다.

1. **통일 왕국**

    사울　　40년

    다윗　　40년

    솔로몬　40년

2. **분열된 왕국**

    북쪽의 10지파—'이스라엘'

    남쪽의 2지파—'유다'

    전쟁　　80년　　엘리야

    평화　　80년　　엘리사

    전쟁　　50년　　이스라엘이 앗수르로, 721 BC

3. **하나의 왕국**

    140년　유다가 바빌론으로, 587BC

통일

첫번째 단계는 세명의 왕이 이스라엘 전체를 돌아가며 다스렸던 통일왕국이었다. 첫번째 왕은 나빴던 사울왕; 두번째는 좋았던 다윗왕; 세번째는 좋기도 하고 나쁘기도 했던 솔로몬이었다.

각 왕은 40년씩 다스렸다. 40년이라는 숫자는 가끔 하나님이 사람들을 시험할 때 쓰시는 기간을 가리킨다. 예수님은 광야에서 40일간 유혹을 받으셨다; 이스라엘 사람들은 40년간 광야에 있었다. 이것은 하나님 보시기에 시련의 기간이고, 세명의 왕들 모두 시험에 실패했다. 모두 시작은 잘 했으나, 끝막음을 잘 못했다. 다윗은 '하나님의 마음을 닮은자' 의 명성은 얻었으나, 그의 마지막도 실망스러웠다.

사무엘상은 사울의 40년, 사무엘하는 다윗의 40년과 열왕기상의 처음 11장은 솔로몬의 40년을 다룬다.

전쟁

솔로몬이 죽자마자, 북과 남은 통일왕국을 파괴시키는 내전에 들어갔다. 불안의 시작은 솔로몬이 과중한 세금을 걷어들여 남쪽에 혜택을 많이 주면서, 북쪽의 불만을 일구었던 것이 원인 이었다. 솔로몬의 죽음은 이 불만이 끓어 올라 전쟁으로 번지게 하는 촉매작용을 했다.

두 남쪽 지파들은 수도 예루살렘과 다윗왕의 혈통을 가지고 있었다. 둘 다 잃은 북쪽의 10지파는 벧엘과 단에 성전을 세우고 금송아지 두마리를 그들의 숭배 대상으로 삼았다. 왕의 혈통이 남쪽에 있었으므로, 그들은 자신들의 왕으로 '여로보암'을 세웠다.

북쪽의 왕위 계승은 순조롭지 못했다. 암살, 정변, 인수합병이 있었다. 스스로 왕위에 오른 왕들도 있었다.

분열후 80년간, 북과 남의 적대감이 커지면서 전쟁이 있었고, 적대감이 고조에 달했을 때 북쪽의 지파들은 앗수르와 다메섹와 동맹을 맺어 남쪽의 두지파를 쓸어버리고자 했다. 이사야는 그의 예언에서 자세히 설명한다.

평화

북과 남 사이의 80년간의 전쟁이 있은 후 80년간의 평화가 있었고, 이 기간 동안 하나님은 열왕기에서 큰 역할을 하는 두명의 선지자를 보내셨다. 엘리야의 사역은 열왕기상과 열왕기하의 처음 2장에 기록되어 있고, 엘리야의 뒤를 이은 엘리사는 열왕기하의 첫 부분의 중요한인물이다. 그러나 일시적인 전쟁의 중단이 국가의 쇠퇴를 중지시키지 못했고, 721BC에 앗수르가 이스라엘의 북쪽 지파들을 패배시키고 그들을 그들의 땅에서 쫓아냈다. 그들은 '10개의 잃어버린 지파'가 되었고 다시는 하나의 국가로 그땅에 돌아오지 못하게 된다.

이스라엘의 북왕국이 추방당한 후, 이 책은 남쪽의 유다와 베냐민에 대해서만 촛점을 맞춘다. 예루살렘을 수도로 주위의 적은 땅을 소유한 아주 작은 왕국이었지만, 그들의 왕들은 왕의 혈통을 가진 후손들이었고 다윗의 자손이 항상 왕좌를 이어 갈 것이라는 하나님이 다윗에게 하신언약에 대해 알고 있었다.

북쪽 지파들이 쫓겨난 후, 하나님은 이사야와 미가를 통하여 같은 일이 남쪽에도 일어날 것이라는 경고를 주셨지만, 아무도 귀 기울이지 않았다. 열왕기에 마지막으로 기록되어 있는 사건은 겨우 140년 후에 유다가 바빌론에 의해 추방당한 것이다.

목적

여기에서 어떤 성경의 어떤 책을 읽던지 물어보아야 할 기본적이 질문에 촛점을 맞추자: 누가 성경을 썼는가? 어떻게 썼는가? 언제 썼는가? 왜 썼는가?

누가 썼는가?

이 책의 저자를 확실히 알기는 어렵다. 거의 모든 유대인들은 예레미아가 썼다고 생각하고 그에 대한 근거있는 이유들이 있다.

1. 열왕기의 부분들이 예레미아의 예언과 동일하고 사용된 단어까지도 똑 같다.

2. 요시아왕과 그 당시 일어난 많은 사건들이 기록되어 있는 동시대인 임에도 불구하고, 예레미아는 이 책에 언급되어 있지 않다. 예레미아를 언급하지 않고 이시대를 다루는 것은 거의 불가능 한 것으로 보이지만, 만약 예레미아가 저자라면 다른 저자들과 같이 자신을 표면에 드러내지 않는 방식을 채택한 것으로 볼 수 있다.

3. 선지자들이 자주 왕에 대해 쓴 것을 우리는 안다. 이사야는 웃시야와 히스기야에 대해 썼고 하나님은 예레미아에게 이스라엘에 대한 예언을 쓰라고 명령하셨다.

4. 또한, 예레미아의 사역중 나라의 역사를 상기하는 것이 아주 적절했을 때가 있었다. 그는 하나님의 백성들이 그가 강력하게 상기해준 내용을 거부할 시기에 대해 예언했다. 상기해 준 내용이란그들이 하나님의 언약에 순종하지 않으면 나라에 저주를 내릴 것이라는 것이었다. 이 때가 열왕기를 쓰기에 적합한 시점이었다.

이 추측의 한가지 문제는 예레미아가 이집트로 586BC 에 끌려가 그곳에서 죽었는데, 열왕기하의 마지막 부분은 바빌론에서 일어난 사건들을 놀라울 정도로 잘 알고 있다는 점이다. 이 자세한 내용들과 열왕기 전체를 그가 썼다는 가적을 일치시키기는 어렵다. 아마도 가장 좋은 해결책은 예레미아가 열왕기의 일부를 쓰고, 다른 사람이 끝맺음을 했다고 보는 것일 것이다. 이것이 이야기 속에 그가 나타나지 않는 데 대한 설명 일수도 있다.

에스겔을 저자로 보는 사람도 있다. 그는 예레미아에게 의존했고 그와 비슷한 스타일을 가지고 있는 것으로 알려져 있다. 그러나, 그의 마지막 예언은 571BC 였기 때문에 그가 저자라고 주장하기 어렵다. 예레미아가 가장 강력한 후보자이지만, 더 이상의 증거는 없기 때문에, 이 질문은 아직 확실한 대답이 없는 것으로 간주한다.

열왕기는 어떻게 쓰여 졌는가?

열왕기에도 포함되어 있는 인용물들은 다른 자료들에서 정보를 더 찾을 수 있음을 알려 준다: 솔로몬의 행적, 이스라엘왕들의 역대기(17번 언급됨), 유다왕들의 역대기 (15번 언급됨). 이 책들은 성경에 포함된 역대기 들이 아니다. 저자는 역사에 대한 교훈을 전달하기 위하여 국가의 서류들에 있는 정보를 모아 쓴 것이다.

부분적으로 이사야서의 문구들이 열왕기와 동일한 사실은, 그들이 같은 자료를 사용했거나 혹은 서로의 것을 인용했다고 볼 수 있다.

저자는 유다왕국과 이스라엘왕국의 사건들을 동시에 다루고 있다. 유다의 왕에 대해 읽은 후 금방 이스라엘의 왕에 대해 읽는 것이 혼돈스러울 수 있으나, 이 순서는 일부러 이렇게 한 것이다. 저자는 각 왕국이 대조해 가면서 볼 수 있는 그들의 변화를 우리에게 이해 시키려 했다. 두나라가 전쟁을 하고 있던지, 혹은 친족 결혼으로 인해 평화의 시기에 있던지 이것은 이야기의 전개에 꼭 필요한 것이다.

그러므로 저자는 다른 책에 있는 자료를 사용하거나 도서관에서 정보를 모으는 등, 우리가 현대 사회에서 사용하는 것과 같은 역사적 방법을 사용했다. 다른 점은 그의 선택은 하나님의 계시에 의한 것이었기 때문에 열왕기가 그저 역사책이 아닌, 하나님의 말씀인 것이다.

열왕기는 언제 쓰여졌는가?

이 책이 쓰여진 시기에 대한 중요한 단서는 예루살렘 성전이 아직도 있었다, '오늘 날까지도 서 있다' 라는 구절이다. 이것은 586 BC에 바빌론으로 추방당하기 전으로 암시한다. 추방 당할 때 성전이 파괴되었기 때문이다.

그러나, 책의 다른 부분에서는 더 나중을 제안한다. 바빌론사람들은 유다의 마지막왕, 시드기야를 사슬에 묶어 그의 아들들이 처형당하는 것을 보게 한 후 그의 눈을 뽑고 죽였다. 그전의 왕, 여호야긴은 바빌론에 항복하고 감옥에 갇혀 있었다. 열왕기의 마지막에 기록된 것은 바빌론의 왕, 느부갓네살이 여호야긴을 감옥에서 석방하여 함께 저녁식사에 초대한 일이다. 이것을 볼때, 특히 사람들이 돌아오는 데에 대한 언급이 없으므로, 망명하고 있었던 중간에 책이 완성 되었음을 암시한다. 또 한가지 의미는 다윗의 혈통을 계승받은 한사람이 바빌론의 왕의 식탁에서 식사를 했다는 것과 느부갓네살왕은 왕의 혈통이 이어지도록 자신은 알지도 못하고 도왔다는 것이다.

그러므로, 이 두가지 사실들을 종합해 볼 때, 이 책의 대부분은 예루살렘이 멸망하기전에 쓰여졌지만, 망명중에 끝냈다고 볼 수 있다.

열왕기는 왜 쓰여졌는가?

언제 쓰여 진것에 대한 답으로 부터 저자가 이 책을 쓴 동기가 자연스럽게 나타 난다.

한 나라가 영토와 수도를 잃고, 다른 나라로 끌려갔다. 그 당시 의 세대는 다시는 고향을 볼 수 없을 것이었다. 그들은 다시 노예가 되었고, 그들의 성전은 파괴되었으므로, 그들은 부득이 하게 그들과 하나님의 관계에 대한 질문이 있었다. 하나님은 어디에 계신가? 왜 그는 이런일이 일어나게 허용하셨는가? 그의 약속은 어떻게 된 것인가?

열왕기서는 이 질문들에 대한 해답들을 준다. 추방당한 책임은 사람들에게 있음을 설명한다. 하나님은 그의 약속을 지키셨다: 하나님은 그들이 못된 행동을 하면, 땅을 잃을 것이라고 약속하셨다. 그러나 계속된 경고에도 그들은 듣지 않았다. 그래서 열왕기의 역사는 망명길에 오른 이 사람들에게 엄청난 교훈이다.

이렇게 어두운 책안에도 희망은 있다. 왜냐하면 하나님이 지키셔야 할 언약은 절대로 지키시기 때문이다. 사람들이 언약을 지키지 않더라고, 하나님은 지키시리라고 말씀 하신다. 그는 그의 자녀들을 망명에서 다시 데리고 오실 것을 약속하신다. 이 처벌은 영원한 것이 아니었다.

사람들은 바빌론에 70년간 머물렀다. 이숫자는 임의적이 아니다. 하나님은 7년마다 땅을 쉬게 하라고 말씀 하셨지만, 그들은 솔로몬 이후로 500년간 이 법을 무시했다. 그러므로, 그 기간 동안 땅은 70년의 휴식을 하지 못했고 그들이 70년간 추방당해 있는 동안, 땅은 휴식을 회복한 것이다!

망명은 처참한 기간 이었지만 희망이 없었던 것은 아니었다 라고 열왕기서는 말씀한다. 하나님은 다윗의 혈통이 이어 질 것을 약속하셨고 그렇게 하실 것이었다.

내용

솔로몬

이책을 더 자세히 보면 처음 장들에서 한 사람의 왕에 대한 이야기가 지배적임을 우리는 보기 시작한다. 솔로몬의 이름은 '평화' 라는 뜻이고, 그는 이름에 맞게 다윗왕이 제국을 건설하여 확보해 놓은 평화의 시대에 통치했다. 그는 순조로운 시작을 한 좋은 왕이었다.

처음 통치를 시작하였을 때 하나님이 꿈에 나타나셔서 그가 원하는 무엇이든지 주겠다고 말씀하셨다. 솔로몬은, 그의 경험이 부족함을 알고, 지혜를 구했다. 하나님은 솔로몬에게 지혜뿐 아니라 그가 요구하지 않은 많은 것까지도 주시겠다고 약속하셨다: 부, 명예, 권력.

솔로몬의 지혜는 두 창녀가 한 아기를 두고 싸우는 이야기를 통해 잘 알려져 있다. 둘 다 아기가 있었으나, 밤사이 한아기가 죽자, 그 엄마는 자기의 죽은 아기와 옆에 있던 아기를 바꾸어 놓았다. 솔로몬이 이 힘든 상황에서 판결을 내려야 했다. 살아 있는 아기가 누구의 아기인가? 솔로몬은 하나님께 지혜를 구하고, 여인들에게 아기를 반으로 갈라서 한 쪽씩 갖으라고 했다. 솔로몬의 말이 끝나자 마자, 진짜 엄마는 아기를 죽이지 말고 다른 여자에게 주라고 간청했다. 솔로몬은 누가 진짜 엄마인지 알아 차렸다.

가장 기억해야 할 솔로몬의 업적은 그의 아버지 다윗왕이 준비한 설계도와 건축자재들을 가지고 성전을 건축한 일이다. 신명기에서 몇백년 전에 이미 예언 한 바와 같이, 하나님은 다윗에게 그의 아들을 통하여 처음으로 영구적이고 모두가 함께 예배할 후 있는 성전을 짖도록 하겠다고 약속하셨다. 7년에 걸쳐 웅장한 성전이 지어졌다. (솔로몬의 왕궁은 12년 걸려서 지었다.)

성전이 돌로 지어졌지만, 망치와 끌소리는 전혀 들리지 않았다고 기록되어 있다. 예루살렘의 바깥 칼바리 (Calvary) 근처의 모리아산에서 큰 극장만한 크기의 동굴이 발견되을 때 까지, 이것은 오랫동안 수수께끼였다. 바닥은 돌을 깨는라고 생긴 수많은 조각으로 덮여 있었다. 돌이 물러서 작은 주머니 칼로도 자를 수 있을 정도였지만, 굴 밖으로 가지고 나오면 산화작용으로 단단하게 굳어진다. 성전을 지은 모든 돌은 이 굴에서 채석하여 지상위의 성전에 맞게 필요한 모양으로 만든 후 밖으로 옮겨 성전 건축에 사용한 것이었다.

솔로몬은 성전의 헌당에도 책임이 있었다. 레위기 26장과 신명기 28장을 이용한 그의 헌당 기도는 열왕기에 길게 기록되어 있다. 하나님의 백성들이 그에게 돌아오면, 하나님도 그들을 망명지에서 돌아오게 할 약속에 대해 언급한다. 이 책이 쓰여졌을 당시 바빌론에 있던 사람들에게는 특히 중요한 약속이었다.

그의 통치는 이스라엘 국민들에게 큰 번영을 가져왔다. 그의 제국은 이집트에서 유브라데 까지 뻗쳐 있었고 하나님이 약속하신 거의 모든 땅이 포함되어 있었다. 솔로몬의 명성은 널리 퍼져, 시바의 여왕에게 까지 알려졌고, 그녀는 이스라엘에 방문하여 왕궁의 화려함에 놀란다.

평화적 기간 동안은 여가와 학습을 할 수 있는 기회였다. 솔로몬은 3,000개의 격언을 모으고 1,005개의 노래를 만들었다. 하나님은 이 노래중 6개만 선택해서 성경에 기록했다. 나의 이론은 솔로몬이 그의 700명의 부인과 300명의 첩 하나 하나를 위해 노래를 만들었고 하나님은 솔로몬의 노래 (Song of Solomon) 를 포함한 몇개만 고르신 것이라 본다. 부수적으로, 이렇게 많은 부인들을 갖게 된 솔로몬이 과연 지혜로운 사람이었는지 의문이 간다. 700명의 장모라니! 많은 사람들과 같이, 그도 다른 사람들을 위한 지혜는 있었지만, 자신을 위한 지혜는 별로 없었던 것 같다.

솔로몬의 노래 (Song of Solomon) 는 하나님을 직접 부르지도 못할 정도로 하나님과 깊은 사랑에 빠져 있었던 젊은이에 의해 쓰여졌다. 잠언서의 거의 모두가 중년의 솔로몬이 만들었다. 전도서는 그의 생의 마지막에 쓰여 졌으며, 노인의 철학을 젊은이에게 이야기 해 준다. 이책에서 철학, 음악, 농사, 건축등으로 시간을 보낸 솔로몬의 전체 인생을 우리는 볼수 있다. 여러가지 관심 거리가 있었지만, 아무 것도 그를 만족시켜 주지 못했고 전도서는 성경의 슬픈 책들 중 하나이다.

나쁨

이미 암시한 바와 같이 솔로몬의 주요 약점은 너무 많은 부인들이었다. 이것은 단지 육체적 쾌락만을 위했던 것이 아니고, 권력을 향한 탐욕을 나타낸다. 많은 결혼이 정치적 정략 결혼이었다. 예를 들어, 바로의 딸과의 결혼이다. 이집트 사람으로서 거룩한 예루살렘성에 살수 없었으므로, 솔로몬은 성전의 북쪽 성벽 밖에 그녀의 궁을 지어 주었다. 얼마전 유적 탐사에서 이스라엘 땅 전체에서 유일한 이집트의 유물들이 발굴되었다.

그러므로, 우리는 흥미로운 병행을 볼 수 있다: 한 쪽에는 이스라엘의 유일한 하나님을 경배하기 위해 지은 훌륭한 성전이 있고; 다른 한 쪽에는 솔로몬 왕의 많은 외국인 부인들이 가지고 온 그들의 신들이 있어서 하나님께 경배하지 못하도록 이스라엘 사람들을 끌어 잡아 당겼다. 솔로몬만 외국 여자들과 결혼 한 것은 아니었지만, 어느 왕도 그 숫자를 따라 가지 못한다.

성전 건축에 큰 경비가 들었다. 솔로몬은 강제 노동과 심한 징세로 북쪽의 지파들을 격분케 했다. 그들의 영토에서 먼 남쪽에 짖는 건물을 위해 내야하는 세금에 분개 한 것이다. 그러므로, 성전건축은 성공적이었지만, 솔로몬은 국가적 재난의 기초를 쌓고 있었던 것이다. 솔로몬은 두개의 마음을 지니고 둘로 갈라진 왕국을 남겼다. 얼마 되지않아 제국은 무너질 것이었다. 솔로몬이 생전에도, 에돔 사람 하닷이 반란을 일으켰고 더 많은 반란이 일어 날 것이었다.

분열된 왕국

유다와 이스라엘 왕들의 통치는 다른 구조로 기록되었다.

북	남
즉위	즉위
통치기간	즉위 당시 나이
정식으로 벌함	통치기간
아버지의 이름	어머니의 이름
	인물들의 총정리
인용된 원천	인용된 원천
죽음	죽음과 장례
횡령자의 아들	후계자의 아들

모든 북쪽의 왕들은 북쪽의 첫번째 왕이며 나쁜 왕이었던 여로보암과 비교 된다. 우리는 반복해서 다음 왕들에 대해 다음과 같이 쓰여진 글을 읽게 된다: '...그리고 여로보암과 똑 같이, 하나님 보시기에 악행을 저질렀다.'

남쪽의 유다의 왕들에 대해서는, 저자는 다른 식의 기록을 하고 순서와 자세한 내용들을 다양하게 썼다. 그는 통치가 시작될 때의 날짜로 시작한 후, 왕의 나이를 기록했다—예를 들어, 요시아는 겨우 8세였다. 통치기간의 길이가 다음에 나오고, 아버지 이름이 아닌 어머니 이름이 나오는데 그 이유는 분명치 않다. (지금은 어머니가 유대인이면 자식이 유대인으로 인정되지만, 성경에서는 아버지에 의해 국적이 정해 졌다.) 다음에 그들이 좋았는지 나빴는지에 의한 심판이 있다. 북쪽의 모든 왕들이 나빴지만, 남쪽은 다윗왕을 잣대로 하여 평가된 나쁘고 좋은 왕들이 섞여 있었다.

왕들

북쪽과 남쪽 각 각 20명의 왕들이 있었으나, 남쪽은 북쪽보다 140년을 더 유지했다. 왜냐하면, 이미 언급한 바와 같이, 좋은 왕들의 통치기간은 좀 더 길었기 때문이다. 어떤 나쁜 왕들은 겨우 몇 개월 왕좌에 있다가 죽임을 당했다.

북 (North) '이스라엘' (10) (부족)		남 (South) '유다' (2) (부족)	
예언자들	왕들	왕들	예언자들
아히야	**여로보암**	**르호보암**	스마야
	나답	아비야	
예후	**바아사**	아사	
	엘라		
	시므리		
	오므리		
엘리야	**아합**	여호사밧	오바디야
미가	**아하시야**	여호람	
	여호람	**아하시야**	
엘리사	예후	아달랴*	
	여호아하즈	요아스	조엘
	요아스	아마샤	
요나	**여로보암 2세**	웃시야	
아모스	**즈가리야**		
	살룸	요담	
	므나헴		이사야
호세아	**브가히야**		미가
	베가	**아하스**	
	호세아	히스기야	
	기원전 721년	므낫세	
		아몬	나훔
매우 좋은		요시아	예레미야
좋은		**여호아하스**	스바냐
나쁜		**여호야김**	하박국
아주 나쁜		**여호야긴**	다니엘
여왕*		**시드기야**	
		기원전 587년	에스겔

위에서 말 한 대로, 북쪽의 왕들은 어느 정도 차이는 있었지만, 모두 나빴다.

남쪽은 6명의 좋은 왕과 2명의 훌륭한 왕이 있었으나(히스기야 와 요시아), 그중 가장 나쁜 왕도 있었다. 이것은 이 나쁜왕은 통치 기간이 짧다 라는 규칙에서 제외되는데, 므낫세는 55년간 통치했다.

남쪽은 단 하나의 왕조가 있었고, 북쪽에는 9개가 있었고, 6번의 암살에 의해 계승권이 바뀌었다.

한사람의 여왕도 있었다. 하나님은 다윗에게 항상 남자가 왕위에 오를 것이라고 말씀하셨다 - 여자는 왕으로 다스리는 것이 허용되지 않았다. 아달랴는 생각이 달랐다. 그녀는 이세벨의 딸로 남쪽 유다의 왕과 결혼했다. 그녀는 이스라엘의 첫번째 여왕이 되고 싶어서, 다윗의 혈통을 이어 받은 자녀들을 체계적으로 모두 죽여, 자신이 여왕이 될 수있는 길을 만들려 했다. 그러나 유모가 가장 어린 남자아이 요아스를 숨겨서 아달랴가 죽었을 때 그가 왕위를 계승하게 하여 혈통이 보존되었다.

유다의 훌륭한 두왕은 히스기야와 요시아 였다. 히스기야는 이사야와 동시대 사람으로 그의 이야기는 이사야의 예언에 포함되어 있다. 히스기랴는 여러면에서 좋은 왕이었다. 그는 물길을 파도록 명령하여 예루살렘성 안으로 물을 끌어 들이고 성이 적의 침략에서 안전하게 하였다. 그의 큰 실수는 그가 병이 났을 때 바빌론의 작고 알려지지않은 곳에서 온 몇을 그의 왕궁으로 친절하게 받아들였다. 그들은 히스기야에게 병문안을 했고 히스기야는 그리 멀리서도 그의 아픈것을 알고 병문안 온 것에 흡족해 했다. 그는 왕궁과 성전을 그들에게 두루 보여주었다. 이사야는 그의 잘못을 지적했다. 그는 히스기야에게 바빌론 사람들이 그가 보여준 모든 것을 빼앗아 가리라고 말했다. 몇년 후 그들은 그대로 했다.

또 다른 유다의 훌륭한 왕은 8세에 즉위했다. 요시아는 선지자 예레미아와 같은 해에 태어났다. 그들이 성전을 청소하다가 몇년동안 읽혀지지 않고 있었던 신명기 두루마리를 발견했다. 하나님의 백성들이 그의 율법에서 떠나면, 저주를 하리라는 하나님의약속을 읽은 요시아 왕은 깜짝 놀라 즉시 이대로 행하고자 했다. 그는 높은 장소들을 모두 파괴하고, 나라 전체를 감염 시킨 우상숭배의 중단을 명령하는 국가적 종교 개혁을 단행했다. 이것이 나라에 새로운 희망을 불러 올 것을 원했다. 그러나 사람들의 마음은 하나님과 멀리 있었다. 좋은 법령의 선포로 좋은 사람을 만드는 것은불가능 하다.

요시아도 큰 실수를 했다: 쓸데 없이 이집트와 전쟁을 벌여 메기도에서 전사했다. 그가 죽자 그 나라는 다시 그가 몰아 냈던 악습으로 되돌아 갔다.

히스기야는 아주 악한 왕이었던 므낫세의 뒤를 이었다. 므낫세는 몰록신을 숭배하였고 그의 어린 아들들을 힌놈 (Hinnon) 혹은 게한나 (Gehenna) 라는 계곡에서 희생물로 바쳤다. 그는 이사야 선지자의 설교가 듣기 싫어, 그는묶어서 빈 나무 둥치 안에 넣고 목수 두명에게 톱으로 나무를 반으로 자르게 하여 이사야를 죽였다.

코에 갈고리와 팔과 다리에 놋 족쇄 를 차고 바빌론에 포로로 끌려 간 후, 그는 겸손하여 지고 그의 죄악을 회개했다. 그는 이스라엘로 돌라가도록 허용되었고 그가 세운 우상과 신전들을 없애 버렸다. 사람들은 우상숭배를 그치고 하나님께로 돌아왔지만 므낫세가 만들어 놓은 높은 곳 (high places) 에서의 예배하는 버릇은 고칠 수 없었다. 그는 회개했지만, 그가 미친 악영향은 없앨 수 가 없었다.

가장 악랄한 왕중 하나는 아합으로, 두로 (Tyre) 에서 온 보니게 공주 (Phoenician) 와 결혼했다. 보니게 말로 그녀의 이름의 뜻은 '앵초' 였지만, 히브리어로는 '쓰레기' 라는 뜻이어서, 이 의미로 사람들에게 알려졌다. 그녀는 아합을 이용해 자신의 악한 목적을 이루고자 했고 아합은 쉽게 넘어갔다. 예를 들어, 이웃 나봇의 포도원을 빼앗기 위해 그녀는 계책을 짜서 그를 죽음으로 몰았다.

엘리야

이 사건으로 엘리야 선지자의 사역이 시작된다. 그는 요단강 동쪽의 길르앗에서 온 디셉사람이었고, 이스라엘의 선지자중 가장 훌륭한 사람들의 하나로 간주되었다. 그의 이름을 딴 책은 없지만, 열왕기는 거의 모든 왕들보다 훨씬 더 많이 그의 삶에 대해 기록하고 있다.

그는 갈멜산에서 바알신의 선지자들과 대립한 사건으로 가장 잘 알려져 있다. 갈멜산은 12 마일 정도의 길이로 이스라엘 북쪽의 바다로 뻗어 있다. 동쪽 끝 육지 쪽으로 꼭대기 바로 아래쪽에 푹 파인 곳이 있는데 약 30,000의 사람들이 함께 모일 수 있는 장소였다. 이곳이 엘리야가 이세벨이 왕궁으로 들여 온 바알신의 선지자에게 도전한 장소일 것이다. 그곳에는 가뭄에도 마르지 않는 샘물이 있다. 삼년반이나 비가 오지 않았으나, 엘리야는 제물을 물에 풍덩 집어 넣을 수 있었다고 성경은 말씀 한다.

이 이야기는 잘 알려져 있다. 엘리야가 제단을 쌓고 바알신의 선지자에게 그 옆에다 그들의 제단을 똑 같이 쌓고 그의 신들에게 제물을 불태워 달라고 기도하라고 도전했다.

이것은 재치있는 도전이었다. 우리는 바알의 제단 밑에 굴이 있어서 사람들이 그들의 신에게 나무에 불을 붙여 달라고 소리치면 제사장이 밑에 숨어있다가 불을 붙였던 것을 알고있다. 엘리야는 교묘하게 그들의 제단을 모두가 보는 앞에서 그의 제단과 똑같이 쌓으라고 요구했다. 그리고 그위에 물가지 부어 적심으로 도전을 더 힘들게 만들었다. 제사장들을 조롱한 그의 대담함은 만약 그가 실패하면, 그는 죽임을 당 할 것이 뻔했다. 엘리야는 그들의 신이 휴가를 갔거나 화장실에 있는 것 같으니 더 크게 소리 지르라고 말했다. 북쪽 지파들의 역사에 중요한 순간이었다. 하나님은 불을 내려서 엘리야의 제물은 타고 이스라엘 사람들은 누가 정말 강한지를 알게 되었다. 바알신의 선지자들은 쫓겨 도망갔다.

이 놀라운 이야기의 속편은 너무 있을 것 같지 않은 내용이다. 이세벨이 엘리야의 승리와 그녀의 선지자들의 죽음에 대해 듣고 엘리야를 협박했다. 400명의 바알신의 선지자들과 대결하여 이겼지만, 그는 호렙으로 도망해야 했다. 선지자는 정신적으로 영적으로 지쳐 있었고 하나님은 천사를 보내서 그에게 음식을 대접하고, 하나님의 임재하심과 이스라엘의 미래를 돌보아 주실 것에 대한 확신을 주셨다. 하나님을 벌써 엘리야의 사역을 이어갈 동료를 마련해 두셨다.

엘리사

농부였던 엘리사는 선지자로거 엘리야의 뒤를 이었다. 그는 엘리야에게 그의 '두배에 달하는' 의 그의 영을 달라고 요구 했다. 이 표현은 자주 오해되어 왔다. 이말은 엘리야보다 두배 더 잘되고 싶다는 말이 아니다. 이것은 유산의 풍습에서 유래된 구절이다. 한 아버지에게 네아들이 있으면, 그가 죽은 후 그의 유산은 오분배 되어 장남에게 두배의 유산이 주어졌고, 그는 가족사업을 이어 받아서, 더 받은 유산으로 이 책임감을 완수하는데 쓰도록 했다. 엘리야의 영의 두배를 달라는 말은 , 엘리사가 그의 후계자로서 선지자의 직분을 후임할 수 있게 해 달라는 말이다.

엘리야는 엘리사에게 만약 그가 지구를 떠나는 것을 보면, 그의 후계자가 될 것이라고 했다. 엘리야는 성경의 죽지 않은 소수중 한 사람이다. (에녹도 죽지 않았다.) 그가 회오리 바람을 타고 하늘로 올라갔고 , 엘리사는 그가 떠나는 것을 보았다고 성경은 말씀한다. 엘리야의 겉옷은 땅에 떨어지고, 엘리사는 그것을 주워 요단강으로 걸어갔다. 하나님이 그를 위해 강을 가르시고, 엘리야와 함께 한 것 같이 그와도 함께 하리라는 하나님의 약속으로 시작되는 훌륭한 사역을 엘리사는 시작한다.

엘리야와 엘리사의 업적

이 두선지자들은 아주 달랐다. 엘리야는 도전자, 설교자로서 사람들에게 도전했다. 엘리사의 사역은 일 자체가 더 목회적이었다. 엘리야는 수넴 마을의 과부의 아들을 죽음에서 일으켰다. 수넴은 예수님이 같은 일을 하신 나인에서 0.5 마일 떨어진 곳이다. 엘리사는 보리빵 몇개로 4,000명을 먹였다. 에리야의 사역은 사도요한의 사역과 비슷하고 엘리사의 사역은 예수님의 사역과 비슷한 듯하다.

엘리야와 엘리사는 하나님이 북쪽 지파들에게 보낸 많은 선지자들 중 두명이었다. 요나 선지자는 니네베로 가기전 이스라엘의 선지자였고, 열왕기에 그에 대한 언급이 있다. 아모스와 마지막으로 호세아도 보내셨다. 호세아의 예언은 선지자들의 가장 깊은 감정들 중 일부가 담겨있고, 하나님이 그의 백성을 사랑하심을 자신의 삶에서 재현하였다.

열왕기에서 엘리야와 엘리사 에게 주어진 장수의 분량은 사람들이 율법은 지키지 않을 경우 어떤 일이 일어 날 것을 하나님께서 자주 경고 했음을 우리에게 상기 시켜 준다.

하나님의 경고

말씀

국가의 영적 종말이 오는 동안, 제사장들은 사람들에게 그들의 책임감에 대해 일깨워 주었어야 한다. 그러나 그들이 객관적인 말을 전하기에 너무 사람들과 가까이 있었기 때문에, 하나님은 대신 선지자들을 보내셨다.

6명의 선지자들이 북쪽에 보내졌다: 아히야, 예후, 엘리야, 엘리사, 아모스, 호세아. 망명 전과 후에 남쪽에도 여러명이 보내졌다: 스마야, 오바디야, 요엘, 요나, 이사야, 미가, 나훔, 에레미야, 스바냐, 하박국, 다니엘, 에스겔.

주목해야 할 중요한 점은 사람들이 계속해서 죄를 행 할 경우 하나님께서 벌하신다고 항상 경고 하셨다. 성경의 전체적 원리는 하나님은 사람들이 알고 행하는 죄에 대해 심판 하신다는 것이다. 예수님에 대해 들어 본적이 없는 사람은, 그 때문에 지옥에 보내지지 않는 것이 아니고 그들의 양심에 어긋나는 죄를 범했기 때문에 지옥에 갈 것이다.

이스라엘과 유다는 선지자들에게서 받는 메세지를 무시하고, 모든 일은 잘 되어 가고 있다고 말하며, 그들에게 내린 재앙에 대하여 가짜 이유를 말 하는 거짓 선지자들을 선호했다. 그럼에도 불구하고, 참 선지자들은 진실을 말함으로 사람들에게 조롱, 매맞음, 처벌과 가끔 죽음까지도 기꺼이 당할 준비가 되어 있었다.

땅문서

하나님이 보내신 경고는 말로만 하신 것이 아니고 눈으로도 볼수 있었다. 하나님의 축복이 사라져 감을 사람들은 보았어야 했다. 경고의 강도가 어떻게 심해지는 지를 주목해 보자.

1. 하닷이 에돔을 이스라엘 왕국에서 데리고 나갔을 때, 영토도 잃었다.
2. 납달리 지파가 앗수르에 전멸 당하고 요단강 동쪽의 지파들이 수리아의 지배를 받게 되었을 때 독립을 잃었다.
3. 유다는 다른 9지파가 앗수르로 쫓겨나는 것을 보았다.
4. 유다도 결국 바빌론으로 세 단계에 걸쳐 쫓겨났다.

이렇게, 구두의 예언의 메세지들 외에 확실하게 재난으로 발전되는 여러가지 경고의 사건들이 있었지만 사람들은 다 무시하고 그들의 삶을 바꾸지 않았다.

왜 열왕기를 읽어야 하는가?

그리스도인들은 모든 구약성경이 우리를 위해 쓰여진 것 임을 확실히 알 수 있다. 고린도 전서에서 구약성경의 모든 사건들은 '그들과 같이 악한 것에 우리의 마음을 두지 않게 하도록 예화들' 이라고 말씀 한다. 디모데 후서 에서는 ' 모든 성경은 하나님의 감동으로 된 것으로 교훈과 책망과 바르게 함과 의로 교육하기에 유익하니' 라고 말씀 한다.

개인적인 적용

현재

우리가 왕은 아니지만, 우리도 직장에서, 가족안에서, 사회에서, 남들에게 예가 된다. 왕들과 같이 우리도, 특히 지도자의 위치에 있는 사람들은, 주위 사람들에게 영적 분위기를 만들어 줄 필요가 있다.

우리가 이방 신을 믿는 사람들과 연관될 수 있는 유혹을 받을 수 있다. 우리는 하나님의 가족밖에 있는 사람들과 결혼하는 위험에 대해 꼭 의식하고 있어야 한다.

열왕기는 하나님의 명령을 어기고, 지도자가 되려 했던 아달랴 여왕을 부정적인 예로 우리에게 주었다. 모든 그리스도인들도 잘못된 이유들로, 혹은 개인적으로 적합하지 않음에도 불구하고 지도자가 되고 싶어 하는 유혹을 받을 수 있다.

요시아의 통치는 우리가 성경을 정기적으로 읽어야 함을 상기시켜 준다. 진실에 대해 게으르거나 무식하여 우리도 비슷한 결과를 맞이 할 수 있다.

왕은 백성들을 위해 목회적 역할을 해야 하는 지위인데, 이 지위는 빈번히 남용되어 왔다는 중요한 교훈을 이 책은 크리스챤 지도자들에게 말해 주고 있다.

미래

우리는 왕들이 될 것이다: 우리도 왕의 가족에 속한 사람들로서, 예수님과 함께 통치할 날을 준비하고 있다. 우리는 밝은 앞날은 바라 볼 수 있다. 지금은 우리에게 지도자의 기회가 없다 하더라도, 상황이 달라 질 날이 올 것이다.

기업적 적용

교회

이스라엘이 우상들을 높은 지역에 두었듯이, 영국에도 언덕위에 이교도 사당을 지어온 전통이 있다. 지금은 많은 기독교 교회들이 이자리를 차지하고 있지만, 이교도과 타협하려는 위험은 그대로 있다. 하나의 종교를 다른 종교와 연합하려는 혼합종교 (syncretism) 사상이 아직도 주위에 있고 아직도 인기를 얻고 있다.

엘리야가 이스라엘 사람들에게 도전했을 때, 얼마나 오랫 동안 두 의견 사이에서 갈팡 질팡 할 것인가 라고 그는 물었다. 같은 질문을 오늘 날의 교회에 할 수 있다, 왜냐하면 영국이나 다른 곳에서 믿음을 고백하는 기독교인 들이 그들의 믿음을 이교도들의 종교와, 현대의 물질 문명, 근대의 철학과 섞는 것에 대해 아무런 잘못됨을 보지 못한다. '하나의 신앙의 옹호자'가 아니라 일반적으로 '신앙들의 옹호자' 가 되기를 바란다고 찰스 황태자는 자신에 대해 말했다. 모든 종교가 하나님께로 통한다 라고 말하는 것이 멋있는 시대에 우리는 들어왔다.

더군다나, 교회는 내용도 확실히 모르고, 이교도 축제를 축복한다. 성탄절이 가장 두드러진 예다: 원래 이것은 태양의 재탄생을 기념하는 이교도들의 겨울 축제였다. 사람들은 상록수 가지를 태우고, 축가를 부르며, 잔뜩 먹고 만취 했다. 첫 선교사 어거스틴 (Augustine) 이 영국에 왔을 때, 사람들을 이교도 축제를 못하게 막을 수가 없다고 로마에 보고했다. 그레고리 교황은 그러면 그것을 크리스챤 축제로 바꾸어 버리는 것이 가장 좋은 방법이라고 말했고, 이대고 진행되어, 오늘날 의문스러운 결과를 가져왔다. 성경에서 이런 것을 명령하거나 언급하지도 않았음에도 불구하고, 오늘날 대부분의 교회들은 이 이교도의 축제를 보편적으로 기념하고 있다.

열왕기는 분열이 쇠퇴를 초래하는 원리에 대해 보여주고 있다. 많은 교회의 친교가 이 슬픈 진실에 대해 증언 할 수 있다. 다윗과 솔로몬의 통치하에 이스라엘은 통일 왕국으로서 전성기를 이루었는데, 통일성이 파괴되자, 그것을 성취하는 데 들어간 반의 시간안에 모든 것을 잃었다. 우리는 교회안에서 같은 일이 일어나지 않도록 바짝 경계해야 한다.

세상

이책은 인간의 역사안에서 하나님의 주권에 대한 강력한 메세지를 가지고 있다. 이스라엘은 하나님이 왕들의 삶에 개입하시고, 축복과 벌을 주시고, 그들의 부르짖음을 들으시는 일을 집중적으로 하신 나라다. 전체적으로, 어떻게 좋은 왕들이 나쁜 왕들 보다 길게 정치를 했는 지를 우리는 본다. 같은 방식으로, 하나님은 모든 나라들을 다스리신다. 그는 지도자들과 통치자들을 고르고 각 사람이 얼만큼의 시간과 영토를 다스릴 지를 정하신다. 그는 공의로 행동하실 수 있고, 사람들에게 응당한 지도자를 주시거나, 혹은 불쌍히 여겨 그들이 필요한 지도자를 주실 수 있다. 민주주의 선거제에서도 하나님은 결정 투표권을 갖고 계신다.

하나님이 기각 할 수 있다해서 인간의 책임이 줄어 드는 것은 절대 아니다. 하나님을 전혀 모르는 사람도 하나님께서 사용 하실 수 있다—느부갓네살 같은 나쁜 왕으로 하여금 그의 백성들을 바빌론으로 끌어 가게 하고, 좋은 왕이었던 바사의 고레스를 사용하여 그들을 그들의 땅으로 다시 돌려 보내신다.

뉴스 통신사들은 역사의 인간적이 면 만을 본다. 선지자들은 인간의 역사를 넘어 그위에 거하시는 하나님의 일하심을 인식 한다. 이것이 성경과, 특히 열왕기 상/하가 다른 역사의 기록들과 판이하게 다른 이유다. 이스라엘의 연대기에 나오는 사건들에 대해 전체적 진리를 말해 줌으로서,

이 책들은 '전체적' 이야기를 우리에게 말해 준다.

예수님

무엇보다도, 열왕기가 예수님에 대해 우리에게 말씀하고 있기 때문에 이 책을 읽어야 한다. 열왕기에 있는 여러명의 사람들이 우리에게 예수님을 상기 시킨다.

- **솔로몬:** 마태복음은 예수님은 솔로몬 보다 위해하다 라고 말한다. 사도 바울은 예수님은 우리의 지혜라고 한다. 요한복음은 예수님은 그의 몸을 성전에 비유했다라고 한다. 예수님이 돌아 가셨을 때 성전의 휘장이 위에서 아래로 갈라졌다.

- **요나:** 이 선지자는 열왕기에 언급되어 있다. 요나가 물고기의 뱃속에 삼일 밤과 낮으 있었듯이, 예수님도 삼일간 지구의 중심에 계시다가 일어나셨다. 두 경우 모두 죽음에서 부활한 것이다.

- **엘리야:** 예수님은 변화산에서 엘리야와 만나서 말씀을 나누셨다. 엘리야는 예수님의 사촌이며, 엘리야와 같은 음식을 먹었고 같은 옷차림이었던 사도요한과 비유된다.

- **엘리사:** 행하신 기적들의 흡사함을 통해 예수님은 간접적으로 자신을 엘리사와 관련 지으 셨다. 엘리사가 비슷한 기적을 행한 수넴의 옆동네 나인에서 예수님은 죽은 아이를 살리셨다. 예수님이 몇개의 빵과 물고기 몇마리로 5,000명을 먹이신 것은 엘리사가 빵으로 4,000명을 먹인것을 거울루 비친 것과 같다. 예수님이 돌아 가셨을 때, 사람들이 그들의 무덤에서 나온 것은, 엘리사의 시체와 닿은 죽은 자가 다시 살아났음과 비슷하다.

예수님의 삶과 사역이 왕이 오실 것의 기대를 충족 시키는 다른 길들이 있다. 예수님은 구약 성경의 사람들이 기다리는 왕이다. 그는 다윗의 혈통으로, 언젠가 이스라엘 왕국을 다시 회복시킬 것이다. 예수님이 바로 다윗의 자손들에게 주신 모든 약속들을 성취하신 분이다. 다윗보다도 훨씬 위대한, 우리를 절대 실망시키지 않으실 단 한분의 왕이시다.

결론

열왕기는 온 세계를 향해 꼭 필요한 메세지를 가지고있다. 하나님은 가장 높으신 주권자 시다. 이스라엘 사람들은 하나님의 율법을 따르지 않고 하나님의 말씀을 듣지 않았다. 이 책에 기록되어 있는 쇠퇴와 이스라엘 사람들의 붕괴를 재현 하지 않으려면, 하나님의 백성들은 이 책이 주는 메세지를 꼭 배워야만 한다. 우리는 하나님의 전능하심과, 공의와 자비로 그의 백성들을 대하시는 하나님의 능력으로 힘을 얻을 수 있다. 아무도 그의 계획을 방해 할 수 없다. 그의 왕국은 시간을 초월할 것이고, 열왕기는 예수님이 우리의 마지막 왕으로 오실 날을 그리스도 인들에게 고대하게 한다.

경배와 지혜의 시집

11. 히브리 시에 대한 개요 203

12. 시편 213

13. 아가서 229

14. 잠언 235

15. 전도서 249

16. 욥기 255

한밤의 지혜의 시집

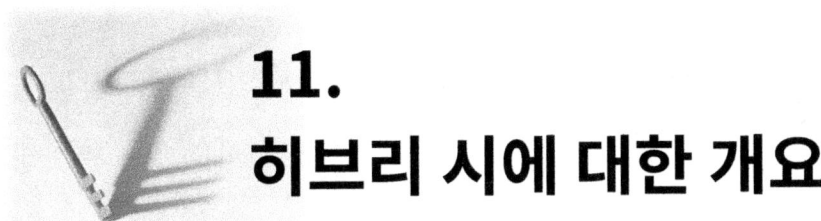
11. 히브리 시에 대한 개요

시는 구약성경에서 볼 수 있는 여러가지 문학 형태중의 하나다. 예언서, 성문서, 시편, 욥기, 아가서가 시집에 해당된다. 히브리서는 영시와 매우 달라서 하나님의 말씀을 잘 배우기 위해 자세히 공부할 필요가 있다.

우리의 성경안에 시의 어체를 발견하기는 쉽다. 서술부분은 긴 문장으로 세로단안에 가득 채워져 있으나 시는 짧은 문장들로서 서술부분와 충분한 간격을 두었다. 신약성경보다 구약성경안에 시집이 훨씬 많다.

서술은 자연스럽게 연결된 대화 형식이다. 길거나 짧은 문장으로 구두형식이나 글로 의사를 표현할 때 사용된다. 시는 다듬어진 형태다. 구성과 단어를 미리 생각하여 시의 형식의 틀에 맞게 문장이 구성된다. 서술이 훨씬 쉬운데 왜 시의 형태를 사용하는가?

예를 들어, 내가 집에 오면서 아내에게 다음과 같이 말한다고 상상해 보자.

> 아내여 배가 고픕니다.
> 파이와 완두콩이 맞있어 보이네요
> 더러운 수저를 주었어요
> 깨끗한 것으로 주세요!
> 후식이 없으니까
> 토마토 소스를 더 주세요!

만약 내가 이렇게 말한다면, 단어와 표현을 미리 생각하여 준비한 것이다. 그러나 인위적인 말투가 명확한 의사전달에 방해가 된다.

시집의 영향

왜 시를 쓰는가?

시는 산문보다 더 깊은 영향을 준다. 사람들의 사고를 꽤 뚫을 수 있다.

의식적 침투

시는 산문보다 기억하기 쉽다, 특히 곡조를 붙였을 때 더 쉽게 기억된다. 이치적 논쟁의 산문과 달리 시는 우리 두뇌의 직감적이고 예술적인 부분을 자극한다.

그래서 오늘 들은 강의는 다음 주면 잊을 수 있지만, 수십년 전 학교에서 배운 시는 아직도 기억하는 경우가 있다. 이런 이유로 우리는 교리를 찬송과 성가로도 배우기 때문에 성경중심의 예배에서 찬송은 매우 중요하다.

감성적 침투

시는 받는 사람을 감동시키기 위해 카드에 사용된다. 같은 내용이라도 산문형식보다 시가 따뜻한 감정을 불러 일으킨다.

다음의 시를 보자:

> 그들은 함께 길을 걸었다.
> 하늘에는 별들이 가득했다.
> 그들은 농장 입구에 도착했다.
> 그는 그녀를 위해 문을 열었다.
> 그녀는 미소도 짖지 않았고 감사의 말도 하지 않았다.
> 어떻게 해야 하는지 몰랐다.
> 그는 농사꾼의 아들이었고
> 그녀는 뚱뚱보였다.

내가 이시를 읽을 때마다 회중은 웃는다. 낭만적인 것을 기대하는데 엉뚱한 말이 튀어 나왔기 때문이고 그것이 유머 감각을 건드렸다. 같은 내용을 산문으로 표현한다면 회중의 미소조차도 찾아 볼 수 없을 것이다.

의사적 침투

시는 우리의 자유 의지를 자극한다. 어떤 행동을 유발할 수 있을 정도로 감동을 줄 수 있다. 학교에서 사용하는 시들은 학생들에게 가치를 부여하기 위함이다. 역사속의 전승가들은 군인들의 사기를 돋우기 위해 사용 되어 왔다.

제일차 세계 대전 당시 군목이었던 스튜어트 케네디의 '무관심' 이라는 시를 보자.

> 예수님이 골고다에 가셨을 때 그들은 예수님을 나무에 매달았다.
> 손과 발에 못을 박은 갈보리;
> 가시 면류관을 쓴 채 깊게 패인 붉은 그의 상처들,
> 인간 육체는 값어치 없는 잔인하고 잔혹했던 날들이었다.
>
> 예수님이 버밍햄에 오셨을 때 그들은 그를 지나쳤다.
> 그의 머리카락 하나도 건들지 않고 그저 내버려 두었다.
> 부드러운 성품의 사람들은 그에게 고통을 주지 않았다.
> 그저 지나치며 빗속에 내버려 두었다.
>
> 예수님은 '저들이 하는 짓을 모르고 있으니 용서하소서' 라고 아직도 부르짖고 계신다.
> 겨울의 찬비는 계속 내리고 그의 속속까지 적시었다.
> 무리들은 집으로 돌아가고 거리는 텅 비었다.
> 예수님은 벽쪽에 웅크리고 앉아 갈보리를 위해 우셨다.

이 시는 정선된 단어와 리듬으로 우리를 감동시키고 우리의 삶을 되돌아 보게 한다.

시의 아름다움

시의 아름답고 의미있는 표현은 우리의 가슴, 마음, 의지를 깨운다. 미적감각, 대칭되고 균형 잡힌 글의 배치로 우리를 자극한다.

잘 이루어 진 균형된 조화의 아름다움으로 시는 우리를 매혹시킨다. 시는 운음, 리듬, 반복의 세 가지 기본적 요소에 의해 아름다움이 구사된다.

운음

운음은 영시에서 중요한 요소이지만 히브리 시에서는 거의 찾아 볼 수 없다. 아래 어린이 동요에서 운음의 균형을 볼 수 있다:

> 잭과 질이 언덕을 올랐다.
> 물 한동이를 나르기 위해
> 잭이 넘어지며 그의 머리를 다쳤다.
> 그리고 질도 그를 따라 굴러내렸다.

아주 간단한 운음이어서 어린이들도 쉽게 배울 수 있다.

리듬

어체의 길이에 따른 리듬도 시의 중요한 요소다. 예를 들어:

> 소년은 불타는 언덕에 홀로 서있다.
> 그만 나두고 모두가 피해버린.
> 저자: 헤만스 여사 (Mrs. Hemans)

이 시는 4/3박자의 리듬인데 영시와 히브리서, 그리고 스코트랜드의 시편엣 에서 많이 쓰였다. 하나의 예를 보자:

> 하나님은 나의 목자시니, 내가 두려워하지 않음은 (4)
> 그는 나를 누이시며 (3)
> 푸른 초장으로 나를 인도하시며 (4)
> 조용한 물가로 인도하시네 (3) 저자:
> 프란시스 루스 (Francis Rous)

좋은 리듬은 강조의 강약에 의존한다. 찬송이나 성가도 마찬가지. 예를 들어 찬송가에서 이 두 줄을 살펴보세요:

> 우리 아버지가 행하신 모든 선에 대하여
> 우리 모두의 왕이신 하나님이시여

박자는 잘못된 음절에 배치되어 잘못된 단어를 강조합니다. 찬송가의 아름다움이 사라집니다.

리듬은 독자에게 충격을 주는 데에도 사용될 수 있습니다.

> 9월,
> 4월, 6월, 11월은 30일입니다.
> 나머지는 모두 31일입니다.
> 이게 공평한가요?!

마지막 줄은 리듬을 깨고 충격을 주기 때문에 놀랍습니다.

반복

세번째 요소는 단어의 반복성이다. 반복된 말이나 구절이 아름다움을 이끌어 낸다. 셰익스피어의 쥬리우스 시저의 연설중 반복되는 '부르투스는 존경할 만한 사람이었다' 라던가 어린이 동요에서도 볼 수 있다:

> 바아, 바아, 검은 양, 양털이 있어?
> 네, 선생님, 네, 가방 3개 가득

반복은 줄, 구절 또는 글자일 수 있습니다. 아마도 Studert Kennedy 가 그의 시 "무관심" 에서 "c"로 시작하는 단어인 "crude", "cruel", "crouched" 및 "cried" 를 사용하는 것을 눈치채셨을 것입니다. 이러한 단어는 주제의 핵심인 두 개의 "c" 인 cross 와 crucify 를 강조하는 역할을 합니다.

다른 경우에는 후렴구가 요점을 강조하는 데 사용됩니다. 예를 들어, 시편 136편은 "그의 사랑은 영원합니다"라는 문구를 반복합니다.

다른 시들은 두운법을 사용합니다. "베오그라드 포위전" 에서 각 연의 첫 줄은 알파벳의 연속된 글자이지만, 이 글자는 각 연의 주요 단어에 사용됩니다. 시편 119편도 비슷합니다.

놀라움

시는 듣기 좋은 단어들을 사용하므로 조용히 읽으면 그 효과가 감소될 수 있다. 시는 낭독하도록 되어있다. 산문과 달리 시를 낭송할 때의 소리는 놀라운 경지의 촉감으로 감동을 준다. 그러므로 하나님을 경배하기 위해 시가 쓰여진 것은 당연한 일이다. 시편 (유대인들의 찬송) 은 모두가 시로 구성되었다. 산문은 노래하기 힘들지만, 시는 음악의 반주에 맞출 수 있다.

또, 시를 사용하여 우리가 예배할 때 우리의 감동적 느낌을 표현하고 감사할 수 있다. 예를 들어 하나의 유명한 시를 보자:

> 반짝 반짝 작은 별,
> 아름답게 비추네.
> 동쪽하늘에서도,
> 서쪽하늘에서도.
> 저자: 제인 테일러

이 시에서 아이 같은 경이로움을 없애려면 과학적 용어로 축소하면 됩니다.

> 반짝반짝 작은 별,
> 나는 당신이 무엇인지 궁금하지 않습니다.

당신은 기체가 식는 것입니다.
단단한 덩어리로 형성됩니다.

한 걸음 더 나아가 보자:

반짝거리다, 반짝거리다, 구형의 다산,
내가 네 본성을 구체적으로 헤아리고 싶다.
공중의 에테르에 고상하게 균형을 이루고,
보석 탄소와 매우 흡사하다.

이것을 과학적 용어를 사용한다면 아름다움과 감동적 전달이 효과적일 수 없다. 찬송, 노래, 시편, 성가 모두 과학용어로 할 수 없는 하나님의 영광과 감동의 표현을 돕는다.

시는 시각적 효과도 있다. 우리 마음에 그림을 그리고 상상력을 발동시킨다. 비유, 미소, 상상을 사용한다. 예를 들어, "반짝반짝 작은 별... 하늘에 있는 다이아몬드 같아"는 빛나는 별의 이미지를 그려내는 데 도움이 됩니다.

시편 42편을 또 다른 예로 들어보겠습니다:

사슴이 시냇물을 갈구하듯이
내 영혼이 하나님을 갈구합니다.

우리는 동물이 헐떡이며 혀를 내밀고 있는 모습을 상상하는데, 그것은 우리 자신이 신에 대한 갈증을 느낀다는 것을 의미합니다.

운음와 감각

영어 시는 소리에 중점을 둔 그리스와 로마 시를 기반으로 합니다. 다른 형식과 스타일이 있지만 영어 시는 일반적으로 운율이 있는 반면 히브리어 시에서는 의미에 중점을 둡니다.

이러한 구별은 특히 영국의 '넌센스 시' 전통에서 분명합니다. 에드워드 리어와 루이스 캐럴이 거장이었습니다. 캐럴의 '재버워키'는 이러한 종류의 시의 대표적인 예입니다.

'Twas brillig, and the slithy toves
Did gyre and gimble in the wabe;
All mimsy were the borogroves,
And the mome raths outgrabe.

이러한 시를 읽는 것은 언어를 모른 채 이탈리아 오페라를 부르는 파바로티를 즐기거나, 단어가 들리지 않거나 의미가 없을 때 팝 음악을 즐기는 것과 비슷합니다. 우리는 그것이 무엇에 대한 것인지 전혀 모르지만 어쨌든 좋아합니다.

이러한 시는 우리를 '움직일' 수 있지만 우리를 어디에도 데려가지 않습니다. 이러한 시를 읽는 것은 우리가 긴장을 풀고 삶을 감상하는 데 도움이 될 수 있지만, 우리의 삶의 방식에는 영향을 미치지 않습니다.

히브리 시는 영어 스타일과 매우 다릅니다. 원어에서도 강조점은 소리보다는 단어의 의미에 있으며, 이것이 히브리 시에는 운율이 거의 없는 이유 중 하나입니다.

시의 병행성

히브리시는 병행적 반복에 기초를 둔다:

- 강조: 반복된 말은 중요함을 나타낸다.
- 답변: 두 성가대가 교대로 주고 받는 노래방식이다.
- 균형: 인간의 육체가 균형적으로 이루어 졌듯이—두손, 두눈, 두귀, 두팔, 두다리—2행시의 균형잡힌 구조도 인간의 사고의 아름다움을 이해하게 한다.

반복은 거의 2행시로 표현되지만 시편에는 3행시나 4행시도 있다. 시편 6편의 2행시를 보자:

여호와여 주의 분노로 나를 책망하지 마시오며
주의 진노로 나를 징계하지 마옵소서.

분노는 책망을 조명하고 징계는 진노를 조명함으로, 두번째 행은 첫번째 행을 발전시켰다. 다음 시편의 구절을 보자:

여호와여 내가 수척하였사오니 내게 은혜를 베푸소서
여호와여 나의 뼈가 떨리오니 나를 고치소서

첫행에서는 미약함을 말하지만, 둘째행에서는 고통과 치료함을 말한다. 둘째 행이 첫행보다 발전된 형태다. 여기서 반복된 것은 운음이 아니라 감각이다.

시를 분석하는 것은 마치 꽃을 조각 조각 분해하는 것과 같다. 분석은 시의 아름다움을 파괴하지만 성시를 읽을 때 그의 바탕 구조와 왜 쓰였는지 그리고 어떻게 쓰였는지를 여러분들이 이해하기 바란다.

병행성에는 세가지 종류가 있다:

동의어

동의어의 병행은 두 단어로 같은 생각을 두번 표현한 것이다. 시편 2편을 예로 보자:

어찌하여 이방 나라들이 **분노하며 민족들이 헛된 일을 꾸미는가**
세상의 **군왕들**이 나서며 **관원들**이 서로 꾀하여 **여호와와 그의 기름 부음 받은 자를** 대적하며
우리가 그들의 **맨 것**을 끊고 그의 **결박**을 벗어 버리자 하는도다.
하늘에 계신 이가 **웃으심이여** 주께서 그들을 **비웃으시리로다.**
그 때에 **분**을 발하며 **진노**하시리로다.

이탤릭체의 단어들은 같은 의미를 가진 2행들이고 두번째 단어는 첫번째 단어보다 의미가 강하다.

대조어

대조어의 병행은 동의어 병행과 같으나 두번째 단어는 첫번째 단어와 반대 의미를 가진다. 시편 126편의 예를 보자:

> 눈물을 흘리며 씨를 **뿌리는**
> 자는 기쁨으로 **거두리로다.**

뿌리다 와 거두다가 대조되었고 눈물과 기쁨이 대조되었다. 다음 절에서 이것이 더 확장되었다:

> **울며** 씨를 **뿌리러** 나가는 자는 반드시 **기쁨**으로 그 **곡식 단**을 가지고 돌아오리로다.

이 구절은 대조의 내용을 자세히 구사한다. 씨를 가지고 나가서 곡식단을 가지고 돌아온다.

종합병행

종합 병행에서는 두번째 구절이 첫번째 구절을 보충한다. 같거나 반대의 말을 하는 것이 아니라 첫번째 구절의 연결이다. 다음의 예를 보자:

> 여호와께서 시온의 포로를 돌려 보내실 때에 우리는 꿈꾸는 것 같았도다 (시편 126편)

> 여호와는 나의 목자시니 내게 부족함이 없으리로다 (시편 23편)

이 예문에서 두번째 구절은 첫번째 구절의 결과다. 시편 23편은 종합적 패턴으로 전개된다.

> 그가 나를 푸른 풀밭에 누이시며 쉴 만한 물 가로 인도하시는도다.

목자는 푸른 초장과 고요한 물가가 어디 있는지 알아야 한다. 이 두 구절은 그의 양을 돌보는데 능숙한 목자의 상을 그리고 있다.

이렇게 히브리 시는 세개의 틀 안에서 변형된 형태를 지닌다. 병행은 생각과 단어뿐 아니라 문법에도 적용된다. 예를 들어, 시편 2편에서 히브리 원어로 단어의 순서를 보자:

> 그 때에 분을 발하며 진노하시리로다

동사, 목적어, 전치사의 구절이 두번째 줄에는 변형되었다.

트라이콜론 (Tricolon)

이 세개의 틀은 불규칙한 형태로 나타나서 리듬과 패턴이 깨어진다. 2행대신 3행으로 쓰여지기도 한다. 예를 들어 시편 29편의 3행을 보자:

> 너희 권능 있는 자들아 영광과 능력을 여호와께 돌리고 돌릴지어다
> 여호와께 그의 이름에 합당한 영광을 돌리며

문장이 점점 강화된다—여호와께 돌리고 는 후렴이고 그것에 다른 단어들이 추가되었다.

다음에는 시편 3편을 보자:

> 여호와여 나의 대적이 어찌 그리 많은지요 일어나 나를 치는 자가 많으니이다
> 많은 사람이 나를 대적하여 말하기를 그는 하나님께 구원을 받지 못한다 하나이다.

이 시는불평의 대상, 그들이 무엇을 하고 무슨말을 하는지에 대하여 '많다' 라는 단어가 반복되면서 감정이 점점 고조된다. 때로, 단어나 구절이 생략되기도 한다.

히브리 시의 특성

직유법

히브리 시는 직유법을 많이 사용한다—두가지의 유사한 점을 보여주는 것이다:

> 아버지가 자식을 긍휼히 여김 같이
> 여호와께서는 자기를 경외하는 자를 긍휼히 여기시나니 (시편 103편)

하나님이 그의 백성을 돌보심이 아버지의 자식 사랑으로 비유되었다.

교차대구법

여기서는 첫행의 후반부가 두번째 행의 전반부가 된다:

> 무릇 의인들의 길은 여호와께서 인정하시나
> 악인들의 길은 망하리로다 (시편 1편)

생략

둘째 행의 부분이 생략되는 경우도 있다. 예를 들어:

> 주께서 나를 깊은 웅덩이와 어둡고 음침한 곳에 두셨사오며 (시편 88편)

'주께서 나를' 이 두번째 행에서 생략된것이다.

계단형

시편의 어떤 시들은 계단형식으로 되어있다.

> 여호와의 소리가 백향목을 꺾으심이여 여호와께서 레바논 백향목을 꺾어 부수시도다 (시편 29편)

두번째 행은 첫번째 행에서 말한 바를 구체화한다. 여호와께서 백향목을 꺾는데 그것은 레바논의 백향목으로 아주 잘게 부수신다고 구체적으로 설명한다.

아크로스틱 (Acrostic)

이런 시는 알파벳에 기준한다. 시편 119편은 176 절이 있는 가장 긴 시이고 각 부분과 각 절이 히브리 알파벳의 낱소리 문자로 시작한다.

후렴

후렴은 두번째 행에 있다. 예를 들어 시편 136편에서 '그의 인자하심은 영원하리로다' 라는 후렴은 각 절에서 두번째 행에 있다.

하나님의 말씀을 나타내는 시

히브리 시를 공부하면 이들이 하나님의 말씀을 표현하는데 적합하다는 것을 알 수 있다.

현대 합창곡을 작곡한 사람들은 시편에서 많은 영감을 받았다. 하지만 전체적 시를 사용하기 보다는 부분적으로 인용함으로 전체적 맥락을 잃게 되었다. 어떤 경우에는 전체적 균형뿐 아니라 의미까지도 변형되었다.

히브리 시는 음운보다는 의미를 강조하므로 타국어로 번역하기 수월하다. 영시는 음운을 강조하므로 번역하게 되면 시 자체가 죽어버린다. 히브리 시의 수월한 번역은 하나님께서 왜 히브리어를 선택하였는지 이해 할 수 있다.

경배시

많은 사람들이 하나님께 할 말을 미리 준비하는 것은 인위적이고 즉흥적으로 하나님께 다가가는 것이 맞는 방법이라고 주장한다. 어느 정도 맞는 말이기는 하나, 미리 할말을 생각해보는 것은 아주 가치있는 일이다. 우리가 하나님을 부를 때 어떻게 하나님의 위대함과 장엄함을 강력하게 표현할 수 있는지 시편을 통해 볼 수 있다. 반면에, 사람들이 경험하지 못한 아주 친근한 하나님과의 관계를 묘사하여 좋으신 하나님을 경험하도록 우리를 자극한다.

성시에서 미리 준비된 표현들은 우리가 예배드리는데 필수적이다. 즉흥적인 노래로 예배드리려 한다면 엉망의 소음이 될것이다! 성가대와 찬송은 회중들이 함께 부를 수 있도록 만들어 졌기 때문에 우리의 예배가 가능하다. 그저 원하는 대로 노래하고 말해야 한다고 주장하는 사람들의 즉흥적 노래가 아닐 지라도 준비된 표현은 미래의 진실에 대한 기억과 반응을 격려해준다.

나의 가정에는 항상 하는 행사가 하나 있다. 나의 세자녀들은 어느 특정한 날 일찍 나를 깨우고 침대 발치에서 인위적인 시를 읊는다. 맛있는 사탕을 선사하는 것으로 이 행사는 끝나는데 그 시는 바로 '생일 축하합니다' 이다.

세아이들이 한줄로 서서 같은 말을 하는 것이 인위적임에 틀림없다. 그들이 각자 느끼는 대로 따로 따로 말한다면 더 낫지 않을까 생각하지만, 그것은 그들이 한 가족으로 하는 것이 아니다. 함께 와서 함께 노래한다는 사실은 나에게는 아주 특별한 관계적 행사다.

마찬가지로, 다른 사람이 쓴글을 사용한다 하더라도 우리가 함께 말할 때 하나님을 기쁘시게 한다. 하나님은 우리가 함께 있는것을 기뻐하신다. 우리가 한줄로 서서 노래하는 것이 인위적이지만 하나님에 대한 사랑을 공동체로서 함께 표현하는 것이다. 시는 이것을 가능케 한다.

앞에서 말한 대로 시편은 성가대가 서로 주고받으며 하는 노래다. 노래뿐 아니라 큰소리로 외칠 수도 있다. 시편 147편이 좋은 예다.

시편은 공동체 의식을 강화시킨다. '나' 혹은 '나의'는 개인적인 예배지만, '우리' 혹은 '우리의'는 하나님의 가족으로서 함께 찬양하는 것이다.

시가 우리의 마음을 감동 시키듯이 하나님의 마음도 감동시킨다. 시는 시편 전체와 예언서 일부에서 쓰여졌다. 성령이 이러한 형태로 하나님 의사를 전달하고 우리가 그에게 답하도록 하셨다. 시가 하나님을 감동시킨다는 것을 믿기 어려운 사람들은 하나님의 감정을 나타낸 강한 단어들을 기억해야 할 것이다.

예를 들어, 시편 2편은 사람들이 하나님께 반항하는 헛수고를 보고 하나님이 웃으신다라고 표현한다. 스바냐 3장은 하나님께서 우리를 보고 기쁨으로 노래하신다고 한다. 하나님은 음악성이 풍부하신 분이다! 음악은 현대인들이 발명한 것이 아니라 하나님의 형상을 닮는 것이 어떤 것인가를 보여준다.

그래서 하나님이 시를 사용하실 때에 그의 감정을 그의 가슴에서 우리의 가슴으로 전달하시고, 하나님의 감정을 나타내는 메세지의 의미를 우리는 알고자 노력한다. 히브리 시를 이해하는 것이 하나님의 마음을 이해하는 열쇠가 될 수 있다.

12. 시편

개요

시편은 성경에서 가장 많이 알려지고 사랑받는 책이다. 그안의 시들은 믿지 않는 사람들부터 하나님을 알고 사랑하는 사람들까지 애용한다. 아주 오래 전에 쓰여졌지만 시대를 초월해서 오늘날도 어디에서든 사랑받고 있다. 거의 모든 구약성서들은 신약성경에 조명시켜 이해해야 하는 반면 시편은 독립적으로 사용된다. 영원성을 지닌 시편은 우리의 삶에 쉽게 적용시킬 수 있다. 많은 찬송 작곡가들이 시편의 시를 통하여 영감을 받아왔다.

교회역사상 시편의 가치는 귀중한 것이었다. 마틴 루터는 '시편에서 모든 성자들의 마음을 들여다 볼 수 있다.' 라고 말했다. 요한 캘빈은 '시편은 거울을 통해 우리의 마음을 들여다 보는 것 같다.' 라고 했다. 어떤 현대문학의 저자는 '' 모든 시편에 나의 이름과 주소가 적혀 있는 것 같다' 라고 했다. 구약성경에서 시편은 가장 인간적이어서 누구나 자신과 연결시킬 수 있는 책이다.

시편은 이스라엘 사람들의 찬송과 기도서다. 거의 1,000년에 걸쳐 만들어 졌으며 성경에서 가장 긴 책이다. 일부는 모세 시대에 (1,300 BC), 또 일부는 망명기 동안에 (500 BC), 그리고 대다수는 다윗왕 때 (1,000 BC) 쓰여졌다.

시편은 영어로 삼(psalm) 인데 이의 의미는 시를 노래할 때 퉁기던 현악기의 소리를 묘사한 소리음이다. 시편은 히브리 성경에서 율법서와 예언서 후에 있는 성문서에 속한다. 히브리어로는 테니림 (Tenillim) 이라 불리고 '찬양의 노래' 라는 뜻이다. 유다 (Judah) 도 찬양한다는 뜻을 가지고 있다. 시편은 낭송 혹은 노래로 부르거나 가끔 큰소리로 외칠 때도 있다.

나중에 보겠지만, 여러 종류의 시가 있다. 가장 쉬운 분리는 '나' 를 주제로 하는 개인적 시와 '우리'를 주제로 하는 단체의 시다. 이런 면에서 어떤 시는 개인예배에 혹은 공동예배에 골라서 적용한다. 그러나 너무 이 분리를 강조할 필요는 없다. 예수님은 '우리 아버지' 라는 말을 제자들이 쓰도록 하셨다. 왜냐하면 우리가 개인적으로 기도할 때에도 우리라는 공동체의 책임감을 잊지 않게 하기 위함이었다.

감정표현

어떤 시는 깊은 슬픔을 노래한다. 특히 시편 56편은 '하나님이 나의 눈물을 주의 병에 담으시네' 라는 구절로 나를 감동 시킨다. 유대인들은 사랑하는 사람이 죽었을 때, 장의사에 꽃을 보내지 않고 4 인치 정도 높이의 눈물을 담기위한 유리병을 준비한다. 그리고 이 눈물병을 상을 당한 가족에게 보낸다. 시편은 우리의 눈물이 죽음같이 절망적인 것이 아닐지라도 하나님은 우리의 눈물을 병에 담아주신다고 기록했다.

시편은 모든 인간 감정을 전반적으로 다루고있다. 분노, 실망, 질투, 절망, 두려움, 부러움 등의 부정적인 감정도 표현했다. 시편의 저자들은 하나님께 불평하는 것부터 사람을 저주하는 것까지 적나라하게 숨김없이 표현했다. 기쁨, 흥분, 희망, 평화등의 긍정적 감정도 표현했다.

다윗은 개인 시를 많이 썼다. 사람들이 하나님께 말하고 싶어 할 만한 많은 주제를 포함하고 있다. 나중에 '애원의 시', '감사의 시', '사과의 시' 세종류에 대해 공부 하기로 한다.

시들이 예배에 쓰여지는에 촛점을 두고 있지만 꼭 제사장들만 사용하는 것은 아니다. 시편에 제단, 제사장, 예복, 향, 등의 제사에 관계된 것들이 나타나지 않는다. 시는 보통사람들이 하나님을 예배할 때 사용하도록 만들어졌다.

성경적 주제

시편은 인간의 모든 감정뿐 아니라 성경적 주제들도 포괄적으로 다루고 있다. 루터는 시편은 성경속의 작은 성경이라고 했다. 이스라엘의 역사, 창조, 족장들, 출애굽, 왕정, 망명 그리고 예루살렘으로 돌아오는 모든 것을 다룬다.

시편은 신약성경에서 가장 많이 인용되고 있다. 시편 110:1은 가장 많이 인용되는 구절 중 하나다: "여호와께서 내 주에게 말씀하시기를 내가 네 원수들로 네 발판이 되게 하기까지 너는 내 오른쪽에 앉아 있으라 하셨도다."

시편이 구약성경의 모든 시를 포함하고 있지는 않다. 모세와 미리암이 쓴 시는 출애굽기 15장에, 드보라와 한나가 쓴 시는 사사기 5장과 사무엘상 2장에 있다. 시편의 거의 모든 저자들은 남자들이지만 여성적 감성을 나타내는 여성작가들도 있다. 욥은 세편의 시를, 이사야와 히스기야왕은 각각 한편의 시를 썼다.

시편을 인용한 인물들도 있다. 요나가 고래 뱃속에서 쓴 시가 하나의 예다. 그는 혼이 세상을 떠난후 저승세계에서 기도를 하면서 시편의 다섯개의 시를 인용했다고 한다. 하박국은 그의 예언에서 시편을 세번 인용했다.

모든 시편의 글들은 '시'의 형태로 표현되었다. 솔로몬의 노래, 잠언, 예레미아애가도 같은 경우다. 다른 성서들 (전도서, 예언서들) 은 시와 산문이 섞여있다. 역사서의 일부도 시의 형태를 지니고 있다. (창세기 49장, 출애굽기 15장, 사사기 5장, 사무엘하 22장)

시편은 다섯권의 찬송 서적을 한권으로 종합했다

시편은 다섯권의 찬송가가 한데 종합된 책이다. 어떤 사람들은 모세오경과 같은 다섯권에서 어떤 의미를 찾고자 하지만, 그것보다는 아마도 길이의 제한 때문에 다섯개의 두루말이로 나눈것이 아닌가 생각된다.

각 시들의 길이는 다양하다. 아주 짧은 것은 시편 117편으로 세줄 밖에 안되고, 긴 것은 시편 119편과 176편이다.

이들은 히브리어의 시이므로 크게 낭송하는 것이 가장 바람직하다. 이 시들을 사도바울의 서신을 읽는 식으로 한줄 한줄 분석할 수 없다. 너무 분석에 치중하면 시의 아름다움을 상할 수 있다. 전체 시를 읽고, 명상하고, 이해할 수 있게 반복해서 읽는 것이 좋다.

다섯권의 책들은 영광의 찬미로 끝을 맺는다. (시편 41, 72, 89, 106편) 마지막 책은 시편 150편이고 전체 다섯권의 끝을 맺는 영광의 찬가로 끝난다. 각 책의 장수도 차이가 있고 첫번째와 마지막책이 가장 길다.

신성한 이름

여러학자들이 각 책의 특성을 탐구하며 주목한 것 중 하나는 하나님의 이름에 대한 패턴이다. 구약성경 전체에서 사용된 야훼와 엘로힘의 두이름이 사용되었다.

엘로힘은 삼위일체를 나타내는 복수형의 하나님이라는 뜻이다. 야훼는 하나님께서 이스라엘사람들에게 주신 그의 이름이고 '계신다' 라는 의미를 지니고 있다. 영어로 '항상' 의 의미와 통한다. 야훼는 첫번째 책에서 272 번 사용된 반면 엘로힘은 15번 사용되었다. 두번째 책에서 야훼는 74번, 엘로힘은 207번 사용된다. 세번째 책에서는 야훼는 13번, 엘로힘은 36번 사용된다. 네번째와 다섯번째 책에서는 야훼가 339번 엘로힘이 7번 사용된다.

이 패턴의 이유는 쉽게 알 수 있다. 다윗왕의 시는 거의 모두 첫번과 두번째 책에 있고 다섯번째 책에는 소수만 실려있다. 나중에 보겠지만, 그의 시는 거의 개인적이고 하나님의 이름을 사용했다. 엘로힘은 하나님의 전지하심을 우리에게 알려주는 명칭이다. 그는 우리과 아주 다르고 가장 높으신 분이다. 야훼는 우리와 친근함을 느끼게 하는 이름이다. 하나님은 전지하시고 모든 곳에 내재하시는 분이라는 것에 대한 경외함을 잃지 않도록 해야한다.

시편은 하나님의 이름을 반영한다. 하나님이 우리에게 주신 친밀한 이름으로 시작하고 끝맺는다.

시편의 구성

학자들이 신성한 명칭외에 다른 식으로 시편의 구성을 알기위한 시도를 했다. 어떤 시들을 공통적인 면이 보이지만, 어떤 특별한 이유나 원리에 의해 시편의 배열이 이루어 지지는 않았다.

시편을 다음과 같이 나눌 수 있다:

- 시편 22-24: 구원자, 목자, 지배자.
- 시편 42-29: 고라의 아들들이 지은 시.
- 시편 73-83: 아사프의 아들들이 지은 시.
- 시편 96-99: 하나님은 왕이시다.
- 시편 113-118: 유월절에 부르는 할렐 시.
- 시편 120-134: 예루살렘으로 향하는 순례자들의 노래.
- 시편 146-150: 할렐루야 시편.

어떤 시들은 다른 시의 일부분을 반복했다 (예, 시편 108편과 시편 57:7-11편).

시편 기자들

다윗은 시편의 반이상을 썼다: 73편의 시에 그의 이름이 나타나 있고 신약성경에서 시편 2편과 95편도 다윗을 저자로 말하고, 아마 그가 쓴 다른 시들도 있을 것이다.

그는 여러가지 역할을 해냈다—목자, 군인, 왕, 음악가—이 중에서 자신이 음악가였던 것이 자신에게 가장 의미 있었던 것 같다. 그는 임종에서 하나님께 이스라엘의 노래를 할 수 있게 해 주셨음을 감사했다. 시편의 저술과 노래가 가장 가슴에 와 닿은 자신의 역할이었던 것 같다. 그가 어렸을 때 사울의 괴로움을 달래기 위해 음악을 연주했었다. 선지자 아모스는 몇백년 후 다윗이 하프를 켜는 모습으로 이스라엘의 안일함을 묘사했다. (아모스 6:5)

솔로몬도 시편을 썼다: 시편 72편과 127편이다. 72편은 성전 건축당시에 썼다. 그는 하나님이 지으시지 않으면 일하는 사람들의 수고가 헛됨을 인정했다. 하나님의 영광이 없는 성전은 무의미하다.

고라의 아들들은 10편의 시를 썼다. 고라는 민수기에 나온다 그가 모세와 아론에게 대항해서 반역을 일으켰을 때 하나님은 죽음으로 그를 벌하셨다. 그러나 그의 후손들은 성전에서 예배에 참여하고 그들의 시는 두번째 책에 기록되었다.

아삽의 아들들은 세번째 책에 12편을 썼다. 이들과 고라의 아들들은 성전에서 성가대의 일원이었다. 성가대원들은 선지자와 동등하게 보았으므로 그들이 시편의 일부를 저술한 것은 놀라운 일이 아니다.

대다수의 시편은 작가미상이고 이들은 네번째와 다섯번째 책에 기록되어있다. 시편 49편과 50편은 에스라 선지자가 쓴 것으로 추정한다.

개인적 체험

현대의 노래와 같이 시편도 개인의 체험을 영감을 받아 쓴 것들이 많다. 다윗은 들에서 목자로 일하면서 매일의 자신의 체험을 노래와 악기로 연주했다.

다윗의 인생이 거의 모두 시편에 담겨있다. 예를 들어, 시편 3편은 그의 아들 압살롬이 왕위를 장악하고 다윗을 왕궁에서 쫓아 냈을 때의 굴욕적인 피신을 시로 표현했다. 시편 7편은 구스라 불리는 베냐민지파에 대한 것이고 시편 18편은 그의 적들과 사울의 손에서 구원되었을 때에 썼다.

다윗은 죄를 지은 후 두편의 회개시를 썼다. 하나는 시편 51편으로 다른 남자의 아내인 밧세바를 유혹하고 십계명을 범한 죄에 대해 썼다. 다른 하나는 자신의 자존감을 위해 인구조사를 한 후에 썼다. 그의 죄를 인식한 후 시편 30편의 감동적인 시를 썼다.

다른 시들은 특정된 장소와 연관되어 있다. 예를 들어, 다윗은 사울에게서 도망하던 도중 엔 게디에서 여러편의 시를 썼다. 그는 하나님을 '암석', '성' 으로 표현했는데 아마 마사다라 불리는 바위산에 숨어 있었던 영향이 아닌가 한다.

14편의 시들은 다윗의 인생을 연결시키는 역사성의 주제를 나타낸다.

- 시편 3: 그의 아들 압살롬의 군사들에게 쫓길 때.

- 시편 30: 성전 봉헌 전 다윗의 죄.
- 시편 51: 나단 선지자가 다윗과 밧세바의 죄를 말했을 때.
- 시편 56: 가드에서의 다윗의 두려움.
- 시편 57: 엔 게디에서 사울이 갇혔을 때.
- 시편 59: 다윗을 시기하는 주변사람들.
- 시편 60: 에돔에서 위기에 처한 전쟁.
- 시편 63: 다윗이 동쪽으로 피신함.
- 시편 142: 아둘람에서의 다윗.

또 다윗의 시는 어떤 구체적 주제가 없이 그가 음악가, 목자, 장군, 왕, 도망자로서의 신분으로격은 여러 경험에서 우러 나온 것들이다. 예를 들어, 시편 23편은 목자의 매일의 삶을 표현했다. 시편 29편은 하나님의 목소리를 연상시키는 험한 폭풍우에서 영감을 받았다.

다윗의 시는 아주 솔직하다. 사람들을 욕하고, 하나님께 불평하고 그의 적에 대한 복수를 하나님께 구한다. 그는 자신이 어떻게 느끼는지, 생각하는지가 아무리 못된 것이라 할 지라도 하나님께 아뢴다. 그의 시가 모든 나라과 세대를 초월하여 세계적으로 받아들여 지는 것은 놀라운 일이 아니다.

하나님의 백성들을 위한 시

개인적인 시가 있는가 하면 하나님의 백성에 대한 시도 있다. 다윗은 솔로몬의 대관식을 위해 시편 2편을 썼다. 이 시는 다윗이 그의 아들에 대한 기대와 하나님이 다윗에게 한 약속의 성취를 위한 시: '너는 내 아들이다; 오늘부터 내가 너의 아버지다.'

다른 시들은 한 단체나 국가를 묘사했다. 시편 120-134 편의 '방문의 시' 들은 예루살렘으로 순례를 가는 사람들에게 적합하다.

여러편의 시들이 하나님과 동행하고자 하는 사람들을 돕기 위해 쓰여졌다. 예를 들어, 시편 119편은 우리가 성경을 읽도록 권장한다. 각구절마다 성경말씀과 흡사한 단어가 들어있다. '하나님의 율법', '하나님의 계명', '하나님의 교훈', '하나님의 칙령', '하나님의 법규' 등에 대해 말한다.

시편 92편은 안식일을 지키도록 권유한다. 주일 아침에 하나님에 대한 사랑을 선포하고 주일 저녁에는 하나님에 대한 믿음을 선포하라고 가르치는데, 이제는 사라졌지만, 여기에서 아침과 저녁예배의 전통이 시작되었다. 요즈음은 주일 아침예배를 드린후 오후는 각자가 자유롭게 행동한다.

이 안식일의 계명은 우리에게 해당되지 않는다. 우리의 매일이 주의 날이고, 우리가 원하는 날을 주님의 날로 지킬 수 있다. (로마서 14장)

시편의 연결성

시편 22-24편은 중요한 그룹이다. 마치 샌드위치와 같다. 이 시들은 서로 연관되어 있어서 마치 십자가와 같다. 우리의 구원자, 목자 그리고 왕이신 하나님을 차례로 묘사한다. 잘 알려진 중간의 시편 23편만 빼내어 예수님이 우리의 목자이심만 강조하면 나머지 두편의 시에서 주는 지혜를 놓치게 된다.

시편 23편은 '하나님은 나의 목자시니...' 로 시작하는 한편, 시편 22편은 훗날 십자가위의 예수님의 부르짖음이 써있다: '내 하나님이여, 내 하나님이여, 어찌 나를 버리셨나이까?' 이 두 시의 순서는 우리가 십자가를 체험하고 예수님을 우리의 구주로 발견할 때 까지는 그를 우리의 목자로 삼을 수 없음을 알려준다.

시편 24편은 '영광의 왕이 누구시냐? 강하고 능한 여호와시요 전쟁에 능한 여호와시로다. 문들아 너희 머리를 들지어다 영원한 문들아 들릴지어다 영광의 왕이 들어가시리로다 (8-9절). 다시 말해서: 여호와는 왕중왕, 주의 주로 오시도다, 문을 열라'. 예수님은 먼저 우리의 구원자이셨고, 우리의 목자이시고 앞으로 오실 왕이시다.

이 세편의 시는 서로 아름다운 조화를 이룬다. 이시를 현대어로 써보았다.

내 하나님이여, 내 하나님이여, 왜 나를 버리셨습니까?
왜 이토록 멀리 계셔서 나를 돕지 않으시고 내 신음 소리를 듣지 않으십니까?
오 내 하나님이여, 내가 낮에도 부르짖고 밤에도 외치는데 주께서는 듣지 않으십니까?

오 이스라엘이 찬양하는 주여, 주는 거룩하십니다.
우리 조상들은 주를 믿었습니다.
그들이 주를 믿었기에 주께서 그들을 건져 내셨습니다.
그들이 주께 부르짖어 구원을 얻었습니다.
그들이 주를 믿고 실망하지 않았습니다.

나는 사람이 아닌 벌레에 불과하며 사람들의 비웃음거리며 민족들의 멸시 덩어리입니다.
나를 보는 사람들은 모두 나를 비웃습니다.
그들은 고개를 절레절레 흔들고 입술을 삐쭉거리며:
"그가 여호와를 의지한다는데 여호와께서 그를 구원하시라지.
주가 그를 사랑하신다니 그를 건지시겠지" 합니다.

그러나 주께서는 나를 태에서 나오게 하시고 내가 어머니 젖을 빨 때부터 주께 소망을 두게 하셨습니다.
나는 태어날 때부터 주의 품에 맡겨졌고 내 어머니의 태에서부터 주께서는 내 하나님이셨습니다.
나를 멀리하지 마소서.

고난이 가까이 있고 도울 사람이 하나도 없습니다.
많은 소들이 나를 둘러쌌습니다.
바산의 힘센 소들이 나를 에워싸고 있습니다.
포효하며 먹이를 찢는 사자처럼 그들이 입을 쩍 벌리고 달려듭니다.

나는 물처럼 쏟아졌고 내 뼈들은 다 어그러졌습니다.
내 마음은 초가 녹아내리듯 창자 아래로 녹아내렸습니다.

내 힘이 질그릇 조각처럼 말라 버렸고 내 혀는 입천장에 붙어 버렸습니다.
주께서 나를 죽음의 흙바닥에 두신 것입니다.

개들이 나를 둘러싸고 악인의 무리가 나를 에워싸 내 손발을 찔렀습니다.
내가 내 뼈들을 다 셀 수 있을 정도가 됐으므로 사람들이 나를 뚫어져라 쳐다봅니다.
그들이 자기들끼리 내 옷을 나누며 내 속옷을 두고 제비를 뽑습니다.

오 여호와여, 멀리 계시지 마소서.
오 내 힘이시여, 어서 나를 도우소서.
내 목숨을 칼로부터 건져 주시고 하나뿐인 내 목숨을 개들의 세력에서 구해 주소서.
사자들의 입에서 나를 구해 주소서.
주께서는 들소들의 뿔 가운데 있는 내 말을 들으셨습니다.

내가 내 형제들에게 주의 이름을 선포하고 내가 사람들 가운데서 주를 찬송하겠습니다.
너희 여호와를 경외하는 사람들아, 주를 찬양하라!
너희 야곱의 모든 자손들아, 주께 영광 돌리라!
너희 이스라엘의 모든 자손들아, 주를 경외하라!

주께서 고통받는 사람들을 무시하거나 모른 체하지 않으셨고 그들을 외면하지 않으셨으며
도와 달라고 울부짖을 때 그 소리를 들으셨다.
많은 사람들이 모인 가운데 내 찬송이 주께로부터 나옵니다.
주를 경외하는 사람들 앞에서 내가 내 서원을 지킬 것입니다.

가난한 사람들이 먹고 배부를 것이요, 여호와를 찾는 사람들이 주를 찬양할 것이니 너희 마음이 영원히 살리라!
땅 끝에 사는 사람들이 여호와를 기억하고 돌아올 것이요 모든 민족들이 속속 주 앞에 경배하리라.

그 나라는 여호와의 것이니 그분이 모든 민족들을 다스리신다.
세상의 모든 부유한 이들이 먹고 경배할 것이며 아무도 자기 영혼을 스스로 살릴 수 없으니 흙으로 돌아가는 모든 사람들이 주 앞에 절하리라.
자손들이 주를 섬길 것이요, 모든 자손들이 주에 대해 전해 들을 것이니
그들이 와서 앞으로 태어날 민족에게 주의 의를 선포하며 주께서 하신 일을 말하리라.
시편 22편

이 시편은 예수님께서 십자가에서 죽으시는 동안 분명히 그분의 마음속에 계셨습니다.

여호와는 내 목자시니 내게 부족한 것이 없습니다.
그분이 나를 푸른 목장에 눕히시고 잔잔한 물가로 인도하십니다.
내 영혼을 회복시키시고 당신의 이름을 위해 의로운 길로 인도하십니다.
내가 죽음의 그림자가 드리운 골짜기를 지날 때라도 악한 것을 두려워하지 않는 이유는 주께서 나와 함께 계시기 때문입니다.
주의 지팡이와 막대기가 나를 지키시고 보호하십니다.
주께서 내 적들 앞에서 내게 상을 베푸시고 내 머리에 기름을 부으셨으니 내 잔이 넘칩니다.
내 평생에 선하심과 한결같은 사랑이 진실로 나와 함께하실 테니 내가 여호와의 집에서 영원히 살 것입니다.
시편 23편

땅과 그 안에 있는 모든 것, 세상과 그 안에 사는 모든 것들이 여호와의 것입니다.
여호와께서 바다 위에 땅의 기초를 세우셨으며 물 위에 그 터를 세우셨습니다.
누가 여호와의 산에 오르겠습니까?
누가 그 거룩한 곳에 서겠습니까?
깨끗한 손과 순결한 마음을 가진 사람, 곧 마음에 헛된 생각을 품지 않으며 거짓으로 맹세하지 않는 사람입니다.
그는 여호와께 복을 받고 구원해 주시는 하나님께 의로운 사람이라고 인정받을 것입니다.
이는 여호와를 찾는 세대며 그 야곱의 하나님의 얼굴을 구하는 세대입니다.
오 너희 문들아, 고개를 들라.
너희 영원한 문들아, 들리라.
영광의 왕이 들어오신다.
누가 영광의 왕이신가?
힘 있고 강한 여호와, 전쟁에 강한 여호와시다.
오 너희 문들아, 머리를 들라.
오 너희 영원한 문들아, 열리라.
영광의 왕께서 들어가신다.
이 영광의 왕이 누구신가?
만군의 여호와, 그분이 영광의 왕이시다.
시편 24편

왕이신 하나님

다른 시들은 간단히 요약할 수 있다.

시편 96-99편은 왕이신 하나님의 주제를 가지고 있다. 구약성경에서 하나님의 왕국에 대해 말한 가장 근접한 시들이다.

시편 113-118편은 '할렐 (hallel) 시편' 으로 유월절에 부르는 노래다.

시편 118편은 '이 날은 여호와께서 정하신 것이라 이 날에 우리가 즐거워하고 기뻐하리로다.' 는 찬양을 작곡하도록 영감을 준 시다. 그러나 여기서 '이날' 은 일요일이나 안식일이 아닌 구약성경의 유월절을 의미한다.

시편 118편은 또 '여호와여 구하옵나니 이제 구원하소서' 혹은 '자유케 하소서' 라고 부르짖는다. 히브리어로 자유케 함은 샤나 (shanah) 이고 여기서 호산나라는 말이 유래되었다.

우리는 천상의 인사말로 생각하고 있지만 사실은 자유를 요구하는 말이다. 예수님이 나귀를 타고 예루살렘에 입성하실 때 사람들이 '호산나' 라고 외친 것은 로마에서 우리들을 자유케 해달라고 외치는 말이었다. 그들은 예수님이 성전에서 로마인들을 내쫓지 않고 유대 상인들을 내모는 것을 보시고 할 말을 잊는다.

시편 120-134 는 '상승의 시' 라 불리운다. 예루살렘이 언덕위의 분지에 있으므로 순례자들은 예루살렘을 향해 올라가야 했다.

시편 121편은 몇년 전 나의 아내가 안암으로 생명의 위협을 받은 일 때문에 우리 부부에게 의미 깊은 시다. 의사들은 그녀를 살리기 위해 분투하고 있었고 그 주일에 병원에서 사투를 벌이고 있는 아내를 두고 나는 어떤 설교를 해야 할지 당황하고 있는 처지였다. 하나님은 나에게 시편 121

편을 주셨고 매 구절이 눈에 관한 것임을 발견했다. 첫행은 '내가 산을 향하여 눈을 들리라' 였다. 예루살렘을 향해 걸을 때 땅을 보고 걷지 말고 위의 언덕을 보며 걸으라고 저자는 말하고 있다. 그 날 설교 테입을 병원의 아내에게 가지고 갔다. 그러나 믿기 시작한지 두달 밖에 되지않은 간호사가 벌써 같은 말씀을 아내에게 준것이었다. 몇주 후 우리는 카나다의 록키산맥을 같이 올랐다. 그 이후로 아내의 암의 흔적은 사라져 버렸다.

마지막 분류의 시는 시편 146-150편이다. 이들은 할렐루야 찬양들이다. 할렐루야는 히브리어로 주님을 찬양하라 라는 의미다. (할렐루는 '찬송', 야 는 '여호와'의 짧은 말이다).

시의 종류

시편 전체를 하나로 분류하기는 불가능하지만 각 시들의 종류는 구별할 수 있다.

애도가

애통의 시는 저자의 개인적 슬픔을 노래한다. 아프거나, 억울함을 호소하거나 자신의 죄를 고백한다. 시편의 어떤 시들 보다도 많은 42편의 애도가가 있다.

자기연민을 하나님께 고하고 치료를 받는 시들도 많이 있다.

이들은 비슷한 형태를 지니고 있고 아마 장례식에서 느리게 불리어 졌을 것이다. 이들은 다섯개의 공통 요소를 가지고 있다.

1. 하나님께 울부짖음.
2. 잘못된 상황에 대한 불평.
3. 하나님의 구원을 믿는 고백.
4. 하나님의 중재를 원하는 청원.
5. 구원이 이루어 졌을 때 하나님을 찬양하리라는 약속.

모든 애도가는 이 다섯개의 요소의 패턴을 가지고 있다. 이 때문에 시편 전체를 읽어야 한다—몇 구절만 읽어서는 전체를 알 수 없다.

먼저 느끼는 것은 자아연민이다. 그러나 저자는 그의 상황이 호전되었을 때 하나님을 찬양하기를 약속하는 것으로 끝맺는다.

거의 모든 시들이 개인 시이고 나라를 위한 시도 몇편 있다. (시편 44, 74, 79, 80, 83, 85, 90편). 이 중 다윗이 쓴 시는 하나도 없다.

감사시

두번째는 감사의 시들이다. 애가시 다음으로 많다. 거의 모두가 저자불명이고 네가지의 요소를 가지고 있다.

1. '찬양하리로다' 라고 선언한다.
2. 하나님께 무엇을 감사할 지를 말한다.
3. 구원의 간증이 있다.
4. 하나님께 계속 감사하겠다고 맹세한다.

이 시들은 하나님의 속성과 행동에 대해 말한다. 하나님의 왕정, 창조, 출애굽, 예루살렘, 성전, 순례의 기회등에 대해 감사한다. 하나님의 말씀을 감사하는 시편 119편의 176 행들을 볼 수도 있다.

회개시

세번째로 참회의 시들이 있다. 저자가 자신의 죄를 깨닫고 쓴 것들로서 시편 6, 32, 38, 51, 130, 143편이 있다.

특별한 시들

이 지은 시들

다윗은 목자로서의 경험도 시로 썼지만 왕으로서의 체험도 시로 표현했다. 시편 2, 18, 20, 21, 45, 72, 89, 101, 110, 132, 144편이 여기 속한다.

영국 애국가는 시편을 바탕으로 만들어 졌다. 시편 68편은 왕의 전쟁의 승리를 노래하고 애국가에서 여왕의 승리를 기원하는 부분의 바탕이다. 영국 여왕은 하나님의 지도자가 아니므로 시편을 사용한 가사들은 적합하지 않다. 하나님이 그의 나라로 선택한 나라는 이스라엘 뿐이다. 유대 국가가 아닌 나라들은 유대국과 다르다는 점을 명심해야 한다.

여러 나라들이 자신들이 선택된 나라라고 잘못 알고 시편을 오용했다. 영국 왕실의 문장의 사자와 일각수는 시편 22편에서 온 것이다. 일각수는 시편 본문에 나와 있지 않은데 초기의 영어 성경에 추가되었다.

카나다는 이 세상에서 유일하게 '자치령' 이라는 말이 나라의 이름에 들어있다. '카나다 자치령' 은 시편 72편에 의거한다: '그가 바다에서부터 바다까지 다스리리니'. 카나다는 태평양에서 대서양까지 뻗어있기 때문에 나라를 건국한 사람들이 그렇게 이름지었다.

메시야의 예언시

왕들의 시중 메시야를 예언한 시들이 있다. 다윗은 가장 이상적인 왕이었고 이 시들은 하나님의 영광에 걸맞는 왕을 기다리며 시를 썼다.

메시야는 '기름부음 받은 자' 라는 뜻이다. 성령의 표징으로 이스라엘의 왕들은 즉위식에서 기름부음을 받았다. 영국의 왕과 여왕들도 24개의 향료와 기름을 섞은 특별한 기름으로 기름부음을 받는다.

메시야는 '기름부음을 받은 자' 라는 뜻으로 헬라어로는 그리스도이고 구약성경에서 딱 한번 시편 2편에 나온다. 하지만 시편의 예언적 요소를 찾아보면 신약성경에 20번 언급되어 있다. 다윗의 자손 예수님에 대한 시편의 예언들은 경이롭다:

- 하나님이 그를 아들로 선포 하실 것이다.
- 하나님은 모든 것을 그의 발 아래 두실 것이다.
- 하나님은 그가 무덤을 보지 않게 하실 것이다.
- 그는 사람들에게 모욕과 조소를 당하고 하나님께 버림 받을 것이다; 그의 손과 발은 창으로 찔림을 받을 것이다; 그의 옷은 제비뽑기로 취해 질 것이다; 그의 뼈는 부러지지 않을 것이다.
- 가짜 증인이 그를 고소할 것이다.
- 그는 이유없이 미움을 받을 것이다.
- 그의 친구가 그를 배신할 것이다.
- 그에게 신 포도주가 주어 질 것이다.
- 그가 그의 원수들을 위해 기도할 것이다.
- 그의 배반한 자의 직위는 다른 사람에게 주어질 것이다.
- 그의 적이 그의 발판이 될 것이다.
- 그는 멜기세덱의 서열에 선 제사장이 될 것이다.
- 그는 머릿돌이 되며 주님의 이름으로 재림하실 것이다.

다윗은 시를 쓰면서 어떤 사람을 예지 할 수 있었기 때문에 자신을 선지자로 자칭했다.

시편 22편은 '내 하나님이여 내 하나님이여 어찌 나를 버리셨나이까?' 라고 예수님이 십자가에서 하신 말씀으로 시작한다.

못박힌 손과 발을 로마인들의 처형방법의 하나인 십자가형을 몇백년 전에 말하고 있다. 예수님은 자신을 '나는 벌레요 사람이 아니라' 라고 말씀한다.

지혜시

지혜시는 조용한 명상의 결과물이다. 잠언서를 연상시키는 유익한 삶의 지혜가 들어있다.
성경에서 말하는 지혜는 삶의 방법과 삶의 모순에 대한 것이 대부분이다.

시편은 삶의 행동에 대한 지혜서로 시작한다. 우리는 두가지의 길을 갈 수 있다: 악인의 길과 의인의 길이다. 마태복음에서 산상수훈의 마지막 부분에서 예수님은 비슷한 말을 하셨다: '좁은 문으로 들어가라 멸망으로 인도하는 문은 크고 그 길이 넓어 그리로 들어가는 자가 많고 생명으로 인도하는 문은 좁고 길이 협착아여 찾는 자가 적음이라.' 시편 1편은 시편의 글들이 의인의 길을 가는 사람들을 위한 메세지임을 암시한다. 악인들과 앉거나, 걷거나 서는 사람을 위한 시집이 아니다. 우리가 어느 사람과 함께 걸으면, 무엇인가를 그에게서 배운다. 어떤 사람 주위에 서성거리면, 그와의 관계는 깊어 질 것이다. 그들과 앉으면 친구가 될것이다. 우리는 악인들과 걷지도,

서지도 앉지도 말아야 한다, 왜냐하면 그들과의 동행이 우리 인생에 큰 영향을 끼치기 때문이다. 지혜서는 인생의 모순에 대해서도 노래한다. 가장 큰 모순은 악인들은 악행으로 잘 살고 선한 사람들은 고통을 받는다는 점이다.

시편 73편은 이 문제에 도전한다. 저자는 그의 양심을 깨끗하게 한것이 헛수고라고 느끼고 선한 삶을 살고자 하는 것이 시간낭비라고 여긴다, 왜냐하면 악인들이 돈도 많이 벌고 편안한 침대에서 평화의 임종을 맞기 때문이다.

저자는 하루종일 마음이 괴롭고 밤에 잠을 이룰 수 없다고 말한다. 그의 해결방법은 성전에 가서 하나님의 영광과 악인이 맞을 최종 결말에 대한 명상을 하는 것이다. 사후를 언급하는 몇편의 시들 중 하나다. 사후에 대한 개념은 신약성경과 달리 구약성경에서는 정확히 설명되지 않았다.

저주시

이 시들의 저자들은 하나님께서 그의 적들을 심판으로 벌주시기를 간구한다.

예를 들어:

> 나를 둘러싼 사람들의 머리에 그들의 입술이 담은 그 음모가 덮치게 하소서.
> 불타는 숯불이 그들에게 떨어지게 하소서.
> 그들을 불 속에, 깊은 구덩이 속에 던져 다시는 일어나지 못하게 하소서.
> (시편 140편)

가장 널리 알려진 저주의 시는 바빌론에서 쓰여진 시편 137편이다.

> 우리가 바벨론의 여러 강변 거기에 앉아서 시온을 기억하며 울었도다
> 그 중의 버드나무에 우리가 우리의 수금을 걸었나니
> 이는 우리를 사로잡은 자가 거기서 우리에게 노래를 청하며 우리를 황폐하게 한 자가 기쁨을 청하고 자기들을 위하여 시온의 노래 중 하나를 노래하라 함이로다
> 우리가 이방 땅에서 어찌 여호와의 노래를 부를까
> 예루살렘아 내가 너를 잊을진대 내 오른손이 그의 재주를 잊을지로다
> 내가 예루살렘을 기억하지 아니하거나 내가 가장 즐거워하는 것보다 더 즐거워하지 아니할진대 내 혀가 내 입천장에 붙을지로다
> 여호와여 예루살렘이 멸망하던 날을 기억하시고 에돔 자손을 치소서 그들의 말이 헐어 버리라 헐어 버리라 그 기초까지 헐어 버리라 하였나이다
> 멸망할 바벨론의 딸아 네가 우리에게 행한 대로 네게 갚는 자가 복이 있으리로다
> 네 어린 것들을 바위에 메어치는 자는 복이 있으리로다

아주 듣기 불편한 말들이다. 적을 위한 용서나 이렇게 하는 말들이 적합하지 않다는 인식조차 없다. 어떤 사람들은 그리스도인으로서 이 시는 사용하지 말아야 한다고 하는 주장하는 것을 이해할 수 있다.

그리스도인들이 저주시를 사용해도 되는가?

첫째, 당시 유대인들은 구약성경밖에 없었다. 그러므로 구약성경이 완전한 그리스도인의 감정을 표현하지 못한다는 것을 알아야 한다. 그들은 '아버지, 저들을 사하여 주옵소서 자기들이 하는 것을 알지 못함이니이다' 라고 말한 예수를 알지 못했다.

둘째, 이 시들은 정직한 기도의 모범이다. 우리가 느끼는 그대로 하나님께 말하는 것은 옳다. 나쁜 감정을 가지고 있으면서 말하지 않는 것이나 말하는 것이나 다를 바 없다. 하나님을 속이려 하는 것은 오히려 더 나쁜 것이다.

심한 교통사고에 관련되었던 한 믿는 여인을 기억한다. 그녀는 사고 후 20년을 심한 불구자로 살았다; 고통은 항상 있었고 지팡이를 짚고 겨우 움직였다. 어느날 밤, 그녀는 침실로 향하면서 그녀의 고통에 대하여 하나님을 저주했다. 그 때, 융탄자에 발이 걸려 넘어지면서 그녀는 기절했다. 그녀는 몇시간동안 의식불명이었고 깨어 났을 때는 다음날 아침이었고 햇살이 눈부시게 창을 통해 들어와 그녀의 눈을 부시게 했다. 그녀는 자신이 죽었고 이제 하나님을 만나리라 생각했다. 그리고 그 전날 밤 자기의 생에 마지막으로 한 일이 하나님을 저주했던 것임을 기억하고 두려움에 떨기 시작했다. 그녀는 이 저주로 지옥으로 가게 되리라 생각했다. 그러나 점차로 그 밝은 빛은 햇빛이었고 자신은 자기의 침실에 있음을 깨달았다. 그녀는 안심했다. 그리고 갑자기 온몸의 고통이 사라졌음을 느꼈다. 그녀는 일어나면서 자신이 완전히 치유되었음을 발견했다. 온몸을 자유자재로 움직일 수 있었다! 그녀는 거리로 뛰쳐 나가 만나는 온 사람들에게 자신이 하나님을 저주했는데 그가 병을 치료해 주셨다고 말했다. 물론, 이것은 모방할 좋은 예는 아니지만 그녀가 하나님앞에서 정직했기 때문에 치료를 받은 것이다. 하나님은 은혜로운 분이시다!

셋째, 이스라엘의 적은 하나님의 적이었다. 저주의 시들은 개인적인 복수만을 구하는 것이 아니라 하나님께 자신들의 적이 하나님의 적임을 알리고 있다. 오늘날의 그리스도인들에게 하나님의 적은 몸과 피의 적이 아니라 원리와 권력의 적이다. 우리가 하나님을 진정으로 사랑한다면, 우리는 악마와 악을 미워해야만 한다. 구약시대에는 우리가 알고 있는 마지막 날의 심판, 천당, 지옥을 알지 못했고 그들은 현세에서 악인들이 심판받기를 기도했다. 그들은 죽은 후 모두가 저승에 간다고 믿었다—기차가 오지않는 기차역 같은 곳이다. 그들은 하나님께 현세에서의 정당성을 위해 기도했다. 좋으신 하나님께 정의를 구한 것이다.

넷째, 모든 시편의 저자들은 자신이 복수하지 않고 하나님께 맡겼다. 이것은 사도바울이 로마서 12장에서 우리에게 가르치는 원리다: 내 사랑하는 자들아 너희가 친히 원수를 갚지 말고 하나님의 진노하심에 맡기라 기록되었으되 원수 갚는 것이 내게 있으니 내가 갚으리라고 주께서 말씀하시니라.

마지막으로, 이면에서 신약성경은 구약성경과 같음을 주목해야 한다. 신약성경에도 저주의 시가 있다. 요한 계시록 6장에 순례자들의 영혼이 하늘에서 기도한다, '큰 소리로 불러 이르되 거룩하고 참되신 대주재여 땅에 거하는 자들을 심판하여 우리 피를 갚아 주지 아니하시기를 어느 때까지 하시려 하나이까 하니.' 이 기도들이 천상에서 드려졌지만 저주의 시임에는 다를 바 없다. 기독교 순례자들이 하나님께 그들의 정당성을 입증하고 정의를 실천하시기를 구한다.

그러므로 우리가 바른 마음 가짐으로 대하면, 우리가 시편을 사용하는 데에 대한 문제가 없다. 어느 날, 모든 죄가 심판받을 것이고 의인의 정당함이 인정받고 순례자들은 죄인을 벌하는 왕좌에 앉을 것이다.

시편에 나타나신 하나님

시편은 하나님을 균형있게 바라보았다. 하나님의 전지하심이 그의 내재하심과 조화를 이룬다.

시편은 우리가 하나님을 극대화 함으로서 우리가 하나님을 보는 시각을 넓히기를 촉구한다.

시편에서 하나님의 속성을 우리에게 알려준다: 시편 8, 9, 29, 103, 104, 139, 148, 150편들이 좋은 예다. 시편 139편은 하나님의 전능하심, 전지하심과 편재성을 묘사한다.

시편은 하나님의 행하심에 대해서도 말씀한다. 시편 33, 36, 105, 111, 113, 117, 136, 146, 147편들이 좋은 예다. 특히 그의 두가지 행하심에 대해 배운다:

  창조 (시편 8, 19)
  구원 (시편 78, 출애굽의 이야기)

시편은 하나님은 목자, 대장, 판사, 아버지 그리고 왕이심을 말한다.

이런 하나님의 속성과 행하심으로 시편의 믿음은 찬가로 불리운다. 진실은 찬양으로 이어진다.

오늘날 시편을 적용하는 태도

신약성경에서 시편을 많이 인용한 것을 볼 때 그리스도인들이 시편을 사용하는 것은 합당하다. 신약성경의 노래들은 (누가복음 1장과 2장) 시편을 따라 했다. 사도들은 힘든 상황에서 (사도행전 4장) 시편을 읽었고 설교할 때도 사용했다. (사도행전 13장)

히브리인들에게 보낸 서신의 저자는 시편을 광범위하게 사용했다. 히브리서의 첫 5장은 시편에 대한 인용이 들어있다.

예수님께서도 사람들에게 말씀을 가르칠 때(산상수훈), 성전을 깨끗하게 할 때와 마지막 만찬에서 시편을 인용하셨다.

우리는 어떻게 시편을 사용해야 하는가?

시편은 크게 낭송하거나 노래하는 것이 가장 바람직하다. 어떤 시들은 크게 외치라고 권유한다. 그저 조용하게 읽으면 시들의 영향이 많이 축소된다. 어떤 시들은 팔을 들거나, 박수를 치거나, 춤을 추거나 하늘을 바라보는몸의 동작을 격려한다.

신약성경은 예배에 시편을 포함시키라고 명령한다. (에베소서 5장) 예배 인도자가 회중앞에서 노래나 낭송을 하거나, 모든 회중이 함께 읽거나 노래하거나 외칠 수 있다.

시편은 악기의 반주에 맞추어 사용되도록 지어졌다. 히브리서의 시편이란 현악기를 뜯는 소리를 의미한다. 이것은 시편을 노래할 때 현악기로 반주한 것을 암시한다. 여러편의 시편에서 셀라라는 말이 나온다. 아마도 연주자에게 '쉼표', '음조 변화', '강약 조절' 등의 신호였으리라고 생각된다.

우리는 어떻게 시편을 노래해야 하는가? 시편은 한부분만 노래나 찬양에 사용되는 것보다는 시 전체를 사용하는 것이 본문의 의미와 맥락과 느낌을 제대로 전달한다.

어떤 시편을은 박자에 맞추어 부를 수 있다. (스코틀랜드 교회에서 자주 사용됨) 어떤 시들은 성가대가 부르기에 적합하다. 개인적으로 사용할 수도 있다. 시편을 읽을 때 다음의 기준들을 적용시켜보자.

- 하루에 시편 한장 읽는 습관 들이기.

- 잠자리에 들기 전에 읽기. 어떤 시들은 감정의 기복이나 악몽을 막는데 효율적이다.
- 현재의 상황과 맞지 않아도 계속 읽으면 언젠가 그시를 알고 있는 것이 유용할 때가 온다.
- 각 시에 제목을 붙임으로 내용에 충실할 수 있다.
- 현대의 용어로 시를 다시 써본다.
- 몸이 아플 때 또 임종을 맞을 때 평안을 준다.

시편을 공부하는 높은 가치 중 가장 중요한 것은 우리의 삶의 적용이다. 큰 소리로 낭송하고, 노래하고, 외칠 때 시의 아름다움을 발견 한다. 시편은 열성적으로 하나님께 영광과 찬송을 드리도록 쓰여졌다.

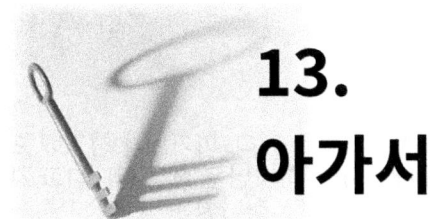

13. 아가서

개요

많은 사람들이 아가서가 성경의 포함된 것에 대해 의아해 한다. 아가서는 에스더서와 함께 하나님이 전혀 언급되지 않은 두권의 성서중 한권이다. 책 전체에 영적인 요소가 결핍되어 있고 인간의 성적인 면이 주로 묘사되어 있어서 일반적으로 주일학교에서는 취급하지 않는다.

책의 제목 자체도 의아하다. 히브리어의 원본은 형용사를 사용하지 않아서, '훌륭한 노래' 혹은 '놀라운 노래' 같은 표현이 불가능하다. 이런 이유로 '가장 좋은 노래들' 보다 '아가: 노래중 노래' 라는 제목을 쓰게 되었다. 가장 훌륭한 왕을 '왕중왕' 으로 표현하는 것과 같은 이치다.

아름답고 육적인, 전혀 영적 세계와 관련이 없는 이 노래들이 왜 성경에 들어있는지 정확하게 이해가 되지 않는다. 이 시들은 우리의 오감(후각, 시각, 감각, 미각, 청각)을 자극하고 젊은 남녀의 육체를 색적으로 묘사함으로 젊은이들에게는 인기있는 반면 주일학교에서는 사용되지 않는다.

나는 이책을 어떻게 다루어야 할지 몰라서 수년동안 취급하지 않았다. 그러나 유대교의 랍비들은 이 책을 성서로 취급하는 것을 알게 되었다. 그들은 '이 책을 성서들중 가장 성스러운 책'으로 여기고 이 책을 읽을 때는 신발을 벗는다. 또 기독교의 저자들도 이책을 높이 여기는 것을 알게 되었다. 그러나 나는 갈수록 불편했다. 이책을 정확히 이해하고자 많은 책을 읽고 연구했다. 이책은 숨겨진 암호로 쓰여 있어서 내가 생각하는 뜻과 전혀 다른 뜻을 내포하고 있다고 남들은 말했다. 사랑하는 사람이 그의 여인의 젖가슴 사이에서 편안히 쉬는 절에 대해 어떤 학자는 두 젖가슴은 신약과 구약성경을 의미한다고 하는 글을 읽고 나는 완전히 실망했다. 내가 처음 읽었을 때 나는 전혀 성경과 열결시키지 못한 점에 대해 회개 했다. 그 후 몇 해가 지난후에서야 나는 비로소 이 책을 깊이 공부할 수 있었다.

아가서는 어떤 종류의 책인가?

비유서인가?

비유서는 숨겨진 뜻을 가진 허구의 글을 말한다. 예를 들면, 17세기에 죤 브니언이 쓴 '천로역정'의 각 부분은 영적 진실을 비유한 글이다. 많은 사람들이 아가서를 비유서로 여기고 성경학자들은 책의 내용과 관계없는 나름대로의 암호식 해석을 만들었다. 책의 글을 있는 그대로 받아드리는 것보다 그들이 원하는 해석으로 풀어나간 것 같다. 왜냐하면 색정적 글이 성경에 있는 것을 그대로 받아들일 수 없다고 믿었기 때문이다.

이것의 주된 원인은 그리스도인들은 히브리식보다 그리스식 사고방식에 더 영향을 받았기 때문이다. 그리스인들은 인간의 삶이 육체적과 영적 두가지로 분리되어 있고 영적인 면이 더 중요하다고 믿었다. 반대로, 히브리 인들은 하나님이 육체와 영을 만드셨기 때문에 둘의 차이가 없이 똑같이 중요하다고 믿었다. 하나님이 만드신 사물들이나, 여자와 남자로 만들어서 둘이 사랑하고,

남자가 아내를 취하는 것 모두가 좋은 것이다.

확언서

히브리식 사고방식을 도입할 때 아가서는 비유서보다 확언서로 볼 수 있다. 아가서를 성경에 포함한 이유는 인간의 성적인 면도 하나님께서 창조하셨기 때문이다. 하나님은 성을 반대하고 사탄은 성적인 면을 받아들인다는 것은 거짓이다. 그의 반대가 진실이다. 하나님은 결혼한 사람들의 성관계는 온전하고 깨끗하다고 말씀하셨다. 결혼식 주례를 할 때, 나는 언제나 아가서의 부분을 읽고 결혼하는 남녀에게 신혼여행에서 나머지를 읽으라고 말한다.

유사성

아가서는 확언서일 뿐 아니라 유사성을 내포한 책이다. 이 점은 어처구니없는 비유와 다르다. 비유서는 숨겨진 뜻을 지닌 허구의 글이지만, 유사성은 다른 사실을 보여주는 사실을 기록한다. 예수님은 유사성을 사용하여 가르치셨다. 예를 들어, 하늘의 왕국을 듣는 사람이 알아듣기 쉽게 묘사하셨다. 아가서도 이와 비슷하다. 남녀간의 사랑은 하나님과 인간의 사랑과 흡사하다. 둘 다 현실적이고 인간적 사랑은 하나님과의 사랑을 설명하는 역할을 한다. 아가서는 하나님과 우리의 관계가 사랑하는 남녀의 관계와 같음을 알려준다. 사랑하는 사람들이 '나의 사랑하는 사람은 내사람이고 나는 그의 사람이다' 라고 말하는 것 같이 우리도 말할 수 있어야 한다.

아가서의 저자

이책은 시의 재능이 있었던 솔로몬왕이 썼다. 열왕기상은 그가 1,005개의 시를 썼고 그 중 6개가 성경에 기록되었다고 말한다. 솔로몬이 700명의 부인과 300의 첩에게 하나씩 써준 것으로 나는 추측하고, 1,000명의 여인들 중 하나님이 그에게 주신 아내는 단 한명뿐이었고 그녀에 대한 시만 성경에 기록된 것으로 생각된다. 아가서를 쓰기 시작했을 때 그에게 이미 60명의 아내가 있었다.

세명 혹은 두명의 주인공

학자들은 아가서의 장면에 대해 엇갈린 견해를 가지고 있다. 목자소년, 왕, 소녀, 이 세명의 주인공 중 소녀는 목자와 왕 둘 중 하나를 선택해야만 하는 상황을 묘사한다고 주장하는 사람들이 있다. 그 소녀가 바로 우리라고 결론을 내리는 웃으운 설교를 한다: 세상의 왕과 선한 목자 중 누구를 선택할 것입니까? 그러나 이 상황은 책의 내용과 일치하지 않는다. 솔로몬이 무슨 이유로 자신을 세속의 악인으로 비유해서 시를 지었겠는가? 또, 배경은 죄의식이 아닌 순결함이다. 악한 왕이 순수한 소녀를 유혹하는 장면이 아니다. 처음부터 끝까지 순결한 사랑의 노래다.

목자와 왕이 한사람인, 두 주인공에 대한 이야기가 틀림없다. 다윗왕이 목자였던 것과 같이 이스라엘의 왕중 목자였던 사람들이 있음을 기억하면 가능한 이야기다. 모세도 하나님의 백성을 이끄는 지도자가 되기 전에 목자였다. 왕과 목자는 흔한 조합이다.

목자와 왕이 한사람이라 가정해도 이야기는 쉽게 맞지 않는다. 조각그림 맞추기의 조각들이 모두 섞여 있는 것 같다. 전체그림을 보지 않고는 어떻게 조각들을 맞추어야 할지 알기 어렵다.

그래서 전체 맥락을 먼저 공부하고자한다.

내용

솔로몬은 헤르만 산기슭에 별장이 있었다. 예루살렘에서 왕으로 일하다가 휴식이 필요할 때 사용했다. 그곳에서 왕의 신분을 잠시 잊고 쉬거나 사냥을 했다. 가끔, 양떼를 몰고 바위틈 샘물이나 푸른 초장을 찾아다녔다. 하루에 15마일 정도 이동했을 것이다.

그 별장에 세들어 농사짓던 한 농부가 죽고 농장은 그의 아들들이 물려받았다. 서너명의 아들들과 두 딸이 있었다고 추측된다. 한 딸은 어렸고 다른 딸은 성장한 젊은 아가씨로서 아가서의 주인공이다. 그녀의 삶은 지루했다. 아버지의 농장을 자녀들이 물려받았고 아들들은 그녀에게 포도원과 집안일 모두를 떠맡겼다. 그녀는 그들의 포도원을 보살피느라 자신의 땅을 돌볼 틈이 없었다. 밖에서 그을린 피부가 우리에게는 아름답게 보이지만, 당시에는 그렇지 않았다. 신부는 결혼 전 12개월동안 햇빛을 피하도록 했었다. 그녀는 평생을 오빠들의 노예로 농사일을 돌보리라 생각했을 것이다.

어느날 그녀가 밭에서 일하는 도중 한 젊은 남자를 만난다. 재미있게 대화를 나누고 다음날 다시 만나기로 약속한다. 그들은 몇번 만난후, 앞으로 매일 만나기로 약속한다. 곧 그들은 사랑에 빠진다. 하지만 그녀는 그가 누구인지 모른다. 그에게 계속 어느 농장에서 왔고 어디서 양을 치는지 등 그의 신분을 물어보지만 그는 대답을 피하고 신분을 밝히지 않는다.

그들은 서로 사랑하게 되고 그는 그녀에게 구혼한다. 그녀는 기쁨에 넘쳐서 결혼을 약속한다. 그는 도시에 있는 직장으로 다음날 떠나는데 돌아와서 결혼하겠다고 약속하며 결혼준비를 위해 떠난다.

다음 몇달동안은 그녀의 생애의 최고의 흥분된 시간이다. 그녀는 자신에게는 결혼의 가망이 없으리라 생각했었는데 이제 결혼 할 수 있게 된것이다. 그러나 그녀는 악몽을 꾸기 시작한다. '나는 그를 잃었고 그를 찾아다니고 있다' 라는 악몽이었다.

어느날 밤 꿈에서 그녀는 길거리를 헤메며, 그녀의 애인을 찾는다. 문지기에게 그를 보았는지 묻자 못보았다고 대답한다. 다시 미친듯이 그를 찾아 길거리를 헤멘다. 그를 찾았을 때, 그녀의 그를 엄마의 방으로 데리고 가서 다시는 보내주지 않겠다고 말하고 꿈을 깨어보니 그녀는 베게를 부등켜 안고 있다.

다른 꿈에서 그녀의 애인은 문빗장을 열으려고 손을 문구멍에 넣었으나 안으로 잠긴 문을 열 수 없었다. 그녀는 마비되어 움직일 수 없었다. 침대에서 내려 올 수 없고 애인은 계속 문을 열으려고 노력한다. 갑자기 그의 손이 사라지면서 그녀는 움직일 수 있게 되고 뛰어가 문을 여니 그는 사라지고 없었다.

이 악몽은 그녀의 애인이 결혼하러 돌아오지 않을 것을 걱정하는 그녀의 마음을 보여준다. 그녀는 그저 휴가와서 잠깐 사랑했던 것이고 그는 약속을 지키지 않으리라 생각한다.

어느날 밭에서 일하던 그녀는 말과 마차들이 먼지를 뿜으며 다가오는 것을 본다. 오빠들에게 저들이 누구인지 묻는다.

오빠들은 이 땅의 주인인 솔로몬 왕이 예루살렘에서 별장으로 오는 것이라고 말해준다. 그들은 고개 숙여 왕에게 절한다. 그녀는 한번도 왕을 본 적이 없었고 눈을 들어 보니 웅장한 마차에 있는 왕이 바로 그 젊은이임을 보게된다!

그가 60명의 부인이 있음을 누구나 알고 있었으므로 그녀는 자신이 61번째의 아내가 되는 것을 알게된다.

그녀는 농장을 떠나 왕궁에서 살게된다. 결혼식 후 그녀를 위한 연회에서 뽀얀 피부와 아름다운 옷을 입은 60명의 부인들 앞에서 그녀는 열등의식을 느낀다. 그리고 주위의 여인들에게 '나는 샤론의 장미이고 들의 백합화다' 라고 수줍게 말한다.

우리는 이 꽃들이 아름답다고 생각하지만 이스라엘에서는 이 꽃들은 들국화같이 작고 보잘것 없는 꽃이다. 계곡의 백합화는 그늘에서 자라고 샤론의 장미는 지중해변에서 납작하게 자라는 크로커스를 말한다.

왕은 그녀가 가시덤불속의 백합화라고 대답함으로 그녀를 기쁘게 했다. 가시덤불속의 백합은 이스라엘에서 가장 아름다운꽃이다. 아름다운 자태의 하얀 백합으로 그는 그녀를 사랑했다. 이에 대해 '그가 나를 연회장으로 데리고 왔고 나를 덮은 그의 깃발은 그의 사랑이다' 라고 노래한다. 이것이 아가서의 전체적 내용이다.

우리는 왜 아가서를 읽어야 하는가?

우리가 아가서를 읽고 공부해야 하는 두가지의 이유가 있다. 첫째, 예수교의 핵심은 개인적 관계다. 그리스도인의 의미는 교회가는 것이나 성경을 읽거나 선교사를 돕는 것이 아니라 하나님과 사랑하는 관계에 있는 것이다. 찬송을 부르는 것도 사랑의 노래를 부르는 것이다. 이것을 놓치면, 모든것의 의미를 잃는다.

그래서 성경의 중심에 솔로몬과 시골처녀의 깊은 사랑의 이야기가 있는 것이다.

더 폭넓게 보았을 때 하나님과 그의 백성들의 관계를 보여주는 차원이다. 가끔 하나님은 남편으로 이스라엘은 그의 아내로 성경은 표현한다. 약속이 성립되었을 때, 그는 시내산에서 아내를 맞아드린다. 이스라엘이 우상을 섬길 때, 그녀는 간음하는 것으로 묘사된다.

이 주제는 호세아의 예언에서 강조된다. 하나님은 길거리의 창녀를 찾으라고 선지자에게 말씀한다. 그는 반대하며 왜 이렇게 해야 하는지 하나님께 묻는다. 그는 창녀와 결혼해서 세 자녀를 갖는다. 아내는 첫아이는 사랑하지만 둘째와 셋째는 사랑하지 않고 셋째 아이는 호세아의 딸이 아니어서 이름도 '내아이가 아님' 이라 짖는다. 하나님은 아내가 아이들을 그에게 남겨두고 길거리의 창녀로 돌아갈 것이라고 말씀하신다. 그는 아내를 찾아 몸값을 지불하고 집으로 데리고 와서 다시 아내로 사랑해야 한다. 하나님은 이것이 하나님이 이스라엘에게 느끼는 감정임을 사람들에게 알리라고 말씀하신다.

구약성경의 하나님과 이스라엘의 관계는 형편없는 행동을 하는 아내와 남편을 연상시킨다. 그는 아내에게 관심을 보이고, 사랑을 구하나, 그녀는 떠나간다. 그러나 아내를 계속 사랑하고, 다시 집으로 데려오기를 원한다.

신약성경에서도 같은 주제가 계속된다. 예수님은 신부를 찾는 신랑으로 묘사된다. 성경의 마지막 에서 신부는 '오세요' 하며 흰 공의의 예복을 입고 결혼식 날을 기다린다. 성경은 처음부터 끝까지 사랑의 이야기다.

아가서는 이런 관계를 표현한다. 젊은이가 신부에게 하는 말들은 하나님이 우리에게 하는 말이다. 그녀의 답변이 우리가 하는 답변과 같다. 허구가 아니지만, 많은 숨겨진 의미들이 있다. '석류'는 석류를 의미하고 '젖가슴' 은 젖가슴을 의미한다. 있는 그대로의 말들을 가지고 우리와 하나님과의 관계를 비유한 것이다.

해석에 주의해야 한다. 하나님과 우리의 관계는 감성적이지 육체적이 아니다. 아가서는 육체적인 표현을 절제했다. 현대문학에서와 같이 낱낱이 드러내는 육체적 묘사를 하지 않았다.

대신 감정적인 관계를 묘사한다. 예수님이 부활하신 후 갈릴리에서 베드로와 나누신 대화를 생각하게 한다. 베드로가 안뜰의 모닥불 옆에서 예수님을 부인했었고, 몇주 후 다시 모닥불의 장면이 나오고 이는 신약성경에서 단 한번 언급되었다. 베드로는 불을 보고 그때 끔찍했던 자신의 행동을 기억한다. 그러나 예수님은 그를 제외시키거나 그에 대한 실망감을 나타내지 않으신다. 베드로가 예수님을 사랑하는 것이 확실하다면 예수님은 베드로를 사용하실 수 있다고 말씀한다.

같은 맥락으로, 하나님은 우리가 교회에 몇번 갔는지, 이번 주에 성경을 몇장 읽었는지 묻지 않으신다. 다만 '나를 사랑하느냐?' 라고 물으신다. 율법을 한마디로 정리한다면, '네 마음을 다하고 목숨을 다하고 뜻을 다하고 힘을 다하여 주 너의 하나님을 사랑하고 네 이웃을 네 자신과 같이 사랑하라' 라고 예수님은 말씀하신다. 사랑은 정말 중요한 것이다.

두번째로, 하나님과 우리의 관계는 개인적일 뿐 아니라 공동적인 관계다. 많은 사람들이 하나님을 그들의 목자, 죽음의 골짜기에서 함께 하실 분, 푸른 초장과 물가로 인도하실 분으로 믿고 하나님을 사랑한다. 그러나 얼마의 시간이 지나면, 그가 우리의 왕이심도 깨닫는다! 그는 왕중의 왕이시고 우리는 그의 신부다. 우리는 그의 왕비로서 그와 함께 통치할 것이다. 그러므로 우리는 공중의 시선을 받고 우리에게는 더 많은 책임이 주어졌다. 하나님과의 관계가 개인적이어서 헤르몬 산 속으로 들어가서 은밀한 관계를 가질 수 있으면 얼마나 좋겠는가. 불쾌하고, 비난받는 일을 피할 수 있을 것이다. 그러나 하나님은 우리가 하나님을 우리의 삶의 근원으로 영원히 지향하며 밝은 조명 아래 있으면서 지구상에서 영원히 통치하는 책임감을 하나님과 함께 나누기를 원하신다.

14. 잠언

개요[1]

잠언서와 같은 책이 성경에 포함되었다는 것이 의아하게 여겨질 것이다. 풍자적인 관찰과 간결한 말들은 거의 상식적인 말들이다.

영적인 책이라기 보다 개인적이거나 공공적 헌신, 그리고 일상적인 주제들 까지 포함되어 있다. 어떤 구절은 누구나 상식적으로 알고 있는 것들로 다음의 예를 들 수 있다: '가난한 자의 궁핍은 그의 멸망이다'; '마음의 즐거움은 얼굴을 빛나게 한다'; '다투는 여인과 큰 집에서 함께 사는 것보다 움막에서 혼자 사는 것이 낫다'; '길로 지나가다가 자기와 상관 없는 다툼을 간섭하는 자는 개의 귀를 잡는 자와 같다.'

어떤 잠언은 고양적이기 보다 오락적이고, 어떤 것들은 부도덕한 것도 있다: '사람의 선물은 그의 길을 넓게 하며 또 존귀한 자 앞으로 그를 인도하느니라.'

많은 잠언이 사람들의 연설문에 인용되었다.

> '매를 아끼는 자는 아이를 망친다.'
> '소망이 더디 이루어지면 그것이 마음을 상하게 한다.'
> '교만은 넘어짐의 앞잡이다.'
> '도둑질한 떡이 달다.'
> '철이 철을 날카롭게 한다.'

잠언서는 교회 밖의, 길거리나, 사무실이나, 상점이나 가정에서의 삶을 있는 그대로 묘사한다. 주일 날 교회에서의 삶 뿐 아니라 우리 모든 부분의 삶을 다룬다. 주중에도 어떤 상황에서든 어떻게 살아야 하는지를 알려준다.

잠언서에는 수다스러운 여자, 박아지 긁는 부인, 거리를 헤메는 청소년, 아무때나 방문해서 돌아가지 않는 이웃, 새벽부터 방문하는 수선스러운 친구 등 어느 문화에서든 쉽게 볼 수 있는 인물들이 등장한다.

900여개의 잠언은 삶의 전반적인 주제를 대조법을 통해 표현한다: 지혜와 미련함, 교만과 겸손, 사랑과 욕망, 부와 가난, 일과 여가, 주인과 일꾼, 남편과 아내, 친구와 친적, 삶과 죽음. 여기에 확실하게 결핍된것은 '종교성' 이다. 구약성경 전체의 주 인물들인 제사장, 선지자, 왕이 언급되지 않는다.

이책을 우리가 어떻게 대할것인가를 명확히 아는 것이 중요하다. 어떤 사람들은 잠언이 세속적 삶에 대한 것이라고 주장한다. 하지만 성경은 세속적이냐 신성한 것이냐의 구분을 지지하지 않

---

[1] 잠언서와 전도서를 쓸 때 IVP 에서 출판된 데렉 키드너 (Derek Kidner) 의 틴들 (Tyndale) 시리즈에서 많은 도움을 받았다. 이 책들을 더 깊이 공부하고 싶어하는 독자들에게 잠언서를 추천한다.

는다. 하나님의 관점으로 세속적이라 칭할 수 있는 것은 '죄' 뿐이다.

'종교적' 인 것만이 '신성' 한 것이다라는 사상은 그리스 철학에서 유래되어 현대사상과 그리스도 인들에게 까지도 침투되었다. 성경은 그러한 분리를 말씀하지 않았다. 하나님을 위한 일이라면 어떤 행동도 성스러운 것이다. 하나님은 나쁜 선교사보다 좋은 택시기사를 원하신다. 모든 합법적인 직업에 같은 원리가 적용된다.

잠언은 우리의 일상생활의 거의 모든 부분을 다룬다. 우리가 어떻게 인생을 낭비하지 않고 현명하게 살 수 있는지를 말한다. '좋은 삶'에 대한 것이다. 이 지혜들은 우리가 인생의 마지막에 도달했을 때 우리가 이룬 업적에 대해 기뻐할 수 있도록 도와준다.

잠언은 성경의 나머지 부분들과 어떤 관계에 있는가? '구약성경은 예수그리스도를 믿음으로 구원을 받는 지혜를 준다' 라고 사도 바울은 디모데후서에 기록했다. 그러나 다른 성서에서 볼 수 있는 구원의 주제가 결핍된 잠언을 읽으면서 이책이 어떻게 '구원'과 연결되는지 사람들은 의아해 할 수 있다.

구원의 주제는 내포 되어있다. '구원' 이란 '재활용'이나 '구호물품' 과 가까운 의미를 지닌다. 하나님은 사람들을 재활용하셔서 그들을 유용하게 사용하신다. 죄인에서 의인으로, 혹은 어리석은 자에서 현명한 자로 그리스도인들은 변화된다. 지구를 오염시킨 원인은 인간들 때문이라는 것이 성경의 메세지다. 예수님도 지옥을 예루살렘성 밖의 쓰레기장이었던 게헨나 계곡에 비유하셨다. 쓸모 없는 사람들이 지옥에 던져지는 것을 말씀하셨다. 지옥을 향하던 사람들을 어리석은 자에서 현명한 자로 변화시켜 사용하신다.

이런 차원에서 볼 때 잠언서는 우리가 어떤 삶을 살아왔고 앞으로 어떤 삶을 살아야 하는지를 알려주는 '구원'의 메세지로 가득 차있다. 많은 교회에서 가르치는 불균형적인 메세지를 수정한다. 어떤 삶에서 구해졌는가에 대해서만 강조하고, 어떤 삶으로 변화되었고 왜 구원되었는지는 스쳐 지나간다.

성경밖의 지혜는 무엇인가? 여러사람들은 많은 지혜들이 성경에 포함되어 있지 않다고 주장한다. 플라토, 아리스토텔레스, 유교사상 등의 지혜가 빠져있다고 한다. 인간은 하나님의 형상을 따라 만들어졌으므로 우리 스스로가 삶에서 어떤 지혜를 발견하는 것은 놀라운 일이 아니다. 그러나 이것들이 가장 최선의 삶을 사는데 충분한 지혜들은 아니다. 그리스도의 구원으로 우리가 삶의 진정한 의미를 깨닫고 하나님이 원하시는 삶을 사는 것만이 우리의 최선의 삶을 가능케 한다. 영원함이 모자라는 세상적 '지혜' 는 부족하고 어리석은 것이다.

그러므로 잠언서는 하나님이 '가장 현명하신 하나님'으로 모든 지혜의 근원이시고, 그의 지혜로 인하여 극도로 복잡한 우주가 창조되었다는 진실을 다시 한번 확인하여 준다.

잠언은 왜 쓰여졌는가?

다른 성서들과 달리 잠언은 쓰여진 목적을 우리에게 알려준다. 잠언서는 우리를 현명하게 해주고, 현명해지기 위한 첫 단계는 '하나님을 두려워함' 이라고 말한다. 하나님은 죄를 미워하고, 전지하신 분으로 우리가 하는 모든 것을 보고계심을 우리가 이해할 때 우리의 어리석음과 하나님이 원하시는 삶을 살기 위한 도움이 필요함을 깨닫게 된다. 하나님을 두려워하고, 지혜를 구하고, 세상을 살아가는데 슬기롭고 확고한 삶을 사는 방법을 배우는 것이 지혜.

또 잠언서는 다른 사람들을 통해서 하나님의 지혜를 알 수 있다고 말한다. 부모님, 조부모님, 또 먼저 경험한 다른 사람들을 통해 하나님은 그의 지혜를 전달하신다. 그래서 잠언은 지혜를 나누는 바탕이 되는 가족관계에 대해 자주 언급한다.

저자

성경의 지혜와 가장 많이 결부된 사람은 잠언서를 쓴 솔로몬왕이다. 그가 왕좌에 오를 때 하나님은 그가 원하는 어떤 것이든 주시겠다고 말씀했고 그는 사람들을 잘 다스릴 수 있는 지혜를 구했다. 하나님은 지혜뿐 아니라 그가 구하지 않은 명예, 권력, 부까지 주셨다. 자신보다 남에게 잘 적용된 그의 지혜의 말들은 유명하다. 그러나 700명의 부인과 (700명의 장모들) 300명의 첩을 둔 사실이 현명한 처사였다라고는 볼 수 없다.

하나님이 주시는 지혜에는 중요한 조건이 붙어있었다. 하나님은 열왕기 상에서 '나의 율법과 계명을 지키면, 지혜와 분별력을 주겠다.' 라고 솔로몬에게 말씀하셨다. 솔로몬의 후반부의 어리석은 삶은 이 조건을 등한시 한 결과로 볼 수 있다.

그의 전성기 때, 멀리있는 시바의 여왕이 그의 명성을 듣고 솔로몬의 부유함도 보고 그의 현명한 말을 듣기 위해 먼 거리를 여행하여 그를 방문했다. 현대 철학가들은 예수님 오시기 400년전의 그리스 현인들로 플라토, 소크라테스, 아리스토텔레스를 뽑지만, 1,000년 전 청동기 시대에 이미 유명한 현인이 있었음을 잊는다. 솔로몬은 잠언서의 많은 잠언들을 썼고 또 많이 수집했다. 그는 아가서와 잠언서도 썼다.

솔로몬은 젊은 시절 여인들과 사랑에 빠져 하나님을 잊고 있었던 때에 아가서를 썼다. 이책은 그의 감정을 나타낸다. 잠언서는 중년시기에 썼다. 이 책은 그의 의지를 나타내는 책이다. 마지막의 전도서는 노년에 썼다. 그는 인생을 회고하면서 무엇을 이루었는지에 대한 회의를 썼다. 솔로몬은 젊은 사랑에 빠진 청년으로, 중년의 아버지로, 노년의 철학가로 세권의 지혜서를 썼다.

어떤 잠언들은 이스라엘밖에서 수집해 왔다. 아라비아 철학과, 바로왕의 딸이었던 솔로몬의 아내에게서 얻은 것으로 추정되는 이집트에서 온 철학도 있다. 솔로몬은 하나님이 이스라엘 땅 바깥의 사람들에게도 지혜를 주신것을 인식하고 그의 책에 포함시켰다. 이 지혜들이 하나님안에서 사는 삶의 테두리안에 들어왔다.

잠언서에 야훼—이스라엘의 하나님이 90번 언급된다. 아라비아나 이집트의 잡신들은 완전히 무시되었고 전능하신 야훼에 대한 존경만이 있다.

솔로몬이 죽은 지 250년 후 히스기야왕이 솔로몬이 기록하지 못한 잠언들을 수집하여 잠언을 550BC 경에 완성했다.

잠언서의 양식

이 책의 내용에 들어가기 전 먼저 뒷배경, 양식, 의도를 살펴보고자 한다.

잠언은 언약이 아니다

먼저, 이 책은 언약이 아닌 잠언서다. 잠언을 신성한 언약으로 잘 못 인용하지 말아야 한다.

영어로 잠언 (proverb) 는 라틴어 프로벌바 (proverb) 에서 왔다. 프로 는 '위하여' 벌바 는 '단어' 라는 뜻으로 합해서 '상황에 따른 단어' 라고 해석할 수 있다. 잠언은 상황에 적합한 단어를 의미한다. 삶의 어떤 환경에도 적용시킬 수 있는 영원한 진실이다.

잠언은 히브리어로 마샬 (mashal) 이고 '마치 어떤것을 닮은, 유사한' 이라는 뜻이다. ' 하늘의 천국은 마치...' 라고 예수님이 비유로 말씀 하실 때 사용하셨다.

잠언은 삶의 일반적 관찰이고 언약은 의무를 동반하는 단어다.

예를 들어 설명해보자. '파슨목사님은 정확성을 열정적으로 추구한다.' 라는 잠언이 있다 가정하자. 이 잠언이 어떻게 적용될 것인가? 이것은 파슨 목사님은 시간을 지키는 것을 좋아하지만, 항상 정해진 시간에 정해진 장소에 도착할 것이라는 약속은 아니다. 약속을 이행하지 못하면 책임을 져야하지만 도덕적 기준이 지켜지지 못한 데에 대한 책임은 없다. 잠언을 하나님의 약속으로 오해하면 않된다.

이런 오해로 인해 여러사람들에게 문제가 있었다. 예를 들어, '정직이 가장 좋은 정책이다' 는 일반적인 진실이지만 항상 진실이지는 않다. 너무 정직해서 많은 재산을 잃은 사람들을 보았다.

또, 서로 상반되는 잠언도 있다. '급하면 속도가 느려진다' 와 '망설이면 놓친다' 를 예로 들 수 있다.

잠언서에서도 비슷한 것들을 볼 수 있다. 26장은 '미련한 자의 어리석은 것을 따라 대답하지 말라. 그러나 바로 다음에 '미련한 자에게는 그의 어리석음을 따라 대답하라' 라고 말한다.

두개의 잠언이 언약으로 자주 사용되어 문제가 되었다. 하나는 '너의 행사를 여호와께 맡기라 그리하면 네가 경영하는 것이 이루어지리라.' 그리스도인들이 이 잠언을 믿고 여러 사업을 시도했다. 일반적인 진실성을 가지고 있지만, 여호와께 맡기고 시작한 모든 사업이 성공하리라는 약속이 아니다.

두번째 잠언은: '마땅히 행할 길을 아이에게 가르치라 그리하면 늙어도 그것을 떠나지 아니하리라.' 라고 말씀한다. 자녀를 가진 믿지않는 많은 부모들이 이 구절에 문제를 가지고 있다. 그들은 자녀들에게 어떠한 삶을 살도록 가르쳤으나 자녀들이 그것을 지키지 않는 것에 대해 실망한다.

다시 말하지만, 잠언은 언약이 아니고 일반적 진실이다. 어린이들은 꼭두각시가 아니다. 우리가 원하는 방향으로 강요할 수 없다. 그들이 성인이 되어 스스로 결정을 할 권리가 있다. 위의 두개의 잠언은 기준이 될 뿐이지 보증이 아니다. 이것을 이해하는 사람들은 잠언서를 문제없이 사용할 수 있다.

시

두번째로 잠언서는 시적인 글로 기억하기 쉬운 형태로 쓰여졌다.

　　행동으로 옮기기 전에 주위 상황과 선택의 여지에 대해 숙고하라.

다시 말해서:

　　시작하기 전 작은 문제들을 미리 해결해 놓으면, 후에 큰일을 피할 수 있다.

이 두가지 문장은 행동하기전에 조심하라는 의미다. 어느 문장이 더 외우기 쉬운가?

히브리 시는 독특한 형태로 구성되었음을 전에 공부했다. 영시의 운율에 의거하지 않고 박자에 맞추어 쓰여진 글이다. 박자는 소리뿐 아니라 생각의 박자도 포함한다. 그래서 히브리 시는 평행의 짝으로 지어져서 첫행과 다음행이 세가지의 방법으로 연결된다. 유사의 평행성에서는 첫행의 의미가 다시 반복된다. 예를 들어:

> 교만은 패망의 선봉이요 거만한 마음은 넘어짐의 앞잡이니라.

반대의 평행성에서는 두번째 행이 첫행과 상반된다:

> 가난한 사람을 학대하는 자는 그를 지으신 이를 멸시하는 자요 궁핍한 사람을 불쌍히 여기는 자는 주를 공경하는 자니라

합성의 평행성은 첫행을 두번째 행이 강조한다:

> 너는 미련한 자의 앞을 떠나라
> 왜냐하면 그의 입술에 지식 있음을 보지 못할 것임이니라

위의 예문들은 '그리고', '그러나', '왜냐하면' 등의 접속사를 통해 어떻게 평행성이 표현되었는지를 알 수 있다.

모든 잠언들은 이 세가지의 형태를 가지고 있지만 영어로 번역되면서 박자가 파괴되어서 기억하기가 쉽지않다. 유대인 부모들은 아직도 자녀들에게 잠언에 들어있는 가치를 가르친다.

잠언은 다른 방법도 사용했다. 31장은 히브리어 알파벳의 세낱말을 사용하여 각 줄이 시작된다. 구조가 숫자적 형태를 가진 잠언도 있다: '세가지가 있고…네가지가 있고', 혹은 '하나님이 싫어하시는 여섯가지가 있다…' 등이다. 이러한 형태는 잠언을 독자들이 기억하기 쉽게한다.

가부장제도

세번째로 이 책은 가부장제에 의거한다. 아버지가 젊은 아들에게 조언하는 식으로 표현되었다. 여자에게 주는 조언은 하나도 없다! 이러한 접근은 성경에서 흔히 볼 수 있다. 예를 들어, 신약성경의 서신들은 '형제 자매'에게 쓰여진 것이 아니라 '형제들'에게 쓰여졌다. 이런 명백한 남성 우월주의 사고는 성경의 기본적 인식에 의한 것으로 남자가 올바르면, 여자와 어린이들은 따라서 올바르다는 사상이다. 성경은 고의적으로 남자들에게 쓰여졌다—정확하게 남자들에게 가정을 가르침과 행실로 예를 보이며 이끌어야 하는 책임감이 주어졌기 때문이다.

현명함과 어리석음

솔로몬이 중년의 아버지로서 젊은이들이 자신이 행한 같은 실수를 반복하지 않도록 안간힘을 쓰는 것을 보여준다. 그는 그의 아들들에게 삶을 살아가는데 어떤 선택을 해야하는지를 알려준다. 삶의 동반자로 현명함을 선택하느냐 하니면 어리석음을 선택할 것인가? 그는 이 선택을 여자로 표현한다.

현명함의 의인화

8장과 9장은 현명함을 훌륭한 여인으로 묘사한다. 아들에게 그녀를 추구하고, 동반하고, 가족의 일원으로 가슴속에서 사랑하라고 조언한다. 그녀는 '나를 찾는 사람들은 나를 발견할 것이고 나

를 사랑하는 사람을 나는 사랑한다' 라고 말한다.

개인화된 현명함

31장에서는 어머니가 아들에게 좋은 여자를 찾으려면 무엇을 보아야 하는지를 조언한다. 그녀는 좋은 아내, 어머니, 이웃, 상인이다. 그러한 여인은 행복하고 안정된 가정생활에 필수적이다. 그녀는 루비보다 값지다.

어리석음의 의인화

9장에 같은 패턴이 어리석음에 적용되었다. 어리석은 여자는 능숙한 말과 행동으로 남자를 유혹한다. 그러한 여자에게 넘어가는 사람들의 종말은 죽음이다: '그녀는 너를 파괴하고 너의 생명을 도둑질할 것이다.'

개인화된 어리석음

6장에서 어리석음은 피해자를 빵 한덩이로 축소시키는 창녀에 비유한다. 그녀에게 그는 한번의 식사일 뿐이다.

성경적 주제

여자를 이렇게 상징적으로 표현하는 것은 잠언에만 있는 것이 아니다. 요한계시록에 더러운 창녀와 순결한 신부의 두여자가 비교된다. 창녀는 바빌론이고 신부는 예루살렘으로 부른다. 이런 주제는 성경 전체에 흐르고 있다. 어느 여자가 여러분의 반려자가 될것인가?—어리석음인가 현명함인가?

성경은 우리가 선택을 하도록 말씀하고 이것이 잠언에서도 해당된다. 삶과 죽음, 빛과 어둠, 천당과 지옥, 어느것을 우리는 택할 것인가?

도덕적인가 정신적인가?

또, 잠언은 현명함과 어리석음을 다른 방식으로 묘사한다: 정신적이기보다 도덕적 선책이라 말한다. 세상에서 말하는 바보는 머리가 나쁜 사람을 의미한다. 그러나 성경에서는 아주 머리가 좋은 사람도 어리석은 사람일 수 있다. 정신적으로 똑똑한 사람이 도덕적으로 어리석을 수 있다.

몇해 전, 섬머셋에 이상한 소문의 촌놈에 대해 들은적이 있다. 그에게 동전과 훨씬 높은 단위의 지페를 내 밀었을 때 그는 항상 동전을 선택했다. 몇천명의 관광객들이 이를 시도했는데 이 바보는 항상 동전을 집었다. 그러나 그는 정말 바보가 아니었 – 동전으로 큰 부자가 되었다!

어리석음과 현명함은 자격과 관계없다. 시편 14장에서 '바보는 하나님이 없다고 속으로 말한다' 라고 시편기자는 썼다. 마귀는 하와에게 과일을 따 먹으면 지혜로와 질 것이라고 말했지만, 사실은 지혜의 근원인 하나님에게서 분리되게 되었다. 세상적 지혜는 가장 많은 이익을 남기는 방법을 추구하지만 성경적 지혜는 우리의 성격에 가장 잘 맞는 것을 추구하는 것을 말한다. 세상의 지식이 아닌 하나님의 지식에 의거한다.

이 생각은 29장에 나타나 있는데 자주 오해받는다: 꿈이 없는 사람은 망한다. 교회의 지도자들이 그들이 원하는 방향으로 회중을 끌고자 할 때 자주 사용하는 구절이다. 현대 히브리어의 번역은 '꿈' 이 '계시' 로 번역되고, '망한다' 는 '절제없는' 혹은 '바보가 됨' 을 의미한다. '하나님이 우리에게 알려주시지 않으면, 우리는 바보가 될것이다' 가 구절의 정확한 의미다. 그러므로 현명함이란 우리의 매일 매일의 삶에 하나님이 거하시도록 연습하는 것이다. 하나님의 성령의 도움으로 우리는 하나님을 이해할 수 있게 된다.

잠언서의 구조

이제 잠언서의 구조를 살펴보자. 서문과 아라비아의 지혜 (30장)을 제외하고 전체적 대칭이 잘 나타나 있다. 책의 구조는 다음과 같이 요약된다:

    서문 (1:1-7)
    젊은이를 위한 조언 (1:8-9:18)
    솔로몬의 잠언 (10:1-22:16)
    지혜의 글 (22:17-23:14)
    젊은이를 위한 조언 (23:15-24:22)
    지혜의 글 (24:23-34)
    솔로몬의 잠언 (25:1-29:27)
    (아굴[30:1-33])
    젊은이를 위한 조언 (31:1-31)

젊은이를 위한 조언들과 솔로몬의 잠언이 층층의 순서로 배치되었다.

서문
왜 잠언이 집필되었는지를 썼다

젊은이를 위한 조언 (1:8-9:18)
아버지가 나쁜 여자들에 대한 조언

1. 할일:
    부모에게 순종
    지혜 추구
    마음속 깊이 간직할 것
    배우자에게 충실할 것

2. 하지 말아야 할 일:
    나쁜 친구들을 사귀지 말것
    간음하지 말것
    돈을 빌리지 말것
    게으르지 말것
    못된 여자와 사귀지 말것

솔로몬의 잠언 (10:1-22:16)
솔로몬이 수집했음

1. 대조: 성스럽거나 악한 삶
2. 만족: 하나님과 함께 하는 삶

지혜의 말 (22:17-23:14)
이집트 (공주?)

젊은이를 위한 조언 (23:15-24:22)
할일 (현명한 처사) 과 하지말아야 할 일들 (술취함)

지혜의 말 (24:23-34)
아랍 (숫자적)

솔로몬의 잠언 (25:1-29:27)
히스기야에 의해 기록됨

1. 관계
    왕의 이웃들
    적들
    자신
    바보들
    게으른 자들
    험담

2. **공의** (27:1-29:27)
    자신의 겸손함
    남에 대한 공의
    하나님에 대한 거룩한 두려움

젊은이를 위한 조언 (31:1-31)
어머니의 좋은 여인에 대한 말

1. 국왕
2. **가정의 여왕** (31:10-31)

이 책의 구조와 내용은 여러가지를 정확히 알려준다:

1. 책의 목적을 분명히 나타냈다.

2. 이 잠언들은 특히 왕족과 관련된다. 10개의 권고의 글이 '나의 아들에게' 라고 쓰였다. 이것들은 솔로몬의 아들들에게 쓴 것으로 어떤 여자들과 결혼해야 하며 어떤 친구들을 사귀여야 하는지에 대한 조언이다.

3. 10장에서 15장 까지의 잠언들은 반대의 평행성을 지니고16장에서 22장까지는 유사의 평행성을 띠고 있다.

4. 잠언서 전체의 구조를 나누어 볼 수는 있지만, 책이 주제별로 나누어 진 것은 아니다. 집을 떠나는 아들에게 주는 부모의 조언과 같다. 서로 연결되지 않았고 순서적도 아니다. 어느 부모도 미리 순서를 정하고 결론을 지어 자식에게 조언하지 않음과 같다.

우리는 구절들을 재배치해서 각 주제별로 공부하고자 한다.

현명한 사람

잠언서에는 지혜를 여러가지 단어로 표현한다: '신중', '분별', '판단력', '적절', '좋지 않은 결과를 피하기 위한 조심'. 현명한 사람이 무모하고, 성급하고, 조심성 없고, 낭비성이 심한 어리석은 자와 대조되었다.

현명한 사람은 선과 악을 구분할 수 있고 상황에 어떻게 대처해야 하는지를 안다. 그는 신중하고 현실적이고 계획을 짜는 능력이 있다. 그의 삶에서 최대의 것을 이룩한다.

현명한 사람은 교정과 책망을 받아들이고, 자신의 독립성과 자주성을 뛰어넘어 하나님의 진실의 빛으로 다가간다. 사람을 두려워하기보다 하나님을 두려워한다. 현명한 사람은 어떤 댓가를 치루더라도 자신에 대하여, 타인에 대하여, 하나님께 대하여 진실을 추구한다.

어리석은 사람

잠언서에는 어리석은 사람은 어떤 사람인지에 대해 70번 이상 언급되어있다. 어리석은 자 (남자)는 무식하고, 고집이 세고, 교만하고, 변태성이고, 지루하고, 방황하고, 경험이 없고, 책임감이 없고, 속임수에 잘 넘어가고, 조심성이 없고, 현실에 안주하고, 무례하고, 경솔하고, 뚱하고, 천박하고, 시비를 잘 거는 사람으로 묘사된다. 그는 모든 것이 그에게 주어지기를 바라고; 자신을 돌보지 않고; 사실보다 환상에 치중하고 진실보다 착각에 빠진다. 문란을 일으키고 심하면 위험하기도 하다. 그는 부모의 슬픔이고 부모를 구세대라고 얕본다.

이런 사람들 중 특히 두종류의 사람이 두드러 진다. 비웃는 자와 나태한 자다. 비웃는 자는 자신을 제외한 모든 사람들에대해 비판적이고 냉소적이다. 나태한 자는 침대에서 꼼짝하지 않는 게으른 사람이다. 그는 인생을 시궁창에 내버리는 사람이다.

언어

잠언의 중요한 요소중 하나는 언어 자체다. 6장은 하나님이 보시기에 가증스러운 일곱개를 기록한다: 우월의식, 거짓말, 살인, 중상, 묘략, 위증, 한담. 악한 말은 우리의 가슴에 있는 것이 입을 통해 나오는 것이므로 잠언서 전체에서 그에 대한 죄를 언급한다.

언어의 힘

언어는 강하고, 잔인하거나 서투르거나 조심성이 결핍되어 있을 수 있다. 자존심이 너무 높거나 너무 낮아서 상처받을 수 있다. 육체적 건강도 훼손될 수 있다. 우리의 믿음과 신념은 언어에 의해 형성된다. 적당한 말은 상당한 영향을 끼칠 수 있다.

말은 마른 풀에 번지는 불같이 불화, 분쟁, 분열을 초래한다. 미묘한 암시, 제안, 빈정거리는 말등이 될 수 있다. 좋은 말은 집단을 통해 여러사람들에게 혜택을 줄 수 있다.

언어의 한계

언어는 행동의 대체가 될 수 없다. 언어로 아무리 부인하거나 변명한다 해도 사실을 바꾸지 못한다.

언어는 사람들이 반응하도록 강요하지 못한다. 아무리 좋은 선생이라 할지라도 무관심한 학생을 변화시키지 못하고, 최악의 소문이 무죄한 사람을 상하게 하지 못한다. 악의를 품은 사람만이 주의를 기울일 것이다.

건강한 언어생활

우리가 사용해야 할 네종류의 언어들이 있다:

- 정직한 말—'예' 혹은 '아니요'를 정확히 말한다.
- 과묵—말을 적게 할수록 좋다. 과묵은 미덕이다.
- 침착—차분한 상태에서 말을 해야 한다. 급한 성격은 유익이 거의 없다.
- 적절한 말—듣는 사람이나 말하는 사람에게 유익한, 상황에 맞는 말은 즐거움을 가져다 준다.

이러한 말을 하기 위해서는 먼저 충분히 숙고할 시간이 필요하다. 우리가 어떤 말을 할것인가를 미리 생각해보고 또 말하기전에 초래될 결과를 충분히 생각해 볼 필요가 있다.

사람의 말은 그의 인품에서 흘러나오는 것이므로 그의 말을 통해 그의 성품을 알게 된다. 성품의 값어치는 그의 말의 값어치와 같다.

신약성경에서, 입으로 죄 짖지 않는 사람은 완벽한 사람이라고 야고보는 말한다.

가족

잠언서는 가족관계와 우정을 포함한 인간관계에 대해 많은 조언을 주고있다. 가정은 사회의 기본이 되는 구성 단위다. 하나님이 모세에게 주신 십계명 중 세 계명은 가족관계에 대한 것으로 그 중 하나 '부모를 존경하라' 를 지키면 하나님이 주신 땅에서 장수 할 것이다 라고 말씀하는 유일한 약속의 계명이다. 잠언서는 다음과 같이 이상적인 가족에 대해 말씀한다:

남편과 아내: 부모가 행복하게 연합되었다.

잠언서는 솔로몬이 썼음에도 불구하고 일부일처제를 가르친다! 부모는 한 목소리로 함께 자녀들을 가르쳐야 한다. 남자는 충실해야하고, 여자는 남편을 꺽던지 세우던지 두가지의 길을 선택함으로서 축복이나 저주를 가정에 들여온다.

잠언서는 결혼의 신성함과 부정한 관계로 결혼을 파괴시키는 심각한 죄에 대해 가르친다. 결혼생활을 저버리는 사람은 명예와 자유, 인생을 던져버리고 사회의 수치와 육체적 위기를 초래한다. 쉽게 말해서, 그들은 도덕적 자살을 행한다.

부모와 자녀: 믿음으로 키우는 자녀들

자녀를 교육시키지 않는 부모는 어리석은 사람이다. '매를 아끼는 자는 자식을 망친다' 는 잘 알려진 잠언이 있다. 훈련은 사랑의 행동이라고 말씀한다. 만병통치의 방법이 아니다. 또 우리 자녀들의 가슴에 어리석음이 잠재되어 있음도 안다. 그들은 가르침을 받아들이거나 거부할 자유가 있다. 잠언은 아이들이 근본적으로 어리석기 때문에 현명해 지도록 격려해야 한다고 가르친다.

이것은 아이들이 근본적으로 착해서 좋은 환경만 제공해주면 다 잘된다고 하는 현대 인본주의 철학과 정반대의 사상이다. 성경은 아이들이 잘못할 때 바로 잡아주지 않는 것은 아이들을 사랑하지 않기 때문이라고 직선적으로 말씀한다.

어렸을 때부터 좋은 습관을 갖도록 훈련시켜야 할 필요성에 대해 가르치고, 그렇게 함으로 그들이 수치와 불명예를 피하고 기쁨과 긍지의 삶을 살 수 있도록 스스로 생각하고 행동하도록 해야 한다. 훌륭한 부모 밑에서 자라는 아이들도 반항적이고, 게으르고, 제멋대로 하고 조언을 받아들이지 않는다. 그들은 가문의 재산을 탕진하고 노부모를 내팽개 치는 자식이 될 수 있다.

형제와 친척들

잠언서에 수평적 가족의 관계는 많이 언급되지 않았다. 형제가 도움을 주고 믿음직스러운 관계와, 서로 화합하지 못하고, 상처주고 쓰라림을 주는 관계를 묘사한다.

우정

히브리어로 친구는 이웃을 의미하기도 한다. 친척이 아닌 가까운 근처에 사는 사람들을 말한다. 진정한 우정을 찾기 힘든 오늘날과 대조적인 조언의 말씀이다.

좋은 이웃

좋은 이웃은 평화와 조화를 조성하고 말싸움을 피하며 진정으로 친절한 사람을 의미한다. 그들은 비평하지 않고 필요할 때 언제든지 도움을 주기 원한다. 그들은 과묵함과 사생활의 중요성을 존중한다. 현명하지 못한 점에 반대한다.

좋은 친구

잠언서는 몇명의 좋은 친구가 많은 친척보다 낳다고 가르친다. 좋은 친구는 친척보다 가까울 수 있다.

좋은 친구는 네가지 장점을 갖고있다:

- 의리—어떤 경우에도 친구 편이 되어준다.
- 정직—정직하게 진실을 말해 준다.
- 자문—조언을 준다. 상반되는 관점이 정말 필요한 것일 수 있다.
- 예의—친구의 감정을 존중해주고 우정을 배반하지 않는다.

결론

잠언서는 어떤 책인가? 이책은 목적을 달성하고 있는가? 이스라엘은 평화의 전성기에 있었다. 솔로몬은 이 모든 것들을 쉽게 잃을 수 있음을 깨달았다. (그러나 자신이 쇠퇴의 계기가 되리라는 것은 몰랐다.)

14장은 '공의는 나라를 영화롭게 하고 죄는 백성을 욕되게 하느니라.' 라고 말한다. 솔로몬은 지혜가 없이는 이스라엘의 평화와 번성을 유지할 수 없음을 알고 모든 지혜의 말씀을 모아서 잠언서를 만들었다. 하지만 이스라엘은 지혜의 말들을 무시했다; 그들은 하나님에게서 더 멀어져갔다. 사실, 솔로몬도 그의 지혜대로 살지 않았다.

잠언서에 있는 지혜의 주제를 바탕으로 많은 글들이 신약성경에 쓰여졌다. 잠언서는 14번 직접 인용되었고 간접적으로 내포된 글들도 많이 있다.

누가복음 1장에서 '거스르는 자를 의인의 슬기에 돌아오게 하고' 라고 사도요한이 말한다. 예수님이 이런 지혜로운 말씀을 가르쳤을 때 듣는 사람들은 그가 어디서 이런 지혜를 얻었는지 궁금해 한다.

많은 사람들이 베들레헴의 별을 따라간 동방박사들에 대해 들었다. 그들이 이방인으로 간주되지만 아마도 바빌론으로 망명했다가 그곳에 남은 유대인들의 자손들이었을 것이다. 그들은 민수기 24장에서 이스라엘에서 별이 만국의 왕이되실 것이라는 발람의 예언을 기억하고 별이 나타났을 때 별을 쫓아 온 것이다. 그들이 찾아 온것은 마태복음에서 묘사한 그리스도의 성육신의 탄생의 중요성을 말해준다.

누가복음 2장에 예수님은 어린 아이였을 때에도 지혜가 충만했다고 한다. 누가복음 11장에 '솔로몬의 지혜로운 말을 들으려고 땅 끝에서 왔음이거니와 솔로몬보다 더 큰 이가 여기 있으며' 라고 예수님은 말씀하셨다. 누가복음 7장에서 예수님이 먹고 마시는데에 대해 비난 받았을 때, '지혜는 자기의 모든 자녀로 인하여 옳다 함을 얻느니라' 라고 대답하셨다.

예수님의 삶을 되돌아 보면서, 사도바울은 고린도전서 1장에 '예수님은 하나님으로부터 나와서 우리에게 지혜가 되셨으니' 라고 기록했다.

십자가를 통해 하나님의 지혜의 위대함을 볼 수 있다. 세상은 십자가의 죽음은 어리석은 것이라고 말한다. 그러나 바울은 세상에서 보기에 어리석은 것이 하나님의 지혜라고 말한다.

신약성경의 서신들에 잠언서가 여러번 직접 인용되었다. '네 원수가 주리거든 먹이고 목마르거든 마시게 하라 그리함으로 네가 숯불을 그 머리에 쌓아 놓으리라' 라고 바울은 로마서 12장에 기록했다.

베드로도 잠언을 자주 인용했다. 예를 들어, 베드로후서 2장에 잠언 26장을 인용했다: '개가 그 토한 것을 도로 먹는 것 같이 미련한 자는 그 미련한 것을 거듭 행하느니라' 베드로의 간곡한 권고인 '하나님을 두려워하며 왕을 존대하라' 도 잠언 24장을 그대로 인용한 것이다.

히브리서 12장에서 저자는 잠언 3장을 인용하여 하나님이 그의 자녀들을 어떻게 훈계하시는지를 알려준다: '내 아들들아 주의 징계하심을 경히 여기지 말며 그에게 꾸지람을 받을 때에 낙심하지 말라. 주께서 그 사랑하시는 자를 징계하시고 그가 받아 들이시는 아들마다 채찍질하심이라.'

잠언 30장에서 아굴은 '하늘에 올라갔다가 내려온자가 누구인가?' 하고 질문한다. 예수님은 요한복음 3장에서 그가 하늘에서 땅으로 오신 것을 말씀함으로 답변하셨다.

특히 야고보의 서신에 잠언이 인용된 것이 주목된다. 이 서신은 잠언과 비슷한 스타일이어서 신약성경의 잠언이라고 불리운다. 잠언서와 같이 별 순서없이 다른 주제로 옮겨간다. 혀의 죄성과 지혜의 유익함 등을 포함한여러 주제들이 잠언서에서 왔다.

잠언서가 성경에 포함된 것이 의아할 지 모르나 자세히 보면 그 책의 정당성을 볼 수 있다. 성경의 중요한 주제를 다루고 있고, 성경의 다른 책들에서 인용하고 내포하여 사용했다. 그리스도인들이 어리석은 삶에 대처해서 싸울 수 있는 중요한 무기다. 쉬운 책은 아니지만 조심스럽게 읽으면, 우리자신을 잘 알 수 있도록 도와준다.

15. 전도서

개요

전도서에는 다음과 같이 논쟁거리가 될 수 있는 글들이 들어있다:

- 세대는 바뀌나 세상은 변하지 않는다.
- 삶의 의미가 없으므로 사람이 동물과 다를바 없다.
- 항상 없는 것을 원하는 것보다 가지고 있는것에 만족하며 사는 것이 낫다.
- 가난한자는 먹을 것이 충분치 않더라도 편안한 잠을 잘 수 있다. 부자는 밤에 깨어 가진 것에 대해 염려 한다.
- 너무 선하거나 현명하지 말라. 왜 자신을 힘들게 하는가? 그러나 너무 약하거나 어리석지도 말라. 죽어야 할 때가 아닌데 왜 벌써 자신을 죽이는가?
- 만명 중 존경할 수 있는 남자 한사람은 발견할 수 있지만, 존경할 수 있는 여자는 없다.
- 가장 빠른 사람이 경기에서 항상 이기지 않고, 용감한 사람이 전쟁에서 항상 승리하지 않는다.
- 투자는 여러군데 많은 곳에 흩어놓으라—왜냐하면 이세상에서 언제 악운을 만날지 모르기 때문이다.

'맥락에서 분리된 내용은 구실이 될 뿐이다.' 라는 말은 이 책을 공부할 때 특히 적용할 수 있다. 다시 말해서, 어떤 글을 전체 맥락안에서 해석한 후 인용해야 한다는 말이다. 위의 글들이 저자의 생각들을 나타내기는 하지만, 책 전체의 맥락안에서 이해해야 한다.

전도서는 성서중 가장 모호한 책이다. 이해하기는 쉽지만, 너무 과격한 말들이다. 마치 성탄절 과자속에 들어있는 좌우명 같다. 시적인 말들도 있다. 영국의 시인 알프레드 롤드 테니슨 (Alfred Lord Tennyson) 의 시를 전도서의 저자가 썼다고 할 수 있을 정도다:

> 사랑하다가 잃은 것이 한번도 사랑해보지 않은 것보다 낫다.
> 추모하며 (In Memoriam)

> 천국과 지옥의 남자는 아주 다르지만 최악과 최선의 여자는 천국과 지옥이다.
> 펠레아스와 에타레 (Pellas and Ettare)

> 권력은 임종을 맞은 왕에 대해 관심 없다.
> 모르테 다르튀르 (Morte d'Arthur)

우리의 작은 시스템은 그들의 날이 있고,
그들은 그들의 날이 있고 더 이상 존재하지 않습니다.
카우테레츠 계곡에서 (In the Valley of Cauteretz)

옳은 것은 옳은 것이기 때문에, 옳은 것을 따르는 것은
결과의 경멸 속에 지혜가 있었습니다.
복수 (The Revenge)

모호한 면이 있기는 하지만, 전도서는 다음과 같은 오늘날의 현대 감각에 맞는 철학적 면모를 지니고 있다:

- 운명론: 그렇게 될일은 그렇게 되고야 만다.
- 실존주의: 현재를 위해 살라—미래가 어떻게 될지 누가 알겠는가?
- 남성우월주의: 남자는 여자보다 낫다.
- 쾌락주의: 쾌락을 추구하는 삶을 산다.
- 냉소주의: 좋은 것도 비꼬는 식으로 본다.
- 비관주의: 세상을 비관적인 눈으로 본다.

전도서의 저자

이 철학적 글은 실망과 삶의 환멸을 느낀 솔로몬왕이 노년에 썼다. 솔로몬왕이 쓴 세권의 책을 보면 언제 쓰여진 책인지 쉽게 알 수 있다. 아가서는 그가 사랑에 빠진 청년이었을 때 썼다. 잠언서는 그의 아들들이 그의 실수를 되풀이 하지 않기를 간곡히 원하는 중년의 아버지로서 썼다. 전도서는 노년에 쓰여졌다. 12장에서 '너는 청년의 때에 너의 창조주를 기억하라 곧 곤고한 날이 이르기전에, 나는 아무 낙이 없다고 할 해들이 가깝기 전에' 라고 쓴 글을 볼 때 솔로몬의 노년에 쓰여진 것임을 확인 할 수 있다.

노인이 된 그는 삶을 깊이 되돌아 보았다. '내가 보았다...' 라는 표현을 자주 쓴 점을 볼 때, 이 책의 영감은 그의 관찰의 결과다.

전도서의 양식

솔로몬은 목사, 철학가, 교수의 의미를 가진 히브리어 우헤렛 (Oohelet) 이라는 이름을 자신에게 붙였다. 그가 의회에서 국가적 회의를 주관하는 자의 위치에 있었으므로 '연설가' 라고 하는 것이 가장 적합한 이름이고 전도서가 쓰여진 양식과 어울린다. 그의 마음속에서 진행되는 논란을 주도하는 지도자의 글 같이 쓰여졌다. 논란의 장점과 단점을 공평하게 평가한다. 삶은 살아갈 가치가 없다고 하는 변론에 반대의견도 똑같이 무게를 두어 논쟁한다.

이런면에서, 전도서는 시대를 초월한다. 어떤 시대에서도 40대가 된 사람들이 '삶은 무엇인가?' 를 묻게되고 비슷한 논란을 한다. 어떤 사람들은 자신의 삶에 무엇인가가 빠졌다고 느끼고 자신의 삶을 과격하게 바꾼다.

전도서에서, 솔로몬은 심오한 질문을 한다. 삶은 무엇인가? 살 가치가 있는가? 가치있는 삶은 어떻게 살아야 하는가? 답을 찾지는 못했지만 맞는 질문들을 하고 있다. 그의 염려와 답은 책속에서 계속 갈피를 잡지 못한다. 그의 메세지는 낙관적이다가 다시 비관적이다. 그의 심기는 희망적이다가 절망적이다. 이 책의 가치는 심오하다가 피상적으로를 되풀이 한다.

비관적 표현

솔로몬은 '무의미하다! 무의미하다!... 모든 것이 무의미하다!' 라는 아주 비관적인 표현으로 전도서를 시작한다. '무의미하다' 라는 단어는 '공허하다' 라고도 해석할 수 있다. 삶의 마지막에 도달한 사람이 모든것이 쓸데 없고 의미없다고 말하고 있다.

솔로몬이 하고 싶은 일은 무엇이든지 할 수 있었던 권력과 부를 가졌던 왕이었음을 기억하는 것이 중요하다. 그가 행복을 찾기 위해 많은 일들을 해보았음을 전도서는 언급한다.

과학, 농업, 가축업을 했다. 음악성을 아버지에게서 물려받아 예술도 해보았다. 세상의 그림도 수집한 미술관도 있었다. 코메디언들을 궁에 초대했다. 그러나 아무것도 그를 만족시키지 못했다. 상업에서도 큰 부를 이루었다. 음식, 술, 여자도 즐겨보았다. 그래도 만족이 없자, 철학에 눈을 돌리고 이집트에서 많은 책을 사들였다. 이들이 자극은 되었지만 깊은 만족을 주지는 못했다.

이런 모든 행동들에 잘못된 것은 없었지만, 그가 찾는 것을 주지는 못했다. 그는 성공된 삶을 살았지만 성취감이 없었고, 어떤 때는 그가 평범한 사람이었기를 바라기도 했다.

우리는 그의 실패감을 설명할 수 있다. 그의 문제의 핵심은 그가 많은 것을 관찰했지만 인지하지 못한 것이다. 그는 좁은 안목으로 망원경 들여다 보듯이 삶을 바라보았지만, 삶의 깊이나 원근감을 보지 못했다.

특히 그에게 해당되는 두가지의 한계 요인에 주목할 수 있다:

1. 공간

28번에 걸쳐 그는 '태양 아래' 라고 장소를 언급하는데, 이런 구절은 성경에 있지 않다. 우리의 관점이 지구와 현세에 한정되어있다면 삶이 어떻게 가치있는 것인지 삶이 무엇인지를 이해할 수 없다. 세상이 줄 수 있는 요소들에서 만족을 찾는데 의지할 수 밖에 없다.

2. 시간
솔로몬은 '우리가 살아 있는 동안에' 라는 구절을 사용한다. 그는 죽음이 의미있는 의식 세계의 끝이라고 가정한다. 현생을 사는 의미와 원근감을 주는 내세에 대한 생각이 없다.

현대적 사고방식은 솔로몬의 좁은 안목과 유사하다. 세상을 하나님과 내세는 없다는 가정하에 과학적 용어로 관찰한다. 과학은 세상이 어떻게 형성되었는지를 조금 알지만 왜 형성되었는지는 모른다. 솔로몬은 삶을 다른 차원에서 보았어야 했다. 확실한 대답은 하나님의 관점에서만 찾을 수 있다.

긍정적 표현

이책안의 답이 없는 의문점들은 낙관적인 면도 있다. 우리의 무지에 대해 절망적으로 생각할 필요가 없다. 왜냐하면, 누구나 모르는 것이고 또 우리는 모르지만 하나님은 알고 계시기 때문이다. 솔로몬이 하나님을 표현할 때 그의 시는 긍정적이다. 전도서에 이를 보여주는 두 구절이 있다.

3장은 가장 잘 알려지고 많이 인용된다. 3장의 구절들은 소설이나 영화의 제목으로 많이 쓰여졌다. 리듬이 아름답고 모든일에 적당한 때와 장소가 있음을 알려준다.

> 하나님은 주권자시다,
> 계절을 만드시고:
> 탄생과 사망의 날이 있다.
> 재배할 때와
> 추수할 때와
> 죽을 때와
> 바뀔 때가 있다.
>
> 파괴할 때와
> 건축할 때가 있다.
> 슬픔의 때와 기쁨의 때가 있다.
> 애도할 때와 춤추어야 할 때가 있다.
> 입맞춤할 때와 금할 때가 있다.
>
> 발견할 때와 잃을 때가 있다;
> 아낄 때와 버릴 때가 있다.
> 찢을 때와 수리할 때가 있다.
> 침묵할 때와 입을 열어야 할 때가 있다.
>
> 사랑할 때와 미워할 때가 있다.
> 다툴 때와 평화의 때가 있다.
> 즐기라, 그리고
> 기억하라...
> 하나님은 주권자시다.
> 하나님이 명하신다.[1]

시가 끝나고 산문으로 넘어 갈 때, 많은 사람들은 핵심 메세지를 놓친다. 하나님은 모든 아름다운 것들을 적당한 때에 만드신다. 모든 것이 인간의 결정에 의한 것이 아니라 하나님의 명령에 의한 것이다. 영어성경에 '이 세상의 모든 일들은 하나님이 정하신 때에 일어난다.' 라고 번역되었다.

이런 관점은 삶의 부정적인 면에 밝은 빛을 비춘다. 우리의 삶이 하나님의 손 안에 있고 하나님이 우리가 춤출 때와 슬퍼할 적당한 시간을 알고 주관하심을 믿으면, 우리에게 일어나는 일들이 우연이 아니고 하나님께서 우리를 위해 선택하는 것임을 알 수 있다. 우리의 삶에서 패턴을 짜고 계시는 것이다.

이러한 접근은 아무도 스스로에게 영향을 끼치지 못하는 운명론적이다라고 말한다. 그러나 이것은 하나님이 우리에게 일어날 수 있는 일들을 선택하시는 것과는 다른 이야기다. 우리의 자유의지는 하나님의 의지를 이길 수 없다. 하나님은 그의 목적을 이루시기 위하여 모든일을 담당하고 계시다. 우리의 의지를 버리고 하나님의 길을 선택하도록 우리를 부르신다. 우리는 우리의 삶을 책임지고 설명해야 한다.

---

1 이것은 유명한 찬송 '나는 항해하네' 라는 노래에 맞추어 부를 수 있다.

이러한 삶에 대한 태도는 성경에 다른 성서에서도 볼 수 있다. 하나님의 주권아래에서 우리 삶의 계획을 짜도록 성경은 격려한다. 모든 계획은 '하나님이 원하시면' 에 의거한다. 나의 아버지는 '하나님의 목적을 달성하기 위해 인생은 충분히 길고, 일분이라도 낭비하기에는 너무 짧다' 라고 즐겨 말씀했다. 이것이 3장의 메세지다. 우리의 시간은 하나님 손에 달려있고 우리의 미래를 위해 가장 좋은 것으로 결정하신다. 11장과 12장에서 하나님의 임재를 강하게 말씀한다:

> 사람이 여러 해를 살면 항상 즐거워할지로다 그러나 캄캄한 날들이 많으리니 그 날들을 생각할지로다 다가올 일은 다 헛되도다. 청년이여 네 어린 때를 즐거워하며 네 청년의 날들을 마음에 기뻐하여 마음에 원하는 길들과 네 눈이 보는 대로 행하라 그러나 하나님이 이 모든 일로 말미암아 너를 심판하실 줄 알라. 그런즉 근심이 네 마음에서 떠나게 하며 악이 네 몸에서 물러가게 하라 어릴 때와 검은 머리의 시절이 다 헛되니라. 너는 청년의 때에 너의 창조주를 기억하라 곧 곤고한 날이 이르기 전에, 나는 아무 낙이 없다고 할 해들이 가깝기 전에 해와 빛과 달과 별들이 어둡기 전에, 비 뒤에 구름이 다시 일어나기 전에 그리하라. 그런 날에는 집을 지키는 자들이 떨 것이며 힘 있는 자들이 구부러질 것이며 맷돌질 하는 자들이 적으므로 그칠 것이며 창들로 내다 보는 자가 어두워질 것이며
>
> 길거리 문들이 닫혀질 것이며 맷돌 소리가 적어질 것이며 새의 소리로 말미암아 일어날 것이며 음악하는 여자들은 다 쇠하여질 것이며 또한 그런 자들은 높은 곳을 두려워할 것이며 길에서는 놀랄 것이며 살구나무가 꽃이 필 것이며 메뚜기도 짐이 될 것이며 정욕이 그치리니 이는 사람이 자기의 영원한 집으로 돌아가고 조문객들이 거리로 왕래하게 됨이니라. 은 줄이 풀리고 금 그릇이 깨지고 항아리가 샘 곁에서 깨지고 바퀴가 우물 위에서 깨지고 흙은 여전히 땅으로 돌아가고 영은 그것을 주신 하나님께로 돌아가기 전에 기억하라. 전도자가 이르되 헛되고 헛되도다 모든 것이 헛되도다.
>
> 전도자는 지혜자이어서 여전히 백성에게 지식을 가르쳤고 또 깊이 생각하고 연구하여 잠언을 많이 지었으며 전도자는 힘써 아름다운 말들을 구하였나니 진리의 말씀들을 정직하게 기록하였느니라. 지혜자들의 말씀들은 찌르는 채찍들 같고 회중의 스승들의 말씀들은 잘 박힌 못 같으니 다 한 목자가 주신 바이니라 내 아들아 또 이것들로부터 경계를 받으라 많은 책들을 짓는 것은 끝이 없고 많이 공부하는 것은 몸을 피곤하게 하느니라. 일의 결국을 다 들었으니 하나님을 경외하고 그의 명령들을 지킬지어다 이것이 모든 사람의 본분이니라. 하나님은 모든 행위와 모든 은밀한 일을 선악 간에 심판하시리라.

기억할 점

솔로몬은 특히 젊은 사람들에게 하나님을 기억하라고 간곡히 말한다. 이 조언은 그의 체험에서 온 것일 것이다. 예를 들어, 아가서에서는 하나님을 언급하지 않았다. 그가 하나님을 일찍부터 기억했더라면 삶의 회의의 충격을 피할 수 있었으리라고 말한다.

두려움

그는 하나님을 두려워하라고 우리에게 강력히 권고한다. 성경의 지혜서들은 하나님을 두려워하는 것이 지혜의 근원이라고 계속 말씀한다. 우리가 진실로 하나님을 두려워한다면, 아무것도 아무도 우리는 두려워하지 않게 된다. 우리는 하나님을 두려워해야한다. 왜냐하면 그는 우리에게 주신 삶의 어떻게 살았는지를 물어보실 것이기 때문이다.

예수님은 육체를 죽일 수 있는 것들을 두려워하지 말고 '육체가 죽은 후 지옥에 우리를 던져버릴 수 있는 하나님'을 두려워 하라고 제자들에게 말씀하셨다. (누가복음 12장) 교회안의 사람들이 하나님을 두려워하지 않기 때문에 교회 밖의 사람들도 하나님을 두려워하지 않는다.

순종하라

솔로몬은 그가 하나님께 순종하지 않았음을 알고 있었다. 그러나 그는 우리에게 하나님께 순종하라고 말한다. 하나님의 율법은 우리의 삶을 재미없게 하기 위한 것이 아니고 우리에게 가장 좋은 것으로 삶의 최대의 보람을 얻게 하기 위함인 것을 그는 알게 되었다. 그는 이것을 12장에서 '사람의 본분'이라 말한다. 우리의 책임이 우리의 권리보다 더 중요하다.

결론

솔로몬은 잠언을 집필하였으나 다른 철학도 탐구했다. 너무 많은 것을 읽으면서 혼돈속에 빠졌다. 전도서에서 말하는 공허는 그런 철학에서 온것이다. 전도서는 인간의 지혜의 한계와 하나님의 방법으로 사는 삶을 발견하지 못한 사람이 어떻게 종말을 맺는지에 대하여 유익한 깨달음을 준다.

진실된 사상과 병행하여 잘못된 사상도 보여주는 전도서를 하나님께서 성경에 포함시키셨다. 부정적이고 운명론적인 삶의 관점을 대하며 우리는 인간 생각의 한계점을 보게된다.

하늘에서 보는 관점, 또 내세의 관점에서 현재의 삶을 이해하지 못하면, 우리는 삶의 환멸과, 실망과 우울함으로 인생을 마치게 된다.

물론, 성경은 부정적 관점으로 끝나지 않는다. 신약성경은 예수님이 우리의 지혜의 근원이라고 말씀한다. 예수님을 통해서 왜 그리고 어떻게 우리의 삶을 살아야 하는지를 발견한다.

요한복음 17장은 진실된 삶은 예수님을 아는 것이라고 말한다. 그는 세상의 시작과 끝이고 우리에게 인생의 의미와 목적을 주시는 분이시다.

16. 욥기

개요

영어의 많은 표현들이 욥기에서 왔다. 큰 고난을 잘 견디는 사람을 '욥의 인내'를 가진 사람이라고 부르고 고통받는 사람을 더 힘들게 하는 사람을 '욥을 위로하는 사람' 이라고 부른다.

영국 성공회의 장례식에서는 욥기의 전반부에 있는 구절을 인용한다: '주신 이도 여호와시요 거두신 이도 여호와시오니 여호와의 이름이 찬송을 받으실지니이다.' '나의 구원자가 살아계심을 내가 아네' 라는 잘 알려진 찬송가의 후렴은 헨델의 메시야에 쓰여지기도 했다. 이렇게 잘 알려진 몇개의 구절이 있기는 하지만 사람들이 욥기 전체를 잘 알고 있지는 않다. 이 책의 목적을 이해하지 못하면 알고 있는 몇구절을 전체 맥락안에서 볼 수 없다.

정확한 시기는 모르지만 욥기는 우리가 소유한 가장 오래된 책들 중 한권이다. 내용을 볼 때 이 책은 아브라함 시대를 묘사한다. 모세가 했듯이 저자는 하나님을 '야훼'라고 부른다. 하지만 구약의 기본인 출애굽, 시내산에서의 언약, 모세율법의 자취는 찾아 볼 수가 없다.

이책이 허구인지, 사실과 혼합된 이야기인지는 어떻게 이 책을 읽는 가에 따라 금방 떠올리는 질문이다.

사실에 근거한 이야기인가?

다른 성서 저자들이 욥을 실제 인물로 다루기 때문에 이 이야기는 사실이라고 믿는 사람들이 있다. 노아, 다니엘과 함께 욥은 가장 공의로운 사람이었다고 에스겔은 말한다. 신약성경에서 야고보는 욥의 인내를 본받으라고 우리에게 말씀한다.

또, 욥기의 시작에서 욥이 우즈땅에 사는 사람이라고 말한다. 우즈의 정확한 위치는 알지 못하지만, 다마스커스를 지나 티그리스와 유브라데스강 주위의 메소포타미아 평야지역에 있었다는 것은 거의 확실하다.

또, 재난에 대한 그의 반응은 현실적이고 그의 개인적인 감정은 진실성이 있다. 그가 아내와 하는 대화도 당연한 것이고 그의 친구들의 반응과 그 후의 논쟁들은 우리가 기대할 수 있는 삶의 부분이다. 부유한 농부가 많은 가축을 소유한 것도 정상적이 당시의 상황이었다.

욥기는 허구인가?

많은 사람들이 내용의 진실성에도 불구하고 실제 일어났던 일로 믿기 어려워 한다.

예를 들어, 첫장의 사건들을 보자. 네가지의 재앙이 연달아 일어난 것을 한사람의 생존자가 달려와 욥에게 알린다. 네가지 재앙에서 단 한사람만 살아나와서 '나만 재앙을 피해 도망나와서 알려드립니다.' 라고 하는 것은 믿기 어렵다.

행복한 끝맺음도 부자연스럽다. 먼저 모든 자녀들을 잃었는데 마지막에 같은 수의 새로운 자녀 (일곱명의 아들들과 세명의 딸들)를 갖게된다. 잃은 자녀들에 대한 슬픔보다 축복된 끝맺음에 기뻐해야 한다는 메세지를 받는다. 우리로 하여금 '이것을 사실로 받아드리기에 너무 짜임새 있는 것이 아닌가? 이 이야기를 과연 사실로 받아드려야 하는가?' 하는 의문을 갖게한다.

또 여러 부분이 히브리 시의 형태로 표현된 것을 볼 때 이 책의 사실성에 대한 의문을 갖지 않을 수 없다. 시는 인위적인 표현 방법임을 시편에서 공부했다. 대화할 때 시를 사용하지 않고 욥의 막중한 문제들과 친구들과의 논쟁을 시로 표현한다는 것은 믿기 어렵다. 그러나 욥의 친구들은 잘 다듬어진 시어체로 말한다. 그들이 훌륭한 시인들이었거나, '누군가가 시의 형태로 대화 내용들을 기록했는가?' 라는 질문에 대한 설명이 있어야 한다.

실록 팩션

욥기를 사실에 의거해서 다듬고 확대시킨 글이라고 보는 것이 가장 맞는 것 같다. 욥은 성경에 있는 하나님을 믿었고 많은 재앙과 고난을 경험한 실제 인물이다.

마치 헨리5세 왕의 역사적 이야기를 바탕으로 하여 그의 성품을 강조한 윌리엄 셰익스피어의 연극과 비슷하다. 토마스 모어경의 삶을 배경으로 로버트 볼트 (Robert Bolt) 가 쓴 사계절의 남자 (A Man for All Seasons) 라는 최근의 연극도 예로 들 수 있다. 저자는 주인공이 당면한 문제들의 본질을 포착하지만 연극의 결말이 실제와 다르다는 것을 관중은 알고있다.

욥기의 문학적 가치

욥기는 소리보다는 의미와 반복에 의존하는 히브리 시다. 훌륭한 문학작품으로 한정된 범주의 영역을 초월한다. 심오한 대화와 흥미로운 배경에서 장편 서사시, 드라마, 논쟁이 섞여서 진행된다. 당연히 위대한 사상가들은 이 책의 가치를 높이 평가했다. 토마스 칼라일 (Thomas Carlyle) 은 '이것은 고귀한 책이다' 라고 말했고, 알프레드 로드 테니슨 (Alfred Lord Tennyson) 은 '고대 혹은 현대의 가장 위대한 시' 로 평했고 마틴 루터 (Martin Luther) 는 '성경의 어느 책에 비해도 가장 장엄하고 숭고하다' 라고 말했다. 호머 (Homer), 버질 (Virgil), 단테 (Dante), 밀톤 (Milton), 셰익스피어 (Shakespeare) 와 견주되는 세기의 가장 위대한 문학서적들 중 하나다.

욥기의 철학적 성격

욥기는 문학서적일 뿐 아니라 철학 서적이기도 하다. 철학가들이 인류역사를 통해 물어 온 질문들을 다룬다: 우리는 왜 존재하는가? 삶은 무엇인가? 죄는 어디서 왔는가? 사람들은 왜 고통을 당해야 하는가? 하나님은 세상을 어떻게 다스리시는가? 우리에게 관심을 가지고 보살펴 주시는가? 욥기는 이 모든 주제들을 포함하여 특히 '왜 선한사람들이 고통받는가?' 를 다룬다. 욥은 선한 사람이었지만 가장 끔찍한 비극을 경험한다. 이 책은 왜 이것이 가능한가를 다루고 있다.

욥기의 신학적 면모

욥기는 신학서적이기도 하다. 철학은 추상적인 태도로 심각한 질문을 하지만, 신학은 이 질문들을 하나님과 연결시킨다. 처음에 하나님을 어떻게 이해하느냐에 따라 고통의 사실이 어떻게 받아들여지는 지를 살펴볼 수 있다. 하나님은 나쁘다라고 믿으면 고통에 대한 문제가 없다. 왜냐하면 나쁜 하나님은 우리를 고통스럽게 할 것이기 때문이다. 그러나 좋은 하나님을 믿는 사람들은 고통에 대한 문제가 제기된다. 또, 좋지만 힘이 없는 하나님을 믿는 사람은 하나님이 우리를 도울 수 없다고 믿는다. 따라서 우리의 힘든 것을 해결해 주지 못하는 하나님이기 때문에 우리의 고통을 받아들일 수 있다. 전능하신 좋은 하나님을 믿는 경우에 고통에 대한 문제가 야기된다.

많은 현대 신학자들은 한두가지를 거부함으로서 고통의 문제를 기피한다: 하나님은 악하고 우리를 힘들게 하거나, 너무 약해서 아무 것도 할 수 없다. 하지만 욥기의 저자는 다음과 같은 하나님을 믿는다:

1. 하나님은 단 한분이시다.
2. 하나님은 그의 창조물에 관심을 가지신다.
3. 하나님은 전능하시다.
4. 하나님은 좋으시고 우리를 보살피시고 사랑하신다.

그러나, 욥의 극한 상황은 이러한 믿음을 어렵게 한다. 욥이 어떻게 처신하고 하나님은 어떻게 임재하시는 지를 살펴보자.

지혜서

영어 성경의 잠언, 시편, 전도서, 아가서와 함께 욥기는 지혜서로 알려져 있다. 히브리성경에서는 선지자 시대에 나왔지만 예언서가 아닌 모든 책을 묶어놓은 '성문서' 로 불린다. 지혜서로 볼 때 어 떤 내용들은 잘못 오해 될 수 있으므로, 이 방향에서 욥기를 이해하는 것이 올바른 해석에 도움이 될것이다.

먼저, 지혜서의 모든 말이 맞는 것은 아니다. 우리가 해결하기 어려운 의문들이 많이 있다. 하나님의 마음을 항상 나타내는 글들이 아니다. 우리가 어떤 목적을 가지고 언쟁했을 때 이해할 수 있는 말들이다. 욥의 친구들은 한정된 이해력으로 많은 말들을 했다. 이 부분은 고통중에 있는 우리가 어떻게 상황판단을 하는지를 잘 보여준다. 이들은 고통을 전체 맥락에서 분리시켜 고통이 하나님의 마음의 표현이라고 생각하는 오류를 범한다. 성경의 모든 글들은 전체 맥락안에서 보아야만 한다. 책 전체의 메세지가 그안의 글들의 의미를 결정하기 때문이다.

둘째, 지혜서는 특정하지 않은 일반적인 글이다. 이것은 지혜의 말들이 어떤 상황에나 적용되지 않는다는 것이다. 예를 들어, 잠언서는 약속의 글이 아니라 일반적으로 받아들여지는 진리의 말씀이다.

잠언서의 글들이 모든 상황에 적용할 수 있는 진리라고 주장하다가는 실망할 것이다. 이것이 욥과 그의 친구들이 당면한 문제에 대한 실마리를 준다. 그들은 나쁜 사람은 고통을 받을 것이라는 잠언서의 말씀을 알고 있었다. 이것은 거의 모든 경우에 사실이지만, 항상 그렇지는 않고, 욥의 경우가 여기 해당된다. 욥기는 일반적인 원칙에서 벗어난 경우였다.

유대인의 관점

크리스챤들과 유대인들의 욥기에 대한 이해가 아주 다르다는 것을 기억해야 한다. 구약성경 시대의 유대인들은 영생의 빛안에서의 일시적인 삶의 문제를 보지 못했다. 그들은 나쁜 사람이나 좋은 사람이나 모두가 죽은 후에는 영들이 잠자는 '저승' 에 들어간다고 믿었기 때문에 하나님의 심판이 현세에서 이루어져야 한다고 믿었다.

크리스챤들은 물론 아주 다른 각도에서 현세의 고통을 이해한다. 예수님의 행하심으로 우리는 큰 하늘나라를 주목한다. 이세상에서의 고통은 후세에 천당에서 누릴 기쁨에 비하면 아주 작은 것이다.

그러므로 욥기에서는 후세에 대하여 잠깐 힌트만 보인다. 욥은 그가 죽은 후 하나님을 볼 것이라고 말한지만, 그는 어떻게 이것이 이루어 질지도 몰랐고 이런 생각은 흔하게 하지 않았다.

욥기의 구조

욥기의 처음에 책 전체의 기반을 잡는 긴장감이 성립된다. 하나님이 사탄과 욥의 몸을 걸고 내기를 하신다. 욥은 이러한 사실을 전혀 모른다. 욥이 상황마다 부딪치는 문제를 우리는 보게된다.

이러한 배경은 아주 위험하다. 하나님과 사탄의 관계, 사탄이 선한사람을 공격하는데 대한 책임이 하나님에게 있고, 하나님의 성품과 행동에 대한 것이 사실이 아니라면 신성모독으로 번지는 위험한 배경이다. 이 책의 구조는 다음과 같다:

> 서사 (1-2장) (산문)
> 하나님과 사탄의 두번에 걸친 대결
>
> 대화 (3:1-42:6) (시)
>
> 1. 인간 (3-37장)
>   (a) 엘리바스, 빌닷, 소발(3-31)
>   (i) 첫대결 (3-14장)
>   (ii) 두번째 대결 (15-21장)
>   (iii) 세번째 대결 (22-31장)
>   (b) 엘리후 (32-27)—독백
>
> 2. 신성함 (38:1-42:6)
>   (i) 첫대결 (38-39장)
>   (ii) 두번째 대결 (40:1-42:6장)
>
> 끝맺는 말(42:7-17) (산문)
> 마지막: 하나님과 욥

욥기는 마치 샌드위치같이 층층의 구조를 가지고 있다. 산문은 '빵'의 부분으로 이야기와 배경을 처음과 끝에 알려주고, 가운데 부분은 욥이 친구들과 벌이는 논쟁과 친구들이 떠난 후 나타나는 젊은이에 대한 시다.

모든 일들이 해결되는 행복한 결말로 끝을 맺는다.

두 배경

이 책에는 두개의 배경이 얽혀 있다—천국과 속세의 배경이다. 천국에서 일어난 일의 결과로 속세에서 사건들이 일어난다—하늘에서의 전쟁후에 바로 지구상에서 전쟁이 일어나는 것을 묘사한 요한계시록과 같다.

신성한 배경

하나님과 사탄이 하늘에서 만나는 장면으로 이야기는 시작된다. 사탄은 죄를 하나님께 보고하는 일을 맡은 천사였다. 그는 지구상을 돌아 다니며 사람들이 어떻게 행동하는지를 하나님께 고하는 검사였다. 욥의 시대에 이르러서, 사탄은 사람들이 자신의 이익을 위해 하나님을 믿는다는 것에 냉소하고 사람들이 하나님에게 무엇인가 얻어내기 위해 하나님을 사랑한다고 생각했다.

이래서 하나님과 사탄사이에 논쟁이 일어난다. 하나님은 사탄이 지구에 내려갔을 때 욥을 보았는지 묻는다. 욥이 축복 때문이 아니라 하나님의 사랑 때문에 욥이 하나님을 사랑한다고 말씀하신다.

사탄은 하나님께서 축복을 거두시면 욥은 다른 사람들과 마찬가지로 하나님을 저주할 것이라고 계속해서 말한다. 결국 하나님이 사탄과 내기를 벌이게 된다.

드라마가 재미있으려면 긴장감이 중요하다. 우리는 하늘에서 벌어지는 내기를 알고 있지만, 욥은 그렇지 않다. 그가 이 사실을 알고 있다면, 내기는 소용없게 된다.

여기서 우리는 사탄에 대한 중요한 교훈을 얻는다. 먼저, 그는 한번에 한장소에만 있음을 알 수 있다. 하나님같이 전지의 능력(편재성)이 없다. 그래서 사람들이 사소한 문제를 가지고 사탄이 방해하고 있다고 말하는 것은 잘못된 것이다. 사탄은 더 중요한 일을 하느라고 바쁘기 때문이다. 주로 말하는 사탄의 방해는 거의 악령의 방해라고 말하는 것이 맞다. 사탄은 온 세계에 다니며 일을 꾸미고 있지만, 그 자신이 갖가지의 일을 친히 행하고 있다는 말은 아니다.

사탄에 대한 이해는 우리가 고대 그리스의 사상을 따라 이 세계를 자연적인 것과 초자연적인 것으로 양분하는 사고에서 비롯되었다. 우리는 사탄이 초자연적이라고 가정하고, 마치 그의 힘과 권력이 하나님과 동등한 듯 그를 하나님같이 높은 자리에 둔다. 우리는 이 세계를 성경이 말씀하는대로, 창조자와 사탄이 포함된 피조물로 나누어야 한다. 사탄은 편재성을 갖고 있지 않은 피조물일 뿐이다.

둘째로, 사탄은 욥을 공격하기 위해 하나님의 승락이 필요했다. 하나님이 승락하시지 않으면 사탄은 하나님의 사람을 건드릴 수 없다. 신약성경에서 하나님은 믿는자들이 견디지 못하는 시험은 허락하지 않으신다고 말씀한다.

인간적 배경

이 책의 많은 부분이 욥과 그의 친구들 사이의 논쟁에 할애되었다. 핵심적이 질문은, '왜 욥이 다른 사람들보다 더 많은 고통을 받고 있는가?' 이다.

이질문을 두가지의 관점에서 볼 수 있다:

   a. 친구들은 욥이 죄를 지었기 때문에 벌 받는 것이라고 확신했다.

   b. 욥은 죄를 지은 것이 없음을 확신하며 그의 무죄함을 주장했다.

우리는 욥이 옳다는 것을 알기 때문에, 대화의 진행은 더욱 흥미진진하다.

고통의 이유를 이해하고자 할 때 우리가 전체의 그림을 볼 수 없음을 두개의 다른 배경을 통해 깨닫게 된다. 이유를 아는 것보다 더 중대한 의문이 있다: 모든 일이 틀어질 때 나는 좋으신 하나님을 계속 믿을 수 있는가? 욥기는 이 질문에 대한 답을 준다.

중요한 것은 '무엇이 욥의 가장 큰 고통인가?' 이다:

- 육체적 고통: 그는 머리부터 발 끝까지 심한 종기와 고통으로 피곤하고 지친 상태였다.
- 사회적 고통: 그의 흉한 모습과 최근의 비극에 대해 잘 알고 있었던 동네 사람들은 그를 사회적으로 고립시켰다. 그는 동네 어귀의 잿더미위에 앉아있었고, 사람들은 그를 피해 맞은 편 길로 다녔다. 아이들까지도 그를 보고 비웃었다.
- 정신적 고통: 그는 아무리 생각해보아도 알 수 없는, 왜 이런 일이 자신에게 일어나는지를 모르는 고통에 직면해 있었다.
- 영적 고통: 하나님과 자신이 분리되었다고 느끼는 것이 그에게는 더욱 힘든 고통이었다. 그는 하나님을 찾아서, 얘기하고, 언쟁을 벌이고 싶다고 울부짖었다! 이것이 그의 가장 깊은 고통이었다. 하나님이 나를 돌보지 않으시고 멀리 계시다고 느낄 때 고통은 더욱 심각해진다. (그가 생각한 바와 달리, 욥은 하나님과 대화 할 수 있게 된다.)

서문

서문에서 등장인물들에 대해 소개한다:

하나님

야훼 하나님은 사탄의 도전에 대한 모든 사건을 착수하신다.

사탄

사탄은 검사의 역할을 한다. 히브리어로 사탄은 '고소하는자' 라는 의미를 가지고 있는 특정인물이다.

욥

욥은 '온전하고 정직한 자로서 하나님을 경외하며 악에서 떠난 자' 로 묘사되어 있다. 하나님을 경외하면 악에서 떠나게 되어있다. 하나님을 경외하지 않는 자는 죄에 대해 걱정하지 않는다. 하나님은 욥의 경건함을 기뻐하시고 그에게 자녀, 재산, 건강의 축복을 주셨다.

욥의 아내

욥의 아내는 남편의 곤경에 무감각한 '어리석은 여자' 라고 묘사되었다. 그녀는 '하나님을 저주하고 죽으라!' 라고 그에게 말한다. 욥이 가장 도움이 필요할 때 그녀는 그를 더 아프게 한 첫번째 사람이다. 그녀는 하나님이 그를 떠나셨으니 당신도 하나님을 떠나라고 말한다.

욥의 친구들

욥의 세 친구들은 그보다 나이가 위였다. 칠일 동안 그의 곁에 앉아서 침묵함으로 등장한다.

인간적 대화

욥은 마침내 침묵을 깨고 그가 태어난 것을 저주한다. 그는 사산아로 태어나서 구약시대의 사람들이 믿었던 저승에 갔으면 오히려 낳았을 것이라고 괴로워한다. 그곳에서는 계속적인 고통이 없이 평화로왔을 것으로 생각한다. 한번도 자살을 생각해 보지는 않지만 우울한 자아연민에 빠져 있다.

친구들은 각 각 따로 말하지만, 여기서 그들이 한 말에 대해 함께 공부하고자 한다.

엘리바스 (Eliphaz)

엘리바스의 말에 비추어 볼 때 그는 경건하고 신비로운 높은 관직의 인물로 여겨진다. 다른 친구들과 달리 그의 태도는 부드럽다. 그는 욥이 범죄했기 때문에 벌을 받고 있다고 믿는다. 그는 세기의 교훈과 역사에 비추어 진 죄와 벌의 전통적인 관점을 가지고 있다. 욥이 범죄하지 않았는데, 왜 고통을 받는가?

또, 그는 자신이 본 환상을 말하면서, 욥의 고통은 자신의 행동에 따른 결과라고 확신한다. 인간의 근본은 죄성을 가지고 있기 때문에 아무도 하나님앞에서 무죄를 말할 수 없다고 설명한다. 우리가 모두 죄인이므로, 욥도 고통의 이유를 죄로 받아들여야 한다고 말한다. 욥이 왜 다른 사람들보다 훨씬 더 고통을 받아야 하느냐는 질문에 대해서는, 고통은 인간을 더 낳은 사람으로 만드는 하나님의 방법이라고 엘리바스는 말한다.

부드러운 조언의 말을 욥이 받아들이지 않자, 엘리바스는 욥이 자신의 무죄를 고집하는 완강한 사람이고 종교적 믿음을 존중하지 않는 불경한 사람이라고 흥분된 어조로 주장한다. 엘리바스는 욥의 반감에 대해 분개하고 그의 동정심은 빈정거림으로 변한다. 그는 우리가 도덕적으로 모두 타락한 인간이므로 고통에대해 불평하면 않된다고 말한다. 나쁜 사람은 번영하지 못하고, 번영한다 하더라도 행복하지 못한다 – 행복하게 보일 뿐이다.

그래도 욥이 대답하지 않자, 엘리바스는 하나님의 초월성에 대해 말한다. 하나님은 이런 일에 간섭하시기에는 너무 위대한 분이시기 때문에 욥은 하나님의 주의를 기대하지 말라고 한다. 모든 것을 초월하시는 하나님은 개인의 삶에 신경쓰시지 않는다는 말이다.

빌닷 (Bildad)

빌닷이란 '하나님의 사랑을 받는 자' 라는 뜻이지만, 그의 언행은 전혀 이름과 어울리지 않는다. 이런 상황에서 나이 많은 사람이 먼저 말하는 전통을 볼 때 빌닷이 엘리바스보다 약 50년 정도 연하인 것으로 추정된다.

빌닷은 세명중 가장 지식이 높은 '신학자' 로 행세한다. 그는 진부한 특수 용어와 공식을 써가며 욥에 대한 불쌍한 마음이나 인내심을 전혀 보이지 않는다. 그는 욥에게 그의 자녀들이 죄인들이었기 때문에 마땅히 하나님의 진노로 죽었다고 말한다. 그는 도덕적 세계관을 믿고 원인과 결과의 법칙을 도덕적 삶과 물질적 삶에 적용한다.

죄를 지으면, 고통을 당하는 것이 마땅하다는 빌닷의 논리에 따르면 욥은 중죄인이다. 둘이 대화하면서 그들의 관계가 망가지는 것은 당연한 것이었다.

그는 욥에게 말도 되니 않는 말은 하지 말라고 한다. 그는 하나님의 전지전능 하심을 잊었느냐고 욥에게 질문한다. 하나님은 우리보다 위대하시므로, 우리는 그와 논쟁할 수 없으니 그의 죄를 인정하라고 말한다.

결국 엘리바스와 비슷하게 '하나님의 전능하심'으로 욥의 고통을 설명하는 것이 빌닷의 해결책이었다.

소발 (Zophar)

다음에는 욥의 가장 독단적인 친구 소발이 말한다. 그는 다른 두 친구보다 어리지만 그래도 중년이다. 그는 욥이 죄를 감추고 있다고 비난한다. 그가 알고 지은 죄가 없다 하더라도 모르고 지은 죄가 있을 것이라고 말한다. 그는 욥을 모욕하고 올바른 길과 악의 길 중 하나를 택하라고 말한다. 그는 악인인 욥의 영화는 잠깐이었음을 주장한다. 욥의 번영이 사라진것으로 미뤄볼 때 그가 악인임이 틀림없다는 것이다. 소발은 하나님의 전지하심을 욥에게 경각시키며 욥이 모르는 죄를 그는 알고 있는 것으로 행동한다.

***

욥의 세친구의 주장에 공통점이 있다. 우리가 원인과 결과의 원리에 의한 도덕적 세계에 살고 있다 가정하고 그들의 생각을 이 원리에 끼어 맞추려고 한다. 이렇게 치우친 사상을 욥에게 무자비하게 주입시키려 한다. 사실 그들의 주장은 성경적 교리를 이렇게 사용하면 안된다는 예화이다! 분명한 교리를 따라야 하지만, 각각의 경우에 조심스럽게 적용해야한다. 예를 들어, 가끔 병고침을 받지 못한것이 약한 믿음 때문이라고 말할 수 있지만, 어떤 특정한 사람에게 적용하기 전 지혜롭게 생각해보아야 한다. 현명하지 못한 일처리는 큰 피해를 초래할 수 있다.

이런 관점에서 볼 때, 세친구의 주장들은 그다지 나쁜 것은 아니고, 하나님이 주실 궁극적인 답변에 대한 암시를 내포하고 있다.

욥

욥은 엘리사벳, 빌닷, 소발에게 각각 세번씩 전체 아홉번에 걸쳐 말한다. 고통의 책임자는 하나님이라고 그는 말한다. 자신이 알고 있는 죄가 없으므로 회개할 수 없다고 말한다. 하나님 보시기에 그는 올바로 살기를 노력해 온 사람이다.

그의 말은 단계적으로 진행되며 발전한다. 갈수록 친구들에게 말하는 것과 하나님께 말하고 싶어하는 내용이 점점 대담해진다.

절망과 자신감있는 희망이 서로 엇갈린다. 이런 감정의 변화는 아픈 사람의 증상이다. 일이 잘 풀리기를 기대하다가 일이 망가질 것같은 두려움에 빠진다. 하나님께 그의 일에 상관치 말라고 하면서 하나님께 솔직하게 고한다. 그는 하나님과 재판을 하면 그가 이길것이라고 주장한다. 죽음 후의 생에 대한 암시를 주는 믿음을 볼 수 있지만, 이것이 잠깐의 감정 기복인지 그의 확실한 믿음인지는 알 수 없다.

욥이 지혜로움을 말하는 28장은 훌륭하다. 솔로몬이 잠언서에 기술한 바와 같이 지혜를 여인에 비유했다. 그가 존경받고 그의 말이 값어치 있게 받아들여지던 옛날을 회고한다.

그의 무죄함을 주장하는 31장도 훌륭하다. 그가 비난받을 일을 하지 않은 부분들에 대해 다시 생각한다. 그가 만약 이 부분에서 죄를 지었다면 처벌은 마땅하겠지만 그는 범죄하지 않았음을 주장한다. 그의 처벌에 대한 이유가 없다고 주장한다.

마지막에 그들은 교착상태에 이른다. 엘레사벳, 빌닷, 소발은 욥을 떠나고, 그동안 욥의 주장을 듣고 있었던 엘리후라는 젊은이가 등장한다.

엘리후 (Elihu)

엘리후는 젊은이의 기세를 가지고 있다. 그는 말하기를 꺼린다고 하면서도 말을 그치지 않는다. 그도 욥에게 자신의 의견을 말하고, 세친구들과 별로 다를 것이 없다. 세친구들과 같이 그도 욥의 주장을 반박하고 욥에게 자신의 죄를 인정하라고 말한다.

밤에는 꿈을 주시고, 또 병을 주시면서 까지 사람들을 구원하시는 하나님의 다양한 방법에 대해 그는 말한다. 욥의 고통은 하나님이 정하신 방법이다. 하나님은 그가 죽기 전 그를 구하시려고 도우시는 것이다. 욥이 그의 말에 대답하지 않자 엘리후도 마침내 떠난다.

앞에서 지혜서는 조심스럽게 해석해야 함을 지적했다. 네명의 위안자들이 확실히 이해하지 못하고 한말들은 맞지 않다. 그러나 한편으로는 맞는 점도 있다; 그들의 실수는 지혜를 어떻게 적용했는가에 있다. 그들은 '심은대로 거둔다' 라는 잠언을 욥의 상황에 적용시켰다.

또한, 하나님의 인격에 호소하는 것도 잘못되었다. 엘리바스는 하나님의 초월성을 들어 하나님이 우리와 멀리 계시다고 말하며 우리보다 위대하신 점을 오용했다. 빌닷은 하나님의 전능하심에, 소발은 하나님의 모든 지식을 이유로 삼았다.

친구들의 말이 반정도는 맞았지만, 전체적인 답변은 맞지 않았다.

하나님의 말씀

창조주

욥은 하나님께 36번이나 말씀해주시기를 간구했다. 그리고 드디어 그 간구는 들어졌다. 하나님이 말씀하시는 두번의 사건은 폭풍을 동반하지 않았다. 하나님은 욥에게 그가 창조주이심을 깨우쳐 주신다. 하나님은 놀라운 창조의 역사와 모든 일을 유지하심을 보여주며 욥이 이같은 일을 할 수 있는지 물으신다. 그리고 하나님이 그에게 어떤 설명을 해야한다고 믿는 것은 옳지 못한 행동임을 말하시며 욥이 판사의 위치에 있는지 물으신다.

'저는 가치가 없는 존재입니다 – 어떻게 하나님께 답변을 하겠습니까? 저는 한두번 말했지만, 이제 입을 다물겠습니다' 라고 욥은 말한다.

피조물

두번째로 하나님은 두 피조물에 대해 말씀하신다. 하나님은 욥에게 하마와 악어에 대해 어떻게 생각하는지를 묻는다. 삶에 대한 위대한 답이 마치 이 동물들에 있는 것 같은 질문이다.

욥이 하나님을 이해할 수 없음을 상기시키시는 것이다. 동물들의 세계를 이해하지도 못하는데 도덕의 세계는 더군다나 알 수 없다. 하나님은 '왜 나와 논쟁하려고 하느냐?' 하고 물으신다.

욥은 하나님은 모든 것을 이미 아시고 그의 계획은 무너질 수 없음을 고백한다. 그는 하나님을 의심한 것이 잘못임을 깨닫고, 자신을 책망하며 잿더미에서 회개한다.

하나님과의 만남이 창피하기는 했지만 가장 중요한 문제였언 하나님과의 연결이 이루어졌다. 하나님과의 대화를 기대하지 않았던 멋진 절정의 순간이다.

끝맺는 말

욥이 하나님을 비난하면 안된다는 것을 받아들이면서 책은 시에서 산문의 형태로 바뀐다. 하나님은 그에게 일곱명의 아들과 일곱명의 딸들, 낙타와 양, 재산을 돌려주시고 욥은 그전보다 더 행복하고 부유하게 된다. 그가 하나님을 따르는 자인것이 입증된다.

하나님은 욥의 세친구들을 비평하신다. 그들이 욥에 대해 말한 것들이 옳지 않다고 말씀하신다. 그러나 하나님은 사탄과의 내기나, 고통의 이유를 욥에게 말씀하시지 않는다. 하나님께서 욥을 고통받게 하신 이유가 있었고 하늘에서 일어나는 일을 욥이 알 필요가 없었다.

결론

욥기에 대한 몇가지 결론을 살펴보자.

유대인의 결론

1. 죄와 고통에 직관되는 것은 없다.
2. 하나님은 고통을 허락하신다.
3. 고통의 이유를 우리는 알지 못할 수 있다. 죄에 대한 심판일 수 있지만, 우리가 알지 못하는 목적이 있을 때도 있다.
4. 죄와 심판에 직관되어 있다면, 우리는 개인적인 이유로 신성해야 한다. 하나님과 이웃을 사랑하는 것이 스스로 우러나오는 것이 아니라는 말이다.

그리스도인의 결론

그리스도인들은 욥기를 신약성경의 맥락안에서 이해한다.

1. 욥은 은혜의 하나님이 아닌 자연의 하나님을 알았다. 예수님의 십자가는 인간의 고통에 다른 차원의 가치를 둔다. 욥은 몇세기 후에 순결하신 분이 고통받는 것을 예지한 '그리스도'와 같은 부류의 사람이다. 예수님은 공의로운 분이셨지만, 그는 죄인으로서 고통을 당했다. 십자가를 통해 하나님은 정의를 위해 어떤 상황도 사용하시는 것을 볼 수 있다. 모든 인간의 고통은 십자가의 고통의 배경에서 이해해야 한다.
2. 하나님은 사탄이 예수님을 십자가에서 돌아가시게 하도록 허락하셨다. 그의 아들이 '하나님, 왜 이렇게 하십니까?' 하고 질문했다. 욥의 경우와 같이 하나님은 왜에 대한 설명을 주지 않으신다. 십자가의 극한 고통하에서 하나님의 아들조차도 그의 고통에 대한 이유를 알지 못했던 것을 볼 수 있다.

3. 그리스도인들은 죽음 후의 삶을 알고있다. 고통의 문제가 이 생에서 꼭 해결되어야 하는 것은 아니다. 헬라어로 번역한 욥기에 다음과 같이 덧붙여진 말이 있다: '하나님이 부활시키는 사람들과 함께 욥도 부활될 것이다.'

4. 부활의 믿음은 우리에게 욥의 경우와 같이 마지막 심판이 있을 것을 일깨워 준다. 그리스도인들은 예수님께서 재림하셔서 산자와 죽은자를 심판하실 것을 믿는다. 예수님을 재판관으로 악한자와 공의로운 사람들이 육체의 형태로 있었을 때 한 일에 대한 심판을 받을 것이다. 욥이 기다리던 것은 앞으로 일어날 사건이다. 정의의 심판 때, 하나님의 공의로우심이 인간 전체에 적용될 것이다.

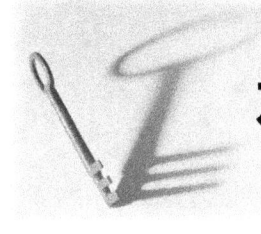

제국의 쇠퇴와 몰락

17. 예언서소개	269
18. 요나서	273
19. 요엘	279
20. 아모스와 호세아	287
21. 이사야서	301
22. 미가서	315
23. 나훔	323
24. 스바냐	327
25. 하박국	335
26. 예레미아서와 예레미아 애가서	343
27. 오바댜	359

제국주의란 무엇인가

17. 예언서소개

예언서는 하나님의 백성이 두번의 망명을 하기 전에 활동하던 선지자들에 대한 기록이다. 북이스라엘 왕국은 722 BC에 앗수리아로, 남유다 왕국은 587 BC에 바빌론으로 추방당한다. 거의 모든 선지자들은 하나님의 말씀대로 살지않으면 망명 당할 것을 예언했다. 사람들은 하나님께서 자신의 성전 파괴를 허락하시고 그의 백성들이 약속의 땅에서 쫓겨나게 하시리라는 재앙을 믿지 않았다.

이것만이 선지자들의 메세지는 아니었다. 어떤 예언은 이스라엘과 유다 왕국간의 일들에 대해 말했고, 또 다른 국가들에만 해당되는 메세지도 있었다.

예언서를공부하기 전, 성경에 또 오늘날의 그리스도인들이 가지고 있는 예언의 본질에 대한 혼란함에 대해 설명하고자 한다.

예언은 하나님의 백성이 하나의 국가를 설립하는 시초부터 그들의 삶의 일부였다. 모세도 선지자로 불리었고, 역사서로 여겨지는 구약성서들은 유대인성경에서 예언서로 불린다. 망명전의 선지자들의 이야기를 선지서로 부른다. (예, 성경전체는 한 선지자의 메세지이지만, 역사안의 초기 선지자들이 여러가지 메세지를 전했다.). 성경안의 선지서가 나열된 순서는 책이 쓰여진 순서와 다르다.

선지자들은 보통사람들이었지만, 하나님의 말씀을 전하는 특별한 역할을 담당했다. 그들은 글과 그림의 형태로 하나님의 메세지를 받았다. 다른 사람들에게 전달할 수 밖에 없는 중요한 메세지들이었다.

하나님의 메세지는 깨어 있을 동안에는 환상으로, 잠잘 때는 꿈으로 그들에게 나타났다. 그들이 환상에 대해 말할 때 마치 사건들이 벌써 일어난 것 같이 항상 과거형으로 묘사하는 중요한 점을 볼 수 있다. 앞으로 일어날 일을 보았다라는 미래형으로 말하지 않고, '지금 본다', '보았다' 의 현재형이나 과거형으로 묘사한다. 그러나 모두 자세한 묘사로 미래를 예언한다. 예를 들어, 나훔은 바빌론을 파괴시키는 붉은 군복의 군인들을 보았다. 나훔의 시대에 붉은 군복을 입은 적군은 없었고, 훗날 붉은 군복을 입은 바사의 군인들이 새로 나타나 바빌론을 정복한다.

하나님이 주시는 예언의 은사에는 두가지 면이 있다. 하나님의 말씀을 들을 수 있는 능력이 하나님의 메세지를 말할 수 있는 능력이다. 이 능력은 육체적, 정신적, 영적 방법들을 통해 선지자들에게 부여되었다.

하나님의 음성이 들릴 때도 있었는데 자주 있지는 않았고 많은 사람들은 천둥 소리로 생각했다. 예를 들어, 예수님이침례를 받으실 때, '너는 나의 사랑하는 아들이다.' 라고 말씀하신 경우다.

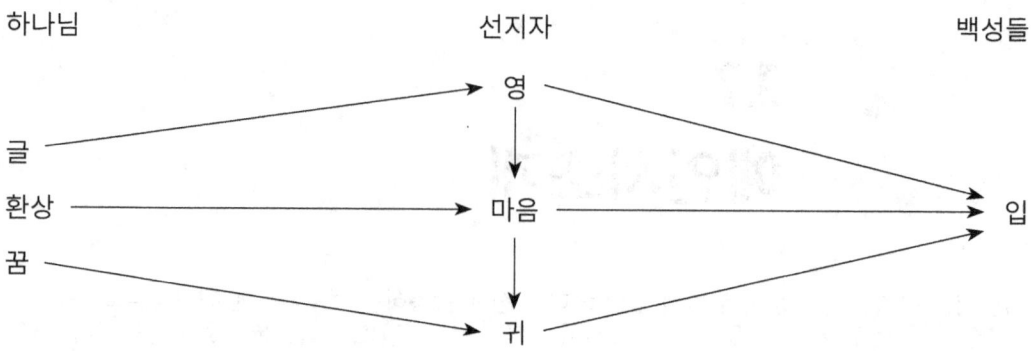

하나님은 선지자의 마음에 말씀을 주심으로 하나님의 음성을 듣게도 하신다. 선지자는 자신의 생각과 하나님의 말씀을 분간하는 능력을 배우게 된다.

또한, 하나님은 선지자가 이해하지 못하는 말이나 환상을 선지자의 영에 말씀하기도 한다. 예를 들어, 방언은 하나님이 그 사람의 영에 말씀하시어 자신이 알아듣지 못하는 말을 그의 입에 주신 것이다.

민수기에 나오는 바람의 나귀같이, 하나님은 드물게 마음과 영을 통하지 않고 바로 육체와 입을 통하여 말씀하기도 하신다.

어떤 방식으로 받았건, 선지자는 하나님의 말씀을 사람들에게 전달해야 한다.

메세지는 일반적으로 사람들이 범죄할 때 주시는 도전의 메세지와, 사람들이 올바르게 살 때 주시는 위로의 메세지로 나눌 수 있다. 메세지가 부정적일 때는 하나님이 문제점에 대해 말씀하시는 것이다. 많은 선지자들의 예언이 위로보다는 도전의 메세지였다. 이사야서의 처음 절반은 도전이고 후반은 위로의 말씀이다.

가짜 선지자들은 하나님의 말씀을 전하는 것이 아니라 사람들의 비위를 맞추는 데 신경 쓰기 때문에 위로의 메세지만을 전한다. 사람들이 하나님에게서 멀리 떠나가는 때에 예언한 예레미아의 메세지는 거의가 어두운 운명을 말하고있다.

우리는 왜 선지서를 공부하는가?

우리는 유대인이 아닌데 왜 그들의 역사를 공부해야 하는가?

답은 간단하다. 하나님은 불변하시기 때문에 하나님을 잘 알기 위해서는 선지서를 공부해야 한다. 전지하신 하나님은 선지자들을 통해 그를 나타내셨기 때문이다.

선지자들이 중점을 둔 세가지 면모를 살펴보자:

    1. 하나님의 행적—위대함
    자연: 기적
    역사: 진행

    2. 하나님의 청렴함—예측할 수 있음
    공의: 심판

자비: 용서

3. 하나님의 적응성—개인적
인간: 회개

1. 선지자들은 하나님의 행적에 촛점을 맞추었다—이미 하신일, 하고 계신 일, 앞으로 할 일. 우리가 사도신경을 낭송할 때, '나는 천지를 지으신 하나님 아버지를 믿습니다' 라고 시작한다. 이것이 선지자들이 하나님에 대해 말한 것과 같다. 하나님은 자연과 역사를 주관하시는 전능의 하나님이다. 그러므로 자연속의 기적과 역사의 진행을 맡아 이루신다. 역사는 경제의 결과이고 자연은 닫혀진 과정으로 보는 많은 현대인들이 사는 과학적 시대에 사는 우리들이 꼭 지켜야 할 하나님에 대한 이해다. 하나님이 자연과 역사 모두를 지배한다는 것을 잊기 쉽다. 선지서를 정기적으로 읽음으로서 자연과 역사를 주관하시는 전능하신 하나님을 우리 마음속에 기억할 수 있다.

2. 선지자들은 하나님의 청렴함에 촛점을 두었다—그들은 하나님은 한결같으신 분임을 알려준다. 그는 항상 동일하시고 성품이 불변하시다. 그는 공의와 자비를 동시에 갖추신 분이다. 둘 중 하나만 치중하면 하나님에 대한 균형적 시각을 잃게 된다. 공의에 치중하면 하나님에 대해 너무 강한 시각을 갖게되고, 자비에만 치중하면 너무 약한 시각을 갖게된다. 하나는 사랑이 없는 두려움, 다른 하나는 두려움이 결핍된 사랑만 말하게 된다. 선지자들은 균형있게 말씀한다. 하나님의 공의는 반드시 죄를 심판하셔야 함을 의미하고, 그의 자비는 그가 우리의 죄를 사하기를 원하심을 의미한다. 이것이 십자가에서 이루어진 공의와 자비의 해결책이다. 죄는 벌하여 졌고, 우리는 죄사함을 받았다. 하나님의 청렴하심은 하나님이 어떻게 행동하실지를 우리가 미리 예측할 수 있음을 의미한다. 할 수 있는 한 자비를 주시지만, 계속 죄를 지을 경우 공의 심판을 하실 수 밖에 없다. 이것이 요나와 나훔의 메세지였다.

3. 선지자들은 하나님의 적응성에 대해 강조한다. 나는 이것이 하나님의 성품 중 가장 중요한 통찰이라 생각한다. 하나님은 그의 계획을 바꿀 수 있다—그것들이 바꿀 수 없거나 영원한 것이 아니고, 사람들이 하나님에게 어떻게 반응하느냐에 따라 바뀐다. 이런 면은 예레미아 선지서에서 토기장이가 진흙으로 좋은 그릇을 만드는 비유에서 볼 수 있다. 진흙이 잘 빚어지지 않을 때 그는 다른 볼 품없는 그릇을 만들어 버린다. 하나님은 토기장이의 비유를 통해 예레미아가 하나님의 메세지를 이해했는지 물으신다. 많은 목사들이 이 비유를 잘못 이해하고 있다. 토기장이가 진흙으로 무엇을 만들지를 마음대로 정하는 예정론의 비유로 생각한다. 하지만 사실은 진흙이 결정하는 것이다. 하나님은 이스라엘에게 자비를 베푸시기를 원하지만, 그들이 말을 듣지 않을 때, 공의의 심판을 할 수 밖에 없었다.

개인적으로 만나주시고, 살아계시고, 우리와 관계를 맺기 원하시는 하나님에 대해 선지자들은 말했다. 운명적으로 정해진 것은 없다. 하나님은 적응성을 가지신 분이다—그의 백성들에게 맞추신다. 그들이 올바르게 반응하면, 하나님은 우리를 아름다운 그릇으로 만드신다. 하지만, 그들이 옳지 않게 반응하면, 그는 공의로 적용하셔서 다른 그릇을 만드시고, 그 결과를 세상 사람들이 볼 수 있게 하신다. 선택은 우리에게 있다. 우리는 어떤 종류의 진흙이 되기를 원하는가? 세상에 하나님의 자비를 보여주기 원하는가 아니면 공의를 보여주기 원하는가?

하나님의 적응성은 나에게 너무나 소중한 진실인데, 안타깝게도 많은 그리스도인들이 이것을 잘 모르고 있다. 미래는 정해진 것이 아니다; 이미 예정된 것이 아니다; 하나님은 우리와 개인적 관계를 맺는 분이기 때문에, 모든 것이 가능하게 열려있다. 하나님께서 바꾸지 못하시는 단 한가지는 과거다. 미래는 얼마든지 바꿀 수 있고 바꿀 것이다. 성경은 우리가 회개하면 하나님도 회개한다고 말한다. '회개' 의 의미는 단순히 '마음을 바꾼다' 라는 의미다. 그러므로 우리가 마음을 바꾸면, 하나님도 그의 마음을 바꾸신다. 하지만 그의 성품을 바꾸는 것은 아니어서 우리는 항상 하나님께 의지할 수 있다. 선지서를 읽음으로서 하나님을 잘 알 수 있게 된다. 하나님은 전능하셔서 자연과 역사의 모든 것을 주관하신다. 그는 예측할 수 있는 하나님이시다—그는 청렴한 성품대로 움직이신다—그래서 우리는 하나님이 어떻게 반응하실지를 알 수 있다. 하나님은 우리의생활 속에서 우리과 개인적인 관계를 갖기 원하셔서 우리에게 답변하시고 우리도 그에게 답변할 수 있다. 그러한 분이 우리가 예배드리는 하나님이시다.

망명전의 선지서에는 잘 알려진 선지자도 있고, 잘 알려지지 않은 선지자도 있지만, 우리에게 여러면의 선지사역에 대한 것을 공급한다.

18. 요나서

개요

요나와 나훔은 유사한 점들이 많아서 함께 취급하기로 한다. 요나와 나훔은 같은 장소에서 거의 같은 메세지를 받았다.

요나는 나사렛부근에서 태어났다. 그는 나사렛 사람들에게는 영웅이었기 때문에 예수님께서도 어렸을 때 요나에 대해 들어보셨을 것이다. 모든 선지자들중 예수님은 자신을 요나에게 비교하셨다.

나훔은 가버나움 (Capernaum) 에서 왔다. 가버 (Caper) 는 '마을' 이란 뜻으로 가버나움은 나훔선지자의 이름을 딴 것이다. 이 마을은 예수님께서 사역하시던 갈릴리 바다근처에 있었고 예수님은 이 두사람과 깊은 연관을 가지고 계시다.

국제적인 무대였던 북 이스라엘에서 이두사람이 나타난 것은 중요한 의미를 가진다. 이곳은 모든 대륙으로 연결하는 교차점이어서 '만국의 갈릴리' 로 불리던 지역이다. 유럽에서 해변을 따라 오는 길은 동쪽의 아라비아로 연결되어 있었다. 아프리카에서 북쪽으로 갈릴리를 지나 다마스커스로 갈 수 있다. 아시아에서 아프리카로 혹은 유럽에서 아라비아로 가는 모든 사람들이 지나가는 교차로였다. 여기에 메기도 (Megiddo) 라는 언덕이 있었다. 메기도는 히브리어로 알마게돈 (Armageddon) 이고 인간 역사의 마지막 전쟁이 있을 곳이다. 나사렛은 이 교차로를 내려다 보는 언덕에 있다. 마치 공항의 복도를 지나는 많은 사람들을 보듯이, 예수님께서 어렸을 때 이곳에서 오가는 많은 사람들을 보셨을 것이다.

갈릴리는 국제적인 무대였지만, 남쪽의 유대지방은 민족주의적이고, 주요 무역 노선에서 외떨어진 곳에 있었다.

그래서 이스라엘 안에 예수님의 사역에 영향을 끼치는 두 장소가 있었다. 국제적인 북쪽에서는 예수님을 잘 받아들였지만, 민족주의 사상이 깊은 남쪽에서는 예수님을 거부하고 결국 십자가에 못박았다.

나와 나훔은 국제적 사정을 잘 알고 있는 북쪽 지방 사람들로서 하나님께서 두사람을 앗수리아에 보내셨다.

당시 서쪽과 동쪽의 강대국들이 성지를 위협했다. 그들이 서로 집권하고자 싸울 때 이스라엘은 항상 둘 사이에 끼어있었다. 누군가가 이스라엘의 교차로에 사는 사람은 언젠가는 치어 죽을 것이라고 한 말이 일리가 있었고 그대로 행해졌다. 요나와 나훔시대에 니네베에 수도를 갖고 있는 앗수리아가 문제를 일으켰다.

요나는 770 BC 에, 나훔은 150년 후인 620 BC 에 앗수리아로 갔다. 그들은 앗수리아 사람들의 악함때문데 그곳으로 보내졌다. 앗수리아 왕국은 750년동안 존재했고 이집트를 정복한 적도 있었다. 1354 BC경, 작은 집권으로 시작하여 점점 강성해졌다. 그들은 잔인한 방법을 동원해서 확장했다. 앗수리아 사람들은 역사상 가장 잔인하고 무자비한 나라중 하나로 여겨진다. 적을 죽일 때, 나무 못으로 죽을 때까지 찌르는 잔악한 방법을 사용했다. 한번에 몇천명을 이런 방법으로 죽였다. 그들은 공포의 정치를 했다.

나훔은 니네베를 '피의 도시'라 불렀고 그것은 마땅한 이름이었다. 앗수리아가 넘보는 국가들은 모두 공포에 떨었다.

스바냐도 앗수리아에 대해 말했지만, 결국은 나훔이 '너희는 끝장났다! 하나님이 너희를 전멸하실 것이다' 라고 그들에게 선포했다. 그후 612 BC에 니네베는 패배하고 앗수리아 왕국은 나훔의 경고가 있은 지 5년내에 사라졌다.

요나서는 사실인가 허구인가?

먼저 요나서의 이야기가 사실이냐 허구이냐를 묻는 논란에 대해 답을해야 할 것이다. 거의 모든 사람들은 요나가 고래뱃속에 있었다는 이야기를 알고있고 요나서 전체에 대한 사실성을 이 이야기에 근거한다.

어떤 사람들은 고래가 요나를 삼킨 이야기가 고래 안에서 살았던 피노키오의 이야기와 같은 종류이고 이런 이야기를 심각하게 받아들일 수 없다고 말한다. 비유의 이야기로 도덕적인 교훈을 주는 이야기로 생각한다.

어떤 사람들은 이스라엘이 온 세상에 선교적 사명을 가지고 있음을 깨닫게 해주는 이야기라고 말한다. 요나가 선교의 사명을 피한 사건이 이스라엘이 배워야 할 교훈이라는 것이다.

그러나 성경안의 비유는 명확히 표기되어 있으며, 요나서는 역사서로 간주되어 있다. 또, 예수님의 비유의 말씀에는 기적이 포함되어 있지 않았으나, 요나서에는 8번의 기적이 있다.

다른 학자들은 요나의 이야기가 현실을 비추는 우화로 믿는다. 요나가 어떤 특정 인물이 아니라 이스라엘을 인명화 시킨 것으로 본다. 고래가 요나를 삼킨 것은 이스라엘이 망명하게 되는 것을 은유화 한 것이라고 말한다.

그러나 요나서를 허구로 보는 견해에 대한 다음의 반대의견들이 있다.

1. 요나서는 다른 역사서와 같은 형태를 가지고 있다. 단어, 문체, 문법등이 열왕기 상/하와 같다.

2. 다른 성서에 나오는 실제 장소와 인물들이 등장한다. 요나는 열왕기 하에 언급되었고 여로보암 이세 때의 선지자였다. 그의 아버지 아미타이는 성경의 역사서에 실제인물로 간주된다.

3. 가장 중요한 것은 예수님이 요나를 실제 인물로 여기셨다는 것이다. 예수님은 요나와 큰 물고기의 이야기를 믿으셨다. '요나보다 큰 사람이 여기있다' 라고 자신을 칭하셨고 자신이 죽었던 기간을 요나가 고래 뱃속에 있었던 기간과 비교하셨다.

4. 특히 4장을 볼 때 요나서를 비유나 우화로 보기 어렵다. 요나서의 주요 핵심은 '왜 요나가 도망했는가?' 이다. 많은 사람들은 이 질문에 대해 생각하지 않는다! 그렇다면, 왜 사람들은 요나가 실제 인물이 아니라고 급한 결정을 내리는가? 왜 이 책의 사실성을 받아들

이려고 하지 않는가?

첫째, 그가 당한 일은 거의 불가능 하기 때문이다. 둘째, 유대 선지자가 이방인의 도시 전체를 개종시키는 것은 심리적으로 믿기 어렵기 때문이다. 유대인이 런던 중심지에 와서 설교하여 런던 전체를 하나님께 돌아오게 하는 것을 상상할 수 있는가? 런던 전체가 회개한다는 것은 거의 있을 수 없는 일이다.

물리적으로 '이것이 가능한가?' 와 '하나님이 그렇게 만드셨는가?' 의 두가지를 공부하기로 하자.

고래나 큰 물고기가 인간을 삼킬 수 있는가?

내가 벅킹햄셔 (Buckinghamshire) 의 샬퐁크 세인트 피터 (Chalfont St. Peter) 마을에서 목회를 할 때에, 한 대장장이의 아들이 캘리포니아에서 해양 포유동물들을 접하는 일을 했다. 그는 고래나 돌고래를 훈련시키는 조련사였고 그들의 친구로 수영장 안에서 같이 놀았다. 돌고래가 죽자, 고래는 그가 죽은 돌고래를 만지지 못하게 하고, 죽은 돌고래의 몸을 그의 입에 3일간 물고 있었다. 그는 가끔 물위로 올라와서 돌고래를 숨쉬게 하려고 노력했다. 이 장면을 찍은 영상을 보았는데 돌고래는 사람의 크기와 비슷했다.

요나는 죽었었는가 살아있었는가?

나에게 중요한 것은 요나가 살았었는지 죽었었는지 이다.

고래가 죽은 돌고래를 입에 물고 숨쉬게 하려고 노력하는 영상을 보기 전까지는 이 질문을 해본 적이 없다. 다시 요나서를 읽었을 때, 놀랍게도 고래가 죽은 시체를 삼킨 증거를 볼 수 있었다.

2장을 보면 요나는 물에 빠졌다. 선원들이 그를 바다에 던졌을 때, 그는 밑으로 가라앉아서 해저산맥의 바닥에 누웠고 머리는 해초사이에 있었다고 한다. 익사하는 데는 불과 1-2분 걸리지만, 바다의 바닥까지 가는데는 오랜 시간이 걸린다. 주일학교에서 가르치는 교재에는 고래가 수면위에서 있다가 선원들이 요나를 바다에 던질 때 받아 삼킨 것으로 잘못 묘사하고 있다. 성경에서 보여주는 지중해 바닥의 해초사이에 누워있는 요나를 보여주는 그림은 없었다.

또, 그가 기도한 기도문은 그가 사후의 저승 세계에 있음을 알려준다. 물에 휩싸여 목숨이 끊어지는 찰나를 기억하고 묘사한다. 그 때, 하나님을 기억했다고 그는 말한다.

이것을 볼 때, 요나는 죽었었다. 고래는 요나를 죽게 한 것이 아니고 부활하게 했다. 고래가 그를 뱉어 냈을 때, 하나님은 그의 영과 육이 다시 연합하도록 하셨다. 이것이 예수님이 지구의 가운데 계시는 것을 마치 요나가 고래의 뱃속에 있는 것과 같다는 말씀과 연결된다.

세상적으로 의심하는 자들은 요나가 죽었다가 다시 살아난 것보다 살아 있는 요나가 고래 뱃속에서 지냈다는 것이 더 믿기 쉬웠을 것이다. 나는 요나서가 구약성경에서 부활을 다루는 훌륭한 예화라고 믿는다.

기적

요나서의 해석을 하기위해서는 하나님을 믿는 우리의 믿음에 중대한 질문에 접하게 된다. 고래가 요나를 삼킨 것 뿐 아니라, 여덟개의 취급하기 어려운 기적에 대한 이해를 해야한다.

마지막 장에서 하나님은 벌레에게 일을 시키신다. 대장장이의 아들이 캘리포니아에서 두뇌가 우수한 고래를 훈련시키는 것은 보았지만, 벌레를 훈련시키는 것은 본적이 없다. 하지만 하나님은 벌레에게 일을 시키신다. 누군가가 나에게 요나와 고래이야기를 믿는 것은 아니겠지요? 라고 물을 때, 나는, 그건 아무것도 아니예요. 벌레에 대한 이야기도 믿습니다 라고 답한다. 거의 모든 사람들이 고개를 갸우뚱하며 무슨 말인가 하고 이상하게 여긴다.

이책에 나오는 기적들을 살펴보자:

1. 하나님은 폭풍을 일르키는 바람을 보내서 배가 침몰의 위기에 처한다.
2. 선원들이 하나님을 화나게 한 사람을 제비뽑았을 때 요나가 지적된다. 하나님이 무작위의 결과를 조정하신 것이다.
3. 선원들이 요나를 바다에 던졌을 때, 하나님은 바다를 고요하게 하신다.
4. 하나님은 큰 물고기로 하여금 마른 땅에 요나를 뱉어 내게 하신다.
5. 하나님은 밤사이에 덩굴을 자라게 하신다.
6. 하나님은 벌레를 보내어 식물의 뿌리를 먹게 하셔서 식물이 죽게 하신다.
7. 마지막으로 하나님은 사막의 뜨거운 바람을 보내신다.

이렇게 여덟번에 걸쳐 하나님은 자연을 조정하신다. 이 사건들에 대한 우리의 반응은 우리의 믿음에 대해 많은 것을 볼 수 있게 한다. 영국의 세부류의 철학을 적용시킬 수 있다:

1. 무신론은 하나님이 세상을 창조하지 않았기 때문에 조정하지도 않는다고 말한다.
2. 이신론은 하나님이 창조하긴 했지만 관여하지는 않는다. 영국 교회의 많은 사람들을 이신론자로 볼 수 있다. 하나님을 믿지만 기적은 믿지 않는다. 교회에 가서 우주를 창조하신 하나님께 감사드리지만, 좋은 날씨를 달라고 기도하지 않는다.
3. 유신론은 하나님이 우주를 창조하셨고 과거에도 현재도 조정하고 계신다는 것을 믿는 성경적 철학이다.

어떤 그리스도인들은 위의 두가지를 섞어서 믿는 사람도 있다. 성경의 기적은 믿지만 현대의 사회에 기적은 없다고 믿는다. 실제적인 이신론자이면서 신학적 유신론자이다.

니네베의 개종

여기서 니네베와 같은 대도시의 전인구가 개종할 수 있는 통계적 심리적 불가능에 대해 생각해보자. 이것으로 역사적 사건을 보는 다음과 같은 주장들이 있다:

1. 첫째, 그들은 종교적이고 미신적이었다. 그들은 하나님을 믿었다.
2. 둘째, 그들은 죄가 있었다. 죄는 우리를 겁장이로 만들어 죄의 추궁을 받을 때, 받아들일 준비가 되어있다.
3. 세째, 회복은 보통사람들에게서 시작되어 사회 계급의 위로 올라가며 왕궁에 까지 미치게 되었다.
4. 네째, 그들은 요나의 기적을 알고 있었다. 고래 뱃속에 있었던 요나의 피부가 하얗게 변

한데 놀랐을 것이다. 왜 그런지에 대한 설명은 그들에게 감명을 주었을 것이다.

5. 다섯째, 무엇보다도, 성령이 임하실 때 역사는 이루어진다.

나는 도시 전체가 회개했다는 것을 믿는데 아무 불편이 없다. 니네베 사람들이 하나님에 대한 말씀을 듣고 회개한 데에 반해 예수님의 말씀을 듣는 사람들은 회개하지 않은 사실로, 예수님은 마지막 심판날에 니네베의 사람들이 일어 날 것이라고 말씀하셨다.

요나는 왜 하나님의 명령을 피했는가?

우리가 자세히 살펴보아야 할 커다란 질문이 있다. 요나는 왜 하나님의 명령을 회피했는가? 이 질문은 4장의 주제이고, 이 장은 잘 읽지도 않고 가르치지도 않는다. 그러나 이 질문이 이야기의 핵심이다. 요나는 왜 주저했는가? 무엇을 생각하고 있었는가?

어떤 사람들은 요나가 자신의 생각만 했다고 말한다. 앗수르의 적으로부터 공격받을까봐 니네베에 가는 것을 두려워했다고 말한다. 그러나 그가 왜 선원들에게 그를 바다물에 던지라고 제안했는지는 설명하지않는다. 그는 죽음을 두려워하지 않았다.

두번째로, 요나는 이방인들이 이스라엘의 하나님에 대해 들을 권리가 없다고 생각했다고 말한다. 유대인 배척의 반대로 이방인 배척이다. 그러나 이 의견도 그가 왜 탈수스의 이방인들에게 갔는지를 설명하지 못한다.

다른 사람들은 그가 지구상에서 가장 악했던 앗수르인들을 생각했다고 말한다. 그러나, 가장 중요한 것은 그는 진심으로 이스라엘을 생각했다는 점이다. 왜냐하면 앗수르가 이스라엘에게 가장 큰 위협이었고, 미래의 침략자와 아무 관계 맺는 것을 원하지 않았다.

위의 모든 의견들은 마지막 장의 요나의 말을 고려하지 않는다. 그는 40일 안에 하나님이 그의 도시를 쓸어버릴 것이라고 사람들에게 말했다. 그의 설교를 듣고 모든 사람들이 회개했다. 재앙을 피하게 된것이다.

도시 전체가 회개했다면 선교사는 너무 기뻐하겠지만, 요나는 실망했다. 도시외곽의 언덕에 앉아 그는 하나님께 불평했다, '이럴줄 알았어요! 하나님이 어떤 분이신지 알고 있습니다. 그들을 용서하실 줄 알았어요. 도시를 파괴하리라는 협박만 하고 사실 벌하지 않으실 것을 알고 있었어요.' 요나는 사람들이 구원받는 것을 원하지 않았는가? 사람들이 회개하는 것을 바라지 않을 만큼 요나는 마음이 좁고 편협한 사람이었나?

그가 하나님께 한 말을 이해할 수 있는 열쇠는: 오 하나님, 제가 고국에 있을 때 말씀드리지 않았나요? 그 때문에 탈수스로 빨리 떠난 것입니다. 하나님은 은혜와 사랑이 넘치셔서 재앙을 내리기를 원하시지 않는 분임을 알고 있었읍니다. (4:2)

열왕기 후 14:23-25에 보면 요나가 본국에서 어떤 일이 있었는지를 알 수 있다.

그가 선지자로 불림을 받았을 때, 그는 하나님이 보시기에 악하기로 유명한 여로보암 2세 왕에게 보내졌다. 하나님이 요나를 왕에게 처음 보냈을 때, 그가 왕의 완악함을 다룰 수 있으리라 기대하고 긍정적으로 생각했다. 그러나 전달해야 할 메세지는 그가 생각한 바와 달랐다. '왕에게 가서 하나님이 그를 축복하여 그의 영토를 넓히고 그를 위대한 왕으로 만들기 원한다' 라고 전하라는 하나님의 분부를 받았다. 요나는 악한 왕에게 이것은 타당치 않다고 반대했다.

그는 '이런 방법은 옳지 않습니다. 나쁜 사람들을 축복하시면 그들은 더 악해 집니다.' 라고 속으로 하나님께 말하고 있었다.

역시, 왕은 더 악해졌다. 하나님이 축복하면 할수록, 그는 더 악해졌다. 그래서 요나는 자비는 악한 사람들에게 통하지 않는 방법이라는 결론을 내렸다. 하나님의 일을 그가 더 잘 알고 있다는 결론을 내린 것이다.

하나님의 자비

이런 태도를 가지고 요나는 니네베로 갔다. 그는 '하나님, 하나님의 자비로 이 도시가 변하는지 더 악해지는지 두고 봅시다.' 라고 말했다.

이러한 태도의 바탕에는 하나님의 성품과 명예에 대한 요나의 질투가 있다. 그는 하나님의 성스러운 자비를 이용하는 사람들을 감당할 수 없었다. 그들의 회개는 가상적이라고 믿었다. 하나님이 부드럽게 대하시면, 그들은 하나님의 심판의 가능성을 심각하게 받아들이지 않을 것이라 생각했다. 요나의 경고는 사람들이 믿지 않았고, 오히려 조롱의 대상이 되다가, 결국 잊혀졌다.

요나의 옆에 나무가 자랐을 때, 그에게 그늘을 제공해 주는 나무에 대해 감사했다. 그러나 벌레가 뿌리를 먹어서 나무가 죽었을 때, 요나는 다시 화를 냈다. 그는 하나님께 왜 나무를 죽게 하셨는지 물었다. 하나님은 나무에 대해 화를 내는 것은 합당하지만, 니네베에 대해 화를 낼 권리가 그에게 있는지를 물으셨다. 그 도시에는 120,000명의 어린이와 많은 가축들이 있었다. 하나님이 그들을 불쌍히 여기실 권리가 없단 말인가?

요나는 하나님이 앗수르인들을 심판하지 않기를 원하심에 대하여 질투했고, 심판을 되도록 연기하는 하나님의 자비를 이해하지 못했다. 이때문에 그는 바다로 도망했고, 그의 성공적인 설교에 허전했다. 우리는 가끔 하나님의 인내하심과 자비하심이 얼마나 많은 회개의 기회를 주시는가를 잊는다.

물론, 하나님의 인내가 고갈되는 때가 있다. 요나가 때를 잘못 알고 있었을 뿐이지 궁극적으로 이것이 선지자들이 전해야 할 메세지다. 당시에는 니네베에 대한 하나님의 자비와 인내가 아직 있었다. 나훔 선지서를 공부하면서 하나님의 인내가 영원하지는 않다는 것을 우리는 보게 될 것이다.

19. 요엘

개요

요엘의 아버지의 이름이 브두엘이라는 것 외에는 요엘에 대하여 우리는 아무것도 모른다. 두사람의 이름에 히브리어로 '하나님' 이라는 뜻의 '엘' 이 들어간 점으로 보아 그들이 하나님을 잘 믿는 가문이었을 것이라고 추측할 뿐이다.

요엘은 오바댜의 예언이 끝난지 10년후 선지자로 등장한다. (505페이지 참조) 오바댜의 예언은 거의 모두가 타국에 대한 것이었고 그는 이스라엘의 장래를 희망적으로 본다. 그러나 요엘은 '하나님의 날' 의 개념으로 하나님의 심판은 다른 나라들 뿐아니라 이스라엘에게도 해당된다고 말한다. 이스라엘 사람들은 하나님보시기에 자신들은 괜찮다고 느끼고 있다가 요엘의 말에 심한 충격을 받는다.

마찬가지로, 요즈음 대부분의 그리스도인들은 어떻게 살던지 천국에 들어갈 것이라는 안일한 생각을 한다. 하나님을 믿지 않는 사람들의 죄보다 하나님을 믿는 사람들의 죄는 사실 더욱 심각한 것이다. 로마서 2장에서 사도 바울은 그들이 정죄하는 믿지 않는 자들과 같은 행동을 한다면 그들은 하나님의 심판을 피하지 못할 것이라고 말한다. 하나님은 공평하시다. 하나님의 자녀이므로 죄를 지어도 된다는 생각은 전혀 성경적이지 않다. 우리가 범죄할 때마다 무조건 사해주시는 것이 아니다. 믿지않는 자가 간음할 때에 심판하시고 믿는자에게는 '하늘나라에 가는 티켓'을 주시는 불공평한 하나님이 아니시다.

선지자들은 자신들은 괜찮다고 생각하는 이스라엘 사람들의 이러한 사상을 먼저 고쳐야 했다. 엘리야는 그들에게 강력하게 도전했지만, 요엘은 하나님의 날에 어둠이 올 것이라고 처음 말한 선지자다.

나는 요엘서를 해석하기 전 먼저 자세히 세분화하여 공부하는 것이 도움이 됨을 발견했다. 1장에서 3장은 세부분의 예언들이 한꺼번에 이루어 지는지 따로 이루어 지는지에 대해서는 말하고 있지 않지만 전체적으로 맞물린다.

요나서의 윤곽

메뚜기의 재앙 (1장)

폐허의 땅 (1:1-12)
사람들의 회개 (1:13-20)

하나님의 날 (2장)

반복되는 어려움 (2:1-11)

진실한 회개 (2:12-17)
끝없는 회복 (2:18-27)
완전한 복원 (2:28-32)
    a. 심령, 남자와 여자 (2:28-29)
    b. 징조, 해와 달 (2:30-31)
    c. 구원, 사명감과 부르심 (2:32)

결정 (3장)

국가들의 복수 (3:1-16a)
이스라엘의 정당성 (3:16b-21)

메뚜기의 재앙 (1장)

폐허의 땅 (1:1-12)

요엘의 예언은 자연재해로 시작된다. 전국을 뒤덮은 메뚜기 떼는 굉장한 광경이었을 것이다. 400 평방 마일의 지역을 600만마리의 메뚜기가 뒤덮는다. 하루에 8만톤의 음식을 먹어서 그들이 한번 왔다 간 지역의 모든 식물은 완전히 사라진다. 한달 동안에 2천마일을 이동하고 하루에 1-200마일을 6주간 계속하며 일 평방마일 안에 5,000개의 알을 낳는다. 그들의 머리는 말의 형상을 하고 있고 왕성한 식욕을 갖고있다.

나이지리아 북방의 카노에서 나는 메뚜기 떼를 경험한 적이 있다. 대낮에 갑자기 깜깜해졌다. 나는 일식이 온 줄 알았다가 태양을 가리고 다가오는 거대한 검은 구름을 보았다. 그리고 곧 자정과 같이 깜깜한 흑암이 내렸다. 그들은 한시간에 약 12 마일 정도 움직였고, 내가 있던 곳을 완전히 통과하는데 한시간 반이 걸렸다. 그들이 지난 후, 모든 나무 껍질은 벗겨져 있었고 잎사귀는 사라졌으며 모든 식물은 파괴되었다. 이 사건은 잊을 수 없다. 정말 무서운 경험이었다.

아프리카에서는 종종 있는 일이었지만, 이스라엘에서는 흔치 않은 일이었다. 메뚜기 떼가 나타났을 때, 요엘은 하나님이 하시는 일이라고 사람들에게 말했다. 이것은 하나님의 첫번째 경고이고 그들이 계속해서 옳지 않은 생활을 할 경우 이보다 더 심한 일이 일어날 것이라고 말했다.

메뚜기 떼의 피해로 인해 사람들은 소제의 예물을 드릴 곡식이 없었다. 소재는 끊어졌다. 포도원, 과수원, 올리브 밭은 모두 파괴되었다. 가뭄, 산불, 기아에 부딪치고, 경제는 파탄에 이르렀다. 요엘의 예언이 추수를 감사하는 성막절 때쯤 일어난 일이 아닌가 추측하는 사람들도 있다.

하나님의 재앙의 심판을 이해할 수 있는 전례가 성경에 있다. 출애굽기 10장에 하나님께서 이집트에게 보낸 여덟번째 메뚜기의 재앙과 신명기 28장에서 하나님께 순종하지 않으면 메뚜기의 재앙을 보내겠다고 말씀하셨다.

그렇다면 어떤 자연재해가 하나님께서 보내신 것인가 하는 질문을 우리는 갖게된다.

세가지 성격을 볼 수 있다:

1. 사람들에 대한 것이다.

2. 전에 예언이 있었다.

3. 내용이나 범위가 일상적이 아니다.

최근의 예를 들어, 1984년 요크 대성당의 화재는 역사적인 하나님의 일하심이라고 나는 믿는다. 상황이 너무 이상하기 때문이다. 푸른 하늘의 작은 구름이 요크 대성당의 주위를 20분간 빙빙 돌다가 번개가 대성당을 내리쳤다. 그 구름은 비를 내리기에도 부족한 작은 구름이었지만, 천둥을 동반하지 않은 굉장한 강도의 번개불로 성당을 전소시켰다. 이 일은 성당의 재건축이 바로 끝나고 화재 방지의 최신 장비가 설치된 바로 후에 일어난 일이다. 성가대 소년들은 천둥이 없었기 때문에 아무 소리도 듣지 못했지만 전체의 일을 대성당안에서 보았다. 나는 기상대에서 구름에 대한 지도를 구했는데, 16명의 기독교인이 아닌 기상대원들 조차도 이 사건은 하나님의 일이 틀림없다고 말했다. 이렇게 기이한 일을 본적이 없었기 때문이다.

사람들은 이것이 하나님의 심판인지 물었다. 나는 하나님의 자비라고 말했다. 믿음을 거부하는 주교의 임명식을 마치고 모든 사람들이 떠날 때 까지 하나님은 기다리셨다. 그들이 건물안에 있을 때 벼락을 내릴 수도 있었다. 이 사건은 심판보다는 자비라고 보고, 또한 하나님의 경고라고 나는 믿는다.

하나님의 일인지 아닌지를 구분하는 하나의 증표는 사건 자체의 기이함이다. 기이함은 초자연적 성격을 보여준다. 또 하나의 증표는 하나님의 백성의 식별이다. 예언의 은사를 받은 많은 사람들이 믿음이 없는 주교의 헌신을 축성하는 일에 하나님께서 어떤 일을 하실지 염려했고, 요크 대성당 화재가 하나님의 역사임을 알았다. 아무도 예언한 사건은 아니었지만, 많은 사람들이 주교의 잘못된 믿음에 대해 하나님께서 어떻게 하실지를 궁금해 했었다.

모든 일어나는 일에 대한 평가를 잘 못 할 수 있기 때문에, 자연재해는 하나님에 의한 것이건 아니던 간에 하나님의 심판을 상기시킨다. 누가복음 13장에서 실로암탑이 쓰러졌을 때 죽은 공사장의 노동자들이 다른 사람들 보다 더 나쁜 죄를 지은 사람들인지에 대해 사람들이 예수님께 질문했다. 예수님은 그렇지 않다고 답하시고, 이 사고를 목격한 사람들이 회개하지 않으면 그들도 죽을 것이라고 말씀했다. 지진, 태풍, 홍수는 인간의 삶의 나약함과 하나님과 정도를 가야할 필요성을 상기시켜 준다.

사람들의 회개 (1:13-20)

1장의 후반에서 요엘은 사람들이 회개하지 않으면, 하나님의 반복되는 진노하심을 피할 수 없다는 경고와 함께 장로들에게 상세히 설명이 없이 어떤 국가적 회개를 촉구한다. 열왕기 상과 하에서의 역사적 배경을 연구하여 당시에 어떤 일이 있었기에 요엘이 국가적 경고를 했는지 볼 수 밖에 없다.

요엘이 활동하던 시기를 확실히 알 수는 없지만 대략 900 BC 경에 일어난 열왕기의 사건들과 연관이 있는 것으로 추정한다. 한가지 실마리로 왕에 대한 참고는 없지만 제사장에 대한 참고는 있는 사실을 본다. 열왕기에 역사상 유일하게 여왕이 집권했던 시기가 있었다. (841-835 BC) 하나님은 이스라엘의 왕들이 계명을 지키고 하나님의 명령을 지키는 한 이스라엘의 왕위를 계승할 아들을 주시겠다고 약속했었다. 하나님은 여왕을 허락하지 않으셨다.

또, 당시 집권했던 여왕은 신뢰할 수 없는 행동을 하는 아달리아 여왕이었다. 그녀는 왕대비였다가 왕이 죽자 자신이 여왕이 되기 위해 왕의 모든 아들들을 죽였다. 그녀의 어머니는 북왕국 이스라엘에서 난동을 일으켜 악명을 떨쳤던 이세벨이다. 그러나 한명의 아들을 대제사장이 성전에 숨겨서 구했다. 그녀가 모두를 죽였다면 다윗왕가의 대는 끊어졌을 것이다. 그녀의 비열한 행동을 보고도 사람들은 그녀를 여왕으로 받아들였다. 살아남은 왕자의 이름은 요아스였고, 요엘이 활약한 후, 사람들은 아달리아를 퇴위시키고 일곱살의 어린 요아스를 왕으로 추대한다.

아마도 이것이 요엘의 예언이 주어진 사회상이었는지 모른다. 국가적 죄를 지었기 때문에 국가적 회개가 필요했다.

하나님의 날 (2장)

반복되는 죄악 (2:1-11)

그러나 사람들은 회개하지 않았다. 그들은 계속해서 죄를 지었고, 요엘은 반복되는 메뚜기의 재앙을 묘사함으로 2장을 시작한다. 그러나 자세히 읽어보면, 이번의 메뚜기 떼는 몇천명의 군사들이 행진해 들어오면서 모든 것을 파괴하는 것을 보게된다. 처음보다 훨씬 더 위기에 처한 것이다. 완전 파괴를 볼 때, 요엘은 고대의 어느 나라 보다도 악락한 모두 불태워 버리는 정책을 쓴 바빌론의 군사를 말하고 있는 것이라 볼 수 있다. 사람들과 어린 아이들과 나무, 양, 가축등 살아있는 모든 생물들을 죽였다. 바빌론 군대는 살아있는 아무것도 남기지 않은 점에서 메뚜기의 재앙과 비슷하다. 요한계시록 9장에 동쪽의 이백만의 국사들을 메뚜기 떼로 비유하는 것과 유사하다. 요엘이 메뚜기나 군인들을 묘사함으로, 하나님은 둘 다 보내실 수 있고 그의 심판은 불가피했음을 명백히 알 수 있다.

진실된 회개 (2:12-17)

요엘은 하나님이 원하시는 것은 진실된 회개라고 반복해서 외친다. 처음 회개하라고 말했을 때 사람들은 나가서 술에 만취했다. 사람들은 다가오는 재앙에 대해 두가지로 반응했는데, 어떤 사람들은 회개했고 어떤 사람들은 술을 퍼마셨다.

요엘은 다시 두번째 회개를 촉구했다. '옷을 찢지 말고 가슴을 찢으라' 라고 말했다. 사람들이 옷을 찢는 장면이 감격적으로 보일 수는 있으나 하나님은 그것으로 만족하지 않으셨다. 우리의 옷이 아니라 가슴이 중요한 것이다. 요엘은 죄를 열거하지 않았다. 당시 사람들이 하나님이 원하시는 것이 무엇인지를 알고 있었다고 우리는 가정한다.

하나님은 그들에 대한 심판에 대하여 기꺼이 마음을 바꿀 수 있다고 하신 당신의 말씀을 기억하신다. 하나님은 그들에게 답변하시고자 하는 동적인 관계에 계셨다. 하나님은 그들에게 어떻게 기도해야 하는지까지 알려주셨다. 약속의 땅을 주신 그들에게 하나님의 믿음과 사랑과 자비를 보여달라고 하나님께 간구하기를 하나님은 계속 말씀하셨다.

끝없는 회복 (2:18-27)

이부분의 예언은 앞부분과 다른 시기에 쓰여졌다고 추정한다. 요엘은 사람들에게 두려워하지 말고 오히려 기뻐하기를 촉구한다. 그는 사람들이 진정으로 회개하면 하나님께서 메뚜기들에 의한 손상을 회복시켜 주실것이라고 말한다. 이 원리는 오늘 날에도 적용된다. 많은 사람들이 자신들의 낭비된 삶을 후회하는데, 하나님은 그 시간들을 회복시켜 주실것이라고 말씀한다. 그러나 그것은 진정한 회개가 있을 때에만 회복될 수 있는 것이다.

회개의 뿌리는 우리가 '마음을 바꾸는' 것이다. 그들이 마음을 바꿀 때, 하나님도 그의 마음을 바꾸실 것이라는 것은 합당하다. 하나님은 앞으로 이런 일은 절대 일어나지 않을 것이고, 그 때에 사람들이 하나님을 알게 될것이라고 세번씩이나 말씀하신다.

완전 회복 (2:28-32)

요엘은 하나님의 고귀한 약속에 대해 예언한다. 그들이 진실로 회개하면, 하나님은 이런 재앙을 내리지 않을 것이라고 예언한다. 오히려, 메뚜기들이 먹은 곡식의 회복뿐 아니라 영적 회복까지의 완전한 회복을 말씀하신다.

(A) 영혼과 인간 (2:28-29)

이 책에서 주는 가장 위대한 약속은 하나님께서 그의 영을 남녀, 빈부, 나이에 관계없이 부어주실 것이라는 것이다. 젊은이는 환상을 보고 노인은 꿈을 꿀 것이다. 남녀 하인들은 예언을 할 것이다. 하나님은 모든 종류의 사람들에게 예언의 영을 부어 주실 것이다. 이 약속은 800년 후 오순절에 베드로사도가 언급했다. 120명의 사도들에게 내린 성령이 요엘의 예언이 성취된 것임을 설명했다.

(B) 해와 달의 징조 (2:30-31)

두번째는 해가 어두워지고 달이 붉은 색으로 변할 것이라는 약속이다. 어떤 사람들은 이것이 예수님이 돌아가셨을 때 해가 세시간 동안 어두웠던 것으로 성취되었다고 하지만, 사실은 마태복음 24:29에 있는 그가 재림하실 때 있을 징조라고 예수님께서 말씀하셨다.

이 땅 위의 중요한 사건에 반응하여 하늘에 징조가 나타나는 것은 신기하다. 어떤 사람들은 동방박사들이 별을 따라 간 것이 점성학의 증거라고 어리석은 말을 한다. 나는 그들이 틀렸음을 말해 준다. 점성학은 별의 움직임이 아기의 탄생에 영향을 준다고 믿는데, 베들레헴의 아기가 별에게 영향을 준 것이다. 그래서 예수님이 돌아가셨을 때 해는 사라졌던 것이다. 지구의 중요한 역사에 의해 온 우주는 반응한다. 얼마나 놀라운가? 우리가 우주에 의해 지배받는 것이 아니라 우주가 하나님에 의해 지배 받는 것이다.

(C) 구원, 부르심과 사명 (2:32)

요엘은 하나님께서 부르시고 그 부르심에 답한 사람들의 구원에 대해 약속했다. 한 국가 전체가 구원받는 어떤 신비한 자동적 과정이 아니다. 구원은 과정이 있어야한다. 하나님이 구원하실 사람들을 선지자를 통해 부르시고 그들이 하나님께 응답하는 것이다.

나는 회개 기도를 따라하라고 하는 것보다 그들이 직접 하나님께 기도하라도 말한다. 하나님의 이름을 부르는 자는 구원하실 것이라는 말씀을 알고있다. 사람들이 직접 하나님께 말하는 것이 중요하다. 그렇게 하는 사람은 구원받을 것이다. 베드로는 오순절에 그것을 알게 되었고 3,000명의 사람들이 하나님의 이름을 부르며 그날 구원받았다.

요엘의 완전 구원에 대한 약속은 곡식, 포도주, 옥수수뿐 아니라 사람들의 심령의 회복도 포함한다.

요엘은 하나님의 날에 구원이 이루어 지리라고 말했다. 성경에서 '하루' 는 유동성 있는 것으로 꼭 24시간을 의미하는 것이 아니다. 히브리어 로 '욤'은 한 시대를 의미할 수도 있다. '말과 마차의 날은 끝났다' 에서의 '날'은 24시간을 의미하지 않는다. 역사적 시대가 끝나고 자동차의 시대가 왔음을 의미한다. 하나님의 날도 같은 의미이다. 인간도 그의 날이 있었고, 악마도 그의 날이 있었고, 언젠가 하나님의 날이 올 것이다. 하나님의 말씀대로 그의 법칙에 따라 세상은 심판받을 것이다.

요엘은 그의 예언에서 심판을 의미하는 하나님의 날이라는 표현을 다섯번 했다. 이사야, 예레미아, 에스겔, 아모스, 스바냐와 말라기의 선지자들도 같은 표현을 썼다. 신약성경 (고린도전서, 데살로니가전/후서, 베드로후서)에서도 하나님의 날은 중요한 부분이었다. 하나님의 날은 마지막 날로 우리에게 다가올 것이다.

먼저 하나님의 백성, 그 후에 그의 적을 심판하실 것이다. 심판을 먼저 받을 지 아니면 후에 받을 지를 우리가 스스로 선책할 수 있다.

요엘의 예언이 성취되기 시작하고 오순절에 성령이 내려오신것 과 함께 우리는 '마지막 날'을 살고있다. 그 때부터, 우리는 마지막 날들을 살고있다. 다음의 큰 사건은 예수님이 지구에 다시 오시는 것이다.

심판의 골짜기 (3장)

국가들에 대한 복수 (3:1-16a)

장소: 마지막 장에 심판의 골짜기에 대한 환상이 있다. 예루살렘 동쪽에 있는 기드론 골짜기가 심판의 골짜기라고 불리우는 날이 온다. 하나님이 우리를 마지막으로 심판하실 때에 부활이 있을 것으로 믿는 유대인들의 묘지가 있는 곳이다. 이곳은 심판의 골짜기라고도 불리우는데, 목사들이 이 이름을 잘못 오용한다는 말을 들었다. 요엘이 심판의 골짜기에 많은 사람들이 있을 것이라고 말했고, 목사들은 하나님에 대해 결정하라고 믿지않는 사람들을 격려했다. 사실은 이 골짜기가 하나님께서 천국과 지옥으로 갈 사람들은 결정하실 장소다. 하나님이 마지막으로 결정하시는 곳이다. 우리의 영원한 운명을 하나님께서 결정하신다.

이유: 사람들이 어떻게 하나님의 백성들을 취급했고, 하나님의 목적과 그가 세상에서 할 일들에 의해 하나님의 결정은 좌우된다. 두로, 시돈, 블레셋 국가들은 심판을 받기에 마땅했다. 하나님께서 그의 백성의 정당성과 그들의 땅을 회복시킬 것이라는 마지막 말씀을 하신다.

방법: 나라들은 모두 나와 싸우라고 한다. 하나님을 상대로 싸울 수 있는 사람은 없겠지만 말이다. 그들의 쟁기를 검으로, 연장을 화살로 만들라고 말한다. (이사야 2:4 와 미가 4:3에는 정반대의 말씀이 있다.) 스바냐는 그의 예언에서 국가들의 연합을 말한다.

이스라엘의 정당성 (3:16b -21)

마지막 장은 유다의 회복에 촛점을 둔다. 비옥한 거주지역의 땅들이, 유다에게 행한 폭행으로 이집트는 황폐해지고 에돔은 사막으로 변할 것이다.

오늘 날의 교회들은 이 것이 주는 질문에 대해 분열된 의견을 가지고 있다. 오바댜, 요엘과 다른 많은 선지자들은 이스라엘의 미래에 대한 약속으로 예언을 끝맺는다. 이 예언들이 아직 성취되지 않았으므로 우리는 이것들이 언제 성취될 것인지에 대한 질문을 하게된다.

오늘 날 교회에는 네가지의 다른 의견이 있는데, 나의 의견이 대다수와 다르지만 가장 성경적이라고 믿는다.

이 약속을 말 그대로 이해해야 하는지 아니면 영적으로 보아야 하는지에 대해 의견이 엇갈린다. 이스라엘이 하나님께서 약속하신 땅을 모두 회복하리라고 믿어야 하는가 아니면, 땅은 영적 축복을 상징하는 것으로 교회를 새이스라엘로 적용시켜야 하는가. 후자는 '대체신학' 이라 하고 영국의 대다수 목사들의 견해라 본다.

나의 문제는 옛 축복은 모두 현재의 교회에 적용시키면서, 저주는 이스라엘에 적용시키고 있다는 점이다! 하나님은 이스라엘에게 순종하면 축복을 불순종하면 저주를 주실 것을 말씀하셨다.

축복은 생명, 건강, 번영, 출산, 존경, 안전을 포함한다. 저주는 병, 가뭄, 죽음, 위험, 파괴, 패배, 추방, 결핍, 수치 등이 있다.

대체신학은 옛 이스라엘이 불순종으로 땅을 잃었다고 한다. 그러나 교회가 불순종해서 저주를 받았는가에 대한 언급이 없이 축복을 새 이스라엘인 교회에 적용시킨다.

이 약속을 이스라엘에 말 그대로 적용시키는 부류도 두 그룹으로 나뉜다. 한 그룹은 이 약속은 조건부였기 때문에 이스라엘이 축복을 상실했고 이스라엘은 하나님의 백성으로 더이상 존재하지 않는다고 말한다. 우리가 다른 나라들에게 하는 것 같이 이스라엘에 복음을 전할 수 있다. 그들은 더이상 하나님의 백성이 아닌 한 국가일 뿐이다.

그러나 이 주장은 신약성경과 맞지 않는다. 이스라엘에 대한 74번의 신약성경의 언급이 교회에 대한 것이 아니다. 더구나 다윗의 계속되는 왕좌, 야곱의 가문, 12지파에 대한 언급이 있다. 메시야를 거부한 것이 심판이라 할 지라도 이스라엘은 살아있고, 하나님의 약속이 이루어 질 때 건재하고 있을 것을 내포한다.

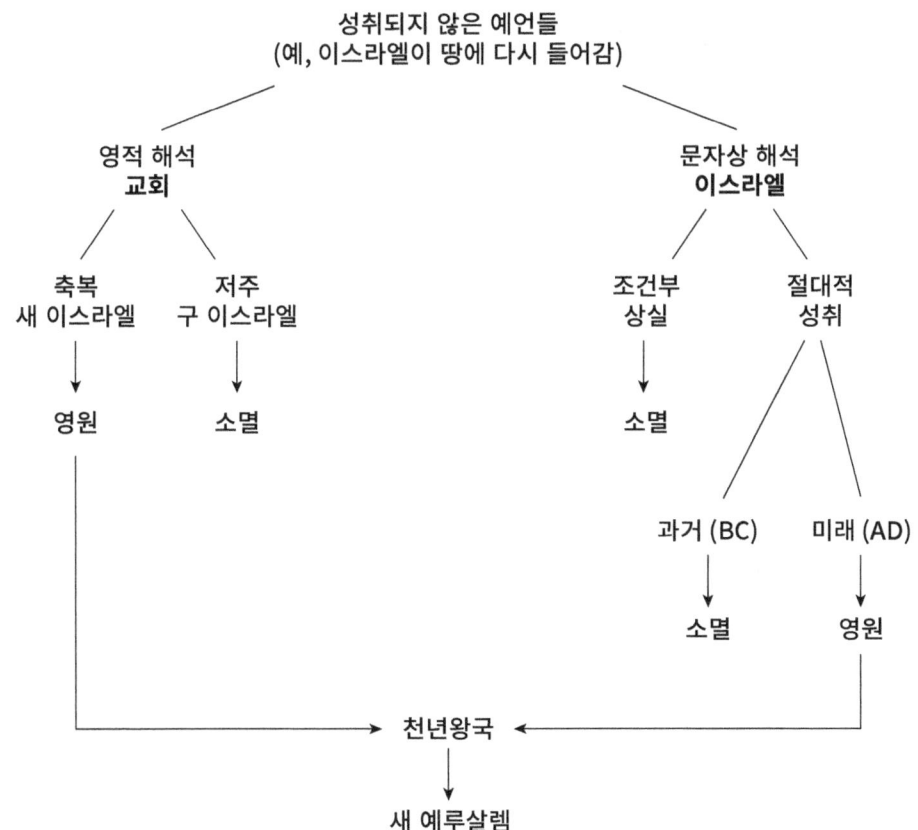

하나님께서 이스라엘에게 하신 약속은 조건부가 아니다. 그들에게 그 땅을 영원히 약속하셨다. 그들이 그 땅을 잃을 지라도, 그의 약속에 의해서 다시 그들을 돌아오게 하실 것이다. 그래서 이스라엘에게 미래가 있다. 바울이 로마서 9-11장에서 그들이 하나님을 거부했지만, 하나님은 그들을 거부하지 않았다라고 한 말은 바울도 이러한 생각을 가지고 있었다고 생각한다. 모든 이방인들이 구원된 후, 모든 이스라엘 사람들이 구원될 것이다. 하나님은 사람들과 이혼하지 않으신다; 그들과 끝까지 함께 하신다. 더구나, 예수님이 이 지구상에 다시 오심을 나는 믿고, 그 때 유대인과 그리스도인들이 한 목자 아래에서 하나의 양 떼로 모여 하나님의 왕국이 이스라엘에 드디어 회복될 것을 믿는다.

제자들이 예수님에게 한 마지막 질문이 사도행전 1장에 기록되어있다: 하나님의 왕국은 언제 이스라엘에 이루어 질 것입니까? 지금입니까? 예수님은 하나님께서 정하신 날짜를 그들이 알 바 아니라고 말씀하셨다. 그들은 시간을 잘못 알고 있었다. 하나님의 왕국은 회복될 것이지만 아직은 아니다. 그리고 예수님은 온 나라에 가서 복음을 전하라고 말씀하셨다.

이렇게 여러가지 견해들이 있고 내가 받아들이는 견해외에는 모두 옛 이스라엘이 소멸했다고 생각한다. 나는 하나님의 약속은 꼭 이루어짐을 믿는다. 하나님께서 이스라엘을 구하지 않으시면, 우리를 구하실 수 없다.

결론

요엘의 예언은 하나님의 성품, 그의 백성들에 대한 행동 그리고 우리가 사는 세상에 대해 중요한 것들을 가르친다. 요엘의 예언은 부분적으로 성취되었고, 하나님께서 약속하신 대로 역사의 종말과 그의 백성을 그에게로 돌아오게 하는 마지막의 성취를 우리는 기다린다.

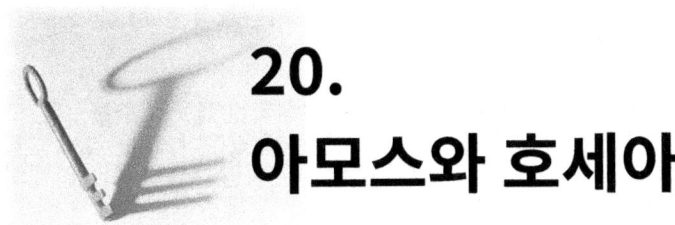

20. 아모스와 호세아

개요

아모스와 호세아는 800 BC경에 활약하였고 그들의 성서들은 일찌기 구약성경에 포함되었다. 그들은 북이스라엘 왕국을 겨냥하여 예언했지만, 그들의 가르침은 이세계 어디에나 적용시킬 수 있는 유용한 책이며 특히 현대사회의 측면들은 당시의 사회상 속에서 추적해 볼 수 있다. 이 선지자들의 행적을 공부하기 전 먼저 이스라엘이 당면하고 있던 상황을 보기로 하자.

당시의 인간상

로마와 카르타고는 800 BC 경에 건립되었다. 두 도시의 경쟁은 포에니 전쟁을 일으켰고 결국 로마가 승리하고 이 사건은 로마제국의 기초가 된다. 로마법이 성립되고 로마왕국의 상징인 거대한 도로확장이 시작되며 이 도로를 통해 700년 후에 그들에게 복음이 전파된다.

또 이 때에 그리스에서 사람들이 열광하는 체육대회인 올림픽 경기가 시작된다. 가장 중요한 것은 그리스의 문학가로 가장 잘 알려진 호머와 함께 그리스 언어가 지중해지역에 퍼진다. 그리스인들은 많은 도시국가를 성립하고 민주주의라는 새로운 형태의 정부체제를 발전시킨다. (그들의 체제는 우리가 현대사회에서 생각하는 해방은 아니었다.)

동쪽에서는 중국와 인도의 문화가 시작되었고 동서를 연결하고 교류 발전시키는 많은 여행객들이 오가는 지역적 문화적 중심에 이스라엘과 유다가 있었다.

하나님의 행하심

하나님과 그의 백성들과의 관계는 어려운 상태에 있었다. 하나님의 의도는 바로 그 장소에 온세계의 모범이 되는 하나님과 함께하는 국가의 성립이었다. 이것을 위해 세계의 교차로에 그들을 살게 하신 것이었다. 모세와 시내산에서 맺은 하나님의 언약은 그들이 순종하면 다른 어느 민족보다도 더 축복하시고 불순종하면 더 많은 저주가 내릴것이라는 것이었다. 그들에게 특권과 책임감이 부여되었다. 그러나 800 BC에 들어가면서 하나님은 자신과 멀어진 인간들을 어떻게 해야 할지의 난관에 봉착하셨다.

두왕국

그들의 역사를 살펴보는 것이 하나님의 난관을 이해하는데 도움이 될것이다. 800BC 에 하나님의 백성들은 두나라로 갈리어 있었다. 200년 전 원했던 대로 왕국이 되었고, 그에 따른 왕의 화려한 생활을 위한 세금과 국가의 보호를 위한 징병의 모든 어려움을 견디어 냈다.

그러나 왕국은 겨우 세명의 왕이 있은 후 갈라졌다. 첫번째 왕 사울은 사람들이 추대한 왕으로 용모가 훌륭하고 키가 컸으나 성격의 심각한 약점이 있었다.

그가 하나님의 말씀대로 사는 삶에 실패했을 때, 하나님은 스스로 선택하신 다윗왕을 주셨다. 그는 사무엘상에서 '하나님의 마음을 가진 사람' 으로 묘사된다. 시작은 좋았으나, 그도 역시 죄를 범하게 된다. 그는 색욕으로 십계명 중 다섯개를 범하고 그 후로는 다른 사람이 된다. 이스라엘의 국력은 그가 범죄한 날 오후부터 쇠퇴하기 시작한다.

세번째 왕은 다윗의 아들 솔로몬이었다. 그의 집권하에 이스라엘 왕국은 최상의 국력을 자랑하는 영화로운 시기를 맞았으나 그것은 과중한 세금과 강제노역에 의한 것이었다. 아름다운 성전은 남겼으나 분열된 국가를 초래했다. 북쪽 지파들은 과중한 세금이 남쪽의 예루살렘에 소비되는 것에 불만을 가지고 있었다.

솔로몬이 죽자 마자 내전이 일어났다. 북쪽 열 지파들은 남쪽에 대항하여 북이스라엘을 세우고 남쪽의 두지파는 예루살렘에서 다윗왕의 혈통을 유지하는 남유다 왕국을 건립했다.

북이스라엘에는 성전이나 왕의 혈통이 없었다. 그들은 벧엘과 사마리아에 그들의 성전을 짓고 하나님이 축복하신 다윗의 혈통이 아닌 다른 혈통을 왕르로 세웠다.

열왕기 상/하는 북이스라엘의 왕들의 힘들었던 상황을 보여준다. 그들의 평균 통치기간은 3년이었다. 많은 왕들이 살해되었고 여러번 정부의 전복이 있었다. 하나님이 정하신 혈통에 의한 정부가 아니었으므로 그들의 불안정한 상태는 놀랍지 않다.

남쪽은 좀 나은 형편으로 왕들은 평균 33년의 통치를 했다. (예수님이 돌아가셨을 때의 나이와 같다는 점이 신기하다.)

사회상

평화

아모스와 호세아가 주던 메세지를 이해하기 위해 먼저 북왕국의 사회상을 이해하는 것이 중요하다. 당시는 평화와 번영의 시기였다. 앗수리아는 당대의 강대국이었지만, 요나가 니네베에 방문함으로 그들이 이스라엘에 주는 위협은 당분간 연기된 상태였다. 당시 앗수리아인들이 그들의 악한 전쟁의 행위를 회개한 상태여서 앗수리아의 침략에 대한 두려움은 없었다.

번영

그 결과로 이스라엘은 번영을 누렸고, 특히 여로보암 2세는 국가의 안정을 이루었다. 유럽과 아라비아의 무역로에 위치하여 경제는 발전했고 많은 상인들과 은행가들이 거부가 되었다.

빈부의 차이

생활 수준은 향상되었으나 사회의 빈부 격차는 벌어졌다. 많은 사람들이 명품과 소비주의 사회를 즐겼다. 당시의 유행은 여름의 더위를 피해 산에 별장을 짓는 것이었다. 쉽게 부자가 된 새로운 사회 계층이 등장했다. 빈부의 차는 늘어나고 주택난이 일어났다. 부자들은 별장까지 있었지만 많은 사람들은 살 집이 없었다.

도덕적 영향

부유함이 도덕성에 끼치는 영향은 분명했다. 경제적 치부, 뇌물, 부패, 법관들의 부패가 있었다. 판사에게 뇌물을 주지 않으면 정당한 재판을 기대할 수 없는 법정이 되었다. 더 많은 돈을 벌기 위해 일주일에 칠일 내내 장사를 했다. 탐욕은 불평등을 낳고 경제적 윤택은 허용으로 연결되었다. 성적 해이함 자체가 사회의 질서였고 술의 소비는 급격히 늘었다. 2,700년 전의 일이지만 현대 서구문화와 거의 같음을 쉽게 볼 수 있다.

종교생활

종교생활도 활성화 되었으나, 이스라엘의 종교가 아니었다. 그들은 다른 나라의 믿음에 흥미를 가졌고, 특히 가나안 사람들의 믿음에 빠져 들었다. 동서에서 오는 상인들이 전하는 이방믿음과 가나안 사람들의 미신인 '만물의 어머니 대자연'의 사상을 받아들였다. 벧엘과 사마리아의 성전에서 예배드리는 사람들은 남녀 매춘부들과 성행위를 하면 그들의 신들이 곡식의 수확을 축복해 준다는 미신을 믿고 하나님께서 금하시는 금 송아지까지 벧엘의 성전에 두었다. 하나님의 왕같은 제사장과 신성한 제국이 되어야 할 하나님의 신성한 백성들은 다른 사람들과 똑같이 타락했다.

하나님께서는 그들과의 관계를 끊고 다른 민족과 다시 시작할 수 있었지만, 하나님은 그런 분이 아니셨다. 하나님은 이스라엘 사람들과 결혼했고, 이혼은 있을 수 없었다. 그들과 한 약속을 하나님께서는 지키고자 하셨다. 그렇다고 그들의 행실을 못 본척 할수만은 없었다. 모세를 통해 계명을 주실 때 그들이 불순종하면 저주할 수 밖에 없음을 약속했고, 아모스와 호세아를 통해 그의 백성을 징계하시는 것을 볼 수 있다.

하나님의 징계

식량난

사람들이 출산의 미신을 믿었으므로 그들의 성적 문란이 추수에 도움을 주지 못한다는 것을 하나님께서 보여주는 것은 당연한 일이다. 몇번의 추수가 실패했다. 하나님께서는 '정신차려라. 너희는 출산의 미신이 아닌 나에게 속해 있다.' 라고 말하시는 것이었다. 그러나, 다른 때와 마찬가지로 그들은 돌아오지 않았다. 식량난에 처해서도 그들은 이방신에게 제사했다.

급수난

다음에는 하나님께서 마실물이 모자라게 하셨고 비에 의존하는 그들에게는 기막힌 재앙이었다.

죽고 황폐해진 농사

곰팡이와 메뚜기가 농사를 해침으로 가축들의 식량도 없었다. 하나님과 언약의 관계에 있는 사람들로서 하나님께 돌아가야 하는 것이 너무나 뻔한 사실이었지만 이스라엘은 이를 거부했다.

역병과 급습

농사와 가축은 벌써 피해를 입었다. 하나님께서 이제 사람들에게 역병을 보내시고 적이 그들의 가축을 훔쳐가게 했다. 징계의강도가 점차로 강해지는 것을 볼 수 있다. 사람들은 직접적으로 영향을 입었지만 그래도 하나님께 돌아오지 않았다.

폭풍에 의한 화재

하나님께서 번개가 그들의 도시를 치고 주택을 파괴시키도록 허락하셨다. 그러나 이것도 소용이 없었다. 돈과 별장을 즐길 수 있는 한 그들은 상관치 않았다. 하나님의 경고 후 두가지의 재난이 찾아왔다. 하나님께서는 그들의 관심을 사려고 노력하셨다.

지진

강한 지진이 왔다. 250년 후 스가랴 서에 당대의 역사에 남을 지진으로 언급되었다. 지진은 자연을 지배하시는 하나님을 보여주고 인간의 삶의 연약함을 일깨워 준다. 그래도 사람들은 하나님께 돌아오지 않았다.

추방

결국 하나님의 마지막 징계로 그들이 앗수르의 침입으로 다시는 이 땅에 돌아오지 못하도록 추방을 허용하셨다. 이 사건은 721 BC, 아모스 30년후 그리고 호세아 10년후에 일어난다. 불순종에 대한 심한 징벌같지만, 하나님께서는 계속해서 이스라엘에게 징계와 재난 그리고 두 선지자를 통해 경고하셨다. 선지자들은 하나님께서 하시는 일들을 설명하고 그들이 어떤 일을 당하게 될지를 말해주었다.

아모스 3:7은, '주권자이신 하나님은 먼저 선지자들에게 그의 계획을 말하지 않고는 아무일도 하지 않으신다.' 라고 기록했다. 하나님은 무한하신 자비로 그들이 계속해서 행동을 고치지 않을 때 어떤 일이 있을 지를 선지자를 통해 먼저 말씀해 주신다. 신약성경의 요한계시록도 하나님께서 이 세상을 어떻게 하실지에 대한 경고지만, 사람들이 하나님께 돌아오지 않는다. 하나님께서 더 이상 무엇을 할 수 있단 말인가?

마지막 기회의 선지자들

아모스와 호세아는 이스라엘에 보내진 마지막 기회였고 그들이 돌아오지 않으면 하나님께서 하실 일에 대한 경고였다. 두 사람은 아주 달랐다. 아모스는 강했고 호세아는 부드러웠다. 아모스는 그들이 잘못하는 것에 대해 강하게 비난했다. 호세아는 하나님께 돌아오라고 호소했다. 아모스가 그들의 마음을 두드렸다면, 호세아는 그들에 가슴에 호소했다. 아모스는 하나님의 공의로우심에, 호세아는 하나님의 자비하심에 대해 말했다. 아모스는 하나님의 생각을 호세아는 하나님의 감정을 알렸다. 두 선지자에게 중복되는 점이 있었지만, 그들의 메세지는 위와같이 달랐다. 호세아가 알리는 하나님의 마지막 말씀은 이스라엘이 회개하여 하나님의 징계를 받지 않기를 원하는 부드럽고 감정적인 호소였다.

아모스	호세아
남쪽의 지방출신	북쪽의 도시인
경고	구애
강한 비난	부드러운 호소
하나님의 공의	하나님의 자비
하나님의 징계	하나님의 사랑
하나님의 정결함	하나님의 동정
사회적 죄악	영적 죄악

아모스	호세아
불평등	우상숭배
국제적	국내적
하나님을 찾음	하나님을 앎

아모스 서

750 BC경에 벧엘의 성전 계단에서 설교하는 사람이 있었다. 그는 남쪽 사투리를 썼기 때문에 그의 신분과 설교의 내용에 사람들은 적대감을 보였다.

아모스는 아주 가난한 농부였다. 그는 가난한 사람들이 먹는 무화과 나무를 돌보고 양을 치는 목자였고 당시 이 직업은 가장 천한 직업중 하나였다. 그는 종교 교육을 받지 않았고 설교자가 되기에 적합하지 않은 사람이었지만 하나님의 역사와 은혜로 그는 하나님이 쓰시기에 가장 적합한 선지자가 되었다.

그의 고향은 사막 주변의 남유다 왕국 예루살렘에서 남쪽으로 12마일 떨어진 테코아(Tekoa) 라는 마을이었다. 사회계층의 가장 밑바닥에 있는 그를 하나님께서 택하셔서 북왕국에 가서 앞으로 그들에게 일어날 일에 대해 알려주라고 말씀하셨다.

아모스 서 7장은 그의 개인적 삶에 대한 이해와 그의 반응을 우리에게 보여준다:

1. 하나님을 움직인 그의 기도
2. 사람들을 분노 시킨 그의 설교

하나님을 움직인 그의 기도

하나님께서 그에게 두개의 환상을 한꺼번에 주신 한사건이 있다: 첫째는 메뚜기 떼가 도시 외곽의 모든 것을 먹는 것이고 두번째는 도시의 모든 것이 불태워지는 장면이었다. 그는 이 환상에 심한 충격을 받고 하나님께 제발 거두어 달라고 간구했다. 야곱(하나님의 백성)이 어떻게 이를 견딜 수 있는지 물었다. 그는 하나님께 간청했고 하나님께서는 마음을 바꾸셨다.

이 대화에 두가지 놀라운 점이 있다. 첫번째로 기도가 하나님을 움직일 수 있다는 것이다. 아모스의 간청에 따라 하나님은 행동 계획을 바꾸신 것 같다. 모세도 같은 경험을 했고, 물론, 예수님도 '그들이 저의 하는 일을 알지 못합니다. 그들을 용서해주세요' 라고 간구했다.

아모스와 하나님의 대화가 주는 교훈은 분명하다. 우리의 기도가 하나님의 성품은 절대 바꾸지 못하지만 그의 계획은 바꿀 수 있다. 하나님은 우리의 기도를 들으시고, 충분히 우리의 설득하고자 하는 노력을 보신다.

두번째로 아모스는 이스라엘을 '야곱' 이라 불렀다. 야곱은 그의 아버지를 속여 축복을 받는 간사한 사람이었고 후에 이스라엘이라는 새이름을 받은 사람이다. 이런 사람의 이름이 국가의 이름으로 사용되었다는 과거를 하나님께 다시 일깨워 주기위하여 아모스가 일부러 한 행동으로 보인다. 북 이스라엘 왕국이 야곱이 하나님을 만나고 천사와 씨름하기 전의 본 모습으로 돌아 간 것을 하나님께 알리는 좋은 방법이었다.

또 7장에서 아모스는 추선을 가지고 벽옆에 서 계신 하나님의 꿈을 꾼다. 하나님은 이스라엘을 사람들의 기준이 아닌, 하나님의 기준으로 심판 하심이 다가옴을 아모스에게 알리셨다.

사람들을 분노 시킨 그의 설교

예상한 대로 아모스의 설교는 종교 지도자들을 분노하게 했다. 선지자들은 교회 목사나 제사장들이 반기지 않는다. 선지자들은 현상유지를 반대하기 때문에 위협적이다. 아마사 제사장은 특히 아모스의 영향력에 염려하여 그를 반대했다. 그러나, 아모스는 꺽이지 않고 계속 여로보암, 그의 아내와 가족의 종말에 대해 설교했다.

하나님께서는 두가지의 방법으로 아모스에게 메세지를 주셨다. 그가 깨어있을 때는 환상으로 잠들었을 때에는 꿈으로 주셨다. 구약성경의 선지자들은 다른 사람이 보지 못하는 것을 보는 '선견자' 로 알려져 있다. 어떤 일이 벌어지고 있는지와 앞으로 올일을 내다 볼 수 있었다.

성경은 아모스가 본 것에 대해 우리에게 말씀한다. 그의 예언의 절정을 이루는 잘 알려진 것으로 완전히 익어 썩기 직전의 가득 담긴 과일바구니의 이야기다. 메세지는 분명했다: 이스라엘은 썩기 바로 직전의 상황에 있었다.

하나님을 사자의 모습으로 보여주기도 했다. 당시에 이스라엘에는 사자들이 있었다. 그들은 요단강변의 정글에 살면서 언덕위로 올라와 양을 잡아 먹는 맹수였다.

아모스는 '하나님, 곧 사자가 울부짖는다. 떨지 않을 사람이 누구냐?' 라고 말했다. 그는 이스라엘에 닥쳐올 일을 자세히 말했다. 양이 사자의 입에 먹히는 것과 같다고 말했다. 목자가 사자의 입에 물린 양의 다리나 귀를 잡아 뺄 수 있을 지는 모른다. 이스라엘에 남은 것은 바로 귀와 다리뿐일 것이다. 이런 생생한 표현은 사람들의 흥미와 상상을 자극했다. 하나님은 이스라엘의 목자로 알려져 있는데 하나님을 사자로 표현한 것이 그들에게 충격이었을 것이다.

아모스서의 주제

아모스의 예언은 특별한 구조가 없는 설교집이다. 그래서 이 책 전체를 분석하기는 쉽지않다. 마치 사람들의 가슴속에 시한폭탄을 놓아두어 미래의 적당한 때가 되면 폭파하는 것과 같다.

이 책에서 다음과 같은 주제들을 파악할 수 있다:

여덟개의 문장들 (1:1-2:16)

1. 다마스커스
2. 가자
3. 두로
4. 에돔
5. 암몬

    6. 모압
    7. 유다
    8. 이스라엘

세번의 설교 (3-6장)

    1. '아직도 너희들은 돌아오지 않았다'
    2. '나를 구하고 살라'
    3. '오, 화가 미칠진저…'

다섯가지 상징 (7-8장)

    1. 메뚜기 재앙
    2. 대화재
    3. 추실
    4. 잘익은 과일 바구니
    5. 과일의 파괴

세번의 놀라움 (9장)

    1. 다윗의 궁전 재건축
    2. 사람들의 귀향
    3. 땅의 비옥함

시집

이 책에 특별한 구조는 없지만 글의 형태는 의도적이다. 성서들은 시나 산문으로 구분할 수 있다. 시는 어떤 상황에 대한 하나님의 감정을 후자는 하나님의 생각을 나타낸다. 많은 사람들이 성경 안에 하나님의 감정이 나타나 있음을 느끼지 못한다. 하나님은 감정을 나타내신다. 어떤 일이 하나님을 화나게 하는지, 슬프게 하는지, 아프게 하는지, 기쁘게 하는지를 우리는 알아야 한다. 사람들은 그들이 하나님에 대해 느끼는 감정에 몰두하지만, 우리의 미래는 하나님이 우리에 대해 갖는 감정에 의해 좌우된다.

어떤 시는 가볍고 우리를 신나게 하지만 어떤 시들은 무겁고 슬프다. 아모스의 시는 후자에 속한다.

반복

아모스는 설교할 때 반복하는 방법을 사용한다. 아모스는 하나님께서 어려움을 주셨지만 그들이 하나님께 돌아오지 않았다는 메세지를 사람들이 기억하기를 바란다. 그래서 '너희들은 나에게로 돌아오지 않았다.' 라는 말을 반복한다.

1장에서 조리있게 구성된 말을 볼 수 있다. 여기에서 '서너가지의 죄' 라는 말을 반복한다.

이스라엘 주변국의 비인간적 잔인함

그는 이스라엘 이웃 나라들을 정죄함으로 시작한다. 다마스커스의 사람들이 어떻게 하나님의 심판을 받아야 하는지에 중점을 둔다. 다마스커스는 하나님의 백성들이 아니었고, 특히 그들의 잔인함과 비인간적인 행동들은 심판을 받아 마땅 했다. 그 다음에 그는 가자의 잔혹함과 두로의 신뢰할 수 없는 행동에 대해 말한다. 사람들은 여기까지는 아모스의 말에 수긍할 수 있었다.

이스라엘의 근친국들의 악명

다음에 그는 이스라엘의 사촌뻘 되는 에돔, 암몬, 모압에 대해 말한다. 에돔의 무자비함, 암몬의 야만적 행위, 모압의 신성모독에 대해 하나님께서 벌하리시라고 말한다. 이스라엘 사람들은 아모스의 이러한 말을 믿었다.

이스라엘의 자매국의 배신

다음에 그는 이스라엘의 자매국인 남 유다 왕국을 비평한다. 유다 왕국이 하나님의 율법을 거부하고 인간의 헛된 말을 받아들인 것에 대해 하나님께서 벌하실 것이라고 말한다.

이스라엘 자녀들의 무감각

아모스는 이제 충격적이 말을 한다. 그는 하나님께서 이스라엘도 벌하실 것이라고 말한다. 그들이 죄를 범하는 것이 습관화 되어서 창피함도 느끼지 못하고 있다고 말한다. 더 안타까운 것은 그들이 이 점을 깨닫지도 못하는 것이다. 이스라엘에 주는 메세지는 과거의 구원은 미래의 응징을 의미한다는 것이다. 지구상의 모든 민족 중에서 하나님께서 그들을 선택하셨으므로, 그들을 특히 엄하게 벌하셔야 한다. 순종에 대한 축복과 불순종에 대한 저주의 시내산에서 맺은 언약의 조건을 사람들은 기꺼이 받아들였다. 이스라엘은 다른 나라들 보다 더 많은 축복이나 저주를 받을 수 있었다. 하나님의 원칙은 많이 준 사람에게 많은 기대를 하신다. 더 많은 특권에 더 중대한 책임이 따른다.

이 원칙은 신약성경에도 해당된다. 그리스도인들은 복음을 듣고, 하나님의 계명을 알고 있는 사람들이기 때문에 하나님께서 더 엄격하게 다루신다.

그의 설교에서 '화 있을진저' 라는 말도 많이 반복된다. 불순종한 사람들에게 주는 저주의 말에 쓰여졌다. 하나님의 날을 기다리는 많은 사람들이 '날'의 의미를 잘 못 이해하고 있다. 그들은 모든것이 잘 될 것으로 과대 평가하고 있다. 그들의 타락한 생활에 안주하고 있다. 그들은 예식이 공의를, 제사가 거룩함을 대신 할 수 없음을 깨달아야만 한다.

'여호와를 찾으라' 라는 주제는 다른 종류의 설교다. 이세상에서의 안락함보다는 하나님을 찾으라고 말한다. 그들은 공의를 추구해야 한다. 그렇게 할 때, 하나님은 그들을 용서하시고 그들의 기도를 들으실 것이다.

아모스의 마지막 메세지

그의 마지막 메세지는 특히 강력하다. 과일 광주리의 환상은 '하나님의 심판이 다가왔음'을 알려준다. 하나님은 모든것을 기록하시고 그것들을 절대로 잊지 않을 것을 말씀하신다. 용서하신 것은 잊지만, 나머지는 잊지 않으신다. 아모스는 이스라엘의 열지파가 여러나라에 흩어져 다시는 일어나지 못할 것이라고 말한다. 이런 엄청난 선언중 하나님은 '너의 모두는 아니고 죄인들에게만 해당되고 남는 자들이 있을 것이다. 그들을 통하여 다윗의 성전을 다시 세우고 하나님의 백성에 자리에 이방인들을 세울 것이다.' 라고 말씀하시며 한가닥의 희망을 주신다. 하나님을 진실로 믿는 사람들은 살아남고 그들이 이방인을 포함한 하나님의 백성들의 구성원이 될것이다.

800년 후, 이방인들을 교회에 받아들여야 하는지를 의논할 때 이 예언을 인용한 것을 사도행전 15장을 통해 알 수 있다. 예루살렘교회의 지도자들은 이방인들을 받아들이고 다윗의 성전이 재건축 될것이라는 아모스의 예언을 상기시켰다.

호세아서

아모스 선지자가 벧엘에서 활약한 지 10년 후 또다른 선지자가 나타난다. 그는 하나님께서 이스라엘의 열지파에게 주신 마지막 선지자였다. 앞에서 말한 바와 같이 호세아는 아모스와 대조적인 사역을 했다. 정죄보다는 사랑으로, 경고보다는 구애로, 강함보다는 부드러움으로, 공의 보다는 자비로 메세지를 전한다. 열지파가 사라지기 전 하나님의 마지막 시도였다.

하나의 단어로 전체 예언을 표현할 수 있다. 그것은 히브리 단어인 체세드 (chesed) 이다. 이 단어는 영어로 정확히 직역하기 어렵다. 언약의 말로, 언약의 관계에 있는 사람에게 사용되는 단어다. '사랑'을 의미하고 '충성'의 의미도 내포하고 있다. 충성이 없는 사랑은 진정한 사랑이 아니다.

체세드는 '사랑의 친절함' 이나 '충실함'으로 번역된다. 영어 성경에서 60번 정도 '충실함' 으로 번역 사용되었고, '친절함'은 9-10번 정도 사용되었다. 이것은 변함없는 사랑과 지치지 않는 헌신을 의미한다. 어떤 일이 일어나던, 한 사람에게 너무나 깊이 헌신하고 있어서 계속 사랑하는 행위를 의미한다.

고전 영어의 '충성' (troth) 이라는 단어와 비슷하다. 약혼 (betrothed) 라는 말은 지금도 사용된다. 그러나 놀라운 것은 충성 (troth) 라는 단어는 이제 사용되지 않는다. 왜냐하면 이런 종류의 충성심이 사라졌기 때문이다. 사람은 충성을 동반하지 않는 단어로 알려져 있다. 사람들은 한사람을 한동안 사랑하다가, 다른 사람으로 대체한다.

언약의 사랑

하나님과 이스라엘의 관계는 언약의 사랑으로 체세드, 즉 충성이 바탕인 사랑이다. 호세아서는 하나님이 그의 신부 이스라엘에게주는 언약의 사랑을 묘사한다.

하나님의 입장

하나님은 그들은 돌보시고, 보호하시고, 공급하시기를 언약하셨다. 하나님은 그들을 이집트에서 구해내시고 시내산에서그의 백성이 될 기회를 주셨고 그들은 이를 받아드렸다. 하나님은 반갑게 충성된 순종을 기대하셨다—그가 원하는 방법대로 그의 신부가 살기를 원하셨다.

이스라엘의 입장

이스라엘은 하나님의 요구가 그들을 위한 것이므로, 기쁘게 순종하고 하나님께 즐거운 마음으로 반응했어야 했다. 시편에 있는 다윗의 시는 그가 하나님의 율법을 즐거워 함을 표현했다. 시편에서 가장 긴 시 119편 전체는 율법의 혜택을 노래한다. 그러나 사람들은 하나님께 순종하지 않았고, 호세아의 시대에 그들의 실패는 정점을 이룬다.

하나님은 호세아의 메세지를 통해, '우리의 결혼은 어떻게 되는거야?' 라고 말씀하신다. 하나님의 충성된 사랑을 알리지만 그들에게서 아무 반응을 받지 못하신다.

호세아가 하나님의 마음을 이해하도록 하기 위해 하나님은 호세아에게 특별한 경험을 하게 하신다. 하나님은 자주 선지자와의 관계나 그들의 부족한 면을 위해 선지자를 훈련시키신다. 예레미야에게 절대로 결혼하지 말라고 하나님께서 말씀하셨다. 왜냐하면 남유다 왕국에게 하나님께서 혼자 외롭게 계심을 말해야 했기 때문이다. 아내가 없는 외로움을 통해 예레미야는 하나님이 이스라엘이 없이 느끼시는 외로움을 알게되었다. 에스겔은 그의 아내가 죽을 것이고 그녀를 위해 애곡하면 안된다고 말씀했다. 왜냐하면 하나님도 아내를 잃었음을 유다에 보여주기 위해서였다. 같은 식으로 호세아도 그의 결혼에 대한 하나님의 지침에 순종하며 하나님의 마음을 이해하도록 가르침을 받았다.

배경 (1-3장)

1-3장은 호세아서의 배경이다. 거의 자서전 식으로 쓰여있고, 이 사건들이 사실인지 허구인지, 혹은 사건들의 배열이 장수의 배열과 다른지 등에 대해 학자들의 논란이 있다. 나는 있는 그대로 간단한 의미로 해석하는 것이 가장 안전한 방법이라고 생각한다.

1장: 어린이들

호세아는 창녀와 결혼하라는 지시를 받는다—오늘날에도 있을 수 없는, 특히 하나님의 대변인에게 주시는 충격적인 명령이었다. 그들은 세자녀를 두었는데 그중 하나는 호세아의 아이가 아니었다. 그리고 그의 아내는 예전의 창녀직으로 되돌아 간다. 호세아는 그녀를 찾아 집으로 데리고 와서 다시 단련한다. 그리고 다시 그녀를 아내로 받아들여 새로 결혼생활을 시작한다. 그의 자녀들의 이름은 각각 다른 의미를 가지고 있다. 첫아들의 이름은 '하나님이 심었다' 라는 뜻의 제즈릴이다. 그는 반항적이고 훈육이 필요한 다루기 힘든 아이였다. 두번째 딸의 이름은 '불쌍하지 않은' 이라는 뜻의 로루하마 였다. 그녀는 엄마의 사랑이 결핍된 아이였다.

세번째 아들의 이름은 '나의 백성이 아니다' 라는 뜻의 로암미 였다. 그의 아버지는 호세아가 아니였고 그는 버림받은 아이였다. 훈육받고, 결핍되고 버림받았다 라는 의미의 이름이 주어진 아이들은 하나님께서 그의 백성 이스라엘을 어떻게 다루시는지를 보여준다. 이런 이름을 자녀에게 준 그리스도인 부모들을 본 적이 없는데 이 아이들의 이름은 우리에게 중요한 메세지를 주고있다.

2장: 아내

2장은 호세아의 아내에 대해 세가지를 알려준다. 그녀의 자녀들은 그녀의 행실에 대해 비난했다. 자녀들도 그녀가 잘못 행동하는 것을 알고있었다. 호세아는 그녀의 행실을 벌했지만 결국 그의 아내로 다시 받아들였다: 비난, 반응, 회복.

3장: 남편

호세아에 대해서도 세가지를 알 수 있다.

먼저, 아내가 불륜할 때에도 호세아는 충실한 남편이었다.

둘째, 그는 아내에게 엄격하고 한동안 그녀를 아내로 취급하지 않았다. 그녀를 집에 데리고 와서 잠자리를 같이 하지 않은 것은 하나님이 유대인들을 망명생활로 훈련 시키는 기간을 상징한다.

세째, 그의 아내는 그와 함께 있을 때 존경의 두려움을 보였다. 그녀의 삶에 존경와 충성이 조금씩 자리잡혀 가고 있었다.

4-14장 말씀

4-14장의 말씀은 관계에서 생기는 교훈을 우리에게 주고 있다. 아모스 서와 같이, 호세아서도 그의 설교를 특별한 순서없이 모아놓았지만 우리는 이것들을 주제별로 묶어서 의미를 이해할 수 있다.

호세아의 말에는 두가지의 주제가 들어 있다: 이스라엘의 불성실과 하나님의 성실하심이다. 이것은 하나님과 부족한 반응을 하는 사람들의 체세드의 대조로서 호세아의 예언의 전체적 주제이다.

'사랑하는 사람들이 불성실한 태도를 보일 때 어떻게 해야하는가' 에 대한 하나님께서 당면하신 문제를 보여주고 있다.

이스라엘의 불성실함

호세아는 일곱개의 죄를 언급하는데 이것을 이스라엘이 범한 일곱개의 죄로 볼 수 있다. 하나님은 이것에 대해 자세히 알고 계심을 기록을 통해 우리는 알 수 있다.

1. **부정함:** 사람들은 하나님과 그들의 결혼 생활에서 부정했다.
2. **독립성:** 하나님이 세우신 정부는 예루살렘에 있었으나 사람들은 자신들이 정한 혈통으로 독립적인 나라를 세웠다. 독립은 죄악의 필수요소이다. 하나님의 주권을 거부하는 것이다. 남유다에 하나님이 세우신 왕의 혈통을 거부하고 그들 마음대로 하나님께 집단 반항을 한 것이다.
3. **음모:** 하나님에 대한 충성심의 부족은 사람들 사이에 나타났다. 이간질과 모의와 계략으로 많은 사람들이 피해를 입는 것을 볼 수 있다.
4. **우상숭배:** 호세아의 예언에서 사마리아의 황금 송아지는 대표적이다. 사람들은 가나안의 우상숭배를 당연하게 여겼다. 가나안 종교에서는 높은 지역을 경건한 장소로 여겼다.
5. **부도덕:** 황소는 출산의 상징이었고 성적문란은 흔했다. 모세오경의 성에 대한 규율을 버리고 근처 나라들의 성문화를 받아들였다. 하나님의 경건한 법에 반대하여, 그런 문란이 종교예식으로까지 받아들여졌다.
6. **무식:** 하나님의 경건한 법을 무시하는 것이 이스라엘 사람들의 무식을 나타내는 것은 호

세아의 예언에 대한 반응을 보고 알 수 있다. 그들이 하나님에 대해 모르는 것 뿐 아니라 하나님을 알고 싶어 하지 않았다.

7. **배은망덕:** 호세아를 통해 사람들이 기억할 수 있는 상황을 보여줌으로 하나님은 사람들의 배은망덕함을 강조하신다.

7장에서 호세아는 이스라엘의 성격을 나타내는 여러가지 이미지를 보여준다. 그들의 악한 열정이 빵을 구울 준비가 된 뜨거운 가마솥과 같다고 말한다. 한쪽은 타고 다른 한쪽은 덜 익은 뒤집어 지지 않은 빵에도 비교한다. 이런 빵은 먹을 수가 없다 – 치욕스러운 사회상을 보여준다. 반쯤 보여주는 태도는 유용하지 않다.

그물에 걸려 파닥대는 비둘기에도 비교한다. 이스라엘은 하나님뿐 아니라 아무와도 믿음을 지키지 못했다. 순간적으로 이집트와 앗수리아에 기대보지만 하나님께 돌아오지 않았다. 하나님은 그녀를 훈련시켜야 했다.

범죄한 사람들

호세아는 이런 죄악에 대한 책임을 져야 할 네가지 그룹의 사람들을 언급했다.

1. **제사장들:** 이들은 하나님에 대해 알고 사람들에게 하나님의 법에 대해 알리고 그들이 범죄했을 때 번제의 제사를 드려야 했다. 그러나 그들은 책임감을 느끼지 못했다. 모범이 되어야 될 사람들이 나머지 사람들과 마찬가지로 부패했다.

2. **선지자들:** 이스라엘에 많은 선지자들이 있었으나 거의 모두가 가짜 선지자 들이었다. 그들은 하나님의 백성들에게 그들의 행실에 대해 염려하지 말라고 말하며 사람들이 듣고 싶어하는 하나님의 진노는 없다는 메세지를 주었다. 하나님은 선지자들이 사람들이 들어야 할 말을 전하기를 원하셨다.

3. **국왕들:** 북이스라엘 왕국의 왕들을 하나님이 선택하지는 않으셨지만, 그들은 백성에 대한 책임이 있었다. 그들도 백성들이 하나님의 말씀에 순종하도록 해야 할 책임이 있었다. 사람들은 왕의 행위를 따라했고 왕들은 사람들의 반응에 대해 아랑곳하지 않았다. 국가의 원수가 부도덕한 것을 보고 사람들도 따라서 행동하며 괜찮은 것으로 여겼다.

4. **악덕업자들:** 많은 사람들이 주택시장을 통해 부당 폭리를 남겼고 가난한 사람들은 모든 것을 잃었다. 하나님의 율법은 가난한 사람들을 착취하고 이자를 챙기는 악에 대해 분명히 말씀하셨다. 호세아는 악덕업자들이 사회를 부패시키는 책임자라고 말했다.

심판

호세아는 세가지 면의 하나님의 심판에 대해 말한다.

1. **불임성:** 여자들이 임신을 못하고 유산하고, 아기들을 잃을 것이라고 말한다.

2. **유혈사태:** 적이 침입하여 많은 사람들을 죽일 것이고 하나님은 그들을 돕지 않으실 거라고 말한다.

3. **추방:** 결국 적군이 승리하여 사람들을 땅에서 추방할 것이라고 말한다.

하나님의 성실하심

호세아는 예언을 통해 심판을 말한다. 아모스 보다 부드럽지만 도전적인 면이 아주 없는 것은 아니다. 그의 주제는 사람들의 불순종에도 불구하고 하나님은 여전히 성실하시다는 것이다.

디모데후서에 예수님에 대한 우리의 관계에 대한 말이 있다. 우리가 예수님을 거부하거나 따르지 않으면, 예수님도 우리를 거부하시지만, 우리의 예수님에 대한 믿음이 없어도 예수님은 계속 믿음직하신 분임을 말한다. 이 글은 호세아에서 비롯된 것일 수도 있다.

반가운 것은 이스라엘 사람들에 대한 하나님의 열정이다. 이것이 호세아가 말하는 진정한 메세지다.

하나님의 사랑은 끊어지지 않고, 우리를 실망시키거나 내버려 두지 않으신다.

하나님은 우리를 끊어버리지 않으신다 (5:10-6:6)

이 대목은 하나님께서 회개를 전문적으로 하는 것을 아주 싫어하심을 말한다. '내가 에브라임과 유다를 사자가 먹이를 찢듯이 찢을 것이다. 도움을 주고자 하는 사람들을 쫓을 것이다. 그들을 내버려두고 그들이 죄를 시인하고 다시 나에게 도움을 청할 때까지 기다릴 것이다.' 사람들은 문제가 일어나면 도움을 주실 하나님께 돌아가는 것에 대해 말하지만 그들의 가슴에는 진실성이 없다고 하나님은 말씀하신다. '내가 너희들에게 어찌하랴? 너희들의 사랑은 아침이슬같이 사라지고 나는 선지자들을 보내어 너희들의 파멸에 대해 말하게 한다. 나의 말로 너희들을 상하게 하고 죽음으로 협박한다. 너희들의 제사을 원하지 않는다. 너희들의 진정한 사랑을 원한다. 너희들의 헌물을 원하지 않는다. 너희들이 나를 알기를 원한다.' 라고 말씀하신다.

하나님은 그들을 가게 내버려 두지 않으신다 (11:1-11)

하나님은 이스라엘 사람들이 어린이였을 때를 상기시키신다. 이집트에서 데리고 왔을 때의 하나님의 사랑에 대해 말씀하신다. 그러나 하나님이 부르실 수록 사람들은 더욱 반항하고 우상에게 향을 피우고 바알신에게 제사 지냈다. 갓난아기였을 때부터 가르치고 걷도록 손으로 받혀주셨지만, 이스라엘은 하나님을 외면했다.

하지만 하나님은, '나의 에브라임아, 내가 어떻게 너를 포기할 수 있겠느냐? 나의 가슴은 괴롭다. 나는 너희들을 돕고 싶다. 너희를 심판하고 싶지 않다. 나는 하나님이고, 너희들안에 사는 거룩한 자다. 나는 너희를 파멸하러 오지 않았다' 라고 절규하신다.

어떤 일에도 우리를 놓지 못하시는 하나님의 강한 호소를 들을 수 있다.

하나님은 그들을 실망시키지 않으신다 (14:1-9)

이 대목은 사람들이 우상숭배의 태도를 치료받고 하나님께 돌아오기를 원하시는 하나님의 간절한 호소를 보여준다. 이스라엘이 실수로 범죄한 것이 아니라 악을 따라가기 위해 하나님께 반항한 것이다. 하나님은 그들이 회개하면 용서하시겠다고 말씀하신다. 사람들을 절대로 실망시키지 않으신다.

'지혜있는 자는 이말을 이해하고, 똑똑한 자는 이 말을 들을 것이다. 하나님을 따르는 길은 진실되고 바르고, 좋은 사람은 이길을 따르지만 죄인은 실패한다.' 라는 말로 이대목을 종결한다. 하나님의 사랑을 알고싶어 하지 않는 사람들에 대한 성경에서 가장 강한 호소의 예언으로 끝막음한다. 이스라엘은 마지막 결단의 선택을 해야한다—계속 범죄의 생활을 하든가 하나님의 길을 따르던가 결정해야한다.

아모스와 호세아서를 오늘날 어떻게 적용해야 하는가?

첫째, 아모스와 호세아 두 선지자 모두 이스라엘이 하나님께 돌아오도록 하지 못했음을 인정한다. 사람들은 그들의 말을 귀담아 듣지 않았고 하나님은 약속대로 사람들을 심판하셔야만 했다. 721 BC 에 앗수리아가 그들을 패전시키고 다시는 돌아오지 못하도록 사람들을 추방했다.

우리는 아모스와 호세아가 말하고 예언하던 때와 아주 다른 상황에 있다. 이스라엘은 교회와 국가가 하나인 신정 정부였다. 그러나 이것은 교회와 정부가 분리되었던 신약성경 시대에는 해당되지 않는다. 당시의 상황을 '가이사의 것은 가이사에게로, 하나님의 것은 하나님에게로' 라는 말씀으로 예수님께서 집약하셨다. 오늘날의 그리스도인들은 두 왕국에 살고있다. 나는 영국의 시민이며 하나님 나라의 시민이다. 그래서 구약의 예언을 우리의 현대적 상황에 적용시킬 때 주의해야 한다.

400 AD 때 콘스탄틴 제왕이 교회와 정부를 합병하려는 노력이 유럽에 있었다. 그는 그리스도를 받드는 신정 정부를 만들고자 노력하였고 이것을 유럽의 많은 나라들이 추구했다. 그래서 영국에서 태어나는 것은 교회안에서 태어나는 것이고 우리는 몇백년의 기독교 신앙을 바탕으로 두고 있다. 그러나 하나님이 보시기에, 교회와 정부는 분리되어있다. 구약의 예언을 적용시킬 수는 있지만, 두개의 사회상이 다름을 명심해야 한다.

그러므로 아모스와 호세아서의 말씀에 따라 하나님이 이스라엘에게 순종하라고 한 것을 다른 국가에게 말 할 수 없다. 이스라엘 밖의 사람들에게 주어진 예언은 적용시킬 수 있다. 다른 나라들에 대한 하나님의 비평은 그들의 양심에 호소한 것이지 하나님의 율법에 의한 것이 아니다. 마찬가지로, 세속적인 나라들은 그들이 내재적으로 알고있는 바른 방식으로 살았는지에 의해 심판 받을 것이다.

아모스와 호세아가 정죄한 이스라엘 밖의 나라들에 대한 것이 적용되는 말씀이다. 비인간적, 인원유린, 사회의 부조리등이 해당되고 적용시킬 수 있다.

그러나, 이스라엘에게 한 나머지의 예언들이 이방국가들과 상관없다는 말은 아니다. 그 예언들도 우리의 교회에 강력한 메세지를 준다. 우리들의 교회도 당시의 이스라엘사람들과 비슷하게 행동한다. 호세아와 아모스의 말씀을 더욱 강화하는 여러가지의 메세지들이 신약성경에 있다. 우리도 하나님께로 돌아가서 하나님의 심판을 피해야 한다. 이런 예언의 말씀을 읽을 때 먼저 하나님의 백성들에게 적용시키야, 우리의 사는 방법대로 우리의 사회도 따르는 것을 하나님께서 원하신다는 것을 알릴 수 있게 된다.

21. 이사야서

개요

이사야서는 특별한 책이다. 구약성경에서 가장 많이 증명되는 예언들이 이사야서에 있다. 1948년에 발견된 사해 두루마리 (The Dead Sea Scrolls) 는 그때까지 가지고 있던 900 AD에 쓰여진 두루마리보다 천년 전 100 BC에 쓰여진 원본이다. 당시 새로운 버젼으로 성경을 번역하던 중이었는데, 새로 발견된 사해 두루마리와 대조하기 위해서 번역을 잠시 중지했었지만, 두 원본사이에 별 큰 차이가 없었다.

이사야서의 열거된 방법도 흥미롭다. 각 장의 제목들로는 별 영감을 받을 수 없다. 나는 성경에 장과 구절 수의 표기가 없었으면 한다. 그러면 무의식적으로 절수에 의해 성경을 찾는 것보다는 성경이 흘러가는 내용을 전체적으로 더 잘 알 수 있을 것같다. 적어도 1,100년간 장과 구절의 니눔 없이도 사람들을 성경을 잘 사용했었다.

의식적으로 한것 같지는 않은데 누가 했는지 이사야서의 장과 구절의 분리는 꽤 흥미롭다. 이 책을 성경 책 권수와 같은 66장으로 나누었다. 또 이사야를 첫 39장과 후의 27장으로 나눌 수 있는데 신기하게도 39권의 구약성경과 27권의 신약성경과 일치한다.

처음 39장의 내용은 구약성경의 메세지를, 후반 27장의 내용은 신약성경의 메세지를 집약했다! 이사야의 후반의 40장부터는 '하나님의 길을 준비하라' 라는 사도요한이 사용한 광야의 소리로 시작한다. 성령에 기름부음을 받고, 사람들의 죄를 위해 죽으시고, 부활하시고 죽음으로 영광받으시는 하나님의 종에 대해 말씀한다. 그리고 '너는 나의 이세상 끝까지 나의 증인이 되리라', 라고 선포하고 '나는 모든 것을 새롭게 만든다. 새로운 하늘과 지구를 창조한다.' 라는 하나님의 말씀으로 끝을 맺는다. 이사야서와 신약성경의 메세지를 완벽하게 연결시킬 수 있다.

성경전체를 하나의 책으로 축소시킨다면, 이사야서가 될것이다. 또한, 40-66장은 9장씩 세부분으로 나눌 수 있다. 40-48장은 하나님의 백성을 위로한다; 49-57장은 죽음과 부활하시는 하나님의 종에 대해 말씀한다; 58-66장은 미래의 영광에 대한 말씀이다.

각 9장도 다시 각각 세부분으로 나누어 49-51, 52-54, 55-57로 나눌 수 있다. 52-54장은 가장 중심에 위치한 부분으로 이 책의 핵심이다: '그는 우리의 죄로 인하여 찔림을 당하고, 우리의 부당함으로 고통을 당하셨으며; 그의 고통은 우리에게 평화를 가져오게 하였고 그의 상처는 우리를 고쳐주셨다' (53:5). 가장 중심에 있는 말씀이 신약성경의 주제를 함축하고 있는 것이 놀라웁다. 이사야서는 부분적으로도 많이 알려져있다. 어떤 사람이 셰익스피어의 각본을 읽고 한 말이 생각난다. 그는 각본안에 너무 인용된 말이 많아서 실망했다고 했는데, 셰익스피어가 처음으로 이 말들을 인용한 것을 모르고 하는 말이었다! 이사야서도 마찬가지다. 그 책의 많은 말씀들이 교회 안에서 널리 사용되어 왔다.

예를 들어:

> 죄가 주홍같을 찌라도 눈같이 희게 되리라. (1:18)

한번 염색된 모직은 다시 희게 하기가 불가능 하지만, 하나님은 우리의 죄에 대해 이렇게 말씀하신다.

> 그들의 칼을 쟁이로 만들고 화살로 가지치는 연장을 만든다 (2:4)

이 말씀은 뉴욕에 있는UN 본부 앞에 새겨져 있다. '하나님이 나라들을 심판하실 것이다' 라는 시작의 구절 전체를 인용하지 않은 것이 아쉽다. 나라들 간의 문제를 심판하실 하나님 없이는 구절의 후반을 이루는 것은 불가능하다.

널리 알려진 다른 구절들은 다음과 같다:

> 처녀가 잉태하여 아들을 낳을 것이고 그의 이름을 임마누엘이라 하리라 (7:14)

> 우리에게 아들이 태어나고 우리에게 그가 주어지리다: 나라들은 그의 어깨에 있고; 그의 이름은 뛰어나고, 훌륭한, 전능하신 하나님, 평화의 왕자. (9:6)

> 그의 위에 여호와의 영 곧 지혜와 총명의 영이요 모략과 재능의 영이요 지식과 여호와를 경외하는 영이 강림하시리니. (11:2)

> 주께서 심지가 견고한 자를 평강하고 평강하도록 지키시리니 이는 그가 주를 신뢰함이니이다. (26:3)

> 오직 여호와를 앙망하는 자는 새 힘을 얻으리니 독수리가 날개 치며 올라감 같을 것이요 달음박질하여도 곤비하지 아니하겠고 걸어가도 피곤하지 아니하리로다. (40:31)

> 좋은 소식을 전하며 평화를 공포하며 복된 좋은 소식을 가져오며 구원을 공포하며 시온을 향하여 이르기 네 하나님이 통치하신다 하는 자의 산을 넘는 발이 어찌 그리 아름다운가. (52:7)

> 여호와의 손이 짧아 구원하지 못하심도 아니요 귀가 둔하여 듣지 못하심도 아니라. (59:1)

> 원하건대 주는 하늘을 가르고 강림하시고 주 앞에서 산들이 진동하기를. (64:1)

또 잘 알려진 이사야서 6장은 그가 성전에서 하나님을 보는 환상을 통해 하나님의 부르심을 받는 부분이고, 다음 절에는 그의 중대한 사명에 대해 나온다. 35장은 사막의 장미를 묘사한다. 40장은 잘 알려진 '나의 백성들아 나에게로 오라' 라는 하나님의 말씀으로 시작한다. (53:5) '그가 찔림은 우리의 허물 때문이요 그가 상함은 우리의 죄악 때문이라 그가 징계를 받으므로 우리는 평화를 누리고 그가 채찍에 맞으므로 우리는 나음을 받았도다' 에 대해서는 앞에서 이미 언급했다. 55:1절도 많은 그리스도인들이 기억한다: '오호라 너희 모든 목마른 자들아 물로 나아오라 돈 없는 자도 오라 너희는 와서 사 먹되 돈 없이, 값 없이 와서 포도주와 젖을 사라.' 61장은 예수님이 나사렛에서 처음 하신 설교의 말씀이 포함되어있다: '주 여호와의 영이 내게 내리셨으니 이는 여호와께서 내게 기름을 부으사 가난한 자에게 아름다운 소식을 전하게 하려 하심이라.'

부분적으로 많이 알려졌다는 것은 책 전체에 대해 많이 알려지지 않았음을 의미할 수 있다. 구약성경에서 예수님과 사도바울이 가장 많이 인용한 책이 이사야서다. 특히 이사야서 후반부의 말씀들이 신약성경에 많이 인용되었다.

'슬퍼하시는 성령,' '하나님은 눈물을 닦으실 것이다', '광야의 소리', '땅끝까지 나의 증인이 될 것이다', '모든 이가 무릎꿇고 모든 입으로 고백하리라' 등은 이사야서의 후반에 있는 구절들이다.

성경을 정말 알고싶다면, 이사야서를 알아야 한다. 구약뿐 아니라 신약에 대한 영감도 얻을 수 있을 것이다.

이사야

다른 성서의 저자들과 같이 이사야도 자신에 대해 말하는 것을 자제한 하나님 중심의 겸손한 사람이었다. 그에 대해 우리가 아는 것은 그의 글과 유대의 다른 역사서를 통한 사실들, 특히 역사가 요세푸스의 책에 있는 이사야에 대한 많은 기록들 뿐이다. 그는 신실한 부모님밑에서 자랐고, 그의 히브리 이름은 예사-야수, 즉 하나님이 구원하신다라는 뜻의 이름이다. 이사야는 영어식 표기이다. 이 이름은 예수와 여호수아 와 같은 어근이다. 그가 구약성경에서 선지자로 부르심을 받았으므로 아주 적합한 이름이었다. 특히 책의 후반에서 복음을 사람들에게 알리는 선지자였다. 구약에서 '새것'이라는 단어는 거의 찾아 볼 수 없지만, 이사야서의 후반에서는 자주 쓰인다. 그는 모세와 엘리야와 동등한 위치의 가장 위대한 선지자들 중 한 사람으로 성장한다.

왕궁에서 태어난 그의 환경은 인간적으로 볼 때 훌륭했다. 요아스왕의 손자였고 웃시아 왕의 사촌으로서 웃시아 왕이 죽었을 때 그는 애통해 했다. 이사야는 부, 계급, 고등교육을 소유한 사람이었다. 그래서 특혜도 받았지만, 선지자로서 활동하기에 힘든 점도 있었다. 성전에서 하나님을 만나는 것으로 그가 가야 할길은 확실히 정해 졌다.

그는 상위 사회에서 자유롭게 왕들과 접하면서, 그의 많은 예언에서 정치적인 문제들을 다루게 된다. 특히 앗수르나 이집트와 동맹맺는 것에 대해 그는 반대한다.

그의 아내는 여선지자였는데 우리는 그녀의 예언에 대해 아는 것이 없다. 아마도 그는 아내와 함께 예언에 대해 상의한 후 전달했을 것이다.

그에게는 최소한 두 아들이 있었다. 한 아들의 이름은 '전리품을 빨리 획득하라' 라는 어려운 이름이었다. 이것은 예루살렘이 장차 적에게 유린당하고 모든 보물을 빼앗기리라는 예언이 담긴 이름이었다. 다른 아들은 '남은 몇은 돌아올 것이다' 라는 이름이었다. 두아들의 이름이 이사야서의 핵심 메세지다. 책 전반부에서 예루살렘이 노략질 당할 것과 소수의 귀향을 예언함으로 이스라엘이 모든 것을 잃은 후에도 아직 미래가 있다는 희망의 소식을 전한다.

임마누엘이라는 셋째아들이 있었다는 설이 있다. 당시 예언과 관계된 남아가 태어나기는 했으나, 나는 그가 이사야가 아닌 다른 사람의 아들이었다고 생각한다. 임마누엘 (하나님이 함께 하신다 라는 뜻) 아기는 왕의 징조였다. 이것은 복합된 예언으로 몇백년 후의 예수님에 의해 성취된다.

하나님께서 부르심

이사야는 성전에서 하나님의 부르심을 받았다. 거룩하신 하나님의 그환상을 보았다. 당시 그의 나이는 성경에 기록되어 있지 않지만 아마도 청소년기에서 이십대 초로 생각된다. 이 때부터 이사야는 전에 아무도 쓰지 않은 '이스라엘의 거룩하신 분' 이라는 이름으로 하나님을 칭한다. 이사야서에서 50번 넘게 이 이름이 쓰여졌다. 하나님의 거룩하심을 보자 마자, 그는 자신의 부정함을 느끼고 성전을 떠나고자 했다. 특히 그의 입술이 부정하다고 느꼈다. 천사가 타고있는 숯덩이로 그의 입을 지지는 경험을 했다. 어떤 사람들은 이 사건이 그의 상상이었다고 말하지만, 이것은 실제 일어난 일이다. 이사야는 사람들에게 그의 입술의 흉터는 하나님이 불로 지진 결과라고 평생 간증했다.

그의 부르심은 삼위일체에 대한 놀라운 근거가 된다. 하나님은 이사야에게 '누구를 보낼꼬? 우리를 위해 누가 갈 것인가?' 라고 말씀하신다. '우리' 라는 단어를 사용하심으로 삼위일체되시는 하나님께서 이사야를 부르시는 것을 알 수 있다. 이사야의 사역 시작에서 하나님은 '네가 성공적인 설교자가 되리라 생각하지 말라. 네가 설교를 하면 할 수록 사람들은 강퍅해 질 것이다. 너의 설교를 사용하여 그들이 귀와 눈을 막아 회개하고 치유받지 못하도록 할 것이다.' 라고 말씀하신다. 이것은 하나님의 말씀이 사람들의 마음을 열 뿐만 아니라 닫히게도 한다는 성경의 여러군데에서 발견할 수 있는 진실이다. 하나님의 말씀을 들은 후, 우리는 더 강퍅해 지거나 말씀을 받아들일 수 있다. 중간적 입장을 취하지는 않는다.

신약성경은 이사야의 설교의 경험에 대해 어떤 부분보다도 많이 언급한다. 예수님도 그의 사역에 인용하셨다. 예수님은 사람들이 볼수 있지만 인식하지못하고 들을 수 있지만 이해하지 못하도록 말씀하셨다; 그렇게 하지 않았다면 그들은 회개하고 용서받을 수 있었을 것이다. (마가복음 4:12) 다시말해서, 관심없는 사람들이 이해하기 어렵게 진실이 담긴 우화를 사용하셨다. 사도바울이 유대인들에게 설교할 때 그들이 알아듣지 못하자 같은 말씀을 인용했다.

사람들이 하나님의 말씀을 듣지 않는 것이 핵심주제이고 이사야는 '얼마나 오래 설교를 하고 답변없는 그들의 마음을 강퍅하게 해야합니까?' 라고 하나님께 묻는다. 하나님은 이 땅이 완전히 버림받을 때까지 라고 말씀하신다. 물론, 이사야가 이과정을 통과하지 않았다면 우리에게 이사야서는 없을 것이다. 그러나 그가 살아있을 동안 그의 목회는 실패였다. 아무도 그의 말을 듣지않았다. 40년동안 그들은 점점 더 강퍅해져갔다.

유다 왕국의 지리적 입지조건

유다왕국의 입지조건이 가까이는 작은 나라들과 멀리는 대국들에 둘려싸여 있음을 알면 이책을 이해하는데 도움이 된다. 하나님은 먼저 작은 주변국가들을 사용해서 이스라엘을 단련시키다가 그들이 계속 불순종하자, 강대국들을 사용하신다. 주변국가들은 북쪽의 시리아와 암만, 동쪽의 모압, 남쪽의 에돔이 있었고 사막지역에는 아랍국가가 있었다. 서쪽으로는 이집트, 동쪽으로는 강대한 앗수르와 바빌론이 있었고 바빌론은 이사야가 죽은 후 강성대국을 이룬다. 이사야는 바빌론의 힘과 명성을 예언했다.

이사야 당시에 유다 왕국을 공격하려는 여러 동맹국들이 있었다. 가장 놀라운 것은 북 이스라엘 왕국의 열지파와 시리안들의 동맹이다. 이것은 하나님의 백성들로서 행한 심각한 범죄였다. 이사야는 두지파로 이루어진 작은 유다가 승리할 것을 말했다. '보라, 처녀가 잉태아혀 아들을 낳을 것이고 그의 이름을 임마누엘이라 하리라.' 라고 말하며 이것이 하나님께서 승리하실 징조임을 알렸다.

임마누엘은 '하나님이 우리와 함께 하신다' 라는 뜻이고 어느 부분을 강조하는가에 따라 조금씩 다른 의미를 가진다. 여기서 강조해야 할 단어는 '우리' 이다. 하나님은 그들이 아닌 우리와 함께 하신다. 그래서 아들이 잉태되었을 때에 이 이름이 주어졌고, 유다의 왕은 열지파로 이루어진 북 이스라엘과 시리안들의 동맹이 승리하지 못할 것을 알고 있었다.

또 블레셋과 아랍인들의 동맹도 있었다. 유다왕국에게 큰 위협이었으나 하나님께서 그들을 지켜주셨다.

이사야 당시에는 티그리스 강변 니네베에 수도를 둔 앗수르가 동쪽의 강대국이었다. 남서쪽으로는 이집트가 있었다. 그리고 현재의 이라크의 위치에서 바빌론이라는 새로운 강대국이 일어서고 있었다.

이사야는 네명의 왕정시대에 예언을 했다. 그의 사역은 웃시야왕 때에 시작하여 요탐, 아하스, 헤스기야 그리고 므낫세 왕들의 왕정시대를 거쳤다.

유다의 왕들

이사야의 사역을 이해하기 위해 유다왕국의 역대 왕들을 살펴보기로 하자. 역대기는 하나님이 보시기에 왕들이 선했는지 악했는지에 대해 기록한다. 선한 왕들은 전쟁에서 승리했고 악한 왕들은 패한다. 하나님은 선한 왕들과 함께 하셨고 아무도 그 왕들을 이길 수 없었다.

웃시아 (792-740 BC) 왕은 선한 왕으로 52년간 통치했다. 마지막에 하나님보시기에 악한 행동을 하여 문둥병으로 생을 마감한다. 선한왕에서 악한 왕으로 타락한 것에 대한 벌이었다.

이사야가 처음 사역을 시작했을 때, 블레셋이 아랍과 동맹을 맺고 공격해왔다. 그러나 유다왕이 하나님을 따랐으므로 그들이 승리했다. 그 후 왕이 하나님께 불순종하게 되었을 때, 앗수르는 유다를 패배시켰다.

요탐 (750-740) 은 선한 왕으로 19년간 통치했는데 그중 10년은 섭정기간이었다. 이 기간 동안 아무도 유다왕국을 이길 수 없었다. 암몬이나 북이스라엘과 시리아의 동맹국도 유다를 이길 수 없었다.

아하스 (735-715) 는 악한 왕으로 에돔, 블레셋, 앗수르에 패배했다.

헤스기아 (715-686) 는 선한 왕으로 29년간 통치했고 블레셋을 패배시켰다. 그의 통치기간중 앗수르의 185,000명의 대군이 하나님이 보내신 천사에 의해 전멸했다. 몇년 전까지만 해도 사람들은 이것이 전설이라고 생각했다. 하지만 영국의 고고학자는 성벽아래에서 발견된 많은 사람들의 뼈를 그 때 죽은 군사들의 뼈로 추측한다.

포위 당했던 예루살렘성이 오늘날 까지도 존재하는 것은 훌륭한 건축술 때문이라고 본다. 헤스기아왕은 포위 당했을 경우의 급수 해결을 위하여 성 밖에서 물을 끌어오는 수로를 건축했다. 지금도 예루살렘을 방문하여 이 수로 내부를 걸을 수 있다.

헤스기아는 말년에 병에 걸리면서 큰 실수를 한다. 그는 하나님께 부르짖었고 하나님은 그의 삶을 15년 연장시켜주셨지만 그는 그 시간을 유용하게 사용하지 못했다. 그가 아팠을 때, 당시는 힘이 없었지만 앞으로 강성하여질 바빌론에서 왕의 문병을 왔다. 헤스기아는 먼곳에서 자신을 위하여 방문한 것에 감동하여 왕궁의 모든 것을 그들에게 보여주고 자신의 위엄을 자랑했다. 이사야가 이 소식을 들었을 때 그는 절망했다. 그는 왕에게 언젠가 바빌론이 와서 그들이 본 모든 것을 빼앗아 가리라고 예언했다. 이사야서 중간에 있는 짧은 이야기 지만 이것은 훗날 그의 예언대로 이루어졌다.

므낫세 (697-642) 는 유다의 가장 최악의 왕이었다. 그는 악마를 숭배하고 그의 아들을 악령의 신 몰렉을 숭배하기 위한 제물로 바쳤다. 거의 모든 악한 왕들의 통치기간은 짧았지만 그의 통치는 55년이라는 유다에서 가장 긴 시간을 통치한 왕 중의 한사람이다.

므낫세는 이사야를 미워하여 금언을 명령했다. 이 때문에 이사야의 많은 예언들이 글로 이사야 서에 기록되게 되었다. 므낫세는 결국 이사야를 죽이기로 결심한다. 유대역사의 기록에 의하면, 므낫세는 묶인 이사야를 속이 빈 나무에 넣고 톱으로 켜서 죽였다고 한다. 이사야는 히브리서 11장에 믿음의 영웅들 중 한사람으로 언급되었다. '톱으로 키는 것과' 라는 말은 이사야를 두고 한 말이다.

아래의 표에 이사야 당시의 왕들의 통치를 간단히 정리했다.

왕	통치	성품	승리	패배
웃시아	52년	선한 왕에서 악한 왕으로 변함	아랍과 블레셋 동맹군	앗수르
요담	19년	선한 왕	암몬 시리아와 북이스라엘 동맹군	
아하스	20년	악한 왕		에돔 블레셋 앗수르
헤스기아	29년	선한 왕	블레셋 앗수르	
므낫세	53년	악한 왕		앗수르

이사야 서

이사야서를 대조되는 두 부분으로 나눌 수 있다. 다른 선지서들과 비슷하게 이 책에는 각각 다른 시기에 주는 예언들이 기록되어있다. 시간의 흐름에 따라 열거되지 않고 주제별로 혹은 특별한 순서없이 기록되었다. 그리고 앞부분에서 주는 전체적 예언과 뒷부분의 예언은 꽤 다른 성격을 나타낸다.

처음 39장은 후의 27장와 아주 달라서 어떤 학자들은 뒷부분이 다른 저자가 (두번째 이사야) 썼다고 주장한다. 이 두부분의 내용이 아래에 정리했다.

후반의 내용이 거의 망명 후에 대한 상세한 기록이어서 사람들은 다른 저자가 썼다고 생각한다. 이사야가 죽은 100년 후에 일어나는 사건인 바빌론이 고레스라는 사람에게 패배하는 사실을 이사야가 알 수 없었다라고 그들은 주장한다.

학자들은 이사야가 1-39장을 쓰고 두번째 이사야가 40-56장을 쓰고 세번째 이사야가 마지막 10장을 썼다고 말한다.

전반	후반
좋은 소식보다는 나쁜 소식이 많다	나쁜 소식보다는 좋은 소식이 많다
인간의 행실	하나님의 행하심
죄와 심판	구원
공의	자비
대적	위로

전반	후반
이스라엘의 하나님	천지를 창조하신 하나님
국가적	우주적
하나님은 불과 같으시다.	하나님은 아버지시다.
하나님의 손	하나님의 팔
치기위해 올라감	구원하기 위해 펼쳐짐
저주	축복
기묘한 일	좋은 소식
유대인	이방인
망명전	망명후
현재	미래

이들의 주장대로라면 세명의 이사야가 있다는 것이다! 어떤 성경학교에서는 이것을 사실로 가르친다. 이런 이유는 각 세부분의 글체, 내용, 단어가 아주 다르기 때문이다.

이사야서의 통일성

세사람이 썼건 한사람이 썼건 상관이 없다고 주장하는 사람들도 있다. 그러나 이 학자들은 이사야가 많은 메세지를 오랜 시간을 거쳐 당시의 상황에 맞게 썼다는 점을 잊고 있다. 각 각의 메세지에 맞는 문체와 단어를 쓰는 것은 당연한 일이다. 이런 이유로 책을 분리시킬 필요는 없다.

또, 이사야서를 한사람이 썼다고 믿는 여러가지 이유들이 있다.

첫째, 두 부분은 많은 공통점을 가지고 있다. 이사야가 하나님은 '이스라엘의 거룩하신 분' 이라고 전반에서 25번 말하고 후반에서 25번 말했다. 전반에서만 나타나는 주제들이 있기는 하지만 중요한 주제들은 전후반 양쪽에서 볼 수 있다.

둘째, 성경전체에서 가장 놀라운 예언이 있는 후반부의 저자가 누구인지 모른다는 것은 놀랄 일이다. 성경은 여러명의 선지자들을 기록하고 있는데 이사야 후반의 선지자를 기록하지 않을 이유가 없다.

셋째, 예수님과 사도바울은 이사야서 후반부를 인용할 때 이사야를 저자로 말씀하셨다. 이 사실 하나만으로도 나는 이사야가 전체 책의 저자임을 믿기에 충분하다. 예수님과 사도바울이 이사야서의 저자에 대해 거짓말을 했으리라고 믿을 수 없다.

마지막으로, 가장 중요한 핵심요소는 하나님께서 미래를 알고계셨느냐는 것이다. 알고 계셨다면, 이사야에게 미래에 대해 알려주시는 것은 어렵지 않은 일이다. 이 핵심을 이해하면 다른 문제점들은 해결된다.

1-39장–전반

이사야서는 40년에 걸쳐 다양한 예언들을 기록했고 시대적으로 나열되어있지는 않지만 전체적

하나님의 메세지를 공부하는 우리에게 도움을 준다. 자세한 내용에 들어가기 전에 책의 전반적 개요를 살펴보자.

1-10장은 유다왕국 특히 예루살렘에 대한 책망이다. 아모스가 북이스라엘 왕국의 부유함을 잘못 사용하는 것에 대한 설교를 한 것같이, 부유한 나라였던 남 유다왕국에게 이사야는 경고한다. 가난하고 약한 사람들을 돌보지 않고 예루살렘의 여자들은 보석과 옷에 부를 낭비한 것을 책망한다.

13-23장은 주변 국가들에 대한 심판에 대한 기록이다. 하나님은 그들을 통해 하나님의 백성들을 응징하시지만 그들은 하나님이 허락하신 도를 넘는다. 잔인하고 악랄한 방법으로 이스라엘을 대한 것은 하나님이 원하시는 것이 아니었다.

24-34장은 좋고 나쁜 소식이 섞여있다. 북이스라엘과 유다 지파들에 대한 심판이 있지만 앞으로 올 영광에 대해 두번 기록되었다. 심판속에서 미래의 밝은 한줄기 빛을 볼수 있다.

36-39장은 헤스기야왕의 병에 대한 이야기다. 이것은 앗수르가 바빌론에게 패망하는 전환기를 알려주는 이야기다. 바빌론의 사신들을 극대접한 헤스기야왕의 어리석음으로 바빌론은 유다의 주 적국이 된다.

유다 (1-12장과 24-35장)

나쁜 소식

불순종

이사야의 예언은 평화와 부의 시기에 주어졌다. 그들의 전성기였던 솔로몬왕 이후 가장 부하고 평화로운 시기였다. 그러나 부와 함께 그들은 자존심과 방종이 따라왔다. 사람들은 '자신이 최고' 라는 사고방식을 가졌다. 가난한 사람들은 억압당하고 부정은 사회 내부에 깊이 뿌리박았다. 종교적 삶은 의식화 되었다. 의식적으로 제사는 드렸으나 사람들의 마음은 하나님에 대해 차가웠다. 따라서 하나님에게서 점점 멀어지면서 이방 우상을 섬겼다. 가나안의 우상 바알과 아세라의 미신을 섬기며 그들의 농사와 가축이 잘되기를 바랐다.

응징

사사기에서 본 것과 비슷한 패턴을 볼 수 있다. 하나님을 신뢰하도록 하기 위해 외국의 군대의 공격을 하나님은 허용하신다. 시리아와 북이스라엘 왕국, 아랍과 블레셋, 에돔, 암몬과 모압, 이사야 당시의 강대국 앗수르 (훗날 바빌론에게 패망함) 가 유다를 공격했다. 그러나 그들은 하나님께 의지하지 않고 다른 나라들과 동맹을 맺어 해결하려는 태도를 취했다. 하나님을 완전히 무시했다.

심판

하나님은 모세에게 사람들이 하나님의 계명에 불순종하고 경고에 귀기울이지 않으면, 하나님이 주신 땅을 잃을 것이라고 약속하셨다. 그들은 이사야의 경고를 무시하였고, 587 BC에 북이스라엘 왕국과 마찬가지로 바빌론에 의해 망명길에 오른다.

낙심

이사야는 바빌론으로 가는 여정과 체류는 힘들 것이라고 예언했다. 또 망명을 겪고 나서 많은 사람들이 하나님께 돌아올 것이라고 말했다. 하나의 국가로서 그들은 다시는 이방 우상을 따르지 않는다. 그들의 종교혼합주의와 우상숭배는 국가적 차원에서 사라진다.

좋은 소식

나머지 사람들

전반부에서의 좋은 소식은 망명에서 얼마의 사람들이 돌아올 것이고 그들의 왕은 국가의 평안을 이룰 것이라는 것이다. 이 사람들 중에서 다윗과 같은 사람이 나타나서 영원한 아버지, 상담자, 평화의 왕자 같이 정부를 이끌 것이다.

귀향

유다의 불순종에도 불구하고, 하나님은 그의 약속을 지키신다. 망명 중 계속 그들의 땅으로 돌아갈 것을 말하고 70년 후에 예레미야가 예언한 대로 귀향한다.

통치

이사야는 다른 왕들과 전혀 다른 왕이 오실 것을 예언했다. 그의 통치에 대한 자세한 내용은 다음과 같다: 그의 출생; '갈릴리의 이방인' 들을 위한 사역; 예세에서 나온 혈통; 하나님의 일을 하도록 기름부음 받으심. 예수님이 왕으로 오실 예언을 의심하는 사람들은 이사야가 한 다른 예언의 정확성을 보아야 한다.

기쁨

거의 부정적인 전반부 이야기들 중 하나님의 좋으심에 대해 기뻐하는 부분들이 있다. 2:1-5; 12; 14:1-3; 26; 27; 30:19-33; 32:15-20; 34:16-35. 모든 선지서 중, 이사야서에 가장 기쁨이 넘친다.

열방들 (13-23장)

이사야는 유다를 상대했던 여러나라들을 언급했고 세가지 메세지에 주목할 수 있다: 앗수르, 바빌론, 블레셋, 모압, 시리아(다베섹), 구스, 이집트, 에돔, 아라비아, 두로:

1. 하나님은 이방인들을 사용하여 그의 백성을 응징하셨다.

2. 이방인들은 도를 넘었다. 그들은 비인간적이고 부당한 방법으로 이스라엘의 하나님을 조롱했다.

3. 하나님은 불로 심판하시고 결국 그 나라들을 소멸시켰다.

이러한 열방국들에 대한 심판에도 불구하고 이사야는 인류 전체가 유다왕국의 축복을 나누어 가질 것이라고 예언한다 (23-24장).

2부 (40-66장)

하나님의 형상

이사야서 후반부에서 하나님의 놀라운 형상에 대해 알 수 있다.

유일하신 하나님

하나님은 '나외에는 아무 신도 없다' 라고 말씀하신다. 우리가 소위 말하는 '미신' 들은 존재하지 않는다. 하나님만이 신이시다. 다른 우상들은 인간들이 만들어냈다. 또 하나님은 '나와같은 신이 존재하지 않는다' 라고 말씀하신다. 이사야는 다른 우상신들이 귀가 있어도 듣지 못하고, 눈이 있어도 보지못하고, 발이 있어도 걷지 못한다고 조롱한다.

이말이 모든 미신을 받아드리는 사상을 추구하는 현대 사회에 충격적이고 모욕적인 발언이지만 이스라엘의 하나님외에는 다른 신은 없다.

전능하신 창조주

국가는 우주전체의 시각으로 볼때 작은 먼지나 물 한방울과 같다. 하나님이 별들의 이름을 지으신다. 하나님은 인간에게 동물들의 이름을 지으라고 하셨지만 별들의 이름을 지으라고 하시지 않으셨고, 우리가 별자리를 모르는 것은 현명한 것이다. 여론조사에 의하면 60%의 남자와 70%의 여자들이 매일 자신의 별자리 행운을 읽는다고 한다. 인간은 미래에 대한 지혜를 전능하신 창조주께 구해야 할 것이다.

이스라엘의 거룩하신 하나님

이 표현은 이사야서 후반에서 25번 나온다. 아모스는 공의로운 하나님, 호세아는 충성된 하나님, 이사야는 거룩하신 하나님에 촛점을 두었다. 그는 처음 만난 하나님의 환상을 잊지 못하고 이런 하나님이 그의 책에 중점적으로 묘사되었다.

백성들의 구원자

하나님은 '친척 구원자' 로 묘사되었다. 가족을 돕는 친척과 같이 하나님은 그의 백성에 대한 언약으로 그들을 도울 의지와 권능을 가진 분이시다.

열방의 구원자

이 표현은 신약성경에서 예수님께서 사용하시기 전에 이사야가 사용했다. 이사야는 모든 인간들에 대한 하나님의 염려와 새하늘과 새땅에서 이루어질 열방에 대한 하나님의 원하심에 대해 강조했다.

역사의 주권자

이사야는 국가들은 물방울과 같다고 말한다. 하나님께서 시작하시고, 조정하시고 역사를 끝내신다. 그는 미래를 조정하시고 미리 알려주신다. (41:1-6, 21-29; 42:8-9, 10-17; 44:6-8, 24-27; 46:9-11; 48:3)

하나님의 영광

이사야서 전체는 하나님의 영광을 나타내기 위하여 하나님께 주목한다. '영광' 이 이 책의 핵심단어이다. 하나님은 인간들이 볼 수 있도록 하나님의 영광을 나타내기 원하신다.

하나님의 종

후반부의 가장 잘 알려진 부분에는 여러편의 시가 있다. 노래라고 부르기도 한다. '하나님의 종' 이라는 표현이 20번 쓰여졌지만 유대인들은 아직까지도 그가 누구인지 모르고 있다.

'종'의 의미는 변하는 것 같다. 아홉번에 걸쳐 종은 이스라엘 국민들을 의미하는 것 같고 (49:3), 다른 부분에서는 한 사람을 칭하는 것이 분명하다. 또, 구약성경에서 여러 사람들에게도 쓰여졌다: 웃시아, 요시아, 예레미아, 에스겔, 욥, 모세, 세룹바벨 들이 모두 종으로 불리었다.

하나님의 종에 대한 네가지면을 보자.

1. 완벽한 성품. 하나님의 종은 결점이 없이 완벽하다. 이런 표현을 아무에게나 적용할 수 없다.
2. 슬픔 마음을 소유한 사람이다.
3. 죄가 없지만 죄인취급을 받고 죽임을 당했다. 그의 죄가 아닌 다른 사람들의 죄때문에 죽임을 당했다. 그는 거짓으로 피소되었고 부자의 무덤에 묻혔다.
4. 다른 사람들의 죄를 위해 죽은 후 죽음에서 부활하셔서 높은 자리에서 영광을 받으셨다.

이사야나 다른 선지자들이 하나님의 종과 앞으로 오실 왕에 대해 연결을 지었다는 흔적이 없다. 그리스도인들에게는 명확하지만 유대인들에게는 그렇지 않다. 그들은 전반부의 약속된 왕과 후반부의 종을 연결짖지 못한다. 그들에게는 말이 되지 않는다.

처음으로 연결을 지은 유대인은 예수님이셨고, 그가 세례 받을 때 하나님이 '너는 내가 사랑하는 아들이고 내가 기뻐하는 자라' 라고 말씀하심으로 연결점을 주셨다. 하나님은 왕이 '하나님의 아들' 이고 종이 '내가 기뻐하는 자' 라는 것을 보여주셨다. 예수님은 이 두가지가 하나로 연결됨을 알고계셨다.

예수님 뿐 아니라 베드로도 설교할 때 이말을 자주 언급했다. 사도행전에서, 베드로는 왕과 종을 연결시킨다. 초대 교회 때 이사야서를 잘 알고있던 많은 제사장들이 왕과 종의 연결을 이해하여 그리스도인이 되었다.

사도행전에서 이사야서 53장을 읽고 있는 이디오피아의 내시를 만난 빌립도 이 점을 연결할 수 있었다.

사도바울은 이를 훌륭하게 설명한다. 빌립보서에서 그는 하나님과 동등하지만 종의 위치를 가진 사람에 대해 말한다. 유대인들은 왕이 고통을 당하고 죄인으로 죽임을 당하는 것을 받아들이지 못한다. 십자가에 못박힌 왕은 그들이 원하는 왕이 아니었고 그런 왕을 받아드리지 못한다. 예수님은 정부체제를 갖춘 왕으로 보이지 않았다. 그들은 죽임을 당한지 않은 승리의 왕으로 통치할 사람을 찾고 있다.

하나님의 영

놀랍게도 이사야서에서 성령은 특별하게 표현된다. '슬퍼하는 성령'이라는 표현을 이사야 63:10-11에서 볼 수 있다. 성령은 이 종에게 기름부으신다. (61:1-3) '너의 제물에 나의 성령을 부으리라 (44:3) 는 성령강림에 대한 말씀이다. 이사야서 6장에서 '우리를 위하여 누구를 보낼고?' 라는 구절에서 '우리' 라는 단어에 대해서는 이미 언급한바 있다.

이렇게 구약성경에서 성삼위를 보여주는 세분이 있다. 천지를 창조하신 하나님, 고통받는 종, 성령—이 세분들이 이사야서 후반에 기록되어있다.

예언

이사야서의 삼분의 일과 이사야서부터 말라기 까지 열 일곱권의 성서에서 예언을 말하고 있고 우리가 예언에 대한 이해를 분명히 하는 것이 중요하다. 이사야서와 같이 의미깊은 예언의 이해는 특히 중요하다.

모든 선지자들은 그들의 시대와 미래에 대해 말했다.

1. **당대의 예언:** 이는 마치 당대를 현미경으로 들여다 보는 것과 같다. 자신들의 삶을 하나님의 관점으로 명확히 보았다. 이것은 당대에만 해당되는 것이 아니고 이 도덕적 기본은 어느시대나 문화에도 적용된다. 하나님은 불변하시기 때문에, 그의 도덕적 기본은 영원불변하다.

2. **미래의 예언:** 그들은 미래를 내다보는 망원경과 같았다. 그들은 미래에 일어날 일들을 말했다. 이것은 이해하기 꽤 복잡한 것이다. 망원경으로 먼산을 보는 사람이 정확한 거리를 알 수 없듯이, 미래에 일어날 일이 언제 일어날 지에 대한 시간적 이해는 불가능 하다. 구약의 많은 선지자들과 독자들은 하나의 산맥에 있는 두 봉우리를 두개의 분리된 산으로 여겼다. 이같이 미래의 두 사건이 마치 같은 시간에 따로 일어나는 것같이 묘사 되었지만, 사실 이 사건들은 몇천년씩의 시간적 간격을 두고있다.

오늘날의 그리스도인들은 두 봉우리 사이에서 살고있다. 하나는 과거이고 다른 하나는 미래다. 왜냐하면 우리는 선지자들이 알지 못했던 것을 알고있다. 그들은 미래의 왕을 찾았으나, 우리는 왕이 두번 오심을 알고있다. 이 뿐 아니라, 예언의 성취는 예언의 순서대로 일어나지 않을 때도 있다. 예를 들어, 후반에 나오는 고통받는 종은 전반의 통치하는 왕보다 먼저 성취되었다. 그리스도는 종으로 오셔서 십자가에서 돌아가시지만, 모두를 통치할 왕으로 아직 오시지 않았다.

이사야서를 잘 알고 있는 유대인들이 아직도 앞으로 오실 왕을 기다리고 있는 것은 놀라운 일이 아니다. 그들은 메시야가 왕으로만 올 것을 기대하기 때문에 예수님을 메시야로 받아드리지 않는다. 예수님이 종려주일에 예루살렘으로 입성하셨을 때, 군중들은 마침내 원하는 왕이 오신것으로 생각했다. 그들은 흥분했고, 곧 예수님이 로마인들을 쫓아내실 것으로 생각했다. 그러나 그는 싸움의 상징이 아닌 나귀를 타고 오셨다.

요한계시록은 예수님께서 재림하실 때, 백마를 타고 전쟁을 하러 오신다고 말한다. 그러나 종려주일의 예수님의 사명은 평화였고 이사야서의 통치의 왕의 예언을 성취할 때가 아니었다. 그가 성문을 통과하여 우회전하지 않고 좌회전함으로 모두를 놀라게 했다. 우회전을 해야 로마 사람들의 정부 청사로 갈 수 있었다. 그러나 예수님은 성전으로 가셔서 유대인들을 쫓아내셨다. 그가 우선 해야할 일은 유대사람들이 생각하는 것과 달랐다.

며칠 후, 왜 같은 군중들이 '예수님을 십자가에 매달아라!' 라고 외치고, 반정부 죄인이었던 바라바스를 대신 살려냈는지의 배경을 우리가 알 수 있다. 그들은 예수님이 왕좌에 오를 것을 생각했는데 그는 성전만 깨끗하게 함으로 큰 실망을 주었다. 빌라도가 예수님 머리위에 '유다의 왕' 이라는 팻말을 붙였을 때, 사람들은 믿을 수 없었다. 그 나라 전체에서 예수님을 믿은 한사람은 '주님, 주님의 왕국에 가시면 저를 기억해 주세요' 라고 말했다. 십자가에 매달린 도둑은 옆에서 고통받고 죽어가는 분이 앞으로 오실 왕임을 보았다.

미래

열방

앞에서 언급한 바와 같이 이사야서 후반의 메세지는 유대인 뿐만 아니라 모든 지구상의 사람들이 하나님의 축복을 알게 될 것이라고 말한다. 그는 '먼곳의 섬들' 도 하나님을 알게 될 것이라고 말한다. 당시 페니키아 사람들이 영국을 먼 섬나라로 칭했기 때문에 여기의 섬들이란 영국을 의미할 것이다.

유다국

예루살렘, 시온, 하나님의 산에서 하나님은 많은 일을 이루실 것이다. 그는 말을 타고 오셔서 세상의 정부들을 장악하실 것이다. 이세상은 하나님과 그리스도의 왕국이 될 것이다. 오늘날의 교회는 앞으로 오실 왕의 통치를 위해 사람들을 준비시키고 있다. 우리는 예수님이 오시도록 모든 나라의 사람들을 준비시키고 있다. 하나님께서 모든 민족이 하나님을 알기를 원하시기 때문에 복음이 모든 나라들에 전파되었을 때, 마지막이 올 것이다.

이사야서 후반에서 이사야는 예루살렘의 미래와 만국의 미래에 대해 언급한다. 이사야서 2장에서 하나님의 왕국이 산위에 세워지고 만국은 그리고 올 것이라는 것을 알수 있다. 미래의 '국제 연합' 이 예루살렘에 위치한다. 고통받은 종이 성취된 것과 같이 통치하는 왕도 오실 것이다.

이사야서를 읽는 목적

1. 이사야서는 하나님의 말씀이다. 성경을 공부하는 이유는 '구원으로 가는 지혜'를 얻기 위함이다. 이사야서의 핵심 단어는 '구원' 이다. (이사야는 '하나님이 구원하신다' 라고 말했다.)

2. 이사야서는 성경전체를 소개한다. 신구약 전체를 집약하고 성령의 감화로 한권의 책으로 주어졌다. 성경이 너무 많은 분량이라 생각하면, 이사야서를 먼저 읽으면 성경의 모든 주제에 대한 개요를 알 수 있다.

3. 이 책을 통해 예언에 대한 개요를 알수 있다. 이사야는 세명의 대예언자들 중 한사람으로 성경에서 예언서중 첫번째로 나오는 책이다. 다른 예언들과 같이 현재와 미래에 대한 예언이 함께 들어있다. 신약성경에서 그리스도의 오심이 성취되는 것을 쉽게 볼 수 있는 예언이 있다.

4. 이사야는 신약과 구약을 서로 조명하며 연결한다. 이사야서를 알면 신약성경을 더 잘 이해할 수 있다.

5. 예수님을 알기위해 읽는다. 예수님은 '성경에서 나를 증거하는 것을 찾아보라' 라고 말씀하셨다. 그는 구약성경을 말씀하신 것이다. 이사야서는 구약의 어느 성경보다도 예수

님을 이해하는데 도움을 준다. 이사야서 53장을 읽으면 마치 십자가 밑에 서있는 것 같다. '그가 채찍에 맞음으로 우리가 고침을 받았다'

6. 하나님에 대한 더 큰 관점을 갖게 된다. '하나님을 크게 부각시킨다' 는 것은 '하나님에 대한 이해를 증가시키라' 라는 것이다. 이사야서의 후반부는 하나님, 이스라엘의 거룩한 분, 천라만상의 창조주에 대한 큰 형상을 보여준다.

이사야서는 가장 방대한 선지서로서, 시간과 노력을 들여 이해해야 하는 그리스도인 들이 꼭 읽어야 할 많은 이유가 있는 책이다.

성경전체가 집약된 소형의 성경과 같다. 구약을 이해하고 그것으로 신약을 조명하고, 하나님의 크심에 대한 이해를 도와주는 책이다.

22. 미가서

개요

호세아에서 말라기의 책들을 '소선지서'라고 부른다. 이 것은 마치 이 선지자들이 다른 선지자들보다 중요하지 않은 것같은 느낌을 주는 잘못된 명칭이다. 이 명칭은 이사야서, 예레미아서, 에스겔 서의 분량이 큰 책들과 구분하는 명칭일 뿐이다. 미가서는 오늘날 우리의 가슴을 울리는 중요한 예언의 메세지를 주고 있음을 볼 때, 이 명칭은 정말 잘못된 것이다.

미가는 이사야와 동시대 인물이고 미가서의 한부분은 이사야서와 동일하다. 예수님께서 재림하셔서 평화의 통치를 하실 때를 가르키는 칼을 쟁기로 활촉을 도구로 만드는 데 대해 말한다. 누가 누구의 것을 모방했는지 아니면 성령이 두사람에게 같은 메세지를 주었는지는 알 수 없지만, 두 선지자가 같은 예언을 하는 것은 하나님께서 반복해서 우리에게 알리고 싶어 하신것이다.

캐롤 예배때 쓰여진 말씀이 미가서에 있다: '베들레헴 에브라다야 너는 유다 족속 중에 작을지라도 이스라엘을 다스릴 자가 네게서 내게로 나올 것이라.' (5:2) 이것은 700년 전에 예수님의 탄생을 예언한 말이다.

또 잘 알려진 다음의 구절이 있다: '사람아 주께서 선한 것이 무엇임을 네게 보이셨나니 여호와께서 네게 수하시는 것은 오직 정의를 행하며 인자를 사랑하며 겸손하게 네 하나님과 함께 행하는 것이 아니냐.' (6:8) '주와 같은 신이 어디 있으리이까.' (7:18)

잘 알려진 이 구절들은 문맥에서 분리해서 흔히 사용했다. 당대와 장소의 문맥안에서 전체를 보아야 한다. 하나님은 특정한 시기와 장소에 따른 말씀을 하신다. 이런 이유로 성경은 다른 서적들과 달리 역사와 지리에 대한 많은 이야기들을 포함하고있다. 코란이나 힌두 베다스는 말씀과 사상에 대한 책들이다. 그러나 성경은 하나님께서 주시는 시대와 장소에 대한 말씀이므로 역사와 지리에 대한 기록이 있고 미가서의 중요한 부분이다.

장소

약속의 땅의 위치는 지중해와 아라비아 사막 사이에 있는 좁고 긴 땅이다. 이곳은 유럽, 아시아, 아프리카를 연결하는 통로였다. '바다길' 이라 불리우는 해안도로다. 언덕위쪽에 위치한 메기도라는 곳이 교차점이었다. (히브리어로는 알마게돈이다) 모든 무역상들이 이 교차로를 통과했고 이곳을 내려다 보고있는 나사렛이라는 작은 마을이 언덕위에 있었다. 이런 입지조건 때문에 북쪽의 갈릴리는 '만국의 갈릴리'로 불린다. 외국 방문객의 수가 훨씬 적었던 남쪽의 유다왕국은 유대인의 고유문화를 잘 보존했다.

남 유다의 동서로는 지중해와 사해가 있다. 사해는 지중해보다 낮다. 미가는 이스라엘의 산지와 서해안의 평야지역 사이에 있는 유대지방에서 12-15마일쯤 떨어진 세페라 (저지대라는 뜻) 사람이다. 그는 유대인들과 블레셋 사람들 사이에서 살았다. 그는 예루살렘성에서 가자지역까지 전체에서 행해지는 부정 부패를 보며 자랐다.

이사야와 미가가 동시대인인 것이 감사하다. 그들은 같은 시대에 사역했지만 이사야는 왕궁에서 태어난 사람이다. 그는 왕의 사촌으로서 정부의 고관들과 쉽게 접촉했다. 반대로 미가는 세페라라는 가난한 지역 출신이었다. 이사야는 상위층의 부유한 가정에서 왔고 미가는 착취당하는 보통 사람들을 이해할 수 있는 순박한 지방출신이었다. 그래서 두사람은 서로를 보충한다.

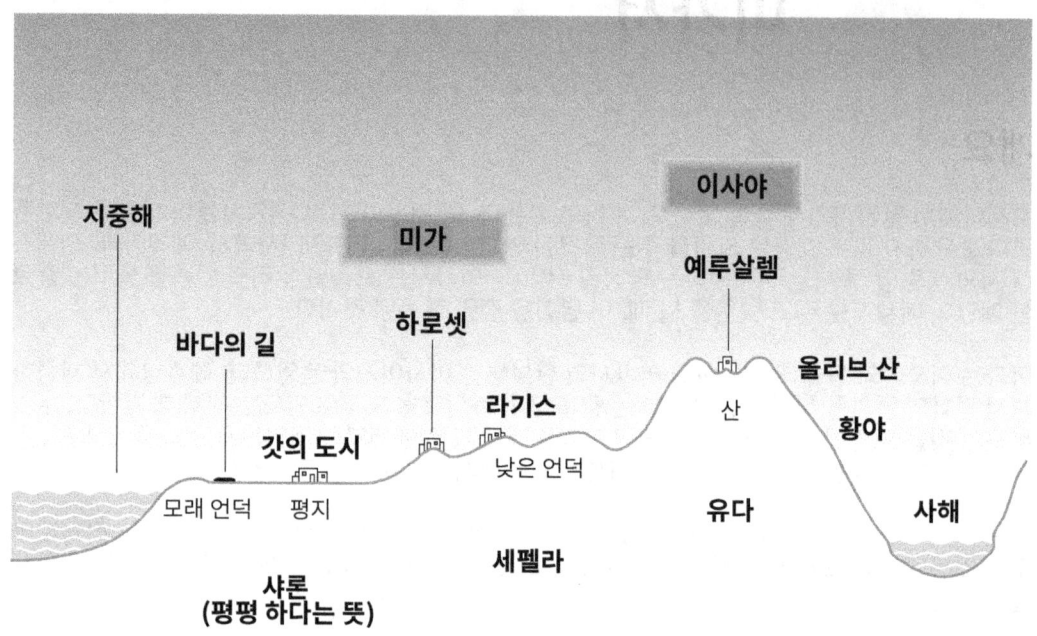

미가의 활동시기

미가는 악한 왕이었던 아하스가 통치할 때 (735-715) 활동한 것으로 추정되는데 그 전 요담왕 시대에 활약했을 가능성도 있다.

당시는 솔로몬이후 내전으로 나라가 분열되어 있었다. 북쪽의 열지파는 이스라엘이라는 국가를 세우고 남쪽의 두지파는 유다왕국으로 알려져 있었다. 이사야와 미가는 남쪽의 두지파를 향하여 말씀을 전하고 호세아는 북쪽지파들이 앗수르에 의해 추방당할 때 까지 말씀을 전했다.

호세아와 이사야는 부유한 환경에서 자란 도시인들이었고 미가는 그들과 대조적인 배경을 가진 사람이었다.

미가 선지자의 존재 이유

요담왕 (750-731) 과 아하스왕은 나라를 엉망으로 이끌었다. 요담은 선한 왕으로 여겨졌지만 우상숭배를 몰아내지 못했다. 가나안 우상을 숭배하는 신전이 고지에 있었다. 왕자신이 하나님의 법을 지키고 백성들도 그렇게 하도록 했어야 했다. 그러나 아하스는 악한 왕이었고 북쪽의 열지파에서 남쪽의 두지파로 또, 도시에서 농촌으로 확산해가는 악한 우상숭배를 막지 못했다. 도시는 언제나 위험한 장소로 성경에 나타난다. 죄인들의 밀집된 상황이 죄를 확산시킨다. 그래서 악덕과 범죄는 농촌보다 도시에 더욱 집중되어있다.

유다의 경우에도 예루살렘의 부패가 세페라마을까지 퍼져 있었다. 미가는 이 악의 영향을 보고 가슴아파했다. 제사장, 선지자, 판사들 사이에 뇌물이 오감을 보았다. 하나님의 법을 지켜야 할 사람들이 뇌물에 의해 재판하고 사람들이 듣고싶어 하는 말만 했다. 힘없는 사람들은 착취당했다. 탐욕, 갈망, 속임수, 폭력, 잔인함을 보통으로 받아들였다. 범죄는 늘고 지주는 가난한 사람들에게서 훔치고 과부와 고아들을 길거리로 내쫓았다; 상인들과 무역상들은 저울과 추를 속이는 부패한 상도덕이 만연했다. 사회의 모든 면에 죄악이 스며있었다. 특히 부와 권력을 가진 자들은 가난한 사람들을 학대했다. 사회적 정치적 권력자들은 자신들의 주머니를 채우는데 급급했다. 존경과 신의가 완전히 사라진 슬픈 사회상이었다. 가족관계와 국가의 안보도 무너져가기 시작했다. 그러나 사회의 공의에 열정을 갖은 미가는 하나님의 백성들 사이에서 일어나는 악한 일들에 몸서리쳤다. 이들은 만국의 빛이 되어야 할 사람들이었다.

이런 상황에 고심하고 있을 때, 미가는 하나님께서 유다와 북쪽과 주변 국가들을 다루시는 환상을 본다. 그의 환상은 물결같이 퍼져갔다. 처음에는 유다의 지파들, 그리고 이제 남쪽과 상관없는 북쪽의 이스라엘을 포함한 전체에 대한 환상이었다. 그의 고민은 자신의 국민들로 시작하여 사라진 지파들까지도 포함하게 된다.

그는 하나님께서 유다를 치러 오심을 본다. 하나님은 그들을 심판하시고 남쪽의 작은 영토마져 빼앗을 것이었다. 이는 너무 괴로운 환상으로 그를 깊은 고민에 빠지게 한다.

그는 두가지 면에서 고민했다: 하나는 성령이고 다른 하나는 자신의 영이었다. 모든 선지자는 목회를 하기 위해 성령님과의 역동적인 만남이 있다. 그러나 그의 인간적 영은 고통을 느꼈다. 미가는 극심한 괴로움으로 승냥이같이 울부짖고 타조와 같이 소리치며 그의 옷을 찢었다. 그는 이제 희망이 없는 상황임을 인식했다.

그는 특히 세가지의 문제에 대해 염려했다: 우상숭배, 부도덕, 불의. 불의는 그의 가슴을 찢었다. 하나님의 백성들이 서로에게 하는 악행을 볼 수 없었다. 우상숭배는 하나님을 모욕하고 다른 미신을 섬기는 것이다. 부도덕은 사람들이 제 멋대로 하는 것이다. 그러나 불의는 사람들이 서로에게 상처를 주는 것으로 그에게 가장 힘든 악이었다. 그도 한사람의 백성으로서 셋돈을 낼 수 없어 길바닥에 나 앉은 과부와 고아들에 대해 마음 아파했다. 그의 사역은 사회의 정의에 대해 강하게 호소한다.

미가서와 같이 조리있는 책의 구조와 형태를 보면 메세지를 이해하는데 도움이 된다. 이 책은 세부분으로 쉽게 나눌 수 있다. 각 부분의 주제를 강조하기 위해 나는 타이틀을 지었다.

1-3장은 죄와 하나님의 심판을 말한다. 4-5장은 평화와 안전에 촛점을 마춘다. 공의와 자비는 6-7장의 주제다.

죄와 심판 (1-3장)

여기서 미가는 자신의 고향 세페라라는 작은 마을까지 퍼진 죄에 대한 각성을 도시 사람들에게 호소한다. 사람들은 그의 메세지의 내용에 집중한다. 그는 각 마을의 이름을 언급하면서 그들에게 심판의 메세지를 전함으로 그들이 메세지를 새겨듣게 했다.

사역 장소

미가가 런던에서 설교를 외쳤다면, 그는 다음과 같이 말했을 것이다: 해크니는 산산조각 날 것이다. 해머스미스는 납작하게 눌릴 것이다. 배터시는 사람들이 다 볼 수 있게 상할 것이고 쇼디치는 바닷가 도랑에 던져질 것이다. 크라우치 엔드는 두려움에 몸을 사리고 이얼링에는 치유가 없을 것이다. 해로우는 약탈당하고 처치엔드는 교회의 종말을 보게 될 것이다. 발킹은 늑대들에게 쫓기고 세퍼드 부시에서는 남은 한조각에서 양들이 풀을 뜯어 먹을 것이다. 펙햄에서는 독수리들이 시체를 쪼아먹을 것이다.

이상하게 들릴 지 모르지만 미가의 설교는 각 마을의 이름을 사용해 이런 식드로 전해졌다. 그는 세페라의 모든 마을의 이름들을 사용해 심판의 메세지를 전했다. 하나님께서 그들의 행위를 지나쳐 보시지 않으심을 전하는 훌륭한 설교였다. 하나님께서는 곧 이 예언들에 대한 시행을 하실 것이었다.

백성들

하나님은 사회 지도자들에게 책임을 물으셨다. 왕, 제사장, 가짜 선지자들이 영적 부패를 발전시켰다고 지적했다. 무엇보다도 약한자들을 무자비하게 착취하여 부익부 빈익빈의 사회를 이룬 착취자들을 지적하셨다.

평화와 안보 (4-5장)

4-5장은 놀랍게도 거의 다가 기쁜소식들이다. 3장은 예루살렘의 파괴로 끝을 맺는다. 미가는 죄를 선동한 대도시는 망할 것이라고 말한다. 그러나 4-5장에서는 다른 모습을 보게된다. 그는 현재의 부패한 나라가 마지막이 아니라고 말한다.

왕국

모든 언쟁은 다국적무장해제로 시온의 왕께서 그의 왕국을 통해 해결하실 것이다. 국제연합의 본부는 뉴욕이 아닌, 언젠가는 언쟁해결의 중심이 될 예루살렘에 있어야 한다. '하나님께서 시온을 통치하실 때, 그는 세계의 모든 언쟁을 해결하실 것이다. 그 왕국이 지구상에 서게 된다. 우리가 주기도문을 외울 때, 우리는 이 일을 위해 기도한다: '하늘에 있는 것 같은 하나님의 나라가 지구에 오소서.' 물론, 왕이 오실 때까지 왕국이 설립될 수 없지만, 왕이 없는 왕국도 있을 수 없다. 미가는 베들레헴이라는 작은 마을에서 왕이 나실 것이라고 말한다. 베들은 '집'이라는 뜻이고 레헴은 '빵'이라는 뜻으로, '빵집' 으로 직역할 수 있다. 이 작은 마을은 옥수수와 제사에 쓰여질 양을 예루살렘에 공급했다.

왕

미가는 처음 예수님의 오심과 재림하실 것을 예언한다. 만국을 통치하러 오시는 예수님은 재림하시는 예수님이시다. 이 말은 이사야서 2:1-4과 동일하여 누가 먼저 말했는지에 대한 의문을 제기한다. 서로가 모방한 것인가, 다른 사람의 말을 둘이 같이 모방한 것인가, 아니면 하나님의 동일한 메세지를 둘 다 받은 것인가? 어떤 확실한 대답을 알 수 없다.

그래서 미가서의 두번째 부분은 기쁜 소식이다. 다윗의 도시에서 세계를 통치하고 평화와 번영을 가져 올 왕이 태어나실 것이다.

공의와 자비 (6-7장)

미가서의 마지막은 법정의 재판을 보는 것 같다. 하나님은 검사이시고 미가는 변호사다. 죄로 부패한 유다의 백성들은 법정에 서있고 하나님께서 자신의 입장을 말씀하신다.

하나님은 일인칭 대명사 '나'를 사용하시고 미가도 같은 칭호를 쓴다. 그들은 법정에 선 자들이 누구인가에 대해 논쟁한다. 하나님은 그들에게서 수천마리 양의 피로 드린 제사가 아닌 공의를 원하셨다고 설명하신다. 그는 사람들이 정의롭게 행동하고, 사랑으로 자비를 베풀고 하나님앞에서 겸손한 삶을 살기를 요구하셨다고 말씀한다.

공의는 사람들이 받을 자격이 갖추어 졌을 때 주어지지만, 자비는 그들이 받을 자격이 없음에도 불구하고 주어진다. 자신의 초상화를 화가에게 맡긴 사람이 '이 일이 어떤 정당성이 있기를 바라네.' 라고 하자 화가는 '당신이 필요한 것은 정당성이 아니라 자비입니다.' 라고 말했다는 유머가 있다.

공의와 자비는 서로 대조되는 것이 아니다; 같은 방향의 길을 걷는 것이다. 다른 점이 있다면 공의는 한계가 있으나 자비는 훨씬 멀리 갈 수 있고 하나님은 그 둘의 절대적 주인이시다. 하나님은 항상 공의로우시다. 하나님이 불공평하다고 말 할수 있는 사람은 아무도 없다.

그러나 하나님이 받으신 것은 수천마리 양의 피뿐이었다. 유다는 종교적 예식을 지켰으나 하나님은 그 이상을 원하셨다. 사람들이 어떻게 하나님과 동행하는가가 문제였고 그를 위한 시험은 그들이 다른 사람들과 어떻게 동행하느냐이다. 하나님과 개인적 관계를 가진 사람은 공의와 자비로 행동함을 발견한다. 왜냐하면 하나님께서 그 사람에게 그렇게 행동하시기 때문이다.

미가는 법정에서 비참한 상태에 있다가 정의의 심판 뿐 아니라 자비도 주어질 것을 인식하는 순간 넘치는 기쁨을 느낀다. 하나님의 약속인 자비를 포함한 아름다운 균형으로 책은 끝맺는다.

자녀가 말을 듣지 않는 것은 부모의 문제이다. 자녀에게 정의대로 심판할 것인가 그냥 용서할 것인다? 정의와 자비를 함께 실현하는 것은, 무죄한 사람이 죄인을 대신해서 고통을 당하여 값을 치루는 한가지 상황만 제외하고는 아주 힘든 상황이다. 이렇게 한번에 죄는 심판 받고 용서된다. 십자가는 이 때문에 필요한 것이다. '십자가 그늘 아래' 라는 찬송의 가사를 보자:

    안전하고 행복한 처소
    달콤한 나의 피난처
        화합의 장소
    하늘의 사랑과
        천국의 공의가 함께하는 장소

    엘리자베스 세실리아 크레판 (1830-65)

십자가는 하나님의 완벽한 공의 (죄에 대한 죽음의 심판)와 자비 (죄인이 용서받는) 를 보여준다. 왜냐하면 순결한신 분이 댓가를 치루었기 때문이다. 하나님께서 십자가 없이 우리를 용서하셨다면, 하나님은 자비로우시지만 공의로운 분은 아니시다. 우리를 용서하지 않으시고 심판하신다면, 그는 공의로우시지만 자비로운 분은 아니다. 이 때문에 구약의 배경은 너무나 중요하다. 이스라엘 사람들은 무고한 피로 제사 드려 얻는죄의 용서를 이해했다. 피의 댓가 없이는 죄사함이 있을 수 없다. 왜냐하면 피의 댓가 없이 하나님은 공의와 자비를 한꺼번에 이루실 수 없기 때문이다. 미가는 겸손에 대하여 말했다. 이 세번째의 필요조건은 앞서 말한 두가지만큼 중요하다. 앞의 두가지를 행하여 교만해질 수 있는데 하나님께서 먼저 하셨기 때문에 우리는 하나님옆에서 겸손히 함께 가야한다.

신약성경의 마태는 주권자가 베들레헴에서 올 것이라는 예언을 이해했다. 수천마일 떨어진 로마의 왕궁에서 로마의 황제가 결정한 것에 따라 요셉과 마리아는 세금을 내기위해 베들레헴으로 여행한다. 얼마나 놀라운가.

또 신약성경은 왕이 오셔서 세상의 정부를 맡아 온 지구상에 평화를 가져올 것을 말한다. 이 것은 예수님께서 재림하실 때 이루어 질 것이다.

예수님께서 처음 오셨을 때 이루어 지지 않은 일들을 재림하셔서 이루시는 것을 설명한 많은 예언들이 있다. 이것은 유대인들에게는 모욕이다. 그들은 메시야가 세상의 평화를 가져올 것을 믿고 예수님께서 이루지 못하셨으므로 그를 메시야로 받아들이지 않는다. 그러나 구약의 선지자들이 몰랐던 신약 성경에서 말씀하는 예수님의 재림이 있다 – 첫번째는 우리의 죄를 위해 죽으러 오셨고 재림때에는 세상을 다스리러 오신다.

신학적 주제

미가서에 나타난 신학적 주제를 살펴보자.

하나님의 성품의 양면성

하나님의 양면적 성품이 묘사되었다: 그는 공의로우셔서 심판하셔야 하지만 자비로우셔서 용서하실 수 있다. 그는 죄를 미워하지만 죄인들을 사랑하신다. 이것이 미가서의 주제이다. 정죄로 시작하여 위안으로 끝을 맺는다. 공의는 자비 전에 있다. 죄를 먼저 심판받은 후 용서받게 된다.

미가는 하나님께 맡기라고 우리를 깨우쳐 준다. 우리는 하나님을 명상해야 하지만 그를 대신할 수 없다. 오늘날 우리가 해야 할 일은 '정의롭게 행동하고, 자비로 사랑하고 하나님앞에서 겸손해야 한다.' 이 필요조건들은 절대로 변하지 않을 것이다.

예수님의 재림 장소

예언에 의하면 왕은 베들레헴에 오실 것이다. 예루살렘에 빵을 공급하고 성전에서 쓸 제사용 양을 기르는 일뿐인 작고 보잘 것 없는 동네다. 그러나 어거스트 시져의 세금정책에 의해 예언은 성취되었다.

예수님의 재림 이유

예수님께서 재림하셔서 세상을 통치하실 것이다. 첫번째 오셔서 이루지 못한 일들을 재림하셔서 이룰 것이다.

사회적 행동

예언은 그리스도인들이 사회에서 행동해야 할 지침이다. 교회는 선지자와 같은 소리를 내서 가난하고 불쌍한 사람들의 소리가 되고 착취의 악이 있다는 것을 사람들에게 알려야 한다. 이렇게 하는 것이 예수님께서 재림하여 통치하실 때를 준비하는 것이다.

사회적 거부

그리스도인들은 주위의 사람들이나 가까운 사람들이 우리를 좋아하지 않는 것에 놀라지 말아야 한다. 미가는 '적은 그의 식구들 중에 있다.' 라고 말했다. 예수님은 사람들이 예수님을 미워하는 것 같이 제자들도 미워할 것이다라고 말씀했다. 오늘날의 그리스도인들은 예수님과 같이 행동하고 그에 따른 결과를 받아들일 수 있어야 한다.

23. 나훔

개요

나훔과 요나 선지자 두사람은 깊은 관련이 있고 두 사람사이에 유사한 점들이 있다. 둘 다 북쪽의 열지파 출신이고 국제무대의 중심지였던 앗수르의 수도 니네베로 보내졌다. 그러나 나훔이 전하는 국가의 쇠퇴에 대한 메세지는 요나가 활약한 지 150년후에 이루어 졌고 그가 활동하던 당시의 상황은 아주 달랐다.

당시의 역사는 다음과 같다: 요나가 니네베로 간 후 앗수르 제국은 팽창했다 그들은 아합왕 때 북이스라엘의 침략을 시도했으나 실패했다. 그들은 앗수르왕 마서바니팔 3세 때 다시 침략하여 베냐민 지파를 모두 끌어가고, 샬마네저 왕 때 또 침공하여 나머지 지파들을 쫓아낸다. 이 후로는 남쪽의 작은 유다왕국만 존재한다. 하나님의 백성들에게 내린 재난의 기간이였다.

히스기야 왕 통치때에 세나크렙왕이 예루살렘을 포위하였으나 천사가 185,000 명의 앗수르 대군을 물리치기도 하지만 그들의 제국은 계속 확장된다. 이집트 북쪽의 티베스를 점령하면서 그들은 강성대국을 이룬다.

요나의 뒤를 이어 두명의 선지자들이 앗수르에 메세지를 전했다. 첫째, 스바냐는 유다에 보내는 그의 메세지의 일부로 하나님께서 앗수르를 멸망시키고 그들의 수도 니네베는 황폐한 불모지로 변할 것을 말했다. 위엄이 당당한 도시가 양들이 풀을 뜯는 초원과 야생동물의 서식지로 변할 것이라는 말이다. 거대한 왕궁들도 폐허로 변할 것이었다.

그러나 스바냐는 언제 이런 일이 일어 날 지는 말하지 않았다. 나훔이 앗수르인 들에게 그들의 종말이 왔음을 알렸다. 그의 예언은 마지막 경고의 말이었다. 요나와 나훔의 다른 점은 하나님께서 그들을 놓으시지 않았다는 것이다. 두 사람은 모두 하나님은 화를 내는데 더디다고 묘사하였지만 나훔은 이제 남은 시간이 모두 사라졌다고 말했다. 하나님의 분노가 한번 일어나면 막을 수 없다. 하나님의 분노가 시작될 시점에서는 방향을 바꿀 수 있지만, 끓기 시작한 후에는 막을 길이 없다. 물론 온세상이 하나님의 진노를 볼 때가 올 것이다. 요한계시록은 지진으로 죽는 것이 하나님의 화를 보는 것보다 나을 날이 올것을 말씀한다.

니네베의 왕은 요나의 사역 당시 금식하며 기도했으나 하나님은 그의 기도를 받지 않으셨다. 이미 너무 늦은 것이었다. 나훔은 '너의 상처를 치료할 방법이 없다. 너의 상처는 고칠수 있는 한계를 넘었다' 라는 최후의 엄중한 말을 했다.

놀라운 것은 앗수르인들을 제외한 모든 사람들에게 주는 기쁜 소식이다. 앗수르의 통치하에 태어난 나훔과 이스라엘에게는 기쁜 소식이었다. 앗수르의 멸망의 소식에 끝없이 박해를 받아온 모든 사람들은 박수치며 기뻐할 것이라고 나훔은 앗수르 사람들에게 말했다. 생생한 예언이었다.

요나서와 마찬가지로 나훔서에도 그리스도인들이 몇백년동안 의문스러워 한 점이 있다. 요나의 예언에 대해 '하나님은 자연을 통괄하시는가?' 라는 질문과, 나훔의 예언에 대해 '하나님은 역사를 통괄하시는가?' 라는 질문이다. 성경은 하나님께서 역사를 만드신다고 말한다. 사도바울이 아테네의 말스 언덕에서 헬라인들에게 설교할 때에 하나님은 모든 국가들에게 한정된 영토와 시간을 정해 주신다고 말했다. 하나님은 한 국가가 성장하여 제국이 되게도 하시고 그들의 멸망도 가져오신다. 나는 1947년 영국이 유대인들에게서 손을 떼고 더이상 유대인들과 관계를 갖지 않겠다고 선언했을 때, 하나님께서 영국제국의 종말을 야기하셨다고 믿는다. 그 후 오년내에 영국제국은 사라졌다.

하나님은 자연뿐 아니라 역사도 통괄하신다. 군왕을 세우시고 폐위하신다. 하나님께서 역사를 주관하시기 때문에 역사의 앞을 내다 볼 수 있다. 선지자들의 임무 중 하나는 사건이 일어나기 전 미리 역사를 내다보고 기록하는 것이다. 나훔은 강성한 니네베에서 믿기 어려운 그들의 종말에 대해 말했다.

나훔서의 구조

나훔서의 3장은 다음과 같이 나눌 수 있고이 책의 주제는 니네베의 멸망이다.

선포—누가?—중재 (1장)
적국의 재앙
우방국의 구제

묘사—어떻게?—침략 (2장)
약탈의 날
강한자의 날

설명—왜?—비인간적 (3장)
폭력적 점령
재정적 부패

선포 (1장)

1장은 하나님의 적들이 먼저 심판받을 것이라는 선포의 말씀이다. 하나님의 중재는 하나님께서 적에게 내리는 재앙을 의미하고 그의 백성들에게는 구원이다. 하나님의 중재에는 이중적인 면이 있다. 역사안에서 행동하시는 하나님께 반항하고 자신들을 믿는 자들에게는 재앙이다. 하나님은 질투의 하나님이시다. 하나님은 부러워하시는 것이 아니다—모든 것이 하나님의 것이기 때문이다—그러나 하나님은 질투하신다. 부러움이란 다른 사람이 가진것을 갖고싶어 하는 마음이고; 질투는 자신의 것을 갖고싶어하는 마음이다. 어떤 사람의 아내에 대해 부러워할 수 있지만, 자신의 것에 대해 질투할 수 있다. 하나님은 그의 이름, 명예, 백성, 그의 세상에 대해 질투하신다. 하나님은 '나의 이름, 나의 명예, 나의 세상, 나의 백성이 나의 세상에서 그렇게 행동하도록 내버려 두지 않겠다' 라고 말씀하신다.

하나님의 질투는 그의 복수다. 하나님의 성품에 대한 말로 잘 알려져 있지 않지만, 하나님이 어떤 분이신지를 이해하기 위해서는 꼭 알아야 한다. 나훔은 하나님을 대적하고 자신들을 믿는 사람들에 대한 하나님의 질투와 복수에 대해 말했다.

1장은 각 절의 시작이 다음 절의 히브리 자모로 시작하는 유희시의 형태를 갖추어 이스라엘 사람들이 쉽게 기억할 수 있게 되어있다. 그들의 마음에 새겨 둘 기쁜 소식이었다.

1장은 니네베와 이스라엘에 대해 번갈아 가며 말한다—한 나라에게는 기쁜 소식이고 다른 나라에게는 나쁜 소식이다. 훌륭하게 지어진 시다. 성령의 도움 없이 나훔이 이런 시를 지을 수 없었을 것이다.

묘사 (2장)

1장이 니네베의 멸망을 선포한다면 2장은 어떻게 멸망할 것인지를 말한다. 마치 나훔이 TV를 통해 사건을 보고있는듯한 상세한 묘사는 놀랍다.

신기한 것은 니네베를 쳐들어온 사람들이 붉은 군복을 입고 있다고 나훔은 예언했는데 당시 그런 군복은 듣도 보도 못한 복장이었다. 나훔은 또 그들이 강쪽의 문을 통해 들어와 도시를 피바다로 만드는 것을 보았다. 이 모든 것이 니네베가 하나님의 적에게 자신을 판 것에 대한 결과였다.

그의 생생한 글을 통해 나훔선지자의 외침을 상상할 수 있다. 나훔은 니네베를 이빠진 사자로 불렀다. 앗수르의 상징동물이 사자였으므로 이것은 적절한 표현이었다. 그러나 그들은 이제 아무에게도 위협을 줄 수 없고 오히려 자신들이 두려움에 떨고 있었다.

설명 (3장)

3장에서 나훔은 묘사된 것을 설명을 한다. 심판의 이유는 앗수르의 비인간적 행위 때문이었다. 여기서 하나님의 공의를 본다. 하나님은 앗수르인들이 십계명을 지키지 않았다고 심판하지 않으셨다. 왜냐하면 그들은 십계명에 대해 몰랐기 때문이다. 하나님께서 그의 백성이 아닌 사람들에게 말씀을 전하라고 하실 때는 하나님은 본능적으로 알고 있는 인간미에 대한 죄로 심판하신다. 십계명은 몰라도 잔인하고 야만적인 행동이 잘못된 것임은 그들도 알고 있었다.

그러므로 하나님은 사람들이 알고있는 것에 대해 심판하신다. 이 원리는 성경전체에 들어있다. 십계명을 모르는 사람은 그것에 대한 죄로 심판받지 않는다. 예수님에 대해 들어 본 적이 없는 사람은, 예수님을 모르는 것으로 심판받지 않는다. 그러나 모든 사람들은 그들의 양심안에서 하나님의 창조에 대해 어느 정도 알고 있다. 그들이 본능적으로 아는 잘못에 대해 심판하신다. 국제연합 서류U144-인권선언문은 그리스도인들에 의해 작성된 것이 아니지만 여러가지 공의와 올바른 행동을 정의하고있다.

하나님은 앗수르의 악행을 심판하신다. 그들은 마차로 전국을 다니며, 사람들을 죽이고 재산을 약탈했다. 그들은 뇌물을 주고 받는 부패한 자들이었다. 그들은 이런 행동들이 잘못된 것임을 알고 있었고, 그 때문에 하나님은 그들의 도시를 멸망시킬 것이라고 나훔은 말했다.
놀라운 것은 오늘날 우리도 이것들이 죄악임을 잘 알고 있다는 것이다.

니네베는 어떻게 되었는가?

현재 니네베는 사막이다. 화려했던 왕궁은 다 사라졌다. 스바냐가 예언한 대로 그 곳에는 올빼미와 고슴도치같은 야생동물들이 살고있다. 몇백년 동안 찾지 못하던 니네베를 영국인 래이야드(Layard)가 1820년에 티그리스 강변에서 폐허의 도시로 발굴했다.

나훔은 어떻게 되었는가?

나훔 선지자는 니네베에서 돌아오지 않았다. 그의 무덤은 티그리스 강 언덕에 아직도 있다. 아랍인 들은 나훔을 하나님의 선지자로 여기고 그의 무덤을 성지로 여긴다.

갈릴리의 가버나움은 그의 이름을 따서 지은 동네이다. 가버는 '동네' 이고 나훔은 그의 이름이다. 예수님께서 정죄하신 마을이다. 니네베와 같이 그들도 하나님의 말씀을 들으려 하지 않았다. 이 도시도 현재 돌덩이들만 남아있다.

24. 스바냐

개요

선지자 (1:1)

선지서들은 선지자보다는 그들의 메세지에 더 중점을 두지만 스바냐의 경우에는 더우기 그렇다. 1장 1절에 있는 스바냐 선지자의 이름과 족보외에 우리가 그의 신상에 대해 아는 것이 거의 없다. 스바냐는 히브리어로 네페니아 이고 '숨겨진 하나님' 이라는 뜻이다. 하나님께서 숨으셨는지 하나님께서 스바냐를 숨긴 것인지 확실치 않다. 그의 족보를 통해 그가 사대째 선지자의 족보를 가진 유일한 사람임을 안다. 스바냐는 왕족의 혈통으로 유다의 마지막 선왕 (이사야 36-39)이 그의 증조부였다. 므낫세의 통치 때 그의 명령에 따라 왕족의 자녀들은 몰렉 우상에게 제물로 드려졌고, 내 생각에는 죽임을 면하기 위해 그의 어머니가 그를 숨긴것이 아닌가 추측한다. 사람들을 위해 선지자로 부르신 하나님의 섭리가 그의 이름에 나타나 있다고 볼 수 있다.

그의 족보는 그의 사역기간을 알려준다. 헤스기야왕 이후 나라는 하나님에게서 멀어져 갔다. 몰렉 우상에게 아이들을 제물로 바치고 경배했을 뿐 아니라 므낫세는 문란한 출산의 우상인 아세라의 지팡이와 남근의 상징물을 언덕위에 세웠다. 어린이 제물을 바친 곳은 게헨나 계곡으로 예루살렘의 남쪽에 있었고 이곳은 예레미야가 저주했고 예수님께서 지옥에 비유한 곳이다. 므낫세가 처음 통치하기 시작했을 때 이사야는 국가적 차원의 도덕성의 쇠퇴를 막고자 노력했고 므낫세에게 그의 악행의 결과에 대해 경고했다. 그러나 왕은 듣지 않았고 이사야에게 금언 명령을 함으로 그는 예언은 글로 기록되어 전해졌다. 결국 므낫세는 이사야를 처형했다.

그뿐이 아니었다. 므낫세는 점성술과 귀신을 부르고 하나님의 법을 한층 더 거부했다. 우상숭배가 부도덕으로 이어짐과 같이 영적 혼란은 도덕적 혼란으로 이어졌다. 하나님은 열왕기 하에서 므낫세가 원주민인 가나안 사람들보다 더 악하다고 말씀했다 – 가나안 사람들의 악행때문에 하나님의 백성들로 하여금 이들을 쫓아내게 한 것을 생각할 때 이 말은 하나님의 기막힌 선언이었다. 당시 하나님의 마음이 어땠을지 우리가 상상할 수 있다. 그의 거룩한 백성들을 위하여 악한 가나안 사람들을 몰아냈는데 그의 백성들은 쫓아낸 사람들보다 더 악해진 상황이 되었다.

므낫세는 55년의 통치 후 죽고 성품이 약하고 상황을 고치고자 아무 노력도 하지 않는 아몬이 왕위를 계승함으로 유다는 계속 쇠퇴해 갔다. 그는 왕좌에 오른 지 2년만에 암살당하고 나라 전체가 도덕적 혼란에 빠졌다.

그리고 8세의 요시아가 왕좌에 올랐지만 실제 권력자는힐기아 제사장이었다. 그의 가문에 선왕과 악한 왕들이 있었는데 이 소년이 그의 증조부인 히스기야를 따를 지 그의 조부인 므낫세를 따를 지 알 수 없었다. 하나님은 북쪽 지파들같이 그들이 죄로 인하여 쫓겨나지 않도록 하기 위하여 스바냐 선지자를 보냈다.

메세지 (1:2-3)

히스기야왕의 죽음과 이사야선지자가 죽임을 당한 후 하나님은 70년 동안 아무 말씀도 하지 않으셨다. 스바냐는 이런 긴 공백 기간 후에 나타나 강력한 메세지를 전해 준 선지자다.

그의 예언은 다른 선지자들의 업적에 들어있는 여러가지 요소들을 포함하고 있었기 때문에 모든 예언의 대계라고 불리운다. 그의 메세지는 23번이나 언급된 '하나님의 날' 이라는 주제를 가지고 있다. '날'은 24시간의 하루가 아니라 한 시대를 의미한다. 하나님께서 잘못된 것들을 제대로 바꾸실 하나님의 심판의 날이다; 악행이 처벌받고 잘못된 것이 고쳐지는 공의의 날이다.

이것은 영국의 달력과 평행되는 면이 있다. 일년에 사분기마다 역사적으로 내려오는 기념일이 있다: 여성의 날 (3월25일), 하순(6월 24일), 성미카엘 축일 (9월 29일), 성탄절 (12월 25일). 모든 행실들이 조사를 받고 해결과 부조리는 처벌되었다. 이것들은 주님의 날을 상징적으로 보여준다.

스바냐는 하나님의 감정을 묘사하는 언어를 사용하는데, 인간의 분노와는 다른 하나님의 '언짢아 하심' 이라는 표현이다. 하나님의 날은 이런 감정이 한도에 다달았을 때 온다고 볼 수 있다.

성경은 두가지의 분노에 대해 말한다. 하나는 내부에 있지만 표현하지 않는다. 사람들에게 보이지 않는 끓다가 사라지는 감정이다. 다른 하나는 갑자기 폭발하여 모든 사람들이 알게되는 감정의 표현이다. 스바냐는 내부의 감정을 말하고 있다. 그는 현재 하나님의 감정이 속에서 끓고 있는데 심판의 날이 올 때 하나님은 더 이상 참지 않으실 것이라고 말한다.

내부의 감정은 잘 볼 수 없어도 하나님의 언짢아 하심을 나타내는 징조들을 볼 수 있다. 사회가 쇠퇴해 갈 때 밑에서 끓고 있는 증상들이 있다. (로마서 1장과 비교해 보라.) 그러나 어느날 하나님의 분노는 폭발할 것이다. 우리는 회개하고 잘못된 것을 바르게 함으로서 이 날을 지연시켜야 한다. 이것이 스바냐 선지서의 주제이다.

스바냐의 구조

이방 종교 (1:4-2:3)
마땅함 (1:4-6)
선포 (1:7-9)
묘사 (1:10-16)
방향 전환 (2:1-3)

저주의 예언이 내린 지역 (2:4-15)
서쪽—블레셋 (2:4-7)
동쪽—모압과 암몬 (2:8-11)
남쪽—이집트와 이디오피아 (2:12)
북쪽—앗수르 (2:13-15)

미래의 구원 (3:1-20)
저주—하나님의 공의 (3:1-8)
  (a) 국가적 강퍅함 (3:1-7)
    (i) 반항 (3:1-4)
    (ii) 거부 (3:5-7)

(b) 국제적 소멸 (3:8)

　축복—하나님의 자비하심 (3:9-20)
　　(a) 국제적 경건함 (3:9)
　　(b) 국가적 기쁨 (3:10-20)
　　　(i) 기뻐함 (3:10-17)
　　　(ii) 회복 (3:18-20)

이렇게 세부분으로 내용을 명확히 분리할 수 있지만, 장과 제목은 이렇게 분리되어 있지 않다.

이방 종교 (1:4-2:3)

선지자는 먼저 유다의 습관화된 이방종교에 대해 걱정한다. 그는 하나님의 심판을 알리고 앞으로 다가 올 심판의 날에 대해 네가지로 말한다.

마땅함 (1:4-6)

하나님과 참된 관계에서 사람들은 아주 멀어져 있었다. 하나님에 대한 맹세를 저버리고 이방신들을 섬기고 있었다. 하나님과의 언약을 지키도록 하는 임무가 주어진 제사장들도 백성들을 잘못된 방향으로 이끌었다. 미신과 몰렉을 숭배하는 므낫세를 따랐다.

선포 (1:6-9)

스바냐는 하나님의 심판이 있을 때 그들에게 어떤 일이 있을지를 묘사했다. 이 책을 읽으면 다른 선지서의 글과 같음을 느낀다. 하나님은 마지막 선지자의 말이 70년 전이었으므로 스바냐를 통해 다시 한번 말씀하셨다. 스바냐는 심판의 날이 가까왔음을 경고했다.

묘사 (1:10-17)

심판은 사람들에게 엄청난 재앙이 될것이었다. 그들은 하나님이 자신들에 대해 어떻게 느끼시는지와 자신들의 행위에 대해 걱정하지 않았다. 스바냐는 심판의 날에 모든 사람들이 알게 될 것이라고 경고했다.

방향 전환 (2:1-3)

스바냐는 지금도 그들이 회개하면 심판을 막을 수 있다고 조언했다. 모든 선지자들이 똑 같이 한 말이다. 그들이 하나님앞에서 겸손하면, 하나님은 그들의 회개를 들으시고 용서하는 자비함을 보여주신다. 선지서의 핵심 요구사항은 겸손한 순종이었다. (이사야 2:9 과 미가서 6:8을 보라.)

저주의 예언이 내린 지역 (2:4-15)

스바냐는 유다를 위협하는 모든 나라들에게 말한다. 유다의 서쪽으로는 현재 팔레스타인들이 그들의 조상이라고 주장하는 블레셋이 있다. 동으로는 모압과 암몬, 남쪽으로는 이집트와 이디오피아가 있다. 북동쪽으로 앗수르가 티그리스와 유프라데스강변에서 강대국으로 자리잡고 있었다. 당시 앗수르의 영향을 받지않은 나라는 거의 없었다. 그들은 북이스라엘의 열지파를 몰아냈다. 이 때에 바빌론은 아직 작은 나라였다.

스바냐는 이 국가들이 유다에게 한 행동에 대한 하나님의 심판을 받을 것이고 하나님은 이 세상 전체의 심판자라고 말했다. 그들과 유다왕국과의 관계는 양면적이다. 하나님께서는 그들을 사용해 유다를 벌하시고 그들이 유다에 행한 악행을 심판하신다. 아모스서에 이스라엘이 가나안으로 쳐들어 갔을 때 하나님께서 블레셋 사람들을 그레데에서 데려 왔다고 말한다. 사람들을 이동시키고 국가의 경계를 정하시는 것은 하나님이시다.

이렇게 해서 다윗왕 시대까지 약 700년이 지나는 동안 블레셋은 이스라엘의 가시와 같은 존재였다. 그래서 영어로 블레셋은 다른 문화를 적대하는 대명사로 알려졌다. 신명기에서 하나님께서 이 상황을 설명하신다: '너희들을 시험하기 위해 그들을 데려왔다. 나의 언약을 지키면 그들을 멀리 두겠고 그들이 너에게 문제가 되지 않을 것이다. 그러나 나를 거역하면 너희를 벌하는 도구로 그들이 쓰여질 것이고 너희가 잘못할 때, 그들은 너희를 정복할 것이다.'

이러한 행동은 하나님이 걱정하심을 보여준다. 하나님은 그의 백성의 아버지시고 좋은 아버지는 자녀들이 잘 못했을 때 벌하신다. 히브리서 23장은 '하나님께서 너를 벌하지 않는 것은 네가 하나님의 진짜 아들이 아니기 때문이다.' 라고 말한다. 이 원리를 성경을 공부하는 사람들이 놓치는 경우가 있다. 우리가 하나님의 자녀가 된 후 죄를 지으면 하나님께서 벌하신다. 그러나 이런 처벌의 이유는 우리가 죽은 후 영벌받는 것을 방지하려는 것이다. 그러므로 그리스도인들은 이 생의 삶이 힘들 수 도 있음을 알아야 한다. 사람들이 예수님을 영접한 후 모든 문제가 사라졌다고 간증하는 사람들의 말은 믿기 어렵다. 전에는 그런 말을 믿었었는데 나의 간증과 너무 달라서 받아들이기 힘들었다. 나의 경우에는 예수님을 알게 된후 모든 문제가 시작되었다! 성령으로 세례받은 후 나의 문제는 더욱 심각해 졌다. 지난 40년 보다 최근의 5년간 나는 더많은 문제를 갖게 되었다. 이것은 예수님의 약속과 일치하기 때문에 나는 기쁘다. '이 세상에서 너희는 큰 문제를 갖게 될것이다. 그러나 힘들어 하지 말라. 내가 모든 것을 감찰한다.' 라고 예수님은 말씀하셨다.

미래의 구원 (3:1-20)

마지막 부분에 저주와 축복의 팽팽한 대립이 있다. 마치 스바냐가 '원하는 대로 고르라. 하나님의 공의를 진심으로 원하는가?' 라고 말하는 것같다. 하나님은 우리에게 주시고자 하는 자비가 넘치시지만, 우리의 협조가 없이는 주실 수 없다. 왜냐하면 자비를 구하는 자에게만 주시기 때문이다. 나는 여러가지를 구하는 기도를 들어보았지만, 하나님의 자비를 구하는 기도가 가장 나를 감동시킨다. 이는 하나님 나라의 중요한 법을 이해한 사람들의 기도다. 우리는 우리가 나쁘다고 생각할 때만 자비를 구한다. 우리가 괜찮다고 여기면, 건강, 힘, 이끌어 주심등 여러가지는 구하지만 자비를 구하지는 않는다.

저주—신성한 공의 (3:1-8)

(A) 국가적 강팍함 (3:1-7)

(i) 반항 (3:1-4)

3장의 전반부에서 스바냐는 사람들의 강팍함을 지적하며 하나님의 신성한 심판의 날이 올수 있음을 말한다. 그들은 하나님께 고의적으로 반항하고 하나님의 간청하심을 거부했다.

(ii) 거부 (3:5-7)

그는 사람들의 거부도 지적했다. 지도자들, 공무원들, 제사장과 선지자들 모두에게 한 말이다. 그들은 강팍했다. 나는 얼마 전, '매일 아침마다 그는 공의를 베푸신다' 라는 스바냐의 말씀을 읽고

'하나님의 신실하심' 이라는 찬송에 맞는 노래를 지었다.

> 하나님의 공의는 위대하시다
> 거룩하신 하나님
> 하나님의 심판은 오류가 없으시고
> 불변하시고, 당신의 계명은
> 사라지지 않는다.
> 영원히 계셨고 또 앞으로도 계실 분
> 하나님의 공의는 위대하시다,
> 하나님의 공의는 위대하시다,
> 매일 아침 행하시는 당신의 공의를 나는 보네.
> 받은 모든 것
> 주신 모든 것.
> 하나님의 공의는 위대하시다
> 하나님, 우리의 기도를 들어주소서

하나님의 신실하심 같은 긍정적인 면에 대해 우리는 즐겁게 노래하는 것같이, 하나님의 또 다른 면도 감사하게 받아들여야 한다. 사도바울은 로마서에서 '하나님의 친절하심과 엄격하심을 보라—하나님의 친절하심 안에서 계속 부어주시는 자비와 공의로우심.'

사람들이 계속 반항하고 거부하면 국가적 재앙이 있을 것을 스바냐는 말한다. 한계를 넘은 하나님의 분노와 심판의 날이 올 것이다.

(B) 국제적 소멸 (3:8)

유다를 향한 하나님의 화는 이 세계 전체에 해당된다. 같은 하나님의 분노가 모든 나라에게 임할 것이다. 그들은 하나님앞에 서게되고 악한자는 그의 공의의 분누에 의해 심판받을 것이다.

축복—하나님의 자비하심 (3:9-20)

다른 선지서와 공통적으로 스바냐서는 희망의 말씀으로 끝을 맺는다. 예를 들어, 아모스는 북이스라엘의 열지파가 사라짐을 말하는 하나님의 심판을 전했지만, 마지막의 예언은 호세아가 주는 하나님의 자비와 사랑의 메세지였다. 마치 하나님께서 우리에게 주시는 마지막 말씀이 '나의 자비를 받지 않겠느냐?' 라는 것같다. 스바냐도 같은 식의 마지막 메세지를 준다. 하나님은 벌하기 원하지 않으신다—악한자들의 죽음을 기뻐하지 않으신다. 자비를 베풀고 싶어하신다. 마지막의 희망을 주고싶어하시는 말로 끝맺는다.

(A) 국제적 경건함 (3:9)

하나님께서는 그를 사랑하는 사람들을 각 나라에서 구하심으로 그 나라들에 대한 자비를 보여주신다. 모든 민족, 부족, 언어와 국가에서 믿는 자들이 나올 것이라고 말씀한다. 하나님은 이땅의 어느 민족도 놓치기를 원치 않으신다. 이것이 우리에게 온 세상의 모든 민족들에게 복음을 전하고 제자삼으라고 명령하신 이유다.

(B) 국가적 기쁨 (3:10-20)

마지막에 이스라엘을 축복하시는 것으로 말씀을 마치신다. 이 부분에서 아홉번이나 '나는 이렇게 할 것이다.' 라는 말씀을 하시며 이스라엘이 언약을 지키지 않아도 하나님은 꼭 약속을 이행하실 것을 말씀한다.

(i) 기쁨 (3:10-17)

그날은 아무도 자만하지 못할 것이다; 사람들은 서로에게 나쁘게 대하거나 거짓말을 하지 않을 것이다. 아무도 그들을 두렵게 하지 못할 것이다. 하나님의 사랑으로 그들을 안위하실 기쁜 미래에 대해 말씀하신다. 하나님께서는 그의 백성들에 대한 노래를 부르실 것이라고 말씀한다: '그들에 대해 노래로 기뻐하실 것이다.'

(ii) 회복 (3:18-20)

하나님께서는 흩어진 사람들을 모으시고 남은 자들을 집으로 데려오셔서 그의 이름을 경외하도록 할 것이다. 그들이 세상의 미움을 받았으나 그들 이 보는 앞에서 높임을 받을 것이다. 하나님께서는 그들을 칭찬하고 존경받게 하실 것이다. 스바냐의 마지막에 영광스러운 희망의 말씀이다. 하나님의 백성은 지금 심판받아 하나님앞에 바로 설 수 있는 기회가 있다.

결론

스바냐에 대한 하나의 질문이 남아있다. 스바냐의 예언은 왜 효과가 있었는가? 요시아는 귀를 기울였는가?

요시아는 640 BC에 여덟살의 나이로 즉위하고 31년을 통치한다. 처음에는 현상유지만 하려는 대제사장 힐기아의 영향을 받았으나, 점점 스바냐의 영향을 받게 된다. 16세에 예루살렘의 우상의 제단들을 부순다. 20세에 전국의 우상의 제단을 몰아낸다. 28세에는 허술해진 성전의 재건을 명령한다. 재건하는 중 모세의 율법서가 발견된다. 그들이 오랫동안 하나님의 법을 읽지도 공부하지도 않았음을 깨닫는다. 요시아는 율법서를 읽고 하나님의 경고에 대해 깨닫는다. 28세에 그는 전국에서 모세의 율법을 읽고 시행하도록 명령한다.

그의 의도는 좋았으나 요시아는 국가의 법으로 사람들을 선하게 하는 것은 불가능한 것임을 깨닫지 못했다. 많은 사람들은 국가에서 좋은 법을 만들면 사람들이 그리스도인의 삶을 살것이라고 생각한다. 그러나 공의는 위에서 명령되어지는 것이 아니라 하나님께서 우리의 마음을 움직여서 우러나와야 한다.

요시아는 앗수르를 침략하러 가는 이집트 군을 공격하려는 실수때문에 목숨을 잃는다. 변장을 하고 전쟁에 나갔으나 죽음을 당한다.

어느 정도 영향은 끼쳤으나 스바냐는 나라의 전환을 가져오지 못했다. 백성들은 듣지 않았다. 그러나 그의 사역이 낭비된것은 아니다. 요시아와 같은 나이의 젊은이에게 하나님의 선지의 명령이 주어졌다. 예레미아는 종교개혁은 이루어 지고 있지 않음을 사람들에게 알리고 그들이 하나님께 돌아와야 한다고 알리는 일을 했다.

스바냐서의 적용법

이 책을 오늘 날 우리의 삶에서 하나님의 심판에 대한 말씀으로 적용시킬 수 있다.

(a) 우리의 죽음 후에 온 세상의 심판의 날이 임할 것이다. 유다의 패망은 앞으로 올 일을 미리 우

리에게 보여주는 거울과 같다. 예수님께서는 스바냐를 재림과 두번 연결시키셨다. (마태 13:41 와 스바냐 1:3; 마태 24:29와 스바냐 1:15). 예수님의 재림 후 많은 사람들은 하나님의 심판을 보게 될것이다.

(b) 하나님의 백성에 대한 심판의 날은 다른 사람들의 심판의 날보다 먼저 있을 것이다. 베드로전서 4:17장은 :'하나님의 집에서 심판을 시작할 때가 되었나니 만일 우리에게 먼저 하면 하나님의 복음을 순종하지 아니한ㄴ 자들의 그 마지막은 어떠하며 또 의인이 겨우 구원을 받으면 경건하지 아니하 자와 죄인은 어디에 서리요?'

스바냐는 실망하지 말고 하나님의 훈련을 기대해야 한다는 것을 그리스도인들에게 경각시키는 강력한 메세지를 준다. 삶의 훈련은 하나님께서 우리를 돌보심에 대한 증거이고 세상 사람들과 같이 심판받지 않을 것을 확신시키는 것이다.

스바냐와 요한계시록

마지막으로 스바냐와 요한계시록의 놀라운 연관성에 대해 살펴보자.

스바냐와 요한계시록 둘 다 하나님의 백성들—이스라엘과 교회에 대한 심판으로 시작한다. 그리고 국가들에 대한 심판으로 이어간다. (스바냐 2; 요한계시록 4-15). 마지막으로 심판의 날에 대한 말씀이다. (스바냐 3:1-8; 요한계시록 20)

끝맺음의 말씀은 하나님께서 주시는 그의 백성들이 영원히 살 수 있는 장소에 대한 완벽한 기쁨이다. (스바냐 3:9-20; 요한계시록 21-22). 스바냐에서의 장소는 구예루살렘이지만, 요한계시록에서는 새예루살렘이다. 스바냐에서 하나님은 왕으로, 요한계시록에서 예수님은 다시 왕으로 오신다.

요한계시록에서 구약을 의미하는 것은 400번 정도 있지만 가장 가까운 선지서는 스바냐이다. 구약에서 이해사기 힘들어 보이는 책이 사실은 우리의 미래를 이해하는 중점적인 책이다.

25. 하박국

개요

하박국은 특별한 선지서다. 먼저, 하나님께서 선지자를 통해 모든 예언을 사람들에게 말씀하시지만, 하박국 선지자는 하나님과 직접 대화하였다. 요나와 예레미야서에 이런 대화들이 있지만 이런 식으로 시작하는 선지서는 없다.

두번째로, 2장에서 하나님께서 선지자에게 벽에 큰 글자로 그의 메세지를 쓰라고 말씀하신다.

세번째로, 드물게 예언을 음악에 맞춘다. 모세, 드보라, 사무엘, 사울, 엘리사, 다윗같은 초기의 지도자들만이 음악을 통해 예언의 말씀의 영감을 받았고 훗날 에스겔도 노래를 지었다.

우리는 하박국에 대해 아는 것이 별로 없다. 스바냐 후 600 BC 경에 20여년간 사역했고 그의 이름은 '보듬는 자' 라는 뜻이다. 그를 '달라붙는 자' 라고 부를 수 있다.

듣기 좋은 이름은 아니지만, 그의 책에서 보여지는 바와 같이 그와 하나님과의 관계를 알려주는 이름이다. 하박국은 하나님께 매달리고 하나님과 언쟁하고 하나님께 답을 간구한 사람이었다. 그의 배경을 잘 알지 못하지만 하나님과의 대화를 기록한 이책을 통해 그의 마음과 열정과 의지를 알 수 있다. 또한 그의 사역의 중요한 것은 기도 (1장), 설교 (2장), 찬양 (3장) 이었음도 알 수 있다.

이 책은 믿는 자들의 기본적인 질문을 다루고 있어서 현세의 우리의 삶과 중요한 연관이 있다. 하나님이 좋으시고 전능하시다면 왜 착한 사람들은 고통을 당하고 죄인들은 자유롭게 사는가? 왜 하나님은 우리 삶의 문제들을 해결해 주지 않으시는가? 우리는 이런 질문들을 스스로 혹은 다른 사람들과 토론한다. 그러나 이러한 질문들은 하나님께 직접 물어보고 답을 주실 때까지 매달려야 한다. 하박국은 이런 태도를 우리에게 가르친다. 대담함과 정직함이 그의 예언에 나타나고 명쾌한 그의 책은 우리에게 도전을 준다.

스바냐와 대조적으로, 하박국에는 '인용구'가 많이 있다. 예를 들어, '주께서는 눈이 정결하시므로 악을 차마 보지 못하시며' (1:13)는 조심스러운 해석이 필요하지만 많이 인용되는 구절이다. 또 다른 유명한 구절들은 다음과 같다:

> 이는 물이 바다를 덮음 같이 여호와의 영광을 인정하는 것이 세상에 가득함이니라. (2:14)

> 오직 여호와는 그 성전에 계시니 온 땅은 그 앞에서 잠잠할지니라 하시니라. (2:20)

> 진노 중에라도 긍휼을 잊지 마옵소서. (3:2)

> 비록 무화과나무가 무성하지 못하며 포도나무에 열매가 없으며 감람나무에 소출이 없으며 밭에 먹을 것이 없으며 우리에 양이 없으며 외양간에 소가 없을지라도 나는 여호와로 말미암

아 즐거워하며 나의 구원의 하나님으로 말미암아 기뻐하리로다. (3:17-18)

하박국에서 가장 유명한 구절은 개신교의 핵심적 선포였던 '의인은 그의 믿음으로 말미암아 살리라' (2:4)이다. 마르틴 루터가 종교개혁 때 북유럽에 널리 퍼지게 한 말인데 나중에 보겠지만 그 말의 의미는 잘못 사용되었다.

하박국의 구성

선지자 (1:1)

불평의 기도 (1:2-2:20)

불평: 하나님께서 충분히 관여하지 않으신다.
질문: 나쁜 사람들이 왜 고통당하지 않는가?
답변: 악인들은 고통 당할 것이다. 바빌론이 침략할 것이다.
불평: 하나님께서 너무 관여하신다.
질문: 왜 악인을 통해 악인을 벌하시는가? 선한 사람이 왜 고통받는가?
답변: 선한 사람은 살아 남을 것이다! 악인은 고통받을 것이다.

찬양 (3:1-19)

그는 하나님께서 과거에 행하신 일을 보고 두려워한다 (3:1-16)
그는 하나님의 미래의 보호를 믿는다. (3:17-19)

하박국은 두부분으로 나눌 수 있다. 전반의 1장과 2장, 그리고 후반의 3장이다. 두부분이 강한 대조를 이룬다:

이 도표를 통해 두부분의 대조적인 면을 보면서 질문 할 수 있다: 이런 대조가 하박국을 어떻게 변화시켰는가? 그의 예언을 자세히 공부함으로 이를 알 수 있다.

1-2장	3장
하나님과 씨름	하나님안에서 안식
불행함	행복함
외침	노래함
기도	찬양
조급함	인내함
공의를 구함	자비를 구함
밑으로 떨어짐	위로 올라감
현재 하나님께서 활동하지 않으심	과거와 미래에 하나님께서 활동하심

불평의 기도 (1:2-2:20)

하나님께서 충분히 관여하지 않으신다.

하박국은 하나님께 그의 생각을 정확히 알렸다. 처음에는 하나님께서 충분히 관여하지 않는다고 했다가 나중에는 너무 관여하신다고 불평했다.

그는 하나님께 질문형 기도를 했다: 중보기도는 하나님께 요구하는 기도이고 그의 기도는 질문형 이였다. 나는 이러한 기도의 도움을 많이 받는다. 하나님께 질문하면 나의 마음에 답이 오는데 내가 기대하지 않은 답이 온다해도 나는 하나님이 주신 답으로 받아들인다. 90% 이상 확실하다. 예를 들어, 나의 딸이 죽었을 때, 그녀가 하나님을 위해 얼마나 많은 일을 하고 있었는지를 깨닫게 되었다. 한번도 그것을 거론하지 않았지만 그녀는 중국, 아프리카, 하이티등의 선교사들과 연락하고 있었다. 더군다나, 그녀는 교회의 예배리더였고 교회전체가 그녀의 죽음을 애도했다. 나는 하나님께, '하나님, 저는 저의 딸이 자랑스럽습니다, 그러나 그 딸에 대해 어떻게 생각하십니까?' 라고 물었다. 바로 답이 왔다. '그녀는 나의 성공적 사례였다.' 그녀의 장례식에서 '당신은 하나님의 성공작입니까 아니면 실패작입니까?' 라는 설교제목을 가지고 말씀을 전했다. 하나님으로 부터 답을 들어보지 못했다면, 이런 질문을 해보라: '하나님, 저의 삶에서 하나님이 좋아하지 않는 면이 있습니까?'. 하나님의 답을 정말로 원한다면 꼭 이질문을 해보기 바란다.

당시의 사회적 상황을 알면 하박국의 질문을 이해하는데 도움이 된다. 스바냐이후로 20년간 하나님의 말씀이 없었다. 스바냐의 메세지를 거부하며 국가는 계속 쇠퇴해 갔다. 요시아왕은 종교개혁에 실패하고 608 BC에 메기도 전투에서 요절한다. 그 뒤를 이은 세속적이고 이기적인 여호아김왕 때 하박국이 사역한다. 그는 왕궁을 증축하고 그의 통치하에 가난한 사람들은 더욱 가난해 진다. 뇌물, 부정, 불법, 압제가 예루살렘의 거리를 꽉 메운다. 밤거리를 걸을 수 없을 정도의 위험한 사회로 상황은 악화된다. 북의 열지파를 추방시킨 앗수르도 쇠약해지고 당시의 강대국은 없었다.

나쁜 사람들이 왜 고통당하지 않는가?

예루살렘이 쇠퇴해 가는 동안 아무일도 일어나지 않고 있다는 것이 하박국의 염려였다. 그는 하나님께 조심스럽게 묻는다. 하나님은 악을 꼭 벌하시고 죄에 대한 심판을 하시는 반면 그의 백성을 없애버리지 않는 하나님의 태도와 행동에는 하나님의 성품이 나타나 있는 것임을 그는 알고 있었다. 거룩한 도시의 악을 벌하지 않으시고 심판하지 않으시는 하나님에 대해 그는 불평했다. 그는 하나님께서 사회를 정화하고 법과 질서를 회복하는 방향전환을 해 주시기를 원했다.

하나님께서 너무 관여하신다. (1:12-2:20)

하나님께서 하박국의 분노에 자상하게 답하시지만 하박국은 하나님의 다섯개의 답변에 놀라고 당황한다.

1. 눈을 더 크게 뜨고 보라.
2. 너는 놀라운 일을 보게 될것이다.
3. 너의 생전에 일어 날 큰일을 준비하고 있다.
4. 네가 믿지 않을 것임으로 내가 할 일을 너에게 말하지 않았다.
5. 네가 알지 못하는 일을 벌써 시작했다.

간단히 말해서, 하나님은 예루살렘의 악을 벌써 보시고 유다인들을 벌하기 위하여 바빌론의 침략을 허용한 상태였다. 당시 바빌론은 티그리스 강변에서 부흥 중에 있던 도시다. 바빌론의 두 사신이 헤스기아 왕을 방문했을 때, 그들은 왕궁의 모든 것을 보았고, 이사야는 다가온 위험을 느끼고 바빌론이 언젠가는 왕이 보여준 왕궁과 성전의 모든 것을 탈취해 갈 것을 예언했다. 당시의 바빌론은 예언을 하기에 너무 미약했으나 하박국의 시대에는 그 예언의 성취가 다가오고 있었고 하박국은 그점에 놀랐다. 하나님께서 독일의 나찌를 통해 영국을 벌하시겠다고 한 것과 같다. 한나라를 세워서 다른 나라를 벌하신다. 이런 일에 특히 놀랄 필요가 없다.

우리보다 더 악한 그들

그러나 하박국은 놀라고 당황했다. 이제는 하나님께서 너무 많이 관여하신다고 불평했다. 이스라엘의 열지파를 제패하고 다시는 돌아오지 못하도록 망명시킨 앗수르인보다 바빌론 사람들이 더 악랄함을 그는 알고 있었다. 바빌론은 더욱 악랄하여 '몽땅 불태우는' 정책을 처음 도입했다. 그들이 정복한 땅의 모든 생명을 불살라서 자취를 없애버렸다. 이것이 하박국의 마지막에 있는 구절을 설명한다: '비록 무화과나무가 무성하지 못하며 포도나무에 열매가 없으며 감람나무에 소출이 없으며 밭에 먹을 것이 없으며 우리에 양이 없으며 외양간에 소가 없을지라도…' 바빌론의 군대가 지나간 곳의 상황을 묘사하고 있다.

그들은 선함과 악함의 구별을 하지 않을 것이다.

하박국은 도시안에 거하는 소수의 선한 사람들도 악인들과 함께 죽게 될 것을 하나님께 상기시켰다. 직접적으로 언급하지는 않았지만 자신도 선한 사람중 하나로 포함시킨 것으로 보인다. 그는 유다인들 보다 더 악한 사람들을 통하여 심판하시는 하나님께 화를 냈다. 하박국은 이것이 부도덕하다고 생각하고 '주께서는 눈이 정결하시므로 악을 차마 보지 못하시며' (1:13) 라는 말을 한다. 하나님께서 하시고자 하는 일이 이 구절과 일치하지 않는다고 말하는 것이다. 그러나 그는 하나님에 대한 오해를 한가지 하고 있다. 하나님은 정결하고 거룩하시지만, 그렇다고 악을 보지 못하시는 것은 아니다. 하나님께서는 우리가 매일 행하는 악을 계속 보고 계시다. 강간, 강도, 잔인함을 보신다. 하박국은 하나님께서 어떤 것을 보시고 않 보시고에 대한 자신의 의견을 갖는 실수를 한다.

하나님과 언쟁 한 후, 그는 예루살렘의 망대에 올라간다. 하나님께서 어떤 일을 하실지 자신이 지켜보겠다고 말한다. '어디 하나님께서 말한 대로 정말 하실지 지켜봅시다. 아마도 그렇게 못하실 걸요' 라고 하박국이 말하는 듯하다.

잘못된 장소

망대에 서있음으로 하박국이 아무것도 성취할 수 없음을 하나님은 말씀한다. 하나님께서 명령하신대로 받은 메세지를 벽에 써서 길가는 사람들이 읽도록 하는 것이 그가 할 일이었다. – 성경에 처음 나오는 광고판이다. 하박국은 하나님께서 약속한 일을 행하실지를 멀리서 지켜 볼게 아니라 사람들에게 다가가 경고해야 한다. 하나님께서 우리에게 그의 행하실 일을 알려주실 때는 하나님이 정말 그렇게 하시나를 지켜보라는 것이 아니라, 우리가 메세지를 알려서 사람들이 준비할 수 있도록 하기 위함이다.

잘못된 시간

하박국이 망대에 서 있으면, 그는 오랫동안 아무것도 볼 수 없을 것을 하나님은 그에게 말씀하신다. 하나님께서 하고자 하시는 일에 대해 하박국이 잘못된 결론을 내릴 수도 있다. '계시는 정해진 시간을 기다린다.' 라고 하나님은 말씀하신다. 하박국은 길게 미래를 보고 사람들에게 일어날 일에 대한 경고를 주어야 했다.

선한 사람은 살아 남을 것이다

이런 주고 받는 대화 속에서 하나님은 '공의로운 사람은 믿음으로 살것이다' (2:4b) 라고 말씀하신다. 이말은 마르틴 루터가 종교개혁 때 사용함으로서 이 책의 가장 유명한 말이 된다. 종교개혁을 통해 많은 성과가 있었으나 이 말 자체는 잘못 인용되었다.

이 구절의 문맥을 보면, 하박국은 바빌론 군대가 악한자와 선한자를 가리지 않고 죽일 것이라고 말한다. 하나님께서는 공의로운 자들은 하나님께서 지켜주셔서, 하나님을 계속 믿는 한 살아남을 것이라고 말씀하신다. 바빌론 군대가 쳐들어 왔을 때, 많은 사람들이 믿음을 잃고 하나님께 저버림 받았다고 생각할 것이었다. 그러나 하나님을 계속 의지하고 믿는자들은 다가오는 심판에서 살아남을 것이라고 하나님께서 말씀하신다.

바로 이것이 이 구절의 의미이다. 히브리어와 헬라어 모두 '믿음'이란 단어는 믿고 따르는 것을 내포한다. 믿고 따르는 것으로 구원받는다; 계속 믿음을 실행하는 것이다.

이 해석은 구약성경에서 믿음이라는 단어가 명사로 적용된 경우들과도 맞는다. 결혼에서 필요한 믿음을 표현할 때 사용되었다. 결혼의 믿음은 죽음이 가를 때까지 함께 하는 것이다. 이스라엘이 아말렉과의 전투에서 모세가 팔을 들고 있을 때도 사용되었다. 그는 사람들을 위해 기도하는 믿음을 실행했다.

이 원리은 신약성경에서도 마찬가지다. 예수님을 한번 믿는 것은 믿음이 아니다. 진실한 믿음은 어떤 일이 생기건 계속해서 믿는 것이다. '끝까지 견디는 사람이 구원받을 것이다' 라는 복음의 말씀의 의미다.

같은 의미로 신약성경에서 쓰여지며 하박국 2:4을 세번 인용하고 '공의로운 자는 믿음으로 살것이다' 를 계속해서 믿는 행위로 해석했다.

'내가 복음을 부끄러워하지 아니하노니 이 복음은 모든 믿는 자에게 구원을 주시는 하나님의 능력이 됨이라 먼저는 유대인에게요 그리고 헬라인에게로다. 복음에는 하나님의 의가 나타나서 믿음으로 믿음에 이르게 하나니 기록된 바 오직 의인은 믿음으로 말미암아 살리라 함과 같으니라' 라고 사도바울은 로마서 1:16-17에서 말씀한다. 다시 말해서, 시작도 믿음이요 끝도 믿음이다. 구원은 계속된 믿음으로 얻어지는 것이다.

갈라디아서 3:11에서 사도바울은 믿음과 율법을 지키려는 자신의 공의를 대조시킨다. '공의로운 사람은 믿음으로 살리라' 라는 하박국의 2:4 을 인용하면서 아무도 율법으로 공의로와지지 못한다고 말한다. 믿음으로 사는 것은 한번의 행동이 아니고 평생을 살아가는 계속되는 태도다. 예수님을 계속해서 믿는 것으로만 구원받을 수 있다.

히브리서의 기자도 계속되는 믿음에 대해 설명한다. 10:39에서 하박국 2:4을 인용하여, '우리는 뒤로 물러가 멸망할 자가 아니요 오직 영혼을 구원함에 이르는 믿음을 가진 자니라' 라고 계속하여 믿는 것을 강조한다.

이것은 종교개혁 당시와 그 이후로 이 말씀이 오용되어 온 것을 수정하는 말씀들인 것을 알 수 있다. '예수님을 믿겠습니다' 라고 한번 말한 것으로 그의 삶이 구원받은 것으로 해석하면 안된다. 이것은 심각한 오용이다. 공의로운 자는 하나님을 '계속 믿음으로' 살 것이다. '한번 구원받으면 영원히 구원받은 것이다' 라는 나태한 생각을 하는 그리스도인들이 있다. 순간적 아니면 짧은 기간의 믿음으로 하나님의 심판을 피할 수 있다고 생각하는 것이다. 그러나 하나님을 계속하여 믿는 삶을 사는 자만이 마지막 심판을 피할 수 있다.

악인들은 고통당할 것이다

바빌론을 통하여 심판하신다고 해서 그들이 행한 스스로의 악행에 대한 하나님의 심판을 피할 수 있는 것은 아니다. 2장 후반에 바빌론에게 주어진 '화'의 말씀이 있다. 성경의 '화'는 저주를 의미하므로 그리스도인들이 함부로 사용해서는 안된다. 예수님께서 '화'를 언급 하셨을 때 나쁜 일들이 일어났고 예수님은 '축복'이란 단어의 빈도수 만큼 '화'란 단어도 자주 사용하셨다. 예를 들어, 예수님 당시 갈릴리 주변의 네 마을에 250,000명의 인구가 살고있었다. '화있을진저 가버나움아', '화있을진저 고리신아', 화있을진저 벳새다야' 라고 예수님은 그 중 세 마을을 저주하셨다. 그러나 티베리아스는 저주하지 않으셨다. 오늘 갈릴리를 방문하기 위해서는 근방에 유일하게 존재하는 티베리아스 동네에 묵어야한다. 나머지 세 동네는 사라졌다.

하박국은 다섯가지의 이유를 들어 하나님의 진노가 왜 바빌론에 내릴 것인지를 설명했다:

1. **불의:** 그들은 한나라를 정복하면 그곳에 사는 사람들은 아랑곳하지 않고 몽땅 약탈했다.
2. **제국주의:** 사람들의 상태를 무시한 무자비하고 불공평한 정책으로 그나라들을 지배했다.
3. **비인간적:** 적에 대한 굳은 태도와 바빌론 건설에 사용된 노예제도로 많은 피를 흘리게 한 그들을 하나님은 심판하셨다.
4. **무절제:** 술에 대한 절제가 없이 마구 마시고 만취해서 사악한 짓을 했다. 동물과 나무까지도 파괴했다. 이스라엘이 전쟁에 나갈 때 하나님께서 전쟁에 필요한 경우를 제외하고는 한그루의 나무도 베어서는 안된다고 명령하셨다.
5. **우상숭배:** 그들은 살아계신 유다의 진실한 하나님을 외면하고 생명이 없는 나무토막, 돌, 쇠로 만든 우상을 섬겼다. 그때에는 바빌론의 힘이 아직 강하지 않았으나 하박국은 앞으로 다가올 운명에 대해 선포하도록 지시받았다.

양심을 거스리는 행동에 대한 견책이 있다. 하나님의 율법을 범해서 바빌론이 심판받은 것이 아니다. 그들은 하나님과의 언약이 없었다. 그들이 이미 알고있는 양심에 거스리는 행동을 해서 심판받은 것이다. 이것은 사람들에게 하나님은 양심에 거스리는 일까지도 감찰하심을 보여주고 있다.

이렇게 하나님은 믿는 자는 살아남고 악한 자는 고통받을 것을 하박국에게 답으로 주신다. 하나님은 의롭지 않거나, 능력이 없거나, 보지 못하시는 분이 아니다. 그는 살아계신 하나님이시다. 사람이 만들어 낸 생명이 없는 죽은 우상과는 다르다.

이런 말씀을 주신 후, '모든 지구가 잠잠하라' 라고 또 하박국에게 말씀하신다.

찬양 (3:1-19)

하박국은 침착한 상태에서 빛을 보았다. 하나님과 언쟁을 멈추고 하나님께서 주신 말씀에 대해 생각하면서 그의 감정이 바뀌었다. 하나님은 그가 생각하는 것보다 훨씬 더 긴 안목과 큰 계획을 가지고 계심을 이해했다. 하나님께서 하시는 일을 당장 볼 수 없었지만, 때가 되면 하나님은 행동하실 것이었다.

마지막 장은 음악에 맞추어 자신의 마음을 돌아보면서 작곡했다. 이 장의 마지막에 어떤 악기 (현악기) 로 어떻게 반주해야 하는지에 대하여 말한다. 그리고 3장에서는 전혀 다른 내용이 나온다. 너무 달라서 어떤 학자들은 3장이 나중에 추가된것이 아닌가 추측한다.

그는 하나님께서 과거에 행하신 일을 보고 두려움에 떤다 (3:1-16)

3장에서 세번에 걸쳐 하박국은 주어를 바꾼다. 마치 갈수록 더 개인적으로 관련되는 것을 보여주듯, '그'로 시작해서 '당신'으로, 마지막에는 '나'로 문장의 주어를 바꾼다.

  그 (3:2-7)

출애굽을 해서 광야를 지나고 가나안을 정복할 때의 하나님의 전능하심을 하박국은 상기한다. 그는 하나님께 다시한번 그때와 같이 해달라고 부탁한다. 그가 들은 것을 눈으로 보고싶어 한다. 하나님이 하시는 일에 대한 질문이나 계획을 바꾸어 달라는 요구는 이제 하지 않는다. 하나님의 진노가 임할 때 자비도 베풀어 달라고 부탁한다.

1장은 이스라엘의 폭력을, 2장은 바빌론의 폭력을, 3장은 하나님의 진노를 말한다.

  당신 (3:8-16)

여기서 하박국은 환상을 본다. 계속 질문을 하긴 하지만 맞는 질문들을 하고 있다. 그는 하나님의 위대하심과 창조의 권능을 명상한다. 하나님께서 어떤 일이든지 하실 수 있음을 그는 안다. 이제는 '진노의 날이 임하는 것을 기다리는' 것에 수긍한다.

그는 하나님의 미래의 보호를 믿는다. (3:17-19)

  나 (3:16-19)

바빌론이 침략할 것이라는 소식에 대한 그의 반응을 하박국 자신이 어떻게 조명하는지를 '당신'에서 '나'로 바뀐 주어를 보고 알 수 있다. 하나님의 말씀이 사실이 되리라는 눈에 보이는 증거는 없지만 그는 믿음으로 나아간다. 그의 미래에 대한 환상으로 잠깐 상승된 그의 감정의 고조에 대해 말한다. 동시에 좋지 않은 외부의 압박도 대면하고 있다. 사람들에게 다가오는 재난을 기다리는 것은 아니지만 하나님 안에서 기뻐할 수 있었다. 1장의 그의 언쟁은 현재에 집중함으로 생긴것이다. 이제 그는 과거를 돌아보며 하나님께서 항상 중재하셨음을 본다. 미래에도 하나님께서 함께 하심을 믿고 기다릴 준비가 되어있다. 우리도 너무 현재에 집중하여서 과거나 미래를 돌아 볼 시간이 거의 없다. 불의가 우리를 덮칠 때 이런 관목은 우리에게 도움을 줄 것이다.

3장을 베토벤의 '환희의 송가'에 맞추어 적어보았다. 이렇게 하박국의 끝을 맺는 것이 아름답다고 생각한다:

  여호와여 내가 주께 대한 소문을 듣고 놀랐나이다 여호와여 주는 주의 일을 이 수년 내에 부흥하게 하옵소서 이 수년 내에 나타내시옵소서 진노 중에라도 긍휼을 잊지 마옵소서

  하나님이 데만에서부터 오시며 거룩한 자가 바란 산에서부터 오시는도다 (셀라) 그의 영광이 하늘을 덮었고 그의 찬송이 세계에 가득하도다

  그의 광명이 햇빛 같고 광선이 그의 손에서 나오니 그의 권능이 그 속에 감추어졌도다

역병이 그 앞에서 행하며 불덩이가 그의 발 밑에서 나오는도다

그가 서신즉 땅이 진동하며 그가 보신즉 여러 나라가 전율하며 영원한 산이 무너지며 무궁한 작은 산이 엎드러지나니 그의 행하심이 예로부터 그러하시도다

내가 본즉 구산의 장막이 환난을 당하고 미디안 땅의 휘장이 흔들리는도다

여호와여 주께서 말을 타시며 구원의 병거를 모시오니 강들을 분히 여기심이니이까 강들을 노여워하심이니이까 바다를 향하여 성내심이니이까

주께서 활을 꺼내시고 화살을 바로 쏘셨나이다 (셀라) 주께서 강들로 땅을 쪼개셨나이다

산들이 주를 보고 흔들리며 창수가 넘치고 바다가 소리를 지르며 손을 높이 들었나이다

날아가는 주의 화살의 빛과 번쩍이는 주의 창의 광채로 말미암아 해와 달이 그 처소에 멈추었나이다

주께서 노를 발하사 땅을 두르셨으며 분을 내사 여러 나라를 밟으셨나이다

주께서 주의 백성을 구원하시려고, 기름 부음 받은 자를 구원하시려고 나오사 악인의 집의 머리를 치시며 그 기초를 바닥까지 드러내셨나이다 (셀라)

그들이 회오리바람처럼 이르러 나를 흩으려 하며 가만히 가난한 자 삼키기를 즐거워하나 오직 주께서 그들의 전사의 머리를 그들의 창으로 찌르셨나이다

주께서 말을 타시고 바다 곧 큰 물의 파도를 밟으셨나이다

내가 들었으므로 내 창자가 흔들렸고 그 목소리로 말미암아 내 입술이 떨렸도다 무리가 우리를 치러 올라오는 환난 날을 내가 기다리므로 썩이는 것이 내 뼈에 들어왔으며 내 몸은 내 처소에서 떨리는도다

비록 무화과나무가 무성하지 못하며 포도나무에 열매가 없으며 감람나무에 소출이 없으며 밭에 먹을 것이 없으며 우리에 양이 없으며 외양간에 소가 없을지라도

나는 여호와로 말미암아 즐거워하며 나의 구원의 하나님으로 말미암아 기뻐하리로다

주 여호와는 나의 힘이시라 나의 발을 사슴과 같게 하사 나를 나의 높은 곳으로 다니게 하시리로다 이 노래는 지휘하는 사람을 위하여 내 수금에 맞춘 것이니라

26. 예레미아서와 예레미아 애가서

개요

예레미아는 구약의 중요한 인물로서 선지자들중 가장 잘 알려진 사람이다. 그러나 예레미아서는 인기있는 책이 아닌데 그 이유는 내용이 심각하고, 어렵고 우울하기 때문이다.

심각성

이사야서의 66장에 이어 두번째로 긴 52장으로 구성되어 있다. 전설에 의하면 예레미아는 아이랜드의 블라니 돌에 입맞춤을 하여 연설의 은사를 받았다고 한다. 그는 40년의 사역으로 많은 예언을 했고 그의 비서는 그것들을 기록으로 남겼다. 그러나 많은 독자들에게 열심히 읽기에 너무 긴 책이다.

어려움

이 책은 시간대나 주제별로 쓰여진 책이 아니어서 이해하기 쉽지 않다. 이 책의 내용은 별 구성없이 나열되었다. 보통 집권서로 보면 될 것이다. 예레미아의 시각이 바뀌는데 따라 집필된 것으로 보인다. 비평가들은 그의 글에서 모순을 발견할 때 기뻐한다. 그는 초기에 바비론에 대항하였으나, 후에는 바빌론에 항복하라고 사람들에게 조언했다. 그래서 그를 정치적 반역자로 부른다. 하지만 사실은 그의 40년 사역 기간에 상황이 바뀌었고 하나님을 따르는 그의 메세지는 변할 수 밖에 없었다.

우울함

예레미아서를 좋아하지 않는 가장 큰 이유는 이 책이 성경에서 가장 우울한 부분중 하나이기 때문이다. 유다에는 나쁜 소식만이 들리고 예레미아는 국가와 그의 사역에 일어나는 아픔을 나눈다. '예레미아'는 영어로 '젖은 이불'이라는 의미를 가지고 있다. 문학적으로 '에레미아드'는 슬픈 시나 장송곡을 의미한다. 그러나 예레미아가 나쁜 소식만 전하는 것은 아니다. 그의 예언에는 기쁜 소식도 있지만 나쁜 소식에 가리어서 못보고 넘어가기 쉽다.

이러한 어려움이 있지만 이책은 훌륭한 책이다. 성경에 나오는 모든 인물들 중 나는 예레미아와 나 자신을 가장 연관시킬 수 있다. 한번은 예레미아서 전체를 강해하던 중 너무나 감정이 복받쳐서 두번을 중지한 적이 있다. 사람들과 나누기에 너무 벅찬 내용들이다. 나에게 교회를 떠나 여러곳을 다니며 성경을 가르치라는 사명을 받았던 때여서 나에게는 개인적으로 의미깊은 강해였다.

이 책은 인간에 대한 깊은 관심을 가진 책이어서 독자들이 예레미아와 그의 상황을 이해하도록 유인한다. 이 선지자는 그의 마음과 내면의 투쟁을 다른 선지자들보다도 훨씬 많이 표현한다. 또 하나님에 대한 많은 말씀이 들어있어서 신성함에 대한 관심도 깊은 책이다. 예레미아를 신중히 공부하면 하나님을 이해하는데 많은 도움이 될것이다.

당시 상황

예레미아는 600 BC 기간에 사역을 시작했고 586 BC와 그 전에 망명당한 남쪽의 두지파의 마지막 때에 사역했다. 그는 므낫세, 아몬, 요시아, 여호아하스, 여호아킴, 여호아킨, 스에기아의 일곱 왕의 통치 기간동안 살며 그의 40년 사역은 마지막 다섯왕의 통치중 이루어졌다.

그는 하나님의 백성들이 비극적인 시간을 겪고 있을 때에 말씀을 전했다. 북쪽의 열지파는 앗수르에 의해 추방당하고 예루살렘과 그 근처에 하나님의 백성은 두지파만 남아 있었다. 이사야와 미가도 죽었고, 그들의 메세지는 무시되었다. 예레미아는 백성들에게 앞으로 다가오는 재앙을 막기는 너무 늦었다고 경고한 마지막 선지자였다.

그는 므낫세에 대적하는 예언을 한 이사야를 반으로 잘라 죽인 므낫세 왕 통치기간중 태어났다. 므낫세는 이것도 모자라 그의 자식들을 악마에게 제물로 바치고 예루살렘의 거리를 결백한 사람들의 피로 물들였다. 그의 통치기간중 중요한 두 아기가 태어나는데 유다의 왕이 되는 요시아와 예레미아다. 므낫세의 뒤를 이어 아몬이라는 악한 왕이 왕좌에 오르고 몇년후 8세의 어린나이의 요시아왕이 왕좌에 오른다. 이 때에 성전의 먼지앉은 책장에서 신명기가 발견된다. 요시아왕은 하나님이 나라와 국민들에게 하신 저주에 대해 읽고 두려워하게 된다. 그리하여 그는 종교개혁을 단행하지만 실패한다.

한가지 흥미로운 것은 예레미아가 요시아 왕 때에 활약했으나 왕의 종교개혁에 대해서 언급하지 않는다. 예레미아는 요시아왕에 대해, 열왕기는 예레미아에 대해 언급하지 않는다. 마치 왕이 실시한 종교개혁이 사람들의 마음을 움직이지 못할 것을 예레미아가 이미 알고있는 듯 같다. 외형으로는 좋았으나 내부적 상황은 바뀌지 않았다. 이집트 왕의 조언을 듣지않고 요시아왕이 이집트에 대항하여 메기도에서 전사하는 것으로도 문제점을 볼 수 있다.

요시아 이후의 후대 왕들은 악하고 약한 왕들이었다. 마지막 네명의 악한 왕들의 통치 때에 예레미아의 사역은 활발했고 그가 전하는 말씀들은 부정적이었다. '이제 너무 늦었다' 라는 절망적인 말을 하다가도 그들이 회개하면 하나님께서 상황을 바꾸어 주실 거라는 작은 희망의 말도 전했다.

이런 긴장감은 하나님께서 예레미아에게 주신 실례를 통해 볼 수 있다. 18장에서 하나님은 예레미아에게 토기장이의 집을 방문하여 그가 진흙의 질에 따라 만드는 토기들을 관찰하라고 하신다. 사람들은 이것이 하나님께서 하고 싶은 대로 하시는 하나님의 능력이라고 생각한다. 찬송중 '하나님은 토기장이, 나는 진흙' 이라는 가사가 있다. 그러나 이것은 예레미아가 받은 교훈이 아니다. 그는 토기장이가 아름다운 그릇을 만들려고 하는데 진흙이 그의 손에서 빚어지지 않자 진흙 더미에 던져서 두껍고 보잘것 없는 그릇으로 만들어 버린다. 하나님은 예레미아에게 교훈을 깨달았는지 물으셨다. 진흙이 어떤 그릇이 되는지 누가 결정하는가? 답은 진흙이 결정한다 왜냐하면 그것이 토기장이가 하고자 하는대로 말을 듣지 않기 때문이다. 여기서 주는 메세지는 하나님께서 진흙으로 아름다운 토기를 만들고자 하나 진흙이 만져지지 않을 때는 보잘것 없는 토기로 만드신다는 것이다. 예레미아의 시대 당시 하나님은 사람들이 회개하고 변화하면 마지막 순간에도 아름다운 그릇으로 만드실 것이라는 것이다. 그러므로 하나님과 사람들 사이에는 역동적인 관계가 형성되어 있다. 하나님은 꼭두각시들과 상대하며 명령하시는 것이 아니다. 하나님께서는 우리의 반응을 원하시고 우리가 말씀에 순종하면 하나님께서 원하시는 대로 우리를 사용하신다. 이 토기장이의 비유는 또 다른 교훈이 있다. 보잘것 없는 그릇은 구워져서 딱딱해졋기 때문에 모양을 바꿀 수 없다. 그래서 예레미아는 그 단단한 그릇을 부수어서 쓰레기가 버려지는 히놈 골짜기에 던져버린다. 하나님께서는 우리의 강팍한 마음은 하나님께서 아름답게 변화시킬 수 없는 지경에 다달을 것이라고 말씀하신다. 그때는 하나님께서 우리를 부수어 버릴 것이다. 하나님은 우리의 삶이 아름답기를 원하시고 우리가 반응하면 하나님께서 그렇게 만드실 것이다.

이 때에 예레미야는 모든것이 암울한 포기상태만은 아니라는 것을 보여준다. 그는 아직도 희망이 있다고 말한다. 그러나 결국 이 책은 유다의 마지막 왕이며 바빌론에 포로로 끌려간 스데기야 왕으로 끝난다. 그는 그의 아들이 죽임을 당하는 것을 강제로 목격하고 그의 두 눈은 뽑히고 장님으로 끌려간다. 하나님의 백성들의 삶의 비운의 이야기이다. 그러나 이것이 마지막은 아니다.

선지자

예레미야는 상이한 이름이다. 히브리어로 '건축된다' 혹은 '버려진다' 라는 뜻을 가지고 있다. 영어로는 ' 추켜세운다' 혹은 '철거된다' 라는 의미와 비슷하다. '높힘을 받거나' 혹은 '완전히 파괴된다' 라는 정반대의 뜻이다. 이 이름은 그의 사역을 완벽하게 묘사한다. 그의 40년간의 기본 메세지는 하나님께 불순종하는 사람은 버려지고 순종하는 사람은 높힘을 받는다는 것이다.

그는 예루살렘의 북동쪽으로 3마일 떨어진 사해를 내려다 보는 아나돗이라는 마을에서 태어났다. 그는 태어나기도 전에 하나님께서 선지자로 임명하셨다. 사도요한과 같이 그가 어머니의 태속에 있을 때 구별된 사람이었다. 그는 소심하고, 예민하고 수줍은 사람이었다. 제사장가문에서 태어났으나 그 가문은 하나님의 심판을 받고 있는 중이었다. 엘리 제사장은 그의 죄로 인하여 그의 자손들은 장수하지 못할 것이라는 저주를 받았다. 그러므로 하나님은 예레미야가 40년을 사역하게 하기 위하여 일찍 시작하셔야 했다! 자연을 사랑하는 사람으로서 그는 하나님의 메세지를 새들을 사용하여 전하기도 했다.

그가 사역을 시작했을 때는 17세 정도였고 아주 긴장해 있었다. 하나님은 그의 이마를 청동과 같이 하여 사람들의 적대적인 말이나 태도에 그가 겁을 먹지 않도록 하실 것이라고 격려하셨다. 대중에게 연설하는 사람들은 이말의 의미를 알 것이다.

그의 선지자로서의 삶은 힘하기 그지없었다. 그는 가족들의 암살을 피하여 3마일 떨어진 예루살렘으로 이사했다. 그의 40년 사역은 하박국, 스바냐, 에스겔, 다니엘과 같이 정치적 상황속에 있었다. 그는 사람들에게 바빌론에게 항복하라고 말함으로 인하여 사람들의 미움을 샀다. 회유정책을 좋아하는 사람은 없다. 바빌론 사람들은 예레미야에게 그의 백성들과 함께 바빌론으로 가던가 유다에 남던가의 선택권을 주었지만, 그가 바빌론 사람들을 싫어했고, 그의 백성들은 그를 싫어했으므로 선택도 아닌 셈이었다.

결국 그는 이집트에서 생을 마쳤다. 유대인들이 그를 납치하여 나일 강 위쪽의 이미 언약괘가 옮겨져 있는 엘레판타인 섬으로 끌고갔다. (아마도 지금의 이디오피아 지역일 것이다.) 그는 여기에서 혼자 죽었다. 아주 슬픈 이야기다.

방법론

연설

그는 연설가였지만 그의 연설은 사설보다는 시의 형태로 짧은 구절의 신문의 컬럼같았다. 하나님께서 산문체로 말씀하실 때는 그의 마음속의 생각을 사람들에게 전하시고 시어체로 말할 때는 그의 가슴을 사람들의 가슴에 전하시기를 원하신다. 불행하게도 너무 많은 사람들이 성경을 그저 하나님의 생각만 전하는 책으로 이해하고 있어서 감정적인 면을 놓치게 된다. 나는 히브리어를 영어로 번역하는데 감정표현을 가장 잘 한 것이 리빙바이블이라고 생각한다. 하나님의 생각보다 하나님의 감정을 명확하게 번역했다.

행동

가끔 예레미아의 메세지는 사람들의 반응을 자극하기 위해 연극의 형태로 전해졌다. 한번은 더러운 속옷을 땅에 묻었다. 그 이유를 묻자, 그는 속옷은 사람들의 내면의 삶을 상징한다고 말했다. 토기장이의 교훈에 대해서 우리는 이미 언급했다. 한번은 소의 멍에를 메고 바빌론에 항복해야 하는 부담에 대해 보여주었다. 바빌론의 침공이 급박하여 예루살렘의 모든 사람들이 재산을 팔아 치울 때 하나님은 예레미아에게 그들의 소유를 사라고 말씀하셨다. 그는 친척이 팔고자 노력하는 땅을 샀다. 그는 언젠가 사람들이 바빌론에서 돌아올 것을 알고 있었다.

또 다른 실례로는 돌을 숨기고, 서적들은 유브라데스강에 던지고 여자들 같이 머리에 항아리를 지고 도시를 돌아다녔다. 이상한 행동들이지만 모두 뜻깊은 메세지를 전했다.

기록

예레미아의 예언들은 예레미아의 비서와 같은 바루크가 기록했다. 한번은 그의 예언이 여호아김왕을 화나게 하여 왕은 예언이 적힌 것을 칼로 찢고 불태워 버렸다. 23년의 사역을 한 후 예레미아는 대중연설이 금지되었고 바루크가 그의 말씀을 기록해서 전했다. 그는 자신이 위해한 일을 직접하지는 못했지만 그를 통하여 하나님의 말씀을 많은 사람에게 전하는 일을 했다. 사실, 하나님은 사람들 앞에서 일하는 사람들 보다 뒤에서 숨어서 하는 사람들에게 더 많은 상을 주신다. 그의 수고없이는 하나님의 말씀은 기록없이 사라졌을 것이다.

메세지

앞서 말한 대로 예레미아서는 연대적이나 주제적으로 나열되어있지 않아서 읽기가 어렵지만 일반적 패턴을 보면 도움이 된다:

> **서사—예레미아를 부르심 (1:1-19)**
> 범죄하는 나라 (2-45)
> 627-605 BC 즉각적 응징 (2-10)
> (거의 시어체)
> 바빌론이 앗수르를 멸망시킴 (612 BC)
> 바빌론이 이집트를 항복시킴 (605 BC)
> 605-585 BC: 궁극적 회복 (21-45)
> (거의 산문체)
> 바빌론이 유다인들을 추방함
> **부근의 국가들 (46-51)**
> **끝맺는 말—국가적 재앙 (52)**

1장의 서문은 하나님께서 젊은 예레미아를 어떻게 부르셨는지와 그가 얼마나 수줍고 사람들 앞에서 연설하는 것을 두려워했는지에 대해 기록했다.

2-45장은 '범죄하는 나라'에게 예레미아가 곧 다가올 심판에 대해 기록했다. 627-605 BC의 기간을 다루었다. 거의 시어체를 사용하여 하나님의 느낌 – 특히 후회와 분노에 대해 예레미아를 통해 전달하신다. 하나님의 감정은 교차한다. 그들을 사랑하시지만 그대로 놓아 둘 수는 없었다. 바빌론이 앗수르를 멸망시키고 이집트를 정복하는 예언이 담겨있다. 유다의 왕들은 이집트와 동맹을 맺었으니 그들이 보호해 주리라는 어리석은 믿음을 가졌다.

21-45장은 추방당하는 절망속에서도 궁극적 회복의 예레미아가 주는 기쁜 소식이 있다. 상황이 절망적임을 알고 그는 사람들에게 장기적인 궁극적 회복에 대해 말해주었다. 이 부분은 거의 산문체로서 하나님의 감정보다는 생각을 전해준다. 바빌론이 유다인들을 추방하고 예루살렘은 파괴된지 오랜 후, 몇몇의 사람들이 돌아와서 예루살렘을 다시 재건함으로 그들이 완전히 사라지지 않았다.

46-51장에서 하나님은 유다의 주변국가들을 심판하신다. 죄지은 사람들에 대한 심판과 그 후의 회복이 함께 있는, 하나님이 어떻게 역사속에서 공의를 보여주시는지가 나타나 있다.

52장은 예레미아의 민족들이 당하는 끔찍한 국가적 재난에 대한 끝맺음으로 볼 수 있다. 예레미아가 어떻게 이집트로 끌려갔는지와 텅비고 파괴된 예루살렘에 대해 묘사한다. 비극의 끝맺음이다.

다른 선지자들과 유사한 점

예레미아의 많은 메세지들은 다른 선지자들의 메세지와 유사하다. 선지서를 계속해서 읽으면 지루함을 느낄 것이다. 우상숭배, 부도덕, 부정에 대한 같은 메세지의 반복이기 때문이다. 선지자들은 같은 멸망을 본 것이다. 아이들이 길에서 뛰어 놀거나 노인들이 밖에 외출할 수 없을 정도로 예루살렘은 폭력으로 가득 차 있었다.

그의 메세지에는 네가지의 맥이 흐른다. 예레미아가 거의 죽을 뻔 했을 때, 누군가가 미가 선지자가 수년전 같은 말을 한 것을 기억하여 예레미아는 목숨을 건진다.

    1. 배교자

사람들은 완전히 타락했다. 우상숭배와 부도덕이 가장 중요한 문제였다. 주변국가들을 따라 히놈 골짜기에 아이들을 제물로 바치고, 십계명의 두번째 계명을 어기면서 하나님의 성전에 우상을 들여오는 등의 못된 행동들을 하나님의 백성들은 했다. 결혼은 파괴되고 도덕은 썩었다.

하나님은 예레미아에게 이런 일에 대해 특정한 사람들에게 책임을 묻게 하신다.

선지자들

주위의 가짜 선지자들이 예레미아와 정반대의 말을 함으로써 예레미아의 사역은 많이 힘들었다. 23장에서 예레미아는 가짜 선지자들이 하나님의 말씀을 듣지않고 하나님을 따르지 않는다고 힐난했다. 그들은 서로의 메세지를 모방하고 자기들 마음대로 만들어 낸 말로 사람들이 듣기 좋아하는 말을 했다. 특히 '평화, 평화'를 떠들어댔다. 걱정할 일이 없다고 말했다. 예루살렘은 하나님의 도시이니 하나님께서 성전을 돌보실 것이라고 말했다. 반면에 예레미아는 성전을 담보물로 삼는 사람들에게 신랄한 비평을 했다. 그는 사람들이 성전을 도둑의 소굴로 만들었고 그들이 하나님의 백성이기 때문에 심판받지 않으리라는 생각을 버리라고 경고했다.

신약성경에서도 이와 비슷한 가르침이 있다. 예수님의 거의 모든 경고는 거듭난 신자들에게 주어졌다. 그러나 나는 그리스도인이라고 자신을 일컫는 사람들이 지옥은 자신에게 해당되지 않는다고 생각하고 지옥에 대한 두려움이 없는 많은 사람들을 만난다.

예수님은 심판을 피하기 위해서는 믿음의 생활을 계속해야 한다고 가르치신다. 사도바울은 거듭난 사람들도 예수님의 심판대에 설 것을 상기시켜준다. 우리는 믿음으로 정당함을 입었으나 행위의 심판을 받을 것이다.

제사장들

예레미아는 '믿는자들의 축제'라고 부를 수 있는 일들을 한 제사장들에게 국가적 죄악의 책임을 물었다. 인내라는 명분아래 이방신을 섬겼다—마치 오늘날 영국에서 모든 길은 같은 하나님께 통한다라는 잘못된 사상으로 기독교예배가 아닌 예배를 드리는 것과 같다.

왕들

왕들은 하나님의 법을 지키지 않았음에 대해 정죄당했다. 예레미아는 여호아김왕이 죽을 때 슬퍼할 사람도 없고 그는 재가 묻히듯 장사지내 질 것이라고 예언했고 그의 죽음은 예레미아의 말대로 실현되었다. 마지막의 스데기아왕은 약하고 우유부단한 왕으로 정치가들의 꼭두각시였다.

예레미아가 묘사하는 배교자들의 모습은 성적문란으로 가득했다. 그는 이방의 우상을 섬기는 사람들을 결혼한 여성이 간음하는 것에 비교했다. 호세아가 처음 이런 비유를 했다. 예레미아도 하나님께서 간음하는 아내를 어떻게 보실지에 대해 상상해 보았냐고 사람들에게 물었다. 사람들의 다른 관계도 아주 썩어있었다. 예레미아는 예루살렘에 단 한명의 정직한 사람이 없다고 말했다.

그가 사람들에게 말한 가장 끔찍한 것들 중 하나는 그들이 부끄러움을 느끼지 못한다는 것이었다. 그들은 수치함을 몰랐다. 그들의 배교가 전혀 문제시 되지 않았다. 하나님께서 열지파와 이혼하셨고 그들도 하나님과 이혼을 원하는 것 같았다.

2. 임박한 재난

다른 선지자들과 일맥상통하는 또하나의 메세지는 임박한 재난에 대한 예보였다. 모세 당시, 하나님은 이스라엘과 두가지의 언약을 맺으셨다: '순종하면 축복 받고 불순종하면 저주를 받는 다는 것이다.' 이것은 시내산의 언약에서 다시 확인되었다. 하나님께서 심판하실 때에는 하나님께서 약속을 지키시는 것이다. 많은 사람들이 하나님의 신실하심은 우리에게 주시는 축복만 생각하는데, 사실은 그의 신실하심은 용서하는 것 만큼 처벌도 포함한다.

예레미아는 앞으로 일어 날 일에 대해 자세히 묘사했다. 그는 북쪽에서 끓는 물이 들은 주전자가 기울어지는 것을 보고, 열지파를 추방시킨 앗수르가 아닌 북쪽에서 침공할 바빌론의 침략을 말했다. 곧 다가올 위험에 대해 경고했다. 또하나의 환상은 봄의 상징인 알몬드 나무가지에서 꽃이 활짝 피는 것을 보았다. 이와같이 바빌론사람들이 오는 것을 유다인들은 갑자기 보게된다.

3. 궁극적 회복

이런 어두움 속에서 한가닥 희망의 빛이 보였다. 하나님의 백성들에 대한 미래의 예언중 아주 긍정적인 예언이 예레미아서에 있다. 그는 새로운 하나님의 언약과 회복된 국가에 대해 예언했다. 모세의 구언약은 효력이 없었다. 왜냐하면 계명들은 사람들안에 주어진 것이 아니라 바깥에 주어졌기 때문이다. 31장에서 구약성경중 가장 아름다운 예언을 볼 수 있다. 구이스라엘과 유다왕국과 하나님은 새로운 언약을 세우고 그것에 의해 하나님은 사람들의 가슴에 그의 새법을 새기려 하신다. 그들은 하나님을 알고 있기 때문에 하나님에 대해 가르치지 않아도 되고, 사람들의 죄를 용서하시고 기억하지 않으실 것이었다.

교회의 많은 신자들은 여기서 성경읽기를 그만두지만 나는 계속 읽기를 원한다. 또 하나님은 다음과 같이 말씀하셨다:

해가 매일 빛나게 하시고, 달과 별들이 밤에 비추게 하시고 바다에서 파도가 일게 하시는 하나님께서 말씀하시노라: '이것들이 내눈에서 사라질 때에만 이스라엘의 자손들이 내앞에서 한 국가로 존재하지 않으리라' (31:35-36)

하나님께서는 하늘과 땅을 샅샅이 조사한 후에라야만 이스라엘의 죄로 인해 이스라엘의 자손들을 거부하시겠다고 말씀하신다. 하나님은 그의 약속을 지키실 것을 보장하신다. 이스라엘은 언제나 있을 것이었고 현존하고 있다. 근세에 이스라엘이라는 국가가 생겨난 것이 하나님의 언약의 증표이다.

여기서 예레미아는 하나님의 백성의 회복을 약속한다. 하나님께서 그들은 70년후에 찬양과 춤추는 기쁨으로 다시 집으로 복귀시킬것에 대해 기록했다. (다니엘은 망명처에서 이 예언을 읽다가 70년이 거의 다 되었음을 알게 하는 격려의 글이었다. 70년이란 지난 500년동안 하나님의 율법에 따라 땅을 7년마다 안식하게하는 것을 지키지 않은 결과에서 나온 기간이다. (역대하 26:21))

    4. 적을 심판하심

하나님께서는 바빌론이 유다를 추방하도록 허락하셨으나 그들의 잔인성에 대해 처벌하신다. 하박국은 이 부분에 대해 예언한다. 바빌론은 그의 예언의 성취를 위해 페르시아에 의해 정복된다. (그에 따라 페르시아의 왕 사이러스의 공표에 의해 유대인들은 귀향한다.) 이집트, 블레셋, 모압, 암몬, 에돔, 다마스커스(시리아), 케달, 핫솔, 이람 등의다른 적들도 하나님께 처벌받는다. 예레미아서의 마지막 부분에서 이스라엘을 공격했거나 적대시한 나라들에 대한 처벌이 이스라엘이 아닌 하나님께서 주시는 것이라는 예언을 한다. 이집트와 바빌론만이 긍정적 평가를 받는다.

다른 선지자들과 다른점

다른 선지자들과 흡사한 점을 살펴보았으니 예레미아의 독특한 세가지 면을 공부하기로 하자.

    1. 영적인 면

예레미아는 '영적 선지자' 라고 불리우는데 그 이유는 진정한 마음이 없는 제사는 없느니만 못하다라고 말했기 때문이다. 그가 위선적 예배를 정죄하는 것을 하나님께 제사를 지내는 것은 시간낭비라고 잘못 이해하는 사람들이 있다. 사실 그는 하나님은 마음속의 동기를 보시기 때문에 겉모양의 제사의식은 그다지 중요하지 않다고 말한 것이다. 예배자가 전심을 다해 영적인 예배를 드리는가? 몸은 할례를 받았지만 진정한 마음도 있는가? 제사장들은 신성함 대신 제사의식을 내세우는 거짓을 장려했다. 그래서 예레미아는 종교생활의 영적인 면을 강조해야할 필요가 있었다.

또, 예레미아는 그들이 성전을 잃고 제사를 드리지 못할 것을 사람들에게 대비시키고 있었다. 바빌론에서는 '회당' 이라는 작은 곳에서 예배를 드려야 할 것이었다. '회당' 이란 헬라어로 '함께 모인다' 라는 뜻이다. 하나님의 백성들은 세가지의 목적으로 모여야 했다: 하나님 경배, 기도, 성경읽기. 이것은 예수님께서 단번에 희생양으로 돌아가심으로 제사장의 역할이 필요없게 된 신약시대의 교회의 상황과 유사하다. 교회는 회당, 강대상, 향, 제사장, 제물들이 없다. 신약시대의 교회는 사람들이 모여 성찬, 기도, 찬양, 성경 봉독과 공부를 했다. 그리서 초대교회는 그리스도인들의 회당이다. 당시의 교회는 성전의 제사, 제사장, 강대상, 향, 의복등으로 돌아가고 싶어하는 유혹이 있었지만 그것은 구약시대로 돌아가는 것이었고 하나님께서 원하시는 것이 아니었다.

예레미아는 유대인들을 바빌론에서 제사 없이도 계속 만날 수 있도록 의식에서 해방시킨 선지자이다. 예레미아만이 앞날을 내다보고 성전과 성물이 없이도 예배드릴 수 있도록 준비한 선지자이다.

2. 개인적인 면

예레미아의 특이한 점중 하나는 하나님께서 각 개인들과 행하실 새로운 언약을 예언했다는 것이다. 시내산에서의 언약은 개인보다는 전체 집단의 민족에 대한 언약이었다. 신약성경을 통해 주는 놀랍고 새로운 언약은 각 개인을 강조하는 것이다. 예수님은 개인적으로 따르는 제자들에 대해 말씀하셨다. 예레미아는 아버지가 신 포도를 먹어서 자식들의 이가 상하는 시대는 지났다고 말했다. 누구나 각자의 죄로 인해 죽을 것이다; 신포도를 먹는 사람의 이가 상할 것이라고 말했다. (31:29-30)

신약성경에서 새언약은 개인적 언약이다. 그러므로 하나님의 왕국을 물려받는 일은 불가능하다. 하나님은 각각 결정을 하는 개인들과 담판하실 것이다. 그래서 신약성경에서 개인들이 침례받고 예수님을 개인의 구주로 받아들인다.

그리고 신약성경에서는 마지막 심판의 날에 각사람이 홀로 서서 그의 죄에 대한 답변을 해야 한다고 쓰여있다. 하나님께서 한 민족 대신 이제는 각 개인과 관계를 맺으시는 것을 예레미아가 처음으로, 그 후에는 에스겔이 말하고 신약성경 전체는 이 사실에 바탕을 둔다.

여러 각도에서 볼 때 예레미아의 삶은 이 원칙에 의거한다. 성전에서 쫓겨나고 회중들에게서 거부당한 그는 하나님과만 동행하며 살아야 했다.

3. 정치적인 면

예레미아는 다른 어느 선지자보다도 이스라엘의 지도자들에게 정치적 충고를 했다. 유다왕국이 쇠퇴할 때 주변의 강국들에게 도움을 받으려고 노력했다. 그러나 예레미아는 바빌론이 이집트를 패배시킬 것이므로 이집트에게 도움을 기대하지 말라고 경고했다. 그의 정치적 조언은 바빌론에 항복하고, 협조함으로 가장 유리한 방도를 타협하라는 것이었다. 그는 바빌론의 왕 네부갓네살을 하나님의 종으로 묘사했는데 이것은 마치 1939년에 누군가가 영국정부에게 하나님의 명령을 따라 히틀러와 협상하라고 말하는 것과 같다. 예루살렘을 방어하려는 노력도 하지 않고 독재자에게 항복하라는 말은 반역과 같았다.

그러나 유다의 왕들은 그의 조언을 받아들이지 않고 그를 반역자로 몰았다. 그가 바빌론에게 항복하라고 말할 때 그는 어깨에 소의 멍에를 메고 예루살렘을 걸어다니며 시각적 도움으로 사람들이 그의 말을 이해할 수 있게 노력했다. 바빌론의 왕이 예루살렘에 입성했을 때, 그는 예레미아를 우대하고자 했다. (39장) 다른 유대인들이 이에 대해 어떻게 느꼈을지는 우리가 상상하고도 남는다. 이것은 단지 긴시간의 학대와 오해의 결말을 보여주는 것이었다.

박해

예레미아는 그의 사역 초창기부터 박해를 받았다. 그를 처음 암살하려는 시도는 그의 고향, 아나돗에 사는 그의 친척들로부터 였다. 청소년이었던 예레미아가 온 예루살렘을 다니며 사람들을 분노시키는 가문의 자존심을 해하는 말과 행동을 하는 것이 이유였다. 하나님께서는 별 말씀 없이 '너는 훗날의 혹독함을 준비하기 위해 단련받고 있는 것이다' 라고 말씀하실 뿐이었다. 그가 얼마나 힘들었겠는가!

그때부터, 그는 반역자로 낙인이 찍혔다. 다른 선지자들은 가짜였으므로 그들에게도 거부당했다. 제사자의 역할과, 성전과 제물에 대한 비평을 했으므로 제사장들은 그를 꺼려했다. 왕들은 그를 정치적 반역자로 대하고 사람들은 그를 미워하고 암살 계획을 짰다.

예레미야는 죽음의 위협뿐 아니라 죽을 뻔 한적이 많이 있었다. 제사장 바스훌은 그를 두드려 패고 어두운 지하감옥에 던졌다. 손과 발을 묶고 목에 쇠고랑에 채워 가두기도 했다. 물이 마른 우물에 가두기도 했다. 햇빛도 들어오지 않는 우물 속에서 예레미야는 목까지 찬 진흙속에서 머리만 내놓고 서있어야 했다. 그를 불쌍히 여긴 외국인이 밧줄을 내려 그를 구해주었다.

그는 많은 박해를 피해 자주 숨어다녔다. 예루살렘에서 그의 조언을 구하는 사람은 소수였고 이집트로 피신한 유대인들이 그를 강제로 이집트로 이동시켜 그는 이집트에서 운명한다. 그의 죽음은 성경에 기록되어 있지 않다. 그가 돌로 맞아 죽었다는 의견도 있다. (마태 21:35, 23:37) 어떤 상황이었건, 그의 죽음은 애매모호했고 그가 죽은지 2,500년 후 그가 세계적 유명인사가 될것이라고 아무도 상상하지 못했을 것이다.

고통

예레미야는 '눈물의 선지자' 로 알려져 있다. 예레미야애가서는 잃은 영토, 파괴된 예루살렘성, 그리고 그의 백성에 대한 깊은 아픔을 보여준다. 예레미야서에서도 그는 당시의 상황에 대한 기도를 어떻게 했는지 우리에게 알려주어 우리는 그의 고통을 볼 수 있다.

육체적 고통

우리는 예레미야의 메세지를 듣기 싫어한 사람들이 어떻게 예레미야에게 육체적 고통을 주었는지 벌써 공부했다. 그는 그의 감정과 속마음을 내보이는 것을 두려워하지 않았다. 그는 식구들에게까지 반역자의 취급을 받고 사람들의 언행에 의해 많은 상처를 받은 사람이다. 그의 사역은 아주 외로웠고 하나님의 말씀을 성실히 선포하는데에 대한 미움을 받았다.

정신적 고통

그의 육체적 고통도 힘들었지만 그는 하나님에게 사로잡혔음도 느꼈다. 가장 힘든 것은 하나님께서 그에게 다른 선택의 여지를 주지 않으신 것이다. 그가 선지자로서의 사역을 하게 하셔서 다른 일을 할 수 없었다. 그의 예언은 외로움과 거부당함에서 비롯된 정신적 감정적 고통과 분개함을 내포하고 있다.

가장 힘든 것은 하나님과 함께 있었지만 피할 수 없는 외로움이었다. 하나님은 그에게 결혼을 허락지 않으셨다. 이렇게 해야 바빌론이 쳐들어왔을 때 그의 자녀들이 굶는 것을 보지않아도 되는 것이다. 호세아가 창녀와 결혼한 것과 하나님께서 에스겔에게 명령하여 그의 아내의 죽음을 애통해하지 못하게 하는 것같이 예레미야의 삶 자체가 하나님의 강력한 메세지였다.

예레미야서를 통해 그의 고통에 대한 이해와 동시에 고통당하는 사람들에게 주어지는 도움에 대해 우리는 이미 알고 있다.

'하나님, 인간의 목숨은 우리의 것이 아니며 인간이 조정할 수도 없음을 알고 있습니다' 라고 그는 말했다. '내가 만약 하나님에 대해 다시는 언급하지 않겠다고 결정하는 것은 내 뼈속에 불이 숨어있다는 말이다. 나는 참고 있지만 이제 참는것이 너무 힘들고 계속 참기가 어렵다', '나는 다시는 설교하지 않겠다.' 라고 그는 말하고 있는 것이나 마찬가지다. '그러나 중지할 수는 없다. 나의 뼈가 타들어간다. 밖으로 노출시켜야한다' 라고 그는 말한다.

그의 가슴은 하나님을 향해 불타고 있었기 때문에 설교하는 것외에 다른 선택이 없었다. 다시는 설교하지 않겠다고 혼자 다짐하고도, 그는 다시 길거리에서 설교하는 자신을 발견했다. 하나님께서 강제로 시키신 것은 아니다. 하나님은 절대로 사람들에게 강요하지 않으신다. 우리는 그가 해야할 일에 대한 열정에 사로잡혀 있었음을 볼 수 있다.

예레미아는 사람들이 절대로 말을 듣지 않을 것을 알았고 자신이 하는 일이 희망이 없다고 판단한 때가 여러번 있었다. 하나님은 사람들을 위해 그가 기도하는 것도 허락지 않으셨다. (7:16)

이럼에도 불구하고 예레미아의 기도는 예언의 중요한 부분이고 가장 중요한 메세지들을 선포한다. (예, 1:6, 4:10, 10:23-25, 11:20, 12:1-4, 15:15-18, 17:14-18, 18:19-23, 20:7-18) 예레미아의 아홉개의 기도는 어떤 성경말씀보다도 간절한 것이다. 하나님께 정확하게 그의 마음을 말씀드리는 그의 기도는 우리에게 좋은 예가 된다.

애가

애가서는 예레미아 선지자가 썼으므로 예레미아서와 함께 읽는 것이 마땅하다. 이책은 성경전체에서 가장 슬픈 책들 중 하나다. 이책이 욥기와 많이 비교되지만, 욥기는 개인적 비극인데 반하여 애가서는 국가의 재난에 대한 예레미아의 통곡이다. 애가서를 읽으면 마치 눈물이 책에 떨어져 잉크를 번지게 하는 것이 보이는 것 같다. 그는 애절하게 통곡한다.

헬라어로 번역된 구약성경을 보면 이 책은 '눈물'이라고 불리었다. 히브리어로는 이 책의 시작되는 단어인 '어떻게'라고 불린다. 영어로는 라틴어의 눈물에서 나온 '애가'로 불린다.

이 책은 예레미아가 황폐해진 예루살렘을 보며 썼다. 도시가 포위당하고 성전이 파괴되었을 때의 사람들의 괴로움을 그는 알고 있었다. 굶주린 엄마들은 아이를 먹고 해산한 여자의 분비물도 먹었다. 그들은 사생 분투했다. 전체 상황이 너무 슬퍼서 그는 통곡했다. 아마도 원자폭탄이 터진 후의 히로시마나 근세의 전쟁으로 황폐해진 코소보와 같았을 것이다.

이 책이 비가의 시리즈로 쓰여진 것은 당연하다. 예레미아는 시인이었고 거의 모든 예언은 시어체로 쓰여졌다. 그는 음악에도 탁월하여 노래를 썼음을 우리가 알고 있다. 예언과 음악의 놀라운 관계를 밝혀주는 사실이다. 예언의 영은 시와 음악과 서로 영감을 주고받는다. 구약성경에서 예언의 은사를 받은 성인들은 예언하기 전 음악을 연주하도록 했다. 스가랴, 에스겔, 다윗이 그런 좋은 예다.

이것들만이 예레미아의 애가들은 아니다. 이집트를 이길 수 있으리라는 잘못된 판단으로 메기도에서 전사한 요시아왕을 위해서도 애가를 썼음이 역대기에 언급되어 있다. 다윗이 사울과 요나단이 블레셋과의 싸움에서 전사했을 때 애통해 한 것같이 예레미아도 요시아 왕이 그의 통치의 약속을 끝맺지 못하고 요절했을 때 전국이 부를 애가를 지었다.

애가서의 구조

황폐한 도시와 추방당한 사람들에 대한 불쌍안 감정과 열정에도 불구하고 그는 엄격한 지침에 의해 애가를 지었다. 장의 구별을 잘 하면, 각장에서 다섯개의 애가 중 하나씩을 아름답고 조심스럽게 정열해 놓은 것을 볼 수 있다.

그는 유희시의 형태를 사용하여 히브리어의 22자모에 의해 22장의 시를 썼다. 네개의 애가는 이런 형태이고 세번째 애가는 66절로 구성되어 약간 다르지만 역시 유희시의 방법을 사용했다.

첫번째 시는 22절로서 한 자모마다 한 절로 세줄로 구성되어있다. 두번째 시도 히브리어의 첫자모로 시작한다. 세번째 시는 각 자모마다 세구절로 되어 있다. 네번째시는 22절의 형태로 각 절이 두줄로 되어있다. 마지막 시는 22절로 자모를 사용하지 않는다.

유희시의 형태를 사용한 이유

1. 기억하기 쉽다. 예레미아는 예루살렘에 남은 사람들과 추방당한 사람들이 그의 애가를 가슴에 담기를 원했다. 유희시의 형태는 이를 실현하는데 도움을 준다.

2. 이 방법으로 예레미아의 슬픔은 처음부터 끝까지 완벽하게 표현된다.

3. 세번째 이유가 가장 강력하다. 내가 작은 실험을 했다. 나는 영어의 26개의 자모를 종이에 쓰고 이 자모를 사용함으로 애가서의 교훈을 쏟아 낼 수 있는지 보았다. 나는 이런 형태가 주는 효과를 정확히 볼 수 있었다. 이분만에 예레미아의 애가를 쓸수 있었다. 애가서가 훌륭하다는 것이 아니라 전체 내용을 잘 집약해 준다는 말이다:

파괴된 도시의 광경은 끔찍합니다.	Awful is the sight of the ruined city,
거리에는 피가 흐릅니다.	Blood flows down the streets.
내 백성에게 재앙이 닥쳤습니다.	Catastrophe has come to my people,
그들의 운명은 무섭습니다.	Dreadful is their fate.
모든 집이 파괴되었습니다.	Every house has been destroyed,
가족은 영원히 깨졌습니다.	Families are broken for ever.
신은 이렇게 하실 것이라고 약속하셨습니다.	God promised he would do this—
그의 이름은 거룩합니다.	Holy is his name.
나는 울음으로 지쳤습니다.	I am worn out with weeping,
그저 마음이 상했습니다.	Just broken in spirit,
이유를 모릅니다.	Knowing not why.
다른 사람들처럼 죽게 두십시오.	Let me die like the others—
내 인생은 의미가 없습니다.	My life has no meaning.
다시는 웃지 않을 것입니다.	Never again will I laugh
기쁨에 춤추지도 않을 것입니다.	Or dance for joy.
주님, 저를 위로해 주십시오.	Please comfort me, Lord;
내 마음을 진정시켜 주십시오.	Quieten my spirit,
당신의 미래 계획을 상기시켜 주십시오.	Remind me of your future plans.
당신의 백성을 절망에서 구해 주십시오.	Save your people from despair,
당신이 여전히 그들을 사랑한다고 말하십시오.	Tell them you still love them.
그들의 감정을 이해해 주십시오.	Understand their feelings,
파괴자에게 분노를 터뜨려 주십시오.	Vent your anger on their destroyers.
우리는 다시 당신의 이름을 높이고,	We will again eXalt your name,
당신의 뜻에 굴복하고,	Yield to your will,
당신의 명성을 위해 열렬히 노력할 것입니다.	Zealous for your reputation.

자모가 감정을 표현하는데 중요한 도구가 될수 있다.

예레미아는 왜 애가서를 썼는가?

애가에 지혜가 있다 해도 그가 쓴 다른 책의 부피를 볼 때 왜 애가서를 썼는지 바로 이해가 되지 않는다.

나는 그가 다른사람들이 함께 통곡해주고 애가시를 불러주기를 원했기 때문이라고 믿는다. 어쩌면 그의 시를 추방된 사람들에게 보내어 그들도 감정 표현하기를 원했을지 모른다. 이것은 사람들이 비극을 경험할 때 그들의 감정표현이 아주 중요한 것임을 탁월하게 감지한 것이다. 애통이 있으면 그감정을 표현해야 한다. 슬퍼하지만 울지 못하게 하는 것은 잔인하다. 유대인들과 카톨릭교인들은 초상중에 눈물을 흘리는 것을 장려한다. 성경전체에서 눈물은 장려되었다. 서구문명에서 눈물을 흘리지 않는 사람들에 대한 감탄은 히브리 문화가 아닌 헬라문화에서 왔다. 현대 이스라엘 사회에서 이스라엘 군인의 무덤에서 울지 않은 사람은 결코 수상이 될 수 없다. 히브리문화는 우는 남자를 약한자가 아닌 용감한 자로 여긴다.

그녀, 그, 나, 그들, 우리

다름에 주의하여 볼 것은 각 장마다 주어가 바뀐다는 것이다.

첫번째 시에서 인칭 대명사는 '그녀'로 예루살렘의 딸들이라 불리우는 백성들과 예루살렘 성을 의미한다. 구약에서 도시와 그안의 백성들은 여성의 성격으로 전통적으로 영어에서도 그를 따른다.

그리고 두번째 시에서는 '그'로 바뀌고 이는 재앙을 주신 하나님에 대한 글이다.

세번째 시는 가장 길고 개인적으로 '나'에 촛점을 두고 예레미아 자신을 가리킨다.

네번째시와 장은 대조적으로 '그들' 을 사용함으로서 타인적이다.

다섯번째는 '우리' 로서 예레미아와 백성들을 의미한다. 하나님은 '그'가 아닌 '당신' 으로 불리운다.

성경을 자세히 공부할 때, 이런 작은 단어들의 의미를볼 수 있다. 다섯개의 다른 주제들이 다른 제목으로 예레미아가 보여주고자 하는 상황들을 나타낸다.

다섯개의 시

1. 재앙—'그녀'

첫번째 시에서는 파괴된 성과 그의 백성들을 보았다.

도시 전체가 함락당하여 파괴되고 성전이 사라진 것에 대한 것뿐 아니다. 예레미아를 가장 힘들게 한 것은 이곳이 하나님의 도시였다는 점이다. 그는 죄가 이유였음을 알았고 이로 인해 더 괴로워했다. 그는 직접 눈으로 본것을 기록했다. 무너지 건물들과 바빌론으로 추방당한 후의 빈 거리들을 보았다. 그가 남은 몇사람들에게 항변하는 것을 상상할 수 있다: '이게 너희들에게 아무렇지도 않느냐? 이 참담한 광경에 마음이 상하지 않느냐?' 생생하게 묘사된 황량하고 삭막한 도시의 광경은 예레미아가 이를 바라보며 비통해하는 마음을 잘 보여준다.

2. 원인—'그'

두번째 시는 예레미아가 제안한 대로 유다가 바빌론에게 항복했더라면 이런 재앙을 피할수 있었던 사실에 촛점을 둔다. 그가 이 일을 막을 수 있었음을 생각하며 괴로와 한다. 예레미아는 그들이 불순종할 때 땅을 잃게 되리라는 약속때문에 하나님께서는 그들이 추방당하게 하셔야 했음을 알고 있었지만, 그가 기회를 놓친것에 대한 실망감은 너무나 깊었다. 하나님의 분노가 다섯번이나 언급된 두번째 시에서 이것을 볼 수 있다. 예레미아는 하나님의 분노가 끓어오를 때가 올 것을 알고 있었다. 성경에는 두가지의 분노가 있다: 부글거리며 천천히 오르거나, 활활타올라 단번에 끝장을 보는 분노이다. 두가지 모두 인간에게는 문제이다. 신성한 차원에서 하나님의 분노는 서서히 올 수도 있고 빠르게 올 수도 있다—인간의 이기적인 면은 물론 없다.

성경에서 전체적으로 강조하는 하나님의 분노는 우리가 하나님과 자세히 교류하여 하나님의 분노가 조금씩 끓기 시작하는 것을 보지 못하면 분노가 넘칠 때 까지 전혀 알지 못할 것이라는 것이다. 우리에게 자연상태가 반대로 바뀌는 징조들을 주셨다. 또 반사회적 태도와 가정이 파괴되는 징조다. 슬프게도 서양에서 이런 일들은 너무 흔히 일어나고 있다.

3. 치료—'나'

세번째 시는 개인적이다. 예레미아는 하나님께서 분노하심으로 그의 백성들을 바빌론에 보내지 않고 모두 없애버릴 수 있었음을 깨달았다. 그들은 아직 살아있었고, 국가도 그대로 존재하여 그들의 존재감이 사라지지 않았다. 예레미아는 이것을 하나님의 자비로 믿었다. 그는 '하나님의 자비가 매일 아침 새롭습니다.' 라고 말했다.

이것은 우리가 어떤 문제를 당하던 가져야 할 좋은 태도다. 우리는 언제든지 하나님의 자비를 바라볼 수 있다. 세상이 살아가는 방법과 하나님의 백성이 살아가야 하는 방법은 기본적으로 다르다. 세상 사람들은 성과에 의해 사는 성과주의에 의거한다. 일한대로 보상받는다. 그러나 하늘의 왕국은 자비에 의한 삶이다. 세상은 주권을 요구하지만 그리스도인들은 우리는 주권이 없음을 안다.

4. 결과—'그들'

예레미아는 회개하지 않은 결과에 대해 회상한다. 그는 에덴동산과 하나님이 아담과 하와에게 내린 공의로운 처벌에 대해 상기한다. 그는 사람들이 이런 황폐가 어떤 목적이 있음을 알기 원한다. 사람들은 하나님께서 죄를 심판하시고 구제하심을 알아야 한다.

5. 부르짖음—'우리'

마지막 시는 하나님의 자비를 구하는 기도문이다. 예레미아는 하나님만이 그들의 마지막 희망임을 알고 하나님께서 다시 한번 그의 백성들이 이 땅에서 살 수 있도록 해달라고 간구했다.

다섯개의 시에서 공통적으로 나타나는 주제는 '죄' 라는 단어이다. 구약성경의 거의 모든 페이지에 '죄'라는 단어가 있는데 죄라는 명사로 혹은 죄악의 행동으로 나타난다. 반대로 신약의 거의 모든 페이지에는 구원이 언급되어 있다.

예레미아는 사람들의 죄가 마땅히 심판을 받아야 함을 정직하게 인정했지만 한편으로는 하나님께 그들을 회복시켜 달라고 자비를 간청했다. 이것이 애가서가 복수형인 이유다. 통곡과 슬픔의 다섯개의 노래다.

지금도 바빌론이 성전을 파괴한 매해 아홉번째 달에 (칠월) 모든 유다교의 회당에서는 애가서를 부른다.

유대인들은 유월절의 탈출과 아홉번째 달의 성전파괴를 해마다 기억한다. 매해 칠월에 유다 회당에 가면 그들의 슬퍼하는 소리를 들을 수 있다. 놀라운 것은 아홉번째 달에 성전이 처음 파괴되었을 뿐 아니라 AD 70 같은 날에 타이투스가 성전을 두번째로 파괴했다.

첫번째 성전 파괴를 슬퍼할 때 두번째 성전도 잃었다—이것은 예수님께서 예언하신 일이다. 예레미아가 첫번 성전 파괴를 예언한 것 같이 예수님께서는 두번째 성전 파괴를 경고하셨다. 이 때문에 예레미아와 예수님을 함께 묶어서 이야기할 때가 많다.

예수님께서 '사람들이 나를 누구라고 하느냐?' 라고 제자들에게 물었을 때 그들은 예레미아에 비해서 말한다고 대답했다. 예수님을 이 선지자에게 비교하는 이유가 확실히 이해되지 않을 수 있으나 그의 삶은 예수님의 삶을 닮은 것이었다. 예수님께서 '인간의 적은 그의 집안에 있다' 라고 말씀하신 것 같이 예레미아도 그의 민족의 문제를 안고 있었다. 사람들은 예수님을 그의 고향인 나사렛의 벼랑에서 밀쳐 죽이려 했다. 예수님은 다섯번의 암살 기도를 피하셨다. 이런 면에서도 예수님의 삶은 예레미아와 비슷한 점이 있다. 예수님께서 채찍으로 성전에서 장사하는 무리들을 치시고 성전을 깨끗하게 하실 때 그는 예레미아를 인용하셨다. '어떻게 하나님의 집을 도둑의 소굴로 만드느냐!'

예수님은 민심에서 예레미아와 같은 분이셨다. 예레미아도 '도살장에 끌려가는 양같은 느낌이다' 라고 말한적이 있다. 그들의 조상이 그들에게 보내진 선지자들을 거부하고 돌로 쳐 죽였음을 예수님은 사람들에게 상기시켜 주셨다.

예수님과의 연관

예루살렘의 북쪽에 예레미아가 외롭고 마음이 상하고 고통스러울 때마다 가서 기도했다고 믿어지는 '예레미아의 동굴' 이라는 곳이 있다. 이 동굴은 예수님께서 십자가에 매달려 돌아가셨다고 우리가 믿는 골고다의 언덕에 있다.

예수님께서 갈보리로 가는 도중 하신 말씀 중 하나는 '이들이 푸르른 나무에게 이런 짓을 한다면 마른 나무에게는 어떤 짓을 하겠는가?' 라고 한 말씀이다. 예수님은 예루살렘 사람들에게 그를 위해 슬퍼하지 말고 자신들에게 앞으로 다가올 훨씬 힘든 일을 위해서 슬퍼하라고 말씀하셨다. 예수님은 그때부터 40년 후인 AD 70년대를 두고 하신 말씀이다. 40년은 시험의 기간이다. 하나님은 유대인들에게 그가 십자가에 못박혀 돌아가신 후 부활하신 아들에게 40년이라는 기간을 두고 반응하기를 기다리셨다. 그러나 사람들의 완악한 상태가 계속되자 40년후에 성전은 파괴되었다.

운명

신약성경을 믿는 사람들에게 두가지의 운명이 있다. 하나는 통곡하고, 울며 이를 가는 것이다. 예수님께서 이런 말씀을 할 때에는 그의 제자들을 향해 말씀한 것인데 그들은 믿지않는 사람들에게 한 말로 생각한다. 또 다른 하나님의 백성으로서의 우리의 운명은 하나님께서 우리의 눈에서 눈물을 닦아 주실것이라는 것이다. 두개의 운명이 눈물을 포함한다. 우리가 통곡하거나 하나님께서 눈물을 닦아주시는 것이다.

뿐만 아니라 세상도 같은 장래를 바라보고 있다. 마지막에 촛점을 둔 요한 계시록은 예레미아서와 예레미아애가서를 가장 많이 인용한다. 신약성경의 반이상이 예레미아서를 인용하고 이것이 요한계시록에 들어있으며 바빌론의 도시에 적용하고 있다. 요한계시록에서의 바빌론은 마지막 세계의 경제 중심지로 파괴될 것이다. 바빌론이 멸망할 때 세상은 통곡하고, 요한계시록은 그때에 그리스도인들은 '할렐루야'를 합창할 것이라고 말씀한다. 헨델의 메시야의 장엄한 '할렐루야'를 들을 때 국제 주식시장이 붕괴됨을 생각하며 듣는 사람은 거의 없다! 세계은행은 파산하고 인간이 이룩한 경제구조는 완전히 붕괴될 것이다.

요한계시록 18장은 예레미아서의 인용으로 끝을 맺는다. 예레미아애가서는 예루살렘의 몰락에 대해 말한다. 그러나 하나님께서는 마치 신부가 그의 남편옆에 있듯이 하늘에서 땅위로 새도시를 보내주실 것이다. 이 새로운 땅의 새로운 예루살렘에서 믿는자들은 영원한 삶을 누릴것이다.

27. 오바댜

개요

오바댜는 추방당하기 전의 첫 선지자였고 21장으로 구성된 그의 책은 구약성경에서 가장 짧은 책이다. 그는 845 BC 에 활약했고 그 후 300년간 여러 선지자들이 하나님의 백성들에게 그들의 행실을 바꿀것을 경고했다.

오바댜를 인용하여 하나님의 경고를 일깨운 요엘은 오바댜 바로 후에 사역한 것으로 추정한다. 요엘은 오바댜가 소개한 '하나님의 날' 이라는 표현을 사용했고 이표현은 구약성경안의 예언과 신약성경에서도 사용되었다. 하나님께서 잘못된 것들을 바로 잡을 이날에 대해 요엘서의 마지막에 자세히 기록되어 있다.

오바댜서가 여기에 포함된 이유는 유다사람들이 바빌론으로 추방당하기 전 마지막 시대에 대해 쓰여졌기 때문이다.

어떤 선지자들은 두개의 메세지를 준다—하나님의 백성 이스라엘에게와 이스라엘의 주변국가들에게다. 오바댜는 이스라엘의 이웃으로 사해의 남동쪽 지역에 있던 에돔에게 말씀을 전했다. 오바댜의 이 예언은 우리가 알고 있는 아마도 단 하나의 그의 예언일 수 있다.

오바댜의 이름의 뜻이 '예배자 혹은 하나님의 종' 이라는 것 외에 우리가 그에 대해 아는 것이 거의 없다. 그의 메세지들은 거의 모두가 환상으로 나타난 미래에 대한 예언들이었다. 말보다는 시각적인 메세지였다. 에돔국가는 요단강 골짜기의 동편에 위치한, 현재 트랜스요르단이라고 불려지는 곳에 있었다. 이곳은 이스라엘 사람들에게 약속된 땅의 일부분이었지만 그들은 한번도 그곳에 정착한 적이 없다. 마치 포랜드와 라트비아가 러시아의 위성국가인 것 같이, 이곳은 다윗왕 때에 위성국가의 신분이었다. 다윗의 왕국이 무너지기 시작하자 에돔은 이스라엘에 반항하여 독립하게 된다. 그곳의 보스라와 세라 (오늘날 페트라로 알려짐) 라는 두도시는 유럽에서 아시아를 연결하는 중동의 가장 중요한 길목에 있었다.

페트라는 기묘한 곳이다. 산들에 둘러싸인 둥근 빈 공간주위로 붉은 사암을 깎아 암석 속으로 성전과 몇백개의회당들이 있다. 페트라위로는 2,000 피트 높이의 세일 산이 우뚝 솟아있다. 오바댜의 예언은 이 산에 대한 것이다.

회당들의 건축은 훌륭하고 그 산꼭대기에서의 전망은 홍해와 사해까지도 보인다. 동굴속에 사는 에돔사람들을 방어하는 성이었다. 그러나 그들은 하나님을 믿지않았다. 고고학자들은 그들이 산 인간을 신에게 제물로 드린 제사상을 발견했다.

오바댜는 그들이 오만하다고 말한다. 그들은 하나님을 포함한 아무도 그들을 멸망시킬수 없다고 믿었다. 그래서 하나님께서 직접 그들을 멸망 시키셨다는 것이 오바댜의 메세지다.

이스라엘의 하나님이 다른 국가들의 하나님으로 부각된것이 특이하다. 이 주제는 성경 전체에 지속적으로 흐르고 있지만 당시의 사람들에게는 혁신적으로 들렸을 것이다. 그때는 각 국가마다 그들의 고유신이 있었고 지금도 다른사람이 어떻든 각자가 믿고싶은 대로 하나님을 경배하게 간섭하지 말아야 한다는 것이 대세이다.

그러나 그리스도인들은 다른 종교를 믿는 사람들도 심판하실 단 한분의 하나님을 믿는다. 이스라엘의 하나님께서 모든 국가들을 심판하실 것이고 그들은 하나님앞에 서게 될것이다.

이것은 신약성경의 메세지이기도 하다. 사도바울이 아테네의 말스 언덕에서 설교할 때에 하나님은 각 국가들에게 시간과 영토를 주셨다고 말했다. 그는 지도를 그린다. 예를 들어, 나는 하나님께서 대영제국의 종말을 주셨다고 믿는다. 내가 어렸을 때, 세계지도는 거의 붉은 색으로 덮여있었다. 한번도 영국의 영을 벗어나지 않고 세계일주를 할 수 있었다. 대영제국에 어떤 일이 있었는가? 그들은 하나님의 백성인 이스라엘에서 손을 떼었다. 하나님께서는 '영국이 이스라엘을 돌보지 못하면 아무도 돌볼수 없다' 라고 말씀하신 것이고 불과 5년만에 제국은 사라졌다. 나는 이것이 하나님이 행하신 분명한 실례중 하나라고 믿는다.

다른 국가들이 하나님의 국민들에게 어떻게 대하는지에 대한 하나님의 심판을 선지서를 통해 분명히 알 수 있다. 나는 같은 원리가 오늘날의 교회에도 적용된다고 믿는다. 하나님께서 사람들의 교회에 대한 태도를 보고 그들을 심판하실 것이다. 하나님의 백성들에게 하는 것이 곧 하나님께 하는 것이다. 예수님도 이 원리로 국가들에 대한 하나님의 심판을 말씀하셨다: '너희가 여기 내 형제중에 지극히 작은 자 하나에게 한 것이 곧 내게 한 것이니라' (마태 25:40) '형제'란 예수님의 백성을 의미한다. 마찬가지로, 탈수스의 사울이 다메섹 도상에서 예수님을 만났을 때, 그는 하나님께서 어떻게 그의 백성들을 보시는지 배웠다. 사울이 그리스도인들을 박해 할 때에 예수님께서, '사울아, 왜 네가 나를 박해하느냐?'하고 물으셨다. 그리스도인들을 박해하는 것은 곧 그리스도를 박해하는 것이다. 인간은 하나님의 눈에 들어 있는 것과 같다. 우리 신체에서 눈동자가 가장 예민한 부분인 것 같이 그의 백성들이 탄압받을 때에 하나님은 가장 예민해 지신다.

이제 각 나라마다 하나님의 백성들이 살고 있고 각 나라들은 하나님의 백성들에 대한 태도를 분명히 해야한다. 이것은 심판의 날에 중요한 요소가 될 것이다. 이 원리는 모든 선지자들이 이스라엘의 주변국가들에게 알렸고 그들의 이스라엘에 대한 태도에 적용되었다.

오바댜가 작고 이해하기 힘든 책일지 모르나 이책은 세상의 모든 국가들에게 영향을 끼치는 심판의 기본적 문제에 대해 말씀한다.

오바댜서의 구성

이 책은 두부분으로 나눌 수 있다. 전반부 (1-14절)에서 오바댜는 에돔이 심판받을 것을 말씀한다. 후반부에서는 (15-21절) 모든 나라들이 심판 받는 것을 본다.

한 국가의 심판(1-14)
국가들이 에돔을 멸망시킴 (1-9)
에돔이 이스라엘을 경멸함(10-14)

모든 국가들의 심판 (15-21)
하나님께서 국가들을 벌하심 (15-16)
이스라엘이 에돔을 소유함 (17-21)

한국가의 심판 (1-14)

국가들이 에돔을 멸망시킴 (1-9)

에돔은 '붉은색' 이라는 뜻이다. 도시전체가 사암으로 이루어 져 있지만 그래서 '붉은 색'으로 불리우는 것은 아니다. (에돔사람들은 빨간머리 에서의 자손들이다). 이곳은 아라바 골짜기의 동쪽에 위치하고 있고 페트라와 보스라라는 인간이 지은 훌륭한 업적인 두개의 도시가 있다.

오바댜는 다른 나라들이 침략하여 그저 몇가지만 노략하는 것이 아니라 국가 전체와 그들의 영토까지 빼앗고 에돔을 멸망시킬 것이라고 에돔사람들에게 말한다. 그는 하나님이 교만한 사람들을 싫어하시는 것에대해 말한다. 교만은 자신을 높히 고 남을 비하하는 태도여서 교만은 하나님께서 그들은 낮추게 해달라는 초대권과도 같다. 자신을 높히는 것은 자동적으로 하나님과 다른 사람들을 낮은 위치에 두는 것이다.

에돔이 이스라엘을 경멸함 (10-14)

세일 산꼭대기에 있는 에돔의 위치는 주변 국가들과 특히 이스라엘에 대한 태도를 상징한다. 장자권을 야곱에게 팔아넘긴 에서는 그의 쌍동이 형제와 평생을 다투는데 에돔사람들은 에서의 자손들이다. 그들은 요단 계곡의 동쪽에, 야곱의 자손들은 서쪽에 정착했다. 신명기에서 하나님은 이스라엘에게 에서가 야곱의 형이었으므로 에돔에게 잘못된 태도를 취하지 못하도록 금하신다. 이때문에 오바댜가 에돔에게 그의 형제에게 악하게 대하지 말라고 말한다. 그러나 이스라엘을 대하는 에돔의 태도는 강경했다. 민수기와 신명기에서 그들은 모세와 이스라엘 사람들이 그들의 영토를 통과하는 안전한 길을 거부했다.

이 반감은 다윗왕의 통치가 무너지기 시작한 이스라엘왕국에서도 볼 수 있다. 에돔사람들은 블레셋, 아랍, 훗날의 바빌론등 누구나 예루살렘이나 이스라엘을 공격하고자 하는 자들과 합류했다. 바빌론 사람들은 아주 야만인 들이었다. 그러나 에돔은 그들과 합류했다. 아랍이 예루살렘을 공격했을 때, 에돔이 합류했다. 미움과 질투와 몇백년간의 한이 터져나왔다. 블레셋이 예루살렘을 공격하러 왔을 때, 에돔도 합류했다. 그들은 스스로는 힘이 없었기 때문에 기회만 있으면 남들과 합류한 것같다.

세번에 걸쳐, 하나님은 '하면 안된다' 라고 그들의 태도에 대해 (12,13,14) 염려하시고 그들의 불순종은 처벌받을 것이라고 말씀하셨다.

여기서 한가지 질문이 떠오른다. 에돔사람들이 오바댜의 말을 들었는가? 들었다면, 귀를 기우렸는가?

첫부분의 예언은 에돔에 대한 것인데 중간에서 삼인칭에서 이인칭으로 바뀐다. 그가 용기를 내어 페트라에 직접 가서 메세지를 전한 것이 아닌가로 볼 수 있다. 그러나 그들이 말씀에 귀기우렸다는 기록은 없고 사실 그 반대였다. 바빌론이 예루살렘을 587 BC에 공격했을 때, 그들은 에돔의 격려를 받았다. (시편 137:7)

더군다나, 다른 선지자들도 에돔에 대해 말씀했다. 이사야 21장, 예레미야 49장, 에스겔 25장 모두 에돔을 정죄했다. 이사야는 오바댜와 비슷한 문구로 하나님께서 심판하실 것을 강조했다. 오바댜와 다른 선지자들의 말을 무시했으므로, 그들에게 하나님의 심판이 내렸다.

역사의 기록을 보면 600 BC에 아랍이 그들을 공격하고 그들은 도시를 떠나 계곡을 건너 네게브 사막에 가서 베두인족으로 살았다고 한다. 450 BC에 그들의 영토에 에돔사람은 하나도 남지 않았고 312BC 에 페트라를 나바틴족이 점령했다. 에돔 사람들이 도착한 후 네게브는 이두메로 이름을 바꾸었다. 그들은 강제로 힐카누스에 의해 유대교를 믿게 되었고 그 지역의 공식적 종교는 유대교지만 에돔사람들은 고유의 인종적 성격을 유지했다.

에돔사람들은 신약성경에서 다시 거론된다. 마태복음에 나오는 헤롯왕은 이두메 사람이었다. 37 BC에 그는 율리우스 시저에게 이스라엘의 왕위를 팔라고 해서 에돔사람이 이스라엘의 왕이 되었다. 그들의 건축술이 그의 유명한 건축물들의 영감이 되었다. 이것이 그가 페트라의 많은 회당들 같이 난공불락의 마사다왕궁과 다른 많은 왕궁을 지은 이유다.

그리고 세사람의 동방박사들이 유대의 왕이 어디서 태어났는지를 알기 위해 왔을 때 헤롯은 분노했다. 유대인이 에돔인인 그가 점령한 보좌에 앉는 것을 원치 않았다. 이것이 베들레헴에서 두살 미만의 모든 남자아기를 죽이게 하는 동기가 되었다.

그의 아들은 세례요한을 죽였고 예수님은 그에게 재판장에서 아무말도 하지 않으셨다. 그의 손자인 헤롯왕은 야고보를 죽이고 그는 벌레에 먹혀 죽임을 당했다. (사도행전 12) 그의 증손자 아그립파는 자손이 없이 100 AD에 죽었다.

이렇게 에돔사람들은 사라졌다. 오바댜의 예언대로 오는날 온 세계에 단 한사람의 에돔인도 남아 있지 않다. 하나님은 사람들은 심판하실 때 시간을 두고 하신다. 오바댜시대에서 완전히 멸족될 때까지 600년 이상이 걸렸다. 여기서 하나님의 심판에 대해 두가지 교훈을 받는다.

> 오랜 시간이 걸린다
>
> 하나님의 맷돌이 서서히 돌지만 작은 것까지도 간다;
> 인내로 그는 서서히 기다리며 완벽하게 간다.
> 프레드릭 본 로가 (1604-55)

하나님은 시간을 두고 일하신다. 분노하실 때도 서서히 하시지만 하시고자 하는 일은 몇천년 후에라도 이루신다. 오늘 날 에돔은 어디에 있는가? 사라졌다. 이스라엘은 어디에 있는가? 다시 그들의 땅에 복귀했다.

> 하나님은 그의 백성을 해하는 자들을 심판하신다

하나님은 아브라함에게 '너를 축복하는 자를 축복하고 너를 저주하는 자를 저주하리라' 라고 말씀하셨다. (창세기 12장) 하나님은 오늘날 온 세계에 두 사람을 두고 있다: 이스라엘과 교회다. 둘 중 하나라도 공격하는 것은 하나님을 공격하는 것이다.

모든 국가들의 심판 (15-21)

에돔은 하나님이 없는 국가중 하나의 예로 그들은 하나님의 백성들에게 항상 적대적이었다.

하나님은 국가들을 심판하신다 (15-16)

심판의 이유는 확실하다: '네가 한 대로 너에게도 그대로 되리라' 죄에 합당한 벌을 주신다. 블레셋도 하나님의 분노를 받게 되어 있었다.

이스라엘이 에돔을 소유함 (17-21)

언젠가, 이스라엘은 에돔을 소유할 것이다. 에돔은 하나님께서 그의 백성들에게 약속한 땅의 일부분이다. 그래서 언젠가는 그들이 소유할 것을 오바댜는 보았다. 그는 에돔사람들이 하나도 살아남지 않을 것을 보았고, 그 땅은 주인에게 돌아갈 것을 보았다. 그는 이스라엘이 북으로 에브라임과 사마리아까지, 남쪽으로는 네게브, 동쪽으로는 에돔언덕과 서쪽으로는 지중해 연안까지 확장될 것을 알았다.

이것들이 우리와 어떤 관계가 있는가?

첫째, 우리에게 야곱과 에서가 있음을 알아야한다. 히브리 그리스도인들에게 쓴 서신에서 죽 한 그릇에 장자권을 팔고 울게 된 에서와 같이 되지 말라고 한다. 그는 후회와 자책감에 사로잡혀 있었지만 회개는 절대 하지 않았다.

대신 우리는 야곱과 같이 되어야 한다. 하나님이 그의 다리를 상하게 하실 때까지 그는 하나님과 씨름했다. 하나님의 축복을 받고 하나님의 백성 이스라엘이 그에게로 부터 시작되었다. 에서는 현재를 위해 살면서 육체적 욕구를 만족시키며 미래를 잃었다; 그들은 현재의 욕구를 만족시키는데에만 신경을 썻다. 오바댜서는 우리가 야곱과 같이 되라고 격려한다 – 하나님에 의해 부러진 자는 왕자가 되었고 그의 이름 이스라엘은 2,000년이 지난 오늘에도 지도에 있다.

두번째로, 하나님께서 한번 말씀하신것은 지킨다는 것을 우리는 배운다. 하나님께서 어떤일을 하시겠다고 말씀하셨을 때, 다음 화요일까지 하시는 것이 아니고 몇천년을 기다려야 할 수도 있지만, 하나님은 하실 것이므로 우리는 그의 말씀을 믿어야한다. 오바댜가 소선지자로 불리지만 그가 쓴 이 작은 책속의 모든 말씀들이 현실로 이루어 질 것이다.

생존을 위한 투쟁

28. 에스겔 　　　　　　　　　　367

29. 다니엘서 　　　　　　　　　381

30. 에스더 　　　　　　　　　　397

31. 에스라와 느헤미아 　　　　　405

32. 역대기 상/하 　　　　　　　417

33. 학개서 　　　　　　　　　　425

34. 스가랴 　　　　　　　　　　431

35. 말라기 　　　　　　　　　　445

한국 상고 문고학

28. 에스겔

개요

에스겔서는 구약에서 가장 소외당하는 책이다. 1-24장은 끊임없는 어두운 운명에 대해 말씀하고 있다. 이런 우울한 내용이 독자로 하여금 읽기를 중도에 포기하고 다음책으로 넘어가게 한다! 이 책은 길고 반복적으로 20년간의 사역을 기록하고 있다. 많은 내용이 우리생활과 관련이 없다—다른 세대의 다른 세상에 대한 것이고 우리에게 생소할 뿐이다. 더욱 이 책을 즐길 수 없는 이유는 거친 언어로 부담감을 준다. 이 책을 가장 좋아 한다고 말할 수 있는 사람은 아주 극소수일 것이다.

더구나 에스겔서는 무서운 심판의 하나님을 보여준다. 심판보다는 거의 일상적으로 라디오나 TV에서 보여주는 하나님의 자비하심을 사람들이 듣고 보기 좋아한다.

이책을 읽어야 할 이유를 찾기 어렵다! 그러나 에스겔은 우리에게 두가지 질문으로 도전한다: '왜 성경을 읽는가?' 그리고 '성경을 어떻게 읽는가?' 이 두 질문은 서로 연결되어 있다. 왜냐하면 성경을 읽는 이유가 어떻게 읽을 것인가를 결정해 주기 때문이다. 동기가 방법을 결정한다.

에스겔서를 어떻게 읽을 것인가

전체적으로 에스겔서를 세가지 방향에서 다가갈 수 있다.

동사 위주의 독서법 (자신을 위함)

자신에게 적용시키기 위해서 동사위주로 읽을 수 있다. 성경읽기 점치기라고 부르고 싶을 정도로 우리의 상황에 적용시킬 수 있는 구절이 나올 때까지 읽는 방법이다. 그러나 이것은 성경을 바로 읽는 하나님께서 원하시는 자세가 아니다. 자신에게 적용할 수 있는 구절을 찾으려면 에스겔서을 한참 읽어나가야 할 것이다. 이런 경건한 읽는 자세는 안 읽는 것보다는 낫겠지만, 성경을 바로 읽는 자세가 아니다. 자신에게 중점을 둔 독서법이다.

구절 위주의 독서법 (남을 위함)

다음에는 구절 위주의 독서법이 있는데 주로 남에게 적용되는 메세지를 찾기 위해 읽는 방법이다. 특히 목사나 선생님들이 설교할 내용을 찾을 때 사용된다. 에스겔서의 네가지 메세지를 목사님들이 즐겨 사용한다.

가장 인기있는 장은 마른 뼈들아 하나님의 말씀을 들을 지어다 라는 가사의 흑인 영가에 쓰여진 37장일 것이다. 죽음과 생명의 주제로 뼈들이 일어나 연결되고, 살이 덮이는 극적인 상상의 표현이다.

34장도 자주 사용되는데 특히 새 목사 안수식에 쓰인다. 주제는 좋은 목자와 나쁜 목자다. 좋은 목자는 잃어버린 양을 찾아 헤메고 나쁜 목자는 자신들을 배불리는 일만 한다. 목사의 책임감에 대한 설교로 사용된다.

47장은 문맥에서 벗어나 우화적으로 흔히 사용되는 것을 본다. 성전에서 강이 흘러나오고 어떤 사람이 발목까지 들어갔다가, 무릎까지, 허리까지, 그리고 수영을 할 수 있는 깊이 까지 들어가는 것을 묘사한다. 목사들은 이 물을 성령으로 표현한다. '당신은 영적으로 얼마나 깊이 들어가 있습니까? 수영을 할 수 있는 깊이 입니까 아니면 물장구만 칠 정도의 깊이 입니까?' 라고 묻는다. 그러나 문맥의 지리적인 내용을 보면 (아라바 계곡의 바닷가에 있는 엔게디의 어부) 이 예언은 말 그대로 이해되도록 쓰여있다. 사해의 소금기를 없앨 민물이 몰려들어 생명이 살게 하는 자연의 기적을 말하고 있는데, 특히 물리적 기적을 믿지 못하는 목사들이 흔히 영적으로 해석한다. 이렇게 구약을 우화적으로 비유하는 것은 3 AD 세기에 있었던 알렉산드리아와 클레멘트의 직역적이고 물리적인 가름침을 경멸했던 그들의 가름침을 따른 습관이다.

마지막으로 18장은 개인적인 죄에 대한 각자의 책임에 대해 촛점을 마추고 있다. 하나님께서 사람들의 죄를 삼사대 까지 벌하시 겠다는 말씀때문에 생겨난 '아버지가 먹은 신포도로 인해 자손들의 이가 상한다.' 라는 이스라엘의 격언이 있다. 하지만 에스겔은 마지막 심판날에는 각자가 지은 죄에 대한 심판을 받을 것이라는 새로운 가르침을 준다. 각자의 죄에 대한 하나님의 심판은 목사들이 잘 사용하는 주제이다. 이렇게 부분적으로만 사용되고 에스겔 서 전체는 소외되고 있다.

전체적 책 중심의 독서법 (하나님을 알기 위함)

이것이 에스겔서를 읽는 가장 바람직한 독서법이다. 책의 부분만 보는 것이 아니라 전체적 메세지를 이해하는 것이다. 이 방법을 통해서만 하나님께서 우리에게 주시는 메세지를 이해 할 수 있다. 궁극적으로 성경을 읽는 목적은 하나님을 알기 위함이다. 하나님이 어떤 분이신지, 우리에게 어떻게 답하시는지, 우리에게 어떤 감정을 갖고 계신지, 미래에 우리에게 어떻게 하실지에 대해 성경을 우리에게 말씀하고 가르친다. 그러므로 에스겔서를 읽지 않으면 중대한 하나님에 대한 계시와 이 책이 우리에게 주는 가르침을 놓치게 된다.

그리스도 인들이 처음으로 성경의 책들을 하나씩 읽고자 할 때, 나는 리빙 바이블 버젼을 추천한다. 이 버젼으로 기포드 교회에서 전체를 읽었었다. 리빙버젼은 사상이나 성경적 단어의 표현을 가장 잘 번역하지는 않았지만 성경의 감정은 가장 정확하게 번역한 책이다.

성경은 하나님의 말씀이고 사람들의 언어다. 그래서 영감과 흥미적이 두가지 면에서 볼 수 있다. 인간적으로 흥미롭다. 하나님은 그의 말씀을 사람들을 통해, 모든 복잡성을 초월하여 특정한 시간과 상황에 맞게 우리에게 전달하신다. 이것은 학구적 추측이 아닌 세상과 사람들의 관점에 영향을 주는 말씀들이다.

성경안의 현실적 상황을 이해함으로서 하나님의 말씀이 실제 역사안에서 실존한 사람들에게 주어진 것을 우리는 감사할 수 있다. 설교자들이 인간의 문맥을 제외한 하나님을 말씀을 전할 때, 그 말씀은 지루한 설교가 된다.

에스겔서의 배경

이런 이유로 에스겔 선지서의 역사적 배경을 이해하는 것은 너무나 중요하다. 100년전, 북이스라엘의 열지파는 앗수르로 끌려갔다. 아모스와 호세아의 경고를 무시하여 그들의 나라에서 쫓겨난 것이다.

에스겔은 그들보다 더 심각한 상황에 있던 남쪽의 두지파에 대해 염려했다. 북쪽의 형제들의 경고를 보면서도, 이들은 하나님과 멀어지고 곧 심판이 있으리라는 이사야와 미가와 같은 선지자들의 예언을 무시했다. 그 후에 사역한 예레미아도 무시했다. 바빌론의 손에 멸망하리라는 하박국의 예언도 무시했다. 드디어 최악의 순간이 도달하여 그들은 바빌론으로 쫓겨난다.

부분적으로 희망적인 시간도 있었지만 그것으로 국가의 운명을 되돌이키기는 너무 부족했고 영적인 상태는 냉랭했다. 요시아왕이 성전을 청소하다가 모세율법서를 발견 했을 때 그는 하나님의 법에서 자신들이 얼마나 멀어져 있음을 깨닫고 두려워 했다. 그들은 당시 히놈계곡에서 이방신 몰렉에게 아기들까지 제사제물로 사용하고 있었다. (예수님은 이 계곡을 지옥을 보여주는 곳이라고 말씀했다.) 요시아왕은 국가적 종교개혁과 고지의 이방제사단을 제거하고 사회의 도덕적 퇴폐를 물리치려 시도했으나 소용이 없었다. 사람들의 마음은 하나님에게서 너무 멀어져 있었다.

그후로 계속 악한 왕들이 올랐다. 사람들이 추대한 여호아하스는 겨우 삼개월을 통치했다. 그는 이집트에 대항하지 못하고 체인에 묶여서 리브라로 끌려갔다. 여호아김은 선한 요시아왕의 아들이었지만 국가의 영적 상태에 관심이 없었다. 그는 이집트가 여호아하스를 끌어내고 올려놓은 꼭두각시 왕에 불과했다.

당시의 유대역사는 남서쪽으로 이집트와 북동쪽으로 바빌론의 주변 강대국들에 의해 좌우되었다. 아라미안, 모압, 암몬등의 주변국가들로 부터 끊임없는 침략을 당했다. 그 결과로 에스겔 당시의 유다는 완전히 외국의 압제를 받는 예루살렘 성만 남아있었다.

마지막의 타격은 바빌론이 예루살렘성을 이년반 동안 포위한 사태였다. 이사야가 예언한 그대로 결국 성과 모든 보물을 모두 빼앗겼다.

사회의 리더들은 포로로 끌려갔다. 이것은 한 지역을 무력화하는 당시 즐겨 사용되는 방법이었다. 첫번 포로로 7,000명의 군대 장교들과 군인들, 1,000 명의 장인들과 10,000명의 예술인들이 끌려가고 성에는 가난한 사람들만 남겨졌다. (다니엘 선지자도 이때에 끌려갔다.) 하나님의 목적이 아무것도 이루지 못한 것 같이 보였다.

스데기아는 유다의 마지막 꼭두각시 와이었다. 그가 예루살렘을 소수의 군인들과 함께 통치하도록 허락되었다. 그나마 다시 정복당하고 스데기아왕은 네부갓네살의 군대에 의해 포로가 외었다. 그들은 왕의 앞에서 그의 아들들을 한명씩 죽여서 왕의 계통을 끊었다. 그리고 왕의 눈을 뽑아서 그가 마지막 본 것이 그의 아들들의 죽음이었다. 네부갓네살왕은 예루살렘을 완전히 파괴하도록 명령했다. 이 이야기는 열왕기 후 22-25장에 기록되어 있다.

에스겔의 가르침

이런 상황하에서 몇백마일 떨어진 바빌론에서 에스겔은 가르치도록 부르심을 받는다.

처음부터, 하나님은 에스겔의 이마를 돌과같이 단단히 하여 절대로 그가 용기를 잃지 않도록 하겠다고 말씀하셨다. 사람들이 완악해 질 수록 그리고 말을 듣지 않을 수록, 그는 하나님의 사명을 위해 일편단심으로 달려가야 했기 때문이다.

그의 메세지는 부분적으로 묵시적 언어로 주어졌다. (묵시적이란 미래에 대한 감추어 져 있던 것을 비유적이난 상징적인 방법으로 공개하여 알린다는 의미이다.) 예언의 형태지만 더욱 시각적이고 상징적이고 극적이다. 구약에서는 에스겔과 다니엘이 이런 형태의 예언의 대표적 예이고 신약에서는 요한 계시록이 이런 예다.

모든 선지자들과 같이 에스겔도 초능력을 가지고 있었다. 영감, 선견, 예측의 능력이다. 그는 하나님의 목적이 이루어 지는 모든 것을 위에서 내려다 볼 수 있는 하나님의 시야의 능력을 갖고 있었다.

공간

에스겔은 몇백마일 떨어진 바빌론에서 예루살렘성안에서 일어나는 일들을 보았다. 현대 학자들은 그가 이스라엘에 계속 방문하여 상황을 알 수 있었을 것이라고 상상한다. 그러나 성령의 능력으로 에스겔은 그의 본국에서 일어나는 일들을 볼 수 있었다. 그가 바빌론에서 설교하던 중 한 사람이 예루살렘에서 죽는 환상을 보았는데 몇주가 지난 후 환상에 나타난 그대로 그런 사람이 바로 그 시간에 예루살렘에서 죽었음을 듣게 된다.

시간

에스겔은 미래를 내다볼 수있는 능력도 있었다. 성경은 미래에 대한 예측이 많이 있다. 성경의 27% 정도는 미래에 대한 예측이고 에스겔서는 다른 어떤 성경 보다 더 많은 부분이 미래에 대한 예측이다. 구약성경중 에스겔과 다니엘서가 가장 미래에 대한 예측이 많은 부분을 차지한다. 에스겔서의 예언중 75%는 벌써 말 그대로 이루어졌다. 이렇게 많은 예언이 이루어 질수 있는 통계학적 확률은 750만에 일정도로 희박하다. 성경에는 735개의 사건들이 예측되었다. 한두번 예측된 사건도 있고 300번 이상 예측된 사건도 있다. 735게의 사건들 중 593 (81%)는 이미 이루어졌다. 지금까지 성경은 100%의 정확성을 보여주고 있다. 나머지 19%의 예측은 앞으로 이루어 질 것이다.

세 기간

에스겔의 예언은 3번에 걸쳐 주어졌고 각 기간마다 해당되는 주제가 다르다. 첫번째 기간 (4-24장)은 세기간중 가장 우울하고 당시 에스겔의 나이는 30-33세정도로 생각된다. 그는 예루살렘이 완전히 파괴될 것이라고 선언했다. 물론 이부분은 거의 인용되지 않는다. 이 때는 예루살렘이 처음 포위되고 그후 바빌론의 간섭을 받았지만 아직 파괴되지 않은 상태였다.

두번째 기간은 에스겔이 끌려간 후 10-12년 정도의 시간이 흐른 36-37세의 나이에 예언했고 25-32장에 나타난다. 이번에는 예루살렘에 대한 것이 아니라 바빌론의 통치를 받는 예루살렘이 끝장나는 것을 기쁘게 지켜보는 주변 국가들에 대한 예언이었다. 현재도 이스라엘은 이스라엘이 망하기를 바라는 국가들에 둘러싸여 있다.

다음은 587 BC 에 예루살렘이 완전히 파괴되고 에스겔의 아내가 바빌론에서 죽는 사건이 일어난다. 선지자는 아내의 죽음을 애통해 하지 말라는 하나님의 명령을 받는다. 그녀가 죽는 바로 그 때, 예루살렘도 파괴되었다. 그가 애통해 하지 않는 것은 이스라엘 사람들이 예루살렘성의 멸망에 대해 느껴야 하는 완전히 멍한 상태의 감정을 상징적으로 보여준 것이다. 그는 아내가 죽은 날짜를 일기에 기록하여 조국의 소식과 맞추도록 하라는 지시를 받는다. 물론 이 날짜들은 일치한다.

아내가 죽은 지 삼년 이 되고 그가 예언한지 13년이 되는 해에 50세의 에스겔은 다시 예언을 시작한다. 삼년간의 묵언한 기간동안 하나님께서는 그가 말하지 못하도록 그의 혀를 입천자에 붙이셨다.

그는 다시 일년간 예언하고 그때의 내용은 고국으로 돌아가는 것이었다. 예를 들어, 계곡의 마른 뼈들은 다시 붙고 일어나 강한 군대를 이룰 것이라고 말했다. 미래를 향한 긍정적이고 희망적인 메세지였다. (33-39장)

40-48장은 예루살렘의 성전 재건축에 대해 말씀한다. 그러나 에스겔은 성전 재건축을 보지 못하고 죽는다. 그는 바빌론의 무덤에 장사되는데 현재 이라크의 키피라는 곳이다.

후렴

에스겔의 예언에서 '그때 너는 내가 하나님인 것을 알 것이다' 라는 말이 74번 반복된다. 이 말은 책 전체 (B, C, D부분) 에서 조금씩 다른 형태로 반복된다.

B 부분 (4-24장)에서는 '너는 내가 하나님인 것을 알게 될 것이다' 라고 말한다. C 부분 에서는 유다의 주변국가들에 대한 하나님의 복수를 말한다: 그때 그들은 내가 하나님임을 알게 될 것이다. D부분에서는 에스겔이 바빌론의 망명에서 조국으로 돌아가는 희망의 메세지를 준다: 그때 모든 국가들은 내가 하나님임을 알게 될 것이다. 다시 말해서 하나님께서는 유대인들을 그 땅으로 다시 회복시키시어 모든 세계가 하나님을 알 수 있게 하시리라는 것이다. 왜냐하면, 인간적으로 볼 때, 이스라엘 국가의 회복은 완전히 불가능한 것이기 때문이다.

이렇게 세부분에서 이 구절은 이스라엘 사람들이 하나님에 대해 확신이 없었고, 유다의 주변국가 들이 이스라엘의 하나님의 존재하는지를 확실히 알 지 못했고, 온 세계가 하나님이 계신지를 알지 못했음을 말한다.

에스겔서의 윤곽

a. **제사장들의 이동 (1-3)**

b. **예루살렘을 향한 보복 (4-24)—첫단계**

예루살렘성 포위

c. **유다의 주변국에 대한 보복 (25-32)—두번째 단계**

예루살렘성의 멸망

d. **바빌론의 망명에서 귀환 (33-39)**

e. **예루살렘 성전 재건축 (40-48)**

세번째 단계

제사장들의 이동 (1-3)

에스겔은 제사장 집안인 자독가문에서 622 BC에 태어났고 요시아 왕이 죽었을 때에는 유대인의 청소년들이 하는 성년식을 할 나이가 되었을 것이다. 바빌론으로 첫 추방 당시 그는 25세로 다니엘과 사회의 요인들과 함께 추방당한다. 추방후에는 그들의 정착지에서 그래도 자유롭게 살 수 있었다. 에스겔은 그의 가족들과 함께 텔 아비브 (지금은 이스라엘에서 가장 큰 도시임)에 있는 티그리스와 유프라테스 강을 연결하는 운하 옆에 정착했다.

에스겔이란 '하나님께서 강하게 하신다' 라는 뜻이지만, 그는 83번에 걸쳐 '인간의 아들'—예수님이 자신을 일컫던 이름—으로 부리었다. 이 이름으로 불려진 다른 선지자는 없다.

그가 30세가 되던 해 제사장직을 시작해야 할 때에 그는 선지자로 부름을 받은 것이 놀랍다. 그는 조국에서 멀리 떨어져 있었고, 그가 바빌론에서 성전이 없었으므로 제사장직을 할 수가 없음을 그는 알고 있었다. 그는 하나님의 환상에서 선지자로의 부름을 듣는다. 30-33세의 나이로 선지자로서, '인간의 아들' 이라는 이름으로 그는 기적을 행하고 설교했다. 에스겔은 선지자, 제사장, 왕이신 그리스도의 전조였다. 유대인 남자는 30세에 대제사장직을 시작할 수 있는 나이였고 예수님도 30세에 사역을 시작하셨다.

에스겔이 성전에서 예식을 주관하지는 못했지만 예배에 참석은 할 수 있었다. 성전이 없는 상태에서 유대회당 (모임의 장소라는 뜻) 은 모여서 찬송, 기도, 성경말씀을 읽는 장소가 되었다. 이것은 구약과 신약사이의 초대 교회의 교인들이 도입한 모임의 형태였다.

1장의 에스겔이 부름받음은 아주 특이한 경우이다. 그것은 이상한 환상의 부분이었는데 현대 신학자들은 그가 발작을 일으키고 거의 실신해거나 마약을 한것으로 까지 추측했다. 초현실주의의 예술가가 필요한 현상이었다. 요즘 해석은 그가 미확인 비행 물체를 보았다고 말하기도 한다. 먼저, 그는 동물, 인간, 천사의 복합체인 네개의 생물을 보았다. 그들은 천사의 날개가 있고 반은 사람 반은 동물의 모습이었다. 이것들은 하나님께서 창조하신 우주 만물중 동물, 사람, 천사의 상징물로 볼 수 있다. 이 셋의 질서를 보면 사람이 창조의 정점이 아닌 것을 알 수 있다.

네개의 생물체 위에는 하나님의 장엄하고, 신비하고 영광에 둘러싸인 하나님의 보좌가 있다. 하나님이 계신 곳에는 영광이 있다. 이 책에는 하나님의 영광이라는 말이 반복해서 나온다. 영광은 하나님의 광채를 의미한다.

하나님의 보좌는 어느 방향으로건 움직일 수 있다. 즉, 하나님의 전능하심은 시간과 장소를 초월한다는 뜻이다. 하나님은 움직이시는 분이시다. 이것은 상당히 중요한 점이다. 이전 까지는 성경의 하나님의 보좌는 예루살렘 한장소에 정해져 있는 환상들이었다. 에스겔은 하나님의 보좌가 움직이므로 자신도 바빌론으로 가도 괜찮다는 위로를 받는다. 하나님은 몇백마일 떨어진 예루살렘에만 계신다라고 믿는 이스라엘의 추방당하는 사람들에게 알려야 할 중요한 진실이었다. 또, 바퀴의 가장자리에 있는 '눈'은 하나님께서 무엇이든지 어디에서나 볼 수 있다는 것을 말씀한다. 아주 의미있는 그림이다. 에스겔이 환상에 너무 감동하여 땅에 엎드러 진것을 이해할 수 있다. 그는 얼굴을 땅으로 향하여 넘어진다. 성경에서 하나님 앞에서 넘어지는 것은 앞으로 넘어지는 것을 볼 수 있다. 변화될 때의 사도 바울과 파트모스섬의 요한도 얼굴이 땅을 향해 앞으로 넘어졌다.

하나님은 에스겔에게 두루마리를 주고 거기다 그가 전해야 할 예언을 쓰고 그 두루마리를 먹으라고 하셨다. 두루마리에 쓰인 말들은 애통과 걱정과 저주의 말씀이었다. 그러나 그는 이 말씀들이 달다고 했다.

예루살렘을 향한 보복 (4-24)

모든 선지자들이 두가지의 재앙을 말했다: (1) 예루살렘은 바빌론에 의해 파괴될 것이다. 그리고 (2) 사람들은 바빌론으로 끌려갈 것이다. 이사야, 예레미아와 하박국 모두가 같은 말을 했다.

예루살렘이 바빌론에 의해 정복당하고 상류사회 사람들이 추방당했을 때 성자체는 그대로 보존된 상태였다. 유다사람들은 하나님의 심판이 예레미아가 말한 것과 같이 심하지 않다고 말했다.

하나님은 성을 파괴한다고 말했는데 사실 성은 건재하고 유대인들은 아직 그곳에 살고 있었다. 외국 세력의 통치를 받기는 하지만 성은 그대로 있었다! 에스겔이 그들의 죄를 과장해서 떠들었다는 의미가 내포되어 있었다. 재앙의 정도에 대한 그의 예언이 잘못되었다면, 다른 부분들도 잘못되었을 수 있다고 의심했다. 마치 사탄이 에덴동산에서 하나님이 금하신 명령에 대해 하와에게 질문 했던 것 처럼 사람들은 하나님의 말씀을 희미하게 이해했다.

그러나 유다 사람들은 하나님이 하시는 일에 대한 이해는 하고 있었다. 추방은 그저 벌하시는 것이 아니라 사람들을 개심하려 하는 의도가 있었다. 하나님께서 말씀하시는 것은 그대로의 진정한 의미가 있다는 것을 누군가가 깨우쳐 주어야 했다. 에스겔은 예루살렘이 파괴당할 때에나 그들이 하나님을 알게 될것이라고 말해야만 했다. 그들의 죄는 선지자들이 말한 대로 악했고 그에 대한 심판도 선지자들이 말한 대로 엄하게 내릴 것이었다.

예루살렘성의 멸망

에스겔은 이메세지를 말로만 하는 것이 아니라 시각적으로도 보여주어야 했다. 그는 예루살렘이 끝장 났다는 것을 여섯가지 방법으로 사람들에게 가르쳤다.

1. 그는 진흙판에다 예루살렘성을 그리고 그주변은 공격하는 숫양등의 모형으로 둘러쌌았다. 그가 말없이 이것을 하는 것을 군중들은 지켜보면서 '도데체 노인 선지자가 무얼 하는거지?' 하고 물었을 것이다.

2. 하나님은 에스겔에게 좌측 옆으로 390일간 계속해서 누웠다가 오른쪽 옆으로 40일간 누워 있으라고 말씀하셨다. 이스라엘과 유다가 하나님을 얼마동안 거역했는지 (각 각 390년과 40년)를 상징적으로 보여주는 사건이었다. 하나님께서 그에게 이것을 제대로 해야 한다고 하셔서 그는 자신을 끈으로 묶어서 실행했다.

3. 예루살렘이 포위당하면 식량난이 있을 것을 상징하여 에스겔은 소식을 했다. 그는 하루에 0.2 kg의 빵과 0.6 리터의 물을 먹으며 오랫동안 지냈다. 그는 자신의 분배물로 피운 불에 빵을 구웠다. (그는 하나님께 이 것에 대해 항의하여 소똥을 사용할 수 있도록 허락받았다. 이것은 하나님의 융통성을 보여주는 좋은 예다.) 이 모든 것들은 예루살렘이 포위당하면 상황이 긴박해질 것을 보여주기 위함이었다.

4. 하나님은 에스겔에게 삭발과 면도를 하고 머리와 털들을 세뭉치로 만들라고 하셨다. 첫번 뭉치는 예루살렘의 포위가 끝났을 때 불로 태우고 두번째 뭉치는 진흙판에 그린 예루살렘성주변에 흩어 칼로 쳐서 다가올 학살을 알리고, 세번째 뭉치는 공중에 던져 흩어서 예루살렘 사람들의 앞으로의 운명을 보여주라고 하셨다.

5. 다섯번 째로 에스겔은 그의 옷을 가방에 넣고 벽에 구멍을 뚫어 밤에 그 구멍으로 빠져나왔다. 이것은 예루살렘성이 무너지면 어떤 일이 있을 지를 예언한 것이었는데, 그 예언대로 예루살렘성이 무너졌을 때 스데기아 왕은 이 방법으로 성을 빠져나왔다.

6. 가장 괴로운 장면은 에스겔의 아내의 죽음에 관한 것일 것이다. 그는 애곡할 수 없었는데 이것은 예루살렘이 드디어 무너졌을 때 사람들이 너무 놀라서 믿지도 울 수도 없을 상황을 예고한 것이다.

이 책에서 가장 알려야 할 환상은 성전에 계신 하나님의 영광을 묘사한 것이다. 영광은 올리브산 꼭대기로 올라가서 사라졌다. 이것은 사람들이 예수님을 거부했을 때 일어난 일과 똑 같다.

예루살렘 성이 어떻게 파괴될 것인가?

에스겔은 하나님의 검을 쥔 네브갓네살이 성을 함락할 것이라고 말했다. 네브갓네살이 갈라지는 길목에서 주사위를 던져 예루살렘성이나 암몬의 라바중 어느 성을 먼저 칠 것인가를 정하는 소름끼치는 장면의 묘사가 있다. 파괴는 무자비하고 주민들의 귀와 코를 벨 것이었다. 에스겔은 검, 기근, 사나운 들짐승, 역병을 사람들에 대한 네가지 심판으로 말했다. 그리고 하나님의 영광이 성전에서 떠나가심을 우리는 읽는다.

예루살렘성이 왜 멸망하는가?

사람들의 우상숭배, 부도덕, 배은망덕이 심판을 받게되는 주이유들이다.

우상숭배

하나님의 백성들은 성전에서 아세라 여신을 경배했다. 성전의 잔재를 보면 벽에 동물들의 그림이 그려있었다. 성전의 문전에서 여인들은 타무스 여신을 예배했다. 에스겔은 25명의 남자들이 성전에서 태양신에게 예배드리는 것을 보았다. 놀랍고 두려운 시기였다. 하나님의 백성들이 주변국가들보다 더 악하게 행동하고 있었다.

부도덕

과부, 고아, 외국일을 착취하는 행위와 살인이 행해지는 예루살렘을 에스겔은 '피의 도시'라고 불렀다. 이 것은 앗수르제국의 수도였던 악의 도시 니네베를 일컫던 이름이다. 십계명을 거역하는 거짓말, 성적 문란, 부모에 대한 반항이 예루살렘에서 행해졌다. 예루살렘은 아주 실추해 있었다.

배은망덕

하나님은 사람들이 감사함을 모르는 것에대해 다섯가지 우화를 들어 말씀하셨다:

1. **야생 포도덩쿨:** 유다는 열매 맺지않는 쓸모없는 야생 포도 덩쿨에 비교되었다. 나무는 불쏘시개감일 뿐이었다. 요한복음 15장에서 예수님도 비슷한 비유를 들으신다.

2. **여자아이:** 16장에서 에스겔은 버려진 여자아이가 여왕이되고 그후에 창녀가 되는 비유를 말한다.

3. **두명의 여자형제:** 그들의 이름은 오호라와 오호리바로 사마리아 (북쪽의 열지파) 와 예루살렘 (남쪽의 두지파)를 대표한다. 그들은 창녀들로서 하나님께로부터 멀어진 두 왕국을 상징한다. 강력한 언어로 그들의 현실을 깨우쳐주고자 하는 의도가 들어있다.

4. **어미사자와 두 새끼 사자:** 새끼들이 잡혀간 것은 여호아하스와이 이집트로 여호아김왕이 바빌론으로 끌려가는 것을 보여준다.

5. **두마리의 독수리:** 한마리는 바로왕을 또 한마리는 네브갓네살왕을 대표한다.

이 비유들은 알고싶어하는 사람들에게 진실을 알리는 방법으로 말씀 듣기를 진실로 원하는 사람들에게 '인간의 아들'이 쓰신 비유법이다. 에스겔은 이 비유들로 사람들이 생각하는 것보다 그들의 상황이 훨씬 악화되어 있음을 말했다.

먼저, 각 개인이 자신의 상황에 책임이 있다고 말한다. 그의 조상을 탓할 것이 아니다. 심판날에 각자가 혼자서 자신을 대변할 것이다. 두번째로, 각자가 현재의 상태의 책임이 있다고 말한다. 지난 날이 아닌 현재가 중요한 것이다. 공의로왔던 사람이 악해지고, 악한자가 공의로와 질 수 있다. 마지막 의 죽음을 은혜롭게 마치는 것이 중요하다.

한편으로 에스겔은 국가의 위기에 대해 세부류의 사람들을 비난했다: 선지자들, 제사장들, 왕들이다. 그들은 예루살렘의 형편에 책임이 있는 사람들이었다. 너무 악화되어서 노아, 욥, 다니엘 (역사의 가장 훌륭한 인물들) 이 살고 있다해도 하나님께서 구제할수 없는 형편이었고 사람들이 이에 충격받았다.

에스겔서의 이부분은 암담하다. 희망이 엿보이는 곳은 하나님이 사람들과 맺은 영원한 약속에 대한 선지자의 말씀이 기록된 16:60-62, 20:40-44, 21:24-27 뿐이다. 하나님의 자비하심을 보고 사람들은 자신들을 혐오할 것이다.

유다 주변국에 대한 보복 (25-32장)

이 책의 중간 부분에는 에스겔이 36-37세의 나이에 말한 예언의 말씀이 들어있다. 그의 배경은 중요하다. 예루살렘이 무너졌을 때, 주변국가들은 신나했다. ('힙,힙,허레이!' 라는 말은 라틴어로 '예루살렘이 망했다.'라는 단어의 첫 자음을 가지고 만든 표현으로 처음에는 유대인 박해를 위한 표현이었다). 많은 사람들이 바빌론의 침략을 반기고 그 북새에 이득을 취하려 했다. 에돔사람들과 암몬사람들은 남아있는 유대인들에게 참혹한 행동들은 해서 당시에 지어진 시편에는 이런 씁쓸함이 담겨있다.

예를 들어, 시편 137편은 슬프게 시작하여 외국에서 하나님에 대한 찬송의 어려움을 나타내지만 마지막에는 '아기를 돌에 쳐 죽이는 사람들은 행복할 것이라' 라는 비통한 절규를 한다. 에돔사람들은 아기들의 발목을 잡고 예루살렘성벽에 머리를 쳐서 죽였다. 시편은 진정으로 '너희들오 우리가 당한 것같은 슬픔을 당하기 원한다.' 라고 절규했다.

에스겔서의 중간은 유대인이 아닌 사람들에 대한 임의의 말이 아니라 예루살렘의 멸망을 이용해 착취하는 주변국에 대한 하나님의 심판을 묘사한다.

어떤 예언들은 아주 상세한 내용이다. 한가지 예로 지중해의 동쪽 연안에 있는 어촌 항구인 두로항의 멸망을 에스겔은 예언한 것을 보자. 어느 날 두로는 땅바닥같이 납작하게 무너지고 전체 도시는 바다속으로 침몰할것이고 두로가 있던 자리는 어부들이 그물을 말리는 장소로 변할 것이라고 예언했다. 어느 도시도 바다속으로 던져진 일이 예전에도 아직까지도 없었기 때문에 이것을 놀라운 예언이었다.

그러나 그것은 현실로 실행되었다. 알렉산더 대왕이 이집트로 가기위해 그의 많은 군대를 이끌고 다가왔을 때 알렉산더 대왕에게 해군이 없음을 알고 두로사람들은 어선을 타고 연안에서 반마일 정도 떨어진 섬으로 피했다. 그러나 알렉산더 가 대왕의 호칭이 붙은 것으 거져 붙은 것이 아니다. 섬에 안전하다고 생각하고 피해있는 사람들을 보고, 그는 도시의 벽돌, 돌, 모든 나무를 동원해서 연안과 섬을 잊는 길을 만들라고 명령했다. 그의 군대는 이길을 통해 들어가 두로 사람들을 항복시키고 그들의 도시는 말그대로 바다곳으로 던져진 것이 되었다.

지금의 지도를 보면, 현대의 두로는 섬에있고 알렉산더가 만든 바닷길에 모래가 쌓여 육지와 연결왼 것을 볼 수 있다. 육지의 옛 유적지 두로에 가면, 돌바닥에 어부들의 그물이 널려있는 것을 볼 수 있다. 에스겔의 예언대로 되었다.

25장은 유다의 동쪽에 있는 암몬, 모압, 에돔과 서쪽으로 블레셋과 다른 민족에 대한 예언이 들어있다. 26-28장은 두로와 북쪽의 시돈에 대하여, 29-32장은 남쪽의 이집트에 대한 예언이다.

에스겔서의 중간 부분은 아주 우월한 자존심의 예로 두로왕에 대한 이야기 외에 나머지는 이해하기 쉬운 내용이다. '나는 신이다' 라고 말한 두로왕의 모습에서 사탄의 우월감을 볼 수 있다. 이집트의 바로왕도 '내가 나일강을 만들었다' 라고 억측하며 거의 같은 우월감을 보였다. 나일강 주변의 운하를 팟을 지는 몰라도 나일강 자체를 만들지는 않았다. 하나님은 인간의 우월감을 견디지 못하신다. 나 자신을 신으로 두는 것은 죄악이다. 아담과 하와가 에덴동산에서 저지른 하나님과 같아지기 원하는 죄다. 벌써 하나님의 형상으로 하나님의 성품이 주어졌음에도 불구하고 하나님의 권능과 권위를 원했다.

에스겔서에 바빌론이 단 한번도 거론되지 않은 것도 중요하다. 아마 바빌론에 대적하는 글을 쓰는 것은 반역으로 취급되었을 수도 있다; 혹은 하나님의 백성들이 이미 바빌론에 있었으므로 그 나라를 거론하는 것은 맞지 않는 행동일 수도 있었다. 한가지 분명한 것은 하나님의 백성들이 한번 추방당한 후에는 절대로 우상숭배를 하지 않았다. 하나님의 심판은 원하는 것을 성취한 것이다.

바빌론에서 귀환 (33-39장)

예루살렘이 587BC에 파괴된 후 에스겔의 설교는 부정적에서 긍정적으로 바뀌었다. 33-39장은 이 책에서 가장 좋은 부분디아—그는 사람들이 망명에서 귀환하는 것을 기대하고 예언한다.

33장은 성벽의 망루에서 밤과 낮으로 다가오는 위험을 지키는 경비원에대해 말한다. 군인이 적의 접근을 발견하지 못하는 것은 사형에 해당하는 죄였다. 하나님은 에스겔에게 그가 경비원으로 발탁되었다고 말씀한다. '네가 사람들에게 경고하지 않으면, 너의 피로 죄가를 치를 것이다. 그러나 네가 경고하면, 너의 책임은 완수되었고, 그들이 그들의 피로 죄값을 치를 것이다' 라고 말씀하신다.

에스겔에서 가장 잘 알려진 말씀중 하나는 하나님과 사람들 사이를 연결시켜줄 단 한사람도 찾지 못하시는 하나님의 애통함에 대한 말씀이다. 에스겔이 그런 사람이었다. 에스겔은 예루살렘에 있지 않고 멀리 떨어진 바빌론에 있었다. 그러나 그는 경비원의 역할을 하며 앞으로 다가올 문제를 보고 사람들에게 경고하는 책임을 맡았다. 경고를 하지 않으면 그가 개인적으로 책임을 져야 했다. 말하자면 그는 선택의 여지가 없이 사역을 맡았다.

34장은 이스라엘 내의 '선한 목자' 와 '악한 목자'를 다룬다. 악한 목자는 이스라엘을 지켜야 했지만 실패한 선지자들, 제사장들, 그리고 왕들이었다. 이장의 마지막에서 하나님은 자신이 선한 목자가 되시겠다고 약속하신다. 물론, 이것은 예수님을 두고 한 말이다.

흥미로운 것은 성경은 양떼의 상태에 대해 한번도 양들을 책망하지 않는다. 이것은 교회에 해당되는 일반적 원칙이다. 양떼의 책임은 목자이지 양들이 아니다.

35장에서 에서와 야곱에서 시작된 두나라의 분쟁으로 에돔에 대한 말씀이 있다.

37장은 흑인영가에 나오는 잘 알려진 마른 뼈에 대한 이야기다. 소수의 사람들이 두나무가지에 대해 읽는데 이것도 중요한 말씀이다. 에스겔은 두나무가지를 한손에 같이 쥔다. 하나님은 한가지로 '에브라임' (북지파의 이름) 이라 쓰고 다른 가지로는 '유다' (남지파의 이름) 라고 쓰라고 명령하신다. 사람들은 이것이 환상이라고 생각하는데 나는 이집트에서 사용한 모세의 지팡이가 같은 순전한 기적이라고 생각한다. 하나님은 '이 두왕국을 하나의 민족으로 만들고 내가 손수 그들의 목자가 되겠다' 라고 말씀하신다. 이것은 예수님의 말씀에도 반영되어 있다: '이 양우리에 있지 않은 다른 양들이 있다. 그들도 데리고 와야 한다. 그들도 나의 목소리를 듣고, 한양떼와 한 목자가 있게 될 것이다.'

38장에는 미래에 대한 이상한 예언이 있다. '곡'과 '마곡'에 대한 것으로 우리는 이들의 정확한 의미를 알지 못한다. 이것들이 요한 계시록의 마지막에서 다시 거론되는것을 보면 이 예언이 아직 성취되지 않았음을 알 수 있다. 큰 시련은 북쪽에서 오는데 우리는 어디에서 누가 시련을 일으킬지 알지 못한다. 에스겔은 망원경으로 미래를 내다보았다. 그와 우리는 이 예언이 성취되는것을 보지 못했다. 그러나 어느날인가 역사가 끝나기 전 마지막 시련으로 꼭 성취될 것이다.

이 장들은 '내가 할 것이다' 라는 후렴이 77번이나 들어있다. 이말은 '내가 너희들을 집으로 데려 오겠다', '나는 너의 하나님이 되겠다', '나는 너희에게 좋은 목자를 주겠다' 라는 언약의 말씀에 나타난다. 남편되시는 하나님께서 그의 아내에게 '우리는 결혼한 사이고 나는 나의 언약을 지킬 것이다. '라고 말씀하시는 것이다.

하나님께서 이스라엘과 언약을 맺으셨을 때에 그들이 언약을 지키지 않아도 하나님께서는 지키시리라고 말씀하셨다. 신명기에서 그들을 땅에서 쫓아 내실 때도 있지만 언제나 다시 데려오시는 하나님에 대해 읽는다. 하나님께서 그들은 쫓아 내신후 다시 데려오실 때에 이일이 모두에게 알려지고 그들이 돌아왔음을 볼 수 있기 때문에 나라들은 그가 하나님이신 줄 알게 될 것이다. 주변국가들은 반갑지 않겠지만 하나님께서 그의 백성들을 귀환시키신것은 받아들여야 할 것이다. 그들은 하나님의 백성들이다. 로마서 9-11장은 그들이 하나님을 거부했지만 하나님은 그들을 거부하지 않으셨다라고 말씀한다.

예루살렘 성전 재건축 (40-48장)

에스겔과 사람들에게 가장 큰 손실은 성전의 파괴였다. 그들은 모든것이 파괴될 지라도 하나님은 자신이 거하시는 지구상의 성전 파괴를 허락하지 않으시리라 가정했다. 성전에 촛점을 맞추는 이 부분이 에스겔서에서 가장 이해하기 어려운 부분이다.

내용을 보면, 에스겔이 50세로 추방당한지 25년째에 주어진 예언이다. 일반적으로 성경이 예언을 위한 날짜를 주었을 때는 내용을 역사적 맥락에 넣어야 이해할 수 있다는 의미이다.

에스겔은 추방당한 사람들에게 앞으로 기대해야 할 소망에 대한 말씀을 전하지 않고는 사역을 끝낼 수 없었다. 그들이 단련을 받았지만, 끝장이 난 것은 아니었다. 하나님은 그의 백성 이스라엘 사람들이 사라져 버리게 하지 않으실 것이다. 예수님은 천지는 없어질지언정 유대인종은 절대로 없어지지 않을 것이라고 말씀하셨다 (마태 24:34-35 NIV margin). 이스라엘이 계속 존재하는 것이 하나님이 실존하신다는 증거다. 하나님은 그의 영원하심을 그의 손을 통해 보여주시므로 우리는 하나님께 속한 것을 파괴할 능력이 없다.

40-42장에는 성전의 재건축에 대한 계획이 나와있다. 건물의 내용이 건축도면과 같이 상세히 나와있다. 성전은 영국의 교회 13개에 해당하는 어마어마한 크기다. 그러나 이것은 솔로몬의 성전과는 아주 다르다. 더 크고, 지성소가 없고, 언약괘도 없고 빵으 두는 상도 없다.

43장에서 에스겔은 600년 전 솔로몬이 낙성식에서 기도한 후 나타난 하나님의 영광이 성전으로 돌아오는 환상을 본다. 하나님의 영광은 너무 찬란해서 사람들이 장님이 되지 않도록 장막으로 가려야 했다. 에스겔은 이 영광이 떠나는 것도 보고 이제 돌아오는 것을 본다.

제사상과 제물이 있지만 44장은 대제사장은 없다고 말한다. 이것은 우리의 해석에 중요한 부분이다. 유대인들이 망명에서 돌아왔을 때부터 예수님 시대까지 대제사장이 있었다. 이 장에서 대제사장의 자리에 '제사장들의 왕자'가 있다. 그의 환상에 있는 제사장들은 에스겔의 가족인 자독의 아들들 뿐이었다.

이 성전의 묘사는 이상한 것이 이 성전이 지어지지 않았다. 유다사람들이 망명에서 돌아와 지은 성전은 너무 초라하여 스라랴는 그들에게 소규모의 것들을 너무 경멸하지 말고 했다. 또 그들이 돌아왔을 때는 왕이 없었다. 여호수아라는 사람이 대제사장이었고 세룹바벨이 통치자였다.

예수님 당시에 에서의 후손 에돔사람 헤롯왕이 유대인들에게 잘 보이려고 크게 성전을 재건축했다. 솔로몬이 지은 성전의 모양새를 조금 넣었으나 에스겔의 환상에 나온 성전과는 아주 달랐다. 이 성전은 큰 사이즈로 예수님이 사역을 시작하실 때에 짖고 있었다. 어떤 돌은 40피트길이에 3피트 높이에 3피트너비에 100톤의 무게였다. 웅장한 광경이었으나 예수님은 이돌의 하나도 남지 않을 것이라고 말씀하셨다. 70 AD에 끝내지도 못하고 로마인들이 파괴함으로 예수님의 예언은 적중했다.

그러면 에스겔의 성전은 과연 지어질 것인가?

문자적이 아닌 해석

어떤 사람들은 문자그대로 지으려는 것이 아니었을 것이라고 말한다. 유대인들에게 희망을 주기위한 선지적 환상이었다고 말한다. 환상의 자세한 내용들은 현실적이지만 영적으로 해석해야 한다고 말한다. 그러나 이런 해석은 왜 에스겔이 사람들에게 이렇게 자세한 내용을 말해야 했는지를 설명하지 못한다.

다른 사람들은 하늘의 성전을 묘사한 것이라고 주장한다. 출애굽기 25:40; 히브리서 8:2, 5; 9:11f., 24; 요한계시록 9:11등을 증거로 든다.

문자적 해석

과거

다른 가능한 해석은 하나님께서 그들에게 이렇게 성전을 건축하기를 바라셨으나 사람들은 에스겔의 도면을 무시하고 그들의 형편에 맞는 나름대로의 건물을 지었다고 볼 수 있다. 이런 이유로 왜 하나님의 영광이 돌아오지 않았는지, 왕자가 오지 않고 강이 흐르지 않았는지를 설명할 수 있다. 이 주장을 하는 사람들은 에스겔서 전체에서 계속 나오는, '그때에 너희는 알게 될것이다' 라는 말이 43장에서는 나오지 않는 다는 점에 주목한다.

미래

또다른 가능성은 이 성전이 미래에 지어질 것이라는 해석이다. 많은 그리스도인들은 이 것이 새예루살렘에 지어질 것이라고 믿는다. 12지파의 이름이 12문의 이름이 될 것이다. 새예루살렘은 '하나님이 거하신다' 라고 불리울 것이다.

아른 사람들은 예수님 재림 전에 유대인들이 건축하거나 천년기 때에 지어질 것이라고 추정한다. 이 해석은 다른 선지자들이 제물, 제사상, 제사장등을 거론했는데 이 환상에서는 이들이 없었다는 점의 문제가 있다. (이사야 56:6-8; 66:21; 예레미야 33:15-18; 스가랴 14:16).

어떤 그리스도인들은 신약에서 하나님께서 성전에 거하시지 않는 다는 것에 주목한다. (사도행전 7:48; 17:24). 예수님은 자신을 '성전'으로 부르셨고 (요한복음 2:19,21), 그리스도인들도 성전으로 묘사되었다. (고린도전서 3:16; 6:19; 고린도후서 6:16; 요한계시록 3:12). 그러므로 성전이 지어지든 아니든 상관이 없다고 말한다.

성정이 다시 지어질지 아닌지에 대해 확실히 말하기 어렵다. 앞으로 두고보아야 할 일이다! 좋은 소식은 하나님께서 직접 땅위에 오셔서 예수님의 모습으로 거하실 거라는 계획이다. 모든 신자들은 하나님의 성전이다—하나님께서 우리안에 거하신다. 에스겔의 성전에 대한 확신이 없어도 우리는 기뻐할 수 있다.

마지막 장들

45장에서 온 땅이 지파들사이에 나누어지지만 여호수아서에 기록된 것과는 아주 다르다. 동에서 서로 수평적으로 땅이 나뉠것이다. 제물과 성령강림절을 제외한 성일의 성만찬이 다시 이루어 질 것이다.

47장은 중동의 새로운 강에대해 말한다. 약속의 땅을 통과하는 거의 모든 강은 유대언덕에서 지중해로 흘러간다. 그러나 요르단강은 시리아에서 아프리카로 길게 흐른다. 가장 깊고 땅위에서 가장 낮은 지점이 여리고이다.

에스겔의 환상에 나오는 새로운 강의 출처는 예루살렘 성전의 바로 밑이다. 그곳에서 시작되는 강은 사해로 흘러가야 한다. 예루살렘은 언덕에 둘러싸여 있지만 언덕에서 도시의 남서쪽으로 나갈수 있는 곳이 있고 여기서 사해로 직접가게 된다. 에스게은 강이 그 계곡을 따라 강과 만나는 지류를 보았고 그깊이는 계속 깊어져서 결국은 수영을 해야할 정도다.

에스겔은 웨스트뱅크에서 반정도 위치에 있는 엔게디지역의 사해로 흐르는 새로운 강을 본다. 이곳은 다윗이 사울을 피해 숨었던 동굴이 있는 지역이다. 에스겔은 바다에 민물을 쏟아 갈릴리의 어부들이 바다로 고기잡이 하러 가게하는 강을 보았다. 사해가 아닌 맑은 살아있는 바다이다. 이 환상은 사람들에게 희망을 불어넣어 미래가 낳아진다는 꿈을 보여준다.

마지막 장에서 에스겔은 성문이 새로 세워지고 온 땅에 평화와 번영이 있는 것을 본다. 모든것이 좋았다. 암울하게 시작된 에스겔서는 큰 희망으로 끝을 맺는다.

그리스도인들이 왜 에스겔서를 읽어야 하는가?

먼저, 에스겔서는 하나님께서 그의 백성들을 심판하는 이야기를 전달해준다. 하나님은 거룩하셔서 꼭 심판을 하셔야 한다. 재판관은 두가지일을 한다—나쁜 사람들을 벌주고 공의를 옹호하는 것이다. 하나님은 완벽한 재판관이시다. 왜냐하면 그는 모든 것을 아시고, 할수 있으시고 전지하시기 때문이다. 그의 이름은 유대나라에 연관이 있으셔서 그들의 죄를 벌하셔야 하지만 그의 자비로 백성들을 적에게서 구하시기도 한다. 많은 그리스도인들이 예수를 믿기만 하면, 심판은 끝났다고 생각한다. 그렇지 않다. 우리 모두도 예수님의 시판대앞에 서야 한다. 하나님은 그의 백성들을 다른 사람들보다 훨씬 더 높은 잣대로 심판하신다.

둘째로, 하나님은 복수하심을 기억해야 한다. 사람들이 우리를 학대하면 우리가 복수할 필요가 없다. 하나님께 맡기면 된다. 누군가가 우리에게 못되게 대할 때, 그들에게 화내기 보다는 불쌍히 여기라. 하나님께서 복수하실 것이기 때문이다.

세번째로, 하나님은 언제나 그의 백성들을 회복시키신다. 역사에서 이스라엘이 사라지지 않듯이 교회도 절대로 사라지지 않을 것이다. 우리는 영원한 국민이고 이스라엘과 교회는 항상 존재할 것이고 어느날 한 목자아래 한 양떼가 형성될 것이다. 하나님은 그의 백성을 회복시키는 하나님이시다.

네번째로, 에스겔에서 공부한 많은 부분들을 계시록에서 다시 보게 될 것이다. 그리스도인들이 계시록을 잘 이해하지 못하는 이유는 그들이 구약, 특히 에스겔서를 이해하지 못했기 때문이다. 계시록은 구약을 300번 언급한다. 에스겔의 상징을 재언급하고 구약에서 많은 부분이 사용되었기 때문에 에스겔을 모르면 계시록을 알 수 없다.

에스겔은 하나님의 전능하심, 그의 권능, 전지하심을 보여준다. 하나님의 거룩하심이 잘 나타나 있다. 그의 이름을 한국가에 연결하셔서 그의 이름이 사람들의 손안에 있다. 우리는 하나님의 이름이 우리와 연결되어 있음을 알기 때문에 하나님의 이름과 명성에 대해 우리는 호소할 수 있다. 그의 국민들이 끝장났다고 해서 그가 하나님으로 끝장난 것으로 우리가 생각하게 하지 않으신다. 많은 사람들이 죽지만, 하나님의 백성으로서 그의 백성은 계속 갈 것이다.

29. 다니엘서

개요

다니엘서는 잘알려진 부분과 그렇지 않은 부분이 섞여있는 책이다. 누구나 다니엘이 사자굴이 들어갔던 것을 알고 사드락, 메삭, 아벳느고가 용광로에 들어간 이야기, 벨사살왕의 잔치에 대한부분적인 이야기와 벽에 쓰여진 글의 의미가 다가오는 심판을 의미함을 알고있다.

이러한 잘 알려진 장에 대한 이야기들은 이해하기 쉽지만 성경전체에서 가장 어려운 장들도 있다. 생소한 언어와 상징과 물체들은 이해하기에 너무 애매모호하다.

또 책의 번역도 다양하다. 인간적인 차원에서 번역할 수 있는 부분이 있다. 아니엘이 고기를 피하고 채소와 과일만으로도 건강할 수 있었다는 것은 영양에 대한 이해가 있는 사람에게 놀라운일이 아니다. 그러나 초능력적인 설명과 기적을 받아들이지 못하는 사람들에게 힘든 사건들도 있다. 예를 들어, 세사람이 보통 때보다 일곱배나 더 뜨거운 불구덩이에 던져졌다. 그들이 살아남았을 뿐만 아니라 머리카락하나 그을리지 않았다! 자연적 설명은 여기서 통하지 않는다.

어떤 부분은 현대의 서구적 문화의 시각으로 볼때 당연하다. 집에서 떨어져서 사는 사람들의 경험은 우리가 이해할 수 있다. 그러나 이 책에는 우리에게 너무나 생소한 부분들이 많이 있다. 꿈과 천사에 대한 촛점은 이상하기만하고 점차적으로 받아들여지는 면이 있다하더라도 전체적으로 믿을 수 없는 이야기들이다.

인간적인가 신성적인가?

다니엘서를 읽으면 성경 자체에 대한 의문이 생긴다. 성경은 무엇인가? 사람에 대한 책인가 하나님에 대한 책인가? 한쪽으로는 사람이 사람에 대해 쓴 것이어서 많은 사람들이 역사, 문학, 혹은 종교서적으로 읽는다. 그러나 이런 태도는 확실한 면을 소홀히 한다. 성경은—특히 다니엘서는 초능력적인 간섭이 없이는 불가능한 사건들이 들어있다. 신성한 능력이 뒷받침하고 있는 예언과 성취가 계속 나타난다.

그래서 성경은 하나님의 영감으로 쓰여졌고 절대적으로 하나님에 대한 책이다. 하나님만이 기적을 행하실 수 있고 자연의 법칙을 위반하고 과정을 변화시키고 이 땅의 거의 모든 사건을 지배하는 원인과 결과의 법칙을 바꾸실 수 있다. 다니엘서에서 하나님은 징조와 경이로운 일들을 많이 행하신다. 그리고 하나님만이 미래를 아신다.

이런 초자연적인 면이 이책의 내용을 살펴보면 잘 나타나있다. 이 책은 75년의 다니엘의 삶에 대한 책으로 490년의 역사를 다루고 있다. 다니엘은 미래의 일들을 놀라운 명확성으로 예언했다. 더구나, 그중에는 아직 이루어져야 할 일들이 들어있다. 성경 전체는 735개의 사건 (27%는 미래에 중점을 둔 구절들)을 예언하고 그중 593 (81%)는 이미 성취되었다. 다니엘서는 166개의 예언을 상징적으로 나타낸다.

예언과 기적이 성경이 하나님의 영감으로 쓰여졌다는 증거로 받아들여진 시대가 있었지만, 요즈음은 오히려 단점으로 취급된다. 사람들은 성경을 더 믿음직스럽게 하기 위하여 기적과 예언을 빼내기를 원한다. 이것들은 꾸며낸 허구로 보고 역사적 진실이기보다는 고대서적이 들려주는 전설적 이야기로 취급된다. 예를 들어, 다니엘이 사자굴에 있었던 이야기를 사자들이 너무 배가 불러 관심을 보이지 않았거나 다니엘이 너무 말라서 먹을 것이 없었기 때문이라고 쉽게 말해 버린다.

성경을 이런 식으로 취급하는 사람들은 성경에 역사적 내용의 결핍이 영적이나 도덕적 내용의 결핍은 아니라고 말한다. 이솝의 우화가 독자에게 주는 사실에 기여되지 않은 의미를 주듯이 기적은 우화이고 미래에 대한 예언은 나중에 일이 일어난 후 더해진 것이라고 현대 학자들은 성경에 대한 의견을 내놓는다.

앞으로 볼 11장에서 다니엘은 그의 생이 끝난 몇백년 후의 일을 놀랍게 기록했다. 27개의 자세한 예언이 있고 몇백년 후 그 모든 일이 성취되었다. 이 사건들이 일어난 수에 사람들이 기록했거나, 하나님의 영감으로 예언되었거나 둘 중 하나이다.

기적과 예언을 인간적으로 보려는 많은 사람들이 그래도 성경을 갖고 있으려는 것을 보면 놀랍다. 성경을 도덕적 영적 가치만의 책으로 간직하려는 것이다. 다시 말해 십계명이나 산상수훈을 지키려고는 하지만 기적이나 예언은 무시한다. 그렇게 하면 성경에는 적은 부분만 남게된다. 구원의 책으로 존재성을 잃는다; 하나님이 우리를 위해서 무엇을 할수 있는 지 보다는 인간이 어떻게 살아가야하는지에 대한 지침서일 뿐이다.

이러한 태도는 사람들이 하나님에 대해 가지고 있는 느낌을 노출시킨다. 성경의 초자연적인 면을 원하지 않는 이유는, 그들이 그것을 믿는 다면, 그들의 삶이 완전히 바뀌어야하기 때문이다. 하나님은 초자연적인 상태에서만 정말로 확실하다. 그래서 그것을 믿는다면 하나님과의 관계를 확실히 해야만 한다.

예를 들어, 부활이 확실히 있었다는 증거는 어느 법정의 배심원들이라도 완전히 납득시킬만큼 강력하다. 눈으로 본 증인들과 상황적 증거들은 율리우스 시져가 55 BC에 영국을 침략했다는 증거보다 더 확실하다. 그러나 문제는 만약 예수님께서 죽음에서 살아나셨다면, 사람들은 그들의 생활태도를 바꾸어야만 하는 것을 알고 있다. 만약 예수님께서 부활하신 것이 사실이라면, 예수님의 말씀들이 사실일 것이고 우리에 대한 예수님의 말씀도 사실일 것이다.

우리가 예수님을 무시할 수 없지만, 율리우스 시져는 무시할 수 있다. 아무일도 하지않고 시져는 믿을 수 있지만 우리의 삶을 바꾸지 않고 예수님을 믿을 수 는 없다. 그래서 성경을 의심하는 사람들은 거의가 성경의 초자연적인 면을 받아들이기를 거부한다. 왜냐하면, 그것을 받아들이는 것은 현실적인 반향이 있기 때문이다.

대조의 책

다니엘서는 두부분으로 나눌 수 있다. 첫부분은 (1-6장) 거의 기적이고 후반은 (7-12장)은 거의 예언이다. 초자연적인 면을 받아들이지 못하는 사람은 이책을 어떻게 소화해야 할지를 모를 것이다. 1-6장은 이해하기 쉽고 주일학교에서 많이 사용하는 이야기들이다. 7-12장은 어른들도 공부하기 아주 어려운 부분이다.

1-6장	7-12장
거의 기적들	거의 예언들
삼인칭 '그'	일인칭 '나'
다니엘에 대한 글	다니엘이 쓴 글
다니엘의 살아있는 동안	다니엘이 생을 마친 후
현재	미래

이 두부분에는 언어적 대조도 있지만, 위와 같이 간단히 구분짓기는 어렵다. 전반의 1장은 히브리어로, 다음의 5장은 당시의 국제어 였던 아람어로 쓰여졌다. 이것은 마치 장들의 내용이 어떤 특정한 독자들을 위해 쓰여진 것으로 보인다. 아람어로 쓰여진 장들은 세계의 독자들을 겨냥하고 히브리어로 쓰여진 부분은 유대인들을 향한 메세지로 볼 수 있다.

역사적 배경

이 책은 자존감이 강하고 잔인한 폭군으로 그의 손아귀에 들어온 희생자들을 고문하기를 즐겼던 네브갓네살이 통치하던 바빌론을 배경으로 하고있다. 그는 고대시대의 히틀러였다. 그는 앗수르를 정복하고 그의 강적이었던 이집트를 패배시키기 원했다. 유다는 이집트로 가는 길목에 있었으므로 그의 대제국의 야망을 성취시키기 위해서는 유다를 제거해야 했다.

이스라엘의 자녀들은 세번에 걸쳐 바빌론으로 끌려갔고 세번에 걸쳐 돌아왔지만 돌아온 숫자는 끌려간 사람들의 숫자보다 훨씬 적었다. 현재의 이라크인 바빌론에 유대인들의 동네가 1940년까지 있었다. 베들레헴의 별을 따라 왔던 동방박사들이 이방인들이 아니라 아마도 이 유대인 동네에서 온 사람일 것이다. 그들은 유다에서 별이 나와 하나님의 사람들의 왕이 되리라는 발람의 예언을 알고 있었을 것이다.

세차례에 걸친 추방

첫번 추방은 606 BC에 있었다. 바빌론은 유대사회의 상위층- 귀족과 정부고관들-을 끌고가면서 성전의 그릇들을 빼앗아갔다. 이렇게 하는 것은 유대인들이 바빌론의 통치에 반항하지 못하도록 하는 술책이었다. 여호아김왕은 꼭두각시왕으로 남았다. 이 때 끌려간 사람들 중에 다니엘, 하나니아, 미샬, 아자리아라는 네명의 젊은이들이 있었다. (바빌론은 그들에게 벨드사살, 사드락, 베삭, 아벳느고로 개명시켰다.) 잘 생기고 똑똑한 유대의 귀족 청년들을 뽑아 바빌론의 왕을 섬기는 일에 훈련시켰다. 이들이 다니엘서의 첫부분의 영웅들이다. 다니엘은 귀향하지 못했다.

두번째 추방은 597 BC에 있었다. 이 때에는 정부의 공직자들, 전문인들을 끌어갔다. 에스겔이 이 때 끌려갔다. 여호아김왕은 그대로 남아있었다.

나머지 사람들은 586 BC에 끌어가면서 성과 성전을 파괴했다. 스데기아와을 잡아가면서 에레미아 선지자는 남겨두었다.

세번의 귀향

첫번째 귀향은 538 BC에 바샤왕국이 바빌론을 정복했을 때 고레스왕이 유대인을 포함한 망명당한 사람들을 그들의 나라로 되돌려 보낼 때 이루어졌다. 50,000명정도의 유대인들이 세룹바벨의 지휘하에 먼저 돌아왔다. 두번째 그룹은 458 BC에 에스라와 함께 돌아와서 성전의 재건축이 시작되었다. 마지막은 444 BC에 하나님의 성이 주변 적으로부터 안전하도록 성벽이 재건되었을 때에 돌아왔다.

다니엘의 이야기는 에스더서와 맞물린다. 그녀는 다니엘이 바빌론과 미도 바샤왕국에서 중요한 역할을 할 때에 미도 바샤왕국의 수도인 수사에 살고 있었다. 다니엘은 새로 정복한 사람들에게 인기였다. 그가 하나님을 대표하는 중요한 방법외에 그의 놀라운 경력도 볼 수 있다.

전반 (1-6장)

1장

1장은 605/606 BC에 다니엘이 끌려가서 바빌론의 왕궁에서 일하도록 선택된 일에 중점을 둔다. 다니엘에게 벨드사살이라는 바빌론의 신의 이름이 주어지고 나머지 세명의 친구들에게도 새 이름이 주어졌다. 그들은 개명에 대해서 반대하지 않았지만 그들의 음식에 대해서 하나님께의 믿음을 지켰다. 당시에는 비만이 부의 상징이어서 이들은 살찌게 하려고 했다. 상위의 지위에 살찐 사람을 올렸다. 그러나 다니엘과 그의 친구들은 하나님의 식법을 어기지 않으려고 하여 그들을 훈련시키는 상관에게 열흘동안 유대의 식이요법을 지키는 것이 바빌론의 식이요법보다 나음을 보여주겠다고 했다.

다니엘은 사소해 보이는 식이요법에서부터 자신의 원칙을 지킴으로 나중에 사자굴의 문제도 해결한다. 여기에는 깊은 교훈이 들어있다. 작은 일에 자신의 원칙을 지킬 수 있는 사람은 큰일에도 원칙을 지키게 된다. 성품은 사소한 일에 대한 작은 결정으로 이루어지고 나중에 큰 문제에 도달했을 때 자신이 일어설 수 있다.

다니엘과 친구들은 건강뿐 아니라 모든 공부에 다름 학생들보다 뛰어났다. 그래서 계속 유대 식이요법을 지키도록 허락되었.

이 작은 사건은 평생을 하나님을 위해 일하는 기초를 세운 젊은이의 성품을 우리에게 알려준다. 세상적인 일을 하지만, 다니엘과 그의 친구들은 하나님의 일을 전적으로 하고 있었던것과 다름 없다. 하나님께 거룩하게 드려지는 어떤 직업이던 신성하다. 모든 믿는 성도들은 자신의 일을 전적으로 하나님을 위해서 해야한다.

2장

2장은 괴물의 꿈과 함께 신비한 부분이다. 처음 6장안에서 사람들을 의아하게 하는 부분이다. 이런 상징적인 글을 '묵시적인 글' 이라고 하며 요한계시록에서도 사용되었다.

606 BC 에 네브갓네살왕이 꿈을 꾼 후 그의 박수와 술객과 점쟁이들을 모두 불러 이 꿈을 해석하지 못하면 다 죽이겠다고 말한다. 그러나 그는 꿈자체를 잊어서 자신의 꿈을 먼저 말하라고 요구한다! 전혀 해결할 수 없는 요구였다. 그러나 다니엘은 그의 꿈과 해석을 말해준다.

이 꿈은 여러가지 다른 물질로 만들어진 거인 이었는데 머리는 금으로 시작하여 몸은 은과 철, 발은 진흙과 철 등으로 이루어져 있었다. 여기서 '진흙발' 이라는 표현이 유래되었다. 꿈의 해석은 금으로 된 머리는 네브갓네살왕을 상징하지만 나머지 몸은 바빌론후의 미래의 제국을 암시했다. 미드-바샤왕국의 고레스황제는 바빌론을 정복하지만 바빌론의 부귀영화만큼 이루지는 못한다. 그 후에 그리스 제국의 알렉산더 대왕이 바샤왕국을 무너뜨린다. 로마제국이 그리스제국을 정복하여 철로된 다리로 상징된다. 이것은 로마제국에 걸맞는 상징이다. 그의 군대가 로마법을 제정한다. 로마는 진흙과 철이 섞인 발 (부수어지기 쉽고 불안정한 약함)에 의해 무너지고 그후에는 '돌'이 끝을 맺는다.

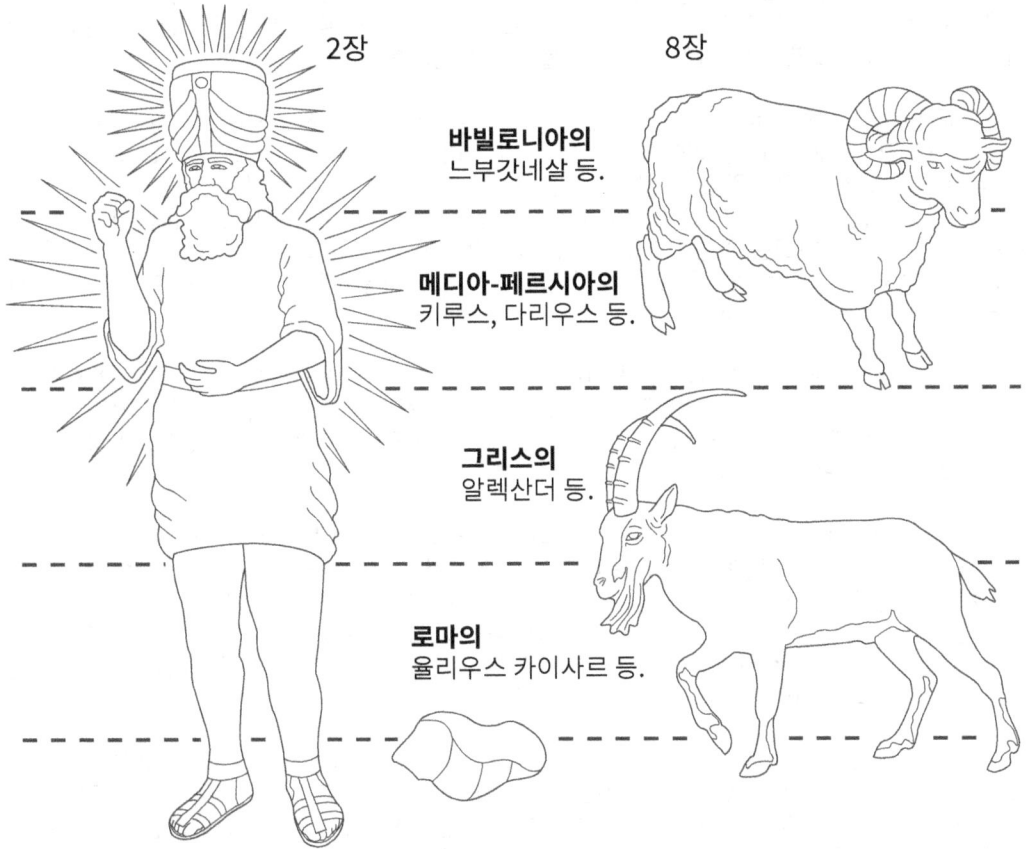

이 꿈이 네브갓네살에게 주는 하나님의 첫번째 경고였다. '내가 왕국을 통치한다. 내가 왕국이 일어나게도 하고 무너지게도 한다. 너의 제국이 끝나고 이런 다른 나라들이 너의 나라를 점령할 것이다.' 라고 하나님께서 말씀하신 것과 같다.

3장

3장은 유명한 불가마의 이야기다. 네브갓네살왕은 아마도 이 꿈때문에 90피트의 높이에 피트 너비로 금을 입힌 거대한 자신의 동상을 세우도록 명령한다. 이 동상은 메소포타미아 평야에 우뚝 서서 주변을 장악한다. 그는 내려 국가의 음악대가 연주를 하면 누구나 이 금신상에게 절해야 한다는 칙령을 선포한다. 이것은 국가의 종교를 확립함으로 제국을 하나의 믿음으로 묶는 빠른 방법이었다. 그러나 사드락, 메삭 과 아벳느고는 절하기를 거부한다. (흥미로운 것은, 다니엘이 당시 무엇을 하고 있었는지는 기록되어 있지 않다).

이들의 위반은 네브갓네살에게 전해지고 세 청년은 보통때 보다 일곱배나 더 뜨거운 불가마속으로 던져진다. 이들을 던져 넣은 군인들도 타 죽는다. 네브갓네살은 불가마속에 네사람이 있는 것을 보고 한사람은 신들의 아들 같다고 말한다. 어떤 사람들은 이것이 하나님의 아들이 나타난 것이라고 추정하기도 한다.

4장

4장에 나오는 네브갓네살의 정신병의 이야기는 나에 대해 어느정도 말해주는 내가 구약에서 가장 좋아하는 이야기이다. 이것은 징조와 경이함으로 그라 이스라엘의 하나님을 믿게되는 계기가 된다. 그의 배경을 소개가 왜 내가 이 이야기를 좋아하는지를 설명할 것이다.

네브갓네살왕은 현재의 이란의 수도인 테헤란이 있는 페르시아의 산악지대에서 온 아름다운 공주와 결혼했다 그녀는 네브갓네살의 궁으로 온지 얼마되지않아 향수병에 걸린다. 특히 그녀는 산, 나무, 와 동물들을 그리워했다. 네브갓네살이 이말을 듣고 자신이 해결해 주겠다고 약속한다. 그는 벽돌로 산을 쌓고, 나무와 화초를 가득심어 산을 덮는다. 이 정원은 너무 아름답고 훌륭하여 세계의 일곱가지 경이로운 것중 하나로 손꼽힌다. 관광객들은 '바빌론의 정원'을 보기위해 몰려들었다. 그정원 위에 그는 맹수들로 가득 찬 동물원을 지어 바빌론의 평지에 익숙치 않은 그의 아내를 기쁘게 하려고 노력한다.

어느 날, 그는 이 훌륭한 궁궐의에서 자신이 이룬 놀라운 업적을 깨닫게 된다. 그는 '나의 힘과 영광으로 지은 바빌론이 대단하지 않은가?' 라고 말한 후 잠들어 꿈을 꾼다. 꿈속에서 거대한 나무가 자라서 하늘에 닿았다. 동물들은 나무밑에서 거하고 새들은 가지에 날아들었다. 그 나무는 짤리어서 쇠사슬로 묶여지고 다시 또 자라기 시작한다.

그는 다시 다니엘에게 해석을 요구하고 자신이 그 나무이고, 가장 높으신 하나님만이 열방을 지배하시고 그가 원하는 사람에게 나라를 허락하신다는 것을 받아들일 때까지 7년동안 그는 사람들에게서 쫓겨날 것이라는 해석을 듣는다. 일년 후 하나님은 네브갓네살에게 그 꿈이 실현되리라고 말씀한다. 그는 7년간 정신병자가 되어 사람들이 그를 그 동물원에 가둔다. 그는 7년간 풀을 먹고 그의 머리카락은 독수리의 털같이 자라고 그의 손톱은 새들의 발톱같이 자라서 마치 백만장자 하워드 휴스의 마지막의 모습과 비슷하게 된다.

7년이 끝나갈 때, 그는 하늘을 우러러보며 '하나님, 당신은 하나님이십니다.' 라고 말하고 하나님께서는 그를 왕위에 다시 오르게 하고 전보다 더 위대한 왕으로 마드신다. 이 이야기는 훌륭하다. 그는 모든 사람들에게 이스라엘의 하나님께 절하라고 강요하는 실수를 한다. 예배는 자유롭게 스스로 드려야하는 것이다. 그러나 그 자신은 신자가 된다.

5장

5장은 바빌론의 마지막에 대한 이야기다. 이 때에는 벨사살이 네브갓네살의 뒤를 이어 왕위에 올라있었다. 그는 큰 잔치에서 큰실수를 해서 목숨을 잃게 된다. 그는 예루살렘에서 빼앗아 온 성물의 그릇을 술잔치에 사용한다. 하나님은 이것을 보고계셨고, 벨사살은 벽에 손가락이 쓰는 글을 본다: '메네, 메네, 데겔, 우바르신'. 손가락이 쓰는 글을 보는 벨사살은 두려움에 떤다. 다니엘이 해석자로 다시 불려오고 그는 이 글의 의미를 설명한다: '너의 통치는 끝났다. 너는 왕으로 부족하고 너의 왕국은 갈라질 것이다.' 바로 그 날 밤, 바샤왕국은 바빌론을 공격하고 제국은 끝나고 벨사살은 죽임을 당한다.

6장

6장은 잘 알려진 다니엘이 사자굴에 들어가는 이야기다. 잘 알려지지 않은 부분은 이때 당시에는 제국도 왕도 바뀌었고 다니엘의 나이는 90세가 가까웠다. 이란의 다리우스가 왕이었고 반유대 감정이 고조에 달해 있었다. 국민들은 왕을 신으로 경배하도록 강요당했고 한달간 다른 어떤 신에게도 절하면 안된다는 명령이 있었다.

이 일은 다니엘을 질투하는 정치인들이 다니엘은 위험에 빠뜨리기 위해 만든 함정이었다. 다니엘은 계속 그의 방에서 예루살렘을 향한 창을 열고 기도한다. 나쁜 무리들은 다리우스 왕이 다니엘의 거역을 처벌하도록 강요한다. 그는 다니엘을 사자굴에 쳐넣지만 천사들이 사자들의 입을 막아 다니엘은 살아난다. 다시한번 다니엘은 자신의 청렴함을 증명하고 하나님의 그를 보호해주시는 능력을 증명하신다.

2부 (2-12장): 다니엘이 남기는 유산

다니엘서의 후반부에는 전혀 다른 이야기들로 구성되어 있다. 삼인칭에서 일인칭으로 바뀌고, 다니엘은 이부분을 자신이 직접쓴다. 아람어에서 거의 히브리어로 언어도 바뀌어 하나님의 백성들에게 주는 메세지를 읽게 된다. 7-12장은 믿지 않는 사람에게 권할 부분이 아니다.

이부분의 내용은 아주 상세한 미래에 일어날 역사적 사건들을 차례로 기록한 다니엘의 예언이다. 과연 하나님께서 미래에 일어날 일들을 미리 알고 계셨는가에 대한 질문이 저절로 나온다.

성경은 하나님께서 미래를 알 뿐만 아니라 미래를 정하신다고 명확하게 말씀한다. 그러나, 모든 것이 이미 결정되었거나 계획되었다는 말은 아니다. 하나님의 통치와 인간의 책임의 섬세한 균형이 있다. 모든 것이 이미 정해져서 우리는 로봇와 같은 것이 아니다. 한편, 하나님은 사건들을 어떤 방향으로 이루실 수 있다. 내가최고 장기를 잘 두는 사람과 장기를 둔다면, 그가 이길 것이지만, 나는 내 나름대로 진행할 수 있다. 내가 두는 장기를 그가 상대하고 그가 이긴다. 하나님은 우리보다 더 자유로우신 능력의 분이고 우리의 자유는 그의 자유함에 비해 한정되어있다. 하나님의 통치에 융통함이 있다는 것은 정말 귀한 것이다. 그렇지 않다면, 우리는 하나님께서 이미 다 결정하셨고 우리는 아무 상관이 없다고 볼 수 밖에 없다.

7-12장에 나오는 환상에 대해 여러가지 주목할 점들이 있다.

부정적인 면에서 보면, 사건들이 계속성이 없다; 한 사건 후 일어나는 다음 사건들이 아니다. 또 순서대로 일어나지도 않는다. 시작과 끝이 연결이 없다.

긍정적인 면을 보면, 환상들은 다른 기간들에 대한 것으로 어떤 것은 짧고 어떤 것은 장기간을 다룬다. 중복되는 기간들도 있고 같은 동시대에 대한 것도 있다. 전체적으로 이 환상들은 두시대를 다루는데 하나는 메시아가 처음 오시는 것과 다른 하나는 두번째 재림을 다룬다. 마치 선지적 망원경으로 처음 봉우리가 다음 봉우리보다 약 간 낮지만 두 봉우리의 거리는 알지 못하는 역사의 두 정점을 다니엘이 보고 있는 것 같다.

다니엘은 예수님이 처음 오시는 것까지는 보았지만 재림까지의 사건들은 보지 못한다. 구약의 모든 선지자들과 같이 두 정점의 거리를 알지 못하는 것이다. 그는 모두가 한꺼번에 오는 것으로 보고 이것은 '왕국'이라 불렀다. 왕이 두번 오시기 때문에 왕국은 두번에 걸쳐 이루어 지는 것을 알지 못했다.

이 장들은 왕이 처음 오시는 것과 재림하실 때까지의 사건들을 예언하는데 두 부분의 사건들이 거의 같다는 점이 놀랍다. 첫번 기간에는 안티오쿠스 에피파니라는 사람이 있다. 두번째 기간에는 적그리스도라는 사람이 있고 둘사람의 묘사는 거의 흡사하다. 다시 말해서, 예수님이 오시기까지의 사건들을 공부하면 재림하실때 까지 일어날 일들에 대해 어느정도 알 수 있다는 것이다.

다니엘의 미래에 대한 환상

1. 계속성이 없다.

   7 ─────────────────────────────── 12

2. 순서적이 아니다.

   7   8   9   10   11   12

3. 시작과 끝이 연결되지 않는다.

   ═══   ══
   ─   ─
   시작 (같은 해)   끝

4. 길이가 다르다.

   ─ ──── ── ─

5. 중복된다.

   ──────
     ───────
       ───

6. 두 기간을 커버한다.

   │ ─BC AD   ─
   │   ─   갭 ─
   │ ─

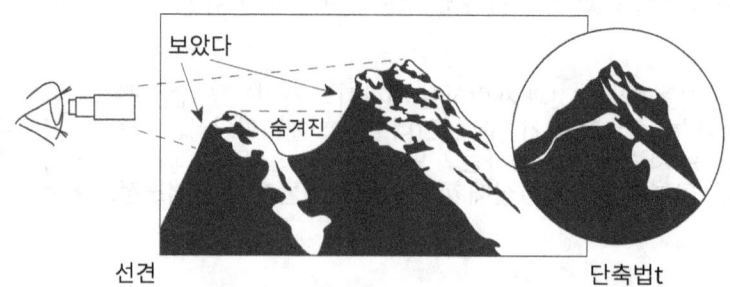

예언적 "망원경"

보았다 / 숨겨진
선견 / 단축법t

성취된 예언들

2장에서 네브갓네살의 꿈을 생각해 볼 때 인간이 세운 왕국들이 금으로 만든 머리의 왕에서, 은으로, 철로, 그리고 진흙으로 된 발로 점차적으로 질이 저하되어감을 본다. 이런 인간의 왕국들은 결국 하나님의 왕국으로 이어질 것이다. 바빌론, 미도-바샤, 그리스 왕국, 그리고 하나님이신 왕, 예수님이 이세상에 오셨을 때의 로마제국이 있다. 다니엘은 하나님의 왕국이 인간들의 왕국을 완전히 정복할 것으로 기대하며, 하나님의 왕국과 인간의 왕국이 이 땅에서 한동안 병존하는 것은 알지 못했다. 그는 두번째 봉우리가 첫번 봉우리의 부분으로 보았고 두 봉우리는 2,000년의 시간 차이가 있는 지를 몰랐다. 우리는 하나님의 왕국에 살지만 이 땅에는 러시아, 중국, 미국 같은 인간의 왕국들이 아직 존재한다.

인간이 만지지 않은 산위의 돌이 내려와 큰 동상의 발을 쳐서 전체가 무너진다. 이 돌은 인간의 왕국을 치는 하나님의 왕국의 돌로서 인간이세운 모든 것들을 무너뜨리고 하나님의 신성한 왕국을 세운다. 다니엘은 이 환상이 한번에 이루어지는 것으로 이해하지만, 우리는 이것이 두번의 절차를 통해 이루어지고 그 중간에 하나님의 왕국과 인간의 왕국이 병종하는 것을 안다.

이미 성취된 또 하나의 예언은 8장에 나오는 외뿔의 염소와 숫양이다. 이 두 짐승들은 2장에 있는 메대-바샤 제국과 그리스제국에 상응한다. 숫양은 인도에서 이집트와 터키 지역을 장악했던 바샤제국을 상징한다. 8장에서 바샤제국에 대한 모든 말씀이 성취되었다.

염소는 메대-바샤제국후에 나타나 그리스제국을 상징한다. 알렉산더 대왕은 언제나 앞으로 전진하는 그의 태도때문에 '염소'라는 별명이 붙었었다. 겨우 32살의 나이로 죽지만 그는 역사상 가장 위대했던 정복자중의 한사람으로 문명이 발달했던 모든 지역을 정복한 사람이다. 그러나 그는 자신에 도취되어 있었고 그의 죄악의 삶이 그의 멸망을 초래했다. 그가 죽었을 때, 제국은 그의 네명의 장군들이 나누어 가졌다. 리시마쿠스는 터키를, 카산더는 그리스를, 프톨레마이우스는 이집트를 셀류쿠스는 시리아를 갖게된다. 이스라엘은 셀류쿠스와 톨레미 사이에 끼어 어려움을 겪게 된다.

9장은 하나님이신 왕이 오시기 까지 얼마나 시간이 걸릴지에 대한 예언이다. 성경은 이것을 '다니엘의 70주간' 이라고 부르고 그 의미에 대해 많은 추정들을 해왔다. 여러가지 이론들도 있다. 다니엘에게 70번의 7은 이스라엘에 대한 칙령이라고 말했다. 70주간이 아니고 70번의 7일간인 490년이다. 칙령이 발표된 후 바빌론에서 예루살렘 으로 돌아오는 때로부터 왕이 오실 때까지는 483년이다 (69x7).

다니엘이 어느 칙령을 말하는지 혹은 바빌론의 달력 (태양력 365.25일)을 쓰는지 유대달력 (음력 360일)을 쓰는지도 확실치 않다. 네개의 칙령이 있었다. 고레스의 칙령은 망명에서 돌아오는 536 BC에 있었다. 다리우스의 칙령은 더 많은 사람들이 돌아가도록 허가했다. 아닥사스다는 두개의 칙령을 공표함으로 느헤미아가 돌아가서 재건축을 시작할 수 있도록 했다. 어느 칙령을 사용하던간에 490년은 예수님의 탄생이나 침례의 시간에 끝난다! 어쨌든 이 칙령들이 공표된 후 500년이 채 안되어 예수님께서 오셨다는 것이 나에게는 충분한 계산이고 다니엘이 그리스도의 오심을 500여년전에 예언했다는 사실이 놀랍다.

9장을 상세히 볼 필요가 있다. 그리그도가 오시는 날을 예언하지만 다니엘은 왕이 오시는 '69번의7'이 끝나는 것은 오랜 세월후 라고 들었다. 중요한 것은 그가 70번째의 '7'을 제외시켰다는 것이다. 내 생각에는 그가 70번째 주에는 처음 오시는 것을 지나 재림의 시기로 들어가는 것을 본 것이 아닌가 생각한다. 그래서 69번의 7과 70번의 7 사이에는 시간적 차이가 있다. '한주' 는 칠년의 기자로 아직 일어나지 않은 시간이고 그 때에 적그리스도가 나타날 것이다. 어떤 계약이 시행되고 이스라엘과의 조약이 위협을 받을 것이라고 성경은 말씀한다. 이 때에 박해는 엄청날 것이다. 제사는 멈추고 성전은 안티오쿠스 에피파니스가 했던 대로 더렵혀 질 것으로 그동안 성전이 재건되었음을 암시한다.

10장은 다니엘을 더욱 놀라게 하는 환상을 다룬다. 지구상의 문제들은 하늘의 천사와 악마들의 문제들과 짝을 짖게 된다고 보여준다. 많은 그리스도인들의 이점의 중요성을 과장하기는 하지만 이것은 놀라운 관점이다. 10장은 지구상의 권력과 왕국에는 악한 왕자가 자리하고 있다고 말씀한다. 다른 나라를 점령하거나 망치려는 사람들 뒤에는 악마의 영향이 있다. 이 장에서 '바샤의 왕자' 와 '그리스의 왕자'를 거론한다. 하나님은 그의 천사 마이클을 보내 이들을 장악할 것이다.

흥미로운 것을 다니엘은 이 전쟁에 관련되어 있지 않다는 것이다. 이 전쟁은 천사들에게 맡기어진다. 어떤 그리스도인들은 기도와 전도의 방법을 다니엘서 10장에 의거하여 구상했다. 어떤 도시에서 전도하기 전 그곳에 있는 악마를 찾아내어 묶어 버린 후 복음을 전해야 한다는 것이다. 그러나 예수님은 '모든 나라에 가서 악마를 찾아내어 묶으라' 라고 말씀하지 않고 '모든 나라에 가서 나의 제자들을 삼으라' 라고 명령하셨다. 영적 전쟁은 악마들이 자신들을 나타낼 때까지 천사들에게 맡기어야 한다. 예수님과 사도들은 악마를 찾으러 다닌 적이 없다. 그러나 악마가 나타나 공격했을 때 그를 다루셨다. 이것이 우리에게 보여주는 모범적 행동이다. 우리는 악마를 찾아 묶으려고 하지 말소 하나님의 사도들을 만드는 우리의 직분을 지켜야 할 것이다. 한번은 사도바울이 그들의 집회를 방해하는 여자아이에게서 사탄을 내 쫓기 위해 사흘을 기다린 적이 있다.

11장은 성경전체에서 가장 놀라운 예언이 들어있다. 35개의 구절안에 135번의 중요한 사건들이 366년의 기간에 나타남을 예언한다. (이 장의 마지막에 있는 표 를 참조할 것) 자유주의 학자들은 이 장을 다루지 못한다. 그들은 이부분이 다니엘이 쓴것이 아니라고 주장하며 400년후에 쓰여졌다고 말한다. 그러나 하나님은 시작부터 끝까지를 아시고 다니엘에게 알려주시고 기록하게 하셨다.

11장에 하나님이신 왕이 오시기 전 유대인들을 채찍질 할 안티오쿠스 에피파네스 4세에 대해 거론되어 있다. 그는 이스라엘 북쪽의 그리스제국의 섭정왕이 되어 어린 소년인 왕의 보호자가 된다. 그러나 그는 소년을 죽이고 자신이 왕위에 오른다. 그는 무자비한 폭군이었고 유대종교를 없애버리려고 결심했다. 그는 성전에서 돼지를 잡아 성전을 더럽히고 그안을 창녀들로 가득 채웠다. 또 성전안에 쥬피터신상을 세웠다. 그는 사만명의 유대인들을 학살하고 거의 같은 수의 사람들을 노예로 팔았다. 유대인들이 더이상 참지 못하고 반기를 들은 사건이 마카비안 반란이다. 이 것은 미래의 일을 미리 보여주는 것이다. 적그리스도에 대해 더 알고 싶으면 이자에 대해 읽어보라.

11장과 12장의 분리는 별 도움이 않된다. 12장은 계속 적그리스도에 대한 촛점을 맞추고 재림하시는 그리스도와 선한자들과 악한자들의 부활에 대한 사건들을 다룬다.

아직 성취되지 않은 예언들

벌써 성취된 많은 다니엘의 예언들이 있지만 아직 미래에 성취될 예언들도 있다.

왕께서 한번 오셨지만, 그가 이 세상의 모든 왕국들을 정복하지 않으셨다. 그래서 우리는 그의 재림을 기다린다.

7장은 놀라운 것을 보여준다. 어떤 사람들은 7장과 2장을 연결시켜 7장에 나오는 네마리의 짐승들이 2장의 네개의 제국을 상징해서 이 환상을 이미 성취되었다고 말한다. 그러나 이 주장이 맞지 않음을 보여주는 다섯가지의 이유가 있다:

1. 역사는 내용과 부합하지 않는다. 그리그는 네개의 머리고 시작하지 않았고 로마제국도 네개의 뿔을 가지고 있지 않았다.

2. 8장에서 바샤와 그리스 제국은 숫양과 염소다. 그런데 다시 다른 짐승으로 나타냈으리라고 생각되지 않는다.

3. 다니엘은 네마리의 짐승들이 미래에 일어날 것이라고 말함으로, 첫번째가 사라져버린 바릴론일 리가 없다.

4. 네마리의 짐승들은 바빌론, 바샤, 그리스와 로마제국이 될 수 없다. 네번째 짐승이 나타날 때에 세마리의 짐승들이 현존할 것이라고 말하기 때문이다. 로마제국이 일어났을 때, 국가들은 있었지만 다른 세제국들은 사라지고 없었다.

5. 7장에서 짐승들은 힘이 강해지지만 거대한 동상은 사라지는 제국을 의미했다. 예를 들어 로마제국은 바빌론 제국만큼 강대하지 않았었다.

그러면 이 네 짐승들은 무엇을 상징하는가? 날개 달린 사자의 뒤로 큰 곰이 있고 그 뒤고 날개 달리고 머리가 네개달린 표범이 있다. 그 뒤로는 용같이 생긴 동물이 있고 그 뒤로는 왕국이 있다? 왕국은 확실히 하나님의 왕국이고 '인자로서 가장 높으신이의 성자들과 함께 하늘의 구름을 타고 오셔서 다스릴' 분이 성립한다. 예수님의 재림이 이것에 나타난 것이다. 나의 추측은 날개달린 사자는 미국과 영국, 곰은 러시아, 표범은 아랍국가들을 의미한다고 본다. 그래서 마지막에 그들이 존재하지만 하나님의 왕국에 의해 정복당한다. 하지만 나는 이점에 대해 독단적으로 주장할 수는 없다.

이렇게 7장에서 세계의 강국들은 적그리스도에게 길을 열어준다. 마지막 왕국은 하나님의 아들이 구름타고 오셔서 적그리스도을 무너뜨리고 세계의 왕국들을 정복하여 하나님과 그리스도가 다스리는 왕국이 될것이다.

12장에서 말하는 사건들은 아직 일어나지 않은 것을 볼 수 있다. 다니엘은 공의로운 자들과 악한 자들의 부활에 대해 이야기 하면서 공의로운 자들의 부활은 별같이 영원히 빛날 것이라고 말한다. 성경에서 악한자가 부활하는 것에 대하여 처음 말하고 있고 이주제는 신약 (요한복음 5:29; 사도행전 24:15) 에서 더 발전한다. 이것이 전체 역사가 최고조에 달하는 부분이다.

왜 이 모든 것들이 다니엘서에 나타났는가?

다니엘이 자신이 보는 환상의 의미를 거의 모르고 있었던 점을 보면, 이메세지들은 다니엘을 위한 것이 아니라 미래의 세대를 위한것으로 볼 수 있다. 곧 선지자가 없는 400년의 공백기간동안 하나님의 사람들을 도와주기 위해 다니엘서가 쓰여졌다고 볼 수 있다. 하나님께서 이 400년동안 일어날 일을 미리 보여주심으로 이 침묵기간을 참아내는데 도움이 되었다. 미리 주시는 경고에 대한 중요성을 설명하는 성경 구절들이 있다: 주 여호와께서는 자기의 비밀을 그 조선지자들에게 보이지 아니하시고는 결코 행하심이 없으시리라 (아모스 3:7); 난리와 난리 소문을 듣겠으나 너희는 삼가 두려워하지 말라 이런 일이 있어야 하되 아직 끝은 아니니라... 보라 내가 미리 말하였노라 (마태 24:6, 25); 지금부터 일이 일어나기 전에 미리 너희에게 일러 둠은 일이 일어날 때에 내가 그인 줄 너희가 믿게 하려 함이로라 (요한 13:19)

다니엘서의 예언은 하나님의 백성들을 격려하는 주 목적을 갖고 있다. 이 책에서 미래를 앞으로 해야할 일들에 대해 격려한다; 굳게 서라, 개발하고, 이해하고, 참고 견디고, 정화되고, 악을 거부하고 안식을 얻으라.

사람들은 그저 궁금증의 해소를 위해 미래를 알고 싶어한다. 미리 알고 모든 것을 거기에 매려한다. 하나님께서 우리에게 미리 보여주시는 이유는 우리가 정확하게 일들을 해결하고, 준비하고, 굳게 서서 하나님께서 우리에게 원하시는 일들을 하도록 하기 위함이다. 우리는 마지막에 영광이 오는 것을 알면 고통을 참을 수 있다.

하나님께서 보여주시는 또 다른 이유는 믿지 않는 자들, 특히 인간의 왕국을 건설하는 권력자가 되고 싶어하는 자들에게 경고하기 위함이다. 궁극적으로 인자가 모든 사람들을 정복할 것이다. 우리는 세계전체의 미래의 왕에 속해있다. 인자는 영광의 구름을 타고 오셔서 이 지구상에 왕국을 세우시고 우리는 그와 함께 통치할 것이다. 우리는 그와 함께 선하고 책임감 있는 세계의 통치자가 될수 있도록 준비해야 한다.

다음 장에 있는 에스더서를 공부할 때 다니엘서가 그리스도인들에게 주는 혜택에 대해 다시 공부할 것이다.

다니엘 11:2-35에 예언된 역사적 사건들

v. 2 바샤

고레스 이후의 세 통치자들

- **캄비세스** (529-522 BC), 이집트를 정복한다
- **스메르디스** (522-521 BC), 왕의 형제를 몰래 암살하고 자신이 그로 위장하여 왕위에 오름
- **다리도 히스타페스** (521-486 BC), 에즈라 5-6장에 거론됨

네번째 통치자는 닥사그 일세 (486-465 BC) 인 에스더 1장에 나오는 아하수에로왕이다. 그는 바샤왕국의 부와 힘의 절정을 이루었다. 그는 그리스를 480 BC에 침략하였지만 살라미스에서 완패한다.

vv. 3-4 그리스

v. 3 알렉산더 대왕 (356-323 BC) 은 바샤제국을 제패하여 그리스의 복수를 하고 아시아와 유럽을 연결짖는 그리스 문화의 거대한 제국을 이룬다. 그가 다니엘 8장에 있는 숫염소이다. 그는 바빌론에서 32세에 죽는다.

v. 4 알렉산더의 아들 발시나는 살해되고 그의 유복자 록시나도 태어난 후 살해당한다. 그리고 그의 왕국은 네사람의 장군들이 나누어 갖는다.

- 리시마쿠스 (트레이스, 비티니아, 터키)
- 카산더 (마케도니아, 그리스)
- 프톨레미 (이집트)
- 셀류쿠스 (시리아에서 바빌론)

마지막 둘은 다니엘서 11장 (하나님의 백성인 이스라엘) 에서 남과 북으로 묘사된다.

vv. 5-35 이집트와 시리아

이 대목은 162년의 기간을 다루며 이스라엘이 '문과 돌쩌귀'인 관련된 두 왕조사이에 끼여있다 라고 말한다. 시리아라는 이름은 다니엘 당시에는 아직 없었기 때문에 '북쪽'으로만 불리운다.

v. 5 프톨레미 일세 소터 (구원자 라는 뜻) (323-246 BC)는 이집트를, 인척관계였던 셀류쿠스 일세 니카톨 (312-281 BC)은 시리아를 통치한다. 둘다 306BC에 왕으로 오른다. 후자는 더 강해져서 터키에서 인도까지를 통치하고 위협과 경쟁자가 된다.

v. 6 프톨레미 이세 필라엘푸스 (형제간의 사랑이라는 뜻) (285-246 BC)는 이집트를 다스리고 안티오쿠스 이세 디오스 (하나님이라는 뜻) 에게 그의 아내 라오디케와 이혼하고 자신의 딸 베레니케와 결혼하도록 설득한다. 그 연합은 결혼 자체나 두 왕조의 결합에 실패한다. 프톨레미가 죽자 안티오쿠스는 라오디케를 다시 아내로 맞아드리지만 그녀는 남편, 베레니케, 그들의 아들을 살해한다.

vv. 7-9

두 국가간의 옥신 각신하는 전쟁

v. 7 베레니케의 형제인 **톨레미 삼세 유에르게테스 (후원자라는 뜻) (246-221 BC) 는셀류쿠스 칼리니쿠스 (247-226 BC)**를 공격하고 라오디케를 복수함으로 죽인다. 그는 북왕국으로부터 바샤와 메디아까지의 지역에서 승리한다.

v. 8 프톨레미 삼세는 280년전에 쫓겨갔던 이집트의 우상을과 함께 돌아와서 서민들은 그를 '후원자'라고 불렀다.

v. 9 셀류큐스는 공격에 대항하였으나, 그의 함대가 풍랑에 전복되어 불명예의 패배를 하고 말에서 떨어져 죽는다.

vv. 10-20

v. 10 북쪽의 두형제—터키의 전쟁에서 반란을 일으킨 군대에게 살해당한 **셀류큐스 삼세** (226-223 BC)와 18세에 왕위에 올라 그의 아버지의 굴욕에 대한 복수로 평생을 전쟁으로 보낸 대 **안티오쿠스 삼세** (223-187 BC)

v. 11 프톨레미 오세 필로파테르 (사랑의 아버지라는 뜻) (221-203 BC)는 대 안티오쿠스와 그의 칠만명의 군인들, 오천명의 기병대, 73마리의 코끼리와 라피아에서 217년에 대적한다. 안티오쿠스는 완패당하고 만명의 군사가 죽고 사천명이 죄수로 끌려가고 자신은 간신히 도망한다.

v. 12 프톨레미 오세는 나태함과 도취함으로 그의 우월함을 유지하지 못한다. 안티오쿠스는 다시 회복하여 동으로는 인도와 카스피해에서 부와 힘을 키운다.

v. 13 프톨레미와 그의 왕비가 알수 없는 이유로 죽은 후, 안티오쿠스는 이집트를 다시 공격하여 훗날 가이샤라 빌립보로 불리우는 요단강이 시작되는 지역 근처의 파니아스에서 스코파스 장군과 그의 군대를 제패시킨다. 스코파스는 시돈으로 도망한다.

v. 14 다른 나라들 (예, 마세도니아의 빌립) 과 이집트가 사라지는 예언이 성취되어 국가의 독립이 올것이라고 믿은 유대인들은 안티오쿠스와 동맹을 맺는다. 많은 사람들이 전쟁에서 죽는다.

v. 15 시돈은 포위되어 세명의 이집트 장군들의 포위망을 뚫으려 시도하지만 실패하고 함락당한다.

v. 16 안티오쿠스는 이스라엘을 그의 군본부로 삼고 그의 군대를 도우라는 실수를 한다.

v. 17 로마의 강성함에 위협받은 안티오쿠스는 이집트와 동맹을 맺으려고 그의 아름답고 어린 딸 클레오파트라를 일곱살난 **프톨레미 오세 에피파네스 (영광스러운 이라는 뜻)** (204-181 BC)의 아내로 준다. 그녀가 이집트를 그의 지배안으로 끌어오리라고 생각했으나 그녀의 딸이 남편의 편을 들어 아버지를 배반하여 그의 기대는 무너진다.

v. 18 안티오쿠스는 로마제국이 강성해짐을 경멸하여 '아시아는 로마사람들에 대해 염려하지 않고 나는 그들의 명령을 받지 않는다' 라고 말한다. 그는 로마의 사신들을 거부하고 그리스를 독단적으로 정복하고자 결정하지만 191 BC에 테르모필레에서 로마의 대사였던 루키우스 스키피오 아시아티쿠스에게, 또 189 BC에 미안데르 강변의 마그네시아에서 굴욕적인 패배를 당한다.

v. 19 로마와 평화적인 관계를 맺기가 너무 힘들어서 지친몸으로 집으로 돌아온 안티오쿠스는 에림에 있는 성전을 약탈하려다가 죽는다. 그는 로마에게 아시아로 가는 관문을 열어주었다.

v. 20 셀류큐스 사세 필레터 (사랑의 아버지라는 뜻) (187-175 BC)는 평화를 유지하기 위해서 로마제국에게 바치는 막대한 세금을 걷어드려야 했다. 그의 재정을 맡은 헤리오도루스가 예수살렘 성전의 보물들을 탈취하러 왔을 때 초자연 적이 힘에 의해 중단하고 돌아가서 그의 왕에게 독약을 먹였다.

vv. 21-30

안티오쿠스 에피파네스 (영광스러운 이라는 뜻) (175-164 BC). 다니엘 7장에 있는 '작은 뿔'. 구약시대에서 가장 악독한 폭군. 시리아의 힘은 줄어들기 시작하여 로마제국에 내주게 된다. 그의 실망은 이스라엘의 박해로 이어지고 성전을 더럽히고 그리스 문화를 강요하며 유대종교의 말살을 시도했다.

v. 21 그는 창녀들과의 관계, 공공장소에서 성교, 악하고 제멋대로의 행동, 교활함과 음모등의 비열한 행동들을 했다. '영광스러운' 이라는 그의 이름은 '미친자' 라는 이름으로 바뀌었다. 시리아의 왕위를 이을 드메트리우스는 로마에 볼모로 잡혀가 있었고 안티오쿠스는 왕위 서열 두번째인 셀류큐스 사세의 아기 안키오쿠르, 훗날 살해함, 의 보호자로서 시리아를 장악했다. 감세와 좋은 법을 약속하여 인기를 얻었으나 그 약속들은 지켜지지 않았다.

v. 22 처음에 그의 군대는 성공적이었다. 로마제국에 뇌물과 세금을 늦게 내는 방법으로 평화를 유지하고 170 BC에 이집트를 침략하여 프톨레미 오세 에피파네스를 가자와 나일 평야 사이에서 패배시킨다. 남으로 오는 길에 그는 예수살렘에 들어가 대제사장 오니아스를 살해하여 이스라엘의 통치자가 된다.

v. 23 시리아가 큰 나라는 아니었지만, 안티오쿠스는 두 조카 **프톨레미 육세 필로미테** (181-145 BC) 와 **프톨레미 유루게테스를** 저당물로 이용해 이집트를 손아귀에 넣었다.

v. 24 그는 그전의 통치자들 처럼 자신을 위해 부를 축적하는 것이 아니고 뇌물과 기막힌 방탕 (길에 돈을 뿌리거나 화려한 구경거리들을 만드는 등) 에 쏟아 붙기 위하여 그의 손아귀에 쥐어진 부유한 지역 (예, 갈릴리)에서 체계적으로 노략질했다. 또 이집트의 도시인 알렉산드리아와 같은 곳을 빼앗으려는 계획도 하고 있었다.

v. 25 그는 기병대, 마차, 코끼리들과 함께 이집트에 다시 원정을 갔다. 그는 이집트의 법관들을 부패시키고 그들은 자신들의 왕에게 반정할 음모를 세웠다.

v. 26 이로써 이집트는 패배했다.

v. 27 안티오쿠스와 프톨레미 필로미테는 조약을 맺으려고 시도했으나 실패했다.

v. 28 안티오쿠스가 북으로 돌아왔을 때, 그는 이스라엘에 가서 성전의 부를 탐하여 사만명의 유대인들을 학살하고 같은 수를 노예로 팔았다. 대제사장 제이슨은 암몬으로 피했다.

v. 29 또 다른 이집트로의 원정동안 그는 그의 조카 필로미테를 사로잡았으나 알렉산드리아에서 후퇴해야만 했다.

v. 30 이집트로 마지막 원정 때, 이집트는 로마에 대사를 보내고 로마는 사이프러스에서 배를 보낸다. 영사 포피리우스 래나스는 안티오쿠스가 이집트에서 철수하기를 요수하고 안티오쿠스는 그의 희망이 무너진 것에 대해 분노와 함께 물러난다.

vv.31-35

안티오쿠스는 그의 분노를 하나님의 사람들에게 쏟았다.

v. 31 유대인들은 그의 속죄양이 되고 그는 이스라엘내의 동조자들을 사용하여 무자비한 학살을 시작한다. (마카비 1 & 2에 기록되었음) 168 BC, 12월 25일에 예배와 제사는 금지되고, 성전안에 쥬피터의 신상을 세우고 제사단에서 돼지를 잡았다. (멸망의 가증한 것으로 마태복음 24:15에 쓰여있음)

v. 32 이것은 마카비 (망치질하는 사람들이라는 뜻) 제사장 가문 마타디아스의 반란을 촉진시킨다. 유다의 지휘하에 히브리서 11장에 나오는 영웅적인 업적을 쌓는다. 이스라엘은 자유화되고 성전은 165 BC 12월 25일에 다시 헌당된다.

v. 33-35 이 학대가 주는 영적 부흥의 영향은 놀라운 것이었다. 왜냐하면 진실한 신앙인과 가짜 신앙인을 분리해 주었기 때문이다.

30. 에스더

개요

에스더서는 두가지 이유로특이한 책이다: 룻기와 함께 성경에서 여성의 이름이 제목으로 되어있고 솔로몬의 애가서와 함께 하나님의 이름을 직접적으로 언급하지 않는 책이다. 이런 이유로 많은 사람들이 에스더서에 대해 이상한 마음을 가지고 있다. 흥미로운 사랑의 이야기 이지만 왜 성경에 포함되어 있는가? 왜 이 책을 읽어야만 하는가? 무엇을 배울 수 있을 것인가?

에스더서는 에스겔서과 다니엘서와 함께 유대인들의 망명기간에 쓰여졌고 에스더서가 다른 두 책보다 훨씬 후에 기록되었지만 성경에서 약속의 땅 바깥지역에서 쓰여진 책들이다. 이 책들은 유대인들이 이방인의 나라에서 살 때에 어떻게 행동했는지를 보여줌으로 우리가 기독교사회가 아닌 곳에서 어떻게 행동하여야 하는지를 보여주는 안내서라 할 수 있다.

역사적 배경

바빌론은 메대와 바샤의 동맹군에 의해 패배한다. 메대의 다리우스가 새로운 제국의 첫번 통치자가 되고 후에 바샤의 닥사스 일세 (아하수에르)가 왕좌를 계승한다. 다니엘은 수상이 되고 바빌론 이름인 벨드사살로 알려진다. 하다사는 여왕이 되어 에스더(바빌론의 여신 이시타의 이름을 딴 이방이름)로 불리운다. 이렇게 두사람은 그들의 민족을 도울 수 있는 위치로 출세한다.

하나님은 유대인들에게 약속의 땅으로 돌아가라고 강요하지 않으셨다. 만약 그들이 모두 돌아갔다면 이책들은 쓰여지지 않았을 것이다. 몇만명이 돌아갔지만, 더 많은 사람들은 남아있었다. 구약성경에서 역사적으로 가장 증명된 책이 에스더서일 것이다. 헤로도투스 (480 BC에 태어난 그리스의 역사가)의 역사서 같은 성경외의 기록은 에스더서가 다른 책들보다 후에 쓰여졌음을 확인했다. 에스더서의 내용이 또 다른 고대 문헌들에 기록되어 있다. 1930년에 바샤제국의 수도였던 페르네폴리스의 발굴작업을 하던 고고학자들은 '말두카'라는 이름이 새겨진 돌판을 발견했다. 에스더서의 수상의 이름이 몰에카이라는 수상일 확률이 높다.

사랑의 이야기

에스더서는 사랑의 이야기다. 에스더는 젊고 아름다운 제국의 여와이었다. 오진 한사람만이 죽음을 의미할 수도 있는 깊은 그녀의 비밀을 알고 있었다.

이야기는 대강 이렇다: 닥사스는 동으로는 인도에서 서쪽으로는 이집트를 통치한다. 그러나 가까이 다가오는 위험이 있어서 그리스인들이 주는 위협에 대처할 방안을 모색하고자 180일간의 집회를 주최한다. 집회의 마지막에 왕궁의 정원에서 칠일간의 연회를 베푼다. 그들이 만취되었을 때, 왕은 그의 젊고 아름다운 아내 바시티를 불러 장순들을 즐겁게 해주기 위해 그들 앞에서 춤을 추라고 명령한다. 여왕 바시티는 오기를 거부함으로 이야기는 전개된다. 이 거부는 왕을 창피하게 만든다. 그가 불복종하는 아내를 다루지 못하면 모든 장군들의 아내들이 어떻게 행동할 지는 불 보듯 뻔하다. 그의 가사를 통치하지 못하는 것은 문제가 되고 이일은 즉시 해결되어만 했다. 그는 그녀에게 다시는 그의앞에 나타나지 말라고 명령한다!

그러나 그는 외로움과 허전함을 느낀다. 그 때 누군가가 미인 경연대회를 열어서 뽑히는 사람을 아내로 맞아들이라고 제안한다. 이것은 중대한 기회였다. 에스더는 12개월동안 준비를 한후 대회에 참가한다. 그녀는 승리하고 닥사스의 새로운 여왕이 된다.

그녀는 힘든 역사를 가진 베냐민 지파사람이다. 몰에카이는 그녀의 사촌으로 고아인 그녀를 양녀로 키운다. 몰데카이의 지시에 따라 그녀는 그들의 인척관계를 비밀로 한다. 왜냐하면 사회의 반유대적 태도로 유대인들의 지위는 위태로운 상태였다. 그녀는 왕이 가장 총애하는 아내가 된다. 당시에 궁궐에 또하나의 높은 지위의 인물이 있었다. 그는 하만이라 불리우는 악한 사람이다. 그는 아각의 후손이다. 사무엘 선지자는 이스라엘의 첫왕인 사울에게 아각을 쳐부수라고 말했었다. 그러나 사울이 그를 죽이기를 거부하여, 사무엘이 직접 하나님의 제단 앞에서 그를 조각내 죽인다. 이 사건으로 유대인과 아각인들 사이에 미움이 시작되고 하만도 유대인들을 미워한다. 유대인의 신분을 밝히지 않은 바샤제국의 유대인 여왕과 높은 지위를 가지고 모든 유대인들을 미워하는 하만이 있는 위태로운 상황이다.

몰데카이가 왕이 명령한 대로 그에게 엎드려 경배하기를 거부하나 하만은 왕에게 제국안에 있는 모든 유대인들을 멸족시킬 것을 제안한다. 그들은 자신들의 법, 관습, 종교를 가진 다른 민족이었다. 그들은 사회에 끼어들지 못하였고 같이 살수 없는 종족이었다. 만약에 왕이 그들을 멸족시킨다면 많은 돈을 기부하겠다고 제안했다. 그들은 몰래 유대인들을 학살하기 위한 날을 제비뽑았다. 그달의 13일이 뽑혔다. 이 일고 13일을 좋지 않은 날로 여기는 미신적 태도가 생겼다.

유대인들은 이소식을 듣고 울고, 금식하며 베자루와 재를 뒤집어 썼다. 몰데카이는 에스더에게 왕에게 자비를 호소해 달라고 메세지를 보냈다. 그는 하나님께서 그녀를 왕궁에 들이신 목적이 이런 경우를 위해서라고 말했다. 이상한 절차를 통하기는 했으나 그녀는 그녀의 민족을 도울 수 있는 위치의 여왕이었다.

에스더는 현실적 투쟁을 만난것이다. 그녀가 유대인이라는 것을 밝혀야 하는가? 그렇게 하면 그녀도 죽음을 당할 수 있었다. 그러나 죽음을 무릅쓰고라도 그녀는 돕기로 결정했다.

왕에게 어떻게 그녀의 호소를 전달할 수 있을 것인가? 여왕은 함부로 왕앞에 갈 수 없게 되어 있었으나 그녀는 왕을 꼭 만나야만 했다. 그녀는 대담하게 왕의 처소에 가서 하만을 손님으로 청하는 연회를 제안했다. 왕은 승락하고 연회일이 계획됐다.

그동안, 하만은 몰데카이에게 분노하여 그를 매달아 죽일 23미터의 장대를 세우고 그것이 무엇을 위한 것인지는 아무에게도 말하지 않았다.

연회가 있기 전 날 밤, 왕은 잠을 이룰수 없어서 일어나 책을 읽었다. 그는 오래전의 일기장을 보다가 두명의 그의 부하가 그를 암살하려고 하는 계획에서 몰데카이가 어떻게 그의 목숨을 구해 냈는지에 대해 읽게 되었다. 그리고 그에게 아무 상을 베풀지 않은 것을 기억했다. 다음 날 일어나자마자 왕은 몰데카이를 상주려는 계획을 세웠다. 이것은 분명히 하나님께서 만드신 놀라운 우연이었다.

연회중, 왕은 하만에게 '나를 아주 기쁘게한 사람에게 상을 주려고 하는데 어떤 것이 좋겠느냐?' 라고 물었다. 하만은 '그를 수상으로 만들고 그의 명예를 위한 행렬을 하십시요' 라고 답했다. 왕은 그 제안에 동의하고 몰데카이를 불러오도록 명령했다—믿을 수 없는 상황의 변화였다.

연회에서 에스더는 용기를 내어 그녀의 민족에 대해 말했다. 하만이 이런 악랄한 음모를 꾸미고 있다는 것을 알게 된 왕은 하만을 그가 세운 장대에 매달아 교수형에 처했고 유대인들은 구원되었다. 유대인들에게는 그들을 함께 공격하는 군대를 상대해 싸우고 방어할 수 있는 권리의 새로운 칙령이 선포되었다. 제국 구석 구석에서 자객들이 유대인들을 죽이려는 준비가 모두 된 상태에서 일어난 놀라운 하나님의 개입이었다.

마침내 하만이 내린 유대인 학살의 날이 왔을 때, 유대인들은 적을 쳐부수고 하만의 가족을 처형했다. 인도에서 이집트까지 퍼져있는 바샤제국의 유대인들이 멸족할 번한 위험한 상황이었다. 하만의 계획이 이루어 졌더라면 예수님은 탄생하실 수 없었다. 에스더는 민족을 구원했다. 유대인들은 해마다 이날을 기억하는 순례의 잔치를 베푼다.

이런 이야기는 모두들 좋아한다. 문학의 형태로도 훌륭하다. 이야기를 잘하는 사람은 긴장감을 고조시키다가 악인이 벌받고 기쁜 결과로 모든 사람들이 행복하게 사는 이야기로 끝나는 것을 재미있게 얘기할 수 있다. 에스더서는 이런 면에서 명작이다.

에스더서의 구조

위험 (1-5)

1: 발단
2-3: 왕의 첫번째 칙령
4-5: 하만의 몰테카이에 대한 격분

왕의 불면증 (6)

구원 (6-9)

6-7: 하만을 이긴 몰데카이의 승리 8-9: 왕의 두번째 칙령

끝말 (10)

이책은 균형적 구조를 가지고 있다. 왕의 첫번째 칙령에 의해 모든 사람이 그를 경배해야 했고, 두번째 칙령에 의해 유대인들은 다시는 건들이면 안되게 되었다. 몰데카이에 대한 하만의 격분이 있고 하만을 이기는 몰데카이의 승리가 있다. 그리고 한사람이 어느 날 잠을 못자는 것에 기인하여 모든 이야기가 이루어진다. 진실은 허구보다 정말 신기하다.

이책이 왜 성경에 포함되어 있는가?

이 책이 그저 좋은 이야기 책인 이유만은 아닐 것이다. 왜 이책이 성경안에 포함되었는가? 우리가 관직에 있을 때 용기를 낼 수 있는 예화일 뿐인가?

해마다 있는 순례의 잔치는 영적이기 보다는 세상적이다. 종교적 행사가 아니다. "에스더서와 마카비 후서가 존재하지 않았었으면 좋았을 뻔 했다. 이 책들은 너무 이방인의 악행을 나타내고 유대인을 추켜세운다." 라고 마티 루터는 말했다.

그리스도인들에게 에스더서는 어떤 가치가 있는가? 에스더서에서 순종, 겸손, 충성의 예를 보는 것인가? 원수 값기 위해 바샤사람들을 학살하는 것은 어떻게 보아야 하는가?

여기서 반유대사상에 대해 짚고 넘어가야 한다. 먼저, 유대인들은 다르다. 그들은 자신들 만의 법을 지키고 그들의 풍습을 따른다; 특히 그들 만의 할례, 안식일 지킴, 식이요법등을 볼 수 있다. 둘째, 유대인들은 독립적이다. 그들은 누구의 조정도 받기를 거부하여 전체주의 권력은 위협을 느낀다.

구원이 유대인에게서 오기 때문에 사탄은 유대인들을 멸족시키려고 온갖 수단을 다 쓴다. 이집트의 남자아기들을 모두 죽이는 배후에 사탄이 있었다. 모세는 작은 바구니속에서 겨우 살게 된다. 사탄은 메시아가 탄생하기 전에 유대인들을 모조리 죽이려 했다. 베들레헴에서 200명의 아기를 학살한 배후에도 악마가 있었지만 예수님은 이집트로 피신했다.

이렇게 반유대적 행동에는 악마의 모습이 있다. 바로가 유대인들을 멸족하려 했고, 하만, 헤롯, 히틀러가 그렇게 노력했다. 구원이 유대인에게서 나오기 때문에 이런 악마의 행동은 역사안에 계속 나타난다. 우리는 유대인들에게 감사해야 한다. 우리는 하나님에 대한 모든 것을 그들을 통해 알게되었고 우리의 구세주도 유대인이다.

성경은 1400년간의 사건들을 세나라 말로 사십명의 저자이 썼다. 딱 한사람, 의사였던 누가, 만이 이방인이었고 그는 모든 정보를 유대인들에게서 받았다. 유대인들이 없었다면 성경은 존재하지 않았다. 사람들이 그들을 미워하는 것이 놀랍지 않다.

그리고 또 한가지 중요한 점이 있다. 모든 일의 배후에 하나님께서 계시다는 것이다. 아주 미세한 내용이나 상황에서 결정적인 사건들이 이루어 지는 것을 보면 하나님께서 하시는 일임을 우리는 본다.

이 이야기를 통해 그의 아들이 태어 나게 될 민족을 보존하시는일 하나님을 본다. 하만의 음모가 알려졌을 때 사람들이 기도하고 금식하는 것에서도 본다. 하나님께서 그의 민족을 구원하리라는 몰데카이의 믿음에서도 본다. 그는 만약 에스더가 이일을 감당하지 않으면 하나님께서는 다른 사람을 쓰실 것이라고 암시하는 것을 볼 수 있다. 하나님께서 이루신다는 엄청난 믿음이다. 우연히 일어나는 일들이 정확히 맞아들어간다: 먼저 몰데카이기 왕의 목숨을 구하고 이것을 아닥사세스왕이 그의 일기에 기록한다. 그가 잠 못이루는 다가 지난날의 일기장을 보고 몰데카이를 기억하는 것에서 하나님의 일하심을 본다. 하나님의 이름이 에스더서에 명시되어 있지 않지만, 그의 손가락을 볼 수 있다.

그렇다면 왜 하나님이란 말이 한번도 나오지 않는가? 사실 하나님은 다섯번 거론되지만 찾아내기가 쉽지는 않다! 첯문자를 따서 그의 이름이 쓰여졌다. 어떤 경우에는 앞으로, 혹은 뒤로 읽어야 한다. 이것은 히브리어로만 가능하다.

유대인들은 첫자로 단어를 만드는 것을 흔히 했다. 예를 들어 FAITH 는 (Forsaking All I Trust Him) 의 첫자를 따서 만들 수 있다. 시편 119에서도 볼 수 있다. 가장 이상적인 아내를 묘사한 잠언 31도 같은 방법이 쓰였다. 애가서의 대부분도 같은 방법이다. 비밀 코드를 쓰는 것과 같은 문학의 기술적인 면이다.

에스더서에는 다섯번이 나온다 (1:20, 5:4, 5:13, 7:7).

이제 처음 두 개는 연속된 네 단어의 첫 글자를 사용하는 반면, 두 번째 쌍은 마지막 글자를 사용합니다. 첫 번째 두문자어는 거꾸로, 두 번째는 앞으로, 세 번째는 뒤로, 네 번째는 앞으로입니다.

이것은 히브리어로 볼 수 있고 영어로는 "J-H-V-H" 로 하나님의 이름인 야훼, 여호와를 말한다.

1:20에서는 주님 (LORD) 가 거꾸로 (DROL) 로 표기된다. 5:4에서는 제대로 LORD 로 표기된다. 왜 거꾸로 쓰여졌는가? 거꾸로 쓰여졌을 때는 이방인들이 하는 말이고, 제대로 쓰여졌을 때는 유대인이 하는 말이다. 이방인들이 이 단어를 제대로 말 할 수 없었거나 그들이 이 단어를 사용하는 것을 유대인들이 원하지 않았을 지 모른다.

에스더의 두문자어

1:20	5:4	5:13	7:7	7:5
Due	**L**et	Yet	For	Wher**E**
Respect	**O**ur	I	He	Dwellet **H**
Our	**R**oyal	Am	Saw	The Enem**Y**
Ladies	**D**inner	Sa**D**	That	That Daret **H**
Shall	This	Fo**R**	There	Presume
Give	Day	N**O**	Was	In
To	Be	Avai**L**	Evi**L**	His
Their	Graced	Is	T**O**	Heart
Husbands,	By	All	Fea**R**	To
Both	King	This	Determine**D**	Do
To	And	To	Against	This
Great	Haman	Me	Him	Thing
And			By	?
Small			The	
			King	
HVHJ	JHVH	HVHJ	JHVH	EHYH
Backward	Forward	Backward	Forward	= "I AM"
Gentile speaks	Jew speaks	Gentile speaks	Jew speaks	(Exodus 3:15)
About queen	By queen	By Haman	About Haman	
Overruling	Ruling by	Overruling	Ruling by	
Ruling by God	God	Ruling by God	God	

또 "IAM" 이라는 말도 들어있는데 이방인들이 알아 낼 수 없는 구조로 되어있다. 여기에 대한 것은 여러가지 설명이 있을 수 있는데 당시 유대인들의 하나님을 거론하는 것은 매우 위험한 일이어서 (닥사스왕은 465 BC에 죽는다) 이 책들이 파괴되는 것을 막기 위해 훗날에 기록되었을 수 있다.

처음에 에스더의 이야기는 구전되어 전설로 기억된다. 그러나 이제는 기록해야 할 때가 되었다고 생각 되었을 시기가 있었다. 왜냐하면 사람들이 해마다 이 사건을 기념했기 때문에 진실된 이야기를 기록해야만 했다. 또, 반유대감정이 고조에 달해 있어서 유대인 하나님에 대한 책은 너무 위험했다. 그래서 에스더서는 하나님이라는 단어가 들어있지 않고 대신 첫문자를 사용해서 하나님을 책에 나타냈다.

다니엘서와 에스더서에서 그리스도인들이 배울 점은 무엇인가?

그들은 같은 시기에 같은 추방을 당했다. 집에서 멀었지만, 그들의 믿음을 타협하지 않고 이방사회에서 영향을 주는 지위에 올라 하나님께 사용되었다. 그들로 인하여 하나님의 왕궁은 발전했다. 이 이야기들은 우리의 믿음을 진실로 지키면서 세상에서 올라갈 수 있는 만큼 높은 지위에 오르라고 교훈한다. 하나님은 높은 직분을 그의 왕국을 위해 쓰실 수 있고 우리가 발전 시킬 수 있는 지위에 하나님께서 우리를 놓으시도록 순종해야 한다.

하나님은 개인을 들어 쓰신다.

한사람에 의해 큰 차이가 날 수 있다. 우리는 다 망명자들이고 하나님은 남자 여자를 모두 쓰신다. 그리스도인들은 이세상에 속해있지 않다. 우리의 시민권은 하늘나라에 있기 때문에 이 사회에 맞지 않는다. 우리는 세상에서 점차적으로 멀어져서 하늘나라에 속하게 된다.

그러나 하나님은 자신들이 누구인지를 알고 그들의 원칙을 지키고자 하는 사람들을 이세상에서 사용하신다. 사회에 말려들지 않고 하나님께 다가가려는 사람들을 사용하신다. 유대인들은 박해를 피하기 위해 사회에 적응하려고 노력해왔었고 그리스도 인들도 같은 유혹을 항상 당하고 있다.

1897년 독일에서 디오도르 헐즐이 유대인들만의 국가를 세우자는 제창을 했을 때 독일 사회에 흡수된 독일의 유대인들은 이 일에 대해 알고싶어하지도 않았다. 헐즐은 뮤니크에서 집회를 갖고자 하였으나 독일의 유대인들은 '뮤니크에서 집회하지 말라. 우리는 더이상 유대인이 아니라 독일인이다' 라고 말했다. 헐즐은 할 수 없이 스위스의 바즐에서 집회를 열었다.

그리스도인들도 남에게 이상하게 보이지 않으려고 모든사람들 같이 행동하려는 유혹을 당한다. 그러나 하나님은 기꺼이 남과 다르게 행동하기를 원하는 사람들을 사용하신다. '다니엘과 같이 홀로 서라' 라는 노래를 주일학교에서 부르던 생각이 난다. 다니엘과 에스더는 하나님에 대한 그들의 믿음을 저버리기 보다는 죽음을 택했다.

하나님은 그의 백성을 보존하신다.

하나님은 사자굴에서 다니엘을, 불가마에서 사드락, 메삭, 아벳느고를 구하셨다. 에스더를 통해 수사에 사는 유대인들을 구하셨다. 하나님의 백성을 멸족시키고자 하는 자는 하나님을 먼저 없앨 수 있어야만 한다! 하나님은 그의 백성을 보존하신다. 우리가 그를 위해 죽는다 하더라도 우리는 보존된다. 이스라엘과 교회는 항상 존재하리라고 우리는 확신할 수 있다.

하나님은 세계를 통치하신다.

이 두 책에서 나오는 공통어는 '왕국'이다. 크리스챤 복음은 왕국의 복음이다. 다니엘과 에스더에게 하나님의 왕국이 먼저였다.

이 두책에서 인간의 왕국은 하나님의 손에 달려있음을 배운다. 하나님은 통치자를 세우시고 내치신다. 네브갓네살은 하나님께서 인간의 왕국을 통치하시고 그 나라를 하나님이 원하시는 사람에게 주심을 배웠다. 하나님께서 지도의 경계를 만드시고 권력자를 정하신다. 모든 선거의 결과도 하나님께서 주관하신다. 하나님께서는 때로는 공의로 때로는 자비에 의한 결정권을 가지고 계시다. 공의로 결정하실 때에는 우리가 받아 마땅한 정부를 주신다; 자비로 결정하실 때는, 우리에게 필요한 정부를 주신다. 나의 평생에 이스라엘에게 한 약속을 파기하면서 단시일내에 여섯 명의 영국수상이 (네빌 챔버레인에서 제임스 카라한으로) 바뀌었다. 미국의 대통령 죠지 부쉬 일세가 이스라엘에게 등을 돌리고 재정적 협조를 거두었을 때 그는 선거에서 실패했다. 하나님은 이스라엘의 하나님이시다. 그는 이세상의 인간의 왕국을 지배하신다. 하나님의 허락을 받고야만 인간은 통치할 수 있다. 하나님이 주권자이시다.

왕국이란 말의 다른 사용도 있다. 현재의 인간의 왕국과, 하나님께서 이세상을 모두 직접 통치하시게 될 때의 미래의 하나님의 왕국이 있다. 하나님의 왕국이 세상의 왕국들을 대체할 것이다. 그러므로 다니엘과 에스더의 일들이 아직 끝나지 않았음을 알아야한다. 그들은 이방제국의 정부에 충성했으나 하나님의 나라가 오면 부활하여 하나님의 왕국에 충성할 것이다. 예수님께서 재림하실 때 다니엘과 에스더도 예수님과 함께 있을 것이다.

그래서 성경을 그저 역사서로 읽으면 않되고 언젠가 만날 사람들에 대한 소개로 읽어야 한다. 하나님의 성인들과 영원히 알고 지내는 날이 올 것이다. 왕좌에 앉으신 인자와 성자들과 함께 통치할 것이다. 믿음을 지킨 사람들은 그리스도의 왕국이 임하는 날 다시 사용될 것이다.

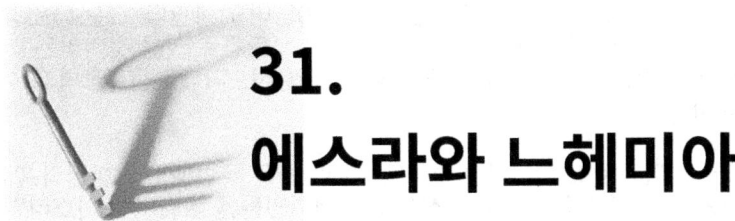

31. 에스라와 느헤미야

개요

하나님의 백성 이스라엘을 공부할 때 우리는 하나님께서 그들의 죄를 위하여 더 가중된 벌을 주신것을 본다. 각각의 심판은 그 전번 보다 심해진다. 처음에는 주변국인 블레셋과 같은 나라를 보내어 처음의 심판은 재물을 잃는 것이었다. 이들이 여기에 반응하지 않자, 심판은 좀더 강해진다: 가뭄, 역병, 식량난. 그래도 반응하지 않자 하나님은 병과 건강문제를 보낸다. 궁극적으로 그들은 약속의 땅을 잃고 다른 나라로 끌려간다. 이집트에서 약속의 땅으로 데려왔지만, 하나님의 약속대로 계속 범죄한 그들은 쫓겨난 것이다.

두번의 망명

두번의 망명이 있었다. 첫번째는 앗수르가 침략하여 721 BC에 쫓아낸 이스라엘로 불리우던 북쪽의 열지파였다. 두번째는 유다로 불리우던 남쪽의 두지파였다. 당시 바빌론이 586 BC에 정복한다. 에스라와 느헤미야서는 이 두번째의 망명기간을 다룬다.

세번에 걸친 추방

바빌론이 유다를 짖 밟았을 때, 선지자 하박국이 예언한 것과 같이 모든것을 파괴하지는 않았다. 그들은 훨씬 관대했다. 네브갓네살이 바빌론의 권좌에 있을 때 유대사람들은 세 그룹으로 세번에 걸쳐 추방되었다.

첫번 그룹은 606 BC에 떠났다. 통치자들이 떠나면 유다국을 누르기 쉬울 것으로 생각하여 왕실의 귀족들이 먼저 추방되었다. 이때에 청소년이었던 다니엘도 추방당하여 바빌론의 왕실을 섬기며 추방중 중요한 인물이 된다.

그러나 남아있는 사람들은 바빌론에서 자유를 얻고자 계속 투항하여서 597 BC에 두번째의 침략이 있었고 상인들과 기술인들을 추방하여 나라의 경제력을 약화시켜 유다를 통치하고자 했다. 그때 다니엘과 같은 중요인물인 에스겔 제사장이 쫓겨난다.

나머지 사람들은 그래도 저항하여 드디어 바빌론은 587 BC에 다시 와서 성전과 모든 것을 몽땅 파괴시킨다. 유다와 베냐민 족속이 바빌론으로 끌려가면서 예루살렘은 버려진 폐허로 변하고 유다는 텅비게 된다.

유다인의 망명은 예레미야가 예언한 해까지 70년간 이어지진다. 그의 예언은 다니엘에게 격려가 되고 그는 하나님께서 그의 약속을 성취하실 것을 기도한다.

세번에 걸친 귀향

세번에 걸친 추방과 같이 세번에 걸친 귀향이 하나님이 약속하신대로 망명의 끝을 맺었다. 537

BC 바샤의 왕 고레스왕 때 유대인의 지도자 세룹바벨과 함께 50,000명이 귀향한다. 그는 다윗왕의 계보에 들어있는 귀족의 혈통을 가진 사람이었고 다윗의 자손이 지도자로 있을 것이라는 하나님의 언약이 성취된다. 예수님이 메시야라는 신분의 합법성을 알려주는 마태복음 1장의 예수님의 계보의 한사람이기도 하다.

90년 후인 458 BC에 바샤제국의 아닥사스다왕 의 통치하에 유대인들은 두번째로 귀향한다. 에스라와 함께 1,800명이 돌아온다. 그는 처음으로 제사장으로서 레위인들을 데려와서 이스라엘 사람들이 예배하는 구조를 다시 확립했다. 이들을 데려오기는 쉬운일이 아니었다. 몇번을 애원하여 그들의 종교적 삶을 회복할 수 있는 1,800명을 데려왔다.

그로부터 14년 후인 444 BC에 느헤미아가 소수의 장인들과 돌아왔다. 그의 관심은 바빌론이 파괴하여 외부의 공격에 노출된 예수살렘성을 방어하기 위한 성벽의 복건이었다.

이렇게 세번의 귀향으로 사회가 이루어지고 도시와 종교적 삶이 재건되었다. 한가지 짚고 넘어갈 것은 이번에 있었던 귀향은 모세 당시의 출애굽과 아주 다르다는 것이다. 이번에는 조금씩 여기 저기에서 이루어 진것 같이 보인다. 900마일의 사개월이 걸리는 귀향길에 돌아온 사람의 수는 아주 적었다. 그들의 조상들이 모세 당시에 이집트에서 살던 것보다 이들은 바빌론에서 훨씬 낳은 생활을 하고 있었다. 이들은 노예가 아니었고, 상업에 종사하여 이를 접고 떠나기는 어려웠다. 뉴욕에서 큰 상점 사이에서 작은 가게를 하는 유대인의 이야기를 들은 적이 있다. 그는 상호를 생각하다가 '입구'라는 간판을 내걸었다!

이 두권의 책은 같은 저자에 의해 쓰였는가?

에스라서는 처음 두번의 귀향을 다루고 느헤미아서는 세번째의 귀향을 다루어 이 두권의 책이 모든 귀향에 대해 기록되어 있지만 이 책들의 이름은 두번째와 세번째 귀향이 이루어 진 후에 지어졌다. 사람들은 히브리사람 혹은 이스라엘 사람으로 불리우지 않고 유대 (찬양 이라는 뜻)의 이름을 따서 유대사람으로 불렸다. 어떤 면에서는 돌아온 사람들이 찬양자들이 되고자하는 것을 상징한다고 볼 수 있다.

이 두권을 비교해 볼 때 아주 흡사하다. 같은 패턴을 가지고 있다. 또 글체는 열와기 상/하권과 유사하다. 히브리 성서에서 에스라와 느헤미아는 함께 묶여져서 에스라 상/하로 불리었고 열왕기 상/하와 함께 한권의 책으로 되어 있었다. 에스라가 모두를 썻다는 제안이 있다. 그는 조심스럽고 자료를 모아둘 수 있는 위치에 있었기 때문에 그가 에스라, 느헤미아, 열왕기 상/하를 모두 쓴 것으로 보인다.

에스라와 느헤미아는 부분적으로 히브리어와 아람어로 쓰여졌다. 신약시대에 공용어가 헬라어였던 것 처럼 아람어는 당시의 공용어였다. 아람어는 중동의 비옥한 초생달 지역에서 사용하던 셈족의 언어였다. 유대인들이 이 문화에 노출되어 바빌론의 망명기간 동안 사용했으며 외국 사람들과 무역을 할 때 사용했다. 그래서 귀향 할 때 가지고 온 여러가지 서류 들이 아람어로 되어 있었다. 이 외에는 다니엘서만이 구약성경에서 두개의 언어로 쓰여진 책이다.

책들의 구조

에스라와 느헤미아서는 네부분으로 나뉘며 두번째와 네번째 부분은 같은 주제를 다룬다. 이 책들은 나라의 재건과 사람들의 개혁에 촛점을 둔다.

에스라	느헤미아
귀향 I (1-2)	귀향 III (1-2)
a, b	a, b
재건 (3-6)	재건 (3-7)
a, b, c	a, b, c
귀향 II (7-8)	갱생 (8-10)
a, b, c	a, b, c
개혁 (9-10)	개혁 (11-13)
a, b	a, b

세룹바벨의 지휘하에 이루어진 첫번째 귀향은 간헐적이긴 했지만 성전의 재건에 촛점을 둔다. 학개와 스가랴 선지자들이 진행을 이루어지도록 했다. 두번째 귀향은 사람들의 개혁에 중점을 둔다. 세번째 귀향은 성벽의 재건과, 사람들의 개혁과, 언약의 갱신을 이룬다. 귀향할 때마다 마치 사람들은 그들의 영토를 잃어버린 죄에 대해 잊고 있었던 것 같다.

이 두책의 구조는 더욱 놀랍다. 각각의 첫부분은 두개로 세분 할 수 있고 두번째 부분은 셋으로, 세번째 부분은 셋으로, 네번째 부분은 두개로 세분할 수 있다. (a,b 와 c로 위의 표에 나타냈다). 책의 구조는 조심스럽게 계획되었고 균형감있게 저술되어서 아마도 두권 모두 에스라 한사람이 쓴것일 것이다.

또 두권의 9장은 에스라와 느헤미아가 국가적 죄를 고백하는 놀라운 기도들이다. 9장은 이 책들에서 특히 중요한 부분이다.

에스라서

책의 구조

귀향 I (1-2장)

고레스: 성전 재건축의 법령 (1)
세룹바벨과 사람들이 올라감 (2)

재건 (3-6장)

여호수아: 제사상과 성전의 기초 (3)
아닥사스다: 편지를 받음 (4)
다리우스: 편지들이 오고 감 (5-6)

귀향 II (7-8)

에스라와 사람들이 올라감 (7)
아닥사스다: 편지를 보냄 (7)
레위인들이 올라감 (8)

개혁 (9-10장)

개인적 중재 (9)
공중의 고백 (10)

역사적 배경

에스라서의 역사적 배경은 다음과 같다. 고레스는 바빌론을 정복한 바샤의 통치자였다. 그는 비옥한 초생달 지역의 동쪽 끝에 위치한 세계적 강대국의 통치자였다. 그러나 그는 호의적이어서 그가 정복한 사람들에 대해 부드러운 정책을 썼다. 오래전의 이사야서에서 하나님은 그가 지명한 종 고레스가 그의 백성들을 망명에서 돌아오게 하리라고 예언했다. 많은 학자들은 이사야가 고레스의 이름을 아는 것은 불가능하다며 이 책이 사건이 일어난 후에 쓰여졌다고 주장한다. 그러나 하나님은 그의 이름을 이미 알고 계셨다. 고고학적 자료에 의하면 그를 위해 기도하는 조건으로 고레스가 바빌론에 잡혀온 사람들을 그들의 고향으로 되돌려 보냈음을 알 수 있다. 70년이 되는 해 하나님께서 역사하셨음을 볼 수 있다.

귀향 I (1-2장)

에스라서에서 세룹바벨의 지휘하에 처음 귀향한 사람들이 성전을 재건축한다. 그리고 에스라와 함께 귀향한 사람들의 개혁이 있다. 슬픈 것은 사람들은 돌아오자마자 다시 죄를 짖기 시작한다. 비극이다! 영토를 잃고 70년을 집에서 떠나있었는데 정작 돌아와서는 하나님의 계명을 무시한다. 사람들은 이렇게 빨리 잊어버린다.

앞서 말한 바와 같이, 세룹바벨은 여호아김왕의 손자로서 다윗의 혈통을 가진 사람이었다. 그가 왕이 아닌 관리로 알려져 있지만 그는 사람들의 귀향을 이끈 사람이다. 그는 여호수아라는 대제사장도 데려왔다.

재건 (3-6장)

여호수아

여호수아의 지시하에 고향에 도착한 사람들은 제사상을 세우고 제사를 드렸다. 망명기간 중에는 성전이나 제사상이 없었으므로 제사를 드릴 수가 없었고, 이것이 이들이 가장 먼저해야할 일이었다. 부수적으로, 그들의 조상 아브라함도 텐트를 치자마자 처음 한 일이 제사를 드린 일이다. 그는 변함없이 경배를 위한 제사상을 만들었다.

아닥사스다

돌아와서 제사를 드리자 마자 문제가 생겼다. 고레스의 뒤를 이은 아닥사스다왕은 유다지역에 살고 있던 사마리아사람들에게서 편지를 받는다. 사마리아 인들은 추방을 피하거나 다른 나라에서 온 사람들이 결혼하여 생겨난 반은 유대인이고 반은 이방인인 민족이었다. 추방을 피해서 눌러앉았던 이 사람들과 돌아온 사람들의 관계는 호의적이 아니었다. 이 때부터 유대인과 사마리아인들은 서로의 옆에서 살 수 없게 된다. 편지는 성전의 재건축은 악한 의도가 있었으므로 이 일을 중단시켰다는 내용이었다. 그러나 그들은 큰 실수를 한 것이다. 아닥사스다는 에스더의 의붓 아들로 유다사람들을 동정하는 사람이었다.

다리우스

훗날, 다리우스 일세는 바빌론에서 재건축을 다시 시작하라는 격려의 편지를 보낸다. 이 왕의 밑에서 다니엘이 사자굴에 던져졌었고 다리우스는 하나님의 위대하심을 그 때 보았다. 이렇게 재건은 간헐적이었다. 사마리아 사람들이 건축을 중지시켰을 때도 있었고, 성전 건축이 힘들고 지친 사람들이 대신 자신들의 집짓기에 열중한 때도 있었다. 학개 선지자는 '하나님의 집이 아직 없는데 너희들은 완성된 집에서 사느냐?'라고 따지고 성전건축을 다시 진행 시켰다. 아무것도 없는 땅에서 소수의 사람들이 할 수 있을 때마다 조금씩 재건하는 상태에서 그들의 사기를 고조시키는 일은 쉽지 않았다.

귀향 II (7-8장)

50년이 지난후 에스라의 지휘하에 두번째 그룹이 돌아왔다. 이때에는 법과 질서가 문제여서 에스라는 행정장관의 명령으로 법의 준행을 시도했다. 아닥사스다는 이 때 레위인들이 돌아가기를 격려하여 에스라는 38명을 더 데리고 돌아간다. 에스라서는 여기서 일인칭으로 바뀌고 그는 그의 경험을 기록한다.

개혁 (9-10장)

개인적 중재

개혁은 이 책에서 가장 슬픈 부분이다. 사람들이 다시 옛날로 돌아가는 것을 본 에스라는 개인적으로 하나님의 자비를 구하는 기도를 드린다. 에스라는 사람들이 공동체로서 회개해야 한다고 주장한다. 그는 하나님의 계명을 어기는 사람들의 이름을 적는다. 가장 쉽세 저지르는 죄악은 하나님의 백성이 아닌 자들과 결혼하는 것이었다. 이것은 이스라엘에서 금지되어 있었고 신약성경에서 그리스도인들에게도 금지되어 있다. 악마의 자녀와 결혼하면, 그의 장인과 문제가 생길 것이라고 누군가가 한말은 맞는 말이다!

공중의 회개

에스라는 하나님이 보시기에 불법이 결혼을 파기하라고 주장한다. 신약성경은 우리에게 그렇게까지 요구하지 않지만 에스라는 여기에 대해 아주 철저했다. 하나님의 백성이 순결하기 위해 아내와 아이들에게서 떠나라고 했다. 그는 진짜 유대인이 아닌 바빌론에서 온 사람들의 족보까지 조사했다.

에스라

에스라는 재미있는 인물이다. 그의 이름은 '도움', 느헤미아는 '편안함' 이라는 뜻이다. 소수의 돌아온 사람들은 도움과 편안함이 물론 필요했다. 에스라는 아론의 아들 엘리사의 직계손이고 나중에 피네하그와 자독 제사장의 후손으로 제사장의 집안에서 나온 사람이다.

에스라서는 그가 책들 (아마도 창세기에서 신명기 의 모세 오경을 말하는 것일 것이다.)을 가지고 왔다고 한다. 그는 성경에 대하여 세가지 일을 함으로서 '서기'로 묘사되었다: 성경 공부, 성경대로의 삶, 성경을 가르침. 첫째와 세째는 무척 하기 쉽지만, 입에서 말하는 성경을 몸으로 사는 삶이 중요함을 그는 깨달았다. 성경에 몰두하는 에스라의 슬픈 마음은 다른 사람들이 죄짓는 것을 보고 그를 울렸다. 자신의 죄를 깨닫고 우는 것은 쉽지만 남의 죄를 보고 우는 깊은 영을 가진 사람은 몇 되지 않는다.

전통적으로 에스라가 성경을 모아 구약성경의 체계를 잡은 120명의 이사회의 회장이었다고 말한다. 그것이 사실인지는 알 수 없으나 그가 성경에 중점을 두어 다음 400년간의 신앙의 기초를 만들었다. 그 기간에는 새로운 선지자가 없었고 하나님의 말씀은 에스라서와 느헤미아서를 포함한 그 전에 주신 말씀들 뿐이었다.

에스라가 회당을 중심으로한 성경의 기초를 세웠다는 사실을 아는 사람은 별로 없다. 그 때 부터, 오늘 날 까지 회당에서 드리는 예배는 에스라가 가르친 대로 한다. 회당에서 드리는 예배의 순서는 크리스챤의 예배순서와 거의 정반대이다. 그들은 말씀을 읽고 예배를 드린다. 우리가 말하기 전 하나님의 말씀을 먼저 들음으로 하나님의 말씀에 대한 반응이 우리의 예배가 된다. 이렇게 하면 예배가 더욱 의미 깊어 진다. 어떨 때는 노래하고 춤추고 싶을 때도 있고 어떨 때는 신중하고 참회하고 싶을 때가 있다. 사람들이 예배를 드리는 기분이 되도록 부추기는 것 보다 말씀이 역사하도록 하는 것이다. 하나님의 말씀이 충만한 사람은 예배의 준비가 된 것이다. 그래서 회당에 가면 한시간 동안 말씀을 읽고 배우고 난 후 예배로 임한다.

에스라가 이런 순서를 만들었다. 그는 장터에 나무로 설교단을 만들어 성경을 사람들에게 읽고 설명해 주었다. 그리고 예배는 말씀에 대한 답변으로 드렸다. 디다케라는 서류에 의하면 초대교회에서도 이 순서대로 예배를 드렸다. 내가 길포드 교회에서 시무할 때에도 한시간 동안 말씀을 공부하고 30십 분 동안 예배를 드렸는데 아주 좋았다.

느헤미아서

책의 구조

느헤미아서의 구조는 에스라서와 비슷하여 두권의 한저자에 의해 쓰여졌음을 보여준다. 두권 모두 네부분으로 나뉘고 또 두분으로 분리되어 셋, 셋, 둘의 구조를 가지고 있다.

귀향 III (1-2)

슬픈 정보 (1)
은밀한 조사 (2)

재건 (3-7)

방어 구축 (3)
어려움에 당면 (4-6)
　　외부의 반대,
　　내부의 착취
후손들의 입대 (7)

갱신 (8-10)

성경 말씀 대화 (8)
죄의 고백 (9)
복종을 약속함 (10)

개혁 (11-13)

충분한 분량 (11-12)
영적 양질 (13)
    혼합 결혼
    남용된 기금
    더럽혀진 안식일
    직무 태만

귀향 III (1-2장)

예루살렘에서 오는 나쁜 소식

느헤미아가 바빌론에 있을 때 예수살렘에서 들려오는 나쁜 소식솨 함께 세번째 귀향이 시작된다. 아닥사스다가 에스더왕비의 의붓아들이었으므로 에스더를 통해 직책을 얻은것이라 나는추측한다. 다음번에 마시는 포도주가 독이 들어 있을 지도 모른다는 생각을 하면서 포도주를 시음하는 직업은 그다지 좋은 것은 아니었지만 중요한 책임감이 주어진 직책이었다. 그는 왕의 친구가 되어 이야기를 편하게 나눌 수 있는 관계였다. 성벽의 재건이 다시 중단되고 부근의 사람들이 예루살렘의 재건축에 대해 분노하고 있다는 소식을 들은 느헤미아의 안색이 슬픈 것을 보고 왕은 의아해 했다. 그의 슬픈안색으로 벌을 받을 까 두려워하며 느헤미아는 왕에게 이유를 설명했다. 아닥사스다는 돌아가서 성벽재건을 하라고 허락할 뿐만 아니라 건축재료 담당자들에게 소개서를 써주어 느헤미아가 하고자 하는 일이 순조롭게 진행되도록 도왔다.

밤에 행한 성문 조사

느헤미아서의 첫부분의 후반은 그가 밤에 은밀히 다니며 성벽의 손상의 정도에 대해 조사했다. 그는 성급히 일을 시작하지 않고 먼저 얼만큼의 경비가 들어갈지를 미리 조사한 현명한 지도자이다. 그는 믿음의 사람이었고, 시작하기 전 과제를 정확히 이해했다.

재건 (3-7장)

성벽 재건

대부분의 성벽이 아주 파괴되었거나 복구작업이 필요하고 성문도 수리가 필요한 상태임을 느헤미아는 알게되었다. 요즘의 예루살렘 방문객들은 구도시의 성벽이 구약성경에 나오는 성벽으로 착각할 수 있으나 사실은 지금 있는 벽은 십자군 전쟁후 수라민이 지어 몇백년밖에 되지 않았다. 옛 도시는 현재의 성벽 밖에 성전의 남쪽으로 있었다. 현재의 성전은 오말 회교도 성전과 엘 악사 성전이 있는 13 에이커의 넓이로 언덕 위의 넓은 돌산에 지어졌다. 구약시대의 예루살렘을 발굴하다가 느헤미아 당시의 성벽을 발견했다.

느헤미아는 건축에서 훌륭한 지도자역할을 했다. 그는 사람들에게 그들의 집 맞은편의 성벽을 재건하라고 명령했다. 이방법으로 단 52일 만에 성벽전체를 재건했다. 성문을 달고 처음으로 도시는 안전해졌다.

당면한 문제들

그러나 그들은 많은 문제를 만났다.

외부의 반대: 첫번 문제는 외부의 조롱이었다. 사마리아인들은 성벽재건을 조롱하며 여우가 벽을 무너뜨릴 거라고 놀려댔다. 이에 대해 사람들이 반응하지 않자 더 심각한 위협을 가하기 시작

했다. 그들의 음모를 꾸며 느헤미아의 일을 방해하려했다. 친구인척 위장하고 느헤미아에게 협상의 자리로 나와달라고 했다. 그러나 그는 이를 거부하고 어떤 일도 이일에서 그를 끌어내지 못했다.

내부의 착취: 내부의 어려움도 있었다. 성벽 내에서 모세의 법에 위반되는 상행위로 인해 부자는 더욱 부자가 되고 가난한 사람은 더 가난해 졌다. 높은 이자로 인해 빚을 진 사람들의 삶이 부너졌다. 느헤미아는 이 문제에 대해 용감하게 대처하여 사람들의 경제적 수준이 평등화 되도록 노력했다.

빈 도시

또, 소수의 사람들만이 성안에 살기를 원했다. 혹시 있을 공격을 두려워하여 쉽게 숨을 수 있는 성밖을 선호했다. 느헤미아는 사람들에게 성안으로 들어올것을 강요했다. 그는 망명전 예루살렘에 살던 사람들의 명단을 만들어 사람들에게 그들의 조상이 살던 곳에 와서 살라고 설득했다. 또한 인구조사를 하여 어디 누가 사는지를 파악했다. 42,360명의 유대인, 7,337명의 하인들, 254명의 노래하는 사람들이 있었다. 노래하는 사람들의 인구조사를 한것은 그가 얼마나 성전에서 하나님께 예배드리는 것을 회복하려 노력했는지를 보여준다.

갱신 (8-10장)

에스라가 율법을 읽다

다음에 에스라는 새벽부터 정오까지 나무로 된 단에서 공중을 향해 율법을 읽는다. 읽는 것 뿐 아니라 그들이 이해할 수 있도록 설명했다. 유대인의 추수 감사절인 성막절에 성경봉독이 있었다. 즐거운 행사였고 목사님들은 이 때 기쁨이 넘치지 않는 사람은 죄를 짖는 것이라고 말했을 정도다.

죄의 고백

사람들은 그들의 죄와 조상들의 죄를 참회하며 울었다. 이점은 에스라와 느헤미아서의 중요한 차이를 보여준다. 에스라는 참회의 눈물을 흘려야 할 상황으로 보았고 느헤미아는 사람들에게 자축하라고 말했다. 에스라는 하나님의 말씀이 알려주는 죄에 대해 울었고 느헤미아는 성벽을 재건하는데에 중점을 두며 좋은 일이라고 했다. 느헤미아는 사람들에게 기뻐하고 맛있는 음식을 먹으며 축하하라고 했다. 울때와 기뻐할 때가 있으므로 우리도 현명하게 때를 가릴 수 있어야 한다.

언약을 맺다

고백의 기도회 끝에 에스라는 사람들이 하나님과의 언약을 다시 갱신할 수 있도록 돕는다. 레위인과 제사장들은 하나님께 서약한다. 10장은 그때 서약한 사람들의 이름을 기록했다.

개혁 (11-13장)

성으로 입주

성벽의 재건이 완성되었으므로 느헤미아가 하는 일 중의 부분은 사람들이 성으로 입주하도록 권장하는 것이었다. 11-12장은 성안에서 살고자 하는 사람들의 이름을 기록했다.

수정

혼합결혼

마지막 장에서 느헤미아는 국가를 어지럽게 하는 혼합결혼을 해체한다. 그는 이스라엘의 외부사람들과 결혼한 자들을 저주한다. 에스라와 느헤미아의 다른점은 에스라는 자신의 머리를 쥐어뜯었고 느헤미아는 다른 사람들의 머리를 쥐어뜯었다고 가끔 나는 농담한다. 느헤미아는 죄짖는 이스라엘 사람들의 머리를 쥐어 뜯은 것이나 다름없다.

남용된 기금

그는 남용된 기금에 대해서도 다루었다. 어떤 이들은 자신에게 맡겨진 기금을 남용했다. 느헤미아는 돈문제에 대해 공정과 정의를 실행하고자 했다.

더렵혀진 안식일

안식일이 지켜지지 않았다. 바빌론에서 장사를 하다 온 사람들은 장사가 그때 만큼 잘되지 않자 안식일에도 상행위를 해서 돈을 벌고자 했다. 느헤미아는 안식일에 성문을 닫아서 상행위가 일어나지 않도록 해야한다고 주장했다.

직무태만

제사장들도 성전에서 게으름을 보였고 느헤미아는 당장 이것을 수정해야 했다. 레위인과 성가대원들은 성전에서 하는 일에 대한 보수를 받지 못하자 생계를 위해 농사로 돌아갔다.

에스라와 느헤미아는 물질적인 재건뿐 아니라 사람들을 개혁시켜야했다. 그들의 권위를 용감하게 또 무자비하게사용하여 나라의 방향을 바로 잡았다.

느헤미아 선지자

많은 사람들이 에스라보다는 느헤미아에게 더 마음을 주었고 그 이유는 간단하다. 느헤미아는 밝고 행복한 사람으로 사람들을 행복하게 해주는 성격이었다. 그는 '하나님의 기쁨이 너희들의 힘이다'라고 말했다. 에스라는 다른 사람들을 위해 우느라 그런 말을 할 기회가 없었다. 여러면에서 두사람은 완벽한 쌍이다. '도움' 과 '편안함'은 서로에게 속한다.

나에게 깊게 감동을 주는 느헤미아의 독특한 성격이 있다. 우리는 그에게 친숙감을 느낀다. 그는 에스라보다 그의 감정에 대해 솔직하다. 자신에 대해 더 많이 말한다. 그가 쓴 글에서 '나'라는 묘사들을 통해 그의 네가지의 성격을 볼 수 있다.

기도의 사람

에스라가 성경의 사람이었다면 느헤미아는 기도의 사람이었다. 어떤 일을 하기 전 그는 기도했다. 길고 짧은, 공동의 혹은 개인적이 기도들의 예가 있다. 기도의 길이가 문제가 아니라 깊이가 중요하다. 그는 기도의 사람으로 하나님과 자연스럽게 동행한다. 하나님께 악을 행하는 자들을 벌주시고 자신을 기억하고 자신이 행한 착한 일에 대해 상달라고 하나님께 기도했다.

실제적인 사람

그는 조직적인 사람이었다. 어떤 사람들은 천사같지만 실제적인 면은 부족한데 그는 달랐다. 시멘트를 손으로 섞는 것을 주저하지 않았다. 조직적으로 성문과 벽의 상태를 조사하고 사람들의 필요한 점을 공부했다. 구름위에 떠있는 사람이 아니라 실제적인 사람이었다. 실제적인 기도의 사람이 얼마나 우리에게 좋은 사람인지 모른다.

감정적인 사람

느헤미아는 깊은 슬픔과 큰 기쁨을 보여주는 깊은 감성의 사람이었다. 하나님이 계심을 기뻐하고 기쁨의 능력을 즐기라고 사람들을 격려하는 반면, 화가 나면 사람들의 머리를 뽑는 사람이었다. 그는 둔한 사람이 아니었다!

사교적인 사람

이 외에 그는 사교적인 사람이었다. 느헤미아가 사람들과 잘 조화 할 수 있었기 때문에 그가 이룬 일들을 에스라도 해 낼 수 있었으리라고 생각지 않는다. 그는 사람들을 관리하는데 천재적이었다. 그는 사람들 옆에 다가가서 권고할 수 있는 능력이 있었다. 사기를 돋우고 기가 빠졌을 때 다시 힘을 돋구어 주었다. 일에 대해 이야기 할 때는 항상 '우리' 라는 말을 사용하는 정이 가는 사람이었다. 한번은 사람들과 같은 정체성을 같기 위해 지사들에게 음식을 할애하는 것을 거부했다. 성벽을 조사할 때는 혼자서의 시간을 가지며 했지만 재건축을 할 때는 '우리가 함께 성벽을 재건합시다' 라고 말했다. 그는 모든 사람들에게 감사하며 우리가 의지를 가지고 52일 만에 해냈습니다' 라고 말했다. 그는 '내가 이루었다' 라고 말하지 않았다. 그들은 하나님께서 이루신 일이라고 생각했음을 우리가 본다.

그의 성품에서 기도, 실제적인 면, 기쁨, 슬픔, 부드럽고 강함, 하나님과 사람들에게 예민한 여러 가지의 균형을 볼 수 있다.

하나님과 그의 백성

하나님

성경의 역사를 공부할 때 흔히 하는 질문중 하나는: 왜 오래전의 역사를 공부하는가? 2,000마일 떨어진 곳의 2,500년 전의 일들이 우리와 무슨 상관이 있는가? 하는 것이다.

한가지 이유는 흥미로운 사건들과 영감을 주는 인물들을 본다는 것이다. 성경은 사람들의 여러 가지 면을 묘사함으로 단조롭지 않다. 하나님과 그의 백성들에 대한 이야기를 읽는다. 한 민족과 언약을 맺으셨고 이제는 우리과 새언약을 맺으신 하나님이시다. 느헤미아가 '나의 하나님' 에 대해 말하는 것을 주목해 보라. 언약을 지키시는 하나님을 볼 수 있다.

하나님은 그의 백성들에게 그들의 순종을 축복하시고 불순종을 저주하시겠다는 두가지의 약속을 하신다. 한가지 약속을 지키시는 하나님은 나머지 약속도 지키신다. 그들이 추방당하게 만드신 하나님은 그의 언약을 지키신 것이다.

      하나님은 그들을 망명시키셨다.

레위기 26:44에서 그들이 불순종하면 약속의 땅에서 쫓아내시겠다고 약속하시고 그약속을 지키신다. 70년동안 추방당한 이유를 감사하는 사람은 별로 없는데 이것은 열왕기 2장에 설명되어있다.

하나님의 법에 의하면 사람들 뿐 아니라 땅도 안식을 해야 한다. 7년째마다 휴경하여 땅이 쉬도록 하라고 하나님은 말씀하셨다. 그러나 사람들은 500년간 (500/7 = 70) 휴경하지 않았다. 열왕기 2장의 마지막에서 하나님은 '너희들이 땅을 쉬게 하지 않았으니 내가 하겠다. 땅이 쉬어야 할 70년동안 너희들이 밖으로 나가 있으라.' 라고 말씀하셨다.

하나님은 그의 약속을 지키신다. 공의로운 사람들을 상주시고 악한 자를 벌하신다고 약속하셨다. 그의 백성뿐 아니라 다른 사람들에게도 이 두가지 언약이 해당된다. 그리스도인들에게 사도바울은 '그리스도앞에 우리 모두가 나와서 우리가 각자 한 일에 대한 심판 (상과 벌)을 받을 것이다' 라고 말했다.

하나님은 그들을 망명에서 돌아오게 하셨다

하나님께서 심판하시겠다고 한 만큼 축복도 하고 싶어하신다. (예레미아 29:10) 정해진 기간이 지나자 두번째 출애굽기로, 강을 건너고 쫓아오는 군대는 없었지만, 그들을 돌아오게 하셨다.

하나님께서 은밀하게 행하심

에스라와 느헤미아서에서 하나님께서 은밀히 행하심을 본다. 이 책에는 예언이나 기적이 없지만 하나님께서 놀랍게 조용히 하시는 일을 본다.

백성들 중에서 세우신 지도자: 하나님께서 그의 백성중에서 지도자를 세우셔서 어떻게 하나님의 일을 성취시키시는 것을 본다. 세룹바벨이 지도자가 되었다. 에스라와 느헤미아도 적당한 때에 세우셔서 특정한 일을 시키셨다.

외부사람들 중에서 세우신 지도자: 하나님은 그의 백성에게만 한정되시지 않는다. 고레스, 아닥사스다, 다리우스 같이 그를 모르는 사람들도 지도자로 세우신다. 어떤 사람들은 하나님의 백성들에 대해 동정심을 가졌고, 네브갓네살은 처음에는 동정심이 없었다.

하나님의 백성

하나님은 배후에서 그의 백성들을 보호하시지만, 사람들을 통해 그가 원하시는 변화를 이루시기도 한다. 하나님께서 약속을 지키시는 것 같이 그들도 하나님께서 요구하시는 거룩한 사람들이 되는 약속을 지켜야 한다. 그러나 거의 모든 사람들이 약속을 지키지 못한다. 이 책들에서 얻는 교훈은 사람들이 전에 지은 죄를 다시 짖게 된다는 것이다. 우상숭배의 죄만 다시는 짖지 않게 된다. 오늘날 까지도 유대인들은 우상숭배의 두려움을 기억하고 다시는 우상숭배를 하지 않고 앞으로도 하지 않을 것이다.

윈스턴 처칠은 제2차 세계대전의 역사를 여섯권의 전집으로 훌륭하게 썼다. 나는 그 전집을 읽었는에 6번째의 책은 흥미로운 제목이 붙여졌음을 보았다. 전쟁의 마지막을 기록한 그부분에 '승리와 비극' 이라는 제목을 붙였다. 소제목은 '위대한 민주주의가 어떻게 성공하였으며 거의 죽을 뻔 했던 어리석은 짖들을 다시 할 수 있었는가?' 이다. 큰 전쟁을 승리로 이끈 지도자에게 주는 심판이 '사람들은 어리석은 짖을 다시 시작할 수 있게 되었다'는 것이다.

소수의 사람들만이 귀향했다

고향으로 돌아갈 수 있는 기회가 주어졌지만, 이백만명의 망명자중 오만명 (2.5 %) 만이 귀향했다. 가장 큰 이유는 바빌론에서의 생활이 윤택했고 유다의 불확실하고 험란한 상황때문이었다. 돌아가는 사람들은 900마일의 험한 여행과 돌아간 후의 가난에 당면했다.

돌아간 사람들은 곧 죄악에 빠졌다.

망명의 경험에도 불구하고 사람들은 다시 죄에 빠졌다. 하나님을 두려워하지 않고 바빌론에 끌려가기 전과 같이 율법을 지키지 않았다. 이것은 믿음의 결혼을 하지 않았고 기회만 있으면 같은 동포들을 착취하려 한 것으로 증명된다.

에스라서와 느헤미아서 모두 9장에서 그들이 고민하는 것은 놀랍지 않다. 사람들을 회복시키고 그들 자신과 죄에서 구원시켜야 했다.

결과

하나님은 400년 동안 기적이나 말씀을 주지 않으셨다. 그래서 에스라, 느헤미아, 두 선지나 학개와 스가랴는 재건에 대해 염려했다.

에스라와 느헤미아서를 공부하는데 특히 연결되는 다니엘의 예언이 있다. 그는 '이것을 알고 이해하라. 예루살렘을 재건하고 회복하라는 칙령이 내린 때부터 통치자, 기름부으심을 받은 이가 오실 때 까지 70번의 일곱번 그리고 62번의 일곱번이 있을 것이다. 62번의 일곱번이 있은 후 기름부은심을 입은 자는 사라지고 아무것도 없을 것이다.' 라고 예언했다. 다니엘서를 공부하면서, 고레스의 칙령을 사용하던 아닥사스다의 칙령을 사용하던 62번의 일곱 혹은 490년이 예수님께서 공생애를 시작하신 시기와 일치한다는 것을 우리는 알 수 있다.

망명에서 예수님까지 직선적인 예언이 있다. 이스라엘의 자녀들이 망명에서 돌아오자마자 죄를 짖기 시작하지만 하나님께서는 그 이외의 것을 우리에게 다니엘을 통하여 보여주신다고 나는 믿는다. 하나님은 어떻게 일을 처리하실 지 미리 아셨다. 하나님은 놀라지 않으셨다; 우리가 어떤 짖을 하리라는 것을 이미 알고 계셨다. 하나님은 구원자를 보내셔서 우리를 죄에서 건지시려고 예수님을 보내셨다.

32. 역대기 상/하

개요

성경통독을 할 때 사람들은 대개 레위기나 열왕기에서 멈추게 된다. 레위기는 현대 사회와 동 떨어진 것 같은 종교 예식과 이야기가 없는 책이어서 읽기 어렵다. 열왕기는 첫 9장은 족보로 발음할 수도 없는 이름들로 되어 있어서 어렵다. 또, 열왕기를 바로 끝냈기 때문에 열왕기와 같은 이야기들이 반복되는 것을 이상히 여기고 이 책은 읽은 가치가 별로 없다고 단정한다. 그래서 우리는 열왕기 상/하와 같은 부분을 다루고 있는 이 책을 왜 읽어야 하는가에서 역대기 공부를 시작해야한다.

먼저 고려 할 점은 영어 성경과 히브리성겨의 책의 순서가 아주 다르다는 것이다. 유대인의 성경에서 역대기의 위치를 보면 열왕기와 거의 같은 시기를 다루지만 우리가 생가하는 것 만큼 그리 큰 연관이 없음을 본다. 14페이지에 있는 도표를 보면 분명히 알 수 있다.

먼저, 이 책들은 다르게 묶여있다. 히브리 성경은 율법서, 예언서, 성문서의 세분류가 있다. 엠마오르 가는 두 제자에게 나타나신 부활하신 예수님은 율법서, 예언서, 성문서의 관계에 대해 가르쳐 주셨다고 누가 기록했다. 이것들이 예수님의 성경이었던 것이다 (누가 24:27, 44).

히브리 성경의 첫 다섯권은 율법서로서 (토라 혹은 오경) 창세기, 출애굽기, 레위기, 민수기와 신명기다. 히브리 성경에서 그들의 첫 단어들을 사용해 불리운다. 창세기는 '처음에'; 출애굽기는 '이름들이다'; 레위기는 '그리고 그가 부르셨다'; 민수기는 '광야에서'; 신명기는 '말씀들이다' 라고 명칭된다.

그리고 예언서들이 나온다. 선지자는 두 분류가 있는데 첫번째는 여호수아, 사사기, 사무엘서, 열왕기다. 사무엘과 열왕기는 한권의 책으로 되어있는데, 그 이유는 히브리어는 모음만 있어서 분량이 우리 성경의 반 밖에 되지 않는다. 이 책들이 먼저 헬라어로 그리고 영어로 번역되었을 때, 분량이 너무 많아서 두권의 책으로 나뉬었다.

이 네권의 책들은 예언의 영감이 역사속에 있어서 역사서가 아닌 예언서로 구분된다. 사무엘은 초기의 가장 잘 알려진 선지자였고 열왕기의 기간중 여러명의 선지자들이 있었다. 선지자들은 역사를 쓰고 해석하고 사람들에게 하나님께서 하시는 일을 보여주었다. 후반에 나오는 선지자들은 영어 성경과 비슷하게 다시 두번째의 소그룹으로 묶어졌다.

성문서들은 여러종류의 책들이 묶어져 있다. 시편 (찬양한다 라는 뜻), 욥기, 잠언이 들어있다. 룻기는 영어성경과 달리 선지서가 아니고 성문서에 들어있다. 아가서, 전도서, 예레미아애가서, 에스라, 느헤미아, 에스더, 다니엘도 포함되어 있다. 다니엘서가 선지서에 들어 있는 것이 놀랍지만 그는 다른나라들에 대해 말하기 때문이다.

도표를 보면 유대성경의 마니막 책은 역대기이고 '매일의 말씀' 이라 불리운다. 열왕기와 전혀 다른 종류의 책임을 볼 수 있다. 한권은 선지서이고 다른 한권은 선지서가 아니다.

이것은 영어성경의 마지막 책인 말라기의 마지막 단어가 '저주'인 것만 보더라도 영어성경의 분류보다 잘되어있다고 생각한다. 히브리성경의 마지막 단어는 '올라간다' 로 '예루살렘으로 올라가자 (히브리어로 Aliya) 이다.

영어성경에는 세개의 다른 그룹으로 묶여있다. 창세기, 출애굽기, 레위기, 민수기, 신명기는 역사서로 여호수아와 사사기와 함께 묶여있다. 룻기는 역사의 한부분이라 생각하여 역사서로 나누었다. 사무엘, 열왕기, 역대기는 순서대로 되어있다. 이 때문에 역대기가 같은 내용을 반복한다고 생각하는 경향이 있다.

결과적으로 역대기 상/하는 교인들에게 많이 알려져있지 않다. 두구절만이 좀 알려져 있다. 하나는 역대하 7:14 '내 이름으로 일컫는 내 백성이 그들의 악한 길에서 떠나 스스로 낮추고 기도하여 내 얼굴을 찾으면 내가 하늘에서 듣고 그들의 죄를 사하고 그들의 땅을 고칠지라.' 이다. '만약 나의 백성이' 라는 뮤지컬이 이 구절에 의거하였지만 구절을 문맥에서 분리시켜 만들었다. 마치 영국이나 미국의 땅을 고치는 것으로 만들어졌는데 이 구절에서 말하는 땅은 이스라엘을 의미한다. 다른 땅에는 적용시킬 수 없다.

또 다른 잘 알려진 구절은 여호사밧왕이 통치할 때 주변의 삼국이 동맹하여 유다를 공격했을 때였다. 그들이 행진해서 들어올 때 여호사밧왕은 하나님께 기도하며 도움을 구했다. '왕은 승전할 것입니다' 라고 선지자는 왕에게 말했고 군대에 앞서 성가대를 보내라고 말했다. 성가대가 전쟁터에서 군인들을 이끌며 하나님께 찬양들 드렸고 적군은 도망했다. 이런 일은 단 한번밖에 일어나지 않았고 길거리에서 그 도시의 악마를 내 쫓는다고 노래하는 그리스도 인들의 전례가 될 수 없다. 이 두 구절이 모두 맥락을 무시하고 사용되었다. 이 뿐만 아니라 사람들은 역대기를 잘 모르고 있다.

반복된 글인가?

역대기와 열왕기외에도 성경에서 같은 시기를 다루는 책들이 있다. 창세기의 천지창조는 1장에서 하나님의 관점을, 2장에서 인간의 관점을 묘사한다. 신약에서는 예수님의 일생에 대해 네번 쓰여있다. 반복된 책들 같지만 다른 종류의 사람들에 의해 각 복음서는 다른 관점에서 쓰여졌다. 역대기와 열왕기는 역사가 관점을 가지고 있음을 깨우쳐 준다. 역사서를 쓸 때 개인적 호기심을 제외할 수 없다. 왜냐하면 모든 일어난 일들 중 저자가 자신이 흥미로와 하고 중요시 하는 사건들을 골라서 쓰기 때문이다. 이런 선택을 한 후 서로의 연관을 보여주기 위해 연결시키고 쓰여진 결과물을 평가한다.

이렇게 역사가들은 선택하고 연결짖고 평가하고 어떤 사건들이 포함되어야 하는지에 대한 도덕적 판단을 한다. '1066과 모든 것' 이라는 시시한 역사서에도 어떤 것이 좋은 지 나쁜지에 대한 도덕적 평가가 들어있다. 마찬가지로, 열왕기에서의 도덕적 평가는 역대기의 것과 아주 다름을 발견한다.

사무엘, 열왕기, 역대기의 비교

사무엘서와 열왕기는 는 히브리 성경에 두권의 책으로 되어 있고 500년의 역사만을 다룬다. 그러나 역대기는 훨씬 전의 일과 후의 일들이 기록되어 있다. 역사의 몇백년을 되돌아가서 인간의 시작인 아담을 거론한다. 사무엘서와 열왕기는 망명으로 끝나지만 역대기서에는 70년후의 귀향이 기록되어있다. '예루살렘으로 올라가자'가 역대기의 마지막 단어다. 그러므로 두 저자는 아주 다른 목적을 가지고 글을 썼다.

사무엘서 / 열왕기	역대기
500년	일찍 시작하고 나중의 시기를 다룸
사건이 일어난 직 후에 쓰여짐	사건후 오랜기간 후에 쓰여짐
정치적 역사	종교적 역사
북이스라엘과 남유다의 왕들	남유다의 왕들
인간의 실패	하나님의 신실하심
왕족의 악행	왕족의 미덕
부정적	긍정적
도덕—공의	영적—제사
선지자	제사장

열왕기에서 사람들은 왜 추방당했는지에 대한 설명이 필요하다면, 역대기에서는 사람들이 이미 이유를 알고 있었으므로—그들은 격려가 필요했고 성벽과 성전을 재건하기 위해 귀향할 수 있게 되었다. 열왕기는 사건이 일어나고 금방 쓰여졌고, 역대기는 오랜 시간 후에 쓰여졌다. 이렇게 열왕기는 선지적 관점에서 역대기는 제사장적 관점에서 쓰여졌다. 열왕기는 북과 남에 대해 쓰였고; 역대기는 같은 기간을 다루지만 북쪽의 왕들에 대해서는 언급이 없다. 저자는 북에 대해 관심이 없다. 이것을 아주 큰 차이이다. 열왕기는 왕들의 인간적 실패가 재앙으로 가는 것에 중점을 둔다. 역대기는 왕족들의 악행 보다는 미덕에 대해 씀으로 왕들에 대한 좀더 긍정적인 자세를 가지고 있다.

역대기가 역사를 바꾸려고 하는 것은 아니고 왕들이 한 가장 좋은 일들을 골라 기록한 것이다. 도덕적인 면을 강조하여 중심 단어는 '공의' 다. 열왕기는 왕들이 공의로왔는가의 질문에 답한다. 역대기에서는, 제사, 성전, 제물, 그리고 도덕적인 면보다 영적인 면에 중점을 둔다. 이렇게 열왕기에서는 선지서의 글, 역대기에서는 제사장이 글로서 이 두 관점의 차이는 크다.

역대기를 이해하기 위해 한가지 좋은 방법은 열왕기와 사무엘서에 나타나지 않은 것이 무엇인가를 보는 것이다. 목차를 보면 힌트를 볼 수 있다. 사무엘서에서 사울에 대한 이야기는 약 육분의 일을 다윗의 이야기는 삼분의 이 정도를 차지한다. 역왕기상에서 솔로몬의 삶이 반 정도, 분열된 왕국이 반정도를 차지한다. 그렇다면, 역대기의 저자가 포함하지 않은 것은 무엇인가?

생략된 내용

1. 왕을 선정할 때 사무엘은 가담했다는 말이 없다.

2. 사울은 잠깐 언급되었다. 사울의 죽음은 다윗을 소개할 때 잠깐 언급되었다. 사울의 삶에 대한 것은 언급되지 않았다. 저자는 사울의 통치는 거의 제외시키고 왕들의 좋은 면을 독자들에게 보여주려고 했다.

3. 다윗왕에 대해서는 어느 정도 언급했지만 제외된 부분들을 살펴보면 흥미롭다. 사울과의 분쟁은 제외되었고 그가 칠년가 헤브론에서 통치했던 것과 그의 수많은 부인들에 대해 언급하지 않았다. 압살롬의 반역도 빠졌고 다윗의 통치의 전환점이었던 밧세바의 일도 언급되지 않았다.

선택된 내용은 중요하다. 역대기의 저자는 긍정적인 면만 기록하고 부정적인 면들은 제외시켰다. 밧세바의 사건이 거론되지 않은 상태의 다윗은 좋은 왕으로 보이고 솔로몬도 같은 식이다. 그의 수많은 부인들, 왕궁으로 들여온 우상들, 하나님과 잘못된 관계, 고지에 세워진 우상숭배 제단과 성전에 대해서는 절대로 언급하지 않았다.

이렇게 긍정적인 태도는 역대기 전체에 흐른다. 왕국이 분열된 후, 저자는 남쪽의 왕들을 선호한다. 어린 소년 요시아왕이나 헤스기아왕에 대해서는 많은 지면을 할애하지만 나쁜 왕들에 대해서는 언급이 없다.

역대기의 저자가 편견적이었거나, 일부러 이렇게 내용을 결정했다. 사울의 통치에서 볼 수 없는 다윗과 솔로몬, 유다의 몇명의 왕들에게서 볼 수 있는 면에 저자는 흥미를 가지고 있다.

역대기의 구조

역대기 상: 신성한 왕

1-9: 아담에서 사울
　　　이스라엘의 첫왕

10-29: 다윗과 언약궤
　　　　이스라엘의 가장 훌륭한 왕

역대기 하: 신성한 왕들

1-9: 솔로몬과 성전
　　　이스라엘의 마지막 왕

10-36: 여로보암에서 스에기아
　　　　유다의 가장 훌륭한 왕
　　　　유다의 마지막 왕
　　　　왕좌와 성전

포함된 내용

우선, 역대기의 저자는 다윗의 혈통에만 관심을 둔다. 북쪽의 왕들은 아무도 이 혈통에서 나온 사람이 없었으므로 언급되지 않는다. 역대기는 다윗왕가의 족보에 관한 것이다. 그래서 베냐민 지파에서 나온 사울도 언급되지 않았다. 열왕기에서 별로 언급되지 않은 세룹바벨은 역대기에 포함되었다. 그는 바빌론의 망명에서 돌아온 다윗의 혈통을 이어받은 사람이다. 다윗의 가문에서 나온 사람은 그 뿐이었으므로 사람들은 그를 통해 메시아가 오실것이라는 희망을 가졌다. 그래서 역대기의 족보에 대한 내용에서 세룹바벨의 가문이 절반을 차지한다. 저자는 왕족을 보기 좋게 묘사했다.

종교적 핵심

역대기는 언약궤와 성전을 대하는 왕들의 태도를 다룬다. 그의 백성들 사이에 거하시는 하나님의 집인 언약궤와 성전을 사람들이 어떻게 대하는지에 대해 기록했다. 다윗이 어떻게 언약궤를 예루살렘으로 가지고 온 점, 성전을 짖고 싶어하는 마음, 준비과정, 건축재료 모집, 설계, 예배, 성가, 성가대장들에 대한 내용을 볼 수 있다. 역대기에 나오는 상세한 내용들이 열왕기와 사무엘서에서는 거의 다루어 지지 않았다.

또, 전체 9장에서 6장이 다윗왕에게 허락되지 않은 솔로몬의 성전건축에 대한 내용이다. 저자는 성전 건립식에서 한 솔로몬의 기도문과 하나님의 영광이 어떻게 나타났는지를 기록한다. 성전을 지을 돌을 지하광산에서 가져온 것도 기록했다.

이렇게 역대기는 제사장의 관점에서 본 역사의 기록이다. 선지자는 왕들의 악행으로 심판이 내리는 것을 중점을 둔다. 그러나 제사장은 성전 건축과 예배와 성가대에 대한 기쁨을 기록했다. 저자는 예배인도자, 시편 저자, 성전을 건축하기 원한 자로 다윗을 알고 있다. 다윗과 솔로몬은 열왕기에서 아주 다른 모습을 보여준다.

솔로몬이 죽은 후 왕국은 분열되고 역대기의 저자는 성적, 하나님께 예배드리는 제사장들, 그리고 왕족이 보존된 남쪽에 대하여만 관심을 갖는다. 또 그의 판단에 의하여 남쪽의 열두명의 악한 왕들은 생략하고 여덟명의 왕들에 대하여만 언급한다. 다윗과 솔로몬에 대해 중점을 둔 것은 이미 공부했으니 나머지 여섯명의 왕에 대해 간단히 정리해보자.

여섯왕들

아사

아사는 유다와 베냐민 지파에 있는 우상들을 제거하고 그녀의 침실에서 몰래 우상숭배를 하는 그의 어머니를 왕궁에서 내보냈다. 그는 하나님과 언약을 맺고 성전은 은과 금으로 장식한다.

여호사밧

아사의 아들 여호사밧은 레위인들을 모든 도시에 보내어 하나님의 율법을 가르치도록 했다. 암몬과 모압과의 전쟁에서 승리한다. 군인들의 앞에서 성가대가 노래로 이끌게 하여 승리함으로 하나님 중심의 삶을 회복시키는데 큰 역할을 했다.

여호람

여호람은 나쁜 왕인데 역대기에 언급되었다. 그는 이방 우상 숭배에 치중한 아합의 딸, 아달리아와 결혼하는 실수를 한다. 그녀는 남쪽으로 와서 왕좌를 차지하기 위해 왕족의 거의 모든 왕자들을 죽인다. 그러나 제사장 여호야다는 어린 왕자 요아스를 육년간 숨겨서 훗날 왕손으로 보존한다. 제사장이 다윗의 혈통을 유지하는데 큰 역할을 한다.

요아스

요아스는 사람들에게 성전의 유지를 위한 헌금을 하라고 격려하고 성전을 재건축했다. 그러나 그는 자신에세 친절을 보였던 여호야다의 아들 신성한 스가랴를 죽인다.

헤스기아

헤스기아왕은 성전을 수리하고 다시 개방했다. 사람들은 환희의 유월절을 지켰다. 열왕기에서는 이 개혁을 몇구절로 기록했지만 역대기에서는 몇장을 할애하여 자세히 기록했다. 그는 예배의 개혁과 성전을 사람들의 머리속에 재인식 시켰다.

요시아

어린소년으로 왕좌에 올라 성전을 청소하다가 모세 율법책을 발견한 요시아 왕에대하여 역대기는 자세히 기록한다. 그는 이방숭배가 만연하던 당시 범국가적 종교개혁을 시도하고 성전과 예배를 제대로 돌이킨다.

이 왕들은 모두 이방숭배를 반대한 선한 왕들이다. 한가지 주목할 점은 추방전에는 이방숭배가 왕성했었지만 망명에서 돌아온 후에는 우상숭배를 절대 하지 않았고 그것은 오늘날까지도 지켜지고 있다.

역대기를 이해하는데 중요한 것은 바샤의 왕 고레스가 바빌론을 정복한 후 유대인을 성전건축을 위하여 귀향시키는 시점에서 역대기가 끝을 맺는 다는 것이다. 이렇게 망명에서 돌아온 사람들이 지도자로 세워진다. 그들은 다윗의 뒤를 이은 왕의 통치를 받거나 유대성전을 한번도 본 적이 없었다. 역대기의 저자는 그들에게 근원, 지위, 종교의 세가지를 알리고 싶어하는 목적을 가지고 있다. 저자는 그저 역사를 가르치는 것이 아니라 설교한다.

귀향 할 때

우리는 누구인가	뿌리가 있는 민족이다
우리는 어떤 사람인가?	왕족이다.
왜 그런가?	믿음의 민족이기 때문이다.

정체성

귀향하는 사람들은 그들의 정체성을 알고싶어 했다. 그들의 뿌리는아담에게까지 올라가고 하나님께서 그들의 역사를 주관하셨다. 그들은 하나님께 속한, 모든 민족중에서 택함을 받은, 아브라함에서부터 시작하여 한 민족으로 보존된 사람들이다. 그저 땅에 사는 사람들이 아니라 하나님의 목적에 부합되는 정체성을 가진 민족이고 그들의 족보는 길게 이어진다.

지도자들

두번째로 그들은 자신들만의 왕을 모시는 왕족임을 알아야 했다. 역대기의 저자는 이 왕과 이스라엘왕국에 대하여 그들이 생각하기를 원했다. '너희들은 보통사람들이 아니라 제사장의 왕족이다. 너희들의 왕이 계시고 왕의 족보가 보존되어 있으며 다시 왕국을 세울것이다.' 라고 말했다. 사람들이 다시 노예근성으로 주저앉고 싶은 유혹이 있을 때마다 이책은 그들에게 영감이 되었다.

목적

세번째, 저자는 그들이 민족으로 존재하는 목적에 대해 알리고 싶어했다. 그들의 존재성의 가장 중요한 것은 하나님이 선택하신 백성이라는 점이다. 하나님의 백성으로 하나님을 경배하는 것은 너무나 핵심적인 것이었다. 그들이 귀향했을 때, 가장 시급했던 것은 성전의 재건축과 모세를 따라서 예배를 다시드리는 것이었다.

귀향한 사람들의 10%이상이 제사장이었는데 이것을 전체 인구대비에 큰 비중을 차지했다. 빨리 성전을 재건축하여 믿음의 국가로 이스라엘을 세우는데 노력했다. '유대'라는 말은 '하나님을 찬양하라' 라는 의미를 가지고 있다. 그들의 이름답게 살도록 그들은 열심히 노력했다.

이렇게 역대기는 힘든 상황에서 귀향한 사람들을 격려하고 인내하도록 하는 설교문이다. 다시 삶을 구축하는데 열악한 환경이었다. 재정이 부족한 상태에서 성전건축은 더디게 진행되었다. 사람들을 북돋기 위해 학개와 스가랴 두사람의 선지자가 필요했다. 역대기의 저자는 무엇보다도 하나님이 그들의 삶에 첫째가 되어야 한다는 진실을 그들에게 주입시켰다.

그들이 하나님의 백성으로 온전히 정립되지 못한 점은 아쉽지만, 오늘날 이스라엘이 존재하는 이유는 안전하게 살수 있는 그들만의 영토를 원했던 사람들의 덕택이다.

나는 이스라엘의 대통령과 대화했던 45분을 잊을 수 없다. 마지막에 그는 '나는 불가지록자입니다. 하나님을 믿지 않습니다.'라고 말했다. '그러나 이 땅은 하나님은 굉장한 기적들을 이룬 곳입니다' 라고 내가 대답하자, 그는 '저는 그것을 믿을 수 없어요.' 라고 말했다.

나는 슬펐다. 그들이 하나님의 백성으로 돌아가서 그들의 귀향과 희망은 성전중심이어야 하는 것이 너무나 중요했다. 그들의 땅으로는 돌아갔으나 하나님께 돌아간 것은 아니다.

그리스도인으로서의 적용

그리스도

역대기의 주제는 그리스도의 삶에 나타나 있다.

근원

마태복음은 그리스도의 족보로 시작하고, 누가복음은 족보를 아담에게까지 추적한다. 복음서를 읽는 사람들이 그리스도의 근본에 대한 진실성을 믿는 것은 중요하다. 그리스도는 유대인으로서 역사에 아무렇게나 나타난지 않았고 특정한 사람들의 기대를 충족시키기 위해 보내지셨다.

왕족

또한, 그리스도는 왕가의 혈통에서 태어나심으로 다윗의 후손이시다. 아버지를 통해 왕좌의 오를 권리와 어머니를 통해 육적이 권리를 이중으로 갖추신 분이시다. 왜냐하면 그들의 가보는 다윗왕가에 속해있기 때문이다. 현재 왕으로 오시지는 않았지만 영원히 다윗의 왕좌에 계신 분이다.

종교

그는 자신이 성전이 되심으로 이스라엘의 종교적 희망을 성취시키셨다. 요한복음은 '말씀이 육신이 되어 우리가운데 거하시는 성전이 되셨다' 라고 말한다. 예수님은 '이 성전을 부수라 내가 사흘만에 다시 일으키리라' 라고 그의 육신에 대해 말씀하셨다. 그는 성전의 상징으로서 예배의 대상이시다. 예수님은 자신을 주목하는 유대인들의 많은 관습의 필요성을 폐지하셨다.

그리스도인

근원

사도바울은 그리스도인들이 하나님의 백성들에게 접목되었기 때문에 이방인인 우리도 유대인의 근원을 가지고 있다고 설명했다. 그들의 족보는 우리의 족보다. 내가 아브라함의 아들이 되었기 때문에 역대기 상 1-9장은 나의 가보다. 나의 가보는 나의 죽음으로 사라졌고 나는 유대인 가보를 가지고 있다. 그리스도안에서 우리는 아브라함의 축복을 유산으로 받았다.

왕족

베드로는 그의 서신에서 우리는 왕족이며 제사장이라고 말씀한다. 우리는 왕자이며 공주로서 왕족의 권위를 가지고 그리스도와 함께 통치할 것이다. 요한계시록은 하나님께서 백성들을 구원하셨고 우리가 이 땅을 통치할 것이라고 말씀한다. 고대유대인들과 같이 우리도 존귀감을 가지고 우리의 지위를 알고 살아가야 한다.

종교

또 우리는 성전이다. 사도바룽은 '너희가 성령이 거하는 성전임을 알지 못하느냐?' 라고 묻는다. 우리의 삶에 이점을 반영시켜야 한다.

망명에서 돌아온 사람들이 이 세가지에 대해 배운 것같이 우리도 배워야한다. 한가지 다른 점은 우리는 아직도 망명중이라는 점이다. 우리는 아직 귀향하지 않았다; 우리는 외국인으로서 타지에서 순례자로 살고있다. 나는 영국에 살고 있지만 그땅에 소속되어있지 않다. 우리의 시민권은 천국에 있고 이정은 이 땅에 사는 다른 사람들과 의 관계 속에서 긴장감을고조시킬 수 있다. 예수님께서도 '그들은 나를 미워했고 너희들도 미워할 것이다' 라고 제자들에게 말씀하셨다.

따라서, 우리는 믿지않는 친척들과 친구들과의 관계 유지에 힘써야 한다. 왜냐하면 우리는 새가족에 속한 사람들이기 때문이다. 우리의 몸에하는 행위가 하나님의 성전에 대한 행위임을 잊지 말아야한다. 이것이 흡연자들이 예수님을 영접한 후 담배를 끊는 이유중 하나다. 성경에서 금연하라는 말은 없다. 흡연으로 지옥에 가지는 않지만 마치 지옥에 갔다 온사람과 같이 냄새가 날 뿐이다! 많은 그리스도인들이 흡연이 하나님의 성전을 더럽히고 냄새나게 하고 생명을 단축시키는 것임을 깨닫는다.

이렇게 역대기는 역사를 반복하는 지루한 책이 아니다. 미래를 위한 희망의 메세지로 우리가 왜 여기있는지, 하나님의 백성으로서 어떻게 우리의 정체성을 회복할 수 있는지를 보여준다. 당시의 사람들과 현재의 우리들에게 주는 생명의 말씀을 지닌 생명의 책이다.

33. 학개서

개요

학개는 구약성경의 마지막 소선지자들 중 한사람이다. 이 세사람후에 하나님께서는 400년 동안 아무 계시도 주지 않으셨다. 그 400년 동안 유대인들은 그들의 자손들에게 언젠가 하나님께서 우리에게 다시 말씀을 주실 것이라고 말했고 침례요한이 나타날 때까지 하나님의 계시는 없었다.

이 세 선지서들은 짧은 기간동안에 활약했기 때문에 분량이 적다. 학개는 삼개월간 말씀했다. 구약에서 더 짧은 기간동안 활약한 사람은 오바댜이다. 스가랴는 학개와 중복되는 시간이 잠깐 있었고 이년동안 활약했다. 40-50년동안 설교한 내용으로 분량이 많은 이사야나 예레미야서와 대조적이다.

학개와 스가랴는 망명후의 선지자들로 알려져 있다. 망명전의 선지자들은 다가올 재난에 대해 경고했지만 이들은 국가를 수리하려고 애쓰는 국민들에게 격려와 위로의 메세지를 전했다.
학개와 스가랴는 여러가지 공통점을 지니고 있다.

1. 그들은 동시대 인물들이다. 옛 선지자들과 달리 그들의 예언의 날짜를 조심스럽게 기록했다. 계시를 받은 날짜를 기록했다. 학개의 다섯 예언에 대한 정확한 날짜가 기록되어 있다. 스가랴도 마찬가지다. 그들의 예언은 520 BC에 한달간 중복된다.
2. 그들은 유다에 재건되는 예루살렘성에 대해 예언했다.
3. 그들은 같은 상황에 대해 예언했다. 그들의 메세지를 이해하기 위해서는 역사적 배경을 알아야한다.

역사적 배경

바샤의 황제 고레스는 바빌론을 538 BC에 정복한다. 그는 호의적인 군왕으로 망명되어 나온 사람들에게 그들의 고향으로 돌아가서 성전을 짖고 자신을 위해 기도하라고 명령한다. 겨우 오만명의 유대인들이 귀향하고 나머지는 바빌론에서 태어나고 자리잡은 삶을 유지한다. 바빌론은 교역의 중심지였고 많은 유대인들이 부유한 삶을 살고 있었다. 예루살렘은 그렇지 않은 환경에 미래가 불투명한 곳이었다.

귀향자들을 두사람이 이끌었는데 세룹바벨 (바빌론의 씨라는 뜻) 과 대제사장 요수아다. 세룹바벨은 망명시 태어나 약속의 땅을 한번도 본적이 없었비만 여호아김왕의 손자로 다윗의 후손인 합법적인 왕자였다. 다윗의 후손이 이스라엘의 왕이 될것이라는 하나님의 언약의 성취를 위해서 그는 돌아가야 했다. 요수아는 '하나님께서 구원하신다 혹은 하나님은 구원자' 라는 뜻의 이름이고 예수라는 이름과 같은 의미를 가지고 있다. 그는 이도의 후손으로 제사장직을 다시 성립시킨다. 돌아온 사람들 열다섯명중 두사람은 제사장이었으므로 이일은 어렵지 않았다. 영적 감동이 있는 사람들이 대부분 돌아왔으므로 그들이 재산축적을 위해 온 것이 아니었다. 70년간 내버려진 성벽도 없는 도시에서 산다는 것이 힘들것이라는 것을 알고 온 사람들이다.

돌아오자마자 세룹바벨과 요수아가 우선적으로 한 일은 제단을 쌓고 주위에 성전을 지어서 하나님의 백성으로 자신들의 위치를 확립하는 것이었다. 그들의 조상 아브라함과 같은 길을 따라 돌아온 점등 흡사한 점이 많다. 아브라함의 고향 우르지역은 바빌론의 강하구에 있었고 그들은 아브라함이 집과 친척, 사업들 내버리고 알지 못하는 땅으로 떠난 역사를 되풀이했다. 약속의 땅에 돌아왔을 때 아브라함은 텐트를 치고 먼저 하나님께 무사히 도착한 것을 감사하는 제사를 드렸다. 망명에서 돌아온 사람도 이같이 했다. 그들은 돌들을 모아 제단을 쌓고 귀향의 감사제사를 하나님께 드렸다.

우리는 그들의 희생을 과소평가해서는 안된다. 그들은 친구, 친척, 벽돌집을 떠나왔다. 번성을 가난과 바꾸고 요지의 땅을 버리고 70년간 폐허로 있던 땅을 선택했다. 그러나 그들은 하나님께서 조상들에게 약속하신 자신들의 왕과 왕국을 재건할 것이라는 역대기의 말씀을 붙잡았다.

성전의 재건축은 힘들었다. 사람수가 부족했고 자본이나 물질도 없었다. 솔로몬의 성전보다 훨씬 적은 성전을 짖기로 결정했지만 이것 조차도 그들에게 벅찬 일이었다. 사마리아인들의 반대에 부딪치고 다리우스가 고레스왕의 뒤를 이었을 때 고레스왕이 성전건축을 위해 보낸 보조금이 사라졌다. 다리우스는 군사경비를 위해 이들에게 주는 보조금을 없앴다.

사람들은 그들이 해야할 일에대해 용기를 잃고 실망했다. 재건을 시작한지 겨우 이년만에 중지하여 14년간 기초와 낮은 벽만 있는 상태로 방치되었다. 자신들의 삶을 위해 고생하는데 성전 건축은 감당할 수 없는 사치였다. 그저 살아남기에 바빴다.

경기는 불황으로 이어지고 식량은 부족하고 비쌌다. 통화팽창, 가뭄, 역병은 식량난을 초래했다. 바빌론에서 가지고 온 돈은 식량과 옷을 사는데 모두 소비하여 남은 돈도 없었다. 용두사미 격이 되었다. 국가 재건의 희망을 가지고 돌아왔는데 남은 것은 살기에도 급급한 정도였다.

'왜'라는 질문을 하지 않을 수 없었다. 그들은 돌아오는 결정은 맞는 것이지만 시기를 잘못 결정했다고 생각했다. 바빌론에 더 머물어서 그들의 힘과 부를 더 키운 후에 돌아왔어야 하는것이 아니었는지에 대해 자문했다. 아브라함은 텐트와 제사단으로 만족했을지 모르나 그들은 재건을 원했다. 돌아온지 18년이 지났지만 아무것도 보여줄 것이 없었다.

이런 암울한 상황에서 학개는 말씀을 전했다. 정확하지는 않지만 그는 제사장으로 망명에서 돌아온 사람들 중 한사람으로 여겨진다. 그의 아버지에 대한 언급이 없는 것으로 보아 유명한 가문은 아니었던 것 같다. 하나님의 감정은 시로 생각은 산문의 형태로 전달되어 진것을 볼때 그의 예언이 산문의 형태였음은 중요하다. 그의 저술에 하나님의 감정은 드러나지 않는다. 마치 하나님께서 지쳐서 감정을 느끼지 못하신 것같은 느낌이다.

또한, 학개서에 어떻게 하나님의 말씀이 언급되었는지도 중요하다. 다른 선지자들과 같이 하나님의 말씀이 학개에게 전해진 것이 아니라 학개에 의해 전달되었다고 기록되었다. 그렇다면 계시라기 보다는 그가 본 영감을 쓴 말씀인 것 같다. '하나님께서 말씀하기시를' 이라는 시두와 함께 38구절에 26번의 사건을 기록하는 영감을 받았다.

책의 구조

침울한 백성들: 1:1-11

너의 집은 잘 장식되었다
나의 집은 엉망이다

의지의 백성들: 1:12-15

하나님을 두려워하라
하나님께 순종하라

용기를 잃은 백성들: 2:1-9

예전의 집―영광스러움
훗날의 집―더 영광스러움

더럽혀진 백성: 2:10-19

깨끗함이 더럽혀진 것을 깨끗게 못함
더러움이 깨끗한 것을 더럽게 함

임명된 왕자: 2:20-23

다른 왕좌가 전복됨
이 왕좌는 채워짐

학개는 닷새에 걸쳐 하나님께로부터 26개의 메세지를 받아온다. 사람들이 생각할 수 있는 하나님의 질문사항들을 묻는다. 그의 메세지의 주제를 살펴보자.

침울한 백성들 (1:1-11)

백성들이 침울했던 이유는 그들의 사고방식이 잘못되어있었기 때문이다. 그들의 사고를 고치면 그들의 기분도 달라질 것이었다. 하나님의 백성들이 생각하기를 싫어했다. 나는 설교 후 '목사님이 우리에게 생각해야 할 것을 제시해 주셨어요' 라는 교회에 생각하러 오지 않았다는 느낌을 주는 질책의 말을 듣는다. 목사와 선지자는 사람들이 생각하고 질문할 수 있도록 자극해야한다.

사람들은 그들의 고난이 하나님께서 주신 것임을 깨닫지 못한 채 먼저 침울해 했다. 학개는 그들이 상황 판단을 제대로 하지 않았음을 설명했다. 기금과 힘이 딸리자 성전재건의 시기를 잘못 정했다고 생각했다. 그러나 학개는 그들이 성전재건을 중지했기 때문에 통화팽창과 농사가 실패했다고 말했다. 하나님과 성전을 우선으로 두지 않자 모든 것이 잘못되기 시작한 것을 그들은 느끼지 못하고 있었다. 그들의 사고에 원인과 결과가 반대로 되어있었다.

학개의 해결책은 성전과 그들의 집을 비교하는 것이었다. 그들의 집은 귀한 나무로 장식되어 있었다. 나무는 바빌론 사람들이 베어버려서 아주 귀했고 향나무를 레바논에서 수입했다. 주위의 돌이 충분한데 향나무로 집을 장식하는 사람은 필요없이 돈을 낭비한 것이다. 그의 메세지는 '너의 집과 하나님의 집을 비교하면 너의 우선권이 어디 있는지 볼수 있을 것이다' 라는 간단한 메세지다.

의지의 백성들 (1:12-15)

사람들은 긍정적으로 반응하고 재건축을 다시 시작했다. 망명으로 선지자들의 말에 귀를 기울이게 되었고 재건은 빠르게 진행되었다. 삼주 반만에 건축할 사람들과 재료를 모을 수 있었다.

용기를 잃은 백성들 (2:1-9)

두번째 메세지는 재건이 시작된 지 27일만에 주어졌다. 나이 든 사람들이 솔로몬의 성전과 비교하면서 '이걸 성전이라고 짖느냐? 우리의 성전을 보았어야했는데...' 하며 불평함으로 사람들의 사기는 떨어져갔다. 혹독한 비평이었고 사람들은 용기를 잃었다.

현재

학개는 재건을 계속하라는 하나님의 말씀을 전했다. 축소된 성전규모에 대해 걱정하지 말라고 말했다. 아주 안하는 것보다는 낫다고 말했다. 하나님은 그의 성전의 규모에 대해 상관치 않으신다. 그는 사람들과 함께 거할 장소를 원하실 뿐이다.

여기서 하나님은 교훈과 약속을 주신다. 교훈(명령)은 '강하라 (3번에 걸쳐 주심)와 두려워하지 말라 (한번 주심)' 이다. 약속은 '내가 너와 함께한다. 나의 영이 너와 함께 있을 것이다' 였다.

미래

학개는 미래에도 중점을 둔다. 그는 하나님께서 하늘과 땅과 모든 나라들을 흔드실 것이다라고 예언한다. 하나님께서 역사와 자연의 주권자이심을 강조한다.

그리고 수수께끼같은 구절이 있다: 모든 국가들에게서 원하는 것들이 올것이다. 히브리어의 번역은 어렵지만 이것이 메시아를 의미한다고 생각지 않는다. 구약에서 '원하는 것'은 거의 귀중한 재물로 번역된다 (역대기하 32:27; 36:10; 다니엘 11:18, 43). 이것은 성전을 원래의 모습으로 재건할 수 있는 은과 금이 더 올 것이라는 약속이다. 하나님께서 국가들은 흔드셔서 그들이 재물을 보내게 할 것이라는 말이다. 예언이 있은 얼마 후 예언 그대로 바샤왕국에서 은과 금이 보내어 재건을 도왔다. (에스라 6:4) 이 말씀을 메시아로 보는 것은 지나친 해석이다.

하나님은 이 성전을 그의 영광으로 채우시고 그 영광은 그전의 성전에 채운 것보다 훨씬 클 것이라고 말한다. 이것은 솔로몬의 성전을 채운 영광이 이 영광보다 축소됨을 말하는 것이 아니다. 이것은 건물자체의 화려함을 말한다. 나라들이 보내는 재물과 연관된 약속이다. 또 이 성전은 더 큰 평화와 조화를 누릴 것이라고 약속하셧다.

더럽혀진 백성 (2:10-19)

다음의 위기는 두달 후에 왔다. 12월이 되었는데 비가 오지 않았다. 학개는 성전재건을 중지핵기 때문에 가뭄과 기근이 왔다고 말했다. 그러나 10월에 건축을 시작한지 두달이 지난 12월에도 비는 오지 않았다. 이번에도 흉작이 될것같았다.

그래서 학개는 신학적 문제에 당면했다. 하나님께서 당장 답변하시겠다고 약속하지는 않았지만 사람들을 그렇게 기대했다. 그는 하나님께 이 문제에 대해 물었다. 하나님은 사람들에게 다른 질문으로 답하셨다. 세번에 걸쳐 사람들에게 잘 생각해 보기를 원하셨다.

먼저, '더러운 것과 깨끗한 것을 함께 놓으면 더러운 것이 깨끗한 것을 더럽게 하느냐 아니면 깨끗한 것이 더러운 것을 깨끗하게 하느냐?' 하고 물으셨다. 제사장들은 더러운 것이 깨끗한 것을 더럽힌다고 대답했다.

다음에, '하나님께 바쳐진 것과 그렇지 않은 것을 함께 놓으면, 신성함이 그렇지 않은 것들을 신성케 하느냐?' 하고 물었고 답은 그렇지 않다는 것이었다.

학개는 하나님께서 비를 연기하신 이유는 그들이 하나님께 드리는 성전을 짖지만 그들 자신은 하나님보시기에 더러운 삶을 살고있기 때문이라고 설명했다. 그들은 하나님의 성전을 짖고있는 자신들이 깨끗한 것으로 생각했지만 그들의 삶은 하나님보시기에 옳지 않았다.

학개는 이것이 어떤 죄를 말하는지 정확하게 기록하지 않았지만, 그들의 반응을 볼 때 그들 자신들이 잘 알고 있었다. 그들이 그점을 수정하자 다음날 바로 비가 오기 시작했다. 그들이 메세지를 알아들었기 때문에 하나님께서는 '오늘부터 너희들을 축복하리라' 라고 말씀하셨다.

임명된 왕자 (2:20-23)

다음의 메세지는 세룹바벨에게 주어졌다. '네가 하나님의 인장 반지다' 라는 간단한 메세지였다. 인장 반지는 왕족들이 항상 끼고 있었고 세룹바벨을 통해 왕가의 혈통이 다시 이루어 질것이라는 하나님의 말씀이었다. 그는 다윗의 혈통을 가진 왕자였다. 물론 바샤의 다리우스가 왕이었기 때문에 그는 왕이 될수 없었다. 그는 유다의 주지사로 있었다.

세룹바벨에게 또 다른 약속이 주어졌다: '언젠가 내가 온천하와 국가들을 흔들것이다. 그때에 그들의 왕좌를 전복시키고 이스라엘의 왕좌를 성립할 것이고 너의 왕가는 그곳에 앉을 것이다.' 하나님은 바샤, 이집트, 시리아, 그리스, 로마를 흔들고 세룹바벨의 혈통으로 이스라엘왕국을 다시 설립하실 것을 약속하셨다. 스가랴 12-14장에 있는 예루살렘에 대한 예언과 연결되는 그날에 이 일이 이루어 지리라 생각한다.

그리스도인의 적용

그리스도

이 예언은 세룹바벨을 위해 성취되지는 않았지만 예수님의 계보를 통해 이루어 졌다고 볼 수 있다. 세룹바벨은 우리의 구원의 역사속에 중요한 위치를 차지하고 있다. 하나님은 그를 하나님의 아들의 양쪽 계보에 두심으로 약속을 이루셨다. 예수님의 법적 혈통은 다윗에서 그의 아버지 요셉까지 (마태복음), 그의 육신의 계보를 다윗에서 마리아까지 (누가복음)으로 연결된다. 이렇게 예수님은 두갈래로 다윗의 자손이시다. 세룹바벨은 양쪽 계보에 들어있다.

그리스도인들

학개의 핵심 메세지는 우선권의 중요성을 강조한다. 예수님도 가르치실 때 이점에 대해 계속 말씀하셨다. 마태복음 6장에서 예수님은 사람들에게 먼저 하나님의 나라와 의를 구하면 식량이나 옷의 문제는 저절로 해결될 것이라고 말씀하셨다. 하나님을 먼저 구하면 모든 것을 주시리라고 예수님께서 말씀하셨기 때문에 최상의 복지국가는 하늘나라이다. 하나님은 화려한 생활을 약속하지는 않지만 우리에게 필요한 모든 것을 채워주신다. 우리는 먹고 사는데에 우선권을 두고 남은 부분을 하나님께 드리는 경우가 허다하다. 이것은 바른 방법이 아니라는 학개의 메세지가 우리에게 분명히 전해졌다.

더 중요한 점이 있다. 하나님은 우리가 하나님을 위해서 무엇을 하는지에 관심을 두기보다는 우리가 깨끗한가에 대해 관심을 가지고 계시다. 예수님께서 하나님께 제물을 드리게 위해 왔을 때 누군가와 화해해야 할 일이 있으면 먼저 가서 해결한 후 하나님께 제물을 드리라는 산상수훈을 주신 이유가 여기있다. 다시한번 학개의 메세지는 우리에게 전해졌다. 깨끗지 않은 사람은 깨끗한 것을 더럽게 할 수 있다. 일을 바르게 하고, 하나님께 우선권을 드리면 우리가 하는 일을 하나님께서 즐겁게 받으시고 우리를 복주시고 돌보아 주실 것이다.

아주 간단한 메세지 이지만 계속 알려야 하는 메세지이다. 인생은 살아 남거나 생계를 위한 삶이 아니라 하나님을 위해 바르게 사는 것이다.

34.
스가랴

개요

스가랴서는 학개서와 많은 공통점을 지니고 있다. 스가랴서 8장은 학개가 말했다고 할 수 있을 정도다. 학개와 스가랴는 한달 정도 중복되는 기간이 있었고 스가랴의 사역은 학개가 끝맺는 지점에서 시작된다. 학개서가 가장 이해하기 쉬운 소선지서라면 스가랴는 가장 어려운 책중 한권이다. 세가지의 다른점은 다음과 같다:

1. 스가랴는 학개이후에 나와 훨씬 더 긴시간동안 활약했다. 학개가 바톤을 스가랴에게 넘기고 그는 훨씬 장거리를 뛰는 릴레이 경주와 같다.
2. 스가랴서는 학개서보다 분량이 많은 14장으로 되어있다.
3. 스가랴는 장거리의 미래를 내다보았고 학개는 현재와 당시의 문제를 보았다. 스가랴는 종말까지 볼 수 있었던 것 같다. 그의 가까운 미래와 예언은 먼 훗날의 예언과 섞여 있어서 어떤 시대를 말하는지 혼돈된다.

또 스가랴서에는 학개서보다 더 많은 시가 들어있다. 그의 책안에는 다른 글체들이 나타나고 이것은 종말에 관한 책이다. 종말에 관한 예언들은 상징적이고 이상한 그림들이 있는 시각적인 의사표현의 방법을 사용한다. 동물과 천사들이 특출나게 드러나고 천사들은 사람들에게 그림의 설명을 한다. 이것은 요한계시록, 다니엘서의 후반부 그리고 에스겔서의 부분들을 연상시킨다. 이런 예언들이 왜 이상한 형태로 나타나는지의 이유는 간단하다—먼 훗날을 상상하기가 어렵기 때문이다. 가까운 미래는 현재의 진행임으로 쉽게 상상할 수 있다. 그러나 먼 훗날의 상상은 훨씬 어렵다. 천년전의 사람들에게 우리의 현재의 삶을 어떻게 설명할 수 있겠는가? 텔레비젼을 설명하기는 굉장히 어려울 것이다. 그들은 거의 알아듣지 못할 것이다. 사람들에게 먼 미래를 묘사하려면 그들이 알고 있는 그림이나 상징으로 설명하도록 노력하는 방법뿐이다.

스가랴의 예언은 아주 다르다. 학개의 메세지는 쉽게 이해할 수 있다. 그는 사람들에게 성전재건을 끝내면 하나님께서 복 주실 것이라고 말한다. 여기에 특별한 설명이 필요한 사람이 있는가? 그러나 스가랴는 아주 다른 명제를 가지고 있다.

스가랴 선지자

그의 이름은 '하나님께서 기억한다' 라는 의미이다. 구약성경에서 흔히 있는 이름으로 29명의 인물이 같은 이름을 가지고 있었다. 그는 제사장이면서 선지자로서 바빌론에서 돌아온 사람 열다섯에 두명꼴로 선지자들이 었기 때문에 별로 놀랄 일이 아니다. 예루살렘에 하나님의 이름을 다시 세우기 위해 돌아온 종교적 귀향이었다. 바빌론의 생활이 훨씬 낳았기 때문에 비옥한 땅이나 상업을 위해 돌아온 사람들이 아니었다. 그들은 영적 이유로 돌아왔기 때문에 많은 제사장들이 포함되어 있었다.

스가랴가 강조하는 두가지가 있다. 하나는 사회의 영적 지도자로 제사장들이 선지자를 대체한다는 점이다. 다음 400년 동안에는 선지자가 없고 제사장만 있었다. 스가랴가 선지자이면서 제사장이었던 것은 이런 과도기를 나타낸다. 그는 아무도 자신이 선지자라고 말하지 않는 날이 올 것이라고 예언했다.

두번째 놀라운 것은 제사장들이 왕들의 지도자적 위치를 차지한다는 것이다. 스가랴는 금과 은으로 만든 왕관을 만들어 스룹바벨이 아닌 요수아 제사장의 머리에 얹였다. 이스라엘 역사상 처음으로 왕과 제사장의 사역이 하나가 되었다. 이런 일은 구약성경에서 멜기세덱이 예루살렘의 왕이면서 제사장이었던 경우 딱 한번 있었지만 이것은 이스라엘이 국가로 탄생하기 오래전의 일이었다. 신약성경에서 이 계보를 통해 예수님이 오신 것을 우리는 알고있다. 그는 엘리가 아닌 멜기세덱의 혈통이다. 그는 제사장, 왕, 선지자였다. 스가랴는 이 세 지위를 하나의 지도자로 만드는 것을 표한다. 제사장들은 선지자와 왕들의 일을 맡게 된다. 예수님께서 오셨을 때는 제사장들만 있었다. 사도요한이 400년후 나타난 첫 선지자였고 통치자는 두사람의 대제사장이었던 안나스와 가야바였다. 스가랴는 이러한 변화를 표시하는 중요한 책이다.

이스라엘 역사의 두 지도자층의 변화를 가르는 쉬운 방법이 있다. 아브라함에서 예수님까지의 이천년을 사등분하면 오백년씩의 기간으로 나누게 된다. 첫 오백년은 2000-1500 BC로 아브라함, 이삭, 야곱, 요셉의 족장시대였다. 다음 오백년은 1500-1000 BC로 모세에서 사무엘까지 선지자들에 의해 통치되었다. 100-500 BC는 왕과 왕자들이 통치했다. 500 BC에서 예수님 오시기까지는 제사장들이 통치했다. 하나님께서는 그들에게 모든 종류의 지도자들을 주셨고 그들은 하나같이 이스라엘을 이끄는 지도자로서 실패했다. 그들에게 필요한 지도자는 이 모든 것이 합류된 한사람의 지도자 예수그리스도였다.

책의 구조

현재의 문제점 (1-8장)

(날짜가 기록되어 있으며 산문형이다.)

견책과 반항 (1장)
격려와 즉위 (1-6장)
     화석류나무사이에 선 네명의 기병
     네 뿔과 대장장이 네명
     측량줄을 잡은 사람
     여호와의 천사 앞에 선 여호수아
     순금 등잔대와 두 감람나무
     날아가는 두루마리
     에바속의 여인
     네 병거
금식과 잔치 (7-8장)

미래의 예언 (9-14장)

(날짜의 기록이 없고 시형태가 섞여있음.)

국가적 (9-11장)
     적을 정복하다

평화의 왕
전능의 하나님
모인 군중
벌채된 이웃
쓸모 없는 목자들

국제적 (12-14장)
적군의 침략
슬퍼하는 주민들
사라진 선지자들
줄어든 인구
역병에 걸린 침략자들
보편적 예배

이 책은 두부분으로 나누어 진다. 그는 하나님께로부터 그림으로 말씀을 받고 그림으로 우리에게 전해준다. 그러나 1-8장 전체는 현재의 상황에 대한 염려였으므로 학개와 같이 세개의 예언의 날짜를 기록했다.

첫번 예언은 연도와 달을 기록하고 날짜는 기록되지 않았다. 다음의 예언은 삼개월 후에, 세번째는 이년후에 주어진다. 학개가 왜 예언을 중단했고 하나님께서 다른 사람을 보내셨는지는 확실히 알수 없다. 학개가 죽었거나 병들었거나 계속할 수 없는 상황에 있었을 것이다. 학개가 끝나기 한달전 스가랴가 인수했다.

현재의 문제점 (1-8장)

견책과 반항 (1장)

성전 재건이 계속되고 있는 중에 예언이 주어졌다. 아직 공사가 끝나지는 않았지만 학개의 말을 사람들이 들은 것이다. 망명에서 돌아온 후의 특이한 사항은 사람들이 선지자의 말에 순종한 것이다. 이것은 70년간 망명생활을 한 결과라고 생각한다. 스가랴는 그들의 조상들이 선지자들이 경고한 망명을 듣지 않은 결과라고 사람들에게 상기시켜주었다. 적당한 시간에 주어진 상기였다.

이 설교는 간단했다. 조상들은 그들이 잘못하고 있는 것을 알았을 뿐만 아니라 그들이 잘못함을 지적까지 해주었다. 그들이 변명할 수 없었다. 스가랴는 '같은 실수를 반복하지 말라. 또다시 범죄하면 학개가 말한 대로 문제가 또 일어날 것이다' 라고 말했다.

격려와 즉위 (1-6장)

그 후 스가랴는 삼개월간 설교를 하지 않다가 특이한 방법으로 다시 시작했다. 그는 밤에 환상으로 받은 여덟개의 그림을 보여주었다. 환상과 꿈의 차이는 환상은 깨어 있을 때에 나타나고 꿈은 자고있는 동안에 나타난다. 하나님께서 그를 계속 깨우시며 환상으로 그림을 주셨다고 말한다. 밤시간이었지만 하나님께서는 꿈보다는 환상으로 메세지를 주셨다.

이 여덟개의 환상은 서로 연결되지 않은 것 같지만 일반적으로, 특히 처음 두개는 성전 재건에 대한 것이다. 암시적이 이 그림들을 볼 때 네번 나타나는 후렴이 있다: '그때에 전능하신 하나님께서 나를 너희들에게 보냈음을 알게 될 것이다.' 스가랴는 그가 말하는 것은 선지자를 시험하는 것이라고 말하고 있다. 모세의 율법 중에 선지자의 예언이 실현되지 않으면 그는 가짜 선지자이므로 돌로 쳐 죽이라는 것이 있다. 이것은 미래에 대한 예언을 하려는 사람들을 주저하게 만들수 있다. 다행이도, 우리는 모세의 율법 하에 살지 않지만 많은 가짜 선지자들이 있어서 그들을 시험하는 것은 아주 중요하다. 그들의 예언이 실현되지 않으면 사람들을 현혹하고 하나님의 이름을 오용하는 사람들을 견책해야한다.

화석류나무사이에 선 네명의 기병 (1:7-17)

네사람이 두마리의 붉은 말, 한마리의 고동색 말, 한마리의 백마를 타고 있다. 천사에 의하면 그들은 지구에 내려와 어떤 일이 일어나고 있는지를 보고 하나님께 보고드리는 자들이라고 했다. 이 환상이 오늘날에 있었다면 이들은 오토바이를 타고 있었을 것이다. 그들은 세상 곳곳에 평화가 있다고 보고하는데, 이것은 고레스가 바빌론을 무찌른 후의 상황을 정확히 나타낸 것이다. 고레스는 평화의 사람이었고 그가 통치할 동안 평화가 있었다. 스가랴는 평황의 기간을 이용해서 성전과 예루살렘성을 재건하라고 말한다. 그로 부터 얼마후 그들은 이집트, 시리아, 그리스와 로마의 침략을 받는다. 하나님은 그의 백성들을 끌어가고 혹독하게 취급한 자들에게 분노하셨다고 말씀했다. 그는 자신의 백성들에게 70년간 분노했고 이제는 그들을 잡아간 자들에게 분노하셨다. 당분간은 하나님께서 전쟁을 나라들에게 보내지 않으셨고 평화가 유지되었다.

네 뿔과 대장장이 네명

여러농지의 풍경이 있는 것을 보면 스가랴가 농사를 했던 사람이었을 것이다. 그는 네명의 대장장이가 뿔을 뽑고 있는 것을 본다. 종말의 예언에서 뿔은 군사력을 상징한다. 뿔은 무기이고 지구의 네모퉁이에서 뿔이 뽑히는 그림을 본다. 하나님은 침략자들의 뿔을 뽑으신다. 바빌론은 더이상 위협이 아니었고 하나님은 유다를 위협한 다른 국가들의 뿔을 뽑으신다. 그들은 미래의 침략에 대해 걱정하는 것보다는 가지고 있는 재물들을 사용해서 성전건축을 계속한다.

측량줄을 잡은 사람 (2:1-13)

이번에는 한 사람이 벽을 측량하고 있는 예루살렘의 그림이다. 스가랴는 성이 너무 작아서 곧 인구가 넘쳐날 것을 알게된다. 예레미아도 이것을 예언한 놀라운 예언이다. 다윗시대때부터 계속 확장되어 온 예루살렘의 지도들을 가지고 있다. 예레미아는 정확하게 도시의 팽창을 예고했고 양쪽으로 근교도시의 위치를 말했다. 도시가 팽창할 때의 문제는 어떻게 방어하느냐 하는 것이다. 성벽을 세우면 금방 성안이 너무 많은 사람으로 붐비게 된다. 측량줄을 잡은 사람은 '여기에 와서 살 모든 사람들에게 너무나 비좁은 공간이다' 라고 말했다. 그리고 '도시가 팽창하면 내가 막아줄테니 성벽을 쌓을 필요가 없다' 라고 하나님께서 약속하신다.

이것은 부분적으로 예루살렘의 위험성 때문에 돌아오지 않는 사람들을 격려하기 위한 환상이다.

이방인 국가에 대한 두가지의 환상이 있다:

1. **이스라엘을 공격하는 자들은 하나님을 대하여야 할 것이다.** '누구든지 나의 사람을 건드리는 것은 나의 눈동자를 건드리는 것이다' 라고 하나님께서 말씀하셨다. 눈동자는 신체 중 가장 예민한 부분이어서 작은 티가 들어가자마자 눈꺼풀이 닫힌다. 예수님께서 '형제중 가장 작은 자에게 한 것이 나에게 한것이다' 라는 말씀도 같은 원리를 지닌다. 하나님의 백성은 하나님께 가장 예민한 부분이다.

2. **많은 이방인들이 이스라엘에 속할 것이다.** (12-14장) 유대인들이 건재하는 것이 이스라엘의 하나님이 계시다는 것을 역사는 증거했다. 이스라엘을 공격하는 자들은 나중에

값을 치루고 이스라엘에 합류한 이방인들은 그들의 화석류 나무에 접목된 것이다. 이스라엘을 치는 나라들에 대한 심판과 이스라엘과 합류하는 나라들은 이스라엘의 하나님은 모든 사람들의 하나님이심을 나타낸다.

여호와의 천사 앞에 선 여호수아 (3:1-10)

다음의 환상에서 요호수아가 옷을 갈아입는다. 스가랴는 세룹바벨과 여호수아 제사장의 통치를 보고있다. 어떤 일이 일어날 것인가? 먼저 사탄이 그림속에 나타난다. 악마는 구약에서 거의 나타나지 않는점이 흥미롭다. 창세기 3장에서 에덴동산에, 역대기 끝에서 다윗에게 이스라엘의 인구조사를 하라고 유혹할 때, 욥기의 첫부분에 나타난다. 그가 여러가지 일들의 후미에 있었지만 예수님께서 오셨을 때 그는 더욱 두드러진다.

어떤 중요한 일이 일어나려고 할 때 마귀는 막으려고 방해한다. 모세가 죽어서 유대인들이 이집트에서 나오지 못하도록 하기 위해 그는 이집트의 남자아이들을 모두 죽이려했다. 예수님이 자라서 사람들을 구원하지 못하도록 하기위해 베들레헴의 남자아기들은 모두 죽였다. 여기서는 유다의 과거의 죄를 나눈 여호수아는 더럽혀진 사람이므로 그가 유다의 지도자가 될 수 없다고 말한다. 스가랴는 여호수아가 더러운 옷을 입고 있는 것을 보고 악마의 말이 맞음을 보았다. 악마는 천국에서 구형을 내리는 검사의 역할을 하는 것 같다. 욥기에서 사람들을 정죄하며 하나님앞에 있었다.

환상에서 스가랴는 여호수아가 불속에서 반쯤 탄 막대기 같은 횃줄임을 듣는다. 그들은 여호수아의 더러운 옷을 벗기고 깨끗한 옷을 입히고 모자를 쉬운다. 다른 사람들과 같이 죄를 지은 여호수아가 하나님의 은혜로 하나님 보시기에 깨끗한 사람으로 제사장이 되는 아름다운 그림을 본다. 하나님께서는 이 한 유대인에게 하신 일을 모든 나라에게 해 주실 것이라고 약속하신다. 단 하루에 이땅의 죄를 없애버릴 것이라고 말씀하신다. 하나님은 한사람을 깨끗게 하시고 제사장으로 만드실 수 있다. 또 각 사람이 그의 이웃을 초대해 하나님의 포도나무아래 앉힐 것이라고 약속하신다. 이말씀은 예수님께서 나다니엘을 마나 그가 무화과나무아래 있는 것을 보았다고 말씀하시는 대목의 그림자이다.

순금 등잔대와 두 감람나무 (4:1-14)

다음에 스가랴는 성전안에 있는 일곱개의 가지가 있는 순금 등잔대를 본다. 또 등잔보다 높이 있는 기름그릇에서 기름이 등잔으로 흐르는 것을 보고 불을 켜기 위해 기름을 계속 넣지 않아도 됨을 깨닫는다. 왜냐하면 기름이 등잔대로 계속 흐르고 있기 때문이다. 이것은 성령으로 가득 찬 사람이 세룹바벨에게 성령을 붙고 있음을 상징한다. 성경에서 기름은 하나님의 성령을 의미한다. 성령의 부음을 받았을 때 기름부음 받았다라는 말이 이 때문에 사용된다. 1952년 영국의 여왕이 즉위할 때 기름부음을 받았다. 세룹바벨은 하나님께서 기름부으신 사람이고 히브리어로 '기름부음'은 '메시아' 곧 하나님이 기름부은 자를 의미한다. 헬라어로는 그리스도이다.

그리고 많이 인용된 문구가 나타난다: '이는 힘으로 되지 아니하며 능력으로 되지 아니하고 오직 나의 영으로 되느니라.' 라고 하나님께서 말씀하신다. 이 문맥에서 이말은 군사력이나 정치력이 아니라고 말한다. 다시 말해서 다윗왕의 계보는 군사나 정치력이 아닌 성령으로 이루어 질 것이라는 말이다. 교회에서 이말을 잘못 이해하여 십자군같은 말도 되지 않는 일들을 벌였다. 하나님의 왕국은 군사력이나 정치력이 아닌 오직 하나님의 성령으로만 성립할 수 있다. 세룹바벨에세 이러한 능력이 주어진 증거는 아주 특이하다. 성전을 짖는 사람들이 마지막 돌을 얹는 식을 거행하려고 성전의 꼭대기에 올라갔다. 세룹바벨은 그 마지막 돌을 손으로 올려놓게 되어 있었다. 그 돌은 아주 무거운 돌인데 예언은 그가 들고가서 아무 도움이나 밧줄이 없이 제자리에 놓을 것이라고 했다. '그 때에 전능의 하나님인 내가 너희들에게 선지자를 보낸 것을 할게 되리라.' 말씀했다. 삼손은 블레셋성의 문을 들어냈고 같은 성령의 힘이 세룹바벨에게 주어져 그는 커다란 돌을 들어서 돌렸다. 신나는 한 장면이다.

다음의 환상에서 스가랴는 두 감람나무를 보는데 이들은 세룹바벨과 여호수아를 상징한다. 두사람이 함께 지도자가 될 것이었고 등잔대는 이들에게 기대고 있는 영이었다. 세룹바벨은 왕은 아니었지만 미래를 위해 필요했다. 바샤제국이 왕을 세우지 못하도록 했기 때문에 제사장에게 왕관을 씌웠고 그가 실제로 왕이 아니어서 제사장을 반대하지는 못했다고 나는 생각한다. 이렇게 그들은 바샤제국과의 마찰을 피했다. 이것이 사실이던 아니던, 성전은 그들 생전에 건축되었고 전능의 하나님께서 그들에게 스가랴를 보내셨음을 알았다. 솔로몬이 지은 성전과 비교할 때 훨씬 작은규모의 성전을 경멸할 필요가 없었다.

날아가는 두루마리 (5:1-4)

두루마리는 십미터와 오미터의 길이였고 땅위의 공중을 날았다. 두루마리에는 '도둑질하고 거짓말하는 모든 자들에게 저주가 있으리라' 라고 쓰여 있었다. 사람들의 집위를 날아 가다가 도둑질하거나 거짓말하는 사람의 집위에서는 맴돌았다. 저주가 두루마리에서 집으로 떨어져 집들이 파괴되었다. 스가랴는 하나님께서 도둑질하거나 거짓말 하는 자들을 저주하실 것이라고 말한다.

에바속의 여인 (5:5-11)

스가랴는 35 리터정도 되는 크기의 바구니에 창녀같이 생긴 여인이 있는 것을 본다. 날개 달린 두 여인을 날라와서 여자가 있는 바구니를 입에 물고 동쪽으로 날라갔다. 이것은 하나님께서 그들의 죄를 바빌론으로 보내심을 보여주는 그림이다. 하나님께서 '내가 죄인들을 그곳으로 보냈고 이제 죄가 속한 그곳으로 너희들의 죄를 보낸다' 라고 말씀한다. 성경에서 바빌론은 죄의 장소를 상징한다.

네 병거 (6:1-8)

마지막으로붉은 말, 흑마, 백마 그리고 회색의 얼룩말이 끄는 네 병거가 하나님의 뜻을 이루기 위해 지구의 모든 곳으로 나가는 그림을 본다. 북쪽의 바빌론에서 이미 일을 끝낸 한 병거는 휴식을 취하고 있다. 그러나 다른 세 병거는 세상의 모든 곳을 다니며 하나님의 뜻을 이룬다. 하나님은 세상의 역사를 주관하신다. 그의 대리인들은 어디든지 빠르게 갈 수 있다.

바로 이때 바빌론에서 세명의 현인들이 도착한다. 그들은 상인들로서 성전을 위해 금과 은을 가지고 온다.스가랴는 그것들을 가지고 왕관을 만들어 여호수아를 성전에서 즉위시키라는 명령을 듣는다. 그리고 후렴이 다시 나온다. ' 그때에 너희들은 내가 하나님임을 알게 될 것이다.' 이것은 중요한 점이다. 앞서 말한 대로, 제사장과 왕이 이스라엘에서 함께 결합된 적이 없었다. 멜기세덱 때에 유대인들이 들어오기 전 예수살렘에서 결합된 적은 있었다. 이제 둘이 결합되었는데 한가지 조건이 있었다: '나의 백성들이 부지런히 순종하면'. 하나님은 다윗의 혈통에서는 아니지만 그들에게 왕을 다시주시겠다고 말씀한다. 바샤제국과의 문제를 피하기 위해 제사장인 여호수아가 선택된다. 이스라엘왕국을 다시 세우라는 격려이고 메시아의 약속이 성취되는 것은 아직 아니었다.

금식과 잔치

이년후 북쪽의 베델에서 두남자가 스가랴를 찾아왔다. (부수적으로, 그들이 옛 장소에서 퍼져나가면서 예루살렘외에 다른 마을들을 설립해가기 시작한 후 이년안에 일어난 일이다.) 이들은 베델사람들을 대표하는 자들로서 그들의 종교적 삶에 대한 조언을 받으러 왔다. 그들은 제사장을 보러 왔으나 선지자를 만나게 된다. 그들은 두가지의 종교예식을 하고 있었기 때문에 금식과 잔치에 대한 질문이었다. 먼저 그들이 정기적으로 행하는 금식에 대해 물었다. 그들은 해마다 두번씩 다섯번째와 일곱번째 달에 예루살렘성의 파괴 된것을 기억하고 성의 파괴를 애도했다. 이제 예루살렘성이 되돌려 진 상황에서 그들이 얼마나 이 금식을 계속해야하는지에 대해 물었다.

스가랴의 답변은 흥미롭다. 그는 그들의 금식은 자신의 중심에 관한 예식이라고 말했다. 자신들이 죄를 떠나지 않은 것을 불쌍히 여겨 금식하는 것이라고 말했다. 이사야서 58장을 인용하면서 하나님이 원하시는 금식에 대해 말했다. 거짓과 잔인함에서 금식하고 대신 친절과 너그러움으로 불쌍한 사람을 돕고 필요한 자에게 원조해야 한다고 말했다. 하나님께서 원하시는 금식은 음식이 없는 것이 아니라 죄가 없는 금식이라고 말했다. 이말씀은 사순절은 지키면서 자신들의 삶에서 죄는 내버려두는 자들에게 해당된다. 또한, 이것이 망명을 해야했던 이류라고 말했다. 그들은 너그럽고 친절하기 보다는 이기주의적이고 욕심많은 사람들로 변질되었던 것이다.

잔치에 대해서는 망명중에 기념한 날들은 거룩한 성일이 아닌 국가적 행사였다. 망명중 두번의 금식과 네번의 기념일이 해마다 네번째, 다섯번째, 일곱번째, 열번째 달에 있었다. 스가랴는 그들의 기념하는 목적이 자신들에게 있음을 일깨워주었다. 잔치 음식과, 사교, 즐거움을 위한 행사일 뿐, 하나님 중심이 아니었다. 하나님께 다시 본국으로 돌아오게 해주심에 대한 찬양을 드리는 거룩한 행사로 거행해야 했으나 그렇지 않았다. '그저 국경일로 기념하지 말라—하나님께서 우리에게 언약을 지키시고 우리를 거룩한 곳으로 돌아오게 하시고 온 거리를 젊은이와 노인들로 채우신 하나님을 기념하라. 하나님께서 더 많은 사람들을 돌아오게 하셔서 이 땅이 꽉 채워주실 것을 기뻐하라. 이것이 잔치를 해야하는 이유다.'

또 스가랴는 유대인으로서 하나님을 알고 있기 때문에 더 많은 사람들이 돌아올 것에 대해 준비해야 한다고 말한다. 그는 사람들이 돌아돠서 하나님에 대해 알고 싶어할 그날이 올것이라고 말했다.

미래의 예언 (9-14장)

이책의 후반부는 좀 복잡해 지는데 왜냐하면 스가랴가 현재에서 미래로 촛점을 옮기기 때문이다. 그의 말은 미래의 어느때에도 적용시킬 수 있는 미래를 내다보는 말씀으로 어떤 순서에 의거하지 않은 여러가지 모양과 크기로 되어있어서 마치 짜맞추기 조각들 같다. 이말씀들이 어디에 적용해야하는지 힘들다. 이것은 히브리서의 시작에 있는 말씀을 연상시킨다, '옛적에 선지자들을 통하여 여러 부분과 여러 모양으로 우리 조상들에게 말씀하신 하나님이 이 모든 날 마지막에는 이들을 통하여 우리에게 말씀하셨으니 이 아들을 만유의 상속자로 세우시고 또 그로 말미암아 모든 세계를 지으셨느니라.' 예수님이 우리에게 가르쳐 주신다. 예수님을 통해서 우리는 그 조각들을 맞출 수 있고 전체의 모양을 볼 수 있다. 이것이 요한계시록이 스가랴서를 많이 언급한 이유이다. 왜냐하면 이 조각들을 맞추어 인간의 역사가 끝나는 먼 훗날이나 마지막 시대의 그림을 볼 수 있었다. 예수님께서 역사의 마지막의 말씀을 열어주심으로 유대인들 보다 우리는 스가랴서를 읽으면서 더 잘 깨달을 수 있는 유익한 점을 지니고 있다.

스가랴서의 후반에는 문체와 내용의 변화가 보인다. 예언서에서는 처음으로 시의 형태로 쓰여진 부분들이 들어있다. 당시의 상황이나, 성전, 여호수아 혹은 세룹바벨에 대한 언급이 없다. 환상이나 '구원의 하나님 –천성군대의 야훼' 에서 '야훼'로 불리는 하나님의 이름에 대한 언급이 없다. 전체적 느낌이 너무 달라서 이 부분은 다른 사람이 썼다고 이 부분을 썼다고 고집하는 학자들도 있다. 그러나 사실은 하나님께서 스가랴에게 다르게 메세지를 주셨기 때문이다. 이 글들이 기록된 날짜가 없어서 우리는 언제 이 말씀들이 주어졌는지는 알 수 없고 아마도 수년이 지난 후일 것이라고 생각하낟.

내용면에서, 예언은 '하나님의 말씀'으로 불리운다. 히브리어로는 '무거운' '심각한' 이라는 의미를 지니고 있어서, 그 뜻이 정확히 전해지지는 않지만, 거의 '하나님의 말씀'으로 번역된다. '중대한 부담' 이다. 하나님께서 중대한 부담을 받은 사람은 내가 무슨 말을 하고 있는지 이해할 것이다. 마음속에 주어진 부담을 다른 사람과 나누면 마음이 가벼워진다. 부담이 이루어 졌을 때를 알 수 있다.

스가랴서의 후반에는 두가지 다른 성격의 부담이 들어있다. 하나는 9-11장에 있고 다른 하나는 12-14장에 있다.

국가적 (9-11장)

9-11장은 이스라엘 국민들에게 촛점을 맞춘다. 이 일들이 언제 일어날 지 혹은 순서적으로 쓰여 있는지는 알 수 없다. 에브라임이 언급되어 있는 것도 상이하다. 이 이름은 북쪽의 열지파에게 주어졌었고 그들이 아수르의 망명에서 다시 돌아오지 못했지만 그들의 이름을 다시 언급함으로 하나님께서 그들을 잊지 않으셨다는 것을 알려준다.

이부분을 여섯부분으로 나눌 수 있다.

적을 정복하다 (9:1-8)

처음 나오는 말씀은 이스라엘의 적을 정복하리라는 것이다. 시리아, 두로, 시돈과 블레셋에 대한 말씀이 있다. 예루살렘에 대적하는 그들을 하나님께서 다루신다는 것이다. 하나님께서 다시는 예루살렘이 지도에서 없어지지 않도록 내버려 두시지 않을 것이었다. 이 도시에 그의 이름이 속해 있었다. 뉴욕, 북경, 워싱턴, 뉴델리가 지도에서 사라진다 해도 예루살렘은 계속있을 것이다. 블레셋 사람들의 일부도 함께 가담할 것이라고 말씀하신다. 현재의 팔레스타인 사람들이 자신들의 조상이 블레셋 사람들이었다고 하는 것을 보면 가능한 약속이고 하나님의 백성들을 압제할 사람이 없는 날이 언젠가 올 것이다. 이 일이 언제 이루어 질 지는 모르지만 몇백년이 걸리더라도 하나님의 약속은 이루어진다.

평화의 왕 (9:9-10)

두번째의 말씀은 평화의 왕이 예루살렘으로 나귀를 타고 들어가시는 것이다. 우리는 예수님께서 그렇게 하셨기 때문에 이 말씀이 무엇을 말하는지를 알고 있다. 다만 비극적으로 예수님께서 이 예언을 이루시기 위해 나귀를 타고 가셨을 때 그들은 알아보지 못했다. 그들은 예수님께서 말을 탈 여유가 되지 않아서 나귀를 탔다고생각하고 상징적인 면을 놓치고 말았다. 예수님께서 마귀를 타고 가실 때 사람들은 종려나무 가지를 흔들며 '호산나, 호산나' 라고 외치고 그들의 겉옷을 길에 깔았다. 그것은 하나님을 맞이하는 인사가 아닌 '우리를 자유케 해주세요' 라는 외침이었다. 몇백년을 압박속에서 사는 사람들의 외침으로 정치적 자유가 오고 있다고 보았다. 그들은 예수님을 '다윗의 아들' 이라 부르면 자신들을 자유케 하리라는 기대를 가지고 있었다.

그러나 예수님은 그들을 위해 싸우러 오신 것이 아니었다. 싸우러 오셨다면, 종말때와 같이 말을 타고 오셨을 것이다. 예수님이 예루살렘성안으로 들어와 우회전 하지 않고 좌회전 하신데에 대해 그들은 너무나 놀랐다. 군대가 주둔하는 안토니아요새를 향하지 않고 예수님께서는 채찍을 들고 왼쪽의 성전으로 들어가셔거 하나님의 성전에서 유대인들을 내 쫓았다. 당연히 며칠 후 그들은 '이사람을 십자가에 못박으라. 우리는 우리의 자유를 위해 싸울 사람을 원한다' 라고 말했다. 역사의 아이러니한 점은 자유를 위해 싸울 전사는 바라바스라는 특이한 이름을 가진 사람으로 그의 이름은 '예수 하나님의 아들'이라는 뜻을 가지고 있었다. 그렇게 그날 예수라는 사람과,

하나님의 아들이라는 이름의 두사람이 있었다. 빌라도는 '어느 예수를 놓아주랴? 너희를 위해 싸울 사람이냐 아니면 싸우지 않을 사람이냐?' 라고 물었고 그들은 싸울 사람을 원했다. 말라기서는 평화의 왕자가 오셔서 심판할 날이 있을 것이라고 말한다. 그는 공의와 평화를 가지고 이바다에서 저바다 끝까지 통치하실 것이다.

전능의 하나님 (9:11-10:7)

여기에는 하나님께서 이스라엘을 위해 싸우시는 모습을 볼 수 있다. 이전의 평화의 그림과는 다르다. 하나님께서 그의 양떼를 위하여 오시고 전에 있던 악한 목자와는 다른 선한 목자가 되신다. 이 그림은 그의 왕관에서 반짝거리는 보석과도 같은 영광스런 구원받은 사람들을 보여준다.

다음 말씀은 그리스를 보여준다. 안티오쿠그 에피판 사세가 이끄는 그리스군대가 이스라엘을 정복하기 까지는 몇백년이 걸린다. 그는 제우스 신상을 예루살렘성전에 세우고 제단에서 돼지를 잡고 성전을 매춘부들로 채운다. 이스라엘 역사상 가장 최악의 시간으로 삼년 반동안 계속된다 - 42개월 혹은 1,260 일이다. 이 날수는 신약성경에서 말하는 적그리스도의 날수와 같다. 안티쿠스 집권하에서 유대인들이 고통당한 것 같이 적그리스도하에서 그리스도인들도 고통당할 것이다. 여기에서 미래에 있을 그리스의 집권이 예언된 것은 아주 특이하다. 우리는 쉽게 이해할 수 있지만 당시의 사람들은 이해할 수 없었을 것이다.

모인 군중 (10:8-12)

다음의 그림은 모인 군중들이다 – 각국에서 모여드는, 흩어진 사람들의 반대이다. 현재 이스라엘 사람들은 80여개국에서 모인 사람들로 80국의 음악과 무용을 들여왔다. 여기에 모여드는 사람들의 모습이 있고 스가랴는 모두를 위해 장소가 비좁을 것이라고 말한다. 이사야서 19:23도 이집트와 앗수르사이에 고속도로가 건설될 것이라고 말한다.

벌채된 이웃 (11:1-3)

다음의 그림은 기묘하다. 레바논의 백향목, 요단 혹은 바산의 참나무, 요단의 정글등 유다의 이웃 나라들이 벌목된다. 현재 요단의 정글은 사라졌고 레바논의 백향목도 작은 부분에만 남아있다. 바산의 참나무도 사라졌다. 왜 이런 말씀이 주어졌는지는 정확히 알 수 없다.

쓸모 없는 목자들 (11:4-17)

쓸모없는 목자들의 그림의 의미는 더욱 알수 없다. 우화같은 이야기로, 스가랴는 목자들의 리더의 역할을 한다. 그는 세명의 목자들이 양떼를 잘 돌보지 않자 해고시킨다. 그들은 각 개인의 월급은 30개를 그에게 도로 던진다. 스가랴 13:7 은, '목자를 치면, 양이 흩어진다' 라고 말씀한다. 여기서는 부분적으로 이해되지만 복음서를 읽으면 어떤 말씀인지 이해할 수 있다. 유다가 은 30개를 성전에 도로 던졌다. 왜냐하면 그가 말씀을 전하고 병을 고쳤으나, 그는 나쁜 목자였기 때문이다. 양이 흩어지는 것은 예수님께서 게세마네 동산에서 체포되었을 때 그의 제자들이 도망간 것을 가르키는 예언으로 예수님은 위의 말씀을 인용했다.

목자의 지팡이들은 부러졌는데, 첫번은 하나님께서 만국들과 맺으신 언약을 취소하는 것이고 두번째는 유다와 이스라엘의 형제됨을 깨뜨리는 결합이다.

국제적 (12-14장)

두번째의 그림들은 국제적 성향을 띠고 있다. 이것들은 예루살렘을 중심으로 온 세계에 일어날 일들을 보여준다. 21번에 걸쳐 예루살렘이 언급된다. 미래의 중심이 예루살렘이라고 말하는 것 같다. 이곳으로 UN 사무국이 옮겨질 것으로서 세계통치의 중심이 시온이 될 것을 보여준다.

여기에서 자주 사용되는 말이 있다: '그날에' 라는 문구가 18번 나오고 '날'이라는 말이 두번 더 나오는데 이 말들은 예언에 사용되지 않은 말들이다. 이 말은 신약성경에, 특히 예수님의 말씀에 자주 나온다. 이 '날' 은 24시간을 말하는 것이 아니다. 히브리어로 욤이란 24시간에서 한 시대까지 의미할 수 있다. 영어에서도 마찬가지다. '말과 마차의 날은 지나고 트랙터의 날이 왔다' 라고 할 때 24시간이 아닌 한 시대를 의미한다. 인간의 자존심과 욕심의 시대가 지나고 하나님의 거룩하신 시대가 시작될 때 온세계 사람들은 하나님의 시대가 온것을 알게 될 때가 올 것이다.

13장은 시어체로 되어있고 '날'이란 말은 사용되지 않는다. 예언은 순서대로 되어있지 않고 12:3과 14:2는 아마도 같은 사건을 가르키는 것일 것이다.

적군의 침략 (12:1-9)

처음의 그림은 국제 연합군이 예루살렘을 공격하는 것을 보여준다. 온 세계의 연합군들이 중동으로 군대를 보낸다. 이일은 아직 일어나지 않았지만 큰그림의 일부이다. 예루살렘은 아직 이렇게 공격받지 않아서 앞으로 있을 일을 보여준다. 우리의 생전에 국제연합군이 유대인들을 공격하는 것을 볼지도 모른다. 그들은 UN안에 우방국이 별로 없고 가장 중요한 우방국인 미국은 그들에게 등을 돌리기 시작했다.

슬퍼하는 주민들 (12:10-14)

다음의 그림은 슬퍼하는 주민들을 보여준다. 언젠가 예루살렘의 주민들은 너무나 필사적인 상황에 처하게 되어 팔레스타인이나 아무하고도 평화조약을 맺으려하지않고 하나님께만 부르짖을 날이 올 것이다. 하나님은 '그들이 찔러서 죽인 자' – 예수 그리스도를 보내주실 것이다. 자신들의 구세주인 예수님을 자신들이 죽였음을 깨달을 때 그들이 어떤 기분일지 상상할 수 있는가? 자신들의 장자들이 살해당한 것 같이 슬퍼하며 울 것이다.

'그들이 찔러 죽인 자'를 유대인들은 볼 것이다라고 처음 말한 사람은 스가랴이다. 이 문구는 요한계시록의 첫장에 사용되었다. 여기에서 예수님께서 재림하실 때 그를 죽인 자들이 예수님을 볼것이다라고 말씀한다. 나사렛의 예수님이 살라계신 것만이 유대인을 믿게 할 수 있는 방법이다. 탈수스의 사울에게 있었던 일이고 오늘날에도 이 방법뿐이다.

신명기에서 말한 바와 같이 그들이 이나라 저나라로 피해 다니지 않고 세계를 이끌 수 있었던 낭비된 이천년을 보면서 괴로와 할 것이다. 그들이 슬퍼할 것은 당연하다.

사라진 선지자들 (13:1-6)

스가랴는 거짖 선지자들의 환상을 똑똑히 보았다. 그들은 우상숭배와 가짜 신들과 함께 예루살렘이 당면한 가장 큰 위험중 하나였다. 그들의 죄는 솟아나는 물로 다 씻겨 질 것이라고 말씀한다. 시온이 죄에서 씻김을 받고 거짓 선지자들도 창피하여 선지자 노릇을 하지 못할 것이라고 말한다. 자신들의 상처가 명예로운 훈장이라고 말했던 사람들은 술집에서 싸우다가 생겼음을 실토할 것이다! 거짖으로 가르친 것을 창피해하는 사람들의 이야기이다.

줄어든 인구 (13:7-9)

다음은 줄어든 인구를 보여준다. 이 말씀은 순서대로 되어있지 않다. 왜냐하면 여기에서 예루살렘의 인구가 삼분의 일로 줄어들었다고 하는데 다음장 (14:2)에서는 반으로 줄었다고 하기 때문이다. 목자를 쳐서 양이 흩어진 부분의 이야기에서 전환점인 것간다. 이 이야기가 미래인지 과거의 이야기인지 알 수 없다. 분명한 것은 남아있는 삼분의 일이 하나님께서 함께 하실 나머지 사람들이다.

역병에 걸린 침략자들 (14:1-15)

14장에서 예루살렘을 공격하는 연합군의 이야기로 돌아온다. 12:1-8에서와 같은 공격인지는 알 수 없지만 미래에 있을 일인 것은 틀림없다. 하나님께서 강한 연합군을 모으시지만 그는 유대인을을 위해 싸울 것이다. 이것은 예수님의 재림과 알마게돈의 전쟁과 연관이 있다. 왜냐하면 '그의 발이 감람산위에 설 것이다' 라는 말이 성경에 있기 때문이다. 유대인들은 이말을 메시야가 오심으로 믿는다.

그지역에 굉장한 폭발이 있어서 지형이 바뀔것이라고 말씀한다. 상상하기 어렵지만 말 그대로 일어날 것이라 생각한다. 예루살렘은 산들에 둘러싸여있는 분지에 위치한다; 예루살렘의 주위에 여덟개의 산봉우리가 있다. 놀라운 지형이다—성전의 동쪽으로는 감람산, 북동쪽으로는 스코푸스 산, 남쪽으로는 선고의 산이 있다. 그의 발이 감람산에 섰을 때, 봉우리들은 흔들리고 무너져서 예루살렘이 높게 남을 것이라고 말한다! 드디어 예루살렘이 가장 높은 위치에 있게 될것이다.

이것들은 모두가 부분적인 그림들이다. 우리의 상상으로 어떻게 맞아드는지 알 수 없지만 중요한 것은 도시 주변의 연합군들을 하나님께서 다루실 것이다라는 점이다. 예루살렘을 공격하는 마지막 전쟁에 참여한 사람들은 '눈이 썩고 혀가 입안에서 썩고 두려움으로 서로를 죽일 것이다' 라고 말한다. 그때에 하나님의 백성들은 '하나님만이 우리의 신이다' 라고 말할 것이다.

보편적 예배 (14:16-21)

마지막으로, 예루살렘을 하나님의 장소로 보고 성막절을 지키는 온 세계의 만국의 그림이 있다. 이 절기는 그리스도인들이 지키지 않는다. 유월절은 부활절을 통해 지킨다고 할 수 있다. 성령강림절도 오순절로 지킨다, 하지만 성막절은 지키지 않는다. 유대인들에게 구월/시월에 있는 성막절은 가장 큰 절기이다. 그들의 추수감사절이다. 그들은 작은 방에서 하늘을 보며 하나님께서 그들을 광야에서 구원하신것을 기억한다. 팔일에 걸친 축제로 마지막 날은 결혼하는 날이다. 그들은 '율법과 결혼' 한다. 결혼식 휘장과 목사가 모세의 율법 두루마리를 들고 휘장아래 선다. 그들은 주위를 돌며 춤추고 또 한해를 율법과 결혼단다. 창세기 일장을 다음 날 아침에 읽는 것으로 시작해서 일년후 신명기의 마지막 장을 읽음으로 일년동안 읽는다. 그리고 또 다시 율법과 결혼식을 한다. 그러나 그들은 틀린 신랑과 결혼한다. 왜냐하면 성막절의 팔일째에 메시야와, 양과의 만찬을 기대해야 하기 때문이다.

이것을 볼 때 성경 전체는 낭만적인 말씀이다. 아버지께서 그의 아들을 위하여 신부를 준비하고 그들이 결혼하여 행복하게 사는 것으로 이야기는 끝을 맺는다. 모든 사랑 이야기는 결혼으로 끝나고 성경도 마찬가지다! 성막절의 팔일째의 결혼식은 요한계시록의 양과의 결혼만찬을 의미한다. 누가복음은 예수님께서 성막절 기간중에 탄생하셨음을 암시한다. 그는 구월ㅇ이나 시월초인 일곱번째 달, 성막절의 달에 탄생하셨다. 요한복음의 처음에 '말씀이 육신이 되어 우리안에 성전이 거하신다' 라고 나온다. 요한복음 7장에서 예수님의 형제가 예수님께 성막절의 만찬에 참석할 것인지 비꼬는 식으로 묻는다. 왜냐하면 그때가 유대인들이 메시야를 기대하는 때이기 때문이다. 그들은 예수님을 믿지 않았고 그를 놀렸다. 예수님은 '나의 때가 아직 오지 않았다.' 라고 답하셨다.

한가지 알 수 있는 것은 예수님께서 돌아오실 달이다. 몇년에 오실지는 모르지만 정확한 때에 오실 것이다. 그리고 성막절 기간에 오실 것이다. 스가랴 14장에 의해 많은 유대인들은 메시야가 성막절에 오실 것으로 믿는다. 그때부터 만국들은 이 절기를 해마다 기념하고 예루살렘으로 대사들을 보낼 것이다. 참여하지 않는 나라들에는 비가 내리지 않을 것이라고 한다. 유대인들과 늘어나는 그리스도인들이 성막절을 지키고 메시야가 오셔서 통치할 세계를 기다리는 희망이다.

그리스도인의 성취

지금까지 보아온 부분적 그림들을 하나로 맞출 수 가 있다. 선지자들이 본 것들이 일어난 일들이 일어날 시간과는 관련없음을 우리는 기억해야 한다. 가까이 일어날 것 같은 일들이 몇백년 혹은 몇천년 후의 일일 수 있다. 여기에서 본 많은 사건들이 예수님께서 두번 오심을 나타내는 것은 분명하다.

예수님의 처음 오심

예수님은 성막절에 탄생하셨다. 나귀를 타고 마지막으로 예루살렘에 오셨다. 그는 30개의 은으로 배반당하시고 예수님이 재판 받을 때 제자들은 흩어졌고 복음서의 저자는 '목자를 치면 양들이 흩어진다' 라는 말씀을 인용했다.

예수님의 재림

예수님의 재림은 요한계시록과 연관되어 있다. 예수님께서 감람산에 서실 것이라고 한다. 그의 재림이 성막절기간일 것이라는 암시들이 있다. 요한계시록은 예수님께서 재림하실 때 이스라엘은 그들이 찔러서 죽인 예수님을 볼것이라고 말한다.

아직 성취되지 않은 예언

다른 예언서들과 함께 스가랴에 아직 성취되지 않은 예언들이 있다. 아래의 도표는 세가지로 이를 설명한다.

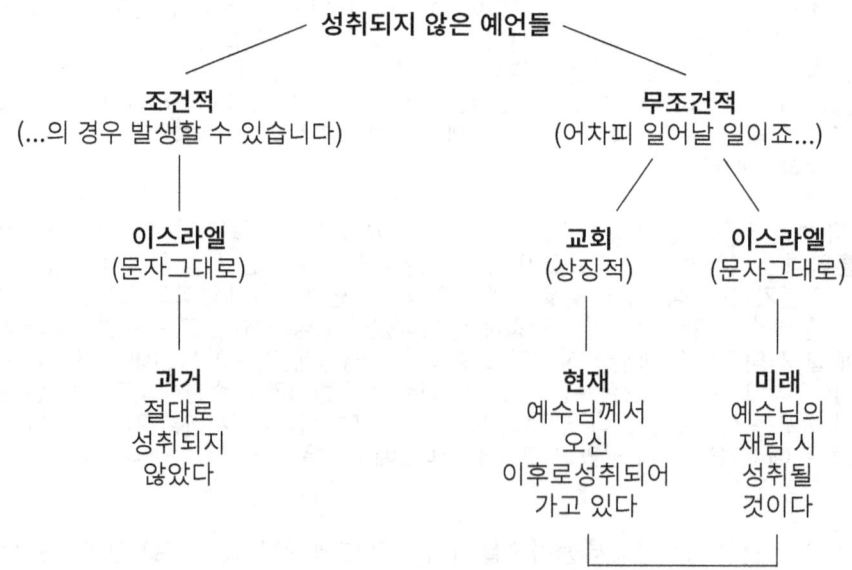

조건적

어떤 사람들은 예언의 성취가 이스라엘의 순종함에 달려있다고 말한다. 중요한 것은 '만약에' 라는 조건이다. 이스라엘이 불순종했음으로 예언들은 이루어지지 않을 것이라는 말이다. 그렇다면 우리와 관련이 없으므로 공부할 필요가 없다.

무조건적

다른 사람들은 교회에서 예언들이 성취됨을 본다. 예언들이 '영적으로' 성취됨을 보고 교회는 새로운 이스라엘이고 이스라엘이 기대할 승리를 현재와 미래에 기대할 수 있다고 한다. 이 관점의 문제는 축복은 교회에 적용시켰으나 저주는 적용시키지 않은 점이다. 그래서 이 관점은 논리적이지 않다. 축복과 저주를 함께 적용시키던가 그렇지 않던가 해야한다.

다른사람들은 예언들이 미래에 성취될 것이라고 기대한다. 로마서 11장은 재림전에 유대인들의 신앙부흥에 대해 말한다. 이 관점은 환난을 이겨낸 자들이 예수님께서 예루살렘에서 만국을 통치할 천년왕국의 성막절을 축하할 것이라고 말한다. 그 후에는 열두지파와 열두제자의 새로운 예루살렘이 있을 것이다.

아직 성취되지 않은 예언들이 앞으로 말 그대로 성취될 것이라고 나는 생각한다. 정확하게 어떻게 이루어 질 지는 확실치 않지만 기본적인 많은 것을 우리가 알고 있고 하나님께서 이세상의 목적과 일어날 일을 계획하심을 우리는 안다. 예수님은 통치하시기 위해 재림하실 것이고 우리는 그와 함께 통치할 것이다. 그런 면에서 스가랴는 사람들이 생각하는 것같이 유대인들의 무반응으로 슬프게 끝나지 않고 하나님께서 언약하신 모든 것을 언젠가 이루리라는 희망으로 끝맺는다.

35. 말라기

개요

말라기의 배경은 학개와 스가랴와 비슷하다. 이 책은 유대인들이 바빌론의 망명에서 돌아온 지 100년 후에 쓰여졌다. 당시의 환경은 좋지 않았다; 예루살렘은 아직 황폐했고 농경지는 메마르고 경작되지 않았다. 최근의 수확은 실패였고 메뚜기 떼와 실갱난으로 삶은 힘들고 위기에 처해 있었다. 성전은 520 BC에 재건축되었지만 솔로몬의 성전과 비교했을 때 형편없이 초라하고 작아서 사람들의 사기를 북돋우지 못했다. 느헤미아가 성벽을 수리했지만, 공격이 있을 경우 피하기 쉬운 성밖에 살기를 사람들은 아직 선호했다. 왕이 없었으므로 왕궁은 짖지 않았고 그들의 주지사인 스룹바벨이 다윗의 혈통을 이어받은 왕족이었다. 당시의 유다는 언덕위의 조그만 마을과 주위에 흩어진 마을들로 다윗왕때의 전성기는 찾아볼 수 없었다. 사람들은 실망하고 환멸을 느끼고 절망했다. 유다에 돌아온 것이 잘한 것인가 하는 의문을 갖기 시작했다. '돌아온지 100년이 지났는데 우리가 짖고자 한 왕국은 어디에 있는가?' 라고 물으며 회의했다.

한가지 좋은 소식이 있다면 망명의 경험으로 다시는 우상숭배를 하지 않아야 하는 교훈을 깨우친 것이다. 그들은 다시는 종교를 바꾸거나 우상숭배를 하지 않는다. 그렇지만 종교를 의식적으로 하게되었다. 사람들이 성전에는 갔지만, 전통적으로 현실감 없는 의식이었고 그들의 삶의 우선이 아니었다. 그들은 최소한의 시간을 들여 종교의식에 참여하고 최소한의 돈을 썼다. 더구나, 제사장들도 사람들과 같았다. 몇사람의 사람들이 오는지에 신경도 쓰지 않고 그들의 삶이 이루어지는데에만 만족했다. 예배는 하나님께서는 아무거나 받으실 것같이 부주의하고 무관심하게 드려졌다.

이러한 종교적 삶의 태도가 그들의 도덕적 삶에 끼치는 영향은 당연한 것이었다. 사람들이 하나님에 대해 별로 신경쓰지 않을 때 곧 그들의 거룩함에 신경쓰지 않게 된다. 간단히 말해서, 한세대가 '하나님께 왜 신경을 써야해?' 하고 물으면 다음 세대는 '왜 선하게 살아야해?' 라고 묻는다. 예를 들어, 그들이 안식일에 장사를 하는 것이 잘못된 것인줄 알았지만, 그들은 성문바로 밖에 가게를 차려서 안식일에도 장사를 할 수 있게 했다. 소비성에 불들고 가정생활에 나쁜영향을 끼쳤다. '하나님께 왜 신실한 믿음을 가져야해?' 라는 질문은 곧 '아내에게 왜 신실해야해?' 로 이어진다. 특히 아내가 나이들고 아름다움을 잃었을때 이런 질문을 하게 된다. 그녀와 어린 모델과 바꾸고 싶어한다.

더구나, 바빌론에서 돌아온 후 여성들이 모자라서 그들은 하나님의 사람들이 아닌 이방인들과 결혼샜다. 그들이 이혼하고 재혼할 뿐 아니라, 하나님의 법에 어긋나는 이방여인들과 결혼했다. 예수살렘성은 버려진 부인들과 과부, 고아들로 가득차고 그들은 어려운 삶을 이어갔다.

책임을 물을 정부가 없었으므로 그들은 하나님을 비난했다. '하나님은 우리를 버리셨으므로 우리도 하나님을 버린다' 라고 말했다. '하나님께서 우리를 더이상 사랑하지 않으심으로 우리도 하나님을 사랑하지 않겠다' 라고 말했다. '우리의 상황을 볼 때 사랑의 하나님을 믿을 수 없다. 우리는 우리 자신들을 돌보아야 한다. 하나님은 우리를 버리셨으므로 우리를 돌보아야 한다.' 라소 말했다.

하나님을 비난하는 것은 두가지로 분석할 수 있다. 한면으로는 '하나님은 좋은 삶을 주시지 않으신다' 와 '하나님은 나쁜 사람들을 벌하지 않으신다. 그러니 상관할 필요가 없다.'

이것이 말라기가 다루어야할 상황이었다. 그의 예언은 시어체가 아닌 산문으로 되어 있고 이것은 하나님께서 그의 백성들에 대한 감정을 잃으셨음을 나타낸다—이러한 실망은 400년간 지속되어 그들과 대화하지 않으신다! 이것이 하나님의 마지막 말씀이셨다.

특이한 사항들

말라기서는 다섯가지의 특이한 사항들이 있다.

1. 어느 예언서보다 하나님의 연설이 많이 들어있다. 55구절중 47 (85%) 가 하나님께서 직접하신 말씀이다.

2. 이 예언들의 저자는 미상이다. 많은 사람들은 말라기가 저자의 이름인줄 알지만 이것은 이름이 다니다. 그저 '전달자'라는 뜻이다. 말라기라는 이름은 구약성경에서 이름으로 사용된적이 없다. 그러나 '전달자'라는 뜻으로 자주 사용되었다. 그러므로 저자는 하나님의 마지막 말씀을 이스라엘에 전한 익명의 전달자이다. 유대인들은 에스라를 저자로 추측하지만 그럴만한 증거는 없다.

3. 말라기에서 선지자는 사람들과 대화하는 특이한 점을 볼 수 있다. 그는 예언을 말하고 야유당한다. 그는 '너희들이 일을 벌였다. 하나님께서 너희들을 상관하지 않는 것이 아니라 너희들이 먼저했다. 너희들이 태도를 바꾸지 않으면 하나님께서 너희들과 상관하지 않으실 것이다' 라는 메세지를 전했고 그의 말을 듣는 사람들은 그의 설교에 기분나빠 했다. 신약성경의 로마서에서 사도바울은 인간이 하나님을 포기해서 하나님도 인간을 포기했다라고 설명한다. 마찬가지고, 한 국가가 하나님을 포기하면 하나님도 그들을 포기하신다. 이 예언은 선지자와 사람들과의 날카로운 언쟁을 보여준다. 12번에 걸쳐 그는 '그러나 너희들은 말했다...' 라고 말하여 언쟁을 벌이는 것을 암시한다.

4. 하나님의 감정이 메말라서 산문의 형태로 말씀이 주어졌다. 그의 백성들에 대해 기진하신 하나님의 감정을 보여주고 400년간 말씀하지 않으신다. 여기서 하나님의 마음을 볼 수 있다. 망명에서 집으로 다시 데리고 왔는데 하나님을 상관하지 않는 사람들에게 어떻게 좋은 감정이 있을 수 있겠는가?

5. 말라기는 하나님의 마지막 말씀이다. 기독교 성경의 순서가 맞을지도 모른다. (히브리 성경은 역대기로 끝난다.) 하나님의 마지막 메세지의 마지막 단어는 '저주'였다. 오늘날까지도 유대인들이 성전에서 말라기를 읽을때 그들은 마지막 절은 읽지 않는다: '저주로 그 땅을 칠까 하노라 하시니라'. 대신 그들은 5절로 되돌아가서 저주라는 말로 끝맺지 않는다. 그들은 하나님의 마지막 단어로 끝맺기를 거부한다.

말라기의 구조

과거의 살아남기 (1:1-5)

야곱—이스라엘—사랑받음—보존됨
에서—에돔—미움받음—파괴됨

현재의 죄 (1:6-3:15)

제사장들 (1:6-2:9)
  싸구려 희생물
  인기있는 설교

사람들 (2:10-3:15)
  혼합 결혼
  매정한 이혼
  의심의 질문들
  십일조를 바치지 않음
  중상모략의 말

미래의 분리 (3:16-4:6)

옳은 선택
  공의—태양아래에서 치유함
  사악—불에 태움

마지막 기회
  모세—율법을 만듬—기억
  엘리아—선구자—인정

과거의 살아남기 (1:1-5)

말라기의 첫구절들을 이해하기위해서는 1500년을 거슬러 올라가야 한다. 말라기는 하나님께서 야곱을 사랑하시고 에서를 미워하셨다 라고 말한다. 이 쌍둥이 형제는 사이가 좋지 않았다. 우리에게 이상하게 들릴지 모른다. 성경에서 '사랑한다' 와 '미워한다' 는 영어와 뜻과 다르다. 사랑한다는 누군가에 대해 상관하고 그들의 가장 좋은 면을 추구한다는 말이다. 미워한다는 누군가에 대해 상관하지 않고 그의 좋은 면을 추구하지 않는다는 말이다. 예수님께서 '너의 부모를 상관해야 하는 사람은 나를 따를 가치가 없다.' 라고 하신 말씀의 뜻은 부모를 미워하라는 것이 아니고 부모보다 예수님을 더 따라야 한다는 말이다.

또 하나님은 과거의 야곱과 에서에 대해서만 말씀하는 것이 아니라 말라기 시대의 이스라엘과 에돔, 두나라에 대해 말씀하신다. 하나님께서 100년전에 이스라엘에게 잘 해주시고 에돔을 심판하셨던 것을 상기시키신다. 바빌론에서 유대인들은 망명시킬 때 요단강 건너편에 살던 에서의 후손들은 '이제 그들은 끝장났다!' 하면 함성을 지르고 좋아했다. 그들은 파괴행위에 가담해 유대아기들의 발목을 쥐고 예루살렘성벽에 그들을 쳐서 그들의 머리를 박살냈다.

그 후로 에돔은 하나님의 심판을 받는다. 하나님께서는 그들의 도시 페트라에 아랍인들이 쳐들어 오게 하여 그들을 쫓아낸다. 그들은 네게브 사막의 황무지에서 근근히 살게된다.

이렇게 말라기에서 에돔에게 심판하신 것은 그들이 유대인들에게 한 악행때문이었다고 말씀한다. '너희들을 사랑하고 그들을 사랑하지 않았다' 라고 말씀한다. 말라기는 에돔과 비교해서 그들이 살아남은 것을 생각해보고 하나님께 감사하라고 분명한 교훈을 준다. 우리가 하나님께 불평할 때, 우리는 하나님께서 다른 사람들에게 어떻게 했는지를 생각하고 우리에게 어떻게 하셨는지에 감사해야한다.

말라기의 말씀뒤에 하나님에 대한 배워야 할 점이 있다. 그는 구약성경 전체에서와 같이 하나님을 세계의 기능으로 보는데 이 것은 구약성경을 읽지 않는 사람들이 흔히 잊어버리는 점이다. 우리는 신약성경을 읽으며 하나님은 사랑의 아버지라고 생각하지만 구약성경에 나오는 세면의 하나님은 극히 중요하다. 그는 과거의 창조자이시고, 현재의 왕이시고, 미래의 심판자이시다. 하나님에 대해 생각할 때 이것을 꼭 기억해야한다.

현재의 죄 (1:6-3:15)

제사장들 (1:6-2:9)

말라기가 공격하는 첫번 사람들은 제사장들이다. 하나님은 아버지로서 우리의 주인으로서 존경받아야 한다. 대신, 그들은 하나님께 버릇없이 굴었다. 교회에서 예배드릴 때 하나님은 경외함과 존경으로 대하지 않고 친숙하게 대한다. 그는 제사장들에게 그들이 하나님에게 나쁜 평판과 불명예를 가져온다고 말한다. 사람들은 '우리가 어떻게?' 하고 묻는다. 그는 두번에 걸쳐 대답한다.

싸구려 희생물

먼저, 사람들은 싸구려 희생제물을 가져왔다. 모세의 율법에 있는 대로 가장 좋은 양을 가져오는 대신 가장 나쁜 양을 가져왔다—눈멀고 불구인 동물들을 하나님께 바쳤다. 말라기는 가장 좋기는 커녕 바샤의 주지사에게 주는 것보다도 못한 것을 가지고 왔다고 지적했다. '너희는 하나님께는 쓰다 남은 것을 드리고 다른 사람들에게는 가장 좋은 것으로 주고 있다!'

두번째로, 하나님은 다른 나라에서는 위대한 분으로 여겨지는데 너희들은 그렇게 여기지 않는다. 이방인들이 너희보다 하나님을 더 경외한다 라고 말한다. 기막힌 메세지다.

인기있는 설교

다음에 그는 제사장들이 모세의 법을 가르치지 않고 사람들이 듣기 좋아하는 말만 한다고 비난한다. 그들은 사람들을 즐겁게 하는것이 아니라 하나님을 두려워해야 할 사람들이었다. 하나님의 교회를 섬기는 사람들에게 기본적으로 있는 유혹과 압력이다. 사람들이 듣고싶어 하는 말로 그들의 감정을 상하지 않게 하기는 아주 쉽다. 그들을 기분나쁘게 하면 다시는 초대하지 않기 때문이다!

제사장들이 하나님을 두려워하도록 가르치면, 그들은 수입을 위해 일하지 않아도 사람들이 도울 것이라고 모세때에 레위인들에게 하신 하나님의 언약을 말라기는 상기시킨다. 그러나 그들은 사람들에게 하나님을 두려워하라고 가르치지 않았다. 사람들이 그들의 말을 그저 듣는 것이 아니라 거룩한 삶을 살도록 해야한다고 레위제사장들은 들어왔다. 그들의 삶과 말이 일치해야 한다. 그는 사람들이 이미 저주속에 있고 앞으로 더 나쁜 일이 있을 것이라고 말한다. 그들의 자식들은 죽고 이런 식으로 나쁜 행위가 계속되면 제사장직은 끝날 것이라고 말했다.

사람들 (2:10-3:15)

다음에 말라기는 사람들에게 말한다. 사람들의 믿음과 행위가 잘못되어가고 있음을 다섯가지로 보여준다.

혼합 결혼

젊은이들은 하나님의 백성이 아닌 사람들과 결혼했다. 이스라엘이 하나의 국가로 존재하는 역사속에서 하나님은 백성들이 같은 민족과 결혼해야 한다고 주장하셨다. 이런 일은 교회안에서도 일어나고 있다. 악마의 자식과 결혼하면, 장인어른과 문제가 있을 것이다! 평생의 행복을 누릴 수 없을 것이다.

매정한 이혼

두번째 문제는 매정한 이혼이었다. 이것은 계속적인 다처제로 볼 수 있다. 한번의 다처제는 동시에 한 남자가 여러 부인을 거느리는 것을 의미한다; 계속적인 다처제는 한번에 한명씩 원하는 사람으로 대처하는 것을 의미한다. 이것도 교회안에서 흔히 볼 수 있는 행위다. 이것은 하나님께 상처를 준다. 왜냐하면 결혼은 법원에서 했건 교회에서 했건 하나님 앞에서 맺은 것이기 때문이다. 모든 결혼은 하나님의 법에 속해있다. 예수님께서는 하나님의 법에 의해 계속적 다처제는 간통이라고 말씀하셨다. 요즘의 많은 목사들은 이렇게 말하기를 두려워 한다. 말라기는 이러한 상황에 처해 있었고, 우리도 같은 상황에 처해있다. 하나님은 '나는 이혼을 미워한다' 라고 말씀하신다.

의심의 질문들 643

하나님께서 사람들이 언약을 지키지 않는 점에 대해 지적할 때, 사람들은 '우리가 어떻게 지키지 않았는데요?' 하며 묻는다. 그들이 하나님의 백성이 아닌 사람들과 결혼함으로 언약을 지키지 않고 있다고 하나님께서 답하신다.

그들을 정죄하는 선지자를 싫어하면 그들은 자신들이 정당하다고 생각한다. 일반적인 말을 하면 괜찮지만 정확하게 잘못된 것을 지적하면 마음이 상한다. 말라기는 하나님께서 지치셨다고 설명한다. 그들은 '이런 상황이 벌어지고 있는데 어떻게 사랑의 하나님을 믿을 수 있어요? 하나님의 공의로우심이 어디있어요?' 하고 묻는다. 어떻게 이런 질문을 할 수 있는가. 하나님은 우리를 위해 인내하시기 때문에 금방 일어나지는 않지만 심판은 올 것이다. 그러나 힘든 상황이 일어날 때 절대로 하나님께서 무관심하다던지 공평하지 않다고 하나님을 정죄하면 안된다.

이 뿐만 아니라 말라기는 하나님께서 심판하러 오실 때 성전에서 부터 시작하실 것이라고 말한다. 그들은 자신들의 적들을 처리해 달라고 부르짖는데 하나님께서는 그들먼저 심판하실 것이라고 말한다! 제사장들이 먼저 심판받고 사람들이 심판받을 것이다.

그는 하나님을 두려워하지 않는 사람들을 열거한다: 마법사들, 간음하는 자들, 위증자들, 일꾼의 삶을 사기치는자들, 빚을 갚지 않는 자들, 과부와 고아들을 압박하는 자들, 외국인들에게 정당하지 않은 자들. 아주 직설적으로 말한다.

여기서 말의 어조가 바뀐다. 마치 하나님께서 가슴으로 호소하는 것과 같다. 그들이 완전 파멸당하지 않은 것은 하나님의 자비심때문이라고 설명한다. 유다는 불충실한 긴 역사를 지내왔지만 하나님께서는 한상 충실하셨다. 그들은 언약을 지키지 않았지만 하나님께서는 항상 그들과 함께 계셨다. '나에세 돌아오면 나도 너희에게 돌아갈 것이다' 라고 말씀하는 것 같다. 우리가 하나님께로부터 멀어지며 하나님도 우리에게서 멀어지는 것은 사실이지만 우리가 돌아가면 하나님께서도 돌아오신다! 하나님과 우리의 관계는 역동적인 관계이고 하나님은 우리에게 항상 반응하신다. 우리가 있는 곳에 항상 함께 하시고, 반응하시며 우리의 태도를 반사하신다. 어떤 사람들은 하나님께서 하늘 높은 곳에 계셔서 법령을 선포하고 우리가 꼭두각시인양 심판하는 것으로 생각하지만 성경을 그렇게 말하지 않는다. 성경에 나타난 하나님은 항상 우리에게 반응하시고 우리가 바뀌는 대로 바뀌시고 우리가 회개하면 회개하시고, 우리가 돌아오면 우리에게 돌아오신다. 역동적인 관계다.

십일조를 바치지 않음

다음에 말라기는 그들이 하나님에게서 도둑질 하고 있다고 말한다. 다시한번 그들은 , '어떻게요? 우리는 하나님에게서 도둑질 한적이 없는데요' 라고 묻는다. 대답은 '너희들은 십일조와 헌금을 밀렸다' 하고 말씀한다.

말라기는 그들이 십일조와 헌금을 내지 않았기 때문에 헌금법에 의해 저주를 받고 있다고 설명한다. 모세의 율법은 하나님께 드리면 하나님은 그들을 축복하실 것이고 내지 않으면 그들은 저주를 삼사대까지 받을 것이라고 말한다.

그리스도인들은 이법에 제약을 받지 않는다. 나는 한번조 십일조를 설교하지 않았다. 나는 하나님께 드리라는 설교를 하지않았다. 왜냐하면 신약성경에서 우리는 감사의 마음으로 드리기 때문이다. 하나님께서는 우리가 드리고 싶지 않은 헌금을 원하지 않으신다! 그러나 구약성경에서는 십일조의 법이 있었다. 오늘날 십일조를 설교하면 문제가 생긴다. 나의 아내와 나는 젊은 목사가 십일조에 대해 설교하는 것을 들은 적이 있다. 십일조를 하지않으면 그들의 손자들과 증손자들이 고통을 받을 것이라고 그는 말했고 하나님께서 십일조를 범하면 삼대와 사대까지 심판하실 것이라고 말했다. 그들이 저주를 받을 것이라는 말이다.

이렇게 그들은 많은 헌금을 받아들였고 이것은 이해가 되는 일이었다. 그러나 나는 후에 그들의 교회 장로들에게 사람들에게 두려움을 심어주는 것은 올바르지 못한 가르침이라고 말했다. 하나님께서는 기쁜 마음으로 드리는 사람을 사랑하시고 우리는 사랑의 법에 제약을 받든 사람들이다. 어떤 자들에게는 십일조가 너무 적은 액수 일 것이고 어떤 사람들에게는 너무 과중한 액수일 것이다. 우리는 융통성있게 행동해야 한다.

말라기는 사람들이 십일조를 하지 않아 이미 저주안에 있음을 말했다. 그들이 다시 축복 받으려면 하나님께 십일조를 가져와야 하고 그때 하나님께서는 쌓을 곳이 없이 넘치는 축복을 하늘에서 내리실 것이다. 이 약속의 문맥은 구름과 비로 가뭄을 끝내실 것을 의미한다.

중상모략의 말

말라기는 계속해서 사람들의 중상모략에 대해 정죄한다. 그들은 다시 자신들이 어떻게 하나님께 중상모략했는지를 묻는다. 악한 자들이 경제적으로 잘되는 것 자체가 하나님께 드리는 것을 경시한 것이라고 말라기는 말한다. 그렇게 살아가면서 하나님은 그들의 주가 아니고 하나님께서 무엇을 하고 계시는지 알 수 없다고 말했다.

이런 모든 말들이 효과가 있었는가? 말라기는 학개와 스가랴와 같이 영향력있는 설교자였는가? 사람들이 반응했는가? 어떤 사람들은 반응했다. 받은 메세지를 가지고 생각하고 회개했다. 책임감을 느끼고 수정했다. 뜨겁게 반응한 사람들의 이름을 하나님께서 책에 기록하셨다.

미래의 분리 (3:16-4:6)

마지막 부분에서 말라기는 하나님의 백성들 안에서의 분리에 대해 말한다. 이스라엘 안에서 둘로 갈라지는 날이 올 것이라고 그는 말한다. 선지자들은 '하나님의 날' 이라고 그날을 부른다. 스가랴, 아모스와 요엘 선지서에 언급되어있다. 그날에 두종류의 사람들만 있을 것이다: 하나님을 섬기는 자와 그렇지 않은 자들이다.

이 본문은 공의로운 삶을 아름답게 표현한다. 나는 노섬버랜드의 농장에서 새벽 네시에 일어나 90마리의 젖소의 우유를 매일 짜는 일을 했다. 겨울에는 소떼들을 우리안에 두고 볏짚과 케이크를 몇달 동안 먹였다. 그러다가 어느 봄날 밖으로 그들을 내보낸다. 시골의 생활을 해본 사람이면 어떤 일이 일어나는지 알것이다. 늙은 소까지도 어린 양같이 껑충껑충 뛰어다닌다. 무지하고 육중한 소들이 기쁨으로 이리 뛰고 저리 뛴다. 말라기는 하나님의 백성들이 이렇게 할 것이라고 말한다. 하나님께서 마지막 구원을 이루실 때에 그들은 기쁨으로 뛸 것이다.

그날 버림받은 자들은 마치 추수가 끝난 후 불태워지는 그루터기 같을 것이라고 묘사한다. 남는 것은 재뿐이다. 송아지들이 태양아래 푸른 들판에서 뛰어노는 것이 공의로운 사람들을 나타내는 그림이고 타고 남은 잿더미는 하나님께 반응하지 않은 사람들의 모습이다. 여기서 세가지를 생각해보자

1. 이스라엘 민족은 살아남을 것이다. '나는 변하지 않는다. 나의 말을 번복하지 않는다' 라고 하나님을 대변해서 말라기는 말했다. 그러므로 이스라엘이 항상 있을 것을 우리는 믿을 수 있다.

2. 어느 이스라엘 사람들은 잃어버릴 것도 분명하다. 모든 유대인들이 구원받는 것이 아니고 유대인들이 복음이 필요하지 않은 것도 아니다.

3. 이스라엘 밖의 사람들고 구원받을 것이라고 기록되어있다. 다른 나라에서 공의로운 자들이 나올 것이라고 말라기는 말함으로서 신약성경이 앞으로 올 것을 암시한다.

후기(4:4-6)

마지막 삼절의 말씀은 구약성경에서 가장 위대한 두사람 모세와 엘리야를 위주로 하고있다. 구약에서 마지막으로 애원하는 하나님의 말씀이다. 새 세계를 열기전 400년 기간에서 마지막으로 하신 말씀이다.

하나님이 가장 위대하신 왕이고 사람들에게 모세를 기억하고 그의 법으로 돌아오라고 말씀하신다. 그리고 그들에게 다시 한번의 기회를 주시겠다고 말씀한다. 엘리야와 같이 그들에게 도전할 선지자를 한명 더 보내주시겠다고 하신다. 모세는 이집트에서 그들을 이끌고 나와 언약과 법을 준 선지자이고 엘리야는 대선지자로서 처음으로 이스라엘의 우상숭배와 부도덕을 말한 선지자다.

구약성경은 '그들이 엘리야의 말을 듣지 않으면 그 땅은 저주로 찰 것이다' 라는 말로 끝을 맺는다. 하나님께서 오시기 전 한번의 마지막 기회가 주어질 것이고 그 분이 하나님이 오실 길을 준비하실 것이다. 그들은 400년 동안 그 선지자를 기다렸다. 그들은 바샤, 이집트, 시리아, 그리스 와 로마에 의해 정복되고 드디어 기회가 왔다. 엘리야와 같은 모습으로 엘리야와 같이 메뚜기와 꿀을 들판에서 먹는 사람이 나타났다. 사람들은 말라기에서 예언한 사람의 설교를 듣기 위해 몰려들었다. 그는 가정생활과 현명한 삶에 대해 설교했다. 그러나 그는 예수님이 오실 것을 준비하기 위해 온 사람이었을 뿐이었다.

신약성경에서 침례요한이 엘리야인지 아닌지에 대해 사람들이 논쟁한다. 두번에 걸쳐 예수님은 엘리야가 그의 사촌 침례요한이라고 말하셨다. (마태 11:7-14; 17:9-13) 이렇게 말라기와 마태복음은 성경안에서 같은 말씀을 한다. 마태복음은 엘리야가 어떻게 침례요한으로 다시 왔는지를 말한다. 이것은 하나님의 다음 계시였다. 사역을 시작하신지 이년 반이 지났을 때 예수님은 그의 제자들은 헤르몬산 아래의 저수지에 데리고 가셔서 '사람들이 나를 누구라 하느냐?' 하고 물

으셨다. 제자들은 '어떤 사람은 예레미아가 다시 오셨다고 합니다.' 그러나 예수님은 그들이 자신을 누구로 생각하는지 물으셨다. 베드로는 '예수님은 전에 하늘에서 사셨습니다. 주는 그리스도시요 살아계신 하나님의 아들이십니다.' 라고 말했다. 그리고 예수님은 베드로, 야고보 와 요한을 산꼭대기로 데리고 가셔서 모세와 엘리야가 예수님과 대화하는 것을 보게 하셨다. 말라기에서 약속한 것들이 모두 이루어 졌다.

그리스도인의 적용

1. 고린도 전서 10장에서 구약의 글들은 그리스도인들에 사용하도록 쓰여졌다고 말한다. 유대에 일어난 일들은 우리에게 쉽게 일어날 수 있는 일들이다. 냉담함, 불신앙, 부도덕, 무정함은 그리스도인들에게도 괴로움을 가져다 줄 것이다.

2. 우리는 신약성경으로 구약성경을 해석해야 한다. 우리는 안식일이나 십일조의 율법에 억매어 있지 않은 대신, 이혼이나 재혼 혹은 다른 문제들에서 모세의 율법보다 훨씬 엄한 그리스도의 법에 매여있다.

3. 반면에 우리는 하나님의 은혜를 함부로 취급해서는 안된다. 너무 많은 그리스도인들인 하나님에 대한 두려움을 잃었는데 이렇게 되면 그리스도의 복음을 완전히 이해하는 것이 아니다.

4. 우리는 하나님께서 심판하실 것을 기억해야한다. 신약성경의 저자들은 심판에 대해 말라기와 같은 말씀을 한다. 하나님께서 심판하러 오실 때, 하나님은 그의 백성들을 먼저 심판하시고 나머지 사람들을 심판하실 것이다. 교회안의 사람들로 나누어 질 것이다. 우리는 너무 안일하게 그리스도를 믿기로 결심했으므로 괜찮겠지 하고 생각하면 안된다. 말라기 당대에 살았던 사람들에게 내린 심판을 받지 않으려면 하나님의 일을 하고 우리를 부르심에 답하는 일을 열심히 해야한다.

II
신약성경

# 역사의 전환점

36. 사복음서	457
37. 마가복음	463
38. 마태복음	473
39. 누가복음과 사도행전	487
40. 누가복음	493
41. 사도행전	505
42. 요한복음	519

해사 전시편

36. 사복음서

개요

성경은 1400년에 걸쳐 40명의 저자가 쓴 책을 모아놓은 전집이다. 하나님께서는 이 책들을 어떤 교리에 의해 체계적으로 나열하거나 장과 절로 나누어 놓지 않으셨다. 대신 **다른 종류의 문학** 서적으로 시집, 역사서, 편지, 계시들을 헬라어, 히브리어 그리고 약간의 아람어로 쓰여진 책들을 주셨다.

다양성

도서관의 두권의 책이 고유하듯이, 이 전집은 각 저자들의 고유한 성격과 관점을 나타낸다. 우리가 기억해야 할 중요한 점은 성경의 편집자인 성령께서 그의 진실을 쓰기위해 저자들의 마음과 뜻을 무시하고 저자들을 그저 글쓰는 도구로 사용한 것이 아니다. 하나님께서 궁극적인 저자이지만 동시에 저자들도 원하는 대로 자신의 방법대로 글을 썼다. 자신들이 쓴 글들이 거룩한 성경의 일부가 되리라는 것을 알았던 저자는 거의 없었다.

이런면에서, 성경안에 나타나는 모순들은 **저자의 의도를** 조사해보면 해결될 수 있다. 예를 들어, 사도바울이 말한 우리는 우리의 힘이 아닌 믿음에 의해 구원된다는 말과 야고보에서 우리가 믿음을 위해 힘써야 한다라는 말을 보자. 사도바울이 로마사람들에게 믿음에 대해 말할 때 그는 야고보와 다른 염려와 질문을 기대했다. 사도바울은 우리의 힘으로 구원받도록 노력하지 않는 점에 대해 말했고, 야고보는 믿음으로 힘쓰는 것은 진실함을 보여준다는 점을 말한것이다.

통일성

이런 다양성에도 불구하고, 성경은 하나님이 저자임을 보여준다. 창세기에서 요한계시록에 흐르는 **구원이라는 주제다.** 창세기 1-3장과 요한계시록 21-22장은 1400년이나 떨어져 있지만 하나님의 일하심을 보여주는 흡사한 내용이다. 성경의 통일성은 일률성과 다르다. 하나님은 삼위일체이심으로 그의 말씀은 통일성과 다양성을 지닌다.

성경공부 하는 태도

성경을 공부할 때 이런 면을 염두에 두어야한다. 두가지 접근은 똑같이 중요하다:

1. 다양성: 성경을 공부할 때 서로 **다른점을** 본다.
2. 통일성: 성경안에 다른 책들이 어떻게 서로 **연관되어있는지를** 본다.

자유주의적으로 성경을 보는 사람들은 다양성에 주목하고 통일성을 부인한다. 복음적 사고방식을 가진 사람들은 통일성에 주목하고 다양성이 혹시라도 모순을 가지고 올까봐 두려워한다.

두가지의 균형을 유지하는 것은 중요하며 성경에 깔려있는 통일성과 하나님이 저자임을 받아드리는 동시에 각 책이 특정한 목적하에 인간이 쓴 책임을 기억해야 한다. 신성한 면에만 주목하면 다른 저자들이 다루고 있는 주제를 놓치고 잘못된 관점으로 중요한 진실을 보게될지 모른다. 여러가지 책들의 다양한 주제들을 한권의 책과 하나의 메세지와 하나의 스타일로 보는 실수를 할 수 있다. 한편으로는, 너무 각 책의 개인적인 특성에 매달리면, 하나님께서 전집으로 묶어놓으신 통일된 주제와 목적을 상실할 수 있다.

이런 접근의 귀중함은 사복음서를 공부할 때 특히 분명해진다. 한 단계에서는 예수님의 복음을 알리는 통일된 주제가 있다. 같은 시기에, 민족, 장소에서 쓰여졌지만, 각 저자마다 특별한 관점과 독자를 염두에 두고있다. 많은 내용을 공유하고 있는 세 공관복음서와 두들어지게 다른 요한복음의 경우에는 특히 그렇다. 이책들의 다른점을 공부할 때 요한복음의 두드러진 점을 볼것이다.

사복음서

사복음서는 예수님의 삶, 죽음 그리고 부활을 담은 예수님의 전기라고 볼 수 있다. 이 책들이 일세기에는 들어보지도 못했던 독특한 문학의 형태로 쓰여져 있음을 사람들은 깨닫지 못한다. 사복음서를 자세히 공부하는 사람들은 각 구절의 문맥과 책전체의 문맥의 중요함을 알것이다. 그래서 각 책의 문학형태를 이해하지 못하면 사복음서를 공부하는데 난관을 겪는다. 사복음서를 한권씩 공부하기 전에 복음서가 무엇인지를 먼저 밝혀야 한다.

복음서란 무엇인가?

복음서는 예수님이 쓰시지 않았으므로 자서전이 아니다. 또 책들의 삼분의 일이 예수님의 죽음을 다루고 있으므로 예사의 전기도 아니다. 어느 전기도 해당 인물의 죽음이 아무리 특이하다 해도 책의 그렇게 많은 부분을 죽음에 할애하지 않는다. 아마 가장 유사한 방법이 있다면 책이라기 보다는 오늘날의 방송국에서 오는 새로운 뉴스라고 볼 수 있다.

영어로 복음 (gospel) 은 헬라어의 에반젤리온 (evangelion) 에서 왔고 이말은 신약성경 당시 마을마다 다니며 놀라운 소식을 전하는 사람을 묘사한다. 예를 들어 황제가 죽었다든지 전쟁에서 승리했다는 따위의 소식이다. 마찬가지로 복음은 기쁜 소식을 나누기 위해 전하는 뉴스다. 이 말은 한번 소식을 들으면 세상의 모든 것이 새로와 진다는 말이다.

일반적으로 소식은 듣는 사람들에게 큰소리로 낭독되었고, 복음서도 나머지 신약성경과 같이 큰소리로 낭독되도록 쓰여졌다. 오늘날의 우리도 혼자 읽을 때에도 복음서를 큰소리로 낭독해서 읽으면 훨씬 효과가 클 것이다.

복음서는 왜 쓰여졌는가?

복음서가 왜 이런 형태로 쓰여졌는지는 쉽게 알 수 있다. 예수님께서 승천하신 후에 로마제국내에서 사도들이 복음을 전하면서 교인의 숫자가 늘었다. 그리고 예수님을 만나지 못한 많은 사람들이 복음을 듣기를 갈망했다. 예수님께서 하신 일과 말씀하신 것을 그대로 기록하여 증거하는 일이 시급했다.

왜 네권의 복음서가 있는가?

중복되는 내용과 말이 네권의 복음서에 있다는 것에 많은 사람들이 놀란다. 같은 말을 중복하는 네권의 책들이 불필요하다고 생각하는 사람들이 있다. 한권만 있다면 간편하지 않은가? 아니면 누군가가 네권을 하나의 책으로 묶어 내용을 네장으로 나눌 수도 있지 않은가?

그럴듯한 말같지만, 네권의 복음서들을 한권으로 묶으려는 시도를 할 때 중요한 것을 잃게 된다. 다른 성경에도 중복된 이야기가 있는 것처럼 하나님께서 네권의 복음서가 쓰여지게 한 중요한 이유가 있다. 예를 들어, 창세기 일장과 이장에 두번의 창조에 대한 말씀이 있다. 하나는 하나님의 관점을 또하나는 인간의 관점을 보여준다. 열왕기와 역대기는 같은 시대를 다루지만 전혀 다른 관점에서 이스라엘의 역사를 두방법으로 설명한다. 마찬가지고 하나님께서는 우리가 잘 이해하고 전체적 내용을 알 수 있도록 네개의 다른 각도에서 예수님의 삶과 죽음에 대해 네번의 설명을 주셨다. 대형 제트기의 사진을 찍어 사람들에게 그 모양을 보여주려면, 적어도 네 다섯장의 사진을 찍지 않으면 여러각도에서 보이는 모양을 설명할 수 없다. 마찬가지로 예수님도 이 세상에서 존재한 사람들 중 가장 놀라운 분이므로 하나님께서 네명에게 영감을 주시어 그들으 본 것을 기록하게 했다. 복음서의 저자들은 독립적으로 각자가 본 예수님을 기록했다.

영감

복음서가 어떻게 쓰여졌는지를 보는 각도는 성경의 영감에 대해 중요한 것을 보여준다. 저자들은 하나님께서 쓰라는 것을 그대로 받아쓰는 기계적인 위치의 사람들이 아니었다. 그들이 이해하는 예수님과 그의 메세지를 각자의 위치에서 보고 쓰도록 하나님께서 그들을 사용하셨다. 동시에, 그들이 쓴것은 하나님의 영감으로 쓰여진 하나님의 말씀이다. 인간의 말인 동시에 하나님의 말씀이다. 영감은 각 저자의 개인적 특성을 포함한다.

네권의 복음서들은 어떻게 다른가?

유명인사가 죽으면 여러 형태로 그의 죽음에 대해 쓰게된다.

1. 보통 이사람이 어떤 일을 했는지에 대해 먼저 쓰여진다: 사망기사는 이일을 감당한다.

2. 나중에 이 사람이 어떤 말을 했는지에 대해 사람들은 관심을 갖고 그가 쓴 편지나 연설문을 모아 책으로 낸다.

3. 마지막에 그가 한 말과 행동의 뒤에 나타나는 그 사람의 정체에 대해 알기 위해 인격, 성품, 동기 들을 조사한다.

435페이지의 도표에 나타난 대로 사복음서는 이 세단계를 정확히 따르고 있다. 마가는 예수님의 행동, 기적, 죽음과 부활을 포함한 예수님의 행적에 촛점을 마춘다. 마태와 누가는 예수님의 말씀과 설교를 마가보다 더 많이 기록했다. 예수님이 누구신지의 정체에 관심을 두고있다. 복음서는 특이한 문학의 형태이지만 독자들에게 전체적인 각도의 포괄적인 이해를 돕기위해 여러 방향에서 본 예수님을 보여준다.

복음서를 공부하는 방법

특이한 형태의 복음서의 의미를 이해하기 위해서 두 차원에서 접근할 수 있다. 하나는 저자의 영감의 관점에서 그가 보고 이해한 예수님을 공부하는 것이다. 또 다른 하나는 저자의 의도와 그가 원하는 독자들의 반응을 보는 것이다. 이 두 차원은 중복되지만 한권씩 공부할 때 큰 도움을 준다.

저자의 영감

각 복음서의 저자는 예수님에 대한 각자의 영감에 맞게 내용을 전개했다 (481페이지의 표를 참조하세요). 예수님의 말씀과 행적을 단순히 기억하는 대로 쓴것이 아니라 예수님의 삶을 이해할 수 있는 전체적 문맥도 기록했다. 각 저자의 관점이 그가 쓴 복음서에 꼭 독특하지는 않다: 저자들의 중복된 면이 있지만 각자의 가장 중요한 영감을 볼 수 있다.

- 마가는 예수님을 인자로 보면서 첫번의 가장 짧은 복음서를 썼다.
- 누가는 예수님을 세상의 구세주로 보며 두번째 복음서를 썼다.
- 마태는 예수님을 유대인의 왕으로 구사하며 세번째 복음서를 썼다.
- 요한은 예수님을 하나님의 아들로 보면서 네번째 복음서를 썼다.

이 들은 각자의 관점을 가장 잘 나타낼 수 있는 내용의 구조를 사용했다.

저자들의 의도

한편 우리는 복음을 읽는이의 관점도 고려할 필요가 있다. 각 저자는 특별한 독자들을 겨냥하고 예수님의 메세지를 전하고자 했다.

자세히 보면 마태복음과 요한복음은 믿는 자들을 위해 쓰여진 책이다:

- 마태는 새 신자들을 위해 그의 책을 정열했고 우리는 어떻게 사도로서 살아야 하는지를 알 수 있다.
- 요한은 이미 믿는 오래된 신자들을 향해 사도요한과 예수님에 대적하는 이단을 주의하고 예수님을 믿는 믿음을 굳건히 붙들라고 격려한다.

반면에, 마가복음과 누가복음은 믿지 않는 사람들을 위해 쓰여졌다.

- 마가는 듣는 사람들이 예수님에 대한 소식을 듣고 그를 믿는 믿음을 갖게 하는데 주력했다.
- 누가는 성경의 단 한명의 이방인 저자로서 동료 이방인들이 예수님을 알도록 하는데 힘썼다.

각기 다른 청중은 저자들이 어떤 내용을 쓸 지 어떻게 나열하여야 할 지를 정하는 역할을 했다.

유사점

이미 복음서의 내용과 말들이 중복된다는 점과 특히 첫 세권의 유사함을 말했다. 95%의 마가복음의 내용은 마태와 누가에 포함되어있고 거의 같거나 비슷한 말로 되어있다. 첫 세건은 '공관 복음서' (synoptic gospel) 라 부른다. 이것은 두 헬라어의 어근에서 유래 한 것으로 '함께' (syn) 와 '본다' (optic) 라는 뜻을 가지고 있다. 독립적으로 쓰여진 요한복음과 달리 이 세권은 예수님에 대한 공통 관점을 보여준다. 마태, 마가, 누가복음을 끝내고 요한복음을 읽으면 아주 다르다는 것을 볼 수 있다.

많은 내용들이 세권의 복음서에 공통적으로 나온다. 마가복음에는 몇가지가 있고 조금 다르면에서 그의 모든 내용들이 마태와 누가복음에 사용되었다. 마태복음은 마가복음을 나눈후 이들을 섞어서 기록했고 누가복음에는 마가복음의 많은 내용들을 한꺼번에 사용했다.

마태와 마가가 누가복음을 사용했는지, 아니면 마태와 누가가 마가복음을 확대하여 사용했는지, 아니면 마가가 마태와 누가를 축소해서 기록했는지에 대해 논쟁이 있다. 아마도 마태와 누가가 마가복음을 확대했을 확률이 높다. 마태복음에는 다른 복음서에서 볼 수 없는 그의 고유한 내용이 있고 누가복음도 그렇다.

마가복음의 바탕성

세 공관복음서들은 마가복음을 중심으로 분명한 문학적 연결이 되어있다. 신학성경에서 두번째 나오는 책이지만 마가복음이 가장 먼저 쓰여졌을 것이다. 마가는 그의 복음서를 중간에 간격을 둔 두부분으로 나누었다. 첫부분은 예수님이 북쪽의 갈릴리에서 사역하신것을 다룬다. 두번째는 예수님께서 남쪽의 유다로 내려와서 하신 사역을 다룬다. 나사렛에서 마을 사람들이 예수님을 절벽으로 밀치려 했던 일을 제외하고는 북쪽에서 예수님은 몇천명이 따르는 평판이 좋은 분이셨다. 그러나 남쪽에서는 인기가 없었고 많은 문제들에 부딪쳤다. 유대 권위자들은 예수님을 적대했고 따르는 사람의 수도 적었다. 이러한 두 부분에서 마가는 예수님을 잘 받아드리는 북쪽을 떠나 적대감과 기어이 죽음으로 이르는 남쪽으로 가는 절정을 이룬다.

마태와 누가는이러한 두부분으로 나누어진 구조를 사용했다. 그는 자신이 알고 있는 내용과 마태와 함께 나눈 내용들을 사용해서 마가복음을 다시 썼다. 마태와 누가가 함께 알고 있었던 이 내용들은 구전되었거나 글로 기록된 서로 다른 출처에서 나온 것일 것이다. 신약성경학자들은 독일어로 '출처' (Quelle) 의 첫 자음을 따서 Q라고 부른다. 마태는 Q의 내용과 그가 알고 있는 내용을 합쳐서 자신의 목적에 맞게 다르게 정열했다.

결론

복음서의 내용을 완전히 이해하려면, 복음서가 무엇인지 누구를 위해 쓰여졌는지를 이해하는 것이 중요하다. 아래의 도표에 사복음서의 내용을 요약했다.

사복음서

마가—인자의 아들
마태—유다인의 왕
누가—세계의 구세주
요한—하나님의 아들

세단계

예수님의 행적—마가
예수님의 말씀—마태 / 누가
예수님의 정체성—요한

두각도

저자—영감
무엇을? 어떻게?
독자—의도

누구 ? 왜?

사복음서에는 믿는 사람들의 믿음을 강화하고 믿지않는 사람들에게 복음을 알리기 위한 목적하에 예수님의 생전에 예수님의 인격과 사역을 몸소 체험한 사람들이 전하는 소식이 있다. 복음서의 내용들은 문서화하기 전 사람앞에서 설교된 말씀으로 큰소리로 단번에 읽는 것이 가장 효과적이다.

이들은 역사의 쟁점을 기록한 특별한 책들이다. 세상을 완전히 바뀌었다. 신성과 인성을 함께 갖춘 그리스도께서 세상의 구원자로 오셨다. 이를 계기로 시간은 기원전(BC)과 기원후 (AD: anno domini, 라틴어로 예수님의 해라는 뜻) 의 두시대로 나뉜다.

37. 마가복음

개요

복음서의 개요 (pp. 653-661) 에서 언급한 바와 같이 마가복음은 신약성경의 두번째 책이지만 가장 처음 쓰여졌고 한번 읽기 시작하면 내려 놓을 수 없는 감동과 생동감이 넘치는 내용으로 주로 믿지 않는 사람들을 위하여 쓰여진 책이다.

마가는 누구인가?

마가복음의 저자도 다른 복음서의 저자들 같이 자신의 이름을 밝히지 않았다. 저자의 신분에 대한 암시들이 있기는 하지만, 마치 독자들의 시선이 예수님에게만 집중되기를 원하는 듯 저자는 자신을 나타내지 않았다. 그러나 이 책에 나오는 세개의 이름을 통하여 우리는 저자가 누구인지 추측할 수 있다.

1. 마가는 라틴어로 **말쿠스이고** 유대인 저자와 로마 정부가 어떤 연관이 있었음을 알려준다. 그의 집안은 예루살렘에 큰 저택, 하인 한명, 그리고 어떤 직분을 가지고 있었다.

2. 그의 히브리 이름은 **요하난** 혹은 요한으로 '하나님이 은총을 베푸셨다'라는 뜻으로 종종 요한 마가로도 불리었다.

3. 그의 세번째 이름은 유별나다: **코로보닥토루스라는** 헬라 이름은 '뭉툭한 손가락을 가진 사람' 이라는 뜻이다. 첫 복음서가 뭉툭한 손가락을 가진 사람에 의해 쓰여졌다!

이렇게 마가는 헬라, 라틴, 히브리어의 세개의 이름을 가지고 있었다.

마가 가문의 자택

마가의 어머니는 마리아, 히브리어로는 미리암이다. 그의 집에서 마지막 만찬을 했을 가능성이 높은데 그 이유는 예루살렘의 윗방에서의 마지막 만찬 후부터 겟세마네 동산에서 예수님의 체포 사이에 일어난 이상한 사건 때문이다.

예수님을 체포할 당시 군인들은 침대보를 두른 젊은 남자를 붙잡았으나 그는 군인들의 손에 침대보만 남겨놓은 채 나체로 빠져 나갔다. 이것은 요한 마가 자신만이 알 수 있는 사건의 기록이다. 집에서 급히 나온 그는 제자들이 간 동산으로 향하고 감람나무 뒤에 숨어서 몰래 예수님의 기도를 들었고 그의 체포를 목격했다. 이 상황은 말이 잘 들리지 않는 떨어진 거리에서 기도하던 예수님의 기도 내용이 어떻게 우리에게 전하여 졌는지를 설명해 준다.

추측이긴 하지만 마지막 만찬이 요한 마가의 집에서 행하여졌을 가능성이 높고 이 사건은 그가 마가복음의 저자임을 뒷받침 한다.

마가는 어떻게 정보를 얻었는가?

요한 마가는 사도 중 한사람이 아니었다. 어렸을 적에 예수님을 만났을 지 모르지만 훗날 전개되는 많은 사건들의 주요인물은 아니었다. 다른 신약성경에도 언급되어 있는 그는 항상 누군가의 개인 비서와 같은 제 이인자였다. 여러 사람들 중 이런 위치의 사람이 첫번째 복음서를 썼다는 것은 놀라운 일이다.

초대교회의 위대한 세명의 지도자들의 비서였던 그가 어떻게 복음서에 기록할 정보를 수집했는지는 쉽게 추측할 수 있다. 키프로스의 레위인인 사촌형 바나바스를 돕던 그를 **바나바스가** 크리스챤들의 예배에 대하여 훈련시켰을 것이다.

다음에 마가는 사도바울의 비서로서 **바울**과 바나바스의 첫 선교여행에 동반했다. 그러나 소아시아의 해변에 도착하자마자 요한 마가는 도중하차하고 여행을 성공적으로 마치지 못했다. 누가는 사도행전에서 마가가 왜 도중하차 하였는지에 대해 기록하지 않았다. 그가 향수병에 걸렸을 수도 있었을 것이다. 혹자는 그가 사촌형인 바나바스가 선도자가 되어야 한다는 생각에 바울의 선도자적 위치를 받아들이기 힘들었을 것이라고 추측한다. 또 산적들의 위험 때문에 떠났다고도 말한다. 확실한 이유는 알 수 없지만 한가지 우리가 아는 것은, 바울과 바나바스가 두번째 여행을 계획할 때 요한 마가때문에 언쟁이 있었다는 점이다. 사도바울은 전에 도중하차한 요한 마가를 데리고 가면 안된다고 주장하고 바나바스는 데리고 가야 한다고 주장했다. 이 언쟁으로 인해 두 사람은 결국 각자의 길을 가게 된다.

마지막으로 마가는 사도바울보다 나중에 로마에 도착한 사도**베드로**의 비서였다. 마가는 베드로와의 관계를 통하여 복음서에 기록한 정보를 얻었을 것이다. 그는 베드로가 로마 교회를 방문할 때 베드로의 설교를 라틴어로 통역했다. 초대교회의 문서들에 의하면 로마 교인들이 베드로의 설교를 글로 써주기를 원했다고 한다. 네로황제를 두려워 하던 교인들은 베드로의 담대한 행동으로 인해 그가 체포되어 그가 기억하는 예수님에 대한 이야기들이 사라질 것을 우려했다. 베드로는 이 제안을 특별히 반가와하지는 않았지만, 마가를 제지하지도 격려하지도 않고 내버려 두었다고 한다.

글의 양식

이렇게 베드로와 가까왔던 관계 때문에 마가복음은 베드로복음으로도 알려져 있다. 사도행전의 베드로의 설교를 자세히 보면 마가복음과의 연결을 볼 수 있다. 복음서에 나타난대로 생각없이 말하고 행동이 앞서는 급한 성격의 베드로는 '행동파'라는 별명을 가지고 있었다. 다른 복음서는 물위를 걷기를 원했던 사람은 베드로였다고 기록했다. 부활 후, 예수님이 나타나시기를 기다리다가 조바심으로 더 참지 못하고 '고기잡으나 가야겠다' 라고 말한 사람도 베드로였다. 요한이 해안에 예수님이 계시다고 말하자 물 속으로 뛰어든 사람도 베드로였다.

이 복음서는 인내가 부족한 베드로의 급한 성격을 잘 나타내고 베드로의 성격에 부합되는 '당장'이라는 말을 여러번 사용했다. 이렇게 마가복음은 복음서들 중에서 가장 생동감이 넘쳐서 큰 소리로 낭독하기에 적합한 책이다. 연극배우 알렉 맥코웬은 마가복음의 낭독으로 몇달 동안 런던의 한 극장을 관객으로 꽉 채웠었다.

마가복음의 첫부분은 예수님의 첫 이년 반의 사역을 다루며 흥미진진한 사건들의 진행을 독자들에게 빠른 속도로 알려준다. 그러나 후반부에서는 다음 몇 달간의 사건들과 예수님의 마지막 몇 주, 마지막 주, 마지막 날, 마지막 시간을 자세히 묘사하다가 마치 달리던 급행열차가 서서히 정차하는 것 같이, 십자가 앞에서 모두 멈춘다.

이러한 구조로 예수님의 죽음을 향해 달려가다가 속도를 늦추면서 드디어 십자가 앞에서 완전히 멈추는 마가복음은 져널리즘의 대작으로 알려져 있고, 예수님을 모르는 사람들에게 우리의 구세주가 이런 놀라운 사람임을 알리는데 가장 적합한 복음서이다.

마가복음의 내용

베드로의 약점

마가복음은 베드로의 장점보다는 약점을 묘사했다. 마치 베드로가 그의 약점들을 독자들에게 알리기를 원했던 것 같다. 마가는 예수님이 베드로에게 한 말씀도 기록했다: 예수님이 당할 고통에 대하여 말씀할 때, 베드로가 불만을 토하자, '사탄아 내 뒤로 물러서라!' 라고 꾸중하셨다. 반대로 마태복음에는 '너는 베드로라 내가 이 반석위에 내 교회를 세우리니 음부의 권세가 이기지 못하리라' 라는 말씀이 있다. 마가는 예수님에 대한 베드로의 배반은 기록했으나 요한 복음의 그의 회개는 기록하지 않았다.

기적

베드로는 예수님의 말씀보다 그의 사역에 더 깊은 감동을 받았고 마가복음은 예수님이 행하신 기적들을 자세히 기록했다. 믿지 않는 사람들이 흥미를 갖게 하기 위한 복음 전도자의 마음가짐은 기적과 그의 설명에 할당된 량을 보면 알 수 있다. 마가복음은 마태복음이나 누가복음과 비슷한 18개의 기적을 기록했으나, 예수님의 비유가 마태복음에 18개, 누가복음에 19개 기록된 반면, 마가는 4개의 비유만 포함시켰고 단 한편의 논설이 13장에 기록되어 있다.

생략된 내용

마가복음을 보면 **베드로가 모르던 면**도 나타난다. 베드로는 예수님이 어디서 어떻게 탄생했는지를 몰랐던 것 같다. 사도행전에 있는 그의 설교나 편지는 예수님의 탄생을 한번도 언급하지 않았다. 베드로가 알던 내용은 그와 그의 아우 안드레가 요단강에서 세례받고 요한이 그들을 예수님에게 소개하는 시점에서 시작된다. 그래서 마가복음은 성탄절이나 예수님의 어린시절을 언급하지 않고 세례요한의 설교와 세례에서 시작된다.

구조

마가복음은 예수님의 삼년간의 공생애를 시간과 장소, 즉 연대적 그리고 지리적 구조를 통해 보여준다. 이년반 동안의 이야기들이 정점을 향해 가다가 (pg. XXX 을 보라) 그 후부터는 마지막 육개월동안의 예수님의 삶을 다룬다. 마가는 초기에 있었던 예수님의 예루살렘 방문을 생략하고 갈릴리 지역의 사역에 촛점을 맞추었다 (책 표지의 그림을 보라).

    연대적 구조

예수님의 사역은 세단계로 나눌 수 있다.

- **일단계:** 예수님은 인기있는 분이셔서 몇천명의 사람들이 병고침을 받기 위해 예수님을 찾아 왔고 나라 전체에 그의 소문이 자자했다.
- **이단계:** 적대감이 시작된다. 안식일을 포함한 여러가지 의견차이로 친구보다는 적이 더 많아진다.

- **삼단계:** 예수님은 그의 말씀을 듣기 위해 몰려든 몇천명보다 그의 열두제자들에게 집중하신다.

또 마가복음은 세 시기를 다룬다. 1-9장은 첫 이년반, 10장은 다음의 육개월, 그리고 11-16장은 예수님의 삶의 마지막 주를 다룬다.

지리적 구조

지리적 구조도 연대적 구조와 평행을 이룬다. 지구의 가장 낮은 지대인 요단강에서 시작하여 예수님의 주 사역지였던 갈릴리로 옮겨간다. 아래의 도표는 산 아래에 빌립보 가이사랴가 있는 약속의 땅에서 가장 고지인 헤르만산이다. 이곳에서 복음은 정점에 도달한 후 예수님은 예루살렘을 향한 계속되는 내리막 길을 가신다—유대 땅의 가장 높은 고지에서 요단 동쪽의 페레아를 지나, 십자가에 못박혀 죽으시고 삼일만에 부활하실 예루살렘으로 가신다.

첫 이년반의 사역후에 마가가 독자들에게 강조하는 한 사건은 빌립보 가이사랴에서 바뀌는 예수님의 사역을 보여준다.

중대한 전환점

지리적으로 헤르몬산 아래에 위치한 30-40피트 너비의 빌립보 가이사랴지역은 요단강이 시작되는 지점이다. 헤르몬산의 녹은 눈이 지하로 스며들어 강 바닥의 샘을 통해 흘러나와서 강이 시작된다.

이 신기한 현상은 사람들로 하여금 수백년동안 이곳에서 이방신과 미신을 섬기고 강위의 암벽을 깎아 신상을 모시는 자리를 만들게 한 주 원인이었다. 여러 신상들 중에는 헬라의 판 (Pan) 신상도 있어서 아직도 그곳을 파네아 혹은 바네아라고 부른다. 헤롯이 죽은 후 그의 네 아들 중 한 명인 빌립이 그 땅을 유산으로 물려받아 가이사의 동상을 세웠다. 빌립은 자신의 이름과 로마황제의 이름을 따서 그곳을 빌립보 가이사랴라고 불렀다.

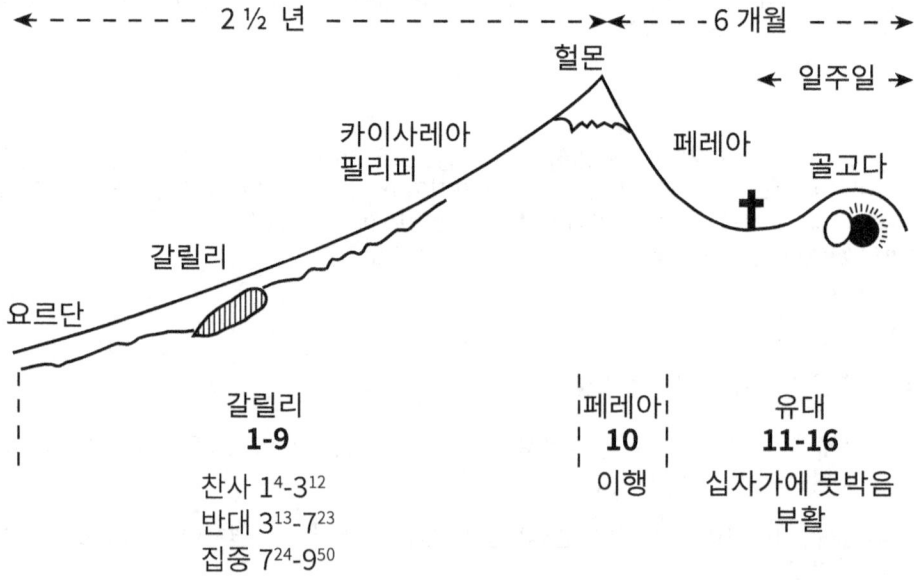

신으로 불리우는 인간 가이사의 동상과 불멸의 인간으로 세상에 왔다는 헬라 판신의 동상이 세워진 이곳에서 예수님은 제자들에게 사람들이 자신을 누구라고 부르는지에 대해 물었다.

사람들은 예레미아, 엘리야, 혹은 사도요한 등 역사적 인물이 다시 태어나셨다고 말한다고 제자들은 답했다.

예수님은 그들 자신은 예수님을 누구로 생각하는지 물었고 정확한 답을 한 사람은 베드로였다. 예수님이 예전에 지구가 아닌 곳에 사셨던 분임을 깨달은 그는, '주는 그리스도시요 살아계신 하나님의 아들입니다' 라고 대답했다.

이것이 인간으로서 예수님이 누구인지를 처음 알게 된 사건이다. (요한복음에 첫 여성으로 마르다의 고백이 있다). 이 대답이 복음서의 중요한 정점이다. 예수님은 이년반 동안 사역한 후 이 질문을 하셨고 전에 한번도 언급하지 않은 새로운 두가지를 베드로에게 알려주셨다.

1. 예수님은 설교하고 병 고치고 기적을 행하면서 예전에 전혀 언급하지 않았던 그의 교회를 세우는 일에 대하여 말씀하셨다. 이유는 간단하다: 교회는 예수님의 정체성을 아는 사람들에 의해 세워져야 하므로 사람들이 예수님을 알기 전에는 그의 교회를 세울 수가 없다. 그 때 예수님은 사이몬 ('갈대'라는 뜻)에게 베드로라는 새로운 이름을 주셨다. 베드로는 '석화'라는 말의 어근인 암석이라는 단어와 비슷한 뜻을 가진 이름이다.

2. 또 예수님은 처음으로 예루살렘에 가시려는 의도와 십자가에 못박히게 될 것을 말씀하셨다. 제자들과 함께 지낸 이년반 동안 그는 한번도 그의 죽음에 대한 암시를 준 적이 없었다. 이제 그가 감당해야 할 십자가의 죽음을 말씀하시면서 아무도 이를 막지 못할 것도 알려주셨다. 예수님은 예루살렘에 가시면 안된다고 항의하는 베드로를 꾸짖으셨다. 여기서부터 십자가가 복음서의 촛점이 된다.

이 부분이 마가복음의 전환점이다. 마지막 결과를 알고 있는 우리는 제자들에 대한 어떤 선입관을 가지고 복음서를 읽어서 이야기의 발전과 흐름 그리고 복음서에서 점차적으로 진행되는 계시를 놓치게 된다.

제자들이 예수님의 정체성을 이해한 후의 다음 사건들은 자연스럽게 전개된다. 예수님은 베드로, 야고보와 요한을 눈덮힌 지점보다 더 높은 산꼭대기로 데리고 가셔서 자신이 영광스럽게 변형되시는 것을 보게하셨다. 원본에 베드로는 예수님의 옷이 세상의 어느 표백제를 사용한 것보다도 희게 되었다고 말했다. 그들은 예수님의 옷이 광채가 나는 그의 거룩하심을 보았다. 예수님은 모세와 엘리야와 함께 그의 백성을 자유케하는 출애굽에 대하여 의논하였다고 누가가 기록했다.

마가복음의 가장 중요한 메세지는 예수님은 그리스도시요 메시야라는 것을 제자들이 알게 된 점이다. 이것은 독자들에게도 가장 중요한 메세지이다. 복음서의 문학형태로 복음을 전하는 마가복음을 마태와 누가가 더 확장시켰다.

마가복음의 가치

1. 인간 예수님에 대한 분명한 묘사

마가는 예수님의 사역에 중점을 두면서 그리스도의 인간성도 중요하게 다루었다. 마가는 예수님이 그를 따르는 사람들에게 자신을 서서히 드러내셨다고 기록했다. 자신의 정체성에 대해서는 잠잠하신 반면 인간 그리스도를 드러내셨다는 점이 마가복음의 수수께끼이다.

다음의 참조 내용들을 통하여 이점이 확실히 강조됨을 볼 수 있다.

- 1:25와 1:34 의 악마들은 예수님이 누구신지 알고 있었고 예수님은 그들이 말하지 못하도록 하셨다.
- 1:44에서 예수님은 문둥병 환자를 고친 후 '아무에게도 말하지 말라' 고 엄하게 경고하신 후 그를 보내셨다.
- 3:12에서 악마들에게 '예수님에 대하여 아무에게도 말하지 말라' 는 엄명하셨다.
- 5:43에서 회당장의 딸을 살리신 후 '아무에게도 이일에 대하여 알리지 말라' 고 엄명하셨다.
- 비슷한 경우들을 7:24, 7:36, 8:26, 8:30, 9:9, 9:30 에서 볼 수 있다. 헤르몬산에서도 제자들에게 자신의 정체성에 대해 발설하지 말라고 말씀하셨다.

'메시아의 비밀' 로 알려진 마가복음의 이 특별한 면모는 방해없이 자신의 사명을 마치고자 하는 예수님의 의지를 보여준다. 예수님의 정체성에 대한 이해를 하나님에게서 얻고 올바른 결정에 도달할 수 있도록 예수님은 제자들의 생각을 제지하셨다. 또한 그가 메시아임이 시기 상조적으로 알려지면 사람들이 그를 정치적 메시아로 오해하고 그의 사역과 죽음을 방해하고 막을 수도 있었기 때문에 자신의 정체를 드러내지 않으셨다.

2. 그리스도의 사역의 가르침

두번째로 중요한 마가복음의 주제는 그리스도의 사역이다. 그는 예수님의 죽음을 강조했다: 복음서의 삼분의 일이 십자가에 대한 내용이지만 예수님의 생에 대한 연극이나 영화에서는 이 내용이 거의 빠져있다. 이 복음서는 이색적인 '삶의 이야기'이다. 간디나 존 케네디같이 암살당한 유명인들의 전기에 그들의 죽음에 대해 이렇게 많은 부분을 할애한다는 것은 상상할 수도 없다.

십자가는 복음서의 모든 부분의 정점이다. 마가복음은 사람들이 처음부터 예수님을 죽이려 했음을 기록했다. 그의 가르침을 통하여 만들어진 친구도 있었지만 적도 많았다. 종교 지도자들과 정치 지도자들은 종교적 현상유지를 비판하는 예수님을 적대했고 바리새인들은 그들의 전통에 대한 예수님의 비판을 특히 싫어했다.

인성과 신성을 겸비하신 예수님의 죽음

마가는 예수님의 인간적 죽음의 면과 신성한 면을 함께 강조한다.

인간적 측면

인간적 측면에서 볼 때 예수님은 자신을 하나님으로 칭하여서 유대종교법에서 사형에 해당되는 신성모독죄의 구형을 받는다. 그러나 원고인들은 사형의 정당성을 입증하기 위하여 예수님이 정확하게 어떤 말을 했는지에 대해 서로 말을 맞출 수가 없었다. 결국 재판장은 예수님에게 그가 누구인지를 물었고 대제사장의 질문에 답해야 하는 의무를 가진 유대인으로서 예수님은 자신이 그리스도임을 인정했다. 재판장은 자신의 옷을 찢으며 '여러분들 모두 들었지요! 어떤 판정을 내리시겠습니까?' 라고 70명으로 조성된 공회를 선동하여 예수님에게 사형을 구형했다.

로마의 통치하에서 사형은 로마법에 의하여서만 가능했으므로 그들은 로마의 승인이 필요했다. 그러나 로마법에 의거하여 신성모독죄는 사형에 해당되는 죄가 아니었다. 결국 죄목을 바꾸어야만 사형이 가능했고 예수님이 빌라도 총독 앞에 섰을 때는 신성모독죄가 아닌 반역죄로 죄명이 바뀌어 있었다. 마가복음은 이 점을 명백히 설명해준다. 그들은 '나는 하나님이다 (신성모독죄)'가 아니라 '나는 유대인의 왕이다 (반역죄)'라는 예수님의 말씀으로 그를 정죄했다.

인간적인 측면에서 보면 그리스도의 죽음은 처음부터 끝까지 부당했다. 신성모독죄나 반역죄를 짖지 않았지만 예수님은 그런 죄명으로 사형을 선고받았다.

신성한 측면

마가복음은 처음부터 죽기 위하여 오신 예수님의 죽음을 신성한 측면에서도 잘 보여준다. 예수님은 그의 죽음과 부활에 대하여 여러번 예언하셨고 그 '잔'을 드셨다—잔은 은유적으로 죄에 대한 하나님의 심판을 의미한다. 마가는 예수님이 배반당하던 날 밤 정원에서 예수님의 기도를 엿들었을 것이다.

예수님이 그가 당할 고통에 대해 말씀했을 때, 그는 하나님의 계획 안에서 배반당할 것과 피할 수 없음을 이미 알고계셨던 점을 우리는 감지할 수 있다. 십자가를 피하라는 베드로의 말은 받아드릴 수 없었다.

우리는 예수님이 그의 사명을 피할 수 없었던 현실을 이해할 수 있고 이런 면에서 마가복음은 믿지 않는 사람에게 적합한 책이다.

3. 예수님에 대한 사람들의 반응

마가는 예수님의 가르침과 기적에 대한 사람들의 반응을 기록할 때 두려움과 믿음이라는 두 단어를 중점적으로 사용했다. 마치 예수님을 만난 사람들은 이 두가지 중 하나를 선택해야만 하고, 마가는 복음서 전체에서 '이 이야기를 듣고, 두려워 하느냐 아니면 믿느냐?' 라고 묻는 듯 싶다.

예를 들어, 폭풍을 잔잔하게 한 사건에서, 사도들은 예수님에게 '우리가 물에 빠져도 상관하지 않으실 겁니까?' 라고 묻고 예수님은 '무엇이 두려우냐? 아직도 믿음이 없느냐?' 라고 대답하신다. 예수님은 '두려워하지 말라' 고 말씀하셨다. 어떤 상황에서든 두려움과 믿음은 양립할 수 없다.

믿음의 근거

마가복음은 그리스도와 그의 역사를 분명히 보여주면서 초자연적인 상황에서 두려워하지 말고 믿음을 가지라고 격려한다. 이것이 믿지않는 사람들에게 마가복음이 적합한 또 다른 이유이다. 이 책은 그리스도의 인성과 그의 사역에 대한 기본적 지식을 제공하고 이 두가지에 대하여 우리가 가져야 할 올바른 자세를 격려한다.

종결

마가복음은 이상하게 끝맺는다. 사실 이 책은 문장의 중간에서 끝난다. 우리가 가지고 있는 원본은 '그들이... 을 두려워했으므로...' 라고 16장 8절의 문장 중간에서 끝난다. 영어 번역은 '그들은 두려워 했다' 라고 말을 바꾸었는데 어쨌든 이 복음서는 두려움에 대한 말로 갑작스럽게 끝을 맺는다.

깨어진 문장으로 끝맺는 이유들

사람들을 두려움에서 믿음으로 변화시키는 것이 마가복음의 전체적 주제이므로 이러한 종결은 의문을 자아 낸다: 나머지는 어떻게 된 것인가? 마가는 왜 책을 끝내지 않았나? 마가복음은 왜 부활하신 후 나타나신 예수님에 대하여 언급하지 않는가? 다른 세 복음서들과 비교해 볼 때, 빈 무덤과 빈 무덤의 발견에 대하여서는 기록되어 있지만, 예수님과 사도들의 만남에 대하여서는 기록하지 않았다.

우리는 이것을 세가지로 설명할 수 있다.

1. 마가는 끝내려고 했으나 끝내지 못했다.
2. 마가가 끝낼 수 없는 상황에 처했다—i.e. 무엇인가가 그의 글쓰기를 방해했다. 그가 갑자기 체포되었거나, 끌려갔거나, 죽어서 책을 끝낼 수 없었다.
3. 책의 마지막 부분이 손실되었다. 박해자들이 책의 마지막을 파괴했거나 베드로가 제외시켰을 수도 있다! 이 책은 사실 베드로의 설교를 기록한 '베드로 복음서' 이다. 고린도전서에는 예수님이 부활하신 후 베드로에게만 나타나셨다고 기록되어있지만 복음서에는 그러한 기록이 없다. 마가가 기록한 이 내용이 너무 귀하고 개인적이어서 베드로가 이 부분의 출판을 꺼려하고 제외시켰을 수도 있다. 어떤 사람들은 마가복음의 마지막 부분이 없지만 누가와 마태가 마가복음을 기초로 사용했으므로 마가의 마지막 내용은 누가복음과 마태복음에 포함되어있다고 주장하기도 한다.

우리는 어떤 일이 있었는지 확실히 알 수 없지만, 아마도 첫번째 주장은 아닐 것이다. 왜냐하면 마가가 일부러 '여자들은... 이 두려워서 아무에게도 말하지 않았다'라는 문장을 완성하지 않은 결과가 되기 때문이다. 믿지 않는 사람들을 위해 좋은 소식을 전하려는 복음서의 끝맺음으로 적합하지 않다.

끝부분이 더해졌다

우리가 확실히 알고 있는 것은 누군가가 마가복음을 끝냈다는 사실이고 짧은 종결과 긴 종결이 있다.

긴 종결은 우리가 사용하는 성경의 9장에서 20장까지이고 사도들이 부활하신 예수님을 보았을 때 믿지않았다고 기록하면서 두려움과 믿음의 균형을 보여준다. 여기에 요즘의 일부 교회에서 선호하지 않는 예수님의 놀라운 말씀들이 포함되어 있다. 예수님은 방언에 대하여 말씀하셨다. (예수님을 따르는 사람들에게 주신 방언에 대한 말씀은 이곳에만 기록되어 있다). 그리고 그를 따르는 사람들이 귀신을 쫓아내고, 병자를 고치고, 뱀을 들어도 상하지 않을 것이라고 말씀하셨다. (사도바울에게 말타에서 이러한 사건이 있었다). 또 예수님은 구원을 받으려면 물세례를 받아야 한다고 말씀하셨다. '믿고 세례받는 자마다 구원을 받으리라.'

마지막 부분을 누가 추가했는지 우리는 알지 못하지만, 초대교회가 믿은 예수님의 부활부터 승천까지의 기간 동안의 예수님의 행적을 우리는 알고 있다. 마태복음의 지상 대명령과 비슷한 내용과 엠마오로 가는 길의 이야기에 대해서도 간단히 기록되어 있다. 누군가가 다른 복음서의 내용을 사용해서 마가복음을 끝낸 것으로 보인다. 우리는 긴 종결의 확실성에 대하여 걱정할 필요가 없다. 마가가 직접 쓴 글은 아니지만 하나님 말씀의 일부이고 초대 크리스챤이 받아들인 내용이기 때문이다.

결론

마가복음은 베드로가 주님에 대한 감사함을 전하며 믿지 않는 사람들에게 그를 믿어야 한다고 설교하면서 들려준 예수님의 사역에 촛점을 맞추면서 믿음의 기초를 생생하고 분명하게 보여준다. 또 이미 예수님을 믿는 사람들에게도 그리스도의 인성과 그의 사역을 상기시켜 주고 '복음'에 대하여 믿음과 신임으로 반응하기를 격려하는 귀한 책이다. 그리스도의 사건에 대한 경이로움을 잃고 덤덤하게 살아가는 우리들에게 신선하고 파격적인 해독제이다. 가장 짧고 한번에 읽을 수 있는 쉬운 복음서여서 가능하다면, 혼자 혹은 다른사람에게 큰 소리로 낭독하여 최대한의 효과를 보기 바란다.

38. 마태복음

개요

마태복음의 저자는 누구인가?

저자의 이름이 원본에 기록되어 있지는 않지만 마태 (레비로도 알려져 있음) 가 마태복음의 저자라는 것에 대부분 동의한다. 마태는 '하나님의 선물' 이라는 뜻이고 그는 열두제자들 중 한사람이었다. 마태복음과 누가복음에 의하면 그는 가버나움의 세리로서 예수님을 따르기 위하여 모든 것을 버리고 그의 친구들과 다른 세리들이 예수님을 직접 만날 수 있도록 만찬을 베풀었다고 한다. 그가 열두제자들 중 한사람이었으나 특히 두드러진 인물은 아니었고 다른 복음서들은 그에 대하여 거의 언급하지 않는다.

마태복음은 어떻게 기록되었나?

마태복음은 마가복음의 내용과 구조를 토대로 쓰여졌음을 이미 언급했다. 같은 단어들이 사용된 부분이 있을 정도로 두 복음서는 깊은 유사성을 보여준다. 마태는 마가의 두단계 구조를 폭넓게 따르면서 자신만의 구조를 추가했다. 첫단계는 이년반 동안 예수님이 갈릴리에서 하신 사역을 다루고 두번째 단계는 유대 민족주의 정신이 강한 남쪽에서 6개월 동안 하신 사역을 다룬다. 또, 그는 예수님이 십자가를 향하여 남쪽으로 사역을 옮기는 전환점과 가이사랴빌립보에서 베드로가 그리스도에 대한 고백을 한 시점의 일치도 강조한다.

앞서 말한대로 저자의 영감—그의 관점에서 보고 이해한 예수님—을 확실히 이해하는 것은 중요하다. 왜 마태가 마가의 글을 다시 써야 할 필요성을 느꼈는지의 질문을 통하여 우리는 그의 영감을 이해하고 마가복음과 마태복음의 다른점을 조사함으로 마태복음의 목적을 분명히 알게 될 것이다.

마태복음과 마가복음의 다른점

영감

열두제자중 한사람이었던 마태는 삼년동안 주님과 가깝게 지내면서 많은 것을 느꼈을 것이다. 마가가 예수님의 인성 (인자)을 강조하는 반면 마태는 예수님을 선지자들의 약속을 이루실 유대인의 왕으로 보았다. 다윗왕의 왕좌에 600년간 아무도 없었던 당시의 헤롯왕은 다윗의 혈통이 아니었다. 이제 드디어 정당한 왕이신 분이 오신 것이다.

마태는 대천사들이 예언했고 천사들의 성가대가 찬양한 예수님의 탄생이 예언의 성취와 하나님의 역사임을 설명하면서 처음부터 독자들의 시선을 다윗왕의 혈통에서 나오신 그리스도의 족보에 맞추었다. 누가는 목자들을 포함시켰으나, 마태는 아기를 경배하러 온 동방박사들에 대하여 기록했다. 가시면류관, 예수님의 왕권, 조롱당한 예수님이 (마태는 왕족에게 있을 수 있는 일이라 여겼다). 유대인의 왕이라고 기록하는 마태의 열정을 엿볼 수 있다.

의도

마태는 마가와 전혀 다른 청중을 위하여 책을 썼다. 마가복음은 믿지 않는 사람들을 위한 책이고, 마태복음은 새로 믿기 시작한 유대인들을 위한 책이다.

그의 의도는 예수님이 제자들에게 하신 마지막 지상명령인 '온 세상에 나가서 나의 제자를 삼으라' 는 복음서의 마지막 메세지에서 분명히 나타난다. 마태는 하나님의 나라에 들어온 사람들을 위한 제자 훈련의 책을 씀으로서 그 목적을 달성했다. 사실, 이것이 초대교회에서의 복음서의 역할이었고, 마태복음이 신약성경의 첫번째 책으로 결정된 이유들 중 하나였다.

예수님에게 관심은 있지만 아직 믿음이 없는 사람들에게 적합한 마가복음을 토대로 마태는 아주 다른 목적을 달성하는 복음서를 써다.

일찍 시작함

마태는 예수님의 족보 안에서 그의 탄생을 기록하여 마가보다 훨씬 초기의 예수님을 소개했고 마가는 예수님의 탄생에 별로 흥미가 없었거나 아는 것이 없었는지 예수님의 세례로 이야기를 시작했다. 우리가 예수님의 가르침이나 기적에 대해 듣기도 전에, 마태는 유대인 메시야가 역사속에 나타났다는 기대감을 조성했다.

긴 설명

마태는 회계사의 질서있는 마음 상태와 같이, 예수님의 삶을 가장 체계적이고 완전하게 설명했다. 열두제자 중 한사람으로서 관찰한 것과 자신이 연구한 재료들을 책에 포함시켰다. 누가와 마태는 마가가 몰랐거나 관심을 두지 않은 출처를 사용했음이 분명하다. 마태는 예수님의 탄생 뿐 아니라 예수님의 설교 모음, 담화, 그리스도의 죽음에 대해서도 자세히 묘사했다. 죽음에 대한 이야기에 14편의 예수님의 말씀이 기록되었다.

변경

마태는 마가복음의 내용에서 자신이 느끼기에 중요한 점을 부각시키기 위하여 몇가지를 변경했다. 마태의 설명은 보통 짧은 편으로 강하거나 생생한 표현들을 생략하고 오해의 여지가 있는 부분을 분명히 해주고 사도들의 부끄러운 부분들은 가려주며 순조롭게 이야기를 진행했다. 그래서 침착한 느낌을 주는 마태복음은 마가복음보다 감정이나 열정의 표현이 많지 않다. 그가 직접 경험했던 일들을 되돌아 보는 노인 마태는 목사라기보다는 선생님으로 부각되었다.

설교집

마태는 예수님의 가르침을 다섯개의 '설교집' 으로 정리했는데 (아래의 도표를 참조하라) 산상수훈이 가장 잘 알려져 있고, 하나님의 나라의 주제에 연결된 다른 네편의 설교들이 있다. 소량의 대화를 기록한 마가복음이나 이야기를 통하여 예수님의 교훈을 전하는 누가복음과는 대조적이다. 유대인 독자들을 고려할 때 마태가 다섯개의 설교집으로 묶은 것은 특별한 이유가 있다고 생각한다. 그들의 관점에서 볼 때 마태복음은 구약성경의 모세오경 (창세기에서 신명기)과 비슷하다. 마태는 독자들에게 모세의 율법이 아닌, 그리스도의 법, 즉 예수님의 새 법을 기록했다. 산상수훈을 통하여 예수님이 율법을 다시 쓰신 것이다: '모세의 율법이 하는 말을 너희가 들었으나, 나는 너희에게 이르노니...' 모든 것이 새롭게 바뀌었다.

구조
이미 언급한 바와 같이 마태는 마가의 구조를 토대로 자신의 구조를 추가했다. 마가의 두단계의 구조에 그는 '이 때부터...' 라는 구절로 시작되는 주제를 첨가했다: '이 때부터 예수님은 설교를 시작했다, "회개하라, 천국이 가까이 왔느니라"' 그리고 '이 때부터 예수님이 예루살렘에 가야 하는 것과 많은 고통을 당할 것에 대해 제자들에게 설명하기 시작했다...' 첫번째 구절은 북쪽에서의 예수님의 사역을 말하고 두번째는 남쪽에서의 피할 수 없는 그의 죽음을 말한다. 마태는 또 '예수님이 마치시매...' 라는 표현으로 이야기의 방향을 바꾸기도 했다.

가장 눈에 뜨이는 구조적 변화는 다음과 같이 다섯번의 그리스도의 가르침과 네번의 그의 행하심을 번갈아 쓴 형식이다.

마태복음의 구조

소개: 탄생, 세례, 유혹

말씀 5-7장
행하심 8-9장
말씀 10장
행하심 11-12장
말씀 13장
행하심 14-17장
말씀 18장
행하심 8-9장
말씀 10장
행하심 11-12장
말씀 13장
행하심 19-23장
말씀 24-25장

결론: 죽음과 부활

다섯편의 설교와 말씀을 실천으로 보여주시는 예수님의 네번의 행하심의 구조적 목적을 나중에 더 자세히 공부하겠지만, 마태는 예수님이 말씀과 행동으로 가르치시는 것을 본보기로 소개했다. 마가는 예수님이 어떤 일을 했는지 와서 보라고 독자들을 초청하고, 마태는 예수님의 말씀을 듣고 그의 행하심을 보라고 초청한다.

십자가의 이야기

마태복음은 마가복음보다 더 완전하게 종결짓는다. 마가의 급작스런 종결에 대하여 어떤 사람들은 마태의 종결이 사실 마가의 종결이었을 것이라고도 말하는데 우리가 확실히 알 수는 없지만 마태복음의 마지막 두장은 다음과 같은 특성을 보여준다.

1. **체포에 대한 자세한 내용:** 마태는 그리스도의 무죄의 중요성을 인식하고 모든 사건들을 예언의 성취를 위함이었음을 강조했다.

2. **유다의 최후:** 마태는 예수님이 제자들에게 한 경고와 유다가 자책감으로 늦게나마 돈을

반환한 사실을 기록했다.

3. **예수님이 돌아가신 바로 후의 사건들:** 마태는 열린 무덤과 예루살렘 성의 죽었던 사람들이 나타난 일을 기록했다.
4. **무덤:** 마태는 경비병이 지키던 무덤과 누군가가 시체를 훔쳐 갔다는 군인들의 보고를 기록했다.
5. **부활 후:** 마태는 부활 후의 사건들을 마가보다 더 많이 기록했다. 그는 예수님이 갈릴리로 가셔서 열한명의 제자들과 (그리고 500여명의 사람들, 그중에는 '의심' 하는 사람들도 있었다). 만난 것도 기록했는데 그들이 만난 장소는 중요한 의미를 지닌다. 갈릴리는 메기도산을 중심으로 동서남북으로 뻗은 길의 교차로였고 이러한 국제적 성향 때문에 '만국의 갈릴리' 로 불리었다. 느보산의 모세를 상기시키듯 예수님도 산위에 계셨고 바로 여기서 지상대사명을 주셨다: 그들은 모든 나라들에 가서 제자들을 만들어야 한다. (문자 그대로 모든 민족을 의미한다).

마태복음의 특성

A. 유대인에 대한 그의 배려

마태복음을 읽으면 마가복음의 내용을 토대로 마태가 추가한 강한 유대인의 성격을 바로 느낄 수 있다. 명백하게 유대인 독자들을 겨냥하여 쓴 글로서 유대인들의 사고와 흥미를 예민하게 다룬 것이 복음서 전체에 나타나 있다.

  1. 족보

이방인들에게는 별 흥미가 없겠지만, 한사람의 위치가 족보를 통하여 정립되는 유대문화에서 예수님의 족보는 매우 중요했으므로 마태복음은 족보로 시작하여 유대인들의 주의를 집중시킨다. 예수님의 조상들은 14명씩 세 그룹으로 정열되어 있다. 첫번째 그룹은 아브라함에서 다윗왕까지, 두번째는 다윗왕에서 망명할 때까지, 그리고 세번째는 망명에서 예수님까지이다. 이 기간 동안에 선지자, 왕, 제사장의 지도자들이 하나님의 백성들을 통치했다.

유대 이름을 숫자로 표기하면 이 세 그룹의 의미를 알 수 있다. 모음이 없는 히브리어로 다윗을 표기하면 DVD로 14가 된다. 여기서 바로 마태의 의도를 볼 수 있다: 그리스도는 다윗의 혈통으로 정확한 시기에 오셨다.

마태는 요셉의 족보를 기록했는데 예수님과 요셉이 혈연 관계가 아님을 상기할 때까지는 이것이 별로 특이하게 느껴지지 않을것이다. 마태는 왜 누가와 같이 마리아의 족보를 기록하지 않았을까? 왜냐하면 유대인에게는 법적 권리가 중요했고, 지금은 어머니를 통하여 주어지는 법적 권리가 그 당시에는 아버지를 통하여 주어졌기 때문이다.

또 한가지 주목할 점은 만약에 예수님이 요셉의 육신의 아들이었다면—요셉의 조상인 야고니아 때문에 다윗의 왕좌에 오를 수 있는 예수님의 권리에 대하여 구약성경을 잘 아는 유대인들은 의심했을 것이다. 하나님은 예레미아를 통하여 야고니아 (여호아킨으로도 알려져 있음)의 후손은 다윗의 왕좌에 절대로 오를 수 없다고 말씀하셨다. 마태의 목적은 '다윗의 아들' 로서 법적 권리를 가지신 예수님의 위치를 정립시키는 것이었다.

2. 언어

마태는 언어의 사용에서도 유대인 독자를 향한 예민함을 보여준다. 예수님의 메세지의 '하나님의 나라' 라는 단어는 이 예민함을 가장 잘 보여준다. 마태는 다른 복음서에서 사용된 '하나님의 나라' 라는 표현을 쓰지 않고 '천국'이라는 단어를 사용했다. 유대인들은 혹시라도 잘못 말할 것을 염려하여 하나님 이름의 언급을 피했다. 그래서 마태는 다른 저자들이 사용한 '하나님의 나라' 와 같은 뜻이지만 굳이 '천국' 이라는 표현을 사용했다.

3. 구약성경의 인용

마태는 다른 복음서들보다 구약성경을 더 자주 인용했고 '선지자로 하신 말씀을 이루려 하심이니' 라는 표현을 즐겨 사용했다. 마태복음이 첫번째로 쓰여진 복음서가 아니었지만 이런 이유로 신약성경의 첫복음서로 열거되었다. 이 책은 다른 복음서들보다 구약성경과의 연결을 잘 보여주고 구약성경을 29번 직접 인용하고 121번에 걸쳐 간접적인 비유나 참조로 인용했다.

이점은 특히 예수님의 탄생의 이야기에서 두드러지게 나타난다. 베들레헴의 예수님의 탄생을 길게 설명한 점이 이방인들에게는 의아한 점이었는데, 그 이유는 선지자들이 유대의 베들레헴에서 왕이 탄생할 것을 예언했기 때문이었다. 하나님이 오래 전에 약속한 메시야가 이 사람인지 궁금해하는 유대인들에게는 너무나 중요한 내용이었다. 마태는 동정녀에게서의 탄생, 무고한 사람들의 학살, 이집트로의 피신, 그리고 갈릴리로 돌아온 사실들이 선지자가 예언한 내용임을 독자들이 이해하기를 바랬다. 예수님의 탄생 이야기에 '선지자로 하신 말씀을 이루려 하심이니' 라는 표현이 13번 사용되었고, 미가, 호세아, 예레미아 그리고 이사야서가 인용되었다.

4. 메시야

유대인들은 십자가형을 선고받은 예수님을 메시야로 믿기가 어려웠다. 메시야가 어떻게 죄인으로 사형선고를 받을 수 있단 말인가? 그래서 마태는 모든 죄명에서 예수님의 무고함을 강조했다. 유대인들은 거짓 비난, 불법 재판, 로마인들이 그를 유죄 판결하여 처형하도록 하기 위한 죄목 변경의 죄를 지었다. 마태는 왜 유대인들이 예수님을 그들의 메시야로 받아들이지 않았는지를 상세히 기록하고 유대인들 중 가장 종교적인 바리새인들에 대한 예수님의 저주도 기록했다.

5. 율법

유대성의 강조와 함께 마태는 예수님의 가르침 안에서의 율법에 대한 올바른 이해도 중요시 했다. 다른 복음서들과 달리 마태복음은 예수님이 율법을 폐하러 오신 것이 아니라 완전케 하러 오셨음을 강조하면서 '율법의 일점 일획도 결코 없어지지 아니하고' 라는 예수님의 말씀을 기록했다. 많은 유대인들이 예수님이 율법을 폐하러 온것으로 생각했기 때문에 마태는 그렇지 않음을 분명히 말했다. 없애러 온 것이 아니라 '완전하게 성취하러' 오셨다.

마태는 왜 유대인을 향한 강한 메세지의 책을 썼는가?

유대인에게 계속하여 복음의 문을 열어 놓기 위하여

마태가 그의 복음서를 쓴 직후인 85 AD 경에 유대인 크리스챤들은 유대인 회당에 들어갈 수 없는 파문을 당했고 교회에는 이방인들이 계속 늘어났다. 이 결과로 유대인들과 교회 사이에 문제가 생기기 시작했다. 마태는 유대인들에게 교회의 문을 개방함으로서 유대인이 예수님을 따르는 것이 구약성경을 포기하거나 유대인의 근본을 망각하는것이 아님을 깨닫는데 도움을 주고자 했다. 그는 유대인이었고 그들은 그의 민족이었다. 사도바울과 같이 마태도 유대인들이 자신들의 메시야를 믿기를 갈망했다.

이방인들에게 그들의 근본을 상기시키기 위하여

두번째로, 마태는 이방인 크리스챤들도 자신들의 유대인 뿌리를 절대로 잊지 않도록 하기 위하여 유대인의 성격이 강한 복음서를 썼다. 마태복음은 하나님의 이스라엘에 대한 목적의 문맥안에서 예수님의 족보를 아브라함과 다윗까지 보여주고 예수님의 유대교의 근본을 다른 복음서들보다 더 강하게 보여준다.

그는 유대인들에게 크리스챤들에게서 멀어지지 말라고 당부하고, 또 한편으로는 크리스챤들에게 유대인들에게서 멀어지지 말라고 충고한다. 이 복음서는 유대인들과 크리스챤들을 연합시키려는 목적을 가지고 있었다.

B. 이방인에 대한 관심

마태는 유대인들 뿐아니라 이방인들에게 가졌던 그리스도의 관심도 언급했다.

- 룻과 라합은 이방인이었지만 1장의 족보에 들어있다.
- 예수님은 이방인들의 갈릴리에서 사역하셨다.
- 마태는 예수님이 칭찬한 로마 백부장의 훌륭한 믿음을 기록했다.
- 우리는 동서에서 온 사람들이 하나님의 나라에 들어올 것이라고 들었다.
- 복음은 예수님을 믿는 이방인들에게 좋은 소식이다.
- 우리는 가나안 여인의 믿음에 대하여 배웠다.
- 마태는 예수님이 건축가들이 버린 모퉁이 돌이고 유대인들은 하나님의 나라를 이방인들에게 빼앗길 것이라고 말했다.
- 마태복음의 마지막 부분에 있는 '가서 모든 민족을 제자로 삼으라' 는 예수님의 명령에서 모든 '민족'이란 이방인들을 포함한다.

마태는 유대인들을 저주하는 예수님의 말씀을 기록하는 것도 주저하지 않았다. 어떤 장은 전체가 '화 있을진저' 라는 저주의 말로 이루어져 있다. 23장은 바리새인들과 종교지도자들을 향한 예수님의 엄격한 꾸짖음이다.

우리는 보통 축복의 말씀에만 관심을 갖는데 예수님은 저주의 말씀도 하셨다. 당시 갈릴리 해안의 네개의 주요도시에 250,000명의 인구가 살고 있었으나 지금은 마을 하나만 남아있다. 왜 그런가? ' 화 있을진저, 고라신아, 화 있을진저, 벳세다야, 그리고 가버나움아...' 라는 예수님의 저주에 의하여 그들은 다 사라졌고 예수님이 저주하지 않은 티베리아스만 아직도 현존하고 있다.

C. 유대인 혹은 이방인 크리스챤에 대한 관심

제자 훈련을 위한 책

우리는 마태가 새로 믿기 시작한 사람들을 염두에 두고 이 복음서를 썼음을 공부했고 '가서 온 민족을 제자삼고, 세례주고 내가 말한 모든 것을 행하도록 가르치라' 는 예수님의 명령을 통한 마태복음의 목적을 볼 수 있었다. 예수님의 명령은 마태가 제자들을 가르치고 돕기 위하여 쓴 이 책의 목적의 기본이어서 마태복음을 '제자 훈련 책' 이라 부를 수 있다.

그러므로 마태복음은 이제 예수님의 제자가 된 그들이 어떻게 살아야 하는지를 가르치는 신약성경에서 새로 믿기 시작한 사람들에게 가장 유익한 책이다. 예수님을 따르겠다는 한번의 결심으로 크리스챤의 삶이 시작되지만, 제자가 만들어지려면 수년의 과정이 필요하다. 제자 훈련의 요점은 이 땅에서 천국의 삶을 사는 법을 배우는 것이고, 마태는 이 목적으로 복음서를 썼다: 그래서 우리도 제자를 양성할 수 있도록.

교회

이 목적은 왜 마태복음만이 그리스도의 교회에 관한 말씀을 기록했는지를 설명해준다. 교회는 열방교회와 지역교회, 두가지로 이해할 수 있다.

첫번째 교회의 개념은 복음서의 정점인 '그리스도는 살아계신 하나님의 아들' 이라는 베드로의 고백 이후로 사용되었다. 제자들이 예수님이 누구신지를 알고 난 후에 예수님은 그의 교회를 세울 수 있었고 그의 교회를 세움으로 십자가에서 죽을 수 있었다. 여기서의 '교회' 는 열방교회, 즉 예수님의 교회를 의미한다. 예수님은 단 하나의 교회를 지으셨다.

두번째 개념은 18장에서 볼 수 있다: '네 형제가 죄를 범하거든 가서 너와 그 사람과만 상대하여 권고하라 만일 들으면 네가 네 형제를 얻은 것이요 만일 듣지 않거든 한두사람을 데리고 가서 두세 증인의 입으로 말마다 확증하게 하라 만일 그들의 말도 듣지 않거든 교회에 말하라'. 여기서의 교회는 열방교회가 아니라 그 형제가 속해 있는 지역교회를 의미한다.

이렇게 마태는 신약성경의 두 개념의 교회를 설명했다: 예수님이 지으신 열방교회와 우리가 불만을 토론할 수 있는 열방교회에 소속된 지역교회이다.

마태는 교회에 대하여 기록했을 뿐만 아니라, 성령강림 이후의 교회들을 향한 예수님의 말씀도 분명히 기록했다. 마태가 기록한 이 가르침은 당시에 교인들에게는 해당되지 않는 내용이었다. 예를 들어, 10장의 37절은 열두제자들에게 주는 예수님의 지침이지만 그중 12개만이 그들과 직접적인 연관이 있었다. 이 장은 이방인의 박해를 말하는데 당시의 이방인들은 박해를 받지 않았고 예수님이 미래의 일을 말씀하신 것을 마태가 그대로 기록한 것이다. 또 18장의 교회 훈련에 대한 내용도 제자들이 당시에 이해하지 못한 미래를 위한 메세지였을 것이다.

하나님의 나라

교회에 대한 가르침은 마태복음에 독특하지만 하나님의 나라에 대한 가르침은 다른 복음서들에도 포함되어있다. '하나님의 나라' 는 마태에게 특별히 중요한 주제였고 다른 저자들은 이 주제를 마태만큼 중요하게 다루지 않았다. 그가 예수님의 가르침을 다섯 그룹으로 정리했음을 우리는 앞서 공부했다. 그들의 주제는 모두 하나님의 나라이다. 또, 비유들도 '하나님의 나라는...' 이라는 말로 시작된다. 이것은 하나님이 이 땅에 그의 나라를 다시 세우는 성경전체의 주제인 동시에 예수님의 설교의 중요한 주제이다. 이 주제는 하나님의 나라를 바라보는 유대인들과 크리스챤들을 하나로 연합시키고 마태가 유대인과 이방인들을 연합시키고자 하는 목적과도 부합된다.

그러나 유대인과 크리스챤들이 기대하는 하나님의 나라에는 결정적인 차이점이 있는데 이것은 유대인들이 예수님을 메시야로 받아들이지 못한 점을 설명해준다. 이 주제에 대한 예수님의 가르침을 이해하려면 이 차이점을 먼저 이해해야 한다. (다음 페이지의 도표를 보라).

유대인에게 하나님의 나라는 완전히 미래에 속해있다—아직 오지 않은 '앞으로 올 세상' 이다. 구월에서 시월경 기념하는 성막절 축제 때마다 하나님의 나라를 이 땅에 구현할 메시야를 기대하는 것이 유대인들의 희망의 핵심이다. 그들에게 현재는 사탄이 지배하는 '악한 세상' 으로 귀신은 이 세상의 왕자이고 지배자이고 신이다. 이들은 예수님과 사도바울이 사탄에게 준 칭호들이고 유대 사람들은 이 칭호들에 이미 익숙해 있었다.

A. 유대인 (이스라엘)
인용문
암시
설명
편집물
(5 x = 그리스도의 '법')

B. 기독교 ('교회')
이방인
제자

제자도 매뉴얼

하나님의 왕국 (= 하나님)

A. 유대교

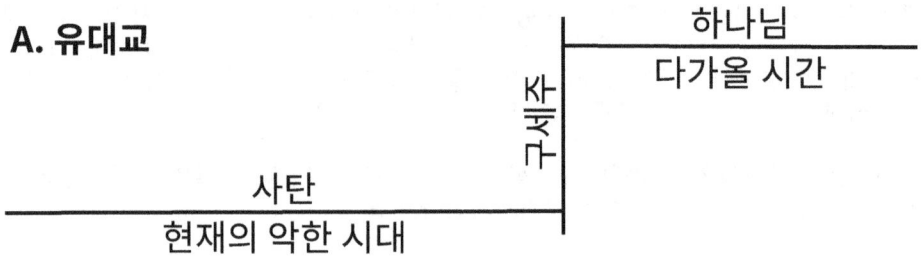

B. 기독교

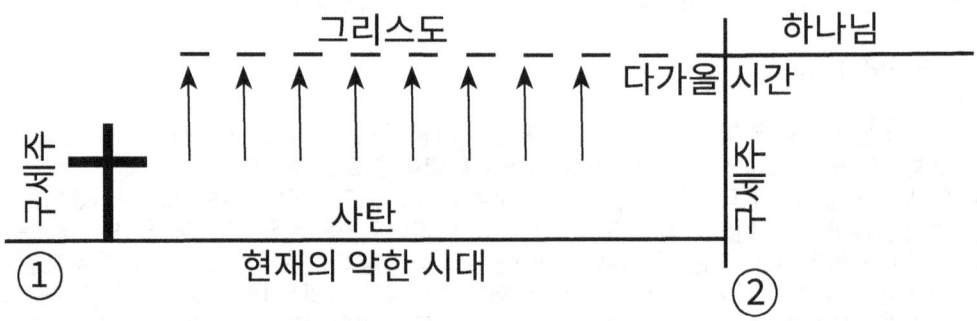

미래를 향한 유대인과 크리스챤의 다른 점은 크리스챤들은 메시야가 이미 왔었고 그는 다시 올 것이라고 믿는 점이다. 마태는 메시야가 한번이 아니라 두번 오시는 것을 하늘의 비밀이라고 말한다. 이렇게 유대인들이 기대하는 '앞으로 올 세상' 은 이미 예수님에 의하여 시작되었다. 하나님의 나라는 이미 이곳에 와있고, 유대인들이 생각하는 것 같이 현재의 '악한 세상'을 대체하는 것이 아니라 병행하고 있다. 메시야의 재림 때까지 병행하는 두 세계 안의 크리스챤의 삶에는 긴장감이 있다. 하나님의 나라는 현재와 미래이고 시작되었지만 완전히 끝나지 않았다. 아직 성립되지 않았지만 들어갈 수는 있다.

이렇게 유대인들의 하나님의 나라를 이해하면 복음서의 메세지가 왜 그들에게 모욕적이었는지를 이해할 수 있다. 그들은 자신들이 앞으로 올 하나님의 나라에 모두 들어갈 수 있는 의인으로 생각했다. 침례요한은 그들에게 깨끗이 씻고 요단강에서 세례 받고 정죄함을 받고 앞으로 올 하나님의 나라를 위해 준비하라고 말했다. 많은 사람들이 이 필요성에 대해 잊고 있었다. 이렇게 하나님의 나라에 대한 그들의 사고를 이해하면, 예수님의 가르침과 그가 당면했던 어려움들을 더 깊게 이해할 수 있다.

하나님의 나라에 대한 가르침은 우리가 하나님과의 관계를 한 방향으로만 생각하도록 유도할 수 있기 때문에 마태는 이 주제와 다른 가르침과의 균형도 이루고자 노력했다. 사용된 단어의 빈도는 그 단어의 중요성을 나타낸다. '아버지' 라는 단어를 마가는 4번, 누가는 17번 사용한 반면에 마태는 44번이나 사용했다. 마태는 우리가 천국의 왕의 백성이지만 우리는 그를 '아버지' 라고 부를 수 있음을 강조하여 우리가 그의 백성이면서 자녀임을 말했다. 우리가 왕에게 순종하는 백성의 신분일 뿐이라면, 구원받기 위하여 순종만 있으면 된다고 생각하고 하나님이 우리에게 허락한 부자간의 관계를 잊을 수 있다. 이것은 율법과 규율에 의한 삶과 율법주의에 강력한 해독제의 역할을 한다.

하나님의 나라를 이해하면 마태복음의 주제를 볼 수 있다: 지금 하나님의 나라에서 어떻게 살아야 하는가? 예수님이 주신 하나님의 나라에 대한 설교를 다섯으로 정리한 마태복음을 살펴보자.

1. 하나님 나라의 삶의 방식 (5-7장)

이 설교들을 '산상수훈' 이라고 부르는데 사람들이 간혹 이것을 잘못 이해한다. 이 설교들은 믿지 않는 사람을 위한 것이 아니다. 믿는 사람도 지키기가 어려운데 믿지 않는 사람은 말할 것도 없다. 이 설교들은 이제 하나님의 나라에 들어온 믿는 사람들이 어떻게 살아야 하는지를 가르쳐 준다.

이 설교는 놀라운 경지의 말씀으로 시작된다: '심령이 가난한 자는 복이 있나니 천국이 그들의 것임이요... 온유한 자는 복이 있나니 그들이 땅을 기업으로 받을 것임이요... 마음이 청결한 자는 복이 있나니 그들이 하나님을 볼 것임이요...' 예수님은 새롭게 변화된 사람을 묘사하고 있다.

'복있는 사람' 설교 후에 실제적이고 폭넓은 명령이 있는데 몇가지 예를 든다면 다음과 같다:

- 형제를 바보라 부르는 사람은 살인한 것이다.
- 모세의 율법은 결혼하지 않은 사람과 잠자리를 같이 하지 말라고 하지만 예수님은 그런 마음으로 여자를 바라보지도 말라고 말씀하셨다.
- 이혼하고 재혼하지 말라.
- 걱정하는 것은 하늘의 왕을 모욕하는 행동이다. 그는 그의 창조물과 우리를 돌보시는 분이므로 아무일에도 걱정하지 말라.

이것들이 하나님 나라의 삶의 방식이고 이제 믿기 시작한 사람들에게 주는 교훈이다. 우리는 이러한 삶의 방식으로 구원 받은 것이 아니라 이러한 삶의 방식을 위하여 구원받았다.

2. 하나님 나라의 사명 (9:35-10:42)

이 말씀은 처음부터 논리적으로 전개된다. 마태는 하나님의 나라에 들어간 사람은 다른 사람들을 데려와야 할 사명이 있다고 말하고 9장과 10장에서 예수님의 가르침을 전파하는 전도에 대하여 말한다.

예수님은 제자들에게 죽은자를 일으키고, 귀신을 쫓고, 병자를 치료하여 하나님 나라를 현실적으로 보여주고, 이것을 본 사람들에게 하나님의 나라가 임할 것을 전하라고 지시하셨다. 이렇게 하나님의 나라에서는 행동이 말보다 앞선다. 또 이 장은 어떻게 여행해야 하는지, 무엇을 가지고 가야 하는지 그리고 적대하는 자들과 어떻게 상대할 것인지를 상세하게 알려준다.

3. 하나님 나라의 확장 (13:1-52)

하나님 나라의 확장에 대한 우리의 기대에 대하여 예수님은 여러 비유를 통하여 가르쳐 주셨다.

- 씨 뿌리는 자: 네개중 세개가 씨를 맺지 않아도 걱정하지 말라. 좋은 땅에 떨어진 하나의 씨에서 30배, 60배, 100배의 수확이 있을 것이다.
- 곡식과 잡초가 함께 자란다: 마지막 추수 때 분리될 때까지 사탄의 나라와 하나님의 나라가 공존할 것이다.
- 겨자씨: 작은 씨가 큰 나무가 되는 비유를 통하여 작은 시작에서 확장되는 하나님의 나라에 대하여 예수님은 말씀했다. 11명의 제자로 시작한 것이 15억의 크리스챤들로 확장되었다.
- 값진 진주: 하나님의 나라는 값진 진주와 같다. 우리가 가진 모든 것을 버리고 이것을 소유해야 한다.
- 그물: 예수님은 올바르지 않게 믿는자들에 대하여 걱정하지 말라고 말씀하셨다. 왜냐하면 하나님의 나라는 좋은 생선과 나쁜 생선이 섞여있는 그물과 같기 때문이다. 생선을 잡자마자 그자리에서 분리하지 않고 마지막 날 그물을 해변으로 올려왔을 때, 그물안의 생선들을 좋은 생선와 나쁜 생선으로 분리할 것이다.

4. 하나님 나라의 사회 (18:1-35장)

마태는 지역교회의 인간관계에 대한 예수님의 가르침을 기록했다. 믿음에서 멀어져 가는 사람들과 믿는 사람들 사이에서 서로에게 범죄하는 사람들에 대하여 어떻게 대처할지를 말했다.

5. 하나님 나라의 미래 (24-25장)

마태가 복음서를 쓸 당시의 많은 크리스챤들이 예수님의 재림의 시기에 대하여 궁금해 했다. 그래서 마태는 예수님의 재림의 징조들을 기록했다. (누가복음과 마가복음에도 언급되어 있다).

이 설교를 한 장소는 중요한 의미를 지닌다: 성전이 내려다 보이는 감람산 위에서 제자들은 예수님에게 이 세상의 종말에 대해 물었다. 마태는 제자들의 이 질문을 언젠가 성전이 파괴될 것이라는 예수님의 예언과 연결지었다.

예수님은 그의 재림 전에 나타날 네가지 징조에 주목하라고 말씀하셨다.

1. 세상의 재난: 전쟁, 기근, 지진, 거짓그리스도
2. 교회의 발전: 보편적 박해, 인구 감소, 거짓 선지자, 사명의 완성
3. 중동지역의 위험: 하나님을 모독하는 독재자, 감당치 못할 (그러나 한정된) 박해, 거짓 그리스도와 거짓 선지자
4. 어두운 하늘: 해, 달, 별들이 사라짐, 하늘을 가득 채우는 번개, 예수님의 재림과 사방에서 몰려드는 크리스챤들

이 네가지 징조들 중 첫번째는 이미 나타났다; 두번째는 오고 있고; 세번째는 앞으로 올 것이고, 그 후에 네번째 징조가 나타날 것이다.

마태는 왕의 재림의 준비를 위한 여러 비유들을 계속하여 기록했다. '그는 더디 오리라'라는 표현이 각 비유에 들어있고, 이것은 지연되는 상황에 직면했을 때를 위한 믿음의 필요성을 강조하고 있다.

주요 주제들

마태복음의 주제들을 공부했으니 이제 하나님 나라의 제자 훈련의 기본적 세가지 요소를 살펴보자.

1. 믿음

지속적으로 나타나는 것은 믿음으로서 마태가 특별히 관심을 갖고 있는 주제였다. 하나님 나라의 백성은 아버지의 아들로서 믿음으로 살아야 하는데 한번의 믿음이 아닌 계속적인 믿음의 삶을 의미한다. 예수님은 '나의 말을 믿느냐? 나의 능력을 믿느냐?' 라고 물으시면서 그와 그의 말을 계속적으로 믿는 믿음을 원하신다. 예수님은 이스라엘 사람들의 불신과 대조된 병고침을 위하여 예수님을 찾아온 백부장의 믿음을 칭찬하셨다.

2. 공의

다른 복음서에서 찾아볼 수 없는 주제는 공의이다—믿음 만큼 행동이 따라야 하는 필요성을 말한다. 여기서 순서는 중요하다: 먼저 믿지만, 행동을 하기 위하여 믿는다. 예를 들어, 두 아들을 가진 아버지가 아들들에게 포도원에 가서 일하라고 명령했을 때 한아들은 '예' 라고 답하지만 가지 않았고 다른 아들은 '싫어요' 라고 답했지만 포도원으로 가서 일했다는 복음서의 가장 짧은 비유를 보자. 예수님은 누가 아버지에게 순종했는지를 물으셨다. 순종한다고 말하면서 예수님의 명령을 따르지 않을 때, 우리는 거짓말하는 것이다. 제자가 되는 것은 예수님을 믿기만 하는 것이 아니라 능동적으로 공의를 행하는 것이다.

이것은 마태복음의 여러 곳에 분명히 나타난다. 이것이 예수님이 세례받으신 이유인데 사람들은 그 이유를 오해하고 있다. 왜 예수님이 세례를 받았는가? 그는 씻을 죄도 없었는데 침례요한에게 세례를 받으러 가셨다. 침례요한이 예수님이 자기에게 세례를 주어야 한다고 항의하자 예수님은 '모든 공의를 성취하는 것은 옳은 일이다' 라고 말씀하며 세례를 받기를 원하셨다. 아버지가 명령한 것이기 때문에 그는 실행했다. 복음서의 첫부분에서 예수님은 자신이 먼저 행하는 본보기를 통하여 사람들이 따르도록 하셨다.

그의 가르침에는 이러한 주제들이 많이 있다. 예수님은 '너희의 공의로움이 바리새인들이나 서기관들의 공의로움보다 더 탁월하지 않으면 하나님 나라에 들어가지 못한다' 라고 말씀하셨다.

바리새인들은 지나칠 정도로 종교적이었고 바다와 육지를 다니며 전도했다; 훌륭한 선교사들이었고; 성경을 읽었고; 기도했다. 그러나 예수님은 그의 제자들이 이들보다 낳아야 한다고 말씀했다.

믿음을 정확하게 이해하는 것이 중요한 만큼 마태가 말하는 공의의 개념도 잘 이해해야 한다. 우리가 공의로 인하여 구원받지 않았고 공의를 위하여 구원받았다. 이것은 중대한 구별이다. 믿지 않는 사람들이 마태복음을 보고 크리스챤이 되려면 좋은 일을 해야한다는 인상을 받을 수 있지만, 사실은 크리스챤이 된 후에—용서받고 구원받은 후에—마태복음에 기록된 공의로움의 사명을 받는 것이다.

3. 심판

세번째 주제는 의아할 수 있다: 마태가 믿는 사람들을 위하여 복음서를 썼다는 것이 모순적으로 보이지만 마태복음에는 예수님이 직접 말씀하신 심판에 대한 가르침이 많이 있다. 더 놀라운 것은 지옥에 대한 경고의 문맥을 자세히 살펴보면 두가지를 제외한 나머지는 새로 거듭난 믿는 자들에게 주는 경고이다.

마태는 나태함에 대하여 제자들에게 경고한다. 예수님을 따르기 시작했다고 해서 천국에 무조건 들어가는 것이 아니다. 두개의 경고는 바리새인들에게 주어졌지만, 나머지는 모든 것을 버리고 예수님을 따르기로 결정한 사림들에게 주신 경고이다. 더 놀라운 것은 예수님은 죄인들에게는 이런 식으로 경고하지 않으신다는 점이다.

이 진리는 지옥에 대하여 한 그리스도의 말씀의 문맥에서 확실히 볼 수 있다: '너의 육체를 죽이고 그 다음에 아무 것도 할 수 없는 사람들을 두려워 하지 말라; 대신 지옥에서 몸과 영혼을 죽일 수 있는 자를 두려워 하라.' 이 말씀은 누구를 위한것인가? 크리스챤 선교사들이 (열두제자) 하나님의 나라를 보여주고 선포하러 나가기 바로 전에 이 말씀을 주셨다. 지옥을 두려워하라는 말씀은 죄인들이 아니라 제자들에게 주신 말씀이다. 지옥을 두려워 할 때, 그들은 아무도, 아무 일도, 순교조차도 두렵지 않을 것이다.

만일 신약성경에 마태복음만 있었다면, 크리스챤들은 예수님이 '게헨나' 라고 부르신 쓰레기를 버리고 태우는 예루살렘성 밖의 히놈 골짜기에 가게 될 것을 두려워해야 할 것이다. 마태복음은 제자들에게 신중하고, 계속 진전하고, 계속 믿고 예수님과 끝까지 가는 것을 가르치는 신실한 책이다.

마태의 기별이 가르쳐지는 방식

제자 훈련의 책을 쓸 목적을 가진 마태가 왜 마가복음을 토대로 사용했는가? 그는 왜 그의 책을 제자 훈련서라 명칭하고 그들에게 필요한 내용을 기록하지 않았는가? 이 질문에 대한 답은 예수님과 마태가 그들의 청중과 독자들이 어떤 식으로 배우기를 원했는지를 이해하는데에 있다.

문맥

마태는 예수님에게 배운 그대로 가르쳤다. 예수님은 행하심으로 가르치셨고, 가르침의 문맥안에서 기적을 행하셨다. 가르침은 실제적인 문맥안에서 주어져야 하고 말과 행동의 균형을 지켜야 한다.

양방향성

우리는 복음의 제시에 대하여 듣고: 예수님이 우리를 위하여 무엇을 하셨나, 그의 명령을 대하여

야 한다: 예수님을 위해 우리는 무엇을 해야 하는가? 이 두가지 중 하나에만 촛점을 맞출 때 우리는 방향성을 잃을 수 있다. 하나님이 하신 일에만 집중하면, 우리는 아무것도 하지 않아도 되는 것으로 착각할 수 있고 아무렇게나 살아도 된다는 생각을 할 수 있다. 반면에 우리가 하나님을 위하여 무엇을 해야 하는가에만 집중하면 우리가 무엇이든지 할 수 있다고 착각하고 행위로 구원받는다는 율법주의에 빠질 수 있다. 우리의 행동은 믿음을 따라야 한다. 하나님이 하시는 일에 우리도 함께 참여해야 한다. 하나님 나라의 권세는 우리를 죄에서 자유케 하고 우리가 순결한 삶을 살 수 있도록 한다. 하나님의 나라는 제시하고 요구한다. 하나님이 우리를 위하여 하시는 일과 우리가 그를 위하여 하는 일은 복음의 부분이고 하나님 나라를 선포하는 좋은 소식이다.

그리스도의 가르침과 그의 행하심을 분리하는 것은 특히 위험하기 때문에 지시와 명령의 균형은 그리스도의 십자가 앞에서 더욱 중요하다. 그리스도의 십자가라는 틀안의 가르침이 없이 크리스챤의 삶의 방법을 가르칠 수 없다. 마태복음의 순서는 예수님이 하신 모든 일에 우리가 계속적으로 감사하도록 도와준다. 마태복음은 제자들에게 많은 것은 요구하신 예수님이 병든 자를 고치고, 죽은 자를 살리고, 우리를 위하여 죽고 부활하신 바로 그 예수님이라는 복음의 틀안에서 제자 훈련도를 소개한다.

결론

마태복음은 초대교회가 가장 선호하는 복음서였다. 그들은 온 세상에 가서 모든 민족으로 예수님의 제자를 삼고 예수님이 명령한 모든 것을 지키게 하라는 지상대명령에 관심을 가지고 있었다. 마태복음은 유대인과 이방인 믿는자들에게 주어진 제자 훈련을 위한 책으로서, 구약 성경과 신약성경을 연결시키고, 아브라함과 그의 자손들을 통하여 온 세상이 축복을 받으리라는 약속을 성취하신 그리스도, 유대인의 왕이 오셨음을 세상에 선포하고, 제자들이 지상대명령을 실행할 수 있도록 돕는다. 드디어 다윗왕의 아들이 오셨다—그리고 우리가 어떻게 왕의 백성으로 살아야 하는지를 알려주셨다.

39. 누가복음과 사도행전

개요

성경은 사람들이 쓴 글임과 동시에 하나님의 말씀으로 여러 저자들과 거룩하신 한분의 편집인이 만든 책이라 할 수 있다. 저자들은 그들이 처한 당장의 상황에 대한 반응으로 글을 쓰면서 그들의 글이 언젠가 성경의 일부분이 되리라고는 생각지도 못했을 것이다. 그러므로 우리는 성경을 역사적 그리고 실존적인 두가지 차원에서 공부할 수 있다. 역사적 차원에서는 글이 왜 쓰여졌는지와 글쓴 이유를 묻고 실존적 차원에서는 왜 이 글이 성경에 포함되었는지와 하나님은 우리가 무엇을 알기를 원하는지를 묻는다. 우리는 이러한 관점으로 누가복음과 사도행전을 공부할 것이다. 이 두권은 같은 저자가 쓴 특별한 책들이다. 누가는 누구였으며 왜 두권의 책을 썼는가?

누가는 누구였나?

1. 이방인

누가는 성경의 모든 저자들 중 유일한 이방인이다. 누가라는 영어 이름은 루카스에서 유래되었고 그는 약속의 땅의 북쪽에 위치한, 지중해와 아시아 고대문명의 현대판 파리로 견주되는 시리아의 안디옥 사람이다.

안디옥에 처음으로 이방인 교회가 세워진 후부터 예수 그리스도를 따르는 사람들을 '크리스챤'이라 부르기 시작했는데 이것은 그 지역의 믿는 사람들을 조롱하는 명칭이었다. 지금은 여러 의미를 가지고 널리 퍼져 있는 명칭이지만, 당시에는 크리스챤보다는 '믿는자' 혹은 '제자' 라는 명칭을 선호했다고 사도행전은 기록했다.

누가는 예루살렘에서 로마까지 어떻게 복음이 전파되었는지를 알려줄 수 있는 가장 적격의 이방인이다. 유대종교가 이방종교로 민족의 경계를 넘어 포교된 것이 매우 특이한 현상임을 우리는 쉽게 잊는다. 그 당시에는 거의 모든 사람들이 자신이 태어난 국가의 종교를 믿었다. 그러나 이 종교는 한 민족에서 다른 민족들에게 전파되었다. 예를 들어, 누가는 마태복음이나 마가복음에서 사용된 '랍비' 나 '아바' 같은 표현을 피하고 이 단어들을 사람들이 이해할 수 있도록 헬라어로 번역하여 표기했다.

2. 의사

누가는 의사였다. 사도바울은 골로새교회에 보낸 서신에서 '나의 믿음직한 주치의' 라고 누가를 칭했다. 의학은 400년 전부터 발전해 왔고 의사가 되려면 고등교육을 받아야 했다. 누가는 의사로서의 관찰력과 사고력을 가지고 상세한 의료기록을 남기는 기술을 그의 복음서와 사도행전을 쓰는데 사용했다.

누가가 의학 전문가 였음은 여러 부분에서 나타난다. 예를 들어, 그는 예수님의 탄생을 마리아의 입장에서 묘사하면서 예수님의 할례, 기저귀등 의사가 아는 부분에 대하여 기록했다. (누가는 그리스도의 인간적 조상을 마리아의 족보를 통해 알리는 반면, 마태는 요셉의 족보를 통해 알렸다). 마가는 베드로의 장모가 열이 있다고 묘사했는데, 누가는 '고열'이 있다고 기록했다. 누가가 기록한 여섯개의 기적들 중 다섯개는 병고침의 기적이다.

하나님은 초자연적인 사건들을 의사를 통하여 기록하셨다! 동정녀의 잉태와 예수님의 기적들, 그리고 사도행전에 나타난 경이함과 징조들을 누가가 기록했다. 대개 의사들은 자연적이고 물리적이 아닌 일에 대하여 의심하는데, 누가는 저자로서 또 의사로서 숙련된 기술로 의학적 지식이나 능력 밖의 일들을 일어난 그대로 기록했다.

3. 역사가

누가는 사도가 아니었으므로 예수님과 가까이 지낸 사람들에게서 얻은 정보를 사용하여 미묘한 문화적 차이까지 완벽하고 상세하게 기록했다. 어떤 현대 역사가들은 그의 글이 부정확하다고 말했지만, 그 후의 고고학적 발굴은 누가의 글을 뒷받침해 주었고, 누가는 지금까지의 역사가들 중 가장 훌륭한 역사가로 인정받고 있다. 앞서 말한 대로 복음서를 역사서가 아닌 다른 형태의 글로 취급한다면, 누가복음만을 신약성경의 유일한 역사서로 볼 수 있다. 그의 주요 목적은 구원의 기쁜 소식의 전도보다는 예수님의 말씀과 행하심에 대한 정확하고 믿을 수 있는 정보를 제공하는 것이었다.

4. 여행가

누가는 경험이 많은 여행가였다. 그는 겨우 13km의 길이와 8km의 폭을 가진 갈릴리 바다를 '호수'로 표기했는데 그 지역을 여행해 본 사람은 갈릴리 바다가 호수임을 알 것이다. 사도행전의 '우리'라는 표현은 그가 사도바울과 함께 여행했음을 암시한다. 다른 신약성경의 저자들과 마찬가지로 저자에게 주의가 집중되지 않도록, 누가도 그의 책에 자신의 이름을 밝히지 않았지만, '우리'라는 표현은 그가 여행에 참가했음을 알려준다. 누가는 사도바울이 드로아에서 빌립보, 빌립보에서 예루살렘, 가이사랴에서 로마로 항해하는 여행에 동행했다. 바울이 먼 뱃길에 의사가 동행해 주기를 원했던 것일까? 누가의 훌륭한 기록들 중 하나는 사도행전의 마지막에 있는 말타의 해변에서 배가 난파되는 과정이다.

그가 여행에 기꺼이 동행했다는 사실은 누가복음과 사도행전이 어떻게 쓰여졌는지를 이해하는데 중요하다. 사도바울은 가이사랴와 로마에서 각 2년씩 수감되어 있었는데 누가가 이 기간 동안 바울과 만나 이야기하고, 가이사랴에서는 복음서를, 로마에서는 사도행전을 썼을 것이라는 추측에 대하여 우리는 나중에 공부할 것이다.

5. 저자

누가는 헬레니즘 역사가들과 같은 수준 높은 헬라어를 사용했고 그의 문학적 능력에 대하여는 누가복음과 사도행전을 공부할 때 다루기로 한다. 말타의 난파에 대한 기록은 고대 문학 중 대작으로 찬사 받아왔다. 그의 글은 단어, 글체, 독자를 집중시키는 능력, 능숙하고 빠른 장면의 변화 등을 보여주는 등 철저한 조사와 포함하거나 생략해야 할 내용을 명확히 구분할 수 있었던 역사가로서의 그의 능력을 보여준다.

6. 복음전도자

누가는 설교가 아닌 글을 사용한 복음전도자였다. 그의 두권의 책에서 '구원'이 핵심 단어였고 이 단어와 유래는 반복하여 설명되었다. 누가는 이방인으로서 특히 '육체적' 구원에 관심을 가졌고, '모든 사람(육체)은 하나님의 구원을 볼것이다'라는 이사야서의 구절을 인용한 침례요한에 대한 기록이 누가복음의 핵심 주제라는 점에 대부분의 사람들이 동의한다.

하나님의 구원을 보았거나 볼 수 있는 여러종류의 사람들에 대한 누가의 특별한 관심에 대하여서는 누가복음에서 다룰 것이다. 마찬가지로 사도행전도 유대인, 사마리아인, 그리고 땅 끝까지 이르는 모든 사람들에게 성령이 내릴 것이라는 주제를 가지고 있다. '유대' 종교는 온 세상의 모두를 위한 것이다: 누가는 예수님을 모든 사람들의 구주로 묘사했다.

독신이었던 누가는 그리스의 보에티아에서 84세의 나이로 운명했다고 기록되어 있다.

청중

저자에 대하여 공부했으니 이제 이 두권의 책이 누구를 위하여 쓰여졌는지를 살펴보자. 누가는 이 두권의 책을 데오빌로 각하, 하나님을 사랑하는 자라는 뜻, 한사람을 위하여 썼다. 언젠가는 그의 글이 많은 사람들에게 읽힐 것을 기대했다 하더라도, 그가 겨우 한사람을 위하여 4년간에 걸친 조사를 하고 글을 썼다는 점이 의아하기만 하다. 데오빌로 각하는 누구였을까?

데오빌로가 어떤 그룹을 대표하는 가상적 인물이었다는 이론이 있다. 데오빌로는 가상의 이름이고 '하나님을 사랑하는 자' 는 하나님을 알고 믿음을 갖고 싶어하는 사람들을 의미한다는 이론으로 그럴 듯하지만, 이 주장은 여러 사실과 부합되지 않는다.

데오빌로는 실제 인물로서 아마도 기독교에 관심이 있었던 발행자였을 것이라는 다른 주장도 있다. 데오빌로를 실제인물로 여긴 점에서 전 주장보다는 좀 낫다고 할 수 있고 그가 정부의 주요 인물이었음도 확실하다. 왜냐하면 누가가 '하나님을 사랑하는 각하' 라는 존칭을 사용했기 때문이다. 이 존칭은 사도바울의 재판을 주도했던 베스도와 벨릭스에게 사용었으므로 데오빌로도 법조계에 있었던 변호사나 판사로 추측할 수 있다. 그러면 누가가 왜 법률가에게 예수님과 사도바울에 대하여 설명을 해야 했는가?

바울의 변호사

데오빌로를 바울의 변호사나 로마의 재판을 담당했던 판사로 간주하면 모든 것이 분명해진다. 두 사람 모두 재판이 있기까지의 모든 사실을 자세히 알 필요가 있었기 때문이다.

이 새로운 종교가 어떻게 시작되었는가? 창시자는 누구였나? 바울은 포교 활동에 어떻게 관여하게 되었나? 법관들은 특히 로마 정부에서 이 종교를 어떻게 보는지에 관심이 있었을 것이다. 그래서 누가는 바울이 가이사랴에서 감금되었을 때 예수님의 삶과 죽음에 대하여 조사했고 바울이 로마로 옮겨졌을 때는 그의 포교와 전도 활동에 대하여 조사했을 것이다.

누가의 책에는 그가 신약시대 초대교회의 주요 지도자들인 야고보, 마태, 요한과 면담한 흔적이 있고 누가복음과 요한복음에만 나타나는 사건들이 있다. 예를 들어, 예수님이 체포될 당시 말쿠스의 귀가 잘린 사건이다.

누가복음의 저작

누가는 '변론' 자료를 모으기에 불리한 입장에 있었다. 그는 열두사도 중 한사람이 아니었고 예수님을 실제로 만난적이 없었으며 그의 삶과 사역을 직접 목격한 사람이 아니었다. 그러나 그는 목격자들과의 면담을 통하여 어려움을 해결하고 바울이 가이사랴에서 로마로 이송될 때까지 2년 동안 예수님에 대한 정보를 기록했다. 바울이 로마에 도착한 후 2년동안은 바울의 이야기를 두번째 책인 '사도행전'에 기록했다.

이 두권의 책이 '변론'을 위하여 쓰여진 글이라고 가정하면 많은 것들을 설명할 수 있다. 그의 책들은 로마인들이 왜 이 새로운 종교에 대하여 동정심을 가졌었는지도 설명해준다. 누가복음은 예수님과 바울이 무죄판결을 세번이나 받았음을 기록했다. 빌라도는 예수님이 무죄라고 세번 말했고 로마 법정은 바울이 로마에 항소할 필요도 없이 무죄로 풀려났어야 했다고 말했다. 크리스챤들의 고난은 로마정부가 준 것이 아니라 유대인들이 새로운 종교에 대항하여 일으킨 문제였다.

목격자

변호사는 직접적 증거, 목격자들의 증언, 그리고 자세히 조사한 사실을 순서대로 기록하여 제출해야 한다. 누가의 책들은 로마에서 일어난 사건들의 날짜를 기록하였고 (누가2:1, 3:1) 데오빌로 각하에게라는 서문을 통해 책의 목적을 확실히 드러냈다: '우리 중에 이루어진 사실에 대하여 처음부터 목격자와 말씀의 일꾼 된 자들이 전하여 준 그대로 내력을 저술하려고 붓을 든 사람이 많으지라 그 모든 일을 근원부터 자세히 미루어 살핀 나도 데오빌로 각하에게 차례대로 써 보내는 것이 좋은 줄 알았노니 이는 각하가 알고 있는 바를 더 확실하게 하려함이로라'. 이 표현은 변호사가 변론에 사용하는 자료의 성격과 일치한다.

바울에 대한 촛점

이 이론은 두번째 책의 특성을 설명한다. 사도행전은 여러 사도들이 아니라 단 두사람에게 중점을 두었다. 베드로가 처음 12장의 주요 인물이지만, 바울의 변화 후에 베드로는 사라진다. 그리하여 책 전체 내용의 2/3 가 바울에게만 촛점을 맞춘다. 이 책이 바울을 변호하고 새로운 종교가 로마 정부의 치안을 방해하거나 사회 분열을 조장시키는 종교가 아니라는 설명을 할 목적이 아니었다면 이렇게 한쪽으로 치중된 분배를 정상으로 볼 수 없다. 바울은 로마 시민으로서 로마법에 저촉되는 죄를 짖지 않았고 재판에서 '무죄' 선고를 받아 마땅했다.

예루살렘에서 있었던 예수님의 재판에 비하여 다른 점도 있다. 예수님은 로마법에 의하면 무죄였지만 유대인들의 압박으로 처형당했다. 반대로 바울은 유대인들이 판정에 영향을 끼칠 수 없는 장소에서 재판을 받았다. 바울은 가이사에게 항소함으로 유대인들의 영향을 배제시켰다.

변호사가 예전의 모든 재판의 내용을 파악하고 바울의 변호 자료로 사용하기 위한 목적이 아니고서야, 사도행전에 다른 사도들의 간증은 하나도 없는데 바울의 간증은 세번씩이나 과중하게 기록할 이유가 없었다.

또, 사도행전을 변호사의 변증 자료로 볼 때 사도행전이 왜 갑자기 끝 맺는지를 설명해 준다. 이 책은 바울이 재판을 기다리는 시점에서 끝 맺고 이 사실은 사도행전의 다른 목적을 주장하는 이론들의 신빙성을 저하시킨다. 만약 이 책이 순전하게 바울의 삶을 기록하기 위한 목적이었다면 이러한 끝맺음은 설명될 수 없다. 누가는 84세까지 살았고 바울의 죽음 당시 그는 살아있었다. 그러나 이 책의 목적이 법적 증거 자료로 쓰여졌다면, 바울이 재판을 기다리는 시점에서의 끝맺음은 당연하다.

이 논란을 결말 짖는 마지막 한가지가 있다. 누가의 목적이 초대교회의 역사를 쓰는 것이었다면, 그는 왜 말타의 난파 사건만을 상세히 길게 설명했는가? 또 바울이 다른 해항을 적어도 세번은 했는데 왜 이 난파 사건만 기록했는가? 이것은 혼란을 틈타서 탈출하지 않고, 그를 호송하는 로마 군인들과 승선한 사람들을 구출한 바울의 모범적인 태도를 강조하는 누가의 의도를 보여준다. 바울의 영웅적이고 애국적인 노력에 대하여 설명한 후 ' 재판관님, 제가 할 말은 이뿐입니다.' 라고 변증을 결말짖는 바울의 변호인을 상상할 수 있다.

변론은 성공적이었는가?

로마의 첫재판에서 바울이 무죄로 석방되었음은 여러 증거를 통하여 알 수 있다. 디모데와 디도에게 쓴 그의 편지에서 그가 자유롭게 행동했음을 알 수 있고 바울이 그의 목적지였던 스페인을 방문했음을 일반적으로 믿는다. 스페인의 몇몇 오래된 교회들은 바울이 그 교회들의 설립자라고 주장한다.

확증은 아니지만 바울이 첫 재판에서 석방되고 나중에 다시 체포되어 참수형을 당했다는 증거들이 있다. 최종 결과와 상관없이, 누가의 노력은 헛되지 않았다: 그가 쓴 두권의 책이 재판에서 바울의 목숨을 살리기 위한 것이었고, 그 결과로 바울이 더 많은 사역을 자유롭게 할 수 있었다면, 그의 목적은 달성된 것이다.

결론

우리는 바울을 염려한 누가에게 촛점을 맞추었지만, 이 재판은 여러 곳에 흩어져 있던 기독교에 영향을 끼쳤다. 바울 한사람이 아니라 기독교가 재판대에 올라 있었다: 로마에서 일어난 소식은 사방으로 퍼졌고 이 재판은 중요한 시범 사건이었다.

누가의 책들을 기독교의 역사, 1부와 2부 라고 부를 수 있다. 이 책들은 예수님이 공생애를 시작하셨을 때부터 바울이 로마에서 투옥되었거나 가택연금되었을 때까지 33년 동안의 사건들을 훌륭하게 기록했다. 그가 기록한 특이한 사건들에 대하여 처음 읽은 사람이나 나중에 읽은 사람이 무슨 일이 있었고 어떤 반응이 있었는지를 잘 이해할 수 있다.

누가는 그의 글을 통하여 로마의 대중들이 기독교에 대하여 알게 되고 폭 넓은 층의 독자들이 흥미를 갖게 될 것을 알았을 것이다. 곧, 기독교는 더 이상 유대의 종교가 아니라 앞으로 전진하는, 보편적이고 국제적인 믿음으로 승화되는 로마의 중요한 뉴스거리가 될 것이었다. 그러므로 누가의 글은 변론 뿐아니라 믿음의 선포와 이방인 포교에 중요한 역할을 했다.

이렇게 누가복음은 특별한 책이다. 누가복음의 첫장은 여러 사람들이 데오빌로에게 자초지종을 알리고자 한 사실로 시작한다. 마가복음과 마태복음 그리고 다른 기록들에 대하여 그는 알고 있었겠지만 그의 복음서는 로마통치의 문맥안에서 이루어진 개인 면담들과 목격자들의 증언을 포함한 폭넓은 독자적 연구의 결과이다. 그는 넓은 시야의 관점과 함께 개인들에게도 자세히 촛점을 맞춘다. 누가가 열두제자의 한사람은 아니었지만 누가복음과 사도행전이 신약성경에 포함되어야 한다는 데에 한치의 의심도 없고 초대교회가 이 훌륭한 책들을 '사도적'인 내용과 권위의 책으로 간주한 정점이었다.

40. 누가복음

개요

누가복음은 가장 사랑받는 복음서이지만 그 복음서의 자세한 내용은 잘 알려져 있지 않은 것이 사실이다. 대다수의 사람들이 누가복음에만 있는 내용은 잘 알고 있다: 자비를 베푼 사마리아인; 방탕한 아들의 비유에서 방탕한 아들이 돌아온 것에 대한 의미; 삭개오, 마리아와 마르다, 십자가에 달린 행악자와 엠마오로 가는 두 제자 등은 우리가 잘 알고 있는 비유들이다.

그러나 우리는 누가복음과 다른 복음서에 중복된 비유들은 대부분 다른 복음서를 통하여 알고 있다. 예를 들어, 마태복음과 누가복음에서 말하는 '소금'은 무슨 뜻인가? 일반적으로 소금이란 믿는 사람들이 사회에서 방부제의 역할과 음식의 맛을 내야하는 역할의 비유로 알고 있다. 그러나 누가는 더 자세하게 만일 소금이 짠 맛을 잃으면 땅에도 거름에도 쓸모가 없어진다고 기록했다. 이것은 소금의 비유가 음식이 아니라 땅과 관련되어 있음을 알려준다. 사해의 소금은 소금과 칼륨성분이 많아서 농사의 비료와 인분의 소독제로 사용되었다. 이렇게 소금은 좋은 것을 자라게 하고 나쁜 것을 방지시킨다: 예수님은 제자들도 이러한 역할을 해야한다고 말씀하셨다. 대다수의 사람들은 누가가 추가로 기록한 자세한 내용을 발견하지 못하고 마태복음에 있는 소금의 비유를 임의대로 해석한다.

제대로 해석되지 않은 또 하나의 예는 '푸른 나무에도 이같이 하거든 마른 나무에는 어떻게 되리요' 라는 구절이다. 나는 설교 도중 가끔 이 구절이 구약에 있는지, 신약에 있는지 아니면 셰익스피어의 말인지를 교인들에게 물었는데 대다수가 틀린 대답을 했다! 이것은 예수님이 갈보리로 십자가를 지고 가면서 하신 말이다. 누가만이 기록한 이 말씀을 소수의 사람만이 주목한것 같다.

누가복음에만 기록된 내용

마가복음의 구조를 따른 누가복음도 예수님이 예루살렘으로 가기 전 가이사랴 빌립보에서 있었던 사건 후 핵심적인 방향 전환을 보여주는데 그 구조를 다음과 같이 다섯 부분으로 나눌 수 있다:

1:1—4:13	첫 30년의 사생활
4:14—9:50	갈릴리에서의 사역
9:51—19:44	가르침의 확장과 예루살렘으로 가심
19:45—23:56	예루살렘에서의 마지막 날들 (이부분은 마태의 접근과 아주 다르다).
24	부활과 승천

이제 누가복음에만 나타나는 사건들을 살펴보기로 하자.

예수님의 탄생

마태복음이 요셉에게 중점을 둔 반면, 누가복음은 마리아의 관점에서 예수님의 탄생을 기록하여 아주 다른 느낌을 준다. 누가는 아기의 포대기까지 언급할 정도로 임신과 출산의 자세한 내용을 더 인간적인 차원에서 기록했고 마태와 같이 예수님의 족보를 포함시켰지만 누가는 마리아쪽의 족보를 아담까지 거슬러 올라갔다. 예수님은 요셉의 계보를 통하여 합법적으로 다윗의 자손이고 육적으로는 마리아의 계보를 통하여 다윗왕으로 연결된 양쪽으로 왕권을 가지신 분이다.

누가는 간접적으로 예수님이 태어난 달도 암시했다. 사가랴는 아비야 족속의 제사장 가문에 속해 있고 역대기상에서 그 족속이 성전 사역을 배정받을 때, 24족속 중 8번째로 사가랴는 유대인 달력의 4번째 달에 사역했다. 엘리사벳이 마리아보다 육개월 먼저 임신했으므로, 예수님은 그로부터 15개월 후인 다음 해의 성막절이 있었던 일곱번째 달에 탄생하셨다. (우리의 달력으로는 9월-10월 쯤이다). 유대인들은 성막절에 나타날 메시야를 기대하고 아직도 그를 기다리고 있다.

소년 시절

누가만이 예수님의 첫 30년간의 생에 대하여 기록했다. 예수님이 12살이 되면서 '선한 일을 할 능력이 있다' 는 상징의 바 미츠바를 치룬다. 유대 소년들은 12살이 되면 그의 행동에 책임을 져야하고 그때까지는 소년이 잘못한데 대한 벌을 그의 부모가 대신 받았지만, 12살부터는 하나님의 계명을 지키고 행동하는 책임을 자신이 져야 한다. 이 행사는 아이를 회당에 데리고 가서 모세 율법의 일부를 읽게 한 후 그때부터 그를 성인으로 간주하고 아버지의 동조자로서 아버지의 직업이나 상업을 배우게 한다.

이것은 예수님이 요셉과 마리아와 함께 예루살렘에 갔었던 이유를 설명해준다. 당시에는 여자가 하루에 15마일 정도 앞서가서 텐트를 세우고 남자들이 도착하기 전 음식을 준비하는 풍습이 있었다. 12세 미만의 자녀들은 엄마와 함께 가고 12세 이상의 아들들은 아버지와 함께 여행했다. 갈 때는 마리아와 함께 갔으나 이제 법적으로 12살이 된 예수님은 요셉과 함께 돌아 왔을 것이다. 그래서 마리아와 요셉은 예수님이 그들의 배우자와 함께 있는 것으로 알았을 것이다.

이 풍습은 마리아가 성전에서 예수님을 발견했을 때 그의 답변을 이해하는데 도움을 준다. '내가 내 아버지 집에 (일터에) 있어야 될 줄을 알지 못하셨나이까?' 이것은 처음 기록된 예수님의 말씀이다. 그러나 그곳에서 나사렛으로 돌아온 예수님은 그의 부모에게 계속 순종했다. 예수님이 12살의 나이에 자신의 정체성을 이미 알고 있었음을 나타내고 마리아가 아들에게 그의 신분에 대하여 말해 주지 않았음이 분명하다. (요셉이 '너의 아버지' 라고 가르쳤다).

세례

누가는 예수님의 세례에 대해서도 독특한 정보를 제공했다. 누가는 예수님이 세례받으신 후 기도하실 때 성령을 받으셨다고 기록했다. 마태와 누가 모두 예수님이 물에서 올라오실 때 세례를 받았다고 기록했으나 누가는 예수님의 기도까지 언급했다: '예수도 세례를 받으시고 기도하실 때에 하늘이 열리며 성령이 비둘기 같은 형체로 그의 위에 강림하시더니.' 누가는 다른 저자들보다 성령의 세례에 대하여 더 상세히 언급했는데 이 주제는 나중에 공부하기로 한다.

예수님의 가르침

독특한 가르침

누가는 예수님의 가르침도 조금 다르게 취급했다. 마태의 산상수훈은 평지에서의 설교로 기록되었고 산상수훈의 각 구절은 저주의 구절과 짝을 맺고있다. 예를 들어, '애통하는 자는 복이 있나니'는 '화 있을진저 지금 웃는 자여 너희가 애통하며 울리로다.' 이것은 마태복음과 누가복음의 내용이 상반되는 것이 아니라 예수님이 조금씩 다른 내용의 비슷한 설교를 여러번 하셨음을 나타낸 것으로 누가는 짧고 좀 다른 내용의 설교를 기록했을 뿐이다.

독특한 비유들

누가복음에만 있는 예수님의 비유들이 있다:

- 자비를 베푼 사마리아 사람
- 잃은 아들을 되찾은 아버지
- 과부와 재판장
- 바리새인과 세리
- 한밤중에 찾아와서 떡 세덩이를 꾸어달라고 끝까지 간청하는 친구
- 열매 맺지 못하는 무화과나무
- 옳지 않은 청지기
- 부자와 거지 나사로—나사로는 실제 인물이었을 수도 있다. 이 비유는 이름이 사용된 단 하나의 비유이다

독특한 사건들

독특한 이벤트로는 다음과 같은 것들이 있습니다:

- 기적적으로 많은 고기를 잡다
- 70인을 세워서 보내시다 (어느 번역본에는 72인으로 되어있음)
- 승천. 마가의 긴 끝맺음을 제외하고는 누가복음만 승천을 언급했다. 누가는 이 사건을 사도행전의 첫부분에도 기록하여 사건의 중요성을 강조하고 두권의 책을 연결시켰다

누가는 특히 그가 흥미롭게 생각하는 인물들이 등장하는 사건들을 기록했다.

- 바리새인의 집에서 예수님의 발에 기름부은 창녀
- 무리 틈에서 예수님의 옷 가에 손을 댄 여인
- 마리아와 마르다의 집에서의 식사
- 나무 위에 올라간 세리 삭개오
- 수종병 든 사람의 병고침
- 안식일에 꼬부라진 여자의 병고침
- 열명의 문둥병자

- 과부의 헌금
- 처형당하는 행악자
- 엠마오로 가는 두제자

이 이야기들을 통하여 의사였던 누가가 다른 복음서의 저자들보다 사람에 더 관심이 있었음을 볼 수 있다.

사람에 대한 관심

누가가 관심을 두었던 사람들을 여섯 부류로 나눌 수 있다.

1. 사마리아인

유대인들이 멸시하는 사마리아 사람들은 유대인들의 망명 기간중에 이방인들과 결혼하여 생긴 자손들이고 유대인들은 그들에 대한 강한 적대심으로 유다와 갈릴리를 오갈 때 사마리아를 통과하지 않고 요단강 동쪽의 먼 길을 사용했다.

누가는 병고침을 받은 10명의 문둥병자들 중 돌아와서 감사를 표한 유일한 사람은 사마리아인이었다고 말했다. 나머지 유대인들은 병고침의 축복을 당연히 여겼다.

또 누가는 야고보와 요한이 예수님께 무례히 대하는 사마리아인들에게 하늘에서 불이 내리기를 원했음도 기록했다. 누가는 이 이야기를 사도행전에서 계속하여 훗날 요한과 베드로가 사마리아에 돌아와서 그들이 성령의 불을 받도록 기도했음을 기록했다!

그는 사마리아 사람들에게는 사용하지 않았던 '자비로운' 이라는 형용사가 예수님의 비유에서 사용되었음도 기록했다. 사마리아 사람도 이같은 자비의 행위를 할 수 있음을 믿지 못하는 유대인들에게, 누가는 예수님의 메세지가 이해되기를 원했고 사마리아 사람들을 격려하고 두 민족의 반감을 치유할 수 있기를 바랬다.

2. 이방인

이방인인 누가의 글에 이방인이 크게 부각되는 것은 당연하다. 예수님이 '이방인들의 빛'이라고 한 시므온의 말은 누가복음의 주제이다.

누가는 나사렛에서 예수님이 설교하신 사렙다의 한 과부와 시리아의 나만에 대한 내용을 기록했다. 이것은 이방인들이 이스라엘 사람들보다 더 믿음이 있었음을 나타내고 그 지역의 유대인들이 예수님을 죽이려는 시도를 하게 하는 발단이 되었다.

누가는 요단 동쪽의 베레아 지역에서의 예수님의 사역과 만국의 상징의 (창세기 10장) 숫자 70인을 세워 보내는 말씀을 기록했다. 다른 복음서들은 북쪽에서 예루살렘에 걸친 예수님의 사역에 대하여 기록했지만, 유대땅이 아닌 곳에서의 사역은 제외시켰다.

3. 멸시 당한 사람들

누가는 멸시 당하는 사람들에게 관심이 있었다. 그는 병고침 받은 열명의 문둥병자와 세리 삭개오에 대하여 기록했다. 세리들은 두가지 이유로 멸시당했다: 그들은 세금을 걷어들이는 책임을 부여받은 로마정부의 동조자들이었고 세금 이상 걷어드린 액수가 세리의 수입이라는 점 때문이었다. 예수님은 이렇게 멸시받는 직업을 가진 삭개오와 만났을 뿐아니라 그날 그의 집에 구원이 내렸다고 말씀하셨다.

누가는 예수님의 탄생의 소식을 목격하고 세상에 알린 목자들에 대해서도 기록했다. 당시의 목자들은 다른 사람에게서 훔칠 수 있는 것은 훔쳐서 생존하는 사회의 기생충으로 여겼다. 그래서 목자들의 증언은 법원에서 인정되지 않았다.

또 누가가 예수님의 발에 기름부은 창녀에 대하여 기록한 것도 주목할 점이다. 죄사함을 받은 그녀의 반응은 스스로 공의롭게 여기는 사람들에게 본보기가 되었다.

4. 여인들

누가는 여인들에게도 주의를 기우렸다. 마르다와 마리아에 대해서는 이미 언급한 바 있다. 누가는 예수님의 옷자락을 만져 병고침 받은 여인에 대해서 기록했다. 예수님이 십자가를 지고 갈 때 슬피 운 여인들에 대하여 다른 저자들은 기록하지 않았다. 누가는 예수님의 사역을 도운 부자 여인에 대해서도 기록했고 다른 곳에 전혀 언급되지 않은 열명의 여인들과 비유에 나오는 세여인들에 대하여 기록했다.

5. 가난한 사람들

누가는 가난한 사람들의 편이었다. 예를 들어, 그는 '가난한 자는 복이 있나니' 그리고 '화있을진저 부유한 자들이여' 라는 예수님의 말씀을 기록한 반면, 마태는 '심령이 가난한 자는 복이 있나니' 라고 기록함으로 부자에 대한 말은 나타내지 않았다. 가난이 하나님의 축복의 결핍이라 여기는 이스라엘 사람들과 반대로 누가는 가난을 축복이라고 말했다. 그는 마리아와 요셉이 예수님의 탄생을 위한 제물로 비둘기를 바쳤음을 기록했는데 비둘기는 레위 율법에 의하면 가장 값싼 제물이었다.

그는 또 다른 각도에서 가난에 대한 예수님의 가르침을 기록했:

- 원하는 사람에게 주라. 그가 가져가거든 달라고 하지 말라.

- 예수님은 저녁을 대접하는 사람에게 '네가 점심이나 저녁이나 베풀거든 벗이나 형제나 친척이나 부유한 이웃을 청하지 말라 두렵건대 그 사람들이 너를 도로 청하여 네게 갚음이 될까 하노라. 잔치를 베풀거든 차라리 가난한 자들과 몸 불편한 자들과 저는 자들과 맹인들을 청하라. 그리하면 그들이 갚을 것이 없으므로 네게 복이 되리니 이는 의인들의 부활시에 네가 갚음을 받겠음이라.'

- 큰 잔치 비유에서: '빨리 시내의 거리와 골목으로 나가서 가난한 자들과 몸 불편한 자들과 맹인들과 저는 자들을 데려오라 하니라.'

- 부자와 나사로의 비유에서: '그 거지가 죽어 천사들에게 받들려 아브라함의 품에 들어가고 부자도 죽어 장사되매 그가 음부에서 고통중에 눈을 들어 멀리 아브라함과 그의 품에 있는 나사로를 보고...'

6. 죄인들

누가가 특별한 관심을 보인 마지막 부류의 사람들이 죄인들이었음은 믿기 힘들지만 예수님은 죄인들을 구원하기 위하여 오시지 않았는가? 당시의 '죄인'이란 모세의 율법을 포기한 유대인들을 일컫는 특별용어였다. 613개의 모세의 율법만 해도 힘든데 종교지도자들은 거기에 더 많은 율법을 추가했고 인구의 대부분은 이 많은 율법을 지키는 것을 포기한 상태였다. 누가는 예수님이 이러한 사람들에게 다가갔음을 강조하는 사건과 이야기들을 기록했다. 그는 예수님이 율법을 지키지 않는 사람들과 교류하는 것을 바리새인들이 얼마나 미워했는지를 보여주었다. 하나님과 가깝다는 사람이 어떻게 '죄인'들과 교류할 수 있는가?

누가복음은 인도적 복음서이다. 예수님에게 사람들이 중요했던 것과 같이 누가에게도 중요했다. 누가는 자기 자신을 도울 수 없고 다른 사람들이 도와주지 않는 사람들에게 관심이 있었다. 그는 예수님이 자신의 권력이나 인기도를 높이려는 사람이 아니라 힘없는 사람들에게 하나님의 손길이 닿기를 원하신 분이었음을 보여주며 '불쌍히 여김' (splanknidzomai) 이라는 단어를 즐겨 사용했다. 이것은 삭개오의 이야기 마지막 구절에서 볼 수 있다: '인자가 온 것은 잃어버린 자를 찾아 구원하려 함이니라.' 이와 비슷한 뜻의 구절이 또 있다: '...온 무리가 예수를 만지려고 힘쓰니 이는 능력이 예수께로부터 나와서 모든 사람을 낫게 함이러라.'

누가복음에서 강조된 단어들

1. 천사

누가복음은 천사들에 대한 관심으로 시작된다. 주의 사자들이 엘리사벳이 침례요한을 낳을 것을 알려주었고, 사가랴에게 그의 아들의 이름을 알려주었으며, 마리아에게서 예수님이 탄생하실 것을 알려주었다. 그 후에 누가는 겟세마네 동산에서 천사가 한 일을 기록했다: '천사가 하늘로부터 예수께 나타나 힘을 더하더라.'

의학 전문가들은 초자연적인 것을 가장 불신하는 사람들로 알려져 있으나 의사이며 역사가였던 누가는 천사에 대하여 기록하는 것에 불편함을 느끼지 않았을 뿐만 아니라 그들의 역할의 중요성도 강조했다.

2. 성령

누가복음은 카리스마적 복음서로 알려져 있고 마태복음이나 마가복음을 합친 것보다도 더 많이 성령에 대하여 언급했다.

- 누가는 예수님의 잉태가 성령의 힘으로 되었음을 기록했다: '성령이 네게 임하시고 지극히 높으신 이의 능력이 너를 덮으시리라.'
- 엘리사벳과 사가랴가 성령의 충만함을 받고 침례요한은 태어나기도 전에 성령 충만을 받을 것이 예언되었다.
- 구약성경의 성령의 기름부음은 안나와 시므온에게서 볼 수 있다. 시므온은 성령의 인도함으로 아기 예수를 만나고 안나는 선지자로 묘사되었다.
- 예수님이 세례받으실 때 성령이 오셨다: '예수께서 성령의 충만함을 입어 요단강에서 돌아오사 광야에서 사십일 동안 성령에게 이끌리셨다.'
- 광야의 시험이 끝난 후, '예수께서 성령의 능력으로 갈릴리에 돌아가시니...'
- 누가는 성령을 받기 위한 기도에 대한 예수님의 가르침을 기록했다: '...너희 하늘 아버지께서 구하는 자에게 성령을 주시지 않겠느냐 하시니라'.

누가복음은 예수님이 제자들에게 하신 '위로부터 능력으로 입혀질 때까지' 예루살렘에서 기다리라는 말씀으로 끝맺는다. 성령에 대한 강조는 누가의 두번째 책인 사도행전에서 계속되고 성령에 대하여 더 자주 언급했다.

3. 기도

a) 예수님의 기도

누가는 다른 저자들보다 예수님의 기도를 더 많이 기록했다. 예수님이 세례받으신 후 기도할 때 성령이 내려왔는데 이것은 처음으로 기록된 예수님의 기도였고 마지막의 기도는 십자가 위에서 하셨다: '아버지 내 영혼을 아버지 손에 부탁하나이다.'

누가는 이 두 기도 사이의 예수님의 기도를 9번 기록했는데 그 중 7번의 기도는 누가복음에만 기록되어 있다. 예수님은 그의 아버지에게 인도해 달라고 항상 기도하신 것 같다.

b) 제자들의 기도

누가는 각 사도들의 기도의 중요성도 강조했다. 특히 11장은 이에 대하여 광범위하게 가르친다. 또, 과부와 재판관의 비유에서 하나님이 우리의 기도를 들으심을 가르치고, 다음에 나오는 비유에서 세리나 바리세인들과 대조되는 겸손한 기도를 하라고 우리를 격려한다. 기도는 예수님 자신 뿐만 아니라 그를 따르는 사람들에게도 필요한 것이다.

4. 기쁨

누가복음에는 성경의 어느 책보다도 '기쁨'의 어원에 관계된 단어들이 많이 사용되었다. 예를 들어, 누가는 웃음이라는 단어를 사용한 유일한 저자로서 회개하는 죄인에 대한 하늘의 기쁨과 성령에 의하여 기쁨으로 충만하신 예수님에 대하여 기록했다.

이 주제는 찬양과 예배와도 연결된다. 예수님의 탄생은 천사들의 '높으신 하나님께 영광' 이라는 노래로 시작하고, 사람들이 성전에서 '하나님께 찬양' 하는 것으로 끝맺는다. 누가는 계속해서 그의 독자들을 하늘로 올려드렸다. 마리아의 찬가나 시므온의 찬송과 같은 가장 아름다운 노래들이 누가복음에 기록되어 있다.

5. 만국의 복음서

누가복음은 온 세상의 구세주인 예수님을 보여주는 만국의 복음서로서 이방인 저자가 이방인 독자들에게 주는 좋은 소식이 책 전체에 나타나 있다.

- 그는 먼저 예수님의 족보를 보여준다. 그는 마태와 같이 예수님의 유대성을 강조하지 않고, 예수님의 인성과 복음은 인류를 위한 것임을 강조하기 위하여 아담까지 거슬러 올라갔다: 하나님은 언제나 모든 사람들에게 관심을 가지고 계시다.

- 처음부터 천사들은 노래한다: '땅에서는 하나님이 기뻐하신 사람들 중에 평화로다'

- 누가는 '모든 육체가 하나님의 구원하심을 보리라' 라는 이사야서의 말씀을 인용했다.

- 70인은 '이스라엘의 잃어버린 양' 들에게 보내졌고, 마태복음에서 말하는 12인은 모든 동네와 지역으로 보내졌다.

- '사람들이 동서남북으로부터 와서 하나님의 나라 잔치에 참여하리니'.

- 누가복음의 마지막에서 예수님은 '그의 이름으로 죄 사함을 받게 하는 회개가 예루살렘에서 시작하여 모든 족속에게 전파될 것이다' 라고 예언하셨다.

이렇게 누가는 강한 유대인의 근본에 의거한 믿음과, 유대사회의 문맥안에서 예루살렘에서 정점을 이루는 복음을 신실하게 기록했다—이 믿음이 로마제국 전체에 확산되어 로마까지 퍼져나가는 사도행전의 준비작업이다. 누가의 촛점이 그가 기록한 사건들을 이방인들이 믿게하는 것이었음을 고려할 때 누가복음은 유대성이 가장 약한 복음서라 할 수 있다.

우리는 누가복음을 어떻게 읽어야 하는가?

인간적 복음서

이 복음서는 잃어버린 영혼을 위한 책이다. 예수님은 구주이시다. 복음서들 중에서 유독 누가복음에서만 '구원'이라는 명사가 사용되었다. 누가는 그가 기록한 역사적인 사건들을 통하여 독자들이 그리스도의 구원을 깨닫기를 원했고 신약성경 어느 책보다 자주 '구원한다' 는 동사를 사용했다.

누가는 '오늘'이 구원의 날이고 (이 표현은 마태복음에서는 8번, 마가복음에서는 1번, 누가복음에서는 11번 사용됨) 구원이 '지금' 왔다고 (마태복음에서 4번, 마가복음에서 3번, 누가복음에서 14번 사용됨) 말했다. 그는 자비, 죄의 용서함과 화합은 지금 여기서 가능함을 강조했고 이 구원은 그리스도의 십자가를 통해 이루어진다—예수님에게는 또 다른 세례와도 같다. 유대인들이 이집트에서 자유함을 얻은 것처럼, 십자가는 그의 백성들을 위한 '출애굽'이고 이것이 구원의 복음이다. 누가는 독자들이 예수님 안에서 구원 받기를 원했다.

기쁨의 복음서

찬양과 기쁨의 주제는 계속적으로 나타나고 다른 책들보다 웃음이나 기쁨에 관련된 단어들이 많이 사용되었다. 15장의 잘 알려진 잃어버린 사람을 찾는 기쁨이 죄인이 회개했을 때의 천국의 기쁨으로 비유되었고 부활하신 주님에 대한 제자들의 반응은 기쁨이고 복음서는 기쁨으로 끝을 맺는다. 이런 면에서 이 책은 예수님에 대해 더 알고싶어 하는 사람들에게 적절한 복음서이다.

천국의 복음서

누가는 천국에 촛점을 두고 초자연적인 예수님의 탄생, 성령의 역사하심 그리고 기도의 중요성을 강조했다. 이 책을 읽는 누구나, 그의 배경에 관계없이, 천국에 들어가기를 원하는 누가의 마음은 예수님의 큰 잔치의 비유에 잘 나타나 있다: '길과 산울타리 가로 나가서 사람을 강권하여 데려다가 내 집을 채우라.' 세상의 진실된 구세주이신 예수님 때문에 하나님이 만국인들을 천국으로 부르실 것을 누가는 알고 있었다.

가장 읽기 쉬운 복음서

누가는 이야기들의 요점을 기술적으로 기록했다. 예를 들어 흔히 15장의 비유를 '잃은 아들을 되찾은 아버지의 비유' 라고 부르는데 이것은 우리가 누가의 저자로서의 역량을 보지 못하고 복음서안의 비유들의 문맥을 이해하지 못했기 때문이다. 사실 이 비유는 그의 돈을 두 아들들에게 나누어주어 낭비한 아버지에 대한 이야기이다. 15장과 16장을 한꺼번에 읽으면 어떻게 이야기가 진행되는지를 볼 수 있다—그리고 누가가 구성한 이 이야기들의 구조를 볼 수 있다.

15장은 세리와 죄인들이 예수님과 집안에서 식사를 하고있고 바리새인들과 서기관들은 바깥에서 수근거리는 장면으로 시작한다. 이 두장의 나머지 이야기들은 이 배경으로 설명해야 한다. 예수님은 잃어버린 양에 대하여 말씀한다; 그는 있어야 할 곳에서 멀리 있고 그것을 알고 있다. 다음에는 집에서 잃어버린 동전에 대하여 말씀한다—하나는 남자들을 위하여, 다른 하나는 여자들을 위하여 두가지의 '잃어버린' 것에 대한 말씀이다. 그리고 잃어버린 두아들에 대한 이야기가 있다. 여기서의 강조는 작은 아들이 아니라 큰아들이다. 그는 작은아들보다 더 '잃어버린' 상태에 있지만 그것을 알지 못한다. 작은 아들은 멀리서 길을 잃은 상태에 있고 그것을 알고 있다. 큰아들은 잃어버린 동전과 같이 집에 있지만 그의 상태를 알지 못하고 있다.

그러나 비유는 거기서 그치지 않고 16장으로 계속된다. 여기서 15장의 두 인물을 다시 보게 된다. 첫번째는 예수님이 부정직함을 칭찬하는 옳지 않은 청지기의 비유이다. 신기하게도, 작은 아들이 먼 나라에게 낭비했다는 같은 단어가 주인의 재산을 낭비하는 청지기의 묘사에 사용된다. 여기에 같은 단어와 같은 인물이 있다. 마찬가지로, 큰아들이 자신이 모든 일을 올바르게 했다고 주장하는 것같이—'나는 아버지의 명을 어긴적이 없습니다'—16장의 두번째 이야기의 부자도 그가 죄를 짖거나 악의를 행하지 않았지만, 다른사람에게 무관심했던 태도와, 자아도취와 하나님에게서 독립된 삶을 산 이유로 인해 지옥에 가게 된다.

이렇게 누가는 조심스럽게 통일된 주제를 여러 비유들을 통해 기록했다. 안타깝게도 장과 구절의 나눔 때문에 누가가 기술적으로 그리고 의도적으로 구성해 놓은 비유들의 주제를 발견하기가 쉽지 않다. 예수님의 비유들을 다음과 같이 의역함으로 누가의 통일된 주제를 다시 강조하고자 한다.

의역된 비유들

두사람과 그들의 돈 (누가복음 15-16장)

세리들과 죄인들이 모두 예수의 말씀을 들으려고 그에게 가까이 몰려들었다. 바리새파 사람들과 율법학자들은 투덜거리며 말하였다. "이 사람이 죄인들을 맞아들이고, 그들과 함께 음식을 먹는구나." 그래서 예수께서는 그들에게 이 비유를 말씀하셨다.

"너희 가운데서 어떤 사람이 양 백 마리를 가지고 있는데, 그 가운데서 한 마리를 잃으면, 아흔아홉 마리를 들에 두고, 그 잃은 양을 찾을 때까지 찾아 다니지 않겠느냐? 찾으면, 기뻐하며 자기 어깨에 메고 집으로 돌아와서, 벗과 이웃 사람을 불러모으고, '나와 함께 기뻐해 주십시오. 잃었던 내 양을 찾았습니다' 하고 말할 것이다. 내가 너희에게 말한다. 이와 같이 하늘에서는, 회개할 필요가 없는 의인 아흔아홉보다, 회개하는 죄인 한 사람을 두고 더 기뻐할 것이다."

"어떤 여자에게 드라크마 열 닢이 있는데, 그가 그 가운데서 하나를 잃으면, 등불을 켜고, 온 집안을 쓸며, 그것을 찾을 때까지 샅샅이 뒤지지 않겠느냐? 그래서 찾으면, 벗과 이웃 사람을 불러 모으고 말하기를 '나와 함께 기뻐해 주십시오. 잃었던 드라크마를 찾았습니다' 할 것이다. 내가 너희에게 말한다. 이와 같이 회개하는 죄인 한 사람을 두고, 하나님의 천사들이 기뻐할 것이다."

예수께서 말씀하셨다. "어떤 사람에게 아들이 둘 있는데 작은 아들이 아버지에게 말하기를 '아버지, 재산 가운데서 내게 돌아올 몫을 내게 주십시오' 하였다. 그래서 아버지는 살림을 두 아들에게 나누어 주었다. 며칠 뒤에 작은 아들은 제 것을 다 챙겨서 먼 지방으로 가서, 거기서 방탕하게 살면서, 그 재산을 낭비하였다. 그가 모든 것을 탕진했을 때에, 그 지방에 크게 흉년이 들어서, 그는 아주 궁핍하게 되었다. 그래서 그는 그 지방의 주민 가운데 한 사람을 찾아가서, 몸을 의탁하였다. 그 사람은 그를 들로 보내서 돼지를 치게 하였다. 그는 돼지가 먹는 쥐엄 열매라도 좀 먹고 배를 채우고 싶은 심정이었으나, 그에게 먹을 것을 주는 사람이 없었다.

그제서야 그는 제정신이 들어서, 이렇게 말하였다. '내 아버지의 그 많은 품꾼들에게는 먹을 것이 남아도는데, 나는 여기서 굶어 죽는구나. 내가 일어나 아버지에게 돌아가서, 이렇게 말씀드려야 하겠다. 아버지, 내가 하늘과 아버지 앞에 죄를 지었습니다. 나는 더 이상 아버지의 아들이라고 불릴 자격이 없으니, 나를 품꾼의 하나로 삼아 주십시오.'

그는 일어나서, 아버지에게로 갔다. 그가 아직도 먼 거리에 있는데, 그의 아버지가 그를 보고 측은히 여겨서, 달려가 그의 목을 껴안고, 입을 맞추었다. 아들이 아버지에게 말하였다. '아버지, 내가 하늘과 아버지 앞에 죄를 지었습니다. 이제부터 나는 아버지의 아들이라고 불릴 자격이 없습니다.'

그러나 아버지는 종들에게 말하였다. '어서, 가장 좋은 옷을 꺼내서, 그에게 입히고, 손에 반지를 끼우고, 발에 신을 신겨라. 그리고 살진 송아지를 끌어내다가 잡아라. 우리가 먹고 즐기자. 나의 이 아들은 죽었다가 살아났고, 내가 잃었다가 되찾았다.' 그래서 그들은 잔치를 벌였다.

그런데 큰 아들이 밭에 있다가 돌아오는데, 집에 가까이 이르렀을 때에, 음악 소리와 춤추면서 노는 소리를 듣고, 종 하나를 불러서, 무슨 일인지를 물어 보았다. 종이 그에게 말하였다. '아우님이 집에 돌아왔습니다. 건강한 몸으로 돌아온 것을 반겨서, 주인 어른께서 살진 송아지를 잡으셨습니다.'

큰 아들은 화가 나서, 집으로 들어가려고 하지 않았다. 아버지가 나와서 그를 달랬다. 그러나 그는 아버지에게 대답하였다. '나는 이렇게 여러 해를 두고 아버지를 섬기고 있고, 아버지의 명령을 한 번도 어긴 일이 없는데, 나에게는 친구들과 함께 즐기라고, 염소 새끼 한 마리도 주신 일이 없습니다. 그런데 창녀들과 어울려서 아버지의 재산을 다 삼켜 버린 이 아들이 오니까, 그를 위해서는 살진 송아지를 잡으셨습니다.'

아버지가 그에게 말하였다. '얘야, 너는 늘 나와 함께 있으니 내가 가진 모든 것은 다 네 것이다. 그런데 너의 이 아우는 죽었다가 살아났고, 내가 잃었다가 되찾았으니, 즐기며 기뻐하는 것이 마땅하다.'"

예수께서 제자들에게도 말씀하셨다. "어떤 부자가 있었는데, 그는 청지기 하나를 두었다. 그는 이 청지기가 자기 재산을 낭비한다고 하는 소문을 듣고서, 그를 불러 놓고 말하였다. '자네를 두고 말하는 것이 들리는데, 어찌 된 일인가? 자네가 맡아보던 청지기 일을 정리하게. 이제부터 자네는 그 일을 볼 수 없네.'"

그러자 그 청지기는 속으로 말하였다. '주인이 내게서 청지기 직분을 빼앗으려 하니, 어떻게 하면 좋을까? 땅을 파자니 힘이 없고, 빌어먹자니 낯이 부끄럽구나. 옳지, 내가 무엇을 해야 할지 알겠다. 내가 청지기의 자리에서 떨려날 때에, 사람들이 나를 자기네 집으로 맞아들이도록 조치해 놓아야지.'

그래서 그는 자기 주인에게 빚진 사람들을 하나씩 불러다가, 첫째 사람에게 '당신이 내 주인에게 진 빚이 얼마요?' 하고 물었다.

그 사람이 '기름 백 말이오' 하고 대답하니, 청지기는 그에게 '자, 이것이 당신의 빚문서요. 어서 앉아서, 쉰 말이라고 적으시오' 하고 말하였다.

그리고 다른 사람에게 묻기를 '당신의 빚은 얼마요?' 하였다. 그 사람이 '밀 백 섬이오' 하고 대답하니, 청지기가 그에게 말하기를 '자, 이것이 당신의 빚문서요. 받아서, 여든 섬이라고 적으시오' 하였다.

주인은 그 불의한 청지기를 칭찬하였다. 그가 슬기롭게 대처하였기 때문이다.

이 세상의 자녀들이 자기네끼리 거래하는 데는 빛의 자녀들보다 더 슬기롭다. 그러므로 내가 너희에게 말한다. 불의한 재물로 친구를 사귀어라. 그래서 그 재물이 없어질 때에, 그들이 너희를 영원한 처소로 맞아들이게 하여라.

지극히 작은 일에 충실한 사람은 큰 일에도 충실하고, 지극히 작은 일에 불의한 사람은 큰 일에도 불의하다. 너희가 불의한 재물에 충실하지 못하였으면, 누가 너희에게 참된 것을 맡기겠느냐? 또 너희가 남의 것에 충실하지 못하였으면, 누가 너희에게 너희의 몫인들 내주겠느냐? 한 종이 두 주인을 섬기지 못한다. 그가 한 쪽을 미워하고 다른 쪽을 사랑하거나, 한 쪽을 떠받들고 다른 쪽을 업신여길 것이다. 너희는 하나님과 재물을 함께 섬길 수 없다."

돈을 좋아하는 바리새파 사람들이 이 모든 말씀을 듣고 나서, 예수를 비웃었다. 그래서 예수께서 그들에게 말씀하셨다. "너희는 사람들 앞에서 스스로 의롭다고 하는 자들이다. 그러나 하나님께서는 너희의 마음을 아신다. 사람들이 높이 평가하는 그러한 것은 하나님이 보시기에 혐오스러운 것이다.

율법과 예언자는 요한의 때까지다. 그 뒤로부터는 하나님 나라가 기쁜 소식으로 전파되고 있으며, 모두 거기에 억지로 밀고 들어간다. 율법에서 한 획이 빠지는 것보다, 하늘과 땅이 없어지는 것이 더 쉽다.

자기 아내를 버리고 다른 여자에게 장가드는 사람은 간음하는 것이며, 남편에게서 버림받은 여자에게 장가드는 사람도 간음하는 것이다."

"어떤 부자가 있었는데, 그는 자색 옷과 고운 베옷을 입고, 날마다 즐겁고 호화롭게 살았다. 그런데 그 집 대문 앞에는 나사로 하는 거지 하나가 헌데 투성이 몸으로 누워서, 그 부자의 상에서 떨어지는 부스러기로 배를 채우려고 하였다. 개들까지도 와서, 그의 헌데를 핥았다. 그러다가, 그 거지는 죽어서 천사들에게 이끌려 가서 아브라함의 품에 안기었고, 그 부자도 죽어서 묻히었다. 부자가 지옥에서 고통을 당하다가 눈을 들어서 보니, 멀리 아브라함이 보이고, 그의 품에 나사로가 있었다. 그래서 그가 소리를 질러 말하기를 '아브라함 조상님, 나를 불쌍히 여겨 주십시오. 나사로를 보내서, 그 손가락 끝에 물을 찍어서 내 혀를 시원하게 하도록 하여 주십시오. 나는 이 불속에서 몹시 고통을 당하고 있습니다' 하였다.

그러나 아브라함이 말하였다. '얘야, 되돌아보아라. 네가 살아 있을 동안에 너는 온갖 호사를 다 누렸지만, 나사로는 온갖 괴로움을 다 겪었다. 그래서 그는 지금 여기서 위로를 받고, 너는 고통을 받는다. 그뿐만 아니라, 우리와 너희 사이에는 큰 구렁텅이가 가로 놓여 있어서, 여기에서 너희에게로 건너가고자 해도 갈 수 없고, 거기에서 우리에게로 건너올 수도 없다.'

부자가 말하였다. '조상님, 소원입니다. 그를 내 아버지 집으로 보내 주십시오. 나는 형제가 다섯이나 있습니다. 제발 나사로가 가서 그들에게 경고하여, 그들만은 고통 받는 이 곳에 오지 않게 하여 주십시오.'

그러나 아브라함이 말하였다. '그들에게는 모세와 예언자들이 있으니, 그들의 말을 들어야 한다.' 부자는 대답하였다. '아닙니다. 아브라함 조상님, 죽은 사람들 가운데서 누가 살아나서 그들에게

로 가야만, 그들이 회개할 것입니다.'

아브라함이 그에게 대답하였다. '그들이 모세와 예언자들의 말을 듣지 않는다면, 죽은 사람들 가운데서 누가 살아난다고 해도, 그들은 믿지 않을 것이다.'"

41. 사도행전

개요

성경은 두 차원에서 해석해야 한다. 먼저, 인간적 차원에서 누가 왜 썼는지 그리고 책의 배경과 당시의 독자들을 이해함으로서 하나님의 말씀을 실제 역사적 문맥에서 공부한다.

다음에는, 하나님의 차원에서 성령이 왜 이 말씀을 우리에게 주셨고 어떻게 우리의 삶에 적용되는지를 공부한다.

이것을 역사적 차원과 실존적 차원의 접근 방식이라 부른다. 역사적 차원에서는 왜 쓰였는지의 이유를 묻고 실존적 차원에서는 왜 이 책이 성경에 포함되었고 하나님은 이 말씀을 통하여 우리가 무엇을 알기를 원하는지를 묻는다. 우리는 이 두 차원에서 사도행전을 공부하기로 한다.

역사적 차원의 사도행전

누가 왜 썼는가?

저자

사도행전은 성경의 유일한 이방인 저자이며 시리아의 안디옥 출신인 의사 누가가 썼다. 그는 바울과 선교여행을 하면서 예수님의 생애와 교회의 성장에 대하여 자세히 관찰하고 연구했으며 가이사랴와 로마에서 누가복음과 사도행전을 각각 쓴 것으로 알려져 있다.

변론자료

누가가 로마에서 있을 바울의 재판의 변론을 위하여 쓴 두권의 책들중 사도행전이 두번째 책임을 우리는 이미 공부했다. 사도행전도 누가복음과 같이 '존경하는 데오빌로 각하' 로 서두가 시작되는데 이 존칭은 사도행전에서 바울과 만난 베스도 총독과 벨릭스 총독에게도 사용된 판사나 변호사를 부르는 존칭이었다. 누가는 바울의 재판에 대하여 궁금해하는 로마 시민들도 이 '변론자료' 를 읽을 것을 알고 있었다.

만약 사도행전이 바울의 생애를 기록할 목적이었다면 바울의 죽음은 언급하지 않더라도 최소한 재판 결과는 기록했을 것이다. 만약 사도행전이 교회의 역사를 기록하려는 목적이었다면 적어도 로마 교회에 대한 내용을 포함시켰을 것이다. 그러나 누가의 목적은 바울의 생애의 기록이 아니라, 크리스챤 믿음이 어떻게 시작되었고 왜 사도바울이 부당한 누명을 썼는지를 데오빌로에게 정확하게 알리는 것이었다. 그래서 사도행전은 상세하게 기록한 변론자료가 완성된 시점에서 끝맺는다.

사도행전의 구조와 개요

이 책의 목적을 알았으니 다음에는 목적을 뒷받침하는 구조를 살펴보자. 사도행전의 구조에 대하여 세가지의 이론이 있다.

1. 이등분

첫번째 이론은 사도행전을 가장 간단한 두 부분으로 나눈다. 1-12장까지는 베드로를 유대인들의 사도로, 나머지 부분은 바울을 이방인들의 사도로 보여준다. 베드로와 바울에 대한 기록은 비슷한 형태여서 이러한 분리는 쉽게 받아드려졌다. 마치 두 사도를 따르는 유대인 교회와 이방인 교회가 두 갈래로 나뉠 수 있는 위험을 나타내기 위한 글이라는인상을 준다. 베드로와 바울의 삶이 비슷하였고 어느 한사람이 더 중요하다는 생각을 배제하기 위한 목적을 내포하고 있다고 볼 수도 있다. 두사도들은 다음의 공통점을 가지고 있었다:

- 기적을 행했다.
- 환상을 보았다.
- 믿음으로 인해 박해받았다.
- 긴 설교를 했다.
- 성령이 충만했다.
- 담대함으로 설교했다.
- 베드로는 주로 유대인들에게 설교하고, 바울은 이방인들에게 설교했지만 두사람 모두 유대인과 이방인들에게 모두에게 말씀을 전했다.
- 감옥에 구금되었으나 기적적으로 풀려났다.
- 병을 고쳤다.
- 타고난 불구자를 고쳤다.
- 귀신을 내쫓았다.
- 베드로는 그의 그림자로, 바울은 그의 손수건으로 병을 고치는 놀라운 능력을 행했다.
- 죽은자를 살렸다.
- 가짜 선지자들에 대한 심판을 선언했다.
- 우상숭배를 거부했다.
- 로마에서 죽었다. (이 사실은 누가복음에 포함되지 않았다).

이러한 유사점들을 볼 때 누가가 의도하는 하나의 목적은 두사람을 교회의 존경스럽고 귀한 사도들로 동등하게 부각시키는 것이라 볼 수 있다. 이것이 사도행전을 간단히 두 부분으로 나누는 방법이다.

2. 삼등분

일부 학자들은 사도행전 1:8의 '너희가 권능을 받고 예루살렘과 온 유대와 사마리아와 땅끝까지 이르러 내 증인이 되리라.' 라는 예수님의 말씀을 사도행전의 기본 주제로 본다. 1-7장에서 예루살렘에서 그리스도의 증거가 시작되고, 8-10장에서는 유대와 사마리아로 퍼지고, 다시 유럽과 로마제국의 심장으로 전파되었다. 바울이 로마 황제에게 직접 그리스도를 증언함으로서 복음이 로마에 전파되고 이 책의 처음에 있는 예수님의 명령이 책의 끝부분에서 성취되었다고 주장한다. 그러나 로마는 '땅 끝' 이 아니다!

3. 육등분

사도행전을 삼등분하는 이론도 괜찮지만 누가의 의도를 이해할 수 있는 더 자세한 방법은 누가가 그의 주제를 펼치는 문학적 체제를 통하여 직접 볼 수 있다. 사도행전의 여러곳에 비슷한 구절들이 다음과 같이 나타난다:

- **행 6:7.** '하나님의 말씀이 점점 왕성하여 예루살렘에 있는 제자의 수가 더 심히 많아지고 허다한 제사장의 무리도 이 도에 복종하니라.'
- **행 9:31.** '그리하여 온 유대와 갈릴리와 사마리아 교회가 평안하여 든든히 서 가고 주를 경외함과 성령의 위로로 진행하여 수가 더 많아지니라.'
- **행 12:24.** '하나님의 말씀은 흥왕하여 더하더라.'
- **행 16:5.** '이에 여러 교회가 믿음이 더 굳건해지고 수가 날마다 늘어가니라.'
- **행 19:20.** '이와 같이 주의 말씀이 힘이 있어 흥왕하여 세력을 얻으니라.'

위의 다섯 구절은 하나님의 말씀이나 교회 성장의 상황을 알려주는 각 부분의 끝맺음으로서 교회의 확장과 성장에 대한 기록이다.

이러한 맥락에서, 누가복음은 다음의 여섯부분의 지리적 구조를 가지고 있다.

1-6:7	예루살렘의 유대인들
6:8-9:31	그리스인들과 사마리아인들
9:32-12:24	이방인들과 안디옥
12:25-16:5	소아시아
16:6-19:20	유럽
19:21-28:31	로마

누가는 로마제국안에 퍼져나가는 막을 수 없는 새로운 믿음을 묘사했는데 마치 예수님의 죽음과 부활이 연못에 돌을 던져 파장을 일으킨 것 같은 현상이다. 로마에 도달할 때까지 퍼져나가는 파장을 각 구절에서 보여주며 전체적으로 어떻게 전파되었는지를 보여준다. 이것은 분명하게 북동쪽 방향의 확장을 보여주는 의도적인 글이다. 남쪽으로의 확장은 이디오피아 사람이 아프리카의 본국으로 돌아가던 중 예수님을 영접한 사건을 통하여 볼 수 있다.

주요 사건들

유대지방에서 시작된 그리스도교의 믿음이 국제적이고 세계적인 믿음으로 확장되는 과정에서 누가가 중요하게 여긴 사건들을 살펴보자.

성령강림절

누가는 복음 전파의 첫번째 대사건으로 글을 시작했다: 성령이 임하신 날이다. (2장) 120 명의 제자들이 성전안의 솔로몬의 뜰에서 오전 9시에 기도하기 위해 모였을 때 성령이 임하셨다. 그들의 방언의 은사는 창세기 11장의 바벨탑에 내린 하나님의 저주의 회복이었고 여러나라 사람들이 베드로의 설교를 듣기위하여 잔치에 모일 수 있도록 도움을 주셨다. 3,000여명이 회개하고 세례를 받아 교회의 신자가 늘었다. 많은 사람들이 로마를 포함한 그들의 고향으로 돌아가서 복음을 전했다.

과부들의 불평

누가는 교회의 성장 과도기에 있었던 중요한 사건들 중에서 불평등한 음식배당에 대한 이방인 과부들의 불평을 기록했다. 사도들은 유대인과 이방인의 구분을 없애고 차별없이 동등한 도움을 주려고 노력했다. 이 결과로 7명의 장로를 뽑아 음식 배급을 돕게 했고 그 중 빌립과 스데반은 나름대로의 좋은 기여를 했다.

스데반의 순교

스데반은 반유대 사상을 퍼뜨린다는 죄목으로 설교 도중 체포되어 종교지도자들 앞으로 끌려갔다. 사도행전은 그에 대해 많이 언급하지 않았지만 그의 마지막 설교는 사도행전 전체에서 가장 긴 7장에 포함되어 있다. 누가의 목적과 부합되는 내용의 스데반의 설교는 그리스도교가 유대인의 민족적 믿음에서 **이방의 국제적 종교**로 발전한 과정을 말해준다.

스데반은 유대인 지도자들 앞에서 성전이 지어지기 전에 얼마나 많은 하나님의 역사가 그들의 영토 밖에서 이루어졌는지를 말하여 그의 정죄자들에게 충격을 주었다. 아브라함과의 약속, 이집트에서의 탈출과 모세의 율법 모두가 약속의 땅 밖에서 이루어진 일들이다. 하나님의 말씀과 임재는 국경을 초월하므로 스데반이 거룩한 장소와 율법을 더럽히고 있다는 그들의 정죄는 잘못된 것이었다.

그의 설교는 신학적 해석과 이방인들에게도 복음을 전해야 하는 정당성을 성립시켰다. 또 사도행전의 계속되는 사건들과 스데반의 순교 후에 예루살렘에서 사마리아로 또 누가의 고향인 안디옥으로 퍼져 나간 믿는 사람들에 대한 박해를 보여주었다.

사마리아의 빌립

누가는 일곱 장로들중 한 사람인 빌립이 사마리아에 가게 된 내역과 그의 설교에 많은 사람들이 반응하였음을 기록했다. 유대인들과 사마리아인들 사이에는 깊은 반감이 있었고 사도들도 사마리아인들에게 좋은 태도를 갖고 있지 않았었다. 요한이 예수님과 사마리아에 갔을 때 그와 그의 형은 하늘에서 불이 내려 사마리아인들을 모조리 불태우기를 하나님께 기도해도 되는지 예수님께 물었다. 이제 **많은 사마리아인들이 믿음을 갖게 된 상태에서** 베드로와 요한은 사마리아인들에게 성령의 불이 내리도록 기도했다. 이번에는 전혀 다른 종류의 하늘의 불을 요구한 것이다!

빌립은 예루살렘의 집으로 돌아오는 길에 성령에 의하여 이디오피아의 내시에게 복음을 전하도록 파송된다. 이 사건의 기록이 의아하겠지만 누가의 목적은 어떻게 복음이 전파되었는지를 기록하는 것이었고 **아프리카인으로서 처음으로** 믿게 된 내시에 의하여 이디오피아에 복음이 전해졌다.

사울의 변화

사울의 변화는 가장 중요한 대목이다. (9장) 누가는 이 간증을 세번이나 기록하여 데오빌로가 다른 판사들에게 제출된 내용을 확실히 알도록 했고 사울의 개명, 그리스도를 위한 사역의 시작 그리고 예루살렘의 신자들과 합력하기 위한 만남에 대하여 기록했다. 바나바와 바울이 안디옥교회로 보내지는 시점에서 이 책의 촛점은 베드로에서 바울로 옮겨진다.

가이사랴의 베드로

복음 전파는 중요한 문제에 봉착한다: 유대의 율법은 유대인들이 이방인들과 함께 음식을 먹는 것을 금했다. 누가는 하나님이 베드로에게 '유대인의 식법'을 지키지 않아도 됨을 알리시고 이방인들의 집에 가서 복음을 전하도록 하신 명령을 기록했다.

이 책의 중요한 부분인 사도행전 10장은 유대인 뿐아니라 **이방인들에게도 성령이 오신 것**에 대하여 놀라는 베드로를 보여준다. 여기서 중요한 것은 베드로가 예루살렘의 사도들에게 이 일을 설명해야 했고 사도들은 이방인들에게도 역사하시는 하나님에 대하여 알게되었다는 점이다.

예루살렘 회의

15장은 베드로가 예루살렘에서 믿는사람들과 회의에서 나눈 대화 내용이다. 바울은 복음이 전해진 이방인 교회의 성장을 보고했고 또 유대교회와 하나님을 믿기 시작한 많은 이방인들의 갈등으로 사이가 멀어질 수 있는 위험도 감지했다. 이방인들은 유대의 관습에 대하여 거의 아는 것이 없거나 이해하지 못했지만 나중에 예루살렘 교회가 **이방인 교회가 자유롭게 성장하도록** 격려하고 노력한 면이 이방인 교회에 보낸 서신에 나타난다.

일관된 목적

누가는 사건들을 그저 수집하여 열거하지 않고 데오빌로에게 교회의 성장 뿐 아니라 단계적인 발전을 보여주기 위한 특정 사건들을 선정하여 기록했다. 이 사건들은 그리스도교의 믿음이 어떻게 로마제국 전체에 퍼졌고 문화적 차이를 넘어 어떻게 하나의 종교로 존재했는지를 보여준다. 누가는 특정 개인이나 사도들의 이야기보다는 그의 목적에 맞는 특별한 사건들만 골라서 기록했다.

실존적 차원의 사도행전

인간적이고 역사적인 차원에서 사도행전을 공부했으니 이제 하나님께서 왜 우리에게 이 책을 주셨는지를 살펴보자. 우리는 과거를 공부하는 것이 아니라, 오늘 우리에게 주시는 메세지를 이해해야 한다. 그래서 역사적이고 실존적인 차원에서 하나님께서 오늘 우리에게 무엇을 말씀하는지를 공부해야 한다.

연결고리

사도행전은 복음서와 서신들을 연결하는 중요한 연결고리의 역할을 한다. 신약성경에 이 책이 없었다면 여러가지를 이해하기 어려웠을 것이다. 서신서에는 어떤 인물들이나 사고방식이 아무 설명없이 언급되어 있다. 사도행전이 없었다면 이러한 특정 인물이나 장소를 이해하기 어려웠을 것이다.

1. 바울

신약성경의 대다수의 서신들을 쓴 바울은 누구였나? 그는 열두사도중 한 사람이 아니었으므로 복음서에는 그의 이름이 언급되어 있지 않다. 사도행전이 없었다면 바울과 그의 사역, 혹은 교회와 개인들에게 편지를 쓴 이유, 그리고 편지들의 중요성 등을 이해하기 어려울 것이다.

2. 물의 세례

사도행전에서만 묘사하는 믿는 사람들의 세례는 중요하다. 바울의 편지는 '세례'를 자주 언급하는데, 예를 들어, '우리가 그의 죽으심과 합하여 세례를 받음으로 그와 함께 장사되었음을 모르느냐?'—라는 구절은 세례와 물을 연결시키지 않았다. 그래서 바울의 세례는 물이 아닌 '그리스도 안의 세례' 즉 영적 세례를 의미한다고 일부 성경학자들은 주장한다. 그러나 사도행전에 바울이 세례받고 믿기 시작한 사람들에게도 물로 세례를 주었음이 기록되어 있다. 바울의 편지에 기록된 세례는 물의 세례를 의미한다.

3. 영적 세례

'성령의 세례'는 복음서에 언급되어 있기는 하지만, 그것의 의미나 또 누군가 세례받았을 때 어떤 일이 일어나는지에 대해서는 설명이 없고 서신서에도 설명은 없다. 바울은 고린도전서에서—'우리가 한 성령으로 세례를 받아 한 몸이 되었고'—라고 말하지만 그는 실제로 이 말이 어떻게 실행되었는지는 설명하지 않았다. 사도행전만, 어떤 사건을 묘사하면서 **성령의 세례의 뜻을 설명했다**.

4. 모세의 율법

사도행전은 우리가 모세의 율법을 이해할 수 있도록 도와준다. 현재의 그리스도인들이 모세의 율법에 매여있지 않다는 것을 어떻게 알 수 있는가? 우리가 613개 조항의 모세의 율법에 매여있지 않다는 사실을 분명히 알아야 하는데 이에 대한 답은 사도행전 15장의 할례에 대한 논란을 통해 알 수 있다. 15장은 크리스챤들이 그리스도의 법에는 매여있지만, 모세의 율법에서는 자유화 되었음을 알려준다.

5. 교회

누가가 사도행전에서 언급하지 않았다면, '교회'의 의미도 잘못 이해될 수 있었다. 교회라는 단어는 마태복음에서만 사용되었고 교회에 대한 두번의 묘사는 참 교회의 모습과는 전혀 다르다. 서신들은 일반적으로 교회에 쓰여진 것으로 그들의 상황을 암시해 주지만, 실제적으로 교회가 어떤 곳이었는지, 어떻게 시작되었는지, 사도들이 어떻게 장로들을 선출했는지, 사도들과 그들이 세운 교회들의 관계는 어떠했는지는 사도행전을 통해서만 알 수 있다.

6. 전환

사도행전이 중요한 이유는 믿음으로 거듭난 사람들의 올바른 삶이 어떤 것인지를 말해주기 때문이다. 복음서는 성령이 오시기 전의 사건들을 기록했고 서신들은 이미 믿음이 정착된 사람들을 위하여 쓰여졌다. 이 성서들은 초대교회 당시 예수님을 믿기 시작한 사람들에게 어떤 본보기를 보여주지 않지만 사도행전은 사도들이 어떻게 사람들에게 복음을 전했는지와 <u>회개, 믿음, 물</u>

과 성령의 세례의 패턴에 대하여 알려준다. (이 과정을 자세히 알고 싶으면 내가 저술한 '정상적인 크리스챤의 탄생' 을 읽기 바란다).

오늘날의 본보기

이렇게 사도행전에는 초대교회에 대한 중요한 정보와 설명이 있다. 그러나 그보다 더 중요한 것들도 있다. 많은 사람들이 초대교회를 현대교회가 따라야 할 이상형으로 여기는데 이것이 이치에 맞는 것 같고 성경안에서 이 책만이 교회의 역사를 다루고 있다. 성령님께서 이 책을 성경에 포함시켜서 하나님이 그의 백성들에게 원하시는 것이 무엇인지를 우리에게 알려주는 것 같다.

1. 장점과 단점

초대교회를 '이상형'로 여기는 것은 좋지만, 초대교회의 성격들을 우리에게 항상 적용시킬 수 있는 것은 아니다. 사도행전은 축복과 함께 실제적인 어려운 점들도 보여주고 말다툼, 분열, 실수 그리고 급성장하는 교회들을 보여준다.

- 아나니아와 삽비라의 부정직한 자세는 모범이 되지 않는다.
- 성령을 받아 이익을 챙기려던 사이몬의 욕심은 새로 믿기 시작한 신자들에게 모범이 되지 않는다.
- 사도바울도 바나바와 언쟁을 했다. 누가 잘못했는지에 대해서는 기록되어 있지 않지만, 전도여행을 떠나기 전의 이상적 상태는 아니었다.
- 누가는 새로운 믿음에 대한 가말리엘의 태도를 묘사했다. 그는 유대의 종교 지도자들에게 크리스챤들의 믿음을 반대하거나 찬성하기 전에, 일의 진행을 살펴보자고 조언했다. 그러나 누가는 이렇게 지켜보는 태도를 좋지 않게 여기고 이사람들을 다시는 언급하지 않았다.
- 이와 대조적으로, 가말리엘의 제자인 탈수스의 사울은 적극적인 태도를 취했다. '지켜보는' 태도보다는 새로운 믿음을 없애고 교인들을 박해하고자 했다. 그의 적대심은 다마스커스로 가는 길에서 뒤집어지고, 이 사건으로 그는 가장 위대한 사도가 된다.

사도행전은 믿는 사람들에게 일어난 좋고 나쁜 사건들을 기록했다. 경쟁심, 언쟁, 위선, 부도덕, 이교도 등 우리가 따라야 할 본보기도 있지만, 따르지 말아야 할 예화들도 있다.

2. 정상과 비정상

사도행전의 사건들을 정상적과 비정상적으로 분류할 수 있는데 비정상적인 사건들이 **계속해서 일어날 것으로 기대하면 안된다.**

예를 들어, 바울의 변화를 보자. 그는 예수님의 목소리를 듣고 강한 빛에 의하여 당분간 시력을 잃었었다. 이것은 분명히 한번만 경험할 수 있는 사건이다. 이것을 현대에 사는 우리의 대화에서 예화나 패턴으로 사용한다면, 이를 기준을 통과할 사람은 몇명 되지 않을 것이다. 바울도 이것은 자신을 사도로 만들기 위한 특별한 부르심이었다고 말했다.

아나니아와 삽비라의 죽음을 보자. 요즘의 믿는 사람들은 더 나쁜 짓을 해도 죽임을 당하지 않는다. 유다의 자리를 채울 사람을 주사위를 던져서 결정하는 일이 우리의 본보기가 될 수 있겠는가? 물론 아니다.

또, 계속 일어나는 사건들에 대해, 어떤 경우에 어떤 과거의 경험에 따라 결정하는 것은 어려울 것이다. 베드로는 헤롯에게서 구해졌지만, 야고보는 그렇지 않았다. 오늘날 우리는 어떤 결과를 기대해야 하는가? 초대교회의 사건이나 경험을 어떤 시대의 전체 교회의 기준으로 삼는 일은 삼가해야 한다.

여기서 중요한 질문이 있다: **어떻게 정상적인 것과 비정상적인 것을 구별하는가? 어떤 일을 비정상으로 여긴 것이 틀린 생각은 아니었나?** 이러한 결정을 위하여 여러가지로 분석해야 할 필요가 있다.

a) 단 한번의 사건인가?

단 한번만 언급된 사건은 아마도 비정상의 경우일 것이다. 예를 들어, 성령강림절의 독특한 사건을 보자. 우리는 누군가가 성령을 받을 때마다 바람과 불을 기대하지 않는다. 믿는 사람들이 기도하기 위하여 모였을 때 건물이 흔들렸다고 기록되어있는데 이러한 현상으로 기도회의 진실성을 판단하는 것은 잘못일 것이다. 그러므로, 단 한번 일어난 사건들이, 또 일어날 수도 있겠지만, 꼭 다시 일어나야 한다고 말하는 것은 옳지 않다.

b) 다시 일어났는가?

그러나 사도행전에 기록된 성령의 세례를 보자. 성령강림절의 바람과 불은 물론 단 한번의 독특한 현상이었지만, 다른 현상들은 반복적으로 일어났다. 코넬리우스의 집에 있던 사람들과 (10:46) 요한의 제자들이 성령을 받았을 때 그들은 방언으로 말했다—바람과 불은 동반하지 않았지만, 이것은 반복되는 현상이었다. 사도행전에서 누군가가 성령의 세례를 받았을 때, 받은 사람과 보는 사람이 성령이 오셨음을 분명히 알게하는 어떤 사건이 항상 일어났다. **반복된 사건은 오늘날 우리의 교회에서도 일어날 수 있는 정상적인 사건으로 간주할 수 있다.**

c) 성경의 다른 부분에서 독립적으로 확인되었나?

만약 복음서나 서신에 **어떤 일이 크리스챤의 삶에 정상적인 일이라는 독립적인 증거가 있다면, 오늘날 우리도 그것을 받아들일 수 있음이 거의 확실하다.** 예를 들어, 사도행전 2:33 에서만 성령이 '쏟아졌다' 라고 표현하지 않았다. 구약의 요엘 2:28과 신약의 디도서 3:6도 이러한 표현이 유효함을 확인해 준다.

사도행전에서 장로를 뽑는 일도 하나의 예화이다. 이것이 단 한번만 일어난 일이었는가? 이것은 사도행전에서 임시적으로 사역을 맡긴 사건이 아니었다: 디도서, 디모데전서, 히브리서 모두 이런 지도자들의 필요성을 언급했다.

3. 현재와 과거

위의 세가지 질문을 통하여 누가가 기록한 내용이 역사적인 단 한번의 사건인지 아니면 하나님이 계속적으로 일어나게 하는 사건인지를 구별할 수 있다.

이 질문들과 사도행전의 사건들을 본보기로 삼아 다른 시대의 교회에서 일어난 일들을 우리가 반복하지 않도록 해야한다. 개신교, 청교도, 감리교, 초대 순복음교 등 모두가 초대교회에서 도입한 성격들을 가지고 있다. 그들은 **성경말씀 자체가 충분한 본보기이고 시대를 초월하여 적용시킬 수 있는 표준의 말씀임을 잊고 있다.**

사도행전은 초대교회의 신자들이 어떤 사람들이었고 어떤일을 했는지를 알려준다.

그들이 행한일

사도행전은 따뜻한 친교, 사도들의 가르침, 기도의 중요성, 성령의 권능으로 끊임없는 전도와 그리스도를 다른 사람들에게 증거하도록 보내진 일들을 기록했다. 또 유대인이나 이방인들의 박해에 부딪쳤을 때 담대함으로 복음을 선포한 일도 기록했다. 사도행전은 하나님의 역사하심과 천국의 확장을 기록한 활기넘치는 책이다.

그들은 어떤 사람들이었나

그들은 하나님을 아는 기쁨에 충만하여 감옥안에서도 하나님을 찬양했고 하나님을 두려워했다. 그들에게는 희망과 용기가 있었다: 베드로와 요한은 유대지도자들에게 대항하여 설교의 중단을 거부했다. 스데반도 죽음을 무릅쓰고 그들에게 설교했다.

사도행전은 전도 지침서이다.

사도행전을 오늘날 우리의 본보기로 받아들였다면, 우리는 이 책을 어떻게 읽어야 할 것인가? 19세기 초에 로랜드 알렌은 사도행전의 이해를 위한 우리의 자세를 확립하는 세권의 책을 썼다: 전도 이론—사도바울의 이론인가 아니면 우리의 이론인가?, 계속 확장된 교회, 성령의 사역. 시대를 초월한 그의 글에서 나는 많은 영감을 받았다. 그는 **사도행전이 교회내에서의 자세만을 가르치는 것이 아니라 교회 확장을 위한 전도 지침서**라고 말했다. 사도행전은 일곱가지의 방법을 통한 대사명의 성취와 복음의 전도를 우리에게 알려준다.

1. 사도들을 보낸다

'사도'란 '보낸자' 라는 뜻으로 초대교회 당시에는 하나님이 특정한 사람들에게만 복음 전파의 사명을 주셨다고 믿었고 다섯 종류의 사도들이 신약성경에 언급되어 있다:

1. 예수님이 가장 높은 사도이시다—그와 같은 분은 단 한 사람도 없다.
2. 열두사도들은 부활의 목격자들이다—오늘날 이런 사람들은 없다. (유다 대신 맛디아를 세웠다).
3. 13번째 사도인 바울은 '마지막 사도' 이다—오늘 날 성경에 추가될 글을 쓸 사람은 없다.
4. 새 신자들을 모아 새교회를 세우는 개척자로서 사도바울, 바나바외의 여러사람들이 항상 함께 갔다.
5. 한장소에서 다른 장소로 여행하며 어떤 사명을 감당하는 크리스챤을 '사도'라 불렀다. 예를 들어 로마에서 바울의 가사를 돕기위해 보내진 에바르로디도를 '사도'로 여길 수 있다.

네번째와 다섯번째의 정의는 오늘날 우리에게 적용된다. 예수그리스도의 교회는 **교회를 세우는 사람과 하나님의 이름으로 사명 완수를 위해 나갈 사람**이 필요하다.

이러한 시도와 후원은 지역교회가 할 일이다. 사도행전에서 성령님이 일꾼들을 따로 부르셨음을 분명히 본다. 보내지는 것은 사람들이 결정하지 않고 성령님의 인도에 의한 일이었다. 성령님이 바울과 바나바에게 맡길 일이 있음을 알려주고 교회는 그리스도를 알리기 위한 사람들을 보낼 준비가 되어 있었다.

또 사도들은 짝을 지어서 최소한 두명이 함께 갔다. (예수님이 그의 제자들을 둘씩 짝지워 내보낸 것과 같다). 그러나 '단독'으로 사역하는 사람에 대한 제재는 없었다.

2. 도시의 전도

사도들은 인구 밀도가 높은 도시에서 전도하고 성장하는 교회들이 근처로 확장되도록 했다. 예를 들어, 바울이 에베소의 두란노서원에서 매일 강론할 때, '아시아에 사는 자는 유대인이나 헬라인이나 다 주의 말씀을 듣더라' 라고 기록되어 있다. 에바브라라는 사람도 이 강의를 듣고 믿게 되어 골로새에 교회를 세웠다고 한다. 바울은 그교회를 방문하거나 교회의 성장에 직접 참여하지 않고 편지를 보냈다.

이렇게 **주요 대도시의 전도는 그 도시들이 복음을 확장시키는 다리의 역할**을 하게 하는 효과적인 방법이었고 오늘날 우리도 이 점을 기억할 필요가 있다.

3. 복음 전파

바울은 먼저 회당에 중점을 두었다. '바울이 자기의 관례대로 회당에 들어가서 세 안식일에 성경을 가지고 강론했다.'

바울은 유대인들과 있을 때는 구약성경을 사용했다. 그러나 그는 **청중에 따라 접근 방식을 바꾸었다.** 유대인들에게 강의할 때는 구약성경을 인용했지만, 이방인들에게 설교할 때는 성경의 개념을 소개하기 전에 그들과의 공통점을 먼저 성립했다. 예를 들어, 사도행전 17장의 아덴사람들에게 한 설교를 보라. 믿기로 결신한 사람들이 몇명 있었지만, 그다지 성공적인 설교는 아니었다. 누가는 바울이 이방인들에게 어떻게 접근했는지를 보여주기 위하여 이 사건을 기록했다.

바울은 아덴사람들에게 설교할 때 과거의 실제 사건들과 그들의 신에 대하여 설교했다. 그는 몇 년 전 대지진으로 건물들이 파괴되고 도시 전체가 황폐해졌었던 사실을 알고 있었다. 다신론을 믿는 아덴사람들은 그들이 여러 신들 중 하나를 성나게 하여 일어난 재앙으로 믿고 어느 신을 성나게 했는지를 알기 위하여 대로에 양들을 풀어 놓아 한마리가 가장 가까이 가서 눕는 신이 바로 그들이 성나게 한 신으로 믿기로 결정했다. 그러나 양들은 신상들에게 가까이 가지 않고 들 한복판에 누웠다. 종교이사회는 결국 자신들이 몰라서 제단을 만들어 주지 않은 어떤 신이 있다고 결정하고 제단을 만들어 '이름모르는 신에게' 라는 표지를 붙였다.

바울은 이 제단을 방문하고 그들의 모르는 신에 대한 이야기를 전도의 바탕으로 삼자 즉각 사람들이 그의 설교를 듣고자 모여 들었다. 바울은 이렇게 모두가 아는 이야기에서 시작하여 그들이 알아야 하고 알 수 있는 하나님에 대하여 설교한 후, 하나님이 죽음에서 부활시키고 인류의 재판관으로 세우신 예수님을 선포했다.

성령이 크리스챤들을 담대하게 하고 말씀 선포의 능력을 주신 집중적인 복음 선포가 사도행전의 거의 모든 페이지에 기록되어 있다.

4. 제자 양성

사도들은 사람들을 '제자'로 키우기 원했지만 현재 우리가 쓰는 방식과 달랐다: 손들기, 교인들 앞으로 나오기, 배부된 종이에 이름적기. 제자 양성은 시간이 걸리는 일임을 깨닫고 바울은 한장소에서 오랜 시간을 머물며 믿음의 사람들을 훈련시켰다.

그는 에베소에서 새로운 사람들에게 전도하고, 믿기 시작한 사람들을 가르치기 위하여 하나님의 나라에 대하여 매일 12시에서 오후 4시까지 (낮잠자는 시간) 2년간 강론했다. 크리스챤' 이라는 명칭이 안디옥에서 생겨났음을 누가가 기록했지만, 일반적으로 믿음을 가진 사람들을 '제자' 혹은 '정도'를 따르는 사람들이라 불렀었다. 우리의 매일의 삶에서 한번 결정하는 것이 아니라 삶의 여정 속의 끈질긴 인내가 중요하다.

5. 교회를 세움

사도행전은 각 선교여행에서 복음의 설교로 정립시킨 믿는 사람들의 공동체와 사도들의 방문을 기록했다. 우리가 이미 교회가 많이 있는 나라에 살고 있다면, 이런 전도 방법을 쉽게 놓칠 수 있다. 어느 교회들은 사회적 특정 지역을 위하여 만들어 졌음도 놓칠 수 있다. 다른 부류의 사람들을 위한 교회가 세워지지 않은 경우 지리적으로 가까운 곳에 새교회가 생겼다고 해서 그들의 교인들과 전혀 다른 교인들을 위한 교회가 세워지는 것을 영역침범으로 염려할 필요가 없다.

6. 장로 선출

바울과 바나바가 루스드라, 이고니온, 안디옥에 돌아와서 '각 교회에서 장로들을 택하여 금식 기도하며 그들이 믿는 주께 그들을 위탁한다.'

새로 생긴 교회였으므로 '장로'들도 믿은지 겨우 12개월 밖에 되지 않았으나, 이것은 문제가 되지 않았다. 그들이 다른 사람들보다 먼저 믿었고 그들의 믿음이 계속 성장하고 있다면, 그들을 믿고 지도자로 세울 수 있다. 사도들이 지역적 지도자들을 세워서 교회가 창시자에게 의존하지 않고 자치적으로 성장하도록, 교인들을 이끌어 갈 장로들을 세우는 패턴은 사도행전에 계속 나타난다. 사도들이 지명한 사람을 그 지역의 교인들이 동의하여 받아들이는 식으로 교회 전체가 참여하여 장로를 선출한 것으로 보인다. ('지명' 이란 '손을 든다' 라는 의미로, 장로들의 투표는 거수로 투표했다).

이런 면에서 사도들의 사역은 분명하게 정의되어 있었다.

- 대도시 사역
- 듣는 사람에 맞춘 복음 설교
- 믿음의 결정보다는 제자 양성
- 그들과 함께 거하며 가르침
- 그들이 떠난 후에도 믿는 사람들의 모임이 계속되도록 교회를 세움
- 교회를 이끌 장로 선택

7. 사도들의 떠남

전도의 마지막 단계도 매우 중요하다. 교회가 세워지면 사도들은 다른 곳으로 떠났고 편지, 방문 혹은 대리자를 보내어 연락을 지속했다. **지역 교회의 지도자들이 세워지면 사도들은 그들이 일할 수 있도록 그 교회를 떠났다.** 교회는 스스로 확장하고 운영하고 경제적으로 자립했다. 이런 면에서 사도들의 사역은 계속 움직이는 형태였고 경제적으로 자급자족하여 교회가 성립되는 동안 아무에게도 경제적 부담을 주지 않았다.

그들의 전도방침에 없었던 면들

사도행전의 전도방법에는 오늘날 우리가 꼭 있어야 한다고 믿는 여러가지 요소가 결핍되어있다.

- 교회 건물이 없었다—교인들은 집이나 다른 장소에서 모였다.
- 부동산 소유의 필요성을 느끼지 않았다.
- 교역자와 교인들의 구분이 없었다.
- 모든 교인들은 사역자로 간주되었고 교회 사역은 기부금과 기능에 의하여 이루어졌다.
- 계급이 없었다.
- 본부가 없었다.
- 유아 세례가 없었다.
- 국가적 혹은 교파적 종파가 없었다.
- 예배 순서가 없었다—교회의 예배가 어떠해야 한다는 암시는 있지만, 정해진 순서를 따라야 하는 것은 아니었다.
- 사도들은 병원, 학교, 진료소 혹은 구제단체를 설립하지 않았다.

우리가 정상적으로 생각하는 여러가지의 교회 기능들을 초대교회에서는 볼 수 없다.

신학적 면모

우리는 여러 방면에서 목적, 청중, 목적 달성을 위한 사도행전의 구조, 또 어떻게 이 책이 '전도 지침서'로 사용되는 지를 공부했다. 마지막으로 이 책을 신학적인 각도에서 살펴보자.

누구의 사역인가?

처음에는 이 책을 '사역'이라고 불렀다. 이것은 헬라어의 프락시스 (praxis) 에서 유래했고 영어로는 사역 (practice) 이라는 말로 사도행전은 '그리스도교의 실행' 이다. 그러나 누구의 실행인가? 네가지의 답을 생각해 볼 수 있다.

1. 사도들

이 책은 '사도행전' 으로 불리우지만 **대다수의 사도들은 이 책에 언급되어 있지 않기 때문에** 이 명칭은 이 책을 잘못 오해하게 한다! 야고보는 처음 부분에서 참수형을 당했고 요한은 베드로의 곁에 있었으나 이 책은 베드로에게만 촛점을 맞추었다. 그리고 이 책의 반 이상은 열두제자의 한명이 아니었던 바울에 대한 이야기이다. '사도행전'이란 명칭은 맞지 않는 이름이다.

2. 예수님

'데오빌로여 내가 먼저 쓴 글에는 무릇 예수께서 행하시며 가르치시기를 시작하심부터' 라는 서두는 이 책이 예수님의 행하심과 가르치심을 연속적으로 말하고 있음을 암시하여서 이 책을 '예수님 사역의 연속편' 이라 부를 수 있다. 첫 13장안에 예수님이 40번 언급되었다. 예수님은 사도들의 설교 주제였고 그의 이름에 의하여 치유함이 행해졌다. '예수행전' 이라는 이름이 더 적합할 것이다.

3. 성령

자세히 살펴보면, 첫 13장에서 40번 그리고 전체적으로 70번 언급된 '성령'이 이 책의 가장 중요한 주인공임을 알 수 있다. '성령행전'으로 부르는 것이 마땅할 지도 모른다. 성령의 역사로 120명의 사도들이 성령강림절에 성령을 목격하고, 믿는 사람들을 성령으로 채워주셨음이 기록되어 있다. 사도행전의 중요한 결정들은 성령의 인도로 되었고 코넬리우스의 집에서 베드로가 메세지를 전할 때 청중들에게 성령이 임하여 설교가 중단되었다. 성령이 사도들에게 아시아나 비두니아로 가지 말라고 종용하고 대신 그들을 드로아로 보냈다. 성령은 전도 확장의 권능을 주었다. 이 책을 '성령행전' 이라 부르는 것은 무리가 아니다.

4. 하나님

이 책은 하나님을 강조한다. 성령이 첫 13장에 40번 언급되었지만 하나님은 100 번 언급되었다: 우리가 예수님이나 성령에만 촛점을 두면, 알지 못하는 사이에 신학적 일신론에 빠질 수가 있다. **성령은 우리를 예수님에게 맞기고, 예수님은 우리를 하나님에게 돌아오게 한다.**

삼위일체

사도행전은 신학적으로 삼위일체론을 보여준다. 성경에 '삼위일체' 라는 단어는 없지만 이 것은 세사람이 한분의 하나님안에 계심을 뜻하므로 사도행전은 세가지에 대한 책이다:

1. 아버지 하나님의 천국
2. 아들 예수님의 이름
3. 전능하신 성령

이 책의 가장 좋은 이름은 **'사도들안에서 성령에 의하여 예수님을 통하여 보여진 하나님의 역사하심'** 이라 할 수 있다.

결론

사도행전은 예루살렘에서 로마까지 전파된 기독교의 기록이다. 누가는 증거물을 모으고 사건들을 선별하여 교회의 삶과 전도의 지침서가 계속 교회의 확장을 도와주는 본보기의 글을 썼다. 동시에 그는 데오빌로에게 보낼 변론의 글을 완성함으로서 그의 친구 사도바울이 재판에서 무죄 판결을 받을 수 있도록 도왔다. 하나님은 그의 천국이 어떻게 이루어지는지를 우리가 이해할 수 있도록 보여 주시고 누구든지 어디에서든지 어떤 일과 어떤 기도를 해야하는지를 명확하게 알려주신다.

42. 요한복음

개요

우리는 복음서의 개요에서 예수님에 대한 사람들의 세가지 관심에 대하여 공부했다: 예수님의 행하심, 말씀, 그리고 예수님의 정체성이다. 요한은 예수님의 정체성에 중점을 두고 예수님은 누구신가에 대한 복음서를 썼다.

마태, 마가, 누가는 예수님의 말씀과 행하심에 중점을 두었지만 요한은 **예수님의 내면세계와 그의 정체성에** 대하여 알려준다. 이것만이 그의 목적은 아니었지만, 이것은 요한복음을 이해하는데 매우 중요하다.

요한복음과 공관복음서에는 다섯가지의 다른 점들이 있다.

1. 생략된 내용

요한복음의 내용은 다른 복음서들과 다르다. 요한은 예수님을 특별한 시각으로 대했을 뿐만 아니라 다른 복음서의 저자들이 중요하다고 여긴 사건들을 생략했다.

- 예수님의 잉태와 탄생
- 그의 세례
- 그가 받은 유혹
- 귀신을 내쫓으심
- 영광스러운 모습으로 변형되심
- 마지막 만찬
- 겟세마네에서 기도하시는 예수님
- 승천

다른 저자들이 중요하게 여긴 사건들이 요한복음에 빠져있다는 점은 좀 의아하다. 예를 들어, 다른 복음서들은 예수님이 영광스러운 모습으로 변형되신 사건을 중요하게 취급했다. 십자가위에서 예수님은 요한에게 그의 어머니를 부탁하셨고 요한은 마리아가 사람들에게 노출되는 것을 막기 위하여 예수님의 탄생에 대한 이야기를 생략했을 가능성도 있다. 그러나, 더 중요한 이유는 이런 **내용들이 그의 복음서의 목적과 부합되지 않았기** 때문에 공관복음서들과 다른 책을 쓰기 위한 그의 목적에 불필요한 내용들은 포함시키지 않았다고 볼 수 있다.

생략된 사건들 뿐아니라 다른 복음서에 나타난 기본적인 주제도 볼 수 없다. 예를 들어, 공관복음서에는 상당히 많은 기적들이 기록되어 있지만, 요한복음에는 7개의 기적만 기록되었다. 또, 요한은 예수님의 설교의 주제인 '하나님의 나라'에 대하여 많이 언급하지 않았고 이 표현은 단 두 번 사용되었다: 예수님이 니고데모에게 거듭나지 아니하면 하나님의 나라에 들어갈 수 없다고 말씀하셨고, 빌라도에게 하나님의 나라는 이 땅에 있지 않다고 말씀하셨다. 요한이 기적이나 하나님의 나라를 중요하게 여기지 않는 것이 아니라, 다른 저자들과 다른 그의 목적을 다른 방법으로 성취하고자 했을 것이다.

2. 포함된 사항

기적

생략된 내용이 있는 반면, 추가된 내용도 있다. 요한이 기록한 7개의 기적들 중 5개는 다른 복음서에 없는 기적들이다:

- 가나의 결혼잔치에서 물을 포도주로 변하게 한 기적
- 베데스다 연못가의 병자를 치료하심
- 왕의 신하의 아들을 고치심
- 날 때부터 맹인된 사람을 고치심
- 죽은 나사로를 살리심

물 위를 걸으시고 5,000명을 먹이신 기적은 다른 복음서에도 기록되어 있다.

또, 요한은 **기적을 묘사할 때 '표적'이라는 단어를 사용했다.** 표적은 한 사건 이상을 표현하는 단어이다. 그가 많은 기적을 포함하지 않은 이유는 기적이 중요하지 않아서가 아니라 기적이나 표적이 예수님을 조명하고 있음을 강조하기 위함이었다. 요한의 목적이 주는 영향에 대하여 나중에 공부하기로 하자.

개인

개인들에 대한 이야기가 많이 기록된 것도 요한복음의 특징이다. 예수님이 베드로의 발을 씻기려고 할 때 베드로가 거부한 사건, 우물가의 사마리아 여인과의 대화, 니고데모와의 대화 등을 예로 들 수 있다. 누군가와 얼굴을 맞대고 대화한 내용들은 다른 복음서에 기록된 대중들과의 만남보다 특별하다. 요한복음에 기록된 침례요한의 말들은 대중에게 한 설교가 아니라 개인적인 말이었다.

예수님에 대한 선포

요한복음에는 **'나는'** 으로 시작되는 예수님의 선포가 있다:

- 나는 빵이다
- 나는 세상의 빛이다
- 나는 문이다

- 나는 선한 목자이다
- 나는 생명이요 부활이다
- 나는 길이요, 진리요, 생명이다
- 나는 포도나무 가지이다

이렇게 요한의 목적을 성취하는 예수님의 정체성이 강조된 말씀은 요한복음에만 기록되어 있다.

3. 강조

마가복음을 사용한 공관복음서의 구조는 북쪽의 갈릴리에서 사역한 30개월과 남쪽 유다의 예루살렘을 중심으로 사역한 6개월로 나뉘어진다. 그러나 요한복음은 매우 다르다. 거의 모든 내용이 남쪽에서의 사역이고 예수님의 초기 사역도 포함되어 있다. 그는 예수님이 일년에 세번 절기 때마다 예루살렘을 방문했음을 기록했고 요한복음의 내용은 성막절, 유월절, 성전 헌납의 절기에 일어난 사건들로 북쪽에서의 예수님의 사역은 거의 포함하지 않았다.

4. 글체

요한복음의 독특한 글체는 두 측면에서 분석할 수 있다.

언어

요한복음의 언어는 공관복음서들과 다르다. 공관복음서들은 부분적으로 같은 단어들과 중복된 표현들을 사용했지남 요한복음의 단어들은 이 복음서가 **독립적으로 쓰였음**을 보여준다. 예를 들어, 5,000명을 먹이신 기적의 묘사에 공관복음서들은 53개의 공통된 단어들을 사용한 반면 요한복음은 8개 뿐이다. '생선' 도 다른 단어를 사용했다.

논쟁

공관복음서에는 예수님의 비유가 많이 들어있지만 장편의 설교는 별로 없다. 그러나 요한복음에는 예수님의 **끝없는 논쟁**과, **자세보다는 믿음에 중점을 둔 긴 설교**들이 기록되어있다. 아마도 예수님의 정체성에 대하여 유대인들과 많은 언쟁을 벌였을 것이고 예수님이 남쪽에서의 가르침의 방법을 바꾼것으로 여겨진다.

예를 들어, 요한복음 8장의 그의 아버지 하나님과 예수님의 관계에 대한 논쟁을 보자. 바리새인들은 예수님이 육신의 아버지에 대해 분명히 말할 수 없음을 알고 예수님에게 '너의 아버지는 어디있느냐?' 라고 그가 사생아임을 함축한 질문을 던졌다.

예수님은 '너희는 나를 알지 못하고 내 아버지도 알지 못한다. 나를 알았더라면 내 아버지도 알았으리라' 라고 답하셨다. 예수님은 자신의 아버지를 안다고 답하시고 문제를 바리새인들에게로 돌렸다. 그들도 아버지를 알고 있었지만, 아버지에게서 아주 멀리 있었다.

우리는 예수님을 대적하는 사람들에 대하여 잘못 오해하고 있다. '유대인들' 은 예수님을 미워했고, 항상 언쟁을 시도했으며, 예수님을 십자가에 못 박았다는 글을 읽으며 '유대인들'이 유대나라 전체의 사람들로 착각한다. 그러나 요한이 말하는 '유대인들'은 북쪽의 갈릴리 지방과 차별을 두는 남쪽의 유대지역의 사람들을 의미한다. 대체적으로 북쪽의 유대인들은 (몇명을 제외하고는) 예수님에게 긍정적인 태도를 보였다.

5. 요한의 시야

요한복음의 시각은 공관복음서들과 매우 다르다. 요한은 히브리인들 뿐아니라 헬라인들에게도 전도해야 함을 알고 있었고 히브리 사상과 헬라 사상이 교차하는 소아시아 (현재의 터키의 서부지역)의 에베소에서 이 복음서를 썼다. 이 다른 사상들에 대한 이해는 요한이 그의 책에 도입한 접근 방식을 이해하는데 중요하다.

간단히 설명하자면, 히브리 사상은 과거, 현재, 미래를 수평적으로 보고 그들의 사고는 목적과 진행이 있는 시간적 개념과 결부된다. 반면에, 헬라 사상은 수직적 공간의 구분으로 인간의 삶을 위와 아래로, 하늘과 땅에 결부시킨다.

히브리 사상에서 시간은 한 방향으로 진행되고 하나님은 그 방향성을 지배하신다. 공관복음서는 이러한 시간 개념을 보여주지만 요한복음은 전혀 다른 개념을 사용했다. 예를 들어 '한 시간'의 개념은 그의 글에 다섯번 포함되어 있다.

요한은 헬라의 사고방식인 하늘과 땅, 위아래의 수직적 개념을 사용했다. 3:13절의 예수님의 말씀을 인용하여 예수님을 하늘나라에서 오신 분으로 보았다: '하늘에서 내려온 자 곧 인자 외에는 하늘에 올라간 자가 없느니라.' '하나님의 떡은 하늘에서 내려 세상에 생명을 주는 것이니라.' (6:33)

앞서 요한복음은 하늘나라에 대해 많이 언급하지 않았음을 언급했다. 공관복음서들이 하늘나라가 이 땅의 악한 세상을 정복할 때를 기다리는 시간적 측면을 강조하는 반면, 요한복음은 하나님께서 세상을 사랑하시어 예수님을 이 땅에 보내신 수직적 측면을 강조한다. 요한복음은 '수직적'이고 공관복음서들은 '지금과 나중'의 복음서라 볼 수 있다.

요한복음의 이해

요한복음과 공관복음서들의 다른 점을 살펴 보았으니 이제 요한에 대하여 공부하기로 하자.

요한은 누구였나?

어부

예수님의 부름을 받기 전 요한은 물고기를 잡고 파는 일을 하던 어부였다. 우리는 그가 갈릴리에서 잡은 생선을 예루살렘에서 판 것으로 추측한다. 이렇게 그는 갈릴리 지방과 남쪽의 예루살렘의 도시 문화를 겸비한 사람이었고 이런 면에서 그는 북쪽 출신의 다른 사도들과 달랐다. 요한 외에 남쪽 출신의 유대인 제자는 예수님을 판 가롯유다뿐이다.

예수님의 친척

요한은 예수님의 사촌이고 제자들 중 한명인 야고보의 형제였다. 열두제자들 중 다섯내지 일곱명은 예수님의 친척이었고 예수님의 친 형제인 야고보와 유다는 예수님이 부활하기 전까지는 믿지 않다가 나중에 믿게 되어 신약성경의 두권의 책을 저술했다. 요한과 예수님의 가까운 사이는 예수님이 요한에게 그의 어머니를 부탁하는 것에서 볼 수 있다.

예수님의 가장 가까운 친구

요한이 예수님의 사촌이어서 가까운 것이 아니고 그는 예수님과 특히 가까웠던 야고보와 베드로와 가장 친한 사이였다. 그는 자신을 '예수님이 사랑하신 제자' 로 부르고, 자신에게 주의를 집중시키지 않기 위하여 자신의 이름을 밝히지 않았지만, 그가 열두제자들 중 예수님과 가장 가까운 사이였음을 알 수 있다. 마지막 만찬 때 요한은 예수님 바로 옆에서 식사했다. 예수님은 이 중요한 식사에 그가 가장 아끼는 친구가 옆에 앉기를 원하셨을 것이다.

마지막 사도

요한은 예수님과 가장 가까웠을 뿐아니라 마지막으로 생존했던 사도였다. 노인이 된 그는 특별한 영감으로 요한복음을 썼다. 요한복음의 마지막에 예수님이 십자가에 못박히실 것을 알게 된 베드로가 요한의 죽음에 대하여 예수님에게 물었을 때 예수님은 그의 재림까지 그를 머둘게 하더라도 베드로와는 상관이 없는 일이라고 대답하셨다. 그 날이후로 요한이 죽기 전에 예수님이 다시 오실 것이라는 소문이 퍼졌으나 그것은 예수님의 말씀이 아니었고 요한은 복음서의 마지막에서 이를 분명히 설명했다.

요한과 예수님의 가까운 사이는 그가 예수님의 말씀을 스스로 해석한 점을 보고도 알 수 있다. 요한은 자신이 예수님의 마음을 잘 알고 있다고 믿었고 그의 말씀의 뜻을 이해하기 쉽도록 풀어서 기록했다. 예를 들어 요한복음 3:16에서, '하나님이 세상을 이처럼 사랑하사 독생자를 주셨으니..' 라는 구절은 예수님이 니고데모와 대화하면서 하신 말인지, 아니면 요한이 그의 생각을 표현한 말인지 분명하지 않다. 이것이 예수님의 말씀이라면 자신을 삼인칭으로 칭한 것이 간접적이고 이상하게 들린다. 이런 내용은 요한복음 전체에 나타난다. 그는 성령의 인도하에 예수님의 말씀을 완전히 이해하고 해석하여 기록했다. 그래서 초대교회의 아버지들 중 한사람인 유세비우스는 요한복음을 '영적 복음서'라 불렀다.

요한복음의 목적

요한이 복음서를 쓴 이유는 무엇인가? 라는 질문으로 책을 대하면 많은 것을 이해할 수 있다. 우리는 이미 요한이 중요시하는 예수님의 내면세계에 대하여 공부했지만 요한복음의 마지막에 나타나는 더 넓은 시각으로 그의 목적을 더 정확하게 볼 수 있게 된다. 요한은 독자들이 예수님이 그리스도시요 살아계신 하나님의 아들임을 믿고, 그들이 예수님의 이름으로 영생을 얻도록 하기 위하여 자료들을 골라서 기록했다. 우리는 이 말을 이해하지만, 요한이 말하고자 한 전체적 의미를 확실히 이해하는 것은 중요하다.

정확한 의미

우선 이말의 원어인 헬라어의 의미를 이해할 필요가 있다. 복음서의 내용을 이해하는데 매우 중요한 헬라어의 '현재 진행형'의 동사 시제는영어로 제대로 해석하기 어렵다. 이 시제는 계속하여 어떤 일을 하는 것을 의미한다. 예를 들어, 예수님은, '구하라 그리하면 너희에게 주실 것이요 찾으라 그리하면 찾아낼 것이요 문을 두드리라 그리하면 너희에게 열릴 것이니' 라고 말씀하지 않았다. 이 말씀은 한번만 하면 되는 것으로 해석되었으나, 실제로는 '계속 구하라 그리하면 너희에게 주실 것이요 계속 찾으라 그리하면 찾아낼 것이요 계속 문을 두드리라 그리하면 너희에게 열릴 것이니' 라는 의미를 가지고 있다. 처음 성령을 구하였는데 받지 못했다고 실망하면 안된다: 계속 구해야 한다.

이런 '현재 진행형'의 동사가 요한복음 20:31에서도 사용되었다: '오직 이것을 기록함은 너희로 예수께서 하나님의 아들 그리스도이심을 계속 믿게 하려 함이요 또 너희로 계속 믿고 계속 그 이름을 힘입어 생명을 얻게 하려 함이니라.' 요한복음 3:16절도 '하나님이 세상을 이처럼 사랑하사 독생자를 주셨으니 이는 그를 계속 믿는 자마다 멸망하지 않고 영생을 계속 얻게 하려 하심이라.'

믿는사람을 위하여 쓴 책인가 믿지 않는 사람을 위하여 쓴 책인가?

요한은 독자들이 예수님을 하나님의 아들로 믿도록 하기 위한 목적으로 이 책을 쓰지 않았다. 그의 목적은 믿는 사람들이 계속 믿도록 하는 것이었으므로 요한복음의 대부분의 내용은 예수님을 모르는 사람들에게는 적합하지 않다. 요한복음은 성숙한 크리스챤들이 예수님을 계속 믿고 영생하도록 쓰여졌다.

이것이 책의 내용을 선별하는 원칙이었다. 요한복음은 독자들이 필요한 것을 배우고 계속적인 믿음 생활을 하도록 하기 위하여 쓴 책이다. 간단히 말해서, 요한복음의 마지막은 영생이고 **계속적인 믿음과 순종**을 통하여 영생을 성취한다.

영생

요한은 현세의 계속되는 삶을 묘사했다. 영생은 영원한 시간적 개념 뿐아니라 넘쳐나는 질적인 삶도 의미한다. 죽음을 피하기 위한 보험이 아니라 여기에서 지금 즐기는 삶이다. 요한복음 20:31은 우리가 영생을 가지고 있지만 계속적으로 믿지 않으면 그것을 잃을 수 있음을 암시한다. 영생과 믿음은 요한복음의 전체적 목적의 중요한 기초이다. 그는 독자들이 영생을 계속하여 누리기를 원했고 마지막에 영생에 대한 글을 썼다. 믿음은 영생에 도달할 수 있는 길이고 계속적으로 믿으면, 영원히 살 수 있다.

믿음의 도구

요한은 믿음을 98번 언급하며 믿음의 중요성을 강조했다. 공관복음서를 모두 합친 것보다도 많은 숫자이지만 매번 같은 의미로 사용하지는 않았다. 요한은 세단계의 믿음에 대하여 말했다.

a) 어떤 것을 믿는다

믿음의 첫 단계는 어떤 것이 사실임을 믿는 것이다. 우리는 예수님이 죽었다가 부활하셨음을 믿는다. 어떤 역사적 사실을 믿고 복음서의 내용을 진실로 받아드린다. 그리스도의 말씀과 행하심을 믿는다.

이 단계에서는 누구나 어떤 것을 사실로 믿을 수 있기 때문에 이 단계 자체는 믿음이 아니고 시작단계일 뿐이다. (귀신들도 믿고 떠느니라; 여기서 믿음은 신앙을 말하는 것이 아니다. 야고보서 2:19)

b) 어떤 것을 믿기 때문에 행동한다

믿어서 행동할 수 있는 상태가 믿음의 두번째 단계이다: 예수님에 대한 사실을 받아들이면, 예수님을 따르고 순종하게 된다. 믿음에 의한 행동이다. 요한복음의 마지막에 예수님이 베드로에게 '나를 따르라' 고 말씀하셨는데 이것은 믿음에 바탕을 둔 순종의 행동을 요구하신 것이다. 우리가 누군가를 믿는다고 말하지만 행동이 따르지 않을 때 그 믿음은 표면적일 뿐이다.

c) 지속적이다

믿음의 세번째 단계는 요한복음이 강조하는 계속되는 진행이다. 우리는 **지속적으로 믿고 행동해**

야 한다. 헬라어와 히브리어의 '믿음' 과 '충성' 은 같은 단어로서 혼돈될 때가 있지만 누군가를 정말로 믿는다면, 계속하여 믿을 것이고 충성심이 가득한 사람은 계속하여 충성된 행동을 할 것이다. 어떤 일이 일어나거나 어떤 값을 치루더라도 계속해서 믿을 것이다. 믿음은 순간적인 한번의 행동이 아니라 지속의 상태를 의미한다.

요한복음 15장에서 예수님은 이에 대하여 분명히 말씀하셨다. 그는 자신을 포도나무로 사람들을 가지로 비유하고 사람들이 예수님과 함께 가기를 원하셨다. 떨어져 나간 가지들은 열매를 맺을 수 없고 불에 태워질 것이다. 요한은 아버지가 부르지 않는 사람은 예수님에게로 나아올 수 없다고 말하는 한편, 믿는자들이 영생을 얻으려면 그리스도와 함께 살아야 하는 필요성을 가르쳤다. 생명은 가지에 있는 것이 아니라 포도나무에 있다. (요한1서 5:11).

요한의 목적을 전체적으로 요약해보자: 그는 독자들이 예수님을 계속적으로 믿어서 영생의 삶을 지속하기를 원했다. 이것은 진리를 받아드리고, 진리에 의하여 행동하고 진리를 계속 붙잡는 세 단계를 의미한다. 예수님은 진리이시다.

예수님의 진리

요한의 목적의 또 다른 측면도 이 책을 이해하는데 도움을 준다. AD 90년경 요한이 이 복음서를 쓸 당시에, **예수님에 대한 잘못된 추측들이** 떠돌았고 성경에 포함되지 않은 여러 복음서들에는 예수님의 유아시절에 대한 내용들이 있었다. 어느 책은 나사렛의 길가에서 어린 예수님이 놀던 것을 썼다. 누군가가 예수님을 진흙바닥에 밀어 넘어뜨리자 예수님은 그에게 나병환자가 되라는 저주를 했다는 글과 어린 예수님이 진흙으로 작은 새를 만들어, 축복하여 새가 날아가게 했다는 글도 있다.

성령의 도움이 없이는 가능하지 않았기 때문에 예수님은 30세가 되기 전에는 아무 기적도 행하지 않으셨다. 예수님은 하나님의 아들로서가 아니라 인자의 아들로서 성령의 충만함을 입어 기적을 행했다. 잘못된 이야기들이 퍼지는 상황에서 요한은 예수님의 정체성에 대한 소문과 추측들을 모두 제거하고자 했다. **예수님은 누구였나?** 에베소에 떠도는 특별한 두가지의 소문을 요한은 수정하고자 했다.

1. 침례요한을 높이는 자세

사도행전 19장에 의하면 에베소에 침례요한의 추종자들이 있었고 그들은 바울의 가르침을 받기 전까지는 예수님을 믿지 않았었다. 요한의 생전에 아직도 침례요한을 따르는 사람들이 있었고 그들이 그리스도교의 잘못된 종파로 발전될 위험이 있었다. **예수님이 주시는 성령이 결핍된 회개와 도덕성을 중시하는 침례요한을 따르는 사람들이었다.**

요한은 침례요한을 높이는 이러한 태도를 수정하고자 복음서를 쓰기 시작했다. 그는 침례요한을 높히지 않았고 그는 세상의 빛이 아니라고 말했다. 침례요한은 빛을 향한 사람일 뿐이었고 기적을 행하지 않았다. 자신은 작아지고 예수님은 커지셔야 하고 자신은 들러리이고 예수님은 신랑이라고 한 침례요한의 말을 요한은 기록했다.

침례요한은 예수님에 대하여 두가지 중요한 말을 했다.

- 예수님은 세상 죄를 지고 가는 하나님의 양이 되실 것이다.
- 예수님은 성령으로 세례를 주실 분이다.

예수님을 따르는 사람들은 예수님을 이해하는 믿음의 균형을 위하여 이 두가지를 배워야 한다. 침례요한은 오직 예수님만이 우리의 죄를 사하실 수 있고 성령으로 세례주실 수 있다고 분명히 말했지만 이러한 말에도 불구하고, 그의 추종자들은 이 말을 기억하지 못하고 예수님을 높게 생각하지 않았다.

2. 예수님은 낮히는 자세

에베소의 더 심각한 문제는 헬라 철학의 영향을 받은 예수님을 낮히는 자세였다. 헬라의 철학자들은 삶을 두개의 분리된 공간으로 보고 이것을 묘사하는 여러 단어들을 사용했다: 위와 아래, 육적인 면과 영적인 면, 임시적과 영원함, 성스러움과 속됨. 또 높힘을 받을 자와 낮아져야 할 자. 플라토는 영적인 것이 더 실제적이라고 믿었고 아리스토텔레스는 육적인 것이 더 실제적이라 믿었다.

이런 면에서 헬라인들은 예수님이 육적이면서 영적이고, 이 땅에 계시면서 하늘에 속하시고, 인간이면서 신이라는 점을 이해하지 못했다. 그들의 사고에 의하면 **육적인 것과 영적인 것은 함께 있을 수 없으므로** 예수님이 어느 쪽에 속한 분인지를 결정하기 위하여 여러가지의 변형된 사상들을 만들었다.

1. **신성이 인간성보다 강하다:** 어떤 사람들은 예수님이 인간이기보다는 신에 가깝고 인간으로 보일 뿐 실제로 육신을 가진 인간이 아니라고 주장했다. 이것을 가현성이라 부른다).—예수님은 인간으로 보이기만 하는 겉모형이라는 말이다. 그들은 예수님이 인간성을 경험하지 않았고 그의 인간성은 신성의 아래에 있는 그림자라고 주장했다.

2. **인간성이 신성보다 강하다:** 어떤 사람들은 예수님이 신이기보다는 누구에게나 잠재해 있는 신성의 능력을 완전히 발휘하여 하나님에게 완벽하게 반응한 인간이었다고 말했다. 이주장을 '도입성' 이라 부른다. 예수님이 성령으로 충만하여 세례받을 때에 하나님의 아들로 입양되었다는 주장이다. 안타깝게도 아직도 이렇게 가르치는 이단들이 있다.

3. **부분적으로 인간이고 부분적으로 하나님이다:** 어떤 사람들은 예수님이 반은 인간 반은 하나님이었다고 주장하는데 오늘 날에도 이렇게 믿는 사람들이 있다. 여호와의 증인은 예수님을 처음 창조된 반신반인으로 믿고 요한복음의 첫 구절의 예수님은 하나님이었고 하나님과 시작부터 함께 있었다는 말씀에다 헬라어의 원문에 없는 부정관사를 추가해서 예수님을 하나님들중 한분으로 해석한다.

4. **완전한 인간이고 완전한 하나님이다:** 요한복음은 예수님이 완전하게 인성과 신성을 겸비하신 분임을 분명히 말한다. 요한의 목적을 성취하기 위하여 이점의 강조는 중요했다. 인성과 신성을 완벽하게 갖춘 분만이 인류를 죄에서 구원할 수 있다—인간으로 우리를 대신해 죽으시고, 하나님으로서 죽음을 이기고 그를 믿는 사람들에게 영생을 주실 수 있다. 요한복음을 읽는 독자들이 예수의 이름으로 영생을 얻으려면 사도들이 알고 있던 예수님을 알아야 한다.

요한은 사람들에게 예수님을 제대로 알리기 위하여 예수님의 인성과 신성의 양면을 강조했다.

1. 예수님의 인간성

요한복음은 공관복음서들보다 더 인간성이 짙은 예수님을 보여준다. 예를 들어 성경에서 가장 짧은 구절은 '예수께서 우셨다' 인데 이것은 예수님이 완전한 인간으로서 그의 친구의 무덤 앞에서 보인 감정이다. 그가 무덤에서 나올 것을 알았지만, 당시의 상황을 보고 우셨다. 요한은 배고프고, 목마르고, 피곤하고, 놀라시는 예수님의 인간적인 면을 기록했다. 빌라도는 요한이 보이고 자 하는 예수님의 인성을 나타내는 말을 했다. '보라, 이사람이도다!' 요한은 예수님을 통하여 **진실된 인간성이 어떤 것인지**를 보여준다.

이러한 인간성은 요한이 공관 복음서의 저자들보다 더 자세히 강조한 예수님의 '기도 생활' 에서도 볼 수 있다. 요한은 기도해야 하고, 그의 말씀과 행하심을 아버지에게 의존하는 순수한 인간 예수님을 묘사했고 예수님의 가장 아름다운 기도들이 요한복음에 기록되어 있다.

또, 요한복음은 예수님의 죽음을 자세하게 기록했다. 요한은 군인들 중 한사람이 예수님의 옆구리를 창으로 찔렀을 때, 피와 물이 쏟아진 것으로 '그가 자기의 말하는 것이 참인 줄 알고 너희로 믿게 하려 함이니라' 라고 기록했다. 요한은 예수님이 정말로 죽었음을 독자들에게 알려야 하는 중요성을 감지하고 심낭이 터진 증상을 기록했다.

요한은 빈 무덤에서 그가 본 베조각과 머리를 쌌던 수건에 대해서도 기록하여 부활의 목격자로서의 증거를 제시했다. 예수님이 정말 죽었을 뿐아니라 죽음에서 살아나셨다.

2. 예수님의 신성

요한이 강조하는 **완전한 하나님이신 예수님**은 우리에게 요한복음의 목적을 상기시켜 주고, 우리로 하여금 그의 글의 형태를 살펴보게 한다. 요한의 세단계의 믿음에 대해 우리는 이미 공부했다. 요한은 완벽한 숫자인 일곱가지의 증거들을 사용하여 예수님의 완벽한 신성을 묘사했고 예수님의 신성에 대하여 세가지의 완벽한 증거를 기록했: 일곱명의 목격자, 일곱번의 기적, 일곱번의 말씀

a) 일곱명의 목격자

요한복음에 '목격자' 라는 명사와 '증거한다'는 동사는 41번 사용되었고 요한은 예수님의 진리에 대한 개인적인 간증을 강조했다. 요한복음에 예수님의 신성을 확언한 일곱명이 있다.

- 침례요한
- 나다니엘
- 베드로
- 마르다 (이러한 증거를 한 첫번째 여인)
- 도마
- 예수님이 사랑하신 요한
- 예수님 자신

앞에서 요한복음은 일곱번의 기적만 기록했고 요한은 이것들을 예수님을 향한 '표적'이라 불렀음을 언급했다. 그가 기록한 일곱번의 기적은 예수님께서 행하신 가장 초자연적이고 눈부신 기적들이었다. 귀신을 쫓아내는 것은 포함하지 않았다. 왜냐하면 고대시대에는 그런 일을 하는 사람들이 바리새인들을 포함하여 많이 있었기 때문이다. 대신 그는 **아무도 할 수 없는 기적들만** 기록했다:

- 물을 포도주로 변화시킴—확실한 기적

- 왕의 신하의 아들을 보지도 않고 손을 얹지도 않고 멀리서 고치심
- 베데스다 연못가에서 38년간 누워있었던 병자를 고치심
- 복음서 모두가 기록한 5,000명을 먹이신 기적
- 물위를 걸으심
- 태어날 때 부터 맹인인 사람을 보게 하심
- 나사로를 죽음에서 살리심—나인의 아들의 과부나 야이로의 딸과 같이 금방 죽은 사람의 호흡이 돌아오게 한 것이 아니고 몸이 썩기 시작한 사람을 살리심

이 표적들은 예수님의 신성을 조명한다. 니고데모가 말했듯이 하나님이 함께 하지 아니하면 예수님이 행하시는 표적은 아무도 할 수 없다.

c) 일곱가지의 말씀

요한은 예수님에 대한 일곱가지의 '말씀'을 기록했고 유대인들은 그의 말씀을 확실히 이해할 수 있었다. 매번 히브리어로 하나님의 이름인 야훼로 시작하고 이것은 '나는' 이라는 뜻이다. 요한은 예수님의 말씀이 합법적임을 보여주기 위한 맥락도 부여했다.

- '나는 하늘나라의 빵이다'는 5,000명을 다섯덩이의 떡과 두마리의 생선으로 먹이신 후에 하신 말씀이다.
- 장님을 볼 수 있게 고치신 후 '나는 세상의 빛이다' 라고 말씀하셨다.
- 나사로를 무덤에서 나오게 하신 후 '나는 부활이요 생명이다' 라고 말씀하셨다.

또, '나는 문이다', '나는 선한 목자이다', '나는 길이요 진리요 생명이다', '나는 진실한 포도나무이다.' 라고 말씀하셨다. 요한은 이 일곱번의 말씀과 육신을 입고 오신 하나님이신 예수님에 대하여 요한복음 전체에 기록하고 예수님은 독자들이 믿을 수 있는 분임을 확립시켰다.

하나님 아버지와의 관계

요한복음은 공관복음서들보다 예수님과 하나님의 관계를 잘 나타낸다. 아버지가 보내셨고, 아버지와 함께 계신 독생자이며, 아버지에게 말씀과 행동으로 순종하는 예수님이셨다.

예수님의 신분에 대한 유대인들과의 논쟁에서 예수님이 자신을 하나님으로 칭하여서 그들의 증오심을 부추겼다: '진실로 진실로 너희에게 말하노니 아브라함이 있기 전에 내가 있었다' 라는 예수님의 말씀에 그들은 돌로 치려 했으나 예수님은 성전에서 빠져나가 몸을 숨기셨다.

공관복음서들은 예수님이 하나님이심을 내포하고 있으나 요한복음은 직접적으로 예수님을 하나님으로 묘사했다. 요한복음은 '이 말씀이 곧 하나님이시라' 라는 문장으로 시작하고 끝부분에서는 예수님을 '나의 주님 나의 하나님'이라고 말한 도마의 고백을 기록했다.

주제

이제 그리스도에 대한 믿음이 계속되기를 원하는 요한의 전체적 목적과 부합되는 주제들을 살

펴보기로 하자.

1. 영광

요한복음의 '영광'은 중요한 단어로서 구약성경에서는 하나님에게만 사용되는 단어이다. 1장에서 요한은 사람가운데 임하는 말씀에 이 단어를 사용했다. 이것은 출애굽기의 마지막에서 하나님이 자신을 성막에서 드러내실 때 하나님의 영광이 임했을 때를 묘사한 단어이다. (shekinah) 요한은 예수님의 생애, 죽음, 부활 그리고 승천에서 하나님의 영광을 보았다. 십자가 위에서도 예수님은 영광을 받으셨다. 그러므로 요한복음은 시작부터 하나님의 사람들과 전혀 다르고 뚜렷이 구별되는 한 사람을 소개한다.

2. 말씀

요한복음은 아주 독특한 형태로 시작된다. 마가복음은 예수님이 공생애를 시작한30세부터 시작했고 다음에 쓰여진 것으로 추측되는 마태복음은 유대인인 예수님의 족보를 아브라함까지 거슬러 올라가 그의 잉태와 탄생을 포함시켰다. 누가는 인자의 아들인 예수님이 인간이심을 알리기 위하여 아담까지 족보를 거슬러 올라갔다.

공관복음서의 저자들과 대조적으로 요한은 예수님이 창조 전에 계셨음을 말하여 훨씬 더 전으로 올라갔다. 그는 창세기 1:1의 말씀을 복음서의 서두로 사용했다: '태초에 말씀이 계시니라 이 말씀이 하나님과 함께 계셨으니 이 말씀은 곧 하나님이시니라.'

예수님의 이름

요한복음을 읽을 때 재미있는 질문을 할 수 있다. **예수님이 태어나기 전에 그의 이름은 무엇이었나?** 예수님의 이름이 우리에게 익숙하여 '예수'라는 이름은 그가 이땅에 오셨을 때 주어진 이름임을 우리는 잊고 있다. 그전에 그의 이름은 무엇이었나? 요한이 처음부터 계신 분으로 묘사할 때 예수님을 어떻게 불렀는가?

요한은 독특한 이름을 사용했다: '말씀'. 이 단어는 예수님을 잘 표현하고 이 글을 읽는 사람들에게 주는 적절한 이름이다. 우리는 일반적으로 '말씀'은 입에서 나오고 귀로 듣는다고 생각한다. 한사람이 표현한 말은 다른 사람에게 영향을 준다. 이런 면에서 예수님은 하나님의 말씀을 우리에게 전달하는 분이라고 할 수 있다.

'말씀'의 배경

요한이 왜 예수님을 '로고스 (말씀)'이라 불렀는지를 역사적으로 설명할 수 있다. 요한복음이 쓰여진 에베소에서 말씀의 개념은 특정한 의미를 가지고 있었다. 그로부터 600년 전에 에베소에 과학의 창시자로 불리우는 헤라크리투스라는 사람이 있었는데 그는 과학적 연구의 필요성을 믿고 자연세계를 관찰할 때 어떻게 그리고 왜라는 질문으로 관찰했다. 우리의 세상은 우연히 만들어진 것인가? 우주는 혼란한가 아니면 질서 정연한가?

'법칙'의 유형을 찾으며 자연세계의 움직임 뒤에 있는 논리를 알아내고자 했던 그는 '왜 그런지의 이유' 라는 뜻의 '말씀' (logos) 이라는 단어를 사용했고 이 단어는 일어나는 사건뒤의 목적을 알려준다는 의미를 가지고 있다. 생명체 (bios) 를 연구할 때, 그는 이유(logos)를 조사했다; 날씨 (meteor) 를 연구할 때도 이유 (logos) 를 조사했다. 이 개념은 과학의 다른 분야에도 사용되었다: 생물 (biology), 기상학 (meteorology), 지질학 (geology), 심리학 (psychology), 사회학 (sociology), 등.

헤라크리투스는 로고스 (말씀)를 '왜그런지의 이유'라는 의미로 사용했고 모든 과학은 왜그런지의 이유를 연구한다. 요한은 예수님이 궁극적으로 '왜' 모든것이 일어났는지에 대한 이유임을 깨닫고, 예수님을 '말씀 (로고스)' 이라고 불렀다. 우주 전체는 그를 위하여 만들어졌고 그는 아무도 창조되기 전에 이미 로고스로 존재하셨다. 그 이유로 우리는 여기에 있다. 모든 것이 예수님에게로 향하고 예수님이 '왜 그런지의 이유' 이다.

이 단어는 에베소에서 지중해 건너편에 있는 이집트의 알렉산드리아 지역의 또 다른 역사의 측면을 보여준다. 알렉산드리아에는 사방으로 흩어진 유대인들이 많이 거주했고, 헬라 철학과 히브리 철학이 합쳐져서 만들어진 학교가 있었다. 이 대학에서 '셉투아긴트, LXX' 로 불리우는 70명의 학자들이 구약성경을 헬라어로 번역했는데 그중 한명이 필로라는 유대인 교수였다. 그는 히브리 사상을 헬라사상으로 번역할 때, 로고스에 의존하여 로고스를 '그것'으로 해석하면 안되고 '그'로 해석해야 한다고 주장하여 로고스를 '인격화'했다. 마치 잠언에서 지혜를 여자로 인격화한 것과 같다.

살아있는 말씀

요한은 헤라크리투스와 필로의 사상을 병합시켰다. 민물의 근본에는 '왜'라는 질문이 깔려있어서 로고스가 말씀을 의인화한 것만은 아니다: 그는 인간이고 그의 이름은 예수다. 그는 말씀이고, 유일하게 살아있는 말씀이다.

요한복음의 첫 부분에서 요한은 말씀에 대한 중요한 네가지를 말한다.

1. **그의 영원하심.** 이미 태초에 말씀이 계셨다. 우리는 태초보다 더 이전을 상상할 수 없다. 그는 창조되지 않았고 만유의 창조자이신 하나님과 동등한 위치에 계셨다.

2. **그의 개인적인 면.** 말씀은 하나님과 함께 계셨다. 이것은 두사람이 서로의 눈을 보며 사랑하고 있는 것을 묘사할 때 사용되는 단어이다. 기독교는 하나님은 사랑이라고 말할 수 있는 유일한 종교이다. 왜냐하면 기독교는 삼위일체를 믿기 때문이다. 유대교나 이슬람교는 하나님이 사랑이라고 말하지 못한다. 왜냐하면 그들은 단 하나의 유일신을 믿기 때문에 한사람의 사랑은 불가능하다. 하나님은 한사람이 아니다. 하나님이 서로 사랑하는 아버지와 아들이라면 하나님이 사랑이시고 언제나 사랑이셨다고 말할 수 있다.

3. **그의 신성.** 태초에 말씀이 이미 계셨고 하나님과 개인적인 관계를 갖고 계셨고 그가 '하나님이셨다'. 말씀은 창조된 것이 아니고 하나님보다 낮은 위치에 있었던 것도 아니다: 그는 하나님과 동등한 위치에 계셨다. 도마는 '나의 주님 나의 하나님' 이라고 외치면서 예수님에 대한 진리를 선포했다. 그는 태초부터 계셔서 창조에 관여하셨다. 과학자들은 지구의 표면이 지각판 (tectonic plates) 으로 형성되어 있음을 발견했다. 지각판의 영어 단어는 헬라어인 목수 (tecton) 라는 말에서 유래했다! 나사렛에서 오신 목수 예수님이 우리 행성을 만드셨다. 그는 빛과 생명의 근원이다. 모든 것이 그를 위해 존재한다.

4. **그의 인성.** 1장에서 놀라운 말씀을 본다: '말씀이 육신이 되어' 우리 가운데 거하시매 우리가 그의 영광을 보니 아버지의 독생자의 영광이요 은혜와 진리가 충만하더라.' 하나님을 개인적으로 만나는 것은 가능하다. 예수님은 얼굴이 있는 하나님이시다. 하나님은 어디에나 계신 예수님이시다.

이렇게 엄청난 말씀으로 1장은 시작하고 우리가 계속하여 믿어야 하는 이유들을 선포한다.

- 예수님은 영원하시므로 우리에게 영생을 주실 수 있다.

- 그는 개인적임으로 우리는 그분과 개인적인 관계를 경험할 수 있다.
- 그의 신성에 의하여 그분만이 우리의 죄를 용서할 수 있다.
- 그의 인성에 의하여 그분만이 우리의 죄를 위하여 속죄물이 되실 수 있다.

3. 영생

말씀의 주제로 요한복음이 시작된다면 '영생'은 이 책 전체에 흐르는 주제이다. 앞서 말한 대로 요한복음은 그리스도인들이 믿음을 지속하고 계속 그리스도안에서 영생할 수 있도록 하기 위하여 쓰여진 책이다. 이 영생은 충만하고 현존하고 앞으로도 영원하다. 요한은 믿는 사람들에게 영생의 의미를 대조적으로 보여준다.

삶/죽음

그는 영생을 가진 믿는 사람들은 죽음을 보지 않을 것이라고 설명한다. 우리의 삶은 죽음 후에도 계속되지만 죽음은 우리를 건드리지 못한다. 그는 꼭 죽을 사람들과 죽지 않을 사람들을 대조시켰다. '내 아버지의 뜻은 아들을 보고 믿는 자마다 영생을 얻는 이것이니 마지막 날에 내가 이를 다시 살리리라 하시니라.'

빛/어둠

요한은 빛과 어둠의 대조를 사용했다. '어둠에 다니지 아니하고' 라는 예수님의 말씀은 도덕적 어두움을 의미한다. 그는 우리가 그를 따르면 숨길 것이 없고 비밀도 없어서 밝은 빛 가운데에서 사는 것이라고 말씀하셨다. 그러나 어둠은 죽음과 하나님이 없는 삶을 뜻한다. 예수님은 말씀하셨다: '나는 세상의 빛이니 나를 따르는 자는 어둠에 다니지 아니하고 생명의 빛을 얻으리라.'

진실/거짓

요한은 제대로 된 믿음을 위하여 필요한 세차원의 진실을 강조했다: 진실을 받아드림, 진실대로 행동함, 진실성을 지속함. 그는 또 진실과 거짓을 대조하며 8장에서 예수님과 그를 적대하는 자들의 논쟁을 기록했다. '진실' 과 '참되다' 는 단어는 히브리어와 헬라어로 같은 단어이다. 진실된 삶은 참된 삶이다. '너희가 내 말에 거하면 참으로 내 제자가 되고 진리를 알지니 진리가 너희를 자유롭게 하리라.' 고 예수님은 말씀하셨다.

자유/노예

예수님과 바리새인들의 논쟁에서 그들은 자신들이 한번도 노예가 된적이 없다고 주장함으로 이집트에서의 노예신분을 잊은 것이 분명했다. 예수님은 누구나 죄를 짖는 사람은 죄의 노예라고 말씀하셨다. 왜냐하면 죄를 지을 때마다 죄가 우리를 지배하도록 사슬로 매는 것을 강화시키기 때문이다. 그는 우리를 자유하게 하기 위하여 오셨다. 진리의 삶은 영적 자유함을 의미한다. '그러므로 아들이 너희를 자유롭게 하면 너희가 참으로 자유로우리라.'

사랑/저주

요한은 하나님의 두가지 행동을 잘 이해했다. 우리는 하나님의 사랑 안에 있거나 그의 저주 안에 있다. 중간 상태는 없다. 이런 상태의 영원한 결과는 분명히 명시되어 있다. 예수님은, '아들을 믿는 자에게는 영생이 있고 아들에게 순종하지 아니하는 자는 영생을 보지 못하고 도리어 하나님의 진노가 그 위에 머물러 있느니라.' 라고 말씀하셨다.

참된 삶

참된 삶은 예수님과 하나님과 개인적인 관계가 있는 삶이다. 빛, 진리, 자유 그리고 사랑안에 있는 삶이다. 예수님은, '영생은 곧 유일하신 참 하나님과 그가 보내신 자 예수 그리스도를 아는 것이니이다.' 라고 하나님께 기도드렸다.

4. 성령

요한복음은 공관복음서들보다 성령에 대하여 많이 가르치기 때문에 사도행전이 누가복음과 연결되어 있음에도 불구하고 요한복음이 사도행전보다 먼저 들어갔다. 우리는 성령을 통하여 요한이 묘사하는 영생을 누릴 수 있다. 요한복음에서 성령에 대한 가르침은 두드러진다.

- 1장에서 침례요한은 예수님이 성령을 받으셨고 그는 사람들에게 성령으로 세례를 줄 것이라고 증거했다.

- 3장에서 예수님은 천국에 들어가려면 먼저 물과 성령으로 거듭나야 한다고 말씀하셨다.

- 4장에서 예수님은 성령을 생명수라 말씀하고 우리는 하나님께 영과 진실로 예배드려야 한다고 말씀하셨다.

- 7장에서 예수님은 구월에서 시월쯤 있는 성막절을 지키기 위하여 예루살렘으로 가셨다. 성막절의 마지막 날, 제사장은 실로암 연못에서 물병에 물을 채우고 그 물을 제단에 뿌리며 가을비가 빨리 오기를 기도하는 예식을 재현했다. 그날 예수님은 '누구든지 목마르거든 내게로 와서 마시라. 나를 믿는 자는 성경에 이름과 같이 그 배에서 **생수의 강**이 흘러나오리라' 라고 외치셨다. 예수님은 그를 믿는 사람들이 곧 받을 성령에 대하여 말씀하셨다.

- 14-16장은 앞으로 오실 진리의 영이신 **'위로하는 자'** 에 대한 말씀이다. 성령은 헬라어로 '옆에서 함께 있어주는 자' 라는 의미이다. (paraclete: 옆에서, cletus: 부르심을 받았다). 성령은 예수님 같은 사람을 묘사하기도 한다. 성령은 예수님이 떠난 후에도 세상의 죄에 대한 정죄, 공의와 심판, 믿는 자들에게 권능을 주고 예수님의 모든 말씀을 일깨워 주는 일을 계속 한다.

- 20장에서 예수님은 그를 따르는 사람들에게 표적을 나타내시고 명령함으로 성령강림을 준비시키고 각 사람에게 '성령을 받으라' 고 명령하셨다. 그날 그들이 성전에 있을 때에, 바람 소리가 예수님이 하신 일에 대하여 일깨워 주었고 그들이 예수님의 명령에 순종하여 약속하신 성령을 받았다.

요한복음의 서두

요한복음의 서두는 그가 복음서를 쓴 목적에 아주 중요한 부분이지만 깊은 의미의 이 글들을 믿는 사람들 조차도 잘 이해하지 못한다. 이것은 요한복음이 믿지 않는 사람들에게는 적당하지 않음을 다시 한번 확인시킨다. 다음에 우리의 이해를 돕기 위하여 '말씀' 을 '왜 그런지의 이유' 라는 말로 대체하여 서두를 다시 써 보았다.

처음, 천지가 창조되기 전부터 우리의 천지가 있어야 할 이유가 벌써 있었다. 그 목적과 유형은 한 사람에게서 볼 수 있는데 그는 하느님과 함께 지내셨고 하느님과 똑같은 분이셨다. '시간'이라는 관념이 있기 전부터 그는 하나님과 함께 창조를 하셨다. 모든 것은 그를 통하여 생겨났고 그분의 개인적인 관여없이 생겨난 것은 하나도 없다. 생겨난 모든 것의 생명도 그에게서 얻어졌으며 그의 생명은 사람들에게 영생의 의미로 빛을 비추셨다. 그 빛은 인간 역사의 어둠 속에서 계속 비쳐왔다. 왜냐하면 어둠이 빛을 이길 수 없기 때문이다.

하느님께서 특별한 사명을 주어 보내신 사람이 있었는데 그의 이름은 요한이었다. 그는 그 영생의 빛을 증언하러 왔다. 모든 사람으로 하여금 자기 증언을 듣고 믿게 하려고 온 것이다. 그는 자신이 빛이 아니라 다만 그 빛을 증언하러 왔을 따름이라고 말했다. 곧 참 빛이신 분이 이 세상에 와서 모든 사람을 비출 것이었다. 그는 세상에 이미 계셨고 세상이 그를 통하여 생겨났는데도 세상은 그분을 알아보지 못하였다! 그분이 자기 나라에 오셨지만 백성들은 그분을 맞아주지 않았다. 그러나 그분을 맞아들이고 믿는 사람들에게는 하느님의 자녀가 되는 특권을 주셨다. 그들은 혈육으로나 육정으로나 사람의 욕망으로 난 것이 아니라 하느님에게서 난 것이다.

우리의 우주가 있는 이유가 되시는 그분이 사람이 되셔서 우리와 함께 살았고 우리는 그분의 놀라운 영광을 보았다. 그것은 아버지의 외아들만이 가지고 있는 은총과 진리의 충만함에서 나오는 영광이었다.

침례요한이 그분을 증언하여 '그분은 내 뒤에 오시지만 사실은 내가 나기 전부터 계셨기 때문에, 나보다 앞서신 분이다' 라고 말한 것은 바로 이분을 두고 한 말이다.

우리도 모두 그분에게서 넘치는 은총을 받고 또 받았다. 모세에게서는 지키기 어려운 엄격한 율법을 받았지만 진실된 구세주이신 예수 그리스도에게서는 은총과 진리를 받았다. 일찍이 하느님을 본 사람은 없다. 그런데 아버지의 품 안에 계신 외아들로서 하느님과 똑같으신 그분이 하느님에 대한 모든 것을 알려주셨다.

결론

요한복음은 공관복음서들과 다른 특별한 복음서이다. 예수님이 이 땅에 계셨을 때 가까이 있었던 사람으로서의 독특한 영감으로 우리가 예수님의 말씀 뿐아니라 그의 정체성도 알기를 원하여 복음서를 썼다. 또 그는 예수님의 정체성이나 그의 말씀에 대한 잘못된 가름침을 막아야 하는 부담도 가지고 있었다. 요한은 목격자들의 증언 그리고 예수님이 직접 하신 말씀과 놀라운 행적을 통하여, 예수님이 육신의 몸으로 또 살아있는 말씀으로 사람들 사이에 거하셨던 영광스러운 하나님이심을, 믿는 사람들에게 완전히 이해시키려고 노력했다. 요한이 수집한 증거 자료들은 우리가 예수님을 계속 믿고 순종하게 하는 설득력있는 간증이다.

열세 번째 사도

43. 바울과 그의 서신들	537
44. 데살로니가전서/후서	545
45. 고린도전서/후서	557
46. 갈라디아서	569
47. 로마서	589
48. 골로새서	599
49. 에베소서	605
50. 빌립보서	613
51. 빌레몬서	623
52. 디모데서와 디도서	627

실제 문제 사례

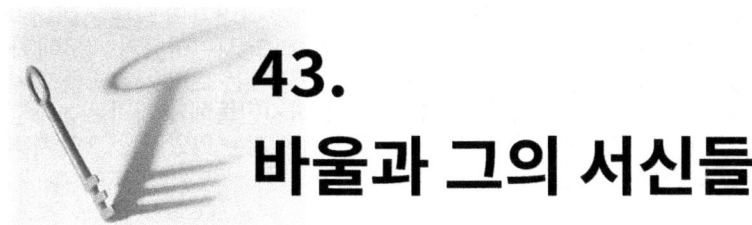
43.
바울과 그의 서신들

개요

우리는 다른 사도들보다 바울에 대하여 훨씬 많이 알고 있다. 그에 대한 사도행전의 후반부와 교회와 개인들에게 쓴 13장의 그의 편지들이 신약성경의 삼분의 일을 차지한다. 바울은 예수님을 제외하고 2,000년의 교회 역사와 유럽 역사에 가장 큰 영향을 끼친 사람으로서 그와 견주할 사람은 몇명 되지 않는다. 바울의 편지들을 이해하기 위하여 그들의 배경과 그가 어떻게 이런 중요한 위치에 있게 되었는가를 살펴보자.

바울의 어린 시절

바울의 이름은 이스라엘의 첫 왕과 같은 사울이었다. 바울은 그가 변화된 후에 사용하기 시작한 라틴 이름이고 우리는 그를 바울로 부르기로 한다. 그는 지중해 북동쪽에 위치한 터키의 해안 도시인 탈수스에서 태어났다. 아덴과 알렉산드리아 다음으로 탈수스 대학은 지중해 지역에서 유명한 대학이었다.

바울은 세가지의 영향을 받으며 성장했다. 첫번째는 그의 유대인 부모님이 구약성경의 하나님을 그가 어렸을 때부터 가르쳤다. 그가 속한 베냐민 지파는 이스라엘의 첫번째 왕인 사울의 지파이고 사사기의 사건으로 사라질 뻔했던 지파이다. 그가 어렸을 때 그의 가족은 갈릴리 지역으로 이사하여 바울을 예루살렘의 유명한 랍비인 가말리엘 밑에서 공부시켰다.

사도행전 5장에 언급되어 있는 이 교수는 예루살렘에서 급성장하는 크리스챤들에 대하여 그들의 사상과 소행이 사람에게서 왔으면 무너질 것이고 하나님께로부터 왔으면 그들과 대적하는 것은 현명하지 못하다고 말한 사람이다. 그러나 바울은 스승의 방관적 자세를 취하지 않고 크리스챤들을 유대교에 이전에 없었던 큰 위협으로 여기고 이 새로운 교파를 완전히 제거하고자 결심했다.

스데반이 공회에서 설교한 후 (사도행전 7장), '신성모독죄'로 죽임을 당할 때 바울은 이 처형에 동의했고 돌을 던지는 사람들의 겉옷을 보관하여 주기도 했다. 예수님을 믿음으로 처음 순교한 사람이 스데반이다.

스데반의 죽음은 바울에게 깊은 인상을 준 것같다. 사도행전 7장은 하나님의 우편에 계신 예수님이 보인다고 선포하는 스데반의 얼굴이 영광으로 빛났다고 기록했다. 그의 순교는 바울이 크리스챤을 박해하는 첫번째 선교사가 되게 하고, 이스라엘안에서 뿐아니라 외국의 크리스챤들까지도 박해하기로 굳게 결심하는 계기가 되었다.

두번째 영향은 헬라어의 지식이다. 탈수스에 살면서, 그는 고대 사회의 국제어였던 헬라어를 사용했다. 변화된 후, 선교사로 부름 받은 바울은 어디에서든 설교할 수 있었다.

세번째로 로마의 법이 바울에게 영향을 끼쳤다. 바울은 로마시민이었던 아버지의 신분을 이어받은 시민권자였고 이것은 그의 선교 사역에 혜택을 주었다. 한번은 로마의 시민이었기 때문에 재판 전의 채찍질을 피할 수 있었고, 그가 율법 위반의 정죄함을 당했을 때에는 로마 시민권을 행사하여 가이사에게 항소했다. 베드로는 십자가형을 받았지만, 그는 로마시민들에게 내리는 참수형의 빠른 처형을 받았다. 바울의 로마 시민권이 삶의 고통을 모두 없애주지는 않았지만 그의 사역에서 중요한 순간마다 중요한 요소로 작용했다.

유대인, 헬라인, 로마시민의 복합적인 신분은 바울이 이방인들에게 예수님을 전하는 선교사로 이상적이었다. 사람들이 예수님을 알기도 전에 하나님은 그들을 사용하실 목적으로 준비시키심을 볼 수 있다.

바울의 변화

바울의 변화는 다마스커스에서 조금 떨어진 고란 하이츠에 있는 쿠네이드라 라는 작은 마을 근처에서 일어났다. 그는 유대인의 신분과 유대교의 순결을 위하여 싸운다는 자부심을 갖고 있었으나 이스라엘의 국경을 넘자 마자 부활하신 나사렛 예수님을 만나게 되고 예수님은 그를 이방인들에게 보낼 것이라고 말씀하셨다. 이 사건은 예수님이 베드로, 야고보, 요한 앞에서 영광스럽게 변형되셨던 산 아래에서 일어났다. 이제는 하늘로 올라가셔서 예전의 영광을 다시 찾은 예수님의 빛은 더욱 밝았다.

그의 변화는 극적이었다. 바울은 예수님이 메시야이고 그가 회개하고 믿는 것외에는 아무것도 할 수 없음을 깨달았다. 그가 거듭나는 과정은 삼일이 걸렸고 그곳의 믿는 사람 아나니아가 바울을 위해 기도할 때까지 끝나지 않았다. 아나니아는 바울이 크리스챤들을 박해한 사람임을 잘 알고 있었으나 하나님의 명령에 순종하여 그와 동행했다. 아나니아가 그를 위하여 기도한 후 바울은 성령 충만하여 세례를 받는다. 나의 책, 정상적인 크리스챤의 거듭남, 에서 회개, 믿음, 세례, 성령 받음의 네 요소가 하늘나라에 들어가기 위한 거듭남의 중요성을 설명하고 이것은 바울이 크리스챤의 믿음을 '시작' 하는 데에서 볼 수 있다.

바울의 변화 후

바울은 변화된 후 바로 선교사로 사역하지 않았다. 그는 자신이 머무는 곳에서 설교하기 시작했으나 곧 유대인들의 적대감을 불러 일으켰다. 한번은 성벽의 창문을 통해 바구니를 타고 도망해야 했다.

그가 변화된 후 하나님이 맡기신 사명을 시작하는데 적어도 13년이 걸렸다. 그는 아라비아에서 혼자 하나님과 3년을 지내며 예수님과의 만남으로 변화된 그의 신학적 이해를 정리했다. 그는 부활하신 예수님이 사명을 맡긴 마지막 사람이었고 열세번째의 마지막 사도가 될 것이었다. 일부 사람들은 바울이 유다 이스카리옷의 자리를 채우는 열두번째 사도라고 생각하지만, 바울은 열두제자들을 항상 인정했고 한번도 자신을 그들 중의 한사람으로 생각하지 않았다. 그러나 자신이 특수 사명을 받은 사도인 것은 밝혔고 이 부르심은 그에게 신약성경의 대부분을 쓰게 하는 권위를 부여했다.

그가 아라비아에서 3년동안 어떻게 이런 엄청난 신학을 정립했는지에 대하여 우리는 추측 밖에 할 수 없다. 예수님이 유대인들에게 약속된 메시야임을 발견한 것은 그의 구약성경의 이해에 큰 충격을 준 것이 분명하다. 또, 바울은 예수님이 아닌 크리스챤들을 박해하고 있었는데, 예수님은 그에게 왜 나를 박해하느냐라고 물으셨다. 그는 크리스챤에게 하는 행동이 그리스도에게 하는 것임을 깨달았고 교회가 이 땅 위의 그리스도의 몸이라는 그의 믿음의 기초가 되었음은 의심의 여지가 없다.

바울이 사도들을 만나기 위하여 예루살렘에 도착하자 큰 소동이 일어났다. 그는 사도들의 가족들을 감옥에 가게 한 장본인이었다. 그러나 바나바가 바울의 변화를 조사하고 그를 예루살렘의 크리스챤 교회에 소개했다. 반면에 예루살렘의 유대인들은 바울을 반역자로 간주했다: 그는 랍비가 될 가장 유능한 제자였었는데 이제는 그들이 미워하는 크리스챤이 된것이다. 그래서 그는 탈수스로 십년간 보내졌다. 우리는 바울이 변화되자마자 바로 선교여행을 떠난 것으로 오해하지만 바울은 아라비아에서 자신의 믿음을 재정비하는데 삼년, 그리고 부르심을 받은 사명이 확인될 때까지 그의 고향에서 십년을 보냈다. 바나바가 안디옥교회에 와서 그의 도움을 요청했을 때 그들은 바울이 선교사로 부르심 받은 것을 인정한 것이었고 바울은 사역을 시작할 수 있었다. 이것을 18년간의 예수님의 목수생활과 비교할 수 있다.

바울의 선교사역이 시작되다

신약성경에서 시리아의 안디옥교회는 중요한 장소이다. 예수님이 방탕한 아들의 비유에서 '먼 나라' 라고 했을 때 이 곳을 말씀한 것일지도 모른다. 유대인들에게 안디옥은 '먼 나라' 였고 고대 사회의 파리였으나 이러한 명성에도 불구하고 이 도시에 이방인들의 첫교회가 세워졌다. '크리스챤' 이라는 말은 안디옥 사람들이 교인들을 부르는 단어였다.

바울이 예전에 받은 선교사의 사명은 안디옥에서 기도회를 하는 도중 확인된다. (사도행전 13장) 성령은 바울과 바나바를 교회에 따로 세워 하나님이 주신 일을 시작하게 하라고 말씀하셨다. 바울이 변화될 때 받은 예수님이 주신 사명은 교회에서 성령을 통해 확인되었다. 이것은 우리가 주목할 점이다. 많은 사람들이 주님이 사명을 주셨다고 믿고 교회의 확인 절차를 기다리지 않는다. 바나바와 바울은 우리가 요즘 생각하는 선교사의 존엄에 미달되는 일들을 이미 하고 있었다. 유대땅에 심한 기근 때문에 안디옥교회는 헌금을 걷어 바울과 바나바에게 전하라는 심부름을 시켰다. 바울이 헌금을 걷는 일이 이번이 마지막은 아니었다.

다음에 나오는 지도는 처음에 예루살렘 그리고 다음에는 안디옥에서 선교사역이 어떻게 시작되었는지를 보여 준다. 안디옥은 로마까지 여파가 미치는 진원지였다. 바울은 처음에 로마 제국의 수도를 포함한 지중해 북동쪽 전체를 복음화하려는 계획으로 구브로에 갔다가 육지로 되돌아왔다. 그들은 안디옥의 피시디아, 루스드라, 더베 지역에 교회를 세우고 안디옥의 본부에 돌아와 보고를 했다. 바울이 에게해 근처에 세운 교회들에게 쓴 편지를 통하여 우리는 이 지역의 지명들을 잘 알고 있다. 그의 세번째이자 마지막 여행에서 그레데를 떠나 말타에서 조난을 당한 후 죄인으로 드디어 로마에 도착한다.

바울의 선교 방법

바울의 선교 방법은 주요 도시에 교회를 세운 후 다음 장소로 빠르게 이동했는데 한곳에서 삼주 혹은 좀더 오래 머물기도 했다. 예를 들어, 고린도에서는 18개월을 머물었다. 떠나야만 할 때도 있었고, 스스로 떠난 적도 있었지만, 그지역을 복음화 할 수 있는 교회를 세운 후에 떠났다. 바울은 모든 마을을 선교의 대상으로 삼지 않고 각 지역의 주요 도시에 중점을 두고 진실한 사도로서 새 영역을 개척하고 새 교회를 세우기 위하여 항상 이동했다.

이러한 삶은 매우 힘들었고 바울은 상당한 위험에 처하기가 일쑤였다. 그는 세번이나 조난을 당했고 거의 죽을 뻔한 경우도 셀 수 없이 많았고, 돌에 맞아 죽은 시체로 사람들이 내치고 간적도

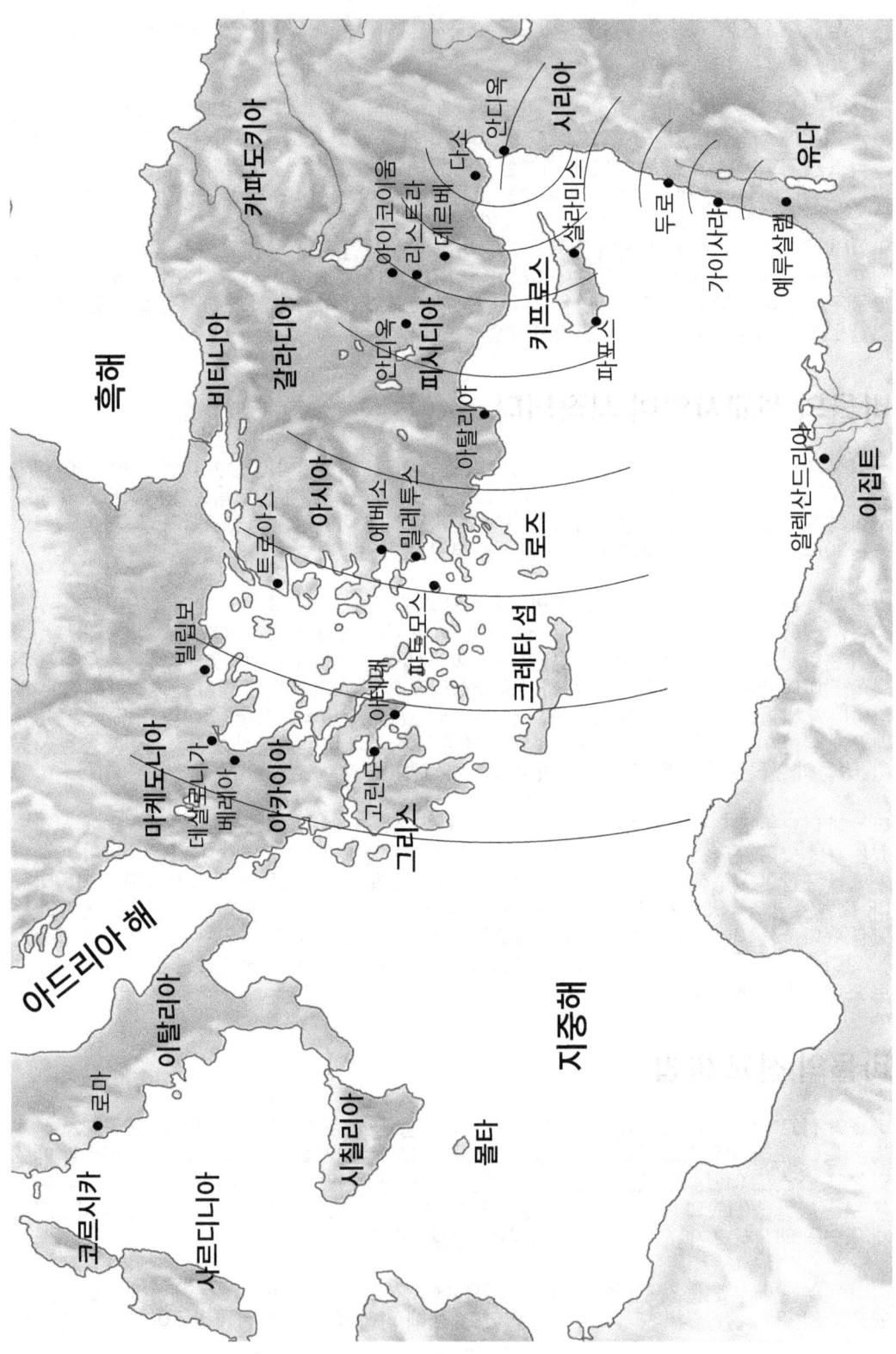

있었다. 항상 배고픔과 피곤이 있었다. 그의 가장 큰 부담은 새로 세운 교회들을 돌보아야 하는 책임감이었다.

바울은 자주 이동했지만, 그가 이미 세우고 봉사한 교회들을 잊지 않고 교회가 양과 질적으로 잘 성장하고 있는지를 계속 확인하기 위하여 교회를 방문하거나 편지를 썼다.

교회를 다시 방문하면 교회를 이끌어 갈 지도자들을 선정했다. 그러나 한번의 재방문은 충분하지 않았고 교회의 문제들을 개인적으로 돌볼 시간이 없었다. 또 그는 지중해의 북쪽 연안과 스페인까지 복음화하기를 원했다.

그래서 복음사역을 계속하는 방편으로 편지를 썼다. 이 편지들은 학문적이나 신학적 내용이 아니고 믿음을 시작한 사람들이 계속해서 믿기를 바라는 사도의 관심을 보여주는 편지들이다.

생각지도 못하게 죄수로서 드디어 로마에 도착한 바울은 감옥의 간수들에게 설교하며 복음사역을 시작했다. 바울은 운명이 달린 재판을 기다리는 죄수였고 친구이자 의사인 누가는, 누가복음과 사도행전에 나타난 대로, 그의 변호사인 데오빌로에게 보낼 변증 자료의 글을 썼다. 무죄로 석방된 바울은 스페인까지 여행하며 선교사역을 계속한 것으로 보인다. 그레데와 네카포리스를 다시 방문했고 가보지 않은 새로운 지역들을 개척했다. 바울은 알렉산더라는 대장장이의 배신으로 네로황제의 통치 기간 중 두번째로 체포되고 급한 상태의 그는 공책이나 겉옷도 챙기지 못하고 끌려갔다.

바울은 어떤 사람이었나?

바울의 외모에 대한 단 하나의 묘사가 있다. 그는 키가 작았고 (파울로는 '작다' 라는 뜻이다), 다리는 휘었고, 매부리 코에 대머리였다. 그의 눈썹은 이마 가운데에 있고, 그의 눈은 이상하게 생겼고, 손은 거칠었다. 바울같이 생긴 사람을 목사로 고려하는 교회를 상상해 보라. 그들이 이러한 외모의 묘사에 대해 어떻게 생각할 것인가? 또, 그는 한군데 오래 있지 않았고, 자주 사람들의 기분을 상하게 했으며, 경찰과 마찰이 있었고, 감옥에 갔던 기록이 있는 매우 독단적인 설교자였다. 그는 미혼이었고, 텐트 만드는 일을 했으며 교인들을 분열시키고 방언으로 말했다. 그러나 하나님은 우리가 생각하기에 불가능한 사람들을 선택하는 습관을 가지고 계시다!

바울에게는 헌신, 열정, 단순함, 집중력 등의 여러가지 장점도 있었다. 그는 그의 단순함이 한가지 사명에 집중하게 함을 믿었다. 위험을 용기로 대처하고 그를 적대하는 사람들에게 적당한 대응을 했다. 그의 일부 편지에는 격렬한 내용이 담겨있다! 그는 퉁명스럽거나 지독하기도 했지만, 진실된 염려, 보살핌 그리고 열정도 있었다.

바울의 주요 주제

바울의 성공의 비밀은 우리가 존경할 수 있는 인간적인 장점 때문이 아니라 그의 편지를 통하여 나타나는 세가지 기본에 기인한다.

그리스도 안에서

그가 절대적으로 그리스도를 위하여 살았음은 의심의 여지가 없다. 빌립보 사람들에게 보낸 편지에서, '나에게, 삶이란 그리스도이다.' 라고 말했다. 다마스커스로 가는 길에서 예수님을 만난 그 날부터 그는 예수님에게 완전히 몰입했다. 그의 생각으로는 죽는 편이 더 낳았다. 그는 '나는 지금

보다 훨씬 낮은 곳에서 예수님과 함께 있기 위하여 이세상을 떠나고 싶다.'라고 말했다.

그는 자신을 '예수님의 노예' 라고 불렀다. 고대사회의 노예는 누군가에게 완전히 종속되고 자신의 시간이나 돈이 없는 무시당하는 신분이었다. 그러나 고린도후서에서는 자신을 그리스도의 대사라고 불렀다. 그는 대사로서 또 노예로서 자랑스럽게 행동했다.

'예수님 안에서' 라는 문구는 오늘날 크리스챤들의 예수님과의 관계와 대조적이다. 바울은 우리가 흔히 사용하는 '내 안에 계신 그리스도' 라는 문구를 사용하지 않았다. '내 안에 계신 그리스도' 라는 말은 위대한 예수님을 우리의 작은 가슴에 두는 작은 예수님을 의미할 위험이 있다. 바울은 성령에 대하여는 '내 안에 있는 성령' 이라 말하고 그리스도에 대하여는 '나는 그리스도 안에 있다' 고 말했다. 그리스도 안에 있음으로 우리는 모든 축복을 받는다; 그리스도 안에서 모든 것이 우리의 것이다. 이렇게 바울은 로마제국의 어디에서든지, '그리스도안에서' 라는 인사말을 보냈다.

복음을 위하여

바울은 복음을 위하여 살았고 복음의 메세지를 전하기 위하여 어떤 일이든지 서슴치 않았다. 그는 감옥안에서도 복음으로 즐거워했다. 로마군인과 한번에 8시간씩 사슬로 묶여있어도 하루에 세명씩 잡혀있는 교인이 있음을 즐거워했다! 빌립보에 보낸 편지에 바울은 이 죄인들이 믿음을 갖게 되는 것을 목격했다고 썼다. 어떤 사람들이 바울을 시기하고 경쟁 상대로 여겨 복음을 전한다는 말을 들은 그는 설교의 동기가 어떻든 복음이 전해지는 것이 기쁘다고 말했다. 그는 하나님이 예수님을 통하여 하신 일을 누구에게나 전하기 위하여 어디든지 가겠다고 선언했.

그의 복음을 두 단어로 요약할 수 있다. 먼저, 그의 복음은 종말론적 복음으로 '종말론' 이라는 단어는 헬라어의 '마지막 것들' (eschaton) 이라는 말에서 유래했다. 바울은 미래가 현재에 침입해 들어왔다고 믿었다. 우리가 복음의 미래의 내용을 잊는다면 복음 자체를 잊은 것이다. 복음은 현재의 삶에 대한 기쁜 소식 뿐아니라; 우리가 그리스도를 만날 때, 새 몸을 받고 앞으로 올 새 세상에 대한 기쁜 소식이다.

두번째로, '도덕적' 복음이다. 바울은 삶이 변화되지 않는 '영혼구제'에는 관심이 없었다. 복음은 모든 삶에 도덕적 영향을 준다는 것을 바울은 믿기 시작한 사람들에게 가르쳤다.

은혜로

바울은 자신이 크리스챤들을 잡아서 감옥에 넣으려고 여행하던 도중 예수님의 부르심을 받은것에 대하여 계속 감동했다. 만약 예수님이 그가 받아 마땅한 것을 주셨다면 그는 지옥에 있을 것이었고, 자신이 전혀 구원받을 자격이 없는 사람임을 잊지 않았다. 이렇게 '은혜' 라는 단어는 바울이 느낀 것처럼 우리가 받을 자격이 없음에도 불구하고 받았음을 의미한다. 로마서에서 바울은, '우리가 아직 죄인되었을 때에 그리스도께서 우리를 위하여 죽으셨다.' 라고 말했다. 이 은혜는 바울을 항상 감사하게 만들었고 이 감사함은 그의 끝없는 노력의 원동력이었다.

바울의 편지들

바울은 역사상 가장 유명한 편지들을 쓴 사람이지만 유대인으로서 편지를 쓰는 일은 흔치 않았다. 고대사회의 작은 유대나라에 사는 유대인들은 친척이나 친구들을 방문하기가 쉬웠고 편지를 쓸 이유가 별로 없었다.

편지를 보내는 것은 꼭 필요할 때만 하는 매우 비싼 대화 방법이었다. 로마제국 당시에 많은 편지들이 쓰여졌지만, 대부분 사무적이거나 편지 배달부를 고용할 수 있는 부자들만이 사용했다. 우편제도가 없었기 때문에 심각한 문제나 중대한 위기가 있을 때만 편지를 사용했다.

또, 고대사회의 편지는 한장의 파피러스에 20개 정도의 단어가 쓰여진 짧은 편지였다. 긴 편지는 여러장의 파피러스를 이어서 만들어야 했고 바울 서신들은 당대에 가장 긴 편지들이다. 한 편지의 단어는 평균적으로 1,300 개이고, 7,114개의 단어로 구성된 로마서는 그 시대의 가장 긴 편지일 것이다!

바울은 모든 편지에 같은 형식을 사용했다. 처음에 그의 이름이 적어서 받는 사람이 두루마리를 펴면서 발신인이 누구인지를 바로 볼 수 있었고 다음에는 받는 사람들에게 인사말을 했다. 이것이 당시에 사용되던 편지의 구조였고 바울은 교회나 개인들을 격려하는 말을 사용했다. (요한계시록에서 소아시아의 일곱 교회에게 쓴 편지도 같은 형식을 따르고 하늘에 계신 예수님이 그들을 비평하기 전에, 한교회 씩 칭찬하셨다).

다음에 편지의 대부분은 바울이 말하고자 하는 내용이고 마지막에는 편지의 주요 메세지를 요약하고 인사와 싸인으로 끝맺는다.

그 당시에 흔히 한 것같이 바울도 대필자를 이용했다. 훗날 바울의 선교여행에 동행한 친구 실라가 바울의 대필자 역할을 하기도 했다. 바울은 방에서 서성거리거나 로마군인에게 사슬로 묶여있는 상태에서 편지에 쓸 내용을 말했을 것이다. 대화형식의 이 편지들은 복음서들과 같이 먼저 말로 한 내용을 기록한 것이다. 당시에 바울이 썼다는 가짜 편지가 나돌았기 때문에 바울은 편지의 마지막에 예의를 갖추어 싸인을 했다. 데살로니가후서의 마지막에 바울은 그가 편지의 저자임을 확언한다. 편지를 쓰는 것이 바울에게 신체적으로 힘들었을 수도 있다. 그는 갈라디아서에 그의 약한 시력 때문이라고 싸인을 크게 했다고 설명했다.

세종류의 편지

바울은 세종류의 편지를 썼다. 첫째로, 개인들에게 보낸 4장의 개인적 편지는 빌레몬, 디모데 (2장) 그리고 디도에게 보냈다.

다음에는 교회에게 쓴 '특정한' 편지들로 교회에 어떤 일이 생겼을 때 쓴 편지들이다.

그리고 바울이 에베소 사람들에게 일반적으로 쓴 유일한 편지가 있다. 이 편지는 개인이나 교회와 특별한 연관이나, 어떤 사건이나, 필요성에 의해 쓰여지지 않았다. 일부 사람들은 로마서도 일반적 편지로 잘못 생각하는데, 로마교회의 상황을 잘 살펴보면 바울이 편지를 쓴 이유를 알 수 있다.
에베소서는 우리의 삶에 쉽게 적용시킬 수 있지만, 개인적인 편지와 특정한 편지들은 그렇지 않다. 마치 남의 전화를 한쪽의 말만 엿듣고 있는 것 같아서 전체 내용을 구성해야 한다. 예를 들어, 어떤 사람이 전화를 받고 다음과 같이 말했다고 가정해 보자:

'여보세요?... 왔어요? 축하합니다!... 무게가 얼마예요?... 무슨 색이예요?... 아내가 만지지 못하게 하세요!... 아마 아주 목마른 상태일 거예요. 케이터필라는, 빠르죠... 조심하세요... 당신은 진흙위에 있죠, 그렇죠?... 나도 하나 사야겠어요... 축하해요!'

이 내용이 배달된 새 트랙터에 대한 대화임을 짐작할 수 있는 사람은 몇명 되지 않을 것이다!

다른 한쪽의 '대화'를 재구성하기 위하여 마치 형사와 같이 내용을 맞추어야 한다. 예를 들어, 바울은 데살로니가 교인에게 두장의 편지를 썼다. 첫번 편지는 다정했지만 두번째 편지는 차가왔다. 그의 어조를 바꾸게 한 어떤 사건이 있었음이 분명하고 이것을 알아내려면 두장의 편지를 자세히 조사해야 한다.

편지를 보낸 사람만 알고 있는 문제외에도 바울이 쓴 편지의 배경과 우리 사이에는 2,000마일의 거리와 2,000년의 시간적 그리고 문화적 간격이 있다. 그들의 신앙생활의 기본을 알아본 후 오늘날의 삶에 적용시켜야 한다. 예를 들어, 바울이 고린도서에서 여자들의 머리를 가리라고 한 말이 오늘날 예배를 드릴 때 여자들이 모자를 써야 한다는 의미인가?

신약시대의 교회들이 완벽하지 않았음이 우리에게 얼마나 다행인지 모른다! 그 교회들의 문제는 우리를 격려한다. 그들에게 문제들이 없었다면 우리에게 단 한장의 바울서신만이 있을 수도 있었다! 예를 들어, 고린도 교회가 카리스마적이고 속세적이었기 때문에 우리에게 고린도전서 13장의 사랑에 대한 말씀이 있다. 고린도 교인들 중 술취한 채로 예배를 드린 사람들이 있었기 때문에 우리에게 성만찬의 예식에 대한 말씀이 주어졌다. 바울이 여러가지 문제에 대하여 쓴 편지들을 통하여 예수님을 따르는 것이 어떤 것인지를 우리가 이해할 수 있다.

강의가 아닌 편지!

다른 어떤 종교도 하나님의 계시를 편지로 주지 않았다는 점은 특이하다. 고대사회에서 편지는 흔치 않았을 뿐 아니라 그 내용을 하나님의 말씀으로 여기는 것은 전무한 일이었다. 바울은 자신이 사도의 권위로 편지를 쓰는 것은 알고 있었지만, 그의 편지들이 성경으로 읽혀지리라고는 생각지도 못했을 것이다. 그러나 얼마 후 그의 편지들은 로마제국의 교회들이 돌려가며 읽게 되고 결국 그 편지들이 모아져서, 구약성경의 선지서와 같이, 편지의 길이에 따라 열거되었다. 교회에 보낸 아홉 장의 편지가 개인에게 보낸 네장의 편지 전에 있다. 신약성경이 만들어 지기전에 이미 베드로는 바울의 편지들을 '성서'라 불렀다. 바울은 특별한 사도였고 그의 글은 하나님의 계시의 일부로 인정되었다.

그의 편지의 내용은 믿음이나 태도에 대한 체계적인 지시가 아니고 당시의 상황에 대처하는 직접적인 답변이었다. 그 편지들은 우리같은 보통사람들을 위하여 쓰여졌고 그러한 편지에서 기대할 수 있는 개인적이고 감정적인 요소들이 있다. 문화적 차이를 넘어야 하지만, 인간미가 흐르는 편지의 내용은 우리와 쉽게 연관지을 수 있다.

두번째로, 이 편지들은 우리에게 실용적인 하나님의 말씀을 전해 준다. 편지의 내용은 실제의 삶, 실제적인 필요, 결혼, 노예제도, 집에 있는 어린이들, 매일하는 일들과 연관된다. 하나님은 우리가 철학적이나 진수에 통달하지 않아도 이해할 수 있도록, 그의 말씀을 실용적이고 개인적인 내용으로 주셨다. 하나님의 말씀을 강의보다는 편지로 우리에게 주셨다.

결론

나는 사도바울과 그의 편지들의 배경에 대한 정보를 주려는 목적으로 이 글을 썼지만, 그의 편지들을 직접 읽는 것보다 더 좋은 방법은 없다. 하나의 편지를 단번에 읽는 것이 효과적이다. 우리는 친구에게서 온 편지를, 부분적으로 골라 읽지 않는다; 단번에 전체를 읽고 이해하려 한다. 마찬가지로, 바울 서신의 자세한 내용을 알기 전에 먼저 전체 메세지를 알아야 한다. 다음의 각 편지의 개요는 여러분의 전체적인 이해를 도울 것이다.

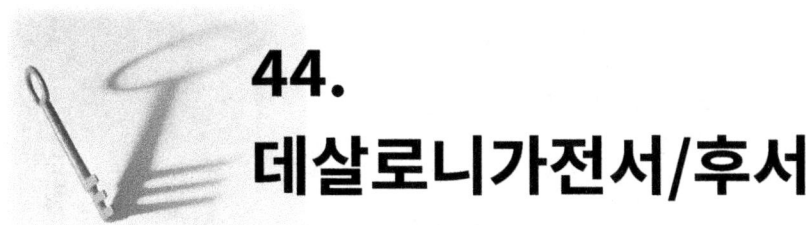

44. 데살로니가전서/후서

개요

바울은 몇달 간격으로 데살로니가 교인들에게 두장의 편지를 보냈는데 그 내용은 다른 편지들에 비해 이해하기 쉽다. 예전에 바울, 실라, 디모데가 함께 데살로니가를 방문했었기 때문에 바울은 이 세사람의 이름으로 편지를 썼다. 같은 장소의 같은 사람들에게 짧은 기간내에 쓴 편지들이지만 두 편지가 주는 느낌이나 어조는 무척 다르고, 같은 내용이지만 전혀 다른 방향성을 띠고 있다. 첫번째 편지는 따뜻하고, 부드러우며, 데살로니가교회를 염려하는 바울을 보여주지만 두번째 편지는 차갑고, 날카로우며 거리감을 둔 느낌이다.

각 편지의 배경, 특히 편지가 쓰여진 시기와 받은 사람들이 처했던 상황을 연구해 보면 이 편지들을 이해하는데 도움이 될것이다.

다음의 지도는 에게해 위에 위치한 데살로니가를 보여준다. 이곳은 주요 항구 도시였지만, 오랜 기간동안 항구에 모래가 쌓이면서 도시는 점차로 해안에서 멀어지게 되었다.

데살로니가는 로마에서 아시아를 연결하는 이그나시안 대로가 통과하고 북쪽과 남쪽을 오가는 상선들이 마지막으로 정박하는 항구였다. 에게해 주변의 어느 도시보다도 더 많은 동전이 만들어 졌던 그지역의 상업의 중심지였다.

이 도시에는 유대인 상인들을 포함한 여러 민족이 섞여 살았다. 고고학자들은 바울시대의 데살로니가에서 로마 법정, 운동 경기장, 헬라식 시장, 사마리아인들의 성전등을 발굴했다. 또 그 지역의 지도자들을 '정치가'라는 직분으로 묘사한 누가의 글을 확증해주는 발굴도 최근에 있었다. 다른 도시에서는 이런 직분이 사용되지 않았으므로 이 발굴이 있기 전까지는 이 명칭을 누가의 실수로 여겼었으나 고고학자들은 데살로니가 근처에서 이 직분이 쓰여진 비문을 포함한 41개의 비문들을 발굴했다.

데살로니가와 베레아에서의 바울

바울은 AD 49년 경, 두번째 전도여행 때 데살로니가에 도착했다. 그는 아시아에서 먼저 복음을 전한 후 비두니아로 갈 계획이었으나 성령이 매번 그의 길을 막는 것을 느꼈다. 드로아 (고대 트로이) 에 머물 때, 바울은 한 남자가 마케도니아에 와서 사람들을 도와달라고 부탁하는 꿈을 꾼 후, 그는 에게해 건너편의 네압볼리항구로 이동했고 빌립보에서 설교하다가 쫓겨나게 되자 데살로니가로 다시 이동했다.

바울은 항상 유대인들의 회당에서 먼저 설교했다. 그는 이방인의 사도였지만, 유대인들을 위한 특별한 사명감을 느꼈고, 믿는 유대인들과 교회를 세워 그 교회가 주위의 이방인들에게 복음을 전하게 하는 방법을 사용했다.

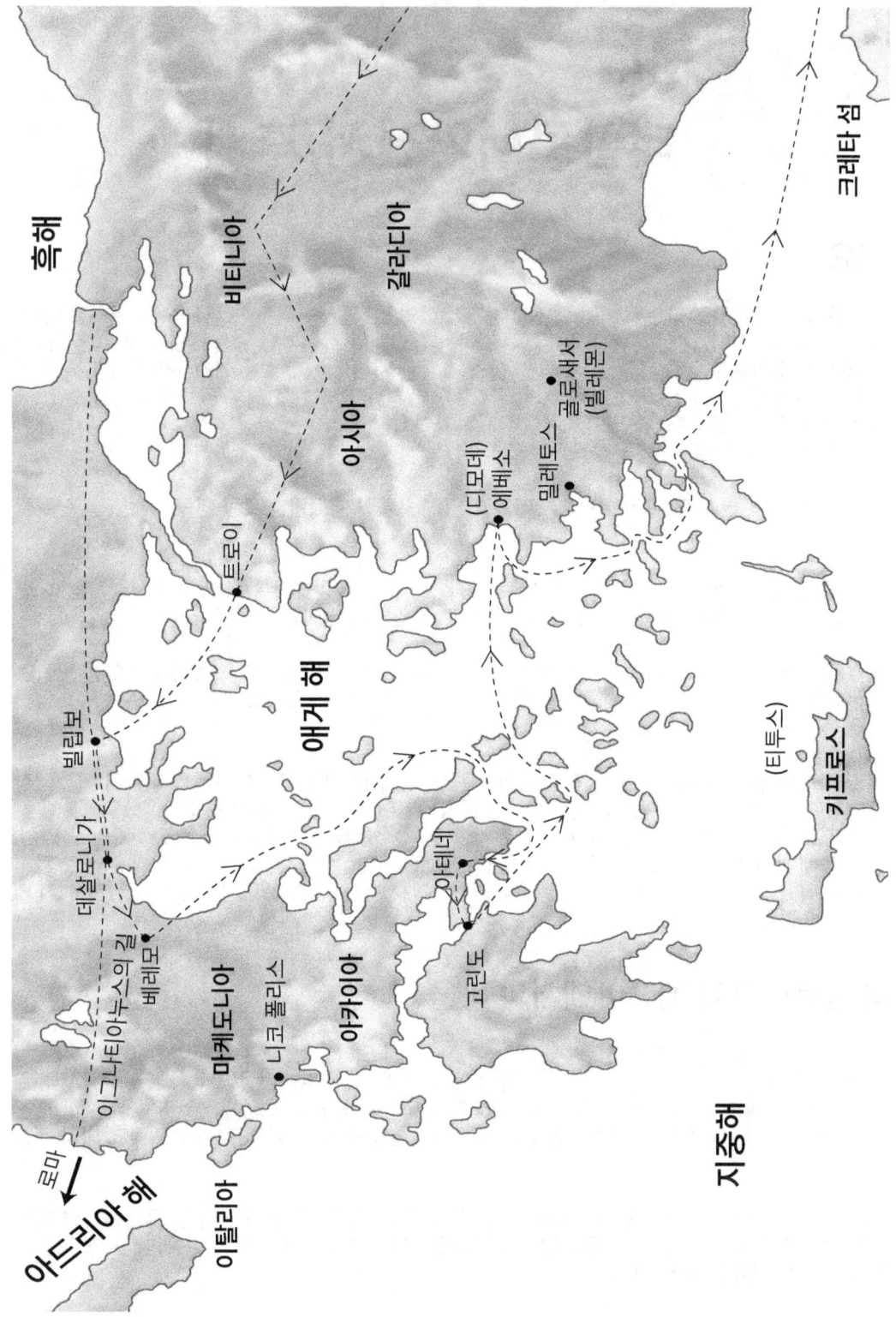

그러나 회당을 통해 결신한 사람들은 유대인들이 아니라 '하나님을 두려워하는 자' 라 불리우는 이방인들로 그들은 유대교를 정식으로 받아드리지 않았고 할례도 받지 않았지만, 유대인의 하나님을 진실한 하나님으로 여기고 유대종교에 관심을 가진 사람들이었다.

데살로니가에서 바울의 회당 방문은 강한 거부에 부딪치고 일부 유대인들은 바울이 그곳에서 더 이상 사역을 하지 못하도록 적극적으로 방해했다. 그들은 '하나님을 두려워하는 자'들이 유대인으로 전환하지도 않은 상태에서 하나님의 자녀가 될 수 있다는 바울의 주장에 특히 반대했다. 데살로니가의 유대인들이 반란까지 일으키려 하자 바울은 삼주 후에 자진하여 베레아로 떠났다. 데살로니가에 이렇게 짧은 기간동안 있었지만, 바울은 여러명의 상류층 여인들을 교인으로 한 든든한 교회를 세우고 떠났다.

아덴과 고린도에서의 바울

바울은 베레아에서도 쫓겨나게 되자, 실라와 디모데를 베레아에서 계속 사역하도록 남겨두고 자신은 남쪽의 아덴으로 이동했다. 아덴에서는 바울의 메세지를 거부하는 다른 종류의 사람들이 있었다. 헬라의 철학은 사람이 죽으면 영혼이 몸에서 영광스럽게 빠져나간다고 믿었으므로, 그들은 바울이 믿는 부활을 우습게 여겼다. 소수가 믿음을 받아드렸으나 교회를 세울만큼의 인원은 아니었다.

아덴에서 고린도로 간 바울은 완전히 실망해 있었음이 분명하다.

그는 빌립보, 데살로니가, 그리고 베레아에서 쫓겨났다. 아덴에서는 웃음거리가 되었었고 겨우 몇명만 복음을 받아드렸다. 그는 의기 소침한 상태로 고린도에 도착했다. 고린도전서에, '내가 약하고 두렵고 떨리는 마음으로 너희에게 왔다.' 라고 기록했는데 그가 용기를 잃게 된 이유는 간단했다. 우리는 바울을 역사상 가장 성공적인 선교사로 손꼽지만, 이런 계속되는 어려움을 극복한 사람은 몇명 되지 않는다.

드디어 실라와 디모데가 고린도에 도착하여 알려준 데살로니가 교회가 그런대로 잘 성장하고 있다는 소식을 들었을 때의 바울의 심정을 우리는 상상할 수 있다. 이 소식은 바울의 용기를 북돋아 주었지만 고린도의 사역을 두고 떠날 수가 없었던 그는 데살로니가에 편지를 쓰기로 결정했다. 그리고 디모데와 실라는 빌립보교회가 성금한 헌금을 전해주었다. 바울은 한푼도 없이 고린도에 와서 텐트 제작을 하면서 유대인 부부인 브리스길라와 아굴라와 친해졌다. 로마에서 피신해 온 그들의 생업도 텐트 제작이었다. 바울이 데살로니가 교인들에게 편지를 쓸 때에는 한층 기운이 북돋아 있었다.

복음을 받아드림 (데살로니가전서)

바울의 긍정적인 자세는 데살로니가전서의 첫장에 나타난다. 그는 데살로니가교인들이 강건한 믿음으로 신앙을 지킨다는 소식을 듣고 매우 기뻐했다. 그들이 하나님의 말씀을 그저 '들은' 것이 아니라 '받아드린' 것을 기뻐하며 그는 '받아들인다' 라는 단어를 여러번 사용했다. 이제 세단어들을 네그룹 안에서 살펴보며 데살로니가전서를 공부하기로 하자.

말씀, 행동, 표적

바울은 설교하고, 행동으로 보여주고, 표적을 통한 세가지 방법으로 복음을 전했다. 많은 크리스찬들은 사람들에게 복음의 말씀을 전하기만 하면 복음을 준것으로 믿는다. 그러나 듣는 사람들에게 전한 말씀의 사실여부에 대한 증거를 아직 주지 않았다. 그들은 복음을 듣고 볼 수 있어야 한다. 말씀, 행동, 표적 중 두가지는 눈을 위한 것이고 하나는 귀를 위한 것이다. 우리는 바울의 효율적이고 균형된 전도방식을 사용해야 한다.

바울은 사람들이 복음을 듣기보다는 보기를 원한다고 믿었다. 행동은 말의 진실성을 보여주는 인간적 증명이고, 표적은 하나님의 말씀의 증명이다.

우리는 너무 말로만 전도한다. 물론 하나님의 말씀을 전하는 것도 중요하지만, 우리의 삶에서 하나님의 표적와 경이로움으로 말씀을 뒷받침해야 한다.

예수님이 제자들을 둘씩 짝지워 보내시면서, '이 일은 매우 간단하다. 마을에 들어가서 죽은 자를 살리고, 병든 자를 고치고, 귀신을 내 쫓고, 그리고 하나님의 나라가 그들에게 임했음을 전하라.'라고 말씀했다. 다시 말해서, 복음을 전하기 전에 먼저 보여주라는 말씀이다.

믿음, 소망, 사랑

바울은 이 세단어를 즐겨 사용했다. 고린도전서 13장을 통해 더 잘 알려져 있지만, 데살로니가전서에도 기록되어있다. 데살로니가 교인들의 믿음과 서로를 사랑하는 마음이 소망보다 더 강했음이 분명하다. 믿음은 과거의 하나님의 역사를 보여주고, 사랑은 그가 현재 하고 있는 일을 보여준다. 데살로니가 교인들은 하나님이 그들을 위하여 하실 미래의 일을 잘 이해하지 못했다.

믿음, 소망, 사랑은 그저 자세를 의미하지 않는 활동적인 단어들이다: 믿음은 행동하고, 사랑은 참고, 소망은 인내한다.

하나님, 예수님, 성령님

바울은 데살로니가 교인들이 삼위일체의 하나님을 경험했다고 말했다. 삼위일체의 한분에게만 치중하고 나머지 두분을 등한시하지 않았다. 그들은 하나님께 회개하고, 예수님을 믿고, 성령을 받았다.

변화, 섬김, 기다림

마지막 세 단어들은 바울이 정의하는 건강한 크리스챤을 묘사한다. 이 세 동사는 그들의 믿음을 묘사한다: 우상숭배의 삶에서 변화되어, 살아계신 하나님을 섬기고, 하늘나라의 독생자를 기다린다. 크리스챤의 삶은 과거를 회개하고, 지금 계속하여 섬기고, 미래에 다시 오실 그리스도를 기다리는 것이다.

바울의 청렴함 (데살로니가전서 2-3장)

데살로니가전서 2장은 바울이 당면했던 첫번째 문제를 보여준다. 바울은 어디서나, 사람들의, 거의 유대인들의, 반대와 사람뒤에 숨어있는 사탄의 방해에 부딪쳤다. 두가지 모두 사탄의 질투에 의한 일로 유대인들과 사탄은 그들의 추종자를 잃는것을 싫어한다. 사탄은 거짓의 대부로서 하나님의 선한일을 방해하기 위하여 복음을 전하는 선교사나 말씀자체를 파괴하려 하고 하나님의 일을 할 때 동기를 의심하게 하고 거짓말을 퍼뜨린다.

이런 상황이 데살로니가에 이미 벌어지고 있었다. 2장과 3장에서 바울이 자신을 변호하는 내용을 통하여 그가 어떤 중상묘략을 당하고 있었는지를 알 수 있다. 그는 아홉번이나 그의 청결함을 호소했다. 그는 자신의 이익을 위하여 일하지 않았고 그의 평판이 나빠지면 데살로니가의 크리스챤들이 그가 전하는 복음을 불신할 것을 알고 있었다.

사람들은 다음의 아홉가지로 바울을 비난했다:

1. 바울은 서투르다. 그는 혼란한 상황을 정리하지 못한 채 데살로니가를 떠났다.
2. 바울은 겁쟁이다. 죄인인 바울은 데살로니가에서 도망했다. (사실은, 데살로니가의 새로 믿기 시작한 교인들이 보석금을 걷지 않도록 하기 위하여 그가 빨리 떠났음을 우리는 알고 있다).
3. 바울은 광신적이다. 바울은 한가지에만 열중하는 정신적으로 불안정한 사람이다.
4. 바울은 여자를 호색한다. 교인들 중에 부유한 여인들이 있었고, 바울이 그들에게 특별한 관심을 보인다는 소문이 떠돌았다.
5. 바울은 사기꾼이다. 바울은 사기꾼이고 자신의 이익을 위하여 데살로니가 교인들과 접촉했다.
6. 바울은 아첨꾼이다. 바울의 말은 별 가치가 없고 데살로니가 교회에 대한 진정한 관심이 없다.
7. 바울은 기회주의자이다. 바울은 교회에서 돈을 벌기 위한 목적으로 설교한다.
8. 바울은 게으른 사람이다. 바울은 실제적인 일은 하지 않고 쉽게 살아가는 게으름뱅이이다.
9. 바울은 독재자다. 바울은 무자비하고 새 교인들 위에 군림하려 한다.

이러한 정죄들은 물론 사실이 아니었지만, 한번 퍼진 말은 아무리 납득시키려 해도 사람들의 마음 속에서 떠나지 않는다.

이러한 정죄 뒤에는 악마가 있고 이 말들 자체가 바로 악마의 성격을 묘사한다. 악마는 자신의 악한 동기를 바울에게 뒤집어 씌우고 있었다.

바울은 데살로니가 교인들과 하나님을 두 증인으로 여기고 그를 정죄하는 말들이 허위임을 11가지의 답변을 통해 호소한다:

1. 그의 사역의 효율성을 강조했다. '너희들은 믿음과 사랑이 충만한 건강한 교회를 이루었고 다른 사람들에게 계속 복음을 전하고 있다. 서투른 사람이 이런 일을 할 수 있겠는가?'
2. 그의 담대함을 강조했다. 그는 빌립보에서 감옥에 갔혔었으나, 바로 옆 도시인 데살로니가에 와서 다시 복음을 전하기 시작했다. 이것이 겁장이의 태도인가? 겁장이였다면 먼 나라로 도망했을 것이다.
3. 그는 교활하지 않았다. 그는 아무도 속이려 한 적이 없고 사람들에게 진실하게 대하였다고 호소했다.
4. 그의 신성함을 호소했다. 사람들은 그를 인정하지 않지만 하나님은 그를 인정한다고 말했다.

5. 그의 겸손함을 호소했다. 그는 자신의 자존감이나 권리를 추구하지 않았다.

6. 그의 온유함을 호소했다. 그는 유모가 아기를 대하듯 데살로니가 교인들을 대했다고 말했다. 그들을 더 잘 보살필 수 있는 사람은 없었다.

7. 그의 사심없음을 호소했다. 그는 시간, 돈, 그리고 자신까지도 그들에게 주었음을 상기시켰다.

8. 그의 분주함을 호소했다. 게으르기는 커녕 그는 매일 새벽부터 밤까지 일했다.

9. 그의 거룩함을 호소했다. 그는, '우리가 너희 믿는 자들을 향하여 어떻게 거룩하고 옳고 흠 없이 행하였는지에 대하여 너희가 증인이요 하나님도 그러하시도다.' 라고 말했다. 그가 '너희 중에 누가 나를 정죄하느냐?' 라는 말로 자신을 방어하신 예수님의 말씀을 반복하는 것 같다.

10. 그의 열심을 호소했다. 그는 자신이 그들의 어머니이자 아버지라고 말했다. 그들에게 위로가 필요할 때는 어머니와 같았고 훈계가 필요할 때는 아버지와 같았다.

11. 마지막으로, 그의 엄격함을 호소했다. 그는 그의 기준을 낮춘 적이 없고 그들을 속이려 한 적이 없다고 말했다.

바울이 데살로니가교회에서 당면했던 상황은 악마가 사람들의 비난을 조장하여 크리스챤의 사역을 방해하는 것을 보여준다. 악마는 크리스챤들에게 거짓 동기를 부여하고 교회의 지도자들을 의심하게 한다.

그러나 바울은 이러한 정죄를 두려워하지 않고 데살로니가 교인들에게도 같은 일이 일어 날 것을 기대하라고 말했다. 크리스챤들에게 예수를 위한 고통은 선택된 백성의 증거이고, 명예의 증표이며 믿음의 확인이다. 복음을 위하여 한번도 고통을 당하지 않았거나, 힘들지 않았거나, 적이 없거나, 예수님을 따르기 위한 댓가를 치룰 필요가 없었던 사람들이 오히려 걱정해야 한다. 바울에게 고통은 정상이었다. 그는 수감당하거나, 채찍질 당하거나, 돌 맞는 일은 기꺼이 받아드리지만, 그의 사역의 방해를 위하여 거짓 동기를 꾸며내는 사람들과는 언제든지 싸울 준비가 되어있었다.

영적 성숙 (데살로니가전서 4-5장)

데살로니가전서 4-5장에서 바울은 데살로니가 교인들의 영적 성장을 돕고자 노력했다. 그는 특히 거룩함과 소망에 대하여 염려했다.

거룩함

하나님이 원하시는 믿는 사람의 거룩함은 크리스챤의 삶의 핵심이다. 바울은 데살로니가 교인들이 힘들어 하는 두 가지의 문제를 잘 알고 있었다.

여자

첫번 째 문제는 여자였다.

헬라인들은 그들이 경배하는 신들과 같이 허술하고 난잡한 삶을 살았고 아내를 정기적으로 바꾸고 첩을 갖는 일은 보통이었다. 디모스데네라는 사람은 헬라의 삶을 다음과 같이 표현했다: '매춘부는 쾌락을 위하여, 첩은 우리가 매일 필요한 욕구를 위하여, 아내는 자녀 생산과 집안 살

림을 위하여.'

세네카는 이렇게 말했다: '여자들은 이혼당하기 위하여 결혼하고 결혼하기 위하여 이혼당한다.' 정조는 존재하지 않았다.

이런 환경에서 바울은 데살로니가교회의 남자들에게 매춘부와 첩을 포기하고 난잡한 생활을 청산하라고 말했다.

그들은 결혼을 존중하고 서로에게 순결하고 아내를 매춘부나 첩으로 취급하지 말아야 했다.

일

데살로니가 교인들이 힘들어 한 두번째는 일이었다.

이것은 설교에서 다루면 안되는 문제로 여겨질 때가 있어서 일에 대한 설교는 별로 하지 않는데 아마도 교회의 설교자들이 매일 정해진 시간에 일을 하지 않기 때문일 것이다. 어느 날은 교회를 위하여 16시간을 일할 수도 있지만, 일반인들이 말하는 '직업'과는 다르다.

제자훈련에서도 일을 제대로 취급하지 않는다. 그들은 일하고 남은 시간에 어떻게 크리스챤이 되어야 하는지를 가르친다—남은 시간에 어떻게 기도하고, 성경 읽고, 간증하고, 교회를 섬기는지를 가르친다. 이것은 일하고 남은 시간에 하나님을 섬기는 것으로 빨리 직장에서 돌아와 교회를 섬기고 싶어하는 마음을 갖게 한다.

이런 사람들은 모든 시간을 통해 주님을 섬기는 삶이 크리스챤의 삶임을 잊은 것이다. 일은 거룩함의 부분이고 일하는 시간에도 주님과 이웃을 위한 우리의 사랑을 표현해야 한다. 하나님에게 영광을 드리기 위함이 일의 동기가 되어야 한다. 일이 우리의 거룩함의 일부가 되기 전까지 우리의 일은 하나님에게 영광이 될 수 없다.

일부 데살로니가 교인들은 자신의 일을 내던지고 주님의 재림을 기다리며 지냈는데 이런 태도는 그들의 문화에 이상한 것이 아니었다. 헬라인들은 평생을 쾌락을 위해 살았고 일은 (특히 노동은) 악하고 자존심 상하는 것으로 여기고 가능하면 노예들을 부렸다. 그러나 히브리인들은 구약성경에 의하여 일을 예배의 일부로 여겼다. 노동이나 어떤 종류의 일의 구분도 없었고 하나님 앞에서 일은 존엄하고 하나님을 기쁘게 하기 위함이었다.

바울은 다른 사람들을 의지하지 말고 스스로 돈을 벌라고 가르쳤다. 일할 수 있는 크리스챤은 다른 사람의 동정을 기대하면 않되고 자신의 가족을 부양하고 정말 필요한 사람을 도울 수 있도록 일해야 한다. 바울은 일할 수 없는 사람들에게 말하는 것이 아니라 일을 하지 않는 사람들에게 말하고 있었다.

소망

바울은 데살로니가 교인들에게 소망에 대하여 가르쳐야 할 필요을 느꼈다. 그리스도의 재림은 신약성경에 300번 이상 언급되어 있고 이것은 신약성경의 핵심주제이다. 그래서 바울은 새 크리스챤들에게 소망을 기본적으로 가르쳤다. 데살로니가 교인들은 믿음과 사랑에는 강했으나, 헬라문화의 죽음에 대한 태도 때문에 소망에는 약했다.

이실루스는 말했다: ' 사람이 죽으면, 부활은 없다.' 디오크라테스는 말했다: '살아있는 사람에게는 소망이 있으나, 죽은 사람에게는 소망이 없다.' 또 다른 철학가는 말했다: '우리의 짧은 인생이

끝나면, 수면에 들어갈 영원한 밤이 있다.' 고대 헬라 시대의 한 묘비에는 다음과 같이 쓰여있다: '나는 존재하지 않았다, 나는 존재했다, 나는 존재하지 않는다, 나는 상관하지 않는다.'

데살로니가 교인들은 그들이 죽으면 주님의 재림을 못보는 것으로 오해했다. 죽은 사람은 부활할 수 없다고 믿었는지, 아니면 죽은 사람은 훗날에야 부활할 것으로 믿었는지 우리는 알 수 없다. 바울은 예수님이 재림하면, 죽은 사람들이 먼저 예수님을 볼 것이므로 죽은 사람들에 대해 너무 애통해 하지 말라고 그들을 안심시켰다. 그들이 먼저 부활하고, 살아있는 사람들이 그 뒤를 따를 것이다.

물론 이것은 크리스챤들이 죽은 후에 지구로 다시 돌아올 것을 의미한다. 하늘나라에서 예수님을 만난 후, 그들은 새로운 몸으로 돌아온다. 하늘 나라는 기다리는 곳이다—죽은 사람들이 임시로 묵다가 그리스도가 재림하면, 예수님과 함께 영원히 살 것이다.

데살로니가 교회는 예수님의 재림에 대하여 오해하고 있어서 바울은 예고 없이 갑자기 재림하실 예수님에 대한 말씀을 인용했다. 많은 사람들이 예수님이 곧 오실 것으로 생각했으나 바울은 예수님을 기다리지 않는 사람들에게 갑자기 나타나실 것을 설명했다. '밤에 도적같이' 라는 예수님의 말씀은 크리스챤을 두고 한 말이 아니고 준비되지 않은 사람들을 향한 말이다. 그들이 계속 주의를 기울인다면 놀라지 않을 것이다. 바울의 다른 설교들과 신약성경은 예수님의 재림 전에 어떤 표적이 있을 것을 말한다. 이 주제는 데살로니가후서에서 다시 다루기로 한다.

마지막 권고 (데살로니가전서 5:12-28장)

이 편지의 마지막은 마치 여러설교의주제가 압축된 것과 같이 5장은 서로 관련되지 않는 내용들이다.

지도자들과 교인들

데살로니가 도시는 민주주의 정부의 형태를 가지고 있었고 다른 지역과 달리 데살로니가의 여자들은 어느 정도 해방된 생활을 하고 있었다는 장점이 있었다. 반면에 교인들이 교회의 지도자를 거의 존경하지 않는 단점도 있었다. 바울은 지도자들에 대한 존경심이 결핍된 상태에서 그들이 교회를 이끌어 갈 수 없음을 교인들에게 말했다. 교회는 민주주의가 아니라 성령에 의해 인도되는 신전주의로서 이 지도 체제는 성령이 충만한 지도자들과 교인들에게서 볼 수 있다. 지도자들은 독재자가 아니고 교인들은 민주주의의 일원이 아니다.

바울은 꼭 해야 할 다섯가지와 하지 말아야 할 세가지를 말했다: 게으르지 말것, 약하지 말것, 겁먹지 말것; 인내할 것, 용서할 것, 기뻐할 것, 기도할 것 그리고 감사할 것.

삼위일체

바울은 삼위일체에 대한 가르침으로 편지의 끝을 맺는다:

성령. 교회는 성령을 기피하거나 예언을 거부하지 말고 모든 것을 시험하라. 좋은 것은 유지하고 악한 것은 피하라.

하나님. 바울은 하나님을 적대하는 문화권 안에 사는 그들을 하나님이 거룩하게 해달라는 기도를 드렸다.

예수님. 바울은 예수님이 재림할 때까지 그들을 깨끗한 사람들로 지켜주실 것을 기도드렸다. 재림이 성스러운 삶의 동기가 되어야 한다.

그들의 인내 (데살로니가후서1장)

몇개월 후에 쓰여진 바울의 두번째 편지는 매우 다른 어조로 차갑고, 거리감이 있고, 놀라고 상한 마음이 엿보인다. 바울이 교회에 대한 어떤 나쁜 소식을 듣고 첫번째 편지의 가르침을 다시 알리고자 두번째 편지를 쓴 것같다.

바울은 우선 심한 박해에도 믿음을 굳건히 지킨 그들을 칭찬했다. 예전에 바울을 박해하던 자들이 이제는 교인들을 박해했다. 그는 교인들에게 고통의 삶이 복음의 삶의 일부분임을 알려주었다.

그들이 지금 박해받고 있지만, 훗날 하나님의 공의로움이 박해자들을 심판하실 것을 말해주면서 하나님의 심판을 여섯개의 단어로 묘사했다: '파괴', '제외', '심판', '환란', '복수', '영원함'.

우리는 크리스챤의 박해자들을 심판하실 하나님을 두려워 하고 마지막에는 단 두가지의 결과만이 있음을 기억해야 한다: 영원히 하나님과 있거나 영원히 지옥에 있는 것이다.

그들의 안정 (데살로니가 후서 2-3)

바울은 첫번째 편지에서 다루었던 그들의 거룩함과 소망의 두가지 문제를 다시 다루면서 이번에는 순서를 바꾸어 소망에 대하여 먼저 말했다.

소망

바울이 예수님의 재림에 대하여 자세히 가르쳤으나 교인들의 이해는 아직도 부족했다. 처음에 그들의 소망은 너무 약했었는데 이제는 너무 강했다. 일부는 주님의 재림이 이미 일어났거나 아주 가깝다고 믿었고 아무 일도 할 필요가 없이 그저 기다리기만 하는 태도를 유지했다. 어떤 사람은 아예 직장을 그만 두기도 했다.

이런 오해는 그들이 받은 가짜 편지 때문이었던 것같다. 바울에게서 왔다는 편지에 재림이 곧 임한다고 쓰여있었다. 우리는 데살로니가전서에서 악마가 어떻게 하나님의 말씀을 전하는 바울을 공격했는지 보았다. 이제 악마는 복음 자체를 공격하면서 크리스챤들의 무식이나 광신을 이용하여 그들이 재림에 대한 잘못된 태도를 갖게 한다.

바울은 복음의 오해에 대하여 정확한 답을 주었다. 예수님이 오시기 전에 적어도 하나의 큰 사건이 있어야 하기 때문에 재림은 곧 오지 않는다. 자신을 하나님으로 자칭하고 법을 무시하는 '무법자'를 성경은 '짐승' 혹은 '적그리스도'라 부른다. 이 자가 아직 오지 않았으므로, 재림이 곧 임할 것이라는 기대는 잘못된 것임을 바울은 일깨워 주었다.

바울의 해석을 통하여 역사를 보는 철학가와 신약성경의 관점이 다른 것에 우리는 감사한다.

헬라의 철학은 역사가 원형으로 회전한다고 믿었다—제국은 계속 세워지고 멸망하지만 어떤 곳을 향하여 움직이는 것이 아니다. 이 사상을 토대로 한 현대 사상은 역사는 앞으로 진행하면서 순환주기를 가진다고 믿는다. 좋은 때와 나쁜 때가 있다: 전쟁과 평화; 통화팽창과 통화수축. 그러나 긍정적인 진보는 없다.

진보적 역사의 사상은 20세기 초에 인기였다. 삶은 계속 진보되고 미래는 현재보다 밝다고 믿었다. 그러나 21 세기 초에는 정반대의 사상이 인기였다. 많은 사람들이 상황이 악화되고 있다고 느끼고 이를 진보가 아닌 생존의 단어로 묘사했다.

그러나 유대인, 크리스챤 그리고 공산주의자들이 공유하는 역사적 관점은 묵시론이다—즉, 상황이 악화되어 최악에 달하고, 갑자기 향상되어 좋은 상태를 유지할 것을 믿는다. 성경의 다니엘과 같은 유대 선지자도 이러한 관점을 가지고 있었다.

유대인, 크리스챤 그리고 공산주의자들의 다른 점은 누가 이 변화를 유발하는가이다. 공산주의자들은 인간이 한다고 믿었지만, 이제 이 사상은 빠르게 사라지고 있다. 유대인들은 하나님이 하실 것으로 믿고, 크리스챤들은 예수님이 재림 때에 하실 것으로 믿는다. 이러한 신약성경의 역사적 관점은 요한계시록과 데살로니가교회에 쓴 바울의 편지에서 볼 수 있다.

주님의 재림이 곧 일어나지는 않지만 '무법자' 는 이세상에 이미 영향을 끼치고 있다고 바울은 말했다. 억제당하고 있기는 하지만 무법은 존재하고 있다. 어느날 하나님이 억제를 제거할 때 예수님은 다시 오실 것고 그것은 아주 잠깐의 기간일 것이다. (요한계시록은 삼년반의 기간으로 추측한다) 그동안, 데살로니가 교인들은 바쁘게 일하며 인내하며 기다려야 한다.

거룩함

바울은 '일하지 않는 사람은 먹지 말아야 한다.' 고 엄격하게 가르쳤다. 직장을 내던지는 게으른 크리스챤은 도와주면 안된다. 우리가 타개해야 할 사회악인 실업율에 대한 말이 아니다; 그는 일을 할 수 없는 사람을 말하는 것이 아니라 일을 하지 않으려고 하는 사람을 말하고 있다.

주님이 재림하시면, 주님은 그를 위하여 우리가 맡은 일을 충성되게 하기를 원하실 것이다. 재림에 대한 모든 비유는 이 점을 강조한다. 예수님은 돌아오는 시간이 지연되는 주인을 비유로 말씀했고 이 지연은 예수님의 종들의 헌신을 시험할 것이다. 하나님은 우리가 어떤 일을 하는가 보다 우리가 가지고 있는 일을 어떻게 잘 하는가에 관심을 두신다. 하나님은 나태한 선교사보다 열심히 일하는 택시 운전기사를 더 좋아하신다. 왜냐하면 성과보다는 성격에 더 관심을 갖으시기 때문이다. 우리는 목사, 전도사 선교사를 상위의 직위로 여기고, 다음에 의사와 간호사, 다음에 선생, 이런 식으로 직업에 계층을 두지만 이것은 너무나 틀린 사고방식이다. 성경에는 노동이 가장 우선순위에 있다! 예수님은 목수였고 바울은 텐트 만드는 사람이었고 베드로와 요한은 어부였다—이일 들은 하나님을 위하여 한 일들이다.

40년간 직장에 다니면서 하나님을 위하여 일할 기회가 있었으면 좋겠다고 여기는 사람들은 이 점을 오해하고 있다. 예수님이 재림하시면, 그는 우리와 함께 이 세상을 지배하시며 법률가, 은행가 등 여러가지 일을 맡길사람을 필요할 것이다. 바울은 고린도교인들이 서로 고소하는 것을 꾸짖고 훗날 그들이 온 나라들을 재판할 것을 설명했다. 크리스챤들은 예수님이 재림했을 때의 직장을 준비하는 마음으로 지금 열심히 일해야 한다.

기도

기도의 주제는 바울이 데살로니가교회에 쓴 두장의 편지에 강하게 나타난다. 교인들을 위하여 기도하고 그들에게 그를 위한 기도도 부탁했다. 그의 기도는 설교만큼 그들을 도와줄 것이라고 말했다. 그는 교인들에 대하여 감사드리고 하나님이 그들을 은혜와 선하심으로 완전케 해주시고,

사탄에게서 보호하시고, 사랑과 충성으로 인도하시기를 기도했다.

바울은 그를 위한 기도를 귀중히 여겼다. 가장 훌륭한 선교사이며 열세번째 사도인 바울도 교인들의 기도가 필요했다. 그는 순간의 귀중함을 느끼고, 교인들에게 복음의 메세지가 빨리 전파되도록 기도를 부탁했다. 또 복음의 전달자인 자신이 적의 영역에서 싸우고 있음을 깨닫고 그의 신변의 안전을 위한 기도를 부탁했다.

결론

바울의 편지는 크리스챤의 삶의 두가지 측면을 알려준다.

1. <u>여정</u>. 우리가 그리스도에게 온 순간부터 그와 함께 하는 여정이 시작된다. 우리는 거룩함으로 그와 함께 계속 걸어야 한다. 구원은 과정이다—우리는 지옥에서 구원받아 하늘나라로 향한다. 거룩함을 추구하는 것은 우리의 삶의 기본이다.

2. <u>인내</u>. 이 두 편지의 마지막은 재림을 언급하는데 이것은 오늘 날 우리의 가르침과 예배에서 회복해야 할 부분이다. 예수님의 재림과 함께 우리도 재림할 것이다. 예수님은 그와 함께 이세상을 통치할 사람들을 찾고 계시다.

크리스챤 제자훈련의 기본인 재림을 기다리는 삶을 사는 바울과 그의 두 편지는 이 중요한 메세지가 잘못 오해될 수 있는 위험을 강조했다.

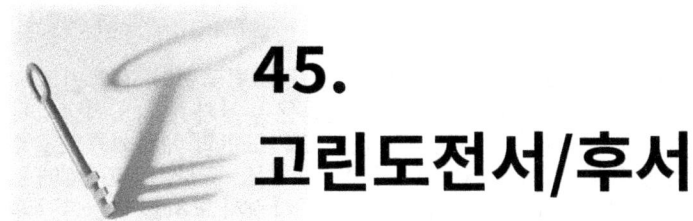

45. 고린도전서/후서

개요

많은 크리스챤들은 옛날의 교회로 되돌아가면 크리스챤의 삶이 쉬워질 것이라고 생각한다. 어떤 사람들은 1904년의 웰시 부흥을 회상하고; 어떤 사람들은 18세기의 감리교의 부흥을 그리워 하고; 요즈음은 청교도 시대를 회상하기도 한다. 그 중 가장 많은 사람들은 신약성경의 초대교회를 그리워하면서 그 때로 되돌아 갈 수만 있다면 모든 것이 훨씬 좋아질 것이라고 상상한다. 물론 이 사람들은 유대인들과 이방인들이 갖고 있었던 복음에 대한 강한 적대감이나 초대교회 내부의 분열등의 문제점들을 잊고 있다.

바울이 고린도 교인들에게 쓴 편지에서 교회의 유지와 사역을 위협하는 문제점들을 볼 수 있다. 바울이 세운 교회들 중 고린도교회 만큼 많은 문제를 가진 교회는 없었지만 그들의 문제 때문에 아름다운 두장의 편지가 우리에게 주어졌음에 대해 하나님께 감사드린다. 이 편지들 안에 고린도전서 13장의 사랑에 대한 최상의 묘사와 고린도전서 15장의 부활하신 주님에 대한 최초의 기록이 있다.

고린도교회의 문제는 심각했다. 교인들은 각기 다른 지도자를 따르며 내부적 분열을 조장했다. 한 교인은 그의 어머니 (아마도 양어머니였을 것이다) 와 동침하는, 이교도들마저도 비난할 정도의 최악의 부도덕한 행동을 했다. 성만찬에서 만취한 사람도 있었고 어떤 사람들은 무분별한 남녀동등을 주장했다. 크리스챤의 기본적 교리를 오해하고 함부로 행동하는 이 교회를 내쳐버릴 수도 있었으나 바울은 오히려 그들이 잘못을 깨닫고 더 낳은 삶으로 돌아오기를 바라며 편지를 쓰고 그들을 방문했다.

고린도의 지리적 입지

고린도교회의 지리적 위치를 살펴보면 그들의 문제점을 이해하는데 도움이 된다.

고린도는 그리스 대륙과 펠로포네스 지역을 연결하는 좁은 협지에 있었고 상선들은 섬의 남쪽을 도는 아카이아와 그레데 사이의 길고 위험한 항로를 피하기 위하여 고린도를 통과했다. 그들은 고린도에서 육지로 짐을 운반하여 에게해에서 기다리는 배에 다시 짐을 실거나 작은 배들은 아예 롤러위에 올려서 에게해로 이동시킨 후 항해를 계속했다.

바다에서 2마일정도 떨어져 있었던 고린도에는 레케움이라는 항구와 도시에서 항구에 이르는 두겹의 성벽이 있었고, 그 외곽 지역에 있는 아크로 코린투스라는 2,000피트 높이의 산 꼭대기에서는 40마일 떨어진 아덴까지 볼 수 있었다. 고린도와 아덴은 마치 오늘날의 에딘버그와 글래스고우에 비교할 수 있다. 아덴은 철학가들과 예술의 축제가 있는 학문의 도시였고, 고린도는 분주한 항구도시였으며 두 도시간의 경쟁은 심했다.

첫번째 고린도

고고학자들은 1858년의 대지진 때 드러난 고린도에서 많은 유적물들을 발굴했다. 유대인 회당과 바울을 재판한 판사의 좌석이 발굴되었고 발굴된 유적지와 유물들은 누가가 쓴 사도행전의 내용을 증명해 주었다. 지금은 큰 배들이 고린도운하를 통하여 쉽게 고린도만과 에게해를 오갈수 있지만 그 당시 네로황제가 시도한 운하의 건설은 실패했다. 첫번째 고린도 도시는 146 BC에 로마인들에 의해 파괴되었고, 쥴리우스 시져는 44 BC에 사람들을 이주시켜서 도시를 재건설한 후 이 지역을 로마의 식민지로 삼았다. 29 BC 부터 이곳은 아카이아주의 수도로서 회당을 짓는 유대인들과 헬라의 철학적 양식의 건물을 짓는 헬라인들이 함께 섞여 사는 국제도시의 면모를 갖추게 된다. 그러나 정치적으로는 로마법을 따르고 로마의 종교를 믿었다. 땅을 소유한 지주층이 없었고 항구와 시장에서 생성된 부로 사회계층을 구별하면서 첫번째 고린도 도시의 부도덕과 인격적 그리고 물질적 교만이 사회를 다시 지배하기 시작했다.

두번째 고린도

바울이 방문한 고린도는 매우 부유했고 사람들은 우상들을 열심히 믿었다. 그들은 바다의 신 포세이돈, 사랑의 여신 아프로다이트등의 그리스와 로마의 신들을 경배했는데 아프로다이트 신전에는 2,000명의 여승들이 상주하여 예배 순서에 그들과의 성관계가 포함되어 있었다. '고린도화 된다' 라는 헬라어의 동사는 '난잡한 성생활'을 의미했고 이러한 사회 배경은 바울이 왜 고린도 편지에서 남녀관계를 강조했는지를 설명해준다.

교회

사회적 문맥

이 도시의 시민들은 돈이나 어떤 댓가를 치루고 노예신분에서 자유를 획득한 자유인들이 대부분이어서 바울이 첫번째 편지에서 교인들 중 문벌 좋은 자가 몇명 되지 않는다고 한 말의 배경을 설명해준다. 그들은 평범한 사람들이면서 사회 계층의 바닥에서부터 올라온 부자들이었다. 이 점이 특정한 교회의 지도자를 원하는 그들의 성향을 설명해 주기도한다—열심히 일하여 부자가 된 사람들은 선택에 익숙하여서 교회의 정치에서도 자신들의 주장을 내세우는 성향이 있다.

도덕적 문맥

고린도전서 6:9-10은 고린도 교인들의 예전의 삶의 일부였던 음행, 우상숭배, 간음, 탐색, 남색, 도적질, 탐욕, 술취함, 모욕, 속임수, 강탈 등 여러가지 죄를 열거했다. 고린도 사람들은 이러한 죄악에 노출되어 있었고 어떤 교인들은 계속 이런 죄를 짖고 있었다.

영적 문맥

우상숭배가 고린도 문화의 일부였지만 교회에서는 성령의 역사가 있었다. 교인들은 성령으로 세례받고 성령의 은사를 받았다.

문화적 영향

교회를 세상에 접속시키면서 (예, 복음전파) 세상을 교회에서 제거하는것이 (예, 거룩화) 교회가 가지고 있는 가장 큰 두가지의 문제라 할 수 있다. 대부분의 문제들은 이 두가지 중 하나로 분류할 수 있고 고린도교회도 이러한 문제를 가지고 있었다. 특히 교인들의 배경에서 오는 영향이 심각했다.

고린도의 도덕성

고린도에는 항구 도시의 전형적인 성적 부패가 팽배했다. 고린도에서는 어떤 것이던지 받아드려졌고, 이런 면에서 교회도 예외는 아니었다.

로마의 법률 제도

고린도는 그리스에 있지만 로마의 영향을 많이 받은 곳이었다. 특히 로마의 법과 질서가 잘 지켜졌는데 이 자체는 나쁜 것이 아니었다—바울도 그의 사역에 로마 시민의 신분적 특혜를 이용했다. 그러나 고린도 교회는 이 점을 남용하여 서로 타협할 수 있는 일에도 소송을 걸었고 바울은 이에 대한 설교의 필요성을 느꼈다.

헬라의 철학

헬라의 철학을 고린도 사람들의 시야로 보면 그들의 문제를 설명할 수 있다. 사실 헬라의 사고방식에 기인한 서양 문명은 교회의 삶과 운영의 대부분에 영향을 주었고 우리는 이를 자세히 공부함으로서 많은 것을 배울 수 있을 것이다.

예를 들어, '민주주의' 사상은 헬라에서 유래된 헬라의 정치 철학이었다. 성경에 민주주의라는 말이 없지만 크리스챤들은 이 사상이 교회의 삶을 지배해야 한다고 믿는다. 또 다른 예를 들어, 헬라인들은 운동을 중요시했는데, 바울의 편지에 있는 예를 제외하고는 운동이란 성경의 어디에서도 찾아볼 수 없다. 오늘날 운동은 남자들의 종교가 되었고 일부 크리스챤들의 삶을 지배하기도 한다.

육체와 영혼

헬라 철학의 단점은 물질과 영의 분리이다. 그들에게 육체와 영혼은 둘로 분리된 것이고 크리스챤들도 이렇게 생각하는 사람들이 종종 있다. 히브리 사고의 '영혼'은 숨쉬는 육체를 의미한다. 'SOS'는 '우리의 영혼을 살려주세요' (save our souls') 라는 히브리 사고방식에서 유래된 표현으로 영혼이라는 단어가 사용되었지만 사실은 '우리의 육체를 살려주세요' 라는 의미이다.

헬라인들은 육체는 영혼의 부분이 아니어서 사람이 죽으면 육체는 사라지고 영혼은 자유화 된다고 믿고 죽은 육체의 영원한 영혼만을 중시했다.

이런 면에서 히브리와 헬라의 사고방식은 정반대이다. 히브리 사고방식은 죽어가는 영혼과 영원한 육체를 믿기 때문에 육체는 매우 중요하다. 구약의 말씀대로 크리스챤들은 히브리 사고방식을 따르고, 헬라 철학의 영혼 불멸을 거부하고, 육체의 부활을 믿어야 한다.

이러한 차이는 고린도 사람들이 왜 크리스챤 믿음을 힘들어 하는지를 설명한다. 헬라인들은 그들의 육체에 대하여 다음과 같이 행동했다: 육체와 영혼은 무관함으로 육체에 도취되거나; 육체의 욕망을 거부하고 고행의 삶을 살거나; 완벽한 육체를 상징하는 동상을 세워 우상화했다. 이러한 이유로 그들은 운동경기도 나체로 했다.

바울은 우리의 육체가 하나님의 성전이어서 육체적 행동은 영혼에 영향을 끼치고 성만찬에서 만취하는 것은 영적 삶에 영향을 준다는 것을 가르쳤다. 우리의 육체는 그리스도의 일부이기 때문에 창녀를 방문하는 것은 결국 그리스도와 창녀를 결부시키는 것이다.

복음주의자들은 기본적으로 헬라의 사고방식을 가지고 있어서 육체에 대한 잘못된 사고방식은 오늘날에도 문제를 일으킨다. 많은 사람들이 예배할 때 육체를 사용하지 않는다—예를 들어, 성경에서 양팔을 들어 예배하는 것을 권장하고 있음에도 불구하고 이러한 태도를 부적당하게 여긴다. 로마서는 우리의 몸 전체를 산제사로 드리라고 말하지만 우리는 단 한부분 - 입만 사용한다.

편지

우리에게 바울의 두장의 편지만 남아 있지만 사실은 고린도교회에 쓴 편지는 네장이었다. 고린도전서는 두번째 편지이고 고린도후서는 네번째 편지이다. 나머지 두장의 편지는 잃어버린 것으로 간주하는데 어떤 평론가들은 고린도후서에 이 편지들이 포함되었을 것으로 추측하기도 한다. 사라진 한장은 바울이 급히 쓰고 후회한 편지였고 다른 한장은 매우 격한 어조의 편지였다.

우리는 사도행전에 기록된 바울의 이동과 고린도서신을 통하여 왜 이 편지들이 쓰여졌는지를 알 수 있다.

바울은 데살로니가, 베레아, 아덴에서 쫓겨한 후 혼자 처음으로 고린도를 방문했다. 그는 생계를 위하여 예전에 하던 텐트 제작을 하면서, 클라디우스의 통치 기간 중 많은 유대인들과 함께 로마에서 추방당한 브리길라와 아굴라 부부와 함께 일하게 된다. 그는 일하지 않는 시간에 회당에서 설교하다가 나중에 빌립보에서 헌금을 가지고 온 디모데와 실라가 그의 사역을 도와 주어서 전적으로 설교에 집중할 수 있었다. 그는 결국 회당에서 쫓겨나 회당 옆에 있는 디도 유스도라는 사람의 집에서 사역을 하던 중, 꿈에서 고린도의 많은 사람들이 믿음을 갖게 될 것이라는 하나님의 말씀을 듣고 용기를 내어 사역에 집중했다. 믿음을 받아드린 사람들 중에는 회당장 그리스보와 그의 가족도 있었고 18개월 후 바울이 고린도를 떠날 때는 교회가 세워져 있었다.

바울은 고린도에서 에베소를 통해 예루살렘으로 갔다가 다시 그가 소속된 안디옥교회로 이동했다. 에베소에서 돌아오는 도중 듣게된 고린도 교인들간의 부정한 성관계에 대한 소식은 그를 크게 낙망시켰다.

이런 상황에서 바울은 고린도교회에 첫번째 편지를 썼다—문제를 시정하라는 급히 쓴 편지였다. 그리고 글로에의 가족을 통하여 - 그의 가족이란 아마도 에베소에서 바울을 방문한 스데바나, 브드나도, 아가이고 였을 가능성이 높다 - 바울의 첫번째 편지가 잘 받아드려지지 않았다는 소식을 받았다. 일부 학자들은 이 편지가 고린도후서 6-7장으로 추측한다. 글로에의 가족은 성령의 은사, 결혼과 이혼에 대한 여러가지 질문의 편지도 가지고 왔다. 우리는 고린도전서의 각 부분이 글로에의 가족이 구두로 전한 내용에 대한 답인지, 그들의 편지에 대한 답인지를 구별할 수 있어야 한다.

바울은 사역이 순조롭게 진행되고 있는 에베소 교회에서 좀 더 머문 후 마게도냐를 방문할 계획으로 디모데에게 고린도교인들에게 쓴 두번째 편지를 전하게 하고 자신은 고린도에서 겨울을 지내기 위해 남쪽으로 사역지를 옮길 계획이었다. 그러나 바울의 편지에도 불구하고 고린도교인들의 행실이 더 악화되었다는 디모데의 보고를 받은 바울은 그의 계획을 당장 바꾸어 고린도로 향했다.

바울의 두번째 방문은 실패였고 그는 그곳을 곧 떠나야만 했다. 바울은 이 방문을 괴로운 대면이었다고 묘사했다. 교회에서 선출한 지도자들이 '사도'로 자칭하며 바울을 모욕하고 그가 고린도에 머무는 것을 원하지 않았다.

그는 교회의 지도자들을 처벌해야 한다는 격한 감정의 세번째 편지를 보냈고 일부분의 내용이 이 상황과 일치하는 고린도후서 10-13장일 수도 있지만, 이 편지는 사라진 것으로 여긴다.

디도는 마게도냐와 아가야에 세워진 교회에 헌금을 걷으러 가는 길에 바울의 편지도 가지고 갔고 자신이 바울의 단호한 요구를 설명하여 문제를 해결할 수 있다고 생각했다.

한편, 바울은 에베소에서 힘든 상황에 있었는데 이것이 사도행전 19장의 내용일 수도 있다. 그는 디도가 고린도에서 좋은 소식을 가지고 오기를 바라며 드로아로 갔지만 디도는 그곳에 없었다. 바울은 마게도냐에서 디도와 만나게 되고 고린도교회의 문제가 잘 해결되었다는 소식을 듣고 기쁨으로 네번째 편지를 (고린도후서) 디도를 통해 보냈다. 두 편지의 내용은 다음과 같이 매우 대조적이다:

고린도전서
실용적 문제들
그들이 생각하는 바울의 문제
교인들

고린도후서
개인적 시사
바울이 생각하는 그들의 문제
교회의 지도자들

고린도전서—'내용'

고린도전서는 많은 '내용'이 들어있는 샌드위치의 구조로 되어 있다. 두조각의 '빵'은 십자가와 부활에 대한 고린도교인들의 믿음에 대한 문제이고 중간의 '내용'은 그들의 행실에 대한 문제이다.

이 '내용'에 대하여 살펴보자. 바울은 먼저 글로에의 가족이 전한 교인들의 문제들을 다루고, 다음에 편지의 질문들을 다루었다. 고린도전서에 기록된 두가지의 문제들은 다음과 같았다:

1. 분열. 교인들 사이에 파벌이 형성되어서 바울, 베드로, 아폴로를 따르는 세그룹으로 갈라졌다. 요즈음 교회의 일부 교인들이 현재 혹은 예전의 교회 지도자들에게만 충성하는 것과 비슷한 상황이다.

2. 부도덕. 근친상간과 매춘행위가 교회안에서 행해지고 있었지만 이에 대한 징계가 없었다.

3. 법정 소송. 교인들은 분쟁을 타협으로 해결하지 않고 서로에게 소송을 걸었다.

4. 우상숭배. 일부 교인들은 하나님과 우상숭배의 예배를 혼합했다.

5. 남자와 여자. 일부 교인들은 '여성 인권' 주장을 하며 남녀의 차별을 없애려는 무분별한 행동을 했다.

6. 우상에게 제물로 바쳐진 음식. 그들은 시장에서 파는 우상에게 제물로 바쳐졌던 고기를 사는 것이 올바른 일인지 궁금해 했다.

7. 성만찬. 당시에는 성만찬 때 식사를 했는데 성만찬을 남용하여 과식하거나 만취하는 교인들이 있었다. 예수님을 기억하는 사랑의 만찬이 우스꽝스러운 꼴이 되어버렸다.

8. 성령의 은사. 성령의 은사는 교회의 예배를 혼란하게 만들었다. 믿지 않는 사람들이 교회에서 그들이 방언하는 광경을 본다면 그들을 미친 사람으로 취급할 것이라고 바울은 비평했다.

편지를 자세히 살펴보면 구두로 보고된 고린도교회의 문제들과 편지에 쓰인 질문들을 거의 구별할 수 있다. 어떤 경우에는 '자, 이제 이일에 대하여는…' 이라는 바울의 글을 보고 확실히 구별할 수 있지만, 어떤 경우에는 바울이 고린도사람들의 말을 인용하는지 자신의 말을 하는지 확실치 않다. 예를 들어, 남자가 결혼하는 것이 바람직하지 않다는 고린도전서 7:1의 말씀이 교인들의 말인지 바울의 말인지 확실하지 않다. 여자들은 교회에서 잠잠하라는고린도전서 14:34의 말씀이 바울의 생각인가 교인들의 말인가? 이에 대한 답을 알기 위하여 내용 뿐아니라 편지의 문맥도 고려해야 한다.

어떤 질문들은 분명히 이해할 수 있다. 당시에는 먼저 우상에게 제사를 드린 고기만 시장에서 팔았다. 도살장은 종교적인 장소였고 고기가 시장에 나오기 전에 이미 우상에게 제물로 바쳐졌으므로 교인들은 이 문제에 대하여 궁금해 했다. 또, 결혼과 이혼과 성령의 은사에 대한 질문도 있었다. 바울은 교인들을 주신 하나님에게 감사하면서도, 교인들에게는 너무 속세적이라고 꾸짖었다. 그들은 성령의 은사를 받았지만 은사를 제대로 사용하기에 필요한 성품이 결핍되어 있었다.

우리의 현대의 삶에 고린도서를 적용하면 여러가지 문제가 생긴다. 어떤 크리스챤들은 성경의 다른 부분들과 마찬가지로 말 그대로 율법적인 적용을 한다. 많은 크리스챤이 예수님이 제자들의 발을 한번 씻기신 이유로 교회에서도 서로의 발을 씻기는 예식을 예수님이 원하신다고 믿는다. 이것은 성경을 율법적으로 적용시키는 실례이다. 예수님은 제자들의 발이 더러웠기 때문에 씻어주셨다—간단하다! 샌달을 신고 흙길을 걷는 그들의 발은 덥고 끈적거렸고 냄새나고 더러웠다.

교회에서 모자를 써야 하는가?

고린도전서 11:2-15의 문제를 보자. 여자들이 교회 안에서 모자를 써야 하는가? 많은 사람들이 이 구절을 인용하며 모자를 써야 한다고 주장한다.

그러나 이 본문에 모자라는 단어나 모자에 대한 말이 있지 않다. 바울이 말하는 머리가리개는 '베일'을 의미하고 이 단어는 전체 11장에 한번 밖에 언급되지 않았다. 이 문맥의 머리가리개란 베일 대신 여자들에게 긴 머리가 주어졌음을 의미하고 여자들이 베일이나 모자를 써야한다는 말이 아니다!

또 남자의 머리가 여자보다 짧다는 말로, 간단히 말해서, 교회에서 내가 여자 뒤에 앉았는지 남자 뒤에 앉았는지를 알 수 있는 원리이다. 더 깊게는 남자와 여자는 다르다는 의미로, 모자나 머리카락이 아니라, 머리에 대한 말씀이다. 남자의 머리를 보고, 여자의 머리카락을 봄으로 남자와 여자의 차이점을 알고 하나님이 그리스도의 머리이시고, 그리스도는 모든 남자의 머리이고 남자는 여자의 머리라는 것을 우리에게 깨우쳐 준다. 남자는 짧은 머리를 해서 그의 머리가 보이도록 하고 여자는 긴 머리카락으로 머리를 가리는 것을 의미한다.

그리스도안의 우리는 남자와 여자이지 중성이 아니다. 하나님이 우리를 만드신대로 받아드리고, 사람으로서가 아니라 여자와 남자로서 하나님께 예배를 드려야 한다. 남자가 여자가 되기를 원하고 여자가 남자가 되기를 원하는 성전환은 성경이 허락하지 않는 하나님의 창조에 대한 반항이다. 우리가 예배드릴 때 창조주이신 하나님과 그의 피조물인 우리의 차이점을 분명히 알아야 한다.

일반적으로 서양문화는 이와 반대이고 남녀의 차이점을 없애려는 사상은 교회안으로도 침투하고 있다. 그러나 남자와 여자는 다르다. 우리는 하나님 보시기에 동등한 가치, 인격 그리고 자격으로 서로를 보조하지만 서로 다른 역할, 책임, 기능을 가지고 있다.

고린도전서 11:2-15의 가르침을 잘못 적용하는 두가지의 태도가 있다.

1. <u>말씀을 영적으로는 적용하지 않고 육체적으로만 적용시킨다.</u> 여성들이 모자도 쓰고 바지도 입는다. 교회에서 항상 모자를 씀으로 말씀에 순종하는 것 같지만 남편보다 우월한 자세로 행동함으로 말씀을 전혀 이해하지 못했음을 보여준다. 이런 사람들은 말씀을 육적으로만 적용시킨다.

2. <u>말씀을 영적으로 적용시키고 육적으로는 적용시키지 않는다.</u> 어떤 사람들은 영적으로 여자가 남자보다 우월한 위치에 있는 한, 육적인 위치는 상관없다고 생각한다. 그러나 육체는 우리의 한 부분이고 몸으로 하나님을 경배하기 때문에 이 자세도 옳지 않다. 여성들은 모자를 쓰는 옷차림과 같이 긴 머리로 자신들을 표현해야 한다.

사랑의 중요성 (고린도전서 13장)

남녀의 차이에 대한 문제 뿐아니라, 고린도 교인들은 사랑에 대한 성경의 가르침도 잘못 이해했다. 영어의 '사랑' 이라는 단어는 여러 의미를 가지고 있어서 우리의 삶 안에서 그 의미를 이해하는데 종종 문제가 생긴다.

이 유명한 사랑장은 성령의 은사 (12-14장)에 대한 말씀의 일부분이다. 12장은 성령의 은사에 대한 말씀이고; 13장은 사랑이 없는 성령의 은사에 대한 말씀이고; 14장은 진실되고 훌륭한 사랑이 있는 성령의 은사에 대하여 말하고 있다. 그러므로 13장은 결혼식에 적절한 내용같지만 사실은 결혼식에 사용할 사랑의 시가 아니다.

신약성경에 세가지의 헬라어가 '사랑'이라는 영어로 번역되었다:

에로스 (성적 사랑)	우호적 사랑	하나님의 사랑
성욕	좋아함	사랑
매력	자애	주의
육적	마음	영적
감정적	인격적	의지적
반사적	상호적	무관
의존적	상호의존적	독립적

에로스는 성적 사랑을 표현하는 단어이다. 에피투미아는 잘 사용되지 않는 가장 저질의 성적 사랑이다. 에로스는 꼭 나쁜 의미의 단어는 아니지만 에피투미아는 동성이나 이성간의 난잡한 성관계를 의미한다. 에로스는 상호적이고 감정적인 육체적 사랑으로 상대방의 감정에 계속적으로 끌리는 의존적인 사랑이다. 이러한 감정이 한쪽에서 끝나면 관계는 힘들어진다.

형제간의 우애 (필라델피아) 는 '사랑 (philo)' 와 '형제 (Adelphia)' 에서 유래되었다. 이 단어도 누군가를 좋아한다는 의미로 이성간의 사랑보다는 우애적 감정을 의미하고 비슷한 생각이라고 해석할 수도 있다. 친구들은 일반적으로 비슷한 취향과 관점을 가지고 있다; 그들은 서로에게 동의하고 수긍하고 그래서 우정이 깊어진다. 이것은 감정적이 아닌 이성적인 결합이고 독립적인 감정이다.

헬라인들은 사랑을 묘사할 때 아가페라는 단어를 잘 사용하지 않았다. 아마도 그것이 어떤 것인지 잘 몰랐기 때문일 것이다. 아가페 사랑은 사람들에게 주의를 집중한다. 사람들에 의한 것이 아니고, 상호적이지 않고 독립적인 의지의 행동이다. 이런 사랑은 필요에 의하여 행동으로 이어진다. 의지적인 사랑이므로 명령에 의한 사랑이기도 하다. 누군가에게 사랑에 빠지라고 명령하는 것은 불가능하지만 아가페적인 사랑을 주라고 명령하는 것은 가능하다.

아가페 사랑은 하나님의 사랑이다. 우리가 사랑스러워서 하나님이 우리를 사랑하는 것이 아니라 그가 우리를 사랑하므로 하나님은 우리를 사랑하신다고 성경은 말한다. 유대인들이 훌륭한 나라였기 때문에 하나님이 사랑하신 것이 아니고 아무도 상관하지 않는 노예 집단이었기 때문에 그들을 선택하여 사랑하셨음이 구약성경에 나타나 있다. 이러한 사랑은 희생적이어서 누군가를 위하여 기꺼이 값을 치른다. 바로 이것이 우리를 위한 하나님의 사랑이고 우리가 죄인이었을 때에 하나님은 우리를 사랑하셨다.

많은 교회들이 어떤 문제로 인해 분열되는 이유는 아가페적인 사랑이 부족하기 때문이다. 이런 종류의 사랑은 다른 관점을 가진 사람들이 함께 어울려서 서로를 사랑할 수 있도록 한다.

'샌드위치' 의 '빵'

고린도전서의 처음과 마지막 부분에서 바울은 믿음의 두가지 기본에 대하여 언급했다.

십자가

육체의 가치가 없다고 믿는 헬라인들에게 십자가의 말씀은 쉽게 받아들여지지 않았다. 그들은 십자가에 매달린 예수님의 육체가 영적 구원을 줄 수 있다는 말을 비웃었다. 십자가의 중요성을 깨닫지 못하고, 별로 중요하지 않은 문제로 분열되어 있었기 때문이었다. 바울은 예수님만이 그들을 위해 십자가에서 돌아가셨고, 교회의 지도자들은 그들을 위해 죽지 않았음을 상기시켰다. 그들은 왜 인간 지도자들을 섬기는가?

부활

고린도전서의 마지막 부분에서 바울은 부활에 대한 그들의 의심에 대하여 언급했다. 바울은 영혼 불멸을 믿고 육체의 부활에는 아무 가치도 부여하지 않는 헬라식 사고방식을 고쳐주고 그들이 육체적인 관점에서 미래를 볼 수 있도록 도와주었다. 부활하신 예수님이 새로운 육체로 물고기를 먹고 아침 식사를 준비했던 것 같이 크리스챤들도 미래에 새 육체를 갖게 될 것이다. AD 56년쯤 바울이 쓴 고린도전서 15장이 예수님의 육체의 부활에 대하여 가장 처음 쓰여진 기록이다.

고린도후서—개인적 편지

고린도후서는 바울의 편지들 중 가장 개인적이고 무질서한 바울 자신과 사역에 대한 자서전과 같은 내용이다. 고린도전서가 교인들을 위한 편지였다면, 고린도후서는 교회의 지도자와 사역자들을 위한 편지이다. 고린도전서가 교인들에 대한 바울의 생각을 보여준다면, 고린도후서는 바울에 대한 그들의 생각과 당시 그들의 좋지 않은 관계를 보여준다.

그들의 태도를 두 단계로 나눌 수 있다.

첫번째 단계에서 교인들은 아폴로와 베드로 같은 지도자들을 존경했다. 그러나 지도자들을 비교하기 시작하면서 첫번째 편지에서 본 바와 같이 교회가 분열되기 시작했다.

두번째 단계에서는 교회에 좋지 않은 지도자들이 들어왔다. 그들은 고린도 사람들이었고 자신들을 특별 사명을 받은 사도로 자칭하며 예전의 지도자들을 비판하면서 바울을 밀어내고 자신들의 위치를 굳히고자 했다. 우리는 이러한 태도를 가진 지도자들을 조심해야 한다.

그들은 바울의 인격을 손상시키는 사실이 아닌 다음의 여러가지 비판을 했고 바울은 그의 메세지와 사역을 비판하는 사람들에게 대응했다.

- 바울은 계속 계획을 바꾼다.
- 바울은 방문보다는 편지를 선호하는 비겁한 사람이다.
- 바울은 그들과 함께 있을 때 소심하게 행동한다.
- 바울은 추천서가 없는 사람이다. 가짜 사도들은 액자에 넣은 그들의 이력서를 교회 부속실의 벽에 걸었다. 고린도후서에서 바울은 고린도교인들 자체가 그의 추천서와 마찬가지이므로 다른 추천서는 필요하지 않다고 말했다. 학력이나 수련의 내력이 아니라 어떤 종류의 사람들을 배출하는가에 의하여 사역은 평가된다.
- 바울은 솔직하지 않고 비밀이 많은 사람이다.
- 바울은 불친절하고, 쌀쌀맞고, 무감각하고, 무관심하다.
- 바울은 연설에 능하지 않다.
- 바울은 사례비를 받지 않는다. 헬라인들은 순회하는 철학가들의 연설을 듣는 것이 큰 오락이었고, 사례비가 많을수록 더 유능한 연설가로 여겼다.

바울은 이러한 비판에 대하여 어떻게 대응했는가?

바울의 답변 (고린도후서 1-9장)

그들의 비판에 대한 바울의 진솔한 답변은 이 편지의 첫부분에 기록되어있다. 바울은 고린도사람들에게 복음을 거저 주기 위하여 사례비를 받지 않았다. 누구나 일한 결과에 대한 평가가 있을 것이고, 그를 따르는 사람들은 조심스럽게 사역해야 한다고 말했다. 자신의 소심함에 대한 비판에 대하여 그의 두번째 방문을 상기시키고 자신의 담대함에 대하여 말했다:

> 우리가 사방으로 욱여쌈을 당하여도 싸이지 아니하며 답답한 일을 당하여도 낙심하지 아니하며 박해를 받아도 버린 바 되지 아니하며 거꾸러뜨림을 당하여도 망하지 아니하고; 우리가 이 직분이 비방을 받지 않게 하려고 무엇에든지 아무에게도 거리끼지 않게 하고 오직 모든 일에 하나님의 일꾼으로 자천하여 많이 견디는 것과 환난과 궁핍과 고난과 매 맞음과 갇힘과 난동과 수고로움과 자지 못함과 먹지 못함 가운데서도 깨끗함과 지식과 오래 참음과 자비함과 성령의 감화와 거짓이 없는 사랑과 진리의 말씀과 하나님의 능력으로 의의 무기를 좌우에 가지고 영광과 욕됨으로 그러했으며 악한 이름과 아름다운 이름으로 그러했느니라 우리는 속이는 자 같으나 참되고 무명한 자 같으나 유명한 자요 죽은 자 같으나 보라 우리가 살아

있고 징계를 받는 자 같으나 죽임을 당하지 아니하고 근심하는 자 같으나 항상 기뻐하고 가난한 자 같으나 많은 사람을 부요하게 하고 아무 것도 없는 자 같으나 모든 것을 가진 자로다.

고린도후서 4:8-9; 6:3-10

바울의 공세 (고린도후서 10-13장)

10-13장은 처음 부분과 매우 다르다. 여기서 바울은 자신을 변호하는 대신 그들에게 공세를 가하며 교회에 들어온 거짓 지도자들에게 대응했다.

다음의 강력한 메세지에 담긴 그의 감정을 제대로 이해하려면 큰 소리로 낭독하는 것이 좋다:

여러분은 내가 좀 어리석어 보이더라도 참고 내 말을 들어 주십시오. 나는 하나님이 여러분을 시기하듯이 여러분을 시기하고 있습니다. 이것은 내가 여러분을 순결한 처녀로 한 남편인 그리스도께 드리려고 약혼을 시켰기 때문입니다. 그러나 이브가 뱀의 간사한 거짓말에 속아 넘어간 것처럼 여러분의 마음이 부패하여 그리스도에 대한 진실과 순결을 저버리지나 않을까 염려가 됩니다. 그것은 누가 여러분에게 와서 우리가 전하지 않은 다른 예수나 여러분이 받지 않은 다른 영이나 다른 복음을 전할 때 여러분이 너무도 쉽게 받아들이기 때문입니다. 나는 저 위대하다는 사도들보다 조금도 부족하지 않다고 생각합니다. 내가 말재주는 별로 없으나 지식에서는 그렇지 않다는 것을 모든 면에서 여러분에게 보여 주었습니다.

내가 여러분을 높이려고 나를 낮추어 하나님의 기쁜 소식을 값 없이 전한 것이 죄였단 말입니까? 내가 여러분을 위해 봉사할 때 다른 교회들이 내 생활비를 담당해 주었습니다. 말하자면 다른 교회의 원조로 여러분을 도운 셈입니다. 나는 여러분과 함께 있을 때 생활이 어려웠지만 아무에게도 신세를 지지 않았습니다. 그것은 마케도니아에서 온 형제들이 내가 필요로 하는 것을 채워 주었기 때문입니다. 나는 모든 일에 여러분에게 짐이 되지 않았으며 앞으로도 그럴 것입니다. 내 속에 그리스도의 진실을 두고 말하지만 아가야 지방에서는 아무도 나의 이 자랑을 막지 못할 것입니다. 왜 그렇습니까? 내가 여러분을 사랑하지 않기 때문입니까? 결코 그렇지 않습니다. 내가 여러분을 사랑한다는 것은 하나님도 알고 계십니다. 나는 지금까지 해 온 일을 그대로 계속 밀고 나가겠습니다. 이것은 거짓 사도들이 노리는 기회를 주지 않고 그들도 우리처럼 보수를 받지 않고 일하는 것을 자랑하도록 하기 위한 것입니다.

그들은 거짓되고 속이며 자기를 그리스도의 사도로 가장하는 사람들 입니다. 이것은 이상한 일이 아닙니다. 사탄도 자기를 빛의 천사로 가장합니다. 그러므로 사탄의 종들이 의의 종으로 가장한다고 해서 놀랄 것은 없습니다. 결국 그들의 마지막은 자기들의 행위대로 될 것입니다.

거듭 말하지만 누구든지 나를 어리석은 사람으로 생각하지 마십시오. 만일 여러분이 나를 어리석은 사람으로 생각하더라도 어리석은 사람 그대로 나를 받아 내가 조금이라도 자랑할 수 있게 해 주십시오. 내가 지금 말하는 것은 주님이 시켜서 하는 말이 아니라 그저 어리석은 사람처럼 자랑하는 말에 지나지 않습니다. 많은 사람들이 육적인 것으로 자랑하므로 나도 자랑하겠습니다. 지혜롭다는 여러분은 어리석은 사람들을 잘 용납하고 있습니다. 누가 여러분을 종으로 삼거나 착취하거나 이용하거나 여러분에게 거만을 떨거나 여러분의 뺨을 쳐도 여러분은 잘 참고 견딥니다. 부끄럽긴 하지만 우리는 너무 약해서 차마 그런 짓은 할 수 없음을 인정합니다.

그러나 누가 무엇을 자랑한다면 나도 어리석은 자랑을 좀 하겠습니다. 그들이 히브리 사람입니까? 나도 히브리 사람입니다. 그들이 이스라엘 사람입니까? 나도 이스라엘 사람입니다. 그들이 아브라함의 후손입니까? 나도 아브라함의 후손입니다. 그들이 그리스도의 일꾼입니까? 나를 정신병자로 보겠지만 나는 더욱 그렇습니다. 나는 그들보다 더 많이 수고하였으며 여러 번 갇혔고 매도 수없이 맞았으며 죽을 고비도 여러 번 겪었습니다. 나는 유대인들에게 39대의 매를 다섯 번이나 맞았습니다. 또 세 번이나 몽둥이로 맞았고 한 번은 돌에 맞았으며 세 번이나 파선하였고 밤낮 하루를 꼬박 바다에서 헤맨 일도 있었습니다. 나는 여러 번 여행하면서 강의 위험과 강도의 위험과 동족의 위험과 이방인들의 위험과 도시의 위험과 광야의 위험과 바다의 위험과 거짓 신자들의 위험을 당했습니다. 또 수고하고 애쓰며 뜬눈으로 밤을 지새운 적도 여러 번이었고 주리고 목마르며 수없이 굶고 추위에 떨며 헐벗기도 하였습니다. 이런 일 외에도 날마다 여러 교회에 대한 염려 때문에 내 마음은 무거웠습니다. 누가 약해지면 내 마음도 약해진 기분이었고 누가 죄를 지으면 내 마음도 아팠습니다.

내가 꼭 자랑해야 한다면 내 약한 것이나 자랑하겠습니다. 길이길이 찬송을 받으실 주 예수님의 아버지 하나님은 내가 거짓말하지 않음을 알고 계십니다.

고린도후서 11:1-31

바울은 자신의 변호를 위하여서가 아니라 복음의 명예를 위하여 이러한 답변이 필요하다고 믿었다. 그는 고린도 교인들이 진리에서 멀어지는 것을 원치 않았다. 거짓 사도를 믿는 것은 속는 것이고 예수님의 진리에서 멀어지는 것이다.

요즈음에는 바울과 같은 사도가 없으므로 우리는 이 편지의 내용이 우리와 관련이 없다고 생각할 수 있으나 오늘날에도 목사님이나, 복음을 전하는 자나 선지자등 하나님의 종들이 바울과 같이 공격을 당하는 비슷한 경우들이 있다. 복음위에 굳게 서는 중요성을 인식하고 바울과 같이 그들의 동기가 올바른지에 대하여 재확인해야 할 것이다.

기근 해소를 위한 도움 (고린도후서 8-9장)

마지막으로, 고린도후서의 중간 부분은 전혀 다른 문제를 다루고 있다. 바울은 기근을 위한 도움을 간절히 원했다. 고린도 교인들의 마음을 다른 사람을 돕는 일로 촛점을 바꾸게 하여 그들이 자신의 문제를 볼 수 있는 관점을 갖게 되기를 의도했을지도 모른다. 8-9장에서 바울은 자선의 행동에서 하나님의 축복을 알수 있다고 고린도 교인들에게 호소하며 크리스챤의 자선에 대한 훌륭한 가르침을 주고, 사도들이 품고 있는 교역자의 마음과 재물을 바르게 사용해야 한다는 그의 강한 확신을 보여주었다.

결론

고린도교회가 바울에게 가장 힘든 교회였지만 이 두장의 편지에는 오늘날의 교회에 주는 가르침이 가득하다. 이 편지들은 우리가 적대적 환경에서 어떻게 살아야 하는지와 교회가 어떻게 교인들을 훈련시키고 그들의 행동을 규제해야 하는지를 실용적인 측면에서 보여준다. 또 사도바울이 어떻게 대적하는 자들에게 대응했는지를 보여줌으로서 어디에서 어떤 반대에 부딪치든지, 하나님의 종이 따라야 할 훌륭한 모범을 보여준다.

46.
갈라디아서

개요

바울이 갈라디아교회에 쓴 편지는 이를 높이 평가하는 부류와 그렇지 않은 부류가 있다.

일부 유명한 크리스챤들은 갈라디아서를 높게 평가했다. 루터는 갈라디아서가 성경에서 가장 훌륭한 책이라고 말했다. 그는 '갈라디아서는 나의 서신이다. 나는 이 편지와 결혼했다.' 라고 말했다. 천로역정을 쓴 존 부니언은 '성경을 제외하고는 내가 읽은 모든 책들 중에서 루터가 쓴 갈라디아서의 주석이 상한 심령에게 가장 좋은 책이다.' 라고 말했다. 갈라디아서가 부니언에게 큰 영향을 끼친 것이 분명하다. 이 편지는 크리스챤의 역사에 깊은 영향을 주었고 많은 크리스챤들이 사랑하는 편지이다.

그러나, 어떤 사람들은 갈라디아서를 싫어하고 이 편지를 '십자가 서신' 혹은 '가시나무 정글' 이라고 불렀다. 어떤 사람들을 각 문장안에 벼락이 친다고 말한다. 사람들이 이 서신을 싫어 하는 이유는 다음의 다섯가지로 볼 수 있다:

'너무 감정적이다.'

이 서신은 도전적이다. 감정으로 가득 찬 이 편지는 사람들을 불편하게 한다. 특히 영국의 많은 사람들은 종교에서 감정을 제외시키려고 노력했다. 그러나 갈라디아서에는 화난 사람이 들어 있고 그의 말이 사람들을 불편하게 한다.

'너무 개인적이다.'

일부 사람들은 갈라디아서가 너무 개인적이라고 주장한다. 물론 바울은 다른 편지들 보다 여기에 자신에 대한 이야기를 많이 썼다. 그는 자신의 약점을 장애라고 까지 말하며 편지를 읽는 사람들에게 호소했다. 그는 여러 교인들 앞에서 사도 베드로의 잘못을 지적하며 말다툼한 것도 언급했다. 이것은 초대교회 사도들의 의견 차이를 보여준다. 우리는 종종 다른 점을 받아드리기 보다는 충돌을 피하기 위하여 서로 같은 의견을 갖는데 급급할 때가 있다. 진리를 토론할 때, 베드로나 바울 같은 사람들도 서로에게 맞서서 논쟁하여야 했다.

'너무 학문적이다.'

갈라디아서에 있는 바울의 주장들은 그가 받은 신학적 교육을 바탕으로 하는 매우 학문적인 내용이다. 내가 읽은 어느 번역도 그의 주장을 잘 나타내지 못한 것 같아서 나는 직접 이 편지를 번역했음을 고백한다. 이 번역은 이 장의 마지막 부분에 있다. 그의 주장은 매우 세밀하고 잘 생각하여야 하는 정교한 내용들이다. 이것이 하나님의 말씀을 읽는데 방해가 된다로 생각하지 않기 바란다. 우리는 우리의 마음을 다하여 하나님을 사랑하여야 한다. 내가 설교한 후 종종 듣는 말은 '오늘 우리에게 생각할 것을 주셨어요.' 라는 말이다. 마치 '나는 교회에 생각하러 온것이 아닙니다.' 라는 말로 들린다. 나는 교인들의 마음에 도전을 주는 데에 대하여 미안한 마음이 없고 바울도 우리의 마음에 도전한다. 우리는 갈라이다서를 조심스럽게 읽고 바울의 말을 이해하기 위하여 몇 번씩 되풀이 하여 공부해야 한다.

'너무 영적이다.'

갈라디아서는 개인의 자존심을 건드린다. 갈라디아서를 읽은 후에 우리가 가지고 있던 자존심은 모두 없어질 것이다. 우리의 마음과 가슴을 뚫고 들어와 그 뿌리까지 흔든다. 양쪽에 날이 선 하나님의 말씀의 검으로서 우리의 깊은 곳을 찌른다.

'너무 논쟁적이다.'

또 사람들은 갈라디아서가 너무 논쟁적이라고 느낀다. 현대사회는 종교에 대한 논쟁을 피한다. 말다툼도 피하려 하고 상대방과 편안하기를 바란다. 그러나 갈라디아서는 그러한 편지가 아니다. 바울은 믿지 않는 사람들이 아니라 믿는 사람들과 논쟁하고 그의 편지에 담긴 메세지들은 논쟁을 일으킨다.

논쟁은 꼭 나쁜 것이 아니다. 루터가 논쟁하기를 거부했다면 종교개혁은 일어나지 않았을 것이다. 논쟁은 우리에게 도움을 준다. 오늘날 논쟁을 좋아하지 않는 이유는 우리의 다른 점이 분열을 일으키는 것에 대한 두려움 때문이다. 요즘 가장 좋은 덕으로 여기는 것은 관대와 재치이다. 그러나 이 두가지는 성경에 있는 덕이 아니다. 예수님은 관대하지도 재치있지도 않았다.

 우리의 다른 점을 덮어두려는 것이 좋은 것인가 나쁜 것인가? 나는 여기에서 말하는 다른 점이 일차적이냐 이차적이냐에 따라 다르다고 생각한다. 문제는 우리는 이차적인 문제에 열띤 논쟁을 하는 성향이 있지만 일차적인 문제에 대하여는 논쟁하지 않는다. 성만찬에서 알코홀 성분이 있는 포도주를 사용하느냐 아니면 알코홀 성분이 없는 포도주를 사용하느냐가 그리 중요한 문제인가? 그러나 사람들은 이런 문제로 인해 마음 상해 한다.

예를 들어, 안식일의 경우를 보자. 나는 크리스챤들이 안식일에 대해 문제삼을 필요가 없다고 생각한다. 바울은 각자의 마음에 따라 정하라고 말했다. 일요일을 특별한 날로 여기는 것은 그사람의 자유이다. 다른 사람이 매일 매일을 주님의 날로 여기기 원한다면, 그것은 그의 자유이다. 우리는 믿지 않는 사람들에게는 물론 믿는 사람들에게도 꼭 일요일만을 안식일로 고집할 필요가 없다.

갈라디아서는 심각한 문제들을 다룬다. 싸우지 않으면 크리스챤의 복음을 잃게 되는 기본적인 문제들이다. 이러한 큰 문제들은 교회 밖에 있는 것이 아니라 교회 안에 존재한다. 이것은 받아드리기 어렵지만 사실이다. 집안에서 싸우는 것을 원하는 사람이 어디 있는가? 악마가 교회 밖에서 공격할 때 교회는 강해지고 성장한다. 그의 내부적 공격이 더욱 성공적이고 복음을 전복, 와전 그리고 곡해시키는데 가장 빠른 방법이다. 악마는 이 방법으로 교회를 내부에서부터 붕괴시킬 수 있음을 알고 있다.

갈라디아서에서 기본적인 문제로 교인들 앞에서 논쟁하는 두 지도자 베드로와 바울을 본다. 나는 하나님이 크리스챤들에게 교리를 보호하기 위하여 싸우는 책임을 주었다고 믿고 요즘 이런 확신을 가진 사람들이 많지 않은 것은 비극이라 생각한다. 오히려 여자들은 그런 사람들이 많이 있는데 어떤 잘못을 보고 앞장 서서 책임을 지고 싸울 남자들은 충분하지 않다.

베드로와 바울은 논쟁으로 해결했다. 베드로가 틀렸고 바울이 맞았음을 성경은 우리에게 솔직히 알려준다. 하나님은 우리가 이들의 논쟁에 대하여 알기를 원하셨음이 분명하다.

신약성경의 서신들을 읽는 방법

신약성경의 서신서들은 처음부터 끝까지 단번에 읽는 것이 중요하다. 예를 들어 빌레몬서와 히브리서같이 어떤 특정한 문제에 대하여 쓴 편지를 읽을 때 더욱 중요하다. 이렇게 읽을 때 저자의 의도를 알게 된다. 또 대화의 한쪽만 읽고 있음도 기억해야 한다. 마치 방에서 어떤 사람이 전화하고 있는 것을 듣고 있는 것과 같다. 이런 상황에서는 다른 사람이 어떤 말을 하고 있는지에 대하여 오해할 수 있다. 왜냐하면 듣는 사람은 이미 전제적인 생각을 가지고 있기 때문이다. 서신서들을 읽을 때는 글을 읽으면서 내용을 보충해야 한다. '바울이 이러한 편지를 쓰게 한 동기는 무엇인가?' 라는 질문은 서신서를 공부하는데 도움을 줄 것이다.

우리도 이러한 방법으로 갈라디아서를 공부하기 위하여 다음과 같은 중요한 질문을 할 것이다:

왜 쓰여졌는가?
어떤 질문에 대한 답변인가?
어떤 문제를 해결했는가?

빌레몬서와 같이 한가지 문제에 대하여 쓴 편지도 있고 고린도전서와 같이 여러가지 문제를 다룬 편지도 있다. 이런 질문들은 편지의 뜻을 분명히 알게 해줄 것이다.

바울—열정적인 유대인

갈라디아서의 저자가 바울인 것은 틀림없고 이것이 교회에 쓴 그의 최초의 편지일 수도 있다. 어떤 각도로 보아도 바울은 인간사에서 가장 훌륭한 사람들 중 한 사람이다. 그는 지금의 터키의 남쪽에 있는 탈수스에서 태어났다. 탈수스에는 로마제국안에서 아덴과 알렉산드리아 다음으로 세번째로 유명한 대학이 있었다. 그는 유대인이었지만 로마시민권을 가지고 있었고 헬라어를 했다. 그는 하나님의 일을 하기에 안성맞춤의 자격을 갖춘 사람이었다. 하나님은 우리가 태어나기도 전에 우리를 위한 사역을 준비하시고 우리가 하나님을 알기도 전에 우리의 경험을 통하여서도 준비시킨다. 그가 나중에 우리를 사용하기 위하여 우리를 준비시키신다.

바울은 보통 유대인 청년들같이 상업을 배웠고 그의 직업은 텐트제작이었다. 그러나 당시의 헬라 사회 계열에서 손으로 일하는 사람은 머리를 사용하여 일하는 사람보다 아래의 계열로 여기었고, 안타깝게도 우리도 이 사고방식을 이어받았다. 그러나 성경에서는 텐트 제작이나 고기 잡이 같은 직종이 존경받는 직업으로 나와있다. 바울은 데살로니가에 쓴 편지에서 믿는 사람들은 그가 본보기로 보여준 것 같이 손으로 하는 일을 해야 한다고 말한다. 이렇게 성경은 손으로 하는 일에 존엄성을 부여한다. 우리의 주님 예수님도 목수로 일하셨다.

바울은 텐트 제작을 하면서 (아마도 로마 군인들의 텐트를 만들었을 것이다) 예루살렘 대학의 가말리엘 교수 수하에서 공부했다. 그는 극도 정통파 유대교인이었고 '히브리인들 중 히브리인', '바리새인들 중 바리새인' 으로 자신을 칭했다. 그의 자세는 율법을 지키려면 율법 모두를 지켜야 한다는 것이었다. 십계명만 지키는 것은 충분하지 않았다. 그는 열번째 '내 이웃의 것을 탐내지 말라' 라는 계명을 지키기가 어려웠다고 고백한다. (이 계명은 내부적 동기에 대한 계명이고 나머지는 외부적 자세에 대한 계명들이다). 그러나 바울은 자신이 율법 전체를 지키는데 성공했다고 믿었다. 그는 흠이 없었다. 유대인들 중 이렇게 자신에 대해 말할 수 있는 사람은 몇명 되지 않을 것이다.

그는 공의로움에 대하여 자신이 있었고 유대교를 공격하는 누구나, 특히 예수님을 하나님으로 주장하는 크리스챤들을 공격했다. 그는 이 새로운 믿음을 없애버리고자 결심하고 스데반이 돌에 맞아 죽는 것을 보았다. 그러나 그때부터 그의 양심이 찔리기 시작했다. 스데반은 '하나님의 우편에 계신 예수님이 보입니다. 저의 심령을 예수님께 맡깁니다.' 라고 말하며 죽었다. 이 사건은 바울에게 이 새로운 종교를 더욱 탄압해야 겠다는 동기를 주었다. 왜냐하면 이제 자신의 양심을 위하여서도 싸워야 했기 때문이다. 그는 다마스커스로 가는 길에서 예수님을 만나고 드디어 그의 탄압을 멈춘다.

바울—열렬한 선교사

갈라디아를 쓴 사람은 가장 열렬한 예수님의 제자였고 자신이 제거하려던 믿음을 열정적으로 전파한 사람이었다. 유대교인이었던 그는 유대교와 크리스챤의 믿음에 대하여 자세히 알고 있었다. 그는 선교여행을 하면서 교회들을 세우고 새로운 도시를 개척했으며 자신의 사역을 '그리스도를 위한 식민지화' 라고 불렀다.

편지를 받은 사람들

갈라디아로 불리우는 두 장소가 있었기 때문에 바울이 쓴 편지가 어느 갈라디아로 보내는 것인지에 대하여 많은 학자들의 토론이 있었다. 터키에는 북부 갈라디아와 남부 갈라디아 지역이 있다. 북부 갈라디아는 원래 영국의 셀틱 민족과 관련이 있는 프랑스에서 식민지로 삼았던 지역이다. 나는 바울이 남부 갈라디아 사람들을 위하여 편지를 썼다고 믿는다. 남부 갈라디아는 바울이 이미 방문했었던 리스트라, 덜비, 안디옥, 아이코니움의 도시들로 형성되어 있었다. 바울이 이 도시들에다 교회를 세우고 장로들과 하늘의 교회의 머리되신 이에게 교회를 맡기었으므로 그들에게 편지를 쓰는 것은 이해할 수 있다.

또 다른 가르침

안타깝게도 그들에게 일어난 일들은 오늘날의 새 교회에서도 일어난다. 다른 사람들이 와서 이미 만들어 놓은 교회를 차지한다. 우리는 세워진 교회에 들어와서 교회를 지배하려고 하는 사람들을 조심해야 한다. 그런 지도자들은 새 교회를 잘못된 길로 인도한다. 바울은 갈라디아교회에서 이러한 문제에 당면했다. 이 일의 주동자들은 바울을 따라 다니던 유대인 크리스챤들이었다. 그들은 가장 큰 문제를 일으키는 장본인들로서, '바울의 말을 듣지 말라. 그가 너희에게 믿음을 가져왔지만, 완전한 믿음을 준 것은 아니다. 왜냐하면 우리는 그리스도와 함께 모세의 율법이 필요하기 때문이다.' 라고 이방인 교인들을 혼란시켰다.

이렇게 율법을 중시하는 믿음은 오늘날도 볼 수 있다. 나는 영국의 많은 교회들을 방문하면서 교회 벽에 붙어 있는 십계명을 보았다. 1954년, 내가 처음으로 목회를 시작한 교회에도 강대상 위에 어두운 고동색의 굵은 필체로 쓴 십계명이 있었다! 내가 그 교회에서 처음 한 일은 십계명을 페인트로 덧칠하여 없애버린 것이다. 그러자 교인들은 설교시간에 읽을 것이 없어졌다고 불평했다! 그래서 나는 그곳에다 십자가를 붙였다.

바울이 그리스도의 복음을 전하는 곳마다 유대인 신자들은 '바울이 모든 것을 가르친 것이 아니다. 이제 전체적 이야기를 들어야 한다.' 라고 말했다. 요즈음 교회에 새로 오는 지도자들이 하는 말과 비슷하다. 그들은 목사님의 가르침도 괜찮지만 더 좋은 지혜를 배워야 한다고 말한다.

좋지 않은 소식

바울은 그가 애써 세운 새 교회에 대하여 나쁜 소식을 듣는다. 두가지 일이 그가 이루어 놓은 사역을 무너뜨리고 있었다.

바울의 메세지에 추가된 내용

많은 현대의 이교도에서 볼 수 있는 것 같이 새로운 지도자들은 '추가된 복음' 이라 부를 수 있는 것들을 복음에 덧붙인다. 이들은 복음에다 다른 책을 덧붙여서 성경을 만든다. 메리 베이커 에디의 과학과 건강, 혹은 요셉 스미스의 '몰몬서' 등이다. 성경외에 다른 책이 필요하다고 말하는 사람들을 조심하라. 잘못된 가르침에 대한 경계를 하여야 한다.

전령에 대한 공격

그들은 바울이 전하는 복음에 추가사항을 더할 뿐 아니라 소식을 전하는 사람을 공격했다. 그들은 바울이 진실된 사도가 아니고 그가 전하는 복음은 교회에서 승인 받지 않은 것이라고 주장했다. 그들은 바울의 권위를 누르고 자신들의 권위를 세우려 했다.

어떤 문제가 있었는가?

이 편지를 처음 읽을 때 바울의 중점적인 문제는 할례인 것으로 보인다. 여기에서 '바울이 두더쥐 구멍에서 산을 만들고 있는가? 라고 말할 수 있다. 왜 별 것도 아닌 것에 이리 염려하는가? 사람들이 할례를 받기 원하는 태도를 받아들일 수 있다. 왜 바울은 할례에 대하여 이리도 문제를 삼는가?

할례는 남자의 생식기의 일부를 제거하는 간단한 수술이다. 아프리카에서는 여자에게도 행하지만 유대교에서는 여자에게는 행하지 않는다. 지금도 유대문화권에서는 날씨에서 오는 위생적인 이유로 할례가 널리 행해지고 있다. 그러나 유대인들에게는 종교적으로 중요하다. 할례는 유대인을 표시한다. 물론 남자들만 할례를 받는다. 왜냐하면 유대문화에서는 남자가 상속을 받고 약속은 남자의 족보를 통해 이어지기 때문이다. 할례는 아브라함에게 약속된 축복을 받을 수 있는 자격의 상징이다. 하나님은 아브라함에게 할례받지 않은 유대인 남자는 언약을 어겼으므로 하나님의 백성에서 쫓아내라고 말씀했다. 아브라함의 모든 남자 자손들이 이러한 상징을 몸에 두어야 한다는 것이 약속의 일부였다.

이렇게 유대인의 할례는 매우 중요했다. 유대인들에게 중요한 것들은 유월절, 코셔 규정식, 안식일과 할례였다. 다른 것들은 자유롭게 결정할 수 있지만 이 네가지는 꼭 지켜야 했다.

하나님이 아브라함에게 주신 약속에 대한 바울의 말을 확실히 이해하는 것은 중요하다. 갈라디아서 3장에서 아브라함에게 주신 약속은 아브라함의 단 한사람의 남자 자손에게 주어진 것이라고 바울은 말한다. 하나님이 언급한 '씨'는 단수형으로서 하나님이 '아브라함과 그의 자손'이라 말했을 때 그의 모든 자손들을 말한 것이 아니고 그들 중 한사람을 의미한 것이라는 주장이다. 바울은 그 한사람의 자손이 예수님이고 그가 오심으로 이 약속은 성취되었으므로 할례는 더 이상 필요 없다고 말했다. 할례를 받아야 할 사람이 상속을 받았으므로 다른 사람들에게 할례를 줄 필요가 없었다. 할례는 상속의 상징이고 예수님은 그 상징을 받으셨다. 그는 할례를 받으신 상속자였다. 물론 바울도 유대인으로서 할례를 받았고, 그의 주장을 볼 때 그가 갈라디아에서 온 디모데에게 할례를 주었다는 사실은 이상하게 여겨질 것이다. 그가 마치 상반되는 행동을 한 것으로 여겨진다. 하지만 디모데는 바울의 선교 사역에 항상 동행하였고, 바울이 언제나 유대 회당에 가서 유대인들에게 설교한 이유 때문이었다. 만약 디모데가 할례를 받지 않았다면 유대 회당에 들어갈 수가 없었기 때문에 단순히 바울의 복음전파의 목적을 위하여 디모데에게 할례를 주었다. 마찬가지로 C.T.스터드와 중국에 간 다른 선교사들도 중국 사람들과 어울리기 위하여 변발을 했었다. 이런 이유로 디모데에게 할례를 준 바울은 갈라디아 사람들에게 왜 할례를 고려하느냐고 묻는다. 할례는 중요했지만 그것의 의미는 그들이 이해하는 바와 전혀 다른 것이었다.

바울이 갈라디아서에 쓴 강력한 메세지는 성경이 아이들을 위한 책이 아니고 어른을 위한 책임을 깨우쳐 준다. (안타까운 것은 거의 모든 사람들이 어른이 되면 성경 읽기를 멈춘다). 그는 '할례를 고려하는 사람들은 아예 거세를 하는 것이 어떠냐' 고까지 말했다. 그러면 그들은 자식을 생산할 수 없을 것이었다. 강력한 메세지이다!

그는 왜 할례를 반대했는가?

그 이유는 할례의 내면에는 유대교가 있기 때문이다. 유대교는 행함의 종교이다. 계명을 지킴으로 자신을 구원하는 종교이다. 불가능한 일이지만 많은 사람들이 노력한다. 이것이 벽에 십계명을 붙이는 것에 대한 위험이다. 하나님과 올바른 관계를 가지려면 이 계명에 의하여 살아야 한다고 말하는 것이다. 외부 사람이 교회에 들어오자 마자 보는 것이 '...을 하지마라' 라는 목록이고 이것은 마치 우리가 모든것을 거부하고, 부정적이고, 하나님과 가까워지려면 재미있는 모든 일을 멈추어야 한다는 인상의 메세지를 준다.

유대교

크리스챤의 믿음은 유대교에 뿌리를 두고 유대교는 구약성경에 기초를 둔다. 구약성경의 얼만큼이 신약성경과 연관되어야 하는가? 613개의 율법들 중 몇개가 우리에게 적용되는가? 구약과 신약을 공부할 때 우리는 이러한 문제에 부딪치게 된다.

예를 들어, 나는 신자들에게 한번도 십일조에 대하여 설교하지 않았다. 왜냐하면 이것은 모세의 율법에 속해있고 신약성경에서 이방인들에게 한번도 말하지 않았기 때문이다. 유대인들은 십일조를 드렸으나 이방인 신자들에게 십일조를 드리라고 말한 적이 없다. 그러나 교회에 드리라는 말씀은 했다.

한번은 젊은 목사가 십일조에 대하여 설교하는 것을 들은 적이 있다. 그는 컴퓨터를 사용하여 '십일조' 에 대한 모든 성경적인 글들을 조회한 것 같았다. 십일조에 연결되어 있는 축복이 있다고 말했다. 말라기에서 하나님은 '나를 시험하여 내가 하늘 문을 열고 너희에게 복을 쌓을 곳이 없도록 붓지 아니하나 보라' 라고 말씀했다고 전했다. 그는 또 십일조에 대한 저주에 대하여도 말했다. 구약성경에 십일조를 하지 않으면 자손의 이대 삼대까지 저주를 받으리라는 말이 있다고 설교했다. 교인들의 얼굴에서 그들의 자손들이 당할 괴로움을 생각하고 두려워하는 표정을 볼 수 있었다. 물론 다음 주일에는 헌금의 액수가 많았다! 그러나 나는 당황했다. 신약성경에서 헌금은 전혀 다른 원리에 의거한다. 하나님은 아까워 하지 않고 즐겁게 주는 사람을 사랑하신다. 자손들이 저주 받을까봐 두려워서 또 강요당해서 하는 것이 아니라 자진해서 하는 헌금이어야 한다. 이런 설교의 내용은 구언약에 속한다.

또 다른 예는 안식일에 대한 율법이다. 우리가 구언약을 크리스챤들에게 적용시킬 때 먼저 생각할 것이 있다. 하나를 적용시키면 모두를 적용시켜야 하고 축복을 적용시키면 저주도 적용시켜야 한다. 우리가 이렇게 할 준비가 되어 있는가? 나는 준비가 되어 있지 않다. 그래서 바울은 '만약 너희들이 할례를 받는다면, 이것은 시작일 뿐이다. 이 사람들이 가르치는 할례를 받으면 613개의 모세의 율법도 모두 지켜야 할 것이다.' 라고 말했다.

이것이 바울이 걱정하는 문제였다. 할례가 아니라 유대교에 대하여 문을 여는 자체였다. 그는 유대교를 믿었었고 모든 계명을 지켰다고 생각했고 그렇게 할 수 있었던 자신에 대하여 하나님께 감사했다고 말했다. 사람들에게 모세의 율법을 지켜야 한다고 말하는 것은 그들을 지옥에 보내는 것과 같다. 왜냐하면 그들이 율법을 지킬 수 없음이 분명하기 때문이다.

사람들을 율법에 묶는 것보다 은혜에 묶는 것이 중요하다. 우리에게도 법이 있지만 그것은 모세의 법이 아니라 그리스도의 법이다. 모세의 율법은 사라졌다; 우리에게 적용되지 않는다. 그러나 오늘날의 교회가 가지고 있는 가장 큰 문제는 교인들에게 그리스도의 법과 모세의 율법을 혼합하여 가르친다는 점이다. 교회에 왜 강대상, 촛불, 의복 그리고 신부들이 있어야 하는가? 이것들은 모세의 율법에 속한 것으로서 교회에 침투해 들어왔고 우리에게 전혀 필요하지 않은 것들이다.

사도행전에서 유대교와 크리스챤의 믿음의 연관이 느슨해 짐을 본다. 교회의 첫 순교자인 스데반은 이 문제로 순교를 당했다. 빌립이 이디오피아의 내시에게 세례를 주었을 때 한 단계 멀어졌고, 다음에 하나님이 베드로를 가이사랴의 이방인인 코넬리우스의 집에 보냈다. 예루살렘의 유대인 크리스챤들은 이방인들에게 믿음이 주어지는 것을 의심스러운 눈으로 보기 시작했다. 그들이 보기에 유대인 성향이 충분하지 않았다. 그래서 바울은 할례를 받지 않고 믿는 것은 충분하지 않다고 가르치는 선교사들을 내보내는 예루살렘 교회에 대해 도전했다. 실제적 문제는 할례가 아니고 이방인이 크리스챤이 되기 위하여는 먼저 유대인이 되어야 한다는 것이었다.

구원

진짜 문제는 구원 자체였다. 어떻게 구원이 얻어지는가. 크리스챤들은 몇가지 다른 대답을 제시했다.

행함으로만 얻는 구원

세상의 거의 모든 종교는 행함에 의한 구원을 말한다. 기도, 금식, 헌금 등의 행동으로 하나님과 가까워 질 수 있다. 우리의 노력에 의하여 구원을 얻는다. 이렇게 스스로 만들어 가는 종교는 사람들의 자존심을 세워주고 그들이 구원을 획득했다는 느낌을 부여한다. 스스로의 공의로움은 하나님이 싫어하신다. 하나님은 스스로의 공의로움보다는 죄를 오히려 낮게 여기신다. 예수님은 스스로 공의롭게 여기는 사람들과 어울리지 못했다. 그는 죄인들의 친구였지만 바리새인들과 같이 스스로 공의롭게 여기는 사람들과는 어울리지 못했다.

행함 위에 믿음으로 얻는 구원

행함이 필요한 믿음은 일반적으로 흔하다. 나는 영국 공군에서 여러종교를 위한 군목으로 있었다. 새 군인들이 도착하면 성공회 목사가 70% 정도의 군인들을 데려가고, 아이리쉬 어조로 말하는 카톨릭 신자들을 신부가 데려가고 남아 있는 침례교, 감리교, 구원파, 불교, 힌두교, 모슬렘, 불가지론자와 무신론자에 속한 군인들을 내가 맡았다. 무신론자의 군목은 재미있는 역할이었다.

이 군인들에게 나는 누가 감리교인인지 침례교인인지 등을 물었고 사람들은 손을 들어 표시했다. 같은 어조로 나는 누가 크리스챤인지를 물으면 모두가 조용했다! 가끔 한사람 정도 미소를 띠고 손을 드는 경우가 있지만 대개는 누가 손을 드는가 둘러 보았다.

나는 '여러분들이 감리교인이고 침례교인이고 등등 말했지 않습니까? 그러면 몇명이나 크리스챤입니까?' 하고 묻는다.

그들은 '신부님, 크리스챤이라니 무슨 뜻입니까?' 하고 묻는다.

나는 '무슨 뜻인 것 같아요?' 라고 되묻는다.

대개는 '십계명을 지키는 사람이요' 라는 답이 나온다.

'좋아요. 그렇다면 여기에 몇명이나 십계명을 지키는 크리스챤입니까?' 라고 묻는다.

그들 중 한사람이 '신부님, 어떻게 그 계명들을 다 지킵니까?' 하고 말한다.

'그러면, 몇개를 지켜야 크리스챤이 됩니까?'

'열개 중 여섯개요.'

'좋아요. 그렇다면, 여기 여섯 계명을 지키는 크리스챤이 몇명이나 있습니까?'

이러한 대화는 크리스챤이란 무엇인가에 대한 토의로 계속된다. 행함과 믿음이 함께 있어야 한다는 것은 우리가 지킬 수 있는 만큼 계명을 지키고, 지키지 못하는 것에 대하여는 하나님께 용서를 구한다는 말이다. 이것이 우리나라의 크리스챤들이 이해하는 믿음이다. '선행을 하는 크리스챤 믿음' 이라 부를 수 있다.

믿음 위에 행함으로 얻는 구원

어떤 사람들은 믿음으로 시작하여 행함을 더해야 한다고 믿는다. 예수님을 믿은 후, 율법을 지켜야 한다. 바로 이것이 바울 시대에 유대인 크리스챤들의 주장이었다.

믿음만으로 얻는 구원

바울은 '성령으로 시작하여 육체로 갈 것인가? 율법은 육에 속해 있다—성령이 하는 것이 아니라 너희 자신의 노력이다.' 라고 갈라디아 사람들에게 말했다. 바울은 처음부터 끝까지 믿음만으로 구원 받음에 대하여 말했다. 그는 '나는 복음을 부끄러워 하지 않는다. 처음부터 끝까지 믿음이다. 하나님의 권능하심이 믿는자들을 구원하신다' 라고 말했다.

다시 말해서, 계속하여 믿어야 하는 것에 타협은 없다는 말이다. 이것은 가장 중요한 점이다. 처음에 믿고 행하는 것이 아니다. 계속하여 믿는 것과 이제는 율법을 지켜야 한다는 것은 큰 차이가 있다. 바울은 크리스챤의 자유를 위하여 싸웠다. 어떤 단계에서든 율법을 들여오는 것은 사람들을 저주 아래 두는 것이다. 왜냐하면 예수님이 받아드릴 점수는 100% 율법을 지키는 것 뿐이기 때문이다. 율법을 모두 지키던가 율법을 지키지 못하던가 두가지 뿐이다.

인간의 법도 마찬가지다. 빨간 신호등을 위반하여 경찰이 차를 세웠을 때, '여기까지 오는 모든 빨간 신호등은 다 지켰는데요' 라고 말해 보았자 경찰은 '여태까지 모든 신호등을 지켰는지에 대하여는 상관하지 않습니다. 지금 위법을 했어요.' 라고 말할 것이다. 하나님도 이렇게 말씀할 것이다. 법은 하나 하나의 진주알이 아니라 전체로 엮어진 목걸이와 같다. 어디에선가 끊어진다면 모든 진주알은 바닥에 굴러 떨어질 것이다. 율법을 위반할 때 하나를 어겼던 모두를 어겼던 다를 바가 없다.

밀물이 몰려드는 암석에 세사람이 표류되었고 암석과 육지 사이에는 삼미터의 간격이 있다고 가정하자. 첫번째 사람이 일미터를 점프하면 그사람은 물에 빠질 것이다. 두번째 사람이 이미터를 점트하면 그도 물에 빠질 것이다. 세번째 사람이 육인치 정도 남겨놓은 거리를 점프하면, 그도 물에 빠질 것이다.

하나님은 '이 모든 율법을 계속하여 지키지 않는 사람에게 저주가 있으리라' 라고 말씀한다. 우리 자신이 하늘나라에 가기 위하여 율법을 지키려고 계속 노력한다면 우리는 저주 아래 있는 것이다. 그러나 복음은 다른 종류의 공의로움에 대하여 말한다.

그러면 하나님은 왜 십계명을 주셨는가? 왜 모세의 율법을 주셨는가? 이에 대한 대답은 갈라디아서에 있다.

먼저, 하나님은 죄를 견제하기 위하여 율법을 주셨다. 율법은 우리의 삶을 살 수 있도록 돕는다. 적어도 몇 사람은 노력할 것이고 몇 사람은 지킬 것이다.

두번째로, 하나님은 죄를 노출시키기 위하여 율법을 주셨다. 율법에 비추어서 우리의 죄를 볼 수 있다. 다시 말해서, 율법만이 우리가 죄인임을 말해준다. 하나님의 법을 공부하기 전에는 우리가 죄인임을 깨닫지 못한다. 우리가 율법을 지킬 수 없다는 것을 보여줄 그리스도가 오실 때까지 우리를 준비시키기 위하여 율법이 주어졌다. 이것이 십계명에 대한 설교를 통해 어떤 한사람이 그의 죄를 확실히 깨닫게 되는 이유이다. 왜냐하면 그 계명들을 자신이 지킬 수 없음을 그들은 잘 알기 때문이다. 특히 예수님이 해석하시는 계명은 우리가 지킬 수 없다.

주요 주제

갈라디아서의 주제는 자유이다. 누구나 자유를 추구하지만 문제는 무엇에서부터 자유를 추구하느냐는 것이다. 성경의 메세지는 그리스도가 오셔서 우리를 노예에서 아들과 상속자로 자유케 했다고 말한다. 유대인들이 이집트에서 자유함을 받은 것같이 우리도 그리스도를 통하여 죄에서 해방되었다. 그러나 자유는 쉽게 잃어버릴 수 있다. 에드먼드 벌크는, '영원한 각성이 자유를 위해 치루는 값이다.' 라고 말했다. 문제는 자유를 얻는 것이 아니라 지키는 것이다. 자유는 쉽게 잃어버릴 수 있다.

다음의 도표는 갈라디아서 전체를 나타낸다. 아주 간단한 그림이지만 설명이 필요하다. 이 그림은 갈라디아서의 율법주의, 자유함, 그리고 방종의 세가지 개념을 보여준다.

물론 율법주의가 자유함의 적이지만 사람들은 방종도 자유함의 적임을 인식하지 못한다. 갈라디아서 1-2장은 하나님의 원하시는 햇빛과 같은 사랑인 그리스도안에서의 사랑에 대하여 말한다. 우리는 성령 안에서 자유롭게 하나님의 아들을 믿는다. 아버지, 아들 그리고 성령님은 우리가 산의 높은 곳에서 자유를 누릴 수 있게 한다.

이 그림은 자유함을 잃을 수 있는 두갈래의 길을 보여준다. 하나는 율법으로 돌아가는 것으로 우리에 갇히는 것으로 묘사되었다. 우리에 갇히면 산을 오르려 해도 올라갈 수 없다. 우리가 지킬 수 없는 율법 아래 있는 것은 다시 하나님의 진노 아래 있는 것과 같다. 자유함을 잃을 수 있는 또 다른 길은 육적인 세상으로 빠지는 것이다. 이것도 우리 자신의 욕망에 노예가 되는 길이고 하나님의 진노 아래 있는 것이다. 자유함을 잃은 상태이다.

래이크 지역의 헬베린의 협지에서 이러한 지형을 볼 수 있다. 양쪽에 큰 구멍을 둔 높고 좁은 협지이다. 빙하시대에 두개의 빙하가 회전하여 이 좁은 땅을 형성했다. 스위스의 매더혼은 세개의 빙

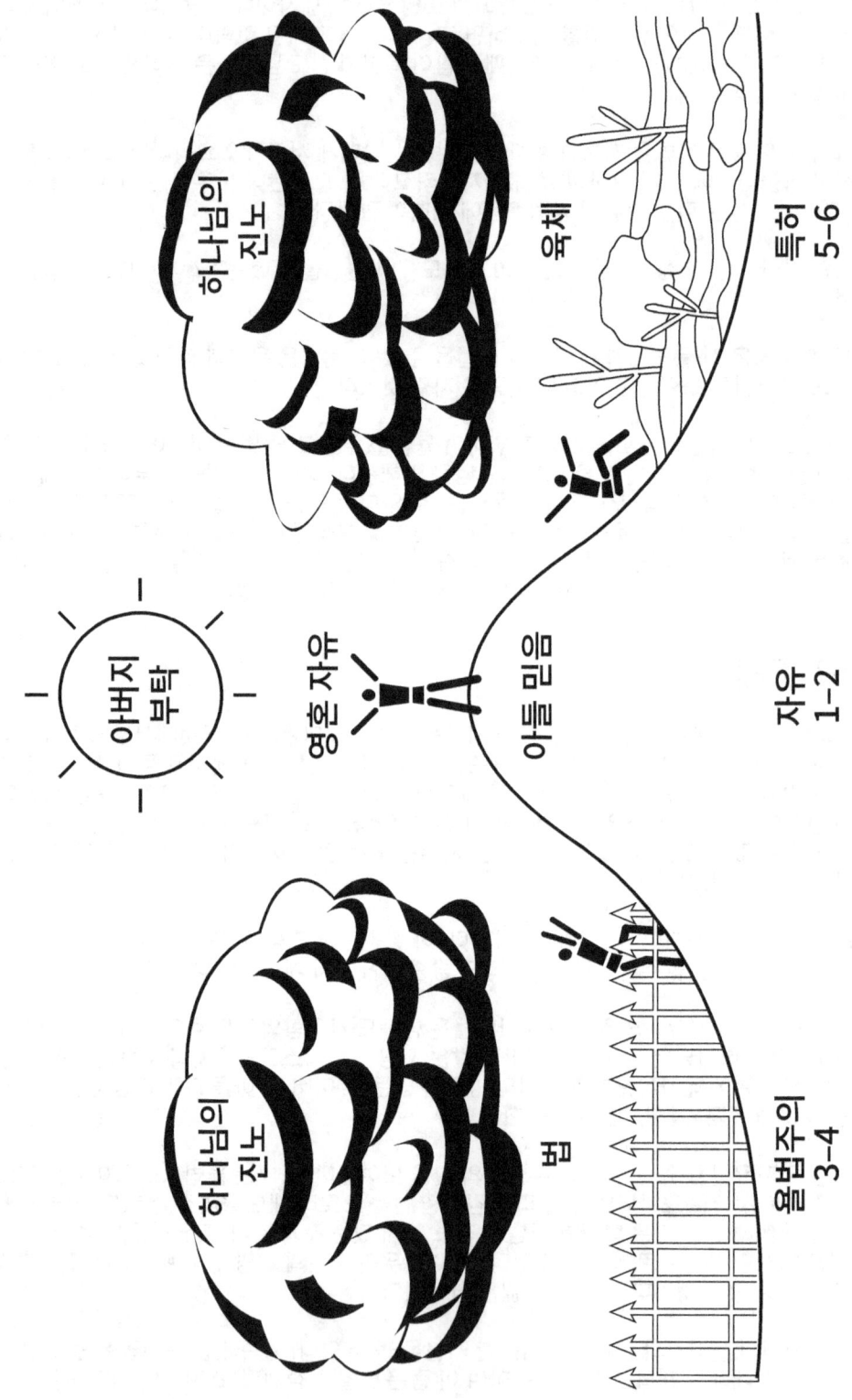

하가 돌면서 형성한 세면으로 높이 솟아 있는 산이다.

성령의 자유함을 유지하기 위하여 좁은 협지를 조심스럽게 걸어야한다. 양쪽으로 미끄러지기 쉽다. 크리스챤들이 가지고 있는 가장 큰 위험은 율법주의일 것이다. 이 말이 놀라울 것이다. 방종은 단번에 식별할 수 있지만 교회가 규칙과 규제를 만들어 내기 시작하면 자유함을 파괴하는 율법주의에 서서히 빠질 수 있다. 율법주의적 교제는 쉽게 분별된다.—누구나 얼굴에 굳은 표정을 하고 있다. 법을 지키려고 노력할 때 사람들의 표정이 굳어진다. 율법주의는 크리스챤의 믿음을 관계보다는 규칙으로 묶는다. 사람들은 규칙을 지키기 때문에 자신들이 크리스챤이라고 믿는다—담배피지 마라, 노름을 하지 마라, 술 마시지 마라, 이것도 하지 마라, 저것도 하지 마라—그러나 하나님과의 관계는 사라져 버린다.

성령의 자유함은 우리가 원하는 행동을 하는 것이 아니라 다른 사람들이 하라는 것을 하지 않고 성령이 이끄는 대로 가는 것이다. 갈라디아서에서 바울이 말한대로, 죄를 짖기 위한 자유함이 아니라 죄를 짖지 않기 위한 자유함이다. 그것이 진짜 자유함이다. 믿지 않는 사람들은 이러한 자유가 없다. 이것은 하나님이 원하시는 자유함이다. 그러나 사람들을 율법 아래 두어 죄를 짖지 않게 하는 것이 쉽기 때문에 교회는 이런 식으로 운영한다. 율법주의가 방종과 같이 자유함의 적임을 깨닫지 못하고 교인들을 이런 저런 일에서 보호하려 한다.

이것이 갈라디아서 전체의 말씀이다. 1장과 2장은 자유, 2장과 4장은 자유를 잃게 하는 율법주의, 5장과 6장은 방종에 대하여 말한다. 바울은 이 두가지를 상대하여 싸웠다. 율법주의와 방종을 피하여 자유함을 지키는 것은 꽤 세심한 작업이다.

율법주의, 방종, 그리고 자유에 대하여 더 자세히 살펴보자.

율법주의

할례가 갈라디아 사람들에게 처음 주어진 율법고리였다. 이것이 율법주의의 시작이었다. 이것은 복음의 일부가 아니었고, 그들은 나머지 율법도 지켜야 할 것이었다.

사람들은, '율법 아래 있지 않은 상태를 왜 즐기기 못하는가? 무법지대가 되는 것은 아닌가? 규칙이 없으면 사람들이 함부로 방종하지 않을까?' 라는 질문을 한다.

내가 감리교의 목사였을 때 '감리교회의 헌법적 적용과 징계' 라는 얇은 책이 있었다. 해마다 몇 장씩 더해져서 지금은 그 책이 일곱배로 두꺼워졌다! 규칙과 규율이 부흥을 가져올 수 없었다. 사람들은 이런 저런 일에 규칙을 정하여 제재하면 이 단체가 살아날 것이라고 쉽게 생각한다. 그러나 그렇지 않다. 자유는 생기를 불어주고 하나님은 우리를 자유케 하셨다. 우리는 율법을 바라보면 안된다. 율법에 빠지면 사람들은 굳어지고 위선자가 된다. 왜냐하면 다른 사람에게 자신이 율법을 어기고 있음을 말할 수 없기 때문이다.

방종

바울이 말하는 '육체의 행함' 에는 주의해야 할 위험적 요소가 있다. 이것은 다른 종류의 노예가 되는 것을 의미한다. 쉽게 미끄러져 빠지고 나오기 힘든 늪지와도 같다. 바울은 갈라디아서에 육체의 행함에 대하여 기록했다. 신비주의나 혼합된 신앙은 분명하게 나타나지만 파악하기 쉽지 않은 언쟁, 경쟁, 질투, 부러움, 편견 등도 있다.

바울은 '누군가가 이런 일들에 빠져 들면 어떻게 되는가?' 에 대해 묻는다. 크리스챤이 되는 길은 쉽지 않다. 누군가가 이런 죄악에 빠지면, 빨리 그들을 도와서 친교하며 치료해야 한다고 바울은 말한다. 그러나 알면서도 일부러 죄악의 삶을 사는 사람들은 천국에 들어가지 못할 것이라고 말한다. 그들은 '나는 천국에 가는 표가 있기 때문에 괜찮아' 라고 말 할지 모르나 바울은 '그렇지 않다. 이런 사람은 천국을 상속받지 못할 것이다.' 라고 엄중한 경고를 한다.

율법주의나 방종에 빠질 수 있지만 이 두가지에서 빨리 빠져나와야 한다. 그러나 일부러 알면서도 자신을 우리에 가두거나 늪지에 빠진 삶을 산다면 천국을 상속받을 수 없을 것이다.

자유함

자유함은 죄를 짖지 않기 위한 자유함을 말한다. 우리는 예수님 안에서 죄를 짖지 않기 위하여 자유하다. 죄에 대하여 예라고 말할 필요가 없다. 바울이 디모데에게 쓴 편지의 내용과 같이, '우리는 아니요라고 답할 수 있는 은혜를 입었다.' 이는 얼마나 아름다운가? 이 그림에 대하여 다시 한 번 생각해보자. 우리가 방종이나 율법주의의 길로 빠지지 않도록 조심해서 성령안의 좁은 길을 걸으면 아름다운 일들이 벌어진다. 우리의 삶에 성령의 열매들이 맺힌다. 육적으로는 많은 행함이 필요하지만 성령의 열매는 아홉가지의 맛을 가진 하나의 열매이다.

지중해지역에 미스테리오 델리시우스라는 과일이 있다. 한번 베어 물으면 오렌지 맛이 나고 다시 한번 베어 물으면 레몬 맛이 난다! 하나의 과일에 여러가지 맛이 있다. 크리스챤으로서 우리는 성령의 여러가지 맛을 발견할 수 있다. 믿지 않는 사람들의 맛도 있다. 어떤 믿지 않는 사람들은 기쁨, 평화 등의 맛을 내지만 예수님안에서 성령으로 충만하여 성령과 함께 가는 사람이 가진 아홉개의 맛은 그들이 낼 수 없다. 아홉가지의 맛은 우리를 하나님, 다른 사람들, 그리고 우리 자신과 연결시킨다. 세가지 맛인 사랑, 희락, 화평은 우리가 하나님과 완전한 조화를 이루게 한다. 다음의 세가지는 오래 참음, 자비, 양선으로서 다른 사람들과 조화를 이루게 한다. 그리고 충성, 온유, 절제는 나 자신과 건강한 관계를 맺게 한다. 얼마나 아름다운 열매인가!

성령의 은사가 없이는 성령의 열매가 한정되어 있고 열매가 없는 은사도 적당하지 않다. 환자를 병문안하러 병원에 갈 경우 모든 성령의 열매를 보여줄 수 있다. 병문안의 사랑, 환자를 격려해 주는 희락, 환자를 편안히 해주는 화평, 그의 치료에 대한 이야기를 들어주는 오래참음, 과일을 사다주는 자비, 그의 자녀들을 돌보아 주는 양선, 매일 병문안하는 충성, 간호사가 이제 가야 한다고 말할 때 순종하는 겸손함, 가지고 간 포도를 먹지 않는 절제! 우리가 병문안을 통하여 모든 성령의 열매를 보여줄 수 있지만 그를 치료하지는 않는다. 왜냐하면 치료는 성령의 은사이기 때문이다. 우리는 은사와 열매를 함께 가지고 있어야 한다. 이 두가지를 상반되는 위치에 두면 안된다. 성령과 함께 걸으면 열매가 자란다고 바울은 말한다. 그는 '걷는다'를 두가지 다른 헬라어를 사용하여 말한다. 영어 성경 번역에는 그저 '걷는다' 로 번역되었다. 5장의 마지막과 6장에 '성령과 걷는다' 라고 표기되어 있다. 5장의 걷는다는 혼자서 산보하듯이 걷는 것을 의미한다. 그러나 6장의 걷는다는 다른사람들과 맞추어 힘차게 행진한다는 뜻이다. 이렇게 성령과 함께 걷는 것은 두 가지가 있다. 우리 혼자 걷는 것과 다른 크리스챤 형제 자매들과 함께 걷는 것이 있다. 진실되게 걷는 것은 성령안에서 형제 자매들과 함께 걷는 것이다.

이것이 갈라디아 사람들에게 주는 바울의 메세지이다. 듣기에 편하지는 않지만 매우 중요한 편지이고 이 편지를 크리스챤의 자유함의 특허장이라 부를 수 있다. 나는 이것이 아주 좋은 제목이라 생각한다. 다수의 사람들이 다른 종류의 자유, 선함과 악함을 지지하지만 우리가 지지하는 자유는 죄를 짖지 않는 자유함이고 율법주의에서 해방된 자유함이고 방종이라는 늪에서 빠져 나온 자유함이고 하나님의 축복을 누리는 높은 곳에 세워지는 자유함이다.

율법주의는 우리 주위에 산재해 있다

율법주의는 우리 주위에서 많이 볼 수 있다. 사람들은 자신들의 노력으로 천국에 가려고 한다. 혹은 믿음으로 시작하여 행함으로 역진한다. 이제는 고인이 되신 W.E. 생스터 박사가 병원에서 죽어가는 한 여인을 방문했다. 그는 '하나님을 만날 준비가 되어 있습니까? 만나면 무엇이라 말하겠습니까?' 라고 물었다.

그녀는 힘없는 손을 들고, '나는 미망인이예요. 혼자서 다섯아이들을 키웠어요. 그래서 교회나 성경이나 어떤 종교활동도 할 시간이 없었어요. 그러나 나는 아이들을 위해 최선을 다했고 하나님을 만나면 나의 두손을 보여줄 거예요. 하나님이 이 손을 보시면 이해하실 거예요.' 라고 말했다.

이 여인에게 어떤 말을 해야 하는가? 생스터 박사는 '너무 늦었어요. 너무 늦었어요.' 라고 말했다. 여인은 '그게 무슨 뜻이죠?' 하고 물었다.

그는 '아주머니 앞에 이미 하나님을 향해 두손을 들고 있는 사람이 있어요. 하나님은 다른 손을 볼 수가 없어요.'라고 대답했다.

그녀는 다시 '그게 무슨 뜻이죠?' 하고 물었다.

그는 '당신의 두손을 믿지 마세요. 그의 손을 믿으세요.' 라고 말했다. 율법주의는 아직도 우리 주변에 왕성하게 존재한다. 보통 영국사람들은 좋은 크리스챤이란 그들의 조부모와 고양이에게 친절히 대하는 사람으로 생각한다. 그들은 '나는 교회에 가는 어떤 사람들보다도 좋은 사람이야.' 라고 생각한다. 이런 말을 할 때 그들은 율법주의에 묶이지는 것이다. 우리는 오직 100% 율법을 행하는 사람만이 천국에 갈 수 있고 그렇지 않은 상태에 있는 사람들이 천국에 간다면 모두가 망가 질 것이라는 점을 말해주어야만 한다.

율법주의는 교회에서도 발견할 수 있다. 그들은 교인을 위한 규칙을 추가하려는 경향이 있다. 교회의 정문을 통과하기 위한 네단계가 있다: 회개, 믿음, 세례 그리고 성령체험이다. 정문을 통과하기 위하여 이 외에 아무 규칙도 있으면 안된다. 정문 안으로 들어가면 계단이 있다. 베드로 일서와 이서에서 보는 대로 교회 안에는 올라야 할 계단이 많이 있지만 바깥에는 네 계단 뿐이다. 그러나 교회들은 '주교에게 확신을 받아야 합니다' 혹은 '이래야 합니다, 저래야 합니다' 혹은 '완전히 결단해야 합니다' 혹은 '지도자의 직분을 받아드려야 합니다' 등의 조건을 붙인다. 이 모든 것들은 교회 밖이 아니라 교회 안에서 올라가야 할 계단들이다.

방종은 우리 주위에 산재해 있다

믿지 않는 사람이 간음을 하면 지옥에 가지만 믿는 사람의 간음은 면제된다고 생각하는 사람들이 아직도 있다. 믿는 사람들은 어떤 종류의 죄에서 면제되었고 그 죄로 인하여 축복이나 상은 조금 줄어들지 모르나 하늘나라에 가는 표는 잃을 수 없다고 생각하는 사람들이 있다. 갈라디아서는 이에 대하여 일부러 죄를 짖는 사람은 하나님의 나라에 들어갈 수 없다고 단호히 말한다.

자유함은 우리와 함께 있다

우리는 하나님의 은혜 아래에서 성령의 바람을 맞으며 다른 사람들과 함께 좁은 길을 걸어가야 한다. 성령과 함께 걸으면 우리는 죄악에서 자유하게 되고 담대할 수 있는 자유함도 얻게 된다.

갈라디아서는 가장 강한 메세지를 주는 편지들 중 하나이다. 글을 읽을 때, 의미를 주의 깊게 생각해 보라. 다음에는 나의 말로 갈라디아서를 다시 써 보았다:

보낸 사람: 하나님이 보내신 사도 바울 (사람이 보냈거나 사람을 통해서 사도가 된 것이 아니라 예수 그리스도와 그분을 죽은 사람들 가운데서 다시 살리신 하나님 아버지를 통해서 사도가 되었습니다). 나와 함께 있는 모든 형제들이 이 편지를 읽고 보내는 것을 승락했습니다.

갈라디아 지역의 여러 교회들에게

우리 하나님 아버지와 주 예수 그리스도의 은혜와 평안이 함께하기를 기도합니다. 그리스도께서는 우리 하나님 아버지의 뜻을 따라 우리를 이 악한 세상에서 구원하시려고 우리 죄를 위해 자기를 바치셨습니다. 하나님 아버지께 길이길이 영광이 있기를 바랍니다. 아멘.

여러분이 그리스도의 은혜로 여러분을 부르신 하나님을 그처럼 쉽게 저버리고 다른 복음을 따르다니 정말 놀라지 않을 수 없습니다. 사실 다른 복음이란 있을 수가 없습니다. 다만 어떤 사람들이 여러분을 혼란 가운데 빠뜨리고 그리스도의 복음을 변질시키려는 것에 지나지 않습니다. 우리뿐만 아니라 하늘에서 온 천사라도 우리가 여러분에게 전한 기쁜 소식 외에 다른 것을 전한다면 저주를 받을 것입니다. 우리가 전에 말한 대로 내가 다시 말하지만 누구든지 여러분이 이미 받은 기쁜 소식 외에 다른 것을 전하면 저주를 받을 것입니다!

내가 지금 사람에게 잘 보이려고 하는 줄 아십니까? 아닙니다. 내가 원하는 것은 하나님의 인정을 받는 일입니다. 내가 이제 와서 사람을 기쁘게 하겠습니까? 내가 아직도 사람을 기쁘게 하려고 한다면 나는 그리스도의 종이 아닙니다.

형제 여러분, 내가 여러분에게 알려 드리지만 내가 전한 기쁜 소식은 사람이 만들어낸 것이 아닙니다. 이 기쁜 소식은 내가 사람에게서 받았거나 배운 것이 아니라 예수 그리스도의 계시로 받은 것입니다.

내가 전에 유대교에 있을 때 한 일들을 여러분은 들어서 알 것입니다. 그때 나는 하나님의 교회를 몹시 박해하였고 아예 교회를 없애 버리려고까지 했습니다. 나는 같은 나이 또래의 그 어떤 유대인들보다 유대교를 신봉하는 데 앞장섰으며 조상들의 전통을 지키는 데도 누구 못지않게 열심이었습니다.

그러나 내가 태어나기도 전에 나를 택하시고 은혜로 나를 부르신 하나님이 자기 아들을 나에게 나타내어 이방인들에게 그분에 대한 기쁜 소식을 전하게 하시기를 기뻐하셨을 때 나는 사람과 의논하지 않았으며 나보다 먼저 사도가 된 사람들을 만나려고 예루살렘으로 가지도 않았고 곧바로 아라비아로 갔다가 다시 다마스커스로 돌아왔습니다.

그 후 나는 3년 만에 베드로를 만나러 예루살렘으로 가서 15일 동안 그와 함께 지냈습니다. 나는 거기서 주님의 형제 야고보 외에는 다른 사도를 만나지 못했습니다. 내가 지금 쓰고 있는 이것이 거짓말이 아니라는 것을 나는 하나님 앞에서 여러분에게 확실히 말할 수 있습니다. 그 후에 나는 시리아와 길리기아 지방으로 갔습니다. 그때까지만 해도 유대에 있는 교회들은 내 얼굴을 몰랐습니다. 그들은 전에 자기들을 괴롭히던 사람이 지금은 박해하던 그 믿음을 전한다는 말만 듣고 나 때문에 하나님께 영광을 돌렸습니다.

그로부터 14년 후에 나는 바나바와 함께 디도를 데리고 다시 예루살렘으로 올라 갔습니다. 나는 하나님의 계시를 받고 예루살렘에 올라가 내가 이방인들에게 전파하는 기쁜 소식을 공식 석상에서 전하였고 지도자들에게는 개인적으로 설명했습니다. 그것은 내가 과거에 한 일과 현재 하는 일이 헛되지 않을까 염려해서였습니다. 나와 동행한 디도는 그리스 사람이었지만 억지로 할례를 받으라고 강요하지 않았습니다. 내가 이렇게 한 것은 몰래 들어온 거짓 형제들 때문이었습니다. 그들은 몰래 들어와 그리스도 예수님 안에서 우리가 가진 자유를 엿보고 우리를 다시 율법의 종으로 삼으려고 했습니다. 그러나 우리는 여러분을 언제나 기쁜 소식의 진리 안에 있게 하려고 한시도 그들에게 굴복하지 않았습니다. 지도자들이라는 사람들은 나에게 아무것도 새로운 것을 제시해 주지 못했습니다. 그들이 어떤 사람이건간에 나와는 상관이 없습니다. 하나님은 사람의 겉모양을 보시지 않기 때문입니다. 그들은 베드로가 유대인들에게 기쁜 소식을 전하는 일을 맡은 것같이 내가 이방인들에게 기쁜 소식을 전하는 일을 맡은 것을 보았습니다. 베드로에게 능력을 주어 그를 유대인의 사도로 삼으신 하나님이 나에게 능력을 주어 나를 이방인의 사도로 삼으신 것입니다. 그리고 기둥 같은 지도자로 알려진 야고보와 베드로와 요한도 하나님이 나에게 주신 은혜를 인정하고 나와 바나바에게 교제의 악수를 청해 왔습니다. 그래서 우리는 이방인들에게 가서 기쁜 소식을 전하고 그들은 유대인들에게 가서 기쁜 소식을 전하기로 했습니다. 또 그들은 우리에게 가난한 사람들을 돌보라고 부탁했는데 그 일은 내가 전부터 열심히 해 오던 일이었습니다.

그런데 베드로가 안디옥에 왔을 때 그가 잘못한 일이 있었으므로 나는 여러 사람 앞에서 그를 책망하였습니다. 그것은 그가 이방인과 함께 음식을 먹다가 야고보가 보낸 유대인 몇 사람이 들어오는 것을 보고 겁이 나서 나가 버린 일이었습니다. 그러자 다른 유대인들도 안 먹은 체하며 밖으로 나갔고 바나바까지도 그들의 위선에 유혹을 받았습니다. 그래서 나는 그들이 기쁜 소식의 진리대로 바로 살지 않는 것을 보고 모든 사람 앞에서 베드로에게 "유대인인 당신이 이방인처럼 살면서 어떻게 이방인에게는 유대인답게 살라고 할 수 있습니까?" 하고 책망했습니다.

우리는 날 때부터 유대인이지 소위 말하는 '이방 죄인'이 아닙니다. 그러나 우리는 사람이 율법을 지켜서 의롭게 되는 것이 아니라 예수 그리스도를 믿음으로 의롭게 된다는 것을 알기 때문에 우리도 그렇게 되려고 예수 그리스도를 믿고 있습니다. 그 누구도 율법을 지켜서 의롭게 될 사람은 없습니다. 만일 우리가 그리스도 안에서 의롭게 되려고 하다가 우리 자신이 죄인으로 판명되면 그리스도께서 죄를 짓게 하시는 분이라고 할 수 있습니까? 절대로 그럴 수 없습니다.

내가 이미 헐어 버렸던 율법의 체계를 다시 세운다면 나는 율법을 범하는 사람이 되고 맙니다. 나는 율법에 관한 한 율법 그 자체에 의해서 죽었습니다. 이것은 하나님을 위해 살기 위해서입니다. 내가 그리스도와 함께 십자가에 못박혀 죽었으므로 이제는 내가 사는 것이 아니라 내 속에 그리스도께서 사시는 것입니다. 지금 나는 나를 사랑하시고 나를 위해 죽으신 하나님의 아들을 믿는 믿음으로 살고 있습니다. 나에게는 하나님의 은혜가 참으로 귀중합니다. 만일 율법을 지켜서 의롭게 된다면 그리스도께서 헛되이 죽으신 것이 되기 때문입니다. 갈라디아의 여러분, 왜 그리 어리석습니까! 예수 그리스도께서 십자가에 못박히신 것이 여러분의 눈 앞에 생생한데 누가 여러분을 유혹하였습니까? 내가 여러분에게서 한 가지 알아볼 것이 있습니다. 여러분이 성령을 받은 것이 율법을 지켜서입니까, 기쁜 소식을 듣고 믿었기 때문입니까?

여러분은 그렇게도 어리석습니까? 여러분은 성령으로 시작했다가 이제는 여러분 자신의 노력으로 완전해지려고 합니까?

기쁜 소식을 위해 많은 고난을 겪은 여러분이 이제 와서 그것을 버린단 말입니까?

하나님이 여러분에게 성령을 주시고 기적을 베풀어 주신 것은 여러분이 율법을 지켰기 때문입니까, 기쁜 소식을 듣고 믿었기 때문입니까?

성경에는 "아브라함이 하나님을 믿었으므로 하나님은 이 믿음 때문에 그를 의롭게 여기셨다" 라는 말씀이 있습니다. (창세기 15:6) 그러므로 믿음을 가진 사람들만이 진정한 아브라함의 후손이 된다는 것을 아십시오. 그리고 성경은 하나님이 믿음으로 이방인들을 의롭게 하실 것을 미리 내다보고 일찍이 아브라함에게 "모든 민족이 너를 통해 복을 받을 것이다" 라는 기쁜 소식을 전했습니다. 그러므로 믿음으로 사는 사람은 믿음을 가진 아브라함과 함께 복을 받습니다.

율법을 지켜서 구원받으려는 사람은 모두 저주 아래 있습니다. 그것은 "율법책에 기록된 모든 것을 항상 지키지 않는 사람은 누구든지 저주를 받을 것이다" 라고 성경에 기록되어 있기 때문입니다. (신명기 27:26) 그래서 하나님 앞에서는 아무도 율법으로는 의롭게 되지 못한다는 것이 분명합니다. 성경에도 "의로운 사람은 믿음으로 살 것이다" 라고 기록되어 있습니다. (하박국 2:4) 율법은 믿음에 근거한 것이 아닙니다. 오히려 성경은 "율법을 지키는 사람은 율법으로 살 것이다" 라고 말합니다. (레위기 18:5)

그리스도께서는 우리를 위해 십자가에 달려 저주를 받으심으로 우리를 율법의 저주에서 구해 주셨습니다. 성경에도 "나무에 달린 사람마다 저주를 받은 자입니다" 라고 기록되어 있습니다. (신명기 21:23) 이것은 그리스도 예수님 안에서 이방인들도 아브라함의 복을 받고 우리도 믿음으로 약속된 성령을 받도록 하기 위한 것입니다.

형제 여러분, 사람들끼리도 한 번 맺은 계약은 아무도 취소하거나 변경하지 못합니다. 하나님은 아브라함과 그의 후손들에게 여러 차례 약속하셨는데 여러 사람을 가리켜 '후손들에게' 라 하시지 않고 오직 한 사람을 가리켜 '네 후손에게' 라고 하셨으니 바로 그리스도를 두고 하신 말씀입니다. (창세기 22:18) 여기서 내가 말하려고 하는 것은 430년 후에 생긴 율법은 전에 하나님이 세운 계약을 취소시킬 수도 없고 그 약속을 무효로 할 수도 없다는 것입니다. 만일 우리가 받을 하늘 나라의 축복이 율법에 의존한다면 그것은 더 이상 약속에 의존하지 않게 됩니다. 그러나 하나님은 약속을 통해서 아브라함에게 은혜로 그런 축복을 주신 것입니다.

그렇다면 율법을 주신 목적은 무엇이었습니까? 그것은 약속된 분이 오실 때까지 죄가 무엇인지를 깨닫게 하기 위한 것입니다. 그 율법은 천사들이 전해 준 것을 사람이 받아 공포한 것입니다. 그러나 중재인을 필요로 했던 율법에는 두 당사자가 있어야 했지만 약속을 하는 데는 하나님 한 분이면 됩니다.

그러면 율법과 하나님의 약속은 서로 반대가 된다는 말입니까? 절대로 그렇지 않습니다. 만일 사람을 살리는 율법을 주셨다면 의롭게 되는 일이 율법을 통해서 이루어졌을 것입니다. 그러나 성경은 온 세상이 죄의 포로가 되었다고 선언하고 있습니다. 이것은 예수 그리스도를 믿는 믿음을 통해 약속된 것이 믿는 사람들에게 주어지도록 하기 위한 것입니다.

믿음의 때가 오기 전에는 우리가 죄의 포로가 되어 믿음이 계시될 때까지 갇혀 있었습니다. 그래서 율법은 우리를 그리스도에게로 인도하는 가정교사 구실을 하여 우리가 믿음으로 의롭다는 인정을 받도록 하였습니다. 믿음의 시대가 왔으므로 이제는 우리가 율법 아래 있지 않습니다. 여러분은 다 믿음으로 그리스도 예수님 안에서 하나님의 아들이 되었습니다.

누구든지 그리스도와 연합하는 세례를 받은 사람은 그리스도로 옷을 입은 것입니다. 여러분은 다 그리스도 예수님 안에서 하나가 되었으므로 유대인이나 그리스 사람이나 종이나 자유인이나 남자나 여자나 차별이 없습니다. 여러분이 만일 그리스도에게 속한 사람이라면 여러분은 아브라함의 후손이며 하나님이 약속하신 것을 받을 상속자들입니다.

여러분, 상속자는 모든 것의 주인이지만 어릴 때는 종이나 다름없으며 아버지가 정한 때까지는 보호자나 재산 관리인 아래 있습니다. 이와 같이 우리도 어렸을 때는 유치한 유대교의 율법에 매여 종살이하고 있었습니다.

그러나 때가 되어 하나님은 자기 아들을 보내 여자에게서 태어나게 하시고 율법의 지배를 받게 하셨습니다. 그것은 율법 아래 있는 사람들을 구원하고 우리를 하나님의 자녀가 되게 하기 위해서입니다.

여러분이 아들이기 때문에 하나님은 성령을 우리 마음 가운데 보내셔서 '나의 아버지' 라고 부르게 하셨습니다. (예수님도 하나님을 이렇게 불렀습니다). 그러므로 이제는 여러분이 종이 아니라 하나님의 아들입니다. 여러분이 아들이기 때문에 하나님은 여러분을 상속자로 삼으신 것입니다.

전에 여러분이 하나님을 알지 못했을 때는 실제로 있지도 않은 신들에게 종이 되었습니다. 그러나 이제는 여러분이 하나님을 알고 하나님도 여러분을 아십니다. 그런데 왜 여러분은 약하고 무가치하며 유치한 율법으로 되돌아가 다시 종이 되려고 하십니까? 여러분이 날과 달과 절기와 해를 지킨다고 하니 내가 여러분을 위해 수고한 것이 헛되지 않았나 걱정됩니다. 형제 여러분, 내가 여러분과 같이 되었으니 여러분도 나와 같이 되기를 바랍니다. 여러분은 나에게 해를 끼치지 않았습니다. 여러분도 다 아는 일이지만 내가 처음으로 여러분에게 기쁜 소식을 전하게 된 것은 내 육체의 질병 때문이었습니다. 내 병이 여러분에게 시험이 되긴 했지만 여러분은 나를 업신여기거나 버리지 않고 하나님의 천사나 그리스도 예수님과 같이 나를 환영해 주었습니다. 그런데 여러분의 그 기쁨은 다 어디로 갔습니까? 그때 여러분이 할 수만 있었다면 눈이라도 뽑아서 나에게 주었을 것입니다. 이제 와서 내가 진리를 말하기 때문에 여러분의 원수가 되었습니까?

거짓 선생들이 여러분을 열심히 설득하고 있는 것은 좋은 생각에서가 아니라 여러분이 우리를 버리고 자기들을 따르도록 하기 위한 것입니다.

여러분이 선한 일에 열심을 내는 것은 내가 함께 있을 때 뿐만 아니라 언제든지 좋은 일입니다. 나의 사랑하는 자녀 여러분, 여러분 속에 그리스도의 모습이 형성될 때까지 나는 다시 여러분을 위해 해산하는 고통을 겪습니다. 나는 여러분에 대하여 의심스러운 점이 있어 갈피를 잡을 수 없으므로 이제라도 직접 만나 보고 여러분에 대한 내 태도를 바꾸고 싶습니다.

말해 보십시오. 여러분은 율법 아래 살기를 원하면서도 율법이 말하는 것을 듣지 못합니까? 율법에는 이런 기록이 있습니다:

아브라함에게 두 아들이 있었는데 하나는 여종에게서 났고 다른 하나는 자유를 누리는 여자에게서 났습니다. 여종에게서 난 아들은 보통 방법으로 났고 자유를 누리는 여자에게서 난 아들은 약속을 따라 났습니다. 이것은 비유로서 두 여자는 두 계약을 말합니다. 한 계약은 시내산에서 받은 것으로 종살이할 아기를 낳은 하갈을 의미합니다.

하갈은 아라비아에 있는 시내산을 가리키며 지금의 예루살렘에 해당합니다. 그것은 예루살렘이 아직도 그 자녀들과 함께 율법의 종 노릇을 하고 있기 때문입니다. 그러나 하늘의 예루살렘은 자유인이었던 사라를 의미하며 그 예루살렘은 우리 모두의 어머니이기도 합니다. 성경에도 이렇게 기록되어 있습니다. "아기를 낳지 못하는 여자여, 즐거워하여라. 해산의 고통을 모르는 여자여, 소리 높여 외쳐라. 홀로 사는 여자의 자녀가 남편 있는 여자의 자녀보다 더 많을 것이다." (이사야 54:1)

형제 여러분, 여러분은 이삭과 같은 약속의 자녀입니다. 그때 보통 방법으로 난 이스마엘이 성령을 따라 난 이삭을 괴롭힌 것같이 지금도 마찬가지입니다. 그러나 성경에는 "이 여종과 그 아들을 내쫓으세요. 여종의 아들은 자유를 누리는 여자의 아들과 함께 유산을 받을 수가 없습니다" 라고 하지 않았습니까? (창세기 21:10) 그러므로 형제 여러분, 우리는 여종의 자녀가 아니라 자유를 누리는 여자의 자녀입니다.

그리스도께서 우리를 해방시켜 자유의 몸이 되게 하셨으니 여러분은 굳게 서서 다시는 종노릇 하지 마십시오. 나 바울이 하는 말을 잘 들으십시오. 만일 여러분이 할례를 받는다면 그리스도는 여러분에게 아무 소용이 없습니다. 내가 다시 말하지만 할례를 받는 모든 사람은 율법 전체를 지켜야 할 의무가 있습니다. 여러분이 율법을 지켜서 의롭다는 인정을 받으려고 한다면 여러분은 이미 그리스도와의 관계를 끊고 하나님의 은혜에서 떨어진 사람입니다. 그러나 우리는 성령님을 통해 믿음으로 의롭게 되기를 바라는 희망을 가지고 삽니다. 그리스도 예수님 안에서는 할례를 받고 안 받는 것이 문제가 아니라 사랑으로 표현되는 믿음만이 중요합니다. 전에는 여러분이 신앙 생활을 잘 했습니다. 그런데 누가 여러분을 가로막아 진리를 순종하지 못하게 했습니까?

그런 설득은 여러분을 부르신 하나님에게서 온 것이 아닙니다. 한 사람이 잘못되면 여러분 전체가 영향을 받습니다. 나는 여러분이 다른 생각을 품지 않을 것을 주 안에서 확신합니다. 그러나 여러분을 혼란케 하는 사람은 누구든지 심판을 받을 것입니다.

형제 여러분, 내가 아직도 할례를 전하고 있다면 왜 핍박을 받겠습니까? 그것이 사실이라면 그리스도의 십자가가 걸려 넘어지게 하는 장애물이 되지 않을 것입니다. 할례를 주장하면서 혼란만 일으키는 사람들은 할례의 대상이 되는 그 지체를 아주 잘라 버리기를 바랍니다.

형제 여러분, 하나님께서는 자유를 주시려고 여러분을 부르셨습니다. 그러므로 육체의 욕망을 채우려고 여러분의 자유를 남용하지 말고 사랑으로 서로 섬기십시오. 모든 율법은 "네 이웃을 네 몸과 같이 사랑하라" 는 하나의 말씀으로 요약할 수 있습니다. 그러나 여러분이 서로 헐뜯고 해친다면 둘 다 멸망할 것입니다. 그렇게 되지 않도록 조심하십시오!

그래서 내가 하는 말입니다만 여러분은 성령님의 인도를 따라 사십시오. 그러면 육체의 욕망을 채우려고 하지 않을 것입니다. 육체의 욕망과 성령님이 바라시는 것은 정반대입니다. 그러므로 이 둘은 서로 대적하여 여러분이 하고 싶은 일을 못하게 합니다. 그러나 여러분이 성령님의 인도를 받으면 율법의 지배를 받지 않습니다.

육체의 행위는 명백하게 드러나기 마련입니다. 이것은 음행과 더러움과 방탕과 우상 숭배와 마술과 원수 맺는 것과 다툼과 시기와 화내는 것과 당파심과 분열과 이단과 질투와 술주정과 흥청대며 먹고 마시는 것과 그리고 이와 같은 것들입니다. 내가 전에도 여러분에게 경고했지만 다시 경고합니다. 이런 생활을 일삼는 사람들은 결코 하나님의 나라를 상속받지 못할 것입니다.

그러나 성령님이 지배하는 생활에는 사랑과 기쁨과 평안과 인내와 친절과 선과 신실함과 온유와 절제의 열매가 맺힙니다. 이런 것을 막을 율법은 없는 것입니다. 예수 그리스도의 사람들은 육체와 함께 정욕과 욕심을 십자가에 못박았습니다.

만일 우리가 성령님을 따라 산다면 그분의 가르침을 실천해야 할 것입니다. 그러므로 우리는 잘난 체하지 말고 서로 다투거나 미워하지 맙시다.

형제 여러분, 어떤 사람이 잘못을 범했다면 성령님을 따라 사는 여러분은 온유한 마음으로 그런 사람을 바로 잡아 주십시오. 그리고 여러분 자신도 그런 시험을 받지 않도록 주의하십시오.

여러분은 서로 짐을 짐으로써 그리스도의 사랑의 법을 실천하십시오. 아무것도 아니면서 대단한 사람이나 되는 것처럼 생각한다면 그것은 자기를 속이는 것입니다.

각자 자기 행위를 살피십시오. 그러면 남과 비교하지 않고도 자기 자신이 한 일을 자랑스럽게 여길 수 있을 것입니다. 사람은 누구나 자기 자신의 짐을 져야 합니다.

하나님의 말씀을 배우는 사람은 가르치는 사람과 온갖 좋은 것을 나누어 가지십시오. 자신을 속이지 마십시오. 하나님은 조롱을 당하지 않으십니다. 사람은 무엇을 심든지 심은 대로 거두는 법입니다. 자기 육체를 위해 심는 사람은 그 육체에서 썩어질 것을 거두고 성령님을 위해 심는 사람은 성령님에게서 영원한 생명을 거둘 것입니다.

선한 일을 하다가 낙심하지 맙시다. 포기하지 않는다면 반드시 거둘 때가 올 것입니다. 그러므로 기회 있을 때마다 모든 사람에게 선한 일을 하고 특별히 믿는 성도들에게 더욱 그렇게 하십시오. 내가 손수 여러분에게 이렇게 큰 글자로 쓰는 것을 보십시오.

겉치레만을 일삼는 사람들이 여러분에게 억지로 할례를 받으라고 강요하고 있습니다. 그들이 이렇게 하는 단 한 가지 이유는 그리스도의 십자가로 인한 핍박을 피하기 위한 것입니다. 할례를 받은 사람들이 자기들도 율법을 지키지 않으면서 여러분이 할례받기를 원하는 것은 여러분이 여러분의 육체를 자랑하도록 하려는 것입니다.

그러나 나에게는 우리 주 예수 그리스도의 십자가 외에는 결코 자랑할 것이 없습니다. 이 십자가를 통해서 세상이 나에 대하여 죽었고 나도 세상에 대해서 죽었습니다. 할례를 받고 안 받는 것이 문제가 아니라 새사람이 되는 것이 중요합니다. 하나님께서 이 원리를 따라 사는 사람들과 하나님의 백성 이스라엘에게 평안과 자비를 내려 주시기를 기도합니다.

이제부터는 아무도 나를 괴롭히지 마십시오. 내 몸에는 예수님의 흔적이 있습니다.

형제 여러분, 우리 주 예수 그리스도의 은혜가 여러분과 함께하기를 기도합니다. 아멘.

47. 로마서

개요

성경이라는 전집에 들어있는 다양한 책들은 저자, 시대, 문학 형태, 그리고 독자등 매우 다른 배경을 가지고 있어서 효과적으로 성경을 공부하려면 한권씩 따로 공부해야 한다. 편지로 쓰여진 로마서도 그 배경을 공부하면 쓰여진 목적과 의미를 이해하는데 도움이 될 것이다.

로마시대의 편지는 경비가 많이 들고 어려운 통신 수단이었지만 고고학자들은 약 14,000장의 편지들을 발굴했다. 편지는 사람이 직접 전달해야 했기 때문에 편지의 무게를 고려하여 긴 편지를 쓰는 일은 별로 없었고 보통 20-200 개의 단어로 되어있었다. 당시의 가장 긴 편지들로 시세로의 2,500단어와 세네카의 4,000 단어의 편지를 들 수 있다. 바울의 편지는 평균적으로 1,300 단어가 사용되었지만 로마서는 7,000단어가 넘는 고대의 편지들 중 가장 긴 편지이다.

특별한 편지

로마서는 여러 면에서 특별하다. 친구들에게 보내는 안부 편지치고는 드물게 시작과 끝맺음의 인사말이 길고 마지막 장에는 안부를 전하는 사람들의 명단까지 들어 있다. 또 로마서는 편지라기보다 강의에 가깝다. 삶의 소식을 알리는 가벼운 내용의 편지가 아니라 대화도 들어있고 마치 야유하는 사람에게 답하는 듯한 강의의 느낌을 준다.

바울과 로마 교회가 연관이 없었다는 점도 로마서와 그의 나머지 편지들의 다른 점이다. 바울은 그가 세운 교회들을 충성되게 돌보고 다른 사람의 사역에는 참견하지 않았는데 그가 세우지도 않았고 방문한 적도 없는 교회에 이렇게 긴 편지를 보냈다는 점은 이해하기 어렵다. 편지의 내용은 로마의 크리스챤들과 아무 관계가 없는 바울이 그들과 만나기를 원했음을 보여준다.

이 편지는 교회가 당면한 위기나 문제의 내용이 아니어서 다른 편지에 비해 비교적 인격적이다. (나중에 공부하겠지만 다루어야 할 문제점은 있었다). 논쟁의 어조가 느껴지는 다른 편지들에 비해 로마서는 다른 느낌을 준다.

성경 평론가들은 로마서의 목적을 연구하는데 다음의 세가지 방법을 시도했다. 편지의 목적을: 바울에게서 찾는다; 저자와 독자의 관계에서 찾는다; 독자에게서 찾는다.

저자

첫번째 시도는 다음과 같다: AD 45년경, 바울은 지중해 동쪽의 인구가 밀집된 주요 도시에 자치적으로 천국을 확장해 나갈 자활 능력이 있는 교회들을 세우는 20 여년의 사역을 마쳤다.

바울의 마지막 사역은 기근으로 고통받는 예루살렘교회를 위하여 그가 세운 교회들에서 헌금을 모금하는 일이었다. 그는 예루살렘에 헌금을 전달하기 전, 항해가 가능한 날씨를 기다리면서 그리스에서 삼개월동안 겨울을 나는 동안 그의 복음을 기록으로 남겼다. 이 주장은 다시 두갈래로 나뉜다.

설교 집약서

일부 학자들은 로마서가 바울의 복음의 집약서로서 그의 마지막 유언이며 증언이라고 말한다. 곧 박해당하고 수감될 것이라는 경고를 받은 바울은 선교활동을 얼마나 계속할 수 있을지를 염려하여 복음을 기록하여 교회들이 돌려가며 읽을 수 있도록 했다. 이러한 의견을 가진 학자들은 '나는 복음을 부끄러워 하지 않는다.' 라는 바울의 말이 자신들의 주장을 뒷받침한다고 믿는다.

논쟁

로마서는 바울이 부딪쳐 온 복음의 반대에 대한 답변이라고도 말한다. 이것은 마치 죠시 맥도웰의 복음을 반대하는 사람들에 대한 해결책으로 볼 수 있다. 바울은 특히 에베소 사람들과의 복음에 대한 논쟁에서 좋은 성과를 거두었다. 중요한 질문들과 반대 의견들에 익숙했던 그가 복음을 대적하는 사람들에 대한 지침서로 로마서를 썼다는 것이 일부 학자들의 의견이다.

문제점들

그러나 위의 두 의견에는 문제가 있다.

첫째, 만약 로마서가 복음의 집약서였다면 왜 여러 교회에 돌리지 않고 한 교회에만 보냈는가? 로마 교회보다는 예루살렘교회나 그가 세운 이방인들 교회들에 보내는 것이 더 합당했을 것이다.

둘째, 로마서는 바울이 다룬 복음의 주제들을 모두 포함하고 있지 않다. 예를 들어, 바울이 여러번 설교한 하나님의 나라가 로마서에는 전혀 언급되어 있지 않다. 예수님의 부활이나 승천에 대하여서도 아주 짧게 언급되어 있고; 교회는 거의 언급되지 않았다; 성만찬에 대한 언급도 없고, 천국이나 지옥에 대한 확실한 설명도 없다. 회개에 대해서도 스쳐 지나가고, 거듭남에 대한 개념은 아예 언급되지 않았다. 하나님을 아버지로 부르는 것에 대해서도 언급되지 않았다.

이렇게 빠진 내용들을 고려할 때 로마서를 바울의 설교의 집약서로 보기 어렵다. 다른 편지들이나 사도행전에 나타난 바울의 전체적 복음이 로마서에 나타나 있지 않기 때문이다. 로마서를 바탕으로 복음에 대한 설교를 한다면 여러 요소가 결핍되어 있음을 즉시 깨닫게 될 것이다. 반면에, 어떤 주제들은 필요 이상으로 강조했다. 바울은 왜 로마서에 아브라함의 행동과 정당성에 대하여 많은 페이지를 할애했는가?

로마서를 복음의 집약서로 볼 수 없는 세번째 이유는 9-11장이 전체적인 내용과 맞지 않기 때문이다. 9장에서 바울은 유대민족을 천당에 가게 할 수 있다면 자신이 지옥까지도 감수할 수 있다고 말했는데 이런 내용이 집약서에 포함되었다는 점은 이해하기 어려워서 9-11장은 추가된 내용이라고 말하는 학자들이 있다. 나는 케임브리지 대학에서 나에게 많은 것을 전수하여 주셨고 당시 울위치의 주교였던 죤 로빈슨 교수와 로마서를 공부했다. (그는 나중에 복음주의에서 잠시 멀어졌었다). 로마서의 전문가였던 그는 9-11장은 편지의 목적에 맞지 않는다는 이유로 로마서 1-8장만 가르쳤다.

그러나 9-11장을 설명하지 못하는 이론을 완전하다고 볼 수 없다. 왜냐하면 바울의 편지가 처음부터 장과 구절로 분리되어 있었던게 아니기 때문이다. 8장에서 9장으로 그리고 11장에서 12장으로 계속 이어지는 내용은 추가된 내용이 아니다. 8장의 마지막에 그리스도 예수안에서 우리를 하나님의 사랑과 갈라 놓을 수 있는 것은 아무것도 없다고 말하면서 갈라 놓을 수 없는 것들의 목록을 기재했다. 이 말은 9장의 내용에서 어떤 반대에 대한 답변의 형식으로 계속된다: 그렇다면, 유대인들은 어찌 되는가? 하나님이 그들을 잊으셨는가? 하나님의 자비로움을 찬양하는 영광으로 끝맺는 11장과 '내가 하나님의 자비하심으로 너희를 권하노니…' 라고 시작하는 12장에서 일관적인 방향의 흐름을 볼 수 있다.

저자와 독자

두번째는 바울과 로마교인들과의 관계에서 편지의 목적을 찾고자 시도한다.

로마제국의 수도

로마는 당시의 모든 길이 만나는 복음 전파의 전략적 도시였고 바울은 이곳에서 사역하기를 원했다.

이 이론은 어느 정도 타당성이 있다. 로마서는 누군가의 소개서 대신 직접 바울 자신을 소개한 편지일 수 있다. 문제를 일으키는 의심쩍은 설교자가 아니라 그들이 이미 들은 복음을 전하는 사람이라고 자신을 소개했다.

서부의 관문

다음 이론은 위의 시도를 적용시킨 가장 신빙성있는 주장이다. 바울은 로마를 서부의 스페인으로 가는 관문으로 여겼다. 지중해의 동부에 복음을 전한 그는 서부로 진출하기를 원했고 선교지와 가까운 곳에 본부가 필요했다. 예루살렘이 첫번째 본부였고 안디옥은 두번째 본부였지만, 안디옥은 스페인에서 너무 멀기 때문에 선교활동의 세번째 본부로 로마가 적당했다.

이 두 이론에 타당성이 있기는 하지만 완전한 이론은 성립되지 않는다.

1. 이 이론들은 바울이 자신의 목적 달성을 위하여 독자들에게 무엇인가 얻기를 원했다는 가정을 한다. 그러나 편지의 어조는 이와 정반대로 그들에게 무엇을 얻는 것이 아니라 주기를 원하고 있다. 그는 로마 교회에서 사역하기를 원했다.

2. 두 이론은 9-11장을 설명하지 못한다. 서부의 선교활동에 대한 도움을 원했다면 왜 이스라엘에 대한 이야기를 길게 했는가? 로마서에서 가장 중요하다고 볼 수 있는 이부분은 두 이론과 부합되지 않는다.

3. 또, 이 이론들은 로마인들의 믿음을 지키는 내용인 12-16장을 설명하지 못한다. 왜 바울은 크리스챤의 도덕이나 자세에 대한 일반적인 가르침을 주지 않고 몇가지의 실제적인 문제들만 언급했는가?

독자들

마지막 시도는 왜 로마사람들에게 로마서가 필요했을까를 묻는다.

외부—도시

정치적

바울은 정치 지도자들을 존경하고 세금을 법대로 내라고 13장에서 가르치며 하나님이 교회 위에 세우신 정부의 권위에 대하여 분명히 말한다. 하나님의 종으로서 권력을 부여받은 정치 지도자들은 교회에 대한 박해를 마땅히 여기면 안된다.

사회적

로마의 대도시의 성격과 생활 태도가 보이는 로마서 1장은 마치 로마의 매일신문을 읽는 느낌을 준다. 로마는 동성연애의 중심지였다. 첫 15명의 로마황제들 중에서 14명이 동성연애자들이었다. 황제가 이런 상태였다면, 왕궁의 상황은 어땠는지 상상할 수 있다. 바울은 당시의 대도시의 전형적인 죄악을 비판했다: 반사회적 태도; 부모를 거역하는 자녀들; 법과 질서를 무시하는 시민들; 통제되지 않는 폭력과 범죄. 고대 제국의 수도는 우리의 현대사회와 비슷했고 부업과 탈세가 만연하여 세금을 걷는데도 큰 문제가 있었다. 바울은 주위 사회 환경에 의하여 교회가 부패될까봐 특히 염려했다. 바다가 구명정 속에 있으면 안되고 구명정이 바다에 있어야 제구실을 할 수 있는 것이다.

내부—교회

어떤 학자들은 바울의 선교활동의 미래가 확실하지 않았기 때문에 로마에 가기 전에 이 편지를 썼다고 주장한다. 성령을 통하여 곧 체포되어 재판 받게 될 것을 알게 된 바울은 이 불확실한 상태에서, 복음만이 그들이 필요한 답이라는 내용의 편지를 썼다. 악덕, 범죄, 폭력이 난무하는 도시에 사는 크리스챤들에게 주는 메세지였다.

우리에게 로마 교회에 대한 정보는 많지 않다. 베드로와 바울이 로마를 방문했을 때는 이미 교회가 세워진 후였다. 성령강림절에 예루살렘에 왔던 일부 로마인들이 믿음을 갖게 되었고, 당시 40,000여명의 유대인이 모여사는 로마의 유대인 집단 거주 지역에 돌아와 복음을 전했을 것이다.

이렇게 성령을 받은 로마의 히브리 교인들이 유대인으로 형성된 첫 교회를 세웠고 도시를 오가는 유대인 상인들과 무역상들을 통하여 복음이 전파되고 교회는 성장했을 것이다.

반유대 사상을 가졌던 로마의 황제 클라우디우스는 40,000명의 유대인들을 로마에서 추방했다. 이 때 추방당한 브리길라와 아굴라 부부와 바울의 만남이 사도행전 18장에 기록되어 있다. 유대인들이 추방당한 후 로마의 크리스챤 교회에는 이방인들만 남게 되었을 것이다.

AD 54 년에 클라우디우스가 죽은 후 다음번 황제 네로는 유대인들의 상술을 인정하고 귀향을 허락했다. 유대교인들이 돌아와보니 이방인들이 교회를 차지하고 있었고 특별히 환영받지 못한 유대교인들과 이방인 교인들 사이에 긴장감이 조성되기 시작했다.

이러한 배경의 이해는 로마서를 공부하는데 도움을 준다. 바울은 이방인을 위한 유대인 사도로서 교인들을 화합시킬 수 있는 독특한 위치에 있었다.

1장—8장

죄

바울은 로마의 죄악을 보며 두 그룹 모두 죄인이라는 말로 편지를 시작한다. 유대인들이나 이방인들이나 서로 나은 점이 없었다. 그리스도의 죽음은 유대인과 이방인 모두에게 필요했고 우리는 성령에 힘입어 살아야 한다고 가르쳤다.

정당성

그는 하나님 앞의 죄인이 죄없는 성자로 선포될 수 있는 방법, 유대인들과 이방인들이 어떻게 하나님과 바른 관계를 맺을 수 있는지, 그리고 두 그룹 모두 믿음으로 정당화 되었음을 가르쳤다. 같은 피로 구원받은 그들이 서로의 중요성에 대하여 논쟁할 필요가 없었다.

방종과 율법주의

6장과 7장은 유대교인과 이방인 교인들이 가지고 있던 복음에 대한 두가지 문제를 다룬다. 이방인들은 쉽게 방종에 빠졌고 유대인들은 항상 율법주의에 노출되어 있었다. 하나님의 법을 무시한 채 마음대로 사는것이 그리스도가 주신 자유함이라고 오해하는 크리스챤들에게서 방종을 볼 수 있다. 반면에 하나님 앞에서 율법을 지켜서 공을 세운다고 믿는 자세는 크리스챤들을 율법주의에 빠져들게 한다. 6장에서 바울은 세례받고 더 이상 죄의 지배를 받지 않는 삶으로 방종에 대한 가르침을 주었다. 7장에서는 바울 자신이 지키기 힘들었던 율법, 특히 이웃의 소유를 탐내지 말아야하는 계명을 예로 들며 율법주의의 잘못됨을 가르쳤다.

8장에서는 성령의 자유함이 어떻게 유대교인들과 이방인 교인들을 화합시킬 수 있는지를 설명했다.

9장—11장

9-11장에서 말하는 유대교인들의 위치는 매우 중요하다. 이방인들은 자신들이 하나님의 목적에서 벗어난 유대인들을 대신하는 새 이스라엘이라고 생각하는 경향이 있었고 이것은 교인들 사이에 긴장감을 조성했다.

신약성경에 이스라엘이라는 이름이 교회에 주어진 적이 없음에도 불구하고 대다수의 영국교회들은 '대체신학' 을 믿는다. 예수님을 거부했기 때문에 하나님과 유대인들의 관계가 끊어진 것이 아니라고 설명하면서, 유대인들은 베어지고 이방인들은 접목되었다는 교만한 생각의 잘못을 지적했다. 왜냐하면 하나님의 인자하심에 계속 거하지 않으면 그들도 베어질 것이기 때문이다. 또 언젠가는 모든 이스라엘 민족이 구원받을 것도 설명했다. 사실 지난 2,000년 동안 예수님을 믿는 유대인들은 항상 있었다.

유대인과 이방인 문제의 부분적 책임은 예루살렘 성전에 써 붙인 푯말과 세워진 벽 때문으로도 볼 수 있다. 성전안에는 이방인과 유대인이 사용할 수 있는 방들이 분리되어 있었고 '이방인 출입금지' 라는 푯말이 붙어 있었고 바울은 이 곳에 이방인을 데리고 들어갔다는 누명을 쓰고 체포되었다. 이렇게 예수님을 따르는 유대인과 이방인 사이에 긴장이 있었다.

바울은 유대인과 이방인 모두가 믿음에 의하여 정당화된 죄인이라는 관점에서 문제를 해결하고자 노력했고 예전에는 유대인들에게만 사용되었던 아브라함의 자손이라는 표현을 이방인들에게도 사용하여 그들도 믿음으로 아브라함의 자손이 되었음을 가르쳤다.

12장—16장

유대인과 이방인의 관계에 대한 내용은 12-16장에서 계속 된다. 좀 더 실제적인 문제들을 다루면서 바울은 유대인과 이방인의 긴장감에 촛점을 두었다. 이방인들은 우상에게 제사지낸 음식에 아무 불편을 느끼지 못했으므로 음식에 대한 문제가 가장 뚜렷했다. 또 안식일을 지키지 않는 이방인들에게 일주일에 하루 특정한 날을 안식일로 삼아야 하는 것과 일요일을 안식일로 정하는 것은 교인 각자의 자유임을 가르쳤다.

물론 일요일은 안식일이 아니다. 일요일이 유대인의 안식일을 대체한 것이 아니라 창조의 8일째 되는 날이기 때문에 우리는 그날 하나님께 예배드린다. 이날은 창조의 두번째 주의 첫날이고 하나님이 일하시는 주의 첫날이다. 우리가 그가 쉬시는 날을 기념한다면, 토요일에 예배를 드리겠지만 우리는 부활절에 모든 세상의 재창조를 시작하신 것을 기념하여 하나님이 일을 시작하신 날에 예배드린다. 하나님이 첫 6일동안에 먼저 하늘과 땅을 그리고 마지막으로 인간을 창조했지만, 이제는 새로운 인간을 먼저 그리고 새하늘과 새땅을 마지막에 재창조하실 것이다.

일요일은 하나님이 가장 바쁘신 날이다. 다른날보다도 일요일에 많은 사람들이 그리스도 안에서 새로운 피조물이 되고 성령이 오신 일요일을 기념한다. 그러나 초대교회 당시에 일요일은 안식일이 아니었다. 크리스챤들은 300년동안 오전 11시와 오후 6:30분에 예배드릴 수 없었다. 유대교인들이 토요일 하루만 안식일로 지켰으므로 크리스챤들은 아주 이른 아침이나 아주 늦은 밤에만 예배드릴 수 있었다. 당시 로마는 열흘마다 하루를 쉬었고 이방인 교인들은 그 날 쉴 수 있었으나 노예들은 하루도 쉬는 날이 없었다. 거의 모두가 노예 신분이었던 초대 교인들은 300년 동안 일요일에 예배를 드릴 수 없었다.

유대교인들과 이방인 교인들로 구성된 교회에서 안식일의 문제는 심각했다. 유대인들은 토요일을 안식일로 지냈고 이방인들은 아예 안식일을 지키지 않았다. 바울은 안식일이 각자의 선택이라고 설명했다.

이와 비슷한 문제에 당면했을 때 우리도 유연성을 지녀야 한다. 하나님이 우리를 어떤 길로 인도하셨다고 해서 모든 사람들에게 같은 방식을 요구할 필요가 없다.

로마서는 교리적 논문이 아니고 실제적인 목적에 사용되는 교리를 보여준다.

이제 로마서가 쓰여진 이유를 알았으니 주제들을 살펴보기로 하자. 나는 로마서의 평론을 하려는 것이 아니고 여러분이 로마서를 읽을 때 주의해야 할 부분에 대하여 알려주고자 한다.

로마서의 주요 단어들

주요 단어들을 공부함으로 이 편지의 주제를 파악할 수 있다.

하나님

가장 많이 쓰인 단어는 '하나님' 으로 모두 153번 쓰였다. 바울은 유대교인들과 이방인 교인들 모두가 하나님의 백성임을 강조했다. 교회의 중심은 하나님이다. '그리스도' 는 65번 그리고 '주님' 은 43번 나온다.

율법

'율법' 의 단어는 72번 사용되었다. 유대교인들의 율법주의 성향을 지적한 바울의 가르침에 대하여 우리는 이미 공부했다.

죄

'죄'의 단어는 48번 사용되었다. 바울은 로마와 교인들의 죄악을 지적했다. 믿는 사람들이건 믿지 않는 사람들이건 상관없이 하나님은 죄를 싫어하신다. 크리스챤들은 믿음에 의하여 정당화되었지만 그들의 행위에 의하여 심판받는다. 왜냐하면 행위는 믿음의 열매이고 크리스챤들의 죄는 심각한 문제이기 때문이다.

믿음

'믿음'의 단어는 40번 언급 되었고 믿음은 유대인과 이방인을 연합시킨다. 예전에는 그들이 죄악으로 연합되었었지만 이제 그들은 믿음을 통한 아브라함의 자손들로서 믿음의 한가족이다.

공의

바울이 주목하는 믿음은 하나님의 공의로우심이다. 종교개혁의 주인공인 마틴 루터는 로마서를 통하여 믿음에 의한 정당화의 중요성을 인식했다. 그는 '하나님의 공의로우심' 이라는 표현에 감동을 받고 우리의 믿음을 통하여 하나님의 공의로우심이 부여된다는 것을 나중에 깨달았다. 우리는 십자가의 양면성에 의하여 예수님이 우리의 죄를 사하셨을 뿐아니라 그의 공의로우심도 나타내셨음을 기억해야 한다. 공의로움은 단순히 지옥을 피한다는 의미가 아니다.

하나님의 공의로우심은 이해하기 쉽지 않다. 사람들은 보통 '회개' 를 예전에 지은 죄에 대한 회개로 생각하지만 가장 힘든 것은 선행에 대한 회개이다. 바울은 자신의 공의로움을 회상해 볼 때 그것들은 인간적 쓰레기였다고 고백했다. 이사야 선지자도 이스라엘의 공의로움은 사람들에게 보여줄 수 없는 생리대와 같다는 강한 표현을 했다. 바울은 우리의 공의로움이 우리와 하나님과의 관계에 가장 큰 걸림돌이 될 수 있음을 말했다. 이에 대한 설교는 선하다고 자칭하는 사람들을 괴롭게 하고 자신들이 나쁘다는 것을 깨달은 사람들이 먼저 반응한다.

선행에 대한 회개의 설교는 드물지만, 우리의 선행은 무엇보다도 하늘나라의 길을 막는다. 또 하나님은 자비를 구하는 누구에게나 주시는 분인데 우리를 불쌍히 여겨달라는 기도가 거의 없는 것은 안타까운 일이다.

바울이 말하는 공의로움의 개념은 우리가 죽어서 천국에 가는 것 이상의 깊은 의미를 가지고 있다. '구원' 과 가장 비슷한 뜻의 영어 단어는 '안전' 이 아니라 '구조' 이다. 거의 모든 사람들이 '안전' 하기를 원하고 하늘나라에 갈 수 있는 표를 가진 것으로 생각하지만, 구조 작업은 시간이 걸리는 과정이다. '구원되었다' 라는 표현은 신약성경에 세가지 시제로 표현되었다: 우리는 구원받았다, 우리는 구원을 받고 있다, 우리는 구원을 받을 것이다. 바울은 이 시제들에 신학적 용어를 연결시켜서 구원의 과정을 설명했다—정당화, 거룩화, 영광 돌림. 이들의 의미를 자세히 살펴보자.

정당화

지역 영어로 쓰여진 뉴기니 성경에서 '정당화' 대신 ''나는 괜찮다' 고 하나님이 말씀하신다' 라는 훌륭한 번역을 볼 수 있다. 정당화란 하나님의 생명록에 이름이 올라 있음을 의미한다. 정당화는 아름다운 축복이지만 구원의 시작일 뿐이고, 우리와 하나님의 깨진 관계의 댓가인 죄에서 우리를 자유케 하고, 우리가 올바른 길로 들어섰다는 하나님의 선포이다. 거의 모든 종교는 하나님과 온전해지기 전에 우리가 먼저 온전해져야 함을 요구하지만 기독교에서는 하나님이 우리의 온전함을 먼저 선포하신다.

정당화 된 것은 마지막 결과가 아니라 옳은 길로 들어선 시작이다.

거룩화

거룩화는 구원의 두번째 과정이다. 죄에서 자유함을 얻고 깨진 관계가 회복되면 죄의 권세에서 자유함을 얻는다. 죄의 사슬이 끊어진 정당화와 같이 거룩화도 믿음에 의하여 이루어진다. 우리는 믿음으로 정당화되고 믿음으로 거룩화된다. 매일 매순간마다 믿음을 지켜나가야 한다.

영광 돌림

'영광 돌림'은 전체 과정의 마지막 단계이다. 죄에서 자유함을 얻었고 유혹도 없고 즐기지 못할 것이 아무것도 없는 상태에 도달했을 때 우리는 '한번 구원받은 것은 영원히 구원받은 것이다' 라고 자신있게 말할 수 있다.

귀속과 부여

이 세 단계의 구별은 신학자들이 구분 짖는 귀속된 공의와 부여된 공의와 연결된다. 우리는 그리스도를 믿음으로 정당화 되었고 그의 공의로움은 우리의 죄를 덮는다. 마치 새 옷으로 우리를 감싸는 것 같이 그리스도안에서 세례 받은 우리를 그리스도로 덮는다고 볼 수 있다. 예수님으로 옷을 입으면 하나님이 우리를 볼 때 예수님만 보이게 된다. 우리가 그리스도안에 가려져 있는 것이 귀속이다. 하나님이 그의 공의를 우리에게 부여하시는 것이 거룩화의 과정이다.

예수님을 믿는 순간 우리는 정당화되지만 더 나아가서 하나님은 우리가 공의로와지기를 원하신다. (예, 거룩화) 우리가 영광 중에서 그를 바라보게 될 때 이 과정은 끝난다. (예, 영광 돌림)

로마서는 바울의 메세지로 시작되지만 마지막에서는 메세지보다 그의 선교 방법에 대하여 말한다. '너희는 성령에 의하여 나의 메세지를 들었고, 내가 어떻게 살았는지 보았고, 징조와 경이로움도 보았으니 나는 너희에게 완전한 복음을 전달해 주었다.' 라고 바울은 말했다. 복음의 선포 뿐 아니라 행동으로 보여주어야 한다는 교훈이다.

편지의 구조

로마서의 내용을 잘 이해하기 위하여는 반복하여 읽어야 한다. 로마서를 몇가지로 세분하는 가장 간단한 방법은 '믿음', '희망' 그리고 '사랑'의 주제로 나누는 것이다. 1-4장은 믿음 그리고 5장은 희망에 대한 말이다. 믿음은 과거에 하나님이 그리스도를 통하여 하신 일에 의거한다. 희망은 미래를 바라보며 이방인들 뿐아니라 이스라엘과 함께 하나님이 하실 일을 본다.

그리고 12-16장은 사랑에 대한 메세지이다. 바울은 당시의 상황에서 믿는 사람들이 사회와 교회 안에서 실천해야 하는 믿음에 대하여 말했다.

이 구조 안에서 로마서를 좀 더 깊게 분석해 보자.

머리말—바울의 메세지—유대인과 이방인으로 부터 같은 구원

1. 하나님을 위한 공의
   (a) 하나님의 진노와 죄인의 심판

(b) 믿음을 통한 성인의 정당화

2. 그리스도를 통한 화해
    (a) 죄의 결과인 죽음—그는 죄인들을 위하여 죽으셨다
    (b) 죄의 권능의 지배—우리는 죄로 죽었다

3. 성령안의 거듭남
    (a) 육체안의 율법의 노예—실패와 좌절
    (b) 성령안의 삶의 자유함—소득과 자신감

같은 하나님에게 속함

1. 과거에 선택된 이스라엘
2. 당시 이스라엘의 강퍅함
3. 미래에 구원 받을 이스라엘

같은 현실에서 살아감

1. 개인적 부담—사역과 고통
2. 공공적 태도—국가와 사회
3. 현실적 우애—망설임과 노래

끝맺는 말

바울의 방법—말씀, 징조, 행함

개인적 인삿말

이스라엘

나는 로마서에 대한 평론을 하려는 것이 아니라, 독자들을 혼란시킬 수 있는 로마서 9-11장의 이스라엘에 대한 바울의 가르침을 자세히 설명하고자 한다.

과거에 선택받은 이스라엘 (로마서 9장)

바울은 그의 민족에 대한 안타까움에 그들을 천국에 보낼 수 있다면 자신이 지옥에라도 가겠다고 했다. 유대인들은 모든 것을 가지고 있었지만 하나님이 보낸 한 분을 거부했고 하나님에게 반성의 태도를 보이지 않았다. 바울은 누구나 예수님을 믿으리라는 기대는 하지 않았다. 왜냐하면 예수님이 모두를 선택하지 않았기 때문이다. 바울은 이스라엘 역사의 예를 들어 설명했다.

1. <u>이스마엘과 이삭</u>. 이삭은 나이가 많은 이스마엘을 제치고 선택되었다. 아브라함은 하갈의 자식을 통해 그의 미래를 계획했으나 하나님이 주신 아들의 약속이 앞으로 이루어 질 것이었다.

2. <u>야곱과 에서</u>. 여기서도 형을 제치고 행실이 좋지 않은 작은 아들이 축복을 상속받았다.

3. <u>모세와 바로</u>. 바울은 하나님이 바로의 마음을 강퍅하게 하신 것을 설명했다—바로가 하

나님의 말을 따르지 않은 것에 대한 하나님의 해결책임을 알려준다.

4. <u>이방인과 유대인</u>. 구약성경의 예에서 보는 바와 같이 하나님은 유대인들 보다 이방인들을 먼저 세우신다. 진행되고 있는 일들에 대한 실망이 아니라 그렇게 하시기로 결정하셨을 뿐이다.

바울이 암시하는 예정론은 다음과 같다:

1. 하나님은 누구에게도 자비를 베풀 의무가 없으시다.
2. 하나님은 목적을 위하여 선택하신다 -그는 진노하거나 심판하실 수 있다.
3. 공의를 위하여 선택된 사람은 선택 받을 가치가 있는 사람이다. (예, 바로에게 그의 마음을 바꿀 수 있는 여러번의 기회를 주었다). 자비로 선택된 사람들은 자비를 받을 가치가 없는 사람들이다.

당시 이스라엘의 강퍅함 (로마서 10장)

바울은 우리가 하나님과 올바른 관계를 가져야 한다고 가르치며 우리가 선택할 수 있는 두가지를 말한다:

1. 행함 (율법)—율법을 의지한다. 스스로 공의롭기 위하여 노력하는 것의 실패는 당연했지만 이것이 유대인들의 일반적인 시도였다.
2. 말씀 (복음)—하나님을 의지한다. 하나님의 공의로움이 우리에게 부여되었다. 우리 능력으로는 율법을 지키지 못한다는 사실을 받아드리고 율법을 완전하게 지키신 분을 바라본다.

미래에 구원받을 이스라엘 (로마서 11장)

바울은 하나님이 항상 나머지 몇사람을 남겨두었던 사실로 하나님이 그의 백성을 거부하셨는지를 다음과 같이 설명했다: 일부 유대인들이 강퍅했던 것은 사실이지만 그렇다고 유대 민족 전체가 회복 불가능의 상태로 추락한것은 아니다. 그러므로 이방인들은 하나님의 백성의 언약에 들어오게 된 것에 자만하면 안된다. 그들도 유대인들 같이 실수할 수 있고, 그들이 접목된 것 같이 유대인들도 다시 시작할 수 있다. 그들이 언젠가 구원받을 것이라는 '신비'로운 이 사실은 성경이 말하는 '이제 보여질 비밀'이다.

결론

로마서를 바울의 선교 사역과 관계없는 신학적인 글로 여기는 사람들이 있지만, 여기서 본 바와 같이 로마서는 실용적인 내용의 편지이다. 교회의 연합을 위한 감정적인 질문들을 다루면서 교회가 어떻게 유대인의 뿌리에서 발전되었는지에 대한 통찰력을 보여줌과 동시에 대대로 하나님의 백성들이 알아야 할 믿음을 설명한다. 분명하고 논리적인 로마서는 바울의 가장 훌륭한 글로 꼽히고 많은 크리스챤들이 로마서를 암송할 정도로 존경을 받아왔다. 로마서는 믿는사람이면 누구나 확실히 이해해야 할 중요한 책으로 그의 메세지를 완전히 이해할 때까지 반복하여 읽기를 권유한다.

48. 골로새서

개요

사도바울은 교회를 방문할 수 없는 경우에 편지를 사용했다. 교회가 처한 상황에 대한 소식을 들어도, 하던 사역을 중단하고 그들의 문제에 전심을 쏟을 수 없는 경우가 대부분이었고, 사역의 마지막 무렵 감옥 시절에는—가이사랴에서 2년동안 재판을 기다렸고 로마에서 2년을 더 기다렸다—편지만이 그의 유일한 통신 수단이었다. 로마군인에게 사슬로 묶여 있던 가택연금 때 그래도 방문객은 허락된 상태여서 방문 온 에바브라를 통하여 골로새교인들에게 편지가 전달되었다. 일반적으로 바울의 편지를 세 종류로 나눈다: 수신자의 이름이 기록된 개인 편지, 교회가 처한 상황에 대한 특별 편지, 그리고 여러 교회들이 돌려가며 읽도록 쓰여진 일반 편지이다. 골로새교인들에게 보낸 편지는 특별 편지, 빌레몬에게 쓴 편지는 개인 편지, 그리고 에베소교회에는 다른교회들과 함께 나누기 위한 일반 편지를 보냈고 두기고는 이 편지들을 같은 시기에 같은 지역의 교회들에게 전달했다.

앞서 공부한 바와 같이 바울의 편지들은 고대 그리스 편지의 양식을 따르고 있다. 처음에 보내는 사람의 이름이 있고 다음에는 받는 사람의 주소, 인사말, 격려사, 본문, 내용 정리, 끝맺는 인사, 그리고 글쓴 이의 싸인이 있다. 편지가 잘 정서되어 있다해도 특별 편지의 전체적 내용을 이해하기는 쉽지 않다. 마치 전화 통화의 한쪽만 듣고 있는 상황과 비슷하기 때문이다. 편지가 쓰여진 이유를 알기 위하여는 편지안의 정보를 통해 전체 이야기를 만들어야 한다.

골로새

우리는 골로새의 지리적 위치에서 첫번째 힌트를 얻을 수 있다. 골로새는 터키 서부의 헤라폴리스와 라오디게아 골짜기에 있었고 당시의 골로새는 이웃 도시들에 비해 도시의 중요성이 감소된 상태였지만 온천을 둘러 싼 하얀 광물질로 덮힌 산의 지형때문에 골로새는 잘 알려져 있었다. 골로새가 사라진 현재 이 곳은 온천, 소금물, 그리고 하얀 언덕에서 야광욕을 즐길 수 있는 코튼 캐슬 스파라는 지명의 관광지이다.

구비 구비 흐르는 미앤더 (Meander) 강의 분류인 루고스 강 남쪽 언덕의 골로새는 다민족 도시인 베소와 유브라데를 연결시키는 주요 무역 통로이면서 유럽 여행객들이 찾아오는 관광 도시였다. 브루기아인으로 불리우는 골로새 원주민들은 알렉산더 대왕이 통치하던 때에 헬라인들과 혼합된 민족이다. 유대인들은 물론 장사를 하기 위하여 이곳에 왔고 로마제국이 번창함에 따라 로마의 영향력도 점점 확대되었다. 기원 후 7세기 쯤 이곳은 사라센 지역으로 변했지만 지배권력과 상관없이 국제 도시의 성향은 항상 유지되었다.

한 장소에 여러 민족이 섞여 산다는 것은 여러 종교가 있었음을 의미한다. 바울의 편지는 특출한 종교가 없이 여러 종교가 공존하던 사회적 배경에서 이해해야 한다. 여러 종교들 중 가장 영향을 끼친 여섯 종교는 다음과 같다.

정령신앙과 미신

브루기아 원주민들은 자연을 지배하는 토속신을 믿었다. 강신, 나무신, 산신과 하얀 광물질의 산에 대한 믿음이었다. 그들은 순조로운 삶을 위하여 믿음과 두려움으로 우상들에게 제사를 드렸다. 정글 부족들의 미신과 비슷하고 현대 사회의 자연주의 (Green Movement) 도 이와 비슷하다.

점성학

별과 행성이 삶을 지배한다고 믿는 점성학은 동쪽에서 유래했을 것이고 점성학은 현대 사회에도 존재하여 영국인 열명 중 여섯명의 남자와 일곱명의 여자들은 매일 점성 풀이를 읽는다. 어떤 사람들은 별자리의 움직임에 따라 중요한 비지니스의 결정을 하기도 한다.

그리스신과 로마신들

골로새인들은 다른 미신들과 함께 그리스와 로마의 신과 여신들도 섬겼다. 어떤 사람들은 음식과 성행위를 절제하는 삶을 살았고; 어떤 사람들은 방탕한 성생활이 신을 기쁘게 한다고 믿었다. 이러한 성적 부패는 로마인들의 삶의 일부였다.

신비주의

그노스틱 종교라고도 부르는 동쪽에서 온 신비주의는 헬라어 그노스에서 유래했고 '안다' 라는 의미로 불가지론 (agnostic) 의 반대말이다. 불가지론은 아무것도 모른다는 뜻이고 그노스틱은 무엇인가를 '알고있다' 라는 뜻으로 영적 경험을 통하여 특별한 것을 알게된다고 믿는다. 이 종교에 들어가려면 입회식을 거쳐야 하고 그들은 특별 의식을 통하여 영적으로 점점 완벽해 진다고 믿었다. 그노스티시즘은 초대교회들을 혼란하게 했고 다른 이름으로 아직도 존재하고 있다.

유대교

골로새의 유대교는 이스라엘의 유대교와 차이가 있었다. 그노스티시즘의 영향을 받은 그들의 믿음은 도덕적이기보다는 신비적이며 철학적이었고 사람들을 감동시키고 흥미를 자아내는 예측으로 가득했다. 높은 지위의 천사가 인간에게 법을 부여하고 하나님과 인간들 사이의 의사소통을 주관한다고 믿는 동시에 유대인들의 절기나 음식에 관한 규율도 열심히 지켰다.

그리스도교

바울이 방문한 증거가 없음을 고려할 때 골로새는 그의 사역지가 아니었고 수감되어 있던 바울을 방문한 에바브라가 골로새 교회를 세웠을 것이라고 추측한다. 사도행전에 바울이 이년동안 에베소의 두란노 사원에서 매일 설교하며 논쟁했다고 기록되어 있고, 누가는 소아시아에도 하나님의 말씀이 퍼졌다고 기록했다. 에바브라는 바울의 설교를 통하여 믿음을 갖게 되어 자신의 고향인 골로새에 돌아가 복음을 전했을 것이다. 골로새교회에 대한 에바브라의 보고를 받은 후 쓴 바울의 안부 편지에 아리스다고, 마가, 데마, 누가의 이름을 언급되어 있고 에바브라는 그들을 위하여 애써 기도하고 수고하는 사람이라는 칭찬이 들어있다. 교인들을 개인적으로 알지 못하는 상태에서 편지의 어조는 부드럽고 차분했다.

잘못된 가르침

성경학자들과 신학생들은 골로새 교회의 상황에 대하여 끝없이 논쟁해 왔다. 잘못된 가르침이 교회에 영향을 끼치고 있었음은 분명하지만 정확한 문제가 무엇이었는지에 대한 의견은 다분했다. 왜냐하면 바울의 편지에 특정된 종교나 이단에 관한 문제가 거론되어 있지 않기 때문이다.

다른 교회에 있었던 율법적인 유대교의 가름침이나 점성학, 혹은 그노티시즘에 관련된 문제가 아니었음은 확실하고, 여러 종교와 철학이 혼합된 문화에 대한 논쟁으로 보는 것이 문맥적으로 합당할 것이다. 특별한 교리가 없이 생각과 철학이 뒤섞인 혼합적 믿음과 현대의 새시대 (New Age) 사상은 매우 비슷하다. 그리스도의 교리와 다른 사상들을 섞어 놓은 혼합주의 (syncretism) 가 교회를 파괴할 수 있음을 바울은 알고 있었다. 크리스챤의 믿음이 다른 믿음들과 혼합될 때, 그리스도의 메세지는 중요성을 잃는다.

악마의 힘을 누르고 금식을 강조하여 충만함과 자유를 얻을 수 있다고 가르치는 무의미하고 기만적인 철학에 바울은 반대하며, 그리스도만으로 충분하지 않다는 속임수에 빠져서 마치 눈가리개를 한 사람들과 같다고 그들을 지적했다. 이런 측면에서 골로새서는 천년기가 바뀌는 시대의 교회에게 성경적이건 이교도에서 유래했건 종교화된 예배의 위험성을 우리에게 깨우쳐준다. 영국의 기독교를 '교회교' 라고 부를 수 있다. 성경안의 예수님에게는 별 관심이 없이 종교의식이 대부분이고 한편으로는 이교도가 교회에 들어오고 있다. 예를 들어, 어떤 크리스챤들은 반사요법이나 요가를 적극 추천한다.

혼합주의의 영향

이 편지가 주는 혼합주의에 대한 메세지와 골로새교회에 끼친 두가지의 영향에 대하여 살펴보기로 하자.

하나님의 내재성

그들은 하나님의 내재성을 망각했다. 크리스챤들은 하나님의 초월하심과 내재하심을 믿는다. 하나님이 우리보다 훨씬 위에 계시지만 동시에 우리와 함께 계신다는 역설적인 진리이다. 이 역설의 한쪽을 잃는 것은 하나님에 대한 크리스챤의 믿음을 잃는 것이다. 하나님은 우주보다 위대하시고 우리의 숨결보다 가까우시다. 골로새 교인들은 하나님이 먼곳에 계시다고 믿고, 멀리 계신 하나님과 그들을 연결시켜줄 매개체가 천사와 영들이라고 믿었다. 하나님의 초월성을 너무 강조하여 가까이 계신 하나님의 은혜에 대한 감사를 잃어버리는 위험한 결과를 초래했다.

그리스도의 탁월하심

그들이 강조하는 하나님의 초월하심에 비해 예수님에 대한 생각은 대조적으로 낮았고 이것이 중간매체의 필요성을 부여한 이유들 중 하나였다. 바울은 그들의 믿음은 칭찬했지만 에바브라가 전해준 그들의 교리에 대하여는 동감할 수 없었다. 그리스도의 탁월성에 대한 믿음 대신 다른 것들이 그리스도의 자리를 채웠다. 여호와의 증인을 믿는 사람들이 예수님을 하나님으로 여기지 않고 피조물로 여기는 것과 마찬가지로 그들은 예수님을 창조주와 교회의 머리로 여기지 않았다.

절제된 태도

바울은 크리스챤의 삶과 관계없는 두가지 종교활동을 지적했다.

절기

골로새 교인들은 신약성경에 없는 주간, 월간, 그리고 연간 축제를 지켰다. 사실 오늘날 여러가지 교회 행사들도 크리스챤의 믿음과 이교도의 관습이 혼합된 결과이다.

이러한 예로 크리스마스를 들 수 있다. 대부분의 크리스챤들은 크리스마스를 지키지 말자는 제안을 거부하지만 신약성경에는 크리스마스에 대한 언급이 없다. 크리스마스는 12월 25일에 태양의 재탄생을 믿는 이교도의 겨울 축제에서 유래되었다. 597년에 영국에 선교사로 간 어거스틴이 태양신의 축제를 없애는 것이 불가능하다고 보고하자 그레고리 교황은 이것을 크리스챤의 축제로 만들라고 제안했고 여기에 크리스마스 나무, 캐롤, 그리고 진탕 마시고 노는 파티가 포함되었다. 모든 마을들은 크리스마스의 12일 동안 그가 원하는 어린 소녀와 마음대로 잠자리를 할 수 있는 사람을 선출했다. 교황은 이 축제를 크리스챤의 축제로 만들라고 제안했고 이 때에 그리스도는 구유에 누운 아기로 둔갑했다.

또, 부활절에대한 제시도 없다. 그리스도는 '매일' 부활하셔서 우리는 매일 그의 삶을 누리고 기념한다. 일요일의 예배도 신약성경에 있지 않다. 우리는 일요일이던 매일이던 자유롭게 하나님의 날로 정하고 원하는 대로 예배드릴 수 있다. 일요일, 크리스마스, 부활절에 대한 법이 없지만 대부분의 크리스챤들을 우리가 이런 법에 묶여있다고 오해한다.

절제

골로새에는 합법적인 육체의 쾌락을 금지하는 헬라의 금욕사상이 있었다. 어떤 사상은 결혼을 금지하고 독신생활을 권장했고 어떤 사상은 만지거나 먹으면 안되는 것들의 목록을 만들었다. 바울은 하나님이 우리에게 모든 것을 자유롭게 즐기라고 주셨음을 가르쳤다. 크리스챤들은 금식이나 만찬을 원하는 대로 할 수 있는 자유를 가지고 있다.

골로새서와 다른 편지들은, 특히 갈라디아서와 로마서, 사순절 기간동안 맛있는 음식을 포기하는 것이 아니라, 하나님이 싫어하시는 자만심, 색욕, 부러움의 태도와 습관을 버리고 예수님 안에서 일관성있게 사는 매일의 삶을 중요시하는 그리스도의 교리를 가르친다. 이런 면에서 매일 매일은 특별한 날이다.

금욕의 강조는 특히 마틴 루터의 삶에서 볼 수 있다. 승려였던 그는 그의 생각과 올바른 삶으로 자신을 구원하고자 세 사람의 성인들에게 매일 기도하고 정신을 잃고 방바닥에 쓰러질 때까지 자신에게 매질을 했다. 그는 로마 성지 순례 때 성계단을 무릎으로 올랐다. 그러나 그에게 평화는 없었다. 어느날 수도원장이 그에게 물었다: '예배의 유물과 순례여행과 성인들에게 드리는 기도와 모든 경건의 행동들을 빼버린다면, 자네는 무엇으로 그 자리를 메꿀 것인가?' 그는 '그리스도입니다. 인간은 오직 예수 그리스도만이 필요합니다' 라고 답하고 이 깨달음이 종교개혁의 동기가 되었다. 불필요한 종교적 관습들을 없애고 그리스도를 제자리에 놓았다.

영원하신 그리스도의 충만하신 신성함

고린도의 거짓 선생들은 자신들의 종교의 충만함을 선전했고, 바울은 같은 단어를 사용하여 '그 안에는 하나님의 충만이 거하시고' 라고 그리스도를 묘사했다. 챨스 웨슬리는 이것을 찬송가로 만들었다. 바울은 우리가 예수님을 믿을 때 하나님의 충만을 경험하게 된다고 설명했다.

특히 예수님은:

우주의 창조주

바울은 경이로운 자연을 지배하시는 권능의 예수님이 십자가에서 우리의 죄값을 치루고 우리를 묶고 있던 사슬들을 푸셨다고 가르쳤다. 십자가는 자신을 희생하는 삶의 본보기일 뿐 아니라 실제적이고 영원한 승리의 길이다.

권세의 주권자

온 세상의 주권과 권력은 예수님에게 속해 있으므로 예수님은 권세의 주권자이시다. 모든 지혜와 지식도 만유의 주인이신 예수님에게 속해있다.

교회의 머리

주권을 가지신 예수님은 교회의 머리이시다. 교회는 여러 사람이 아닌 단 한분의 하나님을 주권자로 모시고 있다. 교회의 머리는 예수님이고 그의 주권은 아무에게도 위임될 수 없다. 교회가 교회의 머리와 제대로 연관되어 있지 않으면, 하늘의 주권자와 이 땅의 우리 사이의 의사 소통이 단절되고 교회는 병들게 된다.

존귀하신 예수님에게 맞추는 촛점

우리는 존귀하신 예수님에게 촛점을 맞추어야 한다. 바울은 예수님을 믿는 사람의 거듭남을 묘사하고, 내적 거듭남을 무시한 외적 종교 생활의 무의미함을 가르쳤다.

청렴한 열정

그리스도인의 삶에서 실제적인 많은 분야에 변화가 있어야 한다. 자연스럽게 악을 추구하는 우리의 죄성은 억제되어야 하고 의지적으로 그리스도 안의 삶을 실천해야 한다. 색욕, 탐욕, 성냄, 악의는 크리스챤의 삶에 있어서는 안되는 요소들이고 영원히 제거되어야 한다.

교회의 자선사업

또, 그리스도에게 촛점을 둔 크리스챤은 관계의 변화를 도모한다. 하나님을 본받는 태도로 서로를 대한다—겸손, 불쌍히 여김, 친절, 용서, 사랑. 크리스챤은 하나님의 성품을 본보기로 삼고 우리의 마음을 높히 둔 삶을 살아야 한다.

가정의 조화

바울은 그리스도와 같은 태도의 삶이 가정에도 적용됨을 보여주고 가정안의 관계의 중요성에 대하여 말했다: 남편과 아내의 관계, 부모와 자녀들의 관계, 주인과 노예의 관계 (이들도 가족의 일원이었다). 모두가 상호적인 관계 속에서 각자의 역할에 충실해야 한다. 바울은 '순종'이라는 단어를 사용했다—남편에 대한 아내의 순종, 부모님에 대한 자녀의 순종, 주인에 대한 노예의 순종. 동시에, 남편, 부모, 그리고 주인은 자신에게 순종하는 사람들을 희생적으로 사랑해야 할 책임이 있다.

결론

우리는 골로새서에 대하여 두가지의 결론을 내릴 수 있다.

부정적

바울은 간절함에서 시작한 여정이 마지막에 도달하지 못할 수도 있음을 경고했다. 이 결론은 바울이나 이 편지에만 국한되는 것이 아니라, 신약성경, 특히 마태복음과 히브리서에서도 발견할 수 있다. 바울은 '계속 믿음을 지속한다면' 하늘나라의 소망을 이룰 수 있고, 그리스도와 상반되는 것에 믿음을 포기하면 마지막 날 하나님의 심판을 피할 수 없음을 경고했다. 그의 가르침에는 절박함이 있다. 그는 골로새 교인들에게 영향을 주는 주위의 여러가지 사상들로 인해 그들이 잘못된 길로 빠질 것을 우려하며 '유괴당했다' 라는 단어까지 사용했다. 마치 그리스도안에서의 자유함을 잃도록 자신들을 방치해두는 것같이 종교화된 믿음에 빠지는 것은 모든 것을 잃는 것이다.

긍정적

이 편지는 믿음을 유지하라는 간곡한 부탁과 그리스도를 믿기로 작정했으면 계속 그를 믿고 따라야 한다는 긍정적인 메세지를 준다. 예수님의 약속대로 포도나무 가지에 붙어 있으면 열매를 맺는 것 같이 그리스도에게 촛점을 맞추고 하나님을 기쁘게 하는 삶을 살라는 부탁이다.

그리스도에게 온 것만으로 충분하지 않다. 우리는 그안에서 뿌리를 내리고 자라고 정착해서 그리스도와 끝까지 함께 가야 한다. 바울의 가르침은 예수님의 가르침과 비슷하다: '나는 참포도나무다. 내안에 거하고 붙어 있으라. 포도나무에 붙어 있으면 열매를 맺으리라. 포도나무에 붙어 있지 아니하면 베어져서 불에 던져지리라' (요한복음 15장) 개인적으로 친분이 없는 골로새 교인들이지만 그들이 행여라도 그리스도에 대한 믿음을 잃어 버릴까봐 바울은 진심으로 염려했다.

49. 에베소서

개요

학자들은 여러가지 이유에 의하여 에베소서와 골로새서가 같은 시기에 쓰여졌을 것으로 추측한다.

첫째, 골로새서를 바탕으로 에베소서가 쓰여졌고 두 편지는 비슷한 주제 하에, 혼합주의 사상에 대응하여 크리스챤의 믿음과 태도에 대하여 분명하게 설명하면서 교회를 몸으로 묘사했고, 가정과 노예에 대한 문제도 같은 식으로 다루었다. (이런 내용은 같은 시기에 쓰여진 것으로 보이는 빌레몬에게 보낸 편지에도 나타난다).

둘째, 이 편지가 골로새교회 뿐아니라 라오디게와 헤라폴리스 그리고 루고스 지역의 두 교회에서도 읽혀지기를 바란다는 내용을 볼 때 이지역의 교회들이 비슷한 문제들을 가지고 있었음을 알 수 있다. 골로새에서 불과 120마일 떨어진 거리에 있었던 에베소 교회에도 비슷한 문제들이 있었음은 쉽게 상상할 수 있다. 특히 에베소서는 에베소교회에 국한되지 않은 일반 편지이고 어떤 원본들에는 '에베소에서' 라는 문구가 빠져있다.

개인적인 인삿말이 생략된 에베소서를 에베소 교회에만 보낸 편지로 가정하기는 어렵다. 이것이 에베소에만 보내는 편지였다면 그곳에서 이년을 지낸 바울이 그의 다른 편지에서와 같이 에베소 교인들의 이름을 언급하며 안부를 전했을 것이다.

에베소서가 골로새서와 비슷한 면이 있는 반면 바울의 다른 편지들과 다른점도 있다. 이 편지는 잘못된 가르침이나 독자들의 질문이나 문제에 대한 답을 다루지 않은 일반 편지이다.

에베소

사방으로 교차되는 국제도로의 중심지에 있었던 에베소는 페르시아, 이집트, 그리스, 그리고 로마로 가는 여행객들이 모이는 아시아의 관문이며 바울 당대의 주요 항구였다. 오랫 동안 모래가 쌓이면서 해변에서 점점 멀어져 내륙에 위치하게 된 현재의 에베소는 아야소훅이라 불리우는 폐허만 남아있다. 이오니아 연맹의 12도시들 중 하나였던 에베소는 상업과 경제의 중심지였고 24,000명이 들어갈 수 있는 극장과 420피트 x 240 피트의 초대형 이교도 성전도 있었다. 사람들은 이 성전에서 에베소에 떨어진 검은 운석을 우상 숭배했다. 여자의 가슴 모양의 돌기로 뒤덮힌 크고 매끄러운 검은 색의 운석을 다이아나여신 (헬라어로는 알테미스) 의 상징으로 여기고 여자의 가슴을 숭배하는 미신을 만들었다. 그들은 운석을 강대상에 올려 놓고 방문객들에게 은으로 만든 운석의 작은 모형을 팔았고 사람들은 이 모형 우상을 집에 모셔놓았다.

에베소교회

신약성경의 다른 초대교회들에 비해 우리는 에베소 교회에 대한 많은 정보를 가지고 있다. 사도행전 18-20장에 바울이 이곳을 방문한 내용이 있고 에베소서 외에도 에베소 교회에 관한 다른 편지들이 있다. 디모데전서와 후서는 에베소의 디모데에게 쓴 에베소 교회에 대한 편지들이다. 요한계시록도 에베소 교회의 편지에 대하여 언급하고, 예수님의 어머니인 마리아와 함께 에베소에 정착한 사도요한은 그곳에서 석장의 편지와 요한복음을 썼다.

에베소 교회가 잘 정착되었다는 사실은 성경외의 문서들을 통해서도 알 수 있다. 에베소는 AD 431년에 에베소 이사회가 창단된 초대교회의 역사에 매우 중요한 도시였지만 지금은 요한의 무덤과 교회의 유적지가 있는 관광지일 뿐이다. 요한이 노년으로 이곳에서 세상을 떠났음은 거의 확실하다.

바울은 이년동안 이곳을 두번 방문했고 그 당시 교회는 크게 성장하고 있었다. 예수님의 복음이 퍼지고 사람들의 믿음이 성장하면서 다이아나 기념품이 잘 팔리지 않게 되고 다이아나를 우상숭배하던 사람들은 진리의 하나님을 믿게 되었다. 기념품을 파는 상인들과 바울의 마찰이 있었지만 그들의 기념품 장사는 결국 문을 닫게 된다.

편지의 구조

바울은 크리스챤의 믿음과 자세에 대한 집약서를 통하여 아시아의 이교도들이 교회에 끼치는 영향을 막아야 한다고 느낀 것 같다. 사람들은 로마서를 바울의 복음의 집약서로 생각하지만 사실은 에베소서가 더 그에 가깝고, 다른 편지들보다 체계적인 가장 훌륭한 바울의 에베소서를 '서신의 여왕' 이라 부르기도 한다.

이 편지는 뚜렷한 구조를 가지고 있다. 전반부는 그리스도 안에 있는 우리와 하나님의 관계에 대한 가르침이고, 후반부는 주님 안에 있는 우리와 다른 사람들과의 관계를 다루었다. 바울은 하나님과 우리의 관계에 대하여 말할 때는 '그리스도' 라는 단어를 사용하고 다른 사람들과의 관계를 말할 때는 '주님' 이라는 단어를 사용했다. 그리스도가 하나님의 관계를 우리에게 부여하고, 주님으로서 우리와 다른 사람들과의 관계를 주관하신다.

편지의 전반부에서 바울은 믿는 사람들에게 구원이 어떻게 주어졌는지를 말했고, 후반부에서는 믿음을 갖게 된 후 어떻게 행동하여야 하는지에 대하여 가르쳤다. 우리는 선행으로 구원받은 것이 아니라 선행을 위하여 구원받았다는 중요한 사실을 기억해야 한다.

전반부:	후반부:
하나님의 목적과 권능	우리의 삶과 전쟁
그리스도안에서 하나님과의 관계	주님안에서 다른 사람들과의 관계
구원이 이루어짐	구원을 주심
교리	의무
우리가 구원받은 방법	우리가 구원받은 목적
경배	적용
용서	거룩함

전반부:
정당화
우리의 해방
신성한 통치
교회 안

후반부:
거룩화
우리의 반응
인간의 책임
교회 밖

세상 사람들은 선행으로 구원받는다고 믿는다. 그러나 복음은 구원의 이유가 선행을 위함이라고 말한다. 이 두 원리는 완전히 다르다!

전반부의 중요한 단어는 목적과 권능이다. 하나님이 하고자 하는 일과 그 목적을 성취하기 위한 하나님의 권능에 대하여 설명하고 있다. 후반부의 중요한 단어는 걷는 것과 전쟁이다. 우리는 빛 안에서 걷고, 사랑 안에서 걷고, 빛의 자녀들로서 걸으며 영적전쟁을 싸워야 한다.

이렇게 전반부는 교회안에서 일어나는 일에, 후반부는 교회 밖에서 일어나는 일에 촛점을 맞추었다. 전반부는 복음의 수직적 관계를, 후반부는 복음의 수평적 관계를 다루었다.

이 두 관계를 동시에 유지하는 것은 매우 중요하다. 구원받았기 때문에 어떻게 살던 상관없이 천국에 갈것이라고 믿는 것은 복음을 제대로 이해하지 못한 것이다.

히브리서의 구조는 구원의 중요한 순서를 알려준다. 어떤 사람들은 기독교가 그저 '착하게 사는 것'을 가르치는 종교로 오해하고 있다. 또 그저 '구원받는 것'으로 생각하는 것도 옳지 않다. 둘 다 있어야 하지만 올바른 순서로 있어야 한다. 세상의 거의 모든 종교들은 정당화 전에 먼저 거룩화를 요구한다—거룩화의 정의와 관계없이 신이 그들을 받아드리기 전에 그들 자신이 먼저 거룩함을 성취해야 한다는 말이다. 반면에 기독교는 매우 독특하다. 하나님이 원하시는 대로 우리를 만들기 위하여, 있는 그대로의 우리를 먼저 받아주셨다. 정당화가 거룩화 전에 있어야 한다. 왜냐하면 하나님과 올바른 관계를 갖기 전에는 아무도 크리스챤의 삶을 살 수 없기 때문이다. 크리스챤의 태도는 믿음위에서 구축해 나가는 것이고 크리스챤의 의무는 기독교의 교리에서 시작된다. 1-3장에서 바울은 예배의 문맥 안에서 구원의 교리를 설명했다. 전체 예배의 주제는 하나님의 권능과 목적이고 예배 '순서'는 찬양, 기도, 설교, 기도, 그리고 찬양으로 이어진다.

<u>찬양</u>—목적: 그리스도의 모든 것을 집약한다.
<u>기도</u>—목적과 권능을 알기 위함
<u>설교</u>—권능과 목적

1. <u>그리스도</u>:—통치하기 위하여 부활하심
2. <u>이방인들</u>:—접목되기 위하여 세워짐
3. <u>바울</u>:—알려주기 위하여 세워짐

<u>기도</u>—권능과 목적을 알기 위함
<u>찬양</u>—권능: 탁월하고 충만한 행함

바울은 유대인과 이방인의 단합을 강조했다. 예루살렘 성전 안쪽은 이방인 출입금지 지역이었고 이를 어길 시에는 죽음의 벌로 다스리는 유대인과 이방인을 가르는 벽이 성전 한가운데에 우뚝 솟아 있었다. 그러나 이벽을 하나님이 무너뜨렸음을 바울은 열심히 강조했다. 이러한 분열이 초대교회에 화를 불러 이르켰고 이로 인한 영향의 의미를 바울은 잘 알고 있었다. 그는 성전의 유대인만 출입할 수 있는 곳에 에베소에서 온 드로비모라는 이방인을 데리고 들어갔다는 누명을 쓰고

감옥에 갇힌 상태에서 이 편지를 썼다.

그러나 교회가 성전을 대체하는 '새로운 기관' 이라는 바울의 강조를 하나님이 구 이스라엘과의 관계를 끊은 것으로 오해하면 안된다. '대체신학' 은 교회가 이스라엘을 대체했다고 잘못 오해하고 있는데, 바울이 로마서 9-11장에서 설명하듯이 하나님은 아직도 그의 백성들에 대한 목적을 가지고 계신다.

성령안에서의 삶

4-6장은 하나님이 하신 일에 대한 우리의 반응에 대하여 가르친다. 여기서 '걷는다' 라는 단어는 우리가 보여야할 반응을 묘사한다. 성령 안에서 뛰고 즐거워 할 수 있지만 하나님은 우리가 성령 안에서 걷기를 원하신다. 뛰는 것보다 멋져 보이지 않는 걷는 행동은 한번에 한걸음씩 올바른 방향으로 꾸준히 걸어가는 삶을 의미한다.

바울은 우리가 걸어야 할 여덟가지 길에 대하여 말했다.

겸손함

겸손의 길이 연합을 이루는 비밀이다. 우월감이 있는 곳에 통일이 있을 수 없고 겸손함 없이 크리스챤의 연합은 이루어질 수 없다. 그래서 사람들이 우리를 비난할 때 화낼 필요가 없다—그들이 우리 안의 진실을 안다면 상황은 더욱 악화될 수 있다는 점을 기억할 필요가 있다!

> 내가 좋아하는 다음의 시는 이것을 잘 묘사한다:
> 성자의 열정으로 나는 슬픔에 차서 외친다
> '아 주님, 나의 가슴은 교활로 검게 타있고 나는 죄인들의 괴수입니다'
> 그러자 나의 수호천사가 속삭였다,
> '허영이다, 너는 그런 사람이 아니다.'

허위적 겸손은 겸손이 아니다. 진짜 겸손은 하나님의 은혜로 우리가 누구인지를 깨닫고 그의 은혜가 없이 우리는 존재하지 않음을 인식하는 것이다.

연합

우리는 연합한 단일체로 동행하여야 한다. 바울은 하나의 몸, 하나의 신앙, 그리고 하나의 세례를 말했다. 하나님과 우리의 아버지는 단 한분이시다. 예수님의 피로 구원받은 우리는 서로 다른 점이 있더라도 함께 동행해야 하고 성령안에서의 연합은 적극적으로 추구해야 할 목적이다—같은 교회에 속해 있으니 모든 것이 괜찮다고 생각하면 안된다. 우리는 연합을 위하여 노력해야 한다.

성숙함

바울은 교인들에게 성숙함으로 동행하라고 격려했다. 연합된 우리는 예수 그리스도의 완벽함을 향하여 계속 발전해야 한다. 하나님이 우리의 성장과 성숙을 위하여 사도들, 선지자들, 목사들, 복음전도자들, 선생들을 주셨다. 크리스챤의 친교는 성령안에서 연합함으로 시작되고 그 믿음 안에서 연합될 때 완성된다. 성령과의 연합은 믿음의 연합이 이루어질 때 유지된다. 많은 복음전도자들은 연합의 개념을 가지고 교리적 이념을 만들었다. 예를 들면 카톨릭 신자와의 친교를 비난하는 행동이다. 그러나 연합의 개념은 한분의 성령님이다. 우리가 세례 받은 같은 성령으로 세례 받은 사람과 만나는 것은 그 사람과 친교하는 것이다. 처음에 믿음의 완벽한 연합이 이루어지지 않더라도, 성숙해지면서 차츰 이루어질 것이다. 우리의 목적은 같은 믿음을 갖는 것이고 연합의 시작은 성령안에서의 연합이다. 성령이 거하시는 사람은 그리스도의 몸의 일부이다.

청렴함

5장은 청렴함에 대하여 말한다. 하나님의 자녀로서 우리의 말과 태도가 일치되도록 노력해야 한다고 바울은 호소했다. 예를 들어 음담패설의 농담을 하면 안된다는 말이다.

자선

우리는 서로를 도와야 한다. 그리스도가 우리를 용서했듯이 서로를 용서해야 한다. 크리스챤들은 실수와 죄에 대하여는 관대하지 말아야 하지만 서로에게는 관대하여야 한다. 이 균형을 유지하는 것이 쉽지 않지만 꼭 차별을 두어야 할 중요한 점이다.

청순함

우리는 성령으로 충만해야 한다. 이 동사는 계속적으로 충만을 유지한다는 의미를 가지고 있다. 우리를 부르신 하나님을 기쁘게 하려면 우리의 가슴과 동기 자체가 청순한 삶을 살아야 한다.

온순함

바울이 사용한 많은 단어들은 요즈음 사용하기에는 부정적으로 느껴지지만 그리스도안에서 서로에게 순종하는 온순함은 아름다운 성숙함을 나타낸다.

그는 세 종류의 온순함에 대하여 말했다:

>아내는 남편에게 순종해야 한다;
>자녀들은 부모에게 순종해야 한다;
>노예들은 주인이자 고용인에게 순종해야 한다.

위의 세가지 관계 안에서 그리스도를 경외하기 때문에 전자는 후자에게 순종한다. 그들의 순종은 그리스도에 대한 순종을 인간적으로 보여주는 것이다.

책임감

순종을 받는 사람들은 그들의 역할에 맞는 책임감을 가져야 한다. 이것은 매우 어려운 일이다. 남편들은 예수님이 교회를 사랑하신 것 같이 아내들을 사랑해야 한다. 나의 아내는 내가 그리스도에게 순종할 때 그녀도 기쁘게 나에게 순종할 수 있다는 말을 여러번 했다. 그러므로 남편들, 부모들, 그리고 고용인들은 그들에게 삶을 맡기는 사람들에 대한 책임이 있다. 순종함이 우월감이나 횡포를 받아드리는 것이 절대 아니다.

영적 전쟁

이 편지의 영적 전쟁에 대한 내용은 잘 알려져 있다. 우리가 사람과 싸우는 것이 아니므로 하나님의 전신갑주를 입어야 한다. 사람과 싸우는 것은 훨씬 쉬워서 어떤 크리스챤들을 이런 싸움을 선호한다. 그러나 우리는 혈과 육을 상대로 싸우는 것이 아니라 통치자들, 권세, 어둠의 세상 주관자들, 그리고 하늘에 있는 악의 영들을 상대로 싸운다. 그리스도안에 있는 바로 그 장소에서 싸운다. 1장은 우리가 하늘에서 그와 함께 있음을 알려준다.

한가지 분명한 것은 절대로 후퇴해서는 안된다는 것이다. 왜냐하면 바울이 묘사한 전신갑주는 뒷부분에 대한 보호가 없다. 앞으로 전진할 수 없을 때는 제자리에 서서 뒤로 돌아 후진하지 말아야 한다. 불화살을 막는 믿음의 방패에 대한 말은 로마군인들의 나무 방패를 염두에 두고 한 말이다. 불화살이 나무 방패에 꽂히면서 불이 꺼졌다. 이렇게 악마가 쏘는 불화살들을 우리의 믿음으로 흡수해 버릴 수 있다.

예정론

예정론을 거론하지 않고는 에베소서를 공부했다고 할 수 없을 것이다. 1장의 특별 주제인 예정론에 대하여 마치 꼭두각시 인형이나 로보트같이 하나님이 원하시는 대로 우리를 움직이는 것으로 대부분의 사람들이 오해하고 있다.

이 오해는 부분적으로 예레미아 18장의 토기장이와 진흙의 비유를 잘못 해석한 결과이다. 사람들은 하나님이 진흙을 마음대로 할 수 있는 토기장이여서 진흙은 선택권이 없다고 생각하지만, 예레미아 18장은 정반대의 메세지이다. 토기장이는 아름다운 화병을 만들고자 하는데 진흙이 그의 손에서 말을 듣지 않자 그는 흙을 다시 뭉쳐서 볼품없는 냄비를 만든다. 하나님이 예레미아를 통하여 주시는 교훈은 우리가 토기장이와 협력하여 그가 우리를 사용하여 아름다운 것을 만들도록 협조해야 한다는 것이다. 그 당시에 하나님은 이스라엘을 그의 자비를 품은 아름다운 그릇으로 만들기를 원하셨으나 그들이 거부하자 하나님의 심판을 담은 볼 품없는 그릇으로 만드셨다. 이 비유는 우리가 하나님을 거부할 수 없다는 주장에 대한 답이다. 우리가 하나님에게 반응하면 하나님이 우리를 위하여 준비하신 세상이 우리의 것이 된다. 하나님이 우리를 위하여 준비한 것을 우리가 거부할 수 없다는 말이 아니다.

개인적인 예를 들자면, 나의 아버지는 내가 농부가 되고 싶어하는 것을 알고 계셨다. 나는 틈만 나면 농장에서 시간을 보냈고 16세에 학교를 졸업한 후에는 새벽 4시에 90마리의 젖소를 짜는 일을 시작했다. 나는 농사를 좋아했다. 나의 아버지는 내가 모르게 내가 21세가 되면 가족의 명의로 되어 있는 스코트랜드의 농장을 나에게 물려 줄 계획을 미리 준비해 놓으셨다. 아버지가 농장을 물려받으라는 말씀을 하실 때 나는 하나님이 나를 다른 방향으로 인도하셨음을 말씀드려야 했다. 내가 농장을 물려받았다면, 아버지가 나에게 농장을 주시려고 예정하셨다고 말할 수 있다. 내가 알지 못하게 모든 준비가 되어 있었기 때문이다.

이와 같이 '예정되었다' 라는 말은 이미 정해졌음을 의미하지만 하나님이 우리를 꼭두각시로 취급하고 하나님의 예정대로 우리를 만드시는 것은 아니다. 마치 나의 아버지가 그의 예정대로 나에게 농장일을 강요하지 않은 것과 같다. 하나님은 우리를 영광으로 가도록 예정하셨고 이 예정된 길을 우리는 반항하거나 거부하거나 받아들일 수 있다. 우리가 이를 받아들인다면, 창세 전에 하나님이 우리를 위하여 준비하셨다고 영원히 말할 수 있다.

예정론의 두가지 견해

어떤 사람들은 구원받기 위하여 하나님에 의해 창세 전에 선택되었고 다른 사람들은 선택받지 못했다는 것이 일반적인 예정론의 견해이다. 이 견해는 우리가 태어나기도 전에 하나님이 우리를 구원하실 것을 이미 결정하셨다고 주장한다. 하나님이 일단 우리를 구원하시려고 결정하신 이상 우리는 하나님의 은혜를 거부할 수 없고 아무것도 이일을 막지 못한다. 그러므로 우리가 천국에 가느냐 지옥에 가느냐는 하나님의 선택이다. 왜냐하며 우리의 삶에 하나님의 은혜의 역사가 없이 회개와 믿음으로 하나님에게 반응할 수 없기 때문이다. 선택받았으니 우리는 천국의 자리를 확보해 놓은 것이다. 이 견해는 프랑스의 신학자 요한 칼빈과 연결된다. 그러나 그는 선택받은 은혜와 함께 구원을 잃을 수 있음도 가르쳤다.

이 견해는 많은 도전을 받아왔다. 먼저, 예정론은 믿는 사람들이 구원을 위하여 선택된 것이 아니라 사역을 위하여 선택되었다고 성경은 말씀한다. 두번째로, 예정은 개인이 아니라 민족의 선택임을 강조한다. 세번째로, 성경은 우리가 하나님의 은혜를 거부할 수 없다고 말하지 않는다. 우리는 거부할 수 있다. 사도행전에서 스데반은 공회가 언제나 성령을 거부한다고 비난했다. 은혜는 믿음의 조건 사항이다. 우리가 계속하여 믿어야만 믿음을 유지할 수 있다.

또한 우리의 운명은 하나님의 선택에 의한 것이 아니고 하나님의 은혜에 반응하던지 거부하는 우리의 선택에 달려있다. 우리는 회개하고 믿기 시작해야 거듭날 수 있다. 그전에 이미 거듭나 있지 않다. 왜냐하면 우리가 회개해야 하나님이 우리에게 그리스도안의 새로운 삶을 주시기 때문이다.

마지막으로, 우리의 인내는 보장된 것이 아니라 필수조건이다. 인내심으로 포도나무 가지에 붙어 있고, 극복하고, 그리스도와 함께 있으며 계속하여 믿는 삶을 살라고 성경은 말한다. 이 말은 우리가 계속적인 믿음을 가져야한다는 말이다. 행함에 의한 구원이 아니라 지속적인 믿음에 의한 구원으로 이 차이의 중요성은 강조되어야 한다. 캘빈의 예정론에 반대하는 주장을 네덜란드 신학자 알미니우스의 이름을 따서 알미니우스주의라고 부른다.

나는 예정론을 믿는다. 나라는 사람이 되도록 하나님이 미리 예정하셔서 내가 하나님을 알기도 전에 내가 천국에 가도록 결정하셨음을 믿는다. 내가 하나님을 사랑하기전 그는 나를 먼저 사랑했고 내가 그를 선택한 것이 아니라 그가 나를 선택했다. 이것은 내가 그의 은혜를 거부하지 않고, 받아드리고, 내가 천국에 갈 것을 계속하여 믿어왔기 때문이다.

다음의 도표는 예정론의 견해의 차이를 보여준다:

캘빈	**알미니우스**
구원을 위하여	사역을 위하여
개인	단체
사람들	민족
거부할 수 없음	조건적
은혜	믿음
하나님이 선택하신 운명	운명은 우리의 선택에 좌우됨
선택받지 못하여 잃어버림	잘못된 선택으로 잃어버림
회개와 믿음이 있기 전에 거듭남	회개와 믿음이 있은 후 거듭남
보장된 인내	인내는 필수조건

한번 구원받은 것은 영원히 구원받은 것인가?

사람들은 '한번 구원받으면, 항상 구원받은 것이다' 라고 말하지만 여기서 가장 큰 문제는 '구원받았다' 라는 말의 의미가 애매모호하다는 점이다. '한번 구원받으면' 이란 무슨 뜻인가? 나는 구원 받고 있는 중이다, 그러나 앞으로 더 많은 구원을 받아야 한다. 구원은 한번의 기적이 아니라 과정이다. 다른 사람들 같이 나도 모든 사람들을 위하여 구원을 가지고 오실 예수님의 재림을 기다리고 있다. 그때에야 비로소 '한번 구원받았다' 라고 말할 수 있을 것이다. 왜냐하면 그때는 우리의 육체를 포함한 모든것이 구원받을 것이기 때문이다.

또 예정론에 대한 토론이 크리스챤들의 친교에 방해가 되면 않된다. 우리의 관점에 상관없이, 우리는 그리스도를 중심으로 연합할 수 있다.

결론

바울의 모든 편지들 중에서 에베소서가 크리스챤의 교리, 의무, 믿음과 태도, 신학, 그리고 도덕에 대하여 가장 분명히 알려주고 있어서 여러 교파나 교인이 가장 좋아하는 서신서라는 사실은 당연하다. 진리와 청렴에 대한 메세지도 중요하지만 세계 교회 주의 시대에 사는 우리에게 이 서신서가 강조하는 연합이 우리를 기쁘게 하는 가장 중요한 요소일 것이다.

50. 빌립보서

개요

빌립보서는 바울이 로마에서 가택연금 중에 있을 때 빌립보 교인들에게 쓴 편지이고 빌립보는 유럽 대륙을 처음 방문한 바울이 첫 교회를 세운 뜻깊은 곳이었다.

동서를 연결하는 이그나시안 무역대로 상에 위치하면서 흑해에서 아드리아해까지 뻗은 산맥의 중앙에 있는 금광과 은광이 있는 요충지에 자리잡은 빌립보는 경제적으로 부유한 당대의 대도시였다. 1990년 초에 한 고고학자는 이집트의 투탕카멘의 묘지에서 발굴된 보물 다음으로 엄청난 금은보화들을 빌립보의 한 무덤에서 발견했다. 이 곳은 마게도냐 (그리스의 북부지역)의 빌립왕의 무덤이었고 그의 이름을 따서 이 도시는 빌립보라 불리우게 되었다. 31세에 죽기 전 대제국을 건설했던 유명한 알렉산더 대왕이 바로 빌립왕의 아들이다.

또 이곳은 고대시대의 중요한 전쟁터였다. 168 BC 에 로마가 침입했고, 42 BC에는 안토니가 빌립보에서 브루투스와 카시우스를 제패했다. 31BC 에는 안토니와 클레오파트라가 패전하고 이곳에서 죽임을 당했다. 로마는 이런 대전이 있었던 도시를 식민지로 삼았고 아우구스투스 황제는 이곳을 '콜로니아 쥴리아 어거스타 빌리펜시스' 라는 화려한 이름으로 개명했으나 사람들은 간단하게 '빌립보' 라고 불렀다. 빌립보 시민들에게는 로마 본토인들과 동등한 권리가 주어졌으므로 많은 로마인들이 정착했다.

하늘나라의 식민지

유럽의 관문인 빌립보는 복음 전파에 전략적인 도시였다. 누가가 쓴 사도행전의 교회 확장에 대한 글을 통하여 하나님이 이곳을 '하늘나라의 식민지' 로 삼으려 했다는 점을 알 수 있다. 사도행전 16장에는 바울이 아시아의 비두니아로 가려 했으나 성령이 허락하지 않았다고 기록되어 있다. 마게도냐 복장의 사람이 마게도냐로 와서 도와 달라고 부탁하는 환상을 보기 전까지 바울과 그의 동행자들은 종착지를 확실히 알지 못한 채 서쪽으로 여행했다. 바울의 일행은 네아폴리스 항구를 통하여 빌립보에 도착했고 바울이 유럽 대륙에서의 첫 설교를 통하여 전한 복음의 내용이 사도행전에 생생하게 기록되어 있다. 성령강림절 때 예루살렘을 방문했던 유럽인들이 예수님을 영접하고 복음을 전했을 수도 있으나 그러한 증거는 찾아볼 수 없다.

빌립보 교회

빌립보 교회는 AD 52년경 소수의 교인으로 시작했다. 바울의 복음 전략은 그가 방문하는 도시의 유대회당에서 사역을 시작하는 것이었으나 빌립보에는 회당을 만들기에 필요한 최소한의 유대인 남자 열명이 없었으므로 유대인 회당이 없었다. 대신 바울은 유대인 여자들의 기도회에 참석하여 그들에게 복음을 전했다. 이 여자들 중 한 사람이 빌립보교회의 사역에 중요한 역할을 담당했던 리디아였다. 원래 아시아에서 온 그녀는 자주색 옷감을 파는 사업가로서, 노예들과 집을 소유하고 있었으며 그녀의 모든 식솔들을 세례받게 했다고 사도행전에 기록되어 있다. '식솔'의 정의가 '가족'을 의미하지 않는다는 사실은 영아세례를 주장하는 사람들을 실망시킨다. 식솔이란 노예와 모든 친척들을 포함하지만 어린 아기들까지 포함했다는 뜻은 아니다.

모두가 바울의 방문을 환영한 것은 아니었고 그의 사역은 곧 반대에 부딪쳤다. 바울과 그의 동료들을 따라다니던 한 소녀는 '이분들의 말을 믿으세요. 이분들은 높으신 하나님이 보낸 사람들입니다! 그들은 진리를 말하고 있어요!' (사도행전 16) 라고 군중들에게 외쳤다. 이소녀의 주인은 투시력을 가지고 있었던 그녀를 이용하여 장사를 하고 있던 상황에서, 바울이 그녀에게서 귀신을 쫓아낸 후 그녀는 더이상 바울의 사역을 방해하지 않았다. 그러나 그녀의 주인이 바울이 로마법을 반대하는 새로운 법을 주장한다는 누명을 씌워 그는 감옥에 갇히게 되었다. 예전에는 바울을 정죄하는 대부분의 사람들이 유대인이었지만 이번 사건은 달랐다.

바울과 그의 동료들이 감옥을 예배의 장소로 만들었다고 사도행전에 기록되어 있다. 그들은 한밤중 캄캄한 감옥에서 하나님을 찬양했고 그 예배에 응답이라도 하시듯 하나님은 지진으로 벽을 무너뜨리고 감옥 전체의 문을 열었다. 죄인들이 도망가면 십자가형을 받을 것을 알고 있던 간수는, '어떻게 해야 구원받을 수 있습니까?' 라고 바울에게 물었고 바울은, '예수님을 믿으라!' 고 대답했다. 바울은 밤새도록 간수와 그의 식솔들에게 설교했을 것이다. 왜냐하면 다음날 아침 그들은 세례받을 준비가 되어있었기 때문이다. 이렇게 리디아, 간수, 간수의 식솔들, 또 기도회에 속한 몇명의 유대인 여인들에 의하여 빌립보 교회가 시작되었다.

감금 상태에 있던 바울은 로마의 식민지인 빌립보에 거주하는 로마시민의 권리를 알고 자신이 불공정한 대우를 받았다고 주장했다. 빌립보 정부는 그들의 실수로 오히려 자신들이 처벌받게 될까봐 바울에게 이 도시를 떠나라고 요구했다. 바울은 '나를 감옥에서 풀어주고 도시 경계선 밖까지 경호해 준다면 가겠다.' 라고 말했고 그는 군인들의 경호에 도시 밖으로 내보내졌다. 이렇게 바울은 빌립보에 잠깐 머물렀다—불과 며칠에서 이삼주 방문이었을 것이다. 그러나 이 짧은 시간에 그는 '하늘나라의 식민지'를 유럽 대륙에 세우고 떠났다.

빌립보서는 그로부터 몇해 후에 쓰여졌다. 여러해 동안 사역을 계속한 바울은 예루살렘 성전의 이방인 금지 구역에 이방인을 데리고 들어갔다는 억울한 누명을 쓰고 예루살렘에서 체포되었다. 가이사에게 항소한 그는 사슬에 묶여 로마로 호송되어 이년간 재판을 기다렸다. 이 기간동안 누가는 바울의 재판에 필요한 변호자료로 누가복음과 사도행전을 썼고 그 결과로 바울은 무죄 판결을 받게되었다.

빌립보서를 쓰게된 이유

빌립보서는 바울이 빌립보에서 얻은 두가지에 대한 내용이다.

경제적 도움

첫째는 헌금이었다. 빌립보 교회는 그들에게 복음을 전해 준 바울에게 감사하여 경제적인 지원을 했다. 바울의 계속되는 사역에 이런 경제적 지원을 한 교회는 그들 뿐이었다.

육체적 도움

두번째는 더욱 고마운 도움이었다. 그들은 헌금과 함께 바울이 가택 연금되어 있는 동안 가사일을 도울 에바브로디도 '사도' 를 보냈다. 빌립보 교회가 어떻게 바울을 도울 수 있을까 고민하다가 생각해낸 방법이었다. 사도란 헬라어 아포스토로스에서 유래한 '보낸다' 라는 뜻의 동사로서 한 장소에서 다른 장소로 어떤 임무를 가지고 보내진 사람을 의미한다.

다섯 종류의 '사도'

'사도'라는 단어를 잘못 오해하는 경우가 있다. 신약성경은 다섯 종류의 '사도'에 대하여 다음과 같이 말한다.

1. 예수님은 하나님이 우리를 구원하기 위하여 하늘에서 땅으로 보내신 가장 높은 사도이시다.
2. 두번째 종류의 사도들은 예수님의 부활을 목격하고 복음 전파를 위하여 세상에 보내진 '열두제자'들이다. 그들은 부활전후의 예수님을 알았던 사람들이다.
3. 바울은 특별 사도이다. 그는 예수님을 생전에 만나지 못했고 열두제자 의 한사람이 아니었지만 부활하셔서 승천하신 예수님이 다메섹으로 가는 길에서 그를 부르셔서 사명을 주신 세번째 종류의 특별 사도이다.
4. 네번째 종류의 사도는 복음이 전해지지 않은 장소에서 교회를 개척하는 선교자의 임무를 행하는 바울과 같은 사람을 의미한다. 라틴어로 '미토'는 '보냈다'라는 뜻으로 '선교사' 혹은 '미사일'이라는 단어의 어근이다. 선교사는 대륙을 오가는 복음의 폭탄을 실은 미사일이! 지금도 교회를 개척하는 선교사들이 있다.
5. 에바브로디도는 다섯번째 종류의 사도이다—한장소에서 다른 장소로 어떤 사명을 위해 보내진 사람이다. 높은 지위를 의미하지 않는 단순한 의미의 사도이다.

에바브로디도의 병

에바브로디도를 반겨 맞은 바울은 얼마후 그가 아프다는 슬픈 소식을 편지에 전했다. 바울의 기도가 그를 치유하지 못했다고 의아해 할 필요가 없다. 신약성경에서 언급하는 치유는 크리스챤의 치료보다는 복음전파와 관련된 기적이다. 바울의 여러 동료들이 아팠지만 치유받지 못했다. 디모데도 위통 때문에 와인을 조금 먹었고 드로비모는 '아직도 아픈채로 있다'라고 성경에기록되어 있다. 신약성경의 치유 사역은 크리스챤들을 건강하게 하기 위함이 아니고 복음전파를 위한 선교사역였다.

빌립보교회가 보낸 사람이 위독하여 죽게 되었다는 소문이 돌았고 바울은 헌금에 대한 감사편지와 함께 에바브로디도를 빌립보로 돌려보냈다.

빌립보서

이 편지는 바울의 다른 편지들과 상이하다. 바울과 빌립보 교인들의 관계에 대한 문제나 바울이 개척한 교회에 대한 언급이 없다. 설교자나 선교사가 아닌 개인적인 친구로서의 바울의 모습과 그가 전도한 사람들과의 깊은 관계에 대한 내용이다.

한가지 재미있는 것은 그가 편지의 끝말을 어떻게 해야 할지를 몰랐던 것 같다. 그는 '마침내'라는 말을 계속했는데 이것은 편지에서 흔히 볼 수 있다. 친구와 대화할 때와 같이 계속 할 말이 떠오르는 것이다. 빌립보서에서 그의 계속적이며 순간적인 생각의 흐름을 볼 수 있다.

코이노니아

바울의 가르침에 대하여 공부하기 전 그가 발전시킨 중요한 두가지의 주제를 살펴보자.

이 편지에서 두드러지는 것은 '친교'라고 번역된 코이노니아 라는 단어이다. 그러나 이 단어는 우리가 '집회 후에 강당에서 차를 마시면서 나누는 간단한 친교' 보다 훨씬 깊은 의미를 가지고 있다. 차를 마시면서 우정이 조금 생기기는 하겠지만 친교는 한잔의 차로 만들어지는 것이 아니다.

코이노니아 의 의미는 신약성경에서 사용된 예를 통해서 가장 잘 알 수 있는데 사업의 동업자를 뜻하기도 한다. 고대시대의 쌍동이 시암고양이는 혈연적 코이노니아를 가지고 있다고 표현했다. 하나가 죽으면 다른 하나도 죽기 때문이다. 마찬가지로, 우리의 친교도 이런 수준이어야 한다. 한 사람에게 일어나는 일이 다른사람에게도 일어난다. 이것이 바로 코이노니아이다.

빌립보 교회에는 다른 교회에서 일어난 심각한 문제들은 없었지만 나름대로의 문제는 있었다. 빌립보교회의 코이노니아가 유오디아와 순두게라는 두 여인들의 행실에 의하여 사람들에게 나쁜 영향을 주었다. 바울과 함께 사역했던 그들은 불화를 일으켰고 바울이 다른 편지에서 언급했던 화합을 깨는 행동을 했다. 고린도교회에서 서로 다른 지도자를 지지하여 일어난 분열과는 달리, 다른 사람보다 자신의 우월감을 앞세우는 자만의 행동에 의한 분열이었다. 바울은 그들에게 '각 교인들이 자신보다 다른 사람을 더 위한다면 화합할 수 있다' 라고 충고했다.

기쁨

이 편지의 성격을 한마디로 표현하자면 '기쁨'이다. 바울이 처해 있던 상황에도 불구하고 이 편지는 기쁨으로 가득 차 있다. 그는 사형을 구형 받을 수도 있는 재판을 기다리는 외로운 앞날은 내다보며 감옥에서 시들어가는 동안, 그를 반대하는 사람들은 교회에서 자유롭게 설교활동을 했다. 그러나 그가 이 편지에서 사용한 단어는 '기쁨' 과 '감사' 였다. 벤겔은 '내가 즐거우니, 너희도 즐거워하라' 가 이 편지의 주제라고 말했고 본 휴겔은 '폭풍과 삶의 고난 속에서 빛을 발하는' 편지라고 말했다.

바울은 기도, 그리스도의 가르침, 믿음, 고난, 사랑하는 사람에게서 오는 소식, 환대, 나눔 등의 기쁨의 출처에 대하여 말했으나 그의 기쁨에는 더 깊은 이유가 있었다.

그의 삶의 목표

복음 전파의 목표를 가진 삶에는 기쁨이 넘친다는 사실을 두 사건을 통해 볼 수 있다. 왕의 궁궐을 지키는 모든 호위병들이 복음을 들었다. 그의 설교에 귀 기우린 관중들이었다. 또 그가 감옥에 있는 동안 다른 사람들은 그와의 경쟁심을 가지고 설교했으나, 바울은 누가 전하던 상관없이 그리스도의 복음이 퍼진다는 사실만으로 기뻐했다.

하나님안에서의 기쁨의 능력은 세계 제2차대전 중의 한 사건을 통해서 볼 수 있다. 베를린에서 목회하던 폴 슈나이더목사는 히틀러의 파시즘에 반대하는 설교를 하여 감옥에 갇혔고 그 결과로 그는 그의 아내와 두살난 아들을 다시는 만나지 못하게 된다. 그는 다카우 수용소에서 구타와 고문을 견디며 마지막에 처형되는 순간까지 아내에게 기쁨에 넘치는 편지를 보냈다. 그는 '나는 너무 행복하다' 그리고 '하나님께 감사한다' 라고 계속하여 적었다. 그리스도를 위하여 살았던 그는 아무것도 잃는 것이 없었다.

그리스도를 위하여 살 때, 죽음은 우리에게 이익이 되는 일이다! 바울은 떠나기를 주저하지 않았고 머무는 것도 기꺼이 받아드렸다. '나에 대하여 걱정하고 계시죠. 하지만 사실은 내가 여러분들에 대하여 걱정하고 있어요. 나는 나 자신에 대하여 전혀 걱정하지 않습니다.' 라고 바울은 빌립보서에 기록했다. ' 풀려나서 다시 나의 사역을 계속할 수 있기를 바라지만 그렇게 되지 않더라도 괜찮습니다.' 라고 말했다.

데이빗 왓슨이 그가 암에 걸린 사실을 발견했을 때 나는 그에게 편지를 썼고 그는 이 편지의 내용을 악을 두려워하지 말라 라는 그의 책에 인용했다. 나는 '하나님께 기꺼이 가겠으나, 머물고 싶다' 와 '하나님께 가고 싶으나, 기꺼이 머물겠다' 에는 큰 차이가 있다고 말했다. 이 말에 감명받은 그는 '가고 싶지만 기꺼이 머물겠다' 라는 태도를 유지하며 마지막까지 기도했다. 이것이 바울이 우리에게 보여준 믿는 사람의 태도이다. 그는 '매우 가고 싶지만, 기꺼이 조금 더 있어줄 수 있다'고 말했다.

바울의 복음 전파에대한 집중은 그가 예수님에 대하여 얼마나 자주 언급했는지에서 강조된다. 이 짧은 편지에서 그는 예수님에 대하여 38번 말했다. 우리는 우리 안에 거하시는 그리스도라고 말하지만 바울은 그리스도 안에 거하는 우리라고 말했다. 바울은 위대한 그리스도와 '예수님 안' 에 거하는 자신을 발견했다.

바울의 삶

바울은 빌립보교회에서 보내주는 헌금으로 생계를 유지했다. 그를 선교사로 보낸 안디옥교회의 경제적 지원에 대한 기록은 없다. 바울은 편지의 마지막에서 다음과 같이 빌립보 교인들의 헌금에 대하여 감사했다: '나에게 헌금은 필요없지만, 여러분이 헌금했다는 사실이, 나를 위하여 기쁜 것이 아니라 여러분들을 위하여 기쁩니다. 왜냐하면 이 헌금이 여러분을 부유하게 하기 때문입니다.' 그가 받는 기쁨보다 그들의 주는 행동을 축복했다.

나는 성경을 가르칠 때 '내게 능력 주시는 자 안에서 내가 모든 것을 할 수 있느니라' 라는 성경 구절을 문맥에서 빼내어 '이것이 어떤 의미입니까? 그리스도의 능력으로어떤 일들을 할 수 있다고 생각합니까? ' 라고 질문한다. 여러가지 답이 나오지만 돈에 대한 답은 한번도 들어 본 적이 없다. 그러나 이 구절의 문맥은 돈에 대한 것이다. '나는 많던 적던 어떤 수입으로도 살 수 있습니다. 많은 돈이 있다면 나를 힘주시는 그리스도 안에서 사용할 수 있습니다.'

성경은 돈에 대하여 두가지 대조적인 면을 말한다: '탐심' 과 '만족'이다. 바울은 '만족함을 느끼는 신성함은 유익하다' 그리고 '나는 자족하기를 배웠다' 라고 말했다. 이것은 로마서 7장에서 십계명의 마지막 계명인 '탐하지 말라'가 가장 지키기 어려운 계명이라고 고백한 바리새인인 바울의 간증에 비추어 볼때 특이한 점이다. 전형적인 바리새인들의 약점은 돈을 좋아해서 그들은 종교적이면서 부유했다. 예수님은 '돈을 벌기 위한 삶으로 하나님을 위해 살 수 없고, 하나님과 부를 함께 경배할 수 없다' 고 바리새인들을 지적했으나, 그들은 '네가 가난하니 그런말을 하는 것이다' 라고 비웃었다. 예수님은 그의 말의 뜻을 알고 있었다. 탐심이 많은 바리새인으로서 돈을 좋아하고 돈 버는 일을 좋아하던 바울이 '나는 자족하기를 배웠다' 라고 말할 수 있었던 사실은 놀라운 일이다.

논란의 여지가 있는 구절

이 편지에서 잘 알려진 빌립보서 2:5-11절을 자세히 살펴보자.

아름다운 말씀이지만 논쟁의 여지가 있다. '왜 이 말씀이 편지 전체와 좀 다른 내용으로 빌립보서에 포함되었는가?' 라는 의문이 생긴다.

이 구절에는 텅빈것/고귀한 것 혹은 아래로/위로 라는분명한 주제가 섞여 있다. 예수님이 십자가로 내려오신 것과 하늘나라로 승천한데 대한 아름다운 균형이 있다. 그는 자신을 비우시고 하나님은 그를 고귀하게 하셨다.

예배적

어떤 학자들은 바울이 초대교회에서 부르던 찬송가를 인용한 것으로 추측하지만 이를 뒷받침하는 증거는 없다. 바울이 찬송가의 가사를 작사했을 수도 있다. 바울은 감동받았을 때 시어체의 글을 썼다. 성경에서 산문은 하나님의 생각을, 시어체는 그의 감정을 우리에게 전한다.

신학적

바울이 찬송가를 인용하거나 작사했을 가능성이 있다 하더라도, 이 구절을 신학적으로 적용하면 문제가 생긴다. 마치 그리스도의 인간성에 대한 말씀으로 여겨진다.

어떤 사람들은 이 구절을 그리스도의 케노틱 이론이라 부른다. 케노틱이란 헬라어 케노시스에서 유래되었고 '비운다' 라는 의미의 단어이다. 그들은 하나님이신 그리스도가 인간이 되었을 때 자신의 얼만큼을 비우셨는지에 대하여 논쟁한다.

여기서 매우 위험한 신학적 가정이 설립된다—예수님이 이 땅에 계셨을 때 그는 100% 하나님이 아니었고, 신성의 일부를 비운 인간이셨다. 그가 그의 영광과 전지하심을 하늘나라에 두고 오신 것은 확실하다. 그는 이 땅에서 전지하지 않았다. 예수님은 한번에 한 장소에만 계실 수 있었다.

또, 예수님이 모든 것을 알고 있지 않았다—자신이 모르는 것에 대하여 말씀했다. 그가 재림하실 날짜도 모르셨다—오직 하나님 아버지만 아신다고 했다. 그는 주변에서 일어나는 일에 대하여 모르고 놀랄 때도 있었다. 그의 전능하심도 두고 오셨다. 성령의 힘을 입어서만 기적을 행할 수 있었다. 그는 하나님의 아들로서가 아니라 성령으로 세례받은 인자의 아들로서 기적을 행했다.

예수님의 특권과 힘을 하늘나라에 두고 온 것은 의심할 바가 없으나 그가 하나님으로 존재하지 않았다는 학자들의 주장이 문제이다; 그는 100% 하나님이시며 100% 인간으로 계셨다.

예수님이 두고 온 것은 그의 천성이 아니라 특권이었음을 우리는 깨달아야 한다. 그의 특권은 두고 오셨지만 '하나님의 충만하심은 그의 육체에 항상 계셨다'. 내가 사는 집, 자동차 그리고 다른 특권을 포기한다고 해서 내가 나로서 존재하지 않는 것은 아니다. 특권은 포기했어도 나는 100% 데이빗 파슨이다. 마찬가지로, 그가 하나님의 특권을 비웠어도 하나님이셨다.

도덕적

사실 이 구절은 예배적도 신학적도 아닌 그리스도의 자세와 선택에 대한 도덕적인 메세지이다. 어떤 사람의 선택을 보고 그의 성품을 알 수 있듯이 여기서 예수님의 훌륭한 선택을 본다.

예수님의 선택

인간이 되신 점

예수님의 첫번째 선택은 인간이 되신 것이다. 이점을 내가 어린이들에게 사용하는 예로 설명하고자 한다. '어항에 있는 열대어들을 보아라. 그들이 싸우고 서로 죽이는 것을 보았다고 가정하자. 그리고 네가 열대어로 어항에서 살아서 그들의 싸움을 막을 수 있지만 그들이 너를 죽일 것도 안다면, 너는 어떻게 하겠니?' 라고 어린이들에게 물으면 그들은 어떻게 대답을 해야할 지 난처해 한다. 나는 '걱정하지 마라—우리가 어항에서 너의 육체를 건져서 다시 살아나게 할 수 있어. 그러나 예전으로 돌아오는 것이 아니라 열대어로 평생을 살아야해!'

하나님의 아들은 하나님과 동등한 분으로 하늘나라의 모든 영광을 받으신 분이지만 그는 땅에서 죽임을 당할 것을 알면서도 인간으로 오시기를 선택했다. 또 하나님께서 그를 죽음에서 부활시킨 후에 영원히 인간으로 남아야 할 것도 아셨다. 그래서 그는 아직도 '우리 중의 한사람' 이고 언제나 우리와 함께 계실 것이다. 삼위일체의 한분은 우리와 같은 인간의 모습을 하고 계시다.

예수님의 사회적 신분

다음에는 그의 태생에 대하여 살펴보자. 만약 여러분이 선택할 수 있다면 어떤 사회적 신분을 고르겠는가? 부모, 내가 태어날 집, 사회 환경을 선택할 수 있다면 여러분은 어떤 선택을 할 것인가? 예수님은 사회의 바닥의 가난한 부모를 선택하셨다. 그는 종의 신분을 선택하셨다.

예수님의 이른 죽음

예수님이 하신 가장 위대한 선택은 33세의 나이에 당하신 인간으로서는 가장 고통스럽고 수치스러운 십자가의 죽음이었다. 바울은 그리스도의 이러한 마음에 대하여 설명하고 우리도 그의 마음을 품어야 한다고 말했다. 이 '마음상태' 는 인격과는 다른 성품을 의미한다. 하나님은 그가 믿을 수 있는 사람을 찾고 계시므로 이러한 선택을 하신 예수님에게 권세와 권능을 주신 것은 완벽했다고 바울은 말했다. 하나님은 자신의 권력, 신분 혹은 부에 관심이 없는 사람만 믿으신다. 빌립보서 2:9에 '이러므로 하나님이 그를 지극히 높여 모든 이름 위에 뛰어난 이름을 주사'라고 기록했다. 하나님은 자신을 위한 삶에 관심이 없는 예수님을 아시고 믿었으므로 그에게 우주 운행의 권세를 주신 것이다.

우리는 '이러한 마음을 품어야 한다' 라는 바울의 말을 잘 이해해야 한다. '그리스도를 흉내내라' 는 말이 아니라 '그리스도안에 있는 사람들은 그리스도의 마음을 품어야 한다' 는 말이다. '그리스도의 마음이 이러하니 너희도 그리스도와 같이 되라' 라는 말이 아니다. '너희가 그리스도안에 있으면 이미 그리스도의 마음을 품은 것이다. 그러므로, 그리스도의 마음을 서로의 관계에서 나타내라' 는 말이다. '그리스도의 태도를 흉내내라'는 말보다 훨씬 깊은 의미의 말이다.

항상 그런것 처럼 글의 문맥 안에서 글의 의미를 잘 알 수 있다. 바울은 편지를 읽는 사람들에게 자신의 이익을 챙기기 전에 예수님의 마음을 품으라고 권고했다. 높힘을 받으려 하지 말고 자신을 낮추라고 말했다. 그래야만 하나님께서 그들에게 권세를 주실 수 있다.

이 내용은 신학, 예배적 혹은 찬송에 대한 말씀이 아니고 도덕과 연합에 대한 말씀이다. 바울은 '그리스도의 마음을 품으면 우리는 교회안에서 연합할 수 있다' 라고 말하며 교회안에서 먼저 하나가 되어야 남들에게 복음을 보여줄 수 있음을 설명했다. 그는 '복음을 위하여 모두가 하나되었다' 라는 말을 듣기를 기대했다. 교회 내의 불화는 교회가 사회에 끼치는 영향력을 단절시키는 가장 빠른 길이지만 교회안에서 하나됨은 단 한분이신 하나님과 그리스도를 보여주는 가장 좋은 길이다.

믿음의 실천

이 편지가 주는 가르침은 예수님에 대한 시를 통해 표현된다. 바울은 빌립보 교인들에게 어떻게 생활에서 믿음을 실천해야 하는지를 가르쳐 주었다.

구원—적용해야 할 경험

　　a.　하나님은 구원을 위하여 일하신다.

　　b.　우리는 그것을 실천한다.

그리스도안에서 구원을 경험했듯이 그들의 믿음을 실천해야 한다고 바울은 설명했다. 구원은 수동적 경험이 아니다. 이 진실은 우리가 하는 모든 일에 실천으로 나타나야 한다.

공의—끝까지 추구한다

　　a.　우리의 것이 아니다

　　b.　하나님의 것이다.

공의를 추구함으로 구원이 실천된다. 공의에는 두가지가 있다—우리의 공의로움과 그리스도의 공의로움이다. 바울은 율법을 엄격히 실천한 유대인이었지만 선행이 그를 구원하지 못한다는 것을 알고 있었다. 대부분의 사람들은 우리의 악행 뿐아니라 선행까지도 회개해야 한다는 말을 이해하지 못한다. 이런 관점에서 자신들은 '구원' 받기에 충분한 의로운 사람이라고 생각한다. 종교적이고 존경받는 사람들 보다 죄인들을 회개시키는 것이 훨씬 쉽다.

나의 공의로움은 마치 방금 화장실에서 용무를 마친 어린아이가 변기통을 하나님께 보이며 '제가 한 일을 보세요' 라고 말하는 것과 같다. 이러한 비유가 너무 조잡하다고 느낄지 모르나 바울은 헬라어로 인간의 배설물이라는 단어를 사용하면서 '나의 공의로움이 아닌 그리스도의 공의로움을 원한다' 고 말했다.

부활—우리가 원해야 할 일

　　a.　죽음에서 부활함

　　b.　새로운 육체

'내가 그리스도와 그 부활의 권능과 그 고난에 참여함을 알고자 하여 그의 죽으심을 본받아' 라고 바울은 말했다. 헬라어로는 '죽음에서 다시 살아나는 부활을 얻고자 하여' 라고 해석할 수 있다. 이 말이 무의미하게 들릴 수 있으나 요한계시록은 종말에 있을 두 부활에 대하여 말한다: 하나는 공의로운 사람들의 부활이고, 오랜 기간 후에 있을 두번째는 심판 받기 위한 모든 사람들의 부활이다.

첫번째는 죽음에서 부활하는 것이고 두번째는 나머지 죽은 사람들의 부활이다. 바울은 '나는 첫번째의 부활에 속하기 원한다. 예수님이 재림하실 때 나도 죽음에서 부활하는 것이 나의 목적이다.' 라고 말했다.

책임—노력해야 할 일

    a.   과거를 잊는다.

    b.   미래를 향하여 노력한다

크리스챤의 삶은 노력을 요구한다는 점을 많은 사람들이 모르고 있다. 우리를 하늘나라에 실어다 줄 버스가 올 때 까지 버스 정류장에서 찬양을 하며 기다리는 것이 아니고 거룩하기 위하여 모든 노력을 기울이는 삶이다. 과거를 잊고 사명을 받은 우리의 목적을 향하여 계속 진전하라고 바울은 빌립보교회에게 말했다.

그는 자신이 아직 이루지 못한 일들이 많지만 하나님께서 준비하신 모든 것을 받아드리며 계속 전진하고 있다고 말했다.

재생산—본보기

    a.   세상에 속함

    b.   하늘나라에 속함

나의 서재에는 거룩함에 대한 많은 책들이 있지만, 나는 그 책들에서 보다 하나님과 동행하는 삶을 사는 사람들에게서 거룩함에 대하여 더 많이 배웠다. 우리와 함께 하는 것만으로도 그리스도를 전하는 사람들이 있다. 그들의 행동은 우리가 더 낳은 사람이 되도록 우리를 격려한다. 마찬가지로, 바울은 빌립보교인들이 올바른 사람들을 본 받아야 할 것을 염려했다. 바울은 '하나님이 그들의 뱃속에 들어 있어서 자신들의 무덤을 포크과 나이프로 파고 있는' 종류의 사람들과 더 높은 것을 추구하는 두가지 종류의 사람들이 교회안에 있다고 말했다. 우리는 올바른 삶을 사는 사람들을 본받아야 한다.

바울의 목적은 하늘나라에 가는 확신이 아니라 첫번째 종류의 부활에 속하는 것이었다.

그리스도의 평화

편지의 마지막에서 바울은 걱정에 대한 하나님의 약속에 대하여 교인들에게 가르쳤다. '그리하면 모든 지각에 뛰어난 하나님의 평강이 그리스도 예수 안에서 너희 마음과 생각을 지키시리라.' (4:7) 약속은 조건부이다. 우리의 생각을 조절하고 정직하고, 선하고, 순수하고 진실된 것만 생각해야 한다. 이 조건과 약속은 함께 간다.

결론

이 편지의 주요 내용은 믿는 사람들 안에서 역사하시는 하나님이 아니라 믿는 사람들이 그에 대한 반응으로 해야 할 일에 대한 메세지이고, 이 편지는 여러가지 조건부 약속들을 통하여 우리가 해야 할 일들을 명백히 알려준다.

빌립보서는 따뜻한 관계나 분쟁에 대한 글이 아니고 바울의 편지들 중 가장 명쾌하고, 몇 부분을 제외한 전체의 내용을 쉽게 이해할 수 있는 편지이다. 또 바울의 사역을 동업의 수준에서 알려준다. 동업이란 세상에 대한 복음 전파와 바울의 개인적인 삶의 필요를 채우는 일이다. 바울을 통해 힘든 상황에서도 만족했던 사도를 본다. 그는 자신을 제외한 모든 것에 만족했다! 그는 편지를 읽는 사람들에게 하나님을 통해 권능을 받을 수 있는 방법을 알려주었다. 바울은 빌립보 교인들과 함께 기뻐할 수 있기를 간절히 원했다.

51. 빌레몬서

개요

바울의 편지들은 구약성경의 선지서들과 같은 방법으로 편지의 길이에 의하여 성경에 배치되었다. 편지가 쓰여진 순서대로 배치된 것이 아니라 교회에 보낸 편지들과 개인들에게 보낸 편지들로 구분한 후 다시 길이에 따라 순서적으로 배치했고 가장 짧은 편지인 빌레몬서는 마지막에 배치되었다. 이 편지는 주인에게서 도주한 노예에 대한 이야기로서 신약성경에서 가장 개인적인 내용의 편지이다.

우리는 두가지 질문을 가지고 이 편지를 살펴보기로 한다: '왜 쓰여졌는가?' 그리고 '하나님은 한 개인에 대한 사사로운 편지를 왜 신약성경에 포함시키셨는가?' 첫번째 질문에 대한 답은 편지의 내용을 통해 쉽게 알 수 있다. 분노에 차있고, 게으르고, 반항적인 노예 오네시모는 대도시에 잠적하려는 생각으로 로마에서 도망했다. 바울이 로마군인에게 사슬로 묶인채 가택연금되어 있던 상태에서 어떻게 그와 만나게 되었는지는 확실히 알 수 없다.

당시 도주한 노예는 십자가형으로 다루었고 너그러운 주인일 경우 노예의 생명은 살려주지만 그의 이마에 'FF' (도망자) 라는 낙인을 불로 지져서 그가 평생 이 낙인을 이마에 붙이고 살도록 했다.

바울은 오네시모가 주인인 빌레몬에게 돌아가기를 종용하며 두사람의 화해를 위한 편지를 썼다. 도망자에 대한 벌이 엄격했으므로 편지의 내용과 어조는 중요했지만 바울은 오네시모가 그의 과거에서 도망하면 안된다는 것도 알고 있었다. 회개의 중요한 요소는 과거를 제대로 정리하는 것이다.

다행히 하나님의 도우심으로 그의 주인은 골로새의 크리스챤으로 바울과 아는 사이였고 '내가 너를 돌려보내야 하는 것은 알고 있겠지? 편지에 모든 것을 설명할테니 이 편지를 주인님에게 가지고 가거라.' 라고 바울은 타일렀다.

바울은 편지에서 오네시모의 이름이 '쓸모있다' 라는 뜻임을 지적했다. 아마도 이 이름은 그의 주인이 지어주었을 것이다. '과거에는 이사람을 쓸모없는 사람으로 여겼을지 모르나, 나는 '쓸모있는' 노예를 돌려보냅니다.' 라고 크리스챤으로 돌아가는 오네시모를 추천했다. 바울은 오네시모가 훔친 돈도 자신이 갚아주겠다고 말했다.

로마시대에 편지는 아주 드문 것임을 우리는 쉽게 잊는다. 특히 로마에서 터키 서부의 먼 장소에 보내는 편지는 특히 드물었으므로 두기고를 통해 빌레몬에게 편지를 보낼 때 골로새와 에베소에 보내는 편지도 함께 보냈을 것으로 추측한다.

우리는 이 편지의 내용을 여러 측면에서 공부할 수 있다:

개인적 측면

이 편지에는 세사람의 주인공이 있다:

1. <u>바울</u>. 바울은 가택연금 상태에서도 오네시모와 같은 개인과 만날 수 있었다. 편지의 어조로 보아 그는 이 노예를 긍정적으로 본 것이 분명했고 '나는 노인이며 죄수이다' 라고 자신을 소개했다.

2. <u>빌레몬</u>. 빌레몬은 아내와 아들과 함께 사는 그의 집에서 교회모임을 가졌다. 오네시모를 소중히 여기던 바울에게 그를 되돌려 보내는 것은 힘들었고; 도망나온 오네시모는 돌아가는 것이 힘들었고; 빌레몬은 도망한 노예를 다시 받아들이고 용서하기가 힘들었다. '그러나 이 어려운 일을 함께 감당하자.' 라고 바울은 모두를 격려했다.

3. <u>오네시모</u>. 그의 주인에게로 돌아갔다.

빌레몬서에 압비아와 아킵보가 언급되어 있어서 바울이 빌레몬의 가정교회에 관련된 사람들을 알고 있었음을 우리는 알 수 있다. 바울은 에바브라, 마가, 아리스다고, 데마, 누가가 그들의 교회에 문안한다는 인삿말을 전했다.

이 편지는 분명히 목적 달성을 이루었다. 그렇지 않았다면 빌레몬은 편지를 찢어버렸을 것이고 이 편지가 신약성경에 포함되는 일은 없었을 것이다.

사회적 측면

우리는 노예 문제를 다루는 이 편지를 사회적 측면에서 볼 수 있다. 바울의 편지에 노예제도 폐지에 대한 암시는 있지만 그가 노예제도 폐지를 주장하지는 않았다고 사람들은 지적하고 그를 비난한다. 사람을 소유물로 여긴다면 성경이 가르치는 삶의 가치에 대한 하나님의 말씀을 어떻게 지킬 수 있는가?

그러나 이것은 잘못된 견해이다. 바울은 디모데전서 1:10에서 살인, 간음, 거짓말 그리고 노예거래를 강력히 비난했다. 당시 로마제국 인구의 삼분의 이가 노예인 상태에서 노예제도 폐지가 사회의 혼란과 직결됨을 안다면 바울이 왜 노예제도 폐지를 주장하지 않았는지를 이해할 수 있다. 바울은 사회운동가가 아닌 복음 전파자로 알려지기를 원했다.

바울은 노예에 대한 태도와 관계의 변화를 요구함으로 실제적인 노예제도 폐지를 실천했다고 볼 수 있다. 바울은 오네시모를 '나의 아들' 혹은 '소중한 사람' 으로 부르며 빌레몬에게 오네시모를 소유물로 여기지 말고 형제로 여기라고 말했다. 골로새교회와 에베소교회에 보내는 편지에서도 노예와 주인들의 관계가 달라져야 한다고 충고한 바울은 이러한 실천이 노예제도의 기초를 무너뜨릴 것을 알고 있었다.

영적 측면

이 편지가 주는 영적 메세지도 매우 중요하다. 나는 이 편지가 구원에 대한 완벽한 묘사를 주기때문에 성경에 포함되었다고 생각한다. 우리가 바로 하나님에게서 도망친 노예들이다. 우리는 하나님에게 쓸모가 없었지만 예수님이 오셔서 우리의 죄값을 치루고 유익한 종으로 거듭나게 하셔서 하나님에게 다시 추천해 주셨다. 빌레몬서를 통하여 오네시모가 아들로 받아들여지는 정당화와 주인에게 유익한 사람으로 변하는 거룩함을 깨달을 수 있다.

도덕적 측면

바울은 예수님이 바울 자신에게 행하신 대로 노예인 오네시모에게 행하였다. 그는 '예수님이 너의 죄값을 치루고 구원하시고 다시 쓸모있는 사람으로 만드셔서 너의 아버지를 위하여 일하도록 돌려보내셨다. 너도 가서 이같이 행하라' 라고 오네시모에게 말했다. 다시 말해서 그리스도가 우리를 위하여 하신 일에 의하여 우리와 다른 사람들과의 관계가 성립된 것이다. 우리는 사람들을 다시 거듭나게 하여 아버지에게로 돌려보내야 한다. 예수님이 우리를 위하여 값을 치루셨듯이 우리도 그들을 위하여 기꺼이 값을 치루어야 한다.

결론

그러므로 남들을 대하는 우리의 태도는 하나님이 우리를 대하시는 태도에 기준하여야 한다.

우리가 받아들여진 대로 남을 받아들여야 하고, 우리가 용서받은대로 남을 용서하여야 하고, 우리에게 베풀어진 자비대로 남에게 자비를 베풀어야 하고, 우리가 사랑받은대로 남을 사랑하여야 한다. 이렇게 하지 않는 것은 우리가 하나님의 은혜 (남을 용서하지 않은 종의 비유를 보라)를 확실히 이해하지 못했음을 보여주는 것이다.

우리는 그리스도안에서 개인적으로 구원받은 바울의 삶을 본다. 그리스도가 그에게 하신 대로 그도 남들에게 행했다. 바울의 삶은 '구원을 행하는 삶'을 보여주는 아름다운 본보기이다.

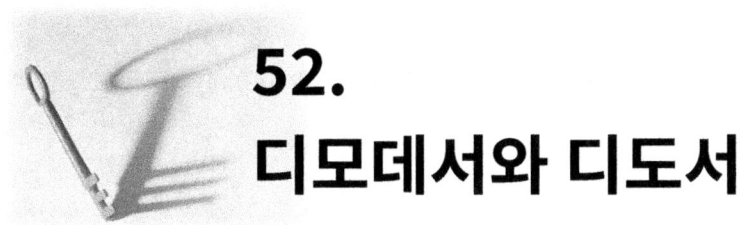

52. 디모데서와 디도서

개요

디모데서와 디도서는 함께 공부하기로 한다. 비슷한 내용을 가진 이 세장의 편지들은 바울의 다른 편지들과는 좀 달라서 학자들은 이 편지들을 분리하여 함께 해석한다. 이들의 해석을 위한 가정이 항상 맞는 것은 않지만 이런 시도에 유익한 면들도 있다.

다른 편지들과 다른 점

빌레몬서를 제외한 바울의 모든 편지들과 달리, 디모데서와 디도서는 교회에 보내는 편지가 아니고, 신학적 내용보다는 실제적인 내용을 다루고 있다. 바울의 편지들은 주로 전반부에 교리에 대한 내용이 있고 후반부에서 실제적인 문제들을 다루지만, 이 편지들은 어떤 문제에 대한 상세한 논쟁보다는 문제의 핵심만 간단히 설명하고 있다.

세 편지들의 비슷한 점

학자들은 오래 전부터 한 사람의 저자가 같은 시간에, 같은 이유로, 각기 다른 수신자들에게 쓴 이 편지들과 바울의 다른 편지들의 차이점을 구분했다

저자

학자들은 다음의 이유로 이 편지들의 저자가 바울이 아니라고 추측한다.

내부적으로 다른 글의 형태

이 편지들의 내용, 형태 그리고 사용된 단어들이 바울이 쓴 다른 편지들과 다르다. 단어 대조 분석을 통해 다른 편지들에 사용된 단어들이 이 편지들에 많이 사용되지 않았음을 알 수 있다.

외부적으로 다른 내용

어떤 학자들은 바울의 다른 편지들은 믿음에 대하여, 이 편지들은 '그 믿음' 이라는 좀 색다른 크리스챤의 교리를 묘사하고 있다고 주장한다. 예전과 달리 더 구조적인 사역과 함께 그노시스파 이단에 대항하는 바울의 본격적인 싸움에서, 믿음의 행실이 이상적인 크리스챤의 방식보다는 이방인의 형식을 더 따르는 듯하다. 이에 대한 예로 '모든일에 적절히 행하라' 는 그의 조언을 들 수 있다.

여정

어떤 학자들은 사도행전에 기록된 바울의 마지막 삶의 여정을 고려할 때 이 편지들을 그가 쓸 수 없었을 것이라고 주장한다.

다른점의 설명

이 편지들과 바울의 다른 편지들과의 차이점은 쉽게 설명할 수 있다.

먼저, 이 편지들은 훨씬 나중에 쓰여졌는데 시간이 지나면 글의 형태도 바뀔 수 있다. 이런 이유로 저자가 다르다고 생각할 필요는 없다.

둘째, 바울 뿐아니라 교회도 성장하여 많은 교인들은 '다음세대' 크리스챤들이었고 교회의 구조도 시간이 지나면서 바뀌었다. 바울의 편지는 이 점을 반영하고 있을 뿐이다.

셋째, 바울의 여정에 대한 상세한 내용이 누가가 사도행전에 기록한 내용과 일치하지 않는 것은 당연하다. 사도행전은 바울의 마지막 생애를 기록하지 않았다. 사도행전은 바울이 로마에서 가택연금 당하는 것으로 끝맺지만, 서신서를 통해 알 수 있듯이 바울이 석방된 후에도 많은 일이 있었다. 그는 무죄 판결을 받고 석방된 후 대장장이 알렉산더에게 배신당하여 다시 체포되기 까지 그레데와 아마도 스페인까지 방문하며 사역을 계속했을 것이다. 바울은 두번째 감금된 상태에서 디모데후서를 썼다.

나는 바울이 이 세장의 편지를 썼다고 확신한다. 바울은 생애의 마지막에 디모데와 디도와 같은 젊은 사도들에게 죽어가는 교회들을 소생시키라는 당부의 편지를 쓴 것이다.

목회 서신?

이 편지들은 1703년에 벌돗 (D.N. Berdot) 에 의해 '목회 서신'으로 불려지기 시작했다. 그러나 이러한 명칭은 잘못된 것이다. 먼저, 이 편지들이 바울의 다른 편지들에 비해 특히 '목회적'이라고 볼 수 없고, 바울의 신학철학으로 잘못 평가되는 로마서를 포함한 그의 모든 편지들이 목회적인 문제들을 다루었다.

두번째, 이 편지들은 목사에게 보낸 편지가 아니다. 디모데와 디도는 '목사'가 아니었고 이 편지는 우리가 이해하는 교회의 영구적 지도자인 목사같은 신분의 사람에게 쓰여진 것이 아니다. 훗날의 현상을 신약성경에 도입시켜 해석하는 것은 삼가해야 한다.

이 편지들을 '목회 서신'으로 여길 때 이들을 '지역교회 조직 안내서' 로 생각하는 위험이 따른다. 이 편지들은 목사가 아니라 장로들의 필요성을 강조하고 여러명의 장로를 선출하라고 권고했다. 나중에 보겠지만 한사람의 지도자를 세우라는 내용이 아니다.

또한 이 편지들은 목사에게 주는 조언이 결핍되어 있으므로 목사를 위한 안내서로 적합하지 않다. 어떻게 장로들을 선출해야 하는지, 그들의 의무가 무엇인지, 몇명을 세워야 하는지, 얼마동안 직분을 맡아야 하는지에 대한 언급이 없다. 기도와 설교에 대한 짧은 언급외에 예배 인도에 대한 언급도 없다. 좀 더 자세하게 내용을 끼어 맞출 수는 있겠지만 이 편지들의 목적이 목사에게 주는 조언이 아니었음은 분명하다.

복음 서신?

'목회 서신'이라는 제목은 내부적 방향성을 제시하지만 바울의 염려는 지역교회에 제한된 것이 아니었다. 지도자는 교인들에게 영향을 끼치고, 교인들의 질적인 면은 얼마나 유효하게 외부에 믿음의 증인으로 노출되는가를 결정하는 중요한 요소라고 바울은 생각했다. 이 편지들은 복음 전파의 메세지이기 때문에 어떤 사람들은 '복음 서신'이 더 적합한 명칭이라고 주장한다. 바울은 믿지 않는 사람들에게 좋은 영향을 주는 '복음을 아름답게 보여주는' 선행의 중요성을 강조했다. 불신자들의 좋은 평판은 지도자의 자격을 보여주는 치명적인 잣대였다. 특히 디모데에게 이러한 '복음 전파 사역'을 하라고 지시했다.

동시에, 바울은 복음을 방해하는 요소들을 제거하라고 지시했다. 거짓 사역자들은 교회의 기강을 무너뜨리고 복음 전파를 방해하는 벽을 세웠다. 교인들 간의 관계는 복음을 아름답게 하기는 커녕 복음을 듣고 싶어하는 외부의 불신자들에게 실망을 주었다. 이 지역에 계속하여 복음을 전파하려면 교회내의 문제들을 정리하는 것이 치명적임을 믿은 바울은 '모든 사람들이 구원받기를 원하시는' 하나님의 사람들은 삶의 현장에서 복음의 전파자로서 일해야 한다고 디모데서에서 권고했다.

사도 서신

그러나 이 편지들을 '복음 서신'이라 부르는 것도 정확하지는 않다. 나는 디모데와 디도가 '사도 대리자'의 역할을 했으므로 사도 서신이라는 명칭이 가장 적합하다고 생각한다. 이 편지들은 교회의 목사나 복음 전파자에게 보낸 것이 아니라 바울의 권위를 대신하는 대리자들에게 보내졌기 때문이다.

한 장소에 믿는 사람들이 모아지면 이들을 위하여 다음과 같은 여러가지 방법을 통하여 후속 조치를 했다. 그들의 신앙상태를 확인하기위하여 바울이 재방문하던지; 편지를 보내던지; 사역자를 얼마동안 그 교회에 파송하던지; 아니면 교회가 정립될 때까지 한 사람이 그곳에 남아서 돕도록 했는데, '사도 대리자'들이 이런 역할들을 감당했다.

'사도'라는 직책에 대하여 잘못 오해하는 경향이 있다. 사도는 말 그대로 '보내진 사람'이라는 뜻으로 신약성경에서 여러 종류의 사람들에게 사용되었던 칭호이다.

신약성경의 '사도'는 크리스챤의 사역을 행하는 사람들에게 주어진 직책이었다. '에피스코포스'라는 교회의 감독을 의미하는 헬라 단어로 '에피스코팔'은 여기서 유래했다. 헬라어의 '프레스부테로스'에서 유래한 '장로'라는 명칭도 사용되었는데 여기서 '프레스비테리언'이라는 단어가 유래되었다. 이 단어는 일을 감독하는 성숙한 크리스챤이라는 뜻이다. 한 명칭은 성격을 묘사하고 다른 명칭은 기능을 묘사한다.

마지막으로, 디아코노스라는 '하인'을 의미하는 단어는 교회의 실제적인 일을 보살피는 사람을 의미한다.

사도들은 세워진 교회가 뿌리를 내리면 감독, 장로 그리고 안수집사들에게 교회의 운영을 인계했다.

여기서 주목할 점은 모든 명칭이 복수형이라는 점이다. 신약성경에 한사람이 하는 사역이란 없었고 사도팀, 장로팀, 안수집사팀이 있었다. 당시의 교회들은 한 주교에게 속한 것이 아니라 한 교회에 여러명의 주교가 있었다. 현재의 구조는 신약성경에 기록된 구조와 정반대이다.

신약성경에서 사도, 감독 그리고 안수집사의 역할을 동시에 했던 단 한사람은 바로 유다 이스카리옷이다. 사도행전 1장에 '유다의 일을 대신 할 사도/감독/안수집사를 찾아야 한다' 라는 베드로의 말이 기록되어 있다. 이 말씀에 비추어 볼 때 한사람이 세가지의 사역을 함께 하는 것은 바람직하지 않은 것 같다!

이 사역들은 분리되어 있었다. 사도는 교회를 세우고 돌보다가 장로나 안수집사들을 세워 그들에게 교회를 인계하는 것으로 임무가 끝났다. 예를 들어, 바울은 그레데에 남겨진 디도에게 각 도시에서 장로들을 선출하는 임무를 빨리 끝내고 로마에서 만나자고 디도서에 썼다. 안타깝게도 일세기 후부터 사도와 장로/주교의 역할이 혼돈되어 한 주교가 여러 교회를 보살피거나 한 교회의 어떤 사람이 자신을 사도로 자칭하는 결과가 나타났는데 이것은 신약성경에서 보여주는 내용과 매우 다르다.

사도팀

디모데와 디도는 사도의 역할을 감당했다. 바울이 교회를 세웠고 그들의 임무는 나중에 일어난 문제들을 해결하는 것이었다. 사도 대리자의 직분으로 문제를 해결하는 단기적 임무를 띠고 디모데는 에베소로 떠났고 디도는 그레데에 남았다. 바울은 두사람에게 되도록 빨리 임무를 마치고 로마에서 다시 만나자고 말했다.

이것이 그들의 첫임무는 아니었다. 그들이 여러번 고린도에 갈 때마다 다른 결과를 낳았다. 디모데는 힘들어했지만 디도는 임무를 잘 수행했다. 이렇게 다른 결과는 그들이 다른 방식으로 문제에 다가간 것에 부분적인 이유가 있다고 본다. 수줍은 성격의 소유자인 디모데는 많은 격려가 필요했지만 디도는 강한 추진력을 가지고 있었다. 디도에게는 임무를 알려주기만 하면 되었지만 디모데의 역량 발휘를 위하여는 많은 격려가 필요했다. 바울은 하나님이 주신 성령의 힘과 사랑과 강한 마음을 기억하라고 디모데를 격려했다.

디모데에게 쓴 두장의 편지를 통해 바울이 디모데를 얼마나 아꼈는지를 알 수 있다. '나의 아들'이라 불리웠던 디모데는 아마 바울에게 가장 가까운 가족같은 사람이었을 것이다. 바울은 그와 성격이나 배경이 전혀 다른 디모데를 그의 대리인으로 임명했고 그와의 특별한 관계를 지속했다. 두 사람이 얼만큼의 권위를 가지고 임무를 수행했는지는 확실치 않다. 디모데는 바울의 사도 교리에 따라 교회를 '통솔'하라는 지시를 받았다.

한가지 분명한 것은 권위가 계층적이거나 승계적이 아니었다. 사도 대리자들의 임무는 그리스도의 인도하에 교회를 이끌어 갈 장로나 안수집사에게 교회를 인계하는 것으로 끝났다. 그들은 더 이상의 '사도'들을 만들지 않았다.

이 세장의 편지에서 두 사람이 든든한 지도자들과 교인들이 있는 교회를 만들기를 원했던 바울을 볼 수 있다. 항상 그렇듯이 바울은 양보다 질적인 면을 중시했고 건전한 지도자들과 교인들을 원했다. 왜냐하면 이런 사람들이 더 많은 사람들을 믿음으로 이끌 것을 알았기 때문이다.

바울이 요구하지 않은 것들을 생각해보는 것도 중요하다. 그는 교회의 크기나 지도자들의 수보다는 지도자와 교인들의 질적인 면에 더 신경을 썼다. 교인들의 질을 높이기 위하여 디도가 그레데에 남았지만 에베소교회 지도자들의 질은 좋지 않았다. 디도서는 어떤 종류의 교인들을 훈련시켜야 하는 지를 말했고 디모데서는 필요한 지도자층에 대하여 말하고 있다.

우리는 이 편지들을 세가지 측면에서 살펴 볼 수 있다: 저자의 입장, 수신자 디도와 디모데의 입장, 그리고 사도 대행자들의 지도가 필요한 그레데와 에베소의 입장이다.

이 편지들을 통하여 바울의 인생 전체를 볼 수 있음을 고려할 때, 많은 사람들이 이 편지들의 저자가 바울인가에 대한 의문을 품는 것은 의아한 일이다. 다른 서신들보다 바울의 개인적인 정보가 많이 들어있는 이편지들의 저자가 바울이 아닐 수도 있다는 의심은 상상할 수 없다.

바울의 삶의 유형

과거의 변화

신을 모독하고, 격렬한 성격의 소유자이며, 하나님의 교회를 박해하며, 그리스도의 반대편에 있었던 자신의 과거의 삶이 어떻게 변하였는지에 대하여 바울은 고백했다. 그는 자신을 죄인중의 죄인이라 부르고 자신을 구원하여 이방인들의 사도로 쓰시는 하나님에게 감사했다. 하나님이 우리를 용서하실 때, 그는 우리의 과거를 잊으시지만 우리는 잊을 수가 없다는 점을 바울의 회상이 증명해준다.

현재의 상황

바울은 그의 젊은 동역자들에게 최근의 어려움에 대하여 말했다. 디모데전서를 통해 그가 에베소, 그레데, 니코포리스, 고린도, 드로아 그리고 스페인을 처음으로 방문하였음을 알 수 있다. 디모데후서에서는 로마의 가택연금 때 누리던 자유함이 없었던 감옥생활을 회상했다. 대장장이 알렉산더에게 배신당하여 외투와 공책을 챙기지도 못하고 감옥으로 끌려간 그는 디모데에게 겨울이 오기전에 이 물건들을 빨리 가져오라고 요청했다. 그는 예측할 수 없고 정당성이나 공정을 기대할 수 없는 네로황제의 집권 하의 긴 감옥생활을 예상했다.

미래의 전망

이러한 상황에서 바울이 젊은 동료 디모데에게 쓴 이 편지를 그의 '마지막 유언이자 간증'으로 여긴다. 육십세가 넘은 그는 삶의 마지막에 종착했음을 알고 있었다. 그가 처음 수감되었을 때, 바울이 사형에 해당하는 죄를 짖지 않았다는 변호의 글이 누가의 사도행전이다. 그러나 그가 두번째 수감되었을 때는 이러한 변증자료가 소용이 없음을 알았고 최악의 결과를 기대했다. 데마가 그를 떠나고 그의 변호를 거부한 사람들의 비겁한 행동에 대하여 서운해 하는 바울을 편지를 통해 볼 수 있다. 이제 젊은 디모데에게 그의 사역을 넘겨 줄 때가 된것이다. 그의 사역은 끝났고 끝까지 열심히 싸워서 승리했음을 그는 기록했다.

바울의 삶의 목적

그의 삶의 모습 뿐아니라 목표도 볼 수 있다. 복음만을 위하여 산 그의 삶을 그의 편지들을 통하여 분명히 볼 수 있다. 이 편지들에 '그믿음' 혹은 '그 진실'이라는 표현은 젊은 동료들에게도 같은 태도를 종용한다. 그가 한 모든 일은 복음만을 위한 것이었다. 그는 하나님의 행하심과 인간의 반응에 대하여 설명해주고, 사역의 동료들을 통해 '든든한' 가르침이 마침내 교회로 전수되기를 원했다. 그가 사용한 '건강' 이라는 헬라어는 거짓된 목사들과 거룩하지 않은 교인들의 악한 말에 대한 해독제의 역할을 하는 진실된 가르침이었다.

신성한 목적

하나님

바울의 편지에 하나님의 행적에 대한 부분이 있다. 그는 하나님의 품성, 사랑, 은혜에 대하여 설명하면서 하나님을 '구세주'라 불렀다. 보통 하나님을 심판자로 그리고 예수님을 구원자로 부르지만 하나님 아버지가 그의 아들을 보내어 마지막 날의 심판을 맡기셨다는 점에서 하나님을 구원자로 부르는 것은 합당하다.

그는 또 다음과 같은 명칭들도 사용했다: 영원하신 왕, 불멸하시고, 눈으로 볼 수 없고, 아무도 본 적이 없고, 다가갈 수 없는 밝은 빛 안에 거하시는 하나님. 현명하시고, 살아계신 왕중의 왕, 최고의 주님은 하나님이시다.

예수님

예수님은 심판자이면서 구원자이시다. 그가 십자가를 통하여 행하신 일은 여러 가지로 묘사된다: '예수 그리스도는 죄인들을 구원하기 위하여 이세상에 오셨다', '죽음을 이기고 밝은 빛의 불멸을 가지고 오셨다' 그리고 '그의 죽음은 모두를 위한 속죄 제물이다'. 그리스도는 육신으로 나타나셔서 영으로 의롭다는 것이 입증되었고, 천사들에게 보이셨고, 모든 민족에게 전파되셨으며, 온 세상 사람들의 믿음의 대상이 되셨고, 영광 중에 하늘로 올라가셨다. (디모데 전서 3:16)

성령

바울은 성령 사역의 두가지 측면에 대하여서도 말했다. 첫번째, 그는 성령의 체험과 바울과 다른 사람들이 디모데에게 안수했을 때 그가 받은 사랑, 권능, 자제력의 성령의 은사를 상기시켰다.

두번째, 디모데에게 안수받을 때 받은 은사를 사용하는 영적 은사의 실행을 가르쳤다. 우리는 그가 어떤 은사를 받았는지 알 수 없고, '안수'가 그의 결신을 위한 것이었는지 직분의 안수식이었는지도 알 수 없지만, 어쨋든 그가 받은 은사를 사용하라고 바울은 격려했다.

인간적 주관성

다음에는 하나님이 시작하시는 일에 대한 우리의 반응을 살펴보자.

바울의 편지는 믿는 사람의 구원에 대한 세가지를 분명히 알려준다. 구원은 순간적이거나 자동적이 아니고 과정을 거쳐가는 것이다.

과거 (정당화)—체험적

바울은 그리스도를 처음 믿을 때가 우리의 과거를 되돌아 보는 순간이고 구원은 과거라고 가르쳤다. 구원은 선행이나 율법에 의한 것이 아니고 은혜에 의한 것이다. 믿는 사람들은 악행과 지옥에서 구원받았고 구원은 성령을 통하여 주어진다.

바울은 디도서에서 '거듭남의 씻김' 과 물과 성령의 세례는 하늘나라에 들어가기 위한 필요한 시작 과정임을 말했다.

현재 (거룩함)—도덕적

바울은 구원의 현재성에 대하여도 가르쳤고 교리의 정립에 대한 그의 태도는 확실했다. 그는 삶을 바꾸지 못하는 학문적이거나 인격적이고 가상적인 토론에 낭비할 시간이 없었다.

복음은 선행으로 우리를 이끈다. 악에서 분리되고 거룩하지 않은 삶을 거부하는 은혜로 인도한다. 우리는 악에서 완전히 그리고 영원히 분리되었다. 마치 더럽게 사용되던 그릇이 깨끗하게 사용되는 변화와 같다.

선행은 우리를 복음으로 이끌고 크리스챤들의 선한 삶이 불신자들을 하나님께로 이끄는 역할을 한다.

미래 (영광)—종말론적

그러나 현재가 구원의 마지막이 아니다. 우리는 완전히 구원받은 것이 아니라 구원의 길에 들어서서 그 길을 가고 있을 뿐이다. 나는 '지난 주일 저녁에 일곱명이 구원받았어요' 라는 말을 들으면 ' 주일 저녁에 일곱명이 구원의 과정을 시작했다는 말이지요?' 라고 확인한다. 그들이 완전히 구원받은 것이 아니다.

이 세가지 중 바울이 가장 중시하는 것은 미래의 구원이었다. 영생은 우리가 받은 유산이지만 그 때까지 우리는 믿음으로 이겨내야 한다. 바울은 믿음을 저버리고 방황하는 사람들에 대하여 경고하면서, 디모데에게 그의 삶과 교리를 잘 지켜서 자신과 교인들을 구원하는 길에 서라고 권면했다.

바울의 편지의 '다섯가지 믿음의 말씀' 들 중 하나가 디모데후서 2:11-12이다.

긍정적:

'우리가 주님과 함께 죽으면 그분과 함께 살 것이다.' (이 말은 순교가 아니라 결신/세례를 의미한다). '우리가 참고 견디면 그분과 함께 다스릴 것이다.'

부정적:

'그를 모른다고 딱 잡아떼면, 그분도 우리를 모른다고 외면하실 것이다.'

마지막 문장은 유형의 변화를 보여준다. '우리가 믿음을 지키면 그도 믿음을 지킬 것이다. 왜냐하면 그분은 자신을 버릴 수가 없기 때문이다.' 어떤 사람들은 이 말을 믿는 사람들은 절대 방황하지 않음을 의미하는 것으로 오해한다. 그러나 이 말은 하나님 자신이 항상 충실한 상태로 있을 것을 약속하는 말일 뿐이다. 바울은 하나님의 안정성과 우리의 불안정성을 대조시켰다. 믿는 사람들이 방황하지 않는 것은 사실이지만, 믿음을 잃어 버린 사람은 믿는자로서의 상태를 유지하지 못한다. 왜냐하면 그들은 믿음이 없는 사람이 되었기 때문이다. 바울은 이 편지들에서 '방황하는' 사람들에 대하여 쓰고 그들이 예전에는 믿었으나 지금은 믿지 않는 사람으로 바뀌었다고 설명했다.

바울은 미래의 구원에서 우리가 면류관을 쓸 것을 알고 있었다. 하나님이 우리를 위하여 준비하신 모든 것을 받기 위하여 우리는 계속하여 분투해야 한다.

프랑스의 유명한 신학자인 죤 캘빈이 그리스도를 한번 믿은 사람의 미래의 구원은 이루어졌음을 가르쳤다고 오용하는 경우가 있다. 그러나 그는 사실 다음과 같이 말했다:

그가 우리의 마지막 목표인 구원으로 우리를 계속하여 인도하지 않는다면 우리의 구속은 불완전한 것이다. 따라서, 그에게서 아주 조금이라도 멀어진다면, 그를 확실히 믿는 우리의 구원은 우리에게서 점차적으로 멀어진다. 이 결과로 자진하여 그와 함께 거하지 않는 사람은 자신에게서 그의 은혜를 저버리는 것이다.

나는 요즈음 '구원'이라는 단어보다는 '재활용'이라는 단어를 사용한다. 나의 직업에 대한 질문을 받으면 재활용 사업가라고 대답하고 사람들은 일반적으로 좋은 직업이라는 반응을 보인다. 그런데 종이나 쇳조각을 재활용하는 것이 아니라 사람을 재활용한다고 말하면 그들의 표정은 달라진다. 나는 이러한 표현이 성경적이라고 믿는다. 사람들은 처음 창조된 목적에 맞게 다시 복원되어야 한다. 신약성경의 '게헤나'라는 단어는 예루살렘의 쓰레기장에서 유래한 말이다.

디도서 3:5의 하나님이 물과 불세례로 우리를 구원하셨다는 중요한 말씀은 우리의 이해를 돕는다. 이 말은 요한복음 3:5의 우리가 물과 성령으로 거듭났다는 말씀과 비슷하다. 나의 저서인 '정상적인 크리스챤의 거듭남' 에서 말한 바과 같이 바울은 물과 성령의 세례를 구원의 기본적 요소로 여겼다. 구원을 하늘나라에 가기 위한 티켓으로 착각할 때 이 두가지의 세례는 구원에 중요하지 않은것으로 여겨지지만 구원을 재활용의 과정으로 보면 이 두가지는 꼭 필요한 요소가 된다. 바울은 하나님이 우리에게 아낌없이 부어 주시는 성령의 재건과 갱신을 통하여 우리를 구원하셨다고 말했다. 재활용은 세례에서 시작되어 성령을 통하여 계속하여 더 깨끗해지는 과정이다.

디모데와 디도

디모데와 디도는 대조적인 성격의 사람들이었다. 할례받지 않은 디도는 이방신을 믿는 이방인이었고 디모데는 바울이 처음으로 전도한 갈라디아 지방의 리스트라 출신이었다. 리스트라 교인들은 디모데를 바울의 제자로 추천했다.

디모데는 어렸을 적부터 유대인 어머니와 할머니에게서 성경을 배웠으나 그의 아버지는 유대인이 아니었으므로 할례는 받지 않았다. 훗날 바울은 디모데에게 할례를 행하는데 그것이 중요해서가 아니라 유대인 회당에 그를 데리고 들어가는데 도움이 되리라 생각했고 그의 동료들이 유대인들에게 불필요한 적대감을 주지 않도록 조심했다.

신약성경은 에베소를 방문하기 전, 디모데가 데살로니가, 고린도 그리고 빌립보에 바울의 대리자로 갔었고 바울의 여섯장의 편지를 함께 쓰기도 했음을 기록했다: 데살로니가서, 고린도서, 빌립보서 그리고 빌레몬서이다. 그러나 디모데는 몸이 약했고 위장병이 있어서 바울은 그에게 포도주를 조금씩 마시라고 권했다. 바울은 크리스챤 사역을 위하여 자신을 수련하는 군인이나 운동선수의 자세를 디모데에게 가르쳤다. 바울이 사형 당하기 전에 디모데가 로마에 도착했는지에 대하여 우리는 알지 못하지만 바울이 디모데가 오기를 간절히 바랐던 것은 사실이다.

디모데와 디도는 대조적이었다. 바울은 고린도에서 사역을 잘하는 디도를 완전히 신임했다. 그러나 이 편지에 디도에 대한 내용이나 간곡한 권고는 별로 없다.

바울의 편지들은 먼저 위기나 문제에 대하여 언급하는데 디도서도 마찬가지이다. 그레데의 각 도시마다 교회가 있었지만 그들을 지도할 장로들이 없었다. 지역의 지도자들을 임명하고 성장하도록 돕는 것이 디도의 임무였다.

디모데서는 에베소교회에서 잘못된 장로들을 선출한 결과로 쓰여졌다. 디모데는 이 장로들을 내보내고 올바른 사람들을 장로직에 임명하는 임무를 가지고 갔으나 사실 이 사명은 디모데보다는 디도에게 더 어울리는 일이었다!

바울은 그레데 교인들의 수준에 대하여 염려했다. 이방신을 섬기던 습관이 아직도 그들의 삶에 영향을 끼치고 그들의 삶은 교회에 영향을 끼쳤다. 자자하게 소문이 난그레데 사람들의 나쁜 행실은 그레데섬의 교회에서도 느낄 수 있었다. 반대로 에베소에서는 지도자들의 행실이 좋지 않았다. 두 교회는 거짓된 교리를 가르쳤다. 그레데에서는 교회의 주변에서 일어나는 문제들이었고 에베소에서는 잘못된 지도자들의 문제였다. 건강한 교회를 세우기 위하여 꼭 해결해야 할 일들이었다.

바울이 디모데와 디도에게 준 사명들을 다음의 세가지로 분류할 수 있다.

변화의 과정을 마무리하라

첫번째 임무는 사도들에게 의지하던 교회들을 지역의 지도자들이 이끌게 하는 과정을 완전히 매듭짓는 일이었다. 교회를 세운 사도들과의 연락이 점차적으로 감소되도록 자주적인 교회 운영을 이루어야 했다.

적합한 지도자들

장로들

바울은 두 동료들에게 어떤 종류의 장로들을 임명해야 하는지를 지시했다. 교회의 모임이 장로들의 집에서 있었기 때문에 장로들의 성품과 가장으로서 그의 식솔들을 이끄는 능력을 특히 중요시했다. 설교하고 가르치는 사람은 '두배의 댓가'를 받을 가치가 있는 사람이라고 바울은 말했다.

장로는 외부에서도 좋은 평판을 받는 사람이어야 했다. 교회에서 장로를 선출할 때 교회 밖의 추천서를 받아보는 것이 바람직하다. 외부의 좋은 추천은 좋은 후보자를 의미한다.

또 장로는 남자여야했다. 이것은 장로의 자격중의 하나였다. 한 가정의 다스림은 궁극적으로 아버지의 책임이듯이 이 말씀의 강도로 보아 장로 직분은 남자의 책임임을 나는 확신한다.

어떤 지도자들은 교인들이 그들을 따라주지 않는다고 불평하지만 나는 모든 교인들이 그들을 따라주는 것이 문제라고 생각한다. 교인들은 지도자의 말을 듣지는 않아도 그들의 행동은 따라 한다. 교회의 지도자로서 두려운 것들 중 하나는 자신의 장점과 약점이 교회에 나타나는 것을 보는 것이다. 한사람의 사역의 성격이 교인들의 친교의 성격으로 나타날 때 특히 위험하다. 여러명의 장로가 있을 경우 각 개인들의 장점과 약점은 서로에 의하여 균형을 이룰 수 있다. 이러한 이유로 교회 지도자 (예를 들어 장로와 안수집사)들의 자격은 은사보다 성품에 의거한다. 그가 어떤 일을 할 수 있느냐보다 가정과 사회에서 어떤 사람인가가 더 중요하다. 그들이 꼭 갖추어야 할 한가지 자격은 개인이나 회중을 가르칠 능력이었다.

안수집사들

여자들도 안수집사가 될 수 있다는 견해가 있고 그들이 갖추어야 할 점도 비슷하다. 바울이 여자들에 대하여 쓰기는 했지만 그들이 안수집사의 아내들인지 여자 안수집사들인지는 확실치 않다. 교회에서 실제적으로 봉사하는 사람은 어떤 일에서도 거룩함을 보여야 한다. 교회에서 하나님의 일을 할 때 중요한 것은 능력이 아니라 관계이다.

그들간의 상하의 계층은 없었다. 안수집사의 임명은 장로가 되기 위한 첫단계가 아니다. 안수집사는 교회의 세속적인 일들을 해결하고 장로들은 영적 필요에 중점을 두었다.

성숙한 교인들

이 편지들은 성숙한 교인들의 중요성에 대하여 언급하며 교회안에서의 겸손과 사회에서 존경받는 태도의 중요성을 강조했다. 이것은 정치 지도자들을 위한 기도와 가정에서 도움을 필요로 하는 사람들을 도와주기 위한 준비에 대한 말씀에서 나타난다.

바울은 나이가 많은 여자 교인들이 젊은 여자들을 도와주고, 노인을 공경하고, 과부에게 도움을 주라고 가르쳤다.

특히 성숙한 교인들의 거룩한 성품은 교회, 가정 그리고 일터에서 보여져야 한다는 교훈을 담은 디도서는 복음을 어떻게 돋보이게 하는지를 알려주는 교인 훈련에 적합한 글이다. 바울은 교회가 세상을 바라보는 점을 염려했고 그가 기록한 미덕은 크리스챤과 관계없는 헬라의 미덕의 목록에서 온 것이다. 바울은 헬라인들의 미덕을 언급하며 크리스챤들도 이러한 덕을 갖추어야 한다고 말했다.

크리스챤들이 세상의 도덕의 잣대에 맞추라는 말이 아니라 우리의 최소한의 도덕은 세상이 말하는 선행이라는 뜻이다. 믿지 않는 사람들도 이 정도는 식별할 수 있음을 의미한다.

여자들의 역할

이 편지들의 여자에 대한 말씀에 대하여 논쟁의 여지가 있다. 바울은 여자들의 사역을 엄격하게 제약했다. *여성의 권리를 주장하는 신학자들은 이 편지들을 다음의 이유로 비판한다[1]:

1. <u>가짜 편지들이다</u>. 일부 학자들은 이 편지들의 저자가 바울이 아니고 2세기에 그의 이름을 도용하여 만든 가짜 편지들이므로 성경에 포함되어서는 안된다고 주장한다.

2. <u>유대교적이다</u>. 일부 학자들은 이 편지들을 바울이 쓰기는 했지만 그의 유대교적 정신에 입각하여 쓴 편지라고 말한다. 노인이 된 바울이 그가 젊어서 믿던 유대교로 다시 돌아간 것이라는 주장이다.

3. <u>문화적이다</u>. 일부 학자들은 이 내용을 문화적 문제로 보면서 만약 예수님이 오늘날 살아계셨다면 그는 여섯명의 남자와 여섯명의 여자를 사도로 뽑았을 것이고 바울도 문화적 영향을 받은 사람이었다고 주장한다. 당시에 여자 제자는 받아드려지지 않았을 것이므로 예수님이 12명의 남자 제자를 뽑은 것은 현명한 선택이었다고 주장하는 사람들은 예수님이 한번도 '외교적'인 행동을 하지 않았음을 잊고 있다! 바리새인들은 예수님에게 단 한가지 '너는 아무에게도 제약받지 않는다' 라는 말을 했다. 예수님은 남의 눈에 상관없이 보시기에 옳은 일을 행하셨다.

4. <u>이단적이다</u>. 어떤 학자들은 여자들이 여러 이단을 이끌었으므로 여자들에게 교회의 직분을 주지 않았을 것이라고 주장한다. 그러나 교회와 이단과 거리를 두기 위하여 여자들이 가르치지 못하도록 했다는 주장을 뒷받침해 주는 증거는 없다.

5. <u>교육적이다</u>. 바울 시대의 여자들은 교육을 받지 못했으므로 여자들이 가르치거나 지도자로 세워지는 일은 적합하지 않았을 것이라고 주장하기도 한다. 그러나 만약 이것이 사실이었다면, 바울은 교육받지 않은 남자들을 교회의 지도자로 선출하지 않았을 것이다. 사도행전은 실제로 교육받지 못한 열두제자들로 구성된 공회를 묘사했다.

남자와 여자의 차이에 대한 바울의 가르침은 여전히 교회에 적용된다. 우리는 그리스도안에서 중

---

[1] 이에 대한 자세한 내용은 '남자의 지도력' 이라는 나의 저서를 참고하라.

성화되지 않았다; 하나님은 남자는 남자답게 여자는 여자답게 살기를 원하신다. 바울의 가르침은 서로의 다른점을 최소화하거나 말살시켜버리는 '인격적인 사람' 이라는 현대어와 반대이다.

하나님은 우리를 여자와 남자로 만드셨고 우리는 서로를 필요로 한다. 하나님은 우리에게 다른 의무와 책임을 주셨다. 남자가 여자같이 행동하고 여자가 남자같이 행동하는 것은 하나님의 창조의 아름다움을 왜곡하는 것이다. 남자에게 지도자적 책임을 주셨다는 성경의 가르침이 요즈음은 인기가 없다고 해서 우리가 마음대로 바꿀 수 없다.

문제의 사람들과 대결

두번째 임무는 문제를 일으키는 사람들을 다루는 일이었다. 에베소의 장로들과 마지막으로 헤어질 때 바울은 그가 떠난 후 늑대들이 양의 옷을 입고 양떼 속으로 들어올 것을 예상했다. 디모데의 사역 기간 동안 바울의 예상이 현실화 되었고 바울은 이 늑대들을 제거하기 위하여 디모데를 보냈다.

이 편지들에 공통적으로 나타나는 거짖된 가르침은 디도서의 배경이고 디모데서의 첫 부분의 내용으로 바로 이 문제 때문에 바울은 디모데에게 편지를 썼다. 문제 해결에 태만하면 문제가 더 악화되지만 문제가 생겼을 때 바로 대처하면 신속한 해결을 볼 수 있다.

잘못 전파된 가르침

잘못된 가르침의 원인을 찾기는 쉽지 않다. 이들이 2세기의 그노스티시즘과 비슷하다고 말한다.

1. <u>헬라적 요소</u>: 그들은 육체와 성교는 악하고 하나님이 받아주시는 음식에 대한 율법을 지켜야 한다고 믿으면서, 세상에 대한 이해와 부활이 이미 일어났다는 과장된 종말론도 함께 믿었다.

2. <u>유대적 요소</u>: 음식에 대한 율법과 족보의 강조는 유대적이었다. 바울은 그들이 마음대로 구약을 해석하고 있음을 지적했다.

바울은 복음에 해를 끼치는 헬라적 믿음과 유대교의 믿음이 복합된 잘못된 가르침에 대항하며 양쪽을 상대로 싸웠을 것이다.

그들이 보여주는 본보기들

앞서 좋은 장로는 '두배의 댓가를' 받을 가치가 있다는 디모데서의 바울의 가르침을 우리는 공부했다. 이 말을 영어로 잘 번역하지 못하지만 그 뜻은 분명하다. 설교와 가르침에 열심인 장로는 두배의 댓가를 받을 가치가 있는 사람이라는 말은 유급 사역과 믿지않는 사람들에게는 설교하고 믿는 사람들은 가르쳤음을 보여준다. 반대로 디모데는 특히 돈을 좋아하는 나쁜 장로들에게는 아무것도 주지말라는 지시를 받았다.

바울이 쓴 나쁜 장로의 성격에 대하여 우리는 자세히 알 수 있다. 그들은 겉으로는 신성해 보이지만 하나님의 권능을 거부하는 사람들이다. 겉으로는 선해 보이지만 속으로는 자신만을 위하고 율법적으로 보이지만 방탕하고 자신들이 이룬 것에대한 자만심이 가득하고, 돈을 밝히고, 재물이 자신들의 경건함에 대한 상급이라고 믿는다.

그들이 준 영향

이런 지도자들이 교회에 끼친 영향은 치명적이었다. 그들의 거짓 가르침은 육체를 병들게 하는 병균과 같았다. 그들은 율법과 방탕을 이상하게 복합하여 가르쳤다. 둘 다 성령의 자유함을 말살시키는 심각한 요소들이었다. 지도력은 건전한 마음, 깨끗한 양심, 그리고 성실한 믿음에서 나와야하는데 질 나쁜 장로들은 이런 성품을 갖추지 못한 사람들이었다. 잘못된 메세지를 전할 뿐만 아니라 나쁜 본보기를 보여주고 있었다.

진실된 가르침

세번째 임무는 진실된 메세지를 전하여 교회의 기초를 단단히 하는 것이었다. 궁극적으로 가장 중요한 교회의 삶은 올바른 성경의 가르침에 의거한다. 일관되고 체계적인 하나님의 말씀을 받지 못하는 교회는 여러가지 해로운 일에 상처받기 쉽지만, 하나님의 말씀과 계속하여 씨름하며 복음의 진실을 전하는 교회는 가르침을 받는 사람들의 삶이 성숙하도록 도와준다.

디모데는 문제를 일으키는 사람들의 잘못을 지적하고, 신속히 그들을 제거하고, 좋은 사람들로 대치해야했다. 교회는 외부의 공격은 잘 견딜 수 있지만 내부의 공격은 교회를 매우 위험한 상황에 처하게 한다.

가르침은 말로 하거나, 권고하거나, 훈계하는 방법을 사용했다. 그저 교육 시키거나 정보를 주는 것이 아니라 권위를 가지고 가르쳤다. 또 눈으로도 진실을 볼 수 있도록 했다—디모데와 디도는 진실을 설명하고 진실된 삶을 행동으로 보여주었다.

선포되어야 할 메세지

바울이 말하는 '믿음' 과 '진리'에 의거한 그들의 가르침은 세가지의 출처를 사용했다.

1. <u>성경</u>. 구약성경은 대중 앞에서 큰소리로 낭독하도록 쓰여진 글이므로 설교나 가르치는 일도 이런 방법으로 했다.
2. <u>사도들의 교리</u>. 사도행전 2장은 새 신자들이 사도들의 교리를 열심히 공부했다고 기록했다. 초대교회 교인들은 예수님의 재림을 가르치는 사람들 중에서 바울을 최고의 권위자로 믿었다.
3. <u>믿을 수 있는 가르침</u>. 성경의 진리를 가르치는 여러 말씀들 중에서 다섯개의 말씀이 편지에 언급되었다.

신실한 설교자가 되기위하여 디모데와 디도는 항상 진리의 행실과 청렴함을 보여야 했다. 바울은 '든든한' 교리를 묘사할 때 '건강' 이라는 헬라어를 사용했다. 대조적으로 사도들의 교리에서 벗어나는 길은 마치 몸에 병이 드는 것과 같음을 설명했다.

이러한 가르침은 교인들에게만 해당되는 것이 아니라 더 넓게 적용되기 때문에 바울은 디모데에게 '복음을 전파 하라'고 지시했다.

눈으로 보여주는 본보기

이 편지들은 진리의 시각적인 면도 강조했다. 바울은 여러 방면에서 그가 본보기가 되었음을 말

했다: 그의 가르침, 삶의 방식, 목적, 믿음, 인내, 사랑, 오래참음 (박해와 고통에서) 그리고 그는 죽을 준비가 되어있었다. 자신이 누구인가보다는 복음 전파를 강조했다. 우리가 설교하는 내용은 실행으로 보여져야 한다.

마찬가지로, 바울은 디모데에게 사람들의 본보기가 되라고 권고했다. 교회의 교인들이나 외부 사람들의 눈에 질책 받는 행동은 있을 수 없다. 위압적인 말 같지만 '완벽하라' 는 것이 아니라 '발전하라' 는 말이다.

디모데는 악을 멀리하고 거룩함을 추구하라는 권고도 받았다. 이런 거룩한 삶이 외부사람들을 인도하는 계기가 된다.

오늘날 이 편지들을 어떻게 적용할 것인가?

1. <u>청렴함은 외면적이 아니라 내면적이다</u>. 율법적인 해석의 믿음은 외면적일 수 밖에 없다.

2. <u>나이, 성별, 사회신분은 교회의 친교에 아직도 적용된다</u>. 이러한 차이점을 없애는 증거가 갈라디아서 3:28이지만 이 말씀은 하나님과의 수직관계에만 해당된다—즉, 하나님 보시기에 이러한 차이점들은 구원의 자격과 무관하다.

3. <u>교회의 선행은 세상에서 말하는 선행과 동등한 수준이거나 더 좋아야 한다</u>. 이것은 매우 중요한 원리이다. 바보가 아닌 세상사람들은 선한 사람이 어떤 사람인지를 알고 교회안에서 이런 사람들을 보기를 기대한다. 우리는 선한 삶을 살아야 할 의무가 있다.

4. <u>성품이 능력보다 더 중요하다</u>. 교회의 지도자는 선한 책임자이면서 좋은 본보기가 되어야하고 들을 수 있음과 동시에 볼 수 있어야 한다.

5. <u>목자는 양 한마리가 아니라 양떼에 대한 책임이 있다</u>. 성경은 양떼의 상태에 대하여 양이 아니라 목자에게 책임을 묻는다. 어떤 목사들은 교회의 문제를 교인들의 책임으로 전가하지만 하나님은 양떼의 상태에 대하여 목자들에게 책임을 묻는다.

6. <u>든든하고 건강한 교리는 우리의 행실 뿐아니라 믿음까지도 영향을 준다</u>. 성경의 든든한 교리는 믿음이 행동으로 나타나는 것을 의미한다.

7. <u>교회는 이 땅에 아버지가 없는 가족이다</u>. 교회의 아버지는 하늘나라의 아버지이시고 교회 안의 지도자나 교인들은 형제들이다. 이점은 매우 중요하다. 우리는 아무도 '아버지' 라고 부르면 안된다.

8. <u>교회안에서의 복지사업은 현명하게 실천해야 한다</u>. 우리는 다른 사람들의 책임을 떠맡아서는 안된다. 과부의 가족이 그녀를 돌볼 수 있으면 교회가 그 책임을 맡으면 안된다. 잘못된 박애주의로 너무 많은 복지 사업을 하는 경우가 있다. 아무도 돌볼 사람이 없는 과부들만 교회가 도와주도록 되어있다. 교회는 현명하게 사람들을 돌보아야 한다.

9. <u>교회의 성격은 지도자들의 성품을 나타낸다</u>. 교인들은 원하던 원하지 않던 지도자들을 따른다.

10. <u>디모데서와 디도서가 우리에게 주는 교훈은 교회 내부의 갈등이 우리가 해결해야 할 가장 큰 문제임을 알려준다</u>. 우리는 복음의 진리를 왜곡하는 다음의 네가지와 싸워야한다:

    - <u>정치화</u>—하나님의 나라를 이땅의 사회적 강령으로만 본다.

- <u>여성화</u>—하나님을 엄하게 훈계하는 아버지가 아니라 맹목적인 사랑의 어머니로 본다.
- <u>상대화</u>—진리와 거짓, 옳고 그름의 분명한 구별이 없다.
- <u>혼합화</u>—세계의 종교라는 그럴 듯한 이름 하에 다른 믿음들과 혼합시킨다.

이러한 오늘 날의 상황은 진리를 설명하고 잘못을 노출시켜야 하는두가지의 과제를 우리에게 주고있다.

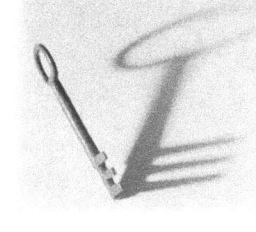

고난을 통해 영광으로

53. 히브리서	643
54. 야고보서	661
55. 베드로전서 & 베드로후서	671
56. 유다서	687
57. 요한 일서, 이서, 삼서	695
58. 요한계시록	711
59. 천년왕국	757

고대영문체 필사본

53. 히브리서

개요

어려운 메세지인가 기쁨의 메세지인가?

히브리서에 대한 현대인들의 의견은 다양하다. 어떤 사람들은 히브리서를 신약성경에서 가장 어려운 책들 중 한권으로 여긴다. 이방인의 입장에서 볼 때 희생 제물, 제사상, 제사장 등의 유대교에 대한 많은 내용과 대부분의 이방인들이 히브리서를 제대로 이해하기 위하여 필요한 레위기에 대한 지식을 갖고 있지 않기 때문일 것이다. 또한 히브리서에는 현대 감각과 동 떨어진 내용들도 있다. 요즈음 천사와 족보에 관심을 갖는 사람이 몇이나 있겠는가? 크리스챤들도 이런 내용의 대화는 거의 나누지 않는다.

더군다나 히브리서에 사용된 헬라어는 신약성경에서 가장 훌륭하고 복잡하다. 신약성경은 대학에서 사용하는 표준 헬라어보다 쉬운 생활 언어인 코인 헬라어로 쓰여졌다. 그러나 히브리서는 신약성경의 어느 책보다도 수준이 높은 헬라어로 쓰여졌다. 영어 번역본의 히브리서도 세련되고 높은 수준의 글이어서 일부 사람들에게 어려울 수 있다.

그러나 히브리서를 좋아하는 사람들은 다음의 세가지 이유로 이책을 사랑하고 히브리서가 신약성경에서 가장 기쁨이 넘치는 책이라고 말한다.

    1. 믿음에 대한 장엄한 내용이다.

위대한 믿음의 조상들에 대한 이야기들은 마치 그들의 대영묘를 방문하는 듯한 느낌을 준다. 11장 전까지의 어려운 내용이 11장에서 풀리면서 드디어 전체 내용을 이해할 수 있다.

    2. 구약을 조명한다.

히브리서는 구약과 신약의 연관성을 보여준다. 이 편지는 모세의 율법에 대한 자세와, 크리스챤의 믿음과 성전 의식의 관계를 설명하고, 하나님의 백성이 어떻게 하나님과 새로운 관계에 진입하였는지를 알려줌으로서, 크리스챤들이 구약을 이해하고 해석할 수 있도록 도와준다.

    3. 그리스도에 대하여 알려준다.

예수님을 사랑하는 사람들은 어떤 신약성경보다도 예수님을 많이 조명하는 히브리서를 사랑한다. 히브리서의 저자는 '더 좋다' 라는 표현을 많이 사용했다. 예수님에 대하여 '가장 좋다' 보다 (이것도 사실이지만) '더좋다' 라고 표현한 이유는예수님과 성경을 읽던 사람들의 믿음을 비교했기 때문이다. 천사들, 선지자들 그리고 모든 하나님의 사역자들보다 예수님은 훨씬 높으신 분이다.

이 편지의 내용이 어렵다거나 재미있다는 의견만을 가진 사람들은 편지의 중요한 메세지를 놓쳤다고 볼 수 있다. 히브리서의 가장 중요한 질문은 '왜 이 편지가 쓰여졌는가?' 이다. 이에 대한 답을 찾기가 쉽지는 않지만, 일단 답을 찾으면 편지 전체를 이해할 수 있게 된다.

누가 썼는가?

이 편지가 쓰여진 이유를 공부하기 전에 먼저 누가 썼는지를 살펴보자. 어느 학자는 히브리서를 저자미상의 '신약성경의 수수께끼' 라고 불렀고 이에 대한 다양한 견해가 있었다. 예전의 킹 제임스 번역본은 '바울이 히브리인들에게 쓴 편지' 라는 제목을 붙였지만 이것은 그들의 추측일 뿐이었다. 나는 이 편지를 바울이 썼다고 생각하지 않는다. 이 편지는 그의 글의 형태나 글체와 다르다. 어떤 사람들은 격려의 내용으로 보아 바나바가 썼다고 추측한다. 스데반, 실라, 혹은 아폴로가 썼다는 주장도 있다. 브리스길라가 썼다고 주장하는 사람들은 여성이 저자라는 사실을 숨기기 위함이었다고 말하기도 한다. 나는 알렉산드리아의 오리진이 썼다고 믿지만 이에 대한 사실여부는 하나님만이 아실 것이다.

편지는 어디로 보내졌는가?

우리는 이 편지가 어디로 보내졌는지도 알지 못한다. '히브리인들에게' 라고 광범위하게 쓰여있어서 이에 대한 논란도 많았다. 알렉산드리아, 안디옥, 예루살렘 혹은 에베소로 보내졌다고 말하는데 정확히 알 수는 없지만 편지의 마지막 부분에 중요한 힌트가 있다. '이달리야의 모두에게 안부를 전합니다.' 라는 끝맺음을 볼 때, 이 편지가 이달리야로 보내졌고 그렇다면 로마교회에 보낸 편지로 볼 수 있다.

히브리서의 어떤 내용들은 바울이 로마서를 쓸 당시에 아직 일어나지 않았던 사건들이어서 히브리서가 로마서보다 나중에 쓰여졌음을 분명히 알 수 있다. 나는 히브리서가 로마의 크리스챤들에게 보내졌고, 로마교회의 과반수 이상이 유대인이었을 것이라고 생각한다. 그렇다면 '왜 교인들의 절반에 해당되는 사람들에게만 편지를 썼는가?' 라는 또 하나의 질문을 생각해 볼 수 있다.

편지는 언제 보내졌는가?

히브리서의 마지막에 '너희의 지도자들을 기억하라' 라는 말은 로마교회의 첫 세대 지도자들이 이미 죽었음을 암시하고 현재형의 동사는 성전과 제사가 계속 진행되고 있었음을 알려준다. 그렇다면 이 편지는 성전이 파괴되고 제사가 그친 AD 70 이전, 바울이 로마서를 쓴 AD 55와 AD 70 사이에 쓰여졌을 것이다.

네로

이 기간동안의 사건들을 고려하면 편지를 쓴 이유가 명백해진다. 네로가 황제의 자리에 오르면서 로마서 이후의 바울의 상황은 많이 달랐다. 바울이 로마서를 쓰기 전이었던 AD 50년경 클라우디우스황제의 집권 때 40,000명의 유대인들이 로마에서 사라졌다고 로마서 47장은 기록했다. (이 때 브리스길라와 아굴라도 고린도로 피신했다고 사도행전에 기록되어 있다). 이 결과로 로마교회는 이방인교회로 변했고 AD 54년 클라우디우스가 죽은 후 유대인들이 로마에 돌아온 후 교회를 이끌어가던 이방인들과 유대인들 사이에 갈등이 생겼다. 바울은 유대인들과 이방인 형제들이 다시 화합하는데 도움을 주기 위하여 로마서를 썼다.

네로의 집권 아래 교회는 박해를 받기 시작했다. 히틀러와 같이 네로도 처음에는 좋은 일을 했다. 히틀러는 집권 초기에 독일의 실업과 통화팽창 문제를 해결하고, 도로를 건설하고, 폭스바겐 비틀이라는 자동차를 '국민의 차'로 생산하라는 지시를 내렸다. 마찬가지로 집권 초기에 다른 사람들의 조언을 들으며 현명하게 여러가지 좋은 일을 하던 네로가 어느 순간 더 이상 아무의 말도 듣지 않는 독재자로 변했다. 히틀러가 베를린의 재건축을 원했던 것처럼 네로도 로마의 재건축을 원했다. 그는 모든 것을 부수고 아무도 본 적이 없는 거대한 건물들을 짖고자 했다. 간단히 말해서 그는 과대적 광신자로 변신했고 누구보다도 크리스챤들이 많은 고통을 당하고 네로에 의하여 죽임을 당했다.

로마서에 박해에 대한 내용은 없다. 당시의 로마 사회의 부도덕과 싸우고 있었던 교회에 아직 직접적인 박해는 없었다. 그러나 히브리서는 그들에게 고통을 주던 박해에 대하여 기록했다. 그들의 집을 고의적으로 파괴하고 소유물을 압수했다. 감옥으로 끌려간 사람들도 있었다—이 편지의 마지막에 '감옥에 갇힌 그들'을 방문하는 내용이 있다. 디모데도 수감되었다가 풀려난 사람들 중 한명이었다. 크리스챤의 삶은 힘들었다. 당시 무조건 죽임을 당하는 것은 아니었지만 삶의 모든 면이 고통스러웠다.

믿음의 유대인들

이러한 상황은 이방인과 유대인들 모두에게 해당되었는데 왜 유대인 교인들에게만 편지를 보냈는가? 이에 대한 답은 간단하게 편지 전체를 설명해준다. 이방인들과 달리 유대인들은 고통에서 피할 방도가 있었는데 바로 유대교 회당으로 돌아가는 것이었다. 당시 크리스챤교회는 불법이었지만 유대교는 정부에 등록된 합법적인 종교단체였다. 로마교회는 러시아와 중국의 공산당 시절이나 요즈음 회교도 사회의 지하교회와 같이 운영되고 있었다.

이렇게 유대인 교인들과 그의 가족은 박해를 피하여 유대교 회당으로 돌아갈 수 있었다. 그들은 같은 하나님에게 돌아간다고까지 말했다. 그러나 돌아가기 위해서는 사람들 앞에서 예수님을 더 이상 믿지 않는다는 선포를 해야 하는 진퇴양난의 상황이었다. 예수님을 메시야로 받아들이자 그들의 자녀들이 학교에서 배척을 받고, 창문으로 돌이 날아오고, 재산이 압수되었다. 그들의 가족을 유대교 회당으로 데려가면 안전했지만 그 전에 회당의 모든 사람들 앞에서 '나는 예수님을 메시야로 거부합니다.' 라는 선포를 해야 했다.

이 편지는 박해 받는 유대인 교인들을 위하여 쓰여졌다. 저자는 이들에게 확고한 자세로 흔들리지 말고, 닻을 단단히 내리고, 떠내려가지 말라고 간청했다. 이 표현으로 보아 저자는 항해의 경험이 있었던 사람이라 여겨진다.

간곡한 권고와 설명

마지막에 저자는 '짧은 권고의 글'을 썼다고 표현했다. 권고의 말이기는 하지만 결코 짧은 편지는 아니다! 교리의 가르침이 아니라 유대인 교인들이 회당으로 돌아가는 것을 막고자 노력한 실용적 권고이다. 처음부터 끝까지 이 문제에 대하여 유대인들에게 애원하고, 경고하고, 부드럽지만 단호하게, 그들이 유대교로 회심하여 구원을 잃을 것을 염려한 저자는 그가 할 수 있는 모든 주장을 했다.

이러한 권고를 볼 때 이 편지가 교리적 설명이 아님을 알 수 있지만 종종 목사들이 실제적인 면을 놓치고 이 편지가 그리스도에 대한 교리라고 설교한다. 옥스포드 영어사전은 이 편지에 쓰인 '설명' 이라는 단어를 '다급하게 어떤 행동을 하도록 권유한다' 라는 의미로 정의했다. 또 부정적이고 긍정적인 내용이 함께 들어있다: '돌아가지 말고 계속 앞으로 전진하라.'

요크셔에서 구덩이에 빠져 죽은 사람의 실화가 있었다. 시체 검시관은 '그가 계속 움직였다면 죽지 않았을 것이다. 한군데에 앉아있기 때문에 저체온증으로 사망했다' 는 진단을 내렸다. 이것이 바로 히브리서의 메세지이다: '계속 전진하라!'

그러나 꾸짖는 말은 아니다. 저자는 편지의 수신자들과 자신을 동일시했다. '함께 전진하자.' 라고 말하며 자신과 그들이 같은 소속임을 말했다. 또 자신을 위로자로 불렀는데 이 단어는 요한복음에서 성경을 일컫는 말이고 '옆에서 격려하는 자' 라는 의미를 가지고 있다. 등산할 때 밧줄의 끝에 매달려 있는 사람을 구하기 위해 밧줄을 타고 아래로 내려가는 사람으로 생각할 수 있다.

신약성경의 거의 모든 책들은 처음에 교리를 말한후 나중에 적용에 대하여 말하지만 이 편지는 간곡한 권유와 설명을 번갈아 하면서 편지 전체에서 주장과 간청을 반복했다.

1장과 2장에 긴 주장과 짧은 간청의 글이 있다. 그러나 11장의 짧은 설명이 나올 때까지 주장은 점차적으로 짧아지고 간청은 길어진다. 12장과 13장은 긴 간청의 내용이다. 저자는 처음에는 길게 주장하다가 나중에는 간청하는 내용을 썼다. 이 때문에 첫부분이 더 이해하기 어렵다.

간청의 글에는 '…하자' 라는 말이 많이 사용되었다. 예를 들어, ' 우리 모두 어려운 일들을 제쳐놓고 예수님만 바라보며 달려가자; '계속 전진하자'; '마지막까지 달려가자'; '상급을 받기위해 나아가자'. '…하자' 라는 표현은 편지 전체에 13번 사용되었고 그중 8번은 마지막 부분에 있다. 여러 사람의 마음을 움직이는 개인적인 간청의 강도가 점차적으로 강해졌음을 보여준다.

당시에는 바울이 쓴 로마서외에는 구약성경만 있었으므로 거의 모든 주장은 구약성경을 인용했다. 이 주장들은 유대인 교인들이 받아드리기 쉬운 내용이었다. 저자는 구약성경을 두방향으로 취급했다: 부정적으로 구언약의 열등적 삶과 새언약을 믿는 사람들이 기쁘게 누리는 삶을 대조했고 긍정적으로는 두 성경의 연속성과 우리가 따를수 있는 본보기들에 대하여 말했다. 어거스틴은 '신약성경은 구약성경안에 감추어져 있고, 구약성경은 신약성경안에 드러난다.' 라고 표현했다.

언어과 구조

아래의 도표는 히브리서의 언어와 구조가 어렵다고 하는 사람들에게 도움이 될 것이다. 1-2장의 구조는 하늘나라와 땅을 나눈다. 구약성경 전체에서 하늘에 계신 하나님이 천사들을 통하여 선지자들에게 부분적으로 주신 말씀을 가지고 마치 조각 맞추기를 하듯이 예수님의 삶을 맞출 수 있다. 율법이 죽음을 가져오는 것 같이 선지자들은 사람들에게 말씀을 전하고 그로 인해 죽임을 당했다.

다음에는 하나님이 어떻게 '마지막 날에 죽임을 당한 그의 아들을 통하여 말씀하시는' 지를 볼 수 있다. 그의 아들은 사도들을 통하여 우리에게 말씀했다. 구약성경에서는 선지자를 통하여, 신약성경에서는 사도들을 통하여 말씀을 주셨다.

예수님은 인간이 되셔서 죽으시고 선구자로 하늘나라로 다시 올라가셨다. '선구자' 는 예수님의 명칭으로 히브리서에 자주 사용되었다. 그는 우리가 따라 갈 수 있도록 우리 앞에서 모범을 보이셨고 우리가 그를 따라 하늘나라에 갈 수 있도록 하기 위하여 모든 일을 행하셨다. 그는 이제 천사들 위에 계신다. 인간은 예수님이 승천하실 때까지 한번도 천사들보다 우월한 위치에 있은 적이 없었다. 영광스러운 위치에서 그는 약속된 성령을 우리에게 보내시고 기적을 행하셨다. 그러므로 인간도 예수님을 본받아 예수님이 영광을 주실 많은 사람들 중 한 사람으로 천사들 보다 우월한 위치를 차지할 수 있다. 믿는 사람들은 천사들보다 높은 위치에서 천사들의 섬김을 받을 것이다.

4-10장의 형태는 약간 복잡하다. 헬라인들은 하늘과 땅의 공간적 수직적 사상을 가지고 있지만 히브리 사람들은 과거, 현재 그리고 미래의 시간을 수평적으로 보았다. 이 두 관점이 복합된 히브리서의 대응되는 묘사는 이해하기 어려울 수 있다.

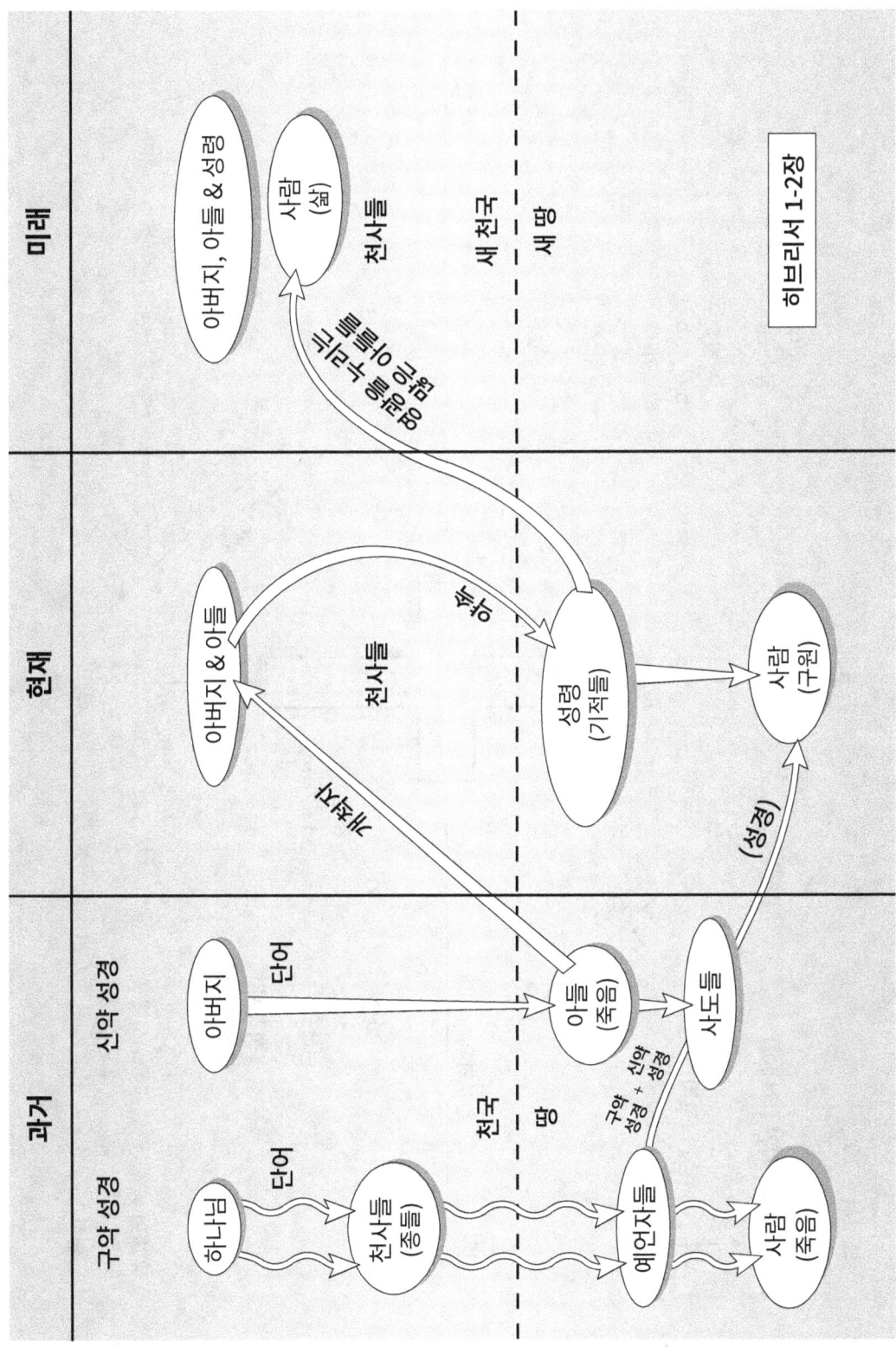

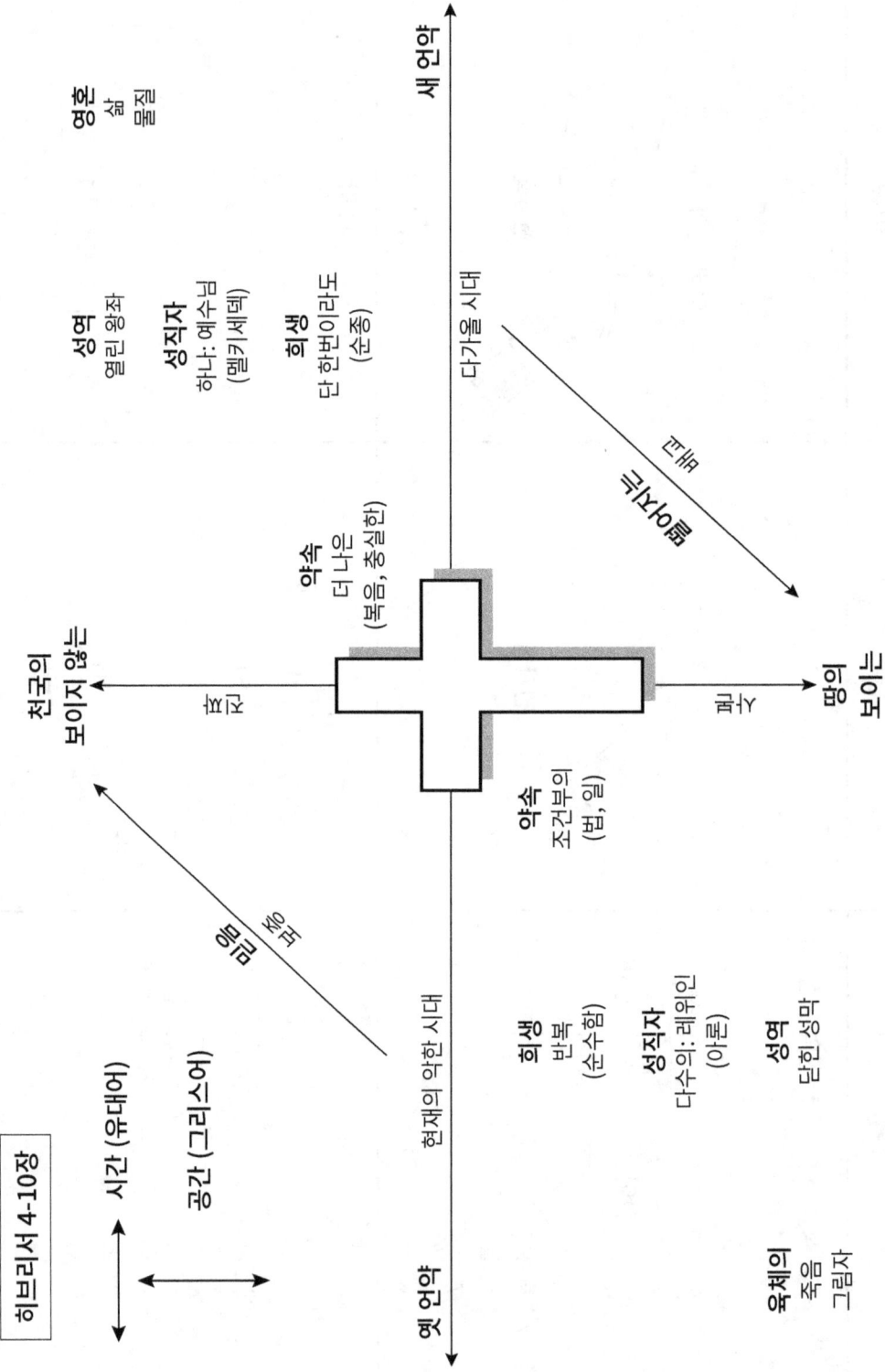

하늘나라와 땅의 수직선과, 볼 수 있는 세계와 볼 수 없는 세계의 대조와, 구언약과 새언약의 수평적 시간의 관점이 십자가에서 만난다. 믿음은 우리를 이 땅에 속한 것과 과거에서 끌어내어 하늘나라에 속한 미래를 향하게 한다. 오른쪽 아래의 공간은 우리가 다른 방향으로 갈수도 있음을 보여준다. 새언약에서 구언약으로 갈 수도 있고; 하늘나라에서 땅으로 다시 올 수도 있다.

예전의 제물은 반복되어야 했지만; 새 언약은 한번에 끝냈다. 예전의 제사장들이 한쪽에 있고; 멜기세덱의 혈통에 속한 단 한분의 제사장이신 예수님이 반대쪽에 계신다. 예전의 성전은 닫혀있는 성막이고 새 성전은 열려있는 보좌이다—우리는 직접 지성소에 들어갈 수 있다.

이제 히브리서를 자세히 공부하여 전체적인 주제를 파악하기로 하자.

부정적 대조 (1-10장)

과거로 되돌아 가지 말라

1-10장에서 저자는 구약과 신약, 그리고 유대교와 크리스챤의 믿음을 대조했다. 그의 주장은 간단하다. 현재 롤스로이스를 타고 있다면 예전의 낡은 차로 돌아가고 싶은 사람이 있겠는가? 목욕을 하기위하여 솥에 물을 데우고 벽난로 앞에 있는 욕조에 물을 부어야 하는 시절로 되돌아가고 싶은 사람이 있겠는가? 최근의 편한 방법을 버리고 힘든 예전으로 돌아가고 싶어하는 어리석은 사람이 있겠는가? 저자는 유대교로 돌아가는 것은 열등한 위치로 되돌아가는 것임을 강조하고 1-6장에서 하나님의 아들과 우리가 함께 있는 것이 하나님의 종들과 함께 있는 것보다 훨씬 낳은 것임을 가르쳤다.

종들에게 보낸 아들 (1-6장)

    1. 선지자들 (1:1-3)

구조, 음율 그리고 문장의 아름다움으로 볼 때, 창세기 1:1 과 요한복음 1:1과 함께 히브리서의 첫 문장을 신약성경에서 가장 훌륭한 문장으로 손꼽는다. 이 문장의 동사는 구약성경 (하나님의 말씀) 의 연결과 대조되는 면 (그의 아들에 의하여) 을 포함하고 있다.

먼저 저자는 모세에서 말라기까지 선지자들의 '옛 말씀'을 회상했다. 이 말씀들은:

- a. <u>여러 조각이다</u>. 이 말씀들은 조각맞추기의 조각과 같다. 아모스는 공의를, 호세아는 자비를, 이사야는 거룩함에 대하여 말했다. 그러나 각 말씀에 그리스도에 대한 예언이 들어있다.

- b. <u>여러 모양이다</u>. 조각맞추기의 전체적 그림도 다양하다. 산문, 시, 예언, 역사, 비유, 율법, 사랑의 노래 그리고 환상이 있다. 의사 전달은 여러 사회계층에 있던 보통 남자와 여자들을 통하여 이루어졌다.

그리고 저자는 예전의 방법을 새 말씀과 비교했다. 이 '마지막 때'에 (예를 들어, 그리스도가 오신 이후 역사의 마지막 때에) 의사 전달의 마지막 방법으로 우리에게 주신 하나님의 '말씀'은 이번에는 여러조각이 아닌 '그의 아들'을 통하여 주셨다. 저자는 계속해서 예수님에 대한 삼차원적인 설명했다.

(a) 창조

i. <u>그는 마지막에 모든 것을 이루신다</u>. 하나님은 예수님을 모든 것을 받으실 상속자로 만드셨고 언젠가는 그가 모든 것을 상속 받을 것이다. 시편 2:8은 온 열방이 그의 상속물이 될것을 예언했다. 처음 왔을 때 그의 옷이 제비뽑기로 나누어졌던 그분이 다시 돌아와서 모든 왕국과 사람들을 통치하실 것이다.

ii. <u>그는 태초에 모든 것을 만드셨다</u>. 그의 아들로 인해 창조가 시작되었다. 그는 겸손한 목수이기 전에 창조주와 함께 처음부터 창조를 시작하고 결정하는 일을 하셨다.

iii. <u>그는 모든 일을 운행하신다</u>. 이 땅에서 그는 '폭풍을 잠잠케' 하는 능력을 보이셨고 부활 후의 그는 우주 만물을 지배하신다.

(b) 창조주

i. <u>우리는 그의 찬란한 영광을 본다</u>. 하나님의 아들과 그의 영광은 해와 햇빛의 관계와 같이 영광은 그의 본질의 한부분이다.

ii. <u>그는 하나님의 형상을 꼭 닮은 분이시다</u>. 도장을 누름으로 도장의 형상이 찍히듯이 그리스도는 하나님과 똑 같은 형상이시고 예수님을 볼 때 우리는 아버지를 본다.

(c) 피조물

i. <u>십자가의 구세주</u>. 우리가 말한 모든 사실에도 불구하고 영광의 아들은 십자가에서 돌아가셨다. 그의 죽음은 우리의 죄를 깨끗이 씻었다. 말에 의한 씻음이 아니라 자신을 희생 제물로 드리는 행동의 씻으심이 그의 사명이었다. 그의 아버지이신 하나님도 이일에 동참할 수 없었다.

ii. <u>면류관을 쓰신 왕</u>. 그러나 그는 죽음에 머무르지 않고 부활하셔서 영광을 받으셨다. 그는 주님으로 승천하셔서 우주 만물을 다스리신다—평화의 왕자, 선지자, 대제사장, 하나님의 우편에 앉으신 왕이시다. 이러한 영광스러운 예수님과 천사들의 입장에서 보는 아들에 대하여 언급했다.

2. 천사들 (1:4-2:8)

천상의 영으로 초자연적인 힘을 가지고 하나님의 아래에 그리고 인간의 위에 있는 존재가 천사들이라고 성경은 말한다. 유대교에서 존경받는 그들은 피조물들 중 가장 위에 있지만 저자는 그들이 하나님의 일꾼일 뿐임을 알려주었다. '하늘나라와 연결되려면 꼭 천사를 통해야만 했던 과거로 돌아가기를 원하는가? 우리에게는 그의 아들이 있다. 아버지에게 가기위하여 아들을 통하는 것보다 더 쉬운 방법은 없다.'

유대인들은 천사를 하나님의 메세지를 전하는 중재자로 경배했으나 크리스챤들은 천사를 경시하는 경향이 있다. 저자는 독자들이 천사에 대하여 올바른 이해를 할 수 있도록 그리스도를 천사들과 비교했다.

(a) 현재—그는 천사들과 함께 있지 않았다. (1:4-14)

저자는 구약성경의 연쇄적인 질문과 인용을 통하여 그리스도는 천사들보다 높은 곳에 계신 분임을 보여주었다.

(b) 과거—천사들을 통하여 말씀하지 않았다. (2:1-4)

예전의 천사의 말은 신성한 권위의 약속의 말이었지만 새로운 말씀은 더욱 중대했다.

i. 직접적인 의사전달. 수평적으로 예수님을 직접 목격한 사도들을 통하여 말씀이 주어졌다. 그들은 보고 들은 말을 선포했다.

ii. 하나님의 확언. 동시에 인간적 의사전달뿐 아니라, 징조, 경이함 그리고 기적을 통하여 말씀이 확언되었다. 말씀을 받고 반응하는 긴박감 속에서 우리가 떠내려가지 않도록 안전한 장소를 제공해주었다.

(c) 미래—천사들을 위하여 고통받지 않았다. (2:5-18)

i. 인간에게 주어진 세상 (2:5-9). 인간은 이 땅에서 만물을 다스리며 살도록 창조되었다. 창세기 1:28은 땅, 공중, 그리고 바다의 모든 생물을 다스리는 권세가 우리에게 있다고 말했고 시편 8:4-6은 이점을 다시 강조했다. 그러나 예수님이 인간이 되셔서 하나님이 인간을 창조한 목적을 실현한 것 외에, 현실적으로 인간은 모든 것을 다스리지 못하고 있다.

ii. 인간은 죽음을 피할 수 없다 (2:10-18). 죽음을 피할 수 없는 우리를 사탄은 죽음에 대한 두려움으로 묶는다. 이 땅에서 피와 살을 가지고 사신 예수님은 인간의 삶을 이해하시고 영광의 보좌에서 계속 인간으로 존재하시면서 우리의 고통을 안타까워 하시고 있다.

3. 사도들 (3:1-4:13)

사도는 모세나 여호수아 같이 하나님이 특정한 임무를 맡기어 보낸 사람이지만 예수님은 그들보다 뛰어난 사도로서 중대한 목적을 가지고 '보내심'을 받은 분이다.

(a) 모세—이집트에서 탈출 (3:1-18)

모세는 유대인들에게 가장 위대한 지도자이지만 예수님은 더 위대하신 분이다. 복음서는 예수님이 영광을 입고 변형되어서 모세와 엘리야를 만났을 때 그들보다 위에 계셨다고 기록했다.

i. 믿음의 집. 히브리어의 '집'은 '건물'과 '가족'을 의미한다. 예수님은 '믿음의 집의 건축가'이고 우리는 이 건물의 부분인 돌들이다. 저자는 우리에게 모세나 예수님같은 믿음이 있는지를 물었다.

ii. 믿음의 마음. 안타깝게도 이스라엘은 하나님에 대한 믿음을 잃어버렸다. 이백오십만명 중 두명만이 약속의 땅에 들어갔다. 지도자들은 훌륭했으나 따라오는 사람들은 그렇지 못했다.

문제는 불신이었고 이것은 불순종, 배교와 파괴로 이어져서 그들은 안식으로 들어가지 못했다. 이스라엘의 역사는 신약성경을 믿는 사람들에게 주는 경고라고 볼 수 있다. 사람들은 마사에서 반항했고 (출애굽기 17:1-7) 므리바에서 다시 시험당했다. (민수기 20:1-13) 두번 다 식수의 부족 때문이었다.

저자는 우리들도 같은 시험을 당할 수 있다고 경고했다. 우리는 죄로 완악해 질 수 있다. 하나님은 불순종하는 사람들을 싫어하시므로 우리도 구약의 사람들과 같은 운명에 처할 수 있다. (cf. 로마서 11:22)

(b) 여호수아—가나안 땅으로 (4:1-13)

'안식의 땅'은 병, 노예생활, 침략, 그리고 가난에서의 안식이 될 수 있었다. 매주 하루는 안식하며 하나님을 찬양하도록 되어있었다. 또 영적 투쟁 (신명기 12:9; 여호수아 1:13)에서 안식하는 법을 알도록 되어있었으나 그들이 마지막의 안식에 들어가지 못했으므로 우리가 앞으로 들어가야 한다.

    i. 하나님의 역사 (4:1-10). 창조의 일곱번째 날에 하나님은 더이상 창조하지 않으셨다. 저녁과 아침이 없는 이날의 묘사는 다른 육일의 묘사와 다르고 이점은 안식일 외에 다른 중요한 의미가 있을 수 있다. 하나님이 일을 마치신 안식일은 언제나 평화와 안식의 하나님을 보여준다.

    ii. 하나님의 말씀 (4:11-13). 믿음은 하나님의 말씀에 대한 올바른 반응이라 볼 수 있다. 하나님이 살아계시듯이 말씀도 살아있다; 하나님의 말씀은 살아있고 활동력이 있어서 양쪽에 날이 선 그 어떤 칼보다도 더 날카롭다. 그래서 혼과 영과 관절과 골수를 쪼개고 사람의 마음속에 품은 생각과 뜻을 알아낸다. 하나님 앞에서는 아무것도 숨길 수 없다. 모든 것을 고백해야 할 그분 앞에서 우리는 벌거숭이로 드러나기 마련이다.

예수님은 모세와 같이 사람들을 해방시키고 여호수아 같이 사람들을 약속의 땅으로 인도하신다. 우리가 무엇에서 자유화되었는지와 무엇을 위하여 구원받았는지를 기억해야 한다.

실체와 그림자 (7-10장)

하나님의 아들이 종들보다 훨씬 낳다는 것을 보여준 저자는 7-10장에서 실체가 그림자 보다 낳음을 설명했다.

영화로 만들어된 진 웹스터의 '긴 다리 아빠' 라는 책의 내용이 이점을 가장 쉽게 설명한다. 이 책은 고아원에 사는 어린 소녀에 대한 이야기이다. 고아원을 돕는 부자가 있음을 알고 있었던 그녀는 어느날 햇빛에 의해 길게 드리워진 그의 그림자를 보고 그에게 '긴다리 아빠' 라는 이름을 붙이고 수년동안 이 그림자를 생각한다. 어느날 성숙한 아가씨가 된 그녀는 이 분과 만나 사랑하게 된다.

여기서 내가 말하고자 하는 것은 그녀가 실체의 그를 만난 후에는 그림자에 대하여 더이상 생각하지 않았다는 점이다. 실체가 그림자보다 낳다. 그녀가 이 남자를 만난 후에도 계속 벽에 드리워졌던 그림자를 생각한다면 우리는 그녀를 어떻게 생각하겠는가?

구약에는 예수님을 상징하는 '그림자'들이 많이 있다. 어떤 사람들은 '타입' 이라고 부르기도 하지만 나는 그림자라는 표현을 선호한다. 구약성경 안에 드리워진 예수님의 그림자는 실체를 그대로 보여주지 않고 정확하게 어떤 사람인지 말해주지 않는다.

구약성경을 읽으면 예수님의 그림자를 보는 느낌이 든다. 다음의 세가지 예를 보자.

    1. 제사장 (멜기세덱)

레위기에 예수님의 그림자가 있다. 희생제물은 우리의 죄를 위하여 십자가에서 돌아가신 희생의 그림자이다. 희생되는 동물들은 신약성경에서 유월절 양으로 묘사되는 예수님의 그림자이다. 아론과 그의 가족의 제사장직은 우리를 위하여 중보하시는 제사장이신 그리스도의 그림자이다.

아브라함에게 빵과 포도주를 준, 유대인들이 들어오기 수백년 전 예루살렘을 통치하던 신비의 제사장이며 왕이었던 창세기의 멜기세덱도 예수님의 그림자이다.

2. 새언약

그리스도를 통한 하나님과 그의 백성들간의 새언약의 그림자도 있다. 저자는 새언약 아래 살면서 왜 구언약의 삶으로 돌아가려는지를 물었다. 새언약은 '모두 잊는' 용서이다. 하나님의 용서는 그가 우리의 죄를 완전히 잊었음을 의미한다.

내가 길포드의 밀미드 센터의 목사로 있을 때에 모두가 집으로 돌아간 어느 주일예배 후 혼자서 슬프게 울고 있는 할머니를 발견했다. 나는 그녀에게 다가가서 어떤 문제가 있는지를 물었다. 그녀는 수년전의 자신의 악행을 기억하며 가족이나 친구들이 이 사실을 알게 된다면 다시는 그녀를 상대하지 않을 것이고 30년전의 이 일에 대하여 하나님께 용서를 구했으나 하나님은 용서하지 않으셨다고 말했다. 나는 그녀가 처음 용서를 구했을 때 하나님은 용서하셨고 이미 잊으셨기 때문에, 하나님은 30동안 그녀가 하는 말을 이해할 수 없었을 것이라고 말해 주었다. 나의 말을 믿지 않는 그녀에게 나는 새언약에 대한 성경말씀으로 하나님은 그녀의 죄를 더이상 기억하고 있지 않다는 것을 보여주었다. 그러자 그녀는 갑자기 일어나서 춤을 추기 시작했다. 70세가 넘은 할머니가 교회안에서 기쁨으로 춤을 추었다. 하나님은 모두 잊으셨다! 우리의 문제는 우리가 잊지 못하고 우리 자신을 용서하지 못하는 것이다.

3. 희생 (십자가)

아브라함이 이삭을 제물로 바친 사건에서도 그림자를 본다. 대다수의 사람들은 이 사건이 이삭이 어린 소년이었을 때에 있었던 일로 생각하지만 그는 30대 초의 젊은이였다. 유대인들은 장성하여 그의 아버지를 힘으로 이길 수 있는 청년을 그림으로 묘사했다. 그의 나이에 대한 혼돈은 장이 잘못 나뉘어 있기 때문이다. 사라의 죽음과 당시의 이삭의 나이를 알려주는 다음 장에 의하면 이삭은 약 33세 정도의 청년이었을 것이고 모리아산은 예수님이 십자가에 달려 돌아가신 바로 그 산이다. 이렇게 분명하게 이야기가 병행되고 있다. 천사가 아브라함을 멈추게 했고 가시덤불에 걸린 숫양이 그 산에서 희생제물이 되었다. 수백년이 지난 후 하나님의 양이 머리에 가시관을 쓰고 모리아산에서 제물로 바쳐졌다.

저자는 이렇게 반복되는 유대교의 희생제물과 구언약의 열등한 위치에 대하여 설명하면서 유대교로 돌아가는 것은 예수님이 단번에 이루신 희생을 거부하는 것임을 알려주었다.

긍정적 연속성 (11-13장)

미래를 계속 지향하라

이제 구약과 신약을 긍정적으로 대조하는 편지의 후반부를 살펴보자. 저자는 구약과 신약의 연속성을 강조했다. 구약의 좋은 것들은 계속하여 신약으로 이어졌다.

하나님에 대한 믿음

한가지 공통적인 주제는 믿음이다. 구약의 영웅들이 가지고 있었던 성경을 고려할 때 우리는 그들을 존경할 수 밖에 없다. 그들은 우리가 아는 그리스도를 알지 못했고 그들에게 성령의 임재도 없었다. 그들은 볼 수 없었지만 계속 믿었다. 구약성경에는 두겹의 관계가 있다. 우리는 실체를 보고 있으므로 그림자였던 것들은 과거에 남겨두는 반면, 구약의 믿음의 조상들이 우리가 열심히 따라야 하는 믿음의 본보기임을 저자는 알려주었다:

- 아벨, 에녹, 노아
- 아브라함, 이삭, 야곱 (하나님은 이들의 이름에 자신을 결부시키셨다. 그는 언제나 아브라함, 이삭 그리고 야곱의 하나님으로 불려진다).
- 요셉과 모세
- 여호수아와 라합 (라합은 이 명단에 오른 첫여성이다. 이방인 창녀였던 그녀는 하나님의 백성들과 함께 하기 위하여 여리고의 정탐꾼들을 숨겨주었다. 히브리서 뿐아니라 야고보서에서도 믿음의 본보기로 기록된 그녀는 다윗의 고조할머니로 예수님의 족보에 들어갔다.
- 기드온, 바락, 삼손, 입다
- 다윗
- 사무엘과 선지자들

우리는 이 믿음의 용사들에 대하여 두가지를 주목할 수 있다.

1. 그들의 믿음은 행위로 보여졌다. 노아는 믿음으로 방주를 지었다; 아브라함은 믿음으로 평생을 텐트에서 살았다; 모세는 믿음으로 이집트의 안락한 삶을 버렸다. 야고보서는 '너의 믿음을 행위로 보여달라' 고 말한다. 진실된 믿음은 행위로 나타난다.

2. 두번째 중요한 점은 그들이 생전에 눈으로 보지 못한 그들의 믿는 것들을 죽는 순간에도 믿었다는 점이다. 믿음은 개혁운동의 단 한번의 결정이 아니고 약속된 것을 보지 못하더라도 죽을 때까지 계속하여 믿는 행동이다.

이 믿음의 용사들이 우리가 그들과 함께 하기를 기다리고 있다는 놀라운 말씀이11장의 마지막에 있다. 그들의 믿음의 대상을 우리도 보게 될 것이다! 예를 들어, 아브라함은 하나님의 음성에 순종하여 난방장치와 수도시설이 있던 안락한 이층집을 버리고 떠났다. 고고학자들은 아브라함이 살던 갈대아 우르지역에서 우리가 상상할 수 있는 편리한 시설들이 갖추어진 가옥들을 발굴했다. 하나님은 75세의 아브라함에게 그의 집을 떠나 평생을 텐트에서 살라고 말씀 하셨다. 편리하고 아름다운 바닷가의 집을 떠나 산속에서 텐트를 치고 살아야 한다고 상상해보라! 그러나 아브라함은 믿음으로 순종했다. 어느날 우리도 하나님이 그의 백성을 위하여 준비하신 모든 것을 그와 함께 누릴 것이다.

예수님에 대한 촛점

그러나 우리의 촛점은 아브라함이나 어떤 믿음의 조상이 아니다. 우리는 예수님에게만 집중해야 한다! 마지막 장에서 저자는 세가지 측면으로 이것을 설명했다.

1. 선구자이며 믿음의 완성자. 구경꾼들에게 신경쓰지 말라—경주가 시작되기 전에 시작을 알렸던 사람이 결승선에서 기다리고 있다. 우리를 보내고 우리가 경주를 마치는 것을 보는 단 한분이시다. '예수님께 촛점을 맞추고 달려가라!' 는 핵심 메세지이다.

2. 새언약의 중재자. 구약성경이 귀하지만 예수님을 통해 주신 하나님의 말씀에 비하면 열

3. 진영 밖에서 고통받는 자. 우리의 구원을 완성하시기 위하여 예수님은 그의 백성들에게서 추방된 죄인으로 죽음을 준비하셨다.

'문제의 말씀들'

히브리서의 전반적인 면을 공부했으니 이제 '문제의 말씀'들을 살펴보자. '문제의 말씀들' 이란 일반적으로 독자가 이미 믿고있는 것과 부합되지 않는 내용들이다! 예를 들어, '여자들에 대한 바울의 문제의 말씀에 대하여 어떻게 생각하세요?' 라는 질문을 종종 받는다. 나는 여자에 대한 문제의 말씀은 없다고 생각한다. 이 말씀에 동의하지 않는 사람들에게만 '문제'가 될 뿐이다.

히브리서에서 또하나의 '문제의 말씀'은 히브리서 6장의 예수님에 대한 믿음을 잃어버린 믿는 자들이 마지막 날에 구원받지 못한다는 경고이다. 이 편지에는 믿음에서 멀어져간 사람들에 대한 엄중한 경고가 여러번 기록되어 있다. (2:1–2; 3:5–6, 12–14; 6:4–8, 11–12; 10:23–30, 35–39; 12:14–17). 2장에서 '이같이 큰 구원을 우리가 소홀히 한다면 어떻게 형벌을 피할 수 있겠습니까?' 라고 시작하는 메세지는 편지 전체에 퍼져 있다. 사람들은 복음을 거부하는 죄인들에게 이 말씀을 인용하지만 히브리서의 '우리' 는 크리스챤들을 의미한다. 저자는 구원에 대한 태만의 위험을 경고했다. 대다수의 교회에는 믿음에서 떠난 교인들이 있다.

이 주제는 3장의 두 구절의 말씀과, 6장, 그리고 10장의 '만일 우리가 진리를 알고 난 후에도 고의적으로 계속 죄를 짓는다면 그것을 속죄하는 제사는 없고' 라는 말씀과 연결된다. 어떤 학자들은 이 구절에서 사람들이란 믿지 않는 불신자로서 크리스챤의 믿음에 관심을 보이다가 멀어져 간 사람들이라고 해석한다. 그렇다면 '한번 구원받으면 영원히 구원받은 것이다.' 라는 말은 어떻게 해석할 것인가? 6장의 위험에 처한 사람들은 분명히 거듭난 사람들을 의미한다! 저자는 '거듭난 사람', '하늘나라의 선물을 맛본 사람', '성령이 임재했던 사람', '하나님의 말씀과 다가오는 권세를 맛본 사람'에 대하여 말하고 있다. 믿지않는 사람들을 이 말씀에 결부시킬 수 없다. 다른 편지들에 있는 이러한 말씀이 크리스챤을 의미한다는 것을 아무도 의심하지 않는다.

베드로전서에 크리스챤을 묘사하는 비슷한 구절이 있다: '갓난 아기들처럼 순수한 말씀의 젖을 사모하십시오. 그러면 여러분의 신앙이 자라 구원을 받게 될 것입니다.' 분명히 크리스챤에게 주는 이 말씀에 히브리서 6장과 비슷한 단어가 사용되었다. 베드로전서 전체는 믿는 사람에게 주는 말씀이다. 그들을 '영적 아기' 로 부르는 것은 그들이 갓 거듭났음을 의미한다.

경고는 두단계로 주어졌다. 첫단계는 믿음에 태만하여 멀어져 가는 것이고 두번째 단계는 믿음을 거부하는 것이다. 그러므로 두 단계 (뒤로 후퇴하는 첫단계, 배교의 두번째 단계)에는 차이가 있다.

뒤로 후퇴는 회복할 수 있지만 구원을 회복하지 못하는 지점까지 갈 수 있음을 경고하는 히브리서 6장은 구원을 잃을 수 있는가에 대한 내용이 아니라 한번 잃어버린 상태에서 회복이 가능한지와 어느 지점에 이르면 회복할 수 없음을 말하고 있다. 믿음에서 멀어져 가는 사람들에게 다시는 돌아올 수 없는 지경에 이를 수 있음을 경고해야 한다. 히브리서가 이렇게 말하지 않았더라면 얼마나 좋았을까! 그러나 6장과 이 편지의 다른 부분을 다르게 해석할 길이 없다. 저자는 긴박감을 가지고 처음부터 끝까지 간청하고 있다. 믿음에서 멀어져 가는 사람들의 길에 무서운 위험이 도사리고 있다.

어떤 사람들은 이것이 가상적 경고일 뿐 이런 극도의 위험은 일어나지 않을 것이라고 생각하지만 이러한 태도는 옳지 않다. 사람들을 위협하는 일은 절대 일어나지 않는다는 거짓된 말이다. 성경은 진리의 말씀이지 사람들과 말장난하는 책이 아니다. 다른 신약성경의 말씀을 인용하지 않고도 예수님에게서 멀어져 가면 언젠가는 돌아오지 못하는 지점에 도달한다는 히브리서의 말씀에 나는 확신한다. 궁극적인 배교에 도달한 사람들이란 유대교 회당 앞에서 예수님을 메시야로 거부하는 선포를 한 사람들이다. 이 선포를 통하여 그들은 예수님을 다시 한번 십자가에 못박았다. 저자는 예수님을 다시 못박는 사람을 위하여 예수님이 더이상 아무 일도 하실 수 없음을 엄중히 경고했다.

그렇다고 믿는 사람들이 매일 아침 그들의 구원을 의심하라는 말이 아니다. 신약성경의 하나님과 함께 동행하는 사람에 대한 확신은 한 순간의 결정이 아니라 하나님과의 지속적인 관계를 의미한다. 로마서에서 바울은 믿는 사람의 영이 하나님의 자녀임을 성령이 증거한다고 말했다. (로마서 8:16; cf. 요한1서 4:13)

다시 말해서 지금 가지고 있는 하늘나라로 가고 있다는 확신이 영원한 보장이 아니라는 말이다. 계속 그 길을 가고 계속 예수님을 믿으면 그곳에 당도할 것이다. 히브리서는 구원에 과민한 크리스챤이 아니라 하나님과의 관계에서 뒤로 물러서거나 믿음에 태만하여 멀어지지 않는 신중하게 처신하는 크리스챤을 묘사하고 있다.

후퇴하는 크리스챤에 대한 엄중한 경고는 신약성경 전체에 나타난다. 요한복음 15장에서 '나는 포도나무이고 너희는 가지다. 사람이 내 안에 살고 내가 그 사람 안에 살면 그는 많은 열매를 맺는다. 나를 떠나서는 너희가 아무것도 할 수 없다.' '누구든지 내 안에 머물러 있지 않으면 가지처럼 밖에 버려져 말라 버린다. 사람들은 그런 것을 주워다가 불에 던져 태운다.' 라고 예수님은 분명히 말씀하셨다.

신약성경의 세명의 저자들은 이집트를 탈출한 이백만명이 넘는 유대인들이 가나안에 들어가지 못한 사실을 크리스챤의 삶을 시작했지만 가나안으로 들어갈 수 있도록 노력해야 한다는 경고의 말씀으로 사용했다. 이집트를 떠나온 우리는 가나안에 들어가야 한다. 바울의 고린도전서 10장, 히브리서 4장, 그리고 유다서는 크리스챤들에게 이와 같이 경고했다. 시작한 사람이 아니라 끝까지 잘 가는 사람이 성공한 사람이다.

나는 빌리 그라함 목사님의 인터뷰를 TV에서 본 적이 있다. 기자는 목사님에게 새로운 질문을 했다. '천국에 도착하면 어떤 생각을 처음 하실겁니까?' 목사님은 바로 답변했다. '드디어 살았다! 드디어 해냈다!'. 그는 확신하지 않는 겸손한 태도로 자신이 올바른 길을 가고있음을 알고 있었다. 나도 천국으로 가는 길을 걷고 있다고 생각하고 성령이 내가 옳은 길을 가고 있다고 말해주지만 그 이상은 말할 수 없고 나는 끝까지 이 길을 계속 갈 예정이다.

존 브니언의 '천로역정'은 크리스챤의 삶을 죄악의 도시에서 천국의 도시로 가는 여정에 비유했다. 주인공인 크리스챤과 그의 친구는 어둡고 깊은 죽음의 요단강을 건너야 하는 마지막 순간에 도달한다. 그들은 두려웠다. 크리스챤의 친구는 강을 건너지 않고 왼쪽의 쉬워 보이는 길로 들어갔다. '나는 꿈에서 천국의 문앞에도 지옥으로 가는 길이 있음을 보았다.' 라고 브니언은 말했다. 크리스챤의 친구는 바른 길을 걸어왔지만 천국으로 가는 마지막 순간에 다른 길로 가버렸다. 이 주제는 요한계시록에도 분명히 나타난다. 이책은 무거운 짐을 지고 있는 사람들에 대한 말씀이다. 하나님은 이겨내는 사람들의 이름을 양의 생명록에서 지우지 않으실 것을 약속하셨다. 이 말은 무슨 뜻인가? 우리의 이름이 생명록에 있기를 원한다면, 힘든 상황을 이겨내고 끝까지 뒤돌아보지 않고 예수님에게 집중하여 바른 길을 가야한다는 뜻이다. 성경의 마지막 페이지에서 요한계시록을 경히 여기고 내용을 빼거나 보태는 사람은 하나님이 생명나무에서 그를 제외시킬 것이라고 경고한다.

이렇게 하나님의 권능에 대한 영광의 말씀과 함께 경고의 말씀이 있다. 우리가 아버지, 아들 그리고 성령과 함께 한다면, 우리를 위하여 모든 것이 이루어 질 것이다. 계속하여 믿으면 이루어질 것이다.

결론

1. '구원을 잃을' 가능성이 있는가?

그리스도를 믿기로 한번 작정함으로 마지막 날에 구원받으리라 생각하지 말고 계속하여 믿어야 한다고 히브리서는 경고했다. ('한번 받은 구원은 영원한 구원인가?' 라는 나의 저서를 참고하라).

2. 한번 잃어버리면 회복할 수 없다.

히브리서 6장의 메세지는 요한일서 5:16에도 있다. 나는 이 중요한 메세지를 다른 식으로 해석할 수 없다고 믿는다.

3. 예정은 우리의 계속적인 협조를 필요로 한다.

하나님은 우리를 예정하셨지만 자동적이 아니다. 우리가 그를 선택하기 전에 그가 우리를 먼저 선택하셨지만 우리의 협조를 요구하신다. 마치 물에 빠진 사람에게 밧줄을 던지고 '밧줄을 잡으세요. 강가에 도착할 때까지 꼭 잡으세요' 라고 말하는 것과 같다. 물에 빠진 사람이 강가에 무사히 도달했을 때 자신이 밧줄을 잡았기 때문에 살았다고 말할 것인가? 그렇지 않다! 그는 누군가가 살려주었다고 말할 것이다. 그러나 밧줄을 잡고 있었기 때문에 구원 받았듯이 그의 역할을 해야만 구원받는다. 베드로후서는 사명과 선택함에 확신을 가지라고 말했다. (베드로후서 1:10-11) 하나님은 우리를 선택하셨고 우리는 성숙함으로 나아가서 환영받으며 하늘나라에 들어가야 한다.

나는 예정론을 믿는다. 하나님은 내가 그의 아들이 되도록 예정하셨다; 내가 하나님을 따르기 오래 전에 이미 나를 선택하셨다. 그러나 강가에 도달할 때까지 나의 부르심과 선택을 확실히 붙잡고 있어야 한다.

나는 캘빈주의자와 알미니안 교리를 함께 이해하기를 원한다. 서로 상반된다고 보는 이 신학적 교리에 의하여 캘빈주의자는 하나님의 선택을 강조하고 알미니안 교리를 믿는 사람들은 우리의 인내를 강조한다.

히브리서의 내용에 문제가 있다는 것을 나는 믿지 않는다. 우리가 들어야 할 분명한 메세지들이다.

4. 거룩함은 용서받음 만큼 필요하다.

우리는 하나님의 용서하심을 받아드릴 뿐아니라 계속하여 믿음으로 전진해야 함을 공부했다. 이것은 거룩함이 용서받음 만큼 필요하다는 의미이다. 그리스도의 주권과 성스러운 삶의 선포가 준비되지 않은 사람은 용서함 받은 것을 주장할 필요가 없다. 히브리서 12:14장은 '여러분은 모든 사람들과 화목하게 지내고 거룩함을 추구하십시오. 거룩해지지 않고서는 아무도 주님을 보지 못할 것입니다.' 라고 말했다. 오늘날 많은 크리스챤들이 용서받음은 원하지만 거룩함에 대하여는 무관심하다; 그들은 현생에서 예수님이 주시는 행복을 원하고 다음 생에서 거룩함을 원하지만 신약성경에 나타난 하나님의 뜻은 비록 불행할 지라도 이 생에서 거룩하여야 한다고 분명히 기록되어 있다. 쾌락주의에 빠진 이 세대는 고통보다 쾌락을 추구한다.

히브리서 12:7은 '여러분은 고난을 징계로 알고 견디어 나가십시오. 하나님은 여러분을 아들로 대하십니다. 아버지가 징계하지 않는 아들이 있겠습니까?' 라고 말했다. 하나님은 우리의 거룩함만을 원하시고 그의 자녀들을 위하여 고통을 허락하신다. 또한 '아들이면 누구나 징계를 받습니다. 만일 여러분이 그런 징계를 받지 않는다면 사생아이지 진짜 아들이 아닙니다.' 라고 말했다. 복음은 용서받음과 거룩함이 은혜의 선물이라고 말했다. 믿음에 바탕을 둔 두가지가 우리에게 필요하다.

5. 하나님은 거룩하신 분이다.

나는 '지옥으로 가는 길' 이라는 책을 쓴 후 BBC 라디오 방송국에 여러번 출연하여 인터뷰를 했는데 사람들은 다음의 질문을 했다: '사랑의 하나님이 어떻게 사람들을 지옥에 보낼 수 있나요?' 재미있는 것은 '거룩하신 하나님이 어떻게 사람들을 지옥에 보낼 수 있나요?' 라고 묻는 사람은 단 한명도 없었다는 점이다. 거룩하신 하나님의 사랑은 거룩한 사랑이다. 그는 그가 사랑하는 사람들이 거룩하지 못한 것에 만족하지 못하신다. 히브리서는 이 점을 다음과 같이 반복하여 강조했다:

- 피 흘림이 없으면 죄의 용서도 없다. (9:22)
- 믿음이 없이 하나님을 기쁘게 할 수 없다 (11:6)
- 살아 계신 하나님의 심판의 대상이 된다는 것은 무서운 일이다 (10:31)
- 우리는 감사하며 경건하고 두려운 마음으로 하나님을 섬기자. 우리 하나님은 소멸하는 불이시다 (12:29)

히브리서는 우리에게 어떤 가치가 있는가?

1. 우리의 성경공부를 돕는다. 구약성경과 신약성경의 관계를 그림자의 개념으로 이해하도록 돕는다; 예수님에 대한 암시의 말씀들을 이해할 수 있다.

2. 그리스도에게 촛점을 맞추고 예수님에게만 우리의 시선을 고정시키도록 돕는다. 저자는 예수님이 그의 촛점이라고 반복하여 강조했다. 특히, 그의 제사장의 직분에 대하여 설명하는 신약성경 중의 단 한권의 책이다. 지금 우리를 위하여 하늘나라에서 중재하시는 그리스도의 현재의 사역에 대한 강조때문에 히브리서를 다섯번째 복음서라고 부르기도 한다.

3. 믿음을 세워준다. 믿음의 조상들이 우리를 보고있다는 생각은 우리에게 힘이 된다. (특히 11장을 보라)

4. 후퇴에 대한 경고를 준다. 믿는 사람들과 친교하지 않고 믿음에 태만하여 멀어지는 것과; 일부러 배교하여 그리스도에 대한 믿음을 거부하는 후퇴의 두단계에 대하여 여러번 경고했다.

5. 교회에 속하는 중요성을 강조한다. 우리가 힘들 때 우리를 편안하게 하는 거짓말에 대하여 강조했다. 악마는 크리스챤들을 직접 다룬다. 힘들 때일수록 가족과 함께 있어야한

다. 히브리서는 그들의 지도자들을 기억하고 (13:7) 협조하라고 권면했다. 계속하여 사랑하고 감옥에 갇혀있는 사람들을 방문하고 선행을 위하여 서로 격려할 것을 권고했다.

6. 박해가 있을 때 도움이 된다. 네로의 통치하에 초대교인들이 받았던 박해를 기억하고 협박과 어려움이 있을 때에 그리스도에게 촛점을 맞추는 중요성을 알려준다. 오늘날 박해를 당하는 크리스챤들에게 중요한 말씀들이다.

54. 야고보서

개요

우리가 성경을 읽으면서 무슨 말인지 이해하지 못하거나 이해는 하지만 나의 도덕적인 면과 부합되지 않는 두가지 난관에 종종 부딪치게 된다. 대부분의 어려움은 후자에 속하는데 이런 경우에 필요한 성경은 당연히 야고보서일 것이다. 한번 읽은 사람은 몰라서 지은 죄라는 변명을 할 수 없게 만드는 심각한 야고보서의 내용의 성경에서 가장 이해하기 쉬우면서도 실천으로 옮기기에는 가장 어렵다고 할 수 있다.

실제적이다!

이 편지가 주는 첫 인상은 실제적이라는 점이다. 교리보다는 의무에 중점을 두며 크리스챤의 매일 매일의 현실적인 삶을 정확히 설명해준다.

나의 서재에 있는 여러권의 야고보서 주석들은 '행동'이라는 단어가 들어간 제목을 가지고 있다: 진실된 행동, 행하는 믿음, 믿음의 태도, 믿음의 자세, 믿음이 역사하게 하라. 이 책들은 야고보서의 핵심 단어가 '행하라' 임을 강조한다—성경 전체에서 중요한 이 단어는 안타깝게도 '정당화'나 '거룩함' 같은 신학적 단어들에 비하여 경시되는 경향이 있다. 그러나 '행하라'는 성경에 자주 나타나는 중요한 단어이다.

마태복음에 두아들에게 포도원에 가서 일하라고 명령하는 아버지에 대한 이야기가 있다. 한 아들은 말로는 거절했지만 행동으로는 순종했다. 다른 아들은 말로는 순종했지만 일하러 가지 않았다. 두 아들 중 누가 바른 대답을 했는가가 아니라 누가 아버지에게 순종하였는지를 예수님은 물으시며 행동의 중요성을 가르쳐 주셨다.

마찬가지로 야고보서도 우리에게 도전되는 말들을 듣는 것으로 끝내지 말고 '행하라' 고 가르친다.

비논리적이다!

이 편지는 간단하면서도 비논리적이고 요약하기 힘든 실용적인 조언들이 가득하다. 나는 야고보서를 도표로 요약하려고 시도하다가 포기했다. 계속 변화되는 내용 때문에 전체적인 구조를 만들수 없었다. 한 주제에 대하여 말하다가 다른 주제로 넘어갔다가 나중에 다시 되돌아온다. 마치 지혜의 진주알들이 목걸이로 연결되어 있지 않고 낱낱이 흩어져 있는 것과 같다. 그러나 이것이 이 편지의 목적이라고도 볼 수 있다. 편지의 내용을 논리적으로 분석하지 말고 그저 행동으로 실천하라는 메세지이다.

현실적이면서 비논리적인 면은 구약성경의 잠언을 연상시킨다. 유대인들의 지혜서인 잠언도 전체적 구조가 없이 매일의 삶의 문제들을 다루었다. 노련한 랍비가 미리 준비된 원고 없이 지혜의 진주와 보석들을 사람들과 회당에서 나누는, 즉 '생각에 따라 설교하는' 방식을 카라즈 (charaz)

라고 부른다.

야고보는 어렸을 때 이런 랍비에게서 교육을 받은 것이 분명하다. 그는 카라즈의 대가와 같은 방법으로 독자들을 가르쳤다.

야고보는 누구인가?

신약성경에 야고보라는 이름을 가진 사람은 다섯명이 있다. 가장 유명한 사람은 AD 44년에 헤롯왕에 의하여 처음으로 단두대에서 순교한 제베디의 아들이며 요한의 형인 사도 야고보일 것이다. 알패오의 아들 야고보도 열두제자 중 한사람이었다. 유다 (이스카리옷이 아닌) 의 아버지 야고보도 있다. 마가복음 15:40에 언급된 어린 야고보도 있다. 마지막으로 예수님의 동생 야고보가 야고보서의 저자이다.

야고보는 예수님의 네명의 형제들 중 한사람이었다. 예수님의 여형제들의 정확한 숫자는 알 수 없다. 열두제자들 중 다섯명에서 일곱명은 예수님의 사촌들이었을 것으로 추측한다. 그래서 이들은 갈릴리 가나의 혼인잔치에 참석했을 것이다. (요한복음 2장) 사도들이 초대받지도 않은 결혼식에 참석했을리는 없다.

이렇게 예수님의 제자들은 대가족의 일원들이었다. 그러나 예수님의 직계가족들은 예수님을 어떻게 받아드려야 할지를 몰랐다. 30년을 함께 지낸 가족의 한 사람이 갑자기 자신이 메시야라고 말하는 것을 받아드리기는 쉽지 않았을 것이다! 예수님의 공생이 시작될 때 요셉은 이미 죽었고 예수님은 그의 어머니 마리아를 떠났다고 추측한다. 가나의 혼인잔치에서 '여자여, 내가 당신과 무슨 상관이 있습니까?' 라는 예수님의 말씀을 볼 때 예수님은 마리아를 더이상 어머니로 부르지 않고 '여자여' 라고 불렀음도 알 수 있다.

또 예수님과 그의 가족들간에는 거북함이 있었다. 한번은 예수님을 정신나간 사람으로 취급한 그의 가족들이 예수님을 집으로 데리고 가서 가두려고 (마가 3:21) 큰 무리에 둘러 싸인 예수님에게 메세지를 전달했다: '어머니와 여형제들과 남형제들이 예수님을 집으로 데려가기 위해 와있다.' 그 때 예수님은 '나의 어머니가 누구냐? 나의 여형제와 남형제들이 누구냐? 하늘에 계신 하나님의 뜻을 행하는 사람이 나의 어머니요, 남형제요, 여형제니라.' 라고 말씀했다. 그의 가족은 그를 정신 나간 사람으로 생각했을 것이고 마리아는 상처를 받았을 것이다.

십자가에 달리셨을 때까지 예수님은 어머니와의 관계를 끊었던 것으로 보인다. 그는 요한에게 '이분은 너의 어머니시다' 라고 말하며 마리아의 아들로서 그녀를 보살피라고 부탁했다. 그 후로 성령강림절 전날 기도회에 참석했다는 것 외에 더이상 마리아의 소식이나 그녀의 이름은 복음서에 언급되지 않았다. 마리아는 수백년간 예언되어온 훌륭하고 '축복받은' 여인이었지만 그녀의 할일은 끝났고 예수님을 출생한 후에 요셉과 함께 다른 자녀들을 둔 그녀를 동정녀로 부를 수 없다. (마가 6:3)

예수님과 그의 형제들의 관계는 좋지 않았다. 성막절을 며칠 앞둔 어느날, 유대인들이 성막절에 메시야가 오실 것을 기대하고 있으니 자신을 메시야로 선포할 때가 되었다며 형제들이 예수님을 조롱하는 장면이 요한복음 7:3-5에 기록되어 있다!

그러나 예수님을 의심하고 경멸하던 두명의 형제들은 유다서와 야고보서의 저자가 된다. 예수님이 돌아가신 후, 야고보는 애통함과 예수님을 경멸했던 자책감으로 금식으로 죽을 것을 결심했다. 그러나 죽은지 삼일 만에 부활하신 예수님이 그의 제자들과 야고보에게 나타나셨고 그후로 야고보는 자신을 예수님의 노예라고 불렀다.

이 두형제가 신약성경의 두권의 책을 썼지만 예수님과의 관계는 거론하지 않았다. 그들은 '예수님의 형제인 나의 말을 들으라.' 라고 한번도 말한 적이 없고 유다는 '나는 야고보의 형제.' 라고 자신을 소개했다. 그들은 30년간 나사렛의 목수의 작은 집에서 함께 살던 예수님이 하나님의 아들이었음을 깨달았고 그의 부활을 보고 믿음을 갖게 되었다. 야고보는 성령 강림을 기다리며 기도하던 사람들 중 한사람이었고 예수님의 사촌들과 직계가족들도 그를 믿고 따랐다. 이 사실들을 통하여 예수님의 훌륭하신 성품을 알 수 있다.

사도행전 15장에 야고보가 예루살렘의 모임을 주관한 장로라고 기록되어 있다. 그가 열두사도 중 한사람은 아니었지만 만장일치로 예루살렘교회의 지도자로 선출되었다.

사도행전 15장에서 그의 역할은 매우 중요했다. 초대교회는 가장 어려운 위기의 문제에 봉착해 있었다. 이것은 할례에 대한 것으로 크리스챤들이 유대교의 부분이 되어야 하는지 아니면 세계적 종교로 나아가야 하는지를 결정하는 문제였다. 야고보는 이것을 결정하는 회의를 주관했고 모두가 동의하지 않으면 교회는 둘로 갈라질 지경에 처해 있었다. 야고보는 성령과 성경에 호소했다. 베드로는 코넬리우스의 가정에 역사하신 성령에 대하여 설교하고 야고보는 구약성경을 인용하며 그의 설교가 성경적임을 확인했다. 우리는 율법에서 자유한 크리스챤들로서 교인들에게 명령하지 말고 그들이 어떤 문제에 사랑으로 반응하도록 격려해야 한다.

성령의 이해와 성경의 지식은 함께 적용되어야 한다. 우리는 항상 빗나갈 수 있는 위험이 있다. 나는 영국의 성령부흥을 보면서 한편으로는 성경에서 빗나가는데에 대한 염려를 했다.

또 많은 성경 지식을 가지고 있지만 성령의 역사하심을 모르는 사람들에 대하여도 같은 염려를 한다. 이 때문에 나는 '말씀과 성령이 함께하심'이라는 책을 썼다.

이렇게 성령과 말씀을 바탕으로 야고보는 모두가 동의하는 결론을 내렸고 그의 지도력으로 위기의 상황이 모두가 하나로 연합하는 아름다운 순간으로 변화되었다.

이 회의가 있은 후, 모든 이방인 교인들에게 모세의 율법의 짐을 질 필요가 없다는 편지를 보내면서 그러나 유대인 교인들과 함께 식사할 때에는 신경을 써줄 것을 당부했다. 이 편지는 성경에 직접적으로 설명되지 않은 문제들을 다루기 때문에 바울의 로마서와 비슷한 역할을 했다. 바울은 이 문제에서 자유로운 사람들은 그렇지 못한 형제들을 위하여 자유함을 내려 놓으라고 부탁했다. 크리스챤은 믿음이 성숙해질수록 주저함에서 자유함을 얻지만 그렇지 않은 사람들을 이해하는 태도를 가져야 한다.

주저함은 힘든 일이다. 우리는 잘못된 것이라고 배운 일을 할 때 죄의식을 느낀다. 나는 어렸을 때부터 주일에는 자전거를 타거나 카메라를 사용하지 말라고 배웠다. 이런 말이 성경에 없음을 깨달은 것은 수년이 지난 후였다! 농장에서 일할 당시 자전거를 타고 5마일 거리의 교회에 갔는데 주일에 하나님께 예배드리기 위하여 자전거를 탄다는 사실이 나에게는 어색했었다! 그러나 그리스도안에서 성숙해지면 하나님이 우리에게 주신 일을 할 때 즐겁고 자유로운 마음으로 하게된다. 어떤 경우에는 크리스챤이 되기 전의 경험이 걸림돌이 될 수 있다. 예를 들어 술중독자였던 사람에게 저녁식사 때에 포도주를 한잔 권한다고 가정해 보자. 이사람의 문제를 안다면 이제 크리스챤이 된 그들을 위하여 나의 자유함을 포기하는 사랑의 태도가 필요하다. 만일 내가 유대인이었다면, 나는 사도바울과 같이 코셔 음식법을 지켰을 것이다. 우리는 환경에 적응하고 남들의 문제에 예민하게 신경써주면서 우리의 자유함을 과시하지 말아야 한다.

야고보가 예루살렘에서 이방인 교인들에게 편지를 보내면서 유대인 교인들에게도 보낸 편지가 야고보서이다. 이 편지는 이방인 세계에 사는 유대인들이 어떻게 행동해야 하는지를 가르쳤다. 그의 조언은 사도행전 15장의 이방인들이 어떻게 유대문화를 대해야 하는지의 내용과 거의 병행한다. 야고보서는 사도행전 15장보다 길지만 내용적으로는 서로를 반영하고 있다.

역사적 문서에 의하면 야고보는 예루살렘에 머물렀고 지도자 위치의 장로로서 적합한 '공의의 야고보'라는 별명과 믿을 수 있는 사람이라는 뜻의 '오브리아스'라는 별명을 가지고 있었다고 한다. 야고보는 영광스러운 비극으로 생을 마감했다. 로마의 주지사였던 훼스투스가 죽고 알비니우스가 취임하기 전 AD 62년에 약 두달간 주지사의 자리가 공석인 틈을 타서 유대교 지도자들은 크리스챤들을 공격했다. '너희들은 아무도 사형에 처하지 못한다' 라고 말할 로마의 주지사가 없었던 것을 기회로 삼은 것이다. 그들은 야고보를 체포하여 성전의 탑 꼭대기로 끌고가서 '그리스도를 믿지 않는다고 선포하지 않으면 너를 여기서 떨어뜨리겠다.' 고 협박했다. 이곳은 마태복음 4장에서 악마가 예수님을 시험했던 장소였다. 그들은 '영광의 구름을 타고 오시는 인자가 보인다' 라고 선포하는 야고보를 밀어서 떨어뜨렸다.

추락한 야고보가 아직 죽지 않았음을 보고 그들은 그에게 돌을 던졌다. '아버지, 저들은 자신들이 무슨 일을 하고 있는지 모릅니다. 저들을 용서해주세요.' 라고 말하는 야고보를 지켜보던 군중들은 '정의의 야고보가 우리를 위하여 기도한다!' 라고 외쳤고 드디어 한 사람이 몽둥이로 그의 머리를 쳐서 죽였다. 야고보는 당시에 죽임을 당한 많은 크리스챤들 중 한사람이었다.

크리스챤들이 장사지내기 위해 그의 시체를 가지러 왔을 때 그들은 깜짝 놀랐다. 그의 무릎은 낙타의 무릎같았다. 그는 평생을 무릎꿇고 기도한 사람이었다!

초대교회의 지도자들 중 한사람인 유세비우스는 존경받은 야고보에 대하여 다음과 같이 말했다:

> 야고보가 보여준 성스러운 삶과 철학은 '가장 공의로운 사람'이라는 믿음을 만인에게 주었다.

그래서 그의 별명이 공의의 야고보이다.

당대의 저자, 헤게시푸스는 다음과 같이 말했다:

> 야고보는 나실인이었다. 그는 항상 성전에서 혼자 무릎꿇고 하나님께 예배드리며 사람들의 용서를 비는 기도를 해서 그의 무릎은 낙타의 무릎같았다. 그는 '정의로운 사람'으로 불리었다.

저자

그의 편지에는 유명했던 야고보에 대한 소개가 생략되었다. 그는 예수님의 산상수훈을 23번이나 인용했지만 그가 설교를 직접듣지는 않았을 것이고 나중에 예수님이나 열두제자들을 통하여 들었을 것으로 추측한다.

이 편지의 저자가 야고보라는 여러가지 증거에도 불구하고 갈릴리 사람이 쓸 수 있는 글체가 아니라는 이유로 저자에 대한 의문성을 제기하는 학자들이 있다. 유대인들은 갈릴리사람들의 사투리를 경멸하고 그들을 무식한 사람으로 무시했다. 대제사장이 사도들의 용기에 대하여 '무식한 너희들이 우리에게 대드느냐?' 라고 한 말이 사도행전에 기록되어 있다. 이 편지는 사람들의 기대에 맞지 않게 잘 다듬어진 핼라어를 사용했다.

글체

야고보는 설교할 때 다음과 같은 방법을 사용했다.

1. 듣는 사람들에게 답보다는 생각하게 하는 수사학적 질문을 했다. 2:4-5, 14-16; 3:11-12; 4:4, 12장을 보라.
2. 역설적인 문장으로 주의를 끌었다. 예를 들어: '형제 여러분, 여러 가지 시험을 당하더라도 그것을 기쁨으로 여기십시오.' 기쁨과 시험은 서로 어울리는 말이 아니어서 사람들의 주의를 끌었다. 또 2:14-19; 5:5을 보라.
3. 가상의 상대편과 대화하는 방법을 사용했다. 사람들은 남의 대화를 듣는 것을 재미있어 한다. 2:18; 5:13을 보라.
4. 새로운 내용을 소개하는 질문을 했다. 2:14; 4:1을 보라.
5. 여러가지 명령을 했다—108절안에 60개의 명령들이 있다!
6. 개인적으로 적용시켰다. 죄악을 동물에 비유하고 배의 키, 산불, 농부의 말과 굴레 등, 매일의 삶에서 보는 사물들을 사용하여 사람들의 주의를 집중시켰다.
7. 엘리야, 아브라함, 라합등 유명한 사람들을 이야기속에 포함시켰다.
8. 특히 '너희들' 이라는 직접적인 명사로 사람들의 주의를 끌었다.
9. 심한 발언을 두려워하지 않았다. 2:20; 4:4를 보라.
10. 대조법을 사용했다. 2:13, 26을 보라
11. 인용법도 자주 사용했다. 1:11, 17; 4:6; 5:11, 20을 보라.

이러한 방법들이 어떻게 편지에 사용되었는가? 나는 이에 대한 대답을 베드로전서 2장에서 찾을 수 있다고 생각한다. 신약성경의 많은 저자들은 직접 글을 쓰지 않고 속기사나 비서와 같은 역할의 대필자가 받아쓰도록 했다.

예를 들어 바울과 베드로는 실라를 대필자로 사용했다. 야고보도 편지의 내용을 말로 하고 대필자가 받아쓴 후 정리하여 교회에 돌리는 편지를 만든것으로 보인다. 이러한 설명은 저자에 대한 학자들의 모든 의문을 풀어준다. 유대의 지혜와 헬라 문학이 어우러진 편지이다.

독자들

야고보서는 신약성경의 다른 편지들 같이 교회나 개인에게 보낸 편지가 아니라 각 나라에 흩어져 있는 열두지파의 유대인들과 지중해 근처에 세워진 그들의 교회들에게 보내졌다. 첫 구절에서 그는 우리주 예수그리스도에 대하여 말하고 '나의 형제들' 이라는 표현을 12번 사용했다.

유대인들은 두번에 걸쳐 흩어졌다: 586 BC 에 바빌론에 의하여 추방당했었고 예수님이 오시기 바로 전에 추방 당한 많은 사람들은 지중해 근처에 흩어져서 정착했다. 이스라엘 안보다 밖에 더 많은 유대인들이 있었고 로마에만 40,000명이 살았다. 사람들은 일년에 세번 유대인들의 명절 때 이스라엘을 방문했지만 주변 문화를 빨리 흡수한 그들은 위선적 유대인이라는 명성을 얻기도 했다.

그리스도는 복음 전파가 적당할 때에 오셨다. 지중해 지역에 유대인들이 퍼져있었고, 로마의 국제대로가 있었고, 헬라어를 어느 곳에서나 사용할 수 있는 완벽한 환경이었다. 하나님은 예수님에 대한 소식이 빨리 전파될 수 있도록 환경을 조성해 놓으셨다. 사도바울은 새로운 장소에 도착하면 먼저 유대회당에 가서 하나님을 경외하는 사람들 중에서 예수님의 제자를 찾아 전도했다.

지중해 지역에 흩어져 사는 유대인 제자들은 고향의 유대인 교인들과 전혀 다른 상황에 처해 있었다. 유대인 교인들로만 이루어져 있었던 예루살렘교회는 고립되고 격리된 환경에서 매우 엄격했다. 율법주의와 그들의 자존심이 문제였다. 반면에 외부에 흩어져 있는 유대인 교인들은 이방인들과 자신들을 연관시키는 데에 문제를 가지고 있었다. 많은 사람들이 크리스챤으로 알려지는 것을 부끄럽게 여겼고 그들의 자세는 자유분방했다. 부유함을 찾아 이스라엘을 떠난 그들의 문제는 탐욕이었고 그들의 생활 태도는 이방인들과 비슷했다.

내용

부유함

야고보서의 여러 주제들 중 하나인 상업은 모든 유대인들에게 중요했다. 여러나라로 쫓겨다니는 삶을 살아야 했던 그들은 쉬운 장사나 기술을 습득했다. 그래서 많은 사람들이 바늘과 실만 있으면 돈을 벌 수 있는 재단사가 되거나 가방에 간단히 가지고 다닐 수 있는 도구를 다루는 보석상이 되었다. 또 고리대금업자가 된 사람들도 있었다. 중세기 유럽의 크리스챤들은 대금업이 금지되어 있었으므로 유대인들이 은행가가 되었고 로스챠일드 가문은 대표적으로 유명한 은행가였다.

그러나 상업에 중점을 둔 삶에는 문제가 있었다. '하나님과 돈을 함께 경배할 수 없다―하나님에게 충성하면서 돈을 버는 일에 열중할 수 없다.' 라고 말씀하시는 예수님을 종교적이며 부자였던 바리새인들은 비웃었다. 예수님은 '불가능하다' 고 말했고 그들은 '이 사람은 돈버는 법을 몰라서 부자들을 시기한다' 라고 무시했다. 그러나 예수님은 부자가 하늘나라에 들어가는 것이 얼마나 어려운지에 대하여 계속 경고하셨다. 신약성경의 기준에 의하면 서구사회의 크리스챤들은 거의 모두가 부자에 속한다. 중성적인 재물 자체로 여러가지 좋은 일들을 할 수 있지만 바울이 말한 대로 '돈을 사랑하는 것은 모든 악의 근원이다.'

야고보서에 돈때문에 부패된 크리스챤들의 이야기가 있다. 그들은 고용인들을 착취하고 월급을 제때에 주지 않으면서 자신들은 과대한 사치의 방탕한 생활을 했다. 부자가 교회에 오면 환영하여 앞자리에 앉게 하고 가난한 사람은 뒷자리에 앉혔다. 가난한 사람들을 모욕하거나 경멸했다.

부자들은 자신을 성공한 사람으로 여기고 다른 사람들은 실패자로 취급한다. 거만함과 부는 함께 공존한다.

이러한 태도는 요즈음의 교회에서도 볼 수 있다. 소수의 부자들이 교회의 일을 주장하고 많은 돈을 기부하는 권위자들의 비우를 맞추기 위하여 교회의 직원들은 항의하기를 주저한다.

부유함은 거짓된 안위감을 준다. 신성한 삶은 하나님 중심의 삶이지만 하나님이 없는 삶을 계획하는 부자의 돈은 신성함을 파괴한다. 야고보는 모든 계획에 '하나님이 원하신다면' 이라는 구절을 넣으라고 가르쳤다. 나의 아버지는 항상 'D.V.' (Deo Volente―하나님이 원하신다면 이라는 라틴어)를 편지에 사용하여 그가 세운 모든 계획들이 하나님 중심이었음을 알리고자 했다. 야고보는 'D.V.'를 무시하는 부자들에게 설교했다.

하나님과 가난한 사람을 등지는 태도는 돈을 버는 행위와 관련된다. 야고보는 흔히 볼 수 있는 부자들의 죄를 나열했다: 부러워함 (가질수록 더 많은 것을 원하고 더 큰 부자들을 부러워한다); 욕망; 자존감; 자랑; 분수에 지나침; 성급함; 성냄; 탐욕; 언쟁; 논쟁; 싸움과 법정 소송. 소송은 부자들의 취미이다. 야고보서는 런던시민들이 들어야 할 설교 내용이다.

한번은 증권거래소에서 나에게 거래소 직원들을 위해 설교를 요청하며 설교 제목을 미리 달라고 했다. 나는 '당신과 함께 가지고 갈 수 없습니다. 만약 가지고 가면 당신은 불태워질 것입니다.' 라는 제목을 주었다. 그들은 이 제목은 광고에 사용할 수 없다며 거부했다! 그래서 '무덤 후를 위한 투자' 로 제목을 바꾸어 주었더니 그들이 좋아했다!

방언

야고보는 믿는 사람들에게 문제를 일으키는 하나의 이유가 방언이라고 말했다. 이 말을 하면서 그는 자신이 예수님에게 했던 말을 생각했을지도 모른다. (요한복음 7장을 보라)

유대인들은 너무 말을 많이 하는 단점이 있다. 재외 지사원들이 가진 단점들 중 하나는 남의 이야기를 너무 많이 하는 것이다. 타향에 사는 사람들이 그들만의 작은 사회 안에서 한담을 많이 하는 단점을 이해하고 있었던 야고보는 혀와 말에 대하여 가르쳤다.

야고보는 '너희들은 같은 혀로 축복과 저주를 한다. 한 샘에서 쓰고 단 물이 함께 나오는 것과 같다.' 라고 지적하며 혀가 우리의 몸에서 가장 제어하기 힘든 부분이고 혀를 제어할 수 있는 사람이 완벽한 사람이라고 가르쳤다. 혀는 우리의 신성을 파괴하고 말은 우리의 가슴에 들어있는 것이 입을 통해 나오는 것이다. 잠잠해야 할 때 잠잠하고 말해야 할 때 말하고 항상 올바른 말만 할 수 있다면 우리는 완전히 거룩해진 것이다. 우리가 피곤하거나 바쁠 때 속마음을 드러내는 함부로 하는 말들에 대하여 마지막 때에 심판 받을 것이라고 예수님은 말씀하셨다.

혀는 지옥불 혹은 큰 배의 방향을 조정하는 작은 키와 비유되었다. 성냥개피 하나가 산불을 일으키는 것과 같다. 야고보서는 혀의 죄성이 투정, 저주, 거짓말, 욕설 등으로 나타난다고 지적했다.

야고보서는 부와 언어외에 '세상' 과 '지혜'에 대한 가르침도 주었다.

세상

야고보는 '세상과 가까운 삶은 하나님과 적이 되는 삶' 이라고 말했다. 하나님과 세상에서 동시에 인기를 얻을 수 없다. 예수님도 그렇게 못하셨고 우리도 그렇게 할 수 없다. 사도바울은 신성한 삶을 살수록 세상에서 인기없는 사람이 될 것을 가르치며 디모데에게 '예수 그리스도 안에서 신성한 삶을 사는 사람은 박해를 받을 것이다' 라고 말했다. 불신자들이 우리를 존경할 수는 있지만 우리의 믿음은 파괴하려 들 것이다.

야고보는 '하나님 앞에서 순수한 믿음' 은 우리를 세상 죄로 더럽히지 않는 것과 고통중에 있는 과부와 고아들을 돌보는 것임을 말했다.

크리스챤들은 세상안에 있어야 하지만 세상적이면 안된다. 불신자들에게서 멀어지라는 말이 아니다. 나의 친구 피터가 호주에서 자동차회사를 경영할 때 크리스챤 종업원은 다른 곳에 직장을 구해준 후 해고시켰다. 자신이 크리스챤들과 항상 함께 있으면 직장에서 선교를 할 수 없다는 것이 이유였다!

야고보는 시험과 유혹의 차이도 설명했다. 하나님은 절대로 우리를 유혹하지 않지만 우리를 시험하신다. 시험의 의도는 우리가 시험에 통과하기를 바라고 유혹은 우리의 실패를 원한다. 하나님은 우리를 더 성숙하게 하기 위하여 시험하시기 때문에 힘든 일이 닥쳐왔을 때 우리는 기쁨으로 받아드려야 한다. 악마는 유혹으로 우리의 실패를 원하지만 우리 안에 있는 것을 미끼로 사용할 수 있을 때에만 유혹할 수 있다. 그러나 하나님은 우리가 감당하지 못하는 유혹은 당하지 않게 하시겠다고 약속하셨다. 이말은 악마가 하나님의 통제하에 있음을 나타낸다. 악마는 하나님의 허가를 받기 전에는 우리를 건드릴 수 없다. (욥기의 첫부분에서 이것을 알수 있다).

그러므로 크리스챤은 '어떻게 할 수가 없었어.' 라는 변명을 할 수 없다. 이 세상에서 우리는 시험과 유혹을 당하며 산다. 우리는 시험에 합격하기를 원하는 하나님의 희망과 우리의 실패를 원하는 악마의 희망을 구별할 수 있는 지혜가 있어야 한다. 허드슨 테일러 선교사님의 아내가 삶의 마지막에 심한 고통으로 시력을 완전히 잃게 되었을 때 누군가 물었다: '하나님을 잘 섬긴 당신에게 하나님은 왜 이런 고통을 주시나요?' 그녀는, '하나님이 나의 성품에 마지막 손질을 하시는 거예요.' 라고 답했다. 나이가 들어갈수록 삶은 어려워지고 길은 갈수록 힘들어지지만 하나님의 자비는 새 크리스챤들이 어떻게 살아야 하는지를 확실히 알려준다. 시간이 지나면서 하나님은 우리가 스스로 길을 찾도록 하시고, 우리가 성숙해질수록 더 중요한 책임을 맡기시고, 답을 주시는 것보다는 우리 스스로 판단하도록 인도하신다.

지혜

야고보서와 잠언의 유사한 주제들 중 하나는 지혜이다. 야고보는 지혜를 두가지로 분리했다. 시험과 유혹과 같이 위에서 오는 지혜와 아래에서 오는 지혜가 있다.

아래에서 오는 지혜는 우리가 경험하여 얻어지는 지혜이지만 위에서 오는 지혜는 긴시간이 걸리지 않는다. 그저 구하기만 하면 된다! 야고보는 지혜가 없는 사람이라도 의심하지 않고 하나님께 구하면 지혜를 얻을 수 있다고 격려했다.

지혜는 우리가 생각하는 것보다 훨씬 쉽게 얻을 수 있다. 순결하고, 평화롭고, 아름다운 지혜는 문제들을 해결한다. 힘든 상황에서 '하나님, 지혜를 주세요' 라고 기도하면 하나님이 주시는 지혜는 언제든지 얻을 수 있고 그 지혜의 결과에 여러분들은 놀라게 될 것이다.

문제점들

이제 이편지의 소위 '문제점'들을 살펴보기로 하자.

일반적인 어조

야고보서는 특별히 크리스챤의 편지라는 느낌이 들지 않는다. 그리스도나 복음에 대한 내용이 별로 없고 하나님의 역사보다는 사람의 행동, 교리보다는 행실, 율법보다는 복음, 믿음보다는 행위를 더 강조했다. 예수님의 죽음, 부활, 승천, 혹은 성령의 역사등 중요한 사건들에 대한 언급도 없이 선한 행실에 대한 내용으로 보인다.

그래서 어떤 사람들은 이 편지가 성경의 다른 성서들같이 크리스챤의 믿음을 말하는지에 대하여 의문을 품는다. 유명한 신학자들 조차도 이 책을 대수롭지 않게 여겼다. 종교개혁을 한 마틴 루터는 그리스도의 복음에 대한 내용이 결핍된 이 편지를 경시하고 (편지 전체에 그리스도라는 단어가 단 두번 나온다). '껍질뿐인' 편지라는 모욕적인 명칭과 함께 '나는 이것이 사도적이 아니라고 믿는다. 신약성경에 포함되지 않았어야 했다.' 라고 말했다. 성경을 번역할 때 그는 야고보서를 히브리서, 유다서, 요한계시록과 함께 가장 마지막에 넣었다. 아예 제외시킬 용기는 없었지만 전체의 맥락에서 빼내어 배치했다.

사실 이편지에 정통유대교인이 받아드리지 못할 내용은 거의 없다: 율법, 회당, 형제들과 장로들 그리고 '전능하신 하나님' 의 표현. 두번 나오는 그리스도라는 단어와 '거듭남', '이름', '임하심', '믿는자' 라는 단어들을 제외한 야고보서의 모든 내용에 정통 유대인들은 수긍할 수 있다.

특별한 내용

이 문제외에도 의아한 내용들이 있다. 야고보서 2:24에 '따라서 사람이 의롭다는 인정을 받는 것은 행동으로 되는 것이지 믿음만으로 되는 것이 아닙니다.' 라고 기록되어 있다. 이것은 하나님과 우리의 관계에 대한 신약성경의, 특히 사도바울의 가르침과 다르게 여겨진다. 루터는 이 구절이 '믿음으로만 정당화' 되는 기본적인 복음의 진실에 위배된다고 여겼다.

야고보서의 일반적인 어조와 특정한 내용들은 신약성경에 포함시키기 어려운 내용이어서 약 AD 350년 경 야고보서는 마지막으로 성경에 포함된 편지들 중 하나였다.

우리는 이러한 모순을 어떻게 받아드려야 하는가?

1. 야고보는 AD 62년에 사망했고 이 주제들을 다룬 바울의 편지를 알지 못했다. 바울과 아는 사이였던 그는 바울에게 유대인으로서 나실인의 법도를 지키라고 조언했다. (사도행전 21:18-25) 그러므로 모순이 있다해도 고의적은 아니다.

2. 바울은 이방인 교인들에게 편지를 썼고 야고보는 유대인 교인들에게 편지를 썼다. 이들의 목적은 달랐다. 바울은 유대인의 율법에서 이방인들을 변호하는 입장이었고 야고보는 이방인들의 방종에서 유대인들을 변호했다. 그러므로 강조하는 부분이 다를 수 밖에 없다.

3. '특별한 문제' 의 말씀에서 '행위'는 여러가지 의미를 지니고 있다. 바울은 율법의 행위를 강조하고 야고보는 믿음의 행위를 강조하며 '행동이 따르지 않는 믿음은 죽은 믿음이다.' 라고 말했다. 율법의 행위에 대한 말이 아니라 행동이 없는 사랑은 얼마나 쓸모가 없는지를 보여준다. 누군가가 ' 식량도 입을 옷도 없군요. 하나님의 축복이 내리시기를 바랍니다.' 라고 말했다면 '무슨 소용이 있겠는가?' 이것이 바로 행동이 따르지 않는 사랑이고 행위가 결핍된 사랑임을 야고보는 가르쳤다.

믿음의 행동을 하지 않는 것은 믿음이 없기 때문이다. 믿음의 고백 자체로 구원받지 못한다. 믿음은 행하여야 한다. 악마 조차도 하나님을 믿고 두려움에 떤다고 야고보는 말했다!

그는 행동이 따르지 않는 믿음에 대하여 아브라함과 라합의 예를 들어 설명했다. 그들은 믿음의 행동을 했다. 한 사람은 생명을 죽이는 행동을, 다른 한사람은 생명을 살리는 행동을 했다. 믿음의 행동이란 아브라함이 그의 아들을 죽이려고 한 것과 라합이 정탐꾼들을 숨겨준 것이다.

믿음은 고백하는 것이 아니라 행동으로 나타내는 것이라고 예수님은 말씀했다. 행동이 없는 믿음은 우리를 구원하지 못한다는 야고보의 말은 정확하다. 그러한 믿음은 시체와 같다. 믿음은 사도신경을 외우는 것이 아니라 행동으로 하나님에 대한 신뢰를 보여주는 것이다.

하나님은 바울과 야고보를 통하여 완전한 진리에 도달하기 위한 균형에 대하여 말씀하셨다. 율법은 우리의 행위에 의하여 구원받는다고 말하고; 방종하는 사람들은 행위가 없어도 구원받는다고 말한다; 그러나 크리스챤의 자유함은 사랑의 행위, 즉 선한 행위를 위하여 구원받았음을 의미한다.

믿음의 정당화를 외친 바울도 에베소서 2장에서 '우리를 창조하신 분은 하나님이십니다. 우리는 선한 일을 위해 그리스도 예수님 안에서 창조함을 받았는데 이것은 하나님이 미리 준비하셔서 우리가 그렇게 살도록 하신 것입니다.' 라고 말했다. 우리는 선행에 의하여 구원받은 것이 아니라 선행을 위하여 구원받았고 우리의 행위로 심판받을 것이다. 야고보서 2:5은 믿는 사람들은 '믿음의 부유한 자'가 되어야 한다고 가르쳤다.

율법은 '너희들이 자유롭게 죄짓지 않도록 법률을 만들었다' 라고 말하고 방종하는 사람들은 '우리는 마음대로 죄지을 수 있다' 라고 말하는 반면 자유함은 '우리는 죄에서 자유롭다.' 라고 선포한다. 이 말들은 모두 맞는 말들이지만 이 세가지의 차이점을 이해하는 것은 크리스챤의 삶에서 매우 중요하다. 이것이 복음의 메세지이고 이것을 위하여 우리는 바울과 야고보의 가르침을 받아드려야 한다. 일반적인 '믿음과 행위'에 대하여 야고보서는 신약성경의 다른 내용의 보충이 필요하고 신약성경은 야고보서가 필요하다.

마틴 루터는 이 편지의 중요성을 이해하지 못하고 야고보서가 바울과 다른 성경들의 가르침에 모순된다고 주장하며 그가 반대하던 교황과 별 차이가 없는 태도를 보였다. 그도 믿음에 의한 정당화에 너무 집중함으로 야고보서의 중요한 메세지를 놓친 것이다. 믿음은 행위로 나타나고 실천되어야 한다.

결론

흩어진 유대인이 아닌 우리에게도 이 편지가 적용 되는가? 우리는 흩어진 크리스챤들이기 때문에 적용된다. 일부 크리스챤들은 그들의 교회 생활에 푹 빠져서 마치 예루살렘의 유대인들과 같이 행동하고 그들의 자존심이 그들을 세상에서 고립시킨다.

크리스챤들은 흩어진 유대인들과 같이 매일 세상에서 일하면서 세상의 유혹을 당하고 그들의 도덕관을 도입한다. 우리는 이땅에서 낯선 사람으로 사는 하늘나라의 시민들이고 하나님의 흩어진 백성들로서 마지막 본향을 기다리고 있다. 우리는 이 세상에 있지만 이 세상에 속한 사람들이 아니다.

AD 100년 경에 쓰여진 디오그네투스의 편지는 우리의 신분을 잘 요약하면서 '크리스챤들의 다른 점은 무엇인가?' 에 대한 답을 주었다:

> 크리스챤들은 국적이나 언어로 다른 사람들과 구별되지 않는다. 그들이 사는 곳의 풍습에 따라 옷, 음식, 삶의 방식은 각기 다른 문화를 아름답게 보여주지만 그 나라에 사는 여행객이라고 할 수 있다. 한나라의 국민으로서 다른 사람들과 함께 살면서 외국인으로서 모든 것을 참아야 한다. 외국은 고향과 같고 고향은 외국같은 곳이다. 우리는 이 땅에 사는 하늘나라의 시민이다. 한나라의 법을 지키면서 그 이상의 승화된 삶을 산다. 비난을 받으면서도 그들을 축복한다…

현대의 크리스챤들은 세상에 속하지 않은 사람으로 살아야 한다. 세상적 동기, 방법, 그리고 도덕은 우리에게 도전으로 다가온다. 요즈음의 크리스챤들이 대하는 문제들과 초대교회의 문제들은 근본적으로 같다고 본다. 이런 면에서, 야고보서는 현대의 그리스도를 따르는 믿는 자들에게 고귀한 가치의 성서이다. 교회와 세상에서 어떻게 행동해야 하는지에 촛점을 두고 특히 우리의 말보다 행실을 중요시해야 한다. 야고보는 행동이 따르지 않는 성경지식은 쓸모가 없다고 말했다.

55.
베드로전서 & 베드로후서

개요

베드로전서

1966년 9월 2일에 런던에서 대화재가 있었다. 제과점에서 시작된 불은 목조 건물로 빠르게 번져 이십만명이 집을 잃고 약 10억 파운드의 재산의 손실을 가져왔다. 그 때 90여개의 교회가 파괴되었고 크리스토퍼 렌이 사도바울 대성전과 여러교회를 재건축하는데 도움을 주었다. 어떤 재난이 있을 때 사람들은 누군가를 원망하고 싶어하는 죄성이 있어서 엉뚱한 사람을 원망하는 일이 종종 있는데 런던의 대화재의 경우에도 엉뚱한 프랑스 카톨릭신자들을 비난하고 그들에게 책임을 전가했다.

AD 64년 7월 19일에는 로마에서 대화재가 일어나 3일간 도시 전체를 거의 모두 불태웠다. 로마의 중앙에서 시작된 불은 집들과 성전들을 불태웠고 시민들은 누구의 소행인지를 찾다가 네로황제를 지목했다. 그들은 네로가 구도시를 부수고 웅장한 새 도시를 건설하기를 원하고 있었음을 알고 있어서 이 화제를 황제의 소행으로 생각했다. 그러자 네로는 크리스챤들에게 책임을 돌리고 교회를 박해하기 시작했다.

크리스챤들에게 너무나 힘든 기간이었다. 그들은 고문 당하고, 야생동물 가죽에 꽤매어 지고, 극장을 기어서 돌다가 야생동물들과 사자들의 밥이 되었고, 사냥개에 쫓기고, 십자가형을 받았다. 나는 로마의 콜로시움에서 네로의 궁전의 정원이었던 언덕을 바라보며 그가 정원에서 고기를 구워먹는 것을 상상했다. 그는 크리스챤들을 정원 주변의 기둥에 묶고 그들의 몸에 타르와 역청을 바르고 불을 붙여서 정원에서 벌어지는 잔치를 밝히는 횃불로 사용했다.

크리스챤에 대한 잔악한 박해의 소식은 교회에서 교회를 통해 로마제국 전체에 퍼졌고 이와 함께 사도베드로가 쓴 편지의 내용도 전해졌다. 그는 현재의 북서쪽 터키에 사는 크리스챤들에게 박해를 위한 준비를 하라는 경고의 편지를 썼다.

베드로도 그 때 네로에 의하여 로마에서 십자가형을 받았다. 그는 예수님과 같은 방법으로 처형 당할 자격이 없으니 거꾸로 매달아 달라고 요구했고 예수님은 그가 이렇게 죽을 것을 예언하셨다.

바울은 터키의 남쪽에서 사역하고, 성경에 직접적인 언급은 없지만 아마도 베드로는 북쪽에서 사역하였기 때문에 이 편지는 북쪽 지역의 사람들에게 쓰여졌을 것이다.

저자

우리는 베드로에 대하여 많은 정보를 가지고 있고 베드로전서는 크리스챤들에게 잘 알려진 따뜻하고 인간적인 가슴을 울리는 편지이다. 첫장에 예수님을 만나보지 못한 그들이 예수님을 사랑하고 기쁨의 신앙생활을 하고 있다고 베드로는 기록했다. 그들의 구원자에 대한 사랑이 편지 전체에 흐르고 있다.

베드로의 본명은 사이몬으로 '갈대'라는 뜻의 흔한 이름이었으나 예수님이 사이몬을 만났을 때 그에게 흔하지 않은'바위'라는 뜻의 '베드로'라는 이름을 주셨다. 이 이름의 뜻은 예수님이 그에게 기대하는 성품을 보여준다. 그는 바람에 흔들리는 갈대와 같은 성품의 사람이었으나 예수님이 그에게서 떠나갈 때에는 단단한 바위로 변해 있었다.

안드레의 형인 베드로는 갈릴리의 벳세다 출신의 어부였고 이 두사람은 예수님이 처음 부른 사람들이다. 베드로는 열두 제자들 중에서 항상 처음에 있었고 전체의 대표였다.

복음서에 나타난 베드로의 성격은: 재치있고, 열심이고, 충동적이며, 기운이 넘쳤다. 이런 장점외에 단점도 있었다: 그는 불안정하고, 변덕스럽고, 약하고, 비겁하고, 성급하고, 모순적이었다. 충동적인 그는 가끔 예수님에 대하여 훌륭한 발언을 하기도 했다. 많은 크리스챤들은 베드로에게서 자신의 모습을 볼 수 있어서 베드로를 좋아한다.

아마도 그의 인생에서 가장 감명깊었던 순간은 십자가형을 받기 전의 예수님을 세번 부인한 후 갈릴리에서 부활하신 예수님을 만났을 때였을 것이다. 예수님은 제자들을 위하여 아침을 만드셨고 베드로는 숯불을 보며 자신을 발견했다. 신약성경에 숯불은 단 두번 언급되는데 첫번째는 그가 대제사장의 정원의 숯불 옆에서 손을 녹이며 예수님을 세번 부인했을 때였다. 이제 해변의 숯불을 보며 자신의 비겁함을 기억했을 것이다.

예수님은 베드로에게 '네가 첫 목사가 되기를 원했는데, 찬송가 책이나 나누어주는 일이나 시켜야겠다.' 라던가 '일년 동안 지켜보며 네가 잘 행동하면 너의 직책을 다시 주겠다' 라고 말씀하지 않았다.

그는 '베드로야, 네가 나를 사랑한다는 것에 확신을 줄 수만 있다면 나는 괜찮다.' 라고 말씀했다. 이것은 모든 크리스챤들에게 중요한 메세지이다. 예수님을 사랑하는가? 예수님은 베드로에게 같은 질문을 세번하심으로 베드로를 회복시키셨다. 얼마 후 베드로는 오순절에 설교하여 3,000명이 세례를 받게 했다. 그의 편지에 담긴 예수님에 대한 사랑은 당연하다.

베드로는 신약성경의 요한 마가와도 관련이 있고 마가복음이 쓰여지게 한 장본인이다. 마가는 열두제자의 한사람이 아니었지만 베드로에게 정보를 받았다. 그래서 마가복음에는 베드로의 단점이나 충동적인 성격이 잘 나타나 있다. 마가복음은 예수님을 베드로와 같이 '행동하는 사람'으로 보여준다.

사도행전의 전반은 베드로에 대한 이야기이지만 바울이 등장하면서 베드로는 사라진다.

갈라디아서에서 유대인 교인들 앞에서 이방인들과 함께 식사할 수 없음에 대한 언쟁을 회상하는 장면에서 베드로가 잠깐 언급되고 바울은 베드로의 잘못된 태도를 지적했다.

우리는 베드로가 기혼자였음을 알고 있다. 예수님이 그의 장모의 병을 고치셨고 베드로의 아내가 선교여행에 동행했음을 사도바울이 기록했다. 바울을 제외한 어느 사도들보다도 우리는 베드로에 대하여 많은 정보를 가지고 있다.

이 편지는 베드로가 로마에 있는 동안 쓰여졌다. 베드로와 바울이 로마에서 얼마간의 시간을 보낸것은 확실하지만 (바울은 가옥연금 상태에서 재판을 기다리고 있었고 나중에 네로에 의하여 처형당했다). 베드로가 로마의 첫 주교였다는 증거는 없다. 이것은 사도들의 계승을 믿는 사람들의 추측이었을 것이다.

편지를 받은 사람들

우리는 소아시아(터키의 북서쪽) 교회들이 어떻게 시작되었는지에 대하여 확실히 알 수 없는데, 사도행전 2장은 예루살렘의 오순절에 소아시아에 속한 갑바도기아, 비두니아, 본도에서 온 사람들이 있었다고 기록했다. 이지역 사람들이 베드로의 첫 설교를 듣고 믿음을 받아드리고 세례받은 후 고향으로 돌아가서 베드로에게 방문을 요청했을 수도 있다.

베드로는 편지를 읽는 이방인을 포함한 모든 사람들을 '나그네'라고 불렀다. 유대인들이 세계 각국으로 흩어진 것 같이 크리스챤들도 흩어진 나그네들이다. 이 단어 자체는 어느 단체에 잘 끼어들지 못하는 사람을 의미한다. 베드로는 그들을 '외국인이며 낯선 사람'으로 불렀다. 이러한 일반적인 명칭을 고려할 때 이 편지는 그 지역의 교인들이 돌려가며 보도록 쓴 편지라고 생각한다. 잘 끼어들지 못하는 사람의 명칭은 오늘날에도 적용된다. 크리스챤이 된 후의 한가지 문제는 잘 맞지 않는 사람이 된다는 것이다. '예수님을 만난 후 나의 모든 문제가 해결되었습니다' 라는 간증은 처음부터 그들이 잘못된 가르침을 받고 있음을 보여준다. 나의 간증은 이와 전혀 다르다: '17세에 예수님을 만난 후 나의 모든 문제가 시작되었다! 몇년후 성령을 받은 후에 나의 문제는 더욱 악화되었다!'

가끔 성령충만의 증거에 대한 질문을 받을 때가 있다. 나는 '한마디로 말하자면 문제입니다.' 라고 답한다. 문제의 이유는 성령 충만한 사람은 대담한 말을 할 수 있게 되기 때문이다. 사도행전에서 이러한 현상은 방언보다 더 흔하게 나타났다. 파레시아라는 헬라어는 '담대한 말을 하게 되었다' 라는 뜻으로서 이러한 태도는 주위 사람들에게 영향을 끼치거나 친구를 만들수 있는 방법이 아니다!

크리스챤들은 이세상에 속하지 않는 잘 맞지 않는 사람들이다. 그들은 새로운 인종이다—호모 사피엔스가 아니라 호모 노부스이다—새로운 남자와 여자로서 아담에 속하지 않고 그리스도에 속한 인종이다.

믿는 사람과 주위의 불신자들의 다른점은 남편과 아내의 관계에서 더욱 힘들다. 함께 사는 두사람이 완전히 다른 세계에 살게 된다. 그래서 성경은 믿는 사람은 불신자와 결혼하면 안된다고 가르친다. 각자의 삶을 완전히 나누지 못하기 때문이다.

그러므로 크리스챤들은 문제를 기대해야 한다. 예수님은 그의 제자들에게 앞으로 다가올 일에 대하여 정직하게 말씀하셨고 바울은 사도행전에서 '험한 고난을 통하여 우리는 하나님의 나라에 들어가야 한다.' 라고 남쪽의 갈라디아 교회에 경고했다. 복음전도자들은 정직하게 예수님을 믿음으로 문제가 생길 것을 말해주어야 한다. 그러나 우리는 예수님이 함께 하시기 때문에 기뻐할 수 있다.

중요한 주제

베드로전서의 중요한 주제들을 살펴 보면 박해를 피하는 법이 아니라 박해를 어떻게 참아내느냐에 대하여 말하고 있다. 적대적인 세상에서 문제를 피하는 것이 아니라 거룩한 태도로 대처한다. 이 편지에서 가장 많이 사용된 핵심 단어는 '고난'이다.

베드로서의 두가지 주제는 고난에 대처하는 태도의 원리는 구원에 있음과 고난을 어떻게 참아내야 하는지의 설명이다. 베드로는 삶에서 믿음의 진실을 기억하라고 권면했다. 이 편지의 시작과 끝은 하나님의 은혜를 가장 중요한 요소로 꼽았다.

1. 그리스도를 통한 구원

베드로는 개인적 구원과 단체적 구원에 대한 확신을 설명했다. 두가지 모두 구원이지만 전자는 더 자주 언급되었다. 개인적으로 구원받았지만 압력이 가해질 때 우리를 지켜줄 구원받은 가족 안으로 들어가야 한다. 힘겨운 개인적인 대처보다 우리와 함께 있어줄 공동체의 부분이 되어야 한다.

(a) 개인—하나님의 말씀

먼저 하나님과의 수직관계에 중점을 둔 개인적 구원은 하나님의 말씀에 의하여 거듭나고 말씀을 통하여 이루어진다. 베드로는 고린도전서 13장과 성경 전체에 흐르는 믿음, 소망, 사랑의 세가지에서 믿음은 하나님이 우리를 위하여 과거에 행하신 일이고, 희망은 미래에 하실 일과 연관되고, 사랑은 현재 하시는 일과 연관된다고 말했다:

i. 살아있는 소망. 소망은 박해의 폭풍이 몰아 칠 때 우리를 단단히 지켜줄 닻과 같다. (히브리서 6:10) 요즈음 가장 경시되고 있는 신약성경의 미래의 소망은 우리에게 중요한 주제이다.

   베드로의 편지를 읽는 사람들에게 예수님의 재림을 믿음으로 고통을 이겨낼 수 있게 하는 소망은 중요했다. 소망의 편지인 베드로전서는 '하나님은 죽은 자 가운데서 부활하심으로 우리에게 살아있는 소망을 주셨다.' 라고 말했다. 우리가 죽어도 죽음은 우리를 건드리지 못한다! 우리는 미래를 향한 살아있는 소망이 있고 새로운 육체로 새 땅에서 살게 될 것이다. 소망은 그저 바라는 것이 아니라 우리가 상속받을 것을 이미 아는 것이다.

   미래에 대한 소망을 가진 크리스챤과 그렇지 않은 사람의 차이는 다음과 같다: 소망이 없는 사람은 그리스도와 함께 가겠지만 여기 머물고 싶어한다. 그러나 소망을 가진 크리스챤은 가고 싶지만 기꺼이 머무는 사람이다. 바울은 '떠나고 싶지만 하나님이 원하신다면 조금 더 머물겠다.' 라고 말했다. 우리도 이러한 태도를 지녀야 한다.

ii. 시험을 통과한 믿음. 베드로는 그의 편지를 읽는 크리스챤들이 혹독한 고난을 받게 될 것을 알고 그들의 믿음은 정금과 같이 불에 연단받을 것이라고 말했다. 불로 연단받아서 순결하게 된다. 금을 손으로 정제하던 시절에는 큰 통에 넣은 금을 불위에서 계속 저어서 젓는 사람의 얼굴이 완벽하게 거울같이 비추어 질 때 비로소 정제 작업이 끝났다. 베드로는 하나님이 우리에게 허락하시는 연단을 이런 식으로 생각했다! 우리의 믿음이 연단될수록 우리는 그리스도를 닮게 된다.

iii. 기쁨의 사랑. 구원은 하나님과 사람에 대한 헌신을 포함한다. 베드로는 믿는 사람들의 가슴속에 계신 부활하셔서 살아계신 그리스도를 아는 기쁨에 대하여 말했다—그도 첫 부활절에 이 기쁨을 체험했다.

구원은 그리스도가 이루신 과거와 (1:20; 4:10; 5:5) 미래의 일(1:13; 3:7; 5:10) 이고 우리는 하나님이 이루실 마지막 구원을 기다리고 있다.

(b) 단체적—하나님의 백성

우리는 하나님의 말씀으로 개인적 구원을 받지만 우리가 하나님의 백성이 되는 단체적 구원은 베드로서의 중요한 주제였다.

그는 하나님의 백성을 유대인들의 직분을 사용하여 묘사했다:

i. 성령의 집. 그리스도를 모퉁이 돌로 삼고 살아있는 돌의 역할을 하는 그들은 살아있는 성전이다. 그들은 이 땅에 거하시는 하나님의 거룩한 성전이고 사람들이 그들을 만지는 것은 하나님의 거룩한 성전을 만지는 것이다. '너희는 하나님의 성전이다' 라는 성경 말씀의 '너희' 라는 복수형은 베드로전서에서도 예외는 아니다. 당면하는 시험 때문에 열등의식을 갖지 말고 자신이 누구인지와 누구에게 속했는지를 기억하라고 베드로는 호소했다.

ii. 왕의 제사장. 그들은 왕의 제사장이다. 나는 스위스의 쥬리크에서 믿는 사람들의 제사장직에 대한 세미나를 한적이 있다. 한 남자가 나에게 다가와서 '정말 좋았어요! 이런 설교를 한번도 들어본 적이 없어요.' 라고 말했다. 그가 목사인지를 물었을 때 그는 '아니요, 저는 평신도예요.' 라고 대답했다. 내가 계속하여 같은 질문을 하자 그는 마침내 나의 의도를 이해하고 신약성경에 의하여 자신도 목사임을 깨달았다. 베드로는 박해가 올 때 자신의 제사장직분을 기억하라고 말했다. 자신의 박해자들을 위해 하나님 앞으로 나아갈 수 있는 제사장 신분의 자신을 기억해야 한다. 그들 자신이 적을 위한 유일한 제사장일 수 있다.

iii. 거룩한 나라. 베드로는 '거룩함'을 권면했다. 마치 레위기의 명령과 같다. 이스라엘이 이 세상에서 하나님을 위하여 사는 나라의 모델과 본보기가 되어야 하는 것처럼 믿는 사람들도 박해의 상황에서 본보기가 되어야 한다. 이러한 영광된 위치를 이해하면 힘든 고난을 거룩한 자세로 대처하는 데에 도움이 될 것이다.

이렇게 베드로는 구원의 기초에 대하여 설명했다. 개인적 구원에 완전히 확신하고 믿음, 소망 그리고 사랑으로 하나님의 백성들에게 속해야 한다.

2. 고난

고난은 구원의 불가피한 결과이다. 신약성경의 거의 모두가 고난 당하거나, 고난이 다가오거나, 박해 받는 크리스챤들을 위하여 쓰여졌다. 베드로의 편지처럼 히브리서와 요한계시록도 이러한 배경을 가지고 있고 예수님과 바울은 믿는 자들이 박해 받을 것을 경고했다. 서구의 크리스챤들에게 박해가 거의 없음은 비정상적이다. 베드로는 고난에 대하여 다음과 같이 세 측면에서 설명했다:

(a) 당연하지 않음을 확신하라

감옥에 간 범죄자가 예수님을 위하여 고난당한다고 말할 수 없다. 우리는 종종 우리들의 태도나 자세로 사람들의 감정을 상하게 하고, 그들의 반응을 복음에 대한 고난으로 착각할 때가 있다. 우리의 범죄는 복음의 범죄 뿐임을 확신해야 한다.

(b) 복수하지 말라

고난을 받을 때 절대로 복수하지 말라. 물론 우리는 본능적으로 복수를 생각한다. 어떤 사람은 자신의 무릎으로 상대방을 치는 것이 허용된다면 산상수훈에 있는 대로 자신의 다른 쪽 뺨도 내밀 수 있다고 말한다! 그가 어떤 생각을 하고 있는지 우리는 이미 알고 있다.

누군가가 우리를 해치려 할 때 우리는 본능적으로 복수하기를 원하지만 베드로는 크리스챤은 절대로 복수하면 안된다고 말했다. 예수님이 고난받고 침뱉음을 당하실 때 복수하지 않으셨다. 구약에서 양을 죽일 때 고통을 최소한으로 줄이기 위하여 단번에 목을 베지만 하나님의 양에게는 수치를 주고, 매질을 하고, 가시관을 이마에 쓰게하고, 침을 뱉은 후 죽였다. 그렇지만 예수님은 저들이 하는 행동을 알지 못하니 저들을 용서해 달라고 아버지에게 간구했다.

마찬가지로 우리도 우리의 힘으로 복수하면 안되고 악을 선으로 갚아야 한다. 예수님의 말씀대로 복수하지 말고 우리를 '저주하는 자들을 축복' 해야 한다.

(c) 끝까지 견디라

베드로는 박해자들이 믿음의 포기를 강요할 때 절대로 그들에게 항복하지 말고 우리의 육체가 해를 당할지라도 우리의 심령을 건드릴 수 없음을 상기시켰다. '우리의 육체는 그들이 하고싶은 대로 하겠지만 심령은 단단히 지키라—지는 것 같지만 우리는 결국 승리할 것이다.'

고난은 지나간다. 우리의 생애는 영원에 비교할 때 순간일 뿐이다. 또 모든 박해 뒤에는 악마가 숨어있어서 순수하게 인간적으로 모든 것을 보지 못한다.

3. 순종

앞서 말한대로 베드로는 고난을 피하지 말고 복종하라고 가르치며 이 특이한 조언을 여러면에 적용시켰다. 무조건의 복종이 아니라 복종의 마음을 배우는 것이다.

세계를 깜짝 놀라게 한 한가지 사실은 유대인들이 조용히 수용소로 끌려 갔다는 점이다. 그들에게 어떤 일이 있을 것을 알면서도 조용히 걸어 들어간 것은 놀라운 일이다. 베드로는 크리스챤들이 이러한 태도를 지녀야 한다고 말했다.

그러나 이러한 태도는 불공평에 대한 우리의 본능에 위배된다. 불공평한 일에 대하여 우리는 바로 항의하고 어린 아이들은 '이건 불공평해요' 라는 말을 자주 한다. 공장 직원들이 파업할 때도 이러한 표현을 쓴다.

그러나 베드로는 크리스챤들에게는 이런 권리가 없으므로 복종하고 받아드리는 자세를 배워서 고난을 준비해야 한다고 가르쳤다. 대항하지 않고 거꾸로 매달아 달라고 요구한 베드로는 자신의 십자가에서 완벽한 본보기를 보여주었다.

복종이 적합한 네 경우는 다음과 같다:

(a) 시민들

먼저, 바울의 편지대로 믿는 사람들은 정부의 관리들에게 복종하고 정직한 시민으로 황제를 존경하고 위정자들을 위하여 기도해야 한다. 크리스챤들은 세금을 잘내는 사람들로 알려져야 하고 정부에 대하여 불평하지 않는 충성된 시민이 되어야 한다.

물론 이 조언은 무조건 복종하라는 말이 아니다. 정부의 관리들에게 복종하는 데에도 한계가 있다. 그들이 길에서 예수님에 대하여 설교하지 말라고 명령했을 때 베드로는 '우리는 사람보다 하나님께 순종해야 한다.' 라고 대응했다. 한계는 하나님의 법도에 어긋나는 일을 요구할 때 적용시킨다. 그렇지 않은 경우에는 시민으로서 반항하거나 관리들을 공격하여 체포되는 일이 없어야 한다.

(b) 노예들

불신자 주인 밑에서 일하는 크리스챤 노예들도 고난을 겪었다. 주인의 소유물인 노예들은 자신의 돈, 시간, 혹은 권리가 없었다. 대다수의 주인들은 노예에게 가혹했고 노예가 크리스챤이 되면 건방져 진다는 이유로 더욱 가혹하게 취급했다. 그러나 이러한 취급을 받아도 노예들은 주인에게 복종하고 반항하지 말라고 베드로는 가르쳤다.

(c) 크리스챤 아내들

불신자 남편을 가진 아내들도 고난을 당했다. 이 상황은 가슴아프고 힘들다. 베드로는 아내들에게 믿지 않는 남편에게 복종하라고 권고하며 어떻게 남편을 예수님에게 인도할 수 있는지에 대하여 조언했다. 믿음 갖게 된 아내들은 남편에게 설교하고 그를 위해 기도해야 한다고 생각한다. (그러나 그들은 믿지 않는 남편을 가진 모든 여자들과 함께 기도하는 것을 선호한다!).

베드로는 남편에게 설교하는 것은 나쁜 방법이고 남편에게 말로 감동을 줄 수 없음을 깨우쳐 주었다. 교회에서 돌아오자마자 그날의 설교는 그가 들었어야 할 메세지였다고 말하는 아내의 말을 듣고 싶어하는 남편은 없다. 안타깝게도 아내가 믿기 시작하면 남편은 '예수님이 나의 아내를 빼앗아 갔다! 이제는 나의 아내가 아니다.' 라고 말하는 경우가 종종 있다.

아내들이 남편과 함께 가는 것은 매우 중요하지만 많은 아내들은 성경공부, 커피모임등에 참여하면서 남편을 소홀히 대하고 남편은 차츰 가장으로서의 권위가 상실되는 느낌을 갖게 된다.

대다수의 크리스챤 아내들은 남편에게 설교한 것을 나중에 후회한다. 반대로, 베드로는 '더 아름답게 치장하고 함께 있고 싶은 아내가 되라' 고 간단하게 조언했다. 베드로전서 3장은 아내가 어떻게 아름다와야 하는지를 설명했다. 먼저 내적인 아름다움이 있으면 외적인 아름다움도 따른다.

(d) 젊은이들

네번째의 순종은 고난과 관계가 없다. 베드로는 젊은이들이 노인들에게 순종하고 그들을 존경하라고 말했다. 이사야 선지자는 하나님의 길을 가지 않으면 여자의 지배를 받고 젊은이들에 의하여 착취당하게 된다는, 이스라엘에 대한 하나님의 진노에 대하여 말했는데 이러한 상황은 오늘날 교회가 처한 상황에도 적용된다.

베드로는 무조건 순종하라고 말하는 것이 아니라 젊은 아내나 직원은 너무 강하게 자신들의 권리를 주장하지 말라고 조언했다.

악마가 모든 고난의 주동자라면 하나님은 모든 순종의 주동자이시고 고난을 조용히 참고 견디며 순종하는 것은 그리스도를 닮는 것이다. 이런 태도는 십자가의 형벌에 복수하지 않고 '아버지 이들을 용서하소서. 이들은 자신이 무슨 일을 하고 있는지 모르고 있습니다' 라고 말씀하신 주님의 방법을 따르는 것이다.

문제의 내용

베드로전서는 이해하기 쉬운 내용이지만 3장의 특이한 내용에 대하여 314개의 다른 해석이 있다! 이 본문은 예수님의 육신은 죽임을 당했으나 그의 영은 부활하셔서 노아의 홍수 때에 불순종하던 사람들에게 설교하셨다는 내용이다. 베드로는 '죽은 사람들에게도 복음이 전해져서 그들의 영이 구원받도록 했다' 라고 기록했다.

자유분방한 목사들은 오직 이 본문에 의거하여 우리가 죽은 후에도 다시 한번 구원의 기회가 있다고 주장한다. 죽음은 우리 운명의 마감이지만 이 본문을 통해 예수님은 죽은 사람들에게 설교하셨음을 알 수 있다.

나는 간단한 해석이 가장 바람직하다고 생각한다. 죽음과 부활 사이의 시간에 예수님은 의식을 가지고 다른 사람들과 소통하고 활동하셨다.

물론 우리는 이런 말을 교회에서 듣지 못했다. 왜냐하면 성금요일부터 부활주일사이의 토요일에 예수님이 무엇을 하셨는지에 대하여 들어보지 못했기 때문이다! 또 그 주에 일어난 사건들에 대한 의문도 있다. 복음서는 예수님이 사흘밤과 사흘낮동안 무덤에 계셨다고 말하지만 금요일에서 일요일까지는 하루와 이틀밤이다! 나는 예수님이 수요일 오후에 돌아가셨다고 믿는다. 안식일 전날 돌아가셨다는 성경말씀에 의하여 우리는 예수님이 금요일에 돌아가신 것으로 생각하지만 당시의 안식일은 토요일이 아니었다. 요한복음은 그때가 특별 대안식일이었다고 말한다. AD 29년에 유월절은 안식일과 함께 시작되었고 그해에 예수님이 돌아가셨을 것이다. 유월절의 첫날은 목요일이었고 수요일 저녁은 유월절 전야였다. 복음서의 모든 증거를 볼 때 예수님은 수요일 오후 3시에 돌아가셨고 토요일 저녁 6 시에서 자정 사이에 부활하셨을 것이다.

죽음과 부활 사이의 예수님이 무의식 상태에서 무덤에 누워 아무일도 하지 않은 것이 아니라 그의 육체만이 죽었었고 그의 영은 살아있었다. 그는 죽은자들의 저승세계에 가서 설교하셨다. 나는 베드로가 예수님을 첫 부활주일에 만나, '예수님, 어디갔다 오셨어요?' 라고 묻는 장면을 상상할 수 있다.

예수님은, '이땅에 있지 않았다. 죽은자들의 저승세계에 다녀왔다.' 라고 대답하신다.

'그곳에서 무엇을 하셨어요?'

예수님은 노아의 홍수때 죽은 자들에게 설교하고 왔다고 베드로에게 말씀한다. 물론 이것은 노아의 홍수 때 죽은 사람들이 의식이 있었고 우리도 죽자 마자 의식을 되찾을 것을 의미한다. 우리는 우리가 누구인지 알고 우리의 기억도 계속 가지고 있다. 우리의 육체만 죽고 영은 죽지 않는다. 죽음은 육체와 영을 분리시키지만 육체와 영은 미래에 있을 부활 때에 다시 연합될 것이다.

예수님이 이 세단계를 거치시는데 일주일도 걸리지 않았다. 그는 십자가에서 돌아가실 때 까지 형상이 부여된 영이셨고 그의 영은 하나님께 돌아가고 그의 육체는 무덤에 묻혔다. 살아계신 영은 노아의 홍수 때 불순종한 사람들에게 설교하셨고 부활절 주일 아침에 그의 육체와 영은 연합되었다. 그동안 그는 의식이 있었고 의사소통도 할 수 있었다.

이것은 예수님이 특정한 사람들에게 설교하셨고 복음이 그들을 구원할 수 있고 죽음 후에 두번째 기회가 있었음을 알려준다.

나는 이 두번째 기회는 그들에게만 주어졌다고 믿는다. 다른 사람들에게도 두번째 기회가 주어진다는 말은 성경에 없다. 그 세대는 하나님이 불공평하게 벌하신 세대로 볼 수 있다. '하나님이 우리를 벌하시고 다시는 이렇게 하지 않겠다고 약속하셨다.' 라고 그들은 항의할 수 있다. 나는 하나님이 완전한 공의를 행하시기 위하여 '아들아, 그들에게 가서 복음을 전하라. 마지막 날에 나에게 불공평했다고 말하는 사람이 없도록 해야겠다.' 라고 말씀하시는 하나님을 상상한다. 하나님은 완벽하게 공평하셔서 어떤 불공평이 있을 때 수정하신다. 이러한 특별한 이유에서 그들에게만 두번째 기회를 주셨을 것이다.

성경말씀을 뒤틀어서 우리에게 맞추려 하지 말고 그저 간단하게 받아드리는 것이 바람직하다. 이 본문에서 모두에게 두번째 기회가 주어 진다는 말은 찾아볼 수 없다. 성경은 이러한 보편주의를 가르치지 않는다.

결론

영국에서 현재 박해는 없지만 앞으로 교회가 동성애와 여성 장로를 받아드려야 하는 성차별에대한 압박을 점점 강하게 받을 것을 나는 예상하고 앞으로는 다른 종교를 비판하거나 나의 종교가 다른 종교보다 낳다는 말도 할 수 없는 시대가 올 것도 예상한다. 베드로전서는 그러한 시대에 사는 우리에게 중요한 메세지를 전해 준다.

베드로가 처음 들은 예수님의 말씀은 '나를 따르라' 였다. 예수님을 따르는 행동이 이 편지에 전체적으로 흐른다. 우리는 예수님처럼 고난을 담담하게 받아드려야 한다. 그리스도는 주춧돌이고 크리스챤들은 생명의 돌이다. 그리스도는 대목자이고 크리스챤 지도자들은 그 밑에서 일하는 목자들이다. 그가 미움과 고난을 받았듯이 우리도 그런 경험을 할 것이다. 우리는 예수님의 삶과 같은 삶을 살아야 한다.

베드로후서

베드로후서는 첫번째 편지가 쓰여진 3년후인 AD 67에 베드로가 로마에서 십자가에서 처형 당하기 전에 쓰여졌다. 요한복음에서 예수님은 베드로가 처형당할 것을 예상하셨고 그는 40여년 동안 죽는 시간은 모르지만 어떻게 죽을 것인가는 알면서 살았다. 그는 이 편지에서 죽을 시간이 곧 다가올 것이라고 말했다.

베드로후서의 글체는 베드로전서와 매우 달라서 어떤 학자들은 베드로후서의 저자가 베드로가 아니라고 주장한다. 베드로 후서는 마치 사전을 보고 번역한 것같이 애를 쓴 흔적과 약한 문법의 헬라어로 쓰여져 있고 시작과 끝 부분에 인삿말이 없다.

초대교회 때 베드로후서는 신약성경으로 받아드려지지 않았었다. 당시에 사도들이 썼다는 가짜 문서들이 많았던 이유가 아니라 글체가 너무 달랐기 때문이었다.

그러나 두 편지에 유사한 점들은 많이 있다. 베드로가 가장 좋아하는 단어들을 두장의 편지에서 볼 수 있다. 이 편지들은 '고귀한' 믿음과 '고귀한' 예수님에 대하여 여러번 말했다. 베드로에게 모든 것이 '고귀'했다. 이 단어를 첫번째 편지에서 5번, 두번째 편지에서 2번 사용했다.

또, 그는 그의 첫번째 편지에 대하여 말했다. (베드로후서 3:1을 보라) 예수님의 영광스러운 변형을 눈으로 직접 보았다고 말한 그는 개인적으로 아는 사도바울과 동등한 위치에서 대화했다. 베드로전서와 후서 그리고 사도행전의 베드로의 설교가 베드로후서에 언급되어있으므로 베드로후서의 저자도 베드로임을 믿을 수 있다.

그렇다면 베드로의 두 편지의 다른 글체를 어떻게 설명할 수 있는가? 나는 베드로전서는 실라에게 대행시키고 베드로후서는 베드로가 직접 썼다고 믿는다. 그는 헬라어가 유창하지 못했고 의미는 확실하게 전달했지만 틀린 문법을 사용했다. 이것은 다른 글체를 잘 설명한다. 디모데후서가 바울의 마지막 편지였던 것 같이 베드로후서는 베드로의 마지막 유서이자 간증이라고 볼 수 있다.

내용

이 편지는 첫번째 편지와 매우 다른 상황을 다루고 있다. 몇해가 지난 후, 같은 독자들을 향하여 베드로는 교회 내부의 위험에 대하여 편지를 써야겠다는 위급함을 느낀것 같다. 교회는 두가지 압박을 받는다: 교회 밖에서 오는 압박과 교회 안에서 생기는 압박으로 후자가 훨씬 위험하다. 사탄은 절대로 외부의 압박을 사용하여 교회를 파괴하지 않는다. 외부에서 치면 칠 수록 교회는 더 강성해지는데 이것이 처음 300년동안 크리스챤들에게 일어난 일이었다. 크리스챤들은 사자굴에 던져지고 교회는 빠른 속도로 성장했다. 오늘날 크리스챤들을 박해하는 중국의 조그만 마을 전체가 거듭난 사람들인 것을 볼 수 있다. 첫번째 편지의 문제는 적대심에 대한 내용이지만 두번째 편지는 이교도들의 문제를 다루었다.

베드로전서와 후서의 차이점

베드로전서 (AD 64)	베드로후서 (AD 67)
'고난' 18번	'지식' 13번
위험	
간단함 외부 박해	살며시 나타남 내부 이교도
약한 점	
타협 걱정	부패 배교
신분	
출생 우유	성장 성숙
어조	
위로 간청	조심 경고
그리스도의 재림에 대한 소망	
구원을 위하여 거룩함	심판을 위하여 거룩하지 못함

베드로후서의 요약

1장: 성숙함
2장: 도덕성
3장: 소망

베드로후서는 베드로전서와 같은 유형을 따르고 있어서 같은 저자가 두장의 편지를 썼음을 알 수 있다. 구원의 내용 뒤에 위험에 대한 내용이 있고 이에 따른 함축된 의미와 다가오는 박해에 대하여 사람들을 준비시켰다.

1장: 성숙함

첫번째 편지는 거듭남과 그에 필요한 '말씀의 우유'에 대한 내용이다. 두번째 편지에서 베드로는 그들을 성인으로 취급하고 성장과 성숙을 권면했다. 미성숙한 크리스챤은 기적을 구하고 성숙한 크리스챤은 지식을 구한다. 베드로는 지식이 성숙의 과정을 도울 것이라 믿고 그들이 후자에 속하는 크리스챤이 되기를 원했다.

베드로가 13번 사용한 '지식' 이라는 단어는 학문적인 지식이 아니라 성경에 의한 하나님을 경험하는 지식이고 하나님과 그들의 믿음을 마음에 새기는 것이다. '잊었음', '깨우침', '기억을 회복함', '기억함' 등의 단어들도 사용했다. 크리스챤의 삶은 진리를 지속적으로 기억해야한다. 빵과 포도주를 나누는 것은 그리스도를 기억하는 행동이다.

배드로가 말하는 성숙한 삶의 묘사는 다음 페이지에 있는 믿음의 집의 도표에 요약되어 있다.

믿음의 단계를 거쳐 현관에 다가가는 것은 사도행전 2:38의 베드로의 설교에 나타난다. 첫번째 단계는 '회개'; 두번째는 '세례'; 세번째는 '성령 체험' 이다. 이 세단계를 통하여 '집'으로 들어간다. 이 세단계외에 다른 단계는 없다. 내가 쓴, '정상적인 크리스챤의 출생' 에서 믿는 사람들이 하나님의 나라에 들어가기 위하여 왜 이 단계들이 필요한 지를 자세히 설명했다. 현관을 너무 높이 두면 않된다. 성경을 가르치는 선생님들은 집에 들어가기 위한 다른 단계들을 첨가하는 경우가 있다.

세단계를 거쳐서 집으로 들어가면 계단이 있다. 베드로는 우리의 믿음에 성령의 열매를 더하여야 한다고 가르쳤다: 미덕, 지식, 자제, 인내, 거룩함, 친절, 사랑.

이러한 성품의 계단을 올라가면서 소망을 키우고 성장하면 우리를 부르신 하나님에 대한 확신이 분명해 진다.

이렇게 교회는 믿음으로 세워지고, 소망으로 성장하며, 사랑으로 가득찬다. 베드로전서의 내용과 성경의 다른 부분에 나타나는 내용들이 여기서 반복된다.

드디어 이층의 발코니에서 영광의 하늘나라를 향하여 떠난다. 베드로는 그들에게 진전이 있어야 함을 호소했다. 아래층의 소파에만 앉아 있으면 안된다. 계단을 되도록이면 빨리 올라가서 이층에서 살아야 한다.

이교도들에 대한 대응책은 성숙이다. 진전이 없는 사람들은 아래층에서 거짓 가르침에 노출되기가 쉽고 그러한 가르침을 받아드리면 뒷문을 통하여 아래로 떨어지게 된다.

베드로는 자신의 가르침이 그가 지어낸 것이 아님을 강조했다. 다른 사도들이나 선지자들 같이 그도 하나님에게서 받은 지식임을 알려주었다. 선지자들도 자신들이 하는 말의 의미를 모르고 할 때가 많이 있었다. 이것은 당대의 사람들을 위한 말이 아니라 후손들을 위한 메세지였기 때문이다.

2장: 도덕성

베드로후서의 2장은 유다서와 거의 동일하다. 물론 성경에서 이러한 부분이 여기만 있는 것은 아니다. 이사야서 2장과 미가서 4장도 같은 내용으로 우리의 의아심을 자아낸다.

성경의 이런 부분에 대하여 다섯가지의 가능성을 생각해 볼 수 있다:

1. 베드로가 유다서를 사용했다.
2. 유다가 베드로후서를 사용했다.
3. 유다와 베드로가 다른 문서를 사용했다.
4. 베드로와 유다가 함께 문제를 의논한 후 각기 편지를 썼다.

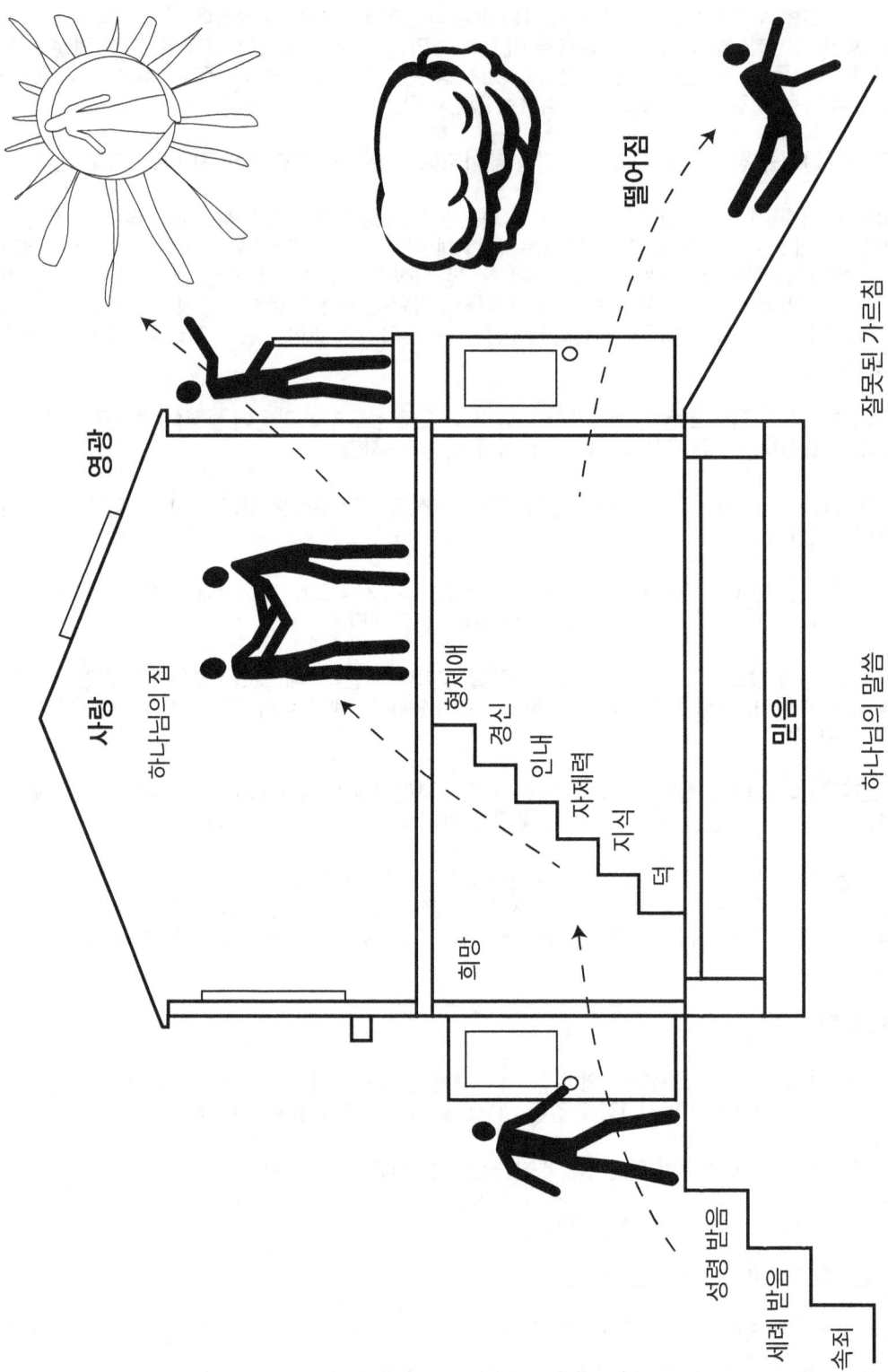

    5. 성령이 두 사람에게 똑같은 메세지를 주었다.

이 다섯가지는 모두 가능하지만 나는 다섯번째는 제외시키고 싶다. 왜냐하면 성령은 사람들을 그저 글쓰는 도구로 사용하지 않기 때문이다. 성경에 대한 영감의 교리는 저자들을 그저 글을 받아 쓰는 도구로 여기지 않는다. 성경은 이렇게 가르치지 않는다. 성령이 두사람에게 똑 같은 말을 주었을 리가 없다.

두사람이 합력하였다고 보는 것이 좋을 것이다. 베드로는 제자들 중에서 중요한 위치에 있었고 유다는 예수님의 형제였기 때문에 두사람은 서로 가까운 사이였을 것이다.

어쨌든 중복되는 내용은 얼마되지 않고 매우 짧은 유다서는 베드로후서 2장과 같은 길이이다. 유다서와 중복되는 부분은 교회의 네가지 부패에 대하여 말했다:

    1. 부패한 믿음

이스라엘에 거짓 선지자들이 있었던 것 처럼 교회 안에도 거짓 선지자들이 있었다. 그들이 어떤 메세지를 전했는지는 정확히 알 수 없지만 베드로는 두가지 잘못을 지적했다. 하나는 그리스도를 혼합주의적으로 대하는 것과 다른 하나는 하나님의 은혜를 감상적으로 대하는 태도였다.

    (a) 그리스도를 혼합주의적으로 대하는 태도

어떤 교회들은 예수님이 단 한분의 주님이 아니라 여러 주님들 중 한사람이라고 가르쳤다. 예수님은 하나님에게 갈 수 있는 하나의 방법이고 다른 방법으로도 하나님께 갈 수 있다고 가르치며 '예수님만이' 라는 말을 거부했다. 예수님을 부패시키고, 복음서를 따르지 않고, 상상에 의한 예수님을 만드는 가르침은 초대교회에서 흔히 볼 수 있었다. 예를 들어 골로새 교회는 노스틱 가르침의 영향에 의한 나쁜 환경을 조성했다.

    (b) 하나님의 은혜를 감상적으로 대하는 태도

어떤 크리스챤들은 천국행 표만 있으면 어떤 방식으로 살던지 상관없다는 태도를 가졌다. 어떤 행동을 하던지 하나님은 용서하시는 분이므로 계속 용서받을 것으로 믿었다. 이런 감상적인 태도에 대한 가르침은 널리 퍼져있었고 크리스챤들이 계속하여 죄를 지으면서 하나님의 자비하심을 남용했다. 이러한 태도는 하나님의 은혜를 악용하고 부도덕으로 나아가며 크리스챤의 삶에 대한 하나님의 염려를 전혀 생각하지 않는다.

    2. 부패한 행동

믿음은 우리의 행동을 좌우한다. 누군가가 크리스챤의 믿음을 바꾸거나 조정함으로 교회안에 잘못된 것을 들여온다. 베드로는 삶의 성격을 결정짓는 말의 죄성을 지적했다. 그들은 대담하고 건방지고 중상묘략을 하고 신을 모독하고 쓸데 없는 말을 했다.

그들의 말 뿐아니라 행동도 부패했다. 그들은 그리스도의 가르침을 따르지 않고 그의 명령을 무시했다.

베드로와 유다는 잘못된 길로 가는 교회들을 돕고자 편지를 썼다. 믿음의 집으로 바르게 들어왔지만 뒷문으로 나가서 떨어지는 사람들이 있고 계단을 오르고 소망을 키우고 사랑의 방에 도달하여 영광으로 나아가는 사람들도 있다. 전자는 진노와 심판을 받게되고 후자는 햇살같은 하나님의 은혜와 사랑을 누리게 된다.

3. 부패한 성품

부패한 성품은 부패한 행동에서 형성된다. 성품에 대한 거짓 가르침의 영향을 묘사하자면: 인간적이기 보다는 동물적이고, 하나님의 영보다는 자신들의 본능을 의지한다. 그들은 탐욕스럽고, 호색을 탐하고, 믿을 수 없고, 원리보다는 감정에 따른 행동을 한다. '바람부는대로 떠도는 구름'과 같고 '마른 우물'과도 같다—약하고 쓸모없는 성품의 생생한 표현이다.

4. 부패한 대화

부패된 행동과 성품은 교인들 간의 대화에서도 나타난다. 불평이나 불만에 찬 사람들은 지도자들에게 반항하고 분열을 조장하는 불안한 환경을 조성한다. 다른 사람들까지 끌어들여서 불만의 불꽃으로 악영향을 끼치고 복음의 연합을 거부한다.

베드로와 유다는 교회에 지장을 줄 지속적인 부패에 대항하기 위하여 편지를 썼다. 외부적 박해는 교회를 무너뜨리지 못하지만 내부적 부패는 교회를 파괴하고 박해가 왔을 때 견디지 못한다.

베드로는 교인들의 상태를 염려하고 배교에 대하여 엄중하게 경고했다. 금방 죄의 삶에 빠지는 사람들은 아예 공의의 길을 알지 못했더라면 나았을 것이라고 말하며 부패로 빠지는 사람들은 자신이 토한 것을 도로 먹는 개와 같다는 강한 표현을 했다. 그들은 죄에서 왔고 다시 죄로 돌아갔다. 깨끗이 목욕을 한 돼지가 다시 흙탕물로 들어가는 것에 비유했다.

하나님은 불신자들의 죄만큼 믿는 자들의 죄도 염려하신다. 한번도 회개하지 않은 사람보다 회개한 후 죄짖는 사람에게 더 무거운 벌이 내릴 것이다. 거짓된 믿음의 고백을 하면서 그리스도를 믿기 때문에 '안전'하다고 생각하는 사람들에 대한 엄중한 경고이다.

3장: 소망

베드로후서의 마지막 장은 미래의 소망에 대한 메세지로서 교회에 대한 염려와 예수님의 재림의 때에 대한 의혹을 다룬다.

베드로는 이렇게 말했다: 하나님의 시간은 우리의 시간과 달라서 하나님의 하루는 천년이 될 수도 있다. 지연되는 예수님의 재림은 하나님의 인내를 보여준다. 지연되는 것이 '그들의 구원'이다. 어느 날 천지가 불에 녹고, 이번에는 홍수가 아닌 불에 의한 학살이 있을 것이다. 나는 이것이 핵무기에 의한 불이라고 생각지 않는다; 하나님이 모든 원자에 들어있는 힘을 풀 것이다. 원자속의 힘이 풀리는 날에는 온 세상이 불바다가 될것이다.

베드로는 화염속에서, 마치 불속을 나르는 불사조와 같이, 새하늘과 새 땅이 시작된다는 내용으로 끝을 맺었다. 나는 새 땅에 대한 설교를 좋아한다. 여호와의 증인들의 말이 아니라 크리스챤의 진실이고 성경에 있는 말씀이다! 크리스챤들은 하늘나라에 가는 것에 대해서만 듣고 싶어하지만 하늘나라는 하나님이 준비하신 새 땅에 들어가기 위하여 기다리는 대기실일 뿐이다.

새 땅에 대한 주제는 요한이 계시록의 마지막 부분에서 설명했다. 이 땅이 미래의 중심지가 될 것을 크리스챤들만 알고 있다. 사람들은 오존층, 오염된 바다 그리고 죽어가는 산림에 대하여 걱정하지만 우리는 그보다 더 중요한 것을 알고 있다; 우리는 새 하늘과 새 땅을 기다리고 있다. 우리가 알고 있는 이땅과 다른 새 땅이 올 것이다. 새 하늘과 새 땅에서는 공의가 정착되고 미움, 범죄, 죄악, 더러움, 오염등이 사라질 것이다.

베드로는 이런 소망을 가지고 새 세상의 태도로 지금 살아갈 수 있다고 말했다. 거짓 가르침에 따라 자신을 가두거나 오염시키지 않고 배교하는 교회나 세상에서 우리를 보호할 수 있다.

거룩한 소망은 거짓 가르침을 통해 교회에 스며드는 부도덕을 막는 방패이다. 새 세상에 촛점을 맞춘 공의의 세상에 대한 소망은 우리가 올바른 삶을 살도록 도와줄 것이다. 그렇게 하지 않으면 새 세상에서 살수 없게 된다. 믿음, 소망 그리고 사랑안에 거하여 영광으로 갈 준비를 해야 한다. 나팔 소리가 울리면 성지로 가는 여정에 첫번째로 참여할게 될 것이다.

뉴캐슬에 있는 나의 할아버지의 묘비에는 감리교 찬송을 인용한 세 단어가 있다. 바로 그의 이름이다. '데이빗 레져 파슨', 그리고 그 밑에는 '얼마나 놀라운 만남이었는가' 라고 쓰여있다. 그 날 대천사가 죽은 사람들을 일으키기에 충분한 기쁨의 큰 소리로 외치고 나팔을 불 것이다. 죽은 사람들이 먼저 일어날 것이므로 먼저 죽는 것을 걱정할 필요가 없다.

베드로서는 명백한 선택의 묘사로 끝 맺는다. 그의 가르침을 무시하고 추락하는 사람들과 동행하던지, 그리스도의 은혜 안에서 계속 성장하던지를 선택해야 한다. 하나님은 롯을 소돔과 고모라에서 구해내셨다고 베드로는 말했다. 하나님은 우리도 구하실 것이다.

56. 유다서

개요

소홀히 다루어진 책

유다서는 다음과 같은 이유로 '신약성경에서 가장 소홀히 여겨진 성서'로 알려져 있다:

    1. 길이가 매우 짧다

빌레몬서, 요한이서, 요한삼서와 함께 유다서는 신약성경에서 가장 짧은 책들 중 한권이다.

    2. 특이한 내용이다

사람들은 모세의 시체를 두고 사탄과 언쟁하는 천사장 미가엘에 대한 내용의 의미를 이해하지 못했다. '고라의 반항' 과 어둠에 갇힌 천사들의 이야기에서 반항은 무엇을 뜻하며 천사들은 왜 어둠에 갇히게 되었는가?

    3. 내용의 출처가 의심스럽다

어떤 사람들은 유다가 외전을 인용한 것에 대하여 이의를 제기한다. 외전이란 말라기 후부터 마태복음이 시작되기 전 400년 동안 쓰여진 유대인들의 책들인데, '하나님의 말씀'이라는 구절이 3,808번 나오는 구약성경에 비하여 외전에는 이런 말들이 한번도 언급되지 않았기 때문에 카톨릭 성경에는 포함되었지만 개신교 성경에서는 제외되었다. 구약과 신약 사이의 400년 동안 말씀을 전할 선지자가 없었고 하나님은 말씀을 주지 않으셨다. 그러나 외전이 선지서가 아니라는 이유로 아무 가치나 진리의 내용이 없다는 말은 아니다. 잘 알려진 이 책들은 유다서의 내용을 뒷받침해 주고 있으므로 유다가 외전을 인용했다고 해서 유다서 자체를 의심할 필요는 없다.

    4. 엄격하다

믿는 사람들에게 경고와 행동의 메세지로 도전하는 유다를 부정적이고 편협한 사람으로 여겼다.

    5. 날카롭다

유다는 잘못된 가르침을 비난할 때 마치 그리스도의 몸에 붙은 암세포들을 수술하는 의사와 같이 날카로운 언어를 사용했다.

    압력

유다는 특히 잘못된 가르침으로 하나님의 백성들을 혼란시키는 선생들의 문제를 지적했다. 교회는 두종류의 위험에 노출되어있다:

외부적

강도의 차이는 있겠지만 박해는 언제나 있었고 오늘날 200개가 넘는 국가들이 교회를 '박해' 하고 있다. 그러나 외부의 압력이 있을 때 교회는 계속 성장한다.

내부적

내부적 압력은 더욱 심각하다. 바울은 교회 내의 율법주의와 자유주의가 초대교회에 큰 문제를 일으켰음을 갈라디아서에서 지적했고 예수님은 바리새인들의 율법주의와 사두개인들의 자유주의를 비난하셨다. 그러나 이러한 사상들은 교회안에 항상 존재했고 특히 다음 세대 교회에 흔히 나타난 현상이었다. 성경의 지침보다 더 철저한 훈련을 요구하거나 너무 느슨하게 사도들의 가르침에 어긋나는 등 다양한 경우들이 있다.

이 태도들을 다음과 같이 요약할 수 있다. 율법주의는 우리가 <u>자유분방하게 죄를 지을 수 없다고</u> 말하고 그것을 확인하려든다. 방종은 우리는 크리스챤이기 때문에 <u>자유롭게 죄를 지어도 괜찮</u>고 하늘나라에 갈 수 있으니 걱정할 필요가 없다고 말한다. 그러나 진실한 크리스챤의 자유란 '<u>자유롭게 죄를 지을 수 없음.</u>' 을 의미한다. 죄는 믿는 사람들에게 심각한 문제였고 그리스도는 우리를 죄의 능력에서 자유하게 하셨다. 예수님, 사도바울, 유다는 오늘날의 교회에 중요한 동일한 메세지를 주고있다.

그러나 이러한 설명에도 불구하고 이 편지의 내용은 쉽지 않다. 우리의 이해를 돕기 위해 유다서를 다음과 같이 쉬운 말로 써보았다.

의역

예수 그리스도의 종이며 야고보의 형제인 유다는 하나님의 부르심을 받은 여러분에게 편지합니다.

여러분은 하나님 아버지의 사랑과 예수 그리스도의 보호를 받고 있습니다. 하나님의 자비와 평안과 사랑이 여러분에게 더욱 넘치기를 기도합니다.

　　사랑하는 여러분, 나는 우리가 함께 누리는 구원에 대하여 벌써부터 여러분에게 편지하려고 생각하던 중에 성도들에게 단번에 주신 믿음을 위하여 힘써 싸우라는 편지를 써야겠다고 마음 먹었습니다. 이것은 어떤 사람들이 몰래 여러분 가운데 끼어 들어왔기 때문입니다. 그들은 경건치 않으며 하나님의 은혜를 악용하여 방탕한 생활을 하고 우리의 유일한 주인이신 주 예수 그리스도를 모른다고 딱 잡아떼는 사람들입니다. 성경은 그들이 받을 심판을 이미 오래 전에 예언하였습니다.

　　여러분이 이 모든 것을 이미 알고 있겠지만 나는 여러분의 기억을 다시 한번 상기시키고자 합니다. 하나님은 자기 백성을 이집트에서 구출해 내셨지만 후에 믿지 않는 사람들은 멸망시키셨습니다.

　　또 자기 지위를 지키지 않고 제 위치를 떠나 범죄한 천사들을 영원한 쇠사슬로 묶어 심판 날까지 어둠 속에 가두어 두셨습니다.

　　그리고 소돔과 고모라와 그 주위 도시들도 온갖 음란한 짓을 일삼다가 영원한 불로 심판을 받아 본보기가 되었습니다.

이와 같이 여러분 가운데 몰래 끼어든 사람들도 이성을 잃고 육체를 더럽히며 권위를 무시하고 영광스러운 하늘의 존재들을 욕하고 있습니다. 천사장 미가엘이 모세의 시체에 대하여 마귀와 다툴 때에도 모욕하는 말로 심판하지 않고 다만 '주께서 너를 책망하시기 원한다.' 라고 말했을 뿐입니다.

그런데 이 사람들은 알지 못하는 것을 욕하며 이성 없는 짐승처럼 본능으로 아는 그것 때문에 멸망합니다. 그들에게는 불행이 닥칠 것입니다. 그들은 가인의 악한 길을 따르고 돈을 위해 발람의 잘못된 길로 달려갔으며 고라처럼 하나님을 거역하여 멸망으로 치닫고 있습니다.

이 사람들이 아무런 거리낌없이 여러분과 함께 먹으니 여러분이 사랑으로 나누는 잔치 자리에 더러운 점과 같은 존재들입니다. 그들은 자기만을 위하는 목자요 비는 내리지 않고 바람에 밀려 다니는 구름이며 죽고 또 죽어 뿌리까지 뽑힌 열매 없는 가을 나무입니다. 또 그들은 자기들의 부끄러움을 거품처럼 뿜어내는 바다의 거친 물결이며 영원히 어둠 속을 헤매게 될 궤도를 잃은 별입니다.

이런 사람들에 대하여 아담의 칠 대 손 에녹은 이렇게 예언하였습니다. '주님께서 수많은 성도들을 거느리고 오셔서 심판하실 때에 경건치 않은 사람들이 제멋대로 행한 모든 불경스러운 행동과 경건치 않은 죄인들이 주님께 대하여 함부로 지껄인 말을 낱낱이 들추어내실 것이다.' 이들은 불평하고 원망하며 자기들의 욕심대로 살고 자기 자신에 대하여 자랑하며 유익이 될 때는 남에게 아첨하는 사람들입니다.

사랑하는 여러분, 여러분은 우리 주 예수 그리스도의 사도들이 미리 한 말을 기억하십시오. 그들은 마지막 때에 경건치 않은 정욕을 따라 살며 여러분을 조롱하는 사람들이 있을 것이라고 말했습니다. 이들은 분열을 일삼는 육적인 사람들이며 성령은 없는 사람들입니다.

그러나 사랑하는 여러분, 여러분은 가장 거룩한 믿음 위에 자신을 세우며 성령으로 기도하십시오. 그리고 하나님의 사랑안에서 자기를 지키며 영원한 생명에 이르도록 우리 주 예수 그리스도의 자비를 기다리십시오. 의심하는 사람들을 불쌍히 여기고 불 속에 있는 사람들을 끄집어내어 구원하십시오. 또 육신의 정욕으로 더럽혀진 사람들은 그들의 옷까지 증오하며 두려운 마음으로 그들을 불쌍히 여기십시오. 여러분을 넘어지지 않게 지켜 주셔서 자기의 영광 앞에 흠 없이 큰 기쁨으로 서게 하실 분, 곧 우리의 구주가 되시는 유일하신 하나님께 우리 주 예수 그리스도를 통해 영광과 위엄과 능력과 권세가 과거의 모든 시대로부터 현재와 영원히 함께 하기를 기도합니다. 그렇게 될것입니다. (이 말은 아멘의 뜻이다).

유다는 누구인가?

유다는 예수님의 둘째 동생이었다. 그의 이름은 유다스 (Judas) 이지만 예수를 배반한 제자와 구분하기 위하여 간략하게 유다 (Jude) 로 불리었다.

우리는 예수님의 형제였던 야고보의 편지에서 예수님의 형제들이 예수님 생전에는 그를 믿지 않았음을 공부했다. 이것은 요한복음 7:5에 예수님이 메시야임을 의심하는 그들의 태도에서 확실히 나타났다. 성막절에 그들은 자신을 메시야라고 말하는 예수님을 조롱했다. 유대인들은 메시야가 성막절에 올 것을 믿었으므로 그들은 예수님에게 빨리 자신을 메시야로 나타내라고 놀렸으나 예수님은 아직 때가 아니라고 답하시고 성막절을 조용히 지키셨다.

그러나 부활 후에 상황이 바뀌어서 예수님의 선교사들로서 자신들을 '예수님의 종'으로 자칭했던 그들은 예수님과 자신들의 가족관계를 나타내지 않으면서 영적 관계에 중점을 둔 두장의 편지를 썼다.

내용

도덕적 부패

편지의 서두에 '예수님 안에서 우리가 누리는 구원에 대하여' 라고 시작한 유다는 교회에 대한 소식을 들은 후 방향을 바꾸어 '성인들이 가지고 있던 믿음을 위하여 힘들지만 계속 노력해주기 바란다' 라는 내용을 추가했다. (이것은 나의 번역이다).

형제 자매이고 교회의 지도자이면서 이교도적인 선생들에 대한 '힘들지만' 이라는 표현은 어려운 상황과 그들이 통과해야 할 힘든 과제를 의미했고 유다는 이 상태를 내버려 두면 교인들이 계속 타락할 것을 알고 있었다.

그는 편지의 전반에서 교회 안으로 침투한 부패를 지적하고 후반에서는 대처하는 방법에 대하여 말했다. 교회에 영향을 끼치는 부패의 네단계는 다음과 같다.

　　1. 믿음

교회로 침투한 악한 사람들의 의도와 행동을 이해했던 유다는 교인들을 타락시킨 거짓 가르침과 행동에 대처했다. 거짓 가르침은 온 몸에 번지는 암세포와 같아서 빨리 해결하지 않으면 죽음을 초래한다. 유다서와 베드로후서에는 거짓 가르침에 대한 비슷한 내용이 있는데 나는 유다가 베드로후서의 일부분을 그의 편지에 포함시켰다고 생각한다.

거짓 선생들은 특히 두가지의 잘못된 태도를 가르쳤다.

　　(a) 하나님에 대한 감상적인 태도

하나님에 대한 감상적인 태도를 가진 사람들은 하나님의 은혜를 부도덕의 핑계로 삼아 하나님은 항상 용서하고 죄를 잊는 분으로 생각한다. 그러나 우리는 죄를 덮어두지 않고 벌하시는 하나님에 대한 성경적인 태도를 회복해야 한다.

　　(b) 예수님에 대한 혼합주의적인 태도

그들은 예수님에 대한 혼합주의적인 태도도 가지고 있었다. 예수님을 유일한 구세주로 여기지 않고 다른 사람들과 동등한 위치에 두었는데 이러한 태도는 오늘날에도 흔히 볼 수 있다. 모하메드나 부처 그리고 다른 사람들과 예수님을 동등시하는 다신교 사상은 예수님만 통하여 하나님께 갈 수 있음을 믿지 않는다. '길이요, 진리요, 생명이신' 예수님이 아니라 '예수님도 하나의 길이요, 하나의 진리요, 하나의 생명' 으로 변질시켰다.

　　2. 행동

교회의 믿음이 흔들리면 교인들의 행동도 흔들리게 된다. 유다는 역사의 세 그룹을 통하여 태도를 좌우하는 궁극적인 사상에 대하여 엄격하게 경고 했다.

　　(a) 광야의 이스라엘

유다는 출애굽기 32장의 부도덕한 생활과 금송아지를 우상숭배를 했던 광야의 이스라엘 사람들의 이야기를 인용했다. 하나님에 대한 그들의 태도는 모세가 십계명과 그 후의 가르침에서 멀어져서, 사랑의 계명을 어기고 서로를 미워했고 그 결과로 아무도 가나안에 들어갈 수 없었다. 그들은 이집트에서 구원은 받았지만 약속의 땅에 들어가지 못했다. 시작은 했지만 아무도 끝을 맺지 못했다.

이 사건은 신약성경의 세 저자들이 크리스챤들에게 주는 세번의 경고이다. 시작하는 크리스챤이 아니라 끝맺는 크리스챤들이 하나님이 준비해 놓으신 것을 상속받는다. 바울, 히브리서 저자, 그리고 유다가 이 내용을 인용했다.

이렇게 분명한 경고가 주어졌다: 이집트에서 해방된 이스라엘 사람들이 약속의 땅에 들어갈 수 없었음은 우리에게도 일어날 수 있다. 지난 과거 뿐아니라 앞으로의 미래도 있다—아직 우리의 것이 아니다. 우리는 광야에서 죽지 않도록 노력해야 한다.

(b) 헤르몬산의 천사들

유다는 외전의 에녹서에 기록되어있는 헤르몬산의 천사들에게 일어난 사건에 대하여서도 말했다. (에녹서는 성경에 포함되어 있지 않다).

200여명의 천사들이 헤르몬산 근처에서 여자들을 유혹하여 임신시킨 결과로 네피림이라는 인종이 생겼었지만 다행히 그들은 완전 멸종했다. 네피림의 확실한 생김새를 알 수는 없지만 그들은 '거인' 으로 기록되어 있다. 천사와 인간의 성교나 인간과 동물의 성교는 하나님의 질서에 어긋나는 범죄이다.

이 결과로 폭행, 변태적 성행위, 그리고 신비학이 이 땅에 만연했다. 나는 성경에서 가장 슬픈 구절은 하나님이 인간을 창조하신 것을 슬퍼하시는 창세기의 구절이라고 생각한다.

유다는 하나님의 백성인 이스라엘이나 천사들도 하나님의 심판을 피하지 못했는데 크리스챤인 우리가 어떻게 심판을 피할수 있을것인가를 물었다.

(c) 소돔과 고모라

세번째는 소돔과 고모라의 이야기이다. 사해의 남쪽 끝에 있었던 이 유명한 도시들과 함께 아드마와 제보임이라는 네개의 도시는 지진으로 모두 사라졌다. 여덟 팔자 모양의 사해의 가장 남쪽 부분의 물이 점점 마르고 있다. 여기서 소돔과 고모라를 발굴 할 수 있다면 얼마나 상징적이겠는가!

유대의 역사가인 요세푸스에 의하면 예수님 오시기 2,000년 전에 시작된 소돔과 고모라의 불은 예수님 당대에도 계속 타고 있었다고 한다. 예수님이 소돔과 고모라에 대한 말씀을 하시던 당시에 예루살렘에서 30분쯤 떨어진 외각 지역에서는 멀리서 피어 오르는 연기를 볼수 있었다고 한다.

이 두도시는 하나님의 법을 어김으로 멸망했다. 오늘 날 동성 결혼을 비난하는 것은 성차별이고 잘못된 태도로 간주되는 것 같이 그 당시에도 동성애를 합법적으로 받아드렸었다.

유다는 이런 행동을 하는 크리스챤들에게 하나님의 심판을 경고했다. 하나님을 가볍게 여기면 안된다. 하나님은 우상숭배 (하나님의 마음을 상하게 한다) 와 부도덕 (하나님의 피조물을 상하게 한다) 을 미워하신다. 당장 심판이 내리지 않더라도 궁극적으로 피조물들의 도덕적 부패는 심판 받게 된다.

3. 성품

믿음의 부패는 행동의 부패를 초래하고, 그것은 다시 성품을 부패시킨다. 행동의 결과와 습관으로 형성되는 성품은 운명을 결정짓는다. 성품의 부패가 교회의 세번째 도덕적 부패였고 유다는 거짓 선생들과 구약의 세사람의 성품을 비교했다.

(a) 가인

유다는 시기심으로 동생을 죽인 가인 (창세기 4장) 의 이야기를 인용하면서 거짓 선생들이 가인과 같은 시기심으로 교인들에게 나쁜 영향을 끼칠 것이라고 말했다.

(b) 발람

이스라엘을 저주하는 예언을 하면 돈을 주겠다는 제안을 받아드린 선지자 발람의 이야기도 인용했다. (민수기 22장) 하나님은 돈을 좋아하는 발람의 당나귀를 사용하여 그에게 말씀하셨다! 발람은 탐욕스러운 사람이었고 가인은 시기심과 분이 가득한 사람이었다.

(c) 고라

모세를 시기하여 자신이 지도자가 되려는 야망을 가졌던 고라는 비참한 최후를 맞았다. (민수기 16장) 우리는 고라와 비슷한 현대인들을 많이 본다. 새 교회를 세우는 것은 좋지만 어떤 경우에는 잘못된 이유로 세울 때가 있다. 자신의 야망을 위하여 교회를 세우는 사람은 마치 현대판 '고라의 아들' 로서 하나님이 세우신 지도자를 거부하고 자신을 내세우고 싶어한다. 하나님이 세우신 모세를 대적한 죄의 심판을 받은 고라는 250명의 동료들과 함께 멸망했다.

위의 세사람은 자신의 주장으로 다른 사람들까지 죽이는 결과를 가져왔다. 거짓 가르침을 제대로 처리하지 않으면 교회에서도 성냄, 탐욕, 야망의 성품이 만연하게 된다.

4. 대화

뿐만 아니라 부패된 성품은 부패한 대화를 초래한다. 교회안의 부패한 대화는: 계속되는 투정과 불평, 쓸데없는 말, 약한자에 대한 경멸, 잘되는 사람에 대한 아첨, 이해하지 못하는 것에 대한 비웃음과 조소, 그리고 다른 사람의 권위에 대한 거부 등이다. 교회를 계속 옮기는 사람들을 조심하라! 투정부리고 잘못된 것만 꼬집어 내는 사람들은 완벽한 교회를 찾아서 항상 떠돈다. '완벽한 교회를 찾고 있다면, 아무 교회에도 속하지 말라. 당신이 그 교회를 망가뜨릴 것이다.'

이해하기 어려운 내용

아마도 가장 이해하기 어려운 내용은 천사가 모세의 시체에 대하여 언쟁하는 장면일 것이다. 이것은 니보산에서 모세가 죽었을 때 '아무도 그의 무덤이 있는 곳을 모른다' 라는 신명기의 말씀과 관련이 있다. 그가 혼자 세상을 떠났기 때문에 아무도 그의 무덤의 위치를 모른다면, 누가 그를 장사지냈는가? 하나님이 천사장 미가엘을 보내서 모세를 장사했다. 천사들은 실용적인 사람들이다. 요리를 잘하는 조리사 (엘리야는 천사가 요리를 잘 한다는 것을 깨달았다)도 있고 마차를 잘 끄는 천사도 있다. (엘리야는 이런 천사도 보았다). 현대 사회에서는 아프가니스탄에서 자전거를 타고 가는 선교사를 보호하는 자전거를 탄 천사가 있다는 말을 들었다. 그들은 날개달린 빛나는 흰옷에 하프를 키며 긴 머리를 흩날리는 천사들이 아니다. 히브리서 13장에서 '자기도 모르는 사이에 천사를 대접' 했다는 말같이 그들은 보통 사람의 모습을 하고 있다.

천사가 삽을 들고 모세를 묻기 위하여 도착해보니 모세의 시체가 자기 것이라고 주장하는 악마가 시체 곁에 서있었다. 주목할 점은 미가엘이 사탄을 책망하지 않았다는 점이다. 우리는 우리보다 훨씬 영악한 사탄에게 잘못된 태도를 가지면 안된다. '사탄아 나는 너를 책망한다.' 라고 말하는 젊은이들이 걱정스럽다. 미가엘이 '하나님이 너를 책망한다.'라고 말하자 사탄은 물러가고 미가엘은 모세를 묻었다.

부패에 대처하는 법

유다가 염려하는 믿음, 행동, 성품, 대화에 대하여 공부했으니 다음에는 우리가 오늘날의 어려움을 어떻게 해결해야 하는지를 살펴보자.

1. 문제가 있을 것을 기대하라

교회에 문제가 생겼을 때 침착하고 두려워하지 말라. 구약의 선지자들이나 신약의 사도들은 문제가 있을 것을 기대하라고 가르쳤고 예수님도 늑대가 양의 탈을 쓰고 올 것을 경고하셨다. 이러한 예고가 현실화 되었을 때 우리는 왜 놀라는가? 완전히 구원받은 상태가 아닌 우리의 교회에 생기는 당연한 문제들을 어떻게 해결하는가가 중요하다. 우리는 침착한 자세로 문제를 받아드리고 해결해야 한다.

2. 주위에서 일어나는 일들에 저항하라

유다는 문제를 일으키는 '사람들'을 엄중히 책망하고 교회 안에 잘못을 지적하는 직분을 두라고 충고했다. 하나님이 아니라 사람이 해결해야 할 일이다. 유다는 성경에서 하나님의 말씀을 처음으로 사람들에게 전한 첫 선지자 에녹의 사역을 인용했다. 그는 하나님이 전체 세대를 심판하실 것을 경고했다. 하나님은 65세에 낳은 그의 아들에게 '그가 죽으면 일이 일어날 것이다' 라는 특별한 의미의 므두셀라라는 이름을 주셨다. 하나님은 인내하시며 심판하실 때까지 거의 천년을 기다리셨으므로 므두셀라의 수명도 길었다. 그가 죽자 비가 내리기 시작했고 므두셀라의 손자인 노아는 방주를 지었다. 한세대를 심판하기 전에 969년을 기다리신 하나님에 대하여 마틴루터는 '내가 하나님이었다면 세상을 일찍감치 심판했을 것이다' 라고 말했다.

유다는 특히 거짓선지자들의 '거룩하지 못한' 태도를 다섯번이나 지적했다. 거룩함이 그의 메세지였다. 신약성경의 사도들은 마지막 시대에 조소하는 자들이 많아지고 거룩함은 멸시당할 것을 예언했다. 크리스챤들은 그들의 거룩함때문에 조소받을 날이 올 것이다. 거룩함은 인기가 없고 거룩한 사람들은 기분 나쁜 사람들로 여겨질 것이다.

3. 피해의 정도를 줄일 수 있다

유다는 믿는 사람들이 자신과 다른 사람들을 보호할 수 있는 실용적인 조언을 주었다.

(a) 믿는 사람들

믿는 사람들은 먼저 자신과 하나님의 관계를 분명히 하고 믿음, 소망, 사랑으로 성숙해져야 한다. 강할 수록 믿음 위에 굳게 설 수 있는 것 같이 건강을 지키면 병을 피할 수 있다. 유다는 믿음, 소망, 사랑으로 굳건히 서도록 호소했다. 건강한 삶은 성령안에서 기도하고 하나님의 명령을 지키며 미래를 바라보며 살고, 행복하기 보다는 거룩하기를 원하시는 하나님의 마음을 깨닫는 것이다. 이 땅의 삶이 힘들지라도 영생의 '행복'과 비교할 때 우리는 영원히 즐거워 할 수 있다. 우리 자신을 돌보고 성숙화 시키는 것은 우리의 책임이다. 하나님이 우리를 위하여 해주시지 않는다.

(b) 다른 사람들

도움이 필요한 사람들을 세종류로 분류할 수 있다.

　i.　정신적으로 약한 사람들. 유다는 거짓선생들을 따라야 하는지에 대한 혼란한 마음을 가지고 정신적으로 흔들리는 사람들을 도와주라고 지시했다. 그들과 언쟁하지 말고 부드러운 대화를 해야 한다. 거친 태도는 그들을 더욱 멀어지게 할 수 있다.

　ii.　치명적인 위험에 처한 사람들. 다음에 유다는 거짓 가르침을 받아드려 치명적인 위험에 처한 믿는 사람들을 '불속에서 구하라' 고 지시했다. 마치 불난 집에 갖힌 사람들 같은 그들을 어떤 방법을 써서라도 구해내야 한다. 복음주의에서 '불속에서 구하라' 는 표현은 지옥불에서의 구원을 의미하지만 이 구절은 그런 뜻이 아니다. 지옥불에서 구원을 받아야 하는 사람들은 구원을 받지 못한 사람들이 아니라 크리스챤으로서 잘못된 길을 가는 사람들이다. 거짓 선생들도 포기하지 말고 회개할 수 있는 기회를 주어야 한다.

　iii.　부도덕한 사람들. 세번째는 도덕적으로 더럽혀진 사람들이다. 그들에게서 더러움이 옮지 않도록 주의하고 그들의 속옷까지도 주의하라는 그리스의 속담이 있다! 변태적이고 더러운 성관계를 통해서 옮겨지는 병의 가능성도 피해야 한다.

　4. 이미 진행되는 일에서도 피할 수 있다

유다는 우리의 믿음에 가해지는 공격에도 하나님의 지키심을 믿고 침착하게 대처하라고 가르쳤다. 우리는 하나님의 지키심에 대한 성경말씀을 균형의 자세로 이해해야 한다. 하나님의 지키심에 대한 확실한 말씀이 있는 반면 우리가 하나님과 가까이 있어야 한다는 성경 말씀도 있다. 유다서의 마지막에서 두번째 구절은 '네가 떨어지지 않도록 하나님이 도울 것이다' 가 아니라 '하나님은 네가 하나님 안에 있도록 도우실 능력이 있으시다' 라고 말했다. 우리 스스로만 하거나 하나님 혼자서만 하는 것이 아니다—'하나님안에 우리가 거하면 하나님께서 우리를 지키실 수 있다. 계속하여 하나님을 믿으면 떨어지지 않을 것이다.'

우리가 믿음의 생활을 할 때 예수님은 우리를 지키시고 하나님 앞에 우리를 서게 하신다. 그는 권위의 하나님이고 단 한분의 구세주이시다.

유다서는 찬양으로 끝맺는다. 예수님은 악한 가르침이나 위험에 처한 교인들까지도 지키시고 마지막 날에 우리를 죄없는 깨끗한 사람으로 만들어 주실 것이다. 하나님이 우리편에 계시면 (임마누엘의 의미. '하나님이 우리와 함께 하신다'), 우리는 싸워서 이길 수 있다!

결론

신약성경의 서신서들은 교회의 가장 큰 위험은 내부에서 온다는 메세지를 확실하게 주고 있다. 우리는 이점에 항상 주의하고 진실과 사랑으로 성인들에게 주어졌던 복음에 만족해야 한다. 이를 위하여 서구 문명사회에서는 큰 투쟁이 벌어지고 있다. 우리는 진실에 대하여 확실해야 한다. 내가 여기서 하는 말이 성경적이 아니라고 생각한다면 잊기바라지만 그렇지 않다면 이것에 매달리고 이것을 위하여 싸우고 성인들에게 주어졌던 믿음에 만족하기 바란다! 재미있는 일은 아니지만 강한 교회를 세우는데 중요한 일이다.

유다서가 신약성경에서 가장 소홀히 여겨진 책들 중 한권이지만 이 편지는 오늘날의 교회에 중요한 메세지를 준다. 이 메세지를 새겨 듣지 않으면 계속하여 교회안에 문제들이 늘어날 것이다.

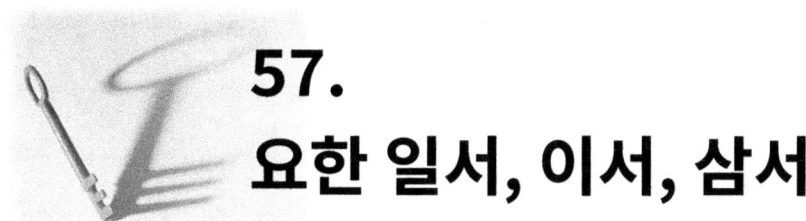
57.
요한 일서, 이서, 삼서

개요

신약성경의 서신서들을 두종류로 나눌 수 있는데 여러교회에 돌려가면서 읽도록 쓰여진 일반적인 편지와 특정한 개인들에게 보낸 편지들이다.

요한의 편지들도 이 두 종류로 나눌 수 있다. 교인들을 위한 다섯장의 요한일서는 일반적인 편지들보다 길이가 길고 두명의 개인들에게 쓴 요한이서와 삼서는 신약성경에서 가장 짧은 편지들이다.

부드러운 글체에서 이제 여든이 넘은 성인의 인품을 볼 수 있다. '아버지의 편지' 라고 불리우는 이 편지들은 그의 나이를 고려할 때 '할아버지의 편지' 라고 부르는 것이 더 합당할 것이다.

이 편지들은 교회들을 차례로 방문하며 성경을 가르치는 선생들이 교회에 많은 영향을 끼치던 시기에 쓰여졌다. 거짓 선생들은 활발하게 이단적인 믿음을 전파하고 다니는 반면, 이들이 교회에 미치는 악영향을 염려하던 연로한 요한에게 여행은 불가능했고 편지만이 그가 할수 있는 최선의 방법이었다.

요한은 예수님이 공생애의 초기에 부르신 열두제자들 중 한사람으로 연로할 때까지 생존했던 단 한사람이었다. 성경외의 문서들에 의하면 그는 예수님의 어머니인 마리아를 마지막까지 돌보다가 에베소에서 생을 마쳤다고 한다. 그리스도를 개인적으로 알던 그의 편지는 최고 장로의 권위를 보여준다. (1:2; 2:1; 4:6, 14장을 보라)

그는 요한계시록에 약 300개의 구약의 암시를 사용한 반면 이 편지들에서는 가인이 아벨을 죽이는 구약의 이야기가 단 한번 인용되었다. 그 이유로 일부 성경학자들은 이 편지들의 저자가 사도 요한이 아니라고 주장한다. 그러나 이 편지들을 요한복음과 비교하면 형태나 단어의 유사성을 볼 수 있다. '영생', '새명령', '그리스도 안에 있음' 등 요한복음서의 고유한 표현과 '어두움 안에서 걷는다' 혹은 ' 기쁨이 넘치기를' 등은 복음서와 이 편지들에 공통적으로 사용된 표현들이다.

또한, 복음서와 이 편지들은 명확한 대조법으로 크리스챤의 삶을 묘사했다. 진실이나 거짓의 구별은 잘못된 것이고 모든 것은 의견일 뿐이라고 말하는 현대사회의 상대주의와 요한의 주장은 완연히 다르다. 요한과 성경은 이러한 태도를 완전히 거부한다. 삶과 죽음, 빛과 어두움, 진실과 거짓, 사랑과 미움, 공의와 무법, 하나님의 자녀와 사탄의 자녀, 아버지의 사랑과 세상의 사랑, 그리스도와 적그리스도, 그리고 가장 큰 차이인 천국과 지옥 등의 대조를 요한은 보여주었다. 이러한 대조는 다른 선택의 여지를 주지 않는다. 둘 중 하나를 선택해야 할 뿐 다른 선택은 불가능하다.

이런 면에서 이 편지의 저자가 요한이라는 증거는 거의 확실하고 초대교회의 아버지인 이레니우스와 파피아스도 요한이 이 편지들의 저자임을 확언했다.

AD 95년의 도미시안의 교회 박해 사건이 언급되어 있지 않은 점으로 보아 이 편지들은 아마도

AD 90년 경에, 요한복음을 쓴 후, 요한이 계시록을 쓴 바트모스 섬에 귀양가기 전에 썼을 것으로 추측한다.

요한일서

요한의 편지를 읽는 독자들

요한일서가 특정한 개인에게 쓰여진 편지는 아니지만 어떤 특정한 종류의 사람들을 염두에 두었음은 분명하다. 2:12-14은 '어린 아이들', '젊은이들', 그리고 '아버지들' 세 그룹의 사람들에 대하여 말하고 있다:

여기서 믿는 사람들을 육신의 나이가 아니라 영적 나이로 분류했다. 새로 믿기 시작한 '어린 아이들'은 믿음의 성장에 고기보다는 우유가 필요한 사람들이다. 요한은 이들이 용서와 아버지 하나님 두가지를 경험했지만 나머지에 대하여는 잘 모르는 상태에 있다고 말했다.

'젊은이'들은 성장하여 성숙해져서 어린 아기들보다 강하고, 성경을 이해할 수 있고 사탄과의 싸움에서 승리하는 법을 아는 사람이다.

'아버지'라 불리우는 사람들은 나이가 들고 깊고 넓은 경험의 소유자들이며 하나님과 성숙한 관계를 가지고 있다.

요한은 사람들을 남성으로 표현했고 신약성경은 '형제 자매들'이라고 말하지 않고 '형제들'이라고 말했다. '무 성차별'이나 '포괄주의'의 현대 사회에 사는 우리들은 남성을 강조하는 성경을 제대로 이해하고 하나님 앞에서 혼란해진 성별의 차이를 수정해야 한다.

성경이 남성에게 촛점을 맞추는 이유는 교회의 성격과 힘이 그에 속한 남자들을 통해 나타나기 때문이다. 교회와 가정을 이끌어갈 지도자의 책임이 있는 남자들의 성품은 교회 전체의 성격을 결정한다. 내가 '하나님을 위한 남성들'이라는 주제의 학회를 위하여 시간과 정열을 쏟은 이유는 바로 이 때문이었고 나는 남편의 변화에 감사하는 아내들의 많은 편지를 받았다. 대체적으로 교회의 여성들이 남성들보다 영적으로 앞서 있다. 그러나 남편이 영적으로 아내보다 앞서 있을 때에 교회는 강해진다. 남편이 앞서있지 않으면 지도자의 역할을 제대로 할 수 없다. 그렇다고 여성이 열등하다는 말이 아니라 그들은 남편의 역할을 보완하는 위치에 있다는 말이다.

요한이 편지를 쓴 이유

직접 방문은 못하지만 그들을 사랑하는 마음을 나타내며 요한은 독자들을 '나의 자녀들'이라고 불렀다. 편지의 걱정스러운 내용에서 요한이 편지를 쓴 이유를 두가지 측면에서 볼 수 있다:

제 1목록

요한은 그의 독자들에게 다음과 같이 부탁했다:

만족하라 (1:4). '충만한 기쁨'에 대한 그의 글은 그들이 자신들의 생활에 불만족했었음을 암시한다.

죄 짖지 말라 (2:1). 그들이 깨끗한 삶을 살기를 원했다.

안전하라 (2:26). 그들이 모든 악마의 계책과 특히 거짓 가르침에서 안전하기를 원했다. 악마는 거짓 가르침으로 교회에 악영향을 주었다.

확신하라 (5:13). 무엇보다도 독자들이 믿음의 확신을 갖기를 원했다. 크리스챤들은 확신이 있어야 한다. 이 편지가 말하는 확신에 대한 교리는 중요하다. 매일 불확실한 상태로 살지 말고 그리스도 안에서 우리의 정체성을 확실히 알고 우리는 하나님의 가호아래 있음을 '알아야' (여기에서 중요한 단어이다) 한다.

제2 목록

반면에 다음과 같은 동기들도 볼 수 있다:

관계의 조화를 촉진시키라 (1:3);
행복감을 조성하라 (1:4);
거룩함을 보호하라 (2:1);
이교도를 막으라 (2:26);
소망을 주라 (5:13).

요한은 예수님이 '나를 따르라' 고 말씀한 지 60년의 세월이 지난 후에 이 편지를 썼다. '나는 믿음의 할아버지이다. 너희들은 만족하고 자신이 누구인지 확신을 가져라. 거룩한 소망으로 가득찬 조화를 이루라.' 라고 말하는 긴 수염을 기른 노인이 된 요한과 그의 편지에 들어있는 부드러운 목회자의 마음을 볼 수 있다.

요한일서 요약

요한이 편지를 쓴 이유는 알 수 있지만 그 내용을 요약하기는 쉽지 않다. 반복되는 내용 때문에 편지의 분석이 거의 불가능하다. 그의 생각은 한 방향으로 진행되지 않고 맴돈다. 나는 한방향으로 진행되는 형식으로 글을 쓰기 때문에 한방향으로 발전되는 내용의 분석을 좋아한다. 사도바울도 법률가의 태도를 가지고 이런 형태의 글을 썼다. 같은 주제를 가지고 계속 맴도는 형태의 글은 나에게 불편하다. 이러한 요한일서의 형식은 요한의 직업, 나이, 국적으로 설명할 수 있다.

1. 직업

요한은 바울과 같은 법률가가 아니라 어부였다. 그는 직선적인 유형으로 생각하는 교육을 받지 않은 사람이었다.

2. 나이

노인들은 같은 말을 되풀이하는 경향이 있다. 듣는 사람들은 노인들의 지혜를 구분하여 받아드려야 한다.

3. 국적

나는 요한이 유대인의 구두 방식에 따른 글을 썼다고 생각한다. 구약의 잠언과 신약의 야고보서는 같은 내용을 반복하고 있다. 구조가 없는 이책들을 공부하려면 전체적으로 이해해야 한다.

세상의 말인가 하나님의 말씀인가?

다음 페이지의 도표를 사용하여 요한일서의 주제를 공부해보자.

이 도표는 세상을 두개의 반원으로 나타낸다. 하나는 하나님의 말씀에 의하여 다스려지는 생명, 사랑, 빛의 세상이고 다른 반원은 무법, 거짓말, 색욕의 세상이다. 요한은 독자들에게 하나님의 말씀에 의한 삶을 살기 위하여 말씀에 촛점을 맞추고 세상의 말에 유혹당하지 말라고 호소했다. 모든 크리스챤들은 이러한 선택을 해야 한다. 세상을 사랑하면 세상적인 삶을 살게 되고 하나님의 말씀을 사랑하면 그들과 전혀 다른 삶을 살게 될 것이다.

이 편지는 긍정적이었다가 부정적으로, 그리고 다시 긍정적으로 돌아온다. 우리는 모두 필요하다; 우리는 무엇을 믿어야 할지와 믿지 말아야 할지, 그리고 어떤 태도를 지녀야 할지와 지니지 말아야 할지를 알아야 한다.

요한일서의 형태를 다음과 같이 요약할 수 있다:

    생—1:1-4...긍정적
    빛—1:5-2:11...긍정적
    색욕, 거짓, 무법—2:15-3:10...부정적
    사랑—3:11-4:21...긍정적
    삶—5:1-21...긍정적

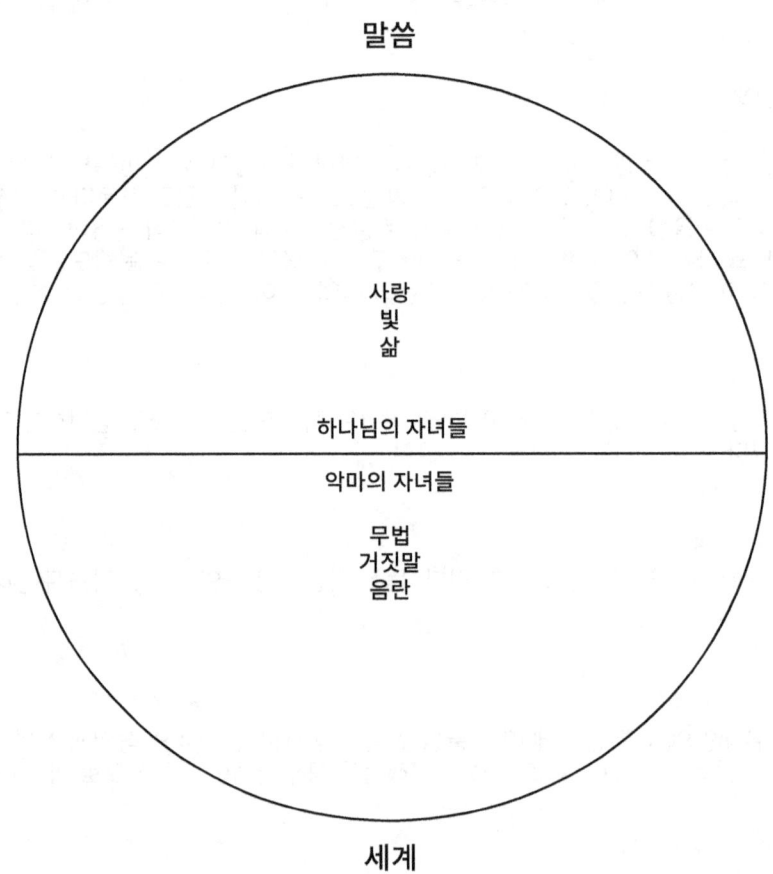

이제 요한일서의 주제들을 살펴보자.

사랑

'하나님은 사랑이시다' 라는 표현은 성경 전체에서 요한만이 사용했다. 이런 교육을 받은 크리스챤들에게는 친숙한 표현이지만 당시 사람들에게는 혁명적인 표현이었다. 이 세상의 어느 종교도 이런 표현을 사용하지 않는다. 유대교에서 말하는 '하나님이 우리를 사랑하신다' 는 다른 의미의 말이다. '하나님은 사랑이시다' 라는 말은 하나님이 한사람 이상임을 의미한다. 혼자서 '사랑' 에 빠질 수는 없다'. 아버지, 아들, 성령의 삼위일체이신 하나님을 '하나님은 사랑이시다' 라고 표현할 수 있다. 세상이 창조되기 전, 서로 사랑하는 아버지와 아들과 성령이 이미 계셨다.

이단

요한의 편지는 독자들의 영적 건강과 거짓된 가르침이 끼치는 영향에 대하여 말했다. 이 편지에서 '그들' 이란 거짓 선생들을 일컫는 말이다.

거짓 선생들은 성경적이 아닌 헬라의 철학을 가르치며 육체와 영은 분리되어 있다고 가르쳤다.

오늘날에도 이러한 잘못된 사상을 볼 수 있다. 예를 들어, 성경에는 '거룩' 과 '세상적' 의 차이에 대한 구분이 언급되어 있지 않다. 나는 '나의 직업은 세상적이에요' 라고 말하는 크리스챤들에게 세상적인 직업이란 없음을 말해준다. 부도덕하거나 불법의 직업을 제외하고 세상적인 직업은 없다. 죄 외에 세상적인 것은 없다. 예전에 영국 북부의 유명한 가수가 이에 대한 나의 설교를 듣고 결신한 적이 있다. 그는 TV 광고의 음악을 만드는 자신의 직업이 세상적이라고 생각했었으나 그의 직업을 통해서 하나님께 영광을 돌릴 수 있다는 나의 설교를 듣고 깨우침을 받았다.

헬라의 철학은 육적인 것은 죄악이고 영적인 것만이 선하다고 가르치며 육적인 것은 더럽고 죄악에 찬 것이라는 인상을 사람들에게 주었다. 이 사상은 교회의 교리와 발전에 다음과 같은 영향을 끼쳤다.

1. 믿음

요한은 거짓 선생들이 이러한 사상을 예수님에게도 적용시키는 것을 가장 염려했다. 그들은 하나님이 인간으로 오신 것을 믿지 못하고 영원한 하나님이 어떻게 한정된 삶을 사는 인간으로 오실 수 있는지를 이해하지 못했다. 하나님이 어떻게 이땅에서 인간으로 존재할 수 있는가?

이러한 믿음은 여러가지 형태로 발전했다. 예수님이 육체를 가지고 오신 것이 아니라 그렇게 보였을 뿐이라고 믿는 가현설을 주장하는 이단이 생겼다. 요한은 육신으로 오신 예수님을 믿지 않는 것은 악마의 사상이라고 말하며 자신이 직접 예수님과 만나고 그를 만졌음을 간증했다. 예수님은 지금도 살과 뼈를 가진 인간이시다. 새시대의 철학은 인간 예수님과 하나님이신 그리스도를 분리하는 가현설과 비슷한 사상을 가르치고 있다.

에수님이 30세에 세례를 받은 후 그리스도가 되셨고, 그 전까지의 예수님은 인간이었다고 말하는 이단도 생겼다. 그가 운명할 때 '그리스도'는 떠나고 인간이신 예수님이 돌아가시고 묻혔다고 주장하는 이 이론은 예수님과 그리스도를 별개의 존재로 여겼다.

마찬가지로, 새시대 철학을 가르치는 선생들은 그리스도만 받아드리고 예수님은 무시한다. 누구나 그리스도를 맞을 수 있다는 그들의 미묘한 주장은 많은 사람들을 속이고 새시대가 성경적인 말과 의미를 가르치는 것으로 믿게 한다. 새시대의 거짓 선생들은 하나님은 시간 밖에 존재한다고도 말한다—크리스챤들에게는 생소한 개념이다. 성경은 하나님이 시간 밖에 존재한다고 말하지 않았다. 영원하신 하나님과 전혀 다른 의미이다. 시간은 하나님께 실제적이다. 하나님은 계셨고, 지금도 계시고, 미래에도 계신 분이다. 하나님이 시간 안에 있는 것이 아니라 시간이 하나님 안에 있다.

하나님을 시간에서 완전히 분리시켰던 헬라인들의 믿음을 지금도 볼 수 있다. 천국에 가는 것은 시간을 초월하는 것으로 믿는 크리스챤들이 많이 있는데 이것은 옳지 않다. 우리는 영원한 삶으로 들어가고 시간은 영원함으로 펼쳐진다. 하나님과 성경 안에서 시간은 실질적이고 역사 (history) 는 '그의 이야기 (his story)' 이다.

그러나 이런 선생들은 자신들의 지식이 교회보다 우월하다고 믿었다. 그노스티시즘의 한 형태로 몇백년이나 교회 주변에 이런 사상이 맴돌았고 오늘날에도 다른 형태로 계속되고 있다.

요한은 이단과 여러번에 걸쳐 투쟁했다. 그는 그리스도가 재림하실 때 인간의 모습으로 오실 것을 강조하며 육체적인 시각, 청각, 촉각을 사용하여 '우리는 그를 보았다, 그를 만졌다, 그의 말씀을 들었다.' 라고 말했다.

요한에게 강생은 기본이고 모든 것은 궁극적으로 우리가 생각하는 예수님에게로 향한다. 그는 완전한 하나님이시며 인간이시고 그의 육과 영은 하나로 연합되어 있다. 다른 세계와 현세가 접해 있어서, 말씀이 육체가 되어 우리와 함께 거하심으로, 시간과 영원 그리고 영과 육의 분리를 주장하는 헬라의 사상이 거짓임을 증명해준다. 템플 주교는 '이 세상의 많은 종교들 중에서 크리스챤의 믿음이 가장 물질적이다' 라고 말했다.

2. 행동

육신과 영의 분리를 믿는 헬라 사상은 예수님에 대한 믿음 뿐아니라 그들의 행동에도 영향을 끼쳤다. 구원은 육신의 행동과 전혀 상관이 없다고 믿는 그들의 믿음은 교회의 믿음의 정상적인 일부로 여겨졌고 이런 이유로 비도덕적인 삶을 사는 사람들은 자신들을 영적인 사람으로 자부했다.

이것은 첫 단계로 죄가 문제가 되지 않는 크리스챤의 삶으로 발전한다. '나는 천국행 표를 이미 가지고 있어서 죄는 나와 상관이 없어' 라고 말하고 '크리스챤에게 죄는 적용되지 않는다.' 라고 말하며 하나님 앞에서 자신들은 아무 죄가 없는 완벽한 사람이라 생각한다.

사람들이 그리스도를 받아들일 때 미래의 죄까지 용서받았다고 잘못 생각한다. 그리스도를 받아들였을 때 과거의 죄는 용서되었지만 미래의 죄는 계속적으로 용서 받아야 한다. '계속하여 우리의 죄를 자백하면, 신실하신 그는 우리의 죄를 계속 용서하시고 예수님의 피는 우리를 부정에서 깨끗게 하실 것이다' 라고 요한은 말했다. 그리스도 앞에 나왔다고 해서 마음대로 죄를 지을 수 있는게 아니라 과거의 죄를 용서받았을 뿐, 계속하여 우리의 죄를 자백하고 용서받아야 한다.

요한의 메세지는 오늘날의 교회에 꼭 필요하다. 헬라 사상은 교회내의 무법, 부도덕, 그리고 크리스챤들은 정상적인 도덕의 법칙 위에 존재한다는 영적 우월감을 초래했다. 하나님은 완벽하고 공평하시다; 그는 믿는자나 믿지 않는자의 죄를 그저 간과하지 않으시고 진실된 회개가 있을 때에 용서하기 위하여 기다리신다.

이러한 잘못된 가르침은 요한이 살아있었던 당시의 교회에 혼란을 가져왔다. 어떻게 믿어야 할지와 하나님과의 관계에 대한 혼란속에서 사람들은 당황했다. 구원은 불확실했고 죄에 대하여 무관심했다. 선생들은 이러한 '보통 크리스챤' 들에 대하여 신경쓰지 않았다.

확신

그러나 요한은 크리스챤들에게 확실한 믿음에 대하여 다음의 네가지 측면에서 자세히 살펴보라고 목회자의 입장에서 조언하고 설명했다:

1. 교리적 시험

먼저 교리적 시험이다. 모든 진실된 크리스챤들은 그리스도에 대한 그들의 생각을 반영하는 이 시험에 통과해야 한다. 인간 예수님이 하나님이라는 확신이 없는 불안정한 믿음을 가진 사람은 이 테스트를 통과하지 못한다. 요한은 세 편지에서 '안다' 라는 동사를 25번 사용했다. 요한은 그노스틱 선생들이 주장하는 '고도의 지식'에 반한 믿는 사람들의 지식의 중요성을 믿었다. 예수님이 하나님에게 가장 잘 반응한 훌륭한 인간이라고 생각하는 많은 교인들은 성경이 가르치는 하나님이시며 인간이신 예수님을 믿지 않기 때문에 이 시험을 통과하지 못한다.

2. 영적 시험

요한은 '하나님이 내리신 성령에 의하여 우리가 그의 자녀임을 알고 있다.' 라고 말했다. 하나님의 성령과 하나님의 자녀인 우리의 영에 대한 증인인 성령이 없이 우리는 두번째 시험을 통과하지 못한다. 어떤 사람들은 성경에 의하여 자신들이 크리스챤임을 믿는 것으로 충분하다고 생각하고 성경을 통한 확신을 주장하지만 확신은 신약성경이 아니라 성령에 의하여 주어진다. 성경을 인용하여 크리스챤임을 증명할 수 없다. 성경이 아닌 성령이 우리가 크리스챤임을 알려준다. 이것은 매우 중요한 영적 시험이다. 성령이 없는 사람은 아직도 악마의 소유에 있는 것이다.

3. 도덕적 시험

세번째는 도덕적 시험이다. 하나님 앞에서 올바로 사는 사람은 하나님에게 속해 있음을 양심을 통하여 알 수 있다. 양심은 확신의 일부분이다. 성경적으로 공의를 행하고 하나님의 법도를 지킬 때 우리가 그의 자녀임을 확실히 알 수 있다. 그러나 하나님의 법에 어긋난 행동을 하는 사람은 세번째 시험을 통과하지 못한다.

4. 사회적 시험

마지막은 사회적 시험이다. 우리는 크리스챤들을 사랑하지 않으면서 그리스도를 사랑한다고 말할 수 없다. 그리스도를 사랑하면 형제 안에 있는 그리스도도 사랑해야 한다. 형제를 미워하는 것은 그들을 사랑하는 아버지를 미워하는 것과 같다.

또 다른 증거는 유대인에 대한 우리의 사랑이다. 그들은 사랑스럽지 않다. 인간적인 차원에서 나는 유대인보다는 아랍인들과 더 친하게 지낼수 있다고 믿는다. 그러나 성령이 유대인을 향한 사랑을 주실 수 있다. 자연스러운 일이 아니라 초자연적인 일이다. 예수님은 그들을 '형제'로 부르셨고 그들의 행동에도 불구하고 하나님은 아직도 그들을 사랑하신다.

특히 우리의 사랑과 기도를 통해 하나님의 사랑이 우리 안에 거하는 지를 알 수 있다. 하나님의 사랑을 품은 사람은 정상적으로 사랑할 수 없는 사람들 까지도 하나님의 자녀로 보고 사랑할 수 있게 된다.

하나님과의 교제에 확신이 있는 사람은 자신이 하나님의 자녀임을 알고 매일 자신있는 삶을 살게 된다. 이러한 자신감은 하나님을 통한 그들의 태도에서도 볼 수 있다. '아버지, 예수님의 이름으로 이것을 구합니다.' 라고 기도하고 하나님이 듣고 대답하여 주실 것을 알고 있다.

또 사람들 앞에서 자신있게 행동한다. 자신이 하늘나라의 자녀임을 아는 사람은 이 땅에서도 왕족의 자녀로서 사람들 앞에서 대담하게 말할 수 있는 자신감을 갖게 된다.

죄

마찬가지로 누가 참된 크리스챤이 아닌지를 식별하는 것도 중요하다. 요한 당대의 교회에는 그리스도를 믿지 않지만 교회에 속한 크리스챤들이 있었다. 이런 사람들을 구분할 수 있는 한가지 방법은 죄의 여부라고 요한은 설명했다. 그의 말이 모순적으로 들릴 때도 있다. 믿는 사람들도 죄를 지을 수 있다고 하다가 죄를 지을 수 없다고 말할 때도 있어서 많은 사람들은 이 점에 대하여 혼돈스러워 한다.

여기서 우리는 요한이 정의하는 '죄'를 분명히 알아야 한다. 그는 '무법'을 죄로 정의했다. 이것은 남에게 무책임한 태도를 의미한다. 요한은 그리스도가 우리의 죄를 위하여 오셔서 악마의 계책을 파괴시키셨다고 말했다. 죄는 악마의 자녀들에게는 정상이지만 하나님의 자녀들에게는 비정상이다.

1. 가능성

요한이 가장 걱정한 믿는 사람들의 죄에서 논쟁이 일어난다. 이에 대한 요한의 말을 여러가지로 해석할 수 있다. 믿는사람들에게 죄란:

    논쟁의 여지가 없다―우리는 죄를 짖는다.
    피할 수 없다―우리는 죄를 지을 것이다.
    양립할 수 없다―우리는 죄를 짖지 말아야 한다.
    받아드릴 수 없다―우리는 죄를 지으면 안된다.
    변호의 여지가 없다―우리는 죄를 지을 필요가 없다.
    적용할 수 없다―우리는 죄를 짖지 않는다.
    생각할 수 없다―우리는 죄를 지을 수 없다.

사람들은 요한이 말하는 죄에 대한 모순에 대하여 논쟁한다. 예를 들어 요한일서 1:8과 그 후의 내용들을 비교해 보자:

    만일 우리에게 죄가 없다고 하면 우리는 자신을 속이는 것이 되며 진리가 우리 속에 있지 않습니다. (1:8)

    하나님의 자녀들은 계속해서 죄를 짓지 않습니다. 이것은 하나님의 씨가 그 사람 속에 있기 때문입니다. 그는 하나님에게서 태어났으므로 계속 죄를 지을 수가 없는 것입니다. (3:9)

    하나님의 자녀는 계속해서 죄를 짓지 않는다는 것을 우리는 압니다. 하나님의 아들이 그를 지켜 주시기 때문에 악한 마귀도 그를 건드리지 못합니다. (5:18)

첫번째 구절은 죄를 피할 수 없음을 말하고 나머지 두 구절은 하나님의 자녀는 죄짖지 못한다고 말한다. 그러나 이렇게 말할 수 있는 사람은 몇 되지 않을 것이다. 우리는 이 말씀들을 어떻게 해석하여야 하는가?

2. 주요 구절의 해석

요한일서 3:9를 살펴보자.

(a) 주요 문제

이 구절은 하나님의 자녀로 거듭난 사람은 (물과 성령으로, 요한복음 3:5) 죄를 짖지 않고 죄를 지을 수 없다고 말한다. 이에 대한 여러가지 해석이 있다:

i. 말 그대로이다—그렇다면 이 말은 죄를 지을 가능성이 있다고 말하는 1:8과 5:16절과 모순된다.

ii. 여기서 말하는 죄는 조잡하고 뻔뻔스러운 죄를 의미한다: 악덕, 범죄와 사랑을 거부하는 죄. 어거스틴, 루터, 웨슬리 등 유명한 신학자들은 이 해석에 동의했다.

iii. 믿는자가 잘못했을 때, 하나님은 이것을 죄라고 부르지 않는다. 그렇다면 도덕에 대한 두가지의 표준이 있다는 말이 된다.

iv. 이 말은 거듭난 성품에 대한 말이다. '예전의 사람'은 계속하여 죄를 짖지만 '거듭난 사람'은 죄를 짖지 않는다. 그러나 크리스챤은 갈라져 있는 두사람이 아니고 한사람이다!

v. 이 구절은 실제 보다는 이상을 표현하고 있다. 우리가 추구해야 할 목적일 뿐 우리가 성취할 수 있다고 생각하는 것은 아니다.

vi. 이 구절은 습관적으로 계속되는 죄를 의미한다. 계속하여 죄를 짖는 사람을 의미한다.

(b) 사소한 문제

i. 믿는 사람이 죄를 짖지 않는 것은 '하나님 안에서 거듭났기' 때문이다. 재생산은 공의로 우리를 이끈다. 그러나 누가 공의롭다고 자칭할 수 있겠는가?

ii. 두번째로, 하나님의 씨가 믿는 사람 안에 있다고 한다. 이 단어는 '정자'라는 의미를 갖고 있다. 그러나 이 말을 어떻게 해석하여야 하는가? 인간의 정자, 동물이나 식물의 정자라고 해석할 수 있다. 그러나 '그의 씨'라는 말을 분명하게 이해하기는 어렵다. 하나님의 씨인가 믿는자의 씨인가?

iii. 세번째 문제는 이 구절의 내용이 무조건적인지 조건적인지를 알 수 없다. '그리스도 안에서 산다' 라는 말도 여러 해석이 가능하다. 9절과 같이 무조건적으로 '하나님 안에서 거듭난' 사람들에게만 적용되는가? 아니면 6절에 있듯이 조건적으로 '하나님 안에서 사는' 사람들에게만 적용되는가? 무조건적인 말씀은 언제나 성립된다. 조건적인 말씀은 조건이 충족될 때만 성립된다.

우리는 이 구절을 어떻게 이해해야 하는가?

먼저 우리는 왜 요한이 이러한 말을 했는지를 알아야 한다. 그는 '한번 구원받으면, 언제나 구원받은 것이다' 라고 말하지 않고 자신을 사도로 칭하는 사람들이 계속하여 죄를 짖고 죄를 받아드리는 태도에 대하여 말했다!

하나님의 자녀로 거듭났기 때문에 죄를 지을 수 없다는 요한의 말에는 재생산이 공의로 이어진다는 의미가 함축되어 있다. 믿는자의 삶에 죄가 있을 자리는 없다.

두번째로, '그의 안에 거하는 사람들은 계속하여 죄를 지을 수 없다' 의 헬라어 동사는 계속되는 현재 진행형의 특별 시제이다. 이 동사는 한번 일어난 일이 아니라 계속되는 일을 의미한다.

예를 들어, '구하라. 그러면 받을 것이다. 찾아라. 그러면 찾을 것이다. 문을 두드려라. 그러면 열릴 것이다.' 가 아니라 '계속하여 구하라, 그러면 받을 것이다; 계속하여 찾아라. 그러면 찾을 것이다. 계속하여 문을 두드려라. 그러면 열릴 것이다.' 라고 예수님은 말씀했다. 요한복음 3:16절도 일반적으로 잘못 이해되고 있다. 여기서도 현재 진행형 시제가 사용되었다: '하나님이 세상을 무척 사랑하셔서 하나밖에 없는 외아들을 보내 주셨으니 누구든지 그를 계속하여 믿으면 멸망하지 않고 영원한 생명을 얻는다.' 한번 믿어서 영생을 얻는 것이 아니라 계속하여 믿는 삶을 의미한다.

이 구절은 '그리스도 안에서 계속하여 살지 않는 사람은 계속하여 죄를 지을 것이다.' 라고 말한다. '산다' 라는 말은 '참고 견딘다' 라는 말과 같다. 요한복음 15장의 '나는 참 포도나무이니 내안에 거하라' 라는 말은 '내안에 머무르라', '계속하여 내안에 살라' 는 의미이다.

그리스도안에서 계속하여 살지 않는 사람에게 영적 진보란 있을 수 없고 하나님의 약속을 향해 나아갈 수 없다.

앞서 인용한 세번째 구절 (요한일서 5:18)은 이것을 보충한다: '하나님의 자녀는 계속해서 죄를 짓지 않는다는 것을 우리는 압니다. 하나님의 아들이 그를 지켜 주시기 때문에 악한 마귀도 그를 건드리지 못합니다.'

하나님 안에서 거듭난 자는 '계속하여 죄를 짖지 않는다.'—그리스도 안에서 살아서 계속 진보되어 승리할 것이므로 계속 죄를 지을 수 없다. 그리스도와의 관계가 이 약속의 진실을 결정한다. 이 편지는 크리스챤들이 죄를 지을 것을 가정했다. 이 땅에 완벽한 사람은 없지만—계속하여 죄를 지으면 않된다.

이 내용을 확실히 이해하기 위하여 히브리인의 입장에서 이 편지를 살펴 보자. 용서함 받았으나 계속하여 죄를 짖는 것은 속죄의 희생물이 더이상 없음을 의미한다. 크리스챤들이 절대로 죄를 짖지 않을 것이라는 말이 아니라 그리스도 안에서 산다면 이를 해결해야 한다는 말이다. 한가지 증거는 우리는 크리스챤으로서 죄 짖는 것을 미워한다. 죄를 싫어하고 그것을 떨쳐 버리기를 원한다. 그리스도안에서 사는 사람은 계속하여 죄를 지을 수 없다. 우리 안에 있는 새로운 자신과 맞지 않는 성질이기 때문이다.

이 말씀 후의 5장의 메세지는 중요하다. 형제가 죄를 지을 때 우리는 그가 죄악의 길에서 돌이키도록 최선을 다하여 도와야 한다. 이렇게 형제를 '구원해야' 한다. 요한은 '죽음에 도달한 죄악' 에 대하여서도 말했다. 죄로 인하여 죽음에 도달한 형제를 위하여 더이상 기도할 필요가 없다!

계속 뒷걸음치는 사람들은 언젠가는 돌아오지 못하는 시점에 당도할 것이라고 성경은 말씀했다. 죽음에 도달하는 죄악에 대한 경고를 우리는 심각하게 받아드려야 한다. 히브리서는 회개가 불가능한 지점에 도달할 수 있음을 강조했고 요한은 형제가 너무 죄를 지어서 기도조차 그를 구할 수 없음을 말했다. 그리스도 안에서 살지 않고 참 포도나무 가지에서 떨어졌음을 의미한다.

죄와 믿는 사람들에 대한 요한의 말은 전체적으로 균형이 잘 잡혀 있다. 너무 예민하거나 나태하지 않은 하나님에 대한 건강한 두려움이 우리를 그리스도안에 거하게 할 것이다.

하나님

요한은 죄에 대한 그의 글을 통해 하나님이 어떤 분이신지를 사람들이 이해하기를 원했다. 하나님은 '빛'이시고 순결하고 거룩하고 이세상의 도덕과 다른 분이다. 하나님은 '생명' 이시다. 죄는 죽음을 낳지만 생명은 하나님에게서 오는 우리에게 주신 선물이다. 요한이 묘사하는 하나님은 우리와 교제하시기 원한다. '교제' 란 '나눔' 혹은 '동업'을 의미한다. 요한은 이러한 하나님과의 교제를 위한 조건을 다음과 같이 설명했다:

1. 빛안에 거하라

우리는 빛을 받아드리고 어두움을 멀리 해야 한다. 은밀한 삶을 사는 사람은 하나님이나 그의 백성들과 교제할 수 없다. 우리의 삶은 투명해야 한다.

2. 사랑안에 거하라

하나님과 형제들을 꼭 사랑해야 한다. 우리가 그들을 사랑하지 못하면 하나님을 사랑할 수 없다. 아주 간단하다. '구언약'에서 서로 사랑하라는 명령이 있었지만 예수님이 이것을 '새언약'이라 말씀하신 이유는 처음 이 명령이 주어진 후 60년이 지났기 때문이었다.

3. 생명안에 거하라

그리스도는 새 생명의 삶에 필요한 모든 것을 주셨다; 그러므로 믿는 사람들은 이러한 삶을 살아야 한다.

편지를 읽는 독자들이 그리스도와의 기쁨의 교제를 경험하기를 간절히 원했던 요한의 모습을 우리는 분명히 볼 수 있다.

요한 이서와 삼서

개요

이 두 편지를 공부하기 전에 먼저 남자와 여자의 차이점을 살펴보면 이 편지들의 목적과 요약을 이해하는데 도움이 될 것이다. 하나님이 우리를 그의 형상에 맞게 창조하셨을 때 그는 우리를 서로를 보완하는 남자와 여자로 만드셨다. 우리는 남자의 강한 점과 약한 점이 여자의 약한 점과 강한 점과 대응되는 놀라운 이치를 발견한다. 우리는 서로가 필요하다.

다음 페이지에 있는 도표는 남자와 여자의 차이점을 보여준다—물론 평균 이상의 남자와 여자도 있고 여성스러운 남성과 남성스러운 여성도 있지만, 하나의 원은 일반적인 남자를 보여주고 다른 원은 일반적인 여자를 보여준다.

인도주의자들은 남자와 여자 그리고 가운데 섞여 있는 하나의 차원만이 있다고 가정한다. 그러나 우리는 남자와 여자로 분리되는 두개의 차원을 알고 있다.

이것은 요한이서와 삼서의 다른 점을 이해하는데 도움을 준다. 요한이서는 신약성경에서 여자에게 쓰여진 단 하나의 편지이고 요한삼서는 거의 같은 내용이지만 남자들을 위하여 쓰여졌다. 같은 주제이지만 반대의 내용이다.

남녀의 뚜렷한 시각적 차이는 남자의 각진 몸매와 여자의 부드러운 선의 몸매이다. 남자는 분석적인 두뇌를 가지고 있고 여자는 직감적이다. 나의 아내는 나보다 6주일 먼저 나와 같은 결론을 내리는 경우를 보았다. 남자는 생각하고 분석하지만 여자는 훨씬 직감적이다.

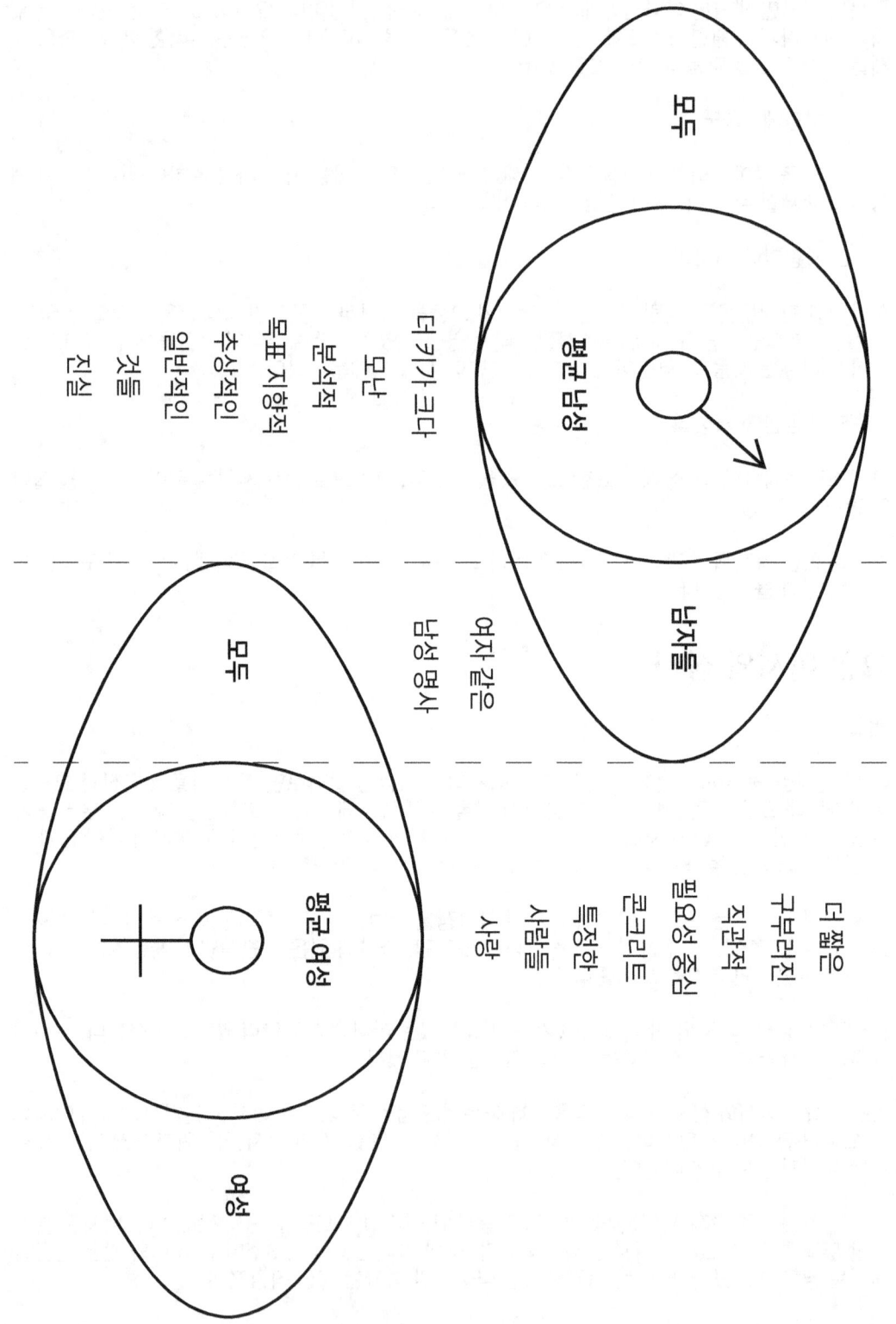

남자는 추상적으로 생각하고 여자는 구체적으로 생각한다. 남자는 일반적인 것을 생각하고 여자는 특정한 것을 생각한다. 남자는 목적을 추구하고 미래를 위하여 살지만 여자는 필요성을 추구한다. 남자는 목적 달성으로 만족해 하지만 여자는 필요를 느낄 때 만족한다. 남자는 사물에 관심이 있지만 여자는 사람에 관심이 있다.

이런 차이는 대화에서도 나타난다. 남자들의 모임에서는 오토바이나 자동차에 대한 이야기를 하지만 여자들은 사람들과의 관계에 대한 화제를 좋아한다.

남자는 그의 생각과 감정을 분리시키지만 여자는 전체적으로 생각한다. 이것은 왜 남자는 여러 명의 여자를 동시에 사랑할 수 있는 지를 설명하고 여자는 한번에 한 남자만 사랑할 수 있는지를 설명한다. 여자들은 남자들의 신체적 이유로 인한 유혹이 있음을 이해해야 한다. 남편이 사무실의 여직원과 바람을 피웠을 때 아내는 그가 자신을 더이상 사랑하지 않는 것으로 가정한다. 그러나 그는 아내를 아직도 사랑하고 있다고 말한다. 이 상황은 물론 잘못 되었지만 남자들의 본능을 잘 보여준다.

차갑고 분석적인 남자들의 능력은 왜 남자가 훈련에 대한 책임이 있는지를 설명한다. 그들은 감정과 생각을 분리할 수 있어서 처벌이 필요한 상황에 부딪쳤을 때 이를 객관적으로 다룰 수 있다. 나는 사형을 지지한다. 사형장의 단추를 누를 수 있는지 나에게 물으면 나는 할 수 있다고 말할 수 있다. 그러나 나의 아내에게 절대로 이런 일을 시킬 수 없을 것이다.

이것은 남자는 진실을 추구하고 여자는 사랑을 추구하는 차이 때문이다. 남자들은 너무 진실만 추구하여 사랑이 결핍될 위험이 있고 여자는 진실이 결핍되고 사랑에 치중할 위험이 있다. 요한이서와 삼서는 이러한 유형을 보여준다. 두 편지가 유사하지만 성별의 차이를 고려한 대응적인 내용이다.

요한이서와 삼서의 요약

요한이서	요한삼서
여자	남자
관대함	**진실과 사랑**
여자에게	남자에게
위험: 사랑에 치중함	위험: 진실에 치중함
자세: 마음이 약함	자세: 고집이 셈
문이 활짝 열려 있음	문이 너무 꽉 닫혀 있음
잘못된 사람들을 환영함	올바른 사람들을 거부함
진실에 태만함	사랑에 태만함
잘못된 믿음	잘못된 행동

우리는 둘 다 필요하다...

여자	남자
사랑	진실
사랑과 진실	진실과 사랑

요한이서	요한삼서
여자	남자
관대함	**진실과 사랑**
여자안에	남자안에

A4 사이즈 정도의 파피러스 한장에 다 적을 수 있을 정도로 이 편지들은 매우 짧다. '관대함'에 대한 주제를 가진 이 편지들은 아마 동시에 쓰여졌을 것이다.

관대함은 크리스챤들이 환영받지 못했던 초대교회 당시에 특히 중요했다. 여관은 매음굴의 역할을 하고 있어서 여행하는 목사들이 묵을 만한 곳이 못되었고 교회 건물이 없어서 서로의 집에서 만났다. 거의 모든 목사들은 교인들의 경제적 도움에 의지했다.

교회는 여행하는 사역자들과 지역의 사역자들이 필요했다. 어떤 교회들은 지역 사역에만 의존하고 다른 사역자들의 말을 받아드리지 않았다. 어떤 교회들은 방문하는 사역자들에게만 의존했고 자신들만의 사역자들이 없었다. 그러나 신약성경은 지역 사역자들인 목사와 선생들 그리고 방문하는 사도, 선지자, 복음 전파자들이 있었음을 알려준다. 크리스챤의 초기 문서중 하나인 디다셰는 사흘 이상 머무는 선지자는 가짜라고 말했다. 그들이 오래 머물면 너무 엄격하게 가르치는 경향이 있어서 그들은 떠나야 했다.

선지자들과 복음전파자들은 여행하며 방문했다; 목사와 선생들은 한곳에 머물러 있었다. 목사들은 자신들이 한 교회의 목회자가 되어야 하는지 여행하며 사역하는 목사가 되어야 하는지를 잘 판단해야 한다. 두가지를 다하려 든다면 교회에 지장을 줄 것이다. 나는 목사가 있는지 없는지 알 수 없는 문제의 교회들을 많이 보았다.

요한은 관대한 대접의 결핍을 느끼고 두장의 편지를 썼다. 각 편지는 성별의 차이에 대한 약점을 보여준다—여자들은 아무나에게 관대했고 남자들은 너무 관대하지 않았다. 여기서 우리가 배울 점이 있다.

여자들은 너무 사랑에 치중하고 진실을 소홀히 하는 위험이 있다. 환영하지 말아야 할 사람들까지 환대한다. 연약한 그녀는 아무나에게 관대하다. 이러한 여자들을 이용하여 교회에 거짓 가르침이 들어왔다. 요한은 이러한 여자들을 타이르고 진실을 소홀히 하지 말것을 당부했다.

여러 이단들이 여자들을 통하여 교회에 침투했다. 여자들은 선생들에게 동정을 느끼더라도 그의 가르침을 잘 판단할 필요가 있다. 바울이 디모데에게 쓴 두번째 편지에서 이단적인 선생들이 연약한 여자와 과부들을 속여 성공적인 사역을 이어나갔음을 볼 수 있다. 바울은 디모데에게 교인들이 잘못 된 길로 가지 않게 보호하기를 부탁했다. 이것은 또한 여자가 교회 안에서 가르치지 말아야 하는 이유중 하나이기도 했다. 아담이 잠잠히 지켜보는 가운데 하와가 속임수를 당했다.

반대적인 위험은 요한삼서에 나타난다. 요한은 남자들이 자신만의 사역을 위하여 다른 선생들을 환영하지 않은 질투심을 지적했다. 그들은 교회를 위하여 말씀을 전할 좋은 선생들을 거부했다. 너무 진실에 치중한 결과 사랑을 잊은 것이다. 그들은 자신의 교리가 100퍼센트 맞다고 생각하고 남의 가르침의 필요성을 느끼지 못했다. 문을 닫은 그들의 태도는 너무 강팍했다.

이 편지들은 남자와 여자의 협조를 강조했다. 서로를 위하라고 우리를 창조하신 하나님의 의도는 우리의 결혼 생활에만 한정된 것이 아니다. 예수님은 한 남자와 한 여자의 완벽한 관계를 보여주시는 본보기이다. 남자와 여자의 책임과 역할의 분명한 구분에 대하여 둘 다 하나님의 형상을 하고 동등한 존엄성, 타락, 운명을 지녔음을 말씀하셨다. 우리는 여자의 사랑과 진실이 필요하고,

남자의 진실과 사랑도 필요하다.

요한2서와 요한3서 분석

요한이서		요한삼서	
1-3	진실 속의 사랑	1	진실 속의 사랑
4	진실을 따름	2-4	진실을 따름
5-6	사랑을 따름	5-8	사랑을 따름
7-9	진실을 거부함	9-10	사랑을 거부함
10-11	환대하지 말라	11-12	모방하지 말라
12-13	우리의 기쁨	13-15	너의 평화

함께 쓰여진 이 편지들은 같은 유형을 따르고 있다. 요한이서는 부녀라는 의미의 키리아에게 쓰여졌지만 이것이 어떤 여인의 칭호였는지 우리는 알 수 없다. '자녀'들은 그녀의 집에서 모이는 영적 자녀들을 의미할 수도 있다. 위의 분석은 두 편지가 같은 유형을 따르지만 남자와 여자에게 다른 것을 강조함을 보여준다.

요한삼서는 가이오에게 쓰여졌고 디오드레베라는 사람에 대한 경고와 부정적인 묘사가 있다. 말이 많고, 잘난 체하고, 고집이 세고, 권력에 굶주린 사람이었던 그는 작은 교회를 독차지하기 위하여 다른 선생들을 거부하고 사람들이 그들의 말을 듣지 못하도록 했다. 사도요한의 방문도 거절하고 그의 편지를 찢어버리기도 했다.

그와 동조하지 않는 사람은 교회에서 내쫓고 그와 동의하지 않는 사람들이나 사도들에게 적대심을 품었다. 그의 믿음이 정통적이었는지에 대한 기록은 없지만 그는 다른 선생들의 가르침을 방해했다.

요한은 존경받는 선생 데메드리오를 거부하지 말고 받아드리라고 가이오에게 부탁했다. 데메드리오가 지역의 사역자였는지 방문하는 목사였는지는 확실치 않다. 교회에 편지를 배달한 우편 배달부였을 수도 있다.

연로한 사도

우리는 교회의 문서들을 통하여 연로한 요한에 대한 두가지의 이야기를 알고 있다. 그들은 균형적인 요한의 진리와 사랑의 말씀에 대하여 기록했다. 요한은 특히 예수님의 인성에 대하여 타협하지 않고 진리를 붙잡았지만 다른 한편으로는 사랑이 넘치는 노인이었다.

초대교회의 저자인 제롬은 AD 90년대의 요한에 대하여 다음과 같이 기록했다: 요한은 매우 연로했고 인력거를 타고 교회에 매주 나왔다. 교회 사람들은 요한에게 설교를 부탁했고 그는 앞에 의자에 앉아서 '자녀들이여, 서로 사랑하라.' 라고 말했다.

다음 주일에도 설교를 부탁하면 그는 '너희들을 위하여 오늘 전해 줄 말이 있다.' 라고 대답하고 앞으로 나와서 또 '자녀들이여, 서로 사랑하라.' 라고 말했다.

다음주에도 같은 일이 반복되자 그들은 요한이 망녕이 들었다고 생각했다. 그들이 요한에게 '선생님, 왜 항상 자녀들이여 서로 사랑하라' 라는 같은 설교만 반복하십니까?' 라고 묻자 그는 '이것이 하나님의 명령이고 이것을 지킬 수 있으면 충분하기 때문이다.' 라고 답했다고 한다.

또 다른 이야기는 요한의 진리에 대한 강한 태도를 보여준다. 그는 로마의 목욕탕에 자주 갔는데 하루는 목욕탕에서 맞은 편에 세린투스라는 사람이 있는 것을 보았다. 그는 교회들을 방문하는 거짓 선생들의 대표적인 사람이었다. 요한은 '우리 피하자! 피하자! 진실의 적인 세린투스가 있어서 목욕탕이 무너질지도 모른다.' 라고 외쳤다고 한다.

사람들은 목욕도 하지 않은 요한을 빨리 집으로 모셔왔다. 사랑이 넘치는 요한에게 진실도 중요했다.

예수님이 요한을 처음 만났을 때 그는 성미가 가장 고약한 사람들 중 한사람이었다. 예수님은 요한과 그의 형인 야고보를 천둥의 아들이라는 의미로 '강열한 설교자'라고 불렀다! 사마리아 사람들에 대한 반응은 요한에게 기대할만한 행동이었다. 제자들이 사마리아 지역을 통과할 때에 사마리아 인들이 그들에게 침을 뱉자, 요한은 '예수님이 허락하신다면 하늘에서 불이 내리도록 간구하여 이 사람들을 불살라 버리겠습니다!' 라고 말했다.

나중에 요한과 야고보의 어머니는 예수님이 천국에 들어가시면 다른 사람들보다 높은 지위를 요구할 것을 아들들에게 지시했다.

어떤 사람들은 그의 부드러운 성품은 연로한 까닭이라고 말한다. 그러나 나이가 든다고 누구나 부드러워지는 것은 아니다! 예수님이 사랑하신 이 사람은 조금씩 조금씩 그의 스승의 성품을 닮아간 것이다.

예전의 좋지 않았던 그의 성품은 이 편지들에서 찾아 볼 수 없다. 사랑과 진실이 충만했던 그는 다른 사람들도 그렇게 되기를 바라는 사람으로 변화되었다. 예수님이 그를 변화시켰고 그는 이 편지들을 통하여 사람들이 구세주를 알고 높이 섬기기를 원했다.

58. 요한계시록

다양한 해석

요한계시록에 대한 다양한 해석과 의견들을 볼 때 이들이 과연 같은 책에 대한 것인지가 의심스러울 정도이다.

인간적 의견

사람들의 의견은 매우 다양하다. 이책이 불신자들을 위한 책이 아니므로 요한계시록을 '정신병자'가 쓴 글로 여기는 그들의 반응은 이해가 되고 그들에게 크리스챤의 성경을 소개하기에 가장 부적당한 책인 것은 확실하다.

그러나 크리스챤들도 요한계시록을 두려워하거나 요한계시록에만 도취되어있는 등 다양한 태도를 보인다! 성경학자들마저도 '단어의 수만큼 많은 수수께끼가 있다'; '괴상한 상징들이 마구잡이로 들어있다'; '정신병자이거나 읽고 난 후에 정신병자가 된다.' 등 여러가지 부정적인 말을 한다.

놀라운 것은 개혁 장로교인 (Protestant Reformers) 들이 요한계시록을 아주 낮게 평가한다는 점이다:

> 루터: '사도적이나 선지자적이지 않다... 사람들은 자신의 영이 이끄는 대로 생각한다... 이 책보다 훌륭한 책들이 있고... 나의 영은 이 책의 내용과 동의할 수 없다.'

> 캘빈: 신약성경 주석에서 요한계시록을 제외시켰다!

> 즈윙글리: '성경이 아닌' 요한계시록의 증거를 거부할 수 있다.

이들의 부정적인 자세는 종교개혁에서 파생된 여러 종파들에게 영향을 끼쳤다.

초대교회 당시에 이 책을 성경에 포함시키는데 대한 논쟁이 있었으나 5세기 경에는 모두들 거부감없이 요한계시록을 성경의 한권으로 받아드렸다.

요한계시록을 '신약성경에서 가장 순수하고 예술적인 대작'; '형용하기 어려울 정도로 아름다운 책' 이라고 부르는 긍정적인 성경 주석가들도 있다. 성경 해석에 '자유주의' 적이며 요한계시록에 대한 주석들을 수집했던 윌리암 바클리는 '축복받기 위하여 이 책의 풍성한 내용을 이해하도록 노력할 가치가 있는 책' 이라고 말했다.

사탄의 의견

사탄의 의견은 항상 부정적이다. 악마는 성경의 첫 페이지들과 (그가 어떻게 지구에서 권세를 잡

앉는지에 대한 설명) 마지막 페이지들을 (그가 어떻게 권세를 잃게 되는지에 대한 설명) 증오한다. 그는 사람들이 창세기는 불가능한 신화이고 요한계시록은 이해할 수 없는 신비라고 여기기를 바란다.

음성테이프에서 요한계시록 20장의 사탄이 이 책을 증오하는 증거에 대한 나의 설교부분만 운송 중 파손되었거나, 악마가 멸망하는 부분의 설교 내용이 아예 지워져 버린 경우가 있었고; 녹음된 설교 내용 위에 외국어로 비명지르는 소리가 더해져서 설교 내용을 알아 들을 수 없게 된 테이프들도 있었다!

이 책은 악마를 허세부리는 자라고 부른다. 그는 하나님의 허락 아래 이 땅에서 왕자와 지배자로 군림하지만 이것은 일시적일 뿐이다.

하나님의 경고

성경에서 요한계시록만 상과 벌에 대한 직접적인 하나님의 경고를 묘사한다. 자신과 다른 사람들을 위하여 큰소리로 이 책을 낭독하는 사람들과 (1:3) 묵상과 적용으로 '이 말씀을 지키는' 사람들에게는 (22:7) 특별한 축복이 내릴 것이고 이 책의 내용을 조금이라도 바꾸는 사람들에게는 특별한 저주가 내릴 것이다. 내용을 더하거나 추가하는 자에게 이 책에 기록된 재앙들이 내리고 이 책의 내용을 조작하는 자는 새 예루살렘성의 영원한 삶에서 제외될 것이다.

이러한 축복과 저주는 하나님이 요한계시록에 기록된 진실을 얼마나 중요하게 여기시는 지를 보여주고 이보다 더 이상 이 책의 중요성을 강조할 수는 없을 것이다.

이러한 배경에서 이 책을 자세히 살펴보기로 하자.

먼저 성경안의 요한계시록의 위치를 보라. 창세기가 처음에 있어야 하듯이 요한계시록은 하나님의 '이야기'를 완성시키는 책이므로 마지막에만 있을 수 있다.

성경을 그저 이 세상의 역사로서 간주한다면, 요한계시록을 제외시켜야 하겠지만 성경적 역사는 보통 역사서들과 다르다. 역사가들이 사건을 보고 기록하기 훨씬 전에서 시작하고 인간이 볼 수도 없고 기록할 수도 없는 미래를 예언함으로 훨씬 후의 시간으로 끝맺는다.

물론 예언이 인간의 상상인지 하나님이 주신 영감인지에 대한 의문을 제기할 수 있고 이에 대한 답은 믿음의 깊이에 달려있다. 아주 간단한 선택이다: 믿던지 않믿던지이다. 이것이 이성적인 답은 아니지만, 믿음이 이성의 반대는 아니다. 성경적인 창조과 종말은 현재를 설명하는 가장 적합한 설명이다. 마지막에 어떻게 끝날 지를 아는 지식은 우리의 삶에 깊은 의미를 부여한다.

성경의 관심은 환경보다는 인간, 특히 하나님이 선택하신 사람들에게 있다. 그들과 하나님은 결혼 같은 '언약'의 관계에 있고 어떤 면에서 성경은 하늘나라의 아버지가 이 땅에서 그의 아들의 신부를 찾고 있는 사랑의 이야기로 볼 수 있다. 성공적인 사랑의 이야기처럼, 그들도 '결혼하여 영원히 행복하게 산다.' 이러한 마지막은 요한계시록에서만 볼 수 있어서 이 책이 없이는 우리가 약혼을 했는지 (고린도후서 11:2) 파혼을 했는지 모를것이다!

요한계시록이 많이 사용되지는 않지만 이 책이 없는 성경은 상상할 수 없다. 초대교회의 부패한 교리, 행실, 성품, 대화를 하던 다음 세대에게 쓴 짧은 유다의 편지가 신약성경의 마지막이라고 상상해 보라. 이렇게 끝난단 말인가? 성경은 실망스러운 용두사미격의 책이 될 것이다!

쉬운 내용은 아니지만 우리는 요한계시록이 있음에 감사한다. 첫 몇장과 마지막 몇장은 좀 이해가 되지만 중간 부분은 이해하기 어렵다. (6-8장) 다른 성경들과 다른 매우 독특한 이 내용들을 살펴보기로 하자.

묵시문학의 본질

요한계시록은 내용면에서 뿐만 아니라 쓰여진 동기도 다른 성경들과 매우 다르다.

다른 성경들은 기록하기 위한 목적으로 시작되었다. 저자들 자신이 직접 혹은 비서나 대필자를 사용하여 (로마서 16:22) 미리 의도한 내용을 종이와 펜으로 기록했다. 글로 적기 전에 어떤 내용을 쓸지 이미 알고 있었고 저자의 성격, 성품, 미래에 대한 안면과 경험등이 성령이 이끄는 '영감'과 그의 생각과 느낌을 통하여 기록되었다.

학자들은 사도요한의 다른 글들과 (요한복음, 요한 일서, 이서, 삼서) 계시록에서 여러가지 다른 점을 발견했다. 요한계시록의 형태, 문법, 사용된 단어들은 요한의 다른 글들과 매우 달라서 이 책은 다른 '요한'이 썼다고 할 정도이다. 그들은 애매모호한 암시를 통해 에베소의 한 장로를 저자로 추측했다. 그러나 계시록의 저자는 자신을, '나, 요한은' (1:9) 이라고 소개함으로서 그가 잘 알려진 인물임을 분명히 나타낸다.

또 이러한 차이점을 간단하게 설명할 수 있다. 그는 처음에 계시록을 쓰려는 의도가 없었고 생각조차 한 적이 없었다. '계시록'은 구두과 시각적인 환상으로 그에게 나타났다. 그가 목소리를 듣고 환상들을 보고 있는 도중에 모든 것을 기록하라는 지시가 계속 내려왔다. (1:11, 19; 2:1, 8, 12, 18; 3:1, 7, 14; 14:13; 19:9; 21:5). 계속 주어지는 이 지시는 요한이 앞에서 벌어지는 광경에 도취되어 중간 중간 쓰기를 잊고 있었음을 알려준다.

이 상황은 능통한 헬라어로 쓰여진 그의 다른 책에 비해 계시록이 왜 '열등한 헬라어'로 적혀있는지를 설명한다. 계시록은 글 쓰기가 매우 어려운 상황에서 다급하게 쓰여진 글이다. 영화를 보면서 '보고 듣는 모든 것을 종이에 쓰는' 상황을 상상해 보라. 대학생들이 강의시간에 받아 쓴 자신들의 노트를 보면 얼마나 급하고 짧게 쓰여있는지를 볼 수 있다. 그렇다면 나중에 요한은 왜 편집하고 정서하지 않았는가? 계시록의 마지막에 누구든지 이 글을 바꾸는 사람은 저주를 받을 것이라는 말씀을 받아 적은 후에 그는 편집할 수 없었을 것이다!

이것은 요한이 계시록의 저자가 아니라 '대필자'였음을 알려준다. 그러면 '저자'는 누구인가? 메세지는 천사들에 의하여 전달되었고 성경은 교회에 주는 말씀이고 예수 그리스도에 대한 계시이다. 또 하나님이 예수님에게 주신 말씀이다. 하나님, 예수님, 성령, 천사들, 요한—이렇게 여러 층의 단계가 있다. 요한은 그의 경험을 누구에게 영광을 돌려야 할지 혼돈스러워 했으나 (19:10; 22:8-9) 이 책에서 첫 두분만이 경배를 받는다.

이책은 '계시록'으로서의 자격이 있다. 헬라어인 아포칼립시스라는 단어가 첫 문장에 사용되었고 현재 흔히 사용되는 묵시문학의 형태와 내용으로 알려져 있는 이 단어의 어근은 '보여준다' 라는 의미를 가지고 있다.

커텐을 젖히고 그 뒤에 숨겨졌던 내용들을 보여준다.

성경적인 문맥을 고려할 때 하나님은 알고 계시지만 인간에게는 숨겨져 있었던 내용을 보여준다. 하나님이 알려주기를 원하지 않으면 인간이 절대로 알 수 없는 내용이다. 특히, 하늘나라에서 어떤 일이 벌어지고 있는지 또 미래에 어떤 일이 일어날 지 우리는 알 수 없다. 요한이 기록하고 해석한 사건들은 시간과 공간 안의 역사의 흐름을 부분적으로 설명한다.

하나님이 역사를 쓰실 때 전체적인 것을 보여주신다. 그의 이야기가 그의 역사이다. (History is His story) 그는 '처음부터 끝까지, 고대시대부터 앞으로 올 종말까지' 보여주신다. (이사야 46:10) 과거, 현재 그리고 미래는 하나님 안에서 연결되어 있다.

하늘나라와 이 땅도 마찬가지이다. 위로 올라가는 것과 아래로 내려오는 것이 서로 관련되어 있다. 계시록의 한가지 어려움은 내용의 배경이 이 땅에서 하늘나라로 계속 바뀌고 반복된다는 점이다. 이것은 위의 사건들과 아래의 사건들이 연결되어 있기 때문이다. (하늘나라의 전쟁이 이 땅의 전쟁을 초래한다; 12:7; 13:7)

역사 안의 '묵시'는 하나님의 관점에서 전체적인 그림을 보여준다. 우리의 지각을 초월한 하늘나라의 사건들에 조명하여 세상의 사건들을 이해할 수 있도록 우리의 지각을 넓혀준다. 우리에게 선견과 영감을 주고 보통 역사가들보다 훨씬 고도의 지각으로 주변에서 일어나는 일들을 포괄적으로 이해하도록 돕는다.

우리가 볼 수 없는 유형과 목적이 보인다. 역사는 아무렇게나 일어난 사건들의 모음이 아니다. 우연은 섭리로 변화하고 역사는 방향성을 가지고 움직인다.

시간은 영원의 의미를 지니고 시간과 영원함은 서로 관련되어 있다. 하나님은 헬라 철학이 상상하듯이 시간 밖에 존재하는 분이 아니다. 그는 시간 안에 계신다; 혹은 시간이 하나님 안에 있다. 그는 예전에도 계셨고, 지금도 계시고, 앞으로도 계실 하나님이시다. 하나님도 과거는 바꿀 수 없지만 단 한번 그런 일이 있었다! 예수님의 죽음과 부활은 바뀌거나 취소될 수 없다.

하나님은 그의 계획과 목적을 시간이라는 틀 안에서 이루어 가신다. ('그리스도와 시간', 오스카 컬맨, SCM Press, 1950) 그는 역사의 주인이시다. 우리는 숨겨진 내용들을 보며 그의 역사하심을 분별할 수 있다. 인간의 안목에는 숨겨져 있지만 하나님이 보여주시는 현상을 신약성경은 '신비'라고 부른다.

미래의 조명하에 과거와 현재의 사건들의 방향은 뚜렷이 나타난다. 역사의 유형은 단기간에 볼 수 없고 장기간에서만 보게 된다. 하나님에게 시간은 실제적이고 상대적이다. 그에게 '천년이 하루같다.' (시편 90:4, 베드로후서 3:8에서 인용) 그의 놀라운 임재는 우리가 보기에 '느리게' 느껴진다. (베드로후서 3:9)

성경은 사람들이 보는 것과 달리 역사를 '철학적'으로 본다. 이 차이점은 보편적으로 받아드려진 네가지 역사론을 다음과 같이 비교함으로서 확실히 볼 수 있다:

1. 회전론. '역사는 계속 되풀이 된다.' 끝없는 원형으로 돌고 돈다. 진보, 퇴보, 다시 진보의 주기가 계속된다. 이것은 헬라의 사상이다.

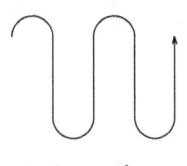

2. 회전 진행론. 회전론에서 파생되었다. 역사는 진보와 퇴보를 계속하면서 앞으로 진행한다. 진보의 상태에서 끝날지 퇴보의 상태에서 끝날지는 아무도 모른다.

3. 낙관론. 세상은 계속 진보된다. 20세기 초의 한 영국수상이 말했듯이 '계속 올라간다'. 그 당시 사람들은 '진보'라는 말을 입에 달고 살았다. 역사는 올라가는 승강기였다.

4. 비관론. 20세기 말의 사람들은 '생존' 이라는 말을 입에 달고 살았다. 비관적인 역사가들은 우리가 내려가는 승강기에 타고 있다고 말한다. 속도가 느려질 수는 있지만 멈출 수는 없다. 세상은 생명이 살 수 없을 때까지 퇴보할 것이다. (그들은 이런 결과가 2040년 쯤 있을 것으로 예상한다!)

성경이 말하는 역사의 유형은 위의 것들과 매우 다른 사실에 의거한 낙관적인 요소와 비관적인 요소가 섞인 현실적 이론이다.

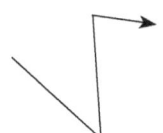
5. 묵시론. 세상은 점차적으로 퇴보하다가 갑자기 좋아져서 그 상태를 유지할 것이다.

유대교, 기독교, 공산주의는 마지막 유형을 믿고 이 믿음은 히브리의 선지자에게서 왔다. (칼 마르크스는 유대인 어머니와 루터교의 아버지에게서 태어났다). 이들의 기본적인 차이점은 급격한 변화의 원인이다. 공산주의는 인간의 혁명, 유대교는 하나님의 역사, 기독교는 예수님의 재림이 변화를 가져온다고 믿는다.

요한계시록을 읽어본 사람은 계시록이 이러한 믿음으로 구성되었음을 알게 될 것이다. 처음에 현재에 대한 내용이 있고, 점차 악화되는 미래에 (6-18장) 대한 내용이 있다가 갑작스런 그리스도의 재림과 일치하는 (19장) 좋아지는 때가 온다. (20-22장)

'묵시론' 에는 두가지의 성격이 있다.

묵시론은 '도덕'에 기준한다. 전능하고 완전하고 좋으신 하나님이 역사를 만드시므로, 그의 공의로움이 선을 격려하고 악을 심판하실 것을 우리는 기대한다.

그러나 국제적 정세나 개인적 경험에서는 이 것을 볼 수 없다. 삶은 불공평하고 역사는 도덕과 무관해 보인다. 공의로운 사람들은 고통 당하고 악한 사람들은 잘 살아간다. '왜 하나님은 이런 상태를 계속하여 허용하는가?' 라고 우리는 계속 질문한다. 당황한 욥, 다윗 (시편 73:1-4), 예수님 (마가 15:34, 시편 22:1) 그리고 그를 위하여 순교한 크리스챤들 (요한계시록 6:10) 에 대하여 성경은 적나라하게 기록하고 있다.

부분적으로 이러한 의심들은 과거와 현재에 대한 근시안적인 우리의 안목 때문이다. 미래와 궁극적인 결과를 고려하는 긴 안목의 자세는 우리의 이해를 완전히 바꿀 수 있다. (욥 42; 시편 73:15-28; 히브리서 12:2; 요한계시록 20:4; 이에 대한 바울의 요약은 로마서 8:18에 있다).

성경은 모든 '묵시론'에 대한 말씀을 도덕을 근거로 한 원근 통시법으로 이해할 것을 격려한다. (다니엘 7-12와 요한계시록은 이를 보여주는 좋은 본보기이다). 우리는 도덕적인 세상에 산다. 보좌에 앉으신 좋으신 하나님은 모든 것의 올바른 결과를 가져올 것이다. 악한 자는 심판하시고 공의로운 자는 상주실 것이다. 세상을 바로 잡고 올바른 삶을 산 사람들이 다스리도록 하시고 마지막은 행복한 결과로 끝날 것이다.

요한계시록을 포함한 '묵시문학'은 상, 응보, 회복과 같은 주제에 중점을 두고 세상의 모든 일들을 완벽하게 통치하시는 높은 보좌에 계신 하나님을 그림으로 보여준다. '그림' 으로 보여준다는 점에서 두번째의 성격을 볼 수 있다.

그림으로 보여주는 것은 '상징적'이라는 의미를 내포하고 있다. 우리가 알지 못하는 것을 전해야 하므로 상징적일 수 밖에 없다. 알지 못하는 것은 유추법을 통하여 아는 것과 연결되어야 한다. ('마치, 이런 것과 같다') 하늘나라에 대한 예수님의 우화들은 우리의 이해를 돕기 위하여 세상적인 상황을 사용하셨다. ('하늘나라는 마치…')

사람들이 이해하도록 하려면 정보도 중요하지만 상상력도 동원시켜야 한다. 마음에 '그림을 그릴 수' 있다면, '아 이제 알겠다.' 라는 말을 하게 될 것이다.

요한계시록에는 상형 언어가 많이 사용되었다. '상징'적 단어는 우리가 이해할 수 없는 것을 마음 속에 그리게 하여 우리의 이해의 증진을 돕고자함임을 나는 강조한다. 이 책의 상징들이 애매모호하거나 분명치 않다고 해서 이 책의 가르침을 무시하거나 거부하는 경우가 있다.

어떤 상징들의 의미는 분명히 알 수 있다. '용' 이나 '뱀'은 악마를 의미하고 '불못'은 지옥을 의미한다. '위대한 흰 보좌'는 하나님의 심판의 보좌이다.

어떤 상징들에는 설명이 주어졌다. '별'은 천사를, '촛대'는 교회를, '봉인', '나팔', '대접'은 재앙을, '향'은 기도의 올려짐을, '열개의 뿔'은 왕들을 의미한다.

어떤 상징들은 병행으로 나타난다. 구약성경은 생명수, 무지개, 샛별, 쇠막대기, 말탄자, '야생동물'로 비유된 폭군의 통치에 대하여 말한다. 이러한 상징물들은 그들의 자체적 의미를 보여준다고 할 수 있다.

애매모호한 몇가지 상징들도 있다. 예를 들어 '흰돌' 에 대한 학자들의 해석은 다양하다. 무죄의 선언? 승인의 상징? 훌륭함의 견장? 우리가 흰돌을 하나 받을 때까지는 이것의 의미는 알 수 없을 것이다.

상징적인 숫자도 있다. '7' 의 숫자가 많이 나온다—별, 촛대, 등잔불, 봉인, 나팔, 대접. 성경에서 '7'은 완전하고 완벽함을 의미한다. '12'는 하나님의 구약시대의 열두지파와 새 사도들과 연관되어 있다; '24'는 그들을 합친 숫자이다. '1,000' 은 가장 큰 숫자를 의미한다. 이스라엘 각지파의 '12,000' 은 '144,000' 의 전체적인 숫자의 바탕이다.

사람들은 '666'이라는 숫자에 주목했다. 이 숫자는 7의 '완벽'에 실패한 인간을 의미한다. 예수님이 천년왕국 (라틴어로는 밀레니움이다) 을 다스리기 전에 있을 세상의 마지막 독재자의 정체를 나타내는 숫자이다. '666'은 (M=1000)을 제외한 로마 수의 합계이다. (I=1 + V=5 + L=50 + C=100 + D=500) 그러나 그의 정체가 뚜렷해질 때까지 이 숫자를 사용해서 그를 찾아내려는 시도는 실패할 것이다.

미래의 사건들을 통해서만 분명히 알 수 있는 소수의 애매모호한 상징들을 제외한 요한계시록의 대부분의 내용을 우리가 이해할 수 있음에 대하여 하나님에게 감사드린다.

물론, 그는 '선지자'들의 입과 인간의 목소리를 통하여 말씀하신다. 요한은 그가 전하는 메세지가 그의 것이 아님을 깨달았고 '이 예언'을 글로 쓰라는 지시를 받는다. (1:3; 22:7, 10, 18, 19) 요한은 사도이면서 선지자이므로 이 책은 신약성경의 유일한 '선지서'이다.

예언은 '지금의 일' 과 (현재 주시는 하나님의 말씀) '미래의 일'에 대하여 말한다. (미래에 대한 하나님의 말씀) 요한계시록은 양쪽 모두 다루지만 대부분이 미래에 대한 예언이다.

이 예언이 언제 성취될 것인가? 벌써 성취되었는가? 지금 진행되고 있는가? 아니면 앞으로 있을 일들인가? 이에 대한 여러가지의 의견들을 살펴보자.

주석학파들

요한계시록의 삼분의 일정도는 예언이다. 그 예언들 안에서 56번의 사건들이 일어난다. 그중의 약 반은 평범한 표현이고 나머지는 상징적인 표현이 사용되었다.

대부분의 사건들은 4장 이후에 나타나고 이 땅에서 하늘나라로 그리고 현재에서 미래에 대한 말로 바뀐다. ('여기에 올라오면 이후에 어떤 일이 있을지를 보여주겠다'; 4:1)

이것은 글 쓰는 사람과 일세기에 살던 사람들에게는 미래의 사건들이다. 그러나 예언이 얼마나 먼 미래의 일을 말하고 있는가? 이 사건들은 우리에게는 과거인가, 현재인가 아니면 미래인가? 이 일들이 성취되었는지를 알기 위하여 과거를 돌아보아야 하는가, 현재나 미래를 보아야 하는가?

이 점을 다루는 다양한 의견들 중 일반적으로 네 부류의 '주석학파' 의 주장이 받아드려졌다. 이 주석들은 한 측면에서 보는 의견들이다. 어느 것이 맞는지를 결정하기 전에 모든 주석을 고려하는 것은 중요하다. 처음에 듣고 본 것을 그저 따르는 것은 위험하다.

이 네 학파들을 다음과 같이 부른다:

1. 과거주의 학파

이 학파는 교회의 박해가 있었던 로마제국의 쇠퇴기 동안에 모든 예언들이 성취되었다고 주장한다. 1세기의 크리스챤들에게 2세기와 3세기에 있을 일들에 대비시키기 위하여 요한계시록이 쓰여졌고 바빌론의 '일곱 산' (17:9) 위에 있는 '위대한 성'은 로마를 의미한다고 주장한다. (베드로도 비슷한 비유를 들었다; 베드로전서 5:13)

대부분의 예언들은 우리에게는 '과거' 의 사건들로 가르침을 준다. 성경의 역사적인 교훈은 중요하다. 과거에서 영감과 교훈을 배울 수 있다.

모든 성경공부는 저자와 원래의 독자들의 문맥에서 시작하여야 한다는 자세가 이 학파의 장점이다. 이 사건들이 그들에게 어떤 의미가 있었는가? 저자의 본래 의도와 독자들이 그들의 환경에서 무엇을 이해했는지를 공부하는 것은 올바른 해석과 적용에 필수적이다.

그러나 여러가지 단점들도 있다. 소수의 예언만이 로마제국 시대에 실현되었다. 어떤 특정한 사건과 일치시키는 것보다는 일반적인 경향에 적용시킬 수 있다. (어떤 학자들은 '666'이 '네로황제'에게서 온 숫자라고 말하기도 하지만 요한계시록은 그가 죽은 지 30년 후에 쓰여졌다!) 이러한 적용은 로마제국 멸망 후에 계시록의 대부분의 내용과 현실의 직접적인 연관성이 사라지고 훗날의 교회와도 별로 관련이 없게 된다. 책의 마지막 몇장이 미래의 종말임을 대부분의 학자들이 인정한 것을 고려할 때, 교회 역사의 시작과 마지막 사이에는 거대한 빈 공간이 생기고 요한계시록은 역사에 직접적인 인도를 하지 못한다고 볼 수 있다. 이러한 단점을 보강하기 위하여 두번째 학파가 생겼다.

2. 역사주의 학파

이 학파는 요한계시록의 예언이 그리스도가 처음 오셨을 때부터 재림하실 때까지의 '교회 역사' 에 관한 것이라고 주장한다. 계시록은 이 전체적 역사에서 중요한 사건들과 위기들을 다루는 예수님이 오신 후의 일들을 상징적으로 보여준다. 우리는 이 시기 안에 살고 있고 이미 일어난 일들을 통하여 앞으로 다가 올 일도 알 수 있다.

한 학자는 요한계시록과 케임브리지 고대와 현대 역사 라는 책의 내용들을 상호 참조시킨 결과 우리는 16-17장 정도의 시기에 살고 있다는 의견을 내놓았다.

요한계시록이 크리스챤의 세대에 직접 관련이 있다고 주장한 이 의견은 사람들의 관심을 불러 모았으나 이 주장에도 단점이 있다.

그들은 상호 참조를 위하여 역사적 사건들을 인공적으로 맞추는 시도를 했다. 또, '역사가'들은 성경과 역사의 상호 대조에 나름대로의 의견을 제시했다! 그들이 올바른 방법론을 사용했다면 다수가 결과에 동의했을 것이다. 그들은 아직도 성취되지 않은 내용들을 맞추려 노력하고 있다.

요한계시록의 내용이 그리스도가 처음 오셨을 때부터 재림하실 때까지 일직선으로 전개된다고 믿는 이 학자들을 '일직선적 역사가' 라고 부르기로 하자.

또 다른 분류는 이 책의 예언들이 교회역사를 한번 이상 다루며 반복적으로 처음으로 돌아와 사건들을 새로운 측면에서 다룬다고 믿는 '주기적 역사가'들이 있다. 정복자 이상으로 라는 (윌리엄 헨드릭슨, 1960) 유명한 책에서 저자는 7개의 주기를 발견했고 각 주기는 교회 역사 전체 (1-3, 4-7, 8-11, 12-14, 15-16, 17-19, 20-22) 를 나타낸다고 주장했다! 그는 '새천년' (20장)을 재림 (19장) 전의 사건으로 보고 '새천년 후'의 관점을 주장했다. 그러나 이러한 '진보적 병행론' 에는 인위적인 요소가 다분하다. 특히 19장과 20장의 근본적인 분리는 정당화 시킬 수 없다.

직선적이건 주기적이건 역사학파들의 해석은 아마도 가장 미약하고 납득시키기 어려운 주장일 것이다.

3. 미래주의 학파

이 학파들은 대부분의 예언이 재림이 다가오는 마지막 몇 년 사이에 성취될 것이라고 믿는다. 우리에게는 미래의 일들이다. 악마가 세상을 통치하는 최고조의 시기에 하나님의 백성들에게 있을 큰 환란에 대한 예언이다. (요한계시록 7:14; 마태복음 24:12-22)

삼년 반이라는 짧은 기간안에 모든 사건들이 일어날 것이다. ('한때와 두때와 반때'; '마흔 두달'; '천이백육십일'; 11:2-3; 12:6; 14)

이 예언들이 정확하게 미래에 있을 사건을 보여준다고 믿고 말 그대로 해석하는 경향이 있다. 과거의 역사에 맞출 필요가 없이 수많은 재앙은 세상의 마지막과 직접 연결된다.

대부분의 내용들이 마지막 세대의 믿는 사람들에게 주는 말씀이라면 이 책이 역사를 통과하는 교회들에게 주는 메세지는 무엇인가? 놀랍게도 미래주의 학자들은 환란이 오기 전에 교회가 하늘나라로 올려질 것임으로 마지막 세대의 크리스챤들은 이에 대하여 염려할 필요가 없다고 믿는다!

이들은 요한계시록을 어떤 '달력'으로 보고 미래의 일들을 도표와 시간표로 짜려고 시도한다. 이런 시도에 서로 동의하지 못하는 이유는 아마도 계시록이 상상의 목적을 위하여 쓰여지지 않았기 때문일 것이다.

4. 이상주의 학파

이 학파들은 특정한 시간에 대한 참조를 모두 제외하고, 특정한 사건과의 연결보다는 보편적인 적용을 추구한다. 계시록의 상징은 '영원한' 선과 악의 투쟁이고 이 책이 주는 '진리'의 메세지는 어느 시대에나 적용된다. 하나님과 사탄의 전쟁은 계속되고 있지만 하나님의 승리는 '이겨내는' 교회가 경험할 수 있고 '주요 메세지'는 시간과 공간을 초월하여 언제나 적용시킬 수 있다.

이 학파는 모든 사람들이 요한계시록을 자신을 연관시킬 수 있음을 깨우쳐준다. 투쟁의 삶의 일원으로서 '그들 안에 거하시는 분은 세상 사람보다 위대한 분이다' 라는 확신을 가질 수 있게 해준다. (요한일서 4:4) '정복자들보다 더 높은 위치' 에 있을 수 있다. (로마서 8:37)

그러나 이 주장은 계시록을 '신화' 같이 취급하여 영적으로는 적용시키지만 역사적인 사실로는 취급하지 않는다. 마치 이솝의 우화나 천로역정과 같은 허구안의 진실일 뿐이다. 내용에서 진실을 찾아내어 적용시키는 이러한 해석은 많은 내용을 생략해 버린다.

이 주장은 영과 육체, 거룩함과 세상적, 영원과 시간을 분리하는 헬라의 철학에 기반을 두고 있다. 하나님과 진실은 시간을 초월하고 '시간안에' 존재하지 않는다. 역사의 회전을 믿는 그들의 사상에는 결론이나 최고조에 달하는 '종말'의 개념이 포함되지 않는다.

이 사상은 '종말론' ('마지막'에 대한 연구. 헬라어 에스카토스 (마지막, 끝)에서 유래했음)에 중요한 결과를 가져온다. 재림이나 마지막 심판은 미래에서 현재로 옮겨지고 종말론은 실존주의 (현존함, 현실화됨)로 변한다.

'예언'을 현재에 맞추려면 영적으로 변화시켜야 한다. (플라토닉 사상이다). 예를 들어, '새 예루살렘 (21장)은 이상적인 교회가 아니라 건축물의 자세한 묘사가 제외된 사람들에 대한 묘사로 변화시켜야 한다.

이 학파들의 주장을 적용시킬 수 있는 시기를 요약해보자.

- 과거주의 학파: 처음 몇세기
- 역사주의 학파: 예수님이 오신 후 부터 재림할 때 까지
- 미래주의 학파: 마지막 세기의 마지막 몇년
- 이상주의 학파: 정해진 시기가 아니고 언제나 적용 가능

어느 주장이 맞는가? 각 학파마다 장단점이 있다. 우리는 이 중에서 하나를 선택하여야 하는가? 모두가 맞거나 틀릴 수 있는가?

독자들이 올바른 결론을 내릴 수 있도록 도움을 주기 위한 설명은 다음과 같다:

첫째, 요한계시록을 이해하기 위한 열쇠가 단 하나만 있는 것이 아니다. 각 '학파' 마다 고유의 진리는 있지만 완전한 학파는 없다. 한 학파의 방법만 고집할 때 책의 내용이 변질된다.

둘째, 한 학파의 주장만 고려해야 할 이유가 없다. 책의 내용은 다양한 의미와 적용성을 가지고 있다. 그러나 아무 주장이나 받아드리지 말고, 문맥을 고려하고 신성한 저자의 의도와 인간인 독자들이 올바르게 이해했는가라는 질문을 계속하는 조심스러운 태도를 지녀야한다.

셋째, 네 학파들은 서로를 보충함으로 독자들의 이해력을 증진시킬 수 있다.

네째, 이 책이 강조하는 메세지들이 부분적으로 다를 수 있다. 각 부분에 가장 합리적인 방법이

나 해석을 골라서 사용해야 한다. 지금부터 이러한 실용적인 방법을 요한계시록의 세부분에 적용하고자 한다.

시작 부분 (1-3장)

별 논쟁의 여지가 없는 이 부분에 대하여는 여러학자들의 상세한 주석이 있다. (예를 들어, '그리스도가 교회를 어떻게 생각하시는가?' 를 보라. 저자: John Stott, Lutterworth Press, 1958) 대부분의 사람들은 전통적인 해석을 편하게 받아드린다. (그러나 적용은 그렇지 않다!) 이 부분의 문제는 우리가 너무 잘 이해하고 있다는 점이다. 자세한 내용 (천사들)과 상징 (흰 돌과 숨겨진 만나) 에 대한 문제가 있지만 아시아의 일곱 교회는 신약성경의 서신서들과 일치한다. 그렇다면 어느 '학파'의 해석이 이부분에 가장 적합한 것인가?

과거주의 학파는 우리의 관점을 일세기에 주목시킨다. 이 부분의 내용이 당시의 독자들에게 주는 의미에서 설명을 시도해야 한다. 그러나 그곳에서 끝나야 하는가?

역사주의 학파는 일곱 교회는 교회 역사의 일곱 시대를 의미하고 그 안의 모든 교회들을 대표한다고 믿는다. 에베소교회는 초대교회를, 서머나교회는 로마의 박해를, 버가모교회는 콘스탄틴 시대를, 두아디라교회는 중세기를, 사데교회는 종교개혁을, 빌라델비아교회는 세계 선교운동을 라오디게아교회는 20세기를 대표한다. 그러나 이 주장은 병해법을 억지로 적용시켰다. (서구 교회들은 라오디게아 교회로 보이고 제삼세계의 교회들은 그렇지 않은 것으로 묘사된다). 이러한 이론은 역사와 부합되지 않는다.

미래주의 학파는 더 이상한 주장을 한다. '내가 다시 오리라' (2:5, 16; 3:4)를 재림으로 오해하여 예수님이 재림하기 전에 이 도시들에 일곱개의 교회가 다시 세워질 것이라고 믿는다. 그러나 이 교회들은 오래 전에 사라졌다. 그들의 촛대는 이미 제거되었다.

'이상주의 학파'는 '과거주의 학파'와 같은 의견이지만 일곱 교회는 공간적으로 모든 교회를 상징한다고 믿는다. 에베소교회는 정통적이지만 사랑이 결핍된 교회를, 서머나교회는 고통을, 버가모교회는 인내를, 두아디라교회는 부패를, 사데교회는 죽음을, 빌라델비아교회는 약한 복음적 태도를, 라오디게아교회는 미지근한 교회를 상징한다.

그들이 교회의 모든 성격을 상징적으로 나타내고 있는지에 대한 논쟁이 있지만 이 주장은 언제나 어디에서나 적용시킬 수 있는 편리함과 도전을 부여한다.

이상주의와 과거주의의 주장을 적당히 배합하여 첫부분을 설명하는 것이 가장 적합한 해석이라 여겨진다.

중간 부분 (4-18장)

이 부분에 대한 학파들의 주장은 매우 다르다. 문제성을 제기하는 하나님의 보좌에 대한 환상은 역사적으로 예배에 대한 영감을 주었다. 사자/양이신 예수님이 교회의 박해와 세상의 재앙을 푸시는 때에 대한 논쟁이 시작된다. 이런 일이 언제 일어나는가? 2세기 (일곱교회에게 '이 일 후에' 라는 말로 시작되는; 4:1) 와 재림 (19장) 사이에 일어난다.

과거주의 학파는 이 부분을 '로마제국의 쇠퇴와 멸망'의 기간으로 보았다. 그러나 예언된 사건들, 특히 자연재해들은 이 기간 동안에 일어나지 않았다. 대부분의 내용들은 미래의 사건들을 암시하고 있다고 볼 수 있다.

역사주의 학파도 교회역사 전체를 이 부분에 맞추려는 시도를 함으로서 같은 문제에 당면했다. 그들은 자세한 내용들을 맞출 수가 없었다.

미래주의 학파는 아직 아무 사건도 일어나지 않았으므로 글자 그대로의 성취에 대하여 자유롭게 믿을 수 있다. 나는 두가지 면에서 이것이 올바른 적용이라 믿는다. 첫째, '문제'들은 세상이 경험한 어느 문제들보다도 악화되었다. (마태복음 24:21에서 예수님이 예언하신대로) 둘째, 역사의 종말에 있을 사건들로 직접 이어진다. 그러나 이것이 모두인가? 이 부분은 예전과는 관련이 없는가?

이상주의 학파는 이부분을 완전히 시간에서 분리하려는 실수를 했다. 그러나 어느 교회의 역사에도 적용할 수 있는 메세지를 찾는 것은 올바른 태도라는 암시가 성경에 나타나 있다. 미래의 사건들은 미리 그림자를 드리운다. 구약성경에서 예수님의 많은 '그림자'를 볼 수 있다. (히브리서는 이점을 설명한다). 앞으로 올 적그리스도는 '많은 적그리스도'들이 나타난 후에 나타날 것이다 (마태복음 24:11) 세계적인 박해는 이미 여러 나라에서 행해지고 있다. '대환란'은 보통 때에 우리가 볼 수 있는 '문제'들과 크기가 다를 뿐이다. (요한복음 16:33; 사도행전 14:22) 이러한 메세지들은 진행되는 추세와 마지막의 최고조로 달한 사건을 이해할 수 있도록 돕는다.

이부분은 미래주의와 이상주의의 주장의 배합으로 잘 이해할 수 있다.

마지막 부분 (19-22장)

요한계시록은 마지막으로 갈수록 분명해지지만 여러가지 문제의 내용들이 있다. 이 부분의 사건들을 궁극적인 미래와 '마지막'에 일어 날 사건들에 대한 예언으로 그리스도의 재림과 함께 시작될 것이라고 믿는다. (19장)

과거주의 학파의 주장은 여기에서 막힌다. 이 부분들을 초대교회 시대에 적용시킬 수 없다.

역사주의 학파는 두 갈래로 갈라진다. '직선적' 관점은 '교회시대' 후에 '마지막 때'가 올것을 믿는다. 그러나 '회전적' 관점은 여기에서 다시 사건들이 재현된다고 믿는다. 어떤 학자들은 20장의 천년왕국을 19장의 재림 전의 교회의 묘사로 본다! 어떤 학자들은 21장의 '새 예루살렘'을 20장의 마지막 심판 전의 천년왕국의 묘사로 본다! 이러한 과격한 사건들의 재배치는 성경적이 아니고 그들의 독단적인 사상과 신학적 교리를 위한 조작의 행위이다.

이 부분에 대하여 미래주의 학파와 반대되는 의견을 제시하는 학자들은 재림, 마지막 심판의 날, 새천국과 새땅은 아직 오지 않았다고 주장한다.

이상주의 학파와 동의하는 학자들도 있다. 새 땅은 간과하고 믿는 사람들이 죽은 후에 갈 영원한 천국이다. '새 예루살렘'은 영원한 왕국을 묘사하고 (히브리서 12:22의 '천국과 같은 시온') '하늘나라에서 내려오는' 것을 기대하지 않는다. (요한계시록 21:2, 10)

이렇게 미래주의 학파가 이부분을 가장 잘 설명한다.

나중에 우리가 적합하다고 생각하는 (역사주의 학파는 제외) 이론을 사용하여 요한계시록의 '개요'를 공부할 것이다. 그러나 그전에 한가지 고려해야 할 점이 있다.

네'학파'들의 해석에 공통점이 있다: 언제라는 중요한 질문이다. 언제 예언이 성취되는가?

이 질문은 가까운 혹은 궁극적인 미래에 벌어질 일에 대한 궁금증이나 걱정을 해소하기 위하여 요한계시록을 미래의 예언서로 취급하는 우리의 태도에서 나왔다.

그러나 이것은 의문스러운 태도이다. 신약성경은 그저 상상하는 태도에 대하여 경고한다. 미래를 '보여주는' 것에도 실용적이고 도덕적인 목적이 있다. 현재에 영향을 끼치기 위하여 미래를 보여줄 뿐이다.

그렇다면 기본적인 질문은 '언제' 가 아니라 '왜'이다. 요한계시록은 왜 쓰여졌는가? 왜 요한에게 보여졌는가? 왜 글로 기록하여 전하라고 했는가? 왜 이 메세지들을 읽고 지켜야 하는가?

어떤 일이 일어날 것을 알리는 뿐만 아니라 그에 대하여 우리를 대비시키고자 한다. 이것을 어떻게 알 수 있는가?

목적의 분별

요한계시록은 왜 쓰여졌는가라는 질문의 답은 '누구를 위하여 쓰여졌는가? 라는 질문을 통하여 알 수 있다.

이 책은 신학교의 교수나 학생들을 위한 대학의 교과서로 쓰여지지 않았다. 그들은 이 책이 어려운 책이라는 인상을 주어 일반 사람들에게 두려움을 준다:

> 상상할 수 없고, 어리석고, 편견적인 모든 시대의 신학자들이 얽혀 놓고 어렵게 만들어서 독자들을 지레 겁먹게 하지 않았다면 이 책을 공부하는 데에 오류가 있을 수 없다는 점을 나는 확언한다. 선입관념에서 벗어나면, 요한계시록은 선지자들이 쓴 책들 중 가장 단순하고 투명한 책이다. (Reuss, 1884, quoted in The Prophecy handbook, World Bible Publishers, 1991)

그러나 다음의 인용문이 보여주듯 이러한 상황은 전혀 개선되지 않았다:

> 전문가를 선호하는 우리 문화의 불행한 점은 좀 어려워 보이는 것은 바로 대학에 의뢰하는 것이다. (Eugene Peterson, writing on Revelation in Reversed Thunder, harper-Collins, 1988, p. 200)

이런 태도때문에 요한계시록은 '일반사람'이 (이 명칭이 교회적이든 교육적이든) 이해할 수 없다는 인상을 주었다.

일반 독자들

나는 요한계시록이 일반 교인들을 위하여 쓰여졌음을 강조한다. 이 책은 '인간적인 수준의 현명한 사람이 드물었고; 영향력을 끼치는 사람의 수가 많지 않았고; 대다수의 사람들이 훌륭한 가문의 출신이 아니었던' 당시의 일곱 교회의 교인들을 위하여 쓰여졌다. (고린도전서 1:26)

'평범한 사람들은 그의 말을 기쁘게 들었다' 라는 예수님의 말씀에 대한 기록이 있다. (마가복음 12:37) 이 말은 예수님과 독자들에 대한 찬사이다. 그들은 예수님이 '권위를 가지고 설교했다' 는 점을 인정했다.

요한계시록은 순전한 믿음과 부드럽고 개방된 마음가짐으로 이 책을 읽는 사람들에게 많은 보물을 선사한다.

이 점을 보여주는 이야기가 있다. 신학생들이 혼란스러운 '묵시론'에 대한 강의를 들은 후 피곤을 풀기 위하여 체육관에서 농구를 했다. 농구를 하던 그들은 체육관의 문을 잠그려고 기다리는 청소부가 요한계시록을 읽고 있음에 놀라서 물었다. '무슨 말인지 이해가 안가죠?'

'물론 이해하죠.'
'그럼 그게 무슨 말이에요?'
그는 밝은 얼굴에 환한 미소를 띠우며 말했다: '간단해요! 예수님이 승리하는 이야기예요!'

물론, 이렇게 간단한 내용은 아니지만 올바른 전체적인 요약이다. 많은 사람들이 이 책을 공부하면서 중요한 메세지를 놓친다. 상식의 기본자세가 필요하다. 아무도 이책을 글자 그대로 믿거나 상징적으로만 해석하지 않는다. 글자 그대로와 상징적인 면을 어떻게 구분하는가? 이것은 해석에 큰 영향을 준다. 상식적으로 보아야 한다. 말탄 세사람은 상징적이지만, 전쟁, 유혈사태, 기근, 질병은 글자 그대로 해석해야 한다. '불못'은 지옥의 상징이지만 끝없는 '고통'은 문자 그대로 이해해야 한다. (요한계시록 20:10)

여기에 연설의 법칙을 적용할 수 있다. 특별한 경우를 제외하고 연설에 사용되는 단어들은 가장 간단하고 순수한 감각으로 이해한다. 설교자 (예수님을 포함)들과 저자 (요한을 포함)들의 말이 그들의 의도를 나타낸다고 가정하고 그들의 말을 그대로 받아드려야 한다.

또 하나의 법칙은, 특별한 경우를 제외하고는, 같은 문맥에서 사용된 같은 단어는 같은 의미를 지닌다고 보는 것이다. 경고없이 갑자기 단어의 의미를 바꾸는 것은 철자법이나 발음을 바꾸는 것과 같은 혼동을 줄 것이다. 이 두 법칙은 요한계시록 20장의 '부활'에 직접적인 영향을 준다.

이런 측면에서 요한계시록이 우리의 시간과 장소가 매우 다른, 당시의 보통 사람들을 위하여 쓰여졌다는 것을 증명할 필요가 있다. 그들에게 당연한 것이 2,000년 후의 우리에게는 이상하게 여겨질 수 있고 비슷한 숫자가 다른 숫자로 여겨질 수 있다.

그들은 로마 영토에 사는 여러 인종의 이방인들이었고, 헬라어를 사용하지만 유대 성경을 읽는 크리스챤의 믿음을 가진 사람들이었다. 그들의 배경, 문화, 언어에 대한 최대한의 지식을 가지고 요한계시록 전체가 단번에 크게 낭송되었을 때 그들이 무엇을 이해했는지를 발견하고자 하는 목적을 가지고 공부하자. 이것은 우리가 매일 조금씩 속으로 조용히 읽을 때 이해하는 것과 매우 다를 것이다.

요한계시록은 이 시대에 사는 우리에게도 분명히 적용된다. 그렇지 않다면 신약성경에 포함되어 있을 이유가 없다. 하나님이 요한에게 이 말씀을 주셨을 때 우리들을 위한 목적도 있었을 것이고 우리는 시간과 공간의 차이를 극복할 수 있다.

문화적 차이보다 훨씬 더 중요한 것은 상황이다. 어떤 상황이 이 책을 쓰게 했는가라는 질문은 책 전체를 이해할 수 있는 중요한 열쇠이다. 신약성경의 모든 책은 쓰여진 이유가 있고 그에 따른 유형이 있다. 요한계시록도 마찬가지다.

실용적 이유들

이 책의 목적이 미래의 사건들의 시간대를 보여주는 것이 아니라 앞으로 다가올 일에 대하여 사람들을 준비시키는 것임을 이미 언급했다. 이 책이 없었다면, 사람들은 어떤 일에 대한 대비를 하지 못할 것인가? 답은 첫페이지에 있다. (1:9-10)

계시록의 저자인 요한은 그의 믿음 때문에 고통 당하고 있었다. 아무 죄도 짖지 않았지만 그는 에게해의 밧모스 섬에 (현대의 로벤섬의 알카트라즈로 보면 된다) '정치범'으로 수감되어 있었다. 종교적인 이유로 그는 체포되어 추방당했다. '하나님의 말씀과 예수님에 대한 간증' 에 대한 그의 헌신이 정부에 대한 반역과 황실의 우상숭배와 다신교를 허용하는 로마제국의 평화정책에 대한 위협으로 간주되었다. 로마 시민들은 황제를 포함한 여러 신들을 믿도록 강요당했다.

일세기 말경 크리스챤들의 의식과 이 정책은 정면충돌했다. 율리우스 시져 (가이사)는 자신을 신으로 선포한 첫 황제였다. 그의 뒤를 이은 어거스투스는 그를 기리는 성전을 짖고 서부 터키의 소아시아 지역에도 그의 신전들을 지었다. 네로가 크리스챤들의 박해를 시작했지만 (그의 연회장에서 크리스챤들의 몸에 역청을 바르고 불을 붙여 야밤을 밝히는 횃불로 사용하거나 야생동물의 가죽을 그들의 몸에 꽤매어 사냥개들이 쫓게 했다), 그의 박해는 장소와 시간적으로 제한되어 있었다.

일세기말 도미시안이 출현하기 전 시작된 크리스챤들에 대한 엄청난 박해는 200년간 계속되었다. 가이사를 경배하지 않는 세상의 모든 사람들을 사형에 처했다. 해마다 그의 제단의 흉상 앞의 불에 향을 피우며 '가이사는 하나님이다' 라고 외치는 신앙고백을 강요하고 이 날을 '하나님의 날' 로 지정했다.

바로 이 날 요한계시록이 쓰여지기 시작했다. 요즈음의 현대인들은 요한계시록이 주일에 쓰여지기 시작한 것으로 생각하지만 초대교회 시대에는 주일을 '일주일의 첫날'로 불렀다. 그리스의 문서에 의하면 황제의 축제는 매해 두번 있었는데 하나는 '신의 날' (the Lord's day) (하나의 신의 날이 아님)이고 다른 하나는 '하나님의 날' (Lordly day)로 이 이름은 '주님이며 우리의 하나님' 이라 불리우는 도미시안의 날이었다.

미래는 암울했다. '예수님만이 나의 주님이다' 라고만 고백할 수 있는 사람들에게는 삶과 죽음의 문제였다. '증인' 이라는 단어에 (헬라어로 말툴 (martur)) 새로운 의미가 부여되었다. 교회는 지금까지 당해온 것보다 훨씬 혹독한 시험에 당면해 있었다. 이러한 박해 속에서 몇명이나 믿음을 지킬 수 있겠는가?

요한은 열두제자들 중 유일한 생존자였다. 다른 제자들은 이미 순교자로서 죽임을 당했다. 크리스챤의 전통적인 기록에 의하면 안드레는 아카이아의 밧트라에서 X-형의 십자가에서 죽었고, 발톨로메(나다니엘)은 알메니아에서 살가죽을 벋김으로 죽었고, 요한의 형 야고보는 예루살렘에서 헤롯 아그립파에 의하여 참수형을 당했고, 클레오파스와 마리아의 아들 야고보는 성전 꼭대기에서 떨어진 후 돌로 맞아 죽었고, 유다 다데우스는 알메니아에서 화살에 맞아 죽었고, 마태는 파티아에서 칼로 죽임을 당했고, 베드로는 로마에서 거꾸로 십자가에 매달려 죽었고, 빌립은 프리기아의 하이에로폴리스에서 기둥에 매달려 죽임을 당했고, 지로테스 사이몬은 페르시아에서 십자가형을 받았고, 도마는 인도에서 화살에 맞아 죽었고, 마티아스는 돌에 맞고 참수형을 당했다. 사도바울도 로마에서 참수형을 당했다. 이렇게 요한계시록의 저자는 예수님에게 충성하는 댓가가 어떤 것인지를 잘 알고 있었지만 자신이 자연사할 단 한명의 사도임은 모르고 있었다.

요한계시록은 '순교를 위한 안내서'이다. 이 책은 믿는 사람들에게 '죽음을 무릅쓰고라도 믿음을 지키라'고 명령한다. (2:10) 순교는 이 책의 중요한 부분이다.

믿는 사람들에게 '인내하라' 는 수동적 자세를 권유한다. 가장 큰 고통 가운데에서 호소의 목소리가 있다: '하나님의 계명에 순종하고 예수님에게 신실함을 지킨 성인들을 본받아 인내하고 참으라' (14:12). 이 말씀이 책 전체의 가장 중요한 구절이라고 볼 수 있다.

일곱 교회에 보내는 편지는 각 교회의 교인들에게 '극복하는 자'가 되라고 말한다. 그말은, 모든 유혹과 압력을 교회 안이나 밖에서 극복하라는 명령이다. 크리스챤의 믿음과 행동에서 벗어나는 것은 예수님에 대하여 신실하지 못한 것이다.

이 메세지는 크리스챤들의 승리에 대한 말일 뿐아니라 크리스챤들의 승리의 과정을 의미한다. '믿으라! 나는 세상을 이겨냈다' (요한복음 16:33) 그리고 요한계시록에서 '너희들도 세상을 이겨내야 한다' 라고 말씀하시는 주님을 따라야 한다.

이것은 왜 요한계시록이 박해당하는 크리스챤들에게 더욱 의미있는 책이며 또 서구사회에서 안락하게 교회 생활을 하는 크리스챤들이 이 책과 자신들을 연관짓지 못하는 이유를 설명한다. 요한계시록은 눈물로 읽어야 하는 책이다.

박해를 '이겨내는' 사람들을 격려하는 두가지의 상급이 있다. 하나는 긍정적인 '상급'이다. 인내하는 사람들에게 많은 상급이 주어진다—하나님의 천국에서 생명수의 과일을 먹을 수 있는 권리와; 두번째 죽음을 당하지 않을 것과; 열방을 다스릴 권세와; 예수님의 보좌에 함께 앉는 것과; 흰 옷을 입고 하나님의 이름이 새겨진 성전의 기둥이 되는 것이다. 모든 고통이 지난 후에 인내한 믿음의 사람에게 새로운 천국과 새 땅에서의 지위와 하나님과의 동거함을 영원히 즐길 수 있는 약속이 주어진다. 영광의 앞날이 기다리고 있다.

그러나 부정적인 이유도 있다: 심판이다. 압박을 이기지 못하는 믿는 자에게는 어떤 일이 일어나는가? 한마디로, 위에 말한 축복을 받지 못한다. 더 두려운 것은, 믿지 않는 자들의 '불못'의 운명을 함께 나누게 된다. 첫부분과 마지막 부분의 두 구절은 이러한 무서운 가능성에 대하여 확실히 말씀한다.

'이기는 자... 그의 이름을 생명책에서 결코 지우지 않는다.' (3:5) 이 말은 이기지 못하는 자의 이름은 생명책에서 지워질 것이라는 의미를 가지고 있다. (글자 그대로 해석하자면, '양피지에서 칼로 이름을 긁어 낸다' 라는 뜻이다). 성경의 네권의 성서가 생명책을 언급했다. (출애굽기 32:32; 시편 69:28; 빌립보서 4:3; 요한계시록 3:5) 세 문맥에서 죄를 지은 하나님의 백성들의 이름이 지워진다. 요한계시록의 구절의 '이기지 못하는 자는...' 이라는 구절이 제외되지 않는다면 상급은 무의미해 질 것이다.

'신앙의 승리자는 이 모든 것을 받게 될 것이며 나는 그의 하나님이 되고 그는 내 아들이 될 것이다. 그러나 비겁한 사람과 불신자와 흉악한 사람과 살인자와 음란한 사람과 마술사와 우상 숭배자와 모든 거짓말쟁이들은 유황이 타는 불못에 던져질 것이다. 이것이 둘째 죽음이다.' (21:7-8) 요한계시록은 믿지 않는 자들을 위한 것이 아니라 믿는 사람들을 위한 책임을 기억해야 한다. 책 전체가 '성인들' 과 '그의 종들' 에게 주는 메세지이고, 비겁한 사람과 믿음이 결핍된 믿는 자들과의 관계를 '그러나' 라는 접속사를 사용하여 재앙을 받기에 마땅한 사람들과 '승리의' 믿음의 사람들을 직접적으로 대조시킨다.

다시 말해서, 요한계시록은 크리스챤들에게 그리스도와 부활하여 그와 함께 새 세계를 다스리거나 하늘나라의 상속권을 잃고 지옥에 떨어지는두가지의 운명을 제시한다.

이것은 신약성경의 다른 부분에서도 볼 수 있다. '제자도의 안내서'로 볼 수 있는 마태복음은 '하늘나라의 아들들' 에게 주는 다섯편의 예언을 포함하고 있다. 여기에 지옥에 대한 예수님의 가르침도 있고 두개를 제외한 모든 경고는 그의 제자들에게 주셨다. 산상수훈 (5-7장)에서 예수님 때문에 박해받는 자들을 축복하고 지옥에 대하여 다시 말하여 이 두가지의 운명에 대한 결론을 짓는다. 선교자의 사명에 대하여 다음과 같이 말한다 (10장): '몸은 죽여도 영혼은 죽이지 못하는 사람들을 두려워하지 말고 영혼과 몸을 지옥에서 다 멸망시킬 수 있는 분을 두려워하라.' (28절) '누구든지 사람들 앞에서 나를 모른다고 하면 나도 하늘에 계신 내 아버지 앞에서 그를 모른다고 할 것이다.' (33절) 감람산에서의 예언 (24-25장)은 나태하고 경솔한 종들을 '위선자들과 같이 심판할 것' (24:51) 과 '이 쓸모없는 종을 바깥 어두운 곳에 내쫓아라. 거기서 통곡하며 이를 갈 것이다.' 라고 말한다. (25:30)

바울은 디모데에게 같은 문맥의 교훈을 주었다:

> 우리가 주님과 함께 죽으면 그분과 함께 살 것입니다.
> 우리가 참고 견디면 그분과 함께 다스릴 것이며
> 그분을 모른다고 딱 잡아떼면 그분도 우리를 모른다고 외면하실 것입니다.
> (디모데후서 2:11-12)

많은 크리스챤들은 이 구절의 함축된 의미를 거부한다. 나는 '한번 구원받은 것은 영원히 구원받은 것인가?' 라는 나의 저서에서 이에 대하여 자세히 설명했다. 요한계시록은 분명히 말한다. 믿는 사람들도 요한계시록의 메세지를 바꾸면 '생명나무와 거룩한 성'에 참가하지 못하게 될것을 말한다. (22:19)

요한계시록의 목적은 엄청난 핍박을 당하고 있는 크리스챤들에게 '참고' '이겨내어' 그들의 이름을 '생명록'에 보존하고 '두번째 죽음'을 피하라는 훈계를 주는 것이다. 이제 우리는 요한계시록 전체의 구조를 공부하여 모든 장과 구절이 이 전체적 목적과 부합되는 지를 살펴보자.

요한계시록의 구조

믿는 사람들을 박해와 순교에 대비시키는 것이 우리가 정의한 요한계시록의 목적이라면 이것을 책의 어느 부분에나 적용시킬 수 있을 것이고 전체적 구조는 이 주제의 흐름을 보여줄 것이다.

가장 간단한 것부터 시작하여 이 책의 내용을 다른 각도와 다른 목적으로 분석하여 요약해 보자. 가장 뚜렷한 분리는 촛점이 지구에서 하늘로 그리고 현재에서 미래로 변하는 4:1에 있다.

    1-3 현재

    4-22 미래

나중 부분을 다시 좋은 소식과 나쁜 소식으로 분리할 수 있고 이 변화는 19장에 나타난다:

    1-3 현재

    4-22 미래

        4-18 <u>나쁜 소식</u>

        20-22 <u>좋은 소식</u>

이제 각 부분이 어떻게 책의 목적과 부합되는지를 고려하면서 믿는자들을 다가오는 '대환란'에 어떻게 대비시키는지를 살펴보자.

    1-3 현재

        모든 것을 지금 바로 수정해야 한다.

4-22 미래

4-18 나쁜 소식: 상황은 악화될 것이다.

20-22 좋은 소식: 악화되다가 갑자기 좋아질 것이다.

여기에 19장을 추가한다. 전체의 상황을 바꾸는 어떤 사건이 여기서 일어난다 - 예수님의 재림이다! 이 책의 머릿말과 끝말 (1:7, 22:20) 에 의하면 이 사건이 책 전체의 쟁점이다. '19장의 예수님의 재림'을 나쁜 소식과 좋은 소식의 사이에 넣을 수 있다.

1-3 현재

모든 것을 지금 바로 수정해야 한다.

4-22 미래

4-18 나쁜 소식: 상황은 악화될 것이다.

19 예수님의 재림

20-22 좋은 소식: 악화되다가 갑자기 좋아질 것이다.

이 간단한 구조를 염두에 두고 이 책을 읽으면 많은 것들을 분명히 이해할 수 있고 책 전체의 조화도 분명해진다. 이 목적은 세단계에 의하여 성취된다.

첫째, 외부의 박해에 대처하기 위하여 교회들은 내부의 문제들을 먼저 해결해야 한다고 예수님은 말씀한다. 믿음이나 행동의 타협, 우상숭배나 부도덕은 교회를 내부적으로 약화시킨다.

둘째, 항상 정직하신 예수님은 그들에게 일어날 수 있는 가장 나쁜 상황을 보여주신다. 그보다 더 나쁜 상황은 없을 것이다! 그리고 앞으로 있을 최악의 상황은 몇년안에 끝날 것이다.

셋째, 예수님은 그 후에 있을 환희를 보여주신다. 일시적인 고통을 피하기 위하여 영원한 영광의 미래를 버리는 것은 비극일 것이다.

이 세 단계에서 그를 따르는 사람들에게 그가 다시 오실 때까지 '참고' '이겨내라' 고 격려하시는 예수님의 말씀을 한구절에 요약했: '다만 내가 올 때까지 너희에게 있는 것을 굳게 잡아라.' (2:25) '너는 주인의 기쁨에 참여하여라.' (마태복음 25:21)

이 책을 다른 각도로도 분석할 수 있다. '화제별' 요약도 주제별 목록과 같이 우리들의 이해를 도와준다.

이 요약은 이 땅에서 하늘나라로 바뀌는 변화를 무시하고 세기간을 분석한다:

a. 현재 이미 일어나고 있는 일들 (1-5)

b. 가까운 장래에 일어날 일들 (6-19)

c. 먼 미래에 일어날 일들 (20-22)

각 기간의 중요한 사건들을 우리가 기억하기 쉬운 목록으로 다음과 같이 만들었다:

A. 현재

　　1-3 승천하신 한분의 하나님
일곱개의 촛대

　　4-5 창조주와 피조물
　　　사자와 양

B. 가까운 장래

　　6-16 봉인, 나팔, 대접
악마, 적그리스도, 거짓 선지자

　　17-19 바빌론—마지막 성
알마게돈—마지막 전쟁

C. 먼 미래

　　20 천년왕국의 다스림
　　　심판의 날

　　21-22 새 하늘과 새 땅
　　　새 예루살렘

4-5장이 첫번 기간임에 주목하라. 왜냐하면 '대환란'으로 이어지는 행동들은 6장에서 시작되기 때문이다. '대환란'이 끝나고 그리스도가 '거룩하지 못한 삼위일체'를 패배시키는 19장은 두번째 기간에 있다.

기억하기 쉬운 이 요약은 어떤 주제를 찾을 때에도 사용할 수 있다. '나무를 보느라 숲을 보지 못한다' 라는 격언과 같이 이러한 요약을 이해하는 단계는 더 깊고 자세한 내용을 공부하기 전에 필요하다. 상세한 내용에 집중하다보면 전체적인 목적을 쉽게 놓칠 수 있는 책이 요한계시록이다.

이제 현미경이나 확대경을 가지고 상세한 내용을 공부한다!

요한계시록의 내용

여기서 이 책에 대한 전체적인 주석을 다루기는 불가능하다. 각 부분의 개요가 성경을 공부하는 학생들이 '읽고, 표기하고, 배우고 소화하는데' 도움을 줄 것이다.

나는 주요 내용을 강조하고 문제들을 파헤치며 전체적으로 독자들이 정도에 있도록 도움을 주고자 한다. 많은 질문에 대한 답을 여기서 모두 제시할 수는 없으니 이런 문제들에 대하여는 편찬된 유명한 주석들을 참고하기 바란다. (George Eldon Ladd, Eerdmans, 1972)

또, 이 부분을 공부하기 전과 후에 요한계시록의 각 해당 부분을 읽기바란다.

1-3장: 이 땅위의 교회

이 부분은 가장 간단하고 이해하기 쉽다. 마치 바닷가의 얕은 해변에서 물장구치는 것 같이 쉽지만 그 후에는 어려운 내용이 나온다!

흔히 '예언서'로 불리우는 요한계시록은 사실 편지의 형태로 (1:4-6을 서신서들의 '인삿말'의 서두와 비교해 보라.) 일곱 교회에 보내졌다. 각 교회에게 주는 메세지가 다르지만 모두가 전체적인 내용을 보도록 쓰여졌다.

크리스챤의 인삿말 ('은혜와 평강') 후에 주제가 선포된다: '그가 오신다.' 이것은 세상에는 좋지 않은 소식이지만 교회에게는 기쁜 소식이다. 이 사건은 확실히 일어난다. (아멘)

편지를 보내는 사람은 시간의 주인으로서 예전에 계셨고, 지금 계시고, 미래에도 계실 처음과 끝이 되시는 하나님 자신이시다. 예수님이 사용한 이러한 명칭들은 (1:17; 22:13) 자신이 하나님 이심을 믿은 증거이다.

이 편지의 대필자는 에게해의 바트모스 섬에 종교적인 이유로 정치범으로 귀양 중인 사도요한이다.

이 책의 내용은 말씀과 환상으로 주어졌다. 그가 먼저 '들은' 후에 '보았다'. 요한이 한번도 본 적이 없는 예수님에 대한 엄청난 환상을 보기 전에, 어떤 목소리가 그에게 글로 적으라고 지시했다. 눈같이 흰 머리, 불타는 눈, 천둥같은 목소리, 검같이 날카로운 혀, 빛나는 발의 환상이 나타났다. 예수님이 변형되던 산에서도 이런 모습은 아니었다. '두려워하지 말라' 라는 익숙한 말을 들을 때까지 요한은 기절상태에 있었다.

역사의 모든 위대한 인물들은 살다가 죽었다. 예수님만이 죽었다가 '영원히' 살아나셨다. (1:18)

요한은 '지금' (1-3장) 과 '미래' (4-22장) 의 일을 기록하라는 지시를 받는다. 현재의 말씀은 예수님의 지시를 받는 한명의 '수호 천사'가 있는 소아시아의 일곱 교회의 상태에 대한 메세지이다. 이들은 일곱개의 별 (천사들)과 일곱개의 촛대 (교회들)의 환상으로 나타났다. 예수님은 요한이 자유로왔을 때와 같이 그들의 주위를 '걸으신다'. 복음서에서 예수님의 죽음 전과 부활 후의 메세지들과 기적들은 그가 거니실 때 전달되고 행해졌다.

일곱교회들에게 주어진 일곱 편지들을 함께 비교하며 공부하면 효과적이다. 그들의 비슷한 점과 다른점을 강조하고 대조하면서 공부하면 많은 것을 깨달을 수 있다.

이 편지들은 비슷한 구조와 일곱개의 주요 요소로 구성되어 있다:

1. 인삿말: '...교회의 천사들에게...'
2. 속성: '이것은 ...그의 말씀이다'
3. 인정: '너희의 행함을 안다...'
4. 비난: '이런 점에 대하여 너희의 책임을 묻는다'
5. 조언: '...그렇지 않으면 내가 올 것이고...'
6. 확언: '...이겨내는 자에게 나는...'

7. 호소: '...성령의 말씀을 들으라...'

이 순서에서 벗어난 것은 마지막 두 순서가 뒤바뀐 마지막의 네 편지들이다. (그 이유는 우리가 확실히 알 수 없다.) 이제 편지들을 비교하고 대조해 보자.

인삿말

일곱장의 편지들은 같은 인삿말을 사용했다. 원형으로 분포되어 있는 이 도시들은 에베소 항구를 시점으로 (우리가 가장 많은 정보를 가지고 있는 교회) 해안의 북쪽으로 올라가서 육지에서 동쪽으로 돌아 마침내 남쪽의 미앤더 강의 비옥한 평야지역에 위치했다.

여기서 하나의 논쟁거리는 앤젤로스 (전령자라는 뜻)가 하늘나라의 사람인지 인간을 의미하는지에 대한 것이다. 요한계시록의 다른 부분에서 '천사'로 번역되었으니 여기서도 천사를 의미한다고 믿는 것이 맞을 것이다. 천사들은 교회의 일에 깊이 관련되어있다. (예배드리는 사람들의 머리모양까지도 보고있다! 고린도전서 11:10) 요한은 완전히 고립되어 있었으므로 하늘나라의 '전령자'들이 편지를 배달해야만 했을 것이다. 천사에 대하여 회의적인 의견을 가진 현대 학자들만 이것을 '성직자' 로 번역했다. (아마도 '존경하는' 이라는 명칭을 붙이고 싶었을 것이다!)

속성

예수님은 자신의 이름이 아닌 사람들이 들어본 적이 없는 명칭을 사용하셨다. 그는 역사적인 인물의 누구보다도 많은 250개 이상의 명칭을 가지고 있다. (이 명칭의 목록을 작성해 보는 것은 신앙적인 공부가 될 것이다.) 각 편지는 그 교회가 잊었거나 고려해야 할 예수님의 성품을 나타내는 명칭을 사용했다. 어떤 명칭들은 요한이 처음 본 환상에 의한 것들로서 의미심장하다. '다윗의 열쇠' 는 이스라엘의 메시야에 대한 희망의 성취를 의미하고 '하나님의 피조물의 통치자'는 그의 전지하신 권능을 의미한다. (마태 28:18)

인정

여기서 삼인칭 ('그') 이 일인칭 ('나') 으로 바뀐다. 이것은 같은 사람을 의미하는가? '그'라는 단어는 그리스도를 의미하지만, '나'는 '성령' 혹은 '그리스도의 성령'을 의미할 수도 있다. 나중의 문장 (예, '나는 나의 아버지에게서 권능을 받았다', 2:27) 에 의하여 전자를 선호한다.

'안다' 는 내적이나 외적 상태를 완전히 알고 있다는 말이다. 그의 지식과 이해는 완전하고 그의 심판은 정확하고 그의 의견은 결정적이며 그의 정직성은 투명하다.

무엇보다도, 그는 그들의 '행위', 즉 행동과 행실에 대하여 알고 있다. 요한계시록 전체는 이 '행위'를 강조한다. 왜냐하면 이것이 심판의 주제이기 때문이다. 예수님은 살아있는 자들과 죽은 자들을 심판하시기 위하여 재림하실 것이다. 우리는 믿음에 의하여 정당함을 입었지만 행위에 의하여 심판될 것이다. (고린도후서 5:10) 예수님은 선행을 인정하시고 계속하도록 격려하신다.

편지들을 비교해 보면 예수님은 사데스교회와 라오디게아교회에게 아무 말씀도 하지 않음을 볼 수 있다. 인간의 관점에서는 가장 성공적인 두 교회였지만 예수님의 의견은 우리와 매우 다를 수 있다. 많은 교인들, 많은 헌금, 교회의 많은 프로그램들이 영적 건강의 척도는 아니다.

다섯교회는 칭찬을 받았다: 에베소교회는 노력, 인내, 지구력, 통찰력 (거짓 사도들을 거부함); 서머나교회는 반대와 박탈에 대처하는 용기 (유대교의 신비주의인 '사탄의 회당' 과 가까이 있었다); 버가모교회는 압제하에서 믿음을 거부하지 않았고 몇명의 교인들은 순교까지 당한점 ('사탄의 보좌' 아래에 있었고 이것은 동부 베를린 박물관에 다시 세워졌다); 두아디라교회는 사랑, 믿음, 인내, 진보; 빌라델비아교회는 비싼 값을 치루고 지킨 그들의 충실함 (또 다른 '사탄의 회당'이 옆에 있었다.)

여기서 예수님이 교회를 적대하는 배후의 사탄에 대하여 자주 말씀하신 것을 본다. 사탄은 앞으로 교회에 다가을 위기에도 책임이 있다. '지상에 사는 사람들을 시험하기 위해 온 세상에 닥칠 고난' (3:10).

마지막으로, 사도들이 본보기로 따른 꾸중하기 전에 칭찬하시는 예수님의 성품을 볼 수 있다. 바울은 고린도 교인들의 '영적 선물'의 남용을 수정하기 전에 그들에게 주신 '영적 선물' 에 대하여 하나님께 감사했다. (고린도전서 1:4-7) 그러나 갈라디아교회에서는 이런 방법이 통하지 않았다. 이 기본 자세는 모든 크리스챤들이 따라야 한다.

비난

서머나 교회와 빌라델비아교회는 꾸중을 듣지 않았다. 편지가 낭독될 때 그들은 안심했을 것이다! 다른 교회들보다 약하고, 고통당하고 있었지만 그들은 믿음을 지켜서 예수님을 기쁘시게 했다. (마태복음 25:21, 23)

다른 교회들은 어떤 잘못을 저질렀는가? 에베소교회는 '첫 사랑' (아마도 서로 연결된 주님에 대한 사랑, 서로에게 주는 사랑, 길 잃은 죄인들에 대한 사랑 모두를 의미할 것이다) 을 저버렸다; 버가모교회는 우상숭배와 부도덕에 빠졌다 (현대 사회의 혼합주의와 허용심과 비슷하다); 두아디라교회도 같은 죄를 지었다. (거짓 여선지자 '제즈벨'의 말을 들은 결과였다); 사데스교회는 새로운 일을 열심히 개척하여 '살아있는' 교회라는 명성을 얻었지만 그것들을 지키거나 끝까지 수행하지 않았다; 라오디게아교회는 자신들이 병들어 있음을 몰랐다.

이 마지막의 특이한 편지는 가장 잘 알려져 있다. 그들은 많은 방문객들을 환영하는 자신들의 따뜻한 친교에 자부심을 갖고 있었다. 그러나 '미지근한' 교회들은 예수님을 기쁘게 하지 못했다. 예수님은 아주 차거나 뜨거운 것이 낳다고 말씀하신다! 이말은 이 도시 외곽의 언덕에 있는 소금물 온천을 참조한 표현이다. (파묵칼레의 '하얀 성'은 건강을 위한 '스파'로 지금도 유명하다); 이 온천물이 라오디게아에 도달할 때는 '미지근'하고 토사를 유발하는 물로 변질된다.

예수님은 이들의 예배에 참석하지 않았다! 그는 밖에 서계시고 안에 들어가지 않으셨다. 3:20은 복음의 초청과 상담에 사용된 성경에서 가장 남용되는 구절일 것이다. 이 구절은 크리스챤이 되는 것과 관련이 없는 말이어서 이런 식으로 사용될 때 잘못된 메세지를 준다. (밖에 있는 죄인이 하늘나라에 들어가기 위하여 '예수님'이라는 문을 두드리는 것으로 해석되었다; 누가복음 11:5-10; 요한복음 3:5; 10:7) 3:20의 '문'은 라오디게아교회의 문이고 이 구절은 그리스도를 잃어버렸지만 아직 희망이 있는 교회에 주는 예언적인 메세지이다. 그리스도를 다시 안으로 모시기 위하여 예수님과 함께 하기를 원하는 단 한명의 교인만 있으면 가능하다! 이 구절에 대한 상세한 설명과 크리스챤이 되기 위한 신약성경의 방법론에 대하여 나의 저서 '정상적인 크리스챤의 출생' 을 보라.

위에 언급한 비난들은 예수님의 교회에 대한 사랑에서 비롯된 것이다. '사랑하는 만큼 꾸짖고 징계한다.' (3:19) 이러한 훈계가 없다면 그의 가족이 아니라는 말이다! (히브리서 12:7-8) 그들의 사기를 꺾으려는 것이 아니라 북돋우려는 것이다. 앞으로 다가 올 그들을 시험할 환란에 대비시키고자 하는 것이다. (3:10) 지금 타협한다면 때가 왔을 때 그들은 항복하고 상속을 잃을 것이다.

조언

이 편지가 각 일곱교회에게 주는 조언이 있다. 완전히 인정받는 두 교회에도 '내가 올 때까지 지금과 같이 선한 일을 계속하라' 고 훈계한다. (2:25)

나머지 다섯교회에게는 '기억하라' 와 '회개하라' 는 두 단어를 강조한다. 과거에 어떤 사람이었는지와 앞으로 어떤 사람이 되어야 할지를 기억해야 한다. 진정한 회개는 후회나 자책감으로 끝나지 않는다; 회개와 수정이 따라야 한다.

그리고 그의 호소를 일축해버리는 사람들에게 '그가 와서 심판할 것' 을 경고한다. 언젠가는 상황을 바꾸기에 너무 늦은 시각이 올 것이다. 그 때란 죽음을 무릅쓰고 순교당한 믿음의 사람들에게 영생의 면류관이 주어지고 (2:10; 디모데후서 4:6-8과 비교해 보라) 준비가 되지 않은 사람들에게는 '나는 너를 모른다' 라는 무서운 말씀을 하실 예수님의 재림의 때를 상징한다. (마태복음 25:12)

일반적으로 '내가 다시 온다' 는 한 교회의 '촛대'를 제거하기 위한 '방문'을 의미한다. (2:5) 예수님은 교회의 문을 닫는 사역도 하신다! 타협만하고 잘못을 수정하지 않는 교회들은 하나님의 나라에서 쓸모가 없다. 복음에 해를 입히는 것들은 제거하는 편이 낫다.

이 부분의 내용을 '바르게 세우고 지키지 않으면 내가 제거하겠다' 라는 한문장으로 요약할 수 있다.

확언

'이겨내라' 의 명령은 교회 전체에 주어진 것이 아니라 각 교인들에게 주어졌다. 심판이나 상급은 언제나 단체가 아닌 개인에게 주어진다. (고린도후서 5:10을 보라) 부패한 교회를 떠나 더 낳은 교회로 가라는 조언은 찾아볼 수 없다! 또 교회가 부패하기 때문에 개인들의 타협이 용서되는 것도 아니다. 잘못된 교회생활은 따라가면 안된다. 다시 말해서, 크리스챤들은 교회 밖을 보기 전에 먼저 교회 안의 압력에 대항하는 것을 배워야 한다. 교회 내부의 압력을 이겨내지 못하면서 외부의 압력을 이겨내기는 어려울 것이다.

예수님은 상급으로 사람들을 격려하는데 주저하지 않으셨다. (5:12) 자신이 십자가의 고통을 참고, 부끄러움을 대수롭지 않게 여기며 '그에게 주어진 기쁨' 을 받아드렸다. (히브리서 12:2) 각 편지에서 그는 '목적을 향해 전진하여' 그들을 기다리고 있는 상급을 생각하라고 '이겨내는 자'들을 격려하신다. (빌립보서 3:14)

첫장의 각 편지들에 있는 그의 명칭과 같이 그가 주시는 상급은 마지막 장에 나온다. 지금 당장 주어지는 것이 아니라 궁극적인 미래에 주어질 것이다. 그의 약속을 믿는 믿음의 사람만이 먼 훗날의 상급을 추구할 것이다.

다시 한번 말하지만, 새 하늘과 새 땅에서 누리는 기쁨은 모든 믿는 사람들을 위한 것이 아니고 박해와 유혹의 압력을 이겨내는 사람들의 것이다. (21:7-8 은 이 점을 분명히 한다) '끝까지' 순종하고 믿음으로 나아가는 (2:26) 사람들만이 구원을 받을 것이다. (마태복음 10:22; 24:13; 마가복음 13:13; 누가복음 21:19를 비교해 보라)

호소

마지막 명령은 '귀가 있는 자는 들으라' 라는 우리가 이미 알고 있는 예수님의 말씀으로 결론을 맺는다 (예, 마태복음 13:9) 이 말씀은 신약성경에서 가장 많이 인용한 구약성경의 말씀에 비추어 정확한 뜻을 알 수 있다: '듣기는 하지만 이해하지 못한다... 귀로 듣지 못하고... 귀로 듣고 가슴으로 이해하여 돌아서면 내가 그들을 치료하겠다' (이사야 6:9-10은 마태복음 13:13-15; 마가복음 4:12; 누가복음 8:10; 사도행전 28:26-27에 인용되었다.)

유대인들이 이러한 반응을 보일 것을 미리 아신 예수님은 크리스챤들에게 같은 반응을 하지 말라는 말씀과 귀로만 듣는 것과 듣고 순종하는 차이를 강조하신다. 그가 말하는 것을 얼마나 주의깊게 듣느냐에 대한 질문이다. 요한계시록의 그의 말씀은 사람들이 읽고 '지켜야만' 축복이 될 수 있고 귀로만 듣는 것이 아니라 '가슴에 새겨야' 한다. (1:3) '거기에 놓으라' 는 아버지의 명령을 귀로만 건성으로 듣고 거역하는 자녀는 '내가 하는 말 못들었느냐?' 라는 아버지의 질문을 받게 된다.

일곱 교회에 보내는 편지들의 간단한 끝맺음은 순종과 긍정적인 우리의 반응을 기대하는 예수님을 보여준다. 그는 이것을 기대할 권리가 있으신 주님이시다.

4-5장: 하늘에 계신 하나님

이 부분에 대하여는 별 소개가 필요없다. 특히 예배의 문맥에서 우리에게 잘 알려져 있으며 강조된 4장의 찬양은 찬송가와 성가대의 성가에 사용되었다. 이 땅에서 드리는 우리의 예배는 하늘나라의 예배를 반향한다.

요한은 '위로 올라 와서' (4:1) 하늘나라가 어떤지 보라는 이 땅의 소수만이 누렸던 특별 초청을 받는다. (바울도 비슷한 경험을 했다; 고린도후서 12:1-6) 하늘나라는 하나님이 통치하시는 곳이다. 이 부분의 주요 단어는 16번이나 사용된 '보좌'이고 '앉아 계신' 의 표현도 강조한다. (4:2, 9, 10; 5:1) 이 곳이 '하늘왕국'의 정부이다.

그곳은 말로 표현할 수 없을 정도로 아름답다. 초록색 무지개(!), 금관들, 천둥과 번개, 불타는 촛불—계속 나타나는 광경에 놀라움과 경이로움으로 도취되어 있는 요한을 상상할 수 있다. 하나님의 모습은 그가 보았던 가장 빛나는 보석 (벽옥과 홍옥) 에 비교할 수 있을 뿐이다.

무엇보다도 전체적인 광경에 수평선까지 뻗어 있는 '유리바다'로 표현된 평화가 있다. 이 땅위의 시끄러운 소란과 (6장 후에) 극적으로 대조된 이 표현은 고의적이다. 하나님은 선과 악의 싸움 위에 존재하시고 통치하시는 권능자이시다. 그는 투쟁하지 않는다; 사탄은 인간을 건드리기 전에 하나님의 허가를 받아야 한다. (욥기 1) 하나님은 아무것에도 놀라지 않는다. 어떤 일이 생기던 그가 허락한 일이므로 어떻게 다루어야 할지를 알고 계신다.

그는 인간이 아닌 하나님이시고 예배받을 가치가 있으신 분이다. (예배는 그의 가치를 보여주는 자세라는 뜻이다.) 창조주는 피조물로부터 끊임없는 찬양을 받으신다. '살아있는' 네가지는 '마치' 사자, 송아지, 인간 그리고 독수리와 같다; 그들은 이 땅의 네 귀퉁이의 모든 피조물을 대표한다. (이에 대하여 20개의 다른 해석이 있다!) 그들의 찬양은 '삼위일체론'적이다: 세번의 '거룩'과 과거, 현재, 미래의 삼차원의 시간에 계신 하나님이시다.

하늘나라의 '이사회'는 24명의 장로들로 구성되어있고 (예레미아 23:18) 그들은 하나님의 두 언약의 사람들인 이스라엘과 교회를 대표한다. (새 예루살렘의 성문과 기초에 쓰여진 24개의 이름에 주목하라; 21:12-14) 그들은 '면류관'을 쓰고 '보좌'에 있으나 권능을 위임받은 자들일 뿐이다.

4장에서 끊임없는 예배 외에 아무일도 일어나지 않는다. 이것은 시간에 구애받지 않은 영원한 광경이다. 5장에서 다시 사건이 일어난다—'하늘나라와 이 땅'에 있는 '봉인을 떼고 두루마리를 펼'

어떤 사람을 찾고 있다.

이 사건에 비추어 볼 때 두루마리는 중요하다. 두루마리에는 우리가 살고 있는 이 땅의 역사의 종말에 대한 기록이 있을 것이다. 봉인을 떼는 것은 이 일이 일어나는 시간을 의미한다.

이일이 일어날 때까지 세상은 현재의 상태로 계속 진행되고 '현재의 악의 세대'는 '앞으로 다가올 세기'가 시작되기 전에 그칠 것이다. '하나님의 왕국'이 이 땅 전체에 펼져지려면 '세상의 왕국'들은 단번에 끝나야 한다. 이 사건이 일어나게 할 '가치있는' 단 한사람을 찾을 수 없어서 실망한 요한은 '슬프게 울었다'.

이것이 왜 문제인가? 하나님은 역사 속에서 이 땅에 많은 심판을 내리셨는데 왜 마지막 심판은 내리지 않는가? 그렇게 하지 않으려는 결정을 하셨거나 그럴 자격이 없다고 생각하시는 것이다! '가치있는' 단 한사람을 조명하는 것은 신성모독이 아니다.

그는 누구인가? '사자'이면서 '양' 이다! 이 두 동물은 우리가 생각하는 것만큼 다르지 않다. 희생제물로 사용된 양은 언제나 성장한 숫양이었다. ('한살'된; 출애굽기 12:5) 여기서 '숫양'의 일곱개의 뿔은 (야곱의 양보다 하나가 더 있다.) 완벽한 힘을 상징하고 일곱개의 눈은 완벽한 감찰을 상징한다. 그러나 그는 희생제물로 '죽임'을 당한다.

정글의 왕인 사자는 다윗왕조에 뿌리를 둔 유다지파를 의미한다. 독특하게 결합된 통치자 사자와 희생제물 양은 히브리 선지자들이 예언했던 앞으로 오실 왕과 고통받는 종과 대응된다. (예, 이사야 9-11, 42-53)

이것은 그의 정체성 뿐아니라 행적과도 연관이 있어서 세상의 종말을 가져올 그와 부합된다. 종말이란 종료와 성취라는 두가지의 의미를 가진다. 그는 성취로서 종말 지을 것이다.

그는 세상의 정부를 맡을 사람들을 준비하신다. 각 인종의 소수민족에서 그사람들을 피값으로 치루고 사서 왕족과 제사장의 임무를 수행하도록 그들을 훈련시키고 이 땅을 다스릴 책임감을 부여하기 위하여 준비시키신다. (이것은 요한계시록에 자세히 설명되어 있다 20:4-6)

이러한 일을 모두 이룬 사람만이 다른 통치자들을 멸망시키는 재앙의 연속을 시작할 수 있다. 좋은 것으로 대체할 준비가 없이 나쁜 체제를 무너뜨리면 무정부 상태가 된다.

이를 위하여 기꺼이 자신의 모두를 주고 하나님이 준비하시는 정부를 다스릴 가치가 있으신 그 분은 '십자가의 죽음에도 기꺼이 순종하여!' ;하나님이 그에게 가장 높은 곳에 고귀하게 세우셨다.' (빌립보서 2:8-9)

그에게 권능, 부유함, 지혜, 힘, 명예, 영광, 찬양을 드리는 것이 지극히 마땅하다고 몇천명의 천사들이 노래로 화답하고 온 세상의 피조물들은 찬양대에 합류한다. 여기서 한가지 추가되는 것이 있다. 보좌에 앉으신 이와 그 앞의 중앙에 선, 아버지와 아들이 권능, 명예, 영광과 찬양을 함께 받으신다. 이것을 가능케 하기 위하여 두분은 다른 형태의 고통을 당하시고 함께 역사하셨다.

하나님과 예수님에게 드리는 무한한 찬양과 예배는 우리의 주님이신 예수 그리스도가 하니님이심을 분명히 보여준다.

6-16장: 이 땅의 사탄

요한계시록의 핵심인 이부분은 이해하거나 적용하기 가장 애매한 부분이다.

우리는 나쁜 소식을 듣는다. 상황이 계속 악화되지만 여기서 말하는 최악의 상황보다 더 나쁘지는 않을 것이라는 점에 그래도 위안이 된다. 그러나 이것이 나쁜 소식임에는 틀림이 없다!

이 부분의 해석에 세가지의 문제가 있다.

첫째, 어떤 순서로 사건들이 일어나는가? 이것을 시간적 도표로 만들기는 힘들다.

둘째, 상징물들은 무엇을 의미하는가? 어떤 것들은 분명하고 어떤 것들은 설명이 주어졌다. 그러나 어떤 것들의 의미는 알수가 없다. (12장에서 '임신한 여인'의 경우를 예로 들 수 있다.)

셋째, 예언은 언제 성취되는가? 우리의 과거인가, 현재인가 아니면 미래인가? 벌써 성취되었는가, 현재 진행되고 있는가 아니면 앞으로 성취될 것인가?

처음 읽었을 때 혼돈스러운 상징이 들어 있는 사건의 순서에 촛점을 맞추어보자. 이 부분은 임의적인 세가지 때문에 복잡하다.

첫째, 탈선. '막간'이나 괄호의 형태로 주요 사건이 아닌 주제를 다룬다.

둘째, 반복. 가끔 이미 언급한 사건을 회상하면서 반복하는 내용이다.

셋째, 기대. 앞의 사건에 대한 설명이 훨씬 뒤에 나온다. (예를 들어, '알마게돈'은 16:16에 처음 언급되지만 19장에서 일어나는 사건이다.)

이 내용들을 '회전적 역사주의가'들을 포함한 여러 사람들이 잘못 이해했다. 우리는 간단하고 분명한 것 부터 공부하기로 하자.

이부분을 한번에 읽을 때 뚜렷하게 나타나는 봉인, 나팔, 대접의 상징물들은 쉽게 해석할 수 있다.

봉인: 1. 흰 말—군사적 폭행
   2. 붉은 말—유혈사태
   3. 검은 말—기근
   4. 청황색 말—질병, 전염병

***

   5. 박해와 기도
   6. 지진과 공포

***

   7. 하늘나라의 고요함, 마지막 재앙이 있을 때 응답되는 기도; 강도 높은 지진

나팔: 1. 불타는 이 땅
   2. 오염된 바다
   3. 오염된 물
   4. 약한 햇빛

***

   5. 곤충과 역병 (5개월)

6. 동양의 침략 (200만명)

**

7. 강도 높은 지진이 있은 후 하나님과 그리스도가 세상을 점령하여 하나님의 나라가 세워짐

대접:
1. 피부의 종기
2. 피바다
3. 샘에서 솟아나는 피
4. 강열한 햇살

**

5. 어두움
6. 알마게돈

**

7. 우박과 강한 지진에 의한 국제적 몰락

위의 요약을 통해 여러가지를 분명히 볼 수 있다:

이 사건들은 우리에게 생소하지 않다. 모세가 이집트의 바로와 대결할 때의 역병, 개구리, 황충을 연상시키고 (출애굽기 7-11) 이러한 일들은 요즈음도 지역적으로 일어나고 있다. 예를 들어, 네마리의 말의 순서는 그전 말에 의하여 다음 말의 결과가 생기는 것으로 세계의 여러 곳에서 볼 수 있고 이러한 문제들이 세계 전체로 퍼졌다는 점이 중요하다.

각 분야를 다시 세분할 수 있다. 처음에 함께 속한 네가지는 알브레크트 두러가 그린 '묵시록의 네 기병대'라는 그림을 예로 들 수 있다. 나머지 두 사건은 서로 연관성이 없고 마지막 사건은 다른 것들과 전혀 연관성이 없이 독자적이다. 마지막 셋은 '저주'로 분류된다.

세분야의 사건들의 강도가 점차로 강해진다. '봉인'에서 인류의 사분의 일이 멸망하고, '나팔'이 불면 나머지의 삼분의 일이 멸망한다. 또, 재앙의 원인도 발전한다. '봉인'은 인간적인 원인이고; '나팔'은 자연과 환경의 악화이고; '대접'은 천사들이 직접 행하는 재앙이다.

또 사건들이 가속된다. '봉인'은 긴 시간 동안 행해지지만, 나머지들은 몇달이나 며칠 사이에 일어난다.

이들은 어떤 관계에 있는가? 한가지 확실한 것은 그들의 연속성이다: 봉인: 1234567, 나팔: 1234567, 대접: 1234567. 다시 말해서, 21개의 사건들은 서로를 따라간다.

그러나 이렇게 간단하지는 않다! 자세히 보면 각 분야의 일곱번째는 같은 사건을 의미하는 것같다. (세상의 강한 지진이 공통적이다; 8:5; 11:19; 16:18) 이들이 동시에 일어난다고 믿는 회전적 역사주의 학파는 이에 대한 대안론을 다음과 같이 제시한다:

봉인: 1 2 3 4 5 6 7
나팔: 1 2 3 4 5 6 7
대접: 1 2 3 4 5 6 7

다시 말해서, 사건들은 같은 시기에 다른 측면에서 나타난다. (같은 시기는 보통 예수님이 오셨을

때부터 재림할 때까지를 의미한다).

위의 두가지를 복합한 좀더 신빙성있고복잡한 유형은 처음의 여섯 사건들은 연속적이고 일곱번째 사건은 동시에 일어난다고 믿는다:

```
봉인:  1 2 3 4 5 6                              7
나팔:              1 2 3 4 5 6                  7
대접:                          1 2 3 4 5 6 7
```

다시 말해서 각 분야는 전 분야의 마지막에서 시작하지만 가장 마지막의 재앙은 한꺼번에 일어난다. '미래주의 학파'들의 이 주장으로 모든 사건들이 미래에 일어날 것으로 믿는다.

이것들은 세상에 어떤 일이 있을지를 집중적으로 보여준다. 이에 대한 사람들의 반응을 보라. 이러한 재앙이 하나님의 (그리고 양이신 예수님의!) 분노의 증거임을 인식하고 복음의 용서함이 아직 가능함에도 불구하고 (14:6), 인간의 반응은 회개보다는(9:20-21) 공포 (6:15-17)나 하나님에 대한 저주 (16:21)로 나타난다. 인간의 강퍅한 마음에 대한 슬픈 관찰이지만 사실이다. 재앙이 있을 때 우리는 하나님을 향하거나 등을 돌린다. (추락하는 비행기의 조종사들은 하나님을 저주하는 마지막 말을 남기기 때문에 청문회 전에 블랙 박스의 내용을 편집한다고 한다.)

봉인, 나팔, 대접 사이에 들어 있는 장들의 내용을 살펴보자. 7장, 10-11장, 12-14장이 세 분야 사이에 끼어있다. 첫 두부분은 여섯번째와 일곱번째 봉인과 나팔 사이에 있지만 세번째는여섯번째와 일곱번째 사이에 시간적 척도가 없이 첫번 대접 전에 있다. 도표로 표현하자면 다음과 같다:

```
봉인:  1 2 3 4 5 6 ( 7장 )                              7
나팔:              1 2 3 4 5 6 ( 1 0 - 1 1장 )          7
대접:                          ( 1 2 - 1 4장 ) 1 2 3 4 5 6 7
```

이것이 6-16장의 요약이다.

봉인, 나팔, 대접은 이 세상에 앞으로 있을 일에 대한 예언이고, 삽입된 세부분은 교회에 있을 일에 대한 예언이다. 환란이 올 때 하나님의 백성들에게 일어날 일에 대한 정보를 우리에게 주셨다. 그들은 어떤 영향을 받을 것인가? 요한계시록은 앞으로 있을 '성자들'을 준비시키고 있으므로 삽입된 내용들은 그들과 관련된 중요한 메세지이다.

7장: 두 부류의 사람들

여섯번째와 일곱번째 봉인 사이의 두 장소에 있는 매우 다른 두 부류의 사람들을 본다.

한편에서는 한정된 수의 유대인들이 이 땅에서 보호 받는다. (1-8절). 하나님은 이스라엘을 버리지 않으셨고 (로마서 11:1, 11) 세상이 존재하는 한 그들도 존재할 것을 약속하셨다. (예레미아 31:35-37) 하나님은 약속을 지키시는 분이고 그들에게는 미래가 있다.

'반올림'되었거나 상징적일 수도 있는 여기의 숫자들은 임의적이거나 인위적으로 보인다. 확실한 것은 수백만명의 유대인들 가운데 적은 소수만이 살아남을 것이라는 점이다. 그리고 전체적인 숫자를 12로 동등하게 나눌 수 있음은 앗수르로 끌려간 12지파가 '사라진' 것이 아니고 하나님이 각 지파의 생존자들을 지키실 것을 의미한다. 열두제자들 중 유다 이스카리옷이 대체된 것같이 하나님의 의지에 반항한 '단'지파는 사라지고 다른 지파로 대체되었다. 두번 모두 하나님의 목적을 오용하는 것에 대한 경고이다.

반면에, 수많은 크리스챤들이 하늘나라에서 보호받을 것이다. (9-17절) 하나님을 찬양하는 장로들과 피조물들이 합세하여 하나님 앞의 영광스러운 자리에 서서 '구원'에 대한 찬양을 드릴 것이다.

요한은 이것들의 중요성이나 그러한 영광을 받을 만한 자격에 대하여 알지 못함을 고백한다. 한 장로는 그에게 '이 사람들은 대환란을 이겨낸 사람들이다' 라고 말한다. (14절; 이 동사의 시제는 개인과 단체들이 환란을 계속하여 통과하는 과정을 나타낸다.) 그들은 어떻게 이겨내는가? 거의 모두가 죽음으로 순교한다. (그들의 '영혼'이 복수를 위하여 울부짖는 소리를 우리는 들었다; 6:9-11)

그러나 우리는 그들의 피가 아니라 어린 양의 피로 구원받았고, 그의 고통과 희생은 우리의 죄를 씻어서 하나님 앞에 깨끗한 사람들로 설 수있도록 해주신다.

하나님은 그들이 그의 아들을 위하여 고통당한 것을 아시고 '다시는' 그러한 고통을 당하지 않도록 하신다. 타오르는 태양이 그들을 태우지 못할 것이고 (7:16; 16:8) '선한 목자'의 보살핌을 받고 (시편 23편; 요한복음 10장) '생수'로 씻김을 받을 것이다. (용한복음 4:14; 7:38; 요한계시록 21:6; 22:1, 17) 그리고 하나님은, 마치 우는 자녀의 부모와 같이, '그들의 눈물을 씻어 주실 것이다.' (21:4) 하늘나라의 삶은 앞으로 올 새 땅의 삶을 미리 맛보는 것이다.

10-11장: 두명의 증인

여섯번째와 일곱번째의 나팔 사이에서 인간을 통하여 주시는 하나님의 메세지에 촛점을 맞춘다. 이 두장의 핵심 단어는 '예언' 이다. (10:11; 11:3, 6) 초대교회가 시작될 무렵 바트모스 섬에 갇혀 있던 요한은 선지자였다; 마지막 때에 두' 증인'이 예루살렘 성에서 예언할 것이다.

찬란하고 '강한' 두 천사들의 등장과 함께 앞으로 다가올 재난을 느낄 수 있다. 천둥같은 목소리로 먼저 전해지는 진실은 요한만을 위한것으로 아무에게도 전하면 안된다. (고린도후서 12:4와 비교해 보라) 두번째 선포는 더 이상의 지연이 없이 일곱번째 나팔은 최고조에 도달했음을 알릴 것이다. (일곱번째 봉인, 나팔, 대접은 모두 '마지막'의 의미라는 우리의 결론을 확실히 해준다.)

최악의 마지막 '나쁜 소식'이 '작은 두루마리'에 적혀있다. (이미 펼쳐진 큰 두루마리의 부분으로 더욱 상세한 내용을 알리는 것이 아닐까?) 요한은 이것을 '먹으라'는 지시를 받는다. ('소화하라'로 해석할 수 있다.) 이것은 처음에는 '달고 신' 맛이지만 점차적으로 신맛을 낼 것이다. (요한계시록 전체의 메세지를 이해하면서 많은 사람들이 느끼는 반응이다.)

요한에게 세상의 미래에 대하여 계속 '다시 예언하라'는 지시가 주어지고 예루살렘성과 성전의 주위를 그에게 '보여준다.' 요한은 이방인들이 성을 '짓밟을' 것이므로 이방인들이 예배드리는 바깥 정원은 재지 않고 안마당의 치수만을 잰다. 그들은 자신들이 싫어하는 하나님에 대하여 설교할 비상한 두사람을 만나게 될 것이다.

설교자나 듣는 사람이나 결과는 죽음이다! 이 두 증인들은 비를 그치게 하고 (엘리야와 같이; 열왕기상 17:1; 야고보서 5:17) 적에게 화염을 붙는 (모세와 같이; 레위기 10:1-3) 놀라운 기적의 능력을 갖게 되고 그들의 증거가 끝나면 죽임을 당할 것이다. 온 열방의 사람들이 그들의 시체를 향해 욕하고 흡족해하며 3일후에 시체를 치울 것이다. 이 두 증인들이 그들 앞에서 부활할 때 그들은 두려움에 떨 것이다. 하늘에서 큰 목소리가 '이리로 올라오라'고 할 때 그들은 승천할 것이고 그들이 출발할 때 큰 지진이 도시의 건물의 십분의 일과 7,000명의 인구를 멸망시킬 것이다.

이 두 증인들의 운명과 '선지자'이신 예수님의 운명은 매우 흡사하고 사람들은 같은 성에서 십자가의 죽음, 부활, 승천을 상기하게 될 것이다. 물론 차이점은 있다: 그의 경우에 지진은 그의 죽음과 함께 일어났고 (마태복음 27:51) 3일 후의 부활이나 승천을 일반인들은 보지 못했다. 그러나 특히 유대인들은 생생하게 기억하고 하나님에 대한 두려움으로 영광을 돌릴 것이다.

우리는 이 두 증인들이 누구인지 알 수 없다. 이들을 알아내고자 한 모든 시도는 사람들의 추측일 뿐이고 이들이 모세나 엘리야와 같이 과거에서 '다시 살아 돌아온' 사람들인지에 대한 언급은 없다. 이 증인들은 모세나 엘리야와 비슷한 두사람의 예수님과 도 같다. 우리는 그들의 정체를 알게 될 때까지 '기다려야' 하지만 별 상관은 없다. 그들이 한 일과 그들에게 행해진 일들이 중요하기 때문이다.

이 부분을 마치기 전에 두가지의 '기대'에 대하여 살펴보자. '대환란'의 기간을 의미하는 듯한 삼년반 혹은 42개월인 1,260일에 대하여 우리는 나중에 다시 공부할 것이다. 많은 사람들은 다니엘서에서 예언된 '일주일의 반'과 연결짓고 (다니엘서 9:27; NIV는 '주일'을 '일곱'으로 번역하였다.) 이 기간은 예수님이 말씀하신 짧은 기간의 예언을 상기시킨다. (마태복음 24:22)

여기서 다음에 자세히 나오는 '짐승'에 대하여 처음 언급한다.

12-14장: 두 짐승

지금까지의 문학적 유형을 볼 때 이 부분은 여섯번째와 일곱번째 대접 사이에 있어야 하지만 이 일들이 서로 가까이 있기 때문에 다른 사건들을 끼어놓을 시간이나 여유가 없다. 이 세장은 반항하는 세상에 대한 하나님의 마지막 분노를 나타내는 일곱번째 대접이 쏟아지기 전의 일이다. (696-697페이지의 다이어그램을 참조하세요.)

여섯번째 봉인과 나팔이 끝나고 마지막의 재앙이 일어나기 직전에 교회에게 가장 가혹하고 세상의 가장 무서운 재앙이 있을 것이다. 악의 세력은 예전보다 더 강하게 사회를 움켜 잡지만 그들은 곧 무너질 것이다.

이 부분에서 세 사람이 세상을 통치할 동맹을 맺는다. 처음에 천사의 본성과 성품을 가지고 있던 '거대한 용'과 '늙은 뱀'은 '사탄' 혹은 '악마'로 불리운다. (12:9) 나머지 두 짐승은 인간의 본성과 성품을 가지고 있었던 '짐승들'로 '적그리스도' 나 (요한일서 2:18; 데살로니가후서 2:3의 '무법자') '거짓 선지자'로 (16:13; 19:20; 20:10) 불리운다. 이들은 '거룩하지 못한 삼위일체'를 이루고 하나님, 그리스도, 성령의 삼위일체를 흉악한 모습으로 모방한다.

사탄은 '대환란'을 처음 보게 된다. 일곱 교회에게 편지가 보내진 이후로 그는 요한계시록에 언급되지 않았다. (2:9, 13, 24; 3:9) 사탄이 하늘나라에 있는 동안 봉인과 나팔이 이 땅에서 해야 할 일들을 끝냈고 그도 천사의 신분으로 '하늘의 영지'에 들어갈 수 있다. (에베소서 6:12; 욥기 1:6-7과 비교해 보라) 기도를 통해 이 영지에 들어가는 사람은 그곳의 선과 악의 치열한 전투를 볼 수 있다.

선한 천사들과 악한 천사들이 하늘나라에서 싸우는 이 전투는 영원하지 않을 것이다. 하늘나라의 삼분의 일이 악마의 편에 있고 (12:4) 삼분의 이는 이 전투를 승리로 이끌 대천사 미가엘 편에 있다. (코벤트리 대성전의 동쪽 벽에 이 장면을 그린 벽화가 있다.)

악마는 땅으로 '던져'지고 나중에 패배한 후 '무저갱'으로 던져진다. (20:3) 그는 남은 몇년동안 그의 분노와 실망을 우리의 땅에 쏟아 붓는다. 하늘에서 하나님에게 직접 대적하지 못하자 이 땅의 하나님의 백성들에게 전쟁포고를 한다. 정치적 그리고 종교적인 꼭두각시 통치자들을 통하여 자신의 왕국을 이 땅에 건립하려는 야망에서 나온 행동이다.

우리의 상상력을 동원해야 하기는 하지만 여기까지의 12장의 메세지는 분명하다. 그러나 이 장면에 또 한사람이 있다—12개의 별의 왕관을 쓰고 달위에 서서 햇빛을 쪼이고 있는 임산부이다. 이 여인은 누구인가? 한 개인인가 아니면 장소나 사람들을 '의인화' 한 것인가? (계시록의 다른 여인들; 예를 들어, 17-18장의 바빌론의 창녀들)

이 여인의 정체는 많은 논쟁과 성경 학자들의 다양한 의견의 대상이었다. 어떤 사람들은 '악마가 그여인의 아기가 태어나자마자 삼켜버릴 것이다' (4절) 와 '여자가 아들을 낳았다. 그 아기는 장차 놀라운 권세로 모든 나라를 다스릴 분이었다.' (5절)에 의거하여 해석한다. 그들은 이 여인이 예수님의 탄생과 헤롯이 그를 죽이려했던 일과 관계되었다고 믿는다. 그렇다면 이 여인은 예수님의 어머니 마리아거나 (카톨릭의 해석); 아니면 메시야가 오신 이스라엘을 의인화 한 것으로 볼 수 있다. (마리아를 제외시키기 위한 개신교의 해석)

그러나 이것은 그렇게 간단하지 않다. 마지막에 대한 이야기 도중에 왜 갑자기 크리스챤 역사의 처음으로 돌아가는가? 신약성경에서 그녀의 할 일을 마친 마리아는 사도행전 1장 후 사라졌는데 왜 그녀를 다시 성경에서 언급하는가? '회전적 역사학파'들은 이것이 교회역사의 회전적인 면을 나타내는 증거로서 이번에는 예수님의 탄생에서부터 사탄은 패배당하고 하늘나라에서 추방당함을 의미한다고 주장한다.

그러나 문제는 아직도 있다. 아기는 태어나자마자 하나님과 그의 보좌로 올림을 받는다. 이것은 부활과 승천을 망원경으로 보는듯 하지만 예수님의 사역, 죽음, 부활등이 제외된 점은 의아하다. 이 여인이 예수님의 어머니였다면 성난 용이 눈을 돌리는 '그녀의 남은 후손들' 은 누구인가? (12:17) 우리는 그녀에게 네명의 아들과 딸이 있었음을 알고 있지만 (마가복음 6:3) 이 사람들을 여기서 언급하는 것은 아닐 것이다. '모든 나라를 다스릴 분'이 꼭 예수님이라고도 할 수 없다; 그를 이렇게 묘사했었지만 (19:15, 시편 2:9의 성취) 그를 따르는 믿음자들에게도 약속된 말씀이다. (2:27) 12:6에 그녀를 1,260일 동안 보살피도록 마련한 장소와 이 기간은 마지막의 교회에 있을 대환란의 기간을 의미한다.

이런 각도에서 볼 때 이 여인은 마지막 시대의 교회를 의인화하여 대환란 때에 도시 주변에서 교회를 보호하는 것으로 보는 것이 가장 적합하다. 그녀의 아들은 그 때 순교당하는 사람들을 의인화하여 사탄이 건드릴 수 없는 천국에 그들이 안전하게 있음을 나타내고 그들은 그리스도와 함께 이 땅을 다스리기 위하여 돌아올 것이다. (20:4) '그녀의 나머지 후손' 들은 '하나님의 계명에 순종하고 예수님에 대한 증거를 지킨' 대학살에서 살아 남은 사람들을 의미한다. (12:17; 1:9; 14:12와 비교해 보라) 이 해석에 대하여서도 약간의 거부가 있다.

크리스챤의 초기와 마지막 시대에 있을 그리스도에 대한 경험을 암시적으로 비교한다. 특히, 그가 '이겨낸' 것같이 (요한복음 16:33) 그를 따르는 자들도 '죽음을 두려워하여 이 땅의 삶을 따라가지' 않고 '이겨낸다'. (12:11) 그들의 승리는 '하나님의 왕국과 그리스도의 권세'를 보여준다. (12:10; 11:15와 사도행전 28:31을 비교해 보라)

이 두'짐승'들은 13장에 나온다. 처음에는 모든 민족을 탄압하는 '적그리스도' 인 (요한일서 2:18; 적-이란 헬라어에서 '반대한다'의 뜻보다는 '대신한다'의 의미를 가지고 있어서 경쟁자보다는 가짜를 의미한다.) 정치적 독재자가 나타난다. '무법자' (데살로니가후서 2:3-4)는 그의 법을 가장 높이 여기고 자신을 신격화하고 예배를 강요한다. 이 짐승은 예수님이 거절한 사탄의 유혹을 받아드린 인간이다. (마태복음 4:8-9; 이 유혹을 받아드림으로서 그는 예수님의 적그리스도가 된다!)

'적-크리스챤'인 그는 '성자들을 대적하여 이길 수 있는' 능력이 있다. (13:7; 사탄은 일시적으로 승리하지만 성자들은 사탄을 영원히 이긴다, 12:11)

표범, 곰, 사자의 맹수의 성격을 지닌 그는 정치 통치자들의 연합에서 세워지고 암살시도에 의한 중상에서 회복하여 세상의 이목을 끈다. 그의 신성모독적인 자만은 42개월간 방송된다.

그를 경배하라고 강요하는 초능력을 가진 종교적 동료에 의하여 그의 힘은 강화되고 하늘의 불과 독재자의 연설을 명령하는 기적으로 그는 열방을 속인다.

두뿔을 가진 어린 양의 모습으로 그는 용같이 연설하는 부드러운 태도를 보여준다.

기적보다는 시장 장악이 그의 관심사이다. 몸의 보이는 부분에 특별한 숫자를 박은 사람만이 상거래를 할 수 있고 이 숫자는 황제를 우상 숭배하는 사람들에게만 준다. 여기서 제외된 유대인들과 크리스챤들은 생필품도 살수 없게 된다.

'666'은 독재자를 상징한다. 우리는 677페이지에서 이 뜻을 이미 공부했다. 그가 나타날 때까지 그의 정체를 알지 못할 것이고 우리가 그 전에 하는 말들은 추측일 뿐이다. 한가지 확실한 것은 어느 면에서도 그는 완벽함(7)에 미치지 못한다.

14장은 갇혀있는 사람들과 서있는 사람들을 대조한다. 짐승의 숨겨진 이름 대신, 그들은 양의 아버지의 이름을 이마에 붙이고 (22:4에 이에 대한 묘사가 있다) 거짓말을 하지 않는 흠이 없는 사람들이다.

그들이 있는 곳이 하늘나라인지 이 땅인지는 확실치 않지만 장로들과 피조물들의 찬양을 (14:3 그리고 4:4-11에서 반복) 볼 때 하늘나라일 것이다. 이 찬양은 구원받은 자들만이 '배울' 수 있다. 144,000이라는 숫자의 의미는 확실치 않다. 7장의 12지파로 구성된 숫자와 혼돈하면 안된다. 7장에서는 이 땅의 유대인들을 의미하지만 여기서는 하늘나라의 크리스챤들을 의미한다. 이 사람들은 '수를 셀 수 없을 만큼 큰 무리'와 다르다. 반올림된 숫자일 수도 있다. '이들은 또 사람들 가운데서 사서 하나님과 어린 양에게 첫열매로 바쳐진 사람들이며' (4절) 에 어떤 암시가 내포되어 있을 수 있다. 큰 추수 전에 조금 맛을 보여주는 식으로 이 땅에 보존된 유대인의 수가 하늘나라에서 찬양하는 크리스챤들의 수의 일부임을 의미할 수도 있다.

이 장의 나머지 부분에 하나님이 주시는 여러가지 메세지들을 인간에게 전달하는 천사들의 행렬이 있다.

첫번 천사는 '앞으로 있을 하나님의 분노'에서 구원할 복음이 아직도 있음을 상기시키며 하나님을 경외하고 예배하라고 호소한다. (누가복음 3:7)

두번째 천사는 바빌론의 멸망을 선포한다. 이런 장소가 처음 언급된 이후로 또 한번의 '예언'이다. 다음 장에서 이 내용을 분명히 알 수 있다. (16-17장)

세번째 천사는 믿는 사람들이 마지막 전체주의의 핍박에 굴복할 경우의 무서운 결과에 대하여 경고한다. 여기 사용된 언어는 지옥을 묘사한다: 끝없는 '고통' (이 단어는 '불못'에 있는 악마, 적그리스도, 거짓 선지자들의 경험을 묘사할 때 쓰여졌다; 20:10) 다시 말해서, 그들이 항복한 자들과 운명을 같이 한다는 말이다. 이 경고 후에 바로 나오는 '인내하고 참으라' 라는 명령은 '성자'들이 이런 무서운 결과를 피할 수 있음을 암시하고 (14:12, 그리고 13:10에서 반복) 두 구절 모두 누군가가 목숨으로 충성을 사수해야 할 것을 의미한다. 그들을 위한 축복도 있다 : '지금부터 주님을 믿고 죽는 사람은 행복하다' (14:13) 이 축복은 양면성을 지니고 있다: 지금의 노고에서 쉼을 얻을 수 있고, 그들의 충성이 기록되었으므로 앞으로 받을 상급을 기대할 수 있다. 그 때 자연사하는 사람들도 이 축복을 누릴 수 있다. 그러나 이 구절은 아직 장례식에 사용할 수 없다; '지금부터' 라는 조건적 약속은 '짐승'들의 통치를 내포하고 있다.

네번째 천사는 '흰 구름 위의 그리스도 같은 분' (다니엘서 7:13을 분명히 참고하고 있다) 에게 추수할 때가 되었다고 외친다. 곡식을 곳간에 쌓기 위한 추수인지 가락지들을 태우려는 추수인지는 확실치 않다.

다섯번째 천사는 낫을 들고 나타난다.

여섯번째 천사는 낫을 든 천사에게 '포도송이들'을 성 밖에 있는 '하나님의 진노의 포도주틀'에 넣어 짜라고 지시한다. 수많은 사람의 죽음은 300 킬로미터까지 흘러가는 엄청난 피로 상징되었다. 이것은 아마도 독수리들이 시체를 먹어 치우는 알마게돈의 싸움을 예상한다. (19:17-21) 피, 포도주, 하나님의 진노가 자주 언급되고 십자가와 특히 피땀을 흘리시며 하신 '겟세마네'의 기도를 조명한다. 겟세마네는 '짠다' 라는 의미이고 '잔'은 하나님의 진노를 비유적으로 상징한다. (이사야 51:21-22; 마가복음 14:36; 요한계시록 16:19)

여섯 천사들 후에 하나님의 진노를 말로하지 않고 행동으로 보여주는 일곱명의 천사들이 나타난다. 그들은 이 땅에 진노를 부을, 잔이 아닌 일곱 대접을 들고 온다. 이들과 함께 하늘나라의 순교자들이 부르는 승리의 노래가 동반된다. 이 노래는 홍해에서 이집트의 군사들이 빠져 죽었을 때의 모세의 기쁨을 의식적으로 반영하고 있다. (15:2-4) 이곳의 주제는 공평과 하나님의 공의로우심이고 하나님이 압제자들을 심판하여 그의 거룩하심을 옹호하는 놀라운 역사로 표현된다. '만세의 왕'은 죄지은 사람들을 심판하는데 시간이 걸리지만 결국은 심판하실 것이다.

이 부분을 끝마치기 전에 두가지에 주목해보자.

첫번째는 사건들의 '순서'이다. 나는 봉인, 나팔, 대접들을 어떤 순서적인 절차에 맞추는 시도를 했다. 이것이 얼마나 성공적이었는지는 다른 결론을 내렸을 수도 있는 독자들에게 맡기겠다. 예언의 사건들을 일관성있는 유형에 맞추는 것은 거의 불가능하거나 매우 어려운 일이다. 그러나 예수님은 그의 메세지를 이렇게 복잡한 글속에 숨겨 놓지 않는다. 그렇다면 이 글은 무엇을 의미하는가?

간단하다: <u>순서는 그리 중요하지 않다</u>. 앞으로 일어날 일들에 대한 내용이 훨씬 더 중요하다. 이 부분의 목적은 미래에 대한 정확한 예측을 돕기보다는 우리가 겪어보지 못한 어려움에 대처할 수 있는 하나님의 신실한 종이 되도록 하는 것이다. 우리에게 어떤 일이 일어날 것인가?

두번째로는 예언의 성취에 대한 문제이다. '대환란'이 마지막 몇년이라면 우리에게는 해당되지 않고 마지막 세대의 성자들에게만 해당될 수도 있다. 그렇다면 요한계시록을 읽는 것은 시간 낭비인가?

현재의 흐름과 국제적 사건들의 변화를 고려할 때 대환란은 가까운 장래에 일어날 수 있다.

그러나 중요한 것은 미래의 사건들의 그림자는 사건이 일어나기 전에 보여진다는 점이다. '자녀들이여, 지금은 마지막 때입니다. 여러분도 그리스도의 원수가 온다는 말을 들었지만 이미 많은 원수들이 나타났습니다. 그래서 우리는 마지막 때가 된 것을 압니다.' (요한일서 2:18) 많은 거짓 선지자들이 이미 왔고 아직도 오고 있다. (마태복음 24:11; 사도행전 13:6; 요한계시록 2:20)

다시 말해서, 어느날 모든 교회가 세계적으로 경험할 일들이 지역적으로 이미 일어나고 있다. 모든 크리스챤들이 '대환란'을 당하기 전에 일부 크리스챤들은 이미 당하고 있고 우리는 지금 올 수도 있는 최후의 환란에 대비하여야 한다.

그러므로 이 부분 (6-16장)은 현재의 상황에 관계없이 모든 믿는 사람들과 관련이 있다. 이미 많은 국가들이 교회를 탄압하고 있고 그렇지 않은 국가들의 수는 해마다 감소하고 있다.

믿는 사람들은 마지막에 있을 주 예수 그리스도의 재림에 대한 준비를 하여야 한다. 핍박중에 신실함을 지키는 목적은 하나님을 만났을 때 부끄럽지 않기 위함이다. 이것이 여섯번째와 일곱번째의 진노의 대접 사이의 말씀을 설명한다. (그 때에 일부 크리스챤들은 아직도 이 땅위에 살고 있을 것이다): '그때 이런 음성이 들렸습니다. "보라, 내가 도둑같이 가겠다. 깨어서 자기 옷을 지켜 벌거숭이로 다니지 않으며 수치를 보이지 않는 자는 행복한 사람이다.' (16:15; 마태복음 22:11; 누가복음 12:35; 요한계시록 19:708의 옷에 대한 강조를 보라.)

17-18장: 이 땅위의 사람들

이 부분은 '대환란'에 대한 말씀으로 일곱번째의 봉인, 나팔, 대접의 강지진이 있을 마지막 때이다. (16:17-19)

마지막으로 향하는 세계 역사의 종말이 다가오고 있다. 하나님의 말씀이나 역사를 통한 모든 경고에도 불구하고 사람들은 아직도 회개를 거부하고 그들의 문제에 대하여 하나님을 원망한다. (16:9, 11, 21)

더러운 창녀와 순수한 신부에 대한 요한계시록의 나머지 말씀은 사람이 아니고 의인화된 도시들을 의미한다.

'두 도시의 이야기'라는 제목을 붙일 수 있는 이곳은 인간의 도시 바빌론과 하나님의 도시 예루살렘이다. 여기에서 우리는 앞서 언급한 인간의 도시에 대하여 자세히 살펴보자. (14:8; 16:19)

성경은 도시들을 악의 장소로 취급한다. 첫번째 도시는 (항상 중요하다) 라메크와 대학살의 무기 제조와 관련이 있었고 사람들이 모였고 죄인들과 죄악이 넘쳐났다. 공동사회 의식이 부족한 익명의 존재성이 가능한 곳에서는 범죄가 성행하기 마련이다. 도시에는 색욕 (매춘)과 폭력이 시골보다 더 많이 있다.

여기서의 두가지 죄악은 욕심과 자만심으로 이들은 돈의 우상숭배와 관련이 있다. 하나님과 맘몬을 함께 예배드리는 것은 불가능하고 (누가복음 16:13), 번화한 도시에서는 하늘과 땅의 창조주를 쉽게 잊고, 자수성가한 사람은 자신의 창조주를 경배한다! 건축 양식에는 거만함이 나타나고; 건물은 인간의 야심과 성취를 보여주는 기념물이다.

그런 곳이 아시아, 아프리카, 유럽의 통로에 위치한 유브라데스 강변의 바벨탑이었다. 용맹한 군인이며 맹수의 사냥꾼이었던 님로드가 약육강생의 신조와 정의 대신 권력으로 시작한 도시였다.

인간과 하나님에게 자랑거리로 세워진 이 탑은 세상에서 사람이 만든 가장 높은 건축물이었다. '우리 이름을 떨치고' (창세기 11:4) 라는 목적은 인간스스로를 신격화하는 인본주의의 시작을 알린다. 하나님은 이런 자만심을 언어의 혼잡으로 심판하셨다! 갑자기 알아 듣지 못하는 말을 하게 된 상황을 묘사하는 '지껄인다' (babble)이라는 단어가 생겼다. (성령강림절에는 이런 일이 없었다. 언어의 혼잡이 오히려 연합을 가져왔다; 사도행전 2:44)

이 도시는 나중에 네브갓네살의 통치하에 거대하고 강력한 제국의 수도가 된다. 그는 자신이 정복하는 곳의 아기, 동물, 나무들까지 모두 파괴하는 무자비한 폭군이었다. (하박국 2:17; 3:17)

한편, 이스라엘의 다윗왕은 예루살렘을 그의 수도로 정했다. 그 곳은 바닷가, 강가 혹은 대로변에 위치한 무역도시가 아닌 '하나님의 도시'로서 하나님이 그의 이름을 두고 그의 백성들과 함께 살기로 선택한 곳이었다.—처음에는 모세가 만든 텐트에서, 나중에는 솔로몬이 지은 성전에 계셨다.

바빌론은 예루살렘의 가장 큰 위협이었다. 네브갓네살은 거룩한 성과 성전을 파괴하고 그 안의 보물을 획탈하고 주민들을 70년간 망명시켰다. 하나님은 그곳의 유대인들이 예루살렘을 다른 도시와 같이 '불결'하게 했으므로 이런 일을 허락하셨다.

그러나 그것은 영원한 심판이 아니라 일시적인 응징이었고 선지자들을 통하여 하나님은 예루살렘의 재건축과 바빌론의 멸망을 약속하셨다. (예, 이사야서 13:19-20; 예레미야서 51:6-9, 45-48) 예언대로 악의 도시 바빌론은 돌조각만 남은 폐허가 되어 사람이 살지 않고 사막의 야생동물들만 사는 곳으로 멸망했다.

다니엘서와 요한계시록의 유사성은 우연이 아니다. 두권 모두 마지막 때에 대한 비슷한 환상을 보여준다. 계시록이 네브갓네살 당대의 다니엘에게 주어진 것이다. (그는 세번의 추방에서 가장 먼저 추방 당한 젊은이였다.) 그는 미래에 있을 그리스도의 출현, 그리고 그 후 역사의 종말, 적그리스도의 통치, 천년왕국의 통치, 죽은자들의 부활과 마지막의 심판을 보았다.

두권에 언급된 '바빌론'은 같은 도시인가?

그렇다면 그 곳은 재건되어야 한다. 요한계시록의 '바빌론'이 같은 장소라고 주장하는 사람들은 이라크의 대통령이었던 사담 후세인이 바빌론을 부분적으로 재건했음을 반가워했다. 그러나 그는 이 도시를 삶을 위한 것보다는 자신의 명성을 보여주는 진열대로 사용했다. (레이저 광선으로 자신과 네브갓네살의 형상을 구름에 비추었다!) 고대 바빌론이 제대로 재건된다 하더라도 중요한 도시는 되지 못할 것이다.

'과거주의' 학파는 바빌론을 로마에 적용시킨다. 요한계시록을 읽던 당대의 사람들은 그렇게 생각했을 수도 있다. 비슷한 목적으로 쓰여진 (성자들을 고통에 대비시키는) 베드로의 편지가 그렇게 연관시켰을 수도 있다. (베드로전서 5:13) '일곱 언덕'의 의미 (17:9-10)가 이런 생각을 갖도록 도왔을 수도 있으나 '언덕'은 왕을 상징한다.

물질과 경제의 노예였던 로마의 퇴폐적인 성격도 요한계시록의 묘사와 비슷하다.

그러나 이것을 완전한 성취로 믿기는 어렵다. 로마는 하나의 바빌론으로서 역사의 마지막에 있을 바빌론의 그림자였을 뿐이다.

어떤 사람들은 다시 강성해지는 로마제국을 상상하며 '로마 조약'에 의한 10개국의 유럽연합국을 새로운 권력의 상징이라 믿는다. 그러나 다른 나라들이 추가되자 그들의 관심도가 떨어졌다; 너무 '뿔'이 많은 것이다! 그러나 유럽연합국의 국기에는 요한계시록 12장의 열두별이 새겨져 있다.

'역사주의'학파도 로마를 주요 후보자로 내세운다. 요한계시록을 교회 역사의 개요로 보고 개신교는 교황제도와 바티칸의 정치적 종교적 힘을 바빌론의 '창녀'의 상징이라 말했다. (이러한 해석은 북아이랜드에 큰 파문을 일으켰다.) 카톨릭은 개신교에게 비슷한 말로 대응했다!

그러나 요한계시록에 '바빌론'이 종교적이라는 암시는 없다. 상업과 오락을 가장 중요하게 여기는 사람들을 강조할 뿐이다.

'미래주의' 학파는 '마지막 때'에 장악할 새로운 도시를 주장한다. '신비'한 이 도시는 구도시의 (

바빌론 혹은 로마) 재건이 아닌 인간이 새로 만들 도시이다.

이곳은 상업의 요지로서 돈이 오가는 장소일 것이다. (바빌론의 멸망이 상인들에게 끼치는 영향을 보라; 18:11-16) 문화적인 면도 언급외었다. (18:22의 음악)

부도덕한 물질주의, 순결함이 결핍된 쾌락, 지혜가 없는 부유함, 사랑이 없는 욕정으로 가득 찬 부패한 사회에서 매춘부와 비슷한 삶이 합리적으로 받아들여지고 돈을 위하여는 어떤 일이든지 하는 도시가 될 것이다.

지금까지 우리가 공부한 '여자'는 일곱개의 머리와 열개의 뿔이 있는 '짐승'을 타고 있다. 이 짐승은 정치적 연합을 상징한다. 우리는 그들이 누구인지 알 수 없고 자세한 내용도 모르지만 그들은 통치할 영토가 없는 권력가들이다. 그들의 권위는 적그리스도인 '짐승'이 주었고 그들은 짐승에게 절대적 충성을 맹세한다. 그들은 크리스챤을 박해하고 양심의 가책으로 '어린 양에 대항하는 전쟁'을 일으킨다. (17:14)

그러나 바빌론은 얼마 후 멸망한다. 이런 현상은 현대사회에서도 얼마든지 일어날 수 있다.

여자는 짐승을 타고 있다. 여왕이 왕들의 등을 타고 있다. (이것은 창조에 의한 성별의 반대이다.) 재력이 권위를 우선하고 경제가 정치를 조정한다. 서기 2,000년 이후, 300개의 대기업이 세계 경제의 대부분을 조정하게 된 현재의 상태에서 이것은 쉽게 이해할 수 있다.

권력을 탐하는 야망에 찬 정치가들은 경제적 권력을 싫어한다. 그들은 정권을 잡기 위하여 경제 파탄을 일으킬 준비까지 되어있다. 독일의 많은 은행들을 조정했던 유대인들을 학살한 히틀러를 연상시킨다.

'왕들'은 그들을 타고 있는 '여왕'을 시기하고 그녀를 파괴시키려 한다. 도시는 불에 타고 역사상 가장 큰 세계 경제 파탄이 올 것이다. 수많은 사람들이 이것을 보고 '울며 통탄할' 것이다.

하나님은 물리적 힘이 아닌 방법으로 재앙을 일으키신다. 하나님은 '그들이 한 마음이 되어 자기들의 나라를 짐승에게 바쳐 그의 뜻을 성취할 마음을 갖게' 하실 것이다. (17:17) 도시를 상대로 짐승들과 연합하라고 격려하실 것이다. 적그리스도는 정치적 권력을, 거짓 선지자는 종교적 권력을 가질 것이다; '왕들'은 경제적 권력을 내주고 정치적 권력을 얻게 될 것이다. 그러나 그들이 권력을 즐기는 시간은 매우 짧을 것이다. ('한시간'; 17:12)

요한계시록에 확실하게 묘사된 바빌론의 멸망은 이미 이루어진 것으로 보인다. 크리스챤들이 이런 확신을 가질 수 있는 실용적인 이유가 있다. 하나님의 백성들은 마지막 '바빌론'과 어떤 관계에 있는가? 세가지로 볼 수 있다:

첫째, 많은 순교자가 있을 것이다. 창녀는 '성자들의 피와 예수를 증거하는 사람들의 피로 술취해' 있다. 마지막 구절의 아직 남아있는 크리스챤들은 요한계시록 전체에 언급된다. (1:9; 12:17; 14:12; 17:6; 19:10; 20:4) 부도덕이 가득한 도시에 거룩한 사람들이 있을 곳은 없다. 사회는 양심을 원하지 않는다.

둘째, 크리스챤들은 '거기서 나와 그녀의 죄에 참여하지 말고 그녀가 받을 재앙을 받지 않도록 하라. 그 여자의 죄는 하늘에까지 사무쳤고 하나님은 그녀의 죄악을 기억하신다' 라는 지시를 받는다. (18:4-5) 이것은 고대 바빌론의 유대인들에게 하던 예레미야의 호소와 거의 같다. (예레미야 51:6) 그들이 '나와야' 하는 것에 주목하라; 하나님이 그들을 데리고 나오지 않으신다. 모든 믿는 사람들이 순교를 당하는 것은 아니다; 어떤 사람들은 그들의 재산과 돈을 놓아둔 채 도망하게 될 것이다.

셋째, 바빌론이 멸망할 때 축연을 벌이라고 명령한다: 하늘이여, 기뻐하라. 성도들과 사도들과 예언자들아, 기뻐하라. 하나님이 그 여자를 심판하여 너희 원수를 갚아 주셨다. (18:20) 이것은 19:1-5에서 이루어진다. 유명한 헨델의 메시야의 '할렐루야' 합창이 세계경제의 몰락, 주식시장의 폐쇄, 은행의 파산, 상업과 무역의 중단을 축하하는 노래임을 아는 사람은 몇명 되지 않는다! 그 날 하나님의 백성들만이 '할렐루야' (하나님을 찬양하라) 를 노래할 것이다!

창녀와 신부는 사라진다. '어린 양의 결혼 잔치'가 시작된다. 예수님은 결혼식을 위하여 오신다 (마태복음 25:1-13) '신부는 빛나고 깨끗한 모시 옷을 받아 입었으니 (옷에 대하여 다시 언급한다) 이 모시 옷은 성도들의 의로운 행위를 의미한다.' (19:8) '축복'받은 손님들의 목록이 완성된다.

다음 부분의 이야기는 19장에서 계속된다. 장들의 분리는 처음부터 있었던 것이 아니고 잘못된 곳에서 분리되는 경우들이 있기 때문이다.

19-20장: 이 땅위의 그리스도

여러 사건들의 연속과 함께 역사는 끝맺는다. 우리의 세상은 드디어 끝난다. 이제부터는 궁극적인 미래에 대하여 본다. 계속 반복되는 '천년'에 대한 천년왕국의 해석은 많은 논쟁을 일으켰다. 이것은 확실한 주석이 필요하고 중요하기 때문에 다음 장에서 따로 다루기로 하자. 여기서는 개요만 소개하기로 한다. (718페이지를 보라)

이제 음성으로 듣는 계시에서 시각적인 환상으로 바뀐다. 앞 부분에서 요한은: '나는 들었다' (18:4; 19:1, 6) 라고 말하다가, '나는 보았다' 로 바뀌었다가, '나는 들었다' 로 되돌아 간다. (21:3) 보이는 환상에서 일곱개의 차이점을 알 수 있다. 20장과 21장의 분리가 없었다면 대부분의 사람들이 일곱번의 환상을 알아 볼 수 있었을 것이다. 이들은 요한계시록의 마지막 일곱번의 환상이다. 지난번의 일곱 환상과 같이 첫 네번의 환상은 같이 묶을 수 있고 다음의 두번은 서로 조금 다르고 마지막 두번은 독립적이다. (이것은 21-22장에서 다루기로 한다) 이 부분을 다음과 같이 요약할 수 있다:

1. 예수님의 재림 (19:11-16)

    왕들의 왕, 주들의 주 (말씀으로 = 로고스)
    흰 말, 피묻은 옷

2. 잔치 (19:17-18)

    새들을 초대하는 천사...
    ...시체의 살을 먹으라

3. 알마게돈 (19:19-21)

    세상의 왕들과 그들의 군대가 멸망하다 (말씀에 의하여= 로고스)
    두 짐승이 유황 불못에 던져짐

4. 사탄 (20:1-3)

    봉인되어 '무저갱'에 가두어짐
    그러나 한정된 기간동안만

5. 천년왕국 (20:4-10)

    성자들과 순교자들이 다스림 (첫번째 부활)
    사탄은 풀려나와 불못에 던져짐

6. 최후의 심판 (20:11-15)

    '나머지 사람들'의 부활
    책들과 '생명의 책'이 펴져 있음

7. 재창조 (21:1-2)

    새 하늘과 새 땅
    새 예루살렘

이것은 재림에서 재창조까지의 새로운 사건들의 연속을 암시하고 서로의 내용으로 확언된다. (예, 20:10은 19:20을 참조한다) 신학자들은 신학적 교리에 맞추기 위하여 (예를 들어 20장이 19장 전에 나온다고 주장한다) 사건들의 순서를 바꾸려고 시도했다. 그러나 이 부분의 순서는 요한계시록의 중간 부분보다 훨씬 더 중요하고 분명하다.

예를 들어, 하나님의 백성의 적들은 그들이 소개된 반대 순서로 추방된다. 사탄은 12장에, 두 '짐승들'은 13장에, 바빌론은 17장에 나타나고, 바빌론은 18장에서, 두 '짐승들'은 19장에서, 사탄은 20장에서 사라진다. 도시는 예수님의 재림 전에 파괴되고 예수님은 '거룩하지 않은 삼위일체'인 악마, 적그리스도, 거짓 선지자를 벌하기 위하여 이 땅에 오신다.

대부분의 학자들은 첫 환상이 예수님의 재림을 알리는 것임에 동의한다. (교리에 맞추기에 급급한 소수의 학자들만이 예수님이 처음 오신 것을 알리는 것이라고 주장한다) 예수님의 재림은 앞으로 주권을 잡을 사람들을 깜짝 놀라게 하고 그들은 두번째 예수님의 암살을 시도할 것이다. 그러나 수백만명이 넘는 크리스챤들이 예루살렘에서 그를 만나기 때문에 소수의 호위병으로 암살은 불가능할 것이다. (데살로니가전서 4:14-17) '메기도산' (히브리어로는 알마게돈) 아래 있는 에스드래론 계곡의 북쪽에 군사들이 집결할 것이다: 나사렛에서 내려다 보이는 만국의 교차로인 이곳에서 많은 전쟁이 있었고 많은 왕들이 전사했다. (사울과 요시아왕도 포함된다)

예수님은 '말씀'으로 죽은자를 살리시고 산자를 죽이신다. 싸움이 아니라 말씀이다. 너무 많아서 묻지 못한 시체들을 독수리들이 쪼아 먹는다.

이 때 두 '짐승들'은 죽임을 당하는 것이 아니라 지옥에 '산 채로 던져진다'. 이들이 지옥에 가는 첫 인간들이다. 악마는 포로로 잡힌 후 나중에 풀려난다!

예수님은 이 세상의 종말 전에 정부를 접수하고 '거룩하지 못한자'들이 떠난 후의 공백을 순교자들과 예수님을 따르는 자들로 채운다. 그들은 부활되어 이 임무를 수행한다. 이 '왕국'은 천년동안 지속되다가 가출옥하는 악마가 마지막으로 일으키는 반란이 하늘에서 내린 불에 의하여 진압될 때에 끝난다. 초대교회가 받아들인 예수님의 재림과 마지막 심판의 천년에 대한 메세지를 현대 교회는 받아드리지 않고있다.

그 후에 일어나는 일에 대하여는 많은 사람들이 동의한다. 신약성경의 마지막 심판날은 두 사건으로 예고된다. 이 땅과 하늘이 사라진다. 베드로후서 3:10은 모두가 불로 '파괴된다'고 말한다. 바다에서 죽은 사람들을 포함한 모든 죽은 자들은 다시 나타나는 두번째 부활과 (20:5) 악한 자들과 공의로운 자들이 영원한 운명에 들어가기 전에 새로운 육신을 받는다. (다니엘 12:2; 요한복음

5:29; 사도행전 24:15) '영혼과 육신'은 불못에 던져지고 (마태복음 10:28; 요한계시록 19:20) 육체적일 뿐아니라 정신적인 '고통'이 있을 것이다. (누가복음 16:23-24) 영혼과 육신을 분리시키는 '죽음'과 육신을 떠난 영혼이 거하는 '하데스'는 사라지고 (20:14) '두번째 죽음'이 그 때부터 계속된다.

이제 보이는 것은 보좌에 앉으신 심판자와 그 앞에 서있는 사람들과 쌓여있는 책들이다. 커다란 흰색의 보좌는 완벽한 권능과 순결을 상징한다. 이보좌는 요한이 하늘나라에서 본 '크거나' '흰색'으로 묘사되지 않은 보좌와 다르다. (4:2-4) 또 부활한 악한 자들이 하늘나라 가까이 오는 것이 허락되지 않을 것이다. 20장에서 하늘나라로 장면이 변한다; 그곳은 과거와 현재의 사람들만 남겨둔 채 사라진 이 땅일 것이다. 또 보좌에 앉은 사람은 하나님으로 확인되지 않고 (4:8-11과 같이) 하나님이 아니다. 다른 성경을 통하여 우리는 그가 심판의 일을 맡은 그의 아들 예수님임을 안다: '그가 임명한 사람에 의하여 세상을 심판하실 날을 정하셨다' (사도행전 17:31; 마태복음 25:31-32와 비교하라; 고린도후서 5:10) 인간은 인간에 의하여 심판받을 것이다.

이것은 긴 재판이 아닐 것이다. 판사는 '너희의 삶' 이라는 제목을 붙일 수 있는 '책들'에 수집되어 기록된 모든 증거를 조사한다. 태어나서부터 죽을 때 까지의 모든 행실과 말이 완벽하게 기록되어 있다. (마태복음 5:22; 12:36) 우리는 믿음에 의하여 정당화되지만 행실에 의하여 심판받을 것이다.

이 모든 증거들을 볼 때 우리는 '두번째 죽음'을 피할 수 없다. 우리에게 희망이 있는가? 그 날 다른 책이 펼쳐질 것이다. 이것은 판사가 이 땅의 삶에서 우리를 방면하고 그가 우리를 심판할 자격을 부여하는 '어린 양의 생명책'이다. (21:27) 이 책에는 그의 이름외에 다른 이름들도 기록되어 있다. 그리스도와 함께 살고 죽은 사람들, 그를 따라 '참 포도나무'에 붙어 있었던 (요한복음 15:1-8) '그리스도의 사람들'이 기록되어 있다. 이들은 그와 함께 계속하여 연합되어 있음을 입증하는 열매를 맺었다. (빌립보서 4:3; 마태복음 7:16-20과 대조하라) 믿음의 증거는 열매맺음이다.

그들이 회개하고 믿음을 갖고 그리스도안에서 살기로 결심했을 때 그들의 이름은 이 책에 기록되었다. (17:8에 있는 '세상이 창조된 때부터' 는 이 책에 기록되지 않은 이름들을 말하며 '인간 역사 전체'를 의미한다; 13:8에서는 죽음을 당하신 어린 양과 연관된다). '이겨낸' 그들의 이름은 생명책에서 '지워지지' 않는다. (3:5)

이 책에 이름이 기록된 사람들만 '불못'의 '두번째 죽음'을 피할 수 있다. 다시 말해서 그리스도 밖에서 사는 사람들은 '모두가 범죄하였고 하나님의 영광에 미치지 못하였으므로'(로마서 3:23) 아무 희망이 없다고 복음서는 분명히 말한다: '다른 이에게서는 구원을 얻을 수 없습니다. 예수님 외에 하늘 아래에 우리가 구원받을 수 있는 다른 이름이 인간에게 주어진 일이 없기 때문입니다. (사도행전 4:12) 그러나 우리는 사람들을 포용하여야 한다. '너희는 온 세상에 나가 모든 사람에게 기쁜 소식을 전파하라' (마가복음 16:15; 마태복음 28:19와 비교해 보라' 누가복음 24:47)

인간은 두 그룹으로 영원히 나뉘어 질 것이다. (마태복음 13:41-43, 47-50; 25:32-33) 한 그룹의 목적지는 이미 '준비'되었다. (요한복음 14:2) 불못은 적어도 천년간 존재해 있었고 (요한계시록 19:20) 다른 그룹을 위한 '새로운 도시'도 '준비'되었다. (요한복음 14:2) 이 곳을 위하여 새로운 세상이 만들어져야 한다.

21-22장: 새 하늘과 새 땅

마지막 장의 상황은 많이 다르다. 어두운 구름이 걷히고 태양이 다시 빛난다—태양은 사라지고 더 찬란한 하나님의 영광이 있다. (21:23)

온 세계에 주시는 마지막 구원은 그리스도의 '천체'적인 역사이고 (마태복음 19:28; 사도행전 3:21; 로마서 8:18-25; 골로새서 1:20; 히브리서 2:8); 하늘과 땅의 재창조이다. ('하늘'은 '공간'을 의미하고 20:11과 21:1에서 같은 단어를 사용한다). 예수님이 재림하셨을 때 크리스챤들은 새 육신을 받고 그에 맞는 새 환경이 주어진다.

첫 두 구절은 요한이 '본' (19:11—21:2) 일곱번의 환상 중에서 마지막 역사의 최고조를 묘사한다. 새로운 창조 뿐아니라 '일반적' 창조 안에 '특별' 창조가 들어 있다. 첫번 창조에서 하나님이 '동산'을 만드셨듯이 (창세기 2:8) 아브라함이 이미 알았고 기대하던 '정원도시'를 하나님이 만드신다. (히브리서 11:10)

예전의 하늘과 땅이 같은 이름으로 새로운 '하늘과 땅'으로 인식되듯이 새 도시도 다윗의 성과 같은 이름이다. 구약과 신약성경의 예루살렘을 예수님은 '위대한 왕의 성'이라고 하셨다. (마태복음 5:35; 시편 48:2와 비교해 보라) 그는 '성밖'에서 죽임을 당했고 다시 부활하여 승천하셨다. 그가 다윗의 보좌에 앉기 위하여 이곳에 다시 오실 천년왕국 시대에 예루살렘은 '하나님의 백성'이 거하는 하나님이 사랑하시는 도시가 될 것이다. (20:9)

물론, 이 땅의 도시는 히브리 성자들, 천사들 (히브리서 12:22-23) 그리고 예수님을 믿는 모든 사람들이 시민으로 거주하는 '하늘나라의 살아계신 하나님이 거하시는 예루살렘성'의 일시적인 모형일 뿐이다. 하나는 물리적이고 다른 하나는 '영적'이다. 이 둘의 다른 점은 장소이고 이것은 바뀔 것이다.

하늘나라의 도시는 '하늘에서 내려와' 새로운 땅에 거할 것이다. 다른 재료로 지어진 건물이 있는 실제 도시가 될 것이다! 육신과 영의 영역을 분리하는 어거스틴의 플라토닉 사상이 소개된 후 교회들은 새 땅과 새 도시에 대한 개념을 받아드리지 못하고 '영적'인 것은 '만져지지 않는다' 는 개념은 미래를 향한 크리스챤들에게 큰 손상을 주었다. 새 세계와 새 도시는 예전의 '물리적'인 것들과 다른 점이 없다.

21:3-8은 마지막 환상에 대하여 설명한다. 새 창조에서 창조주로 촛점이 바뀌고 요한이 '본' 것에서 '들은' 것으로 바뀐다. 그가 들은 '큰 목소리'는 누구의 목소리인가? 하나님이 삼인칭에서 일인칭으로 바뀐다. 물론 이것은 그리스도가 말하는 것을 의미한다. (1:15와 비교해 보라) 보좌에 '앉으신' 은 전 장과 같다. (20:11과 21:5를 비교해 보라) 심판과 '불못'이 언급된다. (20:15와 21:8을 비교해 보라) 또한 예수님이 마지막으로 말씀하시는 같은 '목소리' 가 있다. (21:6와 22:13을 비교해 보라) '하나님의 보좌와 양의 보좌'는 같고 (22:1) 다음의 세가지가 나온다:

첫번째는 이 책 전체에서 미래에 대한 가장 놀라운 말씀이다. 하나님은 그의 처소를 하늘에서 땅으로 옮기신다! 하나님은 인간들과 함께 거하시고 '하늘에 계신 아버지'가 아니라 '이 땅에 계신 아버지'가 되셔서 인간들과 가까운 관계를 갖는다. 하나님의 본질이 아닌 죽음, 슬픔, 고통은 더 이상 찾아볼 수 없고 분리나 눈물도 없다. 성경에서 이 땅에 계신 하나님은 에덴 동산을 거니시는 하나님 뿐이었다 (창세기 3:8) 성경은 다시 제자리에 돌아온다.

두번째는 '이제 내가 모든 것을 새롭게 한다' 는 선포로 (요한계시록 21:5) 나사렛의 목수가 새 세상과 예전 세상의 창조주임을 나타낸다. (요한복음 1:3; 히브리서 1:2) 사람들을 갱생시켜 '새로운 창조'가 되게 하고 (고린도후서 5:17) 모든 것을 회복시키신다.

'새로운'의 의미에 대한 여러가지 논쟁이 있다. '새로운' 것이란 어떤 것인가? 새 세상은 예전의 세상이 '고쳐진' 것인가 아니면 새로 창조된 것인가? '새로운' 이라는 헬라어는 비슷하게 사용되는 두가지의 의미가 있다. (카이노스와 네오스) 예전 세상이 '불로 멸망 당하고' (베드로후서 3:10) '사라진다' (요한계시록 21:1) 는 변화가 아닌 근절을 의미한다. 예수님의 부활과 함께 이 과정은 이미 시작되었다. 그의 '옛' 육신은 시체에 입혔던 옷 안에서 사라졌고 죽음에서 '영광'의 새 육신을 입고 오셨다. (빌립보서 3:21); 나의 저서 <u>부활의 설명</u>을 보라. 두 육신의 '연결'은 무덤의 어둠 속에 숨겨졌지만 그 곳에서 일어난 일은 언젠가 온 세상에서 일어날 것이다.

세번째는 요한계시록을 읽는 사람들에게 새 창조에 대한 실용적인 점을 설명한다. (요한이 듣고 있던 '진실되고 참된 말씀'을 계속하여 적으라고 상기시킴에 주목하라; 21:5) 긍정적으로는 '생명수'를 찾는 목마른 사람들에게 만족을 주고 (21:6; 22:1, 17) '이겨내는' 삶을 살아 새 땅을 상속받고 하나님과 그 안에서 가족의 관계를 누리는 약속이다.

부정적으로는 비겁한 사람, 불신자, 흉악한 사람, 살인자, 음란한 사람, 마술사, 우상 숭배자와 모든 거짓말쟁이들은 '유황이 타는 불못에 던져질 두번째 죽음이다' (21:8) 이 경고는 불신자에게 주어진 것이 아니라 흔들리는 믿음을 가진 사람들에게 주어졌다. 사역 초기에 예수님의 지옥에 대한 경고는 죄인들에게 주신 것이 아니라 그의 제자들에게 주셨다. (나의 저서 '<u>지옥으로 가는 길</u>'을 보라)

이 때 천사가 새 예루살렘과 그 안의 삶을 요한에게 보여준다. (천년왕국의 예루살렘이 '구' 예루살렘의 재현이라는 개념은 너무 어려우므로 여기에서 다루지 않기로 한다; 10절은 2절을 더 자세히 설명한다). 그에 대한 묘사와 찬란한 단어는 어디까지가 문자 그대로이고 어느 부분이 상징적인지 알 수 없다.

모든 것을 문자 그대로 해석하는 것은 옳지 않다고 본다. 요한은 분명히 묘사할 수 없는 것을 묘사하고 있다. (바울도 하늘나라를 보았을 때 비슷한 어려움을 경험했다; 고린도후서 12:4) '마치' 혹은 '같이' 라는 단어가 자주 사용되었다. (21:11, 18, 21; 22:1) 모든 비유는 궁극적으로 완벽하지 않으므로 실제는 표현된 것보다 훨씬 더 아름답고 찬란할 것이다.

반면에 모든 것을 상징적으로 해석하는 것도 옳지 않다. 이런 시도는 모든 것을 '영적'인 것으로 보고 '새 땅'의 분명한 위치를 정당화하지 못한다.

이 문제에 대하여 우리는 새 예루살렘이 장소를 의미하는지 사람을 의미하는지 생각해 볼 수 있다. '신부'는 사람들, 즉 교회를 의미한다. (19:7-8) 채색옷과 보석으로 장식된 유대인들의 결혼식과 이 비유를 (21:3; '마치 신부와 같이') 비교할 수 있다. 새 도시는 '어린 양의 아내될 신부'로 표현되고 (21:9) 천사는 성령에 충만한 요한를 높은 산으로 데리고 올라가서 하나님이 계신 하늘에서 내려오는 거룩한 성 예루살렘과 (21:10) 그 곳에 사는 사람들의 삶을 보여준다. (21:24—22:5)

이 문제에 대한 답은 크리스챤들보다 유대인들이 더 확실히 이해할 것이다. 야훼의 신부인 '이스라엘'은 언제나 서로를 포함하는 사람과 장소를 의미하고 모든 예언의 약속은 사람들을 그들의 땅에서 회복시키는 것이다. 이에 비교하여, 크리스챤들은 장소가 없는 사람들이고, 이방인들이고, 순례자들이고, 지나가는 여행자들로서 새로 '흩어진' 사람이거나 추방된 하나님의 백성들이다. (야고보서 1:1; 베드로전서 1:1) 하늘나라가 우리의 '본향'이다. 그러나 하늘나라는 이 땅으로 내려온다. 유대인들과 이방인들은 함께 같은 장소의 시민이 된다. 이것은 성벽에 쓰여진 열두지파와 열두사도들의 이름이 쓰여진 이유를 설명한다. (21:12-14)

이렇게 유대인들과 이방인들의 연합, 하늘과 땅의 연합은 '모든 사람들과 그리스도까지 한 지도자 아래로 모으는' 하나님의 영원한 목적의 기초이다. (에베소서 1:10; 골로새서 1:20) '신부'는 신랑과 연합된 사람들의 장소이다. 얼마나 아름다운 장소인가!

12의 배수인 측량된 칫수는 중요하고 엄청난 크기이다: 삼차원의 한면이 2,000킬로미터가 넘는 이 도시는 유럽 전체의 크기로 둥근 달속에 들어갈 수 있는 크기이다. 다시 말해서 모든 하나님의 백성들을 유치하기에 충분한 면적이다. 피라미드형 보다는 상자형인 모양새도 중요하다. 이 '성스러운' 도시는 장막과 성전의 '지성소'의 상자 모양과 비슷하다. 벽은 안의 사람들을 보호하는 것보다는 바깥과의 경계이고 성문은 항상 열려있다. 주변의 위협이 없어서 사람들은 언제나 자유롭게 드나든다.

우리가 이미 알고 있는 희귀한 보석의 재료로 건축된 이 도시는 천국을 조금 보여준다. 여기서 사용된 보석의 목록은 이 책이 하나님의 영감으로 쓰여졌다는 증거이다. '순수한' 빛은 (분극화되거나 원자화된 빛) 이 보석들의 진가를 나타낸다. 얇게 깎은 보석에 분극화된 빛을 비추어 (썬글래스의 렌즈가 직각으로 겹쳐질 때) 두 종류로 나눌 수 있다. '등방성' 보석은 색깔을 잃고 (예, 다이아몬드, 루비, 갈넷) '이방성' 보석은 처음의 색깔과 관계없이 무지개색을 보여준다. 새 예루살렘의 모든 보석들은 '이방성' 보석이다! 요한계시록이 쓰여졌을 당시 이것을 알 수 있는 사람은 하나님외에는 아무도 없었을 것이다!

또 놀라운 것은 32절에 구약성경이 (거의 창세기, 시편, 이사야, 에스겔, 스가랴) 50번 이상 암시되었고 대부분은 예언에 나타난 유대인들의 희망의 성취의 내용이다. 이 점은 구약과 신약성경의 모든 예언들이 한 곳에서 나왔음을 알려준다. (베드로전서 1:11; 베드로후서 1:21) 요한계시록은 성경 전체의 최고조의 결론이다.

천사들이 보여주는 성안의 삶은 놀라웁다. 예전의 예루살렘과 가장 대조되는 것은 한 장소에서만 (혹은 정해진 시간에만) 예배드리는 개념의 상징이었던 성전이 없다는 점이다. 도시 전체가 그의 성전으로 구원받은 사람들은 '낮이나 밤이나 그를' 섬긴다. (요한계시록 7:15) 이것은 아담의 시대와 같이 일과 예배가 다시 섞여진 것을 의미한다. (창세기 2:15); 아담은 일주일에 하루만 예배드리라는 지시를 받지 않았다.

도시는 국제적 다문화로 풍성하고 (요한계시록 21:24, 26) 부도덕으로 오염될 일이 전혀 없다. (21:27) 이것은 타협하는 믿는 자들의 이름이 '어린 양의 생명책'에서 지워질 수 있다는 위험을 말해준다. (3:5; 21:7-8)

생명의 강과 나무는 건강을 계속 유지시켜 준다. 그 때까지 채식주의를 요구하는 것은 아니지만 그때는 처음과 같이 고기보다는 과일을 먹을 것이다. (창세기 1:29)

또한 모든 성자들은 하나님과 함께 살게 된다. 예전에는 소수의 사람에게만 허락 되었지만 (창세기 32:30; 출애굽기 33:11) 이제 사람들은 하나님의 얼굴을 항상 볼 수 있다. (고린도전서 13:12) 그들의 얼굴에 하나님의 얼굴이 반영되고 예전에 악한 사람들이 '짐승'의 숫자를 새겼던 것과 같이 그들의 이마에 하나님의 이름이 새겨져 있다. (요한계시록 13:16) 그들은 자신을 다스리는 것이 아니라 처음에 계획했던 대로 새로운 피조물들을 '영원히 다스리며' (창세기 1:28) 창조주를 '섬긴다'.

다시 한번 강조하지만 사람들은 하나님과 영원히 함께 살기 위하여 천국에 가는 것이 아니다; 그가 사람들과 영원히 함께 지내기 위하여 내려오신다. 새 예루살렘은 하나님과 인간들이 함께 거하는 영원한 '처소'가 된다.

요한은 모든 것을 적으라는 지시를 또 받는다. 우리는 가끔 글 쓰기를 멈추는 그를 쉽게 이해할 수 있다!

'끝말' (요한계시록 22:7-21)과 '머릿말'에는 여러가지 공통점이 있다. (1:1-8) 하나님과 그리스도에게 같은 명칭을 사용하고 (1:8; 22:13) 마지막 결론에 완전한 삼위일체가 나타난다: 하나님, 어린 양, 성령이 함께 계신다.

짧은 시간에 대한 강조도 있다. 예수님은 '곧' 오신다. (22:7, 12, 20) 이 말씀이 주어진지 수백년이 지났다고 해서 안일한 자세를 가져서는 안된다; 우리는 '곧 일어날 일에' 매우 가까이 와 있다. (22:6)

그러나 아직도 목마른 사람들은 거저주는 생명수를 마실 수 있는 기회가 주어진다. (22:17) 그러나 지금 선택해야 한다. 우리의 도덕적인 삶이 강팍해지는 때가 올 것이다. (22:11) 바로는 일곱 번이나 하나님을 대적하는 강팍한 마음을 가졌고 하나님은 그의 마음이 강팍하도록 세번 더 도와주셨다. (출애굽기 7-11; 로마서 9:17-18) 하나님에게 불순종하고 대항하는 사람들에게 이런 때가 올 것이다.

마지막에는 두 종류의 사람들만이 있다: '계속 자기 옷을 빨고 성문을 통해 새 예루살렘성에 들어가는' 사람들과 (요한계시록 22:14; 7:14와 비교해 보라) - 중동지역의 들개들 같이 성밖에 있는 사람들이다. 장엄한 최후에 대한 자격미달의 목록이 세번째로 나온다. (21:8, 27; 22:15) 예수님을 믿고 교회에 속해있는 우리에게 미래의 영광이 자동적으로 오는 것이 아님을 잊지 말라는 당부이다. '그리스도 예수님 안에서 하나님이 위에서 나를 부르신 부름의 상을 얻으려고 목표를 향해 달려가는' 사람들과 (빌립보서 3:14) '모든 사람들과 화목하게 지내고 거룩함을 추구하여…. 거룩해지지 않고서는 아무도 주님을 보지 못할것이다' (히브리서 12:14)을 실천하는 사람들만이 성 안에 들어갈 수 있을 것이다.

또한 요한계시록의 내용을 추가하거나 생략하는 믿는 사람들은 미래를 포기해야 할 것이다. 하나님이 그의 종을 통해 주신 '예언'의 내용을 바꾸면 신성모독으로 엄중한 벌을 받을 것이다. 이런 일에 신경쓰지 않는 불신자들보다 다른 사람들을 위하여 계시록의 내용을 설명하고 해석하는 사람들이 주의해야 한다. 나의 이 말이 하나님을 모독했다면 하나님의 자비를 구한다!

마지막 말씀은 '오세요!' 라는 긍정적인 한마디로 요약할 수 있다.

교회는 세상의 누구든지 복음에 반응하는 사람들을 초대하고 (요한계시록 22:17; 요한복음 3:16과 비교해 보라) 주님에게도 같은 말을 한다: '아멘, 예수님 오시옵소서.' (22:20)

이러한 양면적 초대는 성령충만으로 행동하는 진실한 신부의 성격과 주 예수의 은혜의 경험의 결과이다. (22:21) 모든 성자들은 이 세상의 배교자들과 재림하실 주님께 '오세요' 라고 호소한다.

그리스도 중심

성경의 마지막 책은 '예수 그리스도의 계시록' 이다. (1:1) 이 말은 예수님을 위한 혹은 (또한) 예수님에 대한 계시록이고 이 메세지의 주인공은 예수님이다.

만약 세상의 종말이 이 책의 주제라면 예수님은 '시작'이셨던 것 같이 또한 '종말'이시다. (22:13) '때가 되면 하늘과 땅에 있는 모든 것이 그리스도 안에서 하나가 되도록 하는 것'이 하나님의 계획이다. (에베소서 1:10)

머릿말과 끝말은 이 땅에 재림하실 그에게 촛점을 맞추고 (1:7; 22:20) 미래의 역사가 악화되다가 호전되는 전환점은 재림이다. (19:11-16)

'같은 예수님'이 (사도행전 1:11) 다시 오실 것이다. 그는 처음에 하나님의 어린 양으로 오셔서 '세상의 죄'를 짊어지셨다. (요한복음 1:29) 요한계시록 전체에서 어린 양은 '죽임을 당했고' (5:6) 그의 머리, 옆구리, 등, 손과 발의 상처가 아직도 보인다. (요한복음 20:25-27) 모든 인간들을 구

원하기 위하여 흘린 피가 자주 언급된다. (5:9; 7:14; 12:11)

그러나 계시록의 예수님은 갈릴리의 예수님과 매우 다르다. 예수님과 가장 가까웠던 요한에게 (요한복음 21:20) 예수님이 처음 나타났을 때 요한은 경외함에 압도되어 그 발 앞에 엎드려 마치 죽은 사람같이 되었다. (1:17) 예수님의 눈같이 흰 머리, 불타는 눈, 날선 검과 같은 혀, 빛나는 얼굴과 발에 대하여는 이미 언급했다.

복음서에서 가끔 성난 예수님을 볼 수 있지만 (마가복음 3:5; 10:14; 11:15) 계시록의 진노하신 예수님은 모든 사람들이 그의 눈을 보기보다 떨어지는 돌에 맞기를 원할 정도로 두려운 (6:16-17) '부드럽고, 온순하고 따뜻한' 예수님이 아니다.

많은 사람들은 예수님의 말씀에도 불구하고 그가 평화주의를 가르치고 실천했다고 믿는다: '너희는 내가 세상에 평화를 주러 왔다고 생각하지 말라. 평화가 아니라 칼을 주려고 왔다' (마태복음 10:34; 누가복음 12:51) 물론 그의 말을 '영적'으로 해석할 수도 있지만 마지막의 환란이 물리적임을 나타내는 계시록에서는 그런 해석을 받아드리기 어렵다.

예수님은 평화의 당나귀가 아니라 말을 타고 전쟁을 위하여 하늘에서 내려오신다. (스가랴 9:9; 요한계시록 19:11; 6:2와 비교하라) 그의 옷은 '피에 젖어 있으나' 그의 피가 아니다. (19:13) 그의 혀를 상징하는 '검'은 무화과 나무를 말씀으로 말려버린 것 같이 (마가복음 11:20-21) 수천명의 왕들, 장군들, 자진하여 출전했거나 징집된 용사들을 멸망시킨다.

예수님은 많은 사람들을 한꺼번에 죽이고 독수리들은 시체들을 쪼아먹는다! 이러한 장면은 교회 착색유리의 온화한 예수님에게 익숙한 사람들에게는 충격일 것이다. 성탄절에 예수님을 힘없는 아기로 표현한 교회 달력에 익숙한 사람들에게는 더욱 큰 충격일 것이다. 예수님은 다시는 그렇게 표현되지 않을 것이다.

예수님이 변하셨는가? 어떤 사람들은 나이가 들면서 부드러워지지만 더 악해지고 심술을 부리는 노인들도 있다. 예수님도 이렇게 되신 것일까? 그렇지 않다!

그의 성품이나 성격이 아니라 사명이 바뀐 것이다. 처음에는 '잃어버린 자들을 찾아서 구원하시려고' 오셨고 (누가복음 19:10) '세상을 벌하는 것이 아니라 구하기 위하여' 오셨다. (요한복음 3:17) 모든 죄는 파괴되어야 하므로 인간들을 그들의 죄에서 분리시키기 위하여 오셨다. 그러나 그의 재림은 반대의 목적을 가지고 있다—구원이 아니라 멸망시키고 용서가 아니라 심판하신다. 사도신경에 있듯이 '산자와 죽은자를 심판하러' 오신다.

예수님은 '죄는 미워하지만 죄인은 사랑하신다' 라는 말을 흔히 듣는다. 처음 오셨을 때는 죄인에게 중점을 두셨지만 재림 때에는 죄에 중점을 두실 것이 확실하다. 죄를 계속 붙잡고 있는 사람들은 그 결과를 보게 될 것이다. 그 때에는 '인자가 천사들을 보내어 죄 짓게 하는 모든 사람과 악을 행하는 사람들을 내 나라에서 모두 추려낼' 것이다. (마태복음 13:41) 추려내는 일을 완벽하고 공정하게 하기 위하여 믿는 자들과 불신자들에게 똑같은 방법을 사용하실 것이다. (바울이 로마서 2:1-11에서 가르치고 결론 지은 것 같이 '하나님은 편애하지 않으신다.')

다시 한번 강조하지만 요한계시록은 '거듭난' 믿는 사람들에게 주는 메세지이다. 죄를 엄하게 다루시는 그에 대한 묘사는 '성자들'에게 '하나님의 계명에 순종하고 예수님에 대한 믿음을 지키라' (14:12)는 격려이다.

주예수님의 은혜를 경험한 사람들은 예수님의 심판을 쉽게 잊는다. (고린도후서 5:10) 예수님을 친구와 형제로 알고 있는 사람들은 그의 도전적인 속성을 무시한다. 그는 '영원한 찬송과 존귀와 영광과 권능을' (5:13) 받으시기에 합당한 분이시다.

성경에서 예수님을 묘사하는 250개의 이름과 명칭들 중 계시록에 있는 명칭들은 아무데서도 찾아볼 수 없는 독특한 명칭들이다. 그는 처음이고 마지막이시고, 시작과 끝이시고, 알파와 오메가이시다. 그는 하나님의 피조물들의 통치자이시다. 이것은 그와 우리의 세상과의 관계를 말한다. 그는 창조에 동참하셨고 창조의 지속과 끝맺음을 책임지시는 분이다. (요한복음 1:3; 골로새서 1:15-17; 히브리서 1:1-2)

그는 유다지파의 사자이고 다윗의 뿌리(와 자손)이다. 이것은 그와 하나님이 선책한 이스라엘 민족과의 관계를 나타낸다. 그는 예전에 계셨고, 지금도 계시고 앞으로도 계실 유대인의 메시야이다.

거룩하고, 진실하고, 충성된 증인이신 그는 살아계시고, 죽었었고, 부활하셔서 죽음과 저승의 열쇠를 가지고 계신다. 이것은 그와 교회의 관계를 나타낸다. 우리는 위선의 반대인 실제적이고 청렴한 진실에 대한 그의 열정을 기억해야 한다.

그는 왕중의 왕이시고 주중의 주님이시다. 그는 빛나는 새벽별이고 다른 별들이 모두 사라져도 (팝뮤직과 영화배우들 포함) 영원히 빛날 것이다. 이것은 그와 세상의 관계를 나타내고 언젠가는 온 세상이 그의 권위를 인정할 것이다.

이렇게 많은 명칭들은 요한복음의 '나는' 의 유형과 비슷하다. 개인적인 주장이 아닌 이 표현들은 하나님이 직접 사용하셔서 예수님의 암살과 처형을 초래했다. (요한복음 8:58-59; 마가복음 14:62-63) 신성함과 동등한 위치의 아버지와 아들이 같은 명칭을 가지고 있음을 확언하려는 요한계시록의 시도이다: 예를 들어, '알파와 오메가' (1:8, 22:13)

세상은 끝나면 마지막은 개인 한 사람이다. 예수님이 마지막이다.

세상의 종말을 알기 위하여 요한계시록을 공부한다면 중요한 것을 놓치게 된다. 중요한 메세지는 누가 세상에 오는가가 아니라 세상이 누구에게로 오는가이다.

크리스챤들만이 '종말'을 고대하고 모든 세대들은 이 일이 자신들 당대에 일어나기를 희망한다. 그들에게 '종말'은 사건이 아니라 사람이고 그들은 '그것'이 아닌 '그분'을 기다리고 있다.

22:20은 책 전체의 개인적인 요약이다: '이 모든 것을 증거하신 분이 말씀하십니다. "내가 속히 가겠다." 아멘. 주 예수님, 어서 오십시오'. 이 말을 이해한 사람들의 대답은 단 하나다: '아멘, 주 예수님, 빨리 오소서.'

요한계시록의 유익함

읽는 사람에게는 축복을 내용을 변질시키는 사람에게는 저주를 내린다는 메세지는 요한계시록에만 있음을 언급했다. 다시 말해서 이책의 메세지를 잘 이해하면 우리가 진실된 크리스챤의 삶을 살 수 있도록 도와줄 다음의 10가지 유익을 얻을 수 있다.

1. 성경통독

하나님의 지식을 '시작부터 끝까지' 사람들과 나눌 수 있게 된다. (이사야 46:10) 전체의 이야기를 완전히 알고 행복한 끝을 보게된다. 연애는 결혼으로 성사되어 실제적인 관계가 시작된다. 전체적 이해가 없는 성경 지식은 불완전하다. 성경의 첫 페이지와 마지막 페이지에서 유사성들을 발견할 수 있고 (예, 생명나무) 그 중간의 모든 것들을 이해할 수 있게 된다.

2. 이단에 대한 방어

이단들은 요한계시록을 들추기며 우리의 문을 두드린다. 요한계시록을 이해하지 못한 크리스챤들은 (주로 교회에서 가르칠 선생이 없어서 가르치지 않은 결과임) 그들의 지식에 감동하고 이단이 전하는 잘못된 메세지에 도전하지 못한다. 이에 대한 방어는 지식을 갖추는 것 뿐이다.

3. 역사의 해석

가식적인 시사는 뚜렷한 방향제시를 하지 못한다. 미래의 사건들은 그 전에 그림자를 보여주고 요한계시록을 공부하는 사람들은 지금 세상에서 일어나는 세계 정부나 세계 경제의 사건들과 상응하는 계시록의 내용을 발견할 수 있게 된다. 이 책을 잘 설명하는 목사들은 신문 기사를 예로 사용한다.

4. 희망의 기본

모든 일은 하나님의 계획에 의하여 진행된다. 그는 보좌에 앉으셔서 마지막이신 예수님을 향하여 일을 진행시킨다. 요한계시록은 선이 악을 이길 것을 확실히 알려주고, 그리스도가 사탄을 정복하고 성인들이 세상을 다스릴 것도 알려준다. 우리의 땅에서 물질적 그리고 도덕적 오염은 모두 사라지고 우주도 재생산될 것이다. 이 모든 희망은 폭풍의 삶 속에서 우리의 '영혼'이 거할 곳이다. (히브리서 6:19) 이교도, 세속주의, 인본주의들이 강해 보이지만 그들의 종말은 얼마 남지 않았다.

5. 복음의 동기

인간의 운명에 새 하늘과 새 땅 혹은 불못, 영원한 기쁨 혹은 영원한 고통 이외의 다른 것은 있지 않다. 선택의 기회가 영원히 주어지지 않고 마지막 심판날이 올 것이고 모든 인간들은 심판을 받을 것이다. 그러나 아직 구원 받을 수 있다: '목마른 사람은 오라. 누구든지 생명의 물을 마시고 싶은 사람은 와서 마음껏 마시라.' (22:17) 이 '오라'는 '성령과 신부 (교회)'가 함께 주는 초청장이다.

6. 예배의 격려

요한계시록에는 예배, 찬양, 수많은 목소리의 외침이 가득 차있다. 11개의 찬양은 역사를 통하여 헨델의 메시야부터 '승전가' ('예수님이 재림하시는 영광을 내눈으로 보았다') 를 포함한 다른 찬송가의 작곡에 영감을 주었다. 예배는 천사들이나 성령에게 드리는 것이 아니라 하나님과 어린 양에게 드리는 것이다. '그러므로, 천사들과 대천사들과 우리는 거룩하신 이름을 큰소리로 찬미한다...'

7. 세속의 해독제

'세속'적으로 되기는 너무나 쉽다. 윌리엄 워즈워스가 다음과 같은 말을 했다:

> 세상은 우리에게 너무나 가까이 있어서, 끝까지, 소유하고 낭비하느라,
> 우리의 능력을 소모해 버리고

자연 속의 우리의 것을 거의 보지 못한다.

요한계시록은 일시적인 '이상적 집'보다는 우리의 영원한 본향에 대하여, 우리의 늙어가는 육신보다는 새로이 부활할 육신에 대하여 더 생각하라고 가르친다.

8. 거룩함의 격려

하나님의 의도는 우리가 이곳에서 거룩하고 나중에 행복하기를 원하시지만 우리가 원하는 것은 이와 반대이다. 현재의 문제들, 내적인 유혹, 외부의 박해를 이겨내려면 거룩함은 꼭 필요하다. 요한계시록은 하나님의 '거룩, 거룩, 거룩' (4:8)과 '거룩'한 사람들만이 예수님의 재림 때에 부활을 함께 누릴 것이라는 말씀으로 (20:6) 우리를 여유로움, 안일함, 무관심에서 깨우고자 한다. 책 전체, 특히 처음의 일곱 편지는 '거룩함 없이는 아무도 주를 볼 수 없음' (히브리서 12:14)을 확실히 말해준다.

9. 박해의 준비

이것은 요한계시록이 쓰여진 기본적인 목적이다. 믿음 때문에 고통받는 크리스챤들에게 주는 분명한 메세지로서 그들의 이름이 생명책에 있어서 새로운 창조를 상속받을 수 있도록 '참고' '이겨내라'고 격려한다. 예수님은 종말이 오기 전 그를 따르는 사람들이 이 세상에서 미움받을 것을 예언하셨다. (마태복음 24:9) 우리는 이것에 대비하여야 한다.

이 책을 읽는 여러분들의 나라에서 이런 박해가 일어나고 있지 않다면 앞으로 일어날 것이다. 비겁한 사람들은 '벌거숭이로 수치를' (16:15) 당하고 지옥으로 던져지게 (21:8) 될 것이다.

10. 그리스도의 이해

요한계시록에서 주님이시며 구원자이신 분의 모습은 완전히 드러났다. 이 책이 없었다면 그분에 대한 이해는 불완전하고 왜곡되어 졌을 것이다. 복음서가 그를 선지자로, 서신서가 그를 제사장으로 보여준다면, 요한계시록은 왕중의 왕이시고 주중의 주님이신 그의 위치를 확실히 알려준다. 세상이 한번도 보지 못한 그리스도의 모습을 우리는 언젠가 보게 될 것이다; 크리스챤들이 믿음으로 느끼는 그리스도를 실제 육신을 가지신 분으로 만날 것이다.

요한계시록을 공부한 후에는 누구나 다른 사람으로 변화되지만 계시록의 메세지는 잊혀질 수 있다. 이것이 그저 이 책을 읽을 뿐아니라 다른 사람들에게 큰소리로 알려주는 사람들과 적힌 대로 '행하는' 사람들에게만 축복이 임하는 이유이다. 마음속에 그리고 '가슴속에 간직' 하고 행해야 한다. (1:3; NIV) '여러분은 말씀을 듣기만 하여 자신을 속이지 말고 말씀을 실천하는 사람이 되십시오.' (야고보서 1:22)

59. 천년왕국

안타깝게도 요한계시록20장의 다양한 해석은 크리스챤들을 분열시키는 원인이 되었다. 서로 너무 다른 해석을 주장하다가 아예 더이상 언급하지 않기로 하는 해결책을 내어놓았다.

여러분들은 무천년주의, 전천년주의, 후천년주의라는 잘 알려진 세 가지의 해석과 함께 여러가지 다른 해석에 대하여서 들어보았을 것이다.

어떤 사람들은 이 주제가 학문적이거나, 추측이거나, 우리와 무관하다고 생각하고 마지막에는 어떻게 잘 될거라는 어렴풋한 태도로 요한계시록을 대한다.

그러나 크리스챤의 삶에서 믿음과 사랑만큼 소망도 중요하다. 미래의 사건에 대한 확신이 있는 믿음은 현재의 행동에 절대적인 영향을 끼치고 '천년왕국'에 대한 확실한 믿음은 우리의 복음전파와 사회적 행동에 영향을 끼친다.

특히, 이 세상에 대한 우리의 소망은 결정적이다. 상황이 점점 악화될 것인가 아니면 향상될 것인가? 예수님의 재림은 이 땅에 어떤 혜택을 줄 것인가? 예수님은 국가들을 심판하러 오시는가 아니면 통치하러 오시는가? 왜 이미 죽은 크리스챤들을 모두 데리고 오시는가? (데살로니가전서 4:14)

우리의 궁금증의 해소나 남들보다 우월한 지식을 갖게 하기 위함보다는 우리가 미리 준비하도록 하기 위하여 하나님은 미래를 보여주신다. 하나님과 세상을 함께 다스릴 미래에 대한 확신이 있는 사람은 현재의 삶을 더 책임감있게 살 것이다.

천년왕국의 메세지를 글이 쓰여진 문맥 안에서 공부한 후; 언제 그리고 왜 다양한 해석이 생겼는지와 여러 해석에 대한 평가로 우리 나름대로의 결론을 지을 수 있게 되기를 바란다.

성경적 해석

모든 논쟁의 촛점인 요한계시록20:1-10의 해석을 시도하기 전에 먼저 그 내용을 정확히 이해해야 한다.

가장 주목할 점은 '천년'이라는 말이 여섯번이나 반복되고 그 중 두번은 '그 천년'이라고 확실하게 정해진 기간을 말하고 있다. 글자 그대로 해석하든 비유적으로 해석하든 장기간을 의미한다는 점에 대부분의 주석학자들은 동의한다. 한 시대나 연대를 말하고 있다.

이 기간에 대한 특별한 정보는 없지만 우리는 첫번째 사건, 마지막 사건, 그리고 그 중간에 계속되는 상황, 이 세가지에 대하여서는 알고 있다. 시작과 마지막의 사건은 사탄을 포함하고 중간은 성자에 대한 내용이다.

'천년왕국'은 이 땅에서 악마를 모두 제거하면서 시작된다. 하늘에서 내려오는 천사가 큰 쇠사슬로 악마를 잡아, 묶고, 던지고, 가두고, 봉한다. 이 다섯개의 동사는 악마의 완전한 무력함을 강조하고 활발했던 그의 거짓사역은 앞으로 천년동안 없을 것이라는 확신을 준다. 그는 아직 불못에 던져지지 않은 채 인간이 갈 수 없는 이 땅 밑의 '무저갱'에 갇힌다.

사탄이 그의 부하들인 '적그리스도와 거짓 선지자 (요한계시록 13장의 '두짐승')와 함께 '불못'에 던져지면 (19:20), 온 세계는 무정부 상태에 빠진다.

천년왕국 환상의 두번째 부분에서 요한은 '보좌에 앉으신' '심판'의 권세를 가진 분들과 (예, 분쟁을 재판하고 정의로 사회의 법과 질서를 지킨다). 적그리스도의 경배를 거부하거나 몸에 666의 숫자 새김을 거부한 순교자들을 본다. 예전과 완전히 반대되는 상황이다!

그들은 천년왕국에서 그리스도와 함께 다스리기 위하여 죽음에서 '부활'한 사람들이다. 성경에서 육신의 부활에만 사용되었던 '부활'의 단어가 사용된 이 말씀을 통하여 그리스도의 재림 때 우리의 육신도 부활할 것을 우리는 알 수 있다. (고린도전서 15:23) '축복받은 거룩한' 그들은 부활하여 '두번째 죽음' ('불못', 즉 지옥)을 당하지 않고 천년왕국의 왕같은 제사장들이 된다.

여기서 성자들의 '첫번째 부활'과 나머지 사람들의 부활을 분명히 구분할 수 있다. '천년'의 기간을 사이에 둔 이 두 부활 사건은 전혀 다른 목적을 가지고 있다. 전자는 그리스도와 함께 다스리기 위함이고 후자는 심판받기 위함이다. (20:12)

환상의 세번째 부분은 천년왕국의 마지막을 보여준다—사탄은 임시로 제거되고 (1-3), 성자들이 다스리고 (4-6), 사탄은 다시 풀려난다. (7-10) 이것은 인간의 상상이 아닌 하나님의 영감의 말씀에 의한 사건의 진행이다! 어떻게 이 땅에 그의 나라를 세우기 위하여 다시 (마지막으로) 돌아오는 사탄을 생각할 수 있겠는가! 그는 군중들에게 자유를 주겠다는 속임수로 '하나님이 사랑하는 도시의 백성' (예루살렘을 뜻함)을 공격하기 위하여 엄청난 군대를 소집한다. '곡과 마곡'으로 불려지는 이 군대의 (에스겔서를 통하여 이것은 회복된 다윗의 보좌에 대한 공격임을 알 수 있다) 공격은 알마게돈과 구분해야 한다. (19:19-21) 전쟁은 일어나지 않고 그들은 하늘에서 내려오는 불에 의하여 파괴되어 드디어 악마는 적그리스도와 거짓 선지자와 함께 지옥에서 영원한 고통을 받게 된다.

선한 정부가 다스리는 천년의 긴 시간 후에 왜 악마가 다시 돌아오는지에 대한 이유를 성경은 알려주지 않는다. 그러나 우리는 이 말씀을 통하여 죄성은 환경이 아니라 마음에서 온다는 진리를 깨닫게 되고, 인간은 하나님의 법 아래에서 살기를 원하는 사람들과 그렇지 않은 두 부류로 갈라짐을 알 수 있다. '천년왕국'은 사람들의 마지막 분열과 마지막 심판으로 이어진다.

'천년왕국'에 대한 논쟁을 이해할 수 있는 두 가지의 질문이 있다:

  어디서 이 일들이 일어나는가?
  언제 일어나는가?

19:11 에서 20:11 까지의 사건들은 이 땅에서 일어날 것이 분명하다. 왕중의 왕이 하늘에서 내려와 이 땅의 '나라들'을 파괴시키고; 이 땅의 적그리스도와 거짓선지자와 싸우고; '하늘나라'의 천사들이 내려와 이 땅의 사탄을 없애고; 순교자들은 이 땅에 오신 '그리스도와 함께 다스리고'; 사탄은 '이 땅의 네귀퉁이에서' 그의 '곡과 마곡'의 군대를 소집하고; 드디어 '크고 흰 보좌와 그 위에 앉으신 분'을 피해 도망간다.

이 땅에서 '천년왕국'이 일어난다는 결론을 거부하는 것은 잘못된 태도이다. 누군가가 '내려오는'

상황에서만 거론된 '하늘나라' 가 '어디서'라는 질문의 답이다.

중세기에 성경을 장과 구절로 나누지 않았더라면 우리는 '언제'라는 질문의 답도 분명히 알 수 있었을 것이다. 장과 구절의 분리는 편리함을 주었지만 하나님의 말씀을 잘못 분리시키기도 했다. 특히 여기서 이 문제는 두드러진다. '누구든지 이 예언의 말씀에 무엇을 더하면 하나님이 이 책에 기록된 재앙을 더하실 것이다' (22:18)라는 말씀을 두려워하지 않은 한 주교가 '20'이라는 숫자를 삽입했다. 그는 이것이 초래하는 위험을 깨닫지 못하고 나름대로 행동한 것이다.

하나님이 의도하신대로19, 20, 21장을 하나의 계속적인 메세지로 읽었다면 우리는 일곱개 환상의 분명한 의미를 알 수 있었을 것이다. 그들은 차례로 일어날 역사의 마지막 사건들이다. (예를 들어 20:10은 19:20후에 일어난다). 환상을 세장으로 나누고 내용을 함께 읽거나 공부하지 않은 결과 사건이 일어난 순서의 중요성은 사라지고 순서는 바뀌어 버렸다.

우리가 가지고 있는 기대감이나 구절을 분리한 의도를 무시하고 요한계시록을 읽으면 '천년왕국'이 그리스도의 재림과 알마게돈의 전쟁 후에 있고 마지막 심판날과 새 하늘과 새 땅의 전에 있음을 자연스럽게 이해할 수 있다. 간단하고 단순하다.

이 말씀은 마지막 심판이 있기 전 그리스도의 재림과 그의 백성들의 부활 후, 크리스챤 정부가 이 땅에서 오랫동안 유지될 것을 알려준다. 크리스챤들은 왜 이것을 믿지 않고 이러한 변화에 동참할 소망을 갖지 않는가?

역사적 해석

첫 5세기 동안 교회는 위의 해석을 믿었다. 초대교회의 신학자들은 히에로폴리스의 주교 파피아스의 '이 땅을 다스리시는 육신을 입으신 그리스도의 통치'를 받아들였고, 논쟁은 커녕 다른 관점에 대한 기록조차 찾아볼 수 없다. 그들은 성경말씀을 적힌대로 이해하고 해석했다.

요한계시록 20장의 묘사대로 예수님의 재림이 '천년왕국' 전에 있을 것을 믿는 초대교회의 해석을 '전천년왕국설'이라고 부른다.

그러나 카톨릭, 개신교 그리고 '서양'의 신학에 가장 큰 영향을 준 북아프리카의 주교 어거스틴은 이 관점을 바꾼다. 그도 처음에는 전천년왕국설을 믿었으나 헬라식 교육 (네오플라토닉)을 받으면서 크리스챤의 믿음과 행동의 여러면에 대한 그의 사상은 바뀌게 된다.

성경의 히브리사상과 대조적인 헬라 철학의 문제는 영과 육의 세계를 분리하여 영은 거룩하고 육은 죄악이라고 믿는 점이다. 기혼자들의 성관계까지도 부정하게 여기고 신부들의 독신을 주장했다.

결국, 예수님의 육신적 재림을 의심하고 천년왕국의 행복한 육신적 삶에 거부 반응을 보였다. '새 땅'은 사라지고 크리스챤들은 '하늘나라에 가는 것'에만 소망을 두기 시작하고 예수님의 재림은 '빨리 오셔서 심판하시고' 이 땅을 파괴하는 사건으로 생각했다. (그러나 요한계시록 20장은 이 순서를 반대로 말한다). 이러한 사상에 영향을 받은 에페소스 공의회는 AD 431에 전천년왕국설을 이단으로 정죄한다.

우리는 요한계시록 20장을 어떻게 다루어야 하는가? 하나님의 말씀의 일부인 이 메세지를 무시할 수는 없다. 사람들은 성경에 쓰인 것과는 반대로, 그리스도의 재림이 천년왕국 후에 온다고 순서를 바꾸고 20장이 19장 전에 일어난다고 말하며 20장은 재림까지의 사건들의 재현을 가리고 있고 이것은 미래가 아닌 현재의 교회역사에 속한다고 주장했다.

이 주장은 예수님의 재림이 요한계시록 20장 후에 있을 것이라고 믿는 후천년왕국설을 만들었다!

그리고 이 주장은 더욱 분열을 초래했다. 어거스틴은 새 '천년왕국'이 영적의미에서 그리스도와 함께 다스리는 성자들을 말하는 것인지 (이것은 예수님이 처음 오셨을 때부터 재림할 때까지 전체 교회 역사에 적용시킬 수 있다). 정치적인 통치도 포함하는지 (강해진 교회가 그리스도의 이름으로 이 땅에서 정치를 하게 됨) 정확히 말하지 않았다. 로마제국이 몰락하던 시기에 쓰여진 그의 책 신의 도성은 '하나님의 나라'가 로마를 대체하는지 아니면 로마가 재앙에서 살아남아 다시 성장하는지에 대하여 분명히 말하지 않는다. 여기서 어거스틴학파라고 주장하는 두학파가 다시 갈라진다.

한 학파는 사람들의 결신이 없이 정치적 힘을 갖게 된 교회가 하나님의 법으로 세상을 '기독교화' 하여 통치하는 장기간의 (천년) 평화와 번영의 기간을 믿고 예수님의 재림을 아주 먼 미래의 일로 취급한다. 이 사상은 '크리스챤' 대영제국의 확장과 함께 선교사들의 찬송가사에 도입되었고; 회복, 재건설, 신앙부흥 등의 단어로 묘사되었다. '후천년왕국설'은 이런 긍정적인 태도를 주장한다.

다른 학파는 예수님과 성자들의 '통치'는 영적일 뿐이고 이것은 처음에 시작되어 재림 때까지 계속된다고 주장하는 '무천년왕국설'을 만들었다. 이 두가지는 모두 잘못된 사상이다. '후천년왕국설' 은 '천년왕국' 기간이 예수님의 재림 전에 있고 우리는 이미 '천년왕국'안에 있음을 지난 2,000년간 주장해 왔다!

어거스틴에서 시작되어 종교개혁으로 발전된 이 사상은 유럽에서 가장 많이 받아드려졌다. 여기서 요한계시록 20장을 신봉하는 사람들의 자세를 살펴 볼 필요가 있다.

그들은 여러가지 성경 내용을 바꾸었다. 사탄을 다루는 '천사'는 예수님으로, 사탄을 '묶는' 일은 그의 유혹이나 십자가 사건으로 해석했다. 사탄은 완전히 사라진게 아니라 그의 움직임을 제한하는 긴 사슬로 묶였을 뿐이다. (던져지고, 가두어지고, 봉인된 것은 무시했다). 그의 행동의 '제한'은 복음 전파와 교회 개척을 막지 못함의 의미라고 주장한다. 그는 아직도 이 땅에 있고 무저갱에 가두어지지 않았다. 역사 속의 적스리스도에 의하여 순교당한 사람들은 하늘나라에서 예수님과 함께 다스릴 모든 성자들을 대표한다. 그들이 '첫부활' 때 '살아나는' 것은 죄의 '죽음'에서 살아나는 결신이나 죽어서 하늘나라에 가는 것을 의미하고 그들의 육신과는 관계가 없다. 그러나 '나머지' 부활은 육신이 다시 살아남을 의미한다! '천년'을 여섯번 말한 것은 지금까지 이 천년이 지났음을 의미한다.

그들의 주장은 이런 식으로 계속된다. 독자들은 상식적으로 이 해석이 맞는지 아닌지를 판단해야 할 것이다. 나는 이 해석이 전혀 신빙성이 없다고 믿는다.

기독교 형제단의 창시자인 죤 넬슨 달비가 발전시키고 가르친 천년왕국설에 대하여 소개할 필요가 있다. 그의 해석은 그의 제자이며 미국인 변호사였던 스코필드에 의하여 전파되었고 미국 텍사스주의 달라스 신학교는 그의 제자 핼 린지를 통하여 '스코필드'성경을 출판했다.

이 해석은 다수의 사람들을 초대교회의 전천년왕국설로 돌아가게 하는 동기가 되었다. 이 해석은 완전히 사라지지 않았었고 (이삭 뉴톤도 이 해석을 믿었다) 라일, 웨스트코트, 홀트 등의 성공회 주교들을 포함한 여러 사람들도 이 해석을 주장했었지만 가장 큰 영향을 끼친 사람들은 기독교 형제단이었다.

그러나 달비는 역사를 일곱부분으로 분리하고 하나님이 각 부분에 맞는 다른 은혜를 주신다는 세대주의를 제창했다. 교회는 다시 회복할 수 없는 상태에 돌입해 있고; 유대인들은 '이 땅'의 하나님의 백성이고 크리스챤은 그의 '하늘나라'의 백성으로 영원히 분리시켰다; 무엇보다도 그리스도는 대환란 전에 교회를 구하러 은밀하게 오시고 또 세상을 다스리시기 위하여 다시 오신다는 두번의 재림도 주장했다. 그가 상세하게 만든 미래의 시간표에는 네번의 심판이 포함되고 있다. 불행하게도, 이 사상은 전천년왕국설과 세대주의가 함께 존재한다는 오해를 초래하여 후자의 거부는 전자도 거부하는 것으로 여기게 되었다!

우리는 초대교회가 믿었던 전통적 전천년왕국설과 현대 복음주의자들과 오순절교회가 믿는 세대주의적 전천년왕국설의 차이를 분명히 알아야 한다. 처음에는 소수로 시작했지만 점점 더 많은 신학자들이 이 점을 깨닫고 있다. (죠지 엘돈 래드와 메릴 테니가 이 부류에 속한다).

개인적 결론

내가 왜 요한계시록 20장의 '전통적 전천년왕국설'을 믿는지의 이유를 설명하면서 이 책을 마치고자 한다:

1. 성경의 내용을 변화시키지 않고 자연스럽게 믿을 수 있다.
2. 예수님이 왜 우리를 다시 데리고 오셔야 하는지를 가장 잘 설명한다.
3. 그의 재림에 대한 소망을 가장 강조하는 해석이다.
4. 하나님이 왜 온 세상에게 그의 아들을 인정시키려 하는지를 설명한다.
5. 하늘나라는 우리가 다시 올 때까지 기다리는 장소로서 신약성경이 말하는 '이 땅'에서의 우리의 미래를 말한다.
6. 후천년왕국설이나 무천년왕국설이 피하는 세상의 현실을 취급한다.
7. 아직 의문스러운 내용이 있기는 하지만 다른 해석들보다 분명하다.
8. 사도들과 가까웠던 초대교회가 만장일치로 믿었던 해석이다.

이러한 이유로, 나는 실제적 의미와 소망을 가지고 기도할 수 있다: '하늘에 계신 것 같이 이 땅에 하나님의 나라가 임하옵시고...' 나의 저서 '예수님이 재림하실 때'의 네번째 부분은 이에 대한 전체적인 문제들을 다룬다.

데이빗 파슨 목사님에 대하여

파슨 목사님은 영국의 훌륭한 크리스챤 저자들이 남겨준 유산의 사역을 계속하고 있고 그의 가장 잘 알려진 저서, '성경의 열쇠' 는 간행물과 음성과 동영상의 형태로 세계적인 베스트셀러가 되었다.

파슨 목사님은 성경을 하나님의 말씀으로 받아드리고 그 의미와 문맥을 실제적이고 이해하기 쉬운 말로 설명하시는 분으로 유명하다. 교회의 전통과 부분적으로 상반되는 가르침 때문에 그의 책에 대한 논란도 있었다.

세계적인 강사인 파슨 목사님의 강의는 GOD TV를 통해 많은 나라에서 수백만명의 청취자들이 듣고 있다.

1930년 태생으로 농부의 꿈을 가졌던 그는 덜함 대학에서 농학을 전공했으나 하나님은 그가 목사가 되도록 인도하셨다. 그가 케임브리지 대학에서 신학을 공부할 때 자유학파 교수들의 영향으로 잠깐 성경과 하나님에 대한 믿음을 잃을 뻔 하기도 했다.

그는 영국공군의 군목으로 근무하면서 성서의 무과실성과 성서무류성에 대하여 다시 확신을 갖게 되고 성경을 처음부터 끝까지 체계적으로 가르치기로 결심했다. 군인들을 상대로 한 이 가르침의 결과는 그와 모두에게 성경의 영감에 대한 확신을 주었고 그 때부터 그의 설교나 성경공부는 내용을 문맥안에서 자세히 연구하는 방식으로 진행되었다.

밀미드 센터에서 복음주의적이고 카리스마적인 성경강해자로서의 명성을 쌓으면서 밀미드 교회는 영국에서 가장 큰 침례교회로 성장했다.

그는 영국, 유럽, 호주, 뉴질랜드, 남아프리카, 네덜란드, 이스라엘, 남동아시아, 미국을 포함한 세계 각지에서 가르쳤다.

파슨 목사님은 영국의 남쪽 햄셔의 베이싱스토크에서 아내 에니드와 함께 살고 있다.

www.ingramcontent.com/pod-product-compliance
Lightning Source LLC
Chambersburg PA
CBHW080036100526
44584CB00023BA/3194